1999年1月28日至2月1日，中共中央总书记、国家主席江泽民在内蒙古自治区视察工作，先后到内蒙古一机厂、二机厂看望慰问下岗职工，视察了包头市东河区再就业服务中心、包头市再就业工程培训基地。图为江泽民总书记在吴邦国副总理的陪同下，视察包头市东河区再就业服务中心的情形。

新华社记者　兰红光　摄影

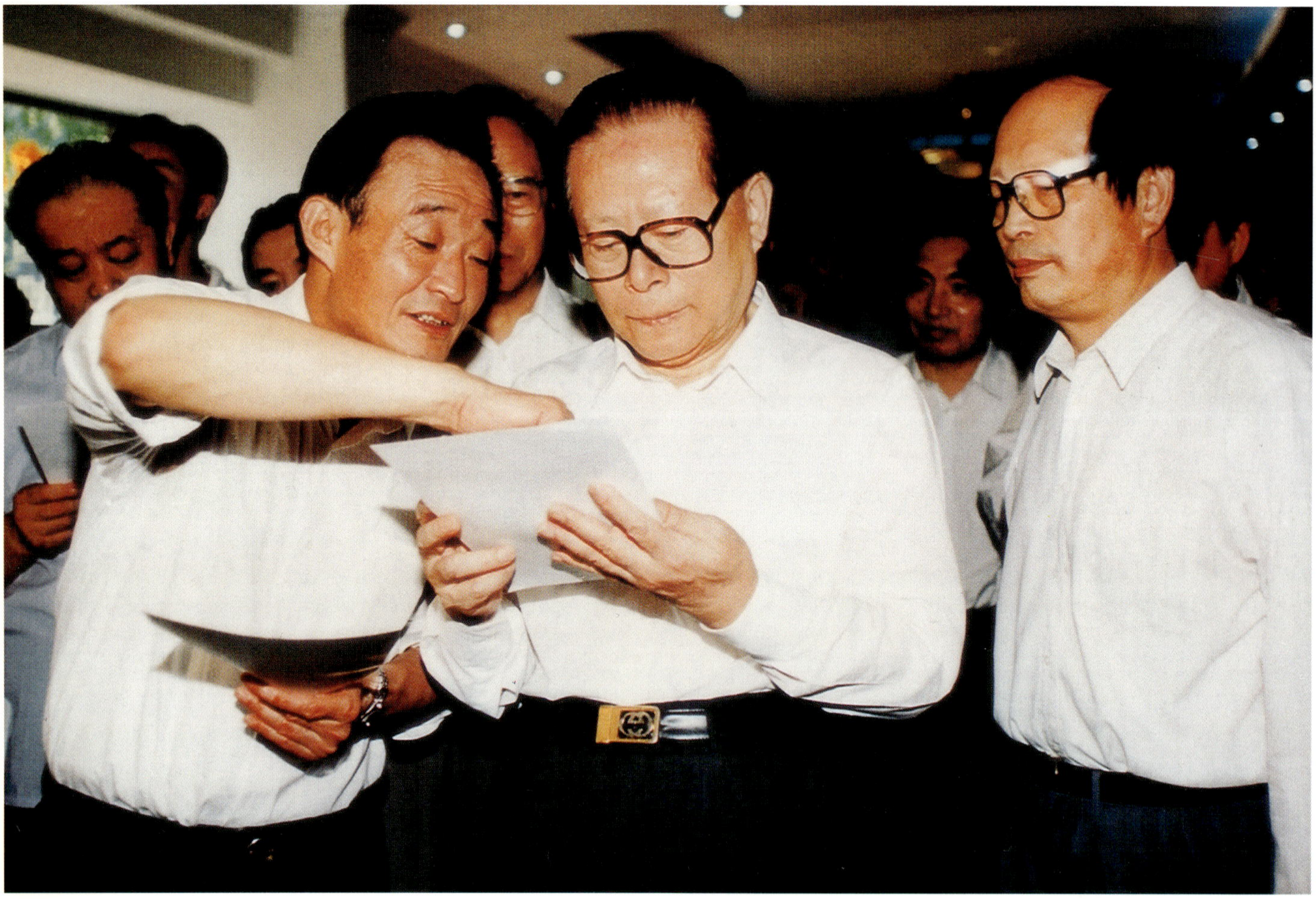

1999年5月28日下午，江泽民总书记到武汉劳动力市场，了解武汉市再就业工作及劳动力市场建设和管理情况，并与武汉市国有企业下岗再就业职工代表进行了座谈。图为江泽民总书记在吴邦国副总理的陪同下，在武汉劳动力市场交流一厅服务台前仔细察看下岗职工求职登记表。

武汉市劳动局提供图片

1999年1月12日至13日，国务院在北京召开国有企业下岗职工基本生活保障和再就业工作会议。图为中共中央政治局常委、国务院总理朱镕基在13日的闭幕会上同与会同志进行座谈并作重要讲话。

图为国务院在京召开的国有企业下岗职工基本生活保障和再就业工作会议场景。

朱镕基、李岚清、钱其琛、吴邦国、温家宝、迟浩田、罗干、吴仪、司马义·艾买提、王忠禹等国务院领导出席国有企业下岗职工基本生活保障和再就业工作会议。

中共中央政治局委员、国务院副总理吴邦国在会上作工作报告。

1999年7月5日，劳动保障部、国家经贸委、全国总工会在北京人民大会堂召开纪念《劳动法》颁布五周年座谈会。中共中央政治局常委、中央书记处书记、全国总工会主席尉健行出席座谈会并作重要讲话。

图为纪念《劳动法》颁布五周年座谈会场景。

1999年8月28日，受国务院委托，劳动和社会保障部部长张左己向九届全国人大常委会第十一次全体会议报告国有企业下岗职工基本生活保障和企业离退休人员养老金发放情况。

图为张左己部长向全国人大常委会报告两个确保情况。

1999年1月13日至15日，全国劳动和社会保障工作会议在北京召开。图为会议场景。

张左己部长在全国劳动和社会保障工作会议上作工作报告。

1999年5月23日，李其炎副部长出席劳动保障部、财政部联合召开的巩固两个确保工作会议并作会议总结。

1999年11月29日，刘雅芝副部长出席公共就业服务促进自谋职业国际研讨会。

1999年10月11日，林用三副部长在劳动保障部、国家计委、民政部、中国残联共同召开的全国残疾人就业工作会议上讲话。

1999 年 5 月 24 日，王建伦副部长在全国扩面征缴工作会议上讲话。

1999 年 7 月 22 日，王东进副部长出席医疗保险配套文件出台新闻发布会并讲话。

1999年5月23日至24日，劳动保障部、财政部在京联合召开巩固两个确保工作会议。图为会议场景。

张左己部长在会上作题为《同心协力　知难而进　切实做好两个确保工作》的讲话。

国务院副秘书长石秀诗主持会议并宣读了吴邦国副总理对会议的重要指示。

财政部副部长高强作题为《从国家和人民的根本利益出发全力实现两个确保》的讲话。

1999年4月20日，劳动和社会保障部邀请国内知名专家学者在京召开劳动和社会保障专家研讨会(右上图)。

1999年5月25日，中华人民共和国第一部职业分类大典问世，出席在人民大会堂举行的首发式的有全国政协副主席陈锦华、原副主席马文瑞等(左图)。

1999年7月23日，劳动保障部、教育部、人事部、国家计委、国家经贸委和国家工商局联合在京召开全面推进劳动预备制度加快提高劳动者素质电视电话会议，部署全面实行劳动预备制度的各项工作(右下图)。

1999年4月19日，劳动保障部召开青年干部座谈会，纪念五四运动80周年（左上图）。

1999年11月14日，劳动保障部召开纪念李立三同志诞辰100周年座谈会（右图）。

1999年12月，劳动保障部举行喜迎澳门回归签名庆祝活动（左下图）。

为进一步贯彻落实两个条例，巩固实现两个确保，自4月11日至20日在全国开展了声势浩大的社会保险宣传活动，有近15万名劳动保障系统的工作人员走上街头，开展社会保险政策咨询服务活动，300多万人参加了社会保险知识竞赛。劳动保障部领导分别参加了政策咨询活动。

右上图为北京西单宣传点。

左图为张左己部长在沈阳社会保险宣传活动现场。(艾振　摄影)

1999年9月20日，《光辉的历程——中华人民共和国建国50周年成就展》在北京展览馆隆重开幕。在经济体制改革综合展区及许多省市展厅的醒目位置，展示了我国50年来劳动保障事业取得的伟大成就(右下图)。

(以上图片除署名外，均为李新临摄影)

中国劳动和社会保障年鉴

（2000）

中国劳动社会保障出版社

图书在版编目(CIP)数据

中国劳动和社会保障年鉴.2000/劳动和社会保障部编.—北京:中国劳动社会保障出版社,2001.4

ISBN 7-5045-3129-4

Ⅰ.中…

Ⅱ.劳…

Ⅲ.劳动就业-社会保障-中国-2000-年鉴

Ⅳ.D669.2-54

中国版本图书馆 CIP 数据核字(2001)第 09463 号

中国劳动社会保障出版社出版发行

(北京市惠新东街 1 号　邮政编码:100029)

出 版 人:唐云岐

*

中国青年出版社印刷厂印刷　新华书店经销

880 毫米×1230 毫米　16 开本　44.5 印张　8 彩插页　1134 千字

2001 年 4 月第 1 版　　2001 年 4 月第 1 次印刷

印数:3000 册

定价:168.00 元

读者服务部电话:64929211

发行部电话:64911190

《中国劳动和社会保障年鉴》
编辑委员会成员

《中国劳动和社会保障年鉴》编辑部成员

编辑说明

一、《中国劳动和社会保障年鉴（2000）》是关于劳动和社会保障工作的专业性史料工具书。全书通过翔实的资料和系统的阐述，介绍了1999年我国劳动和社会保障事业的发展概况，反映了劳动和社会保障工作改革与发展的成就、经验和今后需要继续研究解决的问题。它是党政机关领导干部、各部门工作人员、劳动和社会保障系统干部、工会工作者、企业领导及劳资干部，以及劳动和社会保障科学理论工作者有价值的参考用书和工具书。

二、本年鉴的内容共分6个部分，即劳动和社会保障工作概览、劳动和社会保障重要文献、全国劳动和社会保障工作、地方劳动和社会保障工作、劳动和社会保障大事记、劳动和社会保障统计资料。

三、本年鉴中，全国劳动和社会保障工作分为：就业和再就业、职业培训、劳动关系、企业工资收入分配、养老保险、失业保险、医疗保险、工伤保险、生育保险、农村养老保险、社会保险基金管理与监督、法制建设、规划统计与信息系统建设、科学研究、新闻宣传与出版、国际合作与交流、协会与学会。

《中国劳动和社会保障年鉴（2000）》的编辑出版是在全国劳动保障系统的共同努力下完成的，在此，特向他们表示衷心的感谢。

《中国劳动和社会保障年鉴》编辑部

2000年11月

目　　录

劳动和社会保障工作概览

劳动和社会保障重要文献

一、党和国家领导人关于劳动和社会保障工作的重要讲话

二、劳动和社会保障部领导重要讲话

三、重要文件

全国劳动和社会保障工作

地方劳动和社会保障工作

劳动和社会保障大事记

劳动和社会保障统计资料

劳动和社会保障
工作概览

1999 年劳动和社会保障工作概览

1999 年是我国历史上具有特殊意义的一年。各级劳动保障部门坚决贯彻执行党中央、国务院的一系列重大决策，全力以赴做好两个确保工作，狠抓社会保险的扩面征缴，积极推进医疗保险制度改革，按时完成提高下岗职工基本生活费、失业保险金和养老金的待遇标准工作，补发了一部分过去拖欠的企业离退休人员养老金。这些成绩的取得，对于维护社会稳定和深化改革发挥了重要作用。

就业和再就业 国家继续实行积极的财政政策，加大对基础设施建设的投入，较大幅度提高城镇中低收入居民的收入水平，在保持国民经济较快增长的同时，也为扩大就业创造了较好的条件。1999 年就业总量继续增长，到年底，全国城乡从业人员70 586万人，比上年增加 629 万人。全国城镇从业人员21 014万人，比上年增加 336 万人。

随着国有企业改革不断深化，经济结构调整的力度继续加大，就业结构也进一步发生变化。1999 年，第一产业从业人员为35 364万人，占 50.1%；第二产业为16 235万人，占 23.0%；第三产业为18 987万人，占 26.9%。在三次产业中，第二产业从业人员比上年减少 205 万人，第三产业从业人员增加 308 万人。在城镇从业人员中，国有单位为9 911万人，比上年减少 381 万人；城镇集体单位为2 293万人，比上年减少 281 万人，其他单位（含股份制经济、外商投资企业）从业人员继续上升，达到2 081万人，比上年增加 221 万人；城镇私营企业、个体从业人员为3 467万人，比上年增加 235 万人，首次超过城镇集体单位从业人员总量。由于国有企业下岗职工进入再就业服务中心等原因，国有企业在岗职工有了较大幅度减少，1999 年底为4 733万人，比上年减少 487 万人。

1999 年，全国实有国有企业下岗职工1 174万人（当年新增 564 万人），进入再就业服务中心和领取基本生活费的比例都在 95% 左右。到年底，全国国有企业下岗职工为 653 万人。各地认真落实下岗职工再就业税费减免和小额贷款等优惠政策，广泛开展“一三一”服务（即对进中心的下岗职工，半年内至少进行一次职业指导，三次职业介绍，一次免费培训）活动，积极帮助下岗职工转变就业观念，开发社区就业，全年共有 492 万下岗职工实现再就业，再就业率为 42%。到年底，全国城镇登记失业率为 3.1%，就业局势基本稳定。劳动力市场科学化、规范化、现代化建设试点工作在全国 100 个大中城市全面铺开，劳动力市场信息网络建设迅猛发展。全国已建成 11 个省级劳动力市场信息网络监测中心，45 个试点城市已初步建成广域网。劳动力市场清理整顿工作继续深入，全国共有 19 个省、自治区和直辖市出台了劳动力市场管理的地方法规或行政规章。全年清理非法设立的职业中介机构4 000多个，依法取缔严重违规的中介机构 500 多个。到年底，全国共有各类职业介绍机构30 685所，全年为1 500万人提供了职业介绍服务。

职业培训 按照市场化、社会化的改革方向和为就业、再就业服务的指导思想，1999 年职业培训工作取得新的进展。通过实行政府购买社会培训成果、再就业服务中心与职业培训机构建立伙伴关系等方式，推进了“三年千万再就业培训计划”的落实，提高了培训的针对性、实用性和有效性，全年共有513万人参加了培训，其中有323万人经过培训实现了再就业，培训后再就业率为63%。继北京、上海、苏州之后，全国又有30多个城市推广创业培训模式，接受创业指导教育的人员达30多万。按照《国务院办公厅转发劳动保障部等部门关于积极推进劳动预备制度加快提高劳动者素质意见的通知》（国办发〔1999〕60号）的要求，劳动预备制度在全国普遍推行。1999年，全国参加劳动预备制度培训的人数达到480万人，约占当年城乡应届初高中毕业生总数的1/3。完成国务院部委和直属机构所属400多所技工学校移交地方管理工作，通过组建企业技工教育集团等方式，探索对培训机构进行结构调整。到年底，全国共有技工学校4 098所，在校学生156万人。其中，国家级重点技工学校297所，高级技工学校135所。职业培训综合基地和集团达到148家。

1999年4月，劳动保障部下发《关于印发〈实行就业准入的职业目录〉及有关问题的通知》（劳社培就司发〔1999〕17号），对技术复杂、通用性强、涉及国家和人民生命财产安全的66个职业（工种）实行先培训、后上岗制度。积极开展企业工人考核向职业技能鉴定过渡，以及职业技能鉴定实行社会化管理的试点，职业技能鉴定规模不断扩大，职业资格证书在全社会的认同程度有所提高。到年底，全国职业技能鉴定机构达到6 916个，其中国家批准认定的职业技能鉴定所4 202个，地方职业技能鉴定站1 336个，工人考核组织1 378个，全国职业技能考评人员为7.3万人。全年共有337万人参加职业技能鉴定，292万人获得相应的资格证书。1999年5月，《中华人民共和国职业分类大典》颁布实施，为国家职业标准的制定和推行职业资格证书制度提供了重要依据。

劳动关系 紧紧围绕国有企业改革和劳动保障中心工作，劳动关系调整工作取得一定成效。劳动合同签订率继续提高，到年底，全国城镇企业签订劳动合同的职工人数为10 088万人，占同口径职工总数的95%；城镇私营企业签订劳动合同的从业人员为612万人，比上年增加12.5万人；个体工商户所雇从业人员中签订劳动合同的人数为474.7万人，比上年增加40万人；乡村集体企业实行劳动合同制度的从业人员为2 326万人，比上年增加20万人。全年各地报送劳动保障部门审核通过的集体合同19.4万份，涉及职工5 980万人。部分省市探索建立了由劳动保障部门、工会组织、企业组织共同参与的劳动关系三方协商制度。劳动合同管理制度进一步完善，全国绝大部分省市出台了劳动合同管理规定，逐步把劳动合同的订立、解除、终止等纳入规范化轨道。针对下岗职工劳动关系的特点，全国有22个省、自治区和直辖市制定了处理下岗职工劳动关系的政策性文件，探索下岗职工出中心、解除劳动关系的多种办法。到年底，530.5万出中心的下岗职工中，有189.5万人解除或终止了劳动合同，占35.7%。劳动争议预防处理工作得到加强。全年全国各级劳动争议仲裁委员会共立案受理劳动争议案件12万件，涉及劳动者47.4万人，分别比上年增长28.3%和32.2%。其中，集体劳动争议案件9 043件，涉及劳动者31.9万人，分别比上年增长33.6%和27.0%。1999年，各级仲裁委员会审理结案12.1万件（含上年结转案件），当年结案率为97.7%。

企业工资收入分配 按照党的十五大和十五届四中全会关于收入分配的目标任务和总体要求，研究提出了新形势下企业工资制度改革的基本思路，即坚持以按劳分配为主体、多种分配方式并存，以及效率优先、兼顾公平的原则，实行“市场机制调节、企业自主分配、职工民主参与、国家监控指导”，逐步建立现代企业工资收入分配制度。到年底，全国有20个省、自治区、直辖市和计划单列市开展了工资指导线试点，1 700户企业开展了工资集体协商试点，35 个大中城市开展了劳动力市场工资指导价位制度试点，6 700户企业进行了经营者年薪制试点，30 个省、自治区、直辖市成立了工资内外收入监督检查机构。全国有30个省、自治区、直辖市建立并完善了最低工资保障制度，发布了最低工资标准。

1999 年城镇在岗职工工资总额为9 875亿元，比上年增长 6.2%。其中国有单位7 161亿元，上升 5.1%；城镇集体单位 963 亿元，下降 5.8%；其他单位1 752亿元，增长 19.8%。1999 年，全国城镇在岗职工平均工资为8 346元，比上年增长 11.6%，扣除价格因素，实际增长 13.1%。其中，国有单位8 543元，城镇集体单位5 774元，其他单位9 829元。

养老保险 按照中央关于两个确保工作的部署，通过加强保险费征收、清理企业欠费、增加财政投入、动用基金积累等途径筹集资金，加大基金调剂力度，全年共发放养老金1 925亿元，绝大多数地区基本做到了离退休人员养老金的按时足额发放。在此基础上，还补发了历年拖欠的养老金 133.4 亿元。

认真贯彻《社会保险费征缴暂行条例》，养老保险的覆盖面继续扩大。到年底，全国离退休、退职人员3 727万人（其中，离休 175.9万人，退休3 468.7万人，退职 82.3 万人），比上年增长 3.7%。全国有9 502万职工和2 984万离退休人员参加了基本养老保险社会统筹，其中企业参保职工为8 859万人，离退休人员为2 864万人，分别比上年增长 4.5%和 5%。从1999 年 7 月起，为企业离退休人员调整了待遇水平，企业离休人员月人均增加 145 元，退休人员月人均增加 58 元。全年全国基本养老保险基金总收入1 965亿元（其中企业养老保险费收入1 872亿元），总支出1 925亿元（其中，企业离退休人员养老金1 863亿元，机关、事业单位 62 亿元）。到年底，全国基本养老保险基金滚存结余 734 亿元。

养老保险省级统筹进一步完善，养老保险管理服务的社会化步伐加快。1999 年，行业统筹企业移交地方管理后实现平稳运行。到年底，全国有 29 个省、自治区、直辖市实现了养老保险省级统筹或建立了省级调剂金制度，1 403万离退休人员实行了养老金社会化发放，社会化发放率达 47%。

失业保险 1999 年初，国务院发布《失业保险条例》，对失业保险的覆盖范围、筹资比例、失业保险基金的使用和管理、失业保险待遇的享受条件和申领程序等作出了具体规定，成为规范和完善失业保险制度的一部重要行政法规。以贯彻《失业保险条例》为契机，加强了失业保险扩大覆盖面和基金征缴工作。到年底，全国参加失业保险的人数为9 852万人，比上年增长 24.3%。全年失业保险基金收入125.2 亿元，比上年增收 57 亿元，超过前两年收入的总和。全年基金支出 91.6 亿元，其中向国有企业再就业服务中心调剂资金 40.9 亿元。到年底，失业保险基金滚存结余 159.9 亿元。1999 年，各级失业保险经办机构平均每月为 101 万失业人员发放了失业保险金及其他失业保险待遇。从 1999 年 7 月起，失业保险金发放标准提高了 30%。

医疗保险 贯彻《国务院关于建立城镇职工基本医疗保险制度的决定》（国发〔1998〕44 号），制定了医疗保险定点医疗机构、定点零售药店、用药范围、诊疗项目、医疗服务设施范围和支付标准、费用结算管理等 6 个配套政策，以“督促实施方案出台、指导重点联系城市、解决重点难点问题”为工作重点，医疗保险制度改革稳步推进。到年底，全国已有36 个地级统筹地区和 23 个县级统筹地区正式实施基本医疗保险改革方案。全国参加基本医疗保险制度的职工 469.8 万人，退休人员124.1 万人。全年基本医疗保险基金收入 24.5亿元，支出 16.5 亿元，当年结余 8 亿元。参加职工大病医疗费用和离退休人员医疗费用社会统筹的人数为1 471万人，基金收入 65.1 亿元，支出 53.9 亿元。到年底，职工大病统筹和离退休人员医疗费用社会统筹基金滚存结余49.6 亿元。

工伤保险 到年底，全国有 1 713 个县

(市)实行了工伤保险费用社会统筹，参保职工为3 960.3万人，比上年增长4.7%。全年工伤保险基金收入18.6亿元，支出11.9亿元，期末滚存结余41.7亿元。

生育保险 到年底，全国参加生育费用社会统筹的职工近3 000万人，比上年增长8%。全年生育保险基金收入9.8亿元，支出6.6亿元，期末生育保险基金滚存结余13.6亿元。

农村养老保险 农村养老保险改革规范工作稳妥进行。到年底，全国31个省、自治区、直辖市76%的乡镇开展了农村养老保险工作，参加养老保险的农村人口达8 000万人。全年农村养老保险基金收入24亿元，支出6.5亿元。到年底，农村养老保险基金滚存结余184.1亿元。

社会保险基金管理与监督 坚持执行收支两条线管理规定。到年底，全国各项社会保险结余基金877亿元，其中656亿元纳入财政专户，占74.8%；未纳入财政专户的基金主要是未到期债券和定期存款。社会保险基金监督工作取得初步成效，挤占挪用社会保险基金问题得到有效遏制。各级劳动保障行政部门加大基金监督力度，对挤占挪用社会保险基金的重大案件进行了查处，全年共清理回收养老、失业保险基金19.8亿元。

法制建设 劳动保障立法取得明显进展。1999年，《社会保险法(草案)》的起草工作正式启动。1月，国务院颁布实施了《社会保险费征缴暂行条例》和《失业保险条例》；9月，《基本养老保险条例(草案)》上报国务院。

劳动保障监察执法力度进一步加大。1999年，各地劳动保障监察机构深入开展社会保险扩面征缴和“两个确保”专项执法检查活动，督促28.8万户用人单位办理了社会保险登记，涉及职工1 270万人，督促15.8万户用人单位缴纳养老、失业保险费56.6亿元，责令2 569户用人单位为17.9万名下岗职工补发基本生活费5 173.4万元。各地劳动保障监察机构深入开展巡视监察、举报专查、劳动保障年检等执法活动，全年共立案查处违反劳动保障法规案件20.8万件，其中查处群众举报案件9.1万件。全年年检用人单位88.5万户。通过监察执法，责令用人单位为431.6万名劳动者补签劳动合同，退还向劳动者非法收取的风险抵押金1亿元，补发劳动者工资等待遇10.6亿元；取缔非法职业中介机构4 821户。到年底，全国组建劳动保障监察机构3 091个，配备劳动保障监察员4万人。

1999年劳动和社会保障工作有以下几个特点：

1. 党中央、国务院高度重视劳动保障工作，提出了明确的目标任务和工作要求。

江泽民总书记在内蒙古和湖北考察期间，专门视察了包头的企业再就业服务中心和武汉劳动力市场，在主持召开5个大区国有企业改革座谈会时，都要求将两个确保问题作为促进国有企业改革的重要措施统筹研究。李鹏委员长主持召开全国人大常委会会议，专门听取两个确保工作的汇报。1999年1月，国务院召开国有企业下岗职工基本生活保障和再就业工作会议，朱镕基总理和吴邦国副总理出席会议并作重要讲话。朱镕基总理指出，党中央、国务院确定的国有企业职工下岗分流、减员增效和实施再就业工程是一项大政策，是国有企业改革成败的一个重要条件，也是保持社会稳定的重要举措。他明确要求，地方财政要在预算中打足国有企业下岗职工基本生活保障资金，按照“三三制”原则落实下岗职工基本生活保障资金；下岗职工必须进中心，再就业后必须解除与原企业的劳动合同；要通过扩大覆盖面、努力提高收缴率、积极稳妥地推进省级统筹等措施，确保企业离退休人员基本养老金按时足额发放，同时做好养老保险行业统筹移交地方管理后的有关工作；积极稳妥地推进城镇职工基本医疗保险制度改革。会后，国务院办公厅发出《关于进一步做好企业离退休人员基本养老金按时足额发放和国有企业下岗职工基本生活保障工作有关问题的通知》(国办发〔1999〕10号)，进一步明确了目标任务和政策措施。年初，国务院发布了《社会保险费征缴暂行条例》和《失业保险条例》，对社会保险覆盖范围、社会保险费征缴制度和程序、用人单位及其职工的法律责任等作出了明确规定，为扩大社会保险覆盖面，加强基金征缴，巩固两个确保提供了法制保障。7月，中央在分析当前经济形势的基础上，作出了提高下岗职工基本生活保障、失业保险金、离退休人员养老金以及城镇居民最低生活保障的待遇标准，一次性补发过去拖欠的企业离退休人员养老金的重大决策。9月，党的十五届四中全会作出的《关于国有企业改革和发展若干重大问题的决定》，明确提出了加快形成市场导向的就业机制、独立于企业之外的社会保障体系和现代企业工资收入分配制度的劳动保障目标任务。1999年中央领导同志关于劳动保障工作的批示达130多件。各地党委、政府坚决贯彻党中央、国务院的重大决策，把两个确保作为“一把手”工程，投入了大量精力。各级党委、政府对劳动保障工作的高度重视和坚强领导，是我们顺利完成两个确保工作任务的重要保证。

2. 采取得力措施解决重点、难点问题，两个确保继续得到巩固。

1999年是两个确保的第二年，随着建中心、进中心工作的逐步到位和两个确保筹资渠道的形成，两个确保在制度上和机制上有了保证。但相应地，一些困难行业、困难地区、困难企业的问题更加突出，而且解决起来难度更大，成为两个确保的重中之重，难中之难。面对1999年大事、喜事、难事接连不断的历史环境，对做到两个确保、保持社会稳定提出了更高的要求。对此，各级党委政府以高度的政治责任感，把两个确保作为一项政治任务和硬指标来完成。劳动保障等部门全力以赴，采取有力措施，加大工作力度，狠抓两个确保资金的落实，突出解决困难地区、困难行业和困难企业的两个确保问题。在保障下岗职工基本生活方面，中央财政支持下岗职工基本生活保障资金共计90亿元，其中用于补助困难地区的专项转移支付50亿元，用于中央企业下岗职工基本生活保障的资金15亿元。在各级财政的大力支持下，一些中央企业和首钢等外埠企业的下岗职工基本生活保障问题得到了较好的解决。针对煤炭、有色等部分困难行业确保养老金发放的资金缺口问题，中央财政专项补助了50.86亿元。在对煤炭、有色、邮电、电力、铁道、军工等困难行业和新疆兵团、华侨农场的养老保险基金收支缺口进行测算的基础上，中央决定，从1999年10月开始，由中央财政每年按83.7亿元的规模，对地方养老保险基金给予专项补助，从根本上解决了这些行业和单位的养老金发放问题。除此以外，总结本溪煤矿经验，对破产、关闭企业职工采取一次性安置的办法，探索了破产、关闭企业职工安置和养老金发放的途径。两个确保重点、难点问题的有效解决，有力地保证了两节、两会、社会敏感期、建国50周年大庆以及迎接澳门回归等重要时期的社会稳定。

3. 认真贯彻两个条例，社会保险扩面征缴工作取得突破性进展。

以贯彻两个条例为契机，劳动保障部及时召开社会保险扩面征缴工作电视电话会议，提出了奋战二季度，基本实现社会保险全覆盖，社会保险费征缴率达到90%以上的工作目标，并将目标任务分解到地方。为配合这项工作的开展，劳动保障部及时制定了《社会保险登记管理暂行办法》《社会保险费申报缴纳管理暂行办法》和《社会保险费征缴监督检查办法》3个配套规章，组织开展了社会保险宣传活动，开展了社会保险扩面征缴执法大检查。针对企业欠费严重的问题，劳动保障部直接掌握了229户欠费千万元以上的企业情况，建立了欠费大户档案制度，并会同国家经贸委、财政部联合下发了清理追缴企业欠费的通知，举办了1 000万元以上欠费大户培训班，在第四季度掀起了清理追缴欠费的高潮。各地社会保险经办机构和劳动保障监察机构协调行动，有关部门积极配合，通过督促检查、工商年检和新闻曝光等多种措施，推动社会保险扩面征缴工作的开展。在上半年工作进展不理想的情况下，及时总结经验教训，在8月份全国劳动保障厅局长会议上，对下半年扩面征缴工作进行再动员、再部署，各地发扬连续作战、顽强拼搏的精神，使社会保险扩面工作取得突破性进展。到年底，参加基本养老保险的人数达到9 502万人，比上年增加了1 026万人，参加失业保险的人数达到9 852万人，比上年增加了1 925万人，扭转了养老、失业保险参保人数连续两年下降的局面。全年基本养老保险基金收入1 813亿元，收缴率为91.5%，较上年增收354亿元。全年失业保险基金征收125亿元，较上年增加57亿元。

4. 认真贯彻中央关于经济工作的部署，按时完成提高社会保障待遇水平工作。

为落实中央12号文件关于提高社会保障待遇水平工作的部署，劳动保障部在8月份召开全国劳动保障厅局长座谈会，提出了具体要求。在时间短、资金压力大、工作任务重的情况下，各级劳动保障部门在党委、政府的领导下，紧急行动起来，抓紧进行测算，多方筹集资金，倒计时安排工作，逐日调度进展情况。由于贯彻执行中央决策态度坚决，方案周密，措施得力，按时为近600万下岗职工、80多万失业人员和2 700多万企业离退休人员调整了待遇水平。国有企业下岗职工基本生活保障标准月人均增加86元，失业保险金月人均增加44元，企业离休人员养老金月人均增加145元，退休人员养老金月人均增加60元。中央财政还一次性补发过去拖欠的养老金83亿元。同时，各地按照中央文件精神，指导企业做好调整职工工资工作。提高社会保障待遇标准工作的按时完成，对于落实党和政府对广大人民群众特别是中低收入居民的关怀，进一步加大实施积极财政政策的力度，拉动消费，启动内需，加快结构调整，稳步推进改革，保持社会稳定，起到了积极的作用。这项工作的按时完成，受到了中央领导同志的充分肯定和广大人民群众的衷心拥护。

5. 立足当前，着眼长远，对一些重大问题进行了前瞻性研究和探索。

各级劳动保障部门在工作任务异常繁重的情况下，加强了调研工作。为督促推动工作，劳动保障部领导先后四次集中调研，研究有关政策，听取地方的意见；地方劳动保障部门的领导也经常深入困难企业调查研究，逐个解决难点问题，及时处理突发事件。按照党的十五届四中全会关于劳动保障工作的总体要求，劳动保障部专门成立了完善社会保障体系和工资收入分配制度研究小组，加强了对市场导向的就业机制、独立于企业之外的社会保障体系、现代企业工资收入分配制度等重大问题的前瞻性研究，提交了《社会保障体系基本架构、成本和筹资方式问题研究报告》和《国有企业工资收入分配问题研究报告》。在6月份召开的劳动力市场建设会议上，劳动保障部提出了下岗职工基本生活保障向失业保险并轨“三个阶段”的设想：第一阶段为双轨阶段，下岗职工进入再就业服务中心，失业人员进入劳动力市场。这一阶段的主要任务是按国有企业改革和脱困的三年目标，进一步做好国有企业下岗职工基本生活保障和再就业工作，继续贯彻鼓励兼并、规范破产、下岗分流、减员增效和实施再就业工程的方针，初步解决计划经济体制遗留的富余人员问题。第二阶段为转轨阶段，企业新的裁员或精减一般通过终止、解除劳动合同的方式直接走向劳动力市场，暂不能就业的按规定享受失业保险待遇。此前已进中心尚未实现再就业的下岗职工，继续由再就业服务中心保障基本生活，直至协议期满全部出中心。第三阶段为并轨阶段，在最后一批下岗职工协议期满全部出中心之后，就完全转入通过市场机制进行劳动力结构调整的阶段。在这一阶段，所有失业人员，包括企业新的裁员和协议期满出中心的下岗职工，都全部进入劳动力市场，实现下岗职工基本生活保障制度与失业保险的并轨。在具体实施过程中，各地可以根据实际情况确定并轨的时间表，东南沿海等经济发达地区先行一步，全国大约在2003年底实现并轨。这一研究成果得到了各方面的普遍认同，并产生了广泛的社会影响。各地也结合工作实际，开展了大量的调查研究和试点工作，为推进劳动保障制度改革提供了实践经验。

6. 坚持两手抓、两手都要硬的方针，政治和业务工作双促进。

劳动保障部门按照中央的统一部署，在处以上干部和各级领导班子中集中开展了以“讲学习、讲政治、讲正气”为主要内容的三讲教育，广大干部特别是领导干部的思想和工作作风明显改进。在反对美国霸权主义、“法轮功”邪教组织和李登辉分裂祖国的三项政治斗争中，劳动保障部门始终同党中央保持高度一致，广大干部职工的政治敏感性和讲政治的自觉性进一步增强。全系统还开展了以“优美环境、优良作风、优质服务”为主要内容的“三优”文明窗口创建活动，劳动保障部门的精神面貌有了进一步的改观。

劳动和社会保障
重要文献

一、党和国家领导人关于劳动和社会保障工作的重要讲话

关系国有企业改革成败的一项大政策

——在国务院召开的国有企业下岗职工基本生活保障和再就业工作会议闭幕时的总结讲话

朱镕基

（1999年1月13日）

这次会议开得很好，很及时。做好国有企业下岗职工基本生活保障和再就业工作，是由我们党全心全意为人民服务的根本宗旨所决定的，直接关系到广大职工群众的切身利益，关系到保证改革开放和经济建设稳定发展的大局。各级党委、政府和有关部门要高度重视，坚定信心，扎实工作，继续狠抓落实，确保国有企业下岗职工基本生活，确保企业离退休人员养老金按时足额发放。下面，我讲几点意见。

一、做好国有企业下岗职工基本生活保障和再就业工作，是实现国有企业改革和脱困目标的重要环节。关于国有企业改革的方针政策，党的十四大、十五大都做了明确的决定。江泽民同志在十五届一中全会上明确提出，要用三年左右的时间，通过改革、改组、改造和加强管理，使大多数国有大中型亏损企业摆脱困境，大多数国有大中型骨干企业初步建立现代企业制度。这个目标不能动摇。去年是国有大中型亏损企业三年解困的第一年，由于亚洲金融危机的冲击，国内又遭受历史罕见的洪涝灾害，给国有企业的生产经营造成不利影响。但从总体上讲，国有企业的税收仍完成得不错，一些国有企业开始走出困境。现在，国家经贸委会同各省（区、市）和有关部门，正在拟定脱困的企业名单。名单一经确定，上下要狠抓，国家的扶持政策要向这些企业倾斜。只要各方面共同努力，这个目标就一定能够实现。

实现党中央、国务院关于国有企业改革和脱困的目标，重点要抓好三方面的工作。一是制止重复建设，特别是工业的重复建设，继续调整压缩多余的、落后的生产能力。二是建立社会保障体系，把下岗职工的基本生活保障和再就业工作搞好。三是政企分开，强化对企业的监督，加强领导班子建设。

这里我着重讲一下社会保障问题。目前国有企业普遍人多，不解决这个问题，就无法进行现代企业制度改革。减员增效，这是国际上的通行做法。办好企业，必须严格控制人工成本。我们实行劳动合同制十几年了，绝不能再吃“大锅饭”。企业富余人员减下来，才能减轻企业负担，降低生产成本，加快技术进步，提高生产效率，增强企业的市场竞争能力，从而为扩大就业提供更强大的物质基础。但是，减人必须有社会保障体系。职工在企业工作了多年，对企业很有感情，企业对下岗职工不能撒手不管，要考虑他们的生活问题，解决其后顾之忧，不能让职工感到前途未卜。减下来的人不安置，就会引发社会不稳定。国有企业下岗职工基本生活保障和再就业，是根据我国目前国情建立的社会保障体系的重要组成部分。这种基本生活保障制度，与失业、养老、医疗保险制度以及城镇居民最低生活保障制度等，共同组成具有中国特色的社会保障体系。当然，这只是一种过渡性的保障体系，还要进一步规范化。我们既不能照搬国外的做法，也不能沿用计划经济的办法，只能根据现阶段的实际情况，制定适合中国国情的政策措施。因此，党中央、国务院确定的国有企业职工下岗分流、减员增效和实施再就业工程是一项大政策，是国有企业改革成败的一个重要条件，也是保持社会稳定的重要举措。

二、地方财政要在预算中打足国有企业下岗职工基本生活保障资金。下岗职工基本生活保障资金要坚持实行企业、社会、财政各负担三分之一的办法。企业要对下岗职工负责到底，绝不能对减下来的人撒手不管。对于有困难的企业，要调查它的负担能力。确有负担能力但拒绝出资，经过教育仍不改正的，要追究企业主要领导人的责任。社会筹集部分，主要是依靠社会保险金。各地要加强社会保险费的收缴，保证社会筹集资金到位。地方财政负担的三分之一，以及对企业、社会筹集不足的部分，地方财政要给予保证。去年中央在这方面补助了地方一百一十亿元，其中基本生活费七十亿至八十亿元。各地财政今年一定要调整预算支出结构，优先、足额安排下岗职工基本生活保障资金。从现在了解的情况看，一些地方的资金安排与实际需要相差很大，这要引起高度重视。社会保障体系是社会主义市场经济体制的重要组成部分，做好社会保障工作是政府的重要职责。什么叫政府转变职能？转变职能的重要内容之一，就是政府不能再热衷于上项目了，而要为企业的公平竞争和社会经济的健康发展创造一个稳定和有利的环境。对于少数困难地区，按国家规定执行确有困难的，中央财政可通过转移支付的办法给予一定的支持。

三、下岗职工必须进“中心”，再就业后必须解除与原企业的劳动合同。现在下岗职工的劳动关系非常复杂，有的职工下了岗，却不愿意进再就业服务中心；进了“中心”的，还有人不与“中心”签订协议；有的下岗后找到了稳定的工作，却不与原单位解除劳动合同，一方面干自己的工作，一方面到“中心”领生活费。这些问题必须解决。

下岗职工进了“中心”以后，在“中心”期间不解除劳动合同，但必须与“中心”签订新的协议。按现在的文件规定，“中心”应该与下岗职工签订基本生活保障和再就业协议，明确双方的责任、权利和义务，并相应变更劳动合同。

国有企业下岗职工要即时进“中心”。凡是进了“中心”的，就要发给基本生活费，由“中心”代缴社会保险费，不进“中心”的不能享受这种保障。下岗职工实现再就业的，要与原企业解除劳动合同，与新单位重新签订劳动合同。下岗职工在“中心”三年期满后仍未就业的，也要解除与企业的劳动合同，领取失业保险金。

四、确保企业离退休人员基本养老金按时足额发放，不准再发生新的拖欠。目前只要求不准发生新的拖欠，对过去拖欠的养老金，能补发多少就补发多少，根据承受能力，逐步予以补发。关键措施有以下三条：

第一，必须扩大覆盖面。现在，大多数外商投资企业、私营企业都没有纳入养老保险的统筹范围。今年扩大覆盖面的重点是外商投资企业、私营企业。各种所有制企业都要参加养老保险，不能例外。必须明确，在社会保险方面不能有不缴费的所谓“优惠政策”，要一视同仁。外商投资企业参加社会保险，这是国际惯例。各地要认真抓好这项工作，每个城市都要去落实。劳动保障部今年要着重检查这项工作，上半年力争到位。

第二，努力提高收缴率。各级政府要像抓税收一样抓社会保险费的收缴。要坚决清理和追缴企业的欠费，不允许缓缴社会保险费，要依法办事，严格执法。对有钱不缴的企业要予以新闻曝光。当然，对亏损严重、尽了最大努力而确实无力缴纳的企业，可以酌情处理。

第三，积极稳妥地推进养老保险金省级统筹。建立省级统筹、进行基金的适度调剂，是为了解决地市之间基金结余不平衡问题，确保省级范围内养老金的按时足额发放。但是，要特别强调，省级统筹绝不能搞一平二调，鞭打快牛。省里要制定科学合理的基金调剂使用的考核指标体系和考核办法，严格考核地市的覆盖面、收缴率和控制待遇水平的情况。考核指标完不成的城市，即便资金有缺口，也不能进行调剂，不能坐等吃省里的“大锅饭”。除此之外，地市还有资金缺口的，可以采取地市间借款、有偿使用的办法解决。省级统筹要发挥省和地市两个积极性，鼓励地市多收缴、多结余。当年地市上缴调剂金后的结余基金，由地市管理和使用。同时,对省一级来讲,不能一方面留着大量结余资金,一方面又向中央要钱。

五、做好养老保险行业统筹移交地方管理后的有关工作，坚决制止和纠正职工提前退休。去年八月，实行行业养老保险统筹的企业都如期移交地方管理。行业统筹下放的目的之一，是为了解决地方的困难。当前要做好三方面的工作。一是尽快将下放前行业结余的基金移交到位。按 1997 年底的决算数，结余基金该上缴中央财政专户的，要全部上缴；该移交给地方的，要全部移交；应移交地方但已上调的资金，要如数退还给地方，不能让地方吃亏。对原行业结余基金的使用、移交情况，审计署要组织一次专项审计，财政部、劳动保障部参加，清查核实，查出问题的，要分清责任，严肃处理。二是原则上不降低行业统筹下放的企业离退休人员待遇。行业所属企业离退休人员的待遇比地方高一些，是历史原因形成的，要承认这个现实，原则上不降低这些人的待遇。高出的这部分待遇，属于统筹项目以内的，由地方养老保险基金支付；属于统筹项目以外的，由企业负责支付，当然，煤炭等个别行业保险基金支付困难的企业，资金差额也由中央财政补助，不能增加地方的负担。三是坚决纠正提前退休。有少数行业在养老保险统筹移交地方之前，突击办理职工提前退休，据说最年轻的只有二十四岁，这简直到了荒唐的程度。职工提前退休的问题，不只是中央几个行业有，地方也有。这样大规模地办理职工提前退休，把退休制度搞乱了，后患无穷。各地、各有关行业主管部门要根据国家关于企业职工退休条件的规定，对 1998 年 1 月 1 日以后突击提前退休的情况进行认真清理，分别妥善处理；要严格按照国家的规定执行，地方搞的地方自己纠正，中央行业搞的中央行业纠正，即使现在企业已经下放了，也要纠正。

六、积极稳妥地推进城镇职工基本医疗保险制度改革。城镇职工基本医疗保险制度改革是关系职工切身利益和社会稳定的一个重要问题。今年医疗保险制度改革的任务，是要在一年内把基本制度建立起来，时间非常紧。各级党委和政府，尤其是主要领导同志，要认真抓好这件事。

七、坚定信心，扎实工作，狠抓落实。今年社会保障工作任务艰巨，难度不小，责任重大。现在，中央关于“两个确保”的政策已深入人心，得到社会各界的普遍关注和广泛支持，受到企业广大职工和离退休人员的拥护。各级党委和政府要继续把“两个确保”工作当做一件大事抓紧抓好，主要领导要亲自抓、负总责，一级抓一级，层层抓落实，把“两个确保”的政策落到实处。劳动保障部门要加强与经贸、财政和工会等部门的密切合作，不推诿、不扯皮，加强协调，共同做好工作。

现在春节临近，各地在做好下岗职工基本生活保障和再就业工作，按时足额发放企业离退休人员养老金的同时，要特别关注城乡的社会稳定问题。要切实改进工作作风，深入基层，体察民情，关心群众生活。对于出现的一些矛盾和问题，要做好深入细致的思想政治工作，及时化解和正确处理人民内部矛盾，保证大家过一个欢乐、祥和、喜庆的新春佳节。

在纪念《劳动法》颁布五周年座谈会上的讲话

· 尉健行

（1999年7月5日）

今天，劳动和社会保障部、国家经贸委、全国总工会在这里联合召开纪念《劳动法》颁布五周年座谈会，总结工作，交流经验，根据新的形势任务，提出进一步推动《劳动法》贯彻实施的要求。刚才，左已、斯林、俊九和法律专家、基层单位的同志都发表了很好的意见。

《劳动法》是新中国成立以来第一部以保护劳动者合法权益为宗旨，全面规范调整劳动关系的基本法律。它的颁布实施，标志着我国劳动法制建设进入了一个新的阶段。五年来，各级党委、人大、政府及劳动和社会保障、经贸委等有关部门和工会组织，以党的基本理论、基本路线和十五大精神为指导，从坚持党的全心全意为人民服务的宗旨和贯彻落实全心全意依靠工人阶级方针的根本要求出发，紧紧地与深化企业改革、建立现代企业制度相结合，积极推进《劳动法》的贯彻实施，取得了很大的成绩。围绕贯彻实施《劳动法》，各地广泛深入地开展《劳动法》的宣传教育活动，增强广大干部职工和企业经营者的劳动法律意识；积极研究和制定与《劳动法》相配套的法律法规，推进劳动法律体系建设；普遍实行劳动合同制度，规范企业的用工行为；大力推行平等协商、集体合同制度，努力落实劳动标准，维护职工的劳动权利和经济利益；坚持以职工代表大会为基本形式的职工民主参与、民主管理和民主监督制度，民主评议企业领导人员，实行厂务公开，维护职工的主人翁地位和政治权利；初步建立养老、医疗、失业等劳动保险制度，逐步形成社会保障体系；加快新经济组织组建工会步伐，维护职工参加和组织工会的权利；建立健全企业劳动安全管理制度，保护职工身体健康和生命安全；加强行政执法和法律监督，积极调处劳动争议，等等。这些工作的有效开展，对于保护劳动者的合法权益，调整劳动关系，建立和完善适应社会主义市场经济的劳动制度，促进经济发展和社会进步，都发挥了重要作用。同时，我们也要清醒地看到，《劳动法》的宣传教育还不够深入，与《劳动法》相配套的法律法规还不完备，劳动关系的协调机制尚不健全，在有些地方和单位有法不依、执法不严和严重侵犯职工合法权益的现象还时有发生。特别是一些非公有制企业，不与职工签订劳动合同，或虽然签订了合同，但内容明显违反国家的法律法规；阻挠职工参加和组织工会；任意延长工作时间，压低、克扣或无故拖欠工人工资；以野蛮手段对待工人，甚至侮辱、体罚工人；漠视劳动安全卫生，工伤事故频繁，以至不断发生重大伤亡事故。对这些严重的违法行为，必须坚决依法处理和纠正。可以看出，贯彻实施《劳动法》的任务仍然十分艰巨。我们必须从实际出发，进一步加大贯彻实施力度，努力把这项工作推向前进。

当前，我国改革进入攻坚阶段，发展处于关键时期。党的十五大提出，公有制为主体、多种所有制经济共同发展，是我国社会主义初级阶段的一项基本经济制度；要用三年左右的时间，使大多数国有大中型亏损企业摆脱困境，大多数国有大中型骨干企业初步建立现代企业制度；到2010年，要建立比较完善的社会主义市场经济体制，保持国民经济持续快速健康发展。随着社会主义市场经济的发展，所有制结构的调整和完善，公有制实现形式的多样化和非公有制经济的迅速发展，给经济关系特别是劳动关系带来深刻的变化。深化国有企业改革，对国有经济进行战略性调整和对国有企业进行战略性改组，建立现代企业制度，要求在理顺国家与企业关系的同时，必须理顺企业与职工的关系，建立适应社会主义市场经济要求的新型劳动关系。实施依法治国方略，建设社会主义法治国家，必然要求进一步健全和完善社会主义劳动法律体系，依法规范和调整劳动关系。所有这些，既给贯彻实施《劳动法》的工作带来新的机遇，也带来许多新情况和新问题，提出了新的更高的要求。我们必须站在全局的高度，迎难而上，开拓前进，进一步推动《劳动法》的贯彻实施，建立更加稳定协调的劳动关系，更好地为深化改革、促进发展、维护稳定服务。

进一步贯彻实施《劳动法》，就必须不断提高对其重要性的认识，切实加强领导。江泽民同志最近反复强调，实现、维护和发展最广大人民群众的利益，是改革和建设的根本出发点，始终是我们最大最重要的政治。我们一定要按照江泽民同志的指示精神，坚持党的全心全意为人民服务的宗旨，努力推动全心全意依靠工人阶级方针落实到基层。必须看到，贯彻实施《劳动法》，是切实维护职工的劳动权利、经济利益和政治权利，调动广大职工群众的积极性和创造性，投身改革开放和现代化建设的重要措施，是在劳动领域贯彻实施依法治国方略的重要方面。各级党委、人大和政府要高度重视，纳入重要议事日程，切实加强领导。各级劳动和社会保障部门、经贸委、工会等有关方面要各司其职，密切配合，相互支持，形成合力。企业经营者要进一步增强法律意识，严格依法办事。要引导广大职工学法、守法、用法，依法规范自己的行为，保护自身的合法权益，不断增强主人翁意识，充分发挥主力军作用。

进一步贯彻实施《劳动法》，就必须与当前的改革特别是国有企业改革紧密结合，从体制、机制、制度等方面解决维护职工合法权益存在的现实问题。要通过贯彻实施《劳动法》，推动企业深化改革，建立现代企业制度，建立健全劳动用工、工资分配、劳动保险和劳动安全等制度，建立和完善调整劳动关系的有效机制。这些都应该是现代企业制度的题中应有之义和内在要求。贯彻实施《劳动法》，首先要在解决职工群众最关心的问题上下功夫，努力做好下岗职工基本生活保障和再就业工作。各级党政工领导同志要站在讲政治的高度，充分认识这项工作直接关系到职工的切身利益，直接关系到党的全心全意依靠工人阶级方针的贯彻落实，直接关系到国有企业改革的成败，直接关系到社会政治的稳定，一定要认真负责、满腔热情地做好工作。要落实好国有企业下岗职工基本生活保障、失业保险和城市居民最低生活保障“三条保障线”的要求，确保下岗职工基本生活，确保企业离退休人员养老金按时足额发放。要加强职工的职业培训，广开就业门路，引导职工转变择业观念，千方百计地帮助下岗职工实现再就业。要深化养老、失业、医疗等保险制度改革，扩大社会保险覆盖范围。

进一步贯彻实施《劳动法》，就必须采取有力措施，切实维护好职工群众的劳动权利、经济利益和政治权利。实现好、维护好、发展好职工群众的合法权益，引导好、保护好、发挥好职工群众的积极性，并把这种积极性引导到搞好企业的改革、发展和稳定上来，努力完成党和政府提出的各项任务，是我们贯彻实施《劳动法》的根本目的所在。要继续大力推行平等协商、集体合同制度，并以集体合同规范劳动合同，进一步调整和理顺劳动关系，维护好职工群众的劳动权利和经济利益。困难企业必须把兼并破产、下岗分流、减员增效过程中分离出来人员的生活和工作安置好作为集体合同的重要内容。所有企业都必须把职工群众最关心的劳动权利问题作为集体合同的重点。要继续大力推行厂务公开，坚持和发展职工代表大会制度，以此保证职工群众在企业的主人翁地位，维护好他们民主参与、民主管理、民主监督的政治权利。要进一步建立健全劳动争议调解、仲裁组织和制度，积极有效地开展劳动争议的预防和处理工作，努力把矛盾解决在基层，化解在萌芽状态，防止并妥善处理各种群体性事件，维护社会政治的稳定。

进一步贯彻实施《劳动法》，就必须切实加强行政执法和法律监督工作。加强行政执法和法律监督工作，是《劳动法》有效贯彻实施的重要手段和保证。必须坚持立法与监督并重的指导原则，从体制、机制、制度等方面研究解决加强行政执法和法律监督方面的问题。要把人大监督、司法监督、行政监督、职工群众监督和社会舆论监督等很好地结合起来，建立和完善多层次的劳动法律监督体系，形成相互配合、优势互补的工作格局。其中，政府部门的行政执法和劳动监察至关重要，它是国家行政机关的监督检查，是劳动者合法权益最直接最有效的法律保障手段，必须采取有效措施，使这项工作真正得到加强；工会劳动法律监督是最广泛的群众性监督，是工会代表和维护职工合法权益的一个重要途径和手段，它能够及时发现和反映违反劳动法律法规的行为，有利于把问题解决在基层和萌芽状态，同样必须进一步得到加强。各级行政执法部门和司法机关，对那些严重侵犯职工合法权益，侵犯职工人身权利和危及职工生命安全的行为和责任者，必须严肃查处，依法追究其责任。

进一步贯彻实施《劳动法》，就必须加快劳动和社会保障法律体系的配套与完善，把劳动与社会保障工作逐步纳入法制化的轨道。随着社会主义市场经济体制的建立和企业改革步伐的加快，迫切需要建立一套具有中国特色的比较完备的劳动和社会保障法律体系。要加快与《劳动法》相配套的《劳动合同法》《社会保险法》《集体合同法》及劳动安全卫生等其他方面法律法规的立法进程。要积极推进建立由政府有关部门、工会和企业方面的代表组成的劳动关系三方协调机制，协商解决劳动关系方面的重要问题。

同志们，贯彻实施《劳动法》，是全党、全社会的共同任务。让我们高举邓小平理论伟大旗帜，更加紧密地团结在以江泽民同志为核心的党中央周围，深入贯彻党的十五大精神，进一步贯彻实施《劳动法》，切实维护广大职工的合法权益，调动广大职工的积极性和创造性，为深化改革、促进发展、维护稳定作出新的更大的贡献！

发扬成绩　再接再厉
为改革发展稳定大局作出新的贡献

——在国有企业下岗职工基本生活保障和再就业工作会议上的工作报告

吴邦国

（1999年1月12日）

这次会议，是今年国务院召开的第一个全国性工作会议，十分重要。会议的主要任务是，全面总结去年国有企业下岗职工基本生活保障和再就业工作会议以来的成绩和经验，分析新形势，研究和部署今年的工作。朱镕基总理要作总结讲话，我们要认真学习、坚决贯彻。下面，我讲三个问题。

一、确保国有企业下岗职工基本生活和企业离退休人员养老金按时足额发放的工作，取得了很大成绩

去年5月，中共中央、国务院召开了国有企业下岗职工基本生活保障和再就业工作会议，江泽民总书记、朱镕基总理都作了重要讲话，为我们指明了工作方向和任务。随后，下发了《中共中央国务院关于切实做好国有企业下岗职工基本生活保障和再就业工作的通知》（中发〔1998〕10号），明确了主要方针和政策措施。去年7月，经国务院批准，劳动保障部又召开了全国养老保险和再就业服务中心建设工作会议，进一步明确了建立再就业服务中心、确保养老金按时足额发放和养老保险行业统筹移交地方管理三项工作的目标。在各级党委、政府的重视和领导下，各级劳动保障部门紧急动员，努力工作，各级经贸、财政等部门和工会组织大力配合，“两个确保”工作在第三季度取得明显进展，第四季度又得到进一步加强。从去年5月到现在，仅半年多一点的时间，在问题积累比较多、资金准备不足、困难比较大的情况下，这几项工作都取得了突破性进展。这与去年上半年许多国有企业下岗职工基本生活没有保障和企业离退休人员养老金拖欠严重的状况相对比，可以说是发生了很大变化。主要表现在以下三个方面：

一是国有企业下岗职工基本生活保障和再就业工作普遍加强。目前，有下岗职工的国有企业都建立了再就业服务中心或代管机构，为保障下岗职工的基本生活和促进再就业奠定了坚实的组织基础。到1998年底，全国共有国有企业下岗职工610万人，其中99%进入了再就业服务中心；在进“中心”的下岗职工中，有93.2%基本生活得到了保障，有80.5%签订了基本生活保障和再就业协议。去年，共有609万国有企业下岗职工实现了再就业，下岗职工再就业的比例为50%。

二是企业离退休人员养老金发放工作得到明显改进。1998年6月份以后，大量拖欠企业离退休人员养老金的势头得到遏制，按时足额发放比例逐月上升，9月份以后发放率都在99%以上，基本未发生新的拖欠，而且，全年还补发历年拖欠的养老金30亿元。据劳动保障部统计，在全国继上海、北京、福建3个地区全部补清过去拖欠的养老金之后，12月份又有广西、浙江、宁夏、江西4个地区全部补清了过去拖欠的养老金；在养老保险行业统筹移交地方管理的11个行业中，民航、交通、邮电、水利、石油、金融6个行业没有拖欠养老金，铁道、电力全部补清了过去拖欠的养老金。

三是养老保险行业统筹移交地方管理如期实现。去年8月份，按期完成了11个行业养老保险统筹移交地方管理的工作，为解决条块分割的矛盾、加强养老保险统一管理奠定了基础。绝大多数地区能够从大局出发，按时接管，确保发放。到去年年末，已有广东、浙江、江苏、天津等25个省、自治区、直辖市基本做到了按时足额发放。重庆等省市在接管后资金存在缺口的情况下，能够克服困难，积极筹措，并动用积累，保证了足额发放。现在，只有6个省仍存在拖欠行业企业离退休人员养老金的情况。

从目前情况看，导致国有企业亏损的一个重要原因是富余人员太多。企业要扭亏增效，就必须把富余的人员减下来，否则没有出路。朱镕基总理在辽宁视察时指出："实行下岗分流，减员增效，本身就是国有企业改革的一项大政策。"同时，下岗职工全部进入"中心"，切实保障他们的基本生活，确保养老金的按时足额发放，保持职工队伍的稳定，这也是实现社会稳定的一项大政策。实践证明，"两个确保"的工作对推进国有企业改革和发展，维护社会稳定，确实发挥了积极的促进作用。

这些成绩的取得，确实来之不易，其原因主要有以下几个方面：

一是以江泽民同志为核心的党中央高度重视。江泽民同志多次强调，国有企业下岗职工基本生活保障和再就业工作，事关经济发展、社会稳定和国家长治久安的大局，一定要高度重视，切实抓紧抓好。朱镕基总理要求，各级党政一把手要亲自抓，负总责，一级抓一级，层层抓落实。总书记和总理在全国各地视察时，每到一处，都详细询问下岗职工和企业离退休人员的生活状况，关心"两个确保"工作的进展。由于党中央、国务院的高度重视，果断决策，周密部署，各级层层抓"两个确保"的工作局面迅速形成。在去年亚洲金融危机冲击和遭受特大洪灾、财政比较困难的情况下，中央财政除拿出16多亿元用于中央所属企业下岗职工的基本生活保障外，还拿出110亿元支持地方的"两个确保"工作。实践证明，党中央、国务院的决策是完全正确的。与周边一些国家经济和社会动荡、政权不稳的情况相比，我们就会更加深切地体会到这一点。

二是各级党委、政府认真贯彻中央决策。去年5月会议以后，各级党委、政府迅速统一思想，明确工作任务，并根据中发〔1998〕10号文件的要求，结合实际，及时出台了贯彻实施的办法，普遍形成了党政"一把手"负责的工作机制，确定了目标责任。不少地区层层签订责任书，按月按旬抓工作进度；党政负责同志深入基层调研，认真了解情况，召开专门会议，及时提出解决问题的办法；克服了许多困难，千方百计筹措"两个确保"的资金。一些地区党委、政府在解决进"中心"、出"中心"的问题上，既坚持原则，不为少数人闹事而动摇，又注意做好耐心细致的思想政治工作和生活保障工作，认真落实了中央的方针政策，有力地推进了这项工作的深入展开。这说明，只要坚定不移地执行中央的决定，扎扎实实地工作，就一定能够取得应有的成效。

三是各有关部门积极配合，全社会共同参与。各级劳动保障、经贸、财政、工商、税务等部门紧密配合，既分工负责，又通力协作。社会各界也给予了极大的支持和帮助。比如，各级工会组织积极参与再就业工程，关心和帮助下岗职工；各级共青团组织开展“兴业领头人”活动；各级妇联开展“巾帼创业”活动；各民主党派和工商联发挥自身优势，提出很多好的建议，在组织再就业培训、积极推动非公有制企业吸纳下岗职工方面，做了大量工作。各新闻媒体也做了不少卓有成效的宣传工作，为提高全社会的认识，促进下岗职工转变观念，发挥了积极作用。

四是劳动保障部门积极努力。去年5月会议以后，特别是提出7、8、9三个月必须实现按时足额发放养老金、养老保险行业统筹移交地方管理、下岗职工全部进“中心”的三项目标后，各级劳动保障部门的同志全力以赴，以高度的政治责任感和饱满的工作热情投入工作。在短时间内完成这样重的任务，困难的确很大，但劳动保障部门的同志能够做到顾大局、识大体，坚决执行中央决策，尽最大努力去完成任务。在去年遭受特大洪水时，湖北省受灾最严重的公安、监利两个县劳动保障部门的同志划着小船，在大堤上设立养老金临时发放点；黑龙江省佳木斯市劳动保障部门的同志上门服务，到因洪灾迁移的企业，为离退休人员发放养老金。这些都体现出劳动保障部门的同志对工作的高度负责精神和为职工群众热情服务的思想，要很好地发扬光大。

我们还高兴地看到，广大下岗职工能够体谅国家的困难，自觉转变择业观念，自强自立，在国家政策扶持下，走自主创业之路。他们中有的克服各种困难，自谋职业；有的刻苦学习新技能，开创新事业；有的彻底转变观念，投身于社区服务；有的不但自己实现了再就业，还带动一批下岗职工共同实现再就业。各地都涌现出一批先进典型。如湖南省湘潭市有位纺织女工，下岗不失志，积极再就业，先后卖过小菜，摆过地摊，还学会了驾车，最后在养猪业上扎了根。她刻苦学习养猪技术，用辛勤的汗水换来了丰硕成果，去年养猪场生猪出栏数达到近万头。又如，云南省昆明市有位女工，下岗后在经历了一段苦闷之后，逐渐转变观念，勇敢地选择了做保姆、从事家政服务的职业。她以优质服务赢得了用户的信任，客户多了，她就组织其他下岗职工也来搞家政服务，成为当地小有名气的再就业“领头人”。再如，天津市有位下岗女工，年近40岁，上有老母，下有幼子，生活负担很重，经过几次找工作失败的挫折，最后开了一家“老天津卫豆浆”铺，每天早起晚睡，付出了艰苦的努力，生意越做越红火，还招用了6名下岗职工。上面这些事例，有着广泛的代表性，很感人。新闻媒体要加强对这类正面典型的宣传，发挥他们的示范作用。

总之，由于以江泽民同志为核心的党中央的高度重视，各级党委、政府贯彻中央决策认真有力，各有关部门积极配合，劳动保障部门努力工作，全社会共同参与，才使得“两个确保”工作在短短半年多的时间里，取得显著成效。在这里，我代表党中央、国务院，向参与这项工作并作出贡献的同志们表示亲切慰问，向对这项工作给予了极大关注和大力支持的社会各界表示衷心感谢。

在充分肯定工作成绩的同时，我们也应当清醒地看到工作中的不足。比如，还有一些下岗职工基本生活没有得到有效保障；养老金发放也还存在一些问题，少数地区和个别行业的困难还没有完全解决；养老保险行业统筹移交地方管理后，还存在搞提前退休等问题。这些都需要在今年的工作中认真加以解决。

二、切实采取有力措施，努力完成今年的工作任务

1999年，是我们党和国家历史上具有特殊意义的一年。我们将庆祝中华人民共和国成立50周年，我国政府将恢复对澳门行使主权。做好今年的“两个确保”工作，意义重大。江泽民总书记最近强调，我们的社会保障工作，直接关系到坚持党的全心全意为人民服务的宗旨，关系到维护人民群众的切身利益，关系到保证改革开放和经济建设稳定发展的大局。我们一定要把中央对国有企业下岗职工的基本生活保障、城镇居民的最低生活保障，以及一部分遇到困难的离退休人员的生活保障的政策和要求，坚决落到实处，切不可疏忽大意。朱镕基总理在去年12月中央经济工作会议上指出，做好国有企业减员增效、下岗职工基本生活保障和再就业工作，既是搞好国有企业改革的重要内容和必要保证，也直接关系着社会稳定的大局，各地区、各部门务必高度重视，切实抓好，不可掉以轻心。他又强调，国有企业改革要稳住一头，一定要把下岗职工的基本生活保障和再就业工作搞好，稳定职工队伍。今年经济结构调整的力度将进一步加大，加上亚洲金融危机的影响仍在加深，以往盲目投资、低水平重复建设造成的后果还会持续反映出来。这将导致国有企业下岗职工增加，保障国有企业下岗职工基本生活和再就业的压力和难度加大，对做好“两个确保”工作提出了更新更高的要求。

面对上述形势，我们要按照中央经济工作会议提出的总体要求，知难而进，团结奋斗，采取切实措施，千方百计保证国有企业下岗职工基本生活，保证企业离退休人员养老金的按时足额发放，积极促进下岗职工再就业，加快健全社会保障体系，为维护改革发展稳定的大局做出新的贡献。

（一）关于国有企业下岗职工基本生活保障和再就业工作

今年国有企业下岗职工的数量还会继续增加。主要有这样几个因素：一是纺织行业继续压锭将涉及60万职工，煤炭企业限产整顿涉及44万职工，国家实施天然林保护工程将涉及30万职工。二是军队、武警部队和政法机关不再从事经商活动，中央党政机关与所办经济实体和管理的直属企业脱钩后，移交和撤销企业所涉及的几十万职工，将按照国有企业下岗职工对待。三是受去年特大洪水的影响，受灾严重地区的下岗职工会增多。四是国家还将对小玻璃厂、小水泥厂、小炼油厂、小火电厂、小炼钢厂实行整顿和关闭，也会造成一批职工下岗。综合以上因素，预计今年国有企业新增下岗职工可能达到300万人以上，加上去年底结转的下岗职工，全年平均下岗职工将达到700万人，基本生活保障和再就业的任务十分艰巨。为此，今年要加大工作力度，认真抓好以下几个方面的工作：

1．严格坚持“三三制”筹资原则，真正落实好国有企业下岗职工基本生活保障资金。从去年的情况看，6月至12月各地共筹集资金85.2亿元，中央实际下拨74.2亿元，共计159.4亿元。其中，企业自筹占14.4%，社会筹集占14.2%，地方财政筹集占24.9%，中央财政占46.5%。由此可见，在按照“三三制”落实资金的过程中，财政出了大头，中央财政更是出了大头，给予了巨大支持。据测算，今年全国国有企业下岗职工基本生活保障资金共需245亿元。应由财政承担的资金，中央企业由中央财政出，地方企业由地方财政出。各地要认真搞好测算，根据国有企业下岗职工基本生活保障的实际需要，把财政、社会和企业三块资金都落实好，要防止出现该落实的不落实和能落实的不落实的情况。现在不少地方存在着“企业靠政府，地方靠中央”的倾向，影响所需资金的落实，必须坚决纠正。

对地方财政应当承担的部分，各地一定要优先足额列入财政预算。去年，除上海、广东等地区外，中央都给了很大的支持。今年，地方国有企业下岗职工的基本生活保障资金要靠地方自己来解决，企业和社会筹集不足部分，也要由地方财政“兜底”，不能把资金缺口留给中央。最近劳动保障部会同国家经贸委和财政部，对东北、西北、西南11个省（区、市）进行了调查摸底，发现一些省（区、市）对今年所需的资金虽做了初步的安排，但除重庆、云南、辽宁、内蒙古达到资金需求的1/3以外，其他7个省（区、市）安排均不足1/3。11个省（区、市）总计，地方财政安排的资金仅占所需资金的30%，不足1/3，更未作“兜底”的考虑，这是不符合中央要求的，必须尽快予以纠正。要做到地方财政本身打足，又要安排“兜底”。一些地方可能有困难，但无论怎样困难，这项资金一定要保证，哪一级财政都不能含糊。社会保障属于国家管理的一项社会事务，属于政府职能，在安排今年财政预算时，必须下决心调整支出结构，优先安排下岗职工基本生活保障资金。要按照朱镕基总理的指示精神，宁肯少上几个项目，砍掉一些楼堂馆所，厉行勤俭节约，反对铺张浪费，过几年紧日子，也一定要把这些钱挤出来，使资金落实到位。当然，我们充分体谅中西部地区和老工业基地的困难，中央财政也不会撒手不管，但前提是地方财政要打足预算，在打足预算的基础上，对财力确有困难的省（区、市），中央财政通过转移支付的方式给予支持。

社会筹集部分也要足额到位。下岗职工基本生活保障资金的社会筹集部分，主要来自失业保险基金。从去年 6 月至 12 月的情况看，失业保险基金调剂用于地方国有企业下岗职工基本生活保障的资金仅为 13.9 亿元，为同期资金筹集额的 8.7%，比例还比较低。这主要是失业保险基金收缴还没有到位。去年国务院决定，将失业保险基金缴费率从 1% 提高到 3%，提高了 2 个百分点，不少地区是从 9、10 月份才开始按 3% 征收。今年要下大力气做好基金的征缴工作，在保证支付失业保险金的同时，将提高缴费比例而增收的部分，主要用于国有企业下岗职工的基本生活保障，要力争使失业保险基金调剂资金有较大幅度的增长。做好国有企业下岗职工基本生活保障工作，是全社会的职责，各种所有制企业都要及时按规定比例缴纳失业保险费。

企业要对下岗职工负责到底，该出的钱一定要出。从去年的情况看，企业自筹部分仅占 14.4%，对有些特别困难的企业，财政“兜了底”。在没有出资的企业中，大多是困难企业，对这些企业我们充分理解，应予帮助。但也有些企业并不那么困难，能出钱却不出钱，这是不能允许的。今年，各有关部门要严格把好这一关。盈利企业下岗职工基本生活保障资金，由企业自行承担；亏损企业有能力出钱的，也一定要出，对能出钱而不出钱的，要严肃批评，限期纠正。有关组织、人事部门要把这一条作为对厂长、经理考核任用的重要内容。当然，企业困难程度不一样，要区别对待。这方面，河南省安阳等地已经摸索出一套办法，由有关部门对企业的经营状况和出资能力进行评估，确定企业的出资比例，要求企业根据实际承受能力承担资金。今年，要普遍推行这一办法，确保各类企业承担的资金到位。

2. 办好“中心”，充分发挥服务作用。从去年情况看，许多企业的“中心”建立了规章制度，配备了得力人员，在为下岗职工发放基本生活费和代缴社会保险费的同时，还主动开展了职业培训和职业指导，帮助下岗职工实现再就业。但也有不少“中心”，规章制度不健全，功能发挥得不好。在进“中心”的下岗职工中，有的还没有领到基本生活费，有的没有签订基本生活保障和再就业协议；有的“中心”只管发生活费，没有代缴社会保险费；有的“中心”还没有开展促进再就业的工作。这些都不符合中央要求，要尽快加以改变。今年，“中心”建设的重点，要放在规范运作和全面发挥各项功能上。规章制度要健全，形成下岗职工随下随进的机制；进了“中心”就要签协议，不签协议就不能发给生活费，三年以后没有再就业的也要与企业解除劳动合同；基本生活费的发放和代缴的社会保险费一定要同时到位，不能欠下岗职工的账。还要尽快加强“中心”工作人员队伍建设，提高工作人员的政策水平和业务素质，使他们树立全心全意为下岗职工服务的思想。同时，要把“中心”和劳动力市场联接起来，把再就业培训、职业指导和信息服务工作开展起来，打通“中心”的出口，努力实现有进有出，力争做到出大于进。

3. 认真清理下岗职工和隐性就业人员的劳动关系。从去年的情况看，有一些不愿进“中心”、不签协议的下岗职工实际上有事干，其中一些已有稳定工作，收入还不低。据对东南沿海地区调查，这种隐性就业的情况达到了 40% 左右。这个问题不解决，现在会影响下岗职工进“中心”、签协议，将来会影响下岗职工出“中心”，后果是企业减员增效难以实现，规范的市场就业机制也难以形成。这个问题放到三年以后再解决，问题会更集中，风险也更大。因此，必须对下岗职工和隐性就业人员的劳动关系认真进行清理，加强下岗职工劳动合同管理。要明确，下岗职工都应进“中心”，并严格按国家有关规定签订基本生活保障和再就业协议。实现再就业的，要解除同原企业的劳动合同；期满未实现再就业的，也要解除劳动合同，由失业保险和城镇居民最低生活保障托底。对于隐性就业人员，那些与新工作单位有了半年以上事实劳动关系的，原企业应及时与其解除劳动合同，新的用人单位应依法与其签订劳动合同；对领取了个体经营执照并从事半年以上个体劳动的，企业应当与其解除劳动合同。下岗职工已实现再就业的，原来的社会保险缴费年限连续计算。要加大宣传的力度，要把这一问题的道理讲清楚，使广大职工真正理解。

4. 积极促进再就业。解决下岗职工问题的根本出路是促进他们实现再就业，而不是让他们都在“中心”滞留三年。因此，要在确保下岗职工基本生活的同时，下大力气做好再就业工作。一是要努力拓宽就业渠道。今年国家将继续实行积极的财政政策，扩大内需，开拓城乡市场，争取有个较快的经济增长速度，这就为保持和增加就业岗位提供了条件。各地要有计划地组织下岗职工开辟新的就业门路，扩大就业岗位。二是要将各项促进再就业的优惠政策真正落实到下岗职工身上。目前反映较多的是，小额贷款和对兴办社区服务业的税收政策落实得不够好，今年要抓紧落实，以鼓励和支持更多的下岗职工自谋职业或组织起来就业，鼓励他们到非国有制经济单位、到小企业、到第三产业中就业。要大力拓展城市社区服务领域，并推行灵活的就业形式，扩大就业容量。三是要积极主动地开展再就业服务和职业培训。要加强劳动力市场科学化、规范化和现代化建设，城市要尽快实现就业信息联网，及时为下岗职工提供准确的就业信息。有条件的，要把信息网联到“中心”。要继续动员全社会力量，对下岗职工有针对性地开展技能培训和就业培训，提高他们再就业的能力。各地还要按照中央的要求，把劳动力市场建设和再就业培训的资金列入预算盘子，给予大力支持。四是要做好宣传导向工作，进一步引导下岗职工转变观念，树立务实、自强的择业观念；引导用人单位改变选人观念，理解、尊重下岗职工，为他们再就业创造条件。

5. 完善“三条保障线”。对下岗职工的基本生活保障，国家已经建立了“三条保障线”。下岗职工可通过“中心”保障其基本生活，最长时间为三年；三年后未就业的，转为享受失业保险，最长时间为两年；享受失业保险两年后仍未就业的，可按规定享受城镇居民最低生活保障。国有企业下岗职工这“三条保障线”，是具有中国特色的社会保障体系的重要组成部分，今年要抓好落实。有关部门要做好“三条保障线”的衔接工作。对于那些不进“中心”和出了“中心”未就业的，失业保险一定要接续上。最近，《失业保险条例》已经国务院常务会议原则通过，城镇各种所有制的企事业单位及其职工都要纳入失业保险覆盖范围。各地要贯彻落实好《失业保险条例》，有关部门要给予支持和配合。民政部门负责的城镇居民最低生活保障工作也要跟上，会同财政部门制定接续的具体办法和保障标准。

（二）关于企业离退休人员养老金发放工作

确保企业离退休人员养老金按时足额发放的工作，在去年5月中央提出要求以后，各地克服了许多困难，从9月份开始，连续4个月实现了99%保发放，很不容易。但也存在着不容忽视的问题：一是6月至11月个别地方和行业仍存在新的拖欠，累计拖欠11.42亿元，主要集中在煤炭下放企业，共7.74亿元，占68%；二是5月份以前拖欠的养老金还有80亿元没有补发，其中86%是在差额缴拨时期由企业拖欠的。今年要继续确保养老金按时足额发放，绝不能再发生新的拖欠。在此基础上，逐步补清以往的拖欠。为此，要采取如下措施：

1．扩大养老保险的覆盖面。这里要指出的是，一些省市之所以资金缺口大，一个重要原因就是覆盖面小。不下决心在这方面有所突破，就很难走出困境。扩大覆盖面的重点是外商投资企业、集体企业和私营企业，并要结合本地实际，采取灵活措施，逐步把个体经济组织纳入社会统筹范围。对此，国务院已有明确要求，朱镕基总理也反复强调，对外商投资企业也要收缴社会保险费，这是国际惯例，不能再实行所谓的“优惠政策”。这一点，从上海、大连的实践中已得到充分证明，并没有因向外商投资企业收缴社会保险费而影响投资环境。

2．努力提高养老保险基金收缴率。由于受多种因素影响，去年前三个季度收缴率只有80%左右，第四季度狠抓了一下，收缴率上来了，但全年平均只有88.9%。今年，影响基金收缴的不利因素仍然很多，所以基金收缴工作要抓早、抓实，从年初就要抓住不放，力争使收缴率逐步提高并稳定在90%以上。各级政府要把抓基金收缴作为保发放的最重要、最基本的措施。各级劳动保障部门要加强与财政、工商、税务、审计、银行等部门的配合，共同做好收缴工作。

3．大力清理追缴企业欠缴的养老保险费。现在企业欠费累计达到300多亿元。有些效益非常好的企业，甚至是知名度很高的企业，也大量欠缴养老保险费，这样既损害了职工的合法权益，又削弱了确保养老金发放的能力。今年要争取追缴50%的欠费，清理追缴的重点是那些有能力缴而不缴的欠费大户。对此，各级政府领导要亲自过问，对那些拒不缴纳社会保险费的企业不能姑息迁就，要采取切实措施督促其限期缴纳。要规定欠费企业的法人代表不得评先进和晋级加薪，不得出国考察和购买小汽车；对个别欠费大户还应依法处置，并予以新闻曝光。不能一讲确保发放，企业就不缴费了，躺在政府身上吃“大锅饭”；更不能有钱的时候不缴费、不尽义务，有了困难就找政府来要钱。要加强舆论监督和群众监督，充分发挥个人账户督促企业缴费的作用。

4．尽快回收被挤占挪用的养老保险基金。到去年底，还有53亿元被挤占挪用的养老保险基金没有收回。朱镕基总理讲过多次，这是老百姓的“保命钱”，决不允许挤占挪用、损失浪费。今年要全部收回被挤占挪用的养老保险基金。各地要逐项落实回收计划，劳动保障部门要会同财政、审计部门采取切实措施，严格进行清查。对于在清查中发现的重要案件，要严肃处理有关责任人，追回挤占挪用资金。在清理回收挤占挪用基金的同时，要在建立健全基金管理和监督机制上下功夫。要进一步落实社会保险基金收支两条线管理办法，养老保险基金要全部纳入财政专户。要完善内部监控程序和审计制度，形成社会监督机制。

5．进一步完善养老保险省级统筹制度，发挥省级调剂金的作用。现在全国养老保险基金还有500多亿元结余，而拖欠养老金仅为80亿元。从总体上看，用结余补拖欠是没有问题的。但基金结余在地区之间不平衡，所以要实行省级调剂。各地要首先立足本省调剂，不能一方面地方有结余，一方面又向中央要钱。当然，实行省级调剂也不能搞一平二调，鞭打快牛，资金调剂一般应实行有偿使用。省级调剂金的使用要与各地（市）扩大覆盖面、提高收缴率、控制提前退休和待遇水平相联系。收缴好的地（市），当年按规定足额上缴省级调剂金后，结余基金由地（市）管理和调剂使用。不能一讲省级统筹，地（市）就不去积极收缴，坐等吃省里的“大锅饭”。要充分发挥省和地（市）两级的调剂作用，调动两个积极性，确保养老金的按时足额发放。

（三）关于养老保险行业统筹移交地方管理后的有关工作

从总体看，这次养老保险行业统筹移交地方管理工作是成功的，但也陆续发现不少问题：一是行业结余基金没有移交到位，地方意见较大；二是移交前不少行业搞了企业职工提前退休、提高待遇等，造成行业企业移交后基金收支缺口扩大，增加了地方的负担；三是少数困难省（市）对原行业统筹企业实行所谓“封闭运行”和资金自求平衡，致使移交后没有完全做到确保发放。今年要坚决纠正这些不适当的做法，妥善解决好遗留问题。

1. 尽快将养老保险行业统筹结余基金移交到位。由审计署牵头，财政部和劳动保障部参加，对行业统筹截止到1998年8月底的结余基金进行审计。在审计之前，原行业统筹主管部门要先进行自查。在今年4月底之前，要将存在中央部门社会保险经办机构的结余基金全部移交中央财政专户，将存在省级以下社会保险经办机构的结余基金移交省财政专户。对行业移交期间下拨或上调的资金，也要进行审计核实，经确认后，要如数退还。

2. 坚决制止和纠正违反国家规定办理提前退休。1998年1月以来，地方新增企业退休人员122.9万人，其中，违反国家规定提前退休的有27.5万人，占22%。原行业统筹企业提前退休的问题更为严重。据30个省（区、市，不含上海）报送的数据，在去年行业统筹移交地方前的1月至8月间，新增退休人员79.6万人，其中违反国家规定办理提前退休的达43.8万人，占55%。对突击提前退休问题，朱镕基总理指出，这是工作中的重大失误，给全局工作造成很大麻烦，要给予严厉批评，并强调对违反国家规定提前退休的问题，无论发生在地方还是原行业统筹的企业，都要坚决制止和纠正。经研究，并听取了11个行业的意见，现决定对1998年1月1日以后已经办理了提前退休的人员，要区别情况作出处理：1999年底之前达到国家规定退休年龄等条件的，已办理的退休手续有效，由社会保险经办机构支付养老金；其余的一律退回，由企业统筹安排。对违反国家规定办理退职和1998年1月1日前违反国家规定办理提前退休的，由各地区、各部门参照上述精神妥善处理。这涉及到群众的切身利益，一定要做好工作。今后，只有优化资本结构试点城市的破产企业和纺织行业的纺纱、织布工种，可按国家规定和确定的计划指标办理提前退休，但审批权要上收到省级劳动保障部门。特殊工种退休的审批权要上收到地市一级劳动保障部门。各地绝不能擅自开提前退休的“口子”。

3. 认真审核清理行业统筹项目。最近，劳动保障部和财政部下发了《关于核定原行业统筹项目的通知》，各地区、各部门要按通知精神，认真组织对行业的基本养老保险统筹项目进行审核认定。经审核确认的统筹项目从基本养老保险基金中支付，未经确认的项目由企业负担，可以从成本中列支，目的就是不降低离退休人员待遇。

4. 平稳调整原行业统筹企业缴纳基本养老保险费的比例。关于调整行业缴费比例，一些省想一步提高到位。地方这样做，违背了国务院文件规定精神，行业有意见，企业承受不了。为照顾困难地区的实际情况，又考虑到行业企业的承受能力，总的安排是：要按照《国务院关于实行企业职工基本养老保险省级统筹和行业统筹移交地方管理有关问题的通知》（国发〔1998〕28号）执行，与地方差距小的，三年调整到位；与地方差距大的，煤炭、民航、银行三个系统，五年调整到位。今年的行业费率调整要慎重平稳地进行，不能提高得过快，否则企业承受不了。各地的调整方案，必须报劳动保障部，由劳动保障部商财政部批复后方可实施。解决资金不足问题，主要靠扩大覆盖面和提高征缴率。

这里还要强调一下，对养老保险行业统筹移交地方管理之前，特别是煤炭企业下放地方管理之前拖欠的养老金，以及去年9月至12月移交后少数行业企业的资金缺口，由中央财政用行业统筹上缴财政专户的结余资金一次性解决。从今年起，无论是原来地方统筹的企业，还是原来行业统筹的企业，统一由各地确保养老金发放，各地要一视同仁，由地方政府负全责。特别是煤炭、有色金属企业困难较多，有关省（区、市）更要作为重点来保证。整个行业统筹费率调整工作还要持续三到五年的时间。在这期间，对原11个行业统筹企业的养老保险工作，各有关行业主管部门仍要负责，积极配合各地政府搞好调整工作，处理好新老矛盾，做到平稳过渡。

三、加强领导，改进作风，狠抓落实

今年，“两个确保”依然是一项十分重要的工作，各级党委、政府及各有关部门，要继续加强对这一工作的领导。今年的“两个确保”工作困难很多，任务很重，要求更高，对此要有充分的思想准备。当然，做好今年的工作，有不少有利条件：一是有以江泽民同志为核心的党中央的高度重视和坚强领导。中央的大政方针已定，关键是狠抓落实。二是国家继续实行积极的财政政策，国民经济将继续保持较快的增长，这将为“两个确保”工作提供较为宽松的环境。三是有近几年特别是去年的工作基础和成功经验。比如，“三三制”的筹资机制已经形成，“中心”也普遍建立起来，各地出台了不少促进再就业的优惠政策，开创了一些促进再就业的新路子，养老保险实现了由地方统一管理，等等。要充分利用这些有利条件，努力开展工作，狠抓落实。为把今年的“两个确保”工作向前推进一步，我提几点要求：

（一）各级党委、政府一把手要亲自抓

江泽民总书记多次强调，要讲政治、抓大事。“两个确保”工作关系改革、发展和稳定的大局，就是政治，就是大事，各级党政领导务必在实际工作中认真抓紧抓好。要继续实行党政领导目标责任制，“一把手”工程，“一把手”必须亲自抓。要坚持常抓不懈，加大工作力度。要认真总结去年的经验教训，客观分析新的形势，进行统一部署，精心安排，明确工作目标、工作任务和具体措施，加强督导检查。要落实、落实、再落实，使中央的正确决策真正落到实处。

（二）正确处理好改革力度和社会承受能力之间的关系

今年的各项改革任务重、力度大。因此，要统筹协调，把握好各项改革的节奏和力度。各地区、各有关部门及企业，都要有全局观念。企业安排职工下岗，要考虑到社会的承受能力，要有计划按程序办；清理劳动关系要依法进行，积极稳妥，先易后难；解决养老保险行业统筹移交后的有关问题，要注意掌握政策，特别是清退违规提前退休人员和费率调整问题，工作一定要做细。在宣传上，要把握好政策导向，注意分寸。要加强思想政治工作，关心群众疾苦。要增强工作中的预见性，未雨绸缪。对于一些突发性群体事件的处理，更要做好耐心细致的宣传和教育工作，要善于及时化解矛盾，取得群众的理解和支持。去年9月底，重庆绢纺厂少数人员轻信谣言，冲击“中心”，撕毁上千份协议。有关方面及时分析情况，研究对策，一方面坚持进“中心”、签协议的原则不动摇；另一方面，发动党员干部开展深入细致的思想工作，把政策宣传到家，把思想教育工作做到人，并及时将基本生活费发到每个下岗职工手中，使职工消除了疑虑。到12月底，2 500多名下岗职工全部进了“中心”，而且全部签订了协议，从而保证了社会的稳定。这一做法值得借鉴。

（三）抓住工作难点，力求突破

这里主要是指困难地区、困难行业和困难群体人员的“两个确保”问题。困难地区，主要是东北、西北和西南三个地区。这些地区多是老工业基地，有的地处边疆，有的地处少数民族地区，下岗职工多，离退休人员多，地方经济困难，财力有限，“两个确保”的担子很重。困难行业，主要是煤炭、有色金属、森工、军工行业。这些行业目前都比较困难，企业地处偏僻，效益不好，再就业门路不宽。困难群体人员，主要是年龄偏大、技能偏低、再就业能力差或身有残疾的下岗职工。对这些难点问题，在今年的工作中要给予特别的关注，进行专题研究，有针对性地制定专门的对策措施。一方面，在资金和政策上要有倾斜和重点支持；另一方面，也要把工作扎扎实实地做到家。两个方面都到位，才能真正奏效。有关地

区和部门要相互配合，齐心协力做好工作。

(四) 深入基层调查，研究新情况，解决新问题

抓“两个确保”工作，不能只停留在口头上，要深入基层，深入到企业去，深入到下岗职工和离退休人员家中，了解实际情况，及时发现带倾向性的问题。只有这样，才能摸清问题的所在，才会找到解决的办法。实践证明，下去和不下去效果就是不一样。对发现的问题，要认真分析，抓紧处理，并要善于总结经验，吸取教训，及时改进工作。只要坚持深入基层调查，认真研究对策，扎扎实实地工作，许多困难和问题是可以解决的。

春节就要到了，“两个确保”工作更要认真地抓紧抓好。对确保国有企业下岗职工基本生活和按时足额发放企业离退休人员的养老金，各地都已做出安排，关键是认真抓好落实，要像去年抗洪救灾一样“严防死守”，真正做到100%的确保。各级党政领导要开展多种形式的走访慰问活动，深入到下岗职工和离退休人员中去，了解他们的思想，关心他们的生活，主动帮助他们解决困难。比如，孩子上学问题、过冬取暖问题、看病吃药问题，等等。各级工会、妇联组织也要积极参与，要把温暖真正送到每个下岗职工和离退休人员家中，不要漏掉一家一户，让他们切实感受到党和政府的关怀，体会到社会主义制度的优越性。

同志们，做好国有企业下岗职工基本生活保障和再就业工作，做好养老保险和城镇职工医疗保险改革工作，事关大局。我们一定要深入学习邓小平理论，在以江泽民同志为核心的党中央的坚强领导下，团结一致，坚定信心，艰苦奋斗，埋头苦干，以优异的成绩迎接建国50周年，迎接澳门回归，迎接新世纪的到来，为改革、发展和稳定大局作出新的贡献！

二、劳动和社会保障部领导重要讲话

坚定信心　知难而进　巩固两个确保
全面深化劳动和社会保障制度改革

——在全国劳动保障工作会议上的讲话

劳动和社会保障部部长　张左己

（1999年1月13日）

这次全国劳动和社会保障工作会议的主要任务是，深入学习贯彻中央经济工作会议和刚刚闭幕的国务院再就业工作会议精神，总结过去一年来的工作，分析当前面临的形势，研究部署今年的各项工作，进一步动员劳动保障系统的全体同志，统一思想、坚定信心，抓住机遇、知难而进，团结一致、艰苦奋斗，继续巩固两个确保，全面深化劳动和社会保障制度改革，推进跨世纪的劳动和社会保障事业。下面，我讲四个问题。

一、一年来劳动保障工作的回顾

刚刚过去的1998年，是极不平凡的一年。这是全面贯彻落实党的十五大和中央再就业工作会议精神的一年，是迎接挑战、克服困难、艰苦鏖战的一年，也是以两个确保为中心，落实三二一工作任务取得重大阶段性成果的一年。一年来，在党中央、国务院和各级党委政府的领导下，各级劳动保障部门坚决贯彻中央的重大决策，认真落实中央的各项要求，在较短的时间内初步扭转了两个确保工作的被动局面，再就业工作和社会保险制度改革取得了重大进展。

——两个确保的要求基本落实，取得了“两个绝大多数”的成果，稳住了大头。一是绝大多数国有企业下岗职工基本生活得到了保障。经过7、8、9三个月攻坚及四季度的进一步巩固，所有有下岗职工的国有企业全部建立了再就业服务中心，绝大多数下岗职工进入了再就业服务中心，90%以上的下岗职工基本生活得到了保障。这种状况与中央再就业工作会议之前多数国有企业下岗职工基本生活得不到保障的局面相比，发生了很大的变化。二是绝大多数企业离退休人员养老金做到了按时足额发放。中央再就业工作会议之后，企业离退休人员养老金发放工作明显改进，9～12月按时足额发放的比例都在99%以上，大多数地区没有产生新的拖欠，少数地区当月新拖欠额也逐月减少，使拖欠养老金的势头得到遏制。6月份以后共补发过去拖欠的养老金30亿元，其中北京、上海、福建、广西、宁夏、江西、浙江等省市已经全部补清了以前的拖欠。

再就业工作普遍加强，根据各地报送的情况，去年全国共有609万国有企业下岗职工实现了再就业，再就业的比例为50%，基本实现了中央10号文件提出的1998年再就业工作目标。

——养老、医疗、失业保险制度改革取得了较大突破。养老保险制度改革，以解决养老金拖欠问题为契机，相继出台了一系列重大改革措施，取得全面突破。主要是：如期完成了行业统筹移交地方管理交接工作，解决了多年来存在的条块分割的矛盾；省级统筹稳步推进，已有22个省、区、市实行了省级统筹或建立了省级调剂金制度，为确保发放，6～11月各地共动用积累基金68.9亿元，四季度仅省一级就调剂支出8.89亿元；养老金全额缴拨、社会化发放以及建立统一的企业职工基本养老保险制度等项改革都迈出了新的步伐。这些改革，标志着新的企业职工养老保险制度的框架已经初步形成。医疗保险制度改革，在认真总结近年来试点经验的基础上，经过反复调研论证，国务院作出了《关于建立城镇职工基本医疗保险制度的决定》，并召开全国医改工作会议进行了全面部署。目前各地正在抓紧测算，制定实施方案，为今年基本建立起城镇职工基本医疗保险制度做好初步准备。失业保险制度改革，适应保障失业人员和国有企业下岗职工基本生活及再就业工作的需要，中央及时作出了提高用人单位缴纳失业保险费比例的决定，并引入了个人缴纳失业保险费的新机制。作为落实保障下岗职工基本生活三三制筹资原则社会筹集部分的主渠道和三条保障线的中间环节，失业保险正在发挥着越来越重要的作用。

——社会保险统一管理开始起步，各项工作都取得了进展。劳动和社会保障部的组建，改变了长期以来社会保险多头管理、分散决策、缺乏统一规划和统一组织实施的局面，实现了管理体制的统一，并研究提出了劳动和社会保障工作的总体思路和五年规划，为加快建立和完善适应社会主义市场经济要求的社会保障体系创造了条件，明确了奋斗目标。为适应当前劳动保障工作繁重任务的要求，解决机构上合下分问题，中央建议省一级政府目前暂确定劳动厅局为统管社会保险行政管理工作的职能部门，实行统一管理。上海、天津、湖南、海南、云南等省市先行一步，组建了劳动和社会保障厅局，其他地区正在积极筹建。

各级劳动保障部门在抓好中心工作的同时，全面加强劳动保障立法和监察、社会保险基金监督、劳动关系调整、企业工资管理、劳动争议处理，以及统计信息、农村养老保险、国际交流合作等各项工作，都取得了新的成绩。

这些工作的开展，不仅在当前对于深化国有企业改革，促进国民经济持续、快速、健康发展和维护社会稳定起到了重要的作用，而且为继续全面深化劳动和社会保障制度改革积累了经验，打下了较好的基础。

回顾一年来的工作，成绩确实来之不易。首先，我们的工作是在问题突出、困难较大、资金准备不足的情况下起步的。当时的情况是：大量的下岗职工基本生活没有保障，工作没有依托，一季度末国有企业下岗职工进中心比例仅为12.6%；拖欠企业离退休人员养老金的现象相当普遍，而且呈进一步蔓延的趋势；行业统筹移交地方管理，牵动各方面利益格局调整，纷繁复杂，矛盾突出。在这样一种形势下，我们按照党中央、国务院的部署，在下岗职工问题上，突出抓好企业再就业服务中心的建立，经过7、8、9三个月的努力，完成了建中心、进中心、筹资金、保生活的任务；在养老金发放问题上，通过采取各种应急措施，迅速遏制住了欠发养老金的发展势头，使工作的被动局面得以扭转；在行业统筹移交地方管理上，采取“先移交、后调整”的原则，同财政部门一起，经过艰苦的协调工作，如期完成了交接。第二，我们的工作是在中央政府机构进行改革，地方机构又没有统一的情况下展开的。在新部组建和机构改革的同时，中央连续部署工作任务。在机构人员没有到位，全系统上合下分的情况下，我们边抓新部的组建，边集中人力投入紧张的工作。一年来，各级劳动保障部门的同志，根据新部组建之初对机构改革期间全系统工作提出的要求，上下一心、同舟共济，各部门互相支持、密切配合，做到了机构改革和中心工作两不误。第三，我们的工作是在任务集中、时间紧迫、不断调整进度的情况下完成的。根据形势发展的需要，最初安排年底以前完成的进中心、保生活、行业统筹移交地方管理等项任务，按中央的要求都提前到三季度完成。面对这种形势，各级劳动保障部门不折不扣地坚决贯彻中央的决策，紧急动员，调整部署，全力以赴，如期完成了各项任务。

之所以能够在十分困难的情况下取得这样的成绩，首先是党中央、国务院高度重视、英明决策的结果，是在各级党委政府统一领导下，各有关部门共同参与、积极配合的结果，同时也是劳动保障部门埋头苦干、扎实工作的结果。劳动保障系统的干部队伍在这一年里经受住了严峻的考验和艰苦的锻炼。在这一过程中所形成的不折不扣贯彻执行中央决策的大局观念，雷厉风行、狠抓落实的工作作风，主动奉献、全心全意为人民谋福利的服务意识，突出重点、明确目标的工作方法，协调配合、督促检查的工作机制，是我们劳动保障系统的宝贵财富。只要不断发扬光大，在前进的道路上，再大的困难也一定能够克服，再多的艰难险阻我们也一定能够战胜。

二、当前我们面临的形势

1999年，在我们党和国家的历史上，是具有特殊意义的一年。这一年，我们将迎来中华人民共和国成立50周年大庆，我国政府将恢复对澳门行使主权。今年也是实现国有企业三年改革和脱困目标的关键一年。因此，做好今年的劳动保障工作，意义十分重大。

做好今年的工作，有许多有利条件。首先是有党中央、国务院的高度重视。继去年5月中央再就业工作会议、7月养老保险和再就业服务中心建设工作会议、11月国务院医改会议之后，经中央批准，国务院又召开了第二次再就业工作会议，对今年的两个确保工作作出了全面部署。为研究部署今年的工作，自去年11月份以来，党中央和国务院领导同志多次听取劳动保障部的工作汇报，1月5日，国务院又召开总理办公会议研究两个确保工作，对今年的工作作出了重要指示。党中央、国务院的高度重视，各级党委政府的坚强领导，再加上各有关部门的支持配合和社会各方面的广泛参与，为做好今年的工作创造了十分有利的条件。其次是有一个比较有利的宏观经济环境。今年我国的经济发展将继续保持适度快速增长，中央充分考虑到包括扩大就业在内的社会经济发展的实际要求，将经济增长速度的宏观调控目标定在7%左右，并继续实行积极的财政政策，增加投资、扩大内需，拉动经济增长，讲求质量和效益，宏观经济环境有利于我们各项工作的开展。第三是有了一套明确的政策措施。去年以来党中央、国务院出台的几个重要文件，特别是中央经济工作会议和国务院这次会议，进一步明确了今年两个确保的目标任务和各项政策措施。中央的政策已深入人心，有广泛的群众基础和思想基础。只要我们认真贯彻落实，就一定能完成好今年的各项任务。第四是有了比较好的工作基础。通过过去一年的工作实践，明确了路数，积累了经验，打开了局面，这与去年初我们所面临的局面相比较已有明显改观。

当然，在看到有利条件的同时，我们也必须清醒地看到当前所面临的各种矛盾和困难，正视工作中存在的问题和差距，把问题和困难估计足、分析透、把握准，不可稍有懈怠和掉以轻心。首先，亚洲金融危机的影响还在不断地显现，国际经济环境对我们的挑战可能更加严峻。国内社会经济生活中仍存在相当多的矛盾和隐忧，盲目投资、重复建设造成的后果仍会持续反映出来，两个确保面临的任务将更加繁重而艰巨。其次，随着企业改革和结构调整力度的加大，下岗职工继续增加，综合考虑纺织压锭、煤炭关井限产、整顿和关并“五小”（小玻璃厂、小水泥厂、小炼油厂、小火电厂和小炼钢厂）、实施天然林保护工程、军警政法系统和国家机关同所办企业脱钩等诸多因素，预计今年国有企业新增下岗职工人数将达到300万以上，保障下岗职工基本生活的资金需求随之增加，并要求在地方预算中统筹安排，保生活和再就业工作的压力进一步增大。第三，养老金发放资金需求增加与供给相对减少的矛盾趋于突出。今年预计参加统筹的企业离退休人员将增加200万人，养老金支出增加100亿元，即使经过努力收缴率达到90%，要保证新增退休人员养老金发放，也还需动用积累100亿元。同时，还有历年拖欠的80亿元养老金需要逐步补发。经过去年连续数月的"开仓放粮"，可动用积累基金所剩有限，加之养老保险基金调剂机制尚不健全，调剂力度不够，特别是由于企业欠费严重，收缴困难，使基金支撑能力下降，保发放的形势更加严峻。保当前已属不易，保长远更为艰难。第四，两个确保还有"死角"。有近10%的下岗职工基本生活还没有得到保障，有近20%的下岗职工没签协议，少数地方企业离退休人员养老金还有拖欠。行业统筹移交地方管理后，面临着许多急需解决的问题，后续调整任务很重。特别值得注意的是，少数困难地区和煤炭行业的养老金发放问题，已经成为影响保发放目标实现的突出薄弱环节，应当作为重点加以研究解决。总之，我们必须对今年工作面临的困难有足够的认识，做好应对更加复杂、更加艰难局面的准备，真正做到心中有数，应对自如。必须始终保持清醒的头脑，始终保持知难而进的必胜信念和奋发有为的精神状态，更好地完成今年的各项任务。

三、今年劳动保障工作的总体要求

今年劳动保障工作的总体要求是：高举邓小平理论伟大旗帜，在以江泽民同志为核心的党中央领导下，深入贯彻落实党的十五大和中央经济工作会议精神，按照国有企业下岗职工基本生活保障和再就业工作会议的部署，紧紧围绕改革、发展、稳定的大局，以巩固两个确保为中心，以深化养老、医疗和失业保险制度改革为重点，全面推进劳动和社会保障制度改革，以优异的成绩迎接建国50周年。

实现上述总体要求，必须突出抓好两个方面的重点工作，把握好六个方面的问题。

两个方面的重点工作是：

第一，继续把两个确保放在头等重要的位置，坚持不懈地巩固两个确保的局面。巩固两个确保去年是今年仍然是劳动保障部门压倒一切的头等大事，必须继续作为中心工作、第一位的任务摆在头等重要的位置，继续发扬抗洪精神，贯彻严防死守的方针，在巩固已有成果的基础上，再向前推进一大步，把两个确保的要求进一步落实到位，做到不留任何死角。

在确保国有企业下岗职工基本生活方面，今年的要求是必须做到随下岗随进中心，进中心必须签协议，其基本生活都能得到保障。要做到保生活，落实资金是关键。中央已明确要求各地将这笔资金打入地方预算。但从会议讨论中反映的情况看，地方只将财政承担的1/3打入了预算，有的甚至连1/3都没有打足，更没有考虑财政兜底因素，而社会筹集和企业自筹两个1/3都有很大缺口。各地劳动保障部门要认真分析测算资金落实情况，抓紧各级人大审批预算前的时机，主动向党委、人大、政府领导反映问题，把这笔资金打足，不能有只依赖中央的思想。对企业筹集部分，要加强检查督促，保证资金落实到位。要加大失业保险费的征缴力度，把新增加的部分拿出来用于保障下岗职工基本生活。企业和社会筹集不足的部分，要由地方财政兜底。

在确保企业离退休人员养老金按时足额发放方面，今年的要求是在继续确保养老金按时足额发放，不发生新的拖欠的同时，要积极创造条件，争取尽快补发以前的拖欠。今年是联合国确定的国际老人年，做好按时足额发放养老金和补发拖欠的工作，是一件很有意义的事。实现这一要求，各地必须按照这次国务院再就业工作会议精神和部里提出的各项目标要求，制定计划，狠抓落实，确保到位。

第二，全面深化以养老、医疗、失业保险为重点的社会保险制度改革。总的要求是加大改革力度，加强管理工作，推动各项改革措施的全力以赴落实和完善。

养老保险制度改革去年已经出台了几项大的措施，今年的任务就是全力以赴抓好落实和完善。主要是把扩大覆盖面、提高收缴率、追缴企业欠费、清理回收挤占挪用基金、建立调剂金制度、实现全额缴拨和社会化发放等项工作抓实抓好，抓出成效。关于扩大养老保险覆盖范围，就是要按照朱镕基总理的要求，立即全面铺开，上半年争取实现全覆盖。要针对不同类型企业的特点，采取过硬的有效措施，尽快将各类非公有制企业纳入养老保险统筹范围，不能遗漏。对国有大中型企业，不能简单采取交点调剂金就了事的做法，必须真正纳入统筹范围，实行全额收缴，更不允许企业有钱的时候不参加社会保险，没钱的时候就靠在政府身上。关于提高收缴率，就是要按国务院领导同志的要求，严格执法，把该收的钱如数收上来，心软不得。按邦国同志要求，收缴率必须保持在90%以上。对于扩大覆盖范围和提高收缴率两项工作，部里将作为上半年检查的重点，必要时可采取月报制度。关于省级统筹和全额缴拨，都已经有了明确要求，要积极稳妥地推进，逐步规范省级调剂金的提取、拨付和管理办法，全面实行全额缴拨，进一步加快养老金社会化发放进程。

建立城镇职工基本医疗保险制度的工作要在年底前基本完成。由于这项改革基础相对薄弱、操作难度又特别大，因此，各地劳动保障部门要在政府的统一领导下，按照国务院医改决定精神和部里的有关要求，认真制定总体规划，指导统筹地区加快拟定具体的实施方案，精心组织实施，实现新旧制度的平稳过渡。

失业保险制度改革的重点是贯彻落实好《失业保险条例》。这个《条例》已经国务院常务会议审议并原则通过，不久将发布施行。各地要抓住有利时机，努力扩大失业保险覆盖范围，提高失业保险基金收缴率，增强基金的承受能力，更好地满足保障失业人员、下岗职工基本生活和再就业工作方面的资金需求。

在深化社会保险制度改革的同时，要切实加强社会保险基金监督。中央把社会保险统一管理的职能赋予我们的同时，也把确保社会保险基金安全的重任交给了我们。这项工作，事关职工的血汗钱、养命钱是否安全，事关劳动保障部门是否全心全意为人民服务的形象，各级劳动保障部门务必予以高度重视。在去年工作的基础上，今年要全部清理收回被挤占挪用的基金，绝不允许再发生新的挤占挪用现象，发生一起就坚决从严从快查处一起，决不姑息养奸。

需要把握好的六个方面的问题是：

第一，在确保国有企业下岗职工基本生活的同时，把工作的着力点放在促进下岗职工再就业上来。保生活是当务之急，是前提；再就业则是治本之举，是关键。江泽民同志指出，做好国有企业下岗职工的工作，维护他们的切身利益，最重要的是帮助他们实现再就业。这是做好国有企业下岗职工基本生活保障和再就业工作需要把握好的一条重要方针。只有把再就业工作做好了，才能减轻保生活的需求压力，也才能逐步从根本上解决下岗职工问题。从工作的发展进程看，在前一时期建中心、进中心、保生活业已取得根本性突破的基础上，现在我们有条件把着力点放在促进再就业上来。把着力点放在促进再就业上，就是要在进一步办好再就业服务中心上下功夫，做到随下随进，有进有出，出大于进，力争使实现再就业的人数大于当年新增下岗职工人数；在加强再就业服务上下功夫，加大劳动力市场建设和职业培训的资金投入，落实财政核拨的经费，大力开展职业培训、职业介绍和就业指导；在落实中央和地方促进再就业的各项政策上下功夫，使这些政策真正落实到下岗职工身上；在推动劳动力市场科学化、规范化和现代化建设上下功夫，加快劳动力市场信息网建设，把用人信息及时、快捷地送到下岗职工面前，加强劳动力市场管理，整顿劳动力市场秩序；在培育市场就业机制上下功夫，既要突出做好下岗职工再就业工作，又要着眼于整个就业工作，既要立足于适应当前需要，又要着眼于实现长远目标，使我们当前的努力能够为市场就业机制的建立打下坚实的基础。

第二，在全面加强劳动合同管理的同时，重点解决好下岗职工劳动关系问题。从必要性看，这一问题不解决，当前影响进中心、签协议，今后则会影响出中心，影响企业减员增效目标的实现和市场就业机制的形成。从时机看，立足于早动手逐步解决，矛盾分散、易于化解，如果等到三年以后再解决，涉及人数更多，矛盾更集中，风险会更大。从可能产生的影响看，由于这一问题涉及职工切身利益，十分敏感，解决起来确有一定难度，但只要政策合理、依法办事，步骤稳妥、有情操作，是可以做到不发生大的震动的。解决劳动关系问题，必须把握好的关键在于：坚持一条单行道，完善三条保障线。要坚持企业减员增效的方针不动摇，坚持市场就业的取向不动摇，建立从再就业服务中心到劳动力市场的单行道，既不能长期滞留在中心，更不能倒流回企业。要进一步完善下岗职工基本生活保障、失业保险和城市居民最低生活保障制度三条保障线。不坚持单行道，就无法实现企业减员增效、走出困境的目标。不衔接好三条保障线，单行道就无法形成，国有企业下岗职工基本生活保障和再就业工作就会受阻。

第三，在解决好行业统筹移交地方管理的遗留问题的同时，认真做好今年的调整工作。关于这方面的问题，国务院领导同志讲得非常明确，总的原则就是不让地方吃亏，不增加企业负担，不降低离退休人员待遇。关于不让地方吃亏，中央已经针对解决移交前的拖欠、去年后四个月的资金缺口、结余基金的移交等遗留问题，提出了具体措施，地方可以放心。关于不降低离退休人员待遇，也已经给了政策，允许企业承担的统筹项目外部分进成本。我这里想着重讲一讲不增加企业负担的问题。为什么强调这一问题呢？因为按照先移交、后调整的原则，调整工作应从今年开始。本来，有关调整的政策在国务院28号文件中已经规定得十分明确，但在实际执行过程中，出现了两种十分值得注意的倾向性问题。一种倾向是，在行业企业费率调整预案中，多提少降或只提不降，甚至越过规定的3～5年过渡期一步调整到位。有的地方竟然未经劳动保障部同意，自行发文大幅度提高行业企业缴费比例，而且高得离谱。这种做法必须立即加以纠正。己所不欲，勿施于人嘛。地方的同志对部分行业的一些违规做法意见很大，反过来自己又不按规定办。这一问题的严重性不可低估，请同志们务必端正思想，统一认识，坚决按政策办事，坚持用3～5年过渡到位，并且要严格执行审批制度，绝不能各行其是。另一种倾向是，既然不让大幅度调整费率，就不把行业企业纳入统筹，搞所谓“封闭运行”，让行业企业“自求平衡”，地方不去承担相应的责任。这同样是违反中央关于将行业统筹企业移交地方管理精神的。这一问题部里在去年10月份召开的厅局长座谈会上就及时提出要注意防止和纠正，现在看，多数地方做到了，但有的依然我行我素。根据国务院再就业工作会议的要求，各地要认真按照28号文件和这次会上国务院领导同志的重要讲话进行对照检查。凡是不符合文件精神的，都要立即纠正，完全纳入地方管理，切实负起保证行业企业离退休人员养老金发放的责任。

第四，在加强企业职工退休管理的同时，对去年以来的提前退休问题加以妥善处理。一个时期以来，提前退休成风，不仅在行业有(1998年1～8月违规提前退休43.8万人)，在地方也有（1998年1～8月违规提前退休27.5万人)。短短8个月出现71.3万提前退休人员，其影响和后果十分严重，不仅破坏了国家的退休制度，侵犯了职工的正当劳动权利，而且造成职工缴费年限大大缩短和养老金给付大大提前，增大了养老基金的支付压力，同时由于大量提前退休人员二次就业，也对劳动力市场带来很大冲击。因此，必须坚决刹住。对去年1月1日以来的提前退休情况要进行全面清理，采取措施加以纠正。考虑到这部分人数量较大，涉及面广，从维护稳定出发，应当依照有关政策规定，区别不同情况，做好各方面工作，作出妥善处理。大的政策就是分作两类处理：1999年底之前达到国家规定退休年龄的，予以认可，继续由社保机构支付养老金；1999年底之前仍达不到国家规定退休年龄的，已办理的退休手续无效，由企业收回另行安排，其中应当安排下岗的人员，要进入再就业服务中心，保障其基本生活。此外要采取三项措施：一是适当上收提前退休的审批权限，以严格加强管理；二是适当核减提前退休人员的待遇，以抑制提前退休的倾向；三是规范特殊工种、病残等人员提前退休的制度，统一政策。

第五，在加快改革进程的同时，加快劳动保障法制建设进程。中央高度重视劳动和社会保障法制建设问题，去年12月14日，中共中央举办了社会保障法制建设讲座。江泽民同志强调，为了建立符合我国社会主义市场经济发展要求的社会保障体系，进一步做好社会保障工作，必须十分重视和不断加强社会保障的法制建设，努力把我们发展社会保障方面长期积累的成功经验，用法律的形式确定下来，同时还要增强社会保障法制建设的前瞻性和系统性。这一重要讲话，明确了社会保障法制建设的方向和原则，我们要深刻领会、认真落实。首先要加快劳动保障立法步伐。社会保险法、劳动合同法已列入九届全国人大常委会立法规划，并且是列在第一类的立法项目，我们要配合有关方面加紧研究起草，同时还要加快养老保险条例等法规的起草工作。各地也要加强立法工作，积极争取立法机关的支持，多出台一些劳动保障方面的地方性法规和政府规章，为我们的工作提供法律保障。其次要加强执法工作，加大对用人单位执行劳动保障法律法规情况的监督检查力度。部里今年将在全国范围内组织开展两次全面的劳动保障监察活动，重点是检查下岗职工基本生活保障和离退休人员养老金发放情况，以促进两个确保的落实。第三要加强执法监督，进一步规范劳动保障行政行为，增强依法行政的自觉性，努力提高行政执法水平。

第六，在抓好重点工作的同时，努力推进劳动保障工作的全面发展。劳动保障工作是一个整体，在重点抓好三二一工作任务落实，着力解决重点难点问题的同时，必须全面抓好各项工作，促进劳动保障事业的全面健康发展。

要抓好总体规划完善工作，这次会上印发了劳动和社会保障事业发展总体规划草案，准备在听取意见的基础上修改下发，作为我们事业发展的一个蓝图，使我们的工作更具前瞻性、系统性和连续性。

统计信息工作要提高统计信息质量和效率，一是要快，几个关键的指标要及时统计上来；二是要准，统计数据务必客观真实；三是要全，做到要什么有什么。要加强劳动保障信息网络建设。

工资收入宏观调控是政府赋予我们的一项重要职能，这方面有许多工作需要不断加强，包括建立企业工资水平宏观调控体系，健全企业工资决定机制和自主分配方式，完善国有企业工资收入管理办法，规范企业工资收入分配秩序等。

民工有序流动和农村开发就业是整个就业工作的重要组成部分，要坚持城乡统筹兼顾，努力做到在保证城市就业局势稳定的同时，将民工流动引入有序化轨道。

针对当前劳动关系不稳定因素增多，劳动争议数量急骤上升的情况，在保证职工队伍稳定的同时，必须大力加强劳动争议处理工作，特别是要注意做好预防和处理突发事件的工作，更好地维护社会稳定。

逐步推进工伤保险、生育保险、农村养老保险和机关事业单位养老保险改革。工伤、生育保险要注意总结改革的经验，结合医疗保险改革逐步推开。农村养老保险要在做好交接工作的同时，进一步加强调研，加强工作的指导，逐步完善筹资模式和运行机制，稳步向前推进。机关事业单位养老保险要着手在总结试点经验的基础上，提出统一的改革方案，条件成熟后择机出台。

劳动和社会保障科学研究工作，要加强组织领导，改革科研机构管理体制，加强科研力量，培养学术带头人和科研骨干，多出、快出成果，更好地为中心工作服务。

要进一步加强与有关国家和有关国际组织间的交流与合作，更好地发挥在国际劳工组织等国际组织中的作用，扩大影响。要努力拓展合作领域，借鉴吸收国外劳动和社会保障政策上正反两方面的经验，服务于我们的事业。

按中央要求，配合有关部门做好军队、武警部队、政法机关不再经商办企业，以及党政机关与企业脱钩的有关工作。

以上这些工作，我只是点题，其他各位部领导明天还要作具体部署。这里我想再强调的一点是，各项工作中都必须注意把握好改革的力度和节奏，始终不能忘记稳定压倒一切这一重大原则，更好地为保持稳定服务。为稳定服务，最重要的是要落实好两个确保。通过我们的努力使两个确保得到巩固，就是对稳定的最大贡献。推进养老、医疗、失业保险制度改革，解决劳动关系问题、清理纠正提前退休、行业移交后的政策调整等项工作，都必须充分考虑各方面的承受能力，缜密考虑安排，精心组织实施，防止因为操作粗糙简单诱发不稳定因素。对可能发生的问题要未雨绸缪，提出预案，有针对性地把工作做在前面，防患于未然。一旦发生问题，要及时解决，把问题解决在萌芽状态，解决在基层，解决在当地。

四、深入扎实地学习邓小平理论，努力建设一支高素质的劳动保障系统干部队伍

劳动保障部门面临着越来越繁重的改革任务，肩负着全面推进跨世纪劳动保障事业的艰巨使命。没有一支高素质的干部队伍，难以担当起这一历史重任。越是在改革任务十分繁重的情况下，越是要大力加强干部队伍建设，更好地锻炼我们的干部队伍，要深入地发现干部队伍建设中存在的问题，更有针对性地采取措施。对于整个劳动保障系统的思想作风建设问题，包括廉政建设问题，去年部里提出了四讲、五树立的要求，这里不再一一重复。针对当前的情况，我想再强调以下几点：

一是要大兴理论学习之风。我们要积极响应江泽民总书记1月11日在省部级主要领导干部金融研究班上提出的“学习、学习、再学习，实践、实践、再实践”的号召，在全系统大兴学习之风，组织全体干部深入学习邓小平理论和党的十五大精神，认真学习中央领导同志关于劳动保障工作的一系列重要论述，还要刻苦钻研业务知识，注意学习金融、法律、历史和科技知识，用各种知识来丰富提高自己，不断提高劳动保障系统干部队伍的政治素质和业务素质。这是造就一支高素质的劳动保障系统干部队伍之必需，是做好新时期的劳动保障工作之必需，是推进跨世纪的劳动保障事业之必需。要通过深入学习邓小平理论，深入开展以“讲学习、讲政治、讲正气”为主要内容的党性党风教育，更加自觉坚定地用邓小平理论武装我们的思想，指导我们的实践。要进一步端正学风，理论联系实际，把邓小平理论的学习与解决当前的实际问题紧密结合起来，着眼于理论的运用，着眼于对实际问题的理论思考，着眼于新的实践和新的发展，努力把理论学习提高到一个新的水平。

二是要大兴求真务实之风。应当说，在过去的一年里，劳动保障系统的作风有了很大的转变。但是，从工作任务的要求看，仍然有一些不能适应的方面。比如，我们的一些同志还只满足于开会议、发文件，而疏于检查督促和落实，工作不扎实、不深入。又比如，有的工作底数不清，数据不准，大而化之，个别地方甚至有浮夸现象。再比如，面对困难一筹莫展、无所作为，面对问题采取回避态度，或者干脆另搞一套，逆向操作，各行其是。这些问题虽然只是个别现象，但同样值得引起重视。如不加以解决，会对我们的工作产生十分不利的影响。当前，中央关于劳动保障工作的目标任务和政策措施已经十分明确，我们的任务就是全力以赴抓好落实。还是那句话，落实、落实、再落实，在如何落实上动脑筋，在推动落实上下功夫，在落实效果上比高低。力戒飘浮作风，惟求扎实有效，把各项工作做得更实、更细、更好。

三是要大兴调查研究之风。各级劳动保障部门的同志，特别是领导干部，一定要像江泽民同志倡导的那样，多学习，少应酬，脑子里经常装着几个问题，反复琢磨研究。要学会算账，算细账，算明白账，而不能搞一堆糊涂账。要经常深入基层、深入实际，掌握真实情况。领导干部要有清醒的政治头脑和敏锐的观察力，对于调查中所发现的带有倾向性的重大问题，要及时报告、及时研究，提出相应措施。要重点加强对困难较大、工作进展较慢地区的指导，帮助这些地区采取切实有效的措施，解决实际问题。

同志们，在新的一年里，劳动保障工作任务繁重，责任重大，难度不小。在以江泽民同志为核心的党中央领导下，我们有充分的信心克服一切困难，把世纪之交的劳动和社会保障工作做好，以优异的成绩迎接新世纪的到来。

认真贯彻两个条例
努力扩大社会保险覆盖范围
切实加强基金征缴工作

——在扩大社会保险覆盖范围加强基金征缴工作电视电话会议上的讲话

张左己

（1999年2月26日）

经国务院批准，今天我们召开电视电话会议。会议的主要任务是，学习贯彻《社会保险费征缴暂行条例》和《失业保险条例》，部署扩大社会保险覆盖范围和加强基金征缴工作，确保国有企业下岗职工基本生活和企业离退休人员养老金按时足额发放。下面，我讲三个问题。

一、充分认识两个条例的重要意义，准确把握两个条例的主要内容

今年1月22日，朱镕基总理签署国务院令，发布了《社会保险费征缴暂行条例》和《失业保险条例》。这是两个十分重要的社会保险行政法规，对于进一步完善社会保障体系，加强社会保障法制建设，巩固两个确保都具有极为重要的意义。

首先，发布实施两个条例是建立和完善社会保障体系的重要步骤。建立适应社会主义初级阶段生产力发展水平，广覆盖、多层次的社会保障体系，是建立社会主义市场经济体制的重要组成部分，是调整和完善所有制结构、促进国有企业改革的重要措施。江泽民总书记强调，必须十分重视和不断加强社会保障法制建设，努力把我们发展社会保障方面长期积累的成功经验，用法律形式确定下来。朱镕基总理指出，要尽快立法，严格执法，扩大社会保险覆盖范围，保证社会保险基金的征缴。吴邦国副总理十分关心社会保险立法工作，在两个条例制定过程中，多次听取汇报，作出重要指示，要求全面贯彻实施两个条例。国务院发布的这两个条例，总结了过去十几年社会保险的改革经验，将其上升为法律规范，明确并扩大了社会保险覆盖范围，规范并强化了社会保险费征缴，进一步健全完善了失业保险制度。这对于推动社会保障体系的完善，促进社会主义市场经济体制的建立将产生积极的影响。

第二，发布实施两个条例是维护职工合法权益的重大举措。健全的社会保险制度必须覆盖到城镇各类职工，使全体劳动者都能依法享受社会保险。目前，参加基本养老保险的职工只有73%，参加失业保险的职工只有56%，医疗保险制度改革由于刚刚起步，参加的比例更低。这种情况表明，完善社会保险制度，扩大社会保险覆盖范围，任务还相当繁重。两个条例明确规定，各类用人单位都必须依法参加社会保险，履行缴费义务，这就为各类职工依法享受社会保险待遇提供了更为明确具体的法律保障。

第三，两个条例是巩固两个确保的有力保证。落实中央关于继续巩固两个确保的要求，今年的任务更重，压力更大，其中最关键的问题就是落实资金。由于过去社会保险覆盖面比较窄，收缴率比较低，造成社会保险基金总体支撑能力不足，给两个确保带来了较大困难。去年全国基本养老保险费的收缴率平均为90.6%，但各地收缴率很不平衡，有的地区收缴率较高是在差额缴拨的情况下实现的，个别地区收缴率很低，最少的仅为72%，有25个省市当年基金收不抵支。失业保险收缴情况也不理想，收缴率不高，这是下岗职工基本生活保障资金"三三制"中社会筹集部分不到位的主要原因。两个条例的实施，将从根本上改变社会保险待遇发放和基金征缴一手硬、一手软的局面，进一步扭转两个确保资金紧缺的严峻形势，为今后长期巩固两个确保提供了极为重要的条件。

国务院发布的这两个条例，对于社会保险的覆盖范围、社会保险费征缴制度和程序、监督检查和法律责任等，作出了许多新的规定，必须全面领会、准确把握。

第一，扩大了各项社会保险的覆盖范围。两个条例对养老、失业、医疗三项社会保险制度的覆盖范围作出了具体明确的规定。根据条例的规定，基本养老保险的覆盖范围是所有城镇企业、实行企业化管理的事业单位及其职工。失业保险的覆盖范围除了城镇企业外，还扩大到事业单位及其职工。基本医疗保险从一开始就覆盖到所有城镇企业、机关、事业单位及其职工。按照条例的规定，各省、自治区、直辖市人民政府还可以把城镇个体工商户等纳入社会保险覆盖范围。

第二，规范了社会保险费征缴制度和程序。条例规定了社会保险登记制度和缴费申报制度，所有用人单位都应当进行社会保险登记，并按月向社会保险经办机构如实申报缴纳社会保险费。主动登记、主动申报、主动缴费，是所有用人单位的法定义务，是社会保险费征缴制度的一项重大变革。

第三，实行各项社会保险费统一合并征收。针对目前几项保险费分别由多个机构单项征收，造成缴费单位事务负担繁重的情况，条例规定，养老、失业、医疗三项社会保险费要合并征收，以减轻缴费单位的事务负担，降低管理成本，提高社会保险费征收机构的效能。社会保险费的征收机构由省、自治区、直辖市人民政府确定，可以由税务机关征收，也可以由社会保险经办机构征收。但在一个省、自治区、直辖市范围内，各项社会保险费只能由一个机构征收，不能有的地、市由社会保险经办机构征收，有的地、市由税务机关征收。

第四，增强了社会保险费征缴的强制性。为维护社会保险费征缴的严肃性，针对一些单位故意拖欠和拒绝缴纳社会保险费的行为，两个条例明确规定了相应的法律责任和处罚措施，包括责令限期改正、罚款、加收滞纳金、纪律处分、申请法院强制征缴等，为加强征缴工作提供了有力的法律手段。

二、奋战第二季度，确保实现扩大覆盖范围和加强基金征缴的工作目标

今年1月国务院召开的国有企业下岗职工基本生活保障和再就业工作会议明确提出，上半年要基本实现社会保障全面覆盖，社会保险费征缴率要达到90%以上。这是今年劳动和社会保障工作的两项硬指标、硬任务，各地区、各部门要坚持贯彻党中央、国务院的要求，立即行动起来，以两个条例为武器，全力以赴打一场扩大覆盖面、提高征缴率的攻坚战。总体工作目标是：在继续全力做好当前征缴工作的同时，从现在起抓紧做好贯彻实施两

个条例的各项准备工作，包括学习宣传两个条例、培训参保单位有关人员、制定配套政策等。在此基础上，4月份要基本完成对新参保单位的社会保险登记工作；5月份全面实行新的申报缴费制度，并实现各项社会保险费统一合并征收；6月份基本实现社会保险全覆盖，基金征缴率保持在90%以上。具体要求是：到6月底，参加基本养老保险的职工人数，要从目前的8 400万人增加到1.1亿人，净增2 600万人；参加失业保险的职工人数，要从目前8 000万人增加到1.37亿人，净增5 700万人。上半年养老保险基金收入要比去年同期增加100亿元，全年增收260亿元；上半年失业保险基金收入要比去年同期增加60亿元，全年增收150亿元。医疗保险从一开始就把应参加的单位覆盖进来，缴费工作要同步到位，以保证职工的基本医疗需求。应当说，实现上述目标，任务非常繁重，时间也相当紧迫。这些指标要逐项分解下达到各省、自治区、直辖市，并建立月报制度，按照国务院的要求，对各地的扩面和基金征缴情况按月进行统计、通报、检查和督促，确保工作目标的如期完成。

为了实现上述工作目标，4、5、6三个月要紧紧抓住以下三个重点环节：

第一个环节：抓社会保险登记，努力扩大社会保险覆盖范围。

一是把外商投资企业、港澳台投资企业和私营企业作为扩大覆盖面的重点。要广泛宣传社会保险的强制性、公平性、互济性原则，宣传法律赋予广大职工的社会保险权利。外商投资企业在注册地参加社会保险是国际惯例，依法吸纳外商投资企业参加社会保险，只会有利于改善而不会影响投资环境。这类企业集中的地区可以举办专门的讲习班，并加强咨询服务工作，使这些企业都依法参加社会保险。外埠员工、农民合同制职工也要按规定参加工作地的社会保险。

二是着力做好城镇集体企业参加社会保险的工作。目前还有一半左右的城镇集体企业没有参加养老保险和失业保险。各地在吸纳集体企业参加社会保险工作中，要切实克服嫌贫爱富、挑肥拣瘦的倾向，对所有集体企业一视同仁地纳入社会保险覆盖范围，按规定征缴并确保发放。只有这样，才能全面实现两个确保，更好地维护集体企业职工和离退休人员的权益，保持社会稳定。

三是解决国有企业参加社会保险的难点问题。所有国有企业都必须按规定参加社会保险，不能企业效益好、负担轻时不参保，效益差、负担重时又依赖政府保发放、保生活。中央企业除参加当地养老保险以外，还必须参加所在地区的失业保险和医疗保险，以使中央企业下岗职工基本生活保障“三三制”资金得以落实，并保障其基本医疗待遇。国有企业转制为股份制、股份合作制、有限责任公司、独资公司、联营企业等形式后，不得以转制为借口不参加社会保险。国有企业下岗职工由再就业服务中心继续缴纳社会保险费，保持社会保险关系不中断。从今年起，社会保险经办机构对国有企业再就业服务中心为下岗职工缴纳社会保险费实行单列统计。下岗职工出了中心，到其他所有制经济组织再就业的，也要继续参加社会保险。

四是做好事业单位参加社会保险的工作。《失业保险条例》和国务院医改决定把全部事业单位都纳入了失业保险和医疗保险覆盖范围。这对社会保险工作提出了新的任务，涉及几千万人。各地区要针对事业单位的特点和工作基础采取专门措施，并加强劳动保障部门与人事、财政部门以及教育、科技等部门的协调配合，全面掌握事业单位的人员、工资情况，督促事业单位按财政部门规定的渠道按时足额缴纳社会保险费。

通过以上工作，要使两个条例规定应参保的所有单位及其职工，不分地区、不分单位性质、不分用工形式，都能依法参加社会保险，使养老、失业、医疗等社会保险制度最大范围地覆盖到城镇各类劳动者。

第二个环节：抓申报缴费，切实加强征缴工作，努力提高社会保险费征缴率。

一是尽快实现各项社会保险费统一合并征收。各地要按征缴条例的要求，抓紧做好统一合并征缴各项社会保险费的准备工作，并且以各种形式公告缴费单位，最迟在5月份实现由社会保险经办机构或者由税务部门中的一个机构统一合并征收。省市政府确定由社会保险经办机构征收的，在地方劳动保障机构改革不到位的情况下，可在原来的多个经办机构中，先指定一个社会保险经办机构统一征收，把其他经办机构的征收业务移交过去，统一组织调度各险种的征收工作人员。省市政府确定由税务机关征收的地方，劳动保障部门要搞好衔接，及时提供登记、申报等有关资料，为税务机关征收提供便利。税务机关对社会保险费征缴的情况，也要及时反馈给社会保险经办机构，以便于社会保险经办机构分账列支，保证社会保险金的发放。统一征收的社会保险费，按养老、失业、医疗等保险项目实行分账管理，统一纳入社会保险财政专户。

二是抓住贯彻两个条例的有利时机，全面实行社会保险费全额缴纳。要立即取消一切"协议缴费"和企业自提保险费、自支保险金的"封闭运行"方式。新参加的单位从一开始就要实行全额缴费，目前仍实行差额缴费的要在6月底前改为全额缴费，实行收支分开，缴费单位全额缴纳社会保险费，社会保险经办机构全额支付社会保险待遇。在此基础上，大力推进养老金的社会化发放，使今年的社会化发放面达到60%以上。

三是规范个人缴费制度。按照有关规定，养老保险个人缴费比例，今年应不低于本人工资的5%，失业保险个人缴费为1%，医疗保险个人缴费为2%。养老保险和医疗保险要全面建立个人账户制度，单位和个人不缴费的，养老保险不能记录个人账户，医疗保险不能支付医疗费用。要结合扩大覆盖面、提高征缴率的工作，与职工进行一次全面的个人账户对账，并形成制度，借此增强职工群众的社会保险意识，督促用人单位依法参保和按时足额缴费。

四是大力回收过去欠缴的社会保险费。要结合贯彻两个条例，全面清理过去的欠费。有些欠费已经积压了五六年，甚至十年以上，企业已不复存在，变成了死账，要会同有关部门核销处理。在清理的基础上，今年要对过去的欠费追缴50%以上。各地要指导欠费企业制定补缴计划，并督促按期执行。对有钱不缴的企业，除了依法处理之外，还可以采取行政制约措施，如欠费单位的法定代表人不能评选先进、晋级增薪、出国考察；欠费单位不能购买专控商品；定期公布严重欠费单位的名单和欠费数额；对严重欠费的国有企业主要负责人给予一年警告、两年撤职的处分。

在征缴的问题上还应当明确：按条例规定新扩大进来的单位（如事业单位按《失业保险条例》规定参加失业保险），缴费时间一律从今年1月征缴条例发布施行时计算，新成立单位的缴费时间从成立之日起计算，而不能从登记申报之日起计算。计算社会保险基金征缴收入时，一律以银行到账金额为准。

第三个环节：抓执法监督，做到有法必依，执法必严，违法必纠。

首先，各级社会保险经办机构要认真负责地履行社会保险登记、申报、缴费的审查、稽核职责。审查稽核的重点是参保单位的职工人数、工资基数和财务状况等，纠正单位瞒报、漏报、错报和拖欠缴费的行为，促进申报缴费的真实性和时效性。除了正常审查之外，社会保险经办机构每年重点稽核的单位不能少于本地区参保单位总数的10%。要建立和完善目标责任制，把完成征缴工作的情况与社会保险经办机构及工作人员的考评、奖惩结合起来，增强激励机制。

其次，各地劳动保障部门要组织劳动保障监督检查机构在第二季度开展社会保险专项执法检查工作。检查的重点是缴费单位办理社会保险登记和缴费申报、按时足额缴纳社会保险费情况，并接受社会各界和职工群众的举报。发现缴费单位未按规定办理社会保险登记、申报，不按规定缴费的，应责令其限期改正；对不按期缴纳的，除责令其补缴欠缴数额外，还要依法加收滞纳金；情节严重的，对直接负责的主管人员和其他直接责任人员可以处以罚款等行政处罚；对于逾期不缴纳社会保险费和滞纳金的，应依法申请法院强制征缴。同时，对严重违反社会保险规定的单位，还要通过新闻媒体给予曝光。

第三，依法维护征缴工作的严肃性。依据两个条例，任何单位和个人都不能减免社会保险费；社会保险费必须以货币形式缴纳，不能以实物抵顶。劳动保障部门和社会保险经办机构要严肃纪律，从严治政，依法行政，对滥用职权、徇私舞弊、玩忽职守，致使社会保险费流失的，要依照条例规定，作出严肃处理，构成犯罪的，要依法追究刑事责任。

三、精心部署，狠抓落实，打一场攻坚战

完成4、5、6三个月扩面和征缴工作任务，是今年劳动保障工作的一场攻坚战。我们要像去年7、8、9三个月抓两个确保那样，投入到今年4、5、6三个月扩面和征缴工作中去，切实贯彻好两个条例，确保各项工作目标的实现。为此，强调以下几点：

第一，切实加强组织领导和协调配合。会后，各地要抓紧向党委、政府汇报，积极争取党委、政府的支持。扩面和征缴两项工作目标，是国务院国有企业下岗职工基本生活保障和再就业工作会议提出的要求，应当在党委、政府的统一领导下，作为巩固两个确保的关键措施进行安排和部署，动员组织各方面的力量共同推动落实。去年以来两个确保工作的实践证明，只要党委和政府领导重视，一把手亲自抓，就能够保证任务的完成。各地要按照国务院国有企业下岗职工基本生活保障和再就业工作会议精神和这次电视电话会议确定的4、5、6工作目标，立即着手制定工作计划，明确阶段性目标任务和具体措施，并督促落实。劳动保障部门要切实负起责任，雷厉风行，狠抓落实，把工作做细、做实。要加强与经贸、财政、人事、税务、工商等部门的协调，互相支持，密切配合，共同推动工作的开展。对扩面和征缴工作中出现的新情况、新问题，要及时沟通研究，妥善加以解决。

第二，认真做好各项准备工作。贯彻实施两个条例，有大量的基础准备工作要认真做好。一是要认真抓好两个条例的学习。这两个条例有许多新的规定，规定了新的制度、新的程序，提出了新的工作要求。各地区、各部门，特别是劳动保障部门的同志，必须首先学习和掌握好这些规定，熟悉操作的具体程序，严格依法办事。二是要抓紧制定贯彻实施条例的配套文件。条例发布后，劳动保障部正在抓紧制定配套规章和政策文件，包括关于贯彻实施两个条例的意见，关于扩大养老保险覆盖面的意见，关于社会保险登记、申报、缴费、监察办法等，在广泛征求意见修改后将陆续下发。各地也要根据条例的授权，结合实际情况，抓紧制定实施条例的有关政策规定。三是要抓好对参保单位有关工作人员的培训，使广大参保单位了解条例，熟悉操作。这是我们做好登记、申报工作的一项基础任务，要抓好抓实。四是要抓紧做好社会保险登记、申报缴费、集中统一征收的技术准备工作，如登记表、申报表要抓紧制定下发，征收机构变化后要尽快让每个缴费单位知道。五是各级社会保险经办机构要适应实行社会保险登记、申报缴费，变收缴为征缴、变单项收缴为合并征缴等新的变化，切实转变观念，转变作风，改进工作方法，调整和改进各项管理程序，加强各项基础管理工作，努力使我们的管理水平和服务质量有一个大的提高。

第三，大力加强政策宣传，充分发挥舆论监督作用。这两个条例从发布之日起施行，时间紧，任务重。各地要在前一阶段宣传工作的基础上，继续加大宣传力度，通过多种形式大张旗鼓地宣传两个条例，广而告之，真正做到家喻户晓，人人明白，使社会各方面、用人单位和广大职工都了解两个条例，让每个参保单位都知道如何登记、到哪里登记、怎样申报、如何缴费，为登记申报工作打下基础。要充分发挥新闻媒体的作用，营造出一个依法参加社会保险光荣，拖欠和拒缴社会保险费可耻的社会氛围。

同志们，贯彻实施两个条例，落实扩大社会保险覆盖范围，加强基金征缴工作的目标，任务十分艰巨，意义非常重大。我们要坚定信心，迎难而进，扎实工作，打好这场攻坚战，为长期巩固两个确保，加快建立和完善符合社会主义市场经济体制要求的社会保障体系打下坚实的基础。

同心协力　知难而进
切实做好两个确保工作

——在巩固两个确保工作会议上的讲话

张左己

（1999年5月23日）

这次会议是经国务院同意，由劳动保障部和财政部共同召开的。国务院领导同志对这次会议非常重视。刚才，秀诗同志传达了吴邦国副总理关于开好这次会议的重要批示，我们要认真学习领会，努力做好巩固两个确保的工作，并按期完成扩大社会保险覆盖面、加强基金征缴和城镇职工医疗保险制度改革的任务。根据邦国同志指示精神，我讲三个问题：

一、巩固两个确保是当前一项重大而紧迫的任务

今年1月，国务院召开国有企业下岗职工基本生活保障和再就业工作会议，对两个确保工作进行了部署。几个月来，在各级党委、政府的领导下，有关部门密切配合，按照党中央、国务院的要求，克服困难，狠抓落实，两个确保在去年的基础上得到巩固，工作总体上讲是好的，成绩是主要的。特别是元旦、春节期间，各地积极采取措施，多方筹集资金，实现了两个确保，为维护社会稳定发挥了重要作用。在肯定成绩的同时，我们要清醒地看到工作中存在的问题，并采取坚决有力的措施加以解决。对当前两个确保的形势，可以作出如下基本估价：

一是绝大多数国有企业下岗职工基本生活得到保障，但全年的生活保障资金仍有较大缺口，少数下岗职工没有领到基本生活费。据各地统计，截至4月底，国有企业下岗职工人数为570万，绝大多数进入了企业再就业服务中心，签订基本生活保障和再就业协议的比例为88%，领到基本生活费的比例为95%，与去年底相比，分别提高了8个百分点和2个百分点。预计全年共需下岗职工基本生活保障资金245亿元，各地已安排195亿元，占总需求的79%。在已安排的资金中，财政筹集97.8亿元，占总需求的40%；社会筹集52.7亿元，占总需求的21%；企业自筹44.7亿元，占总需求的18%。目前，已有北京、上海、江苏、浙江、福建、山东、广东等12个省市对全年的基本生活保障资金作了足额安排。有16个省市虽然财政安排的资金达到或超过了1/3，但未作“兜底”安排，资金仍有缺口。有4个省区财政安排的资金没有达到 1/3。全国资金总缺口达 50 多亿元，其中老工业基地和中西部地区的一些困难省份，如辽宁、吉林、黑龙江、陕西、内蒙古等省区缺口较大。中央一再强调，要通过调整财政支出结构，对这笔资金作“优先、足额、兜底”安排，但不少地区至今尚未落实。

二是企业离退休人员养老金基本做到了按时足额发放，但 3、4 月份一些地区发生了新的拖欠。据各地报告，1 月份基本做到了按时足额发放，2 月份实现了当月无拖欠。1 ~4 月，各地在保发放的同时，还补发过去拖欠的养老金 20 亿元，使累计拖欠减少到 60 多亿元。但是，3 月份，黑龙江、吉林、辽宁、内蒙古、安徽、甘肃、西藏 7 个省区当月拖欠共计 1.43 亿元。其中，煤炭企业拖欠 1.25 亿元，占拖欠额的 86.8%。去年 9 月以来，拖欠养老金的数额逐月减少，2 月份当月无拖欠，3 月份出现这么大数额的拖欠，是一个值得警惕的信号。4 月份，黑龙江、吉林、湖南 3 省当月拖欠共计 7 122 万元。3、4 月份拖欠的 2.1 亿元，目前仍有 1 亿元没有补发。

三是贯彻两个条例取得一定进展，但情况不够理想。今年 1 月，国务院发布了《社会保险费征缴暂行条例》和《失业保险条例》，这对于完善社会保障体系、巩固两个确保具有重要意义。劳动保障部商财政部、国家税务总局和国务院法制办同意，并报国务院批准，提出了 4、5、6 三个月的工作目标：即 4 月份基本完成对新参保单位的社会保险登记工作，5 月份实行新的申报缴费制度并实现各项社会保险费统一合并征缴，6 月份基本实现社会保险全覆盖，全年基金收缴率保持在 90%以上。到 6 月底，参加养老保险的职工人数达到 1.1 亿人，净增 2 613 万人，基金收入比去年同期增加 100 亿元，全年增收 260 亿元；参加失业保险的职工人数达到 1.37 亿人，净增 5 739 万人，基金收入上半年达到 80 亿元，全年达到 200 亿元。为更好地宣传和贯彻两个条例，4 月 11 日至 20 日，在全国统一组织了社会保险宣传活动，各级领导和有关部门共 15 万人走上街头开展政策咨询，新闻媒体对两个条例进行了集中宣传，对扩面征缴工作起到了很好的促进作用。截至 4 月底，全国参加基本养老保险的职工人数比去年底净增 204 万人，扭转了参保人数连续两年下降的势头。北京市已经对 8 800 多个新参保单位进行了登记，参加失业保险的人数增加了 40 多万人，参加养老保险和医疗保险的人数各增加了 5 万多人。厦门市失业保险新增参保人数 18.5 万人，比去年底增长 137%。一季度，养老保险基金收缴率达到 83.55%，比上年同期上升了 5 个百分点。4 月份，全国养老保险基金收入 128 亿元，支出 127.3 亿元，改变了去年和今年一季度全国基金当月收不抵支的被动局面。但是，扩面征缴的总体进展情况还不理想，有的省市 5 月份才开始社会保险登记工作，有的省市还处在布置任务和调查摸底阶段，有的省甚至要把扩面任务推迟到下半年完成，离目标要求还有较大差距。

四是多数地区坚决贯彻中央决定，真抓实干，措施有力，但少数地方在抓落实上犹豫不决，存在畏难情绪。目前，两个确保已经深入人心，各级党委和政府高度重视，劳动保障和财政等各有关部门密切配合，去年下半年工作取得了突破性进展，成效显著，并且在今年得到巩固，对促进企业改革和经济发展，对维护社会稳定，发挥了重要作用。党中央、国务院对此给予了充分肯定，也受到广大人民群众的拥护。当前，也有一些同志认为，巩固两个确保和扩面征缴工作的任务太重，要求太高，对长期巩固两个确保和解决难点问题缺乏信心，没有过硬措施，在很大程度上影响了两个确保工作的开展。

今年是我们党和国家历史上具有特殊意义的一年，保持社会稳定十分重要。两个确保工作，是深化国有企业改革和保持社会稳定的重要措施，党中央和国务院已经召开了两次工作会议进行部署。江泽民总书记和朱镕基总理非常关心这项工作，作出了一系列重要指示，经常过问进展情况，他们每到一地视察，都要走访慰问下岗职工和企业离退休人员，了解两个确保的落实情况，亲自对工作进行督促检查。最近，中央领导同志特别强调，一定要做好两个确保工作，在这方面花些钱是值得的。这些都充分说明了党中央、国务院对两个确保工作的高度重视。

当前，社会稳定进入敏感时期。复杂的国际国内形势，对进一步做好两个确保工作，提出了新的更高的要求。从国际环境看，亚洲金融危机的影响依然存在，对我国经济增长仍有不少制约。西方敌对势力亡我之心不死，不断制造影响我国稳定发展的事件。以美国为首的北约悍然袭击我驻南使馆，严重侵犯中国主权，企图搞乱我们。从国内形势看，我们正处于改革的攻坚阶段，产业结构调整和企业改革的力度进一步加大，扭亏增盈、下岗分流、减人增效的任务非常繁重，影响社会稳定的群体性突发事件也时有发生。两个确保工作，涉及职工切身利益，关系社会稳定大局。从前一段的情况看，虽然面上的问题不大，大头稳住了，但困难地区、困难行业、困难企业的问题很突出，不少地方存在着不稳定因素。如果我们不在思想上引起高度重视，不及时采取措施解决存在的问题，将有可能酿成突发事件，影响社会稳定。所以，我们必须进一步提高对巩固两个确保重要性和紧迫性的认识，从维护社会稳定和讲政治的高度出发，以对党和人民高度负责的精神，把中央的政策措施落到实处，坚决维护来之不易的稳定局面。

做好两个确保工作，要落实目标责任制。按照中央的要求，各地党委、政府主要领导要亲自负责，一级抓一级，层层抓落实。要把巩固两个确保作为落实“三讲”教育的实际行动，克服松动麻痹思想和畏难情绪，坚定信心，知难而进，全力以赴巩固两个确保。一旦发生问题，要及时报告，主要负责同志要到第一线做工作，妥善处理，把问题解决在萌芽状态，解决在基层，解决在当地。对落实中央政策行动迟缓、工作不力的，要严肃批评；对因官僚主义严重、工作失职渎职引发群体性事件，造成严重后果的，要坚决追究责任。

二、进一步巩固两个确保的主要措施

（一）下决心调整财政支出结构，落实“三三制”

中央关于筹集国有企业下岗职工基本生活保障资金的政策十分明确，盈利企业要自己解决，亏损企业要按照“三三制”的原则予以落实，困难企业自筹和社会筹集部分确有缺口的，财政兜底。该由企业出的资金，企业一定要出，对能出钱而不出的企业，要严肃批评，并采取必要的制约措施。要做好失业保险基金的征缴工作，调剂更多的资金，用于下岗职工基本生活保障。朱镕基总理反复强调，财政兜底是确保国有企业下岗职工基本生活的重要措施。目前已经作出足额资金安排的地区，要保证资金按时拨付到位。没有作出足额安排的地区，要按照中央的要求，调整财政预算支出结构，优先、足额安排这项资金。对企业、社会筹集不足的部分，财政要给予保证。最近，我们发现少数地区的资金管理存在不少问题，出现了挤占挪用现象，有的企业负责人，甚至编造下岗职工花名册和协议书，骗取资金。这些现象，必须坚决予以纠正。各地要管好用好这笔资金，防止挤占挪用。今后，发现一起，查处一起，绝不姑息。

据一些中央企业反映，有的地方对在当地参加了失业保险的中央企业，不拨付社会筹集部分的资金，有的甚至不发给下岗证，使中央企业的下岗职工享受不到再就业的优惠政策。同时，一些地方也反映，有的中央企业不在当地参加失业保险。这两个方面的问题都是存在的。应当明确，中央企业都要按规定在当地参加失业保险，缴纳失业保险费；地方要把中央企业与地方企业同等对待，落实好下岗职工优惠政策，及时向中央企业拨付社会筹集资金；对已在当地参加失业保险，但过去没有如数缴纳失业保险费的中央企业，也要按当地规定的标准，先拨付社会筹集部分的资金，同时逐步收回企业欠缴的失业保险费。

要认真贯彻中央关于减员增效、下岗分流的方针，落实好“三条保障线”。对个别地方不是通过做耐心细致的工作，促进下岗职工进中心、签协议、保生活，而是简单地把已经下岗的职工不列入统计范围的做法，要立即予以纠正。劳动保障部、民政部、财政部已就完善三条保障线、做好相互衔接工作联合发出了通知，各地要按照通知的要求，认真抓好落实。今年各级财政安排了劳动力市场建设和职工培训经费，各级劳动保障部门要主动配合财政部门管好用好这笔资金。

（二）确保养老金不再发生新的拖欠，立即补发3、4月份的拖欠

要加强社会保险费征缴、追缴企业欠费和回收挤占挪用基金的工作力度，增强养老保险基金的支撑能力，确保养老金的按时足额发放。对今年3、4月份拖欠、目前还没有补发的1亿元养老金，有关地区要在5月底前全部补发。要坚决落实中央的要求，从5月份开始，不能再发生新的拖欠。特别是在敏感时期，要做到一分不欠，一天不拖。各省市应加强对重点地区的督察，一旦发现有拖欠的现象，立即处理，限期补发。要建立和完善省级调剂金制度，解决省内基金分布不平衡的问题。尚未建立的要尽快建立，已经建立的，要保证省级调剂金足额上解到位和及时调剂。基金调剂解决不了的，同级财政予以支持。

（三）切实解决煤炭等困难企业养老金发放问题

对煤炭企业下放前拖欠的9.24亿元养老金，中央财政已下拨有关地区，按说应该补清了。但据一些企业和离退休人员反映，目前仍未补清，有的人甚至为此上访。有关地区要认真查一查这笔钱到底到哪里去了，是不是真正发到离退休人员手中。煤炭企业下放后，又产生新拖欠5亿多元，占全国同期新拖欠数额的70%，成为全国确保养老金发放的难点。主要问题是，有的企业有资金能力，但不缴纳养老保险费；有的地区对煤炭企业养老金的发放仍搞封闭运行。对此必须尽快采取措施，重点予以解决。国务院已经明确，煤炭企业移交地方后，养老金发放问题应主要由地方负责。因此，有关地区要打破封闭运行，把煤炭企业养老保险纳入全省统筹的总盘子，多渠道筹集和调度资金，实行全额缴拨和社会化发放，确保离退休人员按时足额领到养老金。有能力缴纳养老保险费的煤炭企业，必须按时足额缴纳养老保险费，有关部门要加强督促检查。煤炭企业的亏损补贴要首先用于缴纳养老保险费，这是保证煤炭企业养老保险资金来源的重要措施，要认真抓好落实。对拿了亏损补贴不按规定足额缴费的企业，要将应缴费数额在亏损补贴中扣抵，直接划入社会保险基金。对有色企业行业统筹移交地方管理前遗留的养老金拖欠问题，劳动保障部和财政部已基本核查清楚，将于近期拨款补发。

（四）做好破产、关闭、撤销企业职工安置和养老金发放工作

对破产、关闭、撤销企业职工的安置，一个可行的办法，就是给付一次性安置费，鼓励职工自谋职业。对实行劳动合同制以前参加工作的职工，按照当地企业职工年平均工资3倍的标准，发给一次性安置费，领取安置费后不再享受失业救济。对实行劳动合同制以后参加工作的职工，按工龄每满一年发给一个月工资的标准，支付经济补偿金，并按规定享受失业保险待遇。对这些企业的离退休人员，由社会保险机构负责发放养老金。其中，参加养老保险而欠缴养老保险费的，要按规定补缴；未参加养老保险的，可按已离退休人员支付10年养老金所需的资金数量，一次性向社会保险经办机构划拨。上

述所需费用，主要从资产变现中解决。

（五）按期完成社会保险扩面征缴任务

4、5、6三个月扩面征缴工作，是巩固两个确保的一项重要措施，扩面征缴任务完不成，社会保险基金难以到位，两个确保就会受到影响。因此，各地要进一步提高认识，统一思想，克服畏难情绪，组织强有力的工作队伍，采取措施，扎扎实实地推进工作。要像上海、大连等地一样，对用人单位逐个排查，使该参保的单位都做到依法参保，该征收的社会保险费按时征收上来。要坚持“4、5、6”扩面征缴的工作目标不动摇，确保6月底前实现社会保险全覆盖和提高基金征缴率的目标。从一些省市的工作实践看，只要下真功夫，狠抓落实，工作任务是能够按期完成的。

严格落实条例规定的扩面范围，扩面工作要一步到位，不留尾巴。《社会保险费征缴暂行条例》和《失业保险条例》规定：各类城镇企业，包括国有企业、集体企业、外商投资企业、私营企业和其他城镇企业及其职工，都要参加养老保险和失业保险；各类事业单位及其职工，都要参加失业保险。各地区要严格执行条例的规定，不打折扣，不开口子，外商投资企业在注册地参加社会保险是国际惯例，有利于改善而不会影响投资环境，必须依法吸纳外商投资企业参加社会保险。对经济效益较差、负担较重的困难企业，不能嫌贫爱富，不能采取拒绝纳入或暂缓纳入的做法。我们搞扩面，不仅仅是为了增加基金收入，更重要的是为了健全社会保障体系，维护劳动者享受社会保障的权利。如果一些企业没有参加社会保险，那么我们的两个确保从一开始就是不完整的，就没有做到真正意义上的确保。全国事业单位有2 000多万人，是失业保险扩面的重点，如果不全部纳入失业保险范围，失业保险扩面的计划就会落空。各地要督促事业单位及时缴纳失业保险费，按财政部门规定的渠道落实所需资金。

关于社会保险经办机构的经费问题，国务院已明确，社会保险基金实行收支两条线管理，社会保险经办机构所需经费不能从基金中提取，改为吃“皇粮”，由财政拨款解决。据一些地方反映，当前人员经费、办公经费得不到保障，影响了工作的开展。各地要采取措施，把这个问题解决好，为开展工作提供必要条件。

（六）准备一笔两个确保的应急资金

一些地方特别是困难地区，对处理因两个确保问题引发的突发事件，缺乏必要的资金准备。往往是出了问题，才去筹集资金，临时抱佛脚，这种状况必须改变。为做好敏感时期的两个确保工作，建议各级政府都要准备一笔应急资金，用于及时解决可能发生的突发事件，保证敏感时期的两个确保不出问题。

三、加快推进城镇职工医疗保险制度改革

国务院要求，建立城镇职工基本医疗保险制度的工作要在年内基本完成。现在，5个月时间过去了，虽然做了不少工作，但总体不够理想，只有陕西、广东、贵州、辽宁、新疆5个省区出台了医改总体规划，只有少数城市出台医改实施方案并开始实施。工作进度慢的主要原因，一是认识问题。有的同志认为，当前各项改革任务繁重，两个确保压力很大，担心搞医改会加重财政和企业负担，对按期完成任务信心不足，有的甚至提出要把医改工作推迟到明年进行。二是机构问题。多数省市特别是地市一级，医疗保险行政管理职能还分散在几个部门，有的虽然设立了临时工作机构，但作用发挥得不够好。机构不统一，力量不集中，影响了医改工作的顺利开展。

医疗保险制度改革是党中央、国务院作出的重大决策，是本届中央政府的五项改革之一，我们要按照中央的要求如期完成。建立基本医疗保险制度，为职工提供基本医疗

保障，有利于保障职工的合法权益，有利于维护社会稳定。基本医疗保险制度从低水平起步，有利于从总体上减轻企业的经济和社会事务负担。虽然医改工作很复杂，涉及到方方面面，存在着筹资难、费用控制难、医疗服务管理难等问题，但这些困难和问题任何时候都存在，不是晚改就可以回避的。因此，必须坚定不移地推动这项工作。凡没出台总体规划的省区，要加快工作进度，尽快出台。当前的工作重点是督促统筹地区制定实施方案，这项工作要在 9 月底前完成。请各地按照这个时间要求，倒计时部署工作。

关于机构问题，去年国务院专门作过研究，中编办已发了通知，要求各地将分散在有关部门的社会保险职能，集中到劳动厅局，实行统一管理。目前，已有 10 个省市按要求把医改职能和机构集中到了劳动保障部门，其他省市还没有落实。机构问题不解决，人员不到位，工作受影响。特别是省以下统筹地区，承担着医改方案的制定和实施任务，解决机构问题更加迫切。建议各有关地区按照中编办通知要求，尽快将省以及省以下统筹地区的医疗保险行政管理职能集中，人员集中，业务工作实行统一管理。

同志们，两个确保工作任务繁重，责任重大。我们要在以江泽民同志为核心的党中央领导下，高举邓小平理论伟大旗帜，认真贯彻党的十五大精神，坚定信心，真抓实干，努力做好两个确保工作，按期完成扩面征缴和医改工作任务，为促进企业改革和经济发展、维护社会稳定作出新的更大的贡献。

在全国劳动力市场建设座谈会上的讲话

张左己

（1999年6月22日）

这次全国劳动力市场建设座谈会的主要任务是，进一步贯彻落实中央领导同志关于劳动力市场建设的一系列重要指示精神，推动各地的劳动力市场建设按照科学化、规范化、现代化的要求再上一个新台阶，加快建立和完善适应社会主义市场经济体制要求的就业机制，进一步做好国有企业下岗职工基本生活保障和再就业工作。下面，我讲三个问题。

一、认清形势，抓住机遇，把建立和完善市场就业机制摆上重要位置

发展劳动力市场，建立市场就业机制，我们不是在一张白纸上作画，而是进一步健全和完善的问题，是总结经验，加快步伐，使之再上一个新档次、新台阶的问题。大家知道，早在80年代中期，随着改革实践的深入，发展劳动力市场的任务就现实地提了出来。尽管受到理论上的局限，当时不叫劳动力市场，而叫做劳务市场，但从劳动制度改革的实际进程来考察，我们所采取的一系列重大措施，实际上已经坚持了市场的取向，在劳动工作领域都是在引导企业和劳动者进入市场。1993年党的十四届三中全会《决定》明确提出“改革劳动制度，逐步形成劳动力市场”，这一理论上的突破对实践产生了巨大的推动力，劳动力市场得到迅速的发展，劳动力市场体系已具雏形。从机制上说，企业作为劳动力市场需求主体、劳动者作为供给主体的地位已基本确立，企业自主用人、劳动者自主择业的双向选择机制已初步形成，城镇新成长劳动力绝大部分是通过市场就业的。从载体上讲，目前全国已有各类职业介绍机构3.5万个，服务网络体系初具规模，沿海地区一些城市的劳动力市场，已接近世界先进水平。从制度上看，部里依据《劳动法》的有关规定制定了一系列配套规章和制度，各地还出台了不少地方性法规和规章，在管理服务方面也积累了许多成功的经验。所有这些，都为劳动力市场的进一步发展和市场就业机制的进一步完善奠定了较好的基础。

但是，从整体上判断，我国的劳动力市场仍处在发育过程之中，尚不成熟和完善，市场机制在劳动力资源配置中的基础性作用尚未得到充分发挥；管理服务手段相对落后，信息网络建设进展缓慢；当前市场秩序还比较混乱，农村剩余劳动力流动中的盲目、无序问题仍比较突出。这种状况，同建立和完善社会主义市场经济体制的进程不相适应，也同国有企业下岗职工基本生活保障和再就业工作的现实需要不相适应。对此，我们要有清醒的认识，要站在整个社会主义市场经济体制建设的高度，认识劳动力市场建设的地位和作用，认识加快建立和完善市场就业机制对进一步做好国有企业下岗职工基本生活保障和再就业工作的必要性和紧迫性。

首先，加快建立和完善市场就业机制是社会主义市场经济体制的客观要求。党的十五大提出，要加快国民经济市场化进程，继续发展各类市场，着重发展资本、劳动力、技术等生产要素市场，完善生产要素价格形成机制。劳动力市场在生产要素三分市场中有其一，同资本、技术两大市场呈鼎立之势，足见其在整个社会主义市场经济体系中的重要地位，理所当然地受到广泛的关注和重视。劳动力作为最活跃的生产要素，其市场也应该是最活跃的市场。劳动力资源是我国最丰富的资源，其开发利用和合理配置，建立和完善市场就业机制，在我国就更为重要。对此，江泽民同志在去年5月中央再就业工作会议上作过深刻的分析和阐述，指出："在发展社会主义市场经济的条件下，要实现生产要素的优化配置，实现企业的生产经营从粗放型向集约型转变，必须建立与之相适应的劳动力就业机制。一定要改变过去的那种就业模式，逐步建立和完善适应社会主义市场经济发展要求的新的就业机制，建立和完善适应新的就业机制的社会保障制度。"由此可见，市场就业机制的建立和完善，关系到企业改革战略目标的实现，关系到社会主义市场经济体制的建立和完善，必须把它作为劳动和社会保障工作的一项重大任务摆上重要位置，下更大的功夫，花更多的力气来抓好。

其次，加快建立市场就业机制是解决我国就业问题的战略措施。当前及今后相当长的时期内，我们将长期面临劳动力供大于求的矛盾。从劳动力供给看，面临多重压力：一是城镇新增劳动力，每年达800万左右；二是城镇失业人员，去年底是570多万；三是企业下岗职工，去年底在中心的国有企业下岗职工就有610万，还有250多万集体企业下岗职工；四是农村还有约1.3亿剩余劳动力不断向城市和非农产业转移，对城镇就业构成巨大压力。从劳动力的需求看，作为就业主渠道的国有、集体企业，就业需求明显不足，不仅不能扩大就业容量，相反还有大量富余人员需要释放；非公有制中小企业在吸纳就业中具有重要作用，但由于起步晚、基础弱，其作用的充分发挥需要有一个过程；随着科技进步、知识经济发展和经济全球化、一体化进程的加快，对劳动者素质和就业结构将提出新的挑战。应对这一挑战，出路就在于发展、在于改革、也在于市场。就业问题的解决必须要以经济的发展为基础，靠一定的经济增长速度去带动，这是毫无疑问的。中央提出要确保必要的经济增长速度，也是考虑到了扩大就业的需要。作为劳动保障部门，我们不能消极等待经济增长去创造就业机会而自己无所作为。我们要在国家实行积极的财政政策，增加基础设施建设投入，扩大国内需求，开拓市场，保持经济适度快速增长的同时，从我们的职责任务出发，进一步深化劳动制度改革和社会保障制度改革，把工作的着力点放在激活和规范劳动力市场，建立市场就业机制上，放在发现和挖掘扩大消费需求、方便群众生活等新的就业岗位和领域上，放在帮助劳动者转变就业观念、提高职业技能，最大限度地发挥就业潜能上，放在为劳动者提供就业指导和职业介绍服务上。这样才能把经济发展创造的潜在就业岗位变为现实的就业机会，事半而功倍，比之由劳动保障部门用十分有限的资金直接投资开办企业创造就业岗位，效果要好得多、快得多。我们的功夫就是要下在这里，劲要使在这里，效果也要出在这里。

第三，加快建立和完善市场就业机制，更是当前做好国有企业下岗职工基本生活保障和再就业工作的一项紧迫任务。解决下岗职工问题，当前第一位的任务仍然是进中心、签协议、筹资金、保生活。只有完成好这一关键性、前提性的任务，并且要始终巩固住两个确保的局面，社会才能保持稳定，改革才能向前推进。这一点必须牢牢把握好，不能含糊，不能动摇。与此同时，我们也不能放松再就业这一重要环节。中央的会议、中央的文件讲的都是国有企业下岗职工基本生活保障和再就业工作，二者紧密联系，不可分割。中央领导同志在强调保障下岗职工基本生活的同时，一直十分强调再就业工作。江泽民总书记讲："做好国有企业下岗职工的工作，维护他们的切身利益，最重要的是要帮助他们实现再就业。"朱镕基总理讲："再就业是下岗职工的根本出路"，要"坚持用改革的思路、改革的办法、改革的措施来促进再就业。必须充分发挥市场在配置劳动力资源方面的积极作用。要用更多的精力，培育、发展和规范劳动力市场。"吴邦国副总理也指出："通过劳动力市场实现再就业，是市场经济条件下就业的基本形式。加快劳动力市场建设，完善市场就业机制，为下岗职工提供优良服务和就业指导，是搞好再就业工作的重要环节。"只有抓住这一重要环节，把劳动力市场建设好，把各项再就业服务有效地开展起来，落实到每一个下岗职工身上，才会有更多的下岗职工走出中心，再就业才会有成效。

我们还必须认识到，下岗职工再就业问题实际上也为加快建立和完善市场就业机制提供了一个难得的契机。不能只看到下岗职工问题对就业工作带来的巨大压力，更不能把下岗职工基本生活保障仅仅看做是一种沉重负担，而应从中看到加快建立市场就业机制的机遇，看到加快劳动力市场发展的前景。我们要变被动为主动，变压力为动力，通过解决下岗职工问题，实现企业用人机制和劳动者就业机制的转换，实现劳动力结构的调整和劳动力素质的提高。十几年前我们提出发展劳动力市场，但在当时的客观条件下，大规模的结构调整没有可能，劳动力素质的提高也缺乏动力，改革所能触及的只是劳动力的增量部分，只是新成长劳动力和进城务工的农村劳动力进入市场就业渠道。当前我们进行的国有企业战略性重组，实行减员增效、下岗分流，才真正触及到了劳动力资源存量问题，才使我们通过市场机制对整个劳动力资源进行重新调整和合理配置成为可能，我们的劳动力市场也才成为一个完整意义上的市场。加快建立市场就业机制的大好机遇正蕴含在这里。我们要紧紧地抓住这一机遇，把市场就业机制真正建立完善起来。

二、立足当前，着眼长远，及早研究建立和完善市场就业机制的战略步骤

去年5月以来，按照中央再就业工作会议的部署，国有企业下岗职工基本生活保障和再就业工作取得了阶段性成果。我们要继续坚定不移地认真贯彻中央确定的各项政策，锲而不舍地做好进中心、签协议、筹资金、保发放各个环节的工作，坚持不懈地巩固两个确保。两个确保，事关全局。今年6月17日，江总书记在西安主持召开西北五省区国有企业改革和发展座谈会时，再次强调这一工作，要求切实落实好资金，地方财政负责的1/3和兜底资金要通过调整财政支出结构予以落实，确保国有企业下岗职工的基本生活，按时足额发放离退休职工的养老金。我们要认真落实江总书记的指示，始终把两个确保放在头等大事、第一位的突出位置。在这一点上，不能有任何犹豫，不能有任何松懈。

在抓好当前两个确保的同时，我们也要着眼于长远，及早考虑如何按国有企业改革的进程，逐步实现中央10号文件提出的用5年左右的时间初步建立起适应社会主义市场经济体制要求的社会保障体系和市场就业机制的目标。围绕这一问题，前一阶段部里进行了集中调研，邀请部分省市劳动保障厅局长进行座谈，请国内著名专家学者进行了论证，征求了一些综合经济部门的意见和建议，提出了一个初步设想，认为大致可以通过三个阶段实现这一目标。

第一阶段是当前所处的阶段（或者叫做"双轨"阶段），下岗职工进入再就业服务中心，失业人员进入劳动力市场。这一阶段的主要任务是按国有企业改革和脱困的三年目标，进一步做好国有企业下岗职工基本生活保障和再就业工作，继续贯彻鼓励兼并、规范破产、下岗分流、减员增效和实施再就业工程的方针，加大工作力度，争取在去年一年工作基础上，再经过今明两年左右的努力，基本解决计划经济体制遗留的国有企业富余人员问题。预计今年国有企业下岗职工平均为700万人，明年可能平均在600万人左右。这样，经过连续几年的减员增效过程，国有企业职工总数有望得到大幅度精简，从而为国有企业轻装前进创造一个好的条件。

在计划经济体制遗留的国有企业富余人员问题基本解决之后，我们的工作就将转入第二阶段（或者叫做“转轨”阶段）。在这一阶段，企业新的裁员或精简一般应通过终止、解除劳动合同的方式直接走向劳动力市场，运用市场机制实现再就业，暂时不能就业或在就业选择期间进入失业状态，符合条件的享受失业保险待遇。对在此之前已经进入再就业服务中心尚未实现再就业的下岗职工，仍维持原政策不变，继续由再就业服务中心保障其基本生活，直到其协议期满全部出中心。

在最后一批下岗职工协议期满全部出中心后，我们的工作就进入了第三阶段（或者叫做“并轨”阶段），即完全转入通过市场机制进行劳动力结构调整的阶段。在这一阶段，所有失业人员，包括企业新的减员和协议期满出中心的下岗职工，都全部进入劳动力市场。这标志着我们已经达到建立适应社会主义市场经济要求的就业机制的目标。

上述三个阶段还只是一个初步设想，还没有形成决策，有待进一步论证、充实和完善，更有待于实践的检验。这里之所以把这一思路介绍给与会同志，用意有三：

首先，意在酝酿思路，广泛听取意见，引起讨论，集思广益，使之逐步完善，更具有可操作性。我们提出建立市场就业机制三步走的思路，绝不要错误地以为国有企业下岗职工基本生活保障和再就业工作的政策有什么变化。对于下岗职工的问题，中央和国务院的方针政策已经十分明确，必须坚定不移地按照两次再就业工作会议和中央国务院一系列文件精神执行。三步走的思路是向前看，在研究论证后，报请中央决策，然后贯彻落实。

第二，意在分类指导，既唱“南腔”，也唱“北调”，把分类指导落到实处。我们不妨把上面的三个阶段时间表置换成“空间表”，在不同的地方实行不同的方式。在中西部地区和老工业基地，经济相对困难，就业门路偏窄，目前主要实施“双轨”的第一阶段目标。而在东南沿海地区，经济比较发达，就业环境宽松，市场观念比较强，承受能力也较强，就可以率先实行“并轨”的第三阶段目标。事实上，上海以及广东、福建的一些地区已经这样做了，并且取得了一些经验，对全国具有引导和示范作用。对于这两类地区之外的中间地带，要努力创造条件，实行“转轨”的第二阶段目标。总之，各地都要从本地实际情况出发，择机逐步建立和完善市场就业机制，不搞齐步走、一刀切。

第三，意在预筑堤防，做好各方面的准备，包括思想和物质准备。着眼于三个阶段的改革战略，我们面临的一个重大课题就是如何构筑失业保险的堤防。可以讲，能否顺利地实施这三个阶段的战略，关键一点就看失业保险制度是否完善，基金是否雄厚，管理是否科学。按照三个阶段的设想，每前进一步，显性失业都将有所攀升，对失业保险都会提出更高的要求。就当前阶段看，失业保险是“一金两用”，既要保证失业人员基本生活和促进再就业需要，又要加大对再就业服务中心的资金支持力度，达到或基本达到1/3的要求。在进入第二阶段后，由于企业新的裁员都直接进入失业保险，再加上协议期满陆续出中心的人员，失业保险将面临前所未有的支付压力。而在进入第三阶段后，由于下岗职工协议期满全部出中心，可能会形成一个新的失业高峰，对失业保险的资金需求也会陡增。算大账，今后6年失业保险用于发放失业救济的资金和调剂用于再就业服务中心的资金总需求大约在1 200亿左右，这就要求每年征收的失业保险基金都要保持在200亿元以上。所以，从现在起，就要及早着手预筑失业保险的大堤，要明确提出“高筑堤、广集资、善管理”的口号，积蓄足够的承接能力和保障能力，使之适合我们三步走的要求。我们抓扩面工作和基金征缴工作，意义也在于此。从最近的情况看，在部里召开扩大社会保险覆盖范围加强基金征缴工作电视电话会议，特别是在巩固两个确保工作会议之后，有了很大推动，但从全国看，进展情况同目标要求差距仍然很大，必须在6月底前这段时间进一步加大工作力度。税务部门在税收征缴中提倡“四铁精神”（铁石心肠、铁面无私、铁的纪律、铁的手腕），我看我们也可以借鉴，确保颗粒归仓，应收尽收。钱收上来了，就要管好用好，要有一套完善的制度，保证基金的安全完整。当用的要舍得用，要加大向再就业服务中心调剂资金的力度。有条件的地区向再就业服务中心调剂资金的数额，都要力争达到或接近所需资金的1/3，困难较大地区，也要比去年有较大幅度的增加。要把这项工作作为巩固两个确保的重要措施，认真落实。

三、更新观念，更上台阶，按照“三化”要求推进劳动力市场建设

对于劳动力市场建设，中央领导同志十分重视和关心。江泽民总书记和其他中央领导同志，多次亲临各地职业介绍机构和再就业服务中心视察，今年以来总书记就分别视察了包头和武汉的劳动力市场，给予了充分肯定，作出过许多重要指示。劳动力市场建设要科学化、规范化、现代化，就是镕基总理在天津视察劳动力市场时提出来的。这一重要指示，为劳动力市场的发展指明了方向。劳动力市场要上新台阶，就是要上实现“三化”这个台阶，这将是劳动力市场建设的一次质的飞跃。对于当前劳动力市场“三化”建设问题，用三同志还要作全面具体的部署，我这里着重强调以下五个问题。

（一）关于典型示范问题

我国地域辽阔，经济发展不平衡，劳动力市场建设要有重点地推进。首先，试点城市要有广泛性、代表性，要通过试点在全国范围内形成劳动力市场体系的新格局。部里这次确定的100个试点城市，覆盖了全国45%的地以上大中城市，人口在100万以上的大城市全部进入试点行列，人口在50~100万的城市中绝大部分也都参加了试点。可以说几乎所有经济实力比较雄厚的城市、劳动力流动比较活跃的城市、农村劳动力的主要输入城市，全部囊括其中。抓住了这100个城市，就把握住了中国劳动力市场发展的脉搏；解决了这100个城市的问题，就解决了全国一半城市劳动力和相当部分跨地区流动的农村劳动力的问题；这100个城市的劳动力市场建设好了，市场就业在我国就有了稳定的根基；这100个试点城市的劳动力市场真正达到了科学化、规范化、现代化的要求，全国劳动力市场的大格局也就确立了，总水平也就提高了。要达到这样一个目标，很重要的一个方面就是中西部地区劳动力市场建设要有一个大的发展。会议放在中西部召开，意义亦在于此。正是基于这一点，所以这次试点城市的确定不是像以前许多试点那样，单从发达地区选择那么几个条件好的城市作样板，而是着眼于整体推进，在试点的布局上向中西部地区倾斜。100个试点城市中，中西部地区占了相当的比重，这些地区几乎所有大中城市都纳入了试点。总理在听取我们工作汇报时，明确要求要加快中西部地区劳动力市场建设。我们要在试点工作中认真落实好总理的这一指示，重点加强对这些地区的指导，推进中西部地区劳动力市场建设有一个大的发展。

第二，试点城市要规范运作。这次试点不同以往，不是在目标、方向、政策不明确的情况下进行探索，可以干不好重来，而是方向、目标、政策要求都已经十分清楚，试点城市要做的就是按照“三化”的要求去推进、去落实，比其他城市先行一步，率先到位。要达到“三化”的要求，试点城市必须规范运作。一是劳动力市场建设的规划布局要规范，规划要科学，布局要合理；二是信息网络建设要规范，不能各搞一套。要使用统一的软件，实现信息联通；三是市场规则和管理制度要规范，对市场秩序要定期进行清理整顿，对非法中介行为要进行严厉打击；四是就业服务要规范，要有严格的服务标准和统一的服务流程，并通过建立监督检查制度，把各项服务要求落到实处，在公众中树立起公共职业介绍机构的良好社会形象。

第三，试点城市要切实起到典型示范和带动辐射作用。典型引路是我们推动各项工作的一个行之有效的方法。试点城市率先达到劳动力市场建设的目标，能够为其他城市树立榜样，立起标杆。通过总结这些城市的成功经验，推广开来，就会有一大批先进的典型。树立典型要不拘一格，沿海地区有沿海地区的典型，中西部地区也要有适合中西部地区情况的典型，运用多样化的典型经验才能更好地推动不同地区的工作。这100个城市分散在全国各个省、区，带着不少卫星城市，还对周围一大片地区有着重要影响。通过试点城市的辐射作用，将有力地带动周围地区劳动力市场建设。

第四，劳动力市场“三化”建设涉及劳动保障业务的方方面面，如劳动力市场需要强有力的劳动监察作保障；全面加强劳动合同管理，规范下岗职工劳动关系；在劳动力市场上提供工资参考价位，引导劳动力供求；劳动力市场信息传输过程中的各项业务衔接，等等，都需要劳动保障部门各项业务工作统一协调，发挥好整体功能。这次部里三司一中心和有关司局在劳动力市场建设中，制定统一的目标，协调一致，相互配合，有效解决劳动力市场建设中的业务指导、资金筹集、技术服务等问题，就是要建立一个相互协作、提高整体工作效能的机制。劳动力市场“三化”建设中，规范化是关键一环，要加强劳动力市场法规建设，尽快建立劳动力资源管理、用人、求职、中介等一系列运行管理规范。目前全国已有15个省、自治区、直辖市出台了劳动力市场管理条例，有的正在起草或进行调研论证，这是一项很重要的工作。要下大力气搞好与有关部门的协调，宣传市场建设的重要性、迫切性，争取各级人大、政府的支持，通过立法，为“三化”建设打下牢固的基础。

第五，这里还要强调一点，省级劳动保障部门在试点工作中具有重要的责任。对100个试点城市的指导主要靠各省、自治区来进行。包括检查工作方案是否符合要求，指导实施；督察试点城市按要求做好各方面工作，搞好专项试点；监测信息网的建立和运行，组织试点经验的交流和推广，总结推荐专项试点工作成果，等等。在这些方面，省、自治区劳动保障部门都负有重要责任。“三化”建设不只是在这100个城市搞，各地还可以根据实际需要再抓一批试点，更大范围地推进这项工作。其他各个城市也都要按照“三化”建设的要求来大力推进劳动力市场建设。

（二）关于信息网络建设问题

在去年的第一次厅局长座谈会上我曾说过，建设一个统一的信息网络，是我们劳动保障系统的“第一工程”。在劳动力市场建设中，信息网络建设是一项关键性、基础性的工作。劳动力市场的现代化，主要是信息手段的现代化。没有现代化的信息网络，劳动力市场的“三化”就是一句空话。有了网络，才能大大提高就业服务工作效率，使求职者和用人单位方便快捷地获得需要的信息，形成统一、开放的劳动力市场；有了网络，才能实现劳动力市场管理和服务工作的规范化和制度化，才能掌握准确信息，决策才有科学的依据。总之，抓住信息网络建设这个牛鼻子，将全面促进我们的工作。过去一提到市场建设，往往马上就想到盖一座大楼，建一个大厅，装一个大屏幕。这是那个阶段的需要，比之劳务市场初期的“赶大集”，搞“骡马大市”是一个飞跃，上了一个档次。现在形势发展了，观念也要改一改，要在这个基础上更上一层楼。场所是要有，但这个场所不一定越大越好，现在要把基础建设的重点从盖大楼转向建网络。各级劳动保障部门负责同志都要树立这样一种新的观念。

从80年代末部里推动各地运用微机管理职业介绍信息开始起步，历经十年，信息网络建设有了一定的发展，但总体上讲还处于初创阶段，目前存在的主要问题是：缺乏长远整体规划，低水平重复建设，基础工作薄弱，人员素质偏低等。针对这些问题，去年以来，部里制定了劳动保障信息网络建设的总体规划，对建设劳动力市场信息网也进行了整体设计规划，提出了明确的目标任务，并作出了具体的部署安排。各地政府对此也都给予了高度重视，据对200个城市的了解，1998年一年建设劳动力市场信息网的投资接近前三年的总和，1999年计划投资额几乎又翻了一番。这是个非常好的势头。我们要抓住这些有利条件，努力把信息网建好。一是要统一规划，分步实施。作规划要站得高一点，看得远一些，要着眼于今后十几年、甚至几十年的发展需要，绝不能搞低水平重复建设。要搞就要搞先进的，至少在一个较长的时期内不落后。当然，也不能铺张浪费，贪大求洋，不切实际。在具体实施上则要量力而行，分步实施。要抓住重点，不能东一榔头西一棒子，拆东墙补西墙。当前要集中力量搞好国家主干网与城市网的设计和建设，其他网点分步联通。把城市网建好了，主干线打通了，全国劳动力市场网络的联通才有坚实的基础，全国网的运行才有切实的保证。二是要发挥好中央和地方两个积极性。推进劳动力市场建设，主要靠地方，特别是在资金问题上，部里向中央财政争取一笔资金，主要用于主干线的建设，不是用来撒胡椒面。各地的信息网建设资金，主要靠自己解决，各地劳动保障部门还是要积极做工作，使政府领导和有关部门了解和支持网络建设，投入更多的资金。这方面有很多好的例子，比如上海，从市一级到区一级，都在这方面有较大的投入。再如武汉，先期投入了一笔，效果不错，江总书记亲自来视察，武汉市的同志倍受鼓舞，决定最近再投入几千万。有了钱还要用好，用在刀刃上，避免浪费。重庆在网络建设中通过采取严格的招标制度和加强资金使用各环节的监督管理，节约了1/4经费，并保证了网络建设的质量。这样的经验值得学习推广。三是要在网络的开发应用上下功夫。网络建好了，就要发挥它的作用，要扩大它的影响，来自这个网络的数据应当是最全面、最准确、最权威的。为此需要对人员进行必要的培训，使之成为专家型的人才，成为这个行当的权威。同时，还要千方百计抓好信息的收集。有了充足的信息，网络才能发挥作用，没有信息，再好的计算机网也是死网，是一堆没有用的机器。这方面，各地已有很好的经验，要相互学习借鉴，使信息网络真正活起来、用起来。

省级劳动保障部门要下力气抓好省级网络监测中心的建设，以此指导全省的信息网建设，并促进规范化。省级不要把眼睛仅仅盯在自办的职介中心上，要集中力量首先搞好省级监测中心的建设。不仅包括硬件的建设，还包括制度的建设，标准的统一，业务流程的规范。通过监测中心与各城市的联网，把握城市的网络建设情况，把握信息的采集、分析、应用情况。要指导城市按统一信息分类、指标和规范的工作流程来传送信息，并对各城市信息进行分析，为决策提供科学依据，反过来又指导各地，还要与部里监测中心联网，传送信息。

（三）关于职业指导问题

有了场所，有了网络，有了信息，还要有高质量的就业服务，其中很重要的一项就是职业指导。通过职业指导，可以有效地提高职业介绍的成功率，帮助求职者特别是就业困难群体找到合适的工作。总结再就业工作做得好的地方的经验，一条重要的措施就是加强有针对性的职业指导。大连的戚秀玉，上海的武联惠，北京的卫保玲，烟台的王少伟等同志正是运用职业指导，成功地帮助成百上千名下岗职工走上新的工作岗位。他们的成功实践，体现了就业服务的新水平和高质量，也代表着一种方向。现在来看，职业指导是一门科学，有其独特的一套理论体系，有其特殊的规律，有其专业化的工作方法。职业指导要帮助求职者了解国家的就业政策和形势，适应市场要求，转变就业观念；要对求职者自身条件进行深入细致的分析，使之正确认识自己的能力，正确处理个人求职愿望与现实可能之间的关系；要指导人们开发自己的潜能，制定具体的辅导就业计划，适时给予帮助，直到实现就业。比如像社区服务业和各种灵活的就业形式，如果没有观念的更新，没有正确的引导，怎么能推动下岗职工在这些新领域里实现再就业呢？因此，职业指导贯穿从劳动者求职到帮助其实现就业的全过程，是积极主动开展服务的体现，是更高层次的就业服务。要开展好这项工作，需要培养和造就一大批高素质的职业指导员。他们不仅要有热爱本职、乐于奉献的敬业精神，有热情周到、耐心细致的工作态度，还需要熟悉劳动保障政策和业务知识，掌握用人单位需求和职业状况，了解下岗职工的特点，能够具备科学的工作方法，善于运用心理学、社会学、经济学等方面的知识来开展工作。上海有计划地、分期分批地组织职业指导员进行轮训，甚至送到国外进行培训，表明他们对这项工作确实看得很重，是下了本钱的。其他城市未必都有能力把职业指导员送到国外培训，但也要重视这件事情。假如我们能培养出上百个、上千个像戚秀玉等同志那样的优秀职业指导员，那我们的就业服务工作就会上一个不小的台阶，公共职业介绍机构的形象就会更加靓丽。

（四）关于职业培训问题

培训工作在劳动和社会保障事业中的地位和作用越来越重要。江总书记在全国教育工作会议上讲：国运兴衰，系于教育；教育振兴，全民有责。我们要从提高全体劳动者素质的需要出发，落实教育工作会议精神，把职业培训工作摆上突出位置。首先，搞好职业培训工作是落实科教兴国战略的重要组成部分，是落实党的十五大提出的使经济建设真正转到依靠科技进步和提高劳动者素质的轨道上来的一个重要环节，也是适应知识经济时代到来的一项重要措施。其次，发展职业培训和职业教育，是扩大内需、促进消费的一项重要措施，也有利于减缓就业压力。第三，发展职业培训是促进下岗职工和失业人员再就业的重要手段，随着再就业任务的加重，职业培训工作的任务也越来越重。第四，从今年起全面实行劳动预备制度和就业准入控制，这对职业培训工作提出了相当繁重的任务，同时也为我们培训事业的发展开辟了十分广阔的天地。由此可见，职业培训目前正面临一个大发展的历史机遇。

面对这一机遇，要使职业培训有一个大的发展，不能墨守成规，而要以全新的思路去发展这项事业。比如，我们到底是仅仅着眼于劳动保障部门自己搞培训，还是组织社会力量来进行培训？是仅仅忙于自己开班办学，还是把精力放在管理整个培训上？是仅仅盯着自己那几所技校、训练中心，还是站得更高一些，超脱出来作为组织管理者？这些都是带有方向性的问题，需要我们认真研究解决。在这方面，上海、北京等地的思路和做法是有启发和借鉴意义的。从上海的政府购买培训模式、北京的伙伴培训计划，可以看出职业培训的发展方向，这就是职业培训的市场化和社会化。所谓职业培训市场化，就是职业培训工作要以市场为导向，市场引导培训，培训促进就业。培训不能为培训而培训，而必须跟着市场走。培训方向的确定、专业设置、课程设置，都要与劳动力市场需求相衔接。这样才能真正提高培训就业率，解决培训与就业不对路的问题。所谓职业培训社会化，就是要着眼于充分利用社会各方面的培训力量，共同开展职业培训。社会化是市场化的必然要求。目前劳动保障部门办的技校和就业训练中心有7 000多所，这当然是一支重要力量，要充分发挥他们的骨干作用，但我们的眼界不能只盯着自己这一亩三分地，要更宽一些。教育部门的1万多所职业学校，企业办的6 000多所培训中心，还有2万多所社会力量办学机构，是一支更大的力量。我们要以改革的思路，通过社会化管理的方式和市场化的运作机制，调动各方面的积极性，构造一个“大培训”格局。

当前，职业培训工作的重点是进一步做好下岗职工再就业培训。古人云：授人以鱼不如授人以渔。通过组织下岗职工开展再就业培训，授之以渔，他才能具备退而结网的本领。当前再就业培训工作还不能很好地适应再就业任务的要求，企业再就业服务中心组织再就业培训的功能难以有效发挥，培训与劳动力市场需求存在一定程度的脱节，结果造成培训的针对性、实用性和有效性不强，培训再就业率不高。现在来看，靠企业再就业服务中心开展再就业培训确有困难，下岗职工求职愿望多种多样，10个下岗职工很可能就有10种培训要求，仅靠企业再就业服务中心来培训是满足不了的，还是要发挥社会培训力量的作用。劳动保障部门应当在这二者之间架起桥梁，指导培训机构与再就业服务中心建立合作关系，联合开展再就业培训，并与职业介绍工作相衔接。形象地说，就是企业组织、社会培训、政府搭桥。创业培训是个新生事物，北京、上海、苏州搞了一年试点，效果很不错，看来有望成为培训的一个新增长点。创业培训好就好在培训的对象不是一般的求职者，而是创业者，是小老板，是就业机会的创造者，成功一个，就可以带动几个、十几个甚至几十个人实现就业。现在试点城市已扩大到30多个了，在这个基础上，我看还可以在更大范围内推广这种培训方式，有条件的都可以搞。

最近，李岚清副总理批示，要求我们和有关部委制定一个意见，规定各用人单位不得直接招收初高中毕业生，必须经过规范的培训，才能录用就业。遵照这一指示，部里会同教育部等有关部委联合研究制定了《关于积极推进劳动预备制度加快提高劳动者素质的意见》，国务院办公厅最近将转发。《意见》的核心内容，就是从今年起全面实行劳动预备制度，对城镇未能继续升学的初高中毕业生，以及农村未能继续升学并准备向非农产业转移的初高中毕业生，都要进行1~3年的就业前培训，取得相应证书后方可就业。这一制度已经正式写入刚刚发布的《中共中央国务院关于深化教育改革全面推进素质教育的决定》。全面实行劳动预备制度，对几百万未能继续升学的初高中毕业生普遍追加1~3年培训，不仅有利于劳动者素质的提高，也有利于调节劳动力供求，缓解就业压力，还有利于形成一种以素质为主导的市场竞争就业的机制。要在政府的统一领导下，与教育等有关部门一道，共同开展工作，还要发挥好社会力量办学的作用，动员全社会的力量都来参与劳动预备制培训。对此，部里将在国办通知下发后作出进一步的部署。当务之急是搞好调查摸底，既要摸清今年未能继续升学的初高中毕业生的底数，掌握需要培训的人数，也要摸清培训机构的家底，了解各类培训机构的培训能力。在此基础上，确定各地今年的劳动预备制培训工作计划和任务目标，积极落实培训经费和就业准入政策，结合各地实际采取有力措施，把这项工作真正抓出成效。现在马上就到毕业的时候了，要抓住这个机会搞好宣传，赶在毕业生离校前普遍进行一次劳动预备制的教育，使学生和家长都了解这项政策，在全社会形成一种气氛，引导青年学生积极参加预备制培训。同时，各级劳动保障部门要协调组织好培训机构的力量和资源，在新学年开学之时，把能够组织进来的人员全部组织到劳动预备制培训之中去。

（五）关于劳动服务公司问题

劳动服务公司是在80年代初期，为解决知青返城就业问题创立的一种具有中国特色的就业实体和就业服务基地。在过去的20年历程中，为安排青年就业，发展经济，保持社会稳定，作出了不可磨灭的贡献。当时，劳动服务公司兼有经济和行政的双重职能，在10年前的公司整顿中遇到了挑战。面对劳动服务公司何去何从，劳动服务公司到底能坚持多久的形势，我们提出了劳动服务公司要“巩固阵地、理顺关系、促进发展”，形成以职业介绍、就业训练、失业保险、劳服经济为主要内容的就业服务体系，得到广泛积极的响应和支持。十年来，就业服务体系的四大支柱有了很大发展，领域在不断拓宽。公共职业介绍机构已从单纯的服务实体发展成综合性服务载体，并大大加强了职业指导功能；就业训练已从劳动部门自办培训实体扩展为内联企业外联社会培训机构的培训网络和培训集团；失业保险作为社会保险的重要组成部分，已从国有企业扩大到城镇各类企业和事业单位。新形势下，四大支柱中的职业介绍、职业培训、失业保险这三大支柱的发展在认识上是没有问题的，关键是劳服企业又到了第三个十年的关口，下一步该怎么走？我认为，总的思路就是要适应市场，转变观念，拓展领域，再创辉煌。

“适应市场”就是劳服企业要进入市场求发展。据统计，劳服企业目前尚有12万个，从业人员有700万人之多，是就业容量很大的实体。他们依靠自己解决了吃饭问题，无论是对经济发展还是对社会稳定，都在继续发挥着重要作用，不能解散撤销。但在目前情况下，劳服企业作为经济实体，要求生存、求发展，特别是在失去了第一个十年那样一种依靠母体的情况下，必须和其他企业一样，面对市场，遵从优胜劣汰的市场经济规律。实际上，劳服企业由于主办企业的萧条和机关与所办经济实体脱钩，在十年市场搏击中已经有生有死了。这是客观存在，不容回避。现存的企业怎么办？当然要继续办好，但必须进入市场，要按市场的要求进行改革，按市场的需求调整生产经营和服务项目，创建新机制，完善经营管理，提高经济效益和社会效益。

“转变观念”，就是要转变以前那种直接投资办企业（特别是办工业企业）的思路，把着眼点放在新的就业岗位开发上，放在寻找新的就业机会上。特别是拉动需求的，推动消费的。比如要大力发展社区服务。据有关专家预测，我国在社区服务方面大约有上千万的就业潜力，而这一点还没有为人们所广泛认识，许多下岗职工还没有看到这一潜在的就业岗位。我们要充分利用劳服企业在发展第三产业已有的基础和经验，加快在社区服务领域的发展，通过我们的帮助、服务和组织，引导劳动者开发社区服务的新岗位。

“拓展领域”，就是要将劳服企业的工作领域扩展到所有安置失业人员、下岗职工的小企业和劳动组织，将各类吸收下岗职工等困难人员就业的组织和实体都纳入工作范围。相应地，工作重点应由管理实体逐步转到运用劳服企业政策，多渠道、多形式开发就业岗位上来，转到进行示范服务上来，使各项政策在更大的空间和范围内发挥作用。比如要立足于对中小企业的指导服务，大力开展创业培训；再比如要立足于对非正规就业的规范指导，开拓更灵活多样的就业形式，等等。

“再创辉煌”，就是劳服企业要以崭新的姿态在市场上站稳脚跟，在新的空间里获得更大的发展，能够有一番新的作为，劳服企业的精神，劳服企业的政策，要在扩展就业领域、组织引导劳动者就业中发挥更大作用，再创第三个十年的辉煌业绩，为促进就业作出更大的贡献。

同志们，我们所从事的劳动力市场建设的工作艰巨而光荣。5月28日，江泽民总书记亲自视察了武汉市劳动力市场，并发表了重要讲话。这不仅是对武汉，同时也是对全国劳动力市场建设工作的巨大鼓舞。我们要以江总书记在武汉劳动力市场的讲话精神为指针，振奋精神，坚定信心，奋力开拓，把劳动力市场科学化、规范化、现代化建设提高到一个新水平，推上一个新台阶。

在纪念《劳动法》颁布五周年座谈会上的讲话

张左己

（1999年7月5日）

今天是《劳动法》颁布五周年纪念日。五年前发布实施的《劳动法》，是新中国成立以来的第一部保障劳动者合法权益的基本法律，是劳动法制建设的重要里程碑。《劳动法》的颁布和实施，得到了广大职工群众和企业的拥护，得到了工会组织和企业主管部门的大力支持。今天我们隆重纪念《劳动法》颁布实施五周年，就是要总结回顾五年来的工作实践，研究深入贯彻《劳动法》的措施，推动《劳动法》在新的形势下得到更好的贯彻落实。

五年来，党中央、国务院高度重视《劳动法》的贯彻实施工作，各级人大加强执法监督，各级政府及其劳动保障、经贸等部门和工会组织共同配合，制定了一批与《劳动法》相配套的规章制度，深入持久地开展了普法宣传教育活动，加大了执法力度，使《劳动法》的贯彻落实工作取得明显成效。主要表现在：劳动合同制度普遍实行。到1998年底，全国城镇国有企业、集体企业和外商投资企业实行劳动合同制度的职工占职工总数的98.1%，集体合同制度稳步推进，全国经劳动保障行政部门审核的集体合同达15万份；劳动力市场建设初见成效，职业指导、职业介绍、职业培训的就业服务体系基本形成；社会保险制度的改革不断深入。养老、失业、医疗、工伤、生育等项社会保险制度初步建立并逐步完善。到1998年底，参加养老保险的职工人数达8 475万人，参加失业保险的职工人数达7 927万人。去年，《国务院关于建立城镇职工基本医疗保险制度的决定》出台，全国城镇职工基本医疗保险制度开始建立；最低工资标准、工时标准、女职工及未成年工的特殊劳动保护等劳动标准得到较好执行；劳动保障监察和劳动争议处理制度趋于完善。全国普遍建立了劳动保障监察和劳动争议处理机构。五年来，各级劳动保障部门共监察用人单位256万户，涉及职工2.44亿人次，查处违反《劳动法》的案件56.3万件。各级劳动争议仲裁委员会共受理劳动争议案件26.7万件，涉及职工97.7万人，结案率在95%以上，依法维护了用人单位和职工的合法权益。

五年来的实践充分说明，《劳动法》的贯彻实施，对促进建立与社会主义市场经济相适应的市场就业机制、劳动关系协调机制和劳动保障体系，保护劳动者和企业的合法权益，维护改革、发展、稳定的大局，发挥了重要的促进作用。一是促进了市场就业机制的建立。《劳动法》明确了国家、企业和个人之间的关系，改变了传统的统包统配就业制度，用人单位和劳动者通过劳动合同确立劳动关系，使企业自主用人，劳动者自主择业得以实现。现在，劳动者在企业间、地区间合理流动呈日趋增长之势，大大促进了经济发展和经济结构的调整。二是为推进国有企业改革创造了条件。随着《劳动法》赋予企业的用工自主权、工资分配自主权的逐步落实，对促进企业走向市场，成为自主经营、自负盈亏、自我发展、自我约束的市场主体创造了有利条件。三是保护了职工的合法权益。《劳动法》对劳动者劳动报酬、工作时间、休息休假、劳动安全卫生、社会保险福利等项权利作出了明确规定，劳动者可以依法保护自己的正当权益。四是为建立和谐稳定的劳动关系，维护社会稳定发挥了积极作用。平等协商和集体合同制度的不断推行，以政府劳动保障部门、工会和企业方面为代表的劳动关系三方协商机制的初步建立，成为协调劳动关系的基本手段；劳动争议的及时有效处理，化解了大量劳动争议，特别是预防和妥善处理了群体性突发事件，维护了职工队伍的稳定和社会的安定。

尽管《劳动法》的贯彻实施工作取得了很大成绩，但我们也应清醒地看到，《劳动法》的贯彻落实工作还有很大差距，进一步深入贯彻《劳动法》的任务仍然很重。主要表现在：少数地区、少数企业下岗职工基本生活费和离退休人员养老金没有得到按时足额发放；一些企业特别是非国有企业不能自觉遵守《劳动法》，存在用工不签劳动合同，克扣和拖欠工资，不依法参加社会保险，欠缴拒缴保险费，随意延长工作时间等问题。这些问题的存在，既有部分地方领导和企业经营者对实施《劳动法》的重要性认识不够问题，有受经济发展水平限制问题，也有我们工作不到位的问题。

当前，随着经济结构和所有制结构的调整和完善，公有制实现形式多样化和非公有制经济迅速发展，企业兼并、破产、重组的力度进一步加大，劳动关系呈现多样化和复杂化的态势，贯彻实施《劳动法》面临许多新情况、新问题。我们要按照党的十五大提出的依法治国的要求，紧紧围绕贯彻实施《劳动法》面临的新课题和难点问题，采取有力措施予以解决，加快建立与社会主义市场经济相适应的劳动保障体系。各级劳动保障部门要做好以下几项工作：

第一，把贯彻实施《劳动法》与实施两个确保这项中心工作紧密结合起来。当前，国有企业改革处于攻坚阶段，做好国有企业下岗职工基本生活保障和再就业工作，确保企业离退休人员养老金的按时足额发放，事关职工群众的切身利益，事关党的全心全意依靠工人阶级方针的落实，事关国有企业改革的成败和社会的稳定。这项工作，既是全党的头等大事，又是按照《劳动法》宗旨，维护职工利益的具体措施。我们要按照中央的部署，不折不扣地做好两个确保工作，为维护改革、发展、稳定的大局作出贡献。

第二，深化养老、失业、医疗保险制度改革。建立和完善社会保险体系，是维护职工社会保障权益的需要，也是促进劳动力合理流动，建立市场就业机制的必要条件。要严格按照《劳动法》以及《社会保险费征缴暂行条例》的规定，把应参加社会保险的单位和职工全部纳入社会保险覆盖范围，特别是要做好集体企业、外商投资等非公有制经济组织以及事业单位参加社会保险工作，最大限度地保护职工和企业的合法权益。要大力清理回收企业欠缴的社会保险费，切实加强基金征缴，增强基金的支撑能力。严格执行收支两条线等社会保险基金管理办法，加强基金管理，严禁挤占挪用社会保险基金，保证基金的安全。

第三，加大劳动关系的调整力度。要加强劳动合同管理，所有用人单位招用职工都要签订劳动合同，并依法严格履行。要妥善处理好下岗职工的劳动关系。抓紧完善并大力宣传和落实三条保障线制度，保证下岗职工的基本生活。积极推进平等协商和集体合同制度，完善劳动争议处理体制和劳动关系三方协调机制，做好劳动关系调整工作。

第四，加强劳动力市场建设，拓展新的就业领域。要按照科学化、规范化、现代化的要求，加大劳动力市场的资金投入，搞好信息网络建设，努力完善职业指导、职业介绍、职业培训的全方位服务体系，为促进就业，特别是下岗职工再就业创造条件。要大力拓展就业领域，重点开发第三产业，主要是社区服务领域里的就业岗位，大力发展小企业，创造更多的就业机会。

第五，加强劳动保障法制工作。抓紧起草《基本养老保险条例》《劳动合同法》和《社会保险法》，着手研究和论证《就业促进法》《集体合同法》《劳动保障监督检查条例》等法律法规，尽快建立和完善劳动保障法律体系。同时，进一步加大劳动保障监察执法力度。各级劳动保障部门要认真履行劳动保障监察职责，强化对用人单位和劳动者执行劳动保障法律法规情况的监察，督促用人单位依法签订劳动合同，落实劳动标准，履行社会保险义务，把维护劳动者和企业合法权益落到实处。

《劳动法》是一部致力于维护劳动者和企业合法权益，建立和谐稳定劳动关系的法律。我们纪念这部法律颁布五周年，就是要在党中央、国务院领导下，在全国人大的监督下，进一步提高认识，增强法制观念，更好地贯彻实施这部法律，使劳动者和企业的各项权益真正得到法律保护，促进劳动关系的和谐，为促进经济发展、保持社会稳定作出新的贡献。

认真贯彻中央关于经济工作的部署 扎扎实实做好今年后几个月劳动保障工作

——在全国劳动保障厅局长座谈会上的讲话

张左己

（1999年8月9日）

最近，党中央、国务院下发12号文件，随后召开省部长经济工作座谈会，对当前的经济工作作出了部署。中央决定，提高三条社会保障线水平，提高企业离退休人员待遇，一次性补发过去拖欠的养老金，企业根据效益状况自主决定增加工资，这是党中央、国务院关于做好当前经济工作和社会保障工作的重要决策，对劳动保障工作提出了新的任务和要求。我们这次会议的主要任务是，总结上半年工作，分析当前形势，研究贯彻中央12号文件的措施，部署今年后几个月的工作。下面，我讲四个问题。

一、认真总结上半年劳动保障工作，正确分析和认识当前形势

7月中旬，部里召开了三天的形势分析会，对上半年劳动保障工作情况进行了认真总结。总的认为，今年以来，在各级党委、政府的领导和有关方面的支持下，各级劳动保障部门坚决贯彻执行党中央、国务院的方针政策，做了大量艰苦细致的工作。两个确保继续得到巩固，扩面征缴取得一定成效，医疗保险制度改革稳步推进，为促进企业改革，维护社会稳定，发挥了积极作用。

（一）两个确保继续得到巩固，但难点问题仍很突出

据各地上报的情况，今年上半年，国有企业下岗职工为742万人，202万人实现了再就业。6月底有下岗职工540万人，其中进中心比例为95%，领到基本生活费比例为94%，签协议比例为91%。筹集下岗职工基本生活保障资金88亿元，其中财政安排占46.6%，企业承担占30.9%，社会筹集占22.5%，企业承担和社会筹集的资金，分别比去年提高16.8和8.5个百分点；发放84亿元，月人均基本生活费170元，加上代缴的社会保险费，月人均253元。上半年，养老保险基金收入761亿元，发放788亿元，其中补发过去拖欠27亿元，大多数省份做到了按时足额发放，部分地区新产生的2.96亿元拖欠，已补发2亿元。新疆维吾尔族自治区从6月16日开始，用20天的时间，采取企业自筹、社会保险经办机构借款给企业、财政拨款等措施，将过去由企业拖欠的6 000多万元养老金全部补清。新疆生产建设兵团在6月底以前全部补清过去拖欠的养老金。北京、上海、浙江、福建在去

年底以前就补清了过去的拖欠，并且没有发生新的拖欠。江西、广西等省份也将社会保险经办机构原来拖欠的养老金全部补清。行业统筹移交地方管理后的费率调整工作已经完成。

下岗职工基本生活保障和再就业工作方面存在的突出问题是，在540万下岗职工中，有近30万人没有领到基本生活费，除少数属于按政策规定不签协议不发给生活费外，多数是由于资金不落实造成的。此外，一些地区以所能筹集到的资金为限，“可汤下面”，控制下岗职工人数，致使一些该进中心的下岗职工未能进中心。据对30个省190个城市3 000多个企业的抽样调查，在540万下岗职工之外，还有约170万职工离开工作岗位，未被纳入统计。其中，有80%左右、约140万人已经隐性就业，但也有20%左右、约30万人生活确有困难，属于该进中心而未进中心的。综合以上情况，共有约60万国有企业下岗职工的基本生活没有得到保障，占应保障基本生活国有企业下岗职工的10%左右。同时，由于新增就业岗位不足，一些地区再就业的优惠政策落实不好，再就业培训的效果不明显，下岗职工再就业难度很大，上半年的再就业率仅为27.4%。

养老金发放方面存在的突出问题，一是一些地方发生了新的拖欠。5月份，内蒙古、山西、湖南、西藏拖欠2 814万元；6月份，江西、陕西拖欠2 792万元。特别是7月份，养老金拖欠出现了大的反弹，河北、山西、辽宁、江西、河南、湖南、陕西、甘肃、青海、宁夏10个省区共产生新的拖欠1.27亿元，同时全国还有60多亿元过去拖欠的养老金没有补发。二是养老保险基金总量不足，部分地区已出现支付危机。预计今年养老保险基金增收200多亿元，增支300多亿元，收支缺口将达100多亿元。今年上半年，基金收入比去年同期增长17.5%，但支出增长16.3%，收支相抵，有23个省份和新疆生产建设兵团出现当期收不抵支，达27亿多元。天津、黑龙江、青海、新疆等省份的结余基金，已不足支付一个月，吉林的结余基金已全部用完。有的省份虽有一定结余，但由于省级调剂制度不健全，调剂能力弱，以至一些地市产生拖欠。煤炭、有色等困难行业移交地方后，一些省份基金支付压力明显加大。三是企业欠费十分严重。上半年追缴企业欠费46.6亿元，但同时又产生了新的欠费70多亿元，使累计欠费高达383亿元，1 000万元以上的欠费大户有200多家。在这些欠费企业中，有些是有能力缴费而没有缴纳的。

（二）扩面征缴取得一定成效，但工作目标没有如期实现

为认真贯彻《社会保险费征缴暂行条例》和《失业保险条例》，经商有关部门并报国务院批准，部里年初提出了到6月底基本实现社会保险全覆盖、全年基金收缴率保持在90%以上的工作目标。6月底，养老保险参保人数达到9 169万人，比去年底净增694万人，扭转了两年来参保人数连续下降的局面，但只完成扩面计划的26.5%；基金收入761亿元，比去年同期增收113亿元，超额完成增收100亿元的任务；基金收缴率为87.6%，比去年同期提高近5个百分点，但没有达到90%以上的目标。上半年失业保险参保人数9 176万人，比去年底净增1 248万人，增幅很大，但只完成扩面计划的21.8%；基金收入45.7亿元，比去年同期翻了一番，但只完成收入计划的58.6%。

从总的情况看，扩面征缴的各项指标，除养老保险基金超额完成增收任务外，养老保险的扩面、基金收缴率和失业保险的扩面、基金收入等指标均未完成。各地的工作进展也不平衡。养老保险扩面指标，山西完成71%，广西完成68%；有11个省份不到10%，其中2个省份是负增长。养老保险基金收缴率，北京、天津、辽宁、上海、浙江、福建、广东、海南、陕西、新疆等10个省份达到90%以上，有5个省份不到80%。失业保险扩面指标，河南和青海完成50%以上，河南、山东、黑龙江的扩面人数超过了100万人，上海、河北、江苏的失业保险覆盖率达到80%以上；

有9个省份扩面计划完成不到10%，其中4个省份是负增长。失业保险基金收入指标，有9个省份完成60%以上，其中上海为163%，浙江为91.8%，陕西为90%；有5个省份不到1/3。

在扩面征缴工作中，各地采取了许多切实有效的措施，推动工作开展。山西省委、省政府高度重视扩面征缴工作，省委主要领导同志亲自抓落实，省长与各地市专员、市长签订工作目标责任书，实行一把手负责制，有关部门密切配合，养老保险扩面工作进展较快，6月底完成计划的71%，7月底达到76%。大连市有关部门联合行动，层层签订责任状，任务一直布置到街道，并逐一检查落实情况；青岛市对拒不参保的私营企业给予经济处罚和新闻曝光；成都市充分发挥劳动保障监察的作用，加大执法力度。这些措施，促进了扩面工作的开展，收到了较好效果。不少地区还积极采取措施，一方面改善服务，为外商投资企业创造良好的投资环境，一方面按照条例规定和国际惯例，督促外商投资企业参加社会保险。在4、5、6三个月，各级劳动保障监察机构加大监察执法力度，对46万多户用人单位进行了执法检查，督促28万户办理了社会保险登记，缴纳养老保险费27亿元，失业保险费4.4亿元。

（三）医疗保险制度改革规划和方案制定工作基本铺开，但医疗保险制度改革的总体进展较慢

按照国务院关于医疗保险制度改革的总体要求，上半年，部里会同有关部门制定了城镇职工基本医疗保险改革6个配套文件。有18个省份出台了总体规划，8个省份的总体规划正在审批过程中，多数地市开展了调查测算和干部培训工作，一些城市出台了实施方案并组织实施。有17个省份统一了省级医疗保险行政管理机构或归并了管理职能，15个省份正在统一地市县的医疗保险管理机构。应该看到，与国务院的要求相比，医疗保险制度改革总体进展还比较慢，1/3的省份没有出台总体规划，多数地市没有出台实施方案。少数省份在机构和职能调整过程中，没有认真按照中编办有关文件的要求，把原公费医疗管理职能划转到劳动保障部门。

上半年，劳动合同管理工作进一步加强，24个省份出台了清理下岗职工劳动关系的政策措施，目前已有106万实现再就业的下岗职工与原单位解除或终止了劳动合同。重庆市领导重视，措施得力，今年上半年，有10万下岗职工按规定和要求解除了与原企业的劳动合同。100个城市劳动力市场科学化、规范化、现代化建设试点工作已经启动，职业培训与再就业的联系得到加强，对进中心的下岗职工一年内实行一次职业指导、三次职业介绍、一次免费培训的工作在各地普遍开展，劳动预备制度开始实施。劳动争议处理制度进一步完善，大量的劳动争议和群体性突发事件得到妥善处理。社会保险基金管理和监督进一步强化，两个确保的资金管理得到加强，对一些违纪违规行为进行了严肃查处。

以上情况表明，上半年劳动保障工作成绩是主要的，也是来之不易的，凝结了劳动保障部门全体同志的心血和汗水。在充分肯定成绩的同时，我们要清醒地看到存在的问题和不足。除了以上已经指出的问题外，部里在“三讲”教育中和形势分析会上，对没有实现4、5、6扩面征缴工作目标进行了认真的分析，认为扩面工作难度确实很大，而部里对困难估计不足，一些准备工作不够充分，对地方的指导和帮助不够，影响了工作目标的按期实现。同时，一些地方有“怕碰硬、怕吃亏”的心理，有的认为把外商投资企业扩进来会影响投资环境，有的担心把集体企业扩进来会增加基金压力，有的对私营、个体经济则是底数不清，心中无数，缺乏坚决有力的措施，影响了工作的顺利进行。7月份，除养老金发放产生新拖欠的省份大量增加外，又出现了一些新的情况和问题。一是养老保险扩面速度明显减缓，只增加了几十万人，而4、5、6三个月平均为200多万人；二是补发过去拖欠养老金的

数额急剧减少，只补发了2600多万元，而上半年月平均4.4亿多元，7月份补欠只相当于上半年月平均的6%。这些问题，需要引起我们的高度重视。

实事求是地估价当前形势，充分肯定成绩，清醒认识存在的问题，认真分析原因并积极研究解决办法，是我们应有的正确态度，有利于我们改进工作。今后几个月，我们将庆祝新中国成立50周年，迎接澳门回归祖国。切实做好两个确保，保持社会稳定，是一项重要的政治任务。我们要按照中央经济工作部署，紧紧围绕改革发展稳定的大局，认真贯彻中央12号文件精神，全力抓好两个确保工作，坚定不移地实现扩面征缴工作目标，努力完成基本医疗保险制度改革任务，加快建立和完善社会保障体系步伐。

二、落实中央12号文件精神，做好提高待遇水平工作

中央12号文件提出的一系列政策措施，是党中央、国务院在当前国际环境更加复杂，国内经济运行出现了一些新情况、新问题的形势下，及时作出的重大经济工作部署。当前，国内经济运行中有效需求不足，已成为最突出的矛盾。增加城镇居民特别是中低收入家庭的收入，提高国有企业下岗职工、失业人员以及城镇居民最低生活保障对象的保障水平，增加机关事业单位职工工资，企业根据效益状况增加工资，提高离退休人员养老金水平，补发过去拖欠的养老金等一系列举措，是促进居民增加消费、扩大有效需求的重要措施，充分体现了党和政府对广大人民群众，特别是中低收入居民的关怀，对于进一步加大实施积极财政政策的力度，拉动消费，启动内需，加快结构调整，稳步推进改革，保持国民经济持续快速健康发展，具有十分重要的意义。各级劳动保障部门要从维护改革发展稳定的大局出发，从讲政治的高度，把中央12号文件关于劳动保障的各项工作落到实处，把好事办实，把实事办好。

（一）关于提高国有企业下岗职工基本生活保障和失业保险金水平

目前，国有企业下岗职工基本生活费标准偏低，月平均只有170元（最高的是280元，最低的只有120元），加上代缴的社会保险费，也只有253元。有的地区还不能做到按标准发放，个别地区的下岗职工每月只能领到几十元，失业保险金的待遇水平也比较低，一些下岗职工和失业人员的生活非常困难。中央决定，从7月1日起，将国有企业下岗职工基本生活保障和失业保险金水平提高30%，具体标准由各地根据实际需要和可能确定。下岗职工基本生活费标准提高后，代缴的社会保险费标准也要相应提高。这次提高基本生活保障水平的对象，必须是进中心签协议的下岗职工。对不进中心或不签协议的下岗职工，要督促他们进中心、签协议，然后按新的标准发放生活费。提高基本生活保障水平所需资金，北京、上海、山东、江苏、浙江、福建、广东7省市由地方自行解决，其他省份由中央财政给予适当补助；中央企业和新疆生产建设兵团所需资金中应由财政承担的部分，由中央财政解决。提高失业保险金水平所需资金，从各地失业保险基金中列支。今年已对失业保险金标准作过调整的地区，本次调整中可相应冲减。提高失业保险金水平后，要继续做好向国有企业再就业服务中心调剂资金的工作。

（二）关于提高企业离退休人员的待遇水平

企业离退休人员为企业发展和国家建设作出过重要贡献，党中央、国务院非常关心他们的生活待遇。适当提高离退休人员养老金水平，使他们分享社会发展成果，安度晚年，是党和政府应尽的责任。按照中央12号文件精神，从7月1日起，适当增加企业离退休人员养老金。企业离休人员养老金的调整水平，与机关事业单位离休人员大体相当，具体标准由各地确定；企业退休人员养老金的调整，按正常调整机制进行，调整幅度要比往年高一些，一般应比去年月平均养老金水平提高15%左右，具体标准由各地根据养老金的实际水平和基金支付能力确定。今年已执行基本养老金正常调整机制的地区，这次调整时应作相应冲减。提高企业离退休人员养老金所需资金，北京等7省市由地方自行解决，其他省份和新疆生产建设兵团由中央财政安排部分资金，用于补助地方社会保险基金。经省级人民政府决定在中央财政补助额度之外增加的养老金，由各地自行负担。

（三）关于一次性补发过去拖欠的养老金

去年6月以来，各地按照中央的要求，在确保养老金按时足额发放的同时，逐步补发过去拖欠的养老金。到今年6月底，已累计补发50多亿元，仍有60多亿元没有补发，成为影响社会稳定的一个因素。中央决定，对各地过去拖欠的养老金，要一次性予以补清。这次补发，是指过去拖欠的规定统筹项目内的基本养老金。所需资金，除北京等7省市由地方自行解决外，其他省份和新疆生产建设兵团由中央财政给予一次性补助。中央财政补助的数额，以各地6月份上报的拖欠数额为基础，结合去年6月以来各地确保发放和补欠情况，由劳动保障部、财政部核实确定。需要指出的是，确保养老金发放和补发过去拖欠的主要责任在地方。补发过去拖欠，需要地方和中央共同努力。中央财政在十分困难的情况下，将拿出60多亿元用于补助地方补发过去拖欠的养老金，对地方是很大的支持。一些地方在中央财政要给予补助的情况下，又报告说原来上报的拖欠数字不准，甚至以漏报、瞒报为由，将过去的拖欠额增报几倍、甚至几十倍，要求中央财政给予补助。这是很不严肃的，也是不现实的。必须明确，在中央财政补助之后仍有拖欠的，由各地自筹资金补发。各地要想方设法筹措资金，把过去拖欠的养老金一次性补清，不留尾巴。

（四）关于企业工资的调整和管理

今年以来，国家采取了降低存贷款利率、提高出口产品退税率等有利于降低企业生产成本、增加企业利润的措施，国有企业经营状况开始改善，特别是国家进一步实施扩大内需、刺激消费和清费减负的政策，有助于企业提高经济效益，也为增加职工收入创造了条件。要加强对企业工资工作的指导，遵循按劳分配和效率优先、兼顾公平的原则，坚持企业与机关事业单位工资增长机制脱钩，建立和完善企业依靠提高自身经济效益增加工资的机制。对有条件增加工资的企业，可相应调整工资总额调控指标，并把增资额主要用于深化企业工资内部分配制度改革，使工资分配进一步向关键岗位倾斜，合理拉开差距，理顺工资关系。对垄断性行业企业增资水平要加强调控，防止盲目攀比增加工资。同时，合理调整最低工资标准，进一步完善最低工资制度，使最低工资标准与三条保障线水平保持合理的比例关系。调整最低工资标准所需资金，由企业自行解决。

提高机关事业单位工资和三条社会保障线水平，调整养老金标准，以及补发养老金拖欠以后，拖欠职工工资问题将会相对突出出来。应当明确，支付职工工资是企业的责任，但拖欠职工工资问题，关系到维护职工权益和社会稳定，必须予以高度重视。最近，国务院领导同志指示，要抓紧研究提出对拖欠职工工资问题的意见。各级劳动保障部门要进行深入研究，总结实践经验，积极主动地采取有效措施，缓解拖欠工资问题，并且为妥善解决这个难题献计献策。同时，要积极推进工资制度改革，进一步研究建立国有企业经营者收入分配激励和约束机制，改进国有企业工资总量决定办法，建立劳动力市场工资指导价位制度和人工成本预测预警体系，完善企业工资集体协商机制，深化企业内部工资收入分配制度改革。

为贯彻落实中央12号文件，部里会同民政部、财政部、国家计委、国家经贸委研究提出了实施意见，已经国务院批准，即将下发。各地要按照中央12号文件精神和国务院批准的实施意见，抓紧进行调查摸底和测算工作，制定实施方案，报省级人民政府核定后，于8月20日前报送我部和财政部备案。我们将在审核各地实施方案的基础上，研究确定中央财政对各地补助资金的数额，并在9月初下拨。下岗职工基本生活保障、失业保险金和养老金待遇水平的调整以及补发养老金工作，涉及广大职工群众和离退休人员的切身利益，政策性强，工作量大，时间要求紧。各级劳动保障部门要在当地党委、政府的领导下，加强与有关部门的协调配合，准确把握政策界限，抓紧工作，精心组织实施，确保国庆节前把钱发到下岗职工、失业人员和离退休人员手中。

三、继续巩固两个确保，努力完成社会保险扩面征缴和医疗保险制度改革任务

两个确保、社会保险扩面征缴和医疗保险制度改革，仍是下半年劳动保障工作的重点。这三项工作的目标任务和政策措施，都是十分明确的，现在的关键是继续抓好落实。

（一）千方百计地巩固两个确保

提高待遇标准后两个确保的资金需求增大，原来没有资金缺口的可能出现缺口，原来有缺口的可能会更大，两个确保的工作任务更加繁重。有的厅局长说，晚上睡不着觉了，这说明工作压力更大了，也表明同志们责任感很强。我们要变压力为动力，积极主动向党委、政府汇报情况，提出意见，千方百计继续巩固两个确保，不能因为我们的工作不到位而发生问题。

在国有企业下岗职工基本生活保障方面，要克服“企业依赖政府、地方依赖中央”的倾向。按中央要求，企业有能力出钱的一定要出，地方财政该兜底的要兜底。对困难地区和困难企业，实行重点监控，资金上重点扶持，工作中重点督导，对可能出现的问题，及时研究解决。对各地统计之外的170万人，分别情况，妥善处理。将属于因企业生产经营困难下岗，没有与企业解除劳动关系，又没有在社会上找到工作且生活困难的30多万人，纳入再就业服务中心管理，通过中心发放基本生活费，保障生活，促进再就业。劳动合同管理是一项基础性工作，各地要继续从规范用人单位的用工行为入手，全面加强劳动合同管理。按照政策合理、依法办事、步骤稳妥、有情操作的原则，进一步加大清理劳动关系的力度。对已经隐性就业的人员，要督促他们与原企业解除劳动关系，与新的用人单位签订劳动合同。尚未制定处理劳动关系政策措施的地区，要尽快制定并组织实施。对距退休年龄不足5年、工龄在30年以上的老职工，要给予适当照顾，一般不安排下岗，可采取企业内部退养的方式予以安置。

在确保养老金按时足额发放方面，各地要抓紧研究解决煤炭、有色等困难行业企业保发放的问题。对这类企业，要认真做好核定统筹项目和清理提前退休工作，落实亏损补贴首先用于缴纳养老保险费等政策，切实打破封闭运行，力保不发生新的拖欠。要进一步完善省级统筹，建立健全省级调剂金制度，加大调剂力度。对企业欠费和被挤占挪用的基金，要按部里年初下达的计划，认真做好清理回收工作。

（二）坚定不移地完成扩面征缴工作任务

实现社会保险全覆盖，基金收缴率达到90%以上的工作目标，是推进社会保障体系建设的客观要求和重要内容，是我们保发放工作走出困境的重要途径。多年来，我们一直在努力扩大社会保险覆盖范围，但养老保险参保人数徘徊在8 500万人左右，失业保险参保人数徘徊在8 000万人左右，近两年均为负增长。上半年，我们认真贯彻两个条例，扩面工作取得一定成效，标志着我们在社会保障体系建设方面迈出了一大步。实现社会保险全覆盖，在客观上存在很多困难，但我们必须充满信心，坚持工作目标不动摇，工作力度不减，不管遇到多大困难，都要实现全覆盖的目标，决不能半途而废，功亏一篑。

根据上半年扩面征缴工作进展情况，我们对工作部署作出两点调整：一是完成任务的期限调整到年底前。二是指标问题。5月会上已经讲过，部里下达的扩面指标，是根据1997年底的职工人数确定的。在一年多的时间里，职工人数发生了一些变化，与现实情况有一定差异，这是事实。但扩面工作只完成计划的

1/4左右，有的地区甚至是负增长，就不单纯是指标问题了。我们虽然强调指标，但并不是惟指标论。只要严格按照条例规定，把该扩的全部扩进来，达到全覆盖且经得起检查，就是完成了任务。总之，在扩面问题上，应该实事求是，既要承认困难，又必须尽力而为。要求真务实，决不许搞虚报浮夸。

要学习先进地区的经验，加强与工商、税务等部门的配合，发挥各自优势，协同作战，整体推进。要深入街道、深入企业，摸清底数和存在的问题，分类指导。过去我们说扩面征缴难，难就难在没有法律手段。现在已经有了条例，加上劳动保障的监察执法权，已经具备了有所作为的条件。从前一阶段的工作实践看，凡是严格执法的地区，扩面征缴的效果都比较好。因此，各地要充分发挥劳动保障监察的作用，运用监察执法手段，促进扩面征缴工作的顺利进展。

（三）继续稳步推进医疗保险制度改革

要进一步加快医疗保险制度改革的步伐，保证年内绝大多数统筹地区出台实施方案并陆续组织实施。各地劳动保障部门要主动向党委、政府汇报，与编委、财政部门协商，尽快理顺管理体制，统一省地市县医疗保险行政管理机构。即使暂时统一不了的地区，也要将原公费医疗和劳保医疗管理职能归并，机构、人员成建制划转，机构改革方案出台后再定编定员。要加快统筹地区，特别是重点联系城市实施方案的制定和组织实施工作。实施方案的制定要经过充分的论证，成熟一个，实施一个，不能做“夹生饭”。每个省区都要着力抓好一批城市的组织实施工作，以充分发挥示范带头作用。

四、增强使命感和紧迫感，加快社会保障体系建设步伐

7月下旬，朱镕基总理在安徽考察期间，专门召开社会保障工作座谈会，指出，我们要从社会经济发展的全局和战略高度，充分认识加快建立健全社会保障体系的重要性和紧迫性，强调健全的社会保障体系，是推进国有企业改革和发展的重要条件，是社会稳定和社会进步的重要保证。国有企业要增强活力和竞争力，就必须解决历史形成的冗员过多的问题，走下岗分流、减员增效的路子，而要减人就必须解除职工的后顾之忧，最重要的是保障他们的基本生活。这就需要建立一整套独立于企业之外的社会保障体系，并使之规范化、法制化。各级劳动保障部门要深刻领会中央领导同志的重要指示精神，充分认识劳动保障工作的重大责任，抓住机遇，迎接挑战，把社会保障体系建设推向新的发展阶段。

建立和完善社会保障体系，是一项十分复杂艰巨的社会系统工程，需要我们作出长期不懈的努力。劳动保障部组建之初，提出了“三个重点、两个确保、一个统一”的工作思路。一年多的实践表明，这一思路符合党中央、国务院关于社会保障体系建设的要求，我们的工作也取得了阶段性成果，为建立和完善社会保障体系打下了一定的基础。但是，如何建立健全适应社会主义市场经济体制要求、具有中国特色的社会保障体系，还有很多问题需要深入研究，有许多工作要做，有不少难题亟待解决。我们必须按照中央的要求，立足当前，着眼长远，抓住机遇，早为筹划，努力在实践中进行积极的探索，把社会保障体系建设一步一步地推向前进。

（一）认真研究国有企业富余人员通过劳动力市场实现再就业的问题

解决国有企业富余人员问题，目前除劳动合同到期终止合同进入劳动力市场，符合条件的享受失业保险外，对因企业生产经营困难而下岗、在社会上没有找到工作、仍与企业保持劳动关系的人员，采取下岗进中心的办法，由企业再就业服务中心保障基本生活并促进再就业。解决这个问题，最终要靠完善劳动力市场和社会保障体系，走市场就业之路。对下岗职工个人来说，在不超过3年的时间里，要走向劳动力市场。从整个工作部署来说，也要考虑逐步向市场就业过渡的问题。按照中央提出的

要求，要争取用5年左右的时间，初步建立起适应社会主义市场经济要求的社会保障体系和就业机制。从现在起，我们就要着手规划今后几年的工作方向和实施步骤。当前，要集中精力抓好再就业服务中心建设，认真落实三三制筹资原则，做好下岗职工基本生活保障和再就业工作。同时，根据国有企业改革和脱困进程，逐步加大市场就业力度。经过几年的努力，逐步实现通过劳动力市场解决企业富余人员的问题。这项工作，在经济发达的地区，可以根据条件先行一步，进行积极的探索，不断积累经验。只要具备条件，企业减员可直接走向劳动力市场，对已经进入再就业服务中心的下岗职工，继续由中心保障其基本生活直至协议期满。我们从现在开始，就要预筑失业保险堤坝，迎接今后几年可能出现的失业高峰。《失业保险条例》已经颁布实施，扩大覆盖面和加强基金征缴是构筑失业保险堤坝的重要措施，各地要从建立市场就业机制的高度，把失业保险工作抓紧抓好。

（二）高度重视增加社会保险基金的投入问题

当前社会保险基金总量不足的问题十分严重，特别是养老保险基金，少数地方已出现支付危机，保发放难以为继。如何开辟新的稳定的基金来源渠道，增强基金的支撑能力，迎接人口老龄化的挑战，是社会保障体系建设的当务之急。中央对这个问题极为重视，在调整财政支出结构，加大社会保障基金投入的同时，正在研究通过国有资产变现、增设新的税种等方式，拓展社会保障基金筹资渠道。各地劳动保障部门要主动为党委、政府当参谋，调整地方财政支出结构，使社会保障支出占财政预算的比例有较大幅度提高，并在增加基金投入方面进行积极的探索。

（三）加快社会保险管理服务社会化进程

按照朱镕基总理的要求，我们要加快建立独立于企业之外的社会保障体系。社会保险管理服务社会化，既是健全的社会保障体系的基本内容，又是配合国有企业深化改革的重要措施，更是我们保证养老金按时足额发放的有效手段。实现社会保险的社会化管理服务，要做的工作很多，包括企业离退休人员的社会化管理、社区服务和社会化发放养老金等方面。当务之急是要改变养老保险基金结算方式，由差额缴拨改为全额缴拨，实行养老保险金的社会化发放。养老金的历史拖欠，绝大多数是由差额缴拨期间企业拖欠造成的。不实行全额缴拨和社会化发放，不仅拖欠问题难以解决，就连拖欠多少都很难准确掌握。因此，我们必须提高认识，坚定不移地把全额缴拨和社会化发放这一关攻下来。目前全国养老金社会化发放率只有33%，各级劳动保障部门要以这次补发养老金拖欠为契机，改变基金结算方式，通过社会保险经办机构以及银行、邮局、社区服务组织等渠道，把养老金直接发放到离退休人员手中。实行社会化发放，不只是发达地区才能够做到。贵州的遵义县地处偏远，经济并不发达，但全部实现了社会化发放。重庆市建市后职工人数增加，市内各区县经济发展状况差异较大，但全市的社会化发放率达到60%以上。这些地区的实践证明，只要认识到位、工作到位，养老金的社会化发放完全可以取得成效。

（四）加强社会保障立法工作

立法是依法行政的前提和基础，做好两个确保工作，建立健全社会保障体系，迫切需要加强立法。社会保障法制不健全，新的制度就难以确立，管理和监督也难以开展。两个条例的出台，使社会保障法制建设向前迈了一大步，但从目前的状况看，与建立健全社会保障体系的要求相比，立法任务还相当繁重和艰巨。我们要把立法决策与改革决策紧密结合，按照统筹规划、突出重点、注重实效、急需先立、逐步完善的要求，规范立法程序，提高立法质量，加快立法进程。部里计划年内报送基本养老保险条例草案和劳动合同法草案，明年报送社会保险法草案，与此同时，制定和完善相应的配套规章。各地也应高度重视立法工作，积极争取立法机关的支持，抓紧制定地方性法规，努力完善和健全法规体系，促进劳动保障事业的健康发展。

（五）研究改进统计信息工作

统计信息是制定政策的重要依据，也是社会保障体系的基础性工作。没有统计分析就无法进行科学决策，社会保障体系也就缺少技术支撑，其重要性不言而喻。我们的统计信息工作现在还很薄弱，统计指标体系不健全、不规范，信息采集和传递速度不快，对信息资源的综合分析、加工利用还远远不够。必须研究并改进统计信息工作，加强统计信息网络建设，健全统计指标体系，改进统计工作方法，采取常规统计、抽样调查、重点调查相结合的方式，确保统计信息的真实性、准确性和及时性。

当前，统计信息工作中一个突出问题是数据不实，一些地方存在弄虚作假、虚报浮夸问题。有的地方讲成绩时是一个数，申请中央财政补助时又是另一个数，两者之间差之千里，迥然不同，已经到了非解决不可的地步了。比如，各地上报的6月底国有企业下岗职工人数是540万人，进中心的比例为99%，领生活费的比例为96%。而抽样调查结果显示，进中心比例为95%，领生活费比例为94%，而且在540万人之外，还有170万人没有纳入统计，其中有30多万人属于该进中心而未进中心的。再如，养老金的发放，许多省份上报的比例是100%，但被抽查的几个省均有拖欠。离退休人员也通过信访、监督举报电话等渠道，反映有拖欠问题。最近，中办国办信访局有个材料，就是专门反映养老金拖欠问题的，有23个例子，国务院领导同志作了重要批示。经核查，来信反映的情况多数是属实的，有关省市正在处理。我们必须清醒地认识到，弄虚作假、虚报浮夸是统计上的违法行为，统计数据不实，不能小看。各地要从端正党性党风的高度，从坚持实事求是思想路线、改进工作作风的高度，采取有效措施，切实解决统计数据不实的问题。今后凡是有弄虚作假、虚报浮夸的，发现一起，通报批评一起，一定要严肃处理。

关于农村养老保险工作，在劳动保障部的三定方案中，这项工作属于划入的职能，省级劳动保障厅局有的已经划入，有的尚未划入。前不久，国务院批转了保险业整顿与改革方案，决定对民政系统原来开展的农村养老保险进行清理整顿，停止接受新业务，区别情况，妥善处理，有条件的可以逐步将其过渡为商业保险。整顿和规范农村养老保险的具体办法，由劳动保障部、民政部会同保监会等有关部门另行制定。劳动保障部门要坚决贯彻国务院的决定，与民政等有关部门一起，共同研究，尽快制定整顿方案并认真组织实施。在清理整顿期间，各地要保持农保工作队伍的稳定，管理好基金，防止基金流失等问题的发生。

按照中央的统一部署，部里正在开展以“讲学习、讲政治、讲正气”为主要内容的党性党风教育。前一段时间，部“三讲”教育办公室以书面形式，征求了地方劳动保障部门对部党组和党组成员的意见。从反馈的情况看，各地实事求是地提出了许多很好的意见和建议，我们将认真研究，切实改进部里的工作。今天晚上，部“三讲”教育领导小组将当面听取部分厅局长对部党组和党组成员的意见。我们真诚地希望同志们毫不掩饰地指出我们的问题和不足，特别是党性党风方面的问题，帮助部里搞好“三讲”教育。

劳动保障工作正处在一个非常重要的发展时期，任务繁重，责任重大。让我们在以江泽民同志为核心的党中央领导下，高举邓小平理论伟大旗帜，坚定信心，振奋精神，埋头苦干，扎扎实实地做好各项工作，为维护改革发展稳定的大局作出新的更大贡献。

就国有企业下岗职工基本生活保障和再就业、企业离退休人员养老金发放情况向全国人大常委会九届十一次会议的报告

张左己

（1999年8月28日）

本次向全国人大常委会报告的内容是国有企业下岗职工基本生活保障和再就业、企业离退休人员养老金发放情况。

近几年来，国有企业职工下岗和拖欠企业离退休人员养老金问题比较突出，引起了社会的普遍关注。解决国有企业下岗职工基本生活保障和企业离退休人员养老金发放问题，关系职工群众切身利益，关系国有企业改革和社会稳定的大局。中央非常重视和关心这项工作，江泽民总书记、李鹏委员长、朱镕基总理等中央领导同志多次听取汇报，主持研究政策措施，作出了一系列重要指示。他们每到一地考察，都要走访慰问下岗职工和离退休人员，了解情况，督促检查工作。去年5月，中共中央、国务院召开国有企业下岗职工基本生活保障和再就业工作会议，对确保国有企业下岗职工基本生活、确保企业离退休人员养老金按时足额发放（简称两个确保）工作作出部署，要求各级党委、政府作为头等大事，由“一把手”负责，动员全社会力量，共同做好这项工作。随后下发了《中共中央国务院关于切实做好国有企业下岗职工基本生活保障和再就业工作的通知》（中发〔1998〕10号），明确了做好这项工作的指导思想、目标任务和政策措施。今年1月，国务院再次召开会议，总结去年两个确保工作，分析形势，对今年的工作进行了部署。

一年来，各级党委、政府和有关部门高度重视，狠抓落实。各级地方人大十分关注两个确保工作，专门听取工作汇报，加大监督检查力度。有的省人大在审议财政预算时，对未足额安排国有企业下岗职工基本生活保障资金的，不予通过。各民主党派、工商联和工会、共青团、妇联组织充分发挥自身优势，关心支持并积极参与。经过各方面的共同努力，国有企业下岗职工基本生活保障和企业离退休人员养老金发放工作，取得了阶段性成果，为推进国有企业改革，维护职工群众利益，保持社会稳定，发挥了积极作用。

一、国有企业下岗职工基本生活保障和再就业工作

今年上半年，国有企业下岗职工为742万人，其中202万人实现了再就业；仍未再就业的下岗职工有540万人，其中95%进入了再就业服务中心，94%领到了基本生活费。从总体

上看，大多数国有企业下岗职工进入了再就业服务中心，基本生活得到了保障，大头稳住了。去年下半年以来，各地因下岗职工基本生活得不到保障而引发的群体性事件明显减少。

今年，国有企业下岗职工增势不减，根据这一情况，将进一步采取措施，加强宏观调控，处理好改革力度、发展速度和社会承受能力三者之间的关系，规范下岗程序，严格执行下岗申报备案制度，做到随下岗随进中心。同时，按照中发〔1998〕10号文件要求，将属于因企业生产经营困难下岗而尚未与企业解除劳动关系、没有实现再就业的纳入再就业服务中心管理，发放基本生活费，保障其基本生活；对其他已经隐性就业的人员，督促他们与原单位解除劳动关系，与新的用人单位签订劳动合同。

对城镇集体企业下岗职工基本生活保障问题，中央明确由各省、自治区、直辖市根据本地情况研究制定具体办法。据各地统计，目前集体企业有下岗职工240万人。由于一些地区财力有限，企业自身困难，这些职工的基本生活未得到有效保障。今后，将加强对集体企业下岗职工基本生活保障工作的指导，因地制宜地做好这项工作，其中有条件的地区可比照国有企业下岗职工予以解决；其他地区可由失业保险和城镇居民最低生活保障制度保障其基本生活，并引导和组织他们进入劳动力市场实现再就业。

为促进下岗职工再就业，中央和各地制定了一系列政策措施，增加就业机会，特别是注重发展第三产业，因地制宜发展劳动密集型产业，鼓励下岗职工自谋职业或组织起来就业，下岗职工再就业工作有一定进展。但总体来看，下岗职工再就业工作难度很大。一是劳动力供大于求的矛盾突出。今年新增劳动力800万人左右，去年结转城镇失业人员571万人，还有大量的农村剩余劳动力进城务工。这种情况加大了下岗职工再就业的难度，年龄偏大、技能偏低的下岗职工，特别是女职工，再就业更加困难。不少下岗职工反映，用人单位招工条件过于苛刻，即使招用也不签劳动合同，逃避缴纳社会保险费的责任。二是一些地方和下岗职工反映，中央明确的促进下岗职工再就业的优惠政策，尤其是税收、小额信贷担保等，没有得到很好落实。三是部分下岗职工择业观念还不适应社会主义市场经济要求，再就业培训工作也不适应下岗职工再就业的要求。

我国人口众多，就业压力大，做好就业工作是一项长期艰巨的任务。再就业工作是当前就业工作的重点，必须和就业工作统筹安排，优先考虑。

解决国有企业富余人员问题，最终要靠完善劳动力市场和社会保障体系，走市场就业之路。根据国有企业改革进程，总体设想是：今明两年通过再就业服务中心，保障下岗职工基本生活并促进其实现再就业；今后几年，在做好下岗职工基本生活保障和再就业工作的同时，在政策、资金上加强和完善失业保险，逐步实现向市场就业机制的转变，争取用五年左右的时间，初步建立起适应社会主义市场经济体制要求的社会保障体系和就业机制。经济发达的东南沿海地区，可先行一步，率先引导企业富余人员走市场就业之路。

二、企业离退休人员养老金发放工作

据统计，截至去年5月，全国共拖欠企业离退休人员养老金100多亿元。去年5月召开的国有企业下岗职工基本生活保障和再就业工作会议明确指出，企业离退休人员养老金要按时足额发放，不得发生新的拖欠，并逐步补发过去拖欠的养老金。

根据中央提出的按时足额发放养老金的要求，各地采取一系列措施，千方百计保发放。一是加强基金征缴。去年6月到今年6月，全国养老保险基金收入1 772亿元，基金收缴率保持在90%左右。二是动用积累基金。一年来，各地共动用历年积累基金127亿元。三是建立省级调剂金制度。目前全国已有28个省份建立了省级调剂金制度，从去年10月以来，各地共调剂使用了25亿元。四是各级财政加大了资金支持力度。去年以来，仅中央财政就向地方提供37亿元资金，许多地区的地方财政也安排了资金，用于确保企业离退休人员养老金的发放。

据各地统计，去年6月至今年6月，全国实际发放企业离退休人员养老金1 743.6亿元，当期新发生拖欠13.7亿元，绝大多数企业离退休人员按时足额领到了养老金。养老金的新拖欠额逐月下降，使欠发的势头得到遏制。在努力做好养老金按时足额发放工作的同时，各地还补发了过去拖欠的养老金50多亿元。

目前存在的主要问题：一是仍有养老金拖欠。今年上半年，发生新拖欠2.96亿元，6月底前已补发2亿元，还有9 000多万元没有补发，主要集中在煤炭、有色金属、军工等困难企业较多的地区。同时，还有60多亿元过去的拖欠没有补发。二是养老保险基金总量不足，部分省份出现支付困难。三是基金调剂能力弱。目前全国养老保险基金虽结余500多亿元，但多数集中在东南沿海地区，东北、西北、西南地区结余很少。目前，除中央财政支持外，对地区间基金结余不平衡问题，还缺乏有效的调剂手段。即使在一个省内，资金调剂也非常困难。四是仍有一部分企业离退休人员未参加养老保险社会统筹，致使部分企业的离退休人员养老金得不到有效保障。目前反映的拖欠养老金问题中，未参加养老保险社会统筹的企业离退休人员占很大比例。

针对以上问题，准备采取以下措施：一是加强重点督察，加大省级调剂力度，确保当期发放。对煤炭、有色金属、军工等困难企业集中的地区，我们将进一步加大重点督察的力度，落实亏损补贴首先用于缴纳养老保险费等政策，督促各地建立健全省级调剂金制度，确保不产生新的拖欠。同时，加快实行养老金社会化发放的步伐。二是按照中央的决定，各地区要在第三季度内一次性补清现有的拖欠养老金。对财政困难的老工业基地和中西部地区，中央已确定安排60多亿元资金，帮助这些地区补发过去拖欠的养老金。三是增加对社会保障的投入。首先要通过调整财政支出结构，加大对社会保障的投入；同时，研究利用国有资产变现等办法，补充养老保险基金，缓解基金总量不足问题。四是通过群众来信来访、监督举报电话、社会各界反映等多种渠道，及时掌握养老金发放情况，发现拖欠立即核实补发。

三、基本养老保险行业统筹移交地方管理情况

铁道、邮电、煤炭、有色金属等11个行业实行养老保险行业统筹，是在企业养老保险制度改革初期采取的一种过渡办法。按照社会保险属地管理原则，行业统筹移交地方管理，是建立统一的企业职工基本养老保险制度的需要，符合改革的方向，也是各地的一致要求。随着养老保险省级调剂制度的逐步建立，并考虑到国务院机构改革后有关行业主管部门不再直接管理企业的情况，国务院决定将行业统筹移交地方管理，由省级社会保险经办机构负责这些企业的养老保险费收缴和养老金发放。这项工作，已于去年8月基本完成。

为解决行业统筹移交地方后给地方带来的困难，国务院已经采取了具体措施，总的指导思想是不让地方吃亏。一是对行业下放前拖欠的养老金，用行业统筹存在中央财政专户的结余基金一次补清。二是调整行业企业养老保险缴费费率，对高于当地平均缴费费率的企业，主要是煤炭、有色金属等亏损企业，其缴费费率一次降到当地平均水平，由此产生的缺口由中央财政补助；低于当地平均缴费费率的企业，其缴费费率在五年内逐步调整到当地平均水平。三是清理提前退休和统筹项目，对行业统筹结余基金进行审计并移交地方。

做好两个确保工作，建立健全社会保障体系，迫切需要加强立法。我们将按照全国人大立法计划，抓紧起草《社会保险法（草案）》和《劳动合同法（草案）》，争取尽早提请全国人大常委会审议。

在全国养老金社会化发放工作现场会上的讲话

张左己

（1999 年 12 月 1 日）

根据党的十五届四中全会和中央经济工作会议精神，我对明年的劳动保障工作提出一个初步思路，请大家讨论，形成统一的认识，在明年 1 月的全国劳动保障工作会议上正式部署。下面我讲三个问题。

一、建立和完善社会保障体系是一项重大而紧迫的任务

党的十五届四中全会对国有企业的改革与发展作出了一系列重大决定，其中对劳动保障工作有许多精辟论述。有的同志算了一下，整个决定中，阐述劳动和社会保障工作的文字将近3 000字。在一个中央的决定里面如此突出、全面、具体地阐述劳动和社会保障问题，这是前所未有的，充分体现了中央对劳动保障工作的重视，反映出国有企业改革和发展对加快劳动保障制度建设的迫切要求。在中央经济工作会议上，江泽民总书记在讲话中把完善社会保障体系列为明年整个经济工作的一个指导思想。朱镕基总理在会议报告和闭幕时的讲话中，对社会保障工作提出了具体的要求，他指出："建立健全社会保障体系，关系全局，意义重大，刻不容缓。无论是推进改革，建立社会主义市场经济体制，还是调整经济结构，促进经济发展，保持社会稳定，都迫切需要建立比较完善的社会保障体系。没有健全的社会保障体系，有中国特色社会主义的事业就难以顺利推进。""关系全局、意义重大、刻不容缓"，这三句话十二个字，高度概括了建立完善社会保障制度的重要性和紧迫性。全国劳动保障战线的同志们，要深刻领会十五届四中全会和中央经济工作会议精神，把建立完善社会保障体系作为明年全部工作的"纲"来切实抓好。明年工作总的要求是：一方面要坚持和完善现有的办法，解决好当前应急的问题，特别是要把继续巩固两个确保放在首位；另一方面，要积极创造条件，向健全的社会保障体系过渡，逐步形成独立于企业之外的社会保障体系。

根据四中全会和中央经济工作会议的精神，在国有企业改革的攻坚阶段，劳动和社会保障工作有三项主要任务：

（一）建立市场导向的就业机制

首要的任务是继续做好国有企业下岗职工再就业和基本生活保障工作。中央经济工作会议在这个提法上有个变化。过去我们讲的是国有企业下岗职工基本生活保障和再就业工作，这次把再就业和基本生活保障的顺序颠倒了一下，突出了就业工作。按照这一要求，要进一步办好企业再就业服务中心，在做好生活保障工作的同时，着重做好下岗职工出中心、再就业的工作。当前，除了要落实好各项下岗职工的培训和再就业政策，还要建立一种新的机制，这就是我们的第二项任务，即要下大力气建立健全“市场导向的就业机制”。要建立这个机制，有许多工作要做，当前最重要的一点，也是具有标志性意义的转折，就是在建立健全社会保障体系的基础上，逐步使下岗职工直接走向失业保险和劳动力市场就业。从明年起，这项工作先在东部沿海地区和具备条件的大城市进行，然后逐步向全国推开。要完善失业保险制度，提高失业保险金的承受能力，为下岗职工走出中心、转入失业保险做好准备。

（二）建立适应于现代企业制度的企业内部工资收入分配制度

按照四中全会决定的要求，企业内部工资收入分配制度改革主要是进行以下三个方面的研究探索和试点工作：一是建立健全国有企业经营管理者的激励和约束机制，实行经营管理者收入与企业的经营业绩挂钩，试行企业经营管理者的年薪制；二是研究并试行允许和鼓励资本、技术等生产要素参与收益分配的办法；三是在企业内部建立一个职工工资水平由企业根据当地社会平均工资和本企业经济效益决定的机制，使职工的工资水平能升能降。

（三）建立独立于企业之外的社会保障体系

按照中央的要求，健全的社会保险保障体系有三条明显的标志：第一个标志是独立于企业之外，即下岗职工由企业再就业中心转向失业保险和市场就业；养老保险基金由差额拨付、企业自己发放改为全额缴拨和社会化发放。第二个标志是资金来源多渠道，除了社会保险费本身的征缴外，要通过调整预算支出结构、国有资产变现、征收利息税等，为建立社会保障体系筹集资金。第三个标志是管理服务社会化。近期任务是养老金社会化发放，坚决地杜绝差额拨付，明年要把这个问题解决了。长期任务是实现企业退休人员由社区管理。实现了这三条，我们就可以说建立了健全的、具有中国特色的社会保障体系。

建立和完善社会保障体系确实是一项重大而紧迫的任务。各级劳动保障部门必须以高度的责任心和使命感，努力把明年的各项工作做好。按照我们的规划，到2000年底要初步建立起统一的社会保障体系框架，再经过几年的完善，形成比较健全的、有中国特色的社会保险体系。这个目标就像国有企业三年脱困目标一样，不能动摇，要必保实现。

二、建立和完善社会保障体系要实现四大突破

建立和完善社会保障体系是一项跨世纪的任务，既要统筹规划，又要只争朝夕。从明年深化改革、促进发展、保持稳定的全局需要看，社会保障应当在四个方面取得大的突破。

（一）要在社会保险法制建设上有大的突破

社会保障作为政府强制性的社会政策，必须加强法制建设，以法律法规的强制性来保证这项“关乎国运，惠及子孙”的制度全面施行。如果社会保障法制建设长期滞后，社会保险基金征缴难的问题就无法解决，社会保险金也难以按时足额支付到位，基金安全缺乏保证，多渠道筹资和调整财政支出结构也将变成空话。近年来，社会保障法制建设有了较大的发展，特别是今年初国务院颁布的两个条例，对推进养老、失业保险扩大覆盖面和加强基金征缴起到了很大作用。但从总体上看，社会保障法制建设步伐还需要进一步加快，要在提高立法层次、健全法规体系、严格执法监督方面作出更大努力。明年，在社会保障法制建设上要办三件事：

第一，起草《社会保险法》草案。实事求是地说，过去呼唤《社会保险法》出台，主要是我们劳动保障部门自己的声音。去年以来，从党中央、国务院到各级党委、政府对社会保障给予了前所未有的重视和支持，社会各界包括企业经营者、下岗职工、退休人员无不密切关注，社会共识已经形成。而且中央确定的一系列重大任务——两个确保、扩大覆盖面、强化征缴、开辟社会保障资金新渠道等等，无不需要作为法律制度规定下来。因此，可以说起草《社会保险法》已经到了瓜熟蒂落、水到渠成的时候了。实际上，今年我们已经着手进行了初期的工作，成立了包括计委、经贸委、财政部、全总等若干单位参加的社会保障立法起草小组，已经搞出了基本框架。我们的设想是，今年有个框架，明年上半年拿出一个草稿，经过广泛征求意见，下半年报送国务院审议，无论如何争取在本届人大、政府任期内把这部大法出台，使社会保障立法向前跨越一大步。当然，按这个计划执行，也还有不少困难和矛盾，比如养老保险虽然统一了制度，但各地操作并不都很规范，有的地区到现在还在按“双基数”征缴；又如，医疗保险改革进度较慢，工伤、生育保险的实施面也很窄。这些如何在立法中体现？我们希望各地一方面加快改革和规范操作的实践进度，另一方面为妥善处理这些问题提出建议。

第二，出台《养老保险条例》。争取明年上半年由国务院颁布施行。这个法规起草的条件比较成熟，由于有了几年“统账结合”的改革实践，各方面的意见也比较一致，就是要将被实践证明行之有效的、符合社会主义市场经济体制要求的政策用法规形式确定下来，并进一步推进实践进程。当然，出台这个法规，也还有一些问题需要处理，比如机关事业单位养老保险制度改革还没有启动；对乡镇企业及其职工，特别是其中就业的城镇居民甚至是国有企业下岗分流的职工，如何继续参加社会保险的问题，需要在有关部门协调意见的基础上用法规明确下来，笼统地讲乡镇企业不能参加社会保险是不对的。

第三，要加强执法监督。明年的各项工作，包括扩大覆盖面、强化基金征缴、巩固两个确保、保证社会保障资金安全、理顺劳动和工资分配关系等，都要强化执法监督工作。如果没有法规时呼唤立法，有了法规、制度、规章又不严格执行，那就成了“叶公好龙”。执法监督工作，要充分调动劳动保障系统内部的各路“生力军”，特别是把各项主要业务工作与劳动保障监察工作结合起来。不少地区的经验证明，凡是监察大队工作比较得力的，对征缴和扩面都起了很大作用。进行劳动保障执法监察是《劳动法》赋予我们的一件武器，务必要用好。当然，劳动监察大队也不是“单打独斗”，要与社会保险经办机构、再就业部门、工资管理部门密切配合。从外部讲，劳动保障部门的执法还要与工商、税务、财政等政府部门的执法协同配合，形成合力，共同落实劳动保障的法规、制度。

（二）要在扩大社会保险覆盖面上有新的突破

今年2月，我们召开了贯彻两个条例、扩大社会保险覆盖范围的电视电话会，提出了扩面的工作目标。经过几个月的奋战，扩面征缴工作取得了明显进展。到10月底，参加基本养老保险和失业保险的人数分别比去年底增加了849万人和1 628万人，扭转了参保人数连续两年下降的局面。这是一个不小的成绩，其中凝结着劳动保障部门、社会保险经办机构同志们的心血和汗水。年初我们提倡的分兵把口、落实到人、“地毯式排查”的工作方式已经变成全国各地的普遍行动，一些地区还组织了专门的扩面队伍，逐月逐旬地督促检查。但是也要看到，扩面工作还有不足，距国务院提出的全覆盖的要求还有较大差距。明年在依法扩大社会保险覆盖范围这个题目下要做好三篇文章：

第一篇文章，养老、失业保险要基本实现全覆盖。目前，全国城镇集体企业约有1/3、外商投资企业约有一半左右还没有参加社会保险，城镇私营企业和个体工商户参加社会保险的比例更低，而国有企业中原来参保的职工又有一部分流失。所以明年要实现全覆盖，必须着力解决几个难题。第一个是解决“欺软怕硬”问题。一些地方的政府，莫名其妙地害怕要求外资企业参保影响投资环境，担心我这个地方强制参保，外资就跑到别的地方去了。个别地方的外资企业也确实有集体拒绝参保的情况，对这种现象，国务院领导同志早有明确指示：让外商投资企业参加社会保险是国际惯例，不会影响投资环境。所以各地特别是沿海地区，在这个问题上要下定决心，加大宣传和执法力度；在工作组织上可以采取各市县联合启动、同步推进，以解除部分地区对外资流失的担心。另外，对外资企业招用的外地工、农民工要不要参保缴费的问题，也不必讨论不休了。如果说外来工不参保，那么沿海城市许多三资企业外来工占 80%、90%以上，把这部分人排除掉，还谈什么外商投资企业参保。所以，对这个问题不再争论，下决心干就是了。第二个是解决“嫌贫爱富”问题。一些地区的劳动保障部门、社保经办机构承认还有不少企业没有参保，但是一算账，如果是“贡献户”就乐意让它进来；如果是“受益户”就犹豫了：这个企业参保带来了一块资金缺口，影响了支付能力怎么办？所以只好拖着。对这个问题，部里准备研究一些政策和办法，各地也应研究一些相应的措施。但首先要从思想认识上明确：扩大覆盖面不能理解为就是敛钱，覆盖面扩大了确实有增强基金支撑能力的功效，但这不是惟一的目的，还有对城镇各类劳动者实行统一的保障制度、保护职工的合法权益、维护社会稳定等一系列目标，光是敛钱的话，目标就偏离了，也不符合建立社会保障制度的初衷。这个认识明确了，可以从加强基金征缴、合理调剂、争取财政资金支持等多个渠道研究弥补资金缺口的办法。第三个是要解决“顾大弃小”的问题。就是扩面的注意力只集中在规模较大的企业，而对私营企业、个体工商户这些规模较小的单位，在参保登记、征缴费用上怕麻烦，不愿多费力，结果使大量的私营企业员工和个体劳动者至今游离在社会保障制度之外。这些单位确实有规模小、变动快、经营和收入不稳定的特点。但他们同样是法律法规规定的参保对象，对他们实施强制性保障同样是政府的责任，更何况这些劳动者中有为数不少的国有企业分流职工，需要接续其社会保险关系。针对这类对象的特点，一些地区创造了联合工商、税务部门共同征缴的经验，值得各地借鉴。第四个是要解决“前扩后丢”的问题。有的地方扩面工作做了很大努力，也有不少新参保单位，但一算总账，参保人数不但没增加反而减少了，究其原因就是原来参保的职工流失了。一种情况是企业整体转制，不再缴费了；另一种情况是职工个人分流，自谋职业，找不到人了。结果在统计上就不再算参保。但大家想一想，这批人一旦到了退休年龄，肯定要来社保机构算账的，原来缴的费和“视同缴费”年限都要给他算待遇。因此这批人实际上一直是在保障范围之内，政府脱不了干系。那么，惟一的办法就是加强我们的管理和宣传，企业转制的要继续参保；职工分流的，不论干什么，只要就业了，就要接续社会保险关系，减少这批参保职工的流失。总之，各地要分析本地区扩面工作的重点和难点，有针对性地采取措施，实现国务院提出的明年养老保险、失业保险“全覆盖”的目标。

第二篇文章，就是要建立起城镇职工基本医疗保险制度。国务院的文件把医疗保险改革的大政方针都定下来了，有关部门也发了一系列配套规章，具体的操作由各地分散决策。实事求是地讲，明年在全国全部建立并实施城镇职工基本医疗保险制度是有困难的。我们在研究目标时提出，明年全国 70%以上的统筹地区启动，就是说在一个省里要有一定的启动面，不能只在一个地区搞；参保人数要争取达到5 000万人，有一个参保的数量指标。实现这个目标是有基础的，现在全国参加医疗保险改革的已经有1 500～1 600万人了。实现了启动面 70%和参保人数5 000万人的目标，就是医疗保险制度改革的重大突破。

第三篇文章，就是要择机推进机关事业单位的养老保险制度改革，把基本养老保险制度覆盖到城镇各类用人单位的劳动者。提出这个问题，已经不仅仅是建立统一劳动力市场的需要这种一般理论论证的结论，而是改革的推进已经提出了现实的要求。今年以来，大批事业单位包括一批科研院所、地勘队伍，已下放地方并转制为企业；明年地方政府机构改革也将启动，一批工作人员需要分流。养老保险制度若不及早统一规范，将对改革进程形成阻碍。因此，这是箭在弦上，不得不发。我们已经研究了一个初步思路，在适当时候征求各地的意见，也请大家做好这方面的准备。

（三）要在资金筹集渠道上有大的突破

开辟新的筹资渠道，建立稳定的社会保障资金来源，是中央提出的一个新的方针，也是一个重大的决策。我们至少可以从两个方面理解这一决策的意义。第一，在建立社会主义市场经济体制这个总目标下，各级政府的职能正在发生实质性的变化。在计划经济体制下，政府的大部分精力放在搞建设性投资上，把财政资金直接用于生产经营性项目。随着社会主义市场经济体制的建立和完善，政府的职能应主要转向公共事务的管理，政府要把维护社会的稳定、公正、和谐放在重要位置，把更多的财政资金用于包括社会保障在内的社会公益事业。同国际上发达国家和一些发展中国家相比，我国用于这方面的财政支出比例还比较低。因此，调整预算支出结构，把更多的财政资金投到社会保障方面，决不是一个单纯的财政问题，它反映了政府职能的重大调整。第二，这一决策也反映出社会保障发展到了一个筹资渠道多元化的阶段。过去十几年来，社会保险一直是通过征收单位和个人缴费这个单一渠道“自收自支”。近两年，这个局面已很难维持，出现了越来越大的收不抵支缺口。这里面，固然也有我们工作不到位、征缴力度小、企业欠费多的因素；但更深层次的原因是，我国已进入老龄化社会，又处在经济结构的大调整时期，随之而来的养老费用、失业保障费用的猛增已不是单一渠道所能承受。放眼看去，世界上所有国家，即便是新加坡、智利这样典型的个人账户储备积累制的国家，政府也都要安排一定的预算支出用于社会保障。我们从去年开始，中央财政就对社会保障给予了直接的资金注入，去年是100多亿元，今年是200多亿元。社会保障资金来源已经出现多元化的格局，现在的任务是把临时性的、一次性的投入变成经常性的、稳定的资金渠道。

为此，中央指出了三条道。第一条，合理调整预算支出结构。明年各级政府财政预算都要适当增加社会保障的支出比例，不仅中央财政要调整，地方财政也要调整。这一点已在中央经济工作会议上明确，各级劳动保障部门要积极地做工作，争取多一条社会保障基金稳定的来源渠道。第二条，变现部分国有资产，充实社会保障基金。目前劳动保障部、财政部、证监会、体改办、经贸委等有关部门正在研究国有资产变现的具体办法，各地劳动保障部门也要会同有关部门深入研究，积极探索，落实十五届四中全会的这一精神。第三条，将利息税等收入纳入社会保障基金。随着经济的发展和市场经济规则的健全，还会提出一些新的筹资渠道。总之，各级劳动保障部门要打破思想局限，开阔思路，不能把眼睛只盯在收费一条道上，总是担心积累金用完了，于是就“惜发”、拖欠，要在“开源”上多动脑筋、多出思路。

（四）要在社会化管理服务上有大的突破

推进社会保障的社会化管理，提高社会化服务水平，是健全社会保障体系的方向，是减轻企业负担、支持国企改革的重要措施，也是切实保证养老金按时足额发放的必然要求。目前60%的基金还是差额缴拨，养老金仍然由企业发放。这种状况造成了三个不满意：一是企业不满意。我参了保、缴了费，养老金还由我发，退休人员照样由我管，养老负担过重是我摆脱不了困境的一个重要原因。二是退休人员不满意。不少企业经营困难、资金紧张，在差额缴拨形式中，屡屡拖欠养老金，甚至截留社保机构拨付的养老金，退休人员生活没有保障。过去，企业退休人员不愿意搞养老金社会化发放，他们与企业有千丝万缕的联系，割舍不下。自去年5月确保发放以来，观念有了转变，退休人员看到政府比企业更有保障，纷纷要求社会化发放，这是一种积极的转变。三是社保机构也不满意。为了保发放，积累基金也动用了，上级补助资金也拨付到位了，但差额缴拨方式下企业造成的拖欠还在大量地冒出来，也要求社保机构补发，择不清的责任，还不完的债。

既然大家都不满意，就要下决心坚决改掉它。明年在这方面的突破目标是：大力推行企业养老保险费全额征缴，养老保险金社会化发放率达到80%以上，同时进行企业退休人员社会化管理的多种形式的试点。

三、大力推进企业退休人员社会化管理服务工作

对中央提出的实行社会保障社会化管理的要求，我们研究分为两步走：第一步，明年基本实现企业退休人员养老金社会化发放；第二步，在此基础上，经过试点，总结经验，实行企业退休人员由社区管理。为了实现两步走的目标，从现在开始，就要大力加强三方面工作。

（一）加强基础管理工作

建立和完善社会保障体系是一项非常艰巨复杂的社会系统工程，需要做出长期不懈的努力。没有坚实的基础，社会保障体系就好比沙洲建塔，不可能稳固。加强社会保障的基础管理工作，一是要保证统计数据信息的及时、准确，为中央和地方政府的科学决策提供可靠依据。就拿养老金发放来说，统计数据的不准确、多变已经干扰了决策过程和决策的执行，抛开瞒报的不说，就说漏报，确实与我们基础管理工作比较薄弱有关。哪个企业发没发、发多少，社会保险经办机构并不全知道，因为他只管差额拨付这一块。所以一统计拖欠的问题，总有一块漏下了。过去不讲确保发放，这个矛盾掩盖在企业里面，现在一讲补发，中央还拨了钱，这个问题就暴露出来了。为了从根本上解决这个问题，在制度上要变差额缴拨为全额征缴、社会化发放，社保机构直接管到人头，不再通过企业这个中间环节；同时要改进统计的方法，采用常规统计、抽样调查、重点调查相结合的办法，确保统计信息的真实性、准确性、及时性。二是要提升管理手段。社会保险要坚决摒弃粗放式管理，实现“以人为本”的管理模式——参保记录管到人，个人账户记到人，养老、失业、医疗待遇发到人。要做到这一点，靠手工操作是绝对不可能的，必须借助现代信息管理手段，实行计算机管理。从国际发展的经验看，社会保障系统记录的个人信息应当是最全面、最细致、最准确的信息，通过与银行、税务、治安系统的联网，为整个社会经济的管理提供支持。我们要向这个方向努力。社会保障信息系统的开发要在部里的统一规划下进行，避免低水平重复开发造成浪费；开发的资金要中央和地方一起努力争取。三是必须精心测算资金状况，保持收支平衡。明年大力推进全额征缴、社会化发放，将使过去差额缴拨方式掩盖下的养老金拖欠问题“浮出水面”，形成硬碰硬的欠费。一些同志担心，改为全额征缴后收缴率会大幅度下降，这是有一定道理的。但不能因此而动摇我们的决心。改变征缴方式的初期，收缴率有一定的下降，正是挤干了原来收缴率中“水分”的反映。一些先行地区的经验表明，只要加大工作力度，强化管理措施，经过一段时间，收缴率还会回升。所以，明年90%收缴率的目标不变，但比今年的90%有更高的含金量。同时，对一段时间内收支不平衡的风险也要有充分估计，资金积累少的地区更须如此，有的地区已经“家无隔夜粮”，收缴率一下降，马上面临支付危机。因此，要精心测算全额征缴后可能显露出来的资金缺口，通过强化征缴、追缴欠费、加强省级调剂、收回挤占挪用资金等措施可以弥补多少缺口，再不足的部分应当向政府领导报告，争取财政支持。我们分析，差额改全额初期，至少要有两个月左右的周转金。各地情况不同，要细致算账，未雨绸缪。

（二）加强组织建设

实行社会保险的管理服务社会化，工作任务艰巨，需要很多高素质的工作人员，也需要多个机构相互配合。所以必须加强社会化管理组织机构的建设。首先，要加强劳动保障系统干部队伍的自身建设。现在社会保险经办机构，从总体上讲人手少、任务重、经费不足，部分地区已经发展到影响工作的地步。这个问题在明年可能暴露得更加突出。最近，劳动保障部和财政部就社会保险经办机构的经费问题已经联合发文，对社会保险经办机构的经费来源、拨付渠道、管理方法都作了规定。各地接到文件以后要认真地向政府汇报，与财政部门协商，妥善解决社会保险经办机构的经费保障问题。社会保险经办机构也要全面提高工作人员的素质。从一年多来确保发放、扩面征缴，贯彻中央12号文件这几大战役的情况看，社保机构工作人员不怕吃苦，勇于奉献，是一支能打硬仗的队伍。但面对新的目标、新的要求，也需要进一步提高思想和业务素质，改进管理方式，提高工作效率。其次，劳动保障部门要与负责代发养老金的社会服务机构建立密切的协作关系，也就是密切与银行、邮局等社会服务机构的关系，有些地方还有街道组织。劳动保障部门要善于充分利用这些社会资源，构造一张“疏而不漏”的养老金代发网。其三，劳动保障部门还要积极参与退休人员由企业管理转向社区管理的过程，支持社区组织健全功能，为企业退休人员提供服务。

（三）加强基金的管理和监督

推进社会化管理，建立独立于企业之外的社会保障体系，没有资金保障不行；有了资金，管不好、用不好也不行。近两年来，除了养老、失业保险基金以外，中央和地方政府在财政很困难的情况下筹集资金，对社会保障给予了很大的支持。但是，就是拨给下岗职工保障基本生活的养命钱，就是补发离退休人员养老金的钱，有人也敢动用。这要引起高度的警觉和重视。一定要按照基金管理制度的要求，坚决执行收支两条线，严格实行专款专用。过去挪作他用的，要限期追回；本届政府成立后又有挤占挪用的，一经查实，要对当事人作出严肃处理，并且要追究领导责任。

从现在起到年底，还有一个月的时间。我们在研究明年工作的同时，还要抓紧今年年底的工作。请各地对照年初的工作目标进行认真的检查，尚没有完成的工作要加大力度，力争完成全年的任务，为明年的工作打好基础。特别是两节已临近，维护社会稳定是我们劳动保障部门最大的政治任务，要千方百计地调集和筹措资金，把该发的钱按时足额地发下去，切实做到“两个确保”，不留任何死角，绝不能因为我们工作不到位而引发事端。

同志们，社会保障工作正处在一个非常重要的发展时期，我们承担着建立和完善社会保障体系的重要历史使命，任务繁重，责任重大。我们要认真学习十五届四中全会和中央经济工作会议精神，共同努力，坚定信心，抓住机遇，扎实工作，为改革、发展、稳定的大局作出贡献。

在全国劳动和社会保障工作会议上的讲话

劳动和社会保障部副部长　李其炎

（1999年1月14日）

根据部党组的安排，我就劳动和社会保障事业发展总体规划（草案）及规划统计、信息系统建设、国际交流合作工作讲几点意见。

一、关于劳动和社会保障事业发展总体规划（草案）

研究制定总体规划，是劳动保障部组建后，左己部长提出、部党组确定的一项重要工作。去年5月份部里即开始了总体规划的研究起草，从框架的研究到草案的形成，在部内进行了反复的酝酿和讨论，几易其稿。草案形成后征求了部分地方劳动保障厅局的意见，同时还听取了国务院有关部门、部分企业和专家学者的意见，并根据各方面的意见做了认真的修改。这次将草案征求意见稿印发给大家，主要是请大家研究提出修改意见，共同规划好今后五年我国的劳动保障事业。

今后五年是我国劳动保障事业发展承前启后、继往开来的重要时期。从时间上说，这五年跨越了两个世纪；从经济体制改革的进程上看，这五年是我国经济体制改革特别是国企改革的关键时期；从劳动保障事业的发展上讲，这也是我们初步建立适应社会主义市场经济要求的新型劳动保障制度的关键五年。在这样一个重要的历史时期，我们制定一个总体规划，统筹设计、安排好劳动保障事业的发展，可以使我们的工作更有前瞻性、指导性，使劳动保障事业发展与整个国民经济和社会发展相适应，与建立社会主义市场经济体制的改革目标相衔接，在21世纪有一个良好的开端。

为了便于大家研究、修改，我主要讲三个问题：

第一个问题，今后几年面临的形势。

今后五年，劳动保障事业发展有许多有利的条件：过去的20年中，改革开放为我国今后的经济发展和经济体制改革奠定了雄厚的物质基础，劳动保障制度改革取得了突破性的进展，为今后劳动保障事业的发展积累了经验；党中央、国务院对劳动保障工作高度重视，将其摆到十分重要的位置，社会各界也十分关心和支持，应该说全社会对劳动保障工作的重视程度是空前的；中央的大政方针已经明确，十五大报告对劳动保障工作提出了明确的要求，劳动保障工作实现了统一管理，工作中的一些重大问题如新时期的就业方针等已经确定下来，养老、医疗、失业保险制度改革也正在按着中央确定的方针向前推进。所有这些，为劳动保障事业的发展提供了很好的机遇。

当然，客观地分析，今后几年劳动保障事业发展也面临着一些问题，主要反映在计划经济体制向社会主义市场经济体制转轨的过程中一些深层次的矛盾相当突出。国有企业改革和所有制结构的调整带来了劳动力结构的大调整，对就业、再就业和失业保险工作提出了挑战；日趋严峻的人口老龄化，对养老保险制度和基金承受能力构成了沉重的压力；人们日益增长的医疗消费需求与原有医疗保险制度之间的矛盾日益突出。这是当前劳动保障工作面临的主要矛盾和难点。同时，还有一些问题也比较突出，如劳动关系趋于复杂化，企业工资分配方式和分配结构仍不合理，法律法规特别是社会保险方面的法律法规还不健全等。这些矛盾和问题，在我们制定规划时都是必须考虑的。

总之，今后几年劳动保障事业发展有许多有利条件，也有不少制约因素。我们的基本判断是，机遇与挑战并存，总体上对劳动保障事业的发展有利。我们要抓住不可多得的机遇，努力化解不利因素，积极推进劳动保障事业的发展。这样，再经过五年的努力，相信我国的劳动保障事业会有一个更大的变化，会再跨上一个新的台阶。

第二个问题，今后几年事业发展的指导思想。

在客观分析形势的同时，总体规划明确提出了今后五年劳动保障事业发展的基本方针，即紧密团结在以江泽民同志为核心的党中央周围，高举邓小平理论伟大旗帜，贯彻落实十五大精神，从建立社会主义市场经济体制的要求出发，立足于社会主义初级阶段这一基本国情，紧紧围绕经济体制改革特别是国有企业改革这一中心任务，全面推进劳动和社会保障事业的发展。这一基本方针内涵十分丰富。只有认真遵循和牢牢把握住这一基本方针，从建立社会主义市场经济体制的要求出发，立足于社会主义初级阶段这一基本国情，劳动保障事业才能不断取得新进展。

作为这一基本方针的具体化，总体规划草案提出了今后五年劳动保障事业发展需要遵循的四条指导思想，即坚持建立社会主义市场经济体制的改革方向，坚持从社会主义初级阶段的基本国情出发，坚持紧紧围绕国有企业改革这一经济体制改革的中心任务，按照“依法治国”的方针加强劳动保障法制建设。这些指导思想都是过去20年劳动保障事业发展实践经验的总结，也是今后几年劳动保障事业发展必须遵循的重要原则。如在总体规划中，我们将“低水平、广覆盖”作为社会保险制度改革的一条基本原则，就是基于我国还将长期处于社会主义初级阶段这一基本国情提出的。在社会保险制度上，发达市场经济国家的一些通行做法和成功经验，我们可以积极借鉴，但应从我国的实际出发，确定较为适当的水平、标准。

第三个问题，今后几年的奋斗目标和主要工作思路。

确定今后五年劳动保障事业发展的奋斗目标，是总体规划的一项重要任务。总体规划中提出了今后五年劳动保障事业发展的总体目标，即初步建立起适应社会主义初级阶段生产力发展水平，符合社会主义市场经济要求的劳动制度和社会保障制度，使广大城镇劳动者得到比较充分的就业和基本的社会保障。应该说，这一总体目标是鼓舞人心的，也是实事求是的，经过五年的努力是可以达到的。作为实现这一总体目标的主要措施，总体规划还提出今后五年劳动保障事业发展要在以下十个方面取得实质性的进展：劳动制度改革要在实现就业市场化、劳动关系法制化、企业工资分配市场化三个方面取得突破；社会保险制度改革要在建立新制度、实现广覆盖、提高统筹层次和实行统一管理四个方面取得突破；劳动保障法制建设要在健全法律体系、加强执法监察、实现依法行政三个方面取得明显进展。以上这十方面涵盖了劳动保障工作的主要内容，实现了这十个方面的突破，新型劳动保障制度的框架就基本建立起来了。需要强调的是，近两年我们劳动保障工作的首要任务是实现两个确保，我们的各项工作都要紧紧围绕实现两个确保这一中心工作展开，这一点必须明确。

为确保这一总体目标的顺利实现，总体规

划还进一步明确了劳动保障事业发展的主要政策措施和工作步骤。另外，着眼于劳动保障事业的全面发展，总体规划还对劳动保障统计、信息网络建设、科学研究、国际交流与合作、思想作风建设和干部队伍建设进行了全面规划，提出了目标任务和主要思路。这些工作都是劳动保障事业发展不可缺少的组成部分，今后几年都应力争取得比较大的进展。

总体规划是指导今后几年劳动保障事业发展的重要文件，需要集中全国劳动保障系统同志的智慧，将其研究、修改好，所以党组决定印发这次会议文件。会后，请各地及时将修改意见报送部里，以便将总体规划修改得更加完善，更具有指导性和操作性。

二、关于规划统计工作

各地要按照总体规划的要求，结合实际，对本地区今后几年的劳动保障事业发展进行研究预测，作出相应的规划、安排。要继续做好劳动保障事业年度发展计划工作，确定好1999年度劳动保障事业发展的目标任务和各项主要指标，同时根据发展社会主义市场经济的需要，进一步改进和完善计划指标体系。另外，从今年开始，国民经济和社会发展“十五”计划的研究制定也将提上日程，请各地劳动保障部门的同志提前做好分析、测算和有关的准备工作。

去年，各地对劳动保障统计工作抓得都比较紧，为实现两个确保提供了较好的决策支持。今年根据中心工作的需要，要重点做好以下几个方面的工作：一是继续抓好两个确保情况的统计，为中央和部里决策提供准确、及时的统计信息；二是研究完善劳动保障统计指标体系，全面清理和精简那些已经过时的统计指标，增加适应市场经济新形势需要的指标；三是探索改革统计调查方法，在确保完成定期统计报表的同时，更多地采用灵活有效的统计调查方法，如抽样调查、专项调查和重点调查等，以进一步提高统计工作效率，适应中心工作的急需。今年，部里初步考虑就下岗职工基本生活保障和再就业情况、农村劳动力就业及流动状况等搞几次有一定规模的专题调查，为进一步做好有关工作摸清底数，同时也为统计制度改革摸索一些经验。当前，统计工作任务很重、压力很大，请各地在机构改革中注意加强统计队伍的建设，保持统计队伍的稳定，明确综合管理机构，推动统计工作更好地为中心工作服务。

三、关于信息系统建设工作

信息系统建设是劳动保障事业发展的一项重要基础性工作。去年部里已下发了《劳动和社会保险管理信息系统建设规划要点》，前不久还专门召开了劳动和社会保险信息系统建设座谈会，对今后一个时期信息系统建设工作提出了明确的要求。希望各地对这项工作给予高度的重视，并结合本地实际，按照《规划要点》的要求，抓紧制定本地区信息系统建设规划，加快信息系统建设的进度，以适应新时期劳动保障工作的迫切需要。

1999年信息系统建设工作的主要任务是“实施三项工程，完成两项任务”，即配合再就业、养老保险和医疗保险制度改革等重点工作，实施部省网络升级工程，实施统计信息管理系统扩面工程，实施劳动力市场信息网建设工程，完成养老保险管理信息系统的规划、设计和医疗保险管理信息系统的规划工作，完成资源数据库和IC卡的总体规划、主要标准的制定并开始组织试点。请各地做好相应的实施准备工作。

为切实做好1999年的信息系统建设工作，在这里我提几点要求：一是要高度重视、加强领导。部里对信息系统建设十分重视，已成立了信息化工作领导小组，左已部长亲任组长。希望各地劳动保障部门也要提高认识，加强组织领导，进一步强化信息系统综合管理机构建设，实现信息工作的统一归口管理。二是要统筹规划。信息系统建设要全国一盘棋，作为一个整体，从全局的角度统一规划、统一标准。只有这样，才能真正做到网络互联、信息共享，才能真正发挥系统的效益和作用。三是要加大投入。信息系统建设是需要高投入的工程，既要投入大量的资金，也要投入大量高素质的人才。各地要想方设法为本地区信息系统建设筹集必要的资金。同时，加强信息技术人员的引进和培养，尽快形成一支与劳动保障事业发展和信息系统建设相适应的信息技术人才队伍。另外，关于发行和使用 IC 卡的问题，各地一定要慎重对待。劳动保障卡已经列入了国家十个行业大卡的规划之中，部里正在抓紧制定有关的规划和标准。基于统一规划、统一标准的考虑，建议各地区不要急于上马，按部里的统一部署行动，这样对全国的工作有利。

四、关于国际交流与合作工作

加强国际交流与合作，是我们吸收、借鉴国际成功经验，推动我国劳动保障事业更好发展的一个重要渠道。今后几年，劳动和社会保障领域的国际交流与合作工作，要紧密围绕“三二一”的工作重点进行，进一步加强与有关国家和有关国际组织间的交流与合作，拓展合作领域，为劳动和社会保障工作争取更多的国际援助和支持。这次部里机构调整后，公民出境就业工作管理职能划到国际合作司，这项工作作为解决下岗职工再就业的途径之一，也请各地予以重视，明确专人，加强管理。与此同时，还应注意加强对国际经验的研究和对已有国际技术合作项目成果的吸收工作，目前有些地方还有一些国际技术合作项目尚在执行中，一定要注意加强管理，把项目做好。各地在国际交流与合作工作中，对部里还有什么要求和建议，有什么问题需要部里帮助解决，请及时联系，共同把劳动保障领域的国际交流与合作工作做得更好。

在全国劳动和社会保障工作会议上的总结讲话

李其炎

（1999年1月15日）

全国劳动和社会保障工作会议今天就要结束了。我们这次会议，是在国务院再就业工作会议之后紧接着召开的，在内容和时间上都衔接得非常紧。会议开始时，我们传达了国务院会议精神，左己部长作了工作报告，全面总结了劳动保障工作的进展情况，根据中央经济工作会议和国务院再就业工作会议精神，客观分析了当前我们面临的形势和任务，提出了今年工作的总体要求。这个讲话，对于我们进一步认清形势、明确任务、统一思想、坚定信心有着十分重要的意义。根据部党组的安排和左己部长的讲话精神，各位副部长又就各项工作作了部署，提出了具体措施和要求。与会同志认真学习了国务院再就业工作会议精神，围绕左己部长提出的两个方面的重点工作和需要把握好的六个方面的问题，结合实际，进行了认真的讨论，畅所欲言，各抒己见。大家一致认为，这次会议任务明确，要求具体，政策清楚，是一次真正抓落实的会议。大家反映，通过参加这次会议，进一步提高了认识，增强了做好两个确保工作的责任感和紧迫感。会议进一步明确了今年工作的目标任务，是实事求是的，也是现实可行的，是为了实现中央经济工作会议提出的任务必须达到的，同时也是经过努力完全可以达到的。大家普遍感到深受鼓舞，精神振奋，更增强了工作的信心。这次会议会期虽然很短，但经过全体与会代表的共同努力，会议取得了圆满成功，达到了预期的目的。

对代表们提出的很多好的意见和建议，会后部里将进行分类整理，认真研究，吸收到有关文件中。

为了贯彻落实好这次会议精神，我再强调几点。

一、进一步认清形势，增强做好工作的信心

去年5月中央会议以来，各级劳动保障部门按照党中央、国务院的统一部署和要求，及时调整部署，加大工作力度，两个确保取得了重大的阶段性成果，为深化国有企业改革，做好企业减员增效工作，促进经济发展和社会稳定作出了积极贡献。对劳动保障工作在各部门大力支持配合下所取得的成绩，朱镕基总理、吴邦国副总理在讲话中都给予了充分肯定，这是对我们的鼓励。但是，在成绩面前，要清醒地看到工作中存在的问题，看到差距，尤其要看到，随着工作的深入，一些矛盾和问题会越来越突出。讨论中，不少同志提出，今年工作的任务更重，要求更高，困难也更大。应该看

到，矛盾和问题的确是客观存在的，既有各地共同面临的普遍性的困难，也有少数地区面临的特殊困难。左已部长在报告中对我们面临的形势作了全面分析，既分析了有利因素，也分析了客观困难和问题，同时提出了相应的对策。我们必须统一思想认识，全面客观地把握形势。尽管面临着种种困难，但是我们完全有信心、有能力、有办法克服这些困难。过去一年，我们已经克服了不少困难。经过去年的工作实践，我们积累了经验，锻炼了队伍，特别是有党中央、国务院和各地党委、政府的高度重视，有各部门的支持配合和社会各方的广泛关注，这些都是我们进一步搞好工作的重要保证和条件。关键是我们要善于抓住机遇，克服困难，创造性地工作。我们只有进一步统一思想，正视困难，知难而进，才能战胜困难，才能更好地贯彻落实党中央、国务院的各项决策，把事业推向前进。

二、把握好改革力度，努力保持职工队伍的稳定

稳定压倒一切，这是一个重大原则。在具有特殊意义的今年，保持稳定尤其具有十分重要的意义。中央领导同志在强调保持稳定时，特别强调的一点就是要切实做好国有企业下岗职工基本生活保障和企业离退休人员养老金按时足额发放工作。我们必须以高度的政治责任感，坚持不懈地巩固两个确保，为维护稳定作出新的贡献。同时还应当看到，我们所进行的其他各项改革，无论是养老、医疗、失业保险改革，还是解决劳动关系、纠正提前退休、进行行业统筹移交后的调整工作，无一不涉及职工的切身利益，无一不是职工群众十分关心的敏感问题。因此，我们要按照左已部长报告提出的要求，在推进各项工作时都要从保持稳定的需要出发，充分考虑各方面的承受能力，把握好改革的力度和节奏，防止出现不稳定因素，引发新的矛盾。这里，我还要强调一下信访工作。信访工作既是维护稳定的一个重要方面，又是体察民情、了解问题的一个重要渠道。去年下半年到部里上访的人次虽有缓解，但全年总量仍比上年增加。到部里上访的多数是在当地劳动保障部门未得到全面答复，或没有得到妥善处理而引起的，最后导致越级上访，有的甚至直接到中办国办信访局上访。对这种状况，各地必须予以高度重视。要按照分级负责、归口管理与属地管理相结合的原则，增强基层就地化解矛盾的能力，把问题解决在基层，解决在当地，把矛盾解决在萌芽状态。要认真听取群众的合理化建议，切实解决基层反映的政策性、苗头性、群体性问题，注重标本兼治，立足治本，进行综合治理，把解决思想问题与解决实际问题结合起来，把耐心教育与热情服务结合起来，扎扎实实为群众办实事、解决问题。在机构改革过程中，对信访工作的人员编制和机构设置，希望各地统筹安排。

三、加大宣传力度，推动改革和工作的开展

做好宣传工作，是深化改革和推动工作的客观需要。朱镕基总理多次要求，国有企业下岗职工基本生活保障和再就业工作的宣传，一定要大题大作，不可大题小作。我们要认真落实总理的这一指示精神，充分利用各种宣传媒体，宣传党和政府对下岗职工的关心和爱护，宣传好的经验、好的做法、好的典型，引导下岗职工转变就业观念，自强不息，艰苦创业。养老、医疗、失业保险和其他各项改革的宣传都要加强，要有针对性地帮助职工和离退休人员了解政策，澄清模糊认识，积极参与到改革中来。我部会同中宣部将于近期下发《国有企业下岗职工基本生活保障和再就业工作宣传提纲》和《确保企业离退休人员基本养老金按时足额发放工作宣传提纲》，各地要按提纲要求，积极主动地做好政策宣传。各项工作的宣传都要注意掌握好宣传的角度和方法，加强正面宣传，注重宣传效果。要通过加强宣传，争取广大群众的理解和支持，为做好当前的各项工作营造一个更为宽松的舆论环境。在加强宣传工作的同时，我们还要高度重视劳动保障政务信息工作。政务信息对于沟通情况、科学决策具有重要作用。各地要紧紧围绕劳动保障工作的中心任务，指定专人负责，认真抓好信息的报送工作。要增强敏感性，对带有倾向性的情况，要及时搜集及时报送，既要报喜也要报忧，对工作中发现的问题要有分析、有建议，为劳动保障工作的科学决策服务。

四、改进作风，扎实工作，把今年的各项工作落实好

这次会议对今年的劳动保障工作作了全面部署，经过讨论，大家也形成了共识。关键是要抓好落实。一是要突出重点，把精力和心思集中到抓大事、抓实事、抓难事上来。左已部长提出，今年要重点做好两个方面的工作，把握好六个方面的问题。各地要按照左已部长的要求，集中精力，抓好落实。二是要结合实际情况，尽快研究制定具体的政策措施。部里对各项工作的要求是着眼于全国的情况提出来的，要落实这些要求，各地必须制定更为具体、更具有可操作性的方案、计划和措施。比如扩大覆盖面和提高收缴率，国务院领导提出了很高的要求，各地要抓紧提出具体的落实计划，拿出过硬的、切实有效的措施，抓紧布置。又比如劳动关系问题，总的原则和大的政策都很清楚了，同时，这些政策也给地方留出了空间和余地，各地要根据这些原则和政策，研究制定适合当地实际情况的具体实施意见，并积极稳妥地付诸实施。三是要落实目标责任制。各项工作目标要层层分解，落实到人，一级抓一级，层层抓落实，并进行严格考核。四是要狠抓督促检查。各地必须加强对工作落实情况和责任制实行情况的检查和考核，把工作进度、落实措施、工作成效作为督促检查的重点，进一步建立健全月报制度，加强通报。对工作成绩显著的单位和个人要予以表彰，对措施不力、贻误工作的要给予批评。要通过扎扎实实的检查工作，使我们的各项工作部署变成基层的实际行动。五是要加强调研。各级劳动保障部门的同志，要抓住当前工作中的一些主要问题，尽可能地腾出更多的时间和精力，深入基层，深入企业，及时了解掌握工作进展情况、政策执行情况和存在的问题，掌握第一手资料。要以敏锐的观察力和判断力，抓住问题的实质，抓到点子上。对了解到的情况和问题，要及时研究提出解决的办法和对策。特别是对于经常变化着的情况要搞好统计和重点情况的调查分析，做到工作底数清，这是我们科学决策的基础。

五、抓紧做好这次会议的学习传达贯彻工作

首先，要将这次会议的情况和工作部署尽快向本地区、本部门的领导同志汇报。其次，要迅速组织好传达学习，配合学习国务院国有企业下岗职工基本生活保障和再就业工作会议的精神，组织传达学习左已部长的报告和几位副部长的讲话。同时，要按照这次会议的总体部署，结合各地各部门的实际情况，抓紧提出贯彻落实的意见，把今年的工作部署好、安排好，为做好全年工作打好基础。需要强调的是，各地劳动保障厅局的同志首先自己要吃透会议精神，拿出有效的贯彻措施，抓住这一有利时机，积极争取领导的支持。既要讲求效率，更要讲求质量和效果。

今年，地方政府机构改革工作将全面展开。去年是部里同时面临着机构改革和繁重的改革任务问题，今年是地方劳动保障部门又面临着这一问题。希望各地在抓好机构改革的同时，抓好各项工作部署的落实，做到机构改革与业务工作两不误。

同志们，今年的劳动保障工作任务十分繁重，让我们在以江泽民同志为核心的党中央领导下，统一思想、坚定信心，抓住机遇、知难而进，团结一致、艰苦奋斗，满怀信心地做好今年的各项工作，为促进改革、发展、稳定作出更大的贡献。

在巩固两个确保工作会议上的总结讲话

李其炎

（1999年5月24日）

刚才，6位小组代表的发言很好，对这次会议作了充分的肯定，交流了贯彻落实会议精神的初步打算，提出了许多很好的意见和建议。代表们说，国务院批准召开的这次会议，是一次十分重要的会议，是一次鼓劲会、动员会，更是一次督促抓落实的会，会议很及时、很必要。代表们一致认为，吴邦国副总理的重要批示，不仅为开好这次会议明确了指导思想，而且为做好今后的两个确保工作指明了方向。会议对两个确保形势的分析，符合当前实际，对两个确保工作提出的要求，是贯彻中央一系列指示精神的有效措施。与会同志进一步提高了对做好两个确保工作重要意义的认识，增强了责任感和紧迫感。这次会议的召开，必将有力地推进两个确保工作的顺利开展。同志们表示，要坚决贯彻会议精神，认真落实会议提出的各项要求，特别是在5、6月份，要千方百计地保发放，切切实实地做好两个确保工作。总之，会议达到了预期目的，取得了圆满的成功。

结合代表讨论的情况，我讲几点意见。

一、坚定信心，正视困难，坚决完成两个确保工作任务

今年以来，在各级党委、政府的领导下，在有关部门的支持配合下，各地认真贯彻落实中央再就业工作会议精神，在去年工作成果的基础上继续努力，积极筹措调度资金，千方百计实施两个确保，稳住了大头。同时，认真贯彻两个条例，在扩面征缴方面做了大量工作。医改方面，正按照中央的部署积极工作。各级劳动保障和财政系统的干部职工为此付出了辛勤的劳动和不懈的努力。许多同志说，为了巩固两个确保，没有节假日，没有星期天，没日没夜地干，确实非常辛苦。应该说，大家都是实现和巩固两个确保的有功之臣。

我们面临的形势，正像同志们分析的那样，困难的确不小。无论是两个确保，还是扩面征缴和医改，任务都很重，压力都很大，这些情况是客观存在的。但是，仅仅看到困难是不够的，关键是要正确对待困难。首先，这些困难是改革过程中绕不过去的。我们要建立社会主义市场经济体制，实现国有企业三年脱困目标，建立市场就业机制和社会保障体制，就必须克服这些困难，否则改革就无法前进，发展就无从谈起。必须认识到，巩固两个确保，保持社会稳定，就是大局，就是政治，在当前敏感时期更是如此。我们只能知难而进，不能停顿，不能动摇。确保国有企业下岗职工的基本生活，确保养老金不再发生新的拖欠，并立即补发3、4月份的拖欠。说到今年的4、5、6攻坚战，自然使我们想起去年的7、8、9。应当说，去年的7、8、9三个月形势是很严峻的，困难很大，当时工作刚刚开始，基础不

好。去年6月，80%的下岗职工没有进中心，近半数的下岗职工没有领到基本生活费，离退休人员养老金当月新拖欠3.5亿元。但是，我们按照党中央、国务院的部署，在各级党委和政府的坚强领导下，咬紧牙关，冲上去了，坚持住了，两个确保工作取得突破性进展，并且在今年得到巩固，这是非常不容易的。事实证明，有没有克服困难的决心，干还是不干，大干还是小干，效果完全不一样。今年的4、5、6攻坚战，应当说还有不少有利条件。一是去年下半年以来的工作，为巩固两个确保打下了良好的基础；二是两个条例的发布，为扩面征缴工作提供了有力的法律武器；三是各级党委、政府和各有关部门对两个确保工作更加重视，更加支持；四是我们的干部队伍在去年的7、8、9攻坚战中，经受了磨炼，积累了经验。只要我们坚定信心，以百倍的努力，埋头苦干，不折不扣地执行中央的决策，就一定能战胜困难，把工作推向前进。

二、千方百计地筹集资金，尽职尽责地管好用好资金

在分组讨论中，大家谈得比较多的还是资金问题。搞好两个确保，资金是基础。昨天两位部长都讲得十分清楚，对国有企业下岗职工基本生活保障资金，按照中央的要求，就是实行“三三制”，财政兜底；对确保养老金发放的资金，主要是贯彻征缴条例，扩大社会保险覆盖面，强化基金征缴，加大基金调剂力度，清理企业欠费，清理提前退休和统筹项目外待遇，增强养老保险基金的支撑能力。关于煤炭企业缴纳养老保险费问题，首先是企业要按《社会保险费征缴暂行条例》的规定及时足额缴纳，不足的部分，要将煤炭亏损补贴首先用于缴纳养老保险费，这些政策措施，我们要坚决落实好。这里要强调的是，在敏感时期，一定要千方百计确保资金落实到位，要一天不拖、一分不欠地保发放，绝不能出问题。按中央的要求，两个确保的资金，各地要立足自己解决。对中西部地区和老工业基地的困难，中央是了解的，也是给了很大支持的，以后也不会撒手不管，但前提是地方应该尽最大的努力，在此基础上，中央财政在下半年以转移支付的方式予以支持。

在千方百计筹集资金的同时，必须加强对资金的管理。各地同志要充分认识到，这笔资金筹之不易，不能挪作它用，必须保证每一分钱都用在下岗职工和离退休人员身上。在前一段的工作中，这方面还存在一些问题。在下岗职工基本生活费发放方面，一些企业没有按要求设立资金专户，上面拨了钱，企业就混着花了，没有全部用到下岗职工身上。在养老金发放方面，对煤炭企业下放前拖欠的养老金，中央财政已经拨付9.24亿元全部补清，中央财政对这笔资金的承诺已经兑现。但有的地方没有及时拨付下去，使一些离退休人员没有拿到钱，有的离退休人员为此上访。资金拨下去，必须跟踪督察，直至把钱发到企业离退休人员手中。对过去挤占挪用尚未收回的53.6亿元社会保险基金，要尽快回收。各地要按照国务院以及劳动保障部和财政部关于加强资金管理和监督检查的规定，严把资金使用关，确保资金专款专用，充分发挥资金的使用效益。

三、在保证下岗职工基本生活的同时，积极促进再就业

与会代表普遍认为，在当前保生活很重要，从长远看促进再就业才是我们的治本之举。关于保生活，面上的成果要巩固，点上的问题更要予以关注。一些矿区、林区企业，一些大型企业在外埠的联营企业，问题比较突出。对这些企业的问题，要逐一研究，提出解决的办法。这个办法要包括应对突发事件的应急预案。一旦发生问题，就要落实责任制，该办的事有人办，该负的责任有人负。

促进再就业，是解决国有企业下岗职工问题的根本任务，必须下大力气，常抓不懈。今年我们的目标是，实现再就业的下岗职工人数大于新增下岗职工人数。促进再就业的主要措施有4条。首先是落实好已经出台的各项鼓励和扶持政策。今年国家又新出台了扶持中小企业的信贷政策和鼓励下岗职工从事社区服务业的税收优惠政策，凡下岗职工从事社区居民服务业的，酌情免征营业税和个人所得税3年，对招用下岗职工的经济实体，城市商业银行和城市信用社要优先安排贷款。各地要结合实际，认真地加以落实。不少地方在实践中也创造出不少促进再就业的办法，如解决小额贷款担保的办法，鼓励下岗职工出中心的办法，鼓励企业招用下岗职工的办法等，各地都可以学习借鉴。二是继续鼓励有条件的国有企业搞主副分离，转岗分流，创办独立核算、自负盈亏的经济实体，安置企业富余人员，减轻社会就业的压力。三是要按照规范化、科学化、现代化的要求，加快劳动力市场建设。各地要根据中发10号文件的要求，落实好劳动力市场建设和再就业培训的资金、场地，为下岗职工提供及时、便捷的职业信息和再就业培训服务。四是要加强宣传工作，促进就业观念的转变。

四、按时完成扩面征缴工作任务

对扩面征缴的目标任务，大部分地区经过认真测算，仔细分析，加上前一段的实践，认为扩面任务是可以完成的。在讨论中，也有少数同志认为，扩面的指标偏高。对这个问题，要作具体分析。劳动保障部下达的指标，是非常慎重并且有依据的。它是以国家统计局公布的从业人员统计数为依据，经商财政部、税务总局和国务院法制办，并报国务院同意后确定的。其次，就是对统计数字也没有打满，留有余地，而且还没有把城镇个体工商户及其雇工包括进去。各地的潜力是很大的。我们非常清楚，困难是有，但并非是“跳起来也够不着”的指标。总体上，扩面的任务目标不能动摇，必须竭尽全力去完成。个别地区，如果按照两个条例，确实把该扩进来的全部扩进来了，与下达的指标有一些出入，经过批准，可以微调，但必须经得起检查，不能弄虚作假。标准只有一条，就是严格按条例规定，该参加社会保险的单位和职工都参加了。

现在的关键问题是进一步加大工作力度，一不等，二不靠，三不期冀调整指标。包括新疆在内的很多省区表示，扩面征缴工作，目标不变，时间不变，攻坚4、5、6，调集精兵强将上第一线，从党政机关富余人员、下岗职工和离退休人员中聘用代缴员，搞拉网式扩面，地毯式征收，一定完成部里下达的任务指标。这种精神是值得赞扬的。

扩大社会保险的覆盖面，是建立和完善有中国特色的社会保障体系的重要环节和必经步骤，各地要抓住这个机遇，严格按两个条例的要求落实到位。很多同志说的好，扩面征缴是今年力度很大的重要工作，不仅影响当前，而且影响长远，今年不打好基础，迈出这一步，将来会更困难、更被动。如果留下一块不参加社会保险，就会为以后的工作带来后遗症，将来解决起来难度会更大。这就是平常所说的，一步跟不上，步步跟不上，随着形势的发展，工作就会更加被动。

五、加大监督检查力度，促进实现两个确保和扩面工作

代表们认为，完成好两个确保和扩面征缴任务，要采取各种积极的措施。其中，加强监督检查就是一个十分有效的手段。各地要加强对两个确保落实情况的监督检查，重点检查“三三制”中企业自筹资金的落实情况，检查执行下岗职工进中心和再就业政策的情况，检查是否按时足额发放了离退休人员养老金。对落实国家政策不到位的，要责令其改正。各地要在6月份对参保单位办理社会保险登记、申报和缴费情况，进行一次集中检查。对违反规定的单位要依法责令其限期改正，对直接责任人依法给予处罚，同时，还要加强对用工单位依法与职工签订劳动合同情况的检查，特别是要加大对非公有制企业签订、履行劳动合同和参加社会保险的监察力度。对不按规定签订劳动合同的，要限期补签；对劳动合同不完善的，要予以规范。要发挥新闻媒体的舆论监督作用，对不签订劳动合同，不参加社会保险，不缴纳社会保险费的单位，予以曝光。

六、坚定不移地推进医改工作

建立城镇职工基本医疗保险制度，是本届中央政府的五项改革之一，是国务院明确的今年的一项重要任务，也是当前保障职工基本医疗需求，推进国有企业改革，保持社会稳定的一个重要方面。医改工作和两个确保工作是密切相关的，从根本上说，都是为了保障职工的基本权益。各地一定要把医改工作摆上重要议程，坚持医改的工作目标不动摇，切实抓紧抓好，完成国务院确定的工作任务。

去年底国务院会议和44号文件下发后，劳动保障部会同财政、卫生等有关部门，按照国务院的要求，进行了认真贯彻和落实，一是召开了贯彻国务院医改决定的工作会议，对各地医改工作提出了具体部署；二是组织了对劳动保障系统干部的培训，开展了广泛的宣传；三是确定了一批重点联系城市，并对这些城市的实施方案的制定工作作了重点指导；四是抓紧制定了医改有关配套政策。近日，我部会同有关部门共同下发了定点医疗机构、定点零售药店和用药范围管理办法3个配套文件，还有几个配套文件，也准备在6月底前全部出台。

关于医改工作的总体要求，左己部长的讲话已经讲得很明确了，各地一定要按这次会议的要求，加强对统筹地区医改工作的指导和督促，保证今年年底前各统筹地区的医改实施方案出台，并陆续组织实施。

这里，我还想就医改机构问题，再强调一下。关于医改机构，中央已有明确要求。为了保证统筹地区医改工作的顺利实施，省、市、县三级统一的医疗保险行政管理机构争取在6月底前建立起来。大家回去以后，要积极主动地向党委、政府汇报，不能再等待观望。如果统一的机构马上建立不起来的，也要先把有关部门的人员集中起来，归并职能、统一调度、合署办公，保证医改工作顺利开展。

七、进一步改进作风，狠抓落实

两个确保工作，涉及面广，政策性强。我们这次会议请政府副秘书长参加，就是希望各地政府加强对这项工作的领导，加强协调。各级劳动保障和财政部门，要在党委、政府的统一领导下，按照职能分工，尽职尽责，团结协作，密切配合，共同做好工作。这次会上大家反映，从两位部长的报告和以前的工作可以看出，两个部协作得非常好，要继续巩固和加强这种合作。同时，要加强与经贸、卫生、人事、税务、工商、审计、宣传等部门的配合，还要与工会组织多沟通，争取支持和配合。要切实转变工作作风，努力提高工作效率，做到雷厉风行，急事急办，特事特办，保证各项工作任务的如期完成。要深入基层，深入企业，做深入细致的调查研究。对困难企业更要特别关注。越是问题多、两个确保可能出现反复的企业，越是要多去，这样才能及时发现问题，及时解决问题，防患于未然。

八、认真做好这次会议精神的传达贯彻

关于这次会议的贯彻问题，按照昨天石秀诗副秘书长的要求，我再重申一下。吴邦国副总理的重要批示和两位部长的讲话，同志们可以带回去。两位部长的讲话，我们还要根据大家讨论的意见，作些修改后再正式印发，但同志们不要等。第一，请与会的政府副秘书长回去以后，立即把吴邦国副总理的重要批示以及两位部长的讲话和会议精神，向党委、政府汇报，认真抓好贯彻落实。第二，请各地劳动保障和财政部门，迅速组织本部门对这次会议精神的传达学习，鼓实劲、出实招，当好党委和政府的参谋助手，克服困难，努力完成各项工作任务。第三，各地区和有关部门要按照这次会议的部署和要求，结合各地各部门的实际情况，抓紧提出贯彻落实的具体意见和措施，把工作部署好、安排好，认真抓好落实。

同志们，这次会议就要结束了。进一步巩固两个确保，如期实现扩面征缴和医改工作目

标，是党中央、国务院交给我们的光荣任务，再艰巨也要坚决完成好。我们要在以江泽民同志为核心的党中央的坚强领导下，坚定信心，艰苦奋斗，以做好两个确保工作的优异成绩向新中国成立50周年献礼。

在全国劳动保障厅局长座谈会上的总结讲话

李其炎

（1999年8月10日）

全国劳动保障厅局长座谈会，马上就要结束了。这次会议，是在党中央、国务院对当前经济工作作出重大部署、对劳动保障工作提出新要求的背景下召开的。昨天，左己部长作了重要讲话，对上半年劳动保障工作进行了认真的总结，分析了劳动保障工作面临的新形势、新任务，对贯彻中央12号文件，继续巩固两个确保，坚定不移地完成扩面征缴任务，稳步推进医疗保险制度改革，加快建立和完善社会保障体系，提出了目标任务和工作要求。会议期间，同志们围绕左己部长的报告，结合各地的情况，畅所欲言，进行了认真的讨论。

大家一致认为，这次会议很重要、很及时。左己部长的讲话，对上半年工作情况的总结，是实事求是的，体现了“三讲”精神。对扩面征缴工作目标没有如期实现的问题，作出了客观分析，首先从部里工作找原因，充分体现了部党组实事求是的态度和对事业高度负责的精神；对中央12号文件提出的贯彻意见，既充分体现了党中央、国务院对劳动保障工作的要求，又切合劳动保障工作实际；对下半年的工作部署，任务明确、重点突出；对如何建立健全社会保障体系，提出了一些思路和设想，听了以后很受启发，感到今后一个时期的努力方向更加清晰和明确了。总之，这次会议主题突出，政策清楚，内容丰富，要求具体，是一次下达工作任务、明确工作方向的会议，也是一次振奋精神、鼓舞斗志的会议。会议时间虽然很短，但收到了比较好的效果，达到了预期的目的。大家表示，要认真学习左己部长的重要讲话，回去后抓紧贯彻落实。有的同志昨天中午就给省长打电话，汇报会议情况，请示贯彻落实问题；有的同志在会议期间已开始进行贯彻落实的准备工作，并在休息时间抓紧测算，根据会议精神研究贯彻中央12号文件的具体方案。这些都反映了同志们有很强的紧迫感和高度的责任感。这种紧迫感和责任感，是我们做好劳动保障工作的重要前提和基础。我相信，会议布置的各项工作任务一定能够得到认真的贯彻落实。

在讨论过程中，大家就贯彻会议精神和当前工作中的突出问题，进行了深入分析，反映了许多重要情况，也提出了不少好的意见和建议，有的可以吸收到有关文件中，有的可以在工作中进一步研究。下面我就会议贯彻问题讲几点意见。

一、统一思想，提高认识，坚决贯彻好中央12号文件

贯彻落实中央12号文件，做好提高三条

社会保障线水平等有关工作，是党中央、国务院赋予我们的新任务。左己部长讲话对中央决策的重大意义作了明确的阐述。我要强调的是，一定要全面准确地领会中央决策的精神实质。不仅要看到它在提高人民群众收入水平方面的积极作用，而且要看到在推动经济发展、维护社会稳定和促进社会保障体系建设方面的重大意义。我们常说要讲政治，今年我们将庆祝新中国成立 50 周年、迎接澳门回归祖国，做好各项劳动保障工作，保持社会稳定，就是劳动保障部门讲政治的具体体现。对中央作出的重大部署，我们不能只从业务角度，从一个地方、一个部门的角度去理解，而要从战略的角度，从改革发展稳定的大局，从讲政治的高度去理解、去把握。只有这样，才能充分认识贯彻中央 12 号文件的重要意义，才能把我们的思想和认识统一到中央的决策上来，才能做到不折不扣、雷厉风行地贯彻执行。贯彻落实中央 12 号文件，国务院办公厅转发的五个部委文件，已经提出了比较全面的意见，左己部长讲话中也提出了明确要求，现在的关键是我们要把好事办好、办实、办利索、办到位，把中央的决策贯彻好、落实好。根据大家讨论的情况，我补充说明几点。

第一，关于为下岗职工代缴社会保险费的调整问题。下岗职工的基本生活费提高 30%之后，为他们代缴的社会保险费要进行相应的调整。总的原则是，由各地比照本地提高基本生活费标准的幅度来确定。各地要按此与提高基本生活费标准统筹考虑，一并测算和制定方案。需要中央财政补助的省份，今年下半年由此增加的支出，由中央财政统筹考虑，专项转到各地社会保险经办机构。

第二，关于提高企业基本养老金水平的问题。近些年来，各地认真执行基本养老金正常调整机制，取得比较好的效果，今后我们要继续完善这一制度。企业离退休人员养老金的调整，就是要坚持走正常调整机制这条路。今年贯彻中央 12 号文件，要求比往年调得高一些，并且确定了 15%左右的幅度，有些地方担心，今年标准的提高有中央财政补贴，以后则需要自己支付，怕基金难以负担，这种担心是有道理的。但是，我们决不能因此而影响中央 12 号文件的贯彻落实。要解决基金缺口问题，首先是我们必须全力抓扩面征缴，提高社会保险基金的承受能力，立足于自身解决问题。同时，中央已经提出，要调整财政支出结构，使社会保障支出占财政预算的比例有较大提高，并且还将通过国有资产变现、增设新的税种等方式来拓展筹资渠道。所以，从一定意义上讲，这次提高待遇水平，对加快建立和完善社会保障体系是一个很大的促进。

第三，关于一次性补发养老金拖欠问题。这次中央下决心一次性补发养老金拖欠，体现了对企业离退休人员的极大关心，但真正办好这件实事，要靠中央和地方共同努力。中央补助后仍有拖欠的，地方一定要采取多种措施筹集资金，包括地方财政给予支持，千方百计一次性补清。对于大家非常关心的中央财政补助的分配问题，我们将和财政部一起，本着实事求是的原则，对于去年以来扎扎实实做好补欠工作的地区，作出恰当安排。同时，也要再次明确两点，一是中央财政补助 60 多亿的总量是确定了的，一些地方的漏报、瞒报只能靠自己想办法解决。二是中央财政补助的这笔钱，必须专款专用，如数发到离退休人员手中，决不允许挤占挪用。如发现有违反规定的，将严肃处理。

第四，关于企业工资的调整问题。中央 12 号文件作了原则规定，总的精神是企业根据效益情况自主确定。讨论中，大家普遍认为，这次机关、事业单位增加工资，会在一定程度上拉动企业工资增长。据大家初步分析，有能力增加工资的企业，各地情况不一样，多的近 60%，少的 1/3 左右，一些效益不好的企业，可能调不了。如何引导企业合理确定工资增长总量，引导企业落实内部分配自主权，克服盲目攀比工资增长的现象，是当前企业工资工作的重要内容。各级劳动保障部门要认真、准确地理解中央 12 号文件的精神实质，对本地区企业工资增长情况进行分析预测，区别不同情况进行政策引导，不搞一刀切。对工资收入水平偏高的垄断性行业企业的增资水平要加强调控。对面上的企业，要防止盲目攀比工资增长，使企业亏损增加。要密切注意工资工作中产生的新情况、新问题，做好处理突发事件的预案，一旦发生问题，立即采取措施，妥善处理，及时报告。

各地要按照国庆节前把钱发到有关人员手中的要求，倒计时安排工作，要加强与有关部门的协调配合，抓紧调查摸底和测算，尽快制定实施方案并抓紧组织实施。各地的实施方案，报省级人民政府同意后，在8月20日前报送我部和财政部备案，以便我们在审核各地实施方案的基础上，研究确定中央财政对各地补助资金数额，并把补助资金在9月初下拨各地，确保国庆节前把钱发到下岗职工、失业人员和离退休人员手中。

二、坚持不懈地巩固两个确保，坚定不移地推进扩面征缴和医疗保险制度改革

左己部长在讲话中明确指出，两个确保、社会保险扩面征缴和医疗保险制度改革，仍是下半年劳动保障工作的重点。结合大家提出的意见和建议，我再强调几点：

第一，关于确保国有企业下岗职工基本生活工作。一是要严格执行中央的政策，把符合规定条件的下岗职工，都纳入我们的统计和管理范围，安排他们进入企业再就业服务中心，保障基本生活，促进再就业。不论是540万之内的目前尚未发基本生活费的30万人，还是170万人中没进中心保生活的30多万人，都要保障其基本生活，做到不留“死角”。二是要按照调整之后的基本生活费标准和代缴社会保险费标准实施保障，防止对上要钱时是一本账，对职工支付时又是另一本账。三是继续加大失业保险基金向再就业服务中心划拨资金的力度，有条件的地区要力争达到1/3。四是继续抓好再就业工作，力争实现出大于进的再就业工作目标。五是加强劳动合同管理，认真清理劳动关系。

第二，关于确保企业离退休人员养老金发放工作。7月份，新产生拖欠的省份增加到10个，拖欠额猛增到1.27亿，而补发数额锐减到2 600万元，这是一个非常值得重视的情况。中央决定拿出几十亿资金帮助地方补发过去拖欠的养老金，将受到各地特别是广大离退休人员的衷心拥护，我们不能一方面补欠，同时又出现新欠，导致前清后欠。去年左己部长就讲过，我们辛苦构建的两个确保的大堤，不能因为局部发生问题而溃堤。劳动保障部门的同志，特别是产生拖欠的省份要高度重视，百倍警惕，采取坚决果断的措施，遏制这一滑坡势头，确保养老金的按时足额发放。

第三，坚持实现社会保险全覆盖的目标不动摇。扩大社会保险覆盖面是中央的要求，是国务院两个条例赋予劳动保障部门的职责，是当前两个确保的重要措施，更是社会保障体系建设的基础。对实现社会保险全覆盖的目标决不能有丝毫的动摇。根据4、5、6月的工作情况和各地的建议，部里决定把实现全覆盖的时限调整到今年底，大家认为这是实事求是的。但时限的调整并不意味着可以放慢步伐，减低力度。年底实现全覆盖仍是一个十分艰巨的任务，必须竭尽全力才能实现。检验是否全覆盖的标准，是是否实现了条例的规定，而不是是否实现了部里下达的指标。实际上部里下达的指标还是留有余地的。比如，失业保险基金收入，部里下达的指标是上半年78亿、全年195亿，如果按条例规定的范围和3%的缴费比例、90%的收缴率，全年应收230亿元左右。从这个意义上说，不抠指标，标准不是降低了，而是更高了。年底，部里将按照条例的规定，组织对各地扩面征缴情况的考核验收。两个条例为扩大覆盖面提供了有力的武器，对用人单位来说，不参加社会保险是违法行为；对劳动保障部门来说，如果不搞全面覆盖，对外商投资企业不敢碰硬，对集体企业挑肥拣瘦，对私营企业和个体工商户怕麻烦，不把该参保的对象纳入覆盖范围，那将是我们自己违反了条例的规定。

第四，关于基金征缴工作。其意义大家都十分清楚，这是两个确保直接的保证。中央在财力十分紧张的情况下拿出专项资金支持两个确保，这是对劳动保障工作的巨大支持，我们更要眼睛向内，立足自身，千方百计把基金征收上来。一是要做到并保持90%以上的收缴率，从上半年工作情况看，只要措施到位，工作力度不减，这一目标完全能够达到，对此我们应该充满信心。二是要大力追缴企业欠费，对已列入欠费大户名单的企业，要盯住不放，一笔一笔落实补缴计划。三是要加大回收过去挤占挪用基金的力度。

第五，关于医疗保险制度改革工作。总的要求是按照国务院《决定》的精神，在年底前保证绝大多数统筹地区出台方案并陆续组织实施。要进一步统一思想，加快工作进度。当然我们还要充分认识医疗保险制度改革的难度，方案要充分论证，方法步骤要积极稳妥，成熟一个实施一个，努力按时完成任务。

三、振奋精神，坚定信心，扎扎实实地做好后几个月的工作

首先，要进一步统一思想认识，把我们的思想统一到中央12号文件精神上来。提高三条保障线标准等项工作，时间紧、任务重、政策性强，同时，我们还要继续巩固两个确保，全面完成扩面征缴任务和积极推进医疗保险制度改革，工作头绪多，难度确实很大。但是，只要我们振奋精神，坚定信心，再大的困难也一定能够克服。这一点，已经为去年以来的工作实践所证明。各地要根据这次会议精神，对下一步的工作精心安排，既要突出重点，又要统筹兼顾，在抓紧落实提高三条保障线等待遇水平的同时，两个确保要咬住不放，扩面征缴要再接再厉，医疗保险制度改革要努力推进。对已经确定的工作目标，要有不达目的誓不罢休的劲头。

第二，扎扎实实地做好各项基础工作。对于这个问题，左己部长几乎是逢会必讲，再三强调在抓好重要任务和重点工作的同时，要抓好各项基础工作。基础打不牢，工作就做不扎实。对此，不仅部里有体会，在座的各位也都有很深的体会。单是下岗职工统计数字，就牵扯了我们不少精力，费劲很大，吃苦不少。社会保险也是这样，一些基础工作还很薄弱。而这些问题，经过我们的努力，很多是可以解决的。北京市在西城区进行全额缴拨试点，试行的头一个月，收缴率一度跌到70%，后来下决心抓基础管理，现在已经回升到近99%。这一经验表明，基础工作抓与不抓大不一样，在这方面下功夫是必须的，也是值得的。

第三，认真研究加快社会保障体系建设问题。左己部长在讲话中已经作了一些阐述，同志们在讨论中也交换了一些意见和看法，但这只是一个开头。目前，我们在实际工作中遇到了许多新情况、新问题，有些是非常急迫的。要解决好这些问题，就要深入实际，调查研究，在总结实践经验的基础上，研究提出从根本上解决问题的办法。我们要在立足当前，研究解决现实问题的同时，着眼于长远，注意研究一些关系到我们事业发展方向的战略性问题。比如，如何从国有企业下岗职工基本生活保障制度逐步向市场就业机制过渡的问题，各地可以结合实际作进一步的研究论证。又比如，加快建立社会保障体系问题，朱镕基总理在安徽讲话中再次提出了的，需要我们从理论和实践上认真回答。当前，全国上下正在认真研究国有企业的改革和发展问题，改革已经进入关键时期，我们要根据经济体制改革总体进程，进一步研究建立和完善社会保障体系的思路和政策。希望各地劳动保障部门的负责同志认真考虑这些带有方向性、战略性的问题。在明年年初的劳动保障工作会议上，我们将深入研究这些问题，请同志们提前做好准备。

下半年一些地方政府机构改革工作将全面展开，勿庸讳言，机构改革期间，人员的思想是非常活跃的，而我们的工作任务又是十分繁重的，这是对我们这支队伍的检验。希望各地在机构改革期间，体现“三讲”教育的成果，

保持队伍的稳定，抓好各项业务工作的落实，特别是要做好各项基金收缴和资金的筹集，并且做到管好用好，努力做到机构改革与业务工作两不误、两促进。今年的时间已经过半，后几个月的劳动保障工作任务繁重而艰巨。我们要在各级党委、政府的领导和有关部门的支持下，坚定信心，扎实工作，全面完成今年的各项劳动保障工作任务。

在全国劳动保障厅局办公室主任会议上的讲话

李其炎

（1999年12月22日）

这次会议是新部组建以来召开的第一次全国劳动保障系统办公室主任会议。会议的主要任务是通报劳动保障工作情况，交流办公室工作经验，研究加强办公室建设的措施，听取对部机关工作的意见。下面，我讲三个问题。

一、关于今年劳动保障工作的基本情况

即将过去的1999年，是不平凡的一年。这是各级劳动保障部门全面贯彻落实党的十五大和国务院再就业工作会议精神，克服困难、艰苦鏖战的一年，也是以两个确保为中心，各项劳动保障工作取得重大进展的一年。一年来，面对巩固两个确保、社会保险扩面征缴、医疗保险制度改革和提高三条社会保障线水平等繁重而艰巨的工作任务，各级劳动保障部门按照中央的统一部署，在各级党委、政府的正确领导下，开拓进取，真抓实干，作了大量卓有成效的工作，取得了可喜的成绩。

一是两个确保继续得到巩固。这项工作在去年取得阶段性成果的基础上，今年继续得到加强。据统计，1～11月国有企业下岗职工为1 100万人。11月底下岗职工为650万人，95%进中心，92%的下岗职工领到了基本生活费。在确保离退休人员养老金发放方面，自去年6月以来，这项工作持续了17个月，共发放养老金2 309亿元，按时足额发放率达到98%，基本确保了广大离退休人员的基本生活。同时，共补发养老金历史拖欠120多亿元，其中9月份补发92亿元，中央财政拨付76亿元，企业离退休人员养老金拖欠问题得到了缓解。

二是就业和再就业工作进一步加强。各地积极采取措施，拓宽就业渠道，广开就业门路，普遍把促进就业作为社会经济发展的重要工作来抓。在做好新生劳动力就业工作的同时，十分重视下岗职工再就业工作。在就业岗位不足、就业压力很大的情况下，今年有450万下岗职工实现再就业，再就业率达40%左右。为提高劳动者素质，国务院下发了建立劳动预备制度的通知。各级劳动保障部门加强职业技能开发工作，积极推行劳动预备制度，动员社会各方力量开展职业培训，培训就业率明显提高，有力地促进了就业和再就业工作。

三是按时完成了提高社会保障线和离退休人员养老金水平的工作。中央12号文件下发后，各级劳动保障部门在当地党委、政府的正确领导下，全力以赴，加班加点，与有关部门互相支持，密切配合，按时完成了提高国有企业下岗职工基本生活保障费、失业保险金和企业离退休人员养老金水平的工作，近600万国

有企业下岗职工、80多万失业人员和2 800万企业离退休人员的收入得到不同程度的提高，使中央关于提高城镇中低收入居民收入的政策措施得到了较好落实。提高待遇水平后，国有企业下岗职工基本生活保障标准由288元提高到374元，增加86元，增幅近30%；失业保险金标准由月人均151元提高到195元，增加44元，增幅近30%；企业离休人员月人均增加145元左右，退休人员月人均增加60元左右。

四是社会保险扩面征缴工作取得较大进展。今年以来，以贯彻《社会保险费征缴暂行条例》和《失业保险条例》为契机，各级劳动保障部门做了大量艰苦细致的工作，养老、失业保险扩面征缴工作取得了较大进展。预计到年底，参加基本养老保险的企业在职职工将比去年底增加900万人，参加失业保险的企业在职职工人数将比去年底增加1 700万人，扭转参保人数连续两年下降的局面。养老保险基金收入1 176亿元，比去年同期增加194亿元，预计全年将增加260亿元。失业保险基金收入76.7亿元，比去年同期增收45.6亿元，预计全年收入可达110亿元。

五是医疗保险制度改革稳步推进。按照国务院关于城镇职工基本医疗保险制度改革的要求，各级劳动保障部门加大宣传力度，组织开展培训，进行调研测算，积极稳妥地组织实施。目前，全国有24个省份出台了总体规划，98个地市实施方案已经省区政府审批，其中有29个地市已经开始组织实施。同时，在6月底前，基本医疗保险定点医疗机构等6个配套文件相继出台，为推进医疗保险制度改革打下了良好基础。

各级劳动保障部门在抓好中心工作的同时，全面加强了劳动保障立法和监察、社会保险基金监督、劳动关系调整、企业工资管理，以及统计信息、农村养老保险、国际交流合作等工作，使各项劳动保障工作取得了新的进展，对深化国有企业改革，促进国民经济持续、健康、快速发展，维护社会稳定起到了重要的作用。

上述各项成绩的取得，与我们劳动保障系统办公室全体同志的工作是密不可分的。从我们掌握的情况看，劳动保障系统绝大多数办公室的职能作用发挥得是好的。办公室的同志上下一心、密切配合、自觉奉献、扎实工作，为推进劳动保障事业的发展发挥了重要的参谋助手作用。在此，我代表部党组向办公室的同志们表示衷心的感谢和亲切的问候。

二、关于明年劳动保障工作的初步思路

明年是跨世纪的一年，是国有企业实现脱困目标的最后一年，也是“九五”计划的最后一年。做好明年的劳动保障工作，意义重大。在前不久闭幕的中央经济工作会议上，江泽民总书记强调，建立和完善社会保障体系，是建立社会主义市场经济体制的重要内容，是顺利推进企业改革和结构调整的必要条件。朱镕基总理指出，建立健全社会保障体系，关系全局，意义重大，刻不容缓。明年要把这项工作作为重点任务，切实抓好。他强调，总的要求是，一方面要坚持和完善现有的办法，解决好当前应急的问题；另一方面要积极创造条件，向健全的社会保障体系过渡，逐步形成独立于企业之外、资金来源多渠道、管理服务社会化的有中国特色的社会保障体系。

为了安排好明年的工作，近一段时间，部里在认真研究的基础上，提出了明年劳动保障工作的初步思路，并在前不久向国务院领导同志作了汇报。根据国务院领导同志的指示精神，我们考虑，明年劳动保障工作的总体思路是，认真贯彻党的十五大、十五届四中全会和中央经济工作会议精神，紧紧围绕经济结构调整和国有企业改革，全力巩固两个确保，加快形成市场导向的就业机制，抓紧建立独立于企业之外的社会保障体系，逐步建立与现代企业制度相适应的收入分配制度。部里初步确定，将在元月中旬召开全国劳动保障工作会议，总结今年工作，研究部署明年劳动保障工作。为集思广益，共同谋划好明年的工作，我向大家

通报一下明年几项主要工作的初步设想。

（一）关于国有企业下岗职工基本生活保障和再就业工作

预计明年国有企业下岗职工将达到1 200万人左右，另外破产关闭企业和实施天然林工程涉及的职工将达100万人左右。保障下岗职工基本生活的压力依然很大，促进就业和再就业的任务相当繁重。为此，明年必须继续把确保国有企业下岗职工基本生活和再就业作为首要任务来抓。要继续认真贯彻党中央、国务院现有的各项政策，进一步办好再就业服务中心，按“三三制”原则落实好资金。中央已明确要求各级政府调整财政支出结构，把必要的社会保障支出纳入预算，不留缺口，各地要认真落实。对财政确有困难的地区，中央财政将通过转移支付给予一定支持。为应对今年几年将会出现的失业率攀升的形势，要加快完善失业保险制度，努力扩大失业保险覆盖范围，增强失业保险基金的支撑能力，为下岗职工基本生活转入失业保险做好准备。要大力发展第三产业，努力拓宽就业门路，加强劳动力市场建设，搞好再就业培训，落实各项促进再就业的优惠政策，争取尽可能多的下岗职工实现再就业。

在确保下岗职工基本生活的基础上，要按照十五届四中全会和中央经济工作会议的要求，积极创造条件，加快形成市场导向的就业机制，逐步使下岗职工由企业再就业服务中心保障基本生活，转向享受失业保险，直接走向劳动力市场就业。大家都知道，成立企业再就业服务中心、按照“三三制”原则筹资保障国有企业下岗职工基本生活的办法，是在劳动力市场不完善、社会保障体系不健全的情况下采取的一种过渡性措施，根本方向是要形成市场导向的就业机制，实现从下岗职工基本生活保障制度向失业保险制度的转变，从三条社会保障线制度向两条社会保障线制度的转变，从下岗职工由企业管理向社会化管理的转变。但实现这种转变是一项十分复杂而艰巨的任务，涉及到广大下岗职工的切身利益，涉及到方方面面，如果处理不好，就会引发一些矛盾。因此，在实施步骤上必须稳妥。究竟如何实现这一转变，需要哪些支撑条件，相应地应该采取哪些政策措施，这都需要认真研究。各地要在工作实践中积极探索。比如，东部沿海地区和具备条件的大城市能不能先行一步，进行试点，摸索经验，其他地区如何进行相应的准备，请同志们结合实际，在讨论中各抒己见，献计献策。

（二）关于养老保险工作

按照十五届四中全会的要求，我们考虑，力争在明年建立起以养老、失业、医疗保险为主要内容的社会保障体系的框架，再经过几年的巩固完善，形成资金来源多渠道、管理服务社会化、独立于企业之外的社会保障体系。要实现这一目标，我们面临的任务十分繁重而艰巨。因此，明年的养老保险工作，要继续把确保企业离退休人员养老金按时足额发放工作放在首位，千方百计保发放，坚决扭转今年下半年以来新拖欠居高不下的局面。对地方新发现的100多亿元历史拖欠，各地应积极筹集资金，尽快补发。其中，对原行业统筹企业拖欠的部分，由中央财政补发；地方统筹企业拖欠的部分，地方应切实负起责任；对确有困难的地区，我们将积极向中央反映，争取中央财政的支持。在确保养老金发放的基础上，明年养老保险工作要努力在以下四个方面取得新突破：

一是要在覆盖范围上有新突破。健全的社会保障制度必须覆盖到城镇各类职工，使全体劳动者都能依法享受社会保险，这是维护职工合法权益的基本要求。明年要加大扩面工作力度，依法将符合条件的单位和职工全部纳入社会保险覆盖范围，尽快实现全覆盖。从今年的情况看，尽管扩面工作取得了明显成效，但这项工作确实存在很大的难度。比如，少数外商投资企业拒绝参保，一些地方担心影响投资环境而等待观望；集体企业和农垦、森工等困难企业，虽然有心参保，但又无力缴费，有的地方对此也有顾虑，担心这些企业参保后会加大基金支付压力；私营企业和个体工商户规模小、过于分散、难以管理，而社保经办机构人手少，精力又不够，等等。这些问题都有待于我们在明年的工作中，采取有效的措施，认真加以解决。

二是要在基金筹资渠道上有新突破。进一步贯彻落实两个条例，采取法律、行政、舆论及群众监督等多种手段，加强基金征缴，加大清理和追缴企业欠费的力度，力保基金征缴率在90%以上。与此同时，要按照中央关于加大社会保障投入和开拓稳定的社会保障资金来源渠道的要求，与有关部门一起，尽快研究提出财政预算的一定比例用于社会保障以及变现国有资产、开征利息税等途径充实社会保障基金的具体方案。

三是要在社会化管理服务上有新突破。四中全会提出，要“逐步推进社会保障的社会化管理，实行退休人员与原企业相分离，养老金由社会服务机构发放，人员由社区管理”。这一要求明确了养老保险社会化管理的重点和方向。重点就是养老金的社会化发放，方向就是退休人员与原企业相分离。明年我们应该大力推行基金的差额缴拨改全额缴拨，努力提高社会化发放率，同时积极开展退休人员与原企业相分离实现社会化管理的试点。

四是要在法制建设上有新突破。社会保险是国家通过立法强制实行的一种社会保障制度。今年国务院出台了两个条例，但社会保障法制建设任务依然很重。在这方面，我们已经有了十几年的实践经验，各项政策已经明确，为社会保险立法提供了较好的实践基础。明年我们将按照建立健全社会保障体系的总体要求，抓紧《养老保险条例》的报送和《社会保险法》以及与之相配套法规的起草工作，争取尽快出台。各地也要高度重视立法工作，抓紧制定地方性法规。同时，要加强劳动保障监察队伍建设，充分发挥劳动保障监察的作用，严格执法，真正做到有法必依、执法必严、违法必纠，逐步将社会保障工作纳入法制化的轨道。

（三）关于医疗保险制度改革

医疗保险制度改革是世界上公认的社会保障制度改革的难题，问题比较多，困难确实很大，我们在今年的工作实践中也深有体会。但是，医疗保险制度改革是大势所趋，势在必行，非改不可，关键是要在管理上多下功夫，在实施步骤上积极稳妥。今年我们的工作重点放在制定配套规章、开展宣传培训、出台规划和方案上，可以说是打基础。明年我们应该把重点转到组织实施上来，要通过积极稳妥地推进医疗保险制度改革，力争年底前基本建立起城镇职工基本医疗保险制度。相应地要采取的主要措施，一是统一认识，坚定信心。要加大对医疗保险制度改革的宣传力度，增强改革的信心和决心，增强职工群众的信心。二是理顺管理体制。要结合地方机构改革，理顺医疗保险行政管理职能，落实经办机构和管理人员。三是加强督促指导。目前部里直接抓了一批重点联系城市，明年将进一步扩大，及时解决出现的问题，总结经验，以点带面，狠抓落实。四是进一步完善配套政策。加快公务员医疗补助办法和国家基本医疗保险用药目录的制定工作，探索解决“封顶线”以上费用的办法，提出规范企业补充保险的意见。各地要进一步完善相关的配套政策，为组织实施打好基础。

（四）关于企业工资工作

党的十五届四中全会提出，实行以按劳分配为主体的多种分配方式，形成有效的激励和约束机制。我们初步考虑，明年和今后一个时期企业工资工作的总体思路是，坚持按劳分配为主体，多种分配方式并存的原则，实行“市场机制调节、企业自主分配、职工民主参与、国家监控指导”，逐步建立起与现代企业制度相适应的企业工资收入分配制度。明年重点在企业工资决定机制、经营管理者激励约束机制、按劳分配和按生产要素分配等问题上进行探索，选择有条件的地区和企业稳妥地进行试点，跟踪研究，总结经验。

以上这些思路，只是就明年的主要工作点出题目，文章需要我们大家共同来做，部里最近也正在按照国务院领导同志的指示，抓紧研究明年的具体工作任务和措施，紧锣密鼓地进行全国劳动保障工作会议的筹备工作。希望大家联系实际，积极思考，提出意见和建议，为开好明年的工作会议献计献策。

三、做好办公室工作的几点要求

（一）要努力增强做好办公室工作的责任感和使命感

党的十五届四中全会《决定》中强调：下岗分流、减员增效和再就业，是国有企业改革的重要内容；加快社会保障体系建设，是顺利推进国有企业改革的重要条件；建立与现代企业制度相适应的收入分配制度，是市场经济的必然要求。从这些论述中我们不难看出，在国有企业改革这场广泛而深刻的变革中，劳动保障工作具有十分重要的作用。我们在工作中已深深感受到，党中央、国务院对劳动保障工作高度重视，在大幅度精简机构的情况下成立劳动和社会保障部，赋予了我们重要的职能。去年以来，中央先后两次召开会议、多次下发文件，把两个确保作为“一把手”工程，采取一系列重要措施，努力推进劳动保障工作。各级党委和政府都非常重视劳动保障工作，主要负责同志亲自抓。这说明劳动保障工作受到了前所未有的重视，劳动保障部门的地位也加强了，我们肩上的责任和担子也更重了。办公室作为机关的办事机构，是承上启下、联系内外、协调左右的中枢，是领导联系群众的桥梁和纽带，办公室的工作非常重要。如果办公室的工作做得不好，势必会使整个工作受到影响。面对繁重而艰巨的劳动保障工作任务，希望办公室的同志们增强责任感和使命感，勤奋工作，争创佳绩。

（二）要充分发挥办公室的职能作用

办公室的职能，主要体现在参谋助手作用上，具体来讲就是要做好综合协调、调查研究、公文办理、信息宣传、督促检查等工作。要充分发挥好这些职能，办公室的同志就必须把握大局，突出工作重点，增强服务意识。

第一，要善于把握大局。大局就是全局，就是发展趋势。只有把握大局、服务大局，将办公室的工作与大局紧密联系起来，才能增强办公室工作的有效性。有的办公室参谋助手作用发挥得好，能够经常为领导同志出一些大的主意、好的主意，所提的建议也多被领导同志采纳，原因虽然是多方面的，但与办公室的同志对形势分析得透、对大局把握得准是分不开的。办公室的同志必须把劳动保障工作放在改革、发展和稳定的大局中去研究，审时度势，根据大局的需要，提出意见和建议。只有这样，才能站得高、看得远、想得全，才能有真知灼见。当前以及今后一个时期，建立市场导向的就业机制、独立于企业之外的社会保障体系和与现代企业制度相适应的收入分配制度，是我们劳动保障部门贯彻落实四中全会和中央经济工作会议精神最紧迫的任务。办公室的同志应该紧紧围绕这些中心任务，深入思考，努力当好参谋助手。

第二，要突出工作重点。办公室的工作很繁杂，千头万绪，每一件事情都马虎不得，每一项工作都不能有丝毫懈怠，而精力和人手又有限，因此必须注意工作方法，抓住重点，解决主要矛盾。办公室工作的重点，各地因职能分工不同，会有所侧重，但以下几个方面必须重点把握：一是要积极主动地向本单位的领导多反映一些真实的情况，多提供一些有参考价值的对策，多提出一些合理化的建议，为领导决策当好参谋。二是要搞好综合协调。对办文办事严格把关，减少扯皮，努力提高工作效能。三是要加强调研。要围绕中心工作和重点难点工作，及时提出调研安排计划，积极开展调研活动，提出建设性意见和建议。四是要重视新闻宣传和信息工作，充分利用各种新闻媒体，广泛宣传劳动保障工作的重大决策、工作部署、政策法规和先进典型，争取社会各界的理解和支持。要多收集信息，多向领导反映情况，特别是要向部里多反映一些与工作重点密切相关的信息，做到渠道通畅，反应灵敏，及时准确。五是要加强督促检查。工作部署下去了，能不能落实，需要督办，办公室督办工作抓紧了，就会促进各项工作的落实。要建立健全督察制度，规范工作程序，理顺工作关系，紧紧围绕党中央、国务院关注的劳动保障工作的重大问题以及广大职工关注的热点、难点问题进行督查，做到事事有着落、件件有结果。

第三，要主动搞好服务。劳动保障工作直接面对广大劳动者和用人单位，与他们的切身利益密切相关。劳动保障部门如果不能牢固树立起服务意识，就无法做好新时期的劳动保障工作。办公室是我们劳动保障部门的窗口，服务意识强不强，服务工作好不好，直接影响到我们整个系统的形象。办公室的同志一定要转变观念，树立服务思想，增强服务意识，把各项服务工作做细、做实、做到位，切实为领导、为机关、为基层服好务。

（三）要关心和支持办公室的工作

各级劳动保障部门的领导同志，要重视加强办公室建设，关心和支持办公室工作，充分发挥办公室的职能作用。首先，要给办公室赋予重要的职能，在人员配备上，将政治觉悟高、业务素质好、有能力有才干的优秀人才选拔到办公室的岗位上来。其次，要多给予工作指导，对办公室的工作要高标准、严要求，及时帮助解决工作中的困难和问题，使办公室的同志大胆地负起责任来。三是要多创造一些条件。办公室的同志工作很紧张，非常辛苦，在力所能及的情况下，要多给他们提供一些便利的工作条件，解决好他们的后顾之忧，为办公室的同志搞好工作创造条件。

从部里来讲，部党组对办公厅的工作是高度重视的。在去年的机构改革中，办公厅的职能得到进一步强化。办公厅设立了9个处室，是部里人员编制最多的一个单位。现在，凡是报领导的呈批件和上会讨论的事项，都要经过办公厅审核，有的还要由办公厅协调。从一年多来的运转情况看，这种做法很有效，总体情况是好的，不仅使部领导减少了事务性工作，腾出时间想一些大的问题，抓一些大的事情，同时也促进了部机关的协调运转，减少了推诿扯皮的现象，提高了工作质量和效率，对部机关建立运转协调、办事高效、行为规范的工作运行机制，起到了积极的作用。各地劳动保障部门在地方进行机构改革中，也可以参照部里的做法，对办公室的职能进行调整和加强。部里关于加强劳动保障办公厅室建设的意见下发后，各地要认真贯彻落实，在明年7月向部里报告一次情况。

同志们，劳动保障工作正处于世纪之交的重要历史时期。让我们紧密地团结在以江泽民同志为核心的党中央周围，高举邓小平理论伟大旗帜，统一思想，坚定信心，锐意进取，勤奋工作，为开创劳动保障工作新局面作出应有的贡献。

在全国劳动和社会保障工作会议上的讲话

劳动和社会保障部副部长　刘雅芝

（1999年1月14日）

根据部党组的安排，我就劳动关系、企业工资和劳动保障法制建设工作讲几点意见。

一、关于劳动关系调整工作

今年劳动关系调整工作的主要任务是：妥善处理国有企业下岗职工劳动关系，积极预防和化解劳动争议，努力维护劳动关系的和谐与职工队伍的稳定。

第一，加强劳动合同管理，认真理清下岗职工和隐性就业人员的劳动关系。关于解决这一问题的重要性、紧迫性，需要把握好的原则，以及处理有关问题的具体政策，镕基总理、邦国副总理的讲话、国务院的通知以及左己部长报告中，都已经讲得很清楚，我这里就如何贯彻落实提几点要求：

一是抓紧研究制定具体的实施意见。各地要按照国务院再就业工作会议精神和《国务院关于进一步做好国有企业下岗职工基本生活保障和企业离退休人员养老金发放工作有关问题的通知》要求，对下岗职工劳动关系问题作更为全面深入的调查研究，摸清情况，找准问题，尽快研究提出具体实施意见，确定工作重点和实施步骤。实施意见要严格遵循国务院文件精神，从本地区的实际出发，并具有可操作性。已经出台办法的地区，也要根据上述精神和原则，进一步修改完善。

二是深入基层，指导企业认真细致地做好工作。各地劳动保障部门要指导企业结合实际拟定具体实施方案。要坚持单行道，进中心的下岗职工不能倒流回企业；进中心必须签协议，协议期内实现再就业或期满仍未再就业的，要解除劳动关系。与此同时，要解决隐性就业人员的劳动关系问题。对于那些与用人单位有了半年以上事实劳动关系的，要与原企业解除劳动关系，并与用人单位签订劳动合同。对于领取个体经营执照的，也要与原企业解除劳动关系，其原来的社会保险缴费年限按规定接着算，并继续参加社会保险。各地要注意及时研究解决工作中出现的新情况、新问题，指导企业和有关方面把各项工作做实、做细、做好。

三是加强政策宣传和思想政治工作。理顺下岗职工劳动关系这项工作，政策性强，涉及面广，有较大的难度。争取广泛的理解和支持，是做好这项工作的重要保证。因此，各地劳动保障部门要在当地党委、政府的领导下，会同有关部门大力加强政策的宣传，让社会各界特别是下岗职工真正认识到这项工作的重要意义。要认真细致地做好政策解释工作，帮助企业、职工和社会各方面了解掌握具体政策，严格按政策办事。要及时总结和推广经验，通过典型引路的方法更好地推动这项工作顺利进行。

第二，抓好其他各类企业健全劳动合同制

度的工作。《劳动法》颁布以来，经过连续几年的努力，目前全国城镇国有企业、集体企业和外商投资企业劳动合同签订率已达98.3%，应当说成绩很大。但是，从调查的情况看，还存在着有些劳动合同质量不高、内容不全面等问题，还有部分非国有企业尚未与职工签订劳动合同。因此，今年在重点加强国有企业下岗职工劳动合同管理的同时，要进一步健全劳动合同制度，指导用人单位规范劳动合同内容，完善劳动合同管理，依法做好劳动合同的变更、续订、解除、终止等工作。要继续大力推动非国有企业与职工签订劳动合同，使城镇私营企业、雇工的个体工商户中从业人员劳动合同签订率达到80%以上。同时，还要进一步推动非公有制企业以及具备条件的国有企业签订集体合同，明确规定企业内部各项劳动标准，依法协调劳动关系，促进劳动关系的和谐稳定。

第三，进一步做好劳动争议处理工作，切实维护职工队伍稳定。化解劳动争议，促进劳动关系和谐，保持职工队伍稳定，是维护社会稳定的重要条件之一。从近年全国劳动争议案件和群体性突发事件逐年上升的趋势看，今年劳动争议处理工作面临的形势仍然十分严峻。因此，必须进一步下大力气抓好这项工作。

一是抓好“源头”。各地劳动保障部门要按照重在源头、重在基层的原则，指导国有企业充分发挥劳动争议调解委员会的作用，督促非国有企业建立劳动关系协调组织，加强劳动争议预防调解工作，及时预防劳动争议的发生。要会同工会等单位，积极协调解决职工反映的突出问题，尽量把可能发生的劳动争议化解在基层。

二是加大工作力度。各地要从实际工作需要出发，采取有效措施保持劳动争议仲裁机构和人员的相对稳定。要进一步完善劳动争议处理制度，总结经验，对简单案件试行由独任仲裁员办理的方式，完善当事人举证办法，推行选择仲裁员制度，加强劳动争议仲裁监督，增强办案的公开性和公正性，切实提高办案效率和质量，使今年的结案率仍保持在90%以上，重大案件当年结案。同时，还要继续抓好劳动争议仲裁制度向乡镇延伸的试点工作，以适应乡镇企业劳动关系处理工作的需要。

三是加强领导。要进一步落实处理群体性突发事件的领导责任制。各地劳动保障部门要在当地党委、政府的领导下，加强与工会等单位的密切配合，共同做好工作。要建立健全工作预案，明确处理群体性突发事件的组织、步骤及措施，对群体性突发事件及时介入，快速处理，并建立和落实逐级及时报告制度。

二、关于企业工资工作

近年来，随着企业改革的不断深化，企业工资制度改革和工资收入宏观调控取得了一定成绩，但也还存在一些问题。劳动保障部组建后，按照党的十五大对分配问题提出的总体要求，我们组织各方面力量对今后一个时期工资工作的基本思路进行了调查研究，初步提出了深化企业工资制度改革的目标，这就是，坚持按劳分配和效率优先、兼顾公平的原则，逐步建立“市场机制调节、企业自主分配、职工民主参与、政府监控指导”的新型企业工资制度。围绕这一目标，今年要做好三个方面的工作：

第一，进一步论证试点方案，加大工资制度改革力度。今年的工作重点，就是请各地根据改革的基本思路，扩大试点范围，切实加强对试点的指导，认真总结典型经验，进一步论证本地区工资制度改革试点方案的可行性。主要是抓以下几项试点：

一是扩大工资指导线制度的试点范围。将试点地区由现在的14个扩大到20个左右，并在有条件的地区探索实行行业工资指导线制度。试点地区要分析研究地区工资变化规律，改进完善工资指导线的制定办法和具体措施，指导企业合理确定工资总水平。

二是加快建立劳动力市场指导价位制度和企业人工成本预测预警体系。各省市劳动保障部门都要选择1至2个具备条件的中心城市进行试点，争取全国35个大中城市都参与到试点中来。这项工作的要求是，逐步完善对不同岗位（职位）工资水平的调查采集、汇总分析、检验修正、定期发布的程序和方法，逐步把市场指导价位制度与劳动力供求信息发布制度结合起来，促进市场均衡工资率的形成。逐步健全企业人工成本监测指标体系和调查方法，定期向社会发布行业人工成本信息，引导企业加强人工成本核算。

三是探索建立以集体协商为重要形式的企业工资决定机制。要继续在外商投资企业和私营企业大力推行工资集体协商制度，在改制的小型国有企业积极开展试点，在国有大中型企业探索在民主管理基础上的工资协商机制。通过试点，逐步确立企业行政与职工双方在工资分配中的平等主体地位，进一步发挥工会或职代会的作用，使职工能够充分参与企业的工资决定过程。

四是深化企业内部分配制度改革。要指导企业建立健全基本工资制度、工资支付制度、基础管理制度，完善人工成本约束机制，研究正确处理按劳分配与按生产要素分配相互关系的办法。要在企业内部积极完善劳动合同中的工资约定条款，引导企业行政和职工双方根据劳动力市场价位或市场均衡工资率等因素，协商签约确定工资收入。

五是继续开展国有企业经营者年薪制试点。试点工作要重在建立经营者收入分配的激励和约束机制。企业经营者收入，要与企业的经济效益挂钩，并增加透明度，加强监督。同时，要将经营者收入与企业一般职工工资收入分离开来，逐步形成企业内部分配的相互制衡机制。

第二，对企业工资分配状况进行调查研究。去年各地劳动保障部门对企业工资分配状况开展了调查研究，提出了许多改进工资工作的意见和建议，对部里研究今后一段时期工资工作的基本思路起了重要作用。今年，随着所有制结构调整和国有企业改革的深化，企业工资分配还将产生许多新情况、新问题。因此，要进一步加强调查研究，及时掌握工资分配的最新动态。

今年的调查研究以典型调查为主。各省、区、市都要确定一个城市（或区），从中按不同经济类型各选取1户企业进行典型调研。部里也将确定一个省进行重点调研。

在典型调查中，对企业工资水平、工资分配差距、内部分配制度、最低工资、拖欠职工工资和经营者工资收入管理等重点问题，要搞深搞透。要根据调研得来的第一手资料，对不同类型的企业进行比较研究，认真分析本地区企业工资变化的趋势，有针对性地研究提出对策措施，为企业工资制度改革和工资收入宏观调控服务。

第三，搞好企业工资的日常管理，为国有企业改革和劳动保障工作的中心任务服务。

一是加强对企业工资总额的统计分析。劳动工资部门要积极配合统计部门，继续做好工资总额的联审工作。在有条件的地区，要把《工资总额使用手册》的审批与社会保险费征缴工作结合起来，形成一个整体，坚决杜绝企业通过瞒报实发工资缴交社会保险费的行为。

二是继续做好对国有企业工资总额的审批工作。职工下岗后，要相应核减工资总额。要继续改进完善工效挂钩等办法，同时结合工资指导线试点，积极探索新的工资水平调控方式。对国家参股的公司，可按照“两低于”的原则和工资指导线自主确定工资水平，报劳动保障部门备案并接受监督。

三是保持企业工资水平的合理增长。要按照国务院关于严格控制金融保险机构工资水平的指示精神，继续运用必要的行政手段，适度控制工资水平偏高、增长过快的垄断性行业的工资。为了保证国家的宏观调控政策落到实处，各地区、各部门必须进一步加强企业工资内外收入监督检查，健全工作机构，完善方法体系，严肃查处各种违纪行为。

三、关于劳动保障法制建设

劳动保障部党组十分重视劳动保障法制建

设工作，第一次部长办公会议就研究并确定了立法工作的指导思想，即立法决策要与改革决策紧密结合，改革的重点也是立法的重点。立法的原则是在统筹规划的前提下，突出重点、注重实效、急需先立、逐步完善。经过劳动保障系统和有关方面一年来的共同努力，劳动保障立法工作已取得了初步成绩。《失业保险条例（草案）》已经国务院审议通过，即将发布施行，《社会保险费暂行征缴条例（草案）》也已根据国务院常务会议的意见修改完毕，今天下午将提交国务院常务会议再次审议。

按照部里工作的总体安排，今年劳动保障法制建设主要抓以下四个方面的工作。

第一，继续加快立法步伐，为劳动保障工作提供法律依据。今年，从部里来讲，主要是集中力量起草《社会保险法（草案）》和《养老保险条例（草案）》，同时研究制定《劳动合同法（草案）》。由于《社会保险法》和《劳动合同法》是规范社会保险和劳动关系的重要法律，涉及的内容多，起草制定的难度大，需要各级劳动保障部门和有关方面的共同配合，集中各方面的力量和智慧来完成。希望各地劳动保障部门对“两法一条例”的起草制定工作出主意、想办法，积极参与上述立法的调研和论证工作。同时，我们应当看到，我国正在加快依法治国的步伐，各个方面的立法需求量都很大，国家立法任务繁重。从劳动保障工作本身来看，需要立法的内容也很多，由于条件和时间的限制，国家立法不可能一下子到位。因此，各地劳动保障部门不要等，有条件的地方，可先制定地方法规，解决工作急需，同时也为国家立法积累经验。各地劳动保障部门在立法时，要按照劳动保障实行统一管理的原则来进行，为劳动和社会保障新体制的建立和运行提供系统的法律保障。

第二，巩固和加强劳动保障监察机构，进一步加大监察工作力度。

一是突出工作重点，强化劳动保障监察工作职能。今年劳动保障监察工作重点是加大对社会保险费征缴的监察执法力度。各地劳动保障部门要深入基层，了解用人单位参加社会保险的情况，督促用人单位自觉依法参加社会保险。对不参加社会保险或不依法缴纳社会保险费的单位，要严肃处理，促进扩大养老保险和失业保险覆盖范围，努力提高社会保险费的征缴率。

二是围绕中心工作，在全国范围内组织开展两次劳动保障监察执法活动。检查的主要内容是：下岗职工基本生活费发放情况，离退休人员养老金发放情况，用人单位与下岗职工签订劳动合同的情况。各地要早作安排，组织好检查力量，力争检查用人单位覆盖面达到90%以上。同时，各地应继续开展巡视检查、举报专查和劳动年检等项工作，维护广大劳动者的合法权益。

三是加强劳动保障监察机构和人员队伍建设。依法进行劳动保障监察是劳动保障部门适应社会主义市场经济需要进行职能转换的重要内容。国务院在政府机构改革中，明确规定了劳动保障部门的监察职能。在今年地方机构改革中，各地劳动保障部门都应按照要求建立健全劳动保障监察机构，统一负责监察执法工作。目前，全国应建劳动保障监察机构3 299个，实建3 072个，机构组建率为93%，还有227个区县劳动局没有建立监察机构。在已建立的3 072个机构中，还有582个机构不是专职机构，这种状况难以适应劳动保障事业发展的需要。今年，各地要认真解决监察机构的建设问题，年底前全国劳动保障监察机构组建率要达到100%。要选派政治思想好、业务素质高、作风过硬、勤政廉洁的同志充实到监察队伍中，保证有足够的监察执法力量。

第三，加强行政执法监督制度建设，推进依法行政。各地劳动保障部门要加强依法行政意识，全面贯彻实施各项劳动保障法律法规及部门规章，严格依法行政，强化行政执法监督，做到执法主体合法，执法依据合法，执法程序合法。预计《行政复议法》今年将颁布施行，我们要做好有关贯彻实施的准备，进一步加强行政复议工作。要抓紧建立健全行政复议体制，确定专门的机构和专职人员负责这项工作，使行政复议工作切实得到加强和完善。今年各地劳动保障部门都要开展一次依法行政的教育，有针对性地加强对行政处罚、行政决定的执法监督。

随着养老保险费全额收缴、养老保险金全额拨付工作的开展，当事人与社保经办机构的争议会有所增多。这类争议属于行政复议处理的范围，各地要加强这方面的研究，重点预防和处理因社会保险金支付和缴纳社会保险费记录等工作引起的争议，探索建立社会保险争议处理制度，及时预防和化解有关的争议。

第四，进一步开展劳动和社会保险法律法规普及教育。各地劳动保障部门要按照“三五”普法规划和部里下发的《关于组织学习江泽民总书记在社会保障与法制建设讲座上重要讲话的通知》提出的要求，在劳动保障系统普遍开展一次有关劳动和社会保障法律法规知识的教育，通过学法、讲法、执法，不断提高广大干部的法律意识和依法行政的能力。同时，还应通过多种形式向全社会深入宣传劳动保障法律法规，让广大劳动者和用人单位充分了解劳动保障法律法规和政策，增强全社会的法制观念。各地还要有针对性地对劳动保障法律法规在实际贯彻中所遇到的新情况、新问题加以深入研究，使劳动保障法制建设在新的一年里迈上一个新的台阶。

在全国劳动关系调整工作座谈会上的讲话

刘雅芝

（1999年4月26日）

这次全国劳动关系调整工作座谈会的主要任务是，贯彻落实国务院国有企业下岗职工基本生活保障和再就业工作会议、全国劳动保障工作会议精神，总结劳动关系调整工作，交流经验，分析当前面临的形势和任务，研究下一步工作。

一、充分认识做好劳动关系调整工作的重要性和紧迫性

劳动关系调整工作是劳动保障工作的重要组成部分。在用工行为和就业行为市场化的形势下，做好劳动关系调整工作，不仅是协调用人单位和劳动者劳动关系的需要，更是当前深化企业改革和维护社会稳定的需要。因此，劳动关系调整工作是一项长期的、紧迫的重要工作。

首先，做好劳动关系调整工作，是深化企业改革和调整经济结构的客观要求。今年是实现国有企业三年改革和脱困目标的关键一年。正如江泽民总书记最近在成都召开的四省市国有企业改革和发展座谈会上所指出的，打好国有企业改革和发展这场攻坚战，不仅关系到国有企业改革的成败，也关系到整个经济体制改革的成败，要下大决心、用大力气切实解决国有企业面临的深层次矛盾和问题，进一步增强国有企业的活力。随着国有企业改革力度的加大，特别是深入贯彻“鼓励兼并、规范破产、减员增效、下岗分流，实施再就业工程”的方针，必然会使劳动关系问题变得越来越突出。比如，压缩纺织、煤炭、冶金等行业过剩的生产能力，淘汰落后小企业，以及企业联合、兼并、改组等，都将使一些企业的产权、组织结构和管理制度发生变化，一些劳动者的岗位随之也要发生变化。又比如，军队、武警部队和政法机关不再经商办企业，党政机关与企业脱钩，在企业移交过程中，有一些企业将会改组或撤销，许多企业需要进行整顿，相应会带来大量劳动关系的变更和调整。再比如，外商投资企业、私营企业等多种所有制企业以及个体用人单位的发展，将会更多地吸纳劳动者尤其是国有企业下岗职工再就业，也需要规范这些用人单位与劳动者的劳动关系。所有这些，都将带来劳动关系的变化，客观上要求通过签订、变更、解除、终止劳动合同等工作，及时确定和调整劳动关系双方的权利和义务。

第二，做好劳动关系调整工作，是规范劳动力市场运行秩序，建立健全市场就业机制的客观要求。劳动力市场是社会主义市场经济的要素市场之一，发展劳动力市场，培育市场就业机制，促进劳动力资源的合理配置，是建立社会主义市场经济体制的题中应有之义，是劳动保障制度改革的一项重要任务。市场就业机制的建立，要求通过建立和调整劳动关系，实现用人单位用工行为和劳动者就业行为的市场

化、规范化。近年来，随着劳动制度改革的深化和劳动力市场的发展，用工和就业的市场化程度不断提高，但用人单位和劳动者主体行为不规范的问题还比较突出。有私招乱雇等非法用工的问题，有不依法确立劳动关系、不明确双方权利和义务的问题，也有不履行义务而损害对方权益的问题。这些问题在一定程度上扰乱了劳动力市场秩序，不利于市场就业机制的形成。这就要求我们做好劳动关系调整工作，促进劳动关系的规范化、法制化，为建立健全市场就业机制创造条件。

第三，做好劳动关系调整工作，是维护职工队伍和社会稳定的客观要求。由于用人单位和劳动者劳动关系的变化，带来了双方利益关系的变化，也就不可避免地产生相互之间的利益矛盾，有时甚至会比较突出。这些矛盾如果处理不当，有可能会引发劳动争议甚至群体性突发事件，影响职工队伍和社会的稳定。据对20个省份初步统计，今年一季度共受理劳动争议案件18 884件，涉及职工76 585人，分别比去年同期上升46%和105%；共发生突发事件481起，涉及职工17 787人，分别比去年同期增长87%和29%。引发劳动争议和突发事件的因素，有工资报酬、社会保险、福利待遇以及下岗、失业等多个方面，其中劳动关系问题占有较大比重。这些都涉及到体制转轨过程中的一些深层次矛盾，是我们必须认真加以解决的问题。今年是我国历史上具有特殊意义的一年，必须把确保社会稳定放在突出位置。这就要求我们进一步做好劳动关系调整工作，积极预防和化解矛盾，依法维护用人单位和职工的合法权益，促进劳动关系的和谐与职工队伍的稳定。

总之，我们要从改革发展的客观形势和要求出发，充分认识劳动关系调整工作的重要性，认清我们肩负的重任。要着眼于促进企业的改革和发展，着眼于促进新型就业机制的建立，着眼于促进职工队伍稳定和社会稳定，以开拓进取的精神全力以赴做好新时期的劳动关系调整工作。

二、抓住重点，切实做好劳动关系调整工作

去年以来，劳动关系调整工作取得了新的进展，无论是在研究制定国有企业下岗职工劳动关系处理政策方面，还是在巩固劳动合同制度、推行集体合同制度，以及预防、处理劳动争议和突发事件方面，都取得了一定成绩。但是也要看到，目前劳动关系调整工作还面临着许多难题，任务非常艰巨。我们必须进一步下大力气做好劳动关系调整工作，在全面加强各类企业劳动合同管理的基础上，重点解决好国有企业下岗职工的劳动关系问题，及时处理劳动争议和突发事件，维护劳动关系和谐与职工队伍稳定，促进劳动保障工作中心任务的完成，为改革、发展、稳定的大局服务。

（一）全面加强劳动合同管理。劳动合同制度从1986年开始推行，《劳动法》颁布以后实施力度逐步加大，经过十几年的努力，取得了比较显著的成果，劳动合同制度已基本建立起来。但还存在一些问题，这些问题在国有企业职工下岗、再就业以及社会保险制度改革中，已经充分暴露了出来。相当一些用人单位和劳动者对劳动合同制度的认识并未完全到位，仍有一些用人单位特别是私营企业、有雇工的个体工商户不与职工签订劳动合同；部分企业特别是国有企业虽与职工签订了劳动合同，但合同内容不完备、质量不高，劳动合同管理不规范，对到期的劳动合同不能依法及时终止或续订，劳动合同机制的作用没有真正发挥出来。劳动合同管理是工资分配、社会保险以及清理国有企业下岗职工劳动关系等工作的基础，这项工作做好了，有利于其他各项劳动保障工作的开展。因此，今年劳动关系调整工作的重要任务，就是要全面加强劳动合同管理工作。主要是抓好三个方面的工作：

第一，促使所有用人单位与职工依法签订劳动合同。对于非国有企业，尤其是城镇私营企业、雇工的个体工商户，要结合4、5、6月社会保险扩面征缴工作，要求他们与职工普遍

签订劳动合同。军队、武警部队、政法机关不再经办的企业以及与中央国家机关脱钩的企业，要在今年年底前与职工签订劳动合同。招用国有企业下岗职工的单位，要及时与下岗职工签订劳动合同，接续社会保险关系。各地可以根据本地的具体情况，确定推进劳动合同制度的重点，务求落到实处。

第二，进一步制定、完善劳动合同管理法规、政策，推动企业建立健全劳动合同管理制度。《劳动合同法》已列入全国人大常委会1999年立法计划，这部法律一旦颁布，将对加强劳动合同管理工作起到极大的推动作用。但是我们不能等《劳动合同法》出台后再开展工作。各地劳动保障部门现在就要根据本地实行劳动合同制工作的需要，按照立法程序积极提出依据《劳动法》修订、补充本地的劳动合同管理法规、规章的建议，完善有关政策，特别要明确签订、续订、变更、解除、终止劳动合同各环节的基本程序；尚未制定劳动合同管理规章、政策的地区，更要抓紧研究制定。要认真研究解决劳动合同的内容空洞、条款不完备、劳动合同各个管理环节衔接不紧密等问题。同时，要通过召开经验交流会等方式，指导、推动企业普遍建立健全劳动合同管理制度。包括建立劳动合同签订登记制度，变更、解除、终止预报制度，存档管理制度，履行检查制度，统计分析制度等；建立劳动合同管理台账，对劳动合同进行动态管理；把劳动合同管理与企业内部劳动人事管理以及社会保险管理工作结合起来，更好地发挥劳动合同管理的作用。

第三，加强对劳动合同管理工作的督促检查。各地劳动保障部门要结合社会保险登记、申报工作，要求用人单位在9月底前对签订劳动合同情况进行一次自查，依法完善合同内容，规范合同行为。同时，要组织力量，对企业劳动合同管理情况进行检查，督促企业建立健全劳动合同管理制度，解决存在的问题。要及时向劳动保障监察机构通报检查中发现的问题，便于监察机构在三季度进行的两个确保专项检查中，及时纠正企业不依法签订和履行劳动合同的行为，确保劳动合同管理制度的落实。

（二）妥善处理国有企业下岗职工劳动关系。解决下岗职工劳动关系问题是今年劳动关系调整工作的重点。年初召开的国务院再就业工作会议和全国劳动保障工作会议对此作了部署，我们要坚定不移地贯彻落实，切实把这个问题解决好。

一是要进一步统一认识，坚定信心，增强紧迫感。去年以来，各地在解决下岗职工劳动关系方面已做了一些工作，取得了一定进展。据对上海、黑龙江等10个省市的了解，约有30万下岗职工与原企业解除了劳动合同。但这项工作进展不平衡，从总体上看距国务院10号文件的要求还有很大差距。造成这种情况的原因是多方面的，既有新开发就业岗位不足、再就业难的问题，有经济补偿金不好解决、职工与企业债权债务难以处理等问题，也有下岗职工不愿意与企业解除劳动关系、企业不敢或不积极清理劳动关系的问题，还有一些地区的劳动保障部门对这项工作认识不足、推动不力的问题。解决下岗职工劳动关系问题，是继续做好国有企业下岗职工基本生活保障和再就业工作的重要环节。这个问题不认真解决，企业减员增效难以实现，规范的市场就业机制也难以形成，如果这个问题放到三年以后再解决，问题会更集中，风险也更大。因此，我们不能回避这个问题，必须指导企业理顺下岗职工和“隐性就业”人员的劳动关系。应当看到，现在处理下岗职工劳动关系也有不少有利条件。首先是党中央、国务院领导重视这项工作，朱镕基总理在《政府工作报告》中明确指出，下岗职工再就业以后，要与原企业解除劳动合同，三年以后还没有再就业的下岗职工，也要与原企业解除劳动关系，转到社会保险机构领取失业保险金，享受失业保险两年后仍未就业的，转到民政部门领取城镇居民最低生活费。《关于进一步做好国有企业下岗职工基本生活保障和企业离退休人员养老金发放工作有关问题的通知》(国办发〔1999〕10号)也明确规定了加强国有企业下岗职工劳动合同管理的具体政策。其次是社会保险制度改革的深化和扩面征缴工作力度的加大,将使社会保险的承受能力增强,从而为理顺劳动关系提供有利条件。其三是部分地区在加强劳动合同管理和理顺下岗职工劳动关系方面进行了探索和实践,积累了许多有益经验。我们既要正视面临的困难,做到头脑清醒,又要坚定信心,敢于迎难而上,下决心把下岗职工劳动关系问题解决好。

二是要加快工作步伐,抓紧制定具体政策措施和实施意见。各地要认真贯彻落实国办发10号文件,从本地的实际情况出发,制定具体政策措施和实施办法,以保证这项工作的顺利开展。据了解,到目前为止,有11个省份制定并下发了有关处理下岗职工劳动关系的政策文件,13个省份起草了文件,还有7个省份进度较慢。这方面的工作任务还很重,需要进一步加快步伐,加大力度。尚未制定具体政策的地区,要在全面了解、掌握本地下岗职工和“隐性就业”人员总量及其劳动关系状况的基础上,按照国办发10号文件精神制定政策措施,在5月底前下发;已制定政策文件但还没有出台的地区,也要在5月底以前出台。在国办发10号文件下发之前已出台政策措施的地区,要按照10号文件精神进行修订和完善。各地制定的具体政策措施要有针对性和可操作性。要根据本地下岗职工基本生活保障和再就业工作情况及其发展趋势,对理顺劳动关系作出整体安排,制定较详细的工作计划,认真抓好落实工作。

三是要按照积极稳妥、择机逐步、依法有情的原则,先易后难,稳步推开,分类处理。在具体实施步骤上,可先选择劳动合同管理工作较好、劳动关系问题易于解决的企业开展工作,再向其他企业推开。在具体方法上,可以采取先依法建立新的劳动关系,后解除原劳动关系的方式,先理顺下岗职工中已实现稳定就业人员的劳动关系,然后再理顺其他下岗职工的劳动关系。职工下岗时劳动合同已经到期的要终止合同。处理下岗职工劳动关系要强调有情操作,劳动保障部门要指导企业本着对下岗职工负责的态度,深入细致地抓好各项政策的落实。对解除劳动合同并且符合条件的下岗职工,企业要依法支付经济补偿金;社会保险经办机构要及时为解除、终止劳动合同的下岗职工办理社会保险关系转移、接续手续,解除他们的后顾之忧。只有政策透明合理,操作慎重有情,才能保证这项工作在稳定中进行。

(三)进一步加强劳动争议处理工作。在当前劳动争议案件大幅度上升、工作难度明显增加的情况下,各地劳动保障部门要进一步采取措施,加强劳动争议预防调解工作,加大仲裁工作力度。从全国来看,今年劳动争议预防调解工作的重点,是国有企业因职工下岗等引发的劳动争议。各级劳动保障部门要按照“重在源头、重在预防、重在调解、重在基层”的原则,加强与各级工会的配合,深入企业开展灵活多样的预防调解工作,化解矛盾,尽可能避免劳动争议的发生。要督促企业加强劳动争议调解组织建设,争取到年底国有大中型企业劳动争议调解委员会的组建率达到80%,国有小型企业和非国有企业建立劳动争议调解组织要有较大的进展。劳动争议仲裁工作的重点,是非公有制企业侵犯劳动者合法权益引发的劳动争议和因国有企业职工下岗等引发的集体劳动争议。要进一步完善劳动争议处理制度,改进办案方式,对已经发生的劳动争议案件要尽快立案,在法定期限内结案。对涉及下岗职工的劳动争议,要认真研究并采取特殊措施,做到特案特办,免收仲裁费用,减轻下岗职工的负担。要坚持劳动保障行政部门与工会和综合经济管理部门共同协调劳动争议的制度,完善三方机制。各级劳动保障部门要主动与工会、综合经济管理部门定期沟通情况,共同研究分析劳动关系变化及劳动争议处理工作面临的问题,争取三方共同办案,特别是对重大、疑难案件,要建立完善三方会审制度,提高案件审理质量。

加强劳动争议处理机构和队伍建设，规范劳动争议处理工作。关于在机构改革中保持劳动争议处理机构的稳定问题，部里一直很重视。去年10月，张左己部长在全国劳动保障厅局长座谈会上指出，地方劳动保障部门要直接受理劳动争议案件，有必要设置相应机构、配备相应人员。希望各地在机构改革中从工作需要出发，设置仲裁机构，保持人员的基本稳定，尤其要使业务骨干相对稳定，还要扩大兼职仲裁员队伍。要进一步加强业务培训，提高专、兼职仲裁员业务素质。要按照建设“三优”文明窗口的要求，严格办案纪律，规范工作用语和办案程序，树立劳动争议处理工作人员的良好形象。

（四）积极稳妥地做好劳动和社会保险突发事件的预防处理工作。当前，群体性突发事件呈上升态势，情况比较严重。从行业看，东北、西北地区主要集中在煤炭、纺织、森工、军工等国有企业，东部、东南部地区主要集中在非国有企业。从劳动者群体看，突发事件主要涉及国有企业下岗职工、离退休人员和外商投资企业、私营企业员工。各地劳动保障部门要对这些行业和企业给予更多的关注，把预防和处理突发事件摆到突出位置，切实落实领导负责制，制定并完善工作预案，尽可能快地处理好突发事件。要加强与有关部门的联系，特别是与工会和综合经济管理等部门的密切配合，互通信息，并坚持“分级负责、归口办理”与属地管理相结合的原则，力争把突发事件解决在基层，解决在当地。可以纳入劳动争议处理渠道的，要积极引导当事人代表通过仲裁程序解决纠纷，明显违反劳动法律法规的案件，要尽快提交劳动保障监察部门依法查处。各地发生重大突发事件，必须立即向当地党委、政府和劳动保障部报告。

（五）继续做好集体合同的协商签订工作。通过企业和职工平等协商签订集体合同，有利于协调双方的权利和义务，维护双方的合法权益，促进劳动关系的和谐稳定，是调整劳动关系的重要手段。近年来这项工作取得了积极进展，截止1998年末，全国报送劳动保障行政部门审查的集体合同已达15万份，涉及职工5 500万人。当前的主要问题是，一些已签订集体合同的企业并未真正建立平等协商机制，不能根据本企业的实际情况进行协商；许多企业集体合同约定的条款比较原则空泛，缺少针对性，签订的集体合同流于形式。因此，今年继续推行集体协商签订集体合同工作的重点，就是要指导企业进一步建立和完善集体协商机制，促进集体合同的协商签订工作向规范、科学的方向发展，使其真正发挥协调劳动关系的作用。要在国有企业完善内部协商机制，督促企业在拟定改革方案和制定职工下岗程序过程中，充分征求工会、职代会的意见，加大职工民主决策和民主管理的力度。在外商投资、私营等非公有制企业，继续积极开展集体协商签订集体合同的工作，指导企业逐步完善平等协商机制，规范协商程序和办法。

三、加强领导，扎实工作，狠抓落实

做好今年的劳动关系调整工作，要正确处理好“全面”和“重点”、“依法”和“有情”的关系，要在提高认识的基础上，切实加强领导，扎实细致地把各项政策措施落到实处。

第一，加强领导，层层落实责任制。要将全面加强劳动合同管理工作的责任落实到位，像抓社会保险扩面和加强征缴工作一样，逐户督促未签订劳动合同的企业按照劳动法律法规的要求与职工签订劳动合同，逐户督促企业建立健全劳动合同管理制度。落实妥善处理下岗职工劳动关系工作的责任，保证年内见到明显实效。落实预防处理集体劳动争议和突发事件的责任，保证职工队伍和社会的稳定。主要领导要亲自抓，统筹安排，精心组织，扎实工作。要加强经常性的督促检查，在哪个环节出了问题，就在哪个环节解决，一定要按照朱镕基总理要求的那样，落实、落实、再落实，把各项工作做扎实、做细致。

第二，深入基层，调查研究，及时发现和解决问题，把工作做在前面。当前劳动关系调整工作的新情况、新问题很多，也比较复杂。如在妥善处理下岗职工劳动关系方面，要认真研究经济补偿金支付、再就业特困群体劳动关系处理等问题；在预防处理劳动争议和突发事件等方面，要认真研究积极有效的预防措施和快速公正处理的程序和手段等问题。解决这些新问题，我们没有现成的经验，必须深入基层，深入到问题多的重点地区、行业和企业中进行认真、细致的调查研究，有针对性地解决问题。特别是对影响全局的关键问题，要集中力量，下功夫尽快研究解决。

第三，高度重视，切实加强政策宣传和思想政治工作。加强思想政治工作和政策宣传是做好劳动关系调整工作的重要保证。这项工作做得细，做得深入，劳动关系调整工作进展就顺利，社会震动就小。各级劳动保障部门要在当地党委、政府的领导下，把加强对劳动关系调整工作的宣传纳入重要日程，加大政策宣传和思想工作力度，形成正确的舆论导向。要充分利用今年开展“普法教育”之机，通过报纸、电视、电台等多种媒介和举办培训班、开展咨询活动等多种形式，大力宣传劳动关系调整的法律、法规和政策，配合有关方面深入企业做好经营者和职工的思想政治工作。要通过宣传和思想工作，力争取得三个效果：一是普遍增强企业和职工双方的劳动合同法律意识，促进那些未与职工签订劳动合同的企业主动与职工签订劳动合同，完善合同内容，健全合同管理。二是使企业和职工普遍了解掌握妥善处理下岗职工劳动关系的政策，促进双方自觉按照政策办事，解决好下岗职工劳动关系问题。三是使企业和职工提高对深化国有企业改革的目的和意义的认识，理解、支持和参与改革，减少和避免群体性突发事件的发生。

劳动关系调整工作任务十分繁重，我们一定要积极主动地服从和服务于改革、发展和稳定的大局，紧紧围绕劳动保障工作的中心任务，坚定信心，知难而进，努力做好今年劳动关系调整的各项工作，为深化改革、促进发展和保持稳定作出应有的贡献。

在全国劳动和社会保障工作会议上的讲话

劳动和社会保障部副部长　林用三

（1999年1月14日）

根据部党组的安排，我就培训就业和失业保险工作讲几点意见。

一、认真贯彻“三三制”原则，加大资金筹措力度，确保国有企业下岗职工的基本生活

去年，各级地方政府认真贯彻中央关于两个确保的要求，采取了一系列有效措施，使资金筹集取得了一定成果，再加上中央财政的支持，使进入再就业服务中心的绝大多数下岗职工基本生活得到了保障。今年，要继续严格按照“三三制”原则，落实国有企业下岗职工基本生活保障资金。这里主要强调以下几点：

（一）应由财政承担的资金要全部列入地方财政预算，确保下岗职工基本生活的资金如出现缺口，地方财政要兜底。这个问题，镕基总理和邦国副总理都有明确指示，关键是下大力气落实。各地劳动保障部门要摸清下岗职工情况，认真测算，主动向当地政府领导反映情况，积极与财政等部门协商，拟定资金筹措方案，协助财政部门做好资金预算安排，确保资金落实到位。

（二）切实抓好失业保险费的征缴，落实社会筹集资金。这是劳动保障部门的直接责任，务必做好。各地要抓住贯彻《失业保险条例》的有利时机，扩大失业保险覆盖范围，强化基金征缴，保证失业保险基金提高比例部分用于国有企业下岗职工基本生活保障。要制定计划，确定增幅指标，层层分解，按时足额拨付到位。对参加地方失业保险统筹，但没有如数缴纳失业保险费的中央企业和其他欠费企业，要采取边清缴边划拨的办法，既保发放，又促缴费。

（三）加大工作力度，督促企业将自筹资金落实到位。企业要对下岗职工负责到底，该出的资金一定要出。各地劳动保障部门应会同经贸、财政等部门，尽快制定企业经营状况和出资能力评估标准和办法，开展评估认定工作，确定不同企业的具体出资比例。要加强对企业落实自筹资金的督促检查，督促企业负责人挖掘资金潜力，落实自筹资金。

（四）认真抓好重点地区和重点行业、企业的工作，抓住难点，清理“死角”，争取有所突破。做好这类重点工作的关键，仍然是抓好资金的安排和落实。同时，也要帮助这些地区、行业和企业认真分析工作中存在的差距和不足，指导这些单位不折不扣地贯彻落实中央的要求，在提高工作水平和质量上下功夫，千方百计地做好工作。煤炭行业已经下放到地方，其下岗职工基本生活保障和再就业工作，要与其他地方企业一起综合考虑，统筹安排。

总之，劳动保障部门要主动配合有关单位做好资金筹措工作，使企业、社会和政府都切实负起责任，防止出现“企业靠政府，地方靠中央”的倾向。同时，要与财政部门一道，加强对资金的监管，保证资金的有效使用。今年还要配合审计部门，做好资金的审计工作。

二、努力办好再就业服务中心，充分发挥中心的作用

目前，凡是有下岗职工的国有企业都建立了再就业服务中心或类似机构，初步形成了国有企业下岗职工基本生活保障和再就业工作的组织体系。今年的工作就是要很好地运用这一体系，进一步规范职工下岗程序，办好再就业服务中心，充分发挥中心的各项功能，全面推进下岗职工基本生活保障和再就业工作。对再就业服务中心的建设和运作过程中出现的问题，要采取有效措施认真加以解决。重点要做好以下几方面工作：

（一）认真落实有关政策，严格按下岗程序办事。在工作中要注意把握好几个环节：一是职工下岗必须按有关规定和程序办。要严格执行中央的要求和六部委文件规定，有生产任务的企业，不能安排配偶方已经下岗的人员、离异或丧偶抚养未成年子女者、省（部）级以上劳动模范、烈士遗属、现役军人配偶、残疾人下岗；对搞“一哄而下”的，要坚决制止；对搞轮流下岗的，也要及时纠正。二是对因产业结构调整造成停产、关闭、撤销企业的下岗职工，应该安排他们进中心，保障其基本生活，享受中心的各项服务。三是考虑社会和资金的承受能力，重点解决国有困难企业职工的下岗问题。对有生产任务的国有亏损企业，要鼓励发展三产，搞多种经营，走以分流为主的路子，减少下岗职工的数量，减轻再就业服务中心的压力。

（二）建立随下岗随进中心的机制。对没进中心或进中心没签协议的下岗职工，要通过深入细致的政策宣传和思想教育，促使其在今年一季度前全部进中心、全部签协议；对新下岗人员要做到随下岗随进中心；对那些经过做工作仍坚持不进中心、不签协议的，不发生活费，并在政策规定的期限内与企业解除劳动关系。

（三）按时足额发放基本生活费和代缴社会保险费。对目前进中心没有领到基本生活费的，要尽快将资金筹集到位，春节前将生活费发到下岗职工手中。对只发了基本生活费而没有代缴社会保险费的，春节前要将所欠费用划拨到社会保险经办机构。对新下岗的职工要做到随进中心，随发生活费，随缴社会保险费，不能有拖欠。

（四）努力做到中心有进有出、出大于进。要帮助下岗职工了解相关政策，转变就业观念，对于下岗职工关心的问题、疑虑的问题要做好宣传解释工作。要加强对再就业服务中心的指导，建立公共职业介绍机构、职业培训机构主动与企业再就业服务中心加强联系，密切配合的工作机制，落实好“一三一”工作任务，即在下岗职工进入中心的半年内，至少进行一次职业指导，提供三次就业信息和一次免费培训，促进下岗职工尽快出中心、再就业。为此，要加强再就业服务中心自身建设，完善各项规章制度，配备得力人员，提高政策水平和业务素质，交流好的工作方法，提高工作质量。各级劳动保障部门要认真总结一批运作规范、保障生活有力、促进就业有方的再就业服务中心的典型经验，并加以推广。

另外，军队、武警部队、政法机关和党政机关不再经商办企业，这是中央的重大决策。各地劳动保障部门要高度重视，认真做好移交企业，特别是撤销企业的劳动保障工作。对于其中属于下岗职工的，要认真了解情况，摸清底数，做好接收安置以及相关的基本生活保障和再就业工作。

三、落实政策，加强培训，促进下岗职工再就业

促进下岗职工再就业是今年工作的主攻方向。各地要按照实现再就业人数大于当年新增下岗职工人数的要求，层层落实目标任务。沿海地区和有条件的城市要提出更高的要求。具体来讲，要抓好以下几项工作：

（一）进一步落实促进再就业的各项政策。

中央10号文件明确了促进下岗职工再就业的政策，各地也出台了配套措施。现在的主要任务是进一步抓好贯彻落实。重点要落实好小额贷款和开发社区服务业等优惠政策。我部正在与中国人民银行和国家税务总局等部门进行协商，各地劳动保障部门也要积极与当地有关部门协商，争取出台具体政策。目前，北京已经出台了为小企业贷款担保的办法，浙江也明确了发展社区服务业的减免税政策，各地可学习和借鉴。

为推动政策的落实，各地劳动保障部门要与有关单位加强协调，采取联合办公、“一条龙”服务等行之有效的方法，使再就业的扶持政策真正落实到基层，落实到下岗职工身上，积极为下岗职工在非国有经济、小企业和劳服企业、第三产业和城市社区服务业等方面的就业提供政策支持。基层劳动部门要像青岛市的区街那样，组织工作人员，主动将国家政策和就业信息送到每个下岗职工家里。

（二）抓紧落实再就业经费。加大资金投入是做好再就业工作的重要保障条件。劳动力市场建设费和再就业补助费，已正式列入了1999年财政预算收支科目。其中，劳动力市场建设费包括了各级政府安排用于劳动力市场信息网及相关设施建设、公共职业介绍机构免费服务的业务开支。再就业补助费，主要是各级财政对进入再就业服务中心的下岗职工再就业的补助支出，也包括对再就业培训的补贴。另外，还有一项城镇就业补助费，主要用于劳动服务公司，实际上就是对就业服务机构的补助费。这些经费的来源渠道已经疏通，各地劳动保障部门要主动向政府报告，积极与财政部门沟通，抓紧落实。

（三）大力开展再就业培训工作。去年，这项工作已在点上有所突破，今年要加大力度，在面上铺开，真正取得促进再就业的实效。各地要充分认识培训在促进再就业工作中的作用，把培训与再就业紧密联系起来。认真落实“三年千万再就业培训计划”，按年培训350万人的目标，层层分解，务求落实。要认真总结和大力推广各地创造的经验和做法。如上海市“政府购买培训成果”的机制，有效地调动了社会各方面办学的积极性，把钱用在了刀刃上，为改革职业培训制度提供了一个范例；北京市组织社会培训机构与企业再就业服务中心建立“伙伴关系”，合作开展培训，增强了培训的有效性和针对性；苏州等地开展的下岗职工创业培训，为促进下岗职工自谋职业和开办小企业提供了有效的帮助。希望各地结合实际学习和借鉴，并能创造出一些新的更加有实效的做法。

我部已同中央电视台、中国教育电视台、中央电大、中央广播电台联合开展远程培训，使再就业培训的范围和形式进一步扩大和完善，各地要组织下岗职工收看、收听，把培训工作生动活泼、切实有效地开展起来。

（四）认真做好职业培训的其他各项工作。从今年起，要在全国县以上城市普遍实行劳动预备制度。逐步推进就业准入制度，不断提高职业资格证书在社会上的认可程度，使其真正成为劳动者进入劳动力市场的通行证。搞好国家题库建设，健全和完善统一的职业技能鉴定社会化管理体制。要指导好技工学校、就业训练中心的改革，建立面向市场的办学机制，尽快形成综合性培训基地和职业培训集团。还要推动教学改革和教材建设工作，不断提高职业培训质量。加强对企业职工培训的指导，开展企业培训经验交流和职工技能竞赛活动。

此外，与促进下岗职工再就业工作相联系的，还要解决好隐性就业问题。各地要将这一工作作为再就业工作的重要内容，摸清情况，从实际出发，拿出切实有效的解决办法，结合清理劳动关系逐步解决。

四、加快劳动力市场科学化、规范化和现代化建设

各地要按照科学化、规范化、现代化的要求，加快劳动力市场建设步伐，为尽快形成市场就业机制创造条件。

（一）不断完善就业服务手段，改进工作

方法，提高工作效率。要运用计算机、互联网、电视、广播等现代化手段，及时为下岗职工提供便利的就业信息服务。有条件的地区，应把信息网联到企业再就业服务中心。要按照部里下发的《劳动力市场信息网建设实施纲要》，加紧进行总体规划、队伍建设和经费筹措等项工作，抓好城市信息网的建设。今年，我部将启动城市劳动力市场“三化”建设试点工作，在全国选择100个有条件的城市进行试点，各地要结合试点做好工作，推动劳动力市场建设再上一个新台阶。

（二）积极主动地开展就业服务。要改变过去那种坐等上门、赶大集的做法，创造一些便捷有效，贴近企业，贴近下岗职工的就业服务方法，把就业服务工作做活、做到位，真正取得实效。从事就业服务的工作人员，要像大连的戚秀玉、北京的卫保龄、上海的武联蕙那样，以满腔的热情和科学的方法为下岗职工提供职业指导和就业服务。

（三）加强对职业介绍机构的管理，整顿劳动力市场秩序，规范职业中介行为。各地要按照我部有关文件的要求，在春节前后，配合下岗职工再就业及做好民工有序流动工作，集中力量对全国劳动力市场的职业中介机构进行一次清理整顿，坚决取缔违规的职业中介机构。

（四）做好灾区劳动力就地安置和民工有序流动工作。认真贯彻落实国务院办公厅转发劳动保障部等部门《关于做好灾区农村劳动力就地安置和组织民工有序流动工作意见》的通知精神，积极搞好灾后重建和劳动力就地安置工作。今年，组织民工有序流动工作，要抓好重点地区的监控和相关措施的落实，加强政策宣传，加强对乡镇劳动服务站工作的指导，切实保证春运期间民工流动更加有序，不出问题。还要继续深入开展农村劳动力就业试点工作，推动农村培训就业工作的逐步展开。

五、认真贯彻《失业保险条例》，完善失业保险制度

《失业保险条例》不久将发布施行，这对完善失业保险制度，推动国有企业改革，促进社会保障体系和市场就业机制的建立与完善，具有十分重要的意义。今年失业保险工作的首要任务，就是全面贯彻落实《失业保险条例》。部里已与有关部门拟定了《关于贯彻实施〈失业保险条例〉完善失业保险制度有关问题的意见》《失业保险财务制度》《失业保险会计核算办法》《失业保险统计制度》等配套规章和规范性文件，待《条例》颁布后陆续下发。各地也要抓紧制定实施细则，做好准备工作。重点做好以下几项工作：

（一）努力扩大失业保险覆盖范围。在1999年内，要把城镇所有企事业单位及其职工纳入覆盖范围。有一定工作基础、具备条件的地区，应尽早完成。所有地区都必须在年内完成。在此基础上，各地还可结合本地区实际情况，创造条件，有计划、分步骤地将社会团体及其专职人员、民办非企业单位及其职工、城镇有雇工的个体工商户及其雇工纳入失业保险覆盖范围。

（二）切实做好失业保险费征缴工作。各地要针对扩大失业保险覆盖范围、提高缴费比例和实行个人缴费后出现的新情况，采取有效措施，与有关部门密切配合，加大征缴力度，提高基金收缴率。对以前欠缴的失业保险费，也要制定清欠计划，尽快收回。

（三）在提高失业保险基金统筹层次方面进行积极探索。要根据实际情况逐步将失业保险基金由县级统筹向设区的市级统筹过渡。具体实施过程中，各地可以根据实际情况，确定不同的实现形式。同时，要研究建立省级调剂金问题，提高基金的调剂能力。

（四）按规定调整基金的支出结构。首先要保证失业保险金按时足额发放，同时根据职业培训、职业介绍机构为失业人员提供服务的数量、效果，合理确定补贴基金的标准，并及时拨付，更好地发挥失业保险对失业人员的基本生活保障和促进再就业的作用。对已经回收或尚未使用的生产自救费要实行专账管理，按照我部和财政部的有关规定使用。各地还要加

强与财政部门的沟通，尽快确定由财政拨付工作经费的标准和具体办法，以保证在不提取管理费后工作经费不受影响。

（五）确保失业保险基金的安全与完整。尽快实行失业保险基金“收支两条线”，并纳入财政专户管理。目前我部已会同财政部制定了管理办法，不久就会下发。同时，要规范基金使用，绝不能乱开口子，杜绝发生新的挤占挪用。对以前挤占挪用的基金，要在今年上半年全部收回。

（六）扎扎实实地做好各项基础工作。主要是加强队伍建设，提高工作人员素质；建立健全有关失业人员数量、结构和失业保险基金征缴使用等统计制度，为科学管理和宏观决策提供依据；提高管理手段的现代化水平，为失业人员提供快捷优质的服务。今年，我们还准备在沿海地区进行失业保险与再就业工作的配套试点，重点探索如何引导下岗职工尽快走出再就业服务中心、下岗职工与再就业服务中心解除协议后如何接续失业保险、失业保险如何为形成市场就业机制发挥作用等方面的经验。今年部里还准备在全国开展一次失业保险制度宣传活动,希望各地也要广泛开展这方面的工作。

（七）切实搞好三条保障线的衔接。即由企业再就业服务中心保障下岗职工基本生活，三年后未实现再就业的，按规定享受失业保险，失业保险期满仍未就业的，由城市居民最低生活保障接续上。各地劳动保障部门要同民政部门密切合作,采取有效措施,使三条保障线相互衔接,防止在基本生活保障上出现空档。

最后，我想再强调的一点，为切实做好国有企业下岗职工基本生活保障和再就业工作，各地必须进一步加强调查研究，一定要把实际情况搞清楚，算一笔明白账。要深入到企业和下岗职工中，掌握第一手资料。要及时了解工作进展情况和存在的问题，对新问题、重大问题的苗头，及时发现，及时反映，尽快处理。今年，我部将会同国家经贸委、财政部、全国总工会每半年进行一次抽查，并会同国家统计局对下岗职工领取基本生活费和实现再就业情况进行抽样调查。各地也应作出安排，定期对本地区下岗职工基本生活保障和再就业工作的进展情况进行督察，确保国有企业下岗职工基本生活保障和再就业工作任务的全面完成。

提高认识　明确任务
大力推进劳动力市场“三化”建设

——在劳动力市场“三化”建设试点座谈会上的讲话

林用三

（1999年6月22日）

我们这次会议的主要任务，是贯彻今年1月国务院召开的国有企业下岗职工基本生活保障和再就业工作会议精神，围绕国有企业下岗职工出中心、再就业，进而建立市场就业机制这一任务，部署劳动力市场科学化、规范化、现代化（以下简称“三化”）建设试点工作。下面，我就做好劳动力市场“三化”建设工作谈几点意见。

一、加快劳动力市场建设，是做好当前就业工作的需要，也是建立和完善市场就业机制的需要

具体落实国有企业下岗职工基本生活保障和再就业工作，是党中央、国务院交给劳动保障部门的任务。这项工作直接关系到广大职工群众的切身利益，关系到国有企业改革的成败，关系到改革、发展、稳定的大局。经过一年的努力，我们基本完成了建中心、进中心、保生活的任务，大部分地区在促进下岗职工再就业的工作中也取得了一定的进展，对促进国有企业改革和维护社会稳定作出了积极贡献。

在总结工作、肯定成绩的同时，我们还要看到，今年的任务仍然十分艰巨和繁重，绝不可掉以轻心。一是亚洲金融危机的影响还在不断显现，国内市场消费需求不旺，经济增长的环境严峻。二是多年盲目投资、重复建设造成的后果会持续反映出来，国内经济仍存在相当多的矛盾和隐患。三是经济结构调整力度还将进一步加大，如纺织行业要继续压锭、煤炭企业要限产整顿、天然林保护工程要全面启动，一批地方五小企业已经开始进行关闭和整顿，以上这些因素都会导致下岗的人数继续增加，预计今年国有企业新增的下岗职工将达到300万以上。

按照国务院会议的要求，根据部里的工作安排，今年就业工作的主要目标任务是，认真贯彻国务院1月会议精神，进一步办好再就业服务中心，千方百计筹措资金，在确保国有企业下岗职工基本生活的同时，加快劳动力市场建设，搞好职业培训，加大出中心和再就业的工作力度，力争实现再就业的人数大于当年新增下岗职工人数。

实施再就业工程，就是要使下岗职工通过市场找到新的工作岗位。我们当前建立再就业服务中心，是在市场就业机制和社会保障体制尚不健全情况下采取的一项必要措施。如果经过几年的努力，我们把劳动力市场建设搞好了，就业机制健全了，企业就可以直接通过劳动力市场来调节劳动用工，让劳动力市场起到调节劳动力资源的作用。这次我们在会上介绍的，就有一些地方在这方面进行了积极探索。如有的运用计算机网络和现代化技术，将就业岗位信息及时发布，及时传送，进行合理匹配；有的通过多种形式的宣传，科学的职业指导，帮助下岗职工转变观念，提高适应市场的能力；有的将职业培训与市场需求紧密结合，动员社会力量，加强对下岗职工的培训；有的根据社会需求，大力开发社区服务和发展小企业增加就业岗位，引导下岗职工自谋职业、自主创业并取得了成功。各地的实践证明，市场建设搞得好，下岗职工再就业问题就解决得好；而市场建设搞不好，再就业渠道就不畅。因此，加快劳动力市场建设，是促进再就业工作的当务之急。

我国的基本国情是人口多，底子薄，城乡劳动力供大于求的矛盾十分突出，不仅有大批城镇失业人员，还有大量农村剩余劳动力。同时，我们还面临劳动力整体素质偏低，劳动者就业与再就业能力不能适应市场经济的问题。解决这些问题，一方面，要实行在国家政策指导下，劳动者自主择业、市场调节就业和政府促进就业的方针，调动千百万劳动者的积极性，促进他们潜力的发挥和技能的提高，鼓励他们依靠自身的努力实现就业。另一方面，要加快劳动力市场服务体系的建设，通过双向选择来实现劳动者和用人单位的合理配置；通过市场信息来把握职业培训的方向，使培训与就业更紧密的结合；通过多种形式的就业服务为贯彻落实各项就业政策创造条件。因此，加快劳动力市场建设，也是从根本上解决中国就业问题的战略需要。

无论是从当前还是从长远看，市场就业都是一个方向，是我们解决就业问题的必由之路。对此，我们要有充分的认识，要有足够的紧迫感、责任感和使命感，下决心花大力气把这项工作抓紧抓好。

经过十多年的努力，我国劳动力市场建设取得了一些进展，我们在运用市场办法解决就业问题上也探索了一些经验。但我们也要看到，我国的市场还很不成熟，市场就业的机制尚不完善，市场的法律法规体系不够健全，市场行为有待进一步规范，市场功能不强，手段落后，工作效率和服务质量不高。这些问题都迫切需要我们认真解决。

我们也要看到，当前抓好这项工作，有许多有利条件：建立社会主义市场经济体制的目标，对劳动力市场发展提出了客观要求；完成就业和再就业任务，使劳动力市场建设提上了重要议事日程；各级政府高度重视，加大资金投入，为劳动力市场的发展提供了物质基础；一些地方相继出台了劳动力市场建设的法律法规，为市场发展提供了法律保障；就业服务体系的建立和不断完善，为劳动力市场的运行提供了工作基础；“就业找市场”的观念已开始在广大劳动者中形成共识，为建立市场就业机制奠定了思想基础。特别是江泽民总书记先后视察了包头职业介绍所和武汉劳动力市场，对我们的工作给予了充分肯定，并提出了希望和要求，其他中央领导对就业与再就业工作给予了很大关注。这些，都为我们建设劳动力市场提供了历史性的机遇。我们要抓住这一机遇，加快劳动力市场建设，使劳动力市场的发展迈上一个新的台阶。

二、按“三化”要求搞好劳动力市场建设

建设劳动力市场，在指导思想上要进一步明确以下几点：一是要始终瞄准建立市场就业机制这一目标，彻底改变计划体制下形成的旧的思路和做法，按照社会主义市场经济的客观要求来培育就业新机制，建立就业新机制，充分发挥市场就业机制对劳动力资源配置的基础性作用，促进劳动力资源的开发和利用。二是要把实现科学化、规范化、现代化的“三化”作为指针，加快市场建设，以是否达到“三化”的要求，来规划市场发展，来检验市场建设的成效。三是要紧密结合我国的国情，从实

际出发。劳动力市场的建设要与国家和地方的社会经济发展水平相适应，要争取做到能够有效地、快捷地为劳动者提供服务，不能搞花架子、空壳子，更不能脱离实际盲目地贪大求全。推进劳动力市场建设，沿海地区和发达城市有条件搞得更快一些，要不失时机地加快步伐，尽早实现市场就业，争取成为就业体制改革的排头兵；经济较困难的地区，目前还不具备实现“三化”的条件，但也不能坐等，要充分利用现有条件，努力工作，打好基础，努力按照“三化”的要求，逐步推进。四是要明确劳动力市场建设的重点，既要在建设服务场所、服务设施上下功夫，更要在搞好服务、促进就业上出效果。因此，要把工作重点放在完善服务手段，提高服务效率和质量上，抓好信息网络，抓好就业服务，抓好市场规范。

按“三化”的要求，加强劳动力市场建设，是朱镕基总理去年2月在天津视察劳动力市场时提出来的。这既是对解决当前下岗职工再就业的要求，也是对我国劳动力市场长远建设的要求。按“三化”要求建设市场，标志着我国劳动力市场建设进入了一个新的历史发展时期。

科学化是要求我们要有科学的认识，学习和掌握市场发展的客观规律，用科学的理论和方法指导劳动力市场建设；同时也要求我们在实践中体现科学性，对市场建设进行科学的规划和布局，对劳动力资源的开发利用和配置进行科学指导。

规范化是要求我们建立统一的市场规则和管理制度，规范劳动力供求双方和中介的行为，保证市场运行的统一有序；同时，还要求我们摒弃旧的观念和习惯，自觉遵守市场运行的规则。

现代化是要求我们用先进的技术和设备武装劳动力市场；同时，还要求我们努力学习，掌握先进技术，更好地运用现代化的技术和设备，改善服务手段和工作方法，提高市场的服务质量和服务效率。

劳动力市场的“三化”建设，科学化是前提，规范化是基础，现代化是手段，三者是一个相互联系的有机整体，互为作用，相互促进，共同发展。“三化”建设的目的，是要将劳动力市场的各项工作推上一个新台阶，提高到新的水平，是为建立完善的市场就业机制创造条件，奠定基础。因此，我们要把“三化”的要求贯穿于劳动力市场建设的始终，体现到我们工作的各个环节。

按“三化”要求搞好劳动力市场建设，是劳动力市场建设的总目标和总要求。由于各地经济发展状况和基础条件不同，在指导全国劳动力市场建设上，要进行分类指导。因此，我们选择100个城市作为全国首批“三化”建设试点城市。要求它们有所创新，大胆探索，率先推进，带动全局。

搞好“三化”建设，当前要重点抓好四个方面的工作。

1. 强化信息工作，搞好信息网络建设。信息网建设是劳动力市场建设的首要任务。部里已制定了一个实施纲要。现阶段要以城市为中心，坚持统一规划、统一标准、网络互联、资源共享、分级使用、分步实施，加快信息网的建设。到2000年底，要在全国大中城市实行就业服务和失业保险信息的计算机管理和市内联网，初步建立劳动力市场信息发布系统和宏观决策支持系统，形成全国劳动力市场信息网框架。为指导各地搞好信息网建设，部里公布了统一的职业分类标准，提出了劳动力市场管理和服务的统一业务流程，并决定免费向各地提供信息网应用软件。这样做的目的，就是要尽快实现全国劳动力市场的统一，保证计算机联网的顺利进行，为全国各地信息的交流和传递，为就业服务的规范化运作打下基础。请各地按要求认真抓好落实。

网络建好之后，能否有效发挥作用，关键在于抓信息。信息是市场的生命线，信息工作做好了，网上才有资源，市场才能真正发挥作用。因此，在“三化”建设中，要将抓好信息工作贯穿始终。一是要千方百计收集信息，特别是空岗信息。要求用人单位报告空岗情况，这是我们收集信息的重要手段。中央10号文件提出的建立用人单位空岗报告制度，我们要抓紧落实。而更重要的是要迈开双脚走出去，积极了解企业和有关单位的发展需要，与用人单位交朋友，主动收集信息，提供上门服务。同时，还要建立一支责任心强、熟悉业务的专兼职信息员队伍，要明确责任，建立制度，调动大家的积极性，多渠道、多形式收集信息。各地要制定一些具体的量化的指标，将岗位信息的收集作为考核就业服务工作和市场“三化”建设的重要内容，推动各地下大力气挖掘空岗信息，掌握职业介绍的主动权。二是要用好信息。要建立劳动力市场信息定期分析和向社会公布的制度，将劳动力供求信息、职业培训信息、工资和劳务价格信息等，采用多种方式及时提供给社会各方面。还要对市场信息进行预测分析，为政府部门的科学决策提供依据。当前的重点是通过现代化手段，把职业需求信息及时传送到下岗职工手中，帮助他们实现再就业；同时，运用职业需求信息引导农村劳动力合理有序流动，引导培训机构调整教学内容和课程设置；运用市场工资价格信息调节就业结构，引导劳动者选择职业和转岗转业。

2. 狠抓就业服务，完善服务体系。我们的目的，是要建立功能齐全、方式灵活、手段先进、讲究效率的市场服务体系，为劳动者提供全方位的、便利的服务。这就需要扩展市场服务的范围，不仅要提供基本的职业介绍服务，还要提供职业指导、职业培训、代管档案、代办社会保险，以及组织劳务，开发公益性服务岗位等多项目、多方位的服务；还要完善服务手段，运用计算机网络，运用现代化的技术和方法，提高服务的质量和效率。

为了搞好对下岗职工的再就业服务，去年部里提出了“一三一”的要求，即在下岗职工进入企业再就业服务中心的半年内，为他们至少提供一次职业指导，提供三次就业信息或职业介绍，提供一次免费的培训机会。为落实“一三一”，不少地方都建立了免费为下岗职工服务的窗口；很多再就业服务中心利用发生活费的时机开展政策宣传，进行职业指导，组织观看电视讲座，与再就业成功者座谈；一些地方提出了“即时服务”等具体服务承诺；有的实施了把再就业服务中心与社会培训机构结对子的伙伴培训计划，都取得了较好的效果，也树立了劳动保障部门的良好形象。但从总体上看，落实“一三一”还存在一些问题，有的只停留在口头上和纸面上，而没有真正落实；有的敷衍了事，走了过场；有的职业指导缺少针对性，职业介绍提供的信息不及时、不准确；有的培训效果不太好；有的促进下岗职工再就业的政策并未完全落实。这些，都不能满足下岗职工对再就业的需要；也可以看出，我们的服务工作与我们的目标还有较大差距。我在这里要强调的是，做好市场服务工作，必须首先围绕下岗职工再就业来开展。“一三一”是一项基本功，是我们变被动为主动、变消极坐等为积极上门、服务到家的一个基本要求，如果我们连这点都做不到，做不好，就得不到社会的认可和支持。对这个问题，大家要提高认识，要制定具体措施和切实可行的工作方案，要把工作任务分解落实到有关工作人员身上，使我们的就业服务向企业延伸，全力打通再就业服务中心通向社会、通向市场的出口，促进下岗职工尽快实现再就业。

3. 健全管理制度，规范市场运行。劳动力市场的管理制度包括对用人单位的管理，对劳动者的管理和对职业中介机构的管理等多项制度，我们要抓紧形成一整套规范市场行为的制度，保证劳动力市场的统一，运作的有序，促进市场健康发展。

当前，要加强对职业中介管理。一是对各种违规职业中介机构和中介行为，要坚决打击。针对前段时间一些职业中介机构搞虚假信息、进行欺诈、超标准收费、从事非法活动等问题，部里在春节前后，指导各地开展了一次劳动力市场职业中介机构的清理整顿。共清理了4 000多个机构，取缔了500多家严重违规的机构，初步净化了劳动力市场。今后，对劳动力市场的清理整顿，要制度化、经常化，部里每年将要作出部署安排，各地也要常抓不懈。二是要加快建立健全市场运行的各种规则，加大宣传力度，提高劳动者对非法职业中介机构的甄别能力，提高自我保护意识。三是要树立公共职业介绍机构的良好形象和权威。“己不正，无以正人”，把劳动保障部门自己的职业介绍机构建好了，管好了，才能去引导其他的职业介绍机构规范发展。部里已确定，全国劳动保障部门的公共职业介绍机构要统一标识，要亮出牌子来，让全社会都知道，在我们这里可以获得免费服务、优质服务和全方位服务。这也是对我们自己的工作提出的高标准和严要求，否则，就会自己砸自己的牌子。各地要高度认识统一标识的重要意义，在挂出标识的同时，加强规范管理，提高服务质量，树立公共职业介绍机构的良好形象；要搞好宣传，提高社会知名度，并接受社会的监督。

4. 加强工作衔接，提高整体功能。“三化”建设涉及方方面面，只有将各项工作有机结合起来，协调一致，共同发展，才能使劳动力市场建设全面推进，发挥整体功能。当前，进行“三化”建设，要重点抓好三个衔接：一是市场工作与企业再就业服务中心的衔接。“三化”建设是否真正发挥作用，首先就看能不能有效促进下岗职工出中心，实现再就业。这是一条硬的要求，大家务必做好。如果我们的就业服务不能主动向再就业服务中心延伸，再就业服务中心就成了一座“孤岛”，再就业的目标就会落空。因此，目前的当务之急是要将劳动力市场的“三化”建设与促进下岗职工再就业紧密结合起来，职业介绍网络一定要连到企业再就业服务中心，把下岗职工都纳入劳动力市场的资源库，把岗位信息及时、准确地传送到中心，送到下岗职工面前，促进他们再就业。二是加强失业保险与就业工作的衔接。失业保险和就业工作密不可分，失业保险要直接为促进就业服务，要落实好有关政策，搞好统筹安排，形成统一的信息网络和业务流程，使下岗职工和失业人员的生活保障和求职就业更加顺畅，更加便利。三是要加强职业介绍与培训工作的衔接。职业介绍要及时提供市场需求信息，为职业培训提供指导。职业培训要结合下岗职工和失业人员的特点，更加灵活、更有针对性地搞好培训工作，提高下岗职工和失业人员的再就业能力，还要通过就业政策的引导，为培训合格者尽快实现就业和再就业铺平道路。

三、全力以赴，狠抓落实，全面完成试点任务

劳动力市场“三化”建设，时间紧，任务重。为了使这方面工作真正取得实效，必须注意抓好以下几项工作。

一是要加强领导。劳动力市场“三化”建设是一个系统工程，既涉及劳动保障部门内部各项业务工作，还涉及其他部门，各地要高度重视，要将市场建设作为促进下岗职工再就业的重要措施，作为本地社会经济建设的一个重要内容，切实抓紧抓好。要组成专门指导小组，实行目标责任制。要协调有关部门，加强协作和配合。要立足于本地的实际，因地制宜地制定工作方案，采取切实可行的措施和方法，推进这项工作。

二是要注意落实政策。就业过程涉及一系列政策，将政策宣传好、落实好，也是我们市场建设中的一项重要任务。这就要求我们参加劳动力市场建设的所有同志，一定要认真学习领会政策，准确地把握政策，在落实政策上下功夫。如在职业介绍过程中，对新成长劳动力，要注意落实好劳动预备制政策、就业准入和职业资格的政策，对农村劳动力要注意落实好有序流动政策，对再就业的下岗职工要签订劳动合同，转入失业保险的，要接续好保险关系；当前还要注意搞好“三条保障线”的衔接、协调，落实好再就业的税收、工商管理、银行信贷等政策。

三是要落实资金，用好资金。劳动力市场“三化”建设，离不开经费支持。中央财政今年已将劳动力市场建设费列入了各级财政的预算科目，各地要积极争取政府和有关部门的大力支持，尽快落实这一主渠道的经费来源，同时还要多渠道筹措劳动力市场建设资金，加大对劳动力市场建设的资金投入。要加强资金的管理，建立健全规章制度，切实保证专款专用。要合理使用资金，不仅要考虑市场的建设经费，还要考虑市场的运行，保证市场管理和服务工作的正常运转。要坚持量力而行，有多少钱办多大的事，不能脱离实际追求“新”和“全”，避免造成浪费。要定期对资金使用管理情况进行监督检查，对购置大型或大宗批量设备等固定资产，要坚持公平、公正、公开，实行政府采购办法。总之，要讲究投入产出，在保证质量的前提下，提高资金的使用效益，将有限的资金用在刀刃上，取得好的效果。

为推动劳动力市场“三化”建设试点工作的开展，部里对试点工作将适当给予一些支持，如免费提供软件，组织培训和业务指导；对中西部城市新建网络，在地方配套资金到位并建网有成效的情况下，给予一次性建设经费补贴；对已建成的省级监测中心和城市网站，在按要求完成汇集、分析、发布、上传信息的任务后，给予部分运行经费补贴；对承担“三化”建设专项试点的城市取得成果后，给予总结推广的经费补贴。部里支持的资金是在有限的条件下作出的最大努力，中央财政也是下了很大决心，这些钱主要起辅助作用，各地要按要求，层层落实配套资金。但总的讲，地方的劳动力市场建设经费，还是要立足于自力更生，主要靠地方自己来解决。

四是要抓好队伍建设。“三化”建设对工作人员队伍提出了新的挑战，要求我们在短时间内建设一支业务熟、技术精、作风好的队伍。我们广大干部和职工，要有危机感和紧迫感，要不断加强理论和业务学习，不断提高执行政策的水平和解决实际问题的能力，增强责任感和事业心；要树立“大局观念、服务意识、务实作风、协作精神、廉洁形象”；要大力培育和引进专业人才参与劳动力市场的建设和管理，加快后备人才的培养；要建立考核评比制度，形成业绩与待遇挂钩的激励机制，促进服务态度的改善，服务质量的提高，树立良好的社会形象。为加强队伍建设，部里将出台《职业指导员国家职业资格标准》，下半年组织培训、考核工作，争取在今年年底前，建立一支持证上岗的职业指导员、职业指导师队伍。这仅仅是队伍建设的开端，今后要对市场服务的各个岗位，都要建立岗位资格制度，持证上岗，提高队伍的整体素质。

五是要加强宣传。要利用广播、电视、报纸、信息栏等多种媒介和渠道，宣传市场就业的方向、市场就业的观念和市场就业的方针政策，宣传我们的服务承诺和措施，宣传那些做得好的服务机构和工作人员，宣传劳动者在市场中拼搏奋斗、自立自强的典型。要通过宣传，提高劳动力市场的知名度，提高劳动者对市场的认识，转变就业观念，在全社会形成就业找市场、就业靠竞争的共识。

同志们，做好劳动力市场“三化”建设工作，是摆在我们面前的一项十分紧迫而重要的基础工作，任务光荣而艰巨。这100家试点城市是全国劳动力市场建设的排头兵，100个城市劳动力市场建设达到了“三化”的要求，就能带动全国劳动力市场建设在总体水平上上一个新台阶。我们要坚持改革，大胆探索，团结奋斗，真抓实干，全面推进劳动力市场“三化”建设，为尽快建成市场就业新机制，开辟中国就业工作的新局面作出贡献。

在全国劳动和社会保障工作会议上的讲话

劳动和社会保障部副部长　王建伦

（1999年1月14日）

根据部党组的安排，我就养老保险、社会保险基金监督工作讲几点意见。

一、继续全力确保企业离退休人员养老金按时足额发放

1999年养老保险工作的首要目标和中心任务是，继续全力确保企业离退休人员基本养老金按时足额发放，不发生新的拖欠；在此基础上，创造条件逐步补发以前拖欠的养老金。

党中央、国务院要求把稳定放在第一位。这个要求落实在养老保险工作上，就是要竭尽全力保证每位企业离退休人员按时足额领到养老金。今年要在去年工作的基础上更进一步，做到100%确保发放。在确保不发生新的拖欠的基础上，按照“3、6、9”的计划安排，尽可能补发过去拖欠的80多亿元养老金，即：属于社会保险经办机构拖欠的，要想尽一切办法调度资金，在3月底前补清；属于实行差额缴拨时期企业拖欠的，要逐户督促企业制定补发计划并予以落实。全国多数地区一般应在6月底前基本补发完过去的拖欠。少数特别困难的地区，也应积极创造条件，力争在9月底前补发完大部分拖欠，争取在国庆50周年前实现全国绝大多数地区无拖欠。为了完成这一任务，要采取以下五项措施：

（一）千方百计扩大养老保险覆盖面。扩大养老保险覆盖面，1995年就提出了覆盖计划，一些地区抓得早，抓得实，如上海、大连等地扩大覆盖面成效就很显著。但多数地区还停留在一般号召、发文件、提要求上，结果是参加养老保险的职工人数连续两年减少。这是一个十分危险的信号。党中央、国务院领导同志反复强调要扩大覆盖面，镕基总理把它作为增强基金支付能力的第一位措施。劳动保障部门责无旁贷要抓好落实。各地区要制定专项落实计划，组织专门队伍去扩展覆盖面，务求今年的养老保险覆盖面有大的突破，覆盖到95%以上的城镇各类企业职工，上半年就要做到覆盖90%以上，有条件的地区要实现全覆盖。扩大覆盖面有三点要求：第一，要把外商投资企业、港澳台投资企业、私营企业作为扩面的重点，不要怕收外资企业的保险费，我们是依法行政，理直气壮。第二，对城镇个体工商户，不能因为分散难搞而撒手不管，要分析哪类个体工商户必须参保，逐户去动员组织；同时可结合实际，采取“低标准准入”的灵活政策，按个人账户加基础养老金计算出来的最低费率参保，先把他们纳入基本养老保险。第三，今年有许多新情况出现，最突出的是有几百万国有企业职工下岗，他们的养老保险问题有很多新特点，在确保发放基本生活费的同时，衔接好再就业服务中心为下岗职工代缴社会保险费的环节，为下岗职工自谋职业后接续上社会保险关系，等等。社会保险经办机构要

研究新情况，针对新特点，改变工作作风和工作方法，为再就业服务中心缴费单立户头，为下岗职工再就业参保开设服务窗口，主动提供服务。另外，按照中央的规定，军队、武警、政法机关不再从事经商活动，党政机关要与所办企业脱钩，各地要采取积极措施，搞好衔接，保证这些企业职工继续参加社会保险。

（二）下大力气提高养老保险基金收缴率。去年受各种因素影响，前三个季度养老保险基金收缴率只有80%左右，第四季度通过努力，收缴率有所提高,但预计全年平均只有88.9%。今年影响基金收缴的不利因素仍然很多，所以收缴工作更要早抓、抓实，从年初就要抓住不放，力争使收缴率提高并稳定在90%以上。各地要广泛开展宣传活动，在社会上造成积极缴费光荣，欠费、漏费可耻的良好氛围，任何企业都不能拒缴、欠缴社会保险费。镕基总理讲的非常坚决：对欠费的企业，要公开张榜通报，凡中央管的有钱不缴费的国有企业，政府对其领导人第一年警告，第二年撤职。《社会保险费征缴暂行条例》也将于近期颁布，各地要抓住这一有利时机，狠抓落实，开创出一个收缴的新局面。各地劳动保障部门和社会保险经办机构要加强与财政、工商、税务、审计等部门的配合，共同做好收缴工作。各地要从实际出发，建立必要的激励机制，落实收缴目标责任制，将基金收缴与工作人员的评比、考核、奖励联系起来，与省级调剂金的使用联系起来。要把完善养老保险制度、把养老保险社会统筹与个人账户相结合的改革原则落到实处。特别是要全面加强职工个人账户管理，充分发挥个人督促企业按时足额缴费的作用。早在1995年国务院6号文件就要求建立个人账户，1997年国务院26号文件又重申了这一要求。但目前建立个人账户的情况并不理想，到去年底，地方统筹职工个人账户的建账率仅为77%，少数地区建账率很低，原行业统筹单位只有个别行业建立了个人账户。基本养老保险实行社会统筹与个人账户相结合，是具有中国特色的社会保险制度，建立个人账户是这一制度的关键环节，同时也是提高收缴率的重要措施。今年，各地要把建立个人账户作为一件大事来抓，到年底争取每个参保职工都有个人账户，并且按计划提高个人缴费比例，最低也应到5%，通过发放个人账户对账单，在职工中普及社会保险知识，督促企业按时足额缴纳社会保险费。在逐步提高个人缴费比例的同时，企业缴费比例要逐步下调。这里要强调一点，社会保险费必须全额缴纳，决不允许与企业协议缴费，过去搞了协议缴费的，今年必须纠正过来。

（三）大力清理追缴企业欠费。对企业累计欠缴的300多亿元养老保险费，今年要力争收回50%，清理追缴的重点是有能力缴而拒缴的大户。一些地区采取了行之有效的追缴办法，如定期向政府通报欠费企业名单、数额；规定欠费企业的法定代表人不得评先选优和晋级增薪，不得出国考察和购买小汽车；对那些具有缴费能力拒不缴纳养老保险费的企业予以新闻曝光等，这些做法都值得借鉴推广。总之，对欠费行为决不能姑息迁就，要采取切实措施追缴收回，增强养老保险基金的支撑能力。

（四）积极推进和完善基本养老保险省级统筹。当前的重点是建立省级调剂金制度。按照国务院的要求，目前已有22个省、自治区、直辖市实行了省级统筹或者建立了省级调剂金制度，这些地区要进一步完善办法；其他地区要加快制定方案，在1999年上半年各省都要建立省级调剂金制度。实行省级统筹或者省级调剂也是有条件的，要制定具体的方案和考核指标，与各地市扩大覆盖面、提高收缴率、控制提前退休和待遇水平的力度及效果挂起钩来。不能一讲省级统筹，地市级就不去积极收缴养老保险费，就提高待遇水平，坐吃省里的大锅饭。要注意充分发挥省和地市两个积极性，一般应实行省和地市两级调剂，确保养老金按时足额发放。

（五）全面实行养老保险基金全额缴拨结算，提高养老金社会化发放比例。全额征缴是养老金按时足额发放的客观要求和必要保证。目前仍实行差额缴拨方式的地区要尽快实行全额征缴，同时，积极与有关机构协作，采取银行、邮局代发养老金或者社会保险经办机构直接发放的办法，大力提高养老金社会化发放的比例，争取社会化发放率达到60%以上。

二、以高度负责的精神做好行业统筹移交地方管理后的调整工作

根据国务院的部署，去年8月，基本养老保险行业统筹按期移交地方管理。移交工作总体来说是比较平稳的，但也出现了一些问题。一是行业结余基金移交不到位；二是突击提前退休现象严重；三是一些地区对行业移交企业搞了封闭运行，造成新的养老金拖欠，有的省、自治区1999年准备大幅度提高行业企业费率。针对这些问题，国务院已经提出了相应措施，我们要与有关行业主管部门共同配合认真落实。

（一）开展审计核查，尽快将行业统筹结余基金移交到位。按1997年底的决算数据，行业统筹存在中央主管部门社会保险机构的结余基金为68.8亿元，目前上缴财政专户的只有34亿元；行业统筹存在地方的结余基金为77.8亿元，目前仅移交6.6亿元。按照国务院的要求，由各行业先进行自查，对结余基金要边清查边移交，这项工作一般应在2月底以前完成；然后由国家审计署组织审计，财政部和劳动保障部参加，经确认的结余基金要限期移交，4月底之前完成。对于应交地方但个别行业自行上调的资金，要如数返还。

（二）解决行业统筹的养老金拖欠问题和移交后的基金缺口问题。行业统筹移交地方之前，煤炭、有色、中建三个行业有拖欠的养老金，行业统筹移交地方后，一些省份9~12月基金收支出现缺口，共需要调剂解决10亿元。国务院原则上同意从行业上缴中央财政专户的结余基金中一次性拨付解决，不让地方吃亏。在采取这一措施后，从今年起，原来行业统筹企业的养老保险费收缴和养老金按时足额发放工作，由地方负全责，绝不允许再搞所谓“封闭运行”。

（三）慎重调整行业统筹企业的费率。原行业统筹企业移交地方后，按国务院的要求，通过3~5年的调整，养老保险费率实现与地方费率并轨。其中，煤炭、银行、民航企业5年调整到位，其他行业企业原则上3年调整到位。行业企业原费率没有达到13%的，今年调整时不低于13%；没有达到20%的，调整幅度不能高于2个百分点，最高不能超过20%，高于20%的，要适当降低。按照国务院领导同志的要求，今年调整行业企业费率一定要慎重平稳地进行，不能过多地增加行业企业负担。最近发现，一些省、自治区有急于提高行业费率甚至违规操作的倾向，必须引起高度重视。为此，我部近期将下发关于调整行业企业费率的指导性意见。需要特别强调的是，各地区调整费率的方案必须报劳动保障部，由劳动保障部会同财政部审批；未经两部批准，各地一律不得擅自调整。

（四）认真组织实施行业统筹项目的核定工作。根据国务院28号文件的授权，劳动保障部与财政部已下发了《关于核定原行业统筹项目的通知》。对经两部审核确认的行业统筹项目，各地要确保所需费用从基本养老保险基金中支付；对行业已经出台但未被确认的统筹项目，所需费用由企业负担，在企业管理费用中列支，保持已经离退休人员原待遇水平基本不变。对新退休人员的待遇调整要慎重稳妥，保证在5年内平稳过渡。

（五）坚决纠正违反规定提前退休的行为。对地方和行业1998年1月1日以后办理提前退休的人员要进行全面清理。其中1999年底前到达国家规定退休年龄的，继续由社会保险经办机构支付养老金；1999年底仍未达到国家规定退休年龄的，由企业收回统筹安排，需要安排下岗的人员，要进入企业再就业服务中心，保障基本生活。对违反国家规定办理退职的人员，参照上述办法处理。

今后，要加强企业职工退休审批工作的管

理。正常退休的，仍由县级劳动保障部门审批；特殊工种、因病或非因工致残完全丧失劳动能力的职工提前退休，统一由地市级劳动保障部门审批；其他提前退休由省级劳动保障部门审批。同时，对因病或非因工致残退休的人员和按国家有关政策提前退休的人员，要按有关规定适当减发养老金。

各地区、各部门和企业必须严格执行国家关于企业职工退休条件的规定，凡是违反国家规定办理提前退休的，要坚决清退回企业，并追究有关领导和当事人的责任；对于弄虚作假、欺上瞒下、明知故犯的有关人员，要坚决从严惩处。

三、大力加强社会保险基金监督管理工作，确保基金的完整与安全

保证社会保险基金的安全与完整是各级劳动保障部门最重大的责任之一。劳动保障部成立以来，围绕加强基金的管理监督，在三个方面采取了措施。一是对全国基本养老保险基金和失业保险基金进行了全面清查，初步掌握了12年间两项基金管理及被挤占挪用的状况。在此基础上，会同有关部门印发了《关于对企业职工养老保险基金失业保险基金管理中有关违纪问题处理意见的通知》，对各类违纪问题提出了具体处理办法。同时，下达了收回挤占挪用资金的计划指标，各地区加大了回收力度，已初见成效。二是查处了辽宁省鞍山市社会保险总公司和四川省社会保险事业管理局挤占挪用、违规动用社保基金等重大违纪案件，并督促有关地区清理回收基金和对有关责任人进行处理。三是设立了社会保险基金管理监督电话，受理社会的举报，加强对基金的社会监督。

1999年社会保险基金监督工作主要是抓重点，打基础。抓重点就是要限期全部收回被挤占挪用的社会保险基金，继续查处重大违纪案件；打基础就是要进一步摸清各项社会保险基金的底数，全面强化基金监督管理的制度建设。

（一）限期全部收回违规动用的基金。各地劳动保障部门要认真贯彻国务院领导同志指示，采取坚决有效的措施，保证在年底之前完成全部收回被挤占挪用的养老、失业保险基金的任务。这是硬指标、死任务，不能打折扣。

（二）继续严肃查处重大违纪案件，并以典型案例警示全系统，绝不允许再发生新的挤占挪用社会保险基金的问题。

（三）进一步开展基金的清查、审计工作。各级劳动保障部门要配合审计机关开展对原行业养老保险结余基金的审计工作，确保应移交的资金尽快到位。同时，今年要组织开展对企业职工社会保险基金和机关、事业单位养老保险基金及农村养老保险基金的清理检查工作，全面摸清社会保险基金的底数，完善有关政策，提出整改措施，加强基金监管，确保在社会保险管理体制统一过程中基金不流失。

（四）加强基金监督的制度建设。今年内，要在总结各地实践经验的基础上，制定《社会保险经办机构管理规则》《社会保险经办机构主要负责人离任审计办法》和《社会保险基金监督管理办法》，规范对社会保险经办机构、社会保险经办机构主要负责人及基金的监督管理。

（五）加强基金管理，提高社会保险管理水平。1999年内，基本养老保险基金、失业保险基金、医疗保险基金必须按规定纳入社会保障财政专户，实行收支两条线管理，形成社会保险经办机构、财政部门和银行相互监督制约的机制。同时，逐步实行社会保险基金管理对外公开制度，接受社会监督，确保基金安全。

近一两年来，冒领养老金或诈骗养老保险基金的案件时有发生。山东、海南、河南等省先后发生了冒领养老金或伪造养老保险特种债券行骗的案件。这些案件暴露了我们在基金管理、待遇支付审核、票据管理等方面还存在不少的漏洞。各地劳动保障部门和社会保险经办机构要加快内部规章制度建设，改进管理手段与方式，加强基础数据和台账的管理，把责任落实到人，堵塞管理漏洞。社会保险经办机构承担着社会保险的大量事务性、操作性、服务性工作，是社会保险基础管理的主要载体和重点环节，各地劳动保障部门要切实加强对社会保险经办机构的工作指导，帮助他们提高管理水平。

除上述三个方面的工作外，今年还要继续做好统一企业职工基本养老保险制度工作，搞好“中人”待遇的平稳衔接；注意研究事业单位改制为企业，以及关停企业的职工养老保险问题；对机关事业单位工作人员养老保险制度改革问题进行调查研究，已经开展改革试点的地区要不断完善；继续推动企业补充养老保险的开展，完善制度办法，做好经办机构的资格认定和基金监管工作。

做好今年的养老保险和社会保险基金监督工作，要特别重视信息统计工作，保证数据的及时、准确，为各级领导的决策提供可靠的信息。还要大力开展社会保险宣传活动，利用报纸、电视、广播等阵地，广泛宣传社会保险的意义、政策和方法，使全社会都来关心、支持社会保险事业的发展。

坚定信心　扎实工作
按期实现四五六工作目标

——在基本养老保险扩面征缴工作会议上的讲话

王建伦

（1999年5月23日）

这次基本养老保险扩面征缴工作会议的主要任务是，分析当前形势，统一思想认识，明确有关政策，解决突出问题，部署安排下一步工作，确保按期完成扩面征缴任务。

一、统一思想，振奋精神，坚决完成四五六工作目标

《社会保险费征缴暂行条例》发布之后，劳动保障部按照国务院的要求，召开了全国扩面征缴工作电视电话会议，对扩面征缴工作进行了全面部署，明确了4、5、6三个月的工作任务。各地劳动保障部门和社会保险经办机构迅速行动，扩面征缴工作已全面展开。

——各地党政领导高度重视。除召开会议、发布文件进行部署外，一些地区的党政领导同志亲自检查落实贯彻条例、开展扩面征缴工作的安排，督促大企业带头足额缴费。有的城市实行评劳模、评先进由扩面征缴一票否决的办法，有的城市采取公安、税务、工商等部门联合行动的措施，推动扩面征缴工作的开展。

——深入学习贯彻条例，广泛开展宣传工作。各地劳动保障部门和社会保险经办机构普遍组织了逐条逐款的学习，对照本地区实际情况进行分析和研究，认真开展调查摸底，制定配套政策，并分解下达了任务指标。4月上中旬，各地普遍开展了宣传活动，有15万名社会保险干部走上街头，通过各种形式宣传条例；报刊、电台、电视台也作了大量报道，同时对个别欠费大户进行了新闻曝光；有300多万人参加了有关条例的知识竞赛活动，形成了一个比较强大的舆论氛围。

——登记、申报工作全面展开。上海、大连等地创造出拉网式排查、逐户监察的新方法，进一步挖掘扩面的潜力。成都市为了适应扩面工作以及加强社会保险建设的需要，在省市领导的支持下，将原来的一个经办大厅扩展为四个。北京市在去年政府2号令的基础上进一步有所突破，把农民合同制职工全部纳入覆盖范围。厦门市采取每日调度数据的工作督促办法，截止5月12日，参保人数新增4.1万人，比去年年底数增长了16%。从全国看，4月底参加养老保险职工人数比去年底增加了204万人，初步扭转了连续两年参保职工人数减少的趋势。

——基金征缴出现好的势头。今年一季

度，地方养老保险基金收缴率为83.55%，比去年同期上升5.2个百分点。这个数字来之不易，进一步坚定了我们把收缴率提高并保持在90%以上的信心。一季度收缴率高于90%的有北京、上海、天津、浙江、福建、海南6个省市。4月份，全国养老保险基金收入128亿元，支出127.3亿元，收支相抵基本持平，改变了连续一年多基金当期收不抵支的趋势，各地贯彻征缴条例的成效开始显示出来。

在看到这些成绩的同时，我们也应清醒地认识到工作中存在的差距和不足：一是4月份扩面增加204万人，只达到扩面总任务2 600万人的8%，有的地区4月份只完成了任务的1%，个别省参保人数甚至继续减少。二是个别地区一季度收缴率只有40%多，还有经济条件较好的省份收缴率也只有60%～70%。三是清理追缴企业欠费的工作虽有明显进展，3月底累计欠费330亿元，比去年底减少了28亿元，但欠费数额仍然较大。

分析工作还存在较大差距的原因：一是认识不到位。有的同志认为，当前两个确保、医疗保险制度改革的任务已经很重，扩面征缴工作要与两个确保错开安排，因而放松了工作进度。二是措施办法不多。有的地区提出，要把这么多的单位和企业在这么短的时间内全部覆盖进来，感到没有招数，无从下手。三是协调配合不够。有的地区劳动保障部门孤军奋战，没有很好地联合其他有关部门共同开展工作。四是宣传工作不够。有的地区宣传活动不够深入扎实，针对性不强，不少应参保单位不了解有关政策，不知道怎么缴费。这些问题都需要我们在今后的工作中认真研究，加以克服。

完成4、5、6工作目标，时间只剩一个月了，任务十分繁重。这就需要我们进一步统一思想，调整部署，加大力度。为此，必须首先明确以下三个关系：

第一，要正确认识扩面征缴与两个确保的关系。党中央、国务院对两个确保工作非常重视，去年以来几次召开全国性会议进行部署。各级劳动保障部门在党委、政府领导下，殚精竭虑，千方百计，基本做到了两个确保。今年继续巩固两个确保，仍是全国劳动保障工作的头等大事，是劳动保障部门维护社会稳定的主要职责，继续尽全力做好这项工作。扩面征缴是巩固两个确保的一个重要手段，只有扩大覆盖面，提高收缴率，才能做到两个确保。因此，不能把完成扩面征缴任务与巩固两个确保对立起来，而应把两者作为一个整体，一同部署，一同落实，一同检查。要坚持扩面和征缴两手抓，两手都要硬，为实现两个确保奠定坚实的物质基础。

第二，要正确认识扩面征缴与保障职工合法权益的关系。《社会保险费征缴暂行条例》规定，城镇所有企业及其职工都要纳入基本养老保险覆盖范围。这其中既包括负担轻、效益好的外商投资企业和私营企业等，也包括负担重、效益差的小集体企业、农垦企业等。勿庸讳言，把小企业和困难企业纳入覆盖范围，确实有可能增加社会保险基金的负担，甚至在一定程度上会加大两个确保的难度。但是，社会保险是整个社会的安全网，扩大基本养老保险覆盖面、增强基金支撑能力，最终目的就是要更好地保障退休人员的基本生活，减轻企业负担。这一根本性质决定了社会保险决不能“挑肥拣瘦”，把有困难的企业拒之门外。只有把所有企业都纳入覆盖范围，才能实现真正意义上的两个确保，劳动者的合法权益才能得到切实保障。

第三，要正确认识扩面征缴与健全社会保障体系的关系。建立适合我国国情的社会保障制度，是社会主义市场经济体制的本质要求。征缴条例的发布施行，明确并扩大了社会保险覆盖范围，规范并强化了社会保险费征缴，这对于推动社会保障体系的完善，将产生积极的影响。我们必须抓住这个有利时机，加大工作力度，一举实现养老保险的全覆盖，并切实加强基金征缴工作。这一步走出去了，就会为今后的改革创造有利条件，为社会保障体系的建立和完善打下基础。

几个月来一些地区的经验表明，只要措施

得当，奋发努力，创造性地开展工作，既定的4、5、6工作目标是完全可以完成的。我们必须珍惜目前来之不易的工作局面，发扬成绩，正视困难，一鼓作气，按期完成扩面征缴工作的任务。

二、认真解决扩面征缴工作中的几个难点问题

对目前各地反映的工作中存在的难点问题,部里进行了认真研究。下面,我讲几点意见:

(一)关于扩大基本养老保险覆盖范围问题

关于农民合同制职工参加养老保险的问题。劳动保障部《关于贯彻两个条例扩大社会保险覆盖范围加强基金征缴工作的通知》规定，农民合同制职工要参加单位所在地的社会保险，社会保险经办机构要为职工建立基本养老保险个人账户。农民合同制职工在终止或解除劳动合同后，社会保险经办机构可以将基本养老保险个人账户储存额一次性发给本人。这主要是考虑到农民合同制职工在城乡之间以及城镇不同企业之间流动比较频繁，这样规定，既有利于保护他们的社会保障权益，又体现出适当的灵活性。农民合同制职工纳入基本养老保险覆盖范围，个人缴费水平和个人账户规模应与其他城镇职工相同，在待遇支付上则应以一次性支付为主，简便易行，管理成本低，不会给养老保险基金带来支付风险，也容易为职工本人所接受。农民合同制职工在同一统筹地区的单位之间流动，可以继续保留和连续计算个人账户。

关于县以下小集体企业参加养老保险的问题。征缴条例规定，小集体企业应纳入基本养老保险覆盖范围，原则上与其他企业一视同仁。这里需要强调的是，由于这些企业原来的退休制度、待遇水平很不规范，与统一制度差距较大，因此，在扩面过程中应特别注意控制待遇水平。已经退休的，保持原待遇不变；新参加工作的，要执行统一制度。对“中人”，各地要在认真测算的基础上,结合本地具体情况,制定相应的政策衔接办法,确保平稳过渡。

关于城镇个体工商户参加养老保险的问题。征缴条例规定，省级人民政府可以根据本地区实际情况，将个体工商户纳入基本养老保险的覆盖范围。做好个体工商户参保工作，有利于国有企业下岗职工从事个体经营后养老保险关系的接续，解除他们的后顾之忧，也有利于统一的劳动力市场的形成。对此，部里已提出了个体工商户参加基本养老保险的原则意见，但还需要各地结合实际制定具体政策和办法。社会保险经办机构要加强对个体工商户参保的管理服务工作，为他们参保提供便利。

关于转制为企业的事业单位参加养老保险的问题。目前，国务院有关部门联合下发了《关于国家经贸委管理的10个国家局所属科研机构管理体制改革的实施意见》，明确了242个转制为企业的事业单位参加养老保险的有关政策，主要有三项规定：一是转制前已经离退休的人员，养老金的计发办法不变。二是在职职工转制后，按当地人民政府的规定缴纳养老保险费，同时建立基本养老保险个人账户；转制前的连续工龄视同缴费年限，不再补缴养老保险费；退休后基本养老金按企业的办法执行；转制后5年之内退休的人员，在实行新计发标准后产生的与原事业单位计发标准的差额部分，以补贴的形式适当解决，补贴额逐年降低，最终实现与企业计发办法的完全并轨。三是转制后参加工作的人员，直接进入企业职工基本养老保险制度。随着事业单位体制改革的进行，还会有一部分事业单位陆续转制为企业。社会保险经办机构要研究配套办法，做好接收工作。这也是扩面工作的一个重要方面。目前，部里正在研究制定事业单位养老保险制度改革方案，各地也要组织调查研究，开展这方面的工作。

关于农垦企业参加养老保险的问题。根据征缴条例的规定，农垦企业也要参加养老保险。但是，农垦企业在人员结构、从业方式、收入分配等方面有其自身特点，有些还有安置归侨、屯垦戍边等特殊任务，情况比较复杂。

目前，各地可结合推进省级统筹工作，在调查研究、摸清底数、周密测算的基础上，制定切实可行的具体办法，积极稳妥地把农垦企业纳入覆盖范围。

（二）关于养老、医疗、失业三项保险费统一征收的问题

三项社会保险费集中、统一征收，是征缴条例的明确规定，是社会保险费征缴工作的重大改进，是规范管理、降低成本、减轻企业负担的重要改革措施。如果这一措施不尽快到位，必然给将来的工作造成障碍，使社会保险工作陷入被动。有的同志提出，三项保险的实施范围和缴费基数不同，管理层次和办法也不同，因此要注意解决登记、申报、缴费、管理方面的衔接问题。这个意见是实事求是的，但不能由此否定统一合并征收。在这个问题上，我们不能有任何怀疑和动摇。解决这些问题的权力和责任，主要在各地劳动保障行政部门内部，各地劳动保障行政部门要在保证业务工作正常进行的同时，对原有的征缴机构在职能、人员等方面作出相应调整，尽快实现统一征收的工作目标。

（三）关于社会保险经办机构的经费问题

征缴条例规定，社会保险经办机构所需经费列入预算，由财政拨付。一些地方反映，社会保险经办机构的工作经费不落实，不能保证正常工作需要，个别地区还出现拖欠社会保险经办机构工作人员工资的现象，在一定程度上影响了两个确保和扩面征缴工作的开展。对此，部里很重视，正在与财政部协商，准备下发一个文件，进一步强调加强社会保险基金收支两条线管理，并由各地财政部门保证社会保险经办机构的人员经费和工作经费。至于具体核拨工作，还要由各地劳动保障部门根据实际情况，争取政府的支持，与当地财政部门协商进行。各级社会保险经办机构的同志要坚守岗位，尽职尽责，力保各项工作的顺利开展。

三、需要强调的几个问题

（一）确保养老金按时足额发放，不再发生新的拖欠。今年国有企业改革进入了攻坚阶段，亚洲金融危机的影响还在持续，目前又正值政治敏感期，一些潜伏的不稳定因素冒头，我们必须保持高度的警惕。对确保养老金发放，党中央、国务院高度重视，这不仅体现在领导同志一系列重要指示和中央多次会议精神上，不仅体现在中央出台的一系列政策上，也体现在中央对地方给予了积极的资金支持。许多地区也立足自身，积极筹措资金确保发放。如今年1～4月，辽宁省从财政借款6 700万元，重庆市从地方统筹基金结余中拿出3 000万元，用于弥补煤炭下放企业养老金发放的资金缺口；吉林省先后从省统筹基金结余和中央向地方借款中拿出2亿多元，保证煤炭下放企业养老金发放。但也有个别地区，有一种依赖中央的倾向，对行业统筹移交企业和煤炭下放企业搞“封闭运行”，不仅行业与地区之间不统筹、行业之间不统筹，甚至一个行业内部的企业之间也不调剂，一有缺口就向中央要钱；还有的地区省级统筹不到位，资金调度不动，以致在基金有结余的情况下，个别市县也发生了拖欠。这些现象都不是资金问题，而是工作问题。今年3、4月重新出现的大额拖欠，是一个危险的信号。如果我们对这种反弹漠然视之，任其发展，那么近一年来全国几十万劳动保障战线同志们辛苦构筑的“确保”大堤就要毁于一旦。特别是在当前敏感时期，拖欠养老金的问题随时有可能与某些政治因素搅在一起，酿成群体性突发事件，到那时再处理将非常被动。因此，必须强调，各地要尽守土之责，眼睛向内，竭尽全力地去工作，确保不再发生新的拖欠。特别是5、6月份，要做到一分不欠，一天不拖。从近几个月的情况看，新产生拖欠的重点集中在少数地区和行业。东三省和内蒙古、安徽主要是煤炭下放企业，甘肃主要是有色企业，青海主要是水电四局和监狱管理局，有关省份的劳动保障部门要抓住这些重点，特别是近两个月，要派专人随时掌握、调度情况。对煤炭企业，已经确定了亏损补贴首先用于缴纳养老保险费的政策，为解决养老

金拖欠的最大难点找到了一条路，各有关地区一定要用足、用好这项政策，督促煤炭企业按时足额缴费，确保统筹项目内的养老金发放。

（二）尽快补发以前拖欠的养老金。从去年5月中央再就业工作会议提出确保养老金按时足额发放的任务以来，养老金按时足额发放率逐月提高，并陆续补发了部分过去的拖欠。江西、新疆兵团在4月份全部补清了历史拖欠；江苏、新疆也加大了补发力度，计划在上半年全部补清。但3、4月份又有8个省新产生拖欠2.1亿元，现在仍有1亿元未补发。同时，还有的地区反映，对过去拖欠有漏统漏报的问题。关于这个问题，要明确以下三点：第一，3、4月份新产生的拖欠未补发的，有关地区必须在5月底之前全部补清；第二，对所谓漏统漏报的历史拖欠，各地应当进行实事求是的统计，但原则上由各地区自行处理，不能以此作为向中央要求补助的依据；第三，对目前还存在的60多亿元历史拖欠，各地区要创造条件，抓紧补发。

（三）大力清理企业欠费，抓紧回收被挤占挪用基金。企业大量欠缴养老保险费问题一直很突出。据初步统计，全国欠费100万元以上的企业近5 000户，欠费1 000万元以上的企业203户，其中有1/4的企业是有资金支付能力却无故拖欠的。对于这些有钱不缴的企业，各地区要按照《社会保险费征缴暂行条例》的规定，严肃处理，绝不姑息。要层层落实清欠目标责任制，把任务分解到人，加大考核力度。对长期欠费企业，要加强稽核审查，逐户认定补缴能力，分类制定补缴计划。要建立对欠费大户的披露制度，定期向有关部门通报，必要时给予新闻曝光和行政制约。对已订立的补缴计划，要跟踪督察，常抓不懈，切实把该收的钱收上来。

截至去年年底，全国未收回被挤占挪用的养老保险基金还有53.6亿元。按照国务院关于全部收回被挤占挪用基金的要求，部里下达了回收指标。各地区做了很多工作，加大了回收力度，但目前进展情况还不理想。按照回收计划，一季度应回收14.5亿元，实际只回收6.8亿元，仅完成计划的47%。天津、内蒙古、江西、河南、西藏、宁夏6个省份超额完成了计划，而有的省份则是一分钱也没收回来。各地劳动保障行政部门要进一步加强对回收工作的领导，一把手要亲自抓，必要时要请政府领导出面，尽早完成回收任务。自去年底基金监督电话开通以来，部里共接到举报挪用社会保险基金的电话60个，大部分是举报挪用养老保险基金的，其中有过去挪用的，也有新挪用的，经初步查证基本属实。各地对举报电话要高度重视，认真查处，做到件件有结果。对新发生的挪用基金案件，要尽快调查、结案，并对有关责任人进行严肃处理。

（四）继续做好行业统筹移交地方管理的后续工作。行业统筹移交地方管理后，各地区和行业主管部门积极配合，认真落实有关政策措施，进展比较平稳。今年是移交后磨合的关键一年，各地劳动保障部门要认真履行职责，保证移交后的各项工作顺利进行。

一是要搞好行业费率调整。要严格执行国务院28号文件，慎重稳妥地进行。到目前为止，已有28个省份上报了调整方案，我们都及时作出了批复。没有上报调整方案的三个地区要抓紧上报。需要强调的是，已经劳动保障部和财政部批复的方案，各地要认真执行，不能有任何偏差，以免影响移交工作的大局。

二是要认真核实基金缺口。行业统筹移交后，对少数省份的基金缺口问题，劳动保障部和财政部已给予了很大支持，对今后几年的基金缺口问题也正在研究。但是，有些省份在没有充分考虑核定统筹项目、调整企业费率和清理提前退休的情况下，也未经认真核实，即上报了较大的基金缺口，要求中央给予解决，这是不可取的。有关省份一定要把工作做细，实事求是地反映问题，以便中央决策。

三是要尽快完成审计工作。3月底，对原中央主管部门行业统筹结余基金的审计工作已经完成，并向国务院报送了审计结果。按两部一署的要求，行业统筹省级主管部门的审计应于5月底结束。各地劳动保障部门要积极配合审计部门开展工作，尽快进行分析和汇总，全面摸清情况，搞好结余基金移交，为下一步工作打下基础。

四是要纠正“封闭运行”。行业统筹移交直接纳入省级统筹，这是中央的要求，也是深化养老保险制度改革的方向。但有些省份仍在搞封闭或半封闭运行，行业很有意见，不仅影响了确保养老金发放，在一定程度上也影响了劳动保障部门的形象。各地一定要高度重视此事。在下一步扩面调研和检查中，要把这个问题作为重要内容，对工作不力的要给予通报批评并限期改正。

（五）严格清理企业职工提前退休，加强退休审批管理。在今年1月全国会议和国办发10号文件中，国务院要求各地4月底完成清理工作。根据国务院的要求，我部在3月份下发文件，要求各地5月10日前将清理结果报告部里。据了解，目前山东、广东清理工作进展较快，江西、江苏、湖北等省的清理工作已经开始。但有一些省只转发了文件，强调各种困难，没有真正动起来。同志们想一想，在去年下半年确保养老金发放时，各地都反映企业特别是行业统筹移交企业违规大量办理提前退休，致使养老待遇得不到控制，增加了养老基金支付压力，影响了确保养老金的发放。我们根据大家的意见，做了认真研究，并提请国务院下发了清理违规提前退休的文件。现在文件下发了，个别地方却又不认真执行，这种态度是不端正的，不严肃的，必须纠正。会后，各地要调整清理工作的部署，加大工作力度，按照国务院文件和部里规定认真做好清理违规提前退休工作。同时，要做好细致的解释工作，不能由此引发不稳定因素。清理结果请尽快报告我部，以便汇总向国务院作出报告。

（六）进一步加强统计报告工作。部里已建立了月报通报制度，这是掌握全局、科学决策的需要，也能为各地提供重要的信息。从目前执行情况看，一些地区报送数据不够及时，不够准确，要尽快改进。在做好养老保险数据统计和调度的同时，还要注意做好失业保险扩面征缴情况和医疗保险制度改革进展情况的统计工作。特别是对于一些突发性重大事件，如集体上访等，要在报告当地政府的同时，及时向部里报告。各地劳动保障部门要主动开展工作，努力把矛盾解决在当地、解决在基层、解决在萌芽状态。

同志们，扩大基本养老保险覆盖面、加强基金征缴工作，时间紧，任务重，要求高。我们要按照党中央、国务院的要求和巩固两个确保工作会议的部署，振奋精神，扎实工作，按时完成四五六工作目标，为巩固两个确保奠定坚实的基础，为维护社会稳定作出新的贡献。

在全国劳动和社会保障工作会议上的讲话

劳动和社会保障部副部长　王东进

（1999年1月14日）

根据部党组的安排，我就建立城镇职工基本医疗保险制度，推进工伤、生育保险和农村社会养老保险工作讲几点意见。

一、贯彻落实全国医改工作会议和《决定》精神，确保年内基本完成建立城镇职工基本医疗保险制度的任务

今年，各级劳动保障部门的一项重要任务，就是要按照全国医改工作会议和《国务院关于建立城镇职工基本医疗保险制度的决定》要求，年内在全国基本建立城镇职工基本医疗保险制度。为了确保这项任务的顺利完成，要着力抓好以下几个方面的工作：

第一，认真学习《决定》精神，把思想认识进一步统一到中央部署上来。建立城镇职工基本医疗保险制度，是关系职工切身利益，关系改革、发展与稳定的大事。各级劳动保障部门要认真学习、深刻领会党中央、国务院关于医疗保险制度改革的重要指示，全面理解和正确把握《决定》精神，充分认识这项改革的重要性和紧迫性，明确改革的任务和基本思路，坚持改革的原则和指导思想，把思想和行动统一到中央精神和工作部署上来。全国医改工作会议召开之后，大部分地区都已积极行动起来，认真贯彻落实会议精神，积极稳妥地开展各项工作。据了解，已有近20个省市及时召开了贯彻全国医改会议和《决定》精神的会议，成立了由省政府主管领导同志负责、有关部门参加的医疗保险制度改革领导机构，绝大多数省市正在着手制定医疗保险制度改革总体规划，并指导各地市制定改革实施方案。还没有开展工作的省份，在这次会议之后要尽快行动起来。要积极主动向党委、政府汇报党中央、国务院的有关精神和要求，做好医改的各项基础工作。

为了使劳动保障系统的负责同志能够全面准确地把握医改的方针和政策，《决定》下发后，我部及时举办了劳动保障厅局长和业务骨干医改培训班，收到了较好的效果。各地也要抓好学习和培训工作。同时，要高度重视有关方针政策的宣传和解释工作。部里正在拟定宣传提纲，各地要运用各种新闻媒体，切实加强宣传，深入细致地做好思想政治工作，使各级领导和广大职工都能正确认识医疗保险制度改革的目的、意义，了解改革的政策，自觉地参与和支持这项改革。

第二，制定好配套文件，确保《决定》精神贯彻落实。为了确保全国医改会议和《决定》精神的贯彻落实，部里已经研究起草了基本医疗保险定点医疗机构、定点药店、药品目录管理办法，将在进一步征求各地和有关部门意见的基础上，进行修改完善后尽快下发。同时，正在会同有关部门抓紧研究制定基本医疗保险药品目录、诊疗项目、医疗服务设施标准

等配套文件，研究落实属地管理、国家公务员医疗补助、特定行业企业补充医疗保险管理的具体办法。另外，还配合有关部门制定关于医疗机构改革、发展社区卫生服务、药品流通体制改革等有关文件。这些文件成熟一个，出台一个。这次改革的一个特点，就是大的政策统一，具体办法因地制宜，给了各地区从实际出发，进行探索创造的空间。因此，各地要积极主动地按照《决定》要求和陆续出台的配套文件，研究制定适合当地实际的具体政策和办法。

第三，从实际出发，制定好改革的总体规划和实施方案。各省、自治区、直辖市劳动保障部门要在政府的统一领导下，抓紧制定医疗保险制度改革总体规划。总体规划应明确改革目标、实施步骤、组织领导、时间进度、工作要求等。统筹地区在制定实施方案时，要根据《决定》和总体规划的要求，认真做好调查研究、摸底测算、科学论证、政策协调工作。制定总体规划和实施方案，要走群众路线，做到科学决策。总体规划和实施方案既要符合《决定》的原则和政策，又要适合当地的实际，既要科学严谨，又要简便易行，要特别强调不能盲目攀比保障水平。根据《决定》的工作部署，各省、自治区、直辖市的总体规划要在今年3月底以前完成，并报劳动保障部备案；各统筹地区的实施方案要在9月底前报省、自治区、直辖市审批后出台；年底前，各地的实施方案都要开始组织实施。达到上述要求，时间紧、任务重，各地劳动保障部门要发扬去年以来抓“两个确保”那样的劲头和精神，认真抓好医改工作。

第四，切实注意把握好几个政策问题。各地在制定医改总体规划和实施方案过程中，要特别注意把握好以下几个政策问题：

一是合理确定用人单位缴费率。基本医疗保险水平与我国社会主义初级阶段生产力发展水平相适应，是建立职工基本医疗保险制度的一项重要原则。是否坚持了这一重要原则，最终要体现在缴费率上。用人单位缴费率的确定，一方面要切实考虑财政、企业和职工的实际负担能力，使绝大多数单位特别是困难企业都能够参加基本医疗保险，另一方面也要切实保障职工的基本医疗，特别是要能够抵御大病医疗风险，保证基本医疗保险基金收支平衡、略有结余，当然也要防止统筹基金过度结余。

用人单位缴费率的测算办法，一般可按统筹地区前三年财政和企业实际医疗费支出占职工工资总额的比例测算。在计算财政和企业实际医疗费支出时，应扣除离休人员、老红军、二等乙级以上革命伤残军人、普通高等院校在校学生、企业职工供养直系亲属等人员医疗费用，企业工伤、生育医疗费用以及企业医疗机构经费等。用人单位缴费率原则上不能超过6%。测算在6%以内的，应按实际测算结果确定，不能攀比；少数地方医疗消费水平较高，财政和绝大多数企业又有承受能力，确需超过6%的，须严格按程序经省、自治区、直辖市劳动保障部门和财政部门严格把关、审核后，报省、自治区、直辖市人民政府批准。

二是建立基本医疗保险统筹基金和个人账户。这是《决定》提出的一个重要原则，必须坚持。无论是新建立基本医疗保险制度的地区，还是原来实行大病统筹、住院保险的地区，都要按照《决定》的要求，建立基本医疗保险统筹基金和个人账户。统筹地区单位缴费划入个人账户的总比例应控制在30%左右，具体比例由各地根据统筹基金和个人账户的支付范围，在保证统筹基金收支平衡的前提下确定。具体划入每个职工个人账户的比例，应考虑年龄等因素确定不同档次，以本人工资收入为基数划入，年龄越大比例越高。退休人员也要建立个人账户，一般以退休人员养老金为基数，按不低于职工个人缴费和用人单位缴费划入个人账户部分之和的比例，由单位缴费划入。

三是明确统筹基金和个人账户的支付范围和管理办法。个人账户主要支付小额或门诊医疗费用，也可用于统筹基金支付中的个人自付部分。个人账户可以结转使用和继承，一般不得提取现金。职工本人因工作调动，个人账户应随工作关系一并划转，继续使用。统筹基金主要支付大额或住院医疗费用。统筹基金和个人账户支付范围可以按门诊和住院划分，可以按发生医疗费用的数额划分，也可以按病种或结合上述两种方式划分。

四是合理制定统筹基金起付标准、最高支付限额以及起付标准以上、最高支付限额以下统筹基金的支付比例，保证统筹基金的收支平衡。

统筹基金的起付标准是指统筹基金支付范围内先由个人账户或个人自付的医疗费用额度。采取按门诊和住院划分统筹基金和个人账户支付范围的，可按一次住院医疗费用的一定金额制定起付标准；采取按费用或病种划分统筹基金和个人账户支付范围的，可按年度医疗费用的一定金额制定起付标准。起付标准原则上控制在当地职工年平均工资的10%左右。

最高支付限额是指一个年度内统筹基金所能支付的医疗费用最高限额，超出统筹基金最高支付限额的医疗费用不得从统筹基金支付。最高支付限额原则上控制在当地职工年平均工资的4倍左右。

第五，认真搞好医疗医药体制配套改革，加强医疗服务管理。各地要认真落实李岚清副总理在全国医改工作会议上关于医疗医药体制改革的重要指示精神，主动配合有关部门，积极推进医疗医药体制改革。

一是加强对提供基本医疗保险服务的医疗机构和药店的定点管理。选择定点医疗机构和定点药店，要引进竞争机制，促进医疗机构和药店合理竞争，提高服务质量和降低服务成本；促进医药卫生资源的优化配置，提高医药卫生资源利用效率；综合与专科兼顾，中医与西医并举，方便参保人员就医。各统筹地区劳动保障行政管理部门要制定定点医疗机构和定点药店的资格审定办法，对于严重违反规定的定点医疗机构和定点药店，要取消其定点资格。社会保险经办机构要根据需要和管理的能力合理确定定点医疗机构和定点药店，并通过签订有关合同，明确双方的责任、权利和义务。

二是制定科学合理的费用结算办法，加强医疗费用支出管理。各地要本着合理控制费用、方便结算等原则，在综合考虑基本医疗保险水平、医疗成本控制水平以及管理水平等因素的基础上，研究制定适合本地的医疗费用结算办法。

三是积极参与和配合卫生、药品、经贸等部门搞好医药卫生体制改革。

第六，强化基本医疗保险基金征缴和管理。各统筹地区的社会保险经办机构应完善征缴办法，改进征缴手段，下大力气做好基金的征缴工作，采取灵活多样的措施，保证医疗保险基金及时、足额征缴到位。基本医疗保险费不能减免，任何单位和个人不得以任何理由拒缴、拖欠或通过瞒报工资总额等手段少缴基本医疗保险费。对于拒不缴纳基本医疗保险费的用人单位，社会保险经办机构可以冻结从统筹基金中向该单位的职工支付医疗费，但个人账户仍可以按规定继续使用。

基本医疗保险基金应纳入财政专户管理，实行“收支两条线”。要及时按规定划转和结算，保证基金的及时足额支付。要建立统筹基金超支预警报告制度。当统筹基金出现超常支出时，社会保险经办机构要认真分析原因、研究对策，并及时向同级劳动保障行政管理部门报告。必要时，劳动保障部门要向统筹地区人民政府汇报。

第七，既要切实保障有关人员的医疗待遇，又要加强医疗费用管理。各地在医疗保险制度改革中要切实保障离休人员、老红军的医疗待遇，提高服务水平，同时要加强费用管理。离休人员、老红军的医疗经费应按上一年实际支出医疗费用核定，由财政拨付或企业缴纳，医疗经费不足支付时，由同级人民政府帮助解决。离休人员和老红军的医疗管理办法由各省、自治区、直辖市人民政府决定，可实行由统筹地区社会保险经办机构统一管理，资金单独列账，也可由政府指定的部门管理。无论由哪个机构管理，都要加强医疗费用支出管理，厉行节约。

二等乙级以上革命伤残军人的医疗费按上一年实际支出医疗费用核定，资金由原渠道解决，医疗经费不足支付时，由各统筹地区人民政府帮助解决。二等乙级以上革命伤残军人的医疗费由社会保险经办机构单独建账，统一管理。

要切实解决国有企业下岗职工的基本医疗保险待遇。各地再就业服务中心要按当地上年度职工平均工资的60%为基数为下岗职工缴纳单位和个人应缴纳的基本医疗保险费。社会保险经办机构要按当地基本医疗保险的统一政策给予国有企业下岗职工基本医疗保险待遇。

目前享受公费医疗的普通高等院校在校学生的医疗经费，仍由财政部门按规定标准拨付，由学校管理，也可由社会保险经办机构代管。职工供养直系亲属的医疗费，仍按现行办法解决。

第八，加强领导，健全机构。各地要加强对医疗保险制度改革的领导，健全组织管理机构。鉴于地方机构改革尚未开展，要按中编办8号文件精神，先把医疗保险的管理职能统一起来，把机构建起来。不能马上成立正式机构的，可以搞一个临时机构，把医改工作先抓起来。特别是地市一级承担着实施医疗保险制度改革的重要任务，必须做到医改的机构、人员到位。劳动保障部门要认真负起责任，从事医疗保险管理的干部要振奋精神，锐意进取，尽快进入角色，在实践中增长才干，不断提高政策水平和业务素质。

为了有重点地加强对各地工作的检查、督促和指导，部里初步确定要在全国范围内选择20个左右的城市或地区作为重点联系单位，从方案制定到实施，以及实施后的运行监测和评估进行重点指导和联系，以便及时了解和解决地方在医改中的重点和难点问题，收集整理和分析各种数据，及时总结新鲜经验，以点带面，推动各地医改工作。各省、自治区、直辖市也要选择本省的一些地市作为医疗保险制度改革的重点联系单位，充分发挥重点联系城市的引导、带动、示范和辐射作用，确保医疗保险制度改革工作健康、有序地顺利推进。

在建立城镇职工基本医疗保险制度的实践中，肯定还有许多始料不及的困难和问题，必须及时加以研究解决。对各地医疗保险制度改革方案的制定和实施，改革的实践经验和重要信息等，要通过适当方式及时进行交流，以便各地相互借鉴，取长补短，共同推进这项工作。部里初步确定在今年上半年和下半年分片召开座谈会和经验交流会，为各地相互交流和借鉴经验创造条件。

二、稳步推进工伤、生育保险制度改革和农村社会养老保险工作

第一，关于工伤保险工作，今年重点是研究、修订和完善工伤保险的改革方案和有关政策。职工工伤保险制度在保障职工基本权益，促进安全生产等方面发挥着重要作用。各地要从完善工伤认定条件、保障范围、处理程序和报告统计、劳动能力鉴定标准等方面入手，完善工伤保险制度，健全劳动鉴定组织和管理制度，形成以差别费率和浮动费率促进安全生产的机制。今年，我部要在收集汇总各地区和有关部门在执行《工伤保险试行办法》中的问题及意见，有针对性地到重点城市调研，在此基础上，研究制定“城镇职工工伤保险实施办法”。同时，还要研究制定“劳动能力鉴定标准”和“工伤保险差别费率”，提出机关、事业单位纳入统一的城镇职工工伤保险的意见。各地也要加强调查研究，总结经验，完善办法，推动工伤保险工作健康发展。

第二，关于生育保险工作，重点是规范生育保险政策，努力扩大生育保险覆盖面。各地要认真贯彻落实《中国妇女发展纲要》和《关于印发中国妇女发展纲要目标职责分解书实施计划的通知》精神，把生育保险制度改革列入议事日程。部里要在原《企业职工生育保险试行办法》的基础上，认真总结各地生育保险改革的经验教训，争取在年内出台部颁《城镇职工生育保险办法》，统一全国生育保险基本制度。各地要继续稳步推进生育保险制度改革，对没有开展生育保险的城市，要提出覆盖计划和工作进度安排，报劳动保障部备案；已经开展生育保险的城市，要认真总结经验，逐步规范办法，搞好与职工医疗保险制度的政策衔接。各地劳动保障部门要强化服务意识，努力提高社会化管理服务水平，切实保障女职工生育期间的基本医疗保健需求。

第三，关于农村社会养老保险工作，主要是理清思路，突出重点，加强基金管理，做好交接工作。强调以下几点：

一是明确农村社会养老保险的工作思路。农村社会养老保险是整个社会保障体系的重要组成部分。部里在去年深入调查研究的基础上，要研究拟定《关于积极稳妥推进农村社会养老保险工作的指导意见》。总的指导思想是：继续在经济条件较好的地区和有稳定收入的人群，积极稳妥地推进农村社会养老保险工作；进一步完善个人账户制度和储蓄积累的筹资模式，建立与之相适应的管理体制和基金运行机制，逐步完善各项配套政策。

二是坚持因地制宜、分类指导、突出重点、稳步推进的工作方针。我国农村地域广阔、情况复杂，经济发展不平衡。因此，农村社会养老保险工作必须根据不同情况采取不同的推进方式。对于富裕地区和富裕群体，争取做到广覆盖，建立较为规范的农村社会养老保险制度；对于中等富裕地区和温饱群体，坚持政府组织引导和农民自愿参加相结合，逐步扩大覆盖面；对欠富裕地区，在条件较好的乡村和群体，开展社会养老保险工作，未解决温饱问题的农民暂不参保。在组织实施上突出“两个重点”：重点人群，即乡镇企业职工和其他有稳定收入人员；重点地区，即东南沿海、城乡结合部和其他富裕地区。特别是乡镇企业职工，收入相对稳定，有一定集体补助，今后相当一段时间，开展乡镇企业职工养老保险将是农村社会养老保险工作的重点。今年，我们将研究制定乡镇企业职工养老保险的具体管理办法。

三是加强基金管理，确保基金安全。农村社会养老保险基金管理好坏关系到农村社会养老保险工作的成败。因此，各地要把管理好农保基金作为农村社会养老保险管理工作的核心，切实管好、用好，绝不能出问题。部里将着手研究制定农村社会养老保险基金的管理办法，修订财务会计制度。目前，基金只能用于买国债、存银行，不得用于拆借、担保或抵押，不得用于直接投资。任何部门和个人不得平调、挪用、截留基金。在基金监督方面，要建立行政监督、财务审计监督和社会监督相结合的监督体系。各地要在当地政府领导下，成立由政府有关部门及参保人代表和社会公众代表参加的基金监督委员会，切实履行监督职能，确保基金安全和完整。

四是切实做好农村社会养老保险的交接工作。各地劳动保障部门要继续认真贯彻劳动保障部和民政部《关于机构改革期间切实做好农村社会养老保险工作的紧急通知》精神。在地方机构改革过程中，劳动保障部门的同志一定要从全局出发，与民政部门积极配合，共同做好农村社会养老保险管理交接工作。基金交接要做到账目清楚、无误，保证基金不流失和账、表、卡、册的完整，人员交接按有关规定执行。总之，要做到机构改革期间工作不断、思想不乱、队伍不散、档案不丢、基金和国有资产不流失，确保农保工作扎实有效、健康有序地向前发展。

再接再厉　知难而进
积极稳妥地推进医疗保险制度改革

——在全国城镇职工医疗保险制度改革经验交流会上的讲话

王东进

（1999年11月3日）

在全国深入学习贯彻党的十五届四中全会精神之际，我们召开这次经验交流会议。通过交流和讨论，大家对医疗保险制度改革的必要性、紧迫性和重点、难点问题有了更深的认识，进一步增强了积极稳妥地推进医疗保险制度改革、加快建立社会保障体系的信心和决心。与会代表一致反映，这次会议开得非常及时，也十分必要。下面，我根据会议交流和讨论的情况，讲几点意见。

一、正确估价成绩，认真总结经验，正视存在问题

今年以来，在党中央、国务院的领导下，各级党委、政府高度重视医疗保险制度改革工作，坚决贯彻落实《国务院关于建立城镇职工基本医疗保险制度的决定》（国发〔1998〕44号，以下简称《决定》）精神，召开各种会议研究部署工作，开展了大量的调研、测算等基础性工作，积极组织制定改革总体规划和实施方案。部里今年初确立了“内抓配套，外抓推动”的医疗保险制度改革工作方针，并将医疗保险和“两个确保”、征缴扩面一起作为部里的三项重点工作。下半年又及时将工作重点转移到“督促实施方案出台，指导重点联系城市，解决重点、难点问题”上来，进一步加大了对全国各地城镇职工医疗保险制度改革的指导和推动力度。左已部长和其他几位部领导，都高度重视医疗保险制度改革工作，多次深入各地调研指导。

经过上下共同努力，全国医疗保险制度改革工作取得积极进展。主要表现在：一是绝大部分省份完成总体规划。到目前，除吉林、浙江、西藏、青海的总体规划正在报批外，其他24个省份的总体规划已经出台。3个按要求可不搞总体规划的直辖市中，北京市的实施方案已经市政府原则通过，天津市已拿出实施方案初稿。二是各统筹地区加快了制定实施方案的工作步伐。目前，在全国346个地级以上统筹地区（不含京、津、沪3个直辖市）中，27个统筹地区已出台实施方案并正式运行，约占8%；50个统筹地区的实施方案已经省政府审批，正在准备组织实施，占15%；69个统筹地区实施方案已上报省政府，占20%；163个统筹地区已拿出实施方案正待上报，占47%；37个统筹地区正在制定实施方案，占10%。三是各级医疗保险管理体制正在逐步理顺。目

前，已有21个省份基本理顺了省级医疗保险管理机构，占全部省份的67.8%；已经完成职能划转的地市有206个，占全部地市的60.1%。四是我部会同有关部门于今年6月底前按计划出台了《城镇职工基本医疗保险定点医疗机构管理暂行办法》等6个配套文件，以及铁路系统职工异地集中参加基本医疗保险的意见。五是各级劳动保障部门普遍开展了宣传、培训工作，增加了社会各界对医疗保险制度改革工作的理解和支持，全面提高了劳动保障系统干部队伍素质。部里举办了4期培训班；大部分省份举办了2~3期培训班，每个省参加培训的人员约300人。

今年各项劳动保障工作任务十分繁重，医疗保险制度改革难度又很大，地方医疗保险的管理体制刚刚开始理顺，机构不健全，许多同志接触这项工作时间不长，因此，目前的进展确实来之不易，各级劳动保障部门的同志付出了艰辛的努力。特别是一些地区在开展这项工作中创造了一些好的经验，值得很好地总结和推广。归纳起来，工作开展较好、进展较快的地区主要有五条经验：

第一，认识到位，领导重视。从大家汇报和我们调研的情况看，各地党政领导对医疗保险制度改革都是重视的。搞得好的省市，往往都是党政主要领导认识透彻，政策把握准确，工作抓得紧。许多省市一把手不单单是简单过问一下，而是亲自抓，亲自协调，敢于决策拍板。合肥、青岛、株洲、孝感等一些城市的市委书记、市长，对医疗保险制度改革意义的认识和政策理解非常深刻，并亲自主持研究实施方案。从各地前段工作情况看，只要党政主要领导重视了，亲自抓了，工作开展得就比较扎实，进展也快。领导同志能否重视这项工作，与劳动保障部门同志自己认识是否到位、政策是否吃透，思路是否清楚有很大关系。

第二，机构健全，人员精干。从全国绝大多数地区的实践情况看，凡是医疗保险机构统一、体制理顺、人员到位的地方，工作开展就比较好，改革进展就相对较快；反之，凡是体制尚未理顺、人手少的地方，开展工作的难度就很大，进展不理想。像广东、湖南、黑龙江、福建、陕西、四川等一些工作进展比较快的省份都是由于比较快地理顺了省级医疗保险管理职能，配备了精干工作人员。这些地方劳动保障部门的领导特别是分管领导从接手这项工作以来，下功夫钻研有关政策和业务知识，经常深入到各市县进行调研，及时向政府有关领导汇报情况，积极与各有关部门协调，不少同志连节假日都不休息，做了大量的工作。从事医疗保险业务的干部，都是来自劳动、卫生、体改等部门的优秀人才，业务素质高，工作进取意识强。可以说，理顺医疗保险管理职能和机构，不拘泥于本单位、本部门广纳贤才，是保证医疗保险制度改革工作顺利进行的一个重要条件。

第三，吃透精神，结合实际。能否准确把握医疗保险制度改革的基本原则和主要政策，是推进这项改革的关键。很多省市在这方面做到了既坚决贯彻《决定》精神，又真正从当地实际出发，实事求是地制定改革方案，积极探索建立新制度的具体实现途径，因地制宜地解决客观存在的现实问题。如威海、盐城、孝感等原医疗保险制度改革试点城市，针对原试点办法存在的问题，坚决按《决定》精神划分统账支付范围，先从理顺机制入手实现制度并轨；在筹资比例上则考虑政策的连续性，采取逐步到位的办法。调整的实际效果是明显的，实现了当期统筹基金的收支平衡，也保证了新旧制度的平稳过渡，各方面反映较好。再比如在统筹层次问题上，很多地方坚持“宜市则市、宜县则县”，但在市本级范围内坚持实行一个统筹单位。

第四，宣传培训，工作扎实。医疗保险是一项新事、难事、敏感事，没有社会各界的理解支持很难搞成功。一些进展较快、工作扎实的省市，在这方面都做得比较好。如四川、湖北等省，利用各种新闻媒体进行宣传，争取社会各界和广大职工的理解支持。同时，多数省份劳动保障部门认真抓了广大干部的学习和培训，除积极组织参加部里的培训外，还对市县劳动保障系统内的干部进行培训。河北等地还组织了市县领导干部和医疗机构人员的培训。许多省市组织专门人员到一些原试点城市学习了解医疗保险制度改革与运行管理中好的做法，及时总结经验教训。南昌、成都两市还就本市的实施方案邀请有关省会城市和副省级城市劳动保障部门同志进行论证，并就省会城市如何积极稳妥地制定医疗保险制度改革实施方案和推进改革工作进行专题研讨。这些做法都为制定好本地改革方案，研究制定政策，以及组织实施奠定了良好的基础。

第五，突出工作重点，狠抓基础工作。北京、广东、福建、安徽、黑龙江、新疆等地，在坚持总体规划、全面推进的同时，突出工作重点，狠抓基础工作。如北京市在研究制定实施方案时，抓住了企业职工参保、中央单位属地管理、医疗照顾人员待遇等重点问题进行专门调研，提出解决办法。一些省市在研究实施方案阶段，就着手研究制定各项配套措施，在政策制定基本成熟时又立即开始组织实施的准备工作。还有一些省市在研究基本医疗保险制度的同时，从建立多层次医疗保障体系入手，研究提出了解决超封顶线费用、离休干部等有关人员医疗待遇保障、补充医疗保险等办法及具体的管理措施。这些工作一环扣一环，基本上做到了合理安排、三位一体、交叉进行、整体推进。在制定或调整方案时，一些地方反复征求政府各有关部门、人大、政协、工会、企业、医疗机构的意见和老干部的意见，形成推动医疗保险制度改革的强大合力和良好的社会舆论环境。

在肯定成绩、总结经验的同时，也应该看到，当前全国医疗保险制度改革的总体进展与国务院的要求还有差距，各地改革进度很不平衡。有少数省份至今未出台总体规划，制约和影响了本省各统筹地区工作的开展。全国相当一部分统筹地区的实施方案还仅仅停留在讨论阶段，有的虽已出台了实施方案，但相关的配套政策和办法的制定还没有跟上，实施的准备工作包括一些必要的基础工作也还没有着手进行。一些地区工作滞后的原因是多方面的，有客观因素，但主要还是这些地区同志的认识和工作没有到位。有的同志只强调医疗保险制度改革有这样那样的困难和特殊性，对改革必要性、紧迫性认识不足，对国务院决定已经明确的原则性、政策性问题理解不透、把握不准，对执行中央决定不够坚决，对当地的情况也没有作深入细致的了解和分析。有的同志工作上缺乏积极主动精神，责任感和使命感不强；向领导请示、汇报不够，争取不到党政领导的强有力支持；与其他部门协调不够，没有统筹考虑方案、配套与实施三位一体的工作安排，整体推进力度不够。今年上半年各省主要集中精力制定总体规划，直到第三季度多数统筹地区才开始着手制定实施方案，但也没有统筹考虑整个改革工作。一些省份至今没有理顺医疗保险管理体制，职能未划转，只是成立临时机构，抽调临时人员，人心不稳，责任心不强。有些省份采取医疗保险制度改革领导小组的方式，但也不能很好地发挥作用，名义上有几个主要领导管，但到决策时，谁也不作主，谁也难作主。有些统筹地区实施方案报到省里几个月，因为责任不清，迟迟不能批复。此外，上下、左右工作信息沟通不畅，部里难以及时掌握全面情况，有些地区反映得不到及时指导，一些好的经验得不到及时交流。

二、认真学习贯彻党的十五届四中全会精神，正确把握医疗保险制度改革的原则和政策，切实研究解决当前制度建设和管理中的突出问题

（一）按照全面推进社会保障体系建设的要求，加快医疗保险制度的改革步伐。四中全会的决定多处涉及到劳动保障工作，其中有两项特别突出和紧迫的任务，就是建立以市场为导向的就业机制和独立于企业之外的社会保障体系。这是推进国有企业改革，实现政府职能转变，保障职工权益，维护社会稳定的重要举措。建立独立于企业之外的社会保障体系，主

要包括三个方面的内容：建立互助共济的社会保险制度，保护职工基本权益；社会保险管理服务实行社会化，剥离企业社会负担，提高企业特别是国有企业的竞争能力；切实转变政府职能，抓好社会保障和公共事业建设，维护社会稳定。医疗保险是社会保障体系的重要组成部分。按照中央的总体部署，必须对原来分散在各单位的公费、劳保医疗制度进行改革，建立互助共济的社会医疗保险制度，提高社会化管理服务的水平。改革开放以来，我国已经逐步统一了企业基本养老保险制度，普遍建立了失业保险制度，近两年又逐步建立完善了基本生活保障制度。相比而言，医疗保险制度改革起步较晚，已经不适应当前市场经济体制建设、国有企业改革和保障职工基本医疗需求、维护社会稳定的需要。因此，加快医疗保险制度改革，是当前建立社会保障体系的紧迫而重要的任务。在工作中要注意解决以下三个思想认识问题：

一是建立新的基本医疗保险到底是保障还是降低职工基本医疗待遇。这个问题在试点时就有不同看法，一些同志担心改革后医疗待遇要下降。有这种担心的同志主要是享受公费医疗的干部和效益好的企业职工，包括领导干部。从去年国务院发出《决定》以来接到大量的群众来信和我们到各地调研听到的反映看，广大职工是欢迎这项改革的，认为改革能够解决他们的基本医疗保障问题，他们也迫切希望尽快实施。一些同志提出改革会降低医疗待遇，只是把眼光盯在公费医疗的少部分人群，而没有看到缺医少药的广大职工。事实上现在很多地区劳保医疗已经名存实亡，公费医疗在许多市县也已经难以维持。我们搞医疗保险制度改革的目的就是保障绝大多数职工的基本医疗。在此基础上，公务员可以享受医疗补助(包括对医疗照顾人员的照顾)，此外还有企业补充医疗保险、大病医疗救助和商业医疗保险解决基本医疗保险之外的医疗需求。因此，对原来待遇高的人群也不会降低医疗待遇。

二是建立新的基本医疗保险制度到底是降低还是增加企业负担。这是企业普遍关心的问题。实行医疗保险制度改革，从总体上并没有增加企业的经济负担，同时还会大大减轻企业社会事务负担。这里有一个转变观念的问题。事实上，任何一项改革都涉及利益格局的调整，医疗保险制度改革也是如此。搞社会共济的直接结果就是有的单位贡献，有的单位受益，现在贡献的单位将来也会成为受益的单位。随着我国各项社会保险制度的逐步建立，这种观念已经被多数企业领导人所接受，多数企业也从改革中尝到了甜头，但还有部分企业领导人的观念没有转变过来，需要在加大改革力度的同时做好宣传工作。

三是建立新的基本医疗保险制度到底是有利于还是不利于维护社会稳定。社会保险是市场竞争的减压阀、稳定器、安全网，是社会稳定的重要保障，这本来是大家的共识。但在推进医疗保险制度改革过程中，有一些地区的同志思想又糊涂了，担心原来待遇高的单位和职工受影响，担心效益差的企业参保后缴不了费而使政府背包袱，担心将基本医疗保险的责任从企业拿到政府后而政府又兜不住。说到底，是想把矛盾捂在企业，怕担责任。事实上这个责任就是政府的责任，推也推不掉。近几年来由于企业拖欠职工医疗费已经潜伏了很大的社会不稳定因素。这个问题不解决，最终会影响社会的稳定。

上述这些认识问题不是空穴来风，这些模糊认识在相当一些地区的同志中存在，特别是一些省份劳动保障厅局的领导同志也存在这样那样的想法。不解决这些思想认识问题，会严重影响医疗保险制度改革工作的推进。

（二）从减轻企业负担的角度，合理确定基本医疗保险水平。在建立基本医疗保险制度的过程中，合理确定用人单位缴费水平是能否减轻企业负担的关键。从目前各地制定实施方案的情况看，存在筹资比例偏高的现象。出现这种情况的原因是：有的同志把基本医疗保险水平等同于整个医疗保障水平，以为要通过基本医疗保险替代原有的医疗消费水平，担心缴费率太低会使医疗消费水平下降很多；劳动保障部门害怕缴费率太低基金会兜不住；原来医疗消费水平较低的地区，将6%左右的全国控制水平理解为最低的待遇水平，盲目攀比。如何合理确定基本医疗保险的缴费水平？我想主要应把握好以下三个方面：

一是把握好一个原则、一个尺度。这个原则就是用人单位缴费率切实根据财政和企业的实际承受能力而不是根据职工实际医疗费用支出来合理确定。这个尺度就是6%左右的控制标准。高的要从严控制，低的要实事求是，是多少定多少。如果盲目攀比，企业缴不起钱，反而影响支付待遇的合理确定，最终会由于基金不到位导致收不抵支。

二是着眼于以基本医疗保险为主体的多层次医疗保障体系建设，合理分解现实医疗消费需要。任何国家的社会医疗保险都不可能把职工全部医疗费用包下来，过高的医疗费用只能通过多层次的医疗保障体系来解决。在测算确定基本医疗保险的筹资水平时，一开始就要树立基本医疗保险的有限责任观念，通过建立多层次医疗保障体系来解决不同人群的医疗消费需求，不能把已经发生的所有医疗消费需求完全放在基本医疗保险中去解决。如果基本医疗保险要维持和保证现有的医疗消费水平，那就不叫什么基本医疗保险了，多层次的医疗保障体系也建立不起来。

三是立足于长远，低水平起步，逐步调整。社会保障的支出刚性是众所周知的，水平上去了就很难降下来。对已经形成的医疗费用支出，不能全部纳入基本医疗保险的支付范围；对过去发生的医疗费拖欠，也不能带到新制度来解决。对现有的医疗待遇和过去发生的医疗费用不能搞“第三个确保”。为了防止新制度建立后再发生拖欠，新制度建立之初就要把基本医疗保险水平确定在一个合理的水平上。从国内外经验看，低水平起步，逐步调整较为主动。制度建立之初水平过高，即使勉强维持，但如果财政、企业负担过重，终会走公费、劳保医疗的老路。所以，确定基本医疗保险水平要从长远出发，从低水平起步，今后随经济增长逐步调整。

（三）按照提高社会化管理水平的要求，落实属地管理原则，稳步扩大基本医疗保险的覆盖范围。社会化管理服务是社会保险的基本要求。过去养老保险搞行业统筹，个别地区搞差额拨付，所产生的矛盾和弊端至今还没有完全清除，其教训是深刻的。前些年搞大病医疗统筹，有的地方把个人账户放在企业代管，也没有实现完全的社会化管理。我去广西调研时，就有一些企业负责人提出，搞医疗保险企业欢迎，但不能政府管一块给企业留一块。根据四中全会决定精神，基本医疗保险制度从建立之初就要实现社会化管理服务，逐步创造条件提高管理服务水平。为此，要妥善处理好以下几个问题：

一是覆盖范围要在制度上体现广覆盖的原则，把城镇各类企业和用人单位都要纳入进来。在工作上要着力解决企业参保问题，探索解决困难企业参保的有效措施。但考虑到基本医疗保险尚处于新创阶段，基金承受能力底数不清，管理经验缺乏，监管调控措施不配套，因此在推进步骤上既要积极又要稳妥，根据条件逐步纳入。不能光看企业有参保的积极性，还要看它有无缴费的能力。对乡镇企业职工特别是农村户口职工和个体经济组织参保问题要特别慎重。基本医疗保险和所有社会保险一样，都要遵循权利与义务相对等的原则，不缴费就不能享受待遇。

二是坚决贯彻落实属地管理，妥善处理好省直单位属地管理问题。现在有些省份提出，对省直单位实行单独管理，主要理由是省和市的医疗待遇水平差距大，财政分级管理等。这种情况并不为省直单位所独有，在不同行业和企业都存在医疗消费水平差距大的问题，在中央企业与地方也都有财政管理体制的问题，这不应该成为不参加省会城市属地管理的理由。从实际情况看，北京市一直管理着中央单位的医疗，北京能办到的事，其他省会城市也应该办到。最近，广州、银川都明确要实行属地管理。所以，现在已经提出要实行省直单独管理的省市，请你们回去后再认真研究一下这个问题，应该执行国家的统一政策，不能因此而影响医疗保险制度改革的整体进程。

三是研究探索个人账户社会化管理的形式。少数地方提出，由于目前管理水平和管理条件有限，而个人账户管理又很复杂，现阶段个人账户可以先放在企业管理。这种做法既不符合社会化管理的要求，也没有真正减轻企业社会事务负担，在实际执行中还容易造成基金的流失，使个人账户成为空账。个人账户作为基本医疗保险的一部分，必须和统筹基金一样实行社会化管理。应当看到，实行统账分开运行后，个人账户集中管理的难度及工作量较“两江”模式大大减少了，因此，个人账户的账目和资金都应该建立在社会保险经办机构。当然，社会化管理的具体方式各地可以从当地实际出发积极进行探索。

（四）妥善解决基本医疗保险之外的医疗待遇和有关人员的医疗保障问题，保证新旧制度平稳过渡。在建立基本医疗保险制度过程中，需要积极探索多种途径解决“封顶线”以上医疗费用、效益好的企业职工较高医疗待遇、离休人员医疗资金保障和管理、少数参保人自付费用负担过重等问题。这些问题如果不能很好地解决，会增加改革的难度，不利于政策衔接。我非常赞成会上有的城市代表讲的“封顶不封路”。为满足不同层次的医疗消费需求，妥善解决基本医疗保险之外的医疗费用，就需要建立功能不同、相互衔接的多层次医疗保障体系：第一层次是基本医疗保险，主要作用是通过互助共济保障职工基本医疗权益，维持社会的稳定；第二层次是公务员医疗补助、大病医疗救助、企业补充医疗保险和商业医疗保险，主要适应部分人群、满足更高层次医疗需求，体现差别；第三层次是社会医疗救助，主要对困难群体给予必要的帮助。

各地在建立基本医疗保险制度改革中应同步考虑多层次医疗保险体系的建设，既不能像有些地方那样零打碎敲，也不能期望各项配套改革政策都完善后再考虑建立基本医疗保险制度。要围绕基本医疗保险制度的建立，通盘考虑多层次医疗保障体系建设，逐步推进和完善。

三、把握大局，再接再厉，稳扎稳打，以四中全会精神统揽和推动医疗保险制度改革工作

党的十五届四中全会决定提出要加快建立社会保障体系，这对于加快推进城镇职工医疗保险制度改革，是十分难得的机遇。我们要把思想统一到党的十五届四中全会精神上来，把握大局，再接再厉，积极稳妥地推进医疗保险制度改革工作。下面，我就做好今年后两个月和明年的医疗保险制度改革工作提几点要求：

（一）坚定信心，勤奋工作，基本完成医疗保险制度改革任务。我强调两点：一要认清形势，负起责任。医疗保险制度改革是大势所趋，势在必行，非改不可，推进这项改革的责任历史地落到了劳动保障部门，搞不好我们难辞其咎。因此，各级劳动保障部门的同志一定要把思想统一到四中全会的精神上来，全力以赴，知难而进，乘势而上。二要树立必胜信心，打消顾虑担心，扎扎实实做好各项具体工作。现在一些劳动保障部门同志最大的担心是怕收不上钱，控制不了支出。有这种思想准备是对的，可以帮助我们在制定政策和配套措施上未雨绸缪，在管理上多下功夫，但不能因噎废食，更不能没有信心。从已经实施基本医疗保险制度的统筹地区运行情况看，通过建立比较完善的制约机制，医疗费用支出是能得到有效控制的。所以我们在实际工作中要打消顾虑，放开手脚，大胆工作。

（二）理顺体制，落实机构，统一职能。理顺医疗保险管理体制是当前推进医疗保险制度的重要条件，也是各地反映强烈的问题，部里做了大量的工作。去年中编办下发了《关于省级政府劳动和社会保障及药品监督管理工作机构有关问题的通知》（中编办发〔1998〕8号）解决了省里的问题；现在中编办《对劳动和社会保障部〈关于理顺地方医疗保险管理体制有关问题的请示〉的函》(中编办函〔1998〕98号),对解决市(地)医疗保险管理职能问题明确了具体原则;当前地方机构改革正在进行,解决这个问题应该说是水到渠成。现在的关键是我们劳动保障部门的同志要多做工作,按照部里下发的《关于转发中央机构编制委员会办公室就理顺地方医疗保险管理体制问题有关问题复函的通知》(劳社部函〔1999〕184号)精神,做好职能设计、机构配置、编制职数、经费预算等方面的方案,做到自己心中有数,有理有据,积极向政府汇报,主动与编制、财政部门沟通,尽快把机构建立起来。

建立完善的医疗保险管理体制起点要高,一是医疗保障行政管理机构要统一,包括:医疗保障的行政管理机构和职能要统一归并,不能多头管理;医疗保障的人群包括离休干部要统一管理。如果这两个方面不能统一,在制度和政策上就不好衔接,容易产生部门扯皮和管理漏洞。二是要遵循政事分开的原则,行政管理与事业经办机构要分设,职能分工要明确,内设机构也要合理。三是经办机构建设要适应医疗保险的工作特点和社会化服务的工作要求,形成灵敏、高效的医疗保险管理运行机制。

(三)加快制定、审批、出台统筹地区的实施方案。要完成今年的工作任务,现在已经到了攻坚阶段。当前首先要明确省和统筹地区的责任,主要是明确“省控筹资水平、市保收支平衡”这两条,在工作中要采取抓两头、带中间。对领导重视、工作扎实、进展较快的统筹地区,要力促组织实施。对进展慢的统筹地区,要帮助解决实际问题,加强督促力度,确保实施方案的出台。要抓好统筹地区实施方案上报、审批、出台和实施这四个环节:在上报环节,该决定的事情要尽快定下来,不能久议不报;在审批环节,积极向省(区、市)里汇报工作,加快统筹地区方案的审批速度;在出台环节,方案审批后不能迟迟不出台,批而不发;在实施环节,方案出台后要尽快组织实施,否则负面影响很大。要切实缩短文件从审批、下发到组织实施的时间,不能议而不决,决而不行。通过积极工作,我们要力争在年底前确保绝大部分统筹地区方案出台,争取大多数省份年底前有3~5个统筹地区组织实施。

(四)积极稳妥地推进组织实施。医疗保险制度改革是否到位要看组织实施,成败与否也要看组织实施。所以一定要积极稳妥,周密部署。要做好组织实施,必须抓住三方面工作:一是实施前的准备工作,除了政策出台外,准备工作包括基础管理条件的准备、运行条件的准备和舆论准备。二是实施时的运行连接工作,从保险登记、缴费、基金入账、财务管理、确定定点医疗机构到医疗服务管理和费用审核结算等,要环环紧扣,不能脱节。如果衔接不好,可能引起单位、职工和医疗机构的埋怨,还可能造成基金管理失控。三是做好稳步推进工作,起步阶段可以先在某一群体实施,如北京提出先在原实行大病统筹的企业单位实施,有些统筹地区提出先在机关事业单位实施。这样做是可以的,但前后间隔时间不能过长,时间长了会出问题。同时,为保证基金调剂能力,对有条件的单位要尽可能纳入进来,对暂无条件参保的,可以积极创造条件逐步纳入。

(五)继续重视宣传、培训工作,加强医疗保险队伍建设。医疗保险政策性强,涉及广大职工和各方面利益,需要始终加强宣传和部门间协调。没有群众和各部门的理解支持,会加大工作难度。要充分利用各种新闻媒体,广泛宣传改革的意义和政策,使广大职工积极参与、支持改革。同时要做好老同志的工作,特别是解决好离退休人员、老红军的医疗保障问题,有了他们的理解和支持,我们的改革和管理就有了深厚的社会基础。开展培训工作,既是当务之急,又是长期任务。这方面各地做了一些工作,但还很不够,不能满足于办几个班、培训几批人。医疗保险事业非常复杂,为了适应这项事业不断发展的需要,就要进行长期的、深入的、系统的培训。特别是在劳动保障系统内，要层层进行培训，努力培养一批懂政策、懂管理、会操作的业务骨干，不断提高医疗保险工作队伍的整体素质和组织管理水平。

（六）着力做好基础管理和运行系统建设。我反复强调“三分方案、七分管理”。基本医疗保险制度运行好坏，关键在管理。因此，在基本医疗保险制度实施的全过程，都要十分重视基础管理和运行系统的建设。医疗保险管理运行系统主要由三部分组成：一是基本医疗保险基金管理系统，包括统筹基金和个人账户的征缴、建账、支付、监控等；二是基本医疗保险医疗服务管理系统，包括服务范围（药品、诊疗、服务设施）管理、定点医疗机构管理和结算管理；三是医疗保险信息管理系统，包括统计指标体系、信息标准化与信息系统建设、信息交换等。各地要总结其他保险项目发展的经验教训，在统计体系和信息管理系统方面必须尽可能规范、通畅，否则数据收集不上来，反馈不及时，就会对管理和决策产生不利影响。此外，还要逐步建立基本医疗保险制度专家咨询系统、社会监督系统、争议处理系统等。

（七）协调各方，配套联动，形成合力。要多向人大、政协汇报，多倾听企业、工会等有关方面的意见，争取他们的支持。要积极与财政、卫生、计划、组织、编制等有关部门沟通、交流、协调，相互配合，形成改革与管理工作的合力。要处理好与定点医疗机构的关系，既要尊重医药卫生管理的客观规律，尊重医务人员的劳动，也要向他们宣传政策，加强管理，严格按政策和协议办事。

（八）加强调查研究，及时总结经验，解决重点、难点问题。医疗保险制度改革是一项新的事业，当前整个改革还处在起步阶段，具体的管理措施还需要完善，运行中还可能出现这样那样的问题。为了积极稳妥地推进这项改革，避免少走弯路，一定要深入调研，及时总结经验教训，及时发现新情况、新问题，并研究探索解决的办法。例如，超“封顶线”以上大额医疗费用解决办法的规范和完善问题，基本医疗保险异地就诊问题，特殊人群的医疗保障和医疗管理问题，等等。

同志们，2000 年是世纪交替之年，也是“九五”计划的最后一年，做好明年的社会保障工作，对促进企业改革和社会稳定，意义十分重大。根据四中全会精神，明年社会保障工作任务十分艰巨，部里目前正在调研贯彻四中全会精神的具体思路。初步考虑，医疗保险制度改革工作在今年建制度（制定和出台总体规划和实施方案）的基础上，明年重点抓组织实施，着力从以下八个方面下功夫：推动组织实施，健全管理机构，完善配套政策，指导重点城市，解决难点问题，夯实工作基础，交流工作经验，逐步扩大范围，确保稳健运行。各省份明年的医疗保险制度改革如何搞，也要早为谋划，争取主动。今年只剩两个月了，完成今年的医疗保险制度改革任务已经到了最后冲刺阶段。在这两个月中，一些省份正在进行机构改革，一些省份正开展“三讲”教育活动，紧接着又要迎接澳门回归、世纪之交和新春佳节。希望各级劳动保障部门的同志以“三讲”教育中焕发出来的政治热情和务实精神，扎扎实实地做好后两个月的工作，圆满完成今年医疗保险制度的改革任务，为明年全面组织实施打好基础，以优异的成绩迎接 21 世纪的到来。

三、重要文件

中共中央　国务院
关于深化教育改革全面推进
素质教育的决定

中发〔1999〕9号

（1999年6月13日）

当今世界，科学技术突飞猛进，知识经济已见端倪，国力竞争日趋激烈。教育在综合国力的形成中处于基础地位，国力的强弱越来越取决于劳动者的素质，取决于各类人才的质量和数量，这对于培养和造就我国21世纪的一代新人提出了更加迫切的要求。我国正处在建立社会主义市场经济体制和实现现代化建设战略目标的关键时期。新中国成立50年来特别是改革开放以来，教育事业的改革与发展取得了令人瞩目的巨大成就。但面对新的形势，由于主观和客观等方面的原因，我们的教育观念、教育体制、教育结构、人才培养模式、教育内容和教学方法相对滞后，影响了青少年的全面发展，不能适应提高国民素质的需要。全党、全社会必须从我国社会主义事业兴旺发达和中华民族伟大复兴的大局出发，以邓小平理论为指导，全面贯彻落实党的十五大精神，深化教育改革，全面推进素质教育，构建一个充满生机的有中国特色社会主义教育体系，为实施科教兴国战略奠定坚实的人才和知识基础。

一、全面推进素质教育，培养适应21世纪现代化建设需要的社会主义新人

1．实施素质教育，就是全面贯彻党的教育方针，以提高国民素质为根本宗旨，以培养学生的创新精神和实践能力为重点，造就“有理想、有道德、有文化、有纪律”的、德智体美等全面发展的社会主义事业建设者和接班人。

全面推进素质教育，要面向现代化、面向世界、面向未来，使受教育者坚持学习科学文化与加强思想修养的统一，坚持学习书本知识与投身社会实践的统一，坚持实现自身价值与服务祖国人民的统一，坚持树立远大理想与进行艰苦奋斗的统一。

全面推进素质教育，要坚持面向全体学生，为学生的全面发展创造相应的条件，依法保障适龄儿童和青少年学习的基本权利，尊重学生身心发展特点和教育规律，使学生生动活泼、积极主动地得到发展。

2．实施素质教育应当贯穿于幼儿教育、中小学教育、职业教育、成人教育、高等教育等各级各类教育，应当贯穿于学校教育、家庭教育和社会教育等各个方面。在不同阶段和不同方面应当有不同的内容和重点，相互配合，全面推进。在不同地区还应体现地区特点，尤其是少数民族地区的特点。

实施素质教育，必须把德育、智育、体

育、美育等有机地统一在教育活动的各个环节中。学校教育不仅要抓好智育，更要重视德育，还要加强体育、美育、劳动技术教育和社会实践，使诸方面教育相互渗透、协调发展，促进学生的全面发展和健康成长。

3．各级各类学校必须更加重视德育工作，以马克思列宁主义、毛泽东思想和邓小平理论为指导，按照德育总体目标和学生成长规律，确定不同学龄阶段的德育内容和要求，在培养学生的思想品德和行为规范方面，要形成一定的目标递进层次。要加强辩证唯物主义和历史唯物主义教育，使学生树立科学的世界观和人生观。要有针对性地开展爱国主义、集体主义和社会主义教育，中华民族优秀文化传统和革命传统教育，理想、伦理道德以及文明习惯养成教育，中国近现代史、基本国情、国内外形势教育和民主法制教育。把发扬中华民族优良传统同积极学习世界上一切优秀文明成果结合起来。高等学校要进一步加强邓小平理论“进教材、进课堂、进学生头脑”工作。职业学校要加强职业道德教育。

进一步改进德育工作的方式方法，寓德育于各学科教学之中，加强学校德育与学生生活和社会实践的联系，讲究实际效果，克服形式主义倾向。针对新形势下青少年成长的特点，加强学生的心理健康教育，培养学生坚韧不拔的意志、艰苦奋斗的精神，增强青少年适应社会生活的能力。加强民族团结教育，规范国防教育，提高学生的国家安全意识，继续搞好军训工作并使之制度化。加强校园的精神文明建设，严禁一切封建迷信和其他有害于学生身心健康的活动及物品传入校园。加强共青团、少先队和学生会工作，在培养和提高学生素质方面发挥更大的作用。社会各方面要为青少年提供优秀的精神文化产品和德育活动基地，形成学校、家庭和社会共同参与德育工作的新格局。

4．智育工作要转变教育观念，改革人才培养模式，积极实行启发式和讨论式教学，激发学生独立思考和创新的意识，切实提高教学质量。要让学生感受、理解知识产生和发展的过程，培养学生的科学精神和创新思维习惯，重视培养学生收集处理信息的能力、获取新知识的能力、分析和解决问题的能力、语言文字表达能力以及团结协作和社会活动的能力。

高等教育要重视培养大学生的创新能力、实践能力和创业精神，普遍提高大学生的人文素养和科学素质。职业教育和成人教育要使学生在掌握必需的文化知识的同时，具有熟练的职业技能和适应职业变化的能力。减轻中小学生课业负担已成为推行素质教育中刻不容缓的问题，要切实认真加以解决。各级政府都要建立健全减轻学生课业负担的监督检查机制。要重视婴幼儿的身体发育和智力开发，普及婴幼儿早期教育的科学知识和方法。

5．健康体魄是青少年为祖国和人民服务的基本前提，是中华民族旺盛生命力的体现。学校教育要树立健康第一的指导思想，切实加强体育工作，使学生掌握基本的运动技能，养成坚持锻炼身体的良好习惯。确保学生体育课程和课外体育活动时间，不准挤占体育活动时间和场所。举办多种多样的群体性体育活动，培养学生的竞争意识、合作精神和坚强毅力。地方各级人民政府要统筹规划，为学校开展体育活动提供必要条件。培养学生的良好卫生习惯，了解科学营养知识。根据农村的实际条件和需要，有针对性地加强农村学校的体育和卫生工作。

6．美育不仅能陶冶情操、提高素养，而且有助于开发智力，对于促进学生全面发展具有不可替代的作用。要尽快改变学校美育工作薄弱的状况，将美育融入学校教育全过程。中小学要加强音乐、美术课堂教学，高等学校应要求学生选修一定学时的包括艺术在内的人文学科课程。开展丰富多彩的课外文化艺术活动，增强学生的美感体验，培养学生欣赏美和创造美的能力。地方各级人民政府和各有关部门要为学校美育工作创造条件，继续完善文化经济政策，各类文化场所（博物馆、科技馆、文化馆、纪念馆等）要向学生免费或优惠开放，鼓励文化艺术团体到学校演出高雅健康的节目。农村中小学也要充分利用当地文化资源，因地制宜地开展美育活动。

7．教育与生产劳动相结合是培养全面发展人才的重要途径。各级各类学校要从实际出发，加强和改进对学生的生产劳动和实践教育，使其接触自然、了解社会，培养热爱劳动的习惯和艰苦奋斗的精神。建立青少年参与社区服务和社区建设的制度。中小学要鼓励学生积极参加形式多样的课外实践活动，培养动手能力；职业学校要实行产教结合，鼓励学生在实践中掌握职业技能；高等学校要加强社会实践，组织学生参加科学研究、技术开发和推广活动以及社会服务活动。利用假期组织志愿者到城乡支工、支农、支医和支教。社会各方面要为学校开展生产劳动、科技活动和其他社会实践活动提供必要的条件，同时要加强学生校外劳动和社会实践基地的建设。

二、深化教育改革，为实施素质教育创造条件

8．基本普及九年义务教育和基本扫除青壮年文盲（简称“两基”），是全面推进素质教育的基础。地方各级人民政府要继续将“两基”作为教育工作的“重中之重”，确保2000年“两基”目标的实现和达标后的巩固与提高。各地要从实际出发，改造薄弱学校，提高义务教育阶段的整体办学水平。2000年后要继续实施“国家贫困地区义务教育工程”，加大对贫困地区和少数民族地区的扶持力度，继续加强发达地区对少数民族贫困地区的教育对口支援工作，切实解决农村初中辍学率偏高的问题，同时大力提高义务教育阶段残疾儿童少年的入学率。

9．调整现有教育体系结构，扩大高中阶段教育和高等教育的规模，拓宽人才成长的道路，减缓升学压力。通过多种形式积极发展高等教育，到2010年，我国同龄人口的高等教育入学率要从现在的9%提高到15%左右。要在确保“两基”的前提下，积极发展包括普通教育和职业教育在内的高中阶段教育，为初中毕业生提供多种形式的学习机会。在城市和经济发达地区要有步骤地普及高中阶段教育。

高等职业教育是高等教育的重要组成部分。要大力发展高等职业教育，培养一大批具有必要的理论知识和较强实践能力，生产、建设、管理、服务第一线和农村急需的专门人才。现有的职业大学、独立设置的成人高校和部分高等专科学校要通过改革、改组和改制，逐步调整为职业技术学院（或职业学院）。支持本科高等学校举办或与企业合作举办职业技术学院（或职业学院）。省、自治区、直辖市人民政府在对当地教育资源的统筹下，可以举办综合性、社区性的职业技术学院（或职业学院）。

10．构建与社会主义市场经济体制和教育内在规律相适应、不同类型教育相互沟通相互衔接的教育体制，为学校毕业生提供继续学习深造的机会。职业技术学院（或职业学院）可采取多种方式招收普通高中毕业生和中等职业学校毕业生。职业技术学院（或职业学院）毕业生经过一定选拔程序可以进入本科高等学校继续学习。

高等学校和中等职业学校要创造条件实行弹性的学习制度，放宽招生和入学的年龄限制，允许分阶段完成学业。大力发展现代远程教育、职业资格证书教育和其他继续教育。完善自学考试制度，形成社会化、开放式的教育网络，为适应多层次、多形式的教育需求开辟更为广阔的途径，逐渐完善终身学习体系。

11．进一步简政放权，加大省级人民政府发展和管理本地区教育的权力以及统筹力度，促进教育与当地经济社会发展紧密结合。今后3年，继续按照“共建、调整、合作、合并”的方式，基本完成高等教育管理体制和布局结构的调整，形成中央和省级人民政府两级管理、以省级人民政府管理为主的新体制，合理配置教育资源，提高教育质量和办学效益。经国务院授权，把发展高等职业教育和大部分高等专科教育的权力以及责任交给省级人民政府，省级人民政府依法管理职业技术学院（或职业学院）和高等专科学校。高等职业教育（包括高等专科学校）的招生计划改由省级人民政府制定，其招生考试事宜由省级人民政府自行确定。

继续完善基础教育主要由地方负责、分级管理的体制。根据各地实际，加大县级人民政府对教育经费、教师管理和校长任免等方面的统筹权。地方各级人民政府要加强对职业教育和成人教育的统筹。学历教育由教育行政部门负责管理。在高中及其以上教育的办学水平评估、人力资源预测和毕业生就业指导等方面，进一步发挥非政府的行业协会组织和社会中介机构的作用。

按照《中华人民共和国高等教育法》的规定，切实落实和扩大高等学校的办学自主权，增强学校适应当地经济社会发展的活力。加强对高等学校的监督和办学质量检查，逐步形成对学校办学行为和教育质量的社会监督机制以及评价体系，完善高等学校自我约束、自我管理机制。进一步扩大高等学校招生、专业设置等自主权，高等学校可以到外地合作办学。深化学校内部管理体制改革，进一步精简机构，减员增效。改革分配和奖励制度，实行多劳多得、优劳优酬。加大学校后勤改革力度，逐步剥离学校后勤系统，推动后勤工作社会化，鼓励社会力量为学校提供后勤服务，发展教育产业。

12．进一步解放思想、转变观念，积极鼓励和支持社会力量以多种形式办学，满足人民群众日益增长的教育需求，形成以政府办学为主体、公办学校和民办学校共同发展的格局。凡符合国家有关法律法规的办学形式，均可大胆试验。在发展民办教育方面迈出更大的步伐。鼓励社会力量以各种方式举办高中阶段和高等职业教育。经国家教育行政主管部门批准，可以举办民办普通高等学校。在保证适龄儿童、少年均能就近进入公办小学和初中的前提下，可允许设立少数民办小学和初中，在这个范围内提供择校机会，但不搞“一校两制”。积极发展以社区为依托的、公办与民办相结合的幼儿教育。要因地制宜地制定优惠政策（如土地优惠使用、免征配套费等），支持社会力量办学。

各级人民政府要加强对民办教育的管理、引导和监督，国家要加快民办教育的立法，促进民办教育的健康发展。各级各类民办学校都要依法办学，不断提高办学水平。

13．加快改革招生考试和评价制度，改变“一次考试定终身”的状况。改革高考制度是推进中小学全面实施素质教育的重要措施，按照有助于高等学校选拔人才、中小学实施素质教育和扩大高等学校办学自主权的原则，积极推进高考制度改革。进行每年举办两次高等学校招生考试的试点。高考科目设置和内容的改革应进一步突出对能力和综合素质的考查。鼓励有条件的省级人民政府进行多种形式的高考制度改革试验，扩大学校的招生自主权和考生的选择机会。逐步建立具有多种选择的、更加科学和公正的高等学校招生选拔制度。

在普及九年义务教育的地区，实行小学毕业生免试就近升学的办法。鼓励各地中小学自行组织毕业考试，采取多种形式改革高中阶段学校的招生办法，改革高中会考制度。建立符合素质教育要求的对学校、教师和学生的评价机制。地方各级人民政府不得下达升学指标，不得以升学率作为评价学校工作的标准。鼓励社会各界、家长和学生以适当方式参与对学校工作的评价。

14．调整和改革课程体系、结构、内容，建立新的基础教育课程体系，试行国家课程、地方课程和学校课程。改变课程过分强调学科体系、脱离时代和社会发展以及学生实际的状况。抓紧建立更新教学内容的机制，加强课程的综合性和实践性，重视实验课教学，培养学生实际操作能力。要增强农村特别是贫困地区义务教育的课程、教材与当地经济社会发展的适应性。促进教材的多样化，进一步完善国家对基础教育教材的评审制度。积极推进教学改革，提高课堂教学的质量，国家和地方要奖励并推广符合素质教育要求的优秀教学成果。

职业教育要增强专业的适用性，开发和编写体现新知识、新技术、新工艺和新方法的具有职业教育特色的课程及教材。高等教育要加快课程改革和教学改革，继续调整专业结构和设置，使学生尽早地参与科技研究开发和创新活动，鼓励跨学科选修课程，培养基础扎实、知识面宽、具有创新能力的高素质专门人才。

15．大力提高教育技术手段的现代化水平和教育信息化程度。国家支持建设以中国教育科研网和卫星视频系统为基础的现代远程教育网络，加强经济实用型终端平台系统和校园网络或局域网络的建设，充分利用现有资源和各种音像手段，继续搞好多样化的电化教育和计算机辅助教学。在高中阶段的学校和有条件的初中、小学普及计算机操作和信息技术教育，使教育科研网络进入全部高等学校和骨干中等职业学校，逐步进入中小学。采取有效措施，大力开发优秀的教育教学软件。运用现代远程教育网络为社会成员提供终身学习的机会，为农村和边远地区提供适合当地需要的教育。

16．努力改变教育与经济、科技相脱节的状况，促进教育和经济、科技的密切结合。高等教育实施素质教育，要加强产学研结合，大力推进高等学校和产业界以及科研院所的合作，鼓励有条件的高等学校建立科技企业，企业在高等学校建立研究机构，高等学校在企业建立实习基地。采用多种形式，使高等学校科研机构进入企业，提高高等学校科技成果的转化率，加快实用科技成果向企业的转移，增强企业的技术创新能力，培育新的经济增长点。要创建若干所具有世界先进水平的一流大学和一批一流学科，在高等学校建设一批既出人才、又出成果的基础研究和应用研究基地，为国家创新体系建设和现代化建设作出贡献。继续推进城市教育综合改革。职业教育和成人教育要通过多种方式，为加快提高劳动者素质，为转岗、分流、下岗职工再就业提供教育和培训。

进一步推进农科教结合，全面推进农村教育综合改革，促进农村普通教育、成人教育和职业教育的统筹协调发展，使农村教育切实转变到主要为农村经济和社会发展服务上来。要把文化知识教育和扫除青壮年文盲与实用生产技术培训结合起来，与农民脱贫致富结合起来。要采取灵活多样的教育培训形式，抓紧培养一大批农村急需的实用技术推广人才、乡镇企业管理人才和医疗卫生人才。

三、优化结构，建设全面推进素质教育的高质量的教师队伍

17．建设高质量的教师队伍，是全面推进素质教育的基本保证。教师要热爱党，热爱社会主义祖国，忠诚于人民的教育事业；要树立正确的教育观、质量观和人才观，增强实施素质教育的自觉性；要不断提高思想政治素质和业务素质，教书育人，为人师表，敬业爱生；要有宽广厚实的业务知识和终身学习的自觉性，掌握必要的现代教育技术手段；要遵循教育规律，积极参与教学科研，在工作中勇于探索创新；要与学生平等相处，尊重学生人格，因材施教，保护学生的合法权益。

18．把提高教师实施素质教育的能力和水平作为师资培养、培训的重点。加强和改革师范教育，大力提高师资培养质量。调整师范学校的层次和布局，鼓励综合性高等学校和非师范类高等学校参与培养、培训中小学教师的工作，探索在有条件的综合性高等学校中试办师范学院。2010年前后，具备条件的地区力争使小学和初中阶段教育的专任教师的学历分别提升到专科和本科层次，经济发达地区高中阶段教育的专任教师和校长中获硕士学位者应达到一定比例。提高高等学校教师中具有博士学位教师的比例。

开展以培训全体教师为目标、骨干教师为重点的继续教育，使中小学教师的整体素质明显提高。中小学专任教师以及师范学校在校生都要接受计算机基础知识和技能培训。注意吸收企业优秀工程技术和管理人员到职业学校任

教，加快建设兼有教师资格和其他专业技术职务的“双师型”教师队伍。地方各级人民政府要多渠道筹资设立骨干教师专项资金，在大中小学培养一批高水平的学科带头人和有较大影响的教书育人专家，造就一支符合时代要求、能发挥示范作用的骨干教师队伍。

19. 建立优化教师队伍的有效机制，提高教师队伍的整体素质。全面实施教师资格制度，开展面向社会认定教师资格工作，拓宽教师来源渠道，引入竞争机制，完善教师职务聘任制，提高教育质量和办学效益。中小学根据学校编制聘用教师，可面向社会公开招聘，经县以上教育行政部门审批；高等学校依法自主聘任教师，吸引优秀人才从教。继续关心和改善教师的工作条件和生活待遇。

加强编制管理，精简富余人员，富余人员原则上在教育系统内部进行培训和安排。各地要认真做好各级各类学校转岗教师的管理服务工作，进一步建立和完善人才流动的社会化服务体系，搞好人才供求信息的收集和发布工作，开展转岗前职业培训，协调和促进教师的合理流动。地方各级人民政府的人事、劳动和社会保障、财政部门要提供必要的政策指导和经费支持。

20. 合理配置教师资源。各地要制定政策，鼓励大中城市骨干教师到基础薄弱学校任教或兼职，中小城市（镇）学校教师以各种方式到农村缺编学校任教，加强农村与薄弱学校教师队伍建设。城镇中小学教师原则上要有一年以上在薄弱学校或农村学校任教经历，才可聘为高级教师职务。采取优惠政策，吸引和鼓励教师到经济不发达地区、边远地区和少数民族地区任教。经济发达地区和城市也要采取多种形式，帮助少数民族地区和农村提高教师队伍水平。

21. 努力造就能够带领广大教师和教育工作者积极实施素质教育的学校领导以及管理干部队伍。学校校长在推进素质教育中具有特殊作用，要率先转变教育观念，把领导教职工创造性地实施素质教育作为重要职责。要继续巩固和完善中小学校长岗位培训和持证上岗制度，试行校长职级制，逐步完善校长选拔和任用制度，鼓励优秀校长到薄弱学校任职。对于富余的学校管理人员要转岗分流。

四、加强领导，全党、全社会共同努力开创素质教育的新局面

22. 全面推进素质教育，必须切实加强党和政府的领导。邓小平同志指出：“我们要千方百计，在别的方面忍耐一些，甚至于牺牲一点速度，把教育问题解决好。”各级党委和人民政府要切实落实教育优先发展的战略地位。全面推进素质教育是党和政府的重要职责，各级领导干部要转变观念，充分认识素质教育的重要性和紧迫性，把思想统一到中央的决定上来，认真贯彻落实。建立自上而下的素质教育评估检查体系，逐级考核省、市、县、乡各级党委和政府及其主要领导干部抓素质教育工作的情况。各级党委和政府及其有关部门要通力协作，为实施素质教育创造良好的政策环境，注意研究新情况和新问题，鼓励大胆实践，尊重群众的首创精神。重视和加强教育科学研究，提高政府决策和管理的科学性。

23. 全面推进素质教育，根本上要靠法治、靠制度保障。各级人民政府和各部门要切实做到依法行政，保证教育方针的全面贯彻执行。各级党政领导和广大教育工作者要深入进行教育法律法规的学习、宣传活动，提高法律意识，严格履行保护少年儿童和学生身心健康发展的法律职责，坚决制止侵犯学生合法权益的行为，抵制妨碍学生健康成长的各种社会不良影响。各地要依法保障教师的合法权益，不得拖欠教师工资。要整治校园内部和周边环境，维护学校正常秩序。

继续完善国家教育立法，加大教育执法力度，加强教育法制机构和队伍建设，完善教育行政执法监督机制。制定有关素质教育的制度和法规，逐步实现素质教育制度化、法制化。

进一步健全教育督导机构，完善教育督导制度，在继续进行“两基”督导检查的同时，

把保障实施素质教育作为教育督导工作的重要任务。

24．努力采取有效措施，切实加大教育投入，逐步实现国家财政性教育经费支出占国民生产总值4%的目标。各级人民政府必须按照《中华人民共和国教育法》的规定，确保教育经费有较大增长。中央决定，自1998年起至2002年的5年中，提高中央本级财政支出中教育经费所占的比例，每年提高1个百分点。各省、自治区、直辖市人民政府也要根据本地实际，增加本级财政中教育经费的支出。要进一步依法加强城乡教育费附加的征收和管理，农村教育费附加实行乡征、县管、乡用，确保完全用于教育。

进一步完善教育经费拨款办法，充分发挥教育拨款在宏观调控中的作用，不断提高教育经费的使用效益。政府的教育拨款主要用于保证普及义务教育和承担普通高等教育的大部分经费。地方各级人民政府要确保义务教育的资金投入并做到专款专用。在非义务教育阶段，要适当增加学费在培养成本中的比例，逐步建立符合社会主义市场经济体制以及政府公共财政体制的财政教育拨款政策和成本分担机制。加强教育经费的管理，严格禁止乱收费。认真组织实施教育储蓄、教育保险和助学贷款制度，完善奖学金制度。积极运用财政、金融和税收政策，继续鼓励社会、个人和企业投资办学和捐（集）资助学，不断完善多渠道筹措教育经费的体制。

25．社会用人制度对于实施素质教育有着重要的导向作用，改革用人制度是全面推进素质教育的当务之急。要依法抓紧制定国家职业（技能）标准，明确对各类劳动者的岗位要求，积极推行劳动预备制度，坚持实行“先培训、后上岗”的就业制度，继续改革大中专毕业生就业制度，使学生树立正确的择业观。地方政府教育部门要与人事、劳动和社会保障部门共同协调，在全社会实行学业证书、职业资格证书并重的制度。转变传统的人才观念，形成使用人才重素质、重实际能力的良好风气。

26．全面推进素质教育，是我国教育事业的一场深刻变革，是一项事关全局、影响深远和涉及社会各方面的系统工程。要进一步加强学校党的工作，充分发挥党员在实施素质教育中的模范带头作用。要通过新闻媒体的正确舆论导向，深入动员社会各界关心、支持和投身素质教育。学校、家庭和社会要互相沟通、积极配合，共同开创素质教育工作的新局面。

要继续认真落实国务院批转的《面向21世纪教育振兴行动计划》。全面推进素质教育，是党中央和国务院为加快实施科教兴国战略作出的又一重大决策，各级党委和人民政府要结合本地实际情况，创造性地把素质教育落到实处，在以江泽民同志为核心的党中央的领导下，高举邓小平理论伟大旗帜，为实现社会主义现代化建设宏伟目标和中华民族伟大复兴作出更大的贡献。

军队系统学校如何落实本文件精神，由中央军委作出决定。

中共中央关于国有企业改革和发展若干重大问题的决定

中发〔1999〕16号

（1999年9月22日中国共产党第十五届中央委员会第四次全体会议通过）

为实现党的十五大提出的我国改革开放和现代化建设跨世纪发展的宏伟目标，中国共产党第十五届中央委员会第四次全体会议讨论了国有企业改革和发展的若干重大问题，并作如下决定。

一、推进国有企业改革和发展是一项重要而紧迫的任务

新中国成立50年来，我们党领导各族人民不懈奋斗，取得了社会主义建设的巨大成就。我国由一个贫穷落后的农业国，发展成为即将进入小康社会、向工业化和现代化目标大步迈进的社会主义国家。这是中华民族发展进程中一次伟大的历史性跨越。国有企业和工人阶级为此作出了不可磨灭的重大贡献。

党的十一届三中全会以来，在邓小平理论指导下，我们党开辟了建设有中国特色社会主义的新道路。为克服传统计划经济体制的弊端，我们坚持解放思想，实事求是，积极探索，循序渐进，不断深化国有企业改革和整个经济体制改革，推进现代化建设。国有企业管理体制和经营机制发生了深刻变化，一批企业在市场竞争中成长壮大，技术装备水平明显提高，以国有企业为主生产的一些重要产品的产量跃居世界前列。在公有制为主体、多种所有制经济共同发展的新格局下，国有经济的总体实力进一步增强，在国民经济中继续发挥着主导作用，并且一直是财政收入的主要来源，有力地支持了国家的改革和建设。经过多年的努力，国有企业朝着建立社会主义市场经济体制的改革目标，迈出了前所未有的重大步伐。

国有企业改革是一场广泛而深刻的变革。当前，国有企业的体制转换和结构调整进入攻坚阶段，一些深层次矛盾和问题集中暴露出来。由于传统体制的长期影响、历史形成的诸多问题、多年以来的重复建设以及市场环境的急剧变化，相当一部分国有企业还不适应市场经济的要求，经营机制不活，技术创新能力不强，债务和社会负担沉重，富余人员过多，生产经营艰难，经济效益下降，一些职工生活困难。必须采取切实有效的措施解决这些问题。这不仅关系到国有企业改革的成败，也关系到整个经济体制改革的成败。全党既要充分认识推进国有企业改革和发展的重要性和紧迫性，又要清醒地看到这项工作的艰巨性和长期性，锲而不舍地努力，不断取得新的突破。

世纪之交，和平和发展依然是时代的主题，但霸权主义和强权政治有新的发展。综合

国力越来越成为决定一个国家前途命运的主导因素。我们要增强国家的经济实力、国防实力和民族凝聚力，就必须不断促进国有经济的发展壮大。包括国有经济在内的公有制经济，是我国社会主义制度的经济基础，是国家引导、推动、调控经济和社会发展的基本力量，是实现广大人民群众根本利益和共同富裕的重要保证。坚定不移地贯彻党的十五大精神，推进国有企业的改革和发展，从总体上增强国有企业的活力和国有经济的控制力，对于建立社会主义市场经济体制，促进经济持续快速健康发展，提高人民生活水平，保持安定团结的政治局面，巩固社会主义制度，都具有十分重要的意义。

国有企业是我国国民经济的支柱。发展社会主义社会的生产力，实现国家的工业化和现代化，始终要依靠和发挥国有企业的重要作用。在经济全球化和科技进步不断加快的形势下，国有企业面临着日趋激烈的市场竞争。发展是硬道理。必须敏锐地把握国内外经济发展趋势，切实转变经济增长方式，拓展发展空间，尽快形成国有企业的新优势。

国有企业改革是整个经济体制改革的中心环节。建立和完善社会主义市场经济体制，实现公有制与市场经济的有效结合，最重要的是使国有企业形成适应市场经济要求的管理体制和经营机制。必须继续解放思想，实事求是，以有利于发展社会主义社会的生产力、有利于增强社会主义国家的综合国力、有利于提高人民的生活水平为根本标准，大胆利用一切反映现代社会化生产规律的经营方式和组织形式，努力探索能够极大促进生产力发展的公有制多种实现形式，在深化国有企业的改革上迈出新步伐。

搞好国有企业的改革和发展，是实现国家长治久安和保持社会稳定的重要基础。必须正确处理改革、发展、稳定的关系，改革的力度、发展的速度要同国力和社会承受能力相适应，努力开创改革、发展、稳定相互促进的新局面。

我们党和我国工人阶级历来勇于面对并善于战胜任何艰难险阻。我们有马克思列宁主义、毛泽东思想、邓小平理论和党的基本路线的指导，有比过去更加雄厚的综合国力，有多年积累的实践经验，有广大职工的积极参与，只要全党坚定信心，团结奋斗，就一定能够夺取国有企业改革和发展的新胜利。

二、国有企业改革和发展的主要目标与指导方针

党的十五大和十五届一中全会提出，用三年左右的时间，使大多数国有大中型亏损企业摆脱困境，力争到本世纪末大多数国有大中型骨干企业初步建立现代企业制度。推进国有企业改革和发展，首先要尽最大努力实现这一目标。要从不同行业和地区的实际出发，根据不平衡发展的客观进程，着力抓好重点行业、重点企业和老工业基地，把解决当前的突出问题与长远发展结合起来，为国有企业跨世纪发展创造有利条件。

到 2010 年，国有企业改革和发展的目标是：适应经济体制与经济增长方式两个根本性转变和扩大对外开放的要求，基本完成战略性调整和改组，形成比较合理的国有经济布局和结构，建立比较完善的现代企业制度，经济效益明显提高，科技开发能力、市场竞争能力和抗御风险能力明显增强，使国有经济在国民经济中更好地发挥主导作用。

推进国有企业改革和发展，必须坚持以下指导方针：

（一）以公有制为主体，多种所有制经济共同发展。调整和完善所有制结构，积极探索公有制多种实现形式，增强国有经济在国民经济中的控制力，促进各种所有制经济公平竞争和共同发展。

（二）从战略上调整国有经济布局和改组国有企业。着眼于搞好整个国有经济，推进国有资产合理流动和重组，调整国有经济布局和结构，积极发展大型企业和企业集团，放开搞活中小企业。

（三）改革同改组、改造、加强管理相结合。适应市场经济的要求，着力转换企业经营机制，提高企业整体素质，构造产业结构优化和经济高效运行的微观基础。

（四）建立现代企业制度。实现产权清晰、权责明确、政企分开、管理科学，健全决策、执行和监督体系，使企业成为自主经营、自负盈亏的法人实体和市场主体。

（五）推动企业科技进步。加强企业的科研开发和技术改造，重视科技人才，促进产学研结合，形成技术创新机制，走集约型和可持续发展道路。

（六）全面加强企业管理。推行科学管理，强化基础工作，改善经营，提高效益，实行以按劳分配为主体的多种分配方式，形成有效的激励和约束机制。

（七）建立企业优胜劣汰的竞争机制。实行鼓励兼并、规范破产、下岗分流、减员增效和再就业工程。依靠各方面力量，扩大就业门路，确保国有企业下岗职工基本生活。

（八）协调推进各项配套改革。转变政府职能，建立权责明确的国有资产管理、监督和营运体系，保证国有资产保值增值。加强法制建设，维护市场经济秩序。健全社会保障体系。帮助企业增资减债、减轻负担。

（九）全心全意依靠工人阶级，发挥企业党组织的政治核心作用。加强企业党组织建设和思想政治工作，提高企业经营管理者队伍素质，坚持和完善以职工代表大会为基本形式的企业民主管理，切实维护职工合法权益。

（十）推进企业精神文明建设。加强思想道德教育和技术业务培训，全面提高职工队伍素质，培育积极向上的企业文化，推动物质文明和精神文明建设协调发展。

三、从战略上调整国有经济布局

在社会主义市场经济条件下，国有经济在国民经济中的主导作用主要体现在控制力上。（一）国有经济的作用既要通过国有独资企业来实现，更要大力发展股份制，探索通过国有控股和参股企业来实现。（二）国有经济在关系国民经济命脉的重要行业和关键领域占支配地位，支撑、引导和带动整个社会经济的发展，在实现国家宏观调控目标中发挥重要作用。（三）国有经济应保持必要的数量，更要有分布的优化和质的提高；在经济发展的不同阶段，国有经济在不同产业和地区的比重可以有所差别，其布局要相应调整。

从战略上调整国有经济布局，要同产业结构的优化升级和所有制结构的调整完善结合起来，坚持有进有退，有所为有所不为。目前，国有经济分布过宽，整体素质不高，资源配置不尽合理，必须着力加以解决。国有经济需要控制的行业和领域主要包括：涉及国家安全的行业，自然垄断的行业，提供重要公共产品和服务的行业，以及支柱产业和高新技术产业中的重要骨干企业。其他行业和领域，可以通过资产重组和结构调整，集中力量，加强重点，提高国有经济的整体素质。在坚持国有、集体等公有制经济为主体的前提下，鼓励和引导个体、私营等非公有制经济的发展。随着国民经济的不断发展，国有经济有着广阔的发展空间，总量将会继续增加，整体素质进一步提高，分布更加合理，但在整个国民经济中的比重还会有所减少。只要坚持公有制为主体，国家控制国民经济命脉，国有经济的控制力和竞争力得到增强，这种减少不会影响我国的社会主义性质。

积极探索公有制的多种有效实现形式。国有资本通过股份制可以吸引和组织更多的社会资本，放大国有资本的功能，提高国有经济的控制力、影响力和带动力。国有大中型企业尤其是优势企业，宜于实行股份制的，要通过规范上市、中外合资和企业互相参股等形式，改为股份制企业，发展混合所有制经济，重要的企业由国家控股。

统筹规划，采取有效的政策措施，加快老工业基地和中西部地区国有经济布局的调整。对困难较大的老工业基地，国家要在技术改造、资产重组、结构调整以及国有企业下岗职工安置和社会保障资金等方面，加大支持力度。国家要通过优先安排基础设施建设、增加财政转移支付等措施，支持中西部地区和少数民族地区加快发展。国家要实施西部大开发战略。中西部地区要从自身条件出发，发展有比较优势的产业和技术先进的企业，促进产业结构的优化升级。东部地区要在加快改革和发展的同时，本着互惠互利、优势互补、共同发展的原则，通过产业转移、技术转让、对口支援、联合开发等方式，支持和促进中西部地区的经济发展。

四、推进国有企业战略性改组

改革开放以来，国有企业组织结构发生了积极的变化，但目前仍不合理。主要是重复建设严重，企业大而全、小而全，没有形成专业化生产、社会化协作体系和规模经济，缺乏市场竞争能力。要区别不同情况，继续对国有企业实施战略性改组。极少数必须由国家垄断经营的企业，在努力适应市场经济要求的同时，国家给予必要支持，使其更好地发挥应有的功能；竞争性领域中具有一定实力的企业，要吸引多方投资加快发展；对产品有市场但负担过重、经营困难的企业，通过兼并、联合等形式进行资产重组和结构调整，盘活存量资产；产品没有市场、长期亏损、扭亏无望和资源枯竭的企业，以及浪费资源、技术落后、质量低劣、污染严重的小煤矿、小炼油、小水泥、小玻璃、小火电等，要实行破产、关闭。

坚持“抓大放小”。要着力培育实力雄厚、竞争力强的大型企业和企业集团，有的可以成为跨地区、跨行业、跨所有制和跨国经营的大企业集团。要发挥这些企业在资本营运、技术创新、市场开拓等方面的优势，使之成为国民经济的支柱和参与国际竞争的主要力量。发展企业集团，要遵循客观经济规律，以企业为主体，以资本为纽带，通过市场来形成，不能靠行政手段勉强撮合，不能盲目求大求全。要在突出主业、增强竞争优势上下功夫。

放开搞活国有中小企业。要积极扶持中小企业特别是科技型企业，使它们向“专、精、特、新”的方向发展，同大企业建立密切的协作关系，提高生产的社会化水平。要从实际出发，继续采取改组、联合、兼并、租赁、承包经营和股份合作制、出售等多种形式，放开搞活国有小企业，不搞一个模式。对这几年大量涌现的股份合作制企业，要支持和引导，不断总结经验，使之逐步完善。出售要严格按照国家有关规定进行。无论采取哪种放开搞活的形式，都必须听取职工意见，规范操作，注重实效。重视发挥各种所有制中小企业在活跃城乡经济、满足社会多方面需要、吸收劳动力就业、开发新产品、促进国民经济发展等方面的重要作用。培育中小企业服务体系，为中小企业提供信息咨询、市场开拓、筹资融资、贷款担保、技术支持、人才培训等服务。

在国有企业战略性改组过程中，要充分发挥市场机制作用，综合运用经济、法律和必要的行政手段。在涉及产权变动的企业并购中要规范资产评估，防止国有资产流失，防止逃废银行债务及国家税款，妥善安置职工，保护职工合法权益。

五、建立和完善现代企业制度

建立现代企业制度，是发展社会化大生产和市场经济的必然要求，是公有制与市场经济相结合的有效途径，是国有企业改革的方向。要从我国国情出发，总结实践经验，按照党的十四届三中全会决定和十五大报告关于建立现代企业制度的论述，全面理解和把握产权清晰、权责明确、政企分开、管理科学的要求，突出抓好以下几个环节。

（一）继续推进政企分开。政府对国家出资兴办和拥有股份的企业，通过出资人代表行使所有者职能，按出资额享有资产受益、重大决策和选择经营管理者等权利，对企业的债务承担有限责任，不干预企业日常经营活动。企业依法自主经营，照章纳税，对所有者的净资产承担保值增值责任，不得损害所有者权益。各级党政机关都要同所办的经济实体和直接管理的企业在人财物等方面彻底脱钩。

（二）积极探索国有资产管理的有效形式。要按照国家所有、分级管理、授权经营、分工监督的原则，逐步建立国有资产管理、监督、营运体系和机制，建立与健全严格的责任制度。国务院代表国家统一行使国有资产所有权，中央和地方政府分级管理国有资产，授权大型企业、企业集团和控股公司经营国有资产。要确保出资人到位。允许和鼓励地方试点，探索建立国有资产管理的具体方式。继续试行稽查特派员制度，同时要积极贯彻党的十五大精神，健全和规范监事会制度，过渡到从体制上、机制上加强对国有企业的监督，确保国有资产及其权益不受侵犯。

（三）对国有大中型企业实行规范的公司制改革。公司制是现代企业制度的一种有效组织形式。公司法人治理结构是公司制的核心。要明确股东会、董事会、监事会和经理层的职责，形成各负其责、协调运转、有效制衡的公司法人治理结构。所有者对企业拥有最终控制权。董事会要维护出资人权益，对股东会负责。董事会对公司的发展目标和重大经营活动作出决策，聘任经营者，并对经营者的业绩进行考核和评价。发挥监事会对企业财务和董事、经营者行为的监督作用。国有独资和国有控股公司的党委负责人可以通过法定程序进入董事会、监事会，董事会和监事会都要有职工代表参加；董事会、监事会、经理层及工会中的党员负责人，可依照党章及有关规定进入党委会；党委书记和董事长可由一人担任，董事长、总经理原则上分设。充分发挥董事会对重大问题统一决策、监事会有效监督的作用。党组织按照党章、工会和职代会按照有关法律法规履行职责。股权多元化有利于形成规范的公司法人治理结构，除极少数必须由国家垄断经营的企业外，要积极发展多元投资主体的公司。

（四）面向市场着力转换企业经营机制。要逐步形成企业优胜劣汰、经营者能上能下、人员能进能出、收入能增能减、技术不断创新、国有资产保值增值等机制。建立与现代企业制度相适应的收入分配制度，在国家政策指导下，实行董事会、经理层等成员按照各自职责和贡献取得报酬的办法；企业职工工资水平，由企业根据当地社会平均工资和本企业经济效益决定；企业内部实行按劳分配原则，适当拉开差距，允许和鼓励资本、技术等生产要素参与收益分配。要采取切实措施，解决目前某些垄断行业个人收入过高的问题。

六、加强和改善企业管理

强化企业管理，提高科学管理水平，是建立现代企业制度的内在要求，也是国有企业扭亏增盈、提高竞争能力的重要途径。必须高度重视和切实加强企业管理工作，从严管理企业，实现管理创新，尽快改变相当一部分企业决策随意、制度不严、纪律松弛、管理水平低下的状况。

加强企业发展战略研究。企业要适应市场，制定和实施明确的发展战略、技术创新战略和市场营销战略，并根据市场变化适时调整。实行科学决策、民主决策，提高决策水平。搞好风险管理，避免出现大的失误。

健全和完善各项规章制度。强化基础工作，彻底改变无章可循、有章不循、违章不究的现象。建立各级、各个环节的严格责任制度，加强考核和督促检查，确保各项工作有人负责。完善劳动合同制，推行职工全员竞争上岗，严格劳动纪律，严明奖惩，充分发挥职工的积极性和创造性。增强法制意识，依法经营管理。

狠抓管理薄弱环节。重点搞好成本管理、资金管理、质量管理。建立健全全国统一的会议制度。要及时编制资产负债表、损益表和现金流量表，真实反映企业经营状况。切实改进和加强经济核算，堵塞各种漏洞。坚持质量第一，采用先进标准，搞好全员全过程的质量管理。坚持预防为主，落实安全措施，确保安全生产。重视企业无形资产的管理、保护和合理利用。要把加强管理和反腐倡廉结合起来，加强对企业经济活动的审计和监督，坚决制止和严肃查处做假账、违反财经纪律、营私舞弊、挥霍浪费等行为。

广泛采用现代管理技术、方法和手段。总结过去行之有效的管理经验，不断赋予新的内涵。推广先进企业的管理经验，引进国外智力，借鉴国外企业现代管理方法。发挥管理专家的作用，为企业改进经营管理提供咨询服务。加强现代信息技术的运用，建立灵敏、准确的信息系统。合理设置企业内部机构，改变管理机构庞大、管理人员过多的状况。

七、改善国有企业资产负债结构和减轻企业社会负担

逐步解决国有企业负债率过高、资本金不足、社会负担重等问题，对于实现国有企业改革和发展目标至关重要。要根据宏观经济环境和国家财力，区别不同情况，有步骤地分类加以解决。

（一）增加银行核销呆坏账准备金，主要用于国有大中型企业的兼并破产和资源枯竭矿山的关闭，并向重点行业倾斜。国有和集体企业兼并国有企业可以享受有关鼓励政策。所有兼并破产和关闭的企业，都要按国家有关规定，妥善安置职工。

（二）结合国有银行集中处理不良资产的改革，通过金融资产管理公司等方式，对一部分产品有市场、发展有前景，由于负债过重而陷入困境的重点国有企业实行债转股，解决企业负债率过高的问题。实行债转股的企业，必须转换经营机制，实行规范的公司制改革，并经过金融资产管理公司独立评审。要按照市场经济的原则和有关规定规范操作，防止一哄而起和国有资产流失。

（三）提高直接融资比重。符合股票上市条件的国有企业，可通过境内外资本市场筹集资本金，并适当提高公众流通股的比重。有些企业可以通过债务重组，具备条件后上市。允许国有及国有控股企业按规定参与股票配售。选择一些信誉好、发展潜力大的国有控股上市公司，在不影响国家控股的前提下，适当减持部分国有股，所得资金由国家用于国有企业的改革和发展。要完善股票发行、上市制度，进一步推动证券市场健康发展。

（四）非上市企业经批准，可将国家划拨给企业的土地使用权有偿转让及企业资产变现，其所得用于增资减债或结构调整。要严格按照国家的法律法规操作，坚持公开、公平、公正的原则，维护国家所有者权益和银行及其他债权人权益。

（五）严格执行国家利率政策，切实减轻企业利息负担。银行要合理确定贷款期限，支持企业合理的资金需求，对不合理的贷款期限，要及时纠正；不得超过规定擅自提高或以各种名义变相提高贷款利率；对信用等级较高、符合国家产业政策、贷款风险较低的企业，贷款利率可适当下浮。

（六）具备偿债能力的国有大型企业，经过符合资质的中介机构评估，可在国家批准的额度内发行企业债券，有的经批准可在境外发债。严格禁止各种形式的非法集资。

（七）分离企业办社会的职能，切实减轻国有企业的社会负担。位于城市的企业，要逐步把所办的学校、医院和其他社会服务机构移交地方政府统筹管理，所需费用可在一定期限内由企业和政府共同承担，并逐步过渡到由政府承担，有些可以转为企业化经营。独立工矿区也要努力创造条件，实现社会服务机构与企业分离。各级政府要采取措施积极推进这项工作。

改善国有企业资产负债结构和减轻企业社会负担，一定要同防范和化解金融风险相结合，一定要同深化企业内部改革、建立新机制和加强科学管理相结合，防止卸了原有包袱，又重复出现老的问题。

八、做好减员增效、再就业和社会保障工作

下岗分流、减员增效和再就业，是国有企业改革的重要内容。要把减员与增效有机结合起来，达到降低企业成本、提高效率和效益的目的。鼓励有条件的国有企业实行主辅分离、转岗分流，创办独立核算、自负盈亏的经济实体，安置企业富余人员，减轻社会就业压力。要规范职工下岗程序，认真办好企业再就业服务中心，切实做好下岗职工基本生活保障工作，维护社会稳定。下岗分流要同国家财力和社会承受能力相适应。要调整财政支出结构，坚持实行企业、社会、政府各方负担的办法落实资金，亏损企业和社会筹集费用不足的部分，财政要给予保证。地方财政确有困难的，中央财政通过转移支付给予一定的支持。要进一步完善下岗职工基本生活保障、失业保险和城市居民最低生活保障制度，搞好这三条保障线的相互衔接，把保障下岗职工和失业人员基本生活的政策措施落到实处。

大力做好再就业工作。采取有效的政策措施，广开就业门路，增加就业岗位。积极发展第三产业，吸纳更多的下岗职工。引导职工转变择业观念，下大力气搞好下岗职工培训，提高他们的再就业能力。进一步完善促进下岗职工再就业的优惠政策，鼓励下岗职工到非公有制经济单位就业、自己组织起来就业或从事个体经营，使需要再就业的下岗职工尽快走上新的岗位。对自谋职业的，要在工商登记、场地安排、税费减免、资金信贷等方面，给予更多的扶持。要积极发展和规范劳动力市场，形成市场导向的就业机制。

加快社会保障体系建设，是顺利推进国有企业改革的重要条件。要依法扩大养老、失业、医疗等社会保险的覆盖范围，城镇国有、集体、外商投资、私营等各类企业及其职工都要参加社会保险，缴纳社会保险费。强化社会保险费的征缴，提高收缴率，清理追缴企业拖欠的社会保险费，确保养老金的按时足额支付。进一步完善基本养老保险省级统筹制度，增强基金调剂能力。要采取多种措施，包括变现部分国有资产、合理调整财政支出结构等，开拓社会保障新的筹资渠道，充实社会保障基金。严格管理各项社会保障基金，加强监督，严禁挤占挪用，确保基金的安全和增值。逐步推进社会保障的社会化管理，实行退休人员与原企业相分离，养老金由社会服务机构发放，人员由社区管理。认真落实企业离休干部的政治、生活待遇，做好管理和服务工作。

九、加快国有企业技术进步和产业升级

要实现国民经济持续快速健康发展，必须适应全球产业结构调整的大趋势和国内外市场需求的变化，加快技术进步和产业升级。国有经济在国民经济中的重要地位，决定了国有企业必须在技术进步和产业升级中走在前列，积极拓展新的发展空间，发挥关键性作用。

国有企业技术进步和产业升级的方向与重点是：以市场为导向，用先进技术改造传统产业，围绕增加品种、改进质量、提高效益和扩大出口，加强现有企业的技术改造；在电子信息、生物工程、新能源、新材料、航空航天、环境保护等新兴产业和高技术产业占据重要地位，掌握核心技术，占领技术制高点，发挥先导作用。处理好提高质量和增加产量、发展技术密集型产业和劳动密集型产业、自主创新和引进技术、经济发展和环境保护的关系。

通过技术进步和产业升级，少数大型企业和企业集团要在产品质量、工艺技术、生产装备、劳动生产率等方面达到或接近世界先进水平，在国际市场上占有一定的份额；一批企业和企业集团要具有较高技术水平，能够生产高附加值产品，在国内外市场有较强竞争力；多数企业要不断进行技术改造和产品更新，并充分发挥我国劳动力充裕的优势，积极参与国内外市场竞争。

采取积极有效的政策措施，支持企业技术进步和产业升级。特别要利用当前国家实行积极财政政策、扩大内需的有利时机，集中必要力量，对重点行业、重点企业、重点产品和重大先进装备制造加大技术改造投入，并向老工业基地倾斜，在企业技术进步和产业升级方面取得明显成效。对于有市场、有效益、符合国家产业政策的技术改造项目，给予贷款贴息支

持；对这类技术改造项目的国产设备投资，实行税收鼓励政策。培育和发展产业投资基金和风险投资基金。充分利用国内外资本市场筹集资金，支持企业技术改造、结构调整和高新技术产业发展。实施促进科技成果转化的鼓励政策，积极发展技术市场。继续采取加速折旧、加大新产品开发费提取、减免进口先进技术与设备的关税和进口环节税等政策措施，鼓励企业进行技术改造。

技术进步和产业升级的主体是企业，要形成以企业为中心的技术创新体系。企业要加强技术开发力量和加大资金投入，大型企业都要建立技术开发中心，研究开发有自主知识产权的主导产品，增加技术储备，搞好技术人才培训。推进产学研结合，鼓励科研机构和大专院校的科研力量进入企业和企业集团，强化应用技术的开发和推广，增加中间试验投入，促进科技成果向现实生产力的转化。对重大技术难题组织联合攻关，重视发挥科技专家的作用。要形成吸引人才和调动科技人员积极性的激励机制，保护知识产权。

十、为国有企业改革和发展创造良好的外部环境

国有企业改革和发展是一个复杂的社会系统工程，需要搞好宏观调控和相关的配套改革。

（一）保持经济总量基本平衡。扩大内需，开拓城乡市场，增加就业，促进国民经济持续快速健康发展，防止经济增长的大幅度波动，为国有企业发展创造有利的宏观经济环境。

（二）继续扩大对外开放。推进和完善全方位、多层次、宽领域的对外开放格局。鼓励国有企业合理利用国内外两个市场、两种资源，提高国际竞争力。积极引进先进技术，注重消化、吸收和创新。优化进出口商品结构，实施市场多元化，拓展对外贸易。改善投资环境，扩大利用外资，提高利用外资水平。确有条件的国有企业发挥比较优势到国外设立企业，开拓国际市场，国家要给予必要的政策支持，并加强监管。

（三）制止不合理的重复建设。加快投融资体制改革，建立投资风险约束机制，严格执行项目资本金制度和项目法人责任制，做到谁决策谁承担责任和风险。政府要通过制定产业政策和发布信息等方式进行引导，鼓励资金投向提高技术水平、产品有市场有效益的项目，对国内生产能力已经明显超过市场需求的新上项目必须严格控制。

（四）发展各类市场，维护正常经济秩序。继续完善商品市场，培育和发展要素市场，建立有利于商品、资金、技术、劳动力合理流动的全国统一的市场体系。健全市场规则，规范市场行为，加强市场监管，清除分割、封锁市场的行政性壁垒，营造公平竞争的市场环境。采取有力措施，抓紧解决企业互相拖欠款项的问题，强化信用观念，严格结算纪律。依法严厉打击走私贩私、制售假冒伪劣商品以及其他经济违法犯罪行为。推进税费改革，清理整治乱收费、乱罚款和各种摊派，切实减轻企业负担。

（五）健全中介服务体系。社会中介服务机构要与政府部门彻底脱钩。规范会计、律师、公证、资产评估、咨询等社会中介机构的行为，真正做到客观、真实、公正。对弄虚作假的要追究责任，依法惩处。整顿和规范各类行业协会，加强行业自律。

（六）建立健全社会主义市场经济的法律制度。要抓紧制定和完善有关维护市场秩序、实施宏观调控、规范市场主体、健全社会保障等方面的法律法规。加强和改善司法、行政执法和执法监督。依法惩处侵犯企业合法权益的违法犯罪行为。加强社会治安综合治理，为企业生产经营创造良好的社会环境。

十一、建设高素质的经营管理者队伍

国有企业要适应建立现代企业制度的要求，在激烈的市场竞争中生存发展，必须建设高素质的经营管理者队伍，培育一大批优秀企业家。国有企业的经营管理者队伍总体是好

的，为企业改革和发展作出了重要贡献。发展社会主义市场经济对国有企业经营管理者提出了更高要求。他们应该是：思想政治素质好，认真执行党和国家的方针政策与法律法规，具有强烈的事业心和责任感；经营管理能力强，熟悉本行业务，系统掌握现代管理知识，具有金融、科技和法律等方面基本知识，善于根据市场变化作出科学决策；遵纪守法，廉洁自律，求真务实，联系群众。

深化国有企业人事制度改革。坚持党管干部原则，改进管理方法。中央和地方党委对关系国家安全和国民经济命脉的重要骨干企业领导班子要加强管理。要按照企业的特点建立对经营管理者培养、选拔、管理、考核、监督的办法，并逐步实现制度化、规范化。积极探索适应现代企业制度要求的选人用人新机制，把组织考核推荐和引入市场机制、公开向社会招聘结合起来，把党管干部原则和董事会依法选择经营管理者以及经营管理者依法行使用人权结合起来。进一步完善对国有企业领导人员管理的具体办法，避免一个班子多头管理。对企业及企业领导人不再确定行政级别。加快培育企业经营管理者人才市场，建立企业经营管理人才库。按照公开、平等、竞争、择优原则，优化人才资源配置，打破人才部门所有、条块分割，促进人才合理流动。采取多种形式加强教育培训，全面提高经营管理者素质。继续举办和规范工商管理培训，改进培训内容和方法，提高培训质量。努力创造条件，营造经营管理者和企业家队伍健康成长的社会环境。

建立和健全国有企业经营管理者的激励和约束机制。实行经营管理者收入与企业的经营业绩挂钩。把物质鼓励同精神鼓励结合起来，既要使经营管理者获得与其责任和贡献相符的报酬，又要提倡奉献精神，宣传和表彰有突出贡献者，保护经营管理者的合法权益。少数企业试行经理（厂长）年薪制、持有股权等分配方式，可以继续探索，及时总结经验，但不要刮风。要规范经营管理者的报酬，增加透明度。加强和完善监督机制，把外部监督和内部监督结合起来。健全法人治理结构，发挥党内监督和职工民主监督的作用，加强对企业及经营管理者在资金运作、生产经营、收入分配、用人决策和廉洁自律等重大问题上的监督。建立企业经营业绩考核制度和决策失误追究制度，实行企业领导人员任期经济责任审计，凡是由于违法违规等人为因素给企业造成重大损失的，要依法追究其责任，并不得继续担任或易地担任领导职务。

十二、加强党对国有企业改革和发展工作的领导

加强和改善党的领导是加快国有企业改革和发展的根本保证。要搞好国有企业，必须建立符合市场经济规律和我国国情的国有企业领导体制与组织管理制度，加强企业领导班子建设，发挥企业党组织的政治核心作用，坚持全心全意依靠工人阶级的方针。要把发挥党的政治优势同运用市场机制结合起来，调动各方面的积极性，形成合力，确保国有企业改革和发展任务的顺利完成。

坚持党的领导，发挥国有企业党组织的政治核心作用，是一个重大原则，任何时候都不能动摇。企业党组织的政治核心作用主要体现在：保证、监督党和国家方针政策在本企业的贯彻执行；参与企业重大问题决策，支持股东会、董事会、监事会和经理（厂长）依法行使职权；全心全意依靠职工群众，领导和支持工会、共青团等群众组织及职工代表大会依照法律和各自章程独立自主地开展工作；领导企业思想政治工作和精神文明建设，努力建设有理想、有道德、有文化、有纪律的职工队伍；加强党组织自身建设，搞好党性党风教育，发挥党支部的战斗堡垒作用和党员的先锋模范作用。企业党组织要认真贯彻党的基本路线，围绕生产经营开展工作，为实现党的任务和企业改革发展服务。要不断改进企业党组织的工作内容和活动方式，进一步探索发挥政治核心作用的途径和方法。加强和改进思想政治工作，用建设有中国特色社会主义的共同理想凝聚群

众，引导广大职工积极支持和参与改革，满腔热情地帮助他们解决实际困难。困难企业和实行兼并破产企业的党组织尤其要深入细致地做好群众工作。

搞好国有企业的改革和发展，必须切实尊重职工的主人翁地位，充分发挥职工群众的积极性、主动性和创造性。坚决维护职工的经济利益，保障职工的民主权利。进一步理顺劳动关系，依法进行平等协商，认真执行劳动合同和集体合同制度。发挥工会和职工代表大会在民主决策、民主管理、民主监督中的作用。坚持和完善以职工代表大会为基本形式的企业民主管理制度，实行民主评议企业领导人和厂务公开。加强职工队伍建设。坚持用邓小平理论和党的基本路线武装广大职工，大力弘扬爱国主义、集体主义、社会主义和艰苦创业精神，深入进行形势任务和民主法制教育，引导职工树立正确的世界观、人生观、价值观。加强职工业务技术和劳动技能培训。加强企业精神文明建设，发展企业文化，广泛开展创建文明行业、文明企业、文明班组和争当文明职工活动，树立爱岗敬业、诚实守信、奉献社会的良好职业道德和职业风尚，提倡科学精神，反对封建迷信，不断提高职工的思想道德和科学文化素质。

各级党委和政府要坚定地站在国有企业改革的前列，解放思想，实事求是，遵循客观经济规律，尊重群众首创精神。要认真改进领导作风，从工交、商贸、金融等各行各业国有企业的实际出发，深入调查研究，总结新经验，研究新情况，解决新问题，团结和带领广大干部群众迎难而上，开拓前进。

全会号召，全党紧密地团结在以江泽民同志为核心的党中央周围，高举邓小平理论伟大旗帜，深入贯彻党的十五大精神，按照中央的统一部署，同心同德，奋力拼搏，扎实工作，坚定不移地实现国有企业改革和脱困目标，努力开创国有企业改革和发展的新局面，把建设有中国特色社会主义的伟大事业全面推向21世纪！

国务院办公厅关于进一步做好国有企业下岗职工基本生活保障和企业离退休人员养老金发放工作有关问题的通知

国办发〔1999〕10号

各省、自治区、直辖市人民政府，国务院各部委、各直属机构：

在党中央、国务院的正确领导下，各地区和有关部门认真贯彻《中共中央、国务院关于切实做好国有企业下岗职工基本生活保障和再就业工作的通知》（中发〔1998〕10号）精神，国有企业下岗职工基本生活保障和再就业工作普遍加强，绝大多数国有企业下岗职工进入企业再就业服务中心并得到基本生活保障；企业离退休人员养老金发放工作明显改进，绝大多数离退休人员按时足额领到养老金；基本养老保险行业统筹移交地方管理工作按期完成。这对保持社会稳定、促进企业改革和经济发展发挥了重要作用。在肯定前一段工作成绩的同时，要清醒认识到当前存在的主要问题：有关政策和资金尚未完全落实到位，少数下岗职工的基本生活没有得到保障，离退休人员养老金仍有少量拖欠，行业统筹移交地方管理后还存在一些突出问题需要解决。1999年，国有企业职工下岗和再就业压力将进一步增大，确保养老金按时足额发放和逐步补清以前拖欠的任务仍很艰巨。各地区和有关部门要认真贯彻党的十五大精神，进一步加大工作力度，加快建立社会保障体系，确保国有企业下岗职工的基本生活，确保企业离退休人员养老金的按时足额发放，为经济发展和社会稳定创造更为有利的条件。经国务院同意，现就有关问题通知如下：

一、继续做好国有企业下岗职工基本生活保障和再就业工作

（一）确保下岗职工的基本生活。要继续把国有企业下岗职工基本生活保障和再就业工作作为一件大事，切实抓紧抓好。这是深化企业改革的重要任务，也是保持社会稳定的重要措施。抓好这项工作，关键是要落实资金。要坚持实行企业、社会、财政各负担1/3的办法。中央企业由中央财政负担，地方企业由地方财政负担。各地财政一定要调整预算支出结构，优先、足额安排这项资金，企业、社会筹集不足的部分，财政要给予保证。财政确有困难的地方，中央财政通过转移支付的办法给予一定的支持。要切实加强资金的管理，保证专款专用，坚决杜绝挤占挪用资金等问题的发生。

（二）积极促进下岗职工的再就业。要进一步办好企业再就业服务中心，有针对性地开展职业培训和职业指导，引导下岗职工转变择业观念，提高下岗职工的再就业能力，帮助下岗职工尽快实现再就业。要加大劳动力市场建设和职业培训的资金投入，推动劳动力市场科学化、规范化和现代化建设，为下岗职工提供方便快捷的再就业服务。要认真落实国家有关税收和小额贷款等方面的优惠政策，鼓励和支持更多的下岗职工自谋职业和组织起来就业。要加强劳动保障监察和劳动力市场管理，防止乱收费，切实维护下岗职工的合法权益。

（三）加强下岗职工劳动合同管理。国有企业下岗职工都应当进入企业再就业服务中心，并严格按国家有关规定签订基本生活保障和再就业协议。下岗职工在企业再就业服务中心期间已实现再就业以及3年协议期满仍未再就业的，企业应当依法及时与其解除劳动合同。对不进企业再就业服务中心或进了企业再就业服务中心不签协议的下岗职工，不支付其基本生活费；3年期满后，企业也应当与其解除劳动合同。对已经与新工作单位有了半年以上事实劳动关系的企业职工，原企业应当及时与其解除劳动合同，新的用人单位应当依法与其签订劳动合同，建立新的劳动关系。对领取了工商执照并已从事半年以上个体劳动的企业职工，企业应当与其解除劳动合同。下岗职工已实现再就业的，原来的社会保险缴费年限连续计算。企业解除下岗职工的劳动合同后，要依法妥善解决好与下岗职工的债权债务问题。

（四）进一步完善"三条保障线"制度。下岗职工通过企业再就业服务中心保障其基本生活，最长时间为3年；期满后仍未就业的，按规定领取失业保险金，最长时间为两年；享受失业保险两年后仍未就业的，按规定享受城市居民最低生活保障待遇。有关部门要认真做好"三条保障线"的衔接工作，切实保障下岗职工和失业人员的基本生活。要抓紧将失业保险覆盖范围扩大到城镇各种所有制的企事业单位及其职工，并加强失业保险费的征缴和管理，失业保险基金主要用于保障失业人员和下岗职工的基本生活。要进一步完善城市居民最低生活保障制度，充分发挥保障作用。要切实关心下岗职工生活，在企业再就业服务中心期间，下岗职工应享受本企业在住房、子女上学等方面的福利待遇。

二、切实做好企业离退休人员养老金发放工作

（一）确保养老金按时足额发放。要通过扩大覆盖面、提高收缴率、完善省级统筹制度等措施，确保养老金的按时足额发放。要切实把集体企业、外商投资企业、私营企业等非国有企业和城镇个体经济组织及其从业人员，纳入基本养老保险覆盖范围。要加大养老保险基金的收缴力度，财政、银行、税务、工商等部门要发挥各自的职能作用，予以大力协助和支持，力争在1999年内使收缴率达到90%以上。要按照《国务院关于实行企业职工基本养老保险省级统筹和行业统筹移交地方管理有关问题的通知》（国发〔1998〕28号）的规定，建立基本养老保险省级调剂金制度，逐步加大基金的调剂力度。要在确保按时足额发放的同时，逐步补发以前拖欠的养老金。

（二）坚决清理追缴企业欠费和回收挤占挪用基金。对目前企业欠缴的养老保险费，要坚决清理追缴，重点是有能力缴而不缴的欠费大户，清欠比例要达到50%以上。对于少数顶着不缴的，要按照有关规定对企业领导人和有关责任人作出处理，并予以新闻曝光。对被挤占挪用的养老保险基金，要在1999年底之前全部收回，并严肃查处违规违纪案件。要继续加强社会保险基金管理，落实收支两条线管理办法，完善内部审计制度和社会监督机制，确保社会保险基金的安全与完整。

三、抓紧做好养老保险行业统筹移交地方管理后的有关工作

（一）尽快将行业统筹结余基金移交到位。原行业统筹主管部门要对结余基金进行认真的自查，摸清情况，对违反规定的，要及时纠正。在此基础上，由审计署牵头，财政部、劳动保障部参加，对行业统筹结余基金进行审计。在1999年4月底之前，要将原来存在中

央部门社会保险经办机构的结余基金全部移交中央财政专户，将原来存在省以下社会保险经办机构的结余基金移交省级财政专户。应移交地方但个别行业已上调的资金，经审计署、劳动保障部和财政部核查确认后，要如数退还。

（二）妥善解决行业统筹移交前的养老金拖欠和移交后的基金收支缺口。煤炭、有色、中建等行业统筹移交前拖欠的养老金和移交后部分地区1998年9月至1998年12月的基金收支缺口，从行业统筹上缴中央财政专户的结余基金中予以一次性解决，具体由劳动保障部、财政部核拨。原行业统筹主管部门要继续负责，在劳动保障部、财政部的指导和帮助下，共同协商，妥善处理遗留问题。各地区要切实做好原行业统筹企业养老保险费的收缴和养老金的按时足额发放工作，坚决纠正对原行业统筹企业实行所谓“封闭运行”和资金自求平衡的做法。

（三）稳步调整原行业统筹企业缴纳基本养老保险费的比例。根据国发〔1998〕28号文件规定，煤炭、银行、民航企业缴纳基本养老保险费的比例5年调整到位，其他行业企业缴纳基本养老保险费的比例原则上3年调整到位。行业统筹移交后，企业缴纳基本养老保险费的比例调整，既要考虑地方的情况和企业的承受能力，又要考虑在收缴覆盖面扩大后养老保险费收取比例可以下降的情况，要按规定稳步进行,不能自行其是。各地区的调整方案须报劳动保障部,由劳动保障部会同财政部审批。

（四）核定原行业统筹项目。各地区和有关部门要按照《劳动保障部、财政部关于核定原行业统筹项目的通知》（劳社部发〔1998〕22号）要求，组织对行业的基本养老保险统筹项目进行审核认定。经审核确认的统筹项目，从基本养老保险基金中支付；未经确认的项目由企业负担，从企业成本中列支。

四、坚决制止和纠正违反国家规定提前退休的行为

（一）对提前退休的情况进行清查处理。根据国家关于企业职工退休条件的规定，由各省、自治区、直辖市人民政府和有关行业主管部门负责，组织对1998年1月1日以后办理提前退休的情况进行认真清理，分别妥善处理：1999年底前达到国家规定退休年龄等条件的，已办理的退休手续有效，继续由社会保险经办机构支付养老金；1999年底仍未达到国家规定退休年龄等条件的，已办理的退休手续无效，由企业统筹安排，应当安排下岗的职工，要进入再就业服务中心，保障其基本生活。对违反国家规定办理退职和1998年1月1日前违反国家规定办理提前退休的，由各地区、各部门参照上述精神妥善处理。这项工作，要在1999年4月底前完成。

（二）加强企业职工退休审批工作的管理。男职工年满60岁、女干部年满55岁、女工人年满50岁退休的，仍由县级人民政府劳动保障部门审批；从事井下、高空、高温、特别繁重体力劳动或其他有害身体健康的工种，因病或非因工致残完全丧失劳动能力的企业职工退休，改由地级劳动保障部门审批；按照国家有关规定提前退休的，改由省级人民政府劳动保障部门审批。原行业统筹企业的职工退休，由省级人民政府劳动保障部门审批。各地区、各部门及各企业必须严格执行国家关于企业职工退休条件的规定。今后，凡是违反国家规定办理提前退休的企业，要追究有关领导人和当事人的责任，已办理提前退休的职工要清退回原企业。

（三）严格按国家规定核定提前退休人员的待遇。对因病或非因工致残退休的人员和按国家有关政策提前退休的人员，其养老金按有关规定适当减发。

做好国有企业下岗职工基本生活保障和再就业工作，确保企业离退休人员养老金按时足额发放，关系企业改革、经济发展和社会稳定的大局，涉及企业职工和离退休人员的切身利益。各地区和有关部门务必高度重视，认真贯彻党中央、国务院的方针政策和工作部署，处理好改革、发展、稳定的关系，做到政策落实、资金落实、工作落实。要加强思想政治工作和政策宣传工作，把工作做深做细。要认真总结经验，推广好的典型，及时研究解决工作中出现的新情况、新问题。劳动保障部与国家经贸委、财政部等有关部门要密切配合，加大督促检查的力度，加强对地方工作的指导，共同把工作做好。

1999年2月3日

国务院办公厅转发劳动保障部等部门关于积极推进劳动预备制度加快提高劳动者素质意见的通知

国办发〔1999〕60号

各省、自治区、直辖市人民政府，国务院各部委、各直属机构：

劳动保障部、教育部、人事部、国家计委、国家经贸委、国家工商局《关于积极推进劳动预备制度加快提高劳动者素质的意见》已经国务院同意，现转发给你们，请认真贯彻执行。

1999年6月27日

关于积极推进劳动预备制度加快提高劳动者素质的意见

劳动保障部　教育部　人事部
国家计委　国家经贸委　国家工商局

（1999年6月7日）

随着我国经济建设和科学技术的快速发展，对劳动者素质的要求越来越高。目前存在的相当多的劳动者职业技能素质较低的状况，难以适应经济和社会发展的需要，必须采取切实措施，加快提高劳动者素质。

就业前的职业培训和职业教育是提高劳动者素质的重要环节。我国对新生劳动力就业前的职业培训和职业教育尚未形成完善的制度，初、高中毕业生，一般未经过必要的职业培训和职业教育就进入劳动力市场直接就业，不仅影响青年劳动者队伍整体素质的提高，而且也影响产品质量和劳动生产率的提高。实行劳动预备制度，对新生劳动力进行就业前职业培训和职业教育，使其掌握必要的职业技能后再进入就业岗位，对于提高青年劳动者素质，调节劳动力供求，缓解就业压力具有积极作用。近几年来，在部分城市进行的劳动预备制度试点，取得了一定成效，积累了一些经验。根据党的十五大提出的“把加速科技进步放在经济社会发展的关键地位，使经济建设真正转到依靠科技进步和提高劳动者素质的轨道上来”的要求，以及《中共中央、国务院关于切实做好国有企业下岗职工基本生活保障和再就业工作的通知》（中发〔1998〕10号）精神，为积极推进劳动预备制度，加快提高劳动者素质，现就有关问题提出如下意见：

一、普遍建立和实行劳动预备制度

（一）从1999年起，在全国城镇普遍推行劳动预备制度，组织新生劳动力和其他求职人员，在就业前接受1~3年的职业培训和职业教育，使其取得相应的职业资格或掌握一定的职业技能后，在国家政策的指导和帮助下，通过劳动力市场实现就业。

（二）实行劳动预备制度的主要对象是城镇未能继续升学的初、高中毕业生，以及农村未能继续升学并准备从事非农产业工作或进城务工的初、高中毕业生。对准备从事农业生产劳动的初、高中毕业生，各地可从本地实际出发，另行制定培训办法。各地还可根据实际情况引导城镇失业人员和国有企业下岗职工参加劳动预备制培训。

（三）参加劳动预备制人员，由就业服务机构纳入当地劳动力信息资源管理系统，根据国家就业方针和劳动力市场需求，组织双向选择，优先推荐就业，或指导其组织起来就业和自谋职业，并为他们提供各种就业服务。

二、全面开展职业培训和教育

（一）充分利用现有教育、职业培训资源，广泛动员社会各方面的力量，搞好对劳动预备制人员的职业培训和职业教育。技工学校、就业训练中心和其他职业培训机构，要积极主动承担劳动预备制人员培训任务，培养社会各方面需要的适用人才；充分利用并进一步发展中等职业学校和职业技术学院等职业学校教育，培养生产、管理、服务等第一线急需的专门人才；企业办的各类培训机构也要充分利用现有的培训设施，挖掘培训潜力，对尚未经过职业培训的职工进行岗位培训。

（二）根据劳动力市场需求，按照职业分类和职业技能标准，对劳动预备制人员进行职业培训和职业教育。

职业学校要根据市场需求设置专业，课程和教材要增强专业适应性，具有职业教育特色，实行产教结合，培养学生具有必要的理论知识和较强的实践能力，具有熟练的职业技能和适应职业变化的能力。

职业培训主要是进行职业技能和专业理论学习，并进行必要的文化知识学习和创业能力培训，同时进行职业道德、职业指导、法制观念等教育。培训时间根据学员文化基础和所选专业确定，技术职业（工种）一般应在2年以上，非技术职业（工种）一般应在1年以上。特殊职业（工种）的培训期限和内容，根据行业或企业要求，经有关部门核准后，可适当调整。

（三）对劳动预备制人员进行培训，在确保培训质量的前提下，可采取全日制、非全日制以及学分制与学时制相结合或远程培训等灵活多样的培训形式。各类培训机构要充分利用自身的实习基地，组织劳动预备制人员进行生产实习，开展勤工俭学，并组织其参加社区服务、公益劳动等社会实践活动。

三、严格实行就业准入控制

（一）劳动预备制人员培训或学习期满，取得相应证书后，方可就业。从事一般职业（工种）的，必须取得相应的职业学校毕业证书或职业培训合格证书。从事国家和地方政府以及行业有特殊规定职业（工种）的，在取得职业学校毕业证书或职业培训合格证书的同时，还必须取得相应的职业资格证书。从事个体工商经营的，也应接受必要的职业培训，其中从事国家规定实行就业准入控制职业（工种）的，必须在取得职业资格证书后方可办理开业手续。

（二）对未经过劳动预备制培训学习，或虽经劳动预备制培训学习，但未取得相应证书的人员，职业介绍机构不得介绍就业，用人单位不得招收录用。对违反规定招收、录用的单位，劳动保障监察机构要责令其改正，并要求未经培训学习的人员参加相应的劳动预备制培训学习，限期取得毕业证书、职业培训合格证书或职业资格证书。对用人单位因特殊需要招用技术性较强，但当地培训机构尚未开展培训的特殊职业（工种）人员，经劳动保障部门批准后，可允许企业先招收再培训，取得相应职业资格后再上岗。

四、采取积极的扶持政策

（一）对参加劳动预备制人员培训所需经费，原则上由个人和用人单位承担，政府给予必要的支持。用人单位委托培训机构进行定向培训，其培训费可在职工教育经费中列支。对学员个人收取培训费，可参照当地职业学校和培训机构的收费标准执行。对家庭经济确有困难的，可酌情减免培训费用。

（二）参加劳动预备制的人员，进行职业培训原则上实行免试入学，需要经过文化考核和能力测试的，由当地政府确定；进入各类职业学校学习按国家或地方有关规定进行。学员经过劳动预备制基础文化学习后，可根据自身条件和社会需求确定参加不同职业（工种）的技能培训。

（三）对参加1年以上劳动预备制培训的人员，在报考各类中等职业学校时，同等条件下优先录取。

（四）对承担劳动预备制培训任务的职业学校、培训机构等实习基地，各地区和有关部门要给予必要的政策扶持。

（五）对承担劳动预备制培训工作比较好的职业学校、培训机构等，经当地政府确定，可作为劳动预备制定点培训单位。可采取培训资格认定、培训项目招标、培训成果考核以及给予培训经费补贴等方式，促进劳动预备制培训工作的健康发展。

五、高度重视，加强领导，认真组织实施

（一）建立和实行劳动预备制度是实施科教兴国战略的一项重要措施，各级政府要高度重视，切实加强领导，要设立由主管负责人牵头，劳动保障、教育、人事、计划、经贸、财政、工商等部门组成的工作小组，开展调查研究，组织制定工作方案、扶持政策，落实培训经费，及时解决工作中出现的问题，并定期对本地区劳动预备制度的执行情况和培训工作情况进行督促检查。

（二）实行劳动预备制度，政策性强，涉及面广，各级政府的有关部门和社会有关方面要共同参与，密切配合，相互支持，大力推动。要充分发挥新闻媒介的舆论导向作用，切实做好推进劳动预备制度的宣传工作，动员社会各方面培训力量，组织广大初、高中毕业生参加劳动预备制培训，提高企业严格执行就业准入规定的自觉性。

国务院办公厅转发劳动保障部等部门关于进一步做好残疾人劳动就业工作若干意见的通知

国办发〔1999〕84号

各省、自治区、直辖市人民政府，国务院各部委、各直属机构：

劳动保障部、国家计委、民政部、财政部、人事部、税务总局、工商局、中国残联《关于进一步做好残疾人劳动就业工作的若干意见》已经国务院批准，现转发给你们，请认真贯彻执行。

1999年9月30日

关于进一步做好残疾人劳动就业工作的若干意见

劳动保障部　国家计委　民政部　财政部
人事部　税务总局　工商局　中国残联

（1999年8月31日）

党和国家历来十分重视残疾人劳动就业工作，先后制定并实施了一系列法律、法规和政策，有力地推动了残疾人劳动就业工作的开展，残疾人就业率从1987年的不足50%提高到1998年的73%。但是，由于自身障碍和环境的影响，残疾人就业仍滞后于我国劳动就业的总体水平。近年来，随着我国经济体制改革的不断深化和社会主义市场经济的发展，残疾人就业既出现了新的活力和机遇，也面临着不少新情况、新问题，有些问题还比较突出，亟需解决。

为进一步做好残疾人劳动就业工作，确保按期完成《中国残疾人事业“九五”计划纲要》规定的残疾人就业任务，推动残疾人就业在下个世纪持续、稳定发展，现提出以下意见。

一、充分认识残疾人劳动就业的重要意义

劳动是公民的基本权利，残疾人与健全人一样，享有法律赋予的平等就业和选择职业、取得劳动报酬或收入、获得劳动安全卫生保护、接受职业技能培训、享受社会保险等权利。《中华人民共和国宪法》《中华人民共和国残疾人保障法》（以下简称残疾人保障法）、《中华人民共和国劳动法》，都明确规定对残疾人劳动就业要给予特别的扶持、优惠和保护。

残疾人同样是社会物质文明和精神文明的创造者。就业是残疾人改善生活状况、提高社会地位、参与社会生活的基础，是实现其人生价值的关键。搞好残疾人就业工作，使残疾人从单纯地依靠国家、社会和亲属救济、供养变为自食其力的劳动者，不仅关系到我国6 000万残疾人劳动权利的实现，而且对解除近两亿残疾人亲属的后顾之忧，促进经济发展、社会进步和精神文明建设，具有重要作用。各级政府及其有关部门要充分认识残疾人劳动就业的重要意义，加强领导，采取有力措施，切实保障残疾人劳动就业权利的实现。

二、残疾人劳动就业的方针和今后一个时期的主要任务

残疾人劳动就业的方针是：集中与分散相结合，采取优惠政策和扶持保护措施，通过多渠道、多层次、多种形式，使残疾人劳动就业逐步普及、稳定、合理。

当前和今后相当一个时期残疾人劳动就业工作的主要任务是：进一步制定、完善有关法规和扶持政策，广泛开展职业培训和就业服务，全面实施按比例安排残疾人就业，大力扶持个体就业和自愿组织起来就业，稳定、搞活集中就业，使残疾人劳动就业工作提高到一个新水平。

三、依法全面推行按比例安排残疾人就业

残疾人保障法规定，应当按一定比例安排残疾人就业。按比例安排残疾人就业，是解决残疾人就业的战略性举措，要依法全面推行。

地方各级人民政府及其有关部门要把按比例安排残疾人就业作为残疾人就业工作的重点，要切实加强领导和做好组织协调工作。凡是未开展按比例安排残疾人就业的地区（市）、县（市、区），“九五”期间都要制定实施办法，开展这项工作。一些经济困难、暂不具备条件的县，也应积极创造条件，争取尽快开展按比例安排残疾人就业工作。

机关、团体、企业事业组织、城乡经济组织，要按照本省（自治区、直辖市）制定的有关法规所规定的具体比例，安排残疾人就业；暂时未达到比例的，应按财政部发布的《残疾人就业保障金管理暂行规定》（财综字〔1995〕5号）交纳残疾人就业保障金。

用人单位必须与残疾职工签订劳动合同或办理录用手续，并安排适宜的工作岗位；提前解除残疾职工劳动合同或人事关系，应按有关法律、法规执行并报当地残疾人联合会备案。

鼓励各单位积极安排残疾人就业。对于安排残疾人就业超过规定比例或成绩突出的单位，要给予精神、物质奖励；对于拒不执行按比例安排残疾人就业规定的，要予以批评、教育，责令改正。

四、继续扶持和稳定集中就业

集中就业是残疾人就业的一种重要形式。福利企业是以集中安排残疾人就业为目的具有社会福利性质的特殊企业，为解决残疾人就业发挥了重要作用。当前，福利企业改革与发展面临很多困难，各地区和各有关部门要采取有力措施，稳定残疾人集中就业，并做好以下工作：

（一）进一步完善扶持保护政策，推进福利企业健康发展。

（二）按照国家关于调整和完善所有制结

构，推进公有制的多种有效实现形式的要求，加快福利企业的改革、改组和改造的步伐，强化企业内部管理。要根据福利企业的特点，充分保障残疾职工合法权益，保证国有资产不流失。对改制后的多种所有制形式的福利企业，要给予政策上的扶持保护。

（三）继续做好福利企业的检查认证和清理整顿工作，严格依照有关规定对福利企业实施年检，认真清理假冒福利企业，维护国家扶持保护政策的严肃性。

（四）坚持安排残疾人就业的宗旨和方向，维护残疾人的合法权益，采取切实可行的办法，不断改善残疾职工的工作环境和福利状况。

五、大力扶持残疾人个体就业和自愿组织起来就业

残疾人保障法规定："政府有关部门鼓励、帮助残疾人自愿组织起来从业或者个体开业。"近十年的实践证明，残疾人个体就业和自愿组织起来就业，可以因地制宜、因人而异、机动灵活，这是社会主义市场经济条件下残疾人就业的一种有效形式，要大力扶持。

工商行政管理、税务等有关部门要根据残疾人保障法和有关税收法律、法规的规定，制定、完善扶持残疾人个体就业和自愿组织起来就业的优惠政策，在核发营业执照、办理有关手续、减免税费和落实经营场地等方面给予优先和照顾。

残疾人就业服务机构要认真做好扶持残疾人个体就业和自愿组织起来就业的工作，在选择项目、申办营业执照等方面积极、主动地做好服务，并帮助他们解决生产经营过程中遇到的困难。要积极协助有关部门，按照国务院《社会保险费征缴暂行条例》的规定，逐步将从事个体就业和自愿组织起来就业的城镇残疾人纳入社会保险范围。

六、扶持农村残疾人参加生产劳动

我国农村残疾人约有4 800万，占残疾人总数的80%。目前，农村仍有近千万残疾人尚未解决温饱。组织农村适合劳动的残疾人参加生产，帮助他们解决温饱，摆脱贫困，并逐步致富，是残疾人劳动就业工作十分重要的组成部分。

各地区要按照《国家八七扶贫攻坚计划》和《残疾人扶贫攻坚计划（1998—2000年）》及相关文件的要求，做好农村贫困残疾人的扶贫工作，力争在本世纪末基本解决他们的温饱。对于已经解决温饱的农村残疾人，县（市、区）乡、（镇）人民政府要针对他们的特点，结合本地实际，选择适合的项目，组织他们参加种植业、养殖业和家庭手工业等多种形式的生产劳动。

各地在规划和发展小城镇时，应积极吸纳农村残疾人就业，乡镇企业和村办企业也应按比例安排残疾人就业。

七、以发展盲人按摩为重点，积极帮助盲人就业

盲人就业是各类残疾人就业的难点之一。盲人触觉灵敏、精力集中，十分适宜从事按摩工作。要认真贯彻、落实原劳动部、工商局、中国残联《关于做好盲人保健按摩职业技能培训、鉴定及就业工作的通知》和人事部、卫生部、中医药局、中国残联《关于盲人医疗按摩人员评聘专业技术职务有关问题的通知》精神，切实做好盲人按摩人员特别是保健按摩人员的培养、培训和就业工作。

饭店、浴室、保健康乐机构、美容美发场所等有按摩业务的服务行业和社会医疗机构的按摩、推拿科室，应优先录用具有按摩技术并持有相应资格证书的盲人按摩人员。

地方各级人民政府有关部门要采取具体措施扶持盲人按摩人员举办个体、私营及其他形式的按摩机构；鼓励、扶持社会力量开办盲人按摩院、所，集中安排盲人按摩人员就业。

要积极探索、拓展适合盲人特点的就业领域，促进盲人就业。

八、切实做好下岗残疾职工基本生活保障和再就业工作

《中共中央、国务院关于切实做好国有企业下岗职工基本生活保障和再就业工作的通知》（中发〔1998〕10号）指出："要尽量避免全国及省（部）级劳动模范、烈军属、残疾人下岗。"各地区要按照这一要求，切实加强宏观调控，尽量避免残疾职工下岗，并积极帮助下岗残疾职工实现再就业。

地方各级人民政府和有关部门要对残疾职工给予特别关注。要进行专题研究，制定专门政策和措施，避免残疾职工下岗。除停产、实施兼并和宣布破产的企业外，其他有生产任务的企业，一般不安排残疾职工下岗。

对已下岗的残疾职工，有关部门和企业要切实保障其基本生活，并按规定缴纳社会保险费。积极组织残疾职工参加再就业培训，优先推荐就业。

要关心离退休残疾人的生活，保证其养老保险金及时足额发放。

各级残联要积极协调有关部门做好工作，避免残疾职工下岗，并督促、帮助企业落实下岗残疾职工的基本生活保障和再就业，对违反国家政策或拒不执行有关规定的，要向有关部门反映并及时解决。

九、健全、完善残疾人就业服务机构，为残疾人就业提供全面服务

各级残联所属残疾人就业服务机构，是为残疾人就业提供服务的专门机构，是劳动就业服务体系的组成部分，在同级劳动和社会保障部门的指导下开展工作。

地方各级人民政府和有关部门，要重视和支持残疾人就业服务工作，按照残疾人事业"九五"计划纲要的要求，结合劳动就业工作，加强残疾人就业服务机构的建设，为其开展工作提供必要的条件。

各级残疾人就业服务机构，要加强内部管理，完善职能，为残疾人提供切实有效的服务。

十、大力开展职业培训，提高残疾人职业技能

提高残疾人职业技能和生产技术，是残疾人实现就业的重要条件。地方各级人民政府的有关部门，要重视残疾人的职业培训工作，将残疾人的职业培训纳入整体职业教育和职业培训计划，加强领导，大力支持，努力提高培训质量。

政府各有关部门所办的职业培训机构，应将残疾人纳入培训计划随班培训，可根据市场需要和残疾人的具体情况单独开设培训班；残疾人职业教育培训机构应具备特殊的培训手段和条件，为在普通培训机构中难以接受培训的残疾人提供培训；其他职业培训机构，也应接收残疾人参加培训。各类职业培训机构对生活困难的残疾人，应酌情减免培训费。

政府各有关部门及企业、事业组织和社会团体，要切实抓好本部门、本系统、本单位在岗与转岗残疾职工的职业培训，并为其在培训或进修期间的学习、生活提供保障。

农村残疾人职业培训以乡（镇）为单位，依托当地各种形式的实用技术培训和科技扶贫活动，随班培训或单独设班培训。

十一、加强领导，密切配合，把残疾人就业工作提高到一个新水平

残疾人劳动就业是我国劳动事业和残疾人事业的重要组成部分，关系到几千万残疾人的基本权利和切身利益，意义重大，任务艰巨。地方各级人民政府和有关部门要高度重视，按照国家有关法律、法规和政策，做好残疾人就业工作。

地方各级人民政府要从当地实际情况出发，制定当前和今后一个时期残疾人就业的规划，明确目标、任务和扶持措施并督促、检查和落实；各有关部门和残联要按照各自工作职责，分工协作，密切配合，共同做好残疾人就业工作；要加强残疾人就业的法制建设，制定、完善扶持残疾人就业的政策和法规；要将残疾

人就业纳入当地行政执法检查和劳动监察范围，发现问题及时解决，保障残疾人劳动权利的实现；要加强宣传，使全社会了解残疾人就业的方针、政策，理解残疾人的困难，支持、帮助残疾人就业。

国务院办公厅　中央军委办公厅关于印发《中国人民解放军军人退役医疗保险暂行办法》的通知

国办发〔1999〕100号

各省、自治区、直辖市人民政府，国务院各部委、各直属机构，各军区，各军兵种、各总部、军事科学院、国防大学、国防科学技术大学，武警总部：

经国务院、中央军委批准，现将《中国人民解放军军人退役医疗保险暂行办法》印发给你们，请遵照执行。

1999年12月16日

中国人民解放军军人退役医疗保险暂行办法

一、为了保障军人退出现役后享有国家规定的医疗保险待遇，维护军人权益，激励军人安心服役，根据《中华人民共和国国防法》的有关规定，结合军队实际，制定本办法。

二、国家实行军人退役医疗保险制度，设立军人退役医疗保险基金，对军人退出现役后的医疗费用给予补助。中国人民解放军根据国家的有关规定，为军人建立退役医疗保险个人账户。

三、师职以下现役军官、局级和专业技术四级以下文职干部、士官、义务兵和具有军籍的学员依照本办法参加军人退役医疗保险。

四、各级后勤（联勤）机关按照职责分工，负责军人退役医疗保险个人账户的建立和基金的筹集、管理、支付。

五、城镇职工基本医疗保险统筹地区人民政府劳动和社会保障部门负责军人退役后的医疗保险管理工作。

六、军人退役医疗保险基金由国家财政拨款和军人缴纳的退役医疗保险费组成。

七、师职以下现役军官、局级和专业技术四级以下文职干部和士官，每人每月按照本人工资收入1%的数额缴纳退役医疗保险费。国家按照军人缴纳的退役医疗保险费的同等数额，给予军人退役医疗补助。

八、军人缴纳的退役医疗保险费和国家给予的军人退役医疗补助，由其所在单位后勤（联勤）机关财务部门逐月计入本人的退役医疗保险个人账户。

九、军人退役医疗保险个人账户资金的利息每年计算一次，计入军人退役医疗保险个人账户。

军人退役医疗保险个人账户资金的利率，由中国人民解放军总后勤部根据中国人民银行公布的相应利率确定。

十、军官、文职干部晋升为军职或者享受军职待遇的，不再缴纳退役医疗保险费，个人缴纳的退役医疗保险费连同利息一并退还本人。

缴纳退役医疗保险费后致残的二等乙级以上革命伤残军人，退还个人缴纳的退役医疗保险费及利息。

十一、师职以下现役军官、局级和专业技术四级以下文职干部、士官退出现役时，其退役医疗保险个人账户的资金和利息，由本人所在单位后勤（联勤）机关财务部门结清。

十二、义务兵、供给制学员不缴纳退役医疗保险费，服役期间不建立退役医疗保险个人账户。

义务兵退出现役时，按照上一年度全国城镇职工平均工资收入的1.6%乘以服役年数的计算公式计付军人退役医疗保险金。

十三、军人退出现役后，按照国家规定不参加城镇职工基本医疗保险的，由军人所在单位后勤（联勤）机关财务部门将军人退役医疗保险金发给本人；按照国家规定应当参加城镇职工基本医疗保险的，由军人所在单位后勤（联勤）机关财务部门将军人退役医疗保险金转入军人安置地的社会保险经办机构，具体办法由中国人民解放军总后勤部会同劳动保障部等有关部门制定。

十四、从地方直接招收的军官、文职干部和士官入伍时由地方社会保险经办机构将其基本医疗保险个人账户结余部分转入接收单位后勤（联勤）机关财务部门，计入本人的退役医疗保险个人账户，并逐级上缴中国人民解放军总后勤部。

十五、军人牺牲或者病故的，其退役医疗保险个人账户资金可以依法继承。

十六、军人退役医疗保险基金实行集中统管，任何单位或者个人不得挤占挪用。

十七、军人退役医疗保险基金的存储、划拨、运营、预决算管理和会计核算，必须严格执行国家和军队的有关规定。基金利息等收益全部纳入军人退役医疗保险基金。

十八、中国人民解放军各级审计部门按照规定的职责，对军人退役医疗保险基金的收支和管理进行审计监督。

十九、有下列情形之一的，对直接负责的主管人员和其他直接责任人员，依照国家和军队的有关规定给予处分；涉嫌犯罪的，移交司法机关依法处理；对单位给予通报批评，责令限期改正，并依照国家和军队有关规定给予处罚：

（一）出具假证明，伪造公文、证件骗取军人退役医疗保险金的；

（二）不按照规定转移和接收军人退役医疗保险个人账户资金的；

（三）贪污挪用军人退役医疗保险基金的；

（四）虚报冒领、不按照规定计发军人退役医疗保险金的；

（五）其他违反本办法，妨害军人退役医疗保险工作的。

二十、移交政府安置的军队离休人员和退出现役的二等乙级以上革命伤残军人的医疗待遇，按照国务院、中央军委的有关规定执行。

移交政府安置的军队退休干部、士官的医疗待遇政策，由军队有关部门商国务院有关部门另行制定。

二十一、本办法适用于中国人民武装警察部队。

二十二、本办法由劳动保障部和中国人民解放军总后勤部负责解释。

二十三、本办法自2000年1月1日起施行。

失业保险条例

（1998年12月26日国务院第11次常务会议通过
1999年1月22日中华人民共和国国务院令第258号发布）

第一章　总　　则

第一条　为了保障失业人员失业期间的基本生活，促进其再就业，制定本条例。

第二条　城镇企业事业单位、城镇企业事业单位职工依照本条例的规定，缴纳失业保险费。

城镇企业事业单位失业人员依照本条例的规定，享受失业保险待遇。

本条所称城镇企业，是指国有企业、城镇集体企业、外商投资企业、城镇私营企业以及其他城镇企业。

第三条　国务院劳动保障行政部门主管全国的失业保险工作。县级以上地方各级人民政府劳动保障行政部门主管本行政区域内的失业保险工作。劳动保障行政部门按照国务院规定设立的经办失业保险业务的社会保险经办机构依照本条例的规定，具体承办失业保险工作。

第四条　失业保险费按照国家有关规定征缴。

第二章　失业保险基金

第五条　失业保险基金由下列各项构成：

（一）城镇企业事业单位、城镇企业事业单位职工缴纳的失业保险费；

（二）失业保险基金的利息；

（三）财政补贴；

（四）依法纳入失业保险基金的其他资金。

第六条　城镇企业事业单位按照本单位工资总额的2%缴纳失业保险费。城镇企业事业单位职工按照本人工资的1%缴纳失业保险费。城镇企业事业单位招用的农民合同制工人本人不缴纳失业保险费。

第七条　失业保险基金在直辖市和设区的市实行全市统筹；其他地区的统筹层次由省、自治区人民政府规定。

第八条　省、自治区可以建立失业保险调剂金。

失业保险调剂金以统筹地区依法应当征收的失业保险费为基数，按照省、自治区人民政府规定的比例筹集。

统筹地区的失业保险基金不敷使用时，由失业保险调剂金调剂、地方财政补贴。

失业保险调剂金的筹集、调剂使用以及地方财政补贴的具体办法，由省、自治区人民政府规定。

第九条　省、自治区、直辖市人民政府根据本行政区域失业人员数量和失业保险基金数额，报经国务院批准，可以适当调整本行政区域失业保险费的费率。

第十条　失业保险基金用于下列支出：

（一）失业保险金；

（二）领取失业保险金期间的医疗补助金；

（三）领取失业保险金期间死亡的失业人

员的丧葬补助金和其供养的配偶、直系亲属的抚恤金；

（四）领取失业保险金期间接受职业培训、职业介绍的补贴，补贴的办法和标准由省、自治区、直辖市人民政府规定；

（五）国务院规定或者批准的与失业保险有关的其他费用。

第十一条 失业保险基金必须存入财政部门在国有商业银行开设的社会保障基金财政专户，实行收支两条线管理，由财政部门依法进行监督。

存入银行和按照国家规定购买国债的失业保险基金，分别按照城乡居民同期存款利率和国债利息计息。失业保险基金的利息并入失业保险基金。

失业保险基金专款专用，不得挪作他用，不得用于平衡财政收支。

第十二条 失业保险基金收支的预算、决算，由统筹地区社会保险经办机构编制，经同级劳动保障行政部门复核、同级财政部门审核，报同级人民政府审批。

第十三条 失业保险基金的财务制度和会计制度按照国家有关规定执行。

第三章 失业保险待遇

第十四条 具备下列条件的失业人员，可以领取失业保险金：

（一）按照规定参加失业保险，所在单位和本人已按照规定履行缴费义务满1年的；

（二）非因本人意愿中断就业的；

（三）已办理失业登记，并有求职要求的。

失业人员在领取失业保险金期间，按照规定同时享受其他失业保险待遇。

第十五条 失业人员在领取失业保险金期间有下列情形之一的，停止领取失业保险金，并同时停止享受其他失业保险待遇：

（一）重新就业的；

（二）应征服兵役的；

（三）移居境外的；

（四）享受基本养老保险待遇的；

（五）被判刑收监执行或者被劳动教养的；

（六）无正当理由，拒不接受当地人民政府指定的部门或者机构介绍的工作的；

（七）有法律、行政法规规定的其他情形的。

第十六条 城镇企业事业单位应当及时为失业人员出具终止或者解除劳动关系的证明，告知其按照规定享受失业保险待遇的权利，并将失业人员的名单自终止或者解除劳动关系之日起7日内报社会保险经办机构备案。

城镇企业事业单位职工失业后，应当持本单位为其出具的终止或者解除劳动关系的证明，及时到指定的社会保险经办机构办理失业登记。失业保险金自办理失业登记之日起计算。

失业保险金由社会保险经办机构按月发放。社会保险经办机构为失业人员开具领取失业保险金的单证，失业人员凭单证到指定银行领取失业保险金。

第十七条 失业人员失业前所在单位和本人按照规定累计缴费时间满1年不足5年的，领取失业保险金的期限最长为12个月；累计缴费时间满5年不足10年的，领取失业保险金的期限最长为18个月；累计缴费时间10年以上的，领取失业保险金的期限最长为24个月。重新就业后，再次失业的，缴费时间重新计算，领取失业保险金的期限可以与前次失业应领取而尚未领取的失业保险金的期限合并计算，但是最长不得超过24个月。

第十八条 失业保险金的标准，按照低于当地最低工资标准、高于城市居民最低生活保障标准的水平，由省、自治区、直辖市人民政府确定。

第十九条 失业人员在领取失业保险金期间患病就医的，可以按照规定向社会保险经办机构申请领取医疗补助金。医疗补助金的标准由省、自治区、直辖市人民政府规定。

第二十条 失业人员在领取失业保险金期间死亡的，参照当地对在职职工的规定，对其家属一次性发给丧葬补助金和抚恤金。

第二十一条 单位招用的农民合同制工人连续工作满1年，本单位并已缴纳失业保险费，劳动合同期满未续订或者提前解除劳动合同的，由社会保险经办机构根据其工作时间长短，对其支付一次性生活补助。补助的办法和标准由省、自治区、直辖市人民政府规定。

第二十二条 城镇企业事业单位成建制跨统筹地区转移，失业人员跨统筹地区流动的，失业保险关系随之转迁。

第二十三条 失业人员符合城市居民最低生活保障条件的，按照规定享受城市居民最低生活保障待遇。

第四章 管理和监督

第二十四条 劳动保障行政部门管理失业保险工作，履行下列职责：

（一）贯彻实施失业保险法律、法规；

（二）指导社会保险经办机构的工作；

（三）对失业保险费的征收和失业保险待遇的支付进行监督检查。

第二十五条 社会保险经办机构具体承办失业保险工作，履行下列职责：

（一）负责失业人员的登记、调查、统计；

（二）按照规定负责失业保险基金的管理；

（三）按照规定核定失业保险待遇，开具失业人员在指定银行领取失业保险金和其他补助金的单证；

（四）拨付失业人员职业培训、职业介绍补贴费用；

（五）为失业人员提供免费咨询服务；

（六）国家规定由其履行的其他职责。

第二十六条 财政部门和审计部门依法对失业保险基金的收支、管理情况进行监督。

第二十七条 社会保险经办机构所需经费列入预算，由财政拨付。

第五章 罚 则

第二十八条 不符合享受失业保险待遇条件，骗取失业保险金和其他失业保险待遇的，由社会保险经办机构责令退还；情节严重的，由劳动保障行政部门处骗取金额1倍以上3倍以下的罚款。

第二十九条 社会保险经办机构工作人员违反规定向失业人员开具领取失业保险金或者享受其他失业保险待遇单证，致使失业保险基金损失的，由劳动保障行政部门责令追回；情节严重的，依法给予行政处分。

第三十条 劳动保障行政部门和社会保险经办机构的工作人员滥用职权、徇私舞弊、玩忽职守，造成失业保险基金损失的，由劳动保障行政部门追回损失的失业保险基金；构成犯罪的，依法追究刑事责任；尚不构成犯罪的，依法给予行政处分。

第三十一条 任何单位、个人挪用失业保险基金的，追回挪用的失业保险基金；有违法所得的，没收违法所得，并入失业保险基金；构成犯罪的，依法追究刑事责任；尚不构成犯罪的，对直接负责的主管人员和其他直接责任人员依法给予行政处分。

第六章 附 则

第三十二条 省、自治区、直辖市人民政府根据当地实际情况，可以决定本条例适用于本行政区域内的社会团体及其专职人员、民办非企业单位及其职工、有雇工的城镇个体工商户及其雇工。

第三十三条 本条例自发布之日起施行。1993年4月12日国务院发布的《国有企业职工待业保险规定》同时废止。

社会保险费征缴暂行条例

（1999年1月14日国务院第13次常务会议通过
1999年1月22日中华人民共和国国务院第259号令发布）

第一章　总　　则

第一条　为了加强和规范社会保险费征缴工作，保障社会保险金的发放，制定本条例。

第二条　基本养老保险费、基本医疗保险费、失业保险费（以下统称社会保险费）的征收、缴纳，适用本条例。

本条例所称缴费单位、缴费个人，是指依照有关法律、行政法规和国务院的规定，应当缴纳社会保险费的单位和个人。

第三条　基本养老保险费的征缴范围：国有企业、城镇集体企业、外商投资企业、城镇私营企业和其他城镇企业及其职工，实行企业化管理的事业单位及其职工。

基本医疗保险费的征缴范围：国有企业、城镇集体企业、外商投资企业、城镇私营企业和其他城镇企业及其职工，国家机关及其工作人员，事业单位及其职工，民办非企业单位及其职工，社会团体及其专职人员。

失业保险费的征缴范围：国有企业、城镇集体企业、外商投资企业、城镇私营企业和其他城镇企业及其职工，事业单位及其职工。

省、自治区、直辖市人民政府根据当地实际情况，可以规定将城镇个体工商户纳入基本养老保险、基本医疗保险的范围，并可以规定将社会团体及其专职人员、民办非企业单位及其职工以及有雇工的城镇个体工商户及其雇工纳入失业保险的范围。

社会保险费的费基、费率依照有关法律、行政法规和国务院的规定执行。

第四条　缴费单位、缴费个人应当按时足额缴纳社会保险费。

征缴的社会保险费纳入社会保险基金，专款专用，任何单位和个人不得挪用。

第五条　国务院劳动保障行政部门负责全国的社会保险费征缴管理和监督检查工作。县级以上地方各级人民政府劳动保障行政部门负责本行政区域内的社会保险费征缴管理和监督检查工作。

第六条　社会保险费实行三项社会保险费集中、统一征收。社会保险费的征收机构由省、自治区、直辖市人民政府规定，可以由税务机关征收，也可以由劳动保障行政部门按照国务院规定设立的社会保险经办机构（以下简称社会保险经办机构）征收。

第二章　征缴管理

第七条　缴费单位必须向当地社会保险经办机构办理社会保险登记，参加社会保险。

登记事项包括：单位名称、住所、经营地点、单位类型、法定代表人或者负责人、开户银行账号以及国务院劳动保障行政部门规定的其他事项。

第八条　本条例施行前已经参加社会保险

的缴费单位，应当自本条例施行之日起6个月内到当地社会保险经办机构补办社会保险登记，由社会保险经办机构发给社会保险登记证件。

本条例施行前尚未参加社会保险的缴费单位应当自本条例施行之日起30日内，本条例施行后成立的缴费单位应当自成立之日起30日内，持营业执照或者登记证书等有关证件，到当地社会保险经办机构申请办理社会保险登记。社会保险经办机构审核后，发给社会保险登记证件。

社会保险登记证件不得伪造、变造。

社会保险登记证件的样式由国务院劳动保障行政部门制定。

第九条 缴费单位的社会保险登记事项发生变更或者缴费单位依法终止的，应当自变更或者终止之日起30日内，到社会保险经办机构办理变更或者注销社会保险登记手续。

第十条 缴费单位必须按月向社会保险经办机构申报应缴纳的社会保险费数额，经社会保险经办机构核定后，在规定的期限内缴纳社会保险费。

缴费单位不按规定申报应缴纳的社会保险费数额的，由社会保险经办机构暂按该单位上月缴费数额的110%确定应缴数额；没有上月缴费数额的，由社会保险经办机构暂按该单位的经营状况、职工人数等有关情况确定应缴数额。缴费单位补办申报手续并按核定数额缴纳社会保险费后，由社会保险经办机构按照规定结算。

第十一条 省、自治区、直辖市人民政府规定由税务机关征收社会保险费的，社会保险经办机构应当及时向税务机关提供缴费单位社会保险登记、变更登记、注销登记以及缴费申报的情况。

第十二条 缴费单位和缴费个人应当以货币形式全额缴纳社会保险费。

缴费个人应当缴纳的社会保险费，由所在单位从其本人工资中代扣代缴。

社会保险费不得减免。

第十三条 缴费单位未按规定缴纳和代扣代缴社会保险费的，由劳动保障行政部门或者税务机关责令限期缴纳；逾期仍不缴纳的，除补缴欠缴数额外，从欠缴之日起，按日加收2‰的滞纳金。滞纳金并入社会保险基金。

第十四条 征收的社会保险费存入财政部门在国有商业银行开设的社会保障基金财政专户。

社会保险基金按照不同险种的统筹范围，分别建立基本养老保险基金、基本医疗保险基金、失业保险基金。各项社会保险基金分别单独核算。

社会保险基金不计征税、费。

第十五条 省、自治区、直辖市人民政府规定由税务机关征收社会保险费的，税务机关应当及时向社会保险经办机构提供缴费单位和缴费个人的缴费情况；社会保险经办机构应当将有关情况汇总，报劳动保障行政部门。

第十六条 社会保险经办机构应当建立缴费记录，其中基本养老保险、基本医疗保险并应当按照规定记录个人账户。社会保险经办机构负责保存缴费记录，并保证其完整、安全。社会保险经办机构应当至少每年向缴费个人发送一次基本养老保险、基本医疗保险个人账户通知单。

缴费单位、缴费个人有权按照规定查询缴费记录。

第三章 监督检查

第十七条 缴费单位应当每年向本单位职工公布本单位全年社会保险费缴纳情况，接受职工监督。

社会保险经办机构应当定期向社会公告社会保险费征收情况，接受社会监督。

第十八条 按照省、自治区、直辖市人民政府关于社会保险费征缴机构的规定，劳动保障行政部门或者税务机关依法对单位缴费情况进行检查时，被检查的单位应当提供与缴纳社会保险费有关的用人情况、工资表、财务报表等资料，如实反映情况，不得拒绝检查，不得谎报、瞒报。劳动保障行政部门或者税务机关可以记录、录音、录像、照相和复制有关资料；但是，应当为缴费单位保密。

劳动保障行政部门、税务机关的工作人员在行使前款所列职权时，应当出示执行公务证件。

第十九条 劳动保障行政部门或者税务机关调查社会保险费征缴违法案件时，有关部门、单位应当给予支持、协助。

第二十条 社会保险经办机构受劳动保障行政部门的委托，可以进行与社会保险费征缴有关的检查、调查工作。

第二十一条 任何组织和个人对有关社会保险费征缴的违法行为，有权举报。劳动保障行政部门或者税务机关对举报应当及时调查，按照规定处理，并为举报人保密。

第二十二条 社会保险基金实行收支两条线管理，由财政部门依法进行监督。

审计部门依法对社会保险基金的收支情况进行监督。

第四章 罚 则

第二十三条 缴费单位未按照规定办理社会保险登记、变更登记或者注销登记，或者未按照规定申报应缴纳的社会保险费数额的，由劳动保障行政部门责令限期改正；情节严重的，对直接负责的主管人员和其他直接责任人员可以处1 000元以上5 000元以下的罚款；情节特别严重的，对直接负责的主管人员和其他直接责任人员可以处5 000元以上10 000元以下的罚款。

第二十四条 缴费单位违反有关财务、会计、统计的法律、行政法规和国家有关规定，伪造、变造、故意毁灭有关账册、材料，或者不设账册，致使社会保险费缴费基数无法确定的，除依照有关法律、行政法规的规定给予行政处罚、纪律处分、刑事处罚外，依照本条例第十条的规定征缴；迟延缴纳的，由劳动保障行政部门或者税务机关依照本条例第十三条的规定决定加收滞纳金，并对直接负责的主管人员和其他直接责任人员处5 000元以上20 000元以下的罚款。

第二十五条 缴费单位和缴费个人对劳动保障行政部门或者税务机关的处罚决定不服的，可以依法申请复议；对复议决定不服的，可以依法提起诉讼。

第二十六条 缴费单位逾期拒不缴纳社会保险费、滞纳金的，由劳动保障行政部门或者税务机关申请人民法院依法强制征缴。

第二十七条 劳动保障行政部门、社会保险经办机构或者税务机关的工作人员滥用职权、徇私舞弊、玩忽职守，致使社会保险费流失的，由劳动保障行政部门或者税务机关追回流失的社会保险费；构成犯罪的，依法追究刑事责任；尚不构成犯罪的，依法给予行政处分。

第二十八条 任何单位、个人挪用社会保险基金的，追回被挪用的社会保险基金；有违法所得的，没收违法所得，并入社会保险基金；构成犯罪的，依法追究刑事责任；尚不构成犯罪的，对直接负责的主管人员和其他直接责任人员依法给予行政处分。

第五章 附 则

第二十九条 省、自治区、直辖市人民政府根据本地实际情况，可以决定本条例适用于本行政区域内工伤保险费和生育保险费的征收、缴纳。

第三十条 税务机关、社会保险经办机构征收社会保险费，不得从社会保险基金中提取任何费用，所需经费列入预算，由财政拨付。

第三十一条 本条例自发布之日起施行。

国务院办公厅转发劳动保障部等部门关于做好提高三条社会保障线水平等有关工作意见的通知

国办发〔1999〕69号

各省、自治区、直辖市人民政府，国务院各部委、各直属机构：

劳动保障部、民政部、财政部、国家计委、国家经贸委《关于做好提高三条社会保障线水平等有关工作的意见》已经国务院同意，现转发给你们，请认真贯彻执行。

1999年8月7日

关于做好提高三条社会保障线水平等有关工作的意见

劳动保障部　民政部　财政部

国家计委　国家经贸委

（1999年8月2日）

根据党中央、国务院关于做好当前经济工作的重要部署，要采取措施，努力增加城镇中低收入居民的收入，促进居民扩大消费。这是党中央、国务院实施积极财政政策，进一步扩大国内需求的一项重大举措，充分体现了党和国家对广大群众特别是中低收入居民的关怀，对加快建立社会保障体系、维护社会稳定、促进经济发展具有重要意义。各级劳动保障、民政、财政、计划、经贸部门要认真学习领会中央决定精神，统一认识，从改革、发展、稳定的大局出发，切实做好提高国有企业下岗职工、失业人员、城镇贫困居民、企业离退休人员的收入水平和加强企业工资管理等方面的工作。现就有关工作提出以下意见：

一、关于提高国有企业下岗职工基本生活保障水平

从1999年7月1日起，将国有企业下岗职工基本生活费水平提高30%，具体标准由各地根据实际情况确定。对1999年6月底前已经进入企业再就业服务中心（以下简称中心）并签订基本生活保障和再就业协议（以下简称协议）的下岗职工，应按新标准发放基本生活费；对1999年7月1日以后进入中心的下岗职工，要在签订协议后按新标准发放基本生活费。要加强中心为下岗职工代缴社会保险费的工作，缴费标准相应调整。

地方国有企业提高基本生活费水平所需资金，北京、上海、山东、江苏、浙江、福建、广东7省市（以下简称北京等7省市）由地方政府自行解决，其他省（区、市）由中央财政给予适当补助；中央企业和新疆生产建设兵团所需资金中应由财政承担的部分，由中央财政解决。

二、关于提高失业保险金水平

从1999年7月1日起，将失业保险金水平提高30%，具体标准由各地根据实际情况确定。今年已经对失业保险金标准作过调整的地区，在这次调整中相应冲减。对合同期满未续订或提前解除劳动合同的农民合同制工人所支付的一次性生活补助标准，各地可根据实际情况进行调整。

提高失业保险金水平所需资金，从失业保险基金中列支。社会保险经办机构要继续做好向中心调剂资金的工作。

三、关于提高城镇居民最低生活保障水平

从1999年7月1日起，已实施城镇居民最低生活保障制度的地区，将最低生活保障水平提高30%，具体标准由各地根据实际情况确定。尚未实施城镇居民最低生活保障制度的地区，要在今年下半年组织实施，切实将符合条件的城镇贫困居民都纳入保障范围。

提高城镇居民最低生活保障水平所需资金，北京等7省市由地方政府自行解决，其他省（区、市）及新疆生产建设兵团由中央财政给予适当补助。

四、关于提高企业离退休人员基本养老金水平

从1999年7月1日起，按基本养老金调整机制适当增加企业离退休人员养老金。企业离休人员养老金的调整水平应与机关事业单位大体相当，具体标准由各地根据实际情况确定。企业退休人员养老金的调整幅度，今年应比正常年份高一些，一般应比1998年月平均养老金水平提高15%左右，具体标准由各地根据目前养老金的实际水平和基金支付能力确定。今年已经对养老金进行了正常调整的地区，在这次调整中相应冲减。

企业离退休人员增加养老金所需资金，北京等7省市由地方政府自行解决，其他省（区、市）及新疆生产建设兵团由中央财政给予适当补助，用于补充地方社会保险基金。

五、关于一次性补发拖欠的基本养老金

各地要在今年第三季度内，一次性补发1999年6月底前拖欠的企业离退休人员统筹项目内的养老金。统筹项目之外的拖欠，由企业视情况予以补发，不得从基金中支付。

补发拖欠的企业离退休人员养老金所需的资金，北京等7省市由地方政府自行解决，其他省（区、市）及新疆生产建设兵团由中央财政给予一次性补助。中央财政的一次性补助数额，以各地今年6月底统计上报的拖欠数额为基础，并结合1998年6月份以来确保养老金发放的工作实绩，由劳动保障部、财政部核实确定。中央财政补发的资金包括煤炭、军工、有色金属等特殊困难行业拖欠的养老金。在中央财政一次性补助之后仍有拖欠的，由各地自筹资金补发。

六、关于企业职工工资的调整和管理

各地要认真研究三条社会保障线水平和企业离退休人员养老金标准调整后企业职工工资管理中出现的新情况和新问题。今年以来，国家采取了降低存贷款利率、提高出口产品退税率等有利于降低企业生产成本、增加企业利润的措施，特别是国家进一步实施扩大内需、刺激消费和清费减负的政策，有助于企业提高经济效益，也为增加职工收入创造了条件。各地区和有关部门要遵循按劳分配和“效率优先、兼顾公平”的原则，坚持企业与机关事业单位职工工资增长脱钩，建立企业根据自身经济效益提高职工工资的机制。企业职工工资由企业根据经济效益状况，在国家政策允许的范围内自主决定。企业要增强自我约束意识，不得盲目攀比。特别是要加强对垄断性行业企业工资水平的控制，工资增长不能过高。

三条社会保障线水平调整后，与最低工资标准形成倒挂的地区，可对最低工资标准进行适当调整，使最低工资标准与三条社会保障线水平保持合理的关系。调整最低工资标准所需资金，由企业自行解决。

七、关于实施方案的制定和中央补助资金的下拨

各地劳动保障、民政、财政部门要抓紧对国有企业下岗职工人数和基本生活费标准、领取失业保险金的人数和失业保险金标准、享受城镇居民最低生活保障的人数和最低生活保障标准、企业离退休人员人数和养老金标准等情况进行认真的调查摸底，并在此基础上制定实施方案和具体标准，报省级人民政府批准后，于8月中旬报送劳动保障部、民政部、财政部备案。

中央财政对各地提高国有企业下岗职工基本生活费、城镇居民最低生活保障费和补发拖欠企业离退休人员养老金、提高养老金水平所需资金的补助额度，由劳动保障部、民政部、财政部研究确定，于今年9月初下拨。各地提高失业保险金水平增加的支出，经省级人民政府审定后，报劳动保障部备案。

八、切实加强领导，认真组织实施

做好提高三条社会保障线水平和企业离退休人员养老金等工作，关系到改革、发展、稳定的大局和广大群众的切身利益，地方各级政府要高度重视，切实加强领导。地方各级劳动保障、民政、财政、计划、经贸等部门要在当地政府领导下，落实工作责任制，加强组织协调，并发挥工会等群众团体的作用。各地和有关部门要加强资金筹措力度，专款专用，确保在9月中旬之前把各项政策落实到位，使群众真正感受到党和国家对他们的关心。工作中遇到的问题，要及时向当地人民政府报告，并报劳动保障部、民政部、财政部。

劳动和社会保障部
关于开展劳动力市场
“三化”建设试点工作的通知

劳社部发〔1999〕1号

各省、自治区、直辖市劳动（劳动和社会保障）厅（局）：

为进一步贯彻落实《中共中央国务院关于切实做好国有企业下岗职工基本生活保障和再就业工作的通知》（中发〔1998〕10号）精神，按照国务院召开的国有企业下岗职工基本生活保障和再就业工作会议的要求，推进劳动力市场科学化、规范化、现代化（以下统称“三化”）建设，促进下岗职工和失业人员再就业，加快建立适应社会主义市场经济体制要求的就业机制，我部决定组织开展劳动力市场“三化”建设试点工作。现就有关事项通知如下：

一、各地要高度重视试点工作，将其作为推动劳动力市场“三化”建设，促进下岗职工再就业的重要措施，切实抓紧抓好。各省、自治区、直辖市应指定专门机构，负责指导试点工作，并根据《劳动力市场“三化”建设试点方案要点》（以下简称《要点》），对试点工作作出安排。

二、请各省、自治区根据《要点》提出的有关条件，结合当地的情况，在本辖区内确定1～5个试点城市。直辖市可自愿参加试点。为发挥试点城市的带动和示范作用，在经济发达地区，要选择一些劳动力市场建设和就业服务、失业保险工作基础较好的城市，通过试点，使其在劳动力市场“三化”建设和建立市场就业机制方面加快步伐，率先突破，在全国起到示范作用；在经济欠发达地区，也要选择一些就业压力大，下岗职工再就业任务重的城市进行试点，指导这些地区克服困难，加强劳动力市场建设和就业服务工作，通过总结推广试点经验促进工作的开展。

三、各试点城市应参照《要点》，结合本地实际确定试点工作的目标、任务，制定具体的试点方案。要加强组织领导，积极争取当地政府和有关部门的支持，认真完成各项试点任务。

四、1999年1～4月，为试点工作准备阶段。各地应完成选点、方案制定、经费落实和信息网规划等项准备工作。请将本省、自治区的试点工作计划和试点城市的试点方案，于1999年4月底以前，分别报我部培训就业司、失业保险司和信息中心备案。

附件：劳动力市场“三化”建设试点方案要点

1999年1月20日

附件

劳动力市场“三化”建设试点方案要点

（1999—2000 年）

一、指导思想

按照科学化、规范化、现代化的要求，加强劳动力市场建设，完善劳动力市场服务和保障体系，切实保障下岗职工和失业人员的基本生活，积极促进再就业，逐步建立适应社会主义市场经济体制要求的就业机制。

二、试点范围及条件

全国将确定 80～100 个试点城市。符合以下条件的地级以上城市可以申请参加试点：

1．下岗职工和失业人员再就业任务较重，且就业服务、失业保险工作具有一定基础。

2．市内主要公共职业介绍所和失业保险经办机构前台服务已开始使用计算机，并已基本具备劳动力市场信息市内联网的条件。

3．要求参加试点，能够完成试点任务。

直辖市可自愿参加试点；其他试点城市由各省、自治区确定。

三、工作目标

1．初步建成城市劳动力市场信息网，在再就业工作中充分发挥作用。

2．初步建立起统一的劳动力市场管理、服务制度和业务规范，形成较好的劳动力市场秩序。

3．健全职业介绍、职业指导、失业保险、职业培训有机结合的工作机制和服务网络，服务的效率和质量明显提高。

四、试点任务

1．建设信息网络，强化信息工作。

——大力收集职业需求信息。建立用人单位空岗报告制度，并通过为企业主动服务、上门服务和扩大信息员队伍等措施，千方百计收集职业需求信息，使企业一年以上用工的有效招聘信息上网率达到 60％以上。

——实现劳动力市场信息市内联网。城市内各主要公共职业介绍所的职业介绍和失业保险前台服务使用计算机；劳动力供求信息、下岗职工和失业人员管理信息、失业保险基金收支和保险金发放信息、职业培训信息实现市内联网。鼓励有条件的企业再就业服务中心和职业培训综合基地入网。

——建立劳动力市场信息公开发布系统。通过显示屏、公告栏、新闻媒体等多种形式发布职业需求信息，开通免费信息查询，有条件的可提供互联网访问服务，使求职者和用人单位方便快捷地了解职业供求信息；建立劳动力市场职业供求状况分析报告制度，定期向社会公布报告结果。

2．积极主动地开展就业服务。

——实行免费服务。对下岗职工和符合申领失业保险金条件的失业人员的政策咨询、职业介绍和职业指导做到全部免费，有条件的城市也可对其他失业人员实行减免费服务。

——开展专门服务。公共职业介绍机构、培训机构为下岗职工、失业人员设立专门的服务和培训项目；与企业再就业服务中心密切配合，对每个进入再就业服务中心的下岗职工，主动进行1次以上职业指导，提供3次以上就业信息；为每个自愿参加技能培训的下岗职工提供1次免费或部分免费的培训机会。对有特殊困难的下岗职工和失业人员进行跟踪服务，帮助尽快实现再就业。

——开展特色服务。在完成上述两项基本任务的同时，针对本地下岗职工和失业人员的需求，公开提出具体的服务承诺，开展有特色的服务和培训活动。探索多样化的组织服务形式，开拓就业岗位。

3．规范劳动力市场管理和服务。

——建立统一完善的劳动力市场管理制度和管理流程；加强对用人单位招聘行为、劳动者就业和失业的规范化管理。

——严格职业介绍机构的资格认定和日常管理，打击非法职业中介行为。

——按照管理科学、制度健全、服务规范的原则，制定就业服务和失业保险经办工作的具体服务标准，统一服务流程，明确各项服务的质量要求，建立监督检查制度，保证服务质量。

4．健全就业服务和失业保险的组织体系和工作队伍。

——探索适应市场就业需要的就业服务和失业保险运行机制；明确就业服务机构的经费来源；完善就业服务机构的各项管理制度。

——逐步将就业服务和失业保险金发放向街道延伸，形成布局合理、方便群众、标识显著的服务网络。就业服务机构与企业再就业服务中心建立固定联系，指导其开展职业指导和再就业培训，发挥其促进下岗职工再就业的功能。

——提高人员素质。两年内对就业服务和失业保险工作人员普遍进行一次就业服务和失业保险业务、计算机网络基础知识和计算机操作轮训；探索建立岗位资格制度，实行就业服务和失业保险工作人员定期考核，合格上岗。

——开展教育和评比活动，使就业服务和失业保险工作人员树立服务意识，改善服务态度，提高服务质量，建立良好的公众形象。

五、实施步骤

1．制定方案。有条件的城市根据本要点所列任务和当地实际情况，拟定试点方案。

2．提出申请。城市向省、自治区劳动保障部门提交参加试点的申请和拟定的试点方案。

3．确定试点。省、自治区劳动保障部门在充分调查研究的基础上确定试点城市，并指导试点城市修改完善试点方案，报劳动保障部备案。直辖市可自行确定是否参加试点，试点方案报劳动保障部备案。

4．组织实施。试点城市按照试点方案开展各项工作，按期完成各阶段试点任务。

5．总结交流。试点城市及时总结各项任务完成情况和成功经验；劳动保障部和省、自治区、直辖市劳动保障部门分阶段组织试点城市开展工作研讨和交流活动。

6．评估验收。试点结束时，劳动保障部和省、自治区劳动保障部门组织对试点城市工作目标完成情况和信息网建设情况进行评估。

7．宣传推广。以多种形式宣传试点城市的可行做法和成功经验，推动面上工作。

六、保障措施

1．组织领导。

——试点城市劳动保障部门成立由主管领导牵头，有关部门参加的协调领导小组，确定试点方案，组织开展试点工作，并负责劳动力市场信息网建设有关决策和管理。

——省、自治区、直辖市劳动保障部门指定专门机构，负责制定试点工作计划，确定试点城市，对城市试点工作进行具体指导。

——劳动保障部培训就业司、失业保险司和信息中心共同对试点工作进行总体指导。培训就业司具体负责试点工作协调组织、就业和培训工作的业务指导；失业保险司具体负责失业保险工作的业务指导；信息中心具体负责劳动力市场信息网建设的技术指导和技术服务。

2．经费筹措。

——试点城市根据中央10号文件的要求，积极争取当地政府财政的经费投入，将列入各级财政预算的劳动力市场建设费和促进再就业等项经费尽快落实并合理使用。同时应努力开拓其他渠道，积极筹措资金，用于劳动力市场建设和开展试点工作。

——省级劳动保障部门视条件和可能，积极争取经费，支持试点工作。

——劳动保障部将筹措部分经费，用于试点工作的组织管理和技术指导。

3．技术支持。

——试点城市加强对信息网建设的技术论证和规划，注意各类技术人员的配备和业务、技术培训。

——劳动保障部与省、自治区、直辖市劳动保障部门共同对试点城市的劳动力市场管理服务制度和业务流程进行调查研究，制定统一的劳动力市场管理服务基本规范，供试点城市试行。

——劳动保障部与省、自治区、直辖市根据试点城市开展工作和信息联网情况，确定部分有条件的试点城市，联合建设全国劳动力市场信息网重点城市网站。

——劳动保障部根据试点工作需要，免费举办不同层次的业务与技术培训，为各地自行组织培训提供教学录像带和培训资料；制定劳动力市场信息分类标准，指导各地执行；组织推荐劳动力市场应用软件系统；对试点城市劳动力市场信息网建设提供技术咨询和技术服务。

劳动和社会保障部关于印发《劳动和社会保障事业发展总体规划（1998—2002年）》的通知

劳社部发〔1999〕6号

各省、自治区、直辖市劳动（劳动和社会保障）厅（局），国务院有关部委、直属机构劳动和社会保障工作机构：

为切实做好跨世纪的劳动和社会保障工作，有计划、分步骤地指导和推动劳动和社会保障事业的发展，促进国民经济持续快速健康发展和保持社会稳定，按照党的十五大精神和国务院提出的五年工作目标，我部研究制定了《劳动和社会保障事业发展总体规划（1998—2002年）》，现印发给你们，请结合实际贯彻实施，实施中的有关问题请及时函告我部。

1999年3月10日

劳动和社会保障事业发展总体规划

（1998—2002年）

1998年至2002年，是跨世纪的五年，是我国经济体制改革和经济发展承前启后、继往开来的一个重要历史时期。为使劳动和社会保障事业在这五年中有计划、有步骤地发展，推进经济体制改革特别是国有企业改革、促进国民经济持续快速健康发展和保持社会稳定，按照党的十五大精神和国务院提出的五年工作目标，制定《劳动和社会保障事业发展总体规划（1998—2002年）》。

一、基本形势和指导方针

（一）党的十五大明确提出，在今后一个时期，建立比较完善的社会主义市场经济体制，保持国民经济持续快速健康发展，是必须解决好的两大课题。深化劳动和社会保障制度改革，建立新型的劳动和社会保障制度，是建立社会主义市场经济体制的重要组成部分；做好劳动和社会保障工作，对促进国有企业改革、保持社会稳定，进而促进国民经济持续快速健康发展发挥着举足轻重的作用。特别是在当前，作为我国经济体制改革中心任务的国有企业改革已进入攻坚阶段，推进经济体制改革(包括调整和完善所有制结构、深化国有企业改革等)、促进经济发展和保持社会稳定，对加快劳动和社会保障制度改革及做好国有企业下岗职工基本生活保障和再就业、确保离退休人员养老金发放等项工作提出了迫切的要求。

（二）在向社会主义市场经济体制转变的过程中，当前劳动和社会保障工作面临的形势突出表现为“三大挑战”：一是国有企业改革和所有制结构调整带来了劳动力结构的大调整，对就业、再就业和失业保险工作提出了新的挑战；二是人口日益老龄化对养老保险制度和养老保险基金承受能力提出了挑战；三是人们日益增长的医疗消费需求与原有医疗保险制度及其保障能力之间的矛盾日益突出。这三大挑战是计划经济体制向社会主义市场经济体制转变期间劳动和社会保障工作面临的主要问题。

同时，在劳动和社会保障领域还存在着一些比较突出的问题，如劳动关系趋于复杂化，理顺和规范劳动关系特别是国有企业下岗职工的劳动关系难度增大，劳动争议案件明显增加；企业工资分配方式和分配结构仍不合理，分配差距不断扩大，分配透明度低、分配秩序比较混乱；法律法规特别是社会保险方面的法律法规不健全，社会保险体系尚无相应的法律体系支撑等。当然，也应该看到，在未来几年中劳动和社会保障工作也有许多有利的条件，特别是中央关于劳动和社会保障工作的大政方针已经明确，确定了劳动和社会保障事业发展的方向，党中央、国务院对劳动和社会保障工作高度重视，社会各界也十分关心和支持，这些有利条件为劳动和社会保障事业的发展提供了很好的机遇。各级劳动和社会保障部门要正确运用改革开放20年来积累起来的成功经验，抓住历史机遇，切实解决好前进中的问题和矛盾，推动劳动和社会保障事业发展再上一个新台阶。

（三）1998—2002年劳动和社会保障工作必须坚持的基本方针是：紧密团结在以江泽民同志为核心的党中央周围，高举邓小平理论伟大旗帜，贯彻落实党的十五大精神，从建立社会主义市场经济体制的要求出发，立足于社会主义初级阶段这一基本国情，围绕经济体制改革特别是国有企业改革这一中心任务，认真贯彻“依法治国”的方针，逐步将劳动和社会保障工作纳入法制化轨道，全面推进劳动和社会保障事业的发展。

（四）按照建立社会主义市场经济体制的要求，劳动和社会保障工作的基本职能是充分开发、利用和保护劳动力资源，推进劳动和社会保障事业的全面发展。主要有两方面的任务：培育发展劳动力市场，建立健全与社会主义市场经济相适应的劳动制度，特别是建立市场竞争就业机制，以竞争促进劳动力资源的合理配置和经济效率的提高，促进经济发展；建立健全社会保障体系，形成社会的安全网和减震器，保持社会稳定。

二、目标任务

（五）1998—2002年劳动和社会保障工作的总体目标是：初步建立起适应社会主义初级阶段生产力发展水平，符合社会主义市场经济要求的劳动和社会保障制度，使广大城镇劳动者得到比较充分的就业和基本的社会保障。

（六）1998—2002年劳动和社会保障工作的主要任务是“三个重点、两个确保、一个统一”。即以国有企业下岗职工再就业、养老保险制度改革、医疗保险制度改革为重点，确保国有企业下岗职工基本生活，确保离退休人员养老金发放，实现社会保险统一管理。

（七）按照总体目标和主要任务的要求，至2002年劳动和社会保障工作要实现的主要目标是：

其一，围绕培育和发展劳动力市场，深化

劳动制度改革，建立健全适应社会主义市场经济要求的新型劳动制度。至2002年初步建立起统一、开放、竞争、有序的劳动力市场体系，使劳动力市场在劳动力资源配置中开始发挥基础性作用。

要在以下三个方面取得突破：一是基本实现就业市场化。实行“在国家政策指导下，劳动者自主择业、市场调节就业和政府促进就业”的就业方针，初步形成劳动者通过劳动力市场竞争和双向选择实现就业的新机制，保持城镇就业局势的基本稳定，并实现农村劳动力流动的有序化。城镇登记失业率控制在4%。重点做好国有企业下岗职工基本生活保障和再就业工作，保障所有下岗职工的基本生活，并使其中有就业愿望的下岗职工实现再就业。城镇新生劳动力就业前培训率达到90%以上，使90%左右的技术职业（工种）新从业者具有相应职业技能的职业资格证书。二是基本实现劳动关系法制化。初步建立起劳动关系双方自主协商、政府依法调整和监察的劳动关系调整新机制，促进劳动关系的和谐稳定。全面实行并巩固、完善劳动合同制度。逐步在各类企业中普遍建立集体协商制度。初步形成政府劳动和社会保障行政部门、工会组织、企业组织参加的三方性、多层次的劳动关系协调机制。完善三方性的劳动争议仲裁体制和多形式的劳动争议处理制度，使90%以上的劳动争议得到处理。三是初步建立起“市场机制调节、企业自主分配、职工民主参与、政府监控指导”的企业工资制度，在以按劳分配为主体的前提下，实现按劳分配与按生产要素分配的有机结合。基本建立劳动力市场指导价位制度，并逐步使之成为职工与用人单位协商确定工资水平的重要参考依据。进一步落实企业工资分配自主权，初步建立职工民主参与为基础的工资民主协商制度。初步建立以经济手段和法律手段为主、以必要的行政手段为辅的工资收入宏观调控体系，建立健全分级分类管理体制。工资水平保持适度增长，职工实际平均工资在经济增长和劳动生产率提高的基础上年均增长4.5%左右。

其二，以“低水平、广覆盖”为原则，加快推进社会保险制度改革，建立适合社会主义初级阶段基本国情的社会保险制度，使广大城镇劳动者在年老、疾病、失业、工伤和生育时得到基本的社会保障。

要在以下三个方面取得突破：一是实现广覆盖。基本养老保险的覆盖范围逐步扩大到国有企业、城镇集体企业、外商投资企业、城镇私营企业和其他城镇企业及其职工，实行企业化管理的事业单位及其职工，以及个体劳动者，并适时出台国家机关、事业单位职工养老保险制度改革方案，使养老保险覆盖范围最终扩大到城镇所有从业人员。基本医疗保险覆盖城镇所有用人单位及其职工，并逐步将乡镇企业及其职工纳入实施范围。失业保险覆盖到城镇所有企事业单位及其职工。工伤、生育保险基本覆盖到城镇各类用人单位。二是提高统筹层次。基本养老保险实现比较规范完善的省级统筹，并为向全国统筹过渡打好基础。基本医疗保险实现地市级统筹。失业保险基本实现由县（市）级统筹向地（市）级统筹、省级调剂的过渡。三是实行统一管理。在全国逐步建立起统一的管理机构，实现对养老、医疗、失业、工伤、生育保险以及城镇企业、机关、事业单位和农村社会保险的统一管理。在统一机构的基础上，社会保险各险种基本实现统一制度、统一政策，社会保险基金基本实现统一征缴、统一监管，社会保险的管理服务实现社会化。

其三，基本实现劳动和社会保障工作的法制化，并不断完善劳动保障监察体制和执法监督制度。

要在四个方面取得明显的进展：一是健全法律体系，初步建立起以《劳动法》和《社会保险法》为基础的劳动和社会保险法律法规体系的基本框架，加快《社会保险法》《劳动合同法》等法律法规立法工作，及时制定与之配套的法规规章，为建立适应社会主义市场经济要求的新型劳动和社会保障制度提供法律支撑。二是加强执法监察,在县以上劳动和社会保障行政部门普遍建立和完善劳动保障监察工作体系,劳动保障监察机构组建率达到100%,使行政执法成为推动工作的重要手段。三是实现依法行政，贯彻落实《行政处罚法》《行政诉讼法》等行政法律法规，健全行政执法监督制度，探索建立行政争议处理制度，逐步将劳动和社会保障工作纳入依法行政的轨道。四是加强劳动和社会保险法律法规的宣传教育，强化劳动和社会保障系统广大干部的法治观念和依法行政意识，促使用人单位自觉遵守劳动和社会保险法律法规，广大劳动者自觉运用法律武器维护自身合法权益。

三、政策措施和实施步骤

就业与再就业

（八）切实保障国有企业下岗职工基本生活，促进其再就业。建立规范化的再就业服务中心，落实“三三制”基本生活保障资金，保障下岗职工基本生活，缴纳下岗职工养老、医疗和失业保险费，并通过加强职业培训、职业介绍、职业指导等促进其再就业。落实各项扶持优惠政策，鼓励和支持下岗职工和失业人员自谋职业。

在今后的几年中，作为就业工作的重点，国有企业下岗职工基本生活保障和再就业工作的主要安排是：

在1998年所有有下岗职工的国有企业都建立再就业服务中心、所有下岗职工都进入再就业服务中心并领到基本生活费、下岗职工再就业率达到50%的基础上，1999—2000年，重点做好组织下岗职工参加职业指导和再就业培训的工作，落实“三年千万”再就业培训计划，积极提供就业信息和职业介绍服务，提高下岗职工就业能力，促进下岗职工再就业。同时做好下岗职工“出中心”的劳动关系处理、社会保险关系接续工作。

2000—2002年，对国有企业下岗职工实行市场就业的试点，并总结经验，制定有关政策措施，初步建立起国有企业劳动者失业后由失业保险保障基本生活、通过劳动力市场竞争实现再就业的就业新格局。

（九）结合所有制结构和经济结构的调整，拓宽就业渠道，培育新的就业增长点，大力开发就业岗位。按照国家已确定的方针，在搞好国有企业的同时，落实扶持和优惠政策，大力发展第三产业、中小企业和非国有经济，鼓励劳动者从事社区服务业，支持他们更多地通过自谋职业来实现就业。

（十）大力加强劳动力市场建设，规范劳动者、用人单位和社会中介组织的市场行为。健全就业服务体系，发展公共就业服务机构，加强职业指导、职业介绍、转业转岗培训以及劳动事务代理服务工作。加快建设劳动力市场信息网络，推动劳动力供求信息交流。加强劳动力市场的管理，维护劳动力市场秩序，建立良性的市场运行机制。

（十一）根据产业结构调整方向和劳动力市场需求，大力加强职业技能培训。以促进就业、减少失业为目标，改革职业培训制度，推行劳动预备制度和职业资格证书制度，完善职业技能鉴定制度，努力提高劳动者职业能力。

（十二）合理调控农村剩余劳动力向城市转移规模，引导和组织民工有序流动。继续组织实施“农村劳动力跨地区流动有序化工程”，大力加强农村劳动力职业技能培训，指导乡镇劳动工作机构做好开发就业工作，促进农村劳动力就地就近实现转移。加强流动就业服务，在就业压力不大的中小城市，实行城乡一体化的市场就业政策，引导和规范农村劳动力向非农产业的转移。

劳动关系调整

（十三）紧密配合国有企业改革，逐步理顺并规范下岗职工的劳动关系。同时，积极研究国有企业深化改革中劳动关系的新变化，提出相应的政策意见，逐步加以规范。

（十四）巩固和完善劳动合同制度。重点是推动非国有用人单位与劳动者签订劳动合同。到1999年底，使城镇80%以上的私营企业和有雇工的个体工商户实行劳动合同制度；

到2000年，力争使适用《劳动法》的各类用人单位全面实行劳动合同制度，使劳动合同成为劳动者与用人单位确立和调整劳动关系的基本法律基础。同时，指导企业加强劳动合同管理，依法规范劳动合同订立、履行、变更、终止、解除的行为，重点解决好下岗职工的劳动关系问题。

（十五）建立健全集体协商和集体合同制度。在外商投资企业、私营企业以及实行现代企业制度试点的国有企业，积极推行集体协商、集体合同制度。在其他国有企业，重点促进建立内部协商机制，明确相应的形式和程序，加大职工参与民主决策和民主管理的力度。同时，在全国大多数地区建立起由政府劳动和社会保障行政部门、工会组织和企业组织组成的三方性劳动关系协调组织，健全工作制度，协调解决本地区的重大劳动关系问题，使之成为协调劳动关系的重要手段。

（十六）大力加强企业劳动标准的制定修订工作。逐步建立健全企业基本劳动标准体系。在继续制定、完善国家基本劳动标准的基础上，重点督促、指导行业基本劳动标准的制定修订工作。依靠社会中介组织积极开展社会化咨询服务，指导各类企业建立健全企业内部的劳动标准，依法规范企业劳动行为。

（十七）进一步完善劳动争议处理体制，积极探索多层次、多渠道处理劳动争议的制度。按照“重在源头预防、重在基层调解”的方针，逐步建立起企业调解、行政调解等多种类型的调解制度；健全各级劳动争议仲裁机构，充分发挥三方办案机制的作用，改进办案方式，努力提高办案质量和结案率。积极预防和及时处理因劳动争议引发的群体性突发事件，完善处理程序、方法。到2000年，在80%以上的企业建立劳动争议调解委员会；在1/3的地区建立起不同层次、不同类型的劳动争议调解制度；在乡镇企业比较集中的地区，使80%以上的劳动争议解决在基层；争取各级劳动争议仲裁委员会的结案率保持在90%以上。

工资收入分配

（十八）积极建立覆盖全社会各类企业的新型工资收入宏观指导体系。加大推行工资指导线的力度，争取用2至3年时间在全国大部分地区实行工资指导线制度，在有条件的地区探索实行行业工资指导线。指导推动全国大中城市逐步建立劳动力市场价位制度和企业人工成本预测预警体系。继续完善最低工资保障制度，制定企业工资支付规范。同时，积极推行职工工资收入个人银行账户制度，充分发挥税收、社会保障等再分配手段对工资收入分配关系的调节作用。

（十九）探索建立以工资集体协商为重要形式的企业工资决定机制。在外商投资企业、私营企业等非国有企业大力推行工资集体协商制度，在改制的小型国有企业积极开展试点，在国有大中型企业探索实行在民主决策与民主管理基础上的工资集体协商制度，抓紧制定符合我国国情的工资集体协商准则、程序和办法。继续深化企业内部分配制度改革，指导企业根据劳动力供求状况和本企业的生产经营特点，逐步建立劳动者与企业共享利益、共担风险的分配机制。继续调整职工工资收入结构，将各种劳动收入逐步纳入工资总额范围，实现工资化、货币化。

（二十）逐步完善国有企业工资收入管理办法。改进和完善工效挂钩等总量调控办法，根据企业参与市场竞争程度、产权明晰程度和国有资本所占份额，分别探索根据工资指导线、社会平均工资水平、劳动力市场价格等对平均工资水平进行调控的办法。继续调控垄断行业和特殊行业工资收入增长，理顺工资收入关系。进一步建立健全企业工资内外收入监督检查制度，规范分配秩序，提高分配透明度，处理好按劳分配与按资本等生产要素分配的关系。

（二十一）推行国有企业经营者年薪制。指导企业以经营者的劳动力市场价位为基础，建立和实施以企业经济效益和国有资产保值增值等为主要评价指标，科学合理地考核经营者经营能力和实际业绩的考核机制，合理确定经营者的工资收入。

养老保险

（二十二）统一城镇企业职工基本养老保险制度，并逐步加以完善。在实现城镇企业职工基本养老保险制度统一的基础上，继续完善配套政策，规范个人账户管理和中人过渡办法，逐步建立起比较规范和完善的社会统筹与个人账户相结合的基本养老保险制度。

（二十三）分阶段、有步骤地推进基本养老保险覆盖计划，扩大基本养老保险覆盖面。1999年6月，将城镇各类企业及其职工、企业化管理的事业单位及其职工以及省级人民政府规定应纳入范围的城镇个体工商户等全部纳入基本养老保险统筹范围；2000年，将事业单位及其职工全部纳入基本养老保险统筹范围，并开始启动国家机关及其工作人员的养老保险制度改革。

（二十四）控制企业缴费比例。力争在2002年前将全国企业缴纳基本养老保险的费率控制在职工工资总额的20%以内，切实减轻企业负担。职工个人缴费比例逐步提高，1999年不低于5%，以后每两年提高1个百分点，最终达到8%。按照统一制度的要求，通过新老制度衔接、待遇水平平衡过渡和费率适度调整，逐步向合理的替代率水平过渡。

（二十五）规范完善基本养老保险省级统筹，加强基金调剂，确保离退休人员养老金发放。2002年底，在全国范围内基本实现比较规范的省级统筹。

（二十六）适应确保离退休人员养老金发放的需要，加强基金征缴工作。认真贯彻落实《社会保险费征缴暂行条例》，重点加大征缴力度，提高收缴率；采取有效措施，促使欠缴养老保险费的企业尽快全额补缴；对于被挤占挪用的养老保险金要在1999年内全部清理、追回。增强基本养老保险基金的支撑能力，保证养老金的按时、足额发放。

（二十七）研究设计增强养老保险基金积累的方案，并就基金保值增值和减少基金风险等关系到养老保险制度长远健康运行的关键性问题进行前瞻性的研究。

医疗保险

（二十八）建立社会统筹与个人账户相结合的城镇职工基本医疗保险制度。明确基本医疗保险统筹基金和个人账户各自的支付范围，分开管理，分别核算。

（二十九）建立用人单位与职工双方共同负担的缴费机制。医疗保险费用由用人单位和职工个人共同缴纳。用人单位缴费率控制在职工工资总额的6%左右；职工个人缴费率一般为本人工资的2%。随着经济发展，用人单位和职工缴费率逐步作相应的调整。

（三十）建立对医疗机构、个人和社会保险机构即医、患、保三方的制约机制，加强医疗服务管理。规范定点医疗机构和定点药店的管理，规范基本医疗保险支出管理和医疗费用结算办法。制定基本医疗保险药品目录、诊疗项目和医疗服务设施标准及相应的管理办法。发展社区医疗服务，将社区服务中的基本医疗服务项目纳入基本医疗保险范围。

（三十一）基本医疗保险原则上以地（市）级以上行政区为统筹单位，也可以以县（市）为统筹单位，逐步向地市级统筹过渡，直辖市原则上在全市范围内实行统筹。

（三十二）完善基本医疗保险制度及管理。制定和完善医疗保险各项配套政策，保证基金收缴与支付，提高基本医疗保险的社会化服务和管理水平。

失业保险

（三十三）认真贯彻《失业保险条例》，完善失业保险制度。失业保险覆盖范围扩大到城镇所有企事业单位及其职工，经省级人民政府决定，还可将社会团体及其专职人员、民办非企业单位及其职工、城镇有雇工的个体工商户及其雇工纳入覆盖范围。强化基金征缴，增强基金承受能力，确保失业人员基本生活和再就业工作方面的资金需要，保证调剂用于国有企业下岗职工再就业服务中心的资金及时到位。全力做好失业保险制度与下岗职工基本生活保障制度、城市居民最低生活保障制度之间的相互衔接、相互补充。

（三十四）建立、完善费用由用人单位、职工个人和国家三方共同负担的机制。根据企业、事业单位职工和其他劳动者失业后的基本生活保障和促进再就业的需要，通过扩大基金规模、规范基金管理等措施，确保基金支付能力。

（三十五）实现失业保险基金由县级统筹向设区的市统筹的过渡，各省、自治区普遍建立省级调剂金，提高基金调剂能力。

（三十六）健全和发展失业保险促进再就业的功能。在保障失业人员基本生活的同时，通过将失业保险基金适当用于职业培训、职业介绍的补助费用等途径，促进失业人员实现再就业。

工伤保险

（三十七）按照工伤保险与安全生产、事故预防相结合的原则，初步建立起城镇企业职工工伤保险制度，并按照差别费率实行工伤保险社会统筹。同时，逐步实现机关事业单位工（公）伤保险与企业工伤保险政策的衔接。建立工伤保险基金，逐步实现地市级社会统筹。建立行业差别费率，制定费率浮动办法，完善奖惩机制，促进企业安全生产和事故预防。统一工伤保险的基金征缴管理政策，保证基金安全有效运行。制定城镇企业职工工伤待遇标准和补贴办法。完善工伤认定程序，完善监督制度，制定劳动能力鉴定的标准、程序和管理办法。

生育保险

（三十八）稳步推进生育保险制度改革，合理控制生育保险保障水平，规范生育保险待遇项目给付条件和给付标准。逐步扩大生育保险覆盖范围，实现社会化管理服务。生育保险原则上以地级以上城市为统筹单位，有条件的地区可以建立省级调剂金，提高生育保险保障能力，切实保障女职工在生育期间的基本生活和医疗待遇，初步建立适合我国国情的生育保险制度。

农村社会养老保险

（三十九）按照“保障水平与农村经济发展和农民承受能力相适应，权利与义务相对等，城乡有别”的原则，采取政府引导与农民自愿相结合的方法，积极稳妥地推进农村社会养老保险工作，在农村有条件的地区建立和完善个人缴费为主、集体补助为辅、国家政策扶持的农村社会养老保险制度。重点做好乡镇企业职工和有稳定收入人员、城乡结合部及比较富裕地区的社会养老保险工作。制定符合农村特点的社会养老保险费收缴办法，修订养老金计发办法。规范农村社会养老保险的各项规章制度，落实有关保护措施和扶持政策。逐步建立起与社会主义市场经济相适应的基金管理与运行机制，做好基金保值增值工作。

社会保险统一管理

（四十）建立统一的管理机构。统一建立社会保险行政管理机构、社会保险经办机构和社会保险监督机构，行政管理、业务经办、监督检查三个方面密切配合，相互制约，逐步形成社会保险基金的筹集、运营、给付的良性循环机制，提高社会保险事业的综合管理水平。

（四十一）实行社会保险统一征缴，逐步减轻企业的负担。按照五个险种的实际需要，根据国家和地区经济发展水平以及企业和劳动者的承受能力，综合确定社会保险费用的收缴比例，合理确定各个险种的使用比例，统一收缴，分别入账，分别使用，统一管理和监督。

（四十二）加强社会保险基金监督管理。在社会保险行政管理机构统一的前提下，逐步构建由行政监督、内部审计和社会监督机构组成的各级社会保险基金监督体系。行政监督机构制定社会保险基金监管政策，并对社会保险经办机构实施行政监督，依法监管社会保险基金，查处基金管理运营中的违纪、违规案件；内部审计机构对社会保险基金的收缴、发放等过程实施内部监控；社会监督机构依据独立、公正的原则对社会保险基金实施社会监督。

建立补充保险经办机构及社会保险基金投资运营机构的资格认定制度，并对补充保险基金、投资运营的社会保险基金实施监管。

（四十三）推进社会保险社会化管理服务工作。组织、推动社会保险金的社会化发放工作，依托社区开展离退休人员社会化管理服务。

四、支撑保障

法制建设

（四十四）加快劳动和社会保险立法。贯彻立法决策要与改革决策紧密配合的指导思想，按照统筹规划、突出重点、注重实效、急需先立、逐步完善的立法原则，规范立法程序，加快立法进程。在继续加强劳动立法的同时，重点加强社会保险立法工作，争取在2000年出台《社会保险法》，并尽快出台《劳动合同法》《养老保险条例》《劳动监督检查条例》，及时制定出台相应的配套行政规章。

（四十五）加强劳动和社会保险执法工作。进一步完善劳动保障监察制度，规范监察执法行为，提高执法水平；建立健全劳动保障监察执法机制，采取日常巡视检查、专项检查、群众举报监察、会同有关部门共同检查以及年度检查等多种工作方式，依法行使国家监督检查权，依法处理各种违反劳动和社会保险法律、法规的行为；建立健全监察机构，在县级以上劳动和社会保障部门中设立劳动保障监察机构，强化劳动保障监察执法职能；加强劳动保障监察队伍建设，建立执法目标责任制和评议考核制度，树立公正、廉洁执法的社会形象。

（四十六）加强行政执法监督制度建设，推进依法行政。建立和完善行政执法监督制度，积极开展行政复议、听证、集体讨论决定、法律审核、执法案件评查等行政执法监督工作，有针对性地加强对行政处罚、行政决定的执法监督。

（四十七）全面、系统、深入地开展劳动和社会保险法律法规宣传教育。结合开展“三五”普法工作，进一步提高劳动和社会保障系统广大干部的法治观念和依法行政水平，2002年前使各级劳动和社会保障部门的干部普遍接受一次劳动和社会保险法律法规及行政规章的普法教育。同时，通过多种形式的法制宣传，全面提高用人单位和广大劳动者的劳动和社会保险法制意识。加强对劳动和社会保险法律法规实施情况的经常性检查，进一步推动劳动和社会保障工作步入法制化、规范化的轨道。

统计工作

（四十八）改革现行的统计指标体系，逐步减少为直接管理企业服务的计划经济型统计指标，增加为劳动力市场服务、为政府宏观调控服务的统计指标，以适应劳动和社会保障事业发展的需要。改革统计调查方法，逐步改变层层汇总、逐级上报的全面调查模式，建立以抽样调查为主，以重点调查、典型调查和必要的全面定期报表为辅，多种统计调查方法有机结合，并充分利用行政记录和科学推算等调查方法的新型统计方法体系，以不断提高统计信息的时效性、准确性和针对性。加强统计监督，充分利用统计信息，监测有关法律、法规、政策的贯彻执行情况，强化综合分析预测，掌握趋势和动态，为科学决策提供全面、及时、准确的统计信息支持。加快统计信息现代化建设，提高统计信息处理和管理的现代化水平。加强统计队伍建设，注意保持统计机构、人员的相对稳定，保证统计工作的正常开展。

信息网络建设

（四十九）抓紧制定信息系统基础设施建设、信息资源开发与应用等方面的规划，并制定相应的实施步骤和实施计划，加快构架劳动和社会保险管理信息系统的总体框架。建立健全劳动和社会保险管理信息系统的制度、标准、规范体系。加快宏观决策系统和业务管理系统的开发和推广工作。进一步完善和推广“劳动和社会保险统计信息管理系统”，2000年前覆盖全部县级劳动和社会保障部门及有关部门，实现常规统计信息一体化管理。在整体规划劳动和社会保险业务管理系统的前提下，重点做好就业服务与失业保险管理信息系统、养老保险管理信息系统、医疗保险管理信息系统的开发工作。加快省级网络中心的局域网建设，实现在新的互联网技术基础上的部省际远程数据通信，建立起部省级的劳动和社会保障系统内部互联网。建立网络管理系统和网络安全体系，逐步实现以中心城市为数据资源基础的整个网络系统的管理模式。

科学研究

（五十）按照“科技兴国”的方针，加强科学研究，初步建立起应用性研究与基础理论研究相结合的劳动和社会保障科研体系；改革劳动和社会保障科研体制，引进竞争机制，建立起有责任、有激励、有约束、有竞争的科研新体制，充分发挥科研人员的积极性、主动性和创造性，提高科研成果水平；加强科研工作的主动性和前瞻性，抓住劳动和社会保障领域亟待研究解决的重点、难点问题，加强综合性、关键性重大课题的研究；培养跨世纪的科研人才队伍，在充分发挥现有科研人员作用、高质量完成科研任务的同时，培养一支高水平、有威望的劳动和社会保障专家学者队伍，特别是加速培养一批跨世纪的中青年学术带头人，带动更多的中青年成为科研第一线的骨干力量。

国际交流与合作

（五十一）围绕劳动和社会保障工作重点，根据我国总体外交的要求，努力开拓劳动和社会保障领域的国际交流与合作，特别是要加强社会保障领域的国际交流与合作。与国际劳工组织及其他多边组织建立稳定的合作关系，争取更多的技术支持和国际援助；进一步拓展双边交流与合作的领域和深度，总结和吸收其他国家在劳动和社会保障领域的经验；加强劳动和社会保障工作的对外宣传，提高我国在劳动和社会保障领域内的国际地位。

思想作风建设和干部队伍建设

（五十二）全面落实党的十五大提出的用邓小平理论武装全党的战略任务，深入学习邓小平理论，在劳动和社会保障系统深入开展“讲学习、讲政治、讲正气”的党性党风教育，加强思想作风建设，不断提高广大干部紧密团结在以江泽民同志为核心的党中央周围、高举邓小平理论伟大旗帜的自觉性；在劳动和社会保障系统形成讲团结、讲实干、讲人才、讲奉献的良好风气，树立大局观念、服务意识、务实作风、协作精神和廉洁形象；对全系统的干部普遍进行比较系统的业务培训，使劳动和社会保障系统干部队伍的知识结构和专业结构得到明显改善，逐步造就一支业务素质较高、思想作风过硬、廉洁高效的干部队伍，推动劳动和社会保障事业的全面发展。

劳动和社会保障部关于印发 1999 年劳动和社会保障工作要点的通知

劳社部发〔1999〕7 号

各省、自治区、直辖市劳动（劳动和社会保障）厅（局），国务院有关部门劳动保障工作机构：

现将《1999 年劳动和社会保障工作要点》印发给你们，请认真贯彻执行。

1999 年 3 月 1 日

1999 年劳动和社会保障工作要点

1999 年劳动和社会保障工作的总体要求是：高举邓小平理论伟大旗帜，在以江泽民同志为核心的党中央领导下，深入贯彻党的十五大和中央经济工作会议精神，按照国有企业下岗职工基本生活保障和再就业工作会议的部署，紧紧围绕改革、发展、稳定的大局，以巩固两个确保为中心，以深化养老、医疗和失业保险制度改革为重点，全面推进劳动和社会保障制度改革，以优异的成绩迎接建国 50 周年。

一、继续做好国有企业下岗职工基本生活保障和再就业工作

（一）确保下岗职工基本生活。严格按照“三三制”原则，将应由财政承担的资金列入地方财政预算，督促落实社会筹集和企业自筹资金，资金缺口由地方财政兜底。加强资金管理与监督，按时发放下岗职工基本生活费和代缴社会保险费。

（二）积极促进下岗职工再就业。加强再就业服务中心建设，充分发挥中心的职能，建立随下岗随进中心的机制，一季度要全部签订基本生活保障和再就业协议。落实小额贷款和开发社区服务业等再就业扶持政策，加大劳动力市场建设和再就业经费投入，加强劳动力市场科学化、规范化和现代化建设，整顿劳动力市场秩序，加强就业服务，力争实现再就业人数大于新增下岗职工人数。做好农村剩余劳动力就地安置和组织民工有序流动工作。

（三）大力开展职业培训。全面实施“三年千万”再就业培训计划和劳动预备制度，进一步推动综合性职业培训基地和集团化工作。总结推广“政府购买培训成果”的经验，动员

社会各方面力量开展培训，建立新的培训机制。推广社会培训机构与企业再就业服务中心合作开展培训的方法。指导技工学校、就业训练中心建立面向市场的办学机制。开展远程职业培训工作，抓好职业培训教学改革和教材建设，完善职业资格证书制度，提高职业培训和鉴定质量。扩大创业培训试点范围。

（四）进一步完善失业保险制度。把城镇所有企事业单位及其职工纳入失业保险覆盖范围，收缴率保持在90%以上。抓紧全部收回被挤占挪用的资金，规范基金管理，确保失业人员和下岗职工基本生活保障资金需求。进一步搞好下岗职工基本生活保障、失业保险和城市居民最低生活保障制度三条保障线的衔接。

二、进一步做好确保企业离退休人员养老金按时足额发放工作

（五）确保养老金按时足额发放。上半年把城镇各类企业和实行企业化管理的事业单位及其职工全部纳入基本养老保险，并规范其缴费行为。同时，积极推动将城镇个体经济组织及其从业人员纳入基本养老保险制度。加大养老保险基金征缴力度，收缴率要保持在90%以上。追缴企业欠费要达到50%以上。年底前全部收回被挤占挪用的养老保险基金。在确保养老金按时足额发放，不发生新拖欠的基础上，积极创造条件补发以前拖欠的养老金。

（六）稳步推进基本养老保险省级统筹，加快社会化管理进程。在统一企业职工基本养老保险制度的基础上，建立健全省级调剂金制度。实行养老保险基金的全额缴拨，积极推进养老金社会化发放进程，养老金社会化发放率达到60%以上，有条件的地区要争取全面实行社会化发放。

（七）做好基本养老保险行业统筹企业移交地方管理后的政策调整工作。按照国务院有关规定，稳步调整原行业统筹企业费率，核定原行业统筹项目。4月底以前，完成原行业统筹结余基金的审计和移交工作。指导原行业统筹企业建立企业补充养老保险。

（八）坚决制止和纠正违反国家规定提前退休的行为。严格执行国家关于职工退休的有关政策规定，加强对特殊工种及职工因病提前退休的管理，严格控制提前退休，对1998年1月1日以来的提前退休情况进行清理，按政策规定妥善作出处理。同时，对违反国家规定办理退职和1998年1月1日前违反国家规定办理提前退休的，也要按照有关政策规定妥善处理。

三、全面推进城镇职工医疗保险制度改革

（九）完善各项配套政策和制度。制定基本医疗保险定点医疗机构、定点零售药店、用药范围管理办法以及基本医疗保险药品目录、诊疗项目、医疗服务设施标准，指导医疗保险制度改革工作，年底前基本完成建立城镇职工基本医疗保险制度的工作。

（十）加强对医疗保险制度改革的指导。选择具有代表性的城市作为医疗保险改革联系城市，加强调查研究和工作指导。大力开展政策宣传和经验交流活动，加强人员培训，提高干部队伍政策水平与业务素质。

四、加强劳动工资管理

（十一）全面加强劳动合同管理，重点理清下岗职工劳动关系，督促各类用人单位完善劳动合同内容，健全规章制度，规范劳动合同的变更、续订、解除和终止等工作。指导各地尽快制定理清下岗职工劳动关系的具体实施意见，确定工作重点和实施步骤。

（十二）完善劳动合同制度，推进集体合同制度。年底前城镇私营企业、个体工商户及其从业人员劳动合同签订率达到80%以上。中央管理的企业全部实行劳动合同制度。推进非国有企业签订集体合同，规范、落实劳动标准，指导、督促国有企业职工参与民主决策和民主管理工作。

（十三）做好劳动争议处理工作。继续完善劳动争议调解和仲裁制度，保持劳动争议仲裁机构和人员的相对稳定。重点做好国有企业

下岗职工劳动争议和非国有企业侵权劳动争议的处理工作，结案率要保持在90%以上，重点案件当年结案。做好因劳动和社会保障纠纷引发群体性突发事件的预防和处理工作。

（十四）加强企业工资分配的调查研究，组织落实试点工作。组织进行工资指导线制度、劳动力市场指导价位制度和企业人工成本预测预警体系试点，在非国有企业和改制的小型国有企业继续进行工资集体协商试点，继续试行企业经营者年薪制。规范国有企业工资总额和主要负责人工资收入审核管理办法，搞好对行业工资分配关系的宏观调节，加强企业工资内外收入监督检查，提高收入分配透明度。开展对企业工资分配的典型调研，加强各项改革方案的论证。

五、加强劳动和社会保障法制建设

（十五）开展劳动和社会保障法制学习和宣传活动。认真学习贯彻江泽民总书记在中央“社会保障与法制建设”讲座上的讲话精神，广泛开展社会保障法律学习和宣传活动，提高劳动保障系统、用人单位和劳动者劳动保障法律意识和执行法律的自觉性。

（十六）加强立法执法工作。加快《社会保险法》《劳动合同法》和《基本养老保险条例》的起草论证工作。贯彻实施《失业保险条例》和《社会保险费征缴暂行条例》，研究制定配套规章和规范性文件。加强执法监督，进一步规范行政执法行为，提高行政执法水平。

（十七）加强劳动保障监察。年底前全国劳动保障监察组织机构组建率达到100%。加大对用人单位执行劳动保障法律法规情况的监督检查力度，组织两次全国范围的劳动保障监察执法活动，重点检查下岗职工基本生活保障和企业离退休人员养老金发放情况，促进“两个确保”的落实，检查用人单位覆盖面达到90%以上。建立健全举报和投诉制度，受理查处群众举报案件结案率要达到90%以上。

六、加强社会保险基金监督，稳步推进各项社会保险事业

（十八）加强社会保险基金监督。加强制度建设，指导各地加强社会保险基金监督工作。会同财政部开展社会保险基金清查，对农村和机关事业单位养老保险基金进行清理检查。配合审计署开展对行业移交结余基金的审计。继续开展对大案要案查处，对有关责任人依法严肃处理。制定补充保险资格认定管理办法，开展对经办补充保险机构资格认定工作。

（十九）积极稳妥地推进农村社会养老保险工作。切实做好机构改革期间的农村社会养老保险工作，做到工作不断、思想不乱、队伍不散、档案不丢、基金和国有资产不流失。完善农村养老保险制度方案，完善个人账户基金积累的筹资模式，逐步建立与市场经济和筹资模式相适应的管理体制和运行机制。

（二十）逐步推进工伤和生育保险制度改革。完善工伤保险政策，健全劳动鉴定机构及管理制度，规范工伤处理程序，制定差别费率和浮动费率办法。总结生育保险改革经验，规范完善生育保险办法，搞好与基本医疗保险制度的政策衔接，提高社会化管理水平。

（二十一）研究制定机关事业单位养老保险制度改革方案。加强调查研究和论证工作，制定事业单位养老保险制度改革方案，指导各地稳步推进机关和事业单位养老保险制度改革。

七、加强劳动和社会保障规划和统计信息工作

（二十二）做好1999年劳动和社会保障事业年度发展计划工作。做好编制劳动和社会保障事业“十五”计划的政策研究和测算等准备工作。加强劳动和社会保障统计工作，继续抓好“两个确保”情况统计，制定和完善劳动保障统计指标体系。

（二十三）加强劳动和社会保险管理信息系统建设。实施部—省网络升级工程。拓展劳

动和社会保险统计信息管理系统的应用领域。加快劳动力市场信息网建设，地市级城市的公共职业介绍和失业保险前台服务应用计算机率要达到50%，加快劳动力市场城域网的建设。制定养老、医疗保险管理信息系统建设总体规划和主要标准。

八、全面推进劳动和社会保障事业的健康发展

（二十四）加快社会保险统一管理进程。贯彻落实中编办《关于省级政府劳动和社会保障以及药品监督管理工作机构有关问题的通知》（中编办发〔1998〕8号）文件，按照中央关于地方政府机构改革的统一部署，加快劳动和社会保障机构改革步伐，实现劳动和社会保障工作的统一管理。

（二十五）深入扎实地开展邓小平理论学习和“三讲”教育，加强干部队伍建设。按照中央的部署和要求，切实开展好以“讲学习、讲政治、讲正气”为主要内容的党性党风教育，推动深入学习邓小平理论，提高干部队伍素质。加强劳动保障系统干部培训，制定《1999—2003年全国劳动和社会保障系统干部教育培训规划》，组织编写干部培训教材，开展业务培训，提高全系统干部队伍素质。

（二十六）加强国际交流与合作。加强与有关国家和国际组织间的交流与合作，更好地发挥在国际组织中的作用。拓展合作领域，借鉴吸收国外各种有益的经验。

（二十七）加强劳动保障科学研究。加强对科研工作的领导，改革科研管理体制，充实科研力量，培养一批学科带头人和科研骨干，紧紧围绕劳动保障中心工作开展理论研究，为中心工作服务。

（二十八）加强信访工作。贯彻《中共中央办公厅国务院办公厅关于进一步加强信访工作的通知》，层层负责，遏制集体上访增长势头。认真办理人民来信、来访，防止越级上访，把问题解决在基层，解决在当地。

（二十九）加大宣传工作力度。充分利用各种宣传媒体，大力宣传党中央、国务院关于劳动保障工作的方针政策，增强政策宣传的针对性，提高宣传效果，为各项改革创造良好的舆论氛围。

（三十）加强调查研究。紧紧围绕劳动保障制度改革的重点、难点问题，深入实际，深入基层，积极开展调查研究，针对新情况、新问题提出解决措施，推动工作的开展。

（三十一）做好企业脱钩的有关工作。积极配合有关部门做好军队、武警部队、政法机关不再经商办企业和党政机关与所办企业脱钩后的劳动保障工作。

1999年是在党和国家历史上具有特殊意义的一年，劳动和社会保障制度改革的任务十分繁重。各级劳动和社会保障部门要坚决按照中央的部署，统一思想、坚定信心，抓住机遇、知难而进，团结一致、艰苦奋斗，使劳动和社会保障工作再上新水平。

劳动和社会保障部关于贯彻两个条例扩大社会保险覆盖范围加强基金征缴工作的通知

劳社部发〔1999〕10号

各省、自治区、直辖市劳动（劳动和社会保障）厅（局）：

为贯彻《社会保险费征缴暂行条例》和《失业保险条例》，落实扩大社会保险覆盖范围加强基金征缴工作电视电话会议提出的任务，现就有关问题通知如下：

一、全面落实扩大社会保险覆盖范围和加强基金征缴工作的目标任务

当前贯彻两个条例，扩大社会保险覆盖范围，加强基金征缴工作的目标任务是：4月份基本完成对新参保单位的社会保险登记工作，5月份全面实行缴费申报制度并实现各项社会保险费统一合并征收，6月份基本实现社会保险全覆盖，全年基金收缴率保持在90%以上。到6月底，参加基本养老保险的职工人数达到1.1亿人，净增2 613万人，基金收入比去年同期增加100亿元，全年增收260亿元；参加失业保险的职工人数达到1.37亿人，净增5 739万人，基金收入上半年达到80亿元，全年达到200亿元。医疗保险从各地医改方案实施开始，就要覆盖所有机关和企事业单位，基金征缴工作同步到位。现将有关指标下达各地（见附表。编者注：略），各地都要建立目标责任制，将指标层层分解，并采取有效措施，加强督促检查，确保各项指标的按期完成。劳动保障部将通过月报制度等措施，对各地的进展情况进行统计、通报、检查和督促。

二、明确扩大社会保险覆盖范围的工作重点和有关政策

城镇各类用人单位及其职工，都要依法参加社会保险，履行缴纳社会保险费的义务，享受相应的社会保险待遇。要把外商投资企业、港澳台投资企业和私营企业作为当前扩大社会保险覆盖范围的重点，同时做好国有企业、集体企业和事业单位参加社会保险的工作。

城镇异地就业的职工和农民合同制职工参加单位所在地的社会保险，社会保险经办机构为职工建立基本养老保险个人账户和基本医疗保险个人账户。城镇异地就业的职工在缴费单位所在地按规定享受社会保险待遇。农民合同制职工在终止或解除劳动合同后，社会保险经办机构可以将基本养老保险和基本医疗保险个人账户储存额及失业保险生活补助一次性发给本人。

城镇个体工商户参加基本养老保险，缴费基数可在当地上年度职工平均工资60%～300%的范围内确定，缴费比例一般为18%。业主全部由本人缴纳，从业人员本人缴纳8%，其余由业主缴纳。个体工商户符合规定的条件时，可以按月领取基础养老金和个人账户养老

金。城镇个体工商户参加基本医疗保险，缴费基数可按统筹地区上年度职工平均工资确定。业主及其从业人员的缴费比例和享受的基本医疗保险待遇，执行统筹地区的规定。

国有企业下岗职工进入再就业服务中心期间，由再就业服务中心按规定负责缴纳原来应由企业和个人负担的社会保险费，所需费用从下岗职工基本生活保障资金中列支，社会保险经办机构单独记账。下岗职工不论以何种形式实现再就业，都要按规定继续参加社会保险，原来的缴费年限和视同缴费年限连续计算。任何单位都不能以“买断工龄”等形式终止职工的社会保险关系。

所有事业单位及其职工都要从1999年1月起参加失业保险。事业单位要将单位应缴纳的失业保险费列入本单位支出预算，按财政部门规定的资金渠道及时足额缴纳。职工失业后，按规定享受失业保险待遇。

三、抓紧建立和实施社会保险登记制度

按照《社会保险费征缴暂行条例》和《社会保险登记管理暂行办法》，抓紧建立和实施社会保险登记制度，在规定的期限内完成新参保单位的登记和对原参保单位补办登记的工作。缴费单位只在一个社会保险经办机构办理社会保险登记，几项社会保险只进行一次登记。社会保险登记证的样式和印制标准由劳动保障部统一规定，省、自治区、直辖市劳动保障行政部门统一印制。

原实行基本养老保险行业统筹企业的社会保险登记采取正、副本办法。由企业到省、自治区、直辖市社会保险经办机构办理登记手续，领取社会保险登记证，并持登记证到企业所在地的社会保险经办机构领取登记证副本，基本养老保险费向省、自治区、直辖市社会保险经办机构申报缴纳，失业保险和基本医疗保险费向发给登记证副本的社会保险经办机构申报缴纳。

四、严格执行社会保险费申报、缴纳制度

按照《社会保险费征缴暂行条例》和《社会保险费申报缴纳管理暂行办法》的规定，严格执行社会保险费的申报和缴纳制度。新参加社会保险的单位一律实行全额申报、全额缴费，过去实行差额缴费的单位要在1999年5月底之前改为全额缴费。一律不得实行“协议缴费”以及企业自提社会保险费、自支社会保险金的“封闭运行”方式，原来实行的要立即改正。

《社会保险费征缴暂行条例》发布前成立的单位，今年缴纳基本养老保险费和失业保险费的时间从1999年1月开始。条例发布后成立的单位，缴费时间从成立当月开始。缴纳基本医疗保险费的时间，从当地医改方案实施当月开始。

建立科学规范的社会保险审查、稽核制度，加强对缴费申报的审查与缴费情况的稽核。每年重点稽核的单位应不少于本地区参保单位总数的10%。对企业过去欠缴的社会保险费，要进行一次全面清理，今年力争收回欠费总额的50%以上。

五、实现各项社会保险费统一合并征收

在省、自治区、直辖市范围内只能由社会保险经办机构中的一个机构或由税务机关统一合并征收养老、失业、医疗三项社会保险费，已经开展工伤、生育保险的地区，工伤和生育保险费也要与养老、失业、医疗保险费统一合并征收。原来由社会保险经办机构和税务机关分别征收的地区，应报请省、自治区、直辖市人民政府确定由其中一个机构统一合并征收；原来由几个社会保险经办机构分别征收的，可确定由负责养老保险业务的社会保险经办机构统一合并征收，其他社会保险经办机构的征收职能移交给统一征收的机构，从事各项社会保险费征收工作的人员统一组织调度。社会保险费统一征收工作要在今年5月底之前完成。要进一步完善征缴工作责任制，将征缴情况与社

会保险经办机构工作人员的考评、任用、奖励等紧密结合起来。

六、管好用好社会保险基金

社会保险基金专款专用，纳入财政专户，实行收支两条线管理，任何单位和个人不得挤占挪用。对1998年基金清查中查出的挤占挪用、违规违纪动用的社会保险基金，尚未收回和纠正的，要在1999年底之前全部回收、纠正。失业保险基金实行收支两条线管理的工作，应在1999年6月底前完成，纳入财政专户前，要对失业保险基金进行一次认真清理。

在保证失业人员所需费用的同时，要加大失业保险基金调剂用于保障国有企业下岗职工基本生活的力度。根据“三三制”的筹资原则，今年失业保险基金支持再就业服务中心资金的数量，要比1998年有较大幅度增加，有条件的地区社会筹集部分要达到再就业服务中心所需资金总量的三分之一。

七、认真开展社会保险监督检查工作

按照《社会保险费征缴暂行条例》和《社会保险费征缴监督检查办法》的规定，认真开展监督检查工作，保证扩大社会保险覆盖范围和提高基金收缴率目标的如期实现。各级劳动保障部门要在今年第二季度组织开展一次社会保险费征缴执法检查，对各类缴费单位办理社会保险登记、申报和按时足额缴费情况进行监督检查，对外商投资企业、港澳台投资企业和私营企业进行全面检查，对仍未参保的国有企业和集体企业进行重点检查，对社会和群众举报的案件进行专案检查。要严格执法，对不进行社会保险登记、申报和缴费的单位，依法给予严肃处理，典型案例进行新闻曝光。

八、加强组织领导

认真贯彻两个条例，实现社会保险全覆盖和基金收缴率达到90%以上的目标，是巩固两个确保的重大举措，对完善社会保障制度具有重要意义。各级劳动保障部门要及时向党委、政府请示报告，在党委、政府的领导下，进一步动员全体人员，组织各方面的力量，全力以赴打一场攻坚战。要加强与经贸、财政、人事、税务、工商和科技、教育等部门的协调配合，共同做好工作。要充分发挥新闻媒体的作用，加大宣传力度，使社会各方面、用人单位和广大职工都了解两个条例，努力营造良好的社会氛围。要总结先进经验，推广好的典型，及时研究工作中出现的新情况、解决新问题，确保扩大社会保险覆盖范围和提高基金收缴率目标任务的完成。

1999年3月20日

劳动和社会保障部　民政部　财政部关于做好国有企业下岗职工基本生活保障失业保险和城市居民最低生活保障制度衔接工作的通知

劳社部发〔1999〕13号

各省、自治区、直辖市和计划单列市劳动（劳动和社会保障）厅（局）、民政厅（局）、财政厅（局）：

国有企业下岗职工基本生活保障、失业保险、城市居民最低生活保障制度三条保障线，是目前条件下有中国特色社会保障制度的重要组成部分，对保障职工和城市居民基本生活，促进深化改革，保持社会稳定，具有十分重要的作用。为巩固和完善三条保障线，加强三条保障线的衔接，现就有关问题通知如下：

一、进一步巩固和完善三条保障线

各级劳动保障部门和财政部门要协调有关部门，认真落实国有企业下岗职工基本生活保障有关政策，指导国有企业再就业服务中心按照“三三制”原则，足额筹措基本生活保障资金，对进中心并按规定签订协议的下岗职工按时足额发放基本生活费，按规定缴纳养老、医疗、失业等社会保险费。要按照《失业保险条例》规定，将城镇所有企事业单位及其职工纳入失业保险覆盖范围，对符合领取条件的失业人员，按时足额发放失业保险金。

各级民政部门要严格按照国务院《关于在全国建立城市居民最低生活保障制度的通知》（国发〔1997〕29号）要求，尽快建立和完善城市居民最低生活保障制度。未建立城市居民最低生活保障制度的地方，须在1999年10月底之前建立这项制度。要认真核定保障对象，把下岗职工、失业人员、退休人员和在职职工作为工作重点，采取切实措施把符合条件的贫困居民全部纳入最低生活保障范围，使其及时得到救济。中央直属企业困难职工家庭，符合当地城市居民最低生活保障条件的，要按照属地管理的原则纳入保障范围。

各级财政部门要会同劳动保障、民政部门规范三条保障线资金申请和筹集工作的运作程序。对于国有企业下岗职工基本生活保障资金中应由财政承担的部分，要及时安排到位；应由企业和社会承担的部分，要督促其认真落实，确有困难的，由同级财政严格审查后予以保证。地方财政确有困难的，中央财政将通过转移支付的方式给予一定的支持。对国有企业下岗职工基本生活保障资金应由财政承担部分和城市居民最低生活保障所需资金，每年年底前由劳动保障、民政部门分别提出下一年度用款计划，报同级财政部门审核后列入财政预算，按规定程序拨付。

二、切实做好三条保障线的相互衔接

各地劳动保障、民政、财政部门要结合当地实际，按照互相衔接、拉开距离、分清层次、整体配套的原则，科学制定国有企业下岗职工基本生活保障标准、失业保险金标准和城市居民最低生活保障标准。失业保险金标准要低于下岗职工基本生活保障标准，城市居民最低生活保障标准要低于失业保险金标准。

国有企业下岗职工在再就业服务中心期满未实现再就业的，与企业解除劳动合同。原企业要及时为其出具相关证明，告知按照规定享受失业保险待遇的权利，并将失业人员名单自终止或解除劳动合同之日起7日内报失业保险经办机构。下岗职工应持相关证明，及时到指定的失业保险经办机构办理失业登记。失业保险经办机构对符合条件的失业人员，要按时足额发放失业保险金。

失业人员享受失业保险待遇期满仍未实现再就业，需要申请城市居民最低生活保障金的，由失业保险经办机构提供有关证明，并将享受失业保险待遇期满人员名单提前1个月通报民政部门。民政部门要对此类人员进行专门登记，对符合条件者及时给予救济。

对按省级人民政府规定建立了再就业服务中心的城镇集体企业下岗职工，实施基本生活保障、失业保险和城市居民最低生活保障时，参照上述办法执行。没有建立再就业服务中心的城镇集体企业的下岗职工，需要申请城市居民最低生活保障金的，由企业出具相关证明，向当地民政部门或职工所在街道办事处提出申请。

下岗职工、失业人员、企业离退休人员和在职职工，在领取基本生活费、失业保险金、养老金、职工工资期间，家庭人均收入低于当地最低生活保障标准的，可以申请城市居民最低生活保障金。各地劳动保障部门要定期将本地国有企业下岗职工基本生活费、失业保险金、离退休人员养老金的发放情况通报同级民政部门。民政部门要将本地职工家庭享受城市居民最低生活保障的情况，以及因未按时足额领取工资（最低工资）、基本生活费、失业保险金或养老金而造成家庭人均收入低于当地城市居民最低生活保障标准的情况，及时反馈给劳动保障和财政部门。

三、建立健全财务规章制度，加强资金管理和监督

国有企业下岗职工基本生活保障资金要纳入财政专户，实行专项管理，专款专用，严禁挤占、挪用，严禁用于再就业服务中心管理费开支，保证资金真正用于国有企业下岗职工基本生活保障工作；失业保险基金要纳入单独的社会保障基金财政专户，实行收支两条线管理，保证基金专款专用；城市居民最低生活保障资金要纳入财政社会救济专项资金支出科目，专账管理，专款专用。各级劳动保障、民政和财政部门要认真贯彻执行党中央、国务院及有关部门制定的财政、财务法规，建立健全财务规章制度，切实加强国有企业下岗职工基本生活保障、失业保险和城市居民最低生活保障资金的管理和监督检查工作。发现问题要立即纠正，及时解决，对违规违纪问题要追究有关单位和当事人的责任，情节严重的，要移交司法机关处理。

四、加强领导，精心组织，确保落实

各级劳动保障、民政和财政部门要在当地党委、政府的统一领导下，把做好三条保障线的衔接工作作为今年的工作重点，精心组织，并结合本地实际情况，制定具体实施意见，认真组织落实。要加大对国有企业下岗职工基本生活保障、失业保险和城市居民最低生活保障制度的政策宣传力度，将政策宣传到企业、街道，宣传到下岗职工、离退休人员和失业人员中去。对工作中出现的新情况、新问题，要及时沟通，协商研究解决，共同做好困难职工的生活保障工作，促进社会的稳定。

1999年4月29日

劳动和社会保障部关于印发 1999年—2003年劳动保障系统干部教育培训规划的通知

劳社部发〔1999〕24号

各省、自治区、直辖市劳动（劳动和社会保障）厅（局）：

现将《1999年—2003年劳动保障系统干部教育培训规划》印发给你们，请结合实际贯彻落实。执行中如有问题，请及时向我部人事教育司反映。

1999年7月8日

1999年—2003年劳动保障系统干部教育培训规划

为加强干部教育培训工作，进一步提高劳动和社会保障（以下简称劳动保障）系统干部素质，加强劳动保障干部队伍建设，制定本规划。

本规划适用于劳动保障系统机关公务员和事业单位工作人员。

一、指导思想和基本原则

（一）教育培训的指导思想是：以马克思主义、毛泽东思想和邓小平理论为指导，全面提高劳动保障系统干部的政治素质和业务素质，培养造就一支全心全意为人民服务、作风硬、业务精、效率高的干部队伍，推进劳动保障事业健康发展，为改革开放和现代化建设服务。

（二）教育培训的基本原则是：统一规划，分级负责；按需施教，学用一致；突出重点，注重质量；以自学为主，脱产学习为辅；坚持学习理论与解决实际问题相结合，努力提高干部的理论水平和实际工作能力。

二、总体目标

通过对不同层次的干部开展有针对性的教育培训，全面提高劳动保障系统干部队伍素质。到2003年底，要对全系统干部普遍进行一次教育培训，使其知识结构和专业结构明显改善，在政治理论水平、文化水平和业务工作能力等方面能够更好地胜任工作岗位的要求。培养一批爱岗敬业、有强烈的事业心和使命感、精通劳动保障业务、一专多能的复合型人才。

三、内容和要求

（一）教育培训内容分为基础知识和专门业务知识两部分。基础知识主要包括经济理论与经济政策、科技、行政管理、法律、财务、计算机、外语等。专门业务知识主要包括劳动保障理论、劳动保障法规和政策、劳动保障业务和相关业务知识等。

（二）基础知识培训以地方党组织部门、政府人事部门安排为主，采用国家有关部门组织编写的教材；专门业务知识培训由劳动保障部门负责，统一采用劳动保障部组织编写的教材；政治理论学习，按照各级党工委的要求，由各级劳动保障部门机关党委组织安排。

（三）局级干部的业务培训，要求熟悉担任本职务的领导方法和有关理论知识，掌握劳动保障基本业务，精通分管工作的专业理论知识和业务知识，增强组织能力、领导能力和开拓能力，提高工作的原则性、系统性和创造性。主要学习领导科学、组织行为学、公共行政管理，劳动保障业务和国家的有关方针政策，经济理论与宏观经济政策，有关法律知识和现代科技知识。培训方式以自学为主。劳动保障部每年组织1至2期省级劳动保障厅局长和市（地）新任劳动保障局长的培训。

（四）处级干部的业务培训，要求熟悉担任本职务的领导方法和有关理论知识，掌握岗位所需的专业理论知识和业务知识，较为全面地了解劳动保障业务，具有一定的外语水平和计算机操作能力，增强组织协调能力和综合分析能力。主要学习岗位所需的专业知识和业务知识，劳动保障业务和国家的有关政策、法规，组织行为学、公共行政管理和公文写作，经济理论与宏观经济政策，计算机知识和操作技能，有关法律知识和现代科技知识，外语。每年脱产培训时间累计不少于10天。

（五）处级以下干部的业务培训，要求熟悉岗位所需的专业理论知识和业务知识，了解劳动保障基本业务，具有较好的外语水平和计算机操作技能，增强调研能力和独立工作能力。主要学习岗位所需的专业知识和业务技能，有关政策、法规，行政管理、公文写作，有关经济知识、法律知识和现代科技知识，计算机理论和实际操作，外语。每年脱产培训时间累计不少于10天。

（六）专业技术人员的业务培训，应在学习劳动保障业务知识的基础上，从本职工作出发，紧密联系现代科技发展实际，了解和掌握有关专业技术的新理论、新技术、新信息。各事业单位要根据实际情况制定具体的教育培训计划，保证专业技术人员接受继续教育。高、中级专业技术人员每年脱产学习时间累计不少于7天，初级专业技术人员每年脱产学习时间累计不少于5天。

（七）积极开展在职学历教育。对具有发展潜力的业务骨干，在学用一致、专业对口的前提下，鼓励其参加在职硕士、博士研究生教育。对学历或专业达不到现工作岗位要求，或调整工作岗位后学历、专业与新任岗位要求有一定差距的，应要求他们通过参加正规院校学习、自学考试、业大学习等途径，达到应有的学历水平。

四、组织实施

（一）劳动保障部负责制定劳动保障系统干部教育培训规划，制定实施规划的意见和办法，并督促贯彻执行。负责部机关及省级劳动保障厅局长和市（地）新任劳动保障局长的业务培训。各省、自治区、直辖市劳动（劳动和社会保障）厅（局）负责制定本地区分级培训计划和办法。

（二）各级劳动保障部门要全面掌握干部队伍的基本情况，深入分析干部培训需求，区别每一位干部的具体情况，按照“缺什么，补什么”的原则，编制教育培训年度计划。

（三）加强干部教育培训工作的管理，建立教育培训档案，详细记载干部参加教育培训情况，并将学习成绩和鉴定结论作为干部任职、定级、晋升的依据。

（四）在劳动保障监察、争议仲裁等专业性强的工作岗位逐步实行持证上岗制度，对不具备岗位资格的现职干部进行相应的业务培训。

（五）采取灵活多样的方式，以自学和举办讲座、短训班为主，辅之以必要的脱产或半脱产培训，处理好业务工作与教育培训的关系。

（六）努力开辟多种渠道，加强国际交流与合作，学习借鉴国外培训先进模式和技术。采取出国进修、短期培训、出国考察、学术交流等形式，有计划、有步骤地开展干部国外培训活动。

五、保障措施

（一）加强对教育培训工作的领导。各级劳动保障部门必须把干部教育培训工作列入重要日程，加大工作力度，保证有机构主管，有专人负责。要建立工作责任制，实行目标管理，将工作计划和任务落实到人，并作为干部考核的重要内容。按照分级负责、分工负责的原则，上级部门应加强对下级部门的指导，定期督促和检查。

（二）加强师资队伍建设。择优聘请有关院校和政府部门的领导、专家、业务骨干授课，建立师资库，形成比较稳定的高质量师资队伍。

（三）加强教材编写工作。劳动保障部负责系统干部培训教材的组织编写工作，2000年开始出版发行。各地要根据劳动保障业务发展需要，及时将有关劳动保障业务的新要求、新措施等内容编写成教学辅导资料，以适应教育培训工作的需要。

（四）加强教育培训基地建设。没有建立教育培训基地的，可充分发挥有关行政院校和培训中心的作用，采取联合办学等方式，建立定点培训基地，保证教育培训工作的正常开展。

（五）保证教育培训经费。认真贯彻《中共中央1996年—2000年全国干部教育培训规划》，把教育培训经费列入财政计划，专款专用。经费比较困难的地方，应按不少于工资总额的1.5%落实教育培训经费。

（六）各省、自治区、直辖市劳动（劳动和社会保障）厅（局）应结合实际情况，制定本地区劳动保障系统干部教育培训规划，于1999年底前报劳动保障部备案。

劳动和社会保障部关于印发在职业培训工作中贯彻落实中共中央国务院关于深化教育改革全面推进素质教育的决定若干意见的通知

劳社部发〔1999〕31号

各省、自治区、直辖市劳动（劳动和社会保障）厅（局），国务院有关部门劳动和社会保障工作机构：

现将《关于在职业培训工作中贯彻落实〈中共中央国务院关于深化教育改革全面推进素质教育的决定〉的若干意见》印发给你们，请贯彻落实。

1999年9月29日

关于在职业培训工作中贯彻落实《中共中央国务院关于深化教育改革全面推进素质教育的决定》的若干意见

为贯彻落实《中共中央国务院关于深化教育改革全面推进素质教育的决定》(中发〔1999〕9号，以下简称《决定》)，进一步深化职业培训改革，加快提高劳动者素质，促进就业，现提出如下意见：

一、指导思想和目标任务

（一）职业培训工作必须全面贯彻落实《决定》精神，坚持职业培训为企业和社会服务、为劳动者服务的方向，把培养劳动者的实践能力、创新和创业能力作为工作重点，注重培养劳动者的职业技能和适应职业变化的能力，激发劳动者的创新意识，重视职业道德的培养和提高，并使之与职业技能培训紧密结合，全面提高劳动者素质。改革技术技能人才培养模式，加强技术技能人才通道与其他人才通道的相互衔接和沟通，为劳动者的全面发展创造条件。

（二）职业培训改革必须坚持社会化、市场化的发展方向，坚持市场引导培训、培训促进就业的指导思想，立足于对整个职业培训事业的规划和指导，鼓励和支持社会各方面力量开展多层次的职业培训。主要任务是：普遍建立和实行劳动预备制度，加强对新生劳动力的就业前培训，以提高其基本职业素质和就业能力为基础，着眼于提高市场适应能力，努力建设一支符合社会主义市场经济要求的劳动后备军；进一步完善转业培训和在职培训制度，逐步实现经常化、制度化、多样化，当前要把下岗职工再就业培训摆在突出位置，促进下岗职工和长期失业人员尽快实现再就业；进一步加大推行职业资格证书制度的力度，逐步实现职业资格证书与学业证书并重，职业资格证书制度与国家就业制度相衔接；逐步建立起与国家职业资格相对应，从初级、中级、高级直至技师、高级技师的职业资格培训体系，并使之成为劳动者终身学习体系的重要组成部分。

二、加快职业培训改革，为实施素质教育创造条件

（三）全面实施劳动预备制度。把实施劳动预备制度同加强新生劳动力资源管理和推动职业培训改革结合起来，统筹规划本地区新生劳动力的培养和就业工作。技工学校和各类职业培训机构要积极主动承担劳动预备制培训任务，将学校教育与劳动预备制培训工作统筹考虑。沿海和经济发达地区要尽快在农村地区和进城务工的农村青年中开展劳动预备制培训工作。对确定的劳动预备制培训定点单位，要指导其按照市场需要设置专业。对参加劳动预备制培训的学员，要开展积极的就业服务，并为之建立继续升学的渠道。

（四）积极开展再就业培训。要认真组织落实“三年千万再就业培训计划”，做到对下岗职工随进中心随进行职业指导和培训。采取有效措施，提高培训的实用性和有效性。指导职业培训机构和企业再就业服务中心建立合作关系，按照根据市场需求确定培训方向，联合开展再就业培训，并与职业介绍机构相衔接的模式，形成工作合力。有条件的地区可以借鉴政府购买培训成果的模式，由政府等筹集资金，通过招标和购买培训成果，逐步加大政府对再就业培训的资金投入和引导力度。

（五）大力推广创业培训，强化对劳动者创业意识和能力的培养和提高。要总结和推广开展创业培训取得的经验，在培训方法、教材、设施和师资队伍建设方面相应作出改革。要把开展创业培训同促进劳动者，特别是有创业意向的下岗职工和失业人员自谋职业结合起来，通过课堂教学、实地考察、实例分析，以及成功者现身说法等多种形式进行教学。要认真落实有关优惠政策，帮助参加创业培训的下岗职工创办企业，实现再就业。

（六）加快技工学校和就业训练中心的调整。根据产业结构调整和劳动力市场需求，对技工学校、就业训练中心进行必要调整和重组。适度调整“第二产业”的专业设置，扩大和发展“第三产业”以及适合城乡劳动者就业需要的专业设置，增强培训的适应性和覆盖面。进一步优化培训资源配置，鼓励走联合与集团化的道路。劳动保障部门举办的技工学校和就业训练中心，要通过与培训机构、鉴定机构和公共职业介绍机构的联合，建立兼有职业需求预测、职业技能培训、职业技能鉴定、职业指导和职业介绍功能的综合性职业培训基地。从企业分离出来的技工学校，具备一定办学规模的，可指导其逐步成为独立的办学实体；规模较小但有发展潜力的，可通过资产评估，按股份制形式联合办学；不具备独立办学条件的可以指导其改为企业职工培训中心，承担企业职工培训和再就业培训任务。技工学校应坚持办学方向和培养目标，可根据需要更名为技术学校，并可保留原技工学校的牌子。进一步改革技校招生办法，并与劳动预备制培训相结合，对非热门专业，原则上免试入学。积极探索宽进严出的培养方式，根据学生的知识水平和意愿，进行不同层次和等级的培训。

（七）大力发展高级职业培训。高级技工学校是承担我国高级技术技能人才培养的重要基地，也是高等职业教育的重要组成部分。具备条件的技工学校可以创建为高级技工学校，也可以通过联合办学形式组建高级技工学校。高级技工学校可根据需要更名为高级技术学校或技术学院，达到职业技术学院办学标准的，可向当地政府申请，增挂职业技术学院牌子，学校管理体制、经费渠道不变。高级职业培训应当与高等职业教育，以及普通高等教育相衔接。技工学校和其他中等职业培训机构的毕（结）业生可以报考高级技工学校。

（八）动员社会各界力量举办职业培训，逐步形成政府办职业培训为主，公办和民办职业培训共同发展的格局。各地劳动保障部门要加强对社会培训机构的管理、引导和监督，将社会力量办学纳入依法管理的轨道，规范办学行为，严格执行社会培训机构冠名的有关规定。

（九）积极推动企业职工培训工作的开展。企业职工培训应以岗位培训为重点，并加强新技术、新工艺应用的培训。指导企业建立竞争上岗机制，健全培训、考核、使用相结合并与待遇相联系的激励机制。要加强技师和高级技师的培养，改革其资格认定和评聘办法。在试点的基础上，逐步实行由相应的职业技能鉴定机构按照国家统一的标准和要求，对符合申报条件的人员进行考核鉴定的方式，合格者颁发国家统一的技师和高级技师资格证书。技师或高级技师的工资和津贴，由用人单位在现有基础上适当提高。其福利待遇可由用人单位按照技师参照工程师、高级技师参照高级工程师的相关福利待遇确定。

（十）积极推进农村职业培训。要统筹规划农村职业培训工作，制定切实可行的政策措施。要充分运用现有培训力量，开展农村职业培训，有条件的地区要逐步建立县、乡、村三级培训网络。要注重培养农村劳动者中的创业带头人，充分发挥这些人的作用，传授和带动农村劳动者掌握专业技术和市场经验。

三、落实就业准入，推行职业资格证书制度

（十一）严格实行就业准入控制，全面落实先培训后就业，先培训后上岗的制度。要规范用人单位的用工制度，用人单位在招用技术工种劳动者时，应从已取得职业资格证书的人员中择优录用；招用非技术工种的劳动者，也应从经过培训的人员中选择。职业介绍机构在介绍就业时，对未取得相应培训证书和职业资格证书的劳动预备制人员，应要求其参加职业培训，待取得相应的证书后再予以办理求职登记和介绍就业。对用人单位招收不具备相应条件的人员，各级劳动监察机构要依法查处，并责令改正。

（十二）按照《决定》关于“要依法抓紧制定国家职业（技能）标准，明确对各类劳动者的岗位要求”的内容，依据职业活动范围、工作责任、工作质量要求，将职业资格分为初级、中级、高级、技师、高级技师，并使之分别对应为国家职业资格五级、四级、三级、二级和一级。改革现行国家职业标准体系，依据《中华人民共和国职业分类大典》，抓紧建立以职业活动为核心、以职业技能为导向的国家职业标准体系。要加快国家职业标准的制定工作，在2002年前完成主要职业的国家标准制定与颁布。按照分步实施、逐步并轨的原则，用3年左右的时间，将工人技术等级标准和职业技能鉴定规范改造为国家职业标准，并逐步建立起动态和开放的国家职业分类与职业标准体系。

（十三）进一步完善职业技能鉴定社会化管理体制，维护国家职业资格证书的严肃性和权威性。坚持社会效益第一，质量第一的原则，进一步健全职业技能鉴定的组织实施系统，按照统一命题管理、统一考务管理、统一鉴定所站条件、统一考评人员资格和统一证书管理的原则，完善职业技能鉴定的质量保证体系。加强行政监督与技术监督，保证鉴定工作各环节的规范运行。逐步改革职业学校和企业职业技能鉴定方式。各类职业培训机构，应依据职业分类和职业标准的要求，科学、合理地设置和调整专业，使教学工作与职业技能鉴定有机地结合起来。逐步引导企业对职工的技术技能考核向社会化的职业技能鉴定过渡。企业内的职业技能鉴定要密切结合生产实际，提倡在实际工作活动和工作现场实施职业技能鉴定。

四、加强各项基础工作，不断提高培训质量

（十四）加强管理人员和教师队伍建设。建立和完善职业培训机构管理人员岗位培训制度。技工学校和就业训练中心校长（主任）培训分为岗位培训、提高培训、高级研修三个层次，分别由省级劳动保障部门和我部组织实施；对其他培训机构负责人的培训工作由各地劳动保障部门按照相关要求组织实施。继续加大专业技术课和生产实习课一体化教师的培养力度，继续加强教师上岗资格认定工作。各省、自治区、直辖市要依托高级技工学校和国家重点技工学校建立1～2所师资培训基地。有计划地组织教师参加学历教育、技能培训和业务进修。

（十五）加强对各类职业培训机构的督导评估，改革现行的督导制度，完善职业培训机构督导评估标准和实施办法。建立起以受培训者合格率和就业率相结合的评价指标体系，使督导工作走上法制化、规范化轨道。

（十六）组织力量开发全面提高劳动者素质以及新知识、新技术、新工艺和新方法的培训课程、培训教材、技能训练仪器装备和各种教学软件。积极推行模块式、学分制的教学方法，探索开发技工学校教育和职业培训核心专业技能，并运用到教学中。发展远程职业培训，建立国家远程职业培训网络，逐步实现与各类职业培训机构的联网，形成社会化、开放式的远程培训网络体系。

（十七）多渠道筹措和合理使用职业培训经费。除按规定收取培训费外，要积极争取地方财政的经费支持，从教育费附加中提取一定比例用于劳动预备制培训；城镇就业补助费中用于开展就业训练的费用应主要用于劳动预备制培训；对领取失业保险金期间接受职业培训人员的补贴费用可按规定从失业保险基金中列支。同时，要确保技工学校办学经费和校办企业有关减免税政策的连续性。加强培训经费的统筹管理和使用。对培训机构进行补贴，要与其培训对象，特别是劳动预备制人员和下岗失业职工的数量、培训项目、期限、培训合格率和就业率等因素挂钩。

劳动和社会保障部　国家经贸委　公安部 全国总工会关于认真贯彻劳动法 切实维护劳动者合法权益的通知

劳社部发〔1999〕35号

各省、自治区、直辖市劳动（劳动和社会保障）厅（局）、经贸委（经委、计经委）、公安厅（局）、总工会：

《中华人民共和国劳动法》（以下简称《劳动法》）实施5年来，各地、各有关部门认真贯彻执行，取得了明显成效。但在一些地区和部分企业，仍然存在违反《劳动法》、侵害劳动者合法权益的问题。最近，国务院领导同志专门就此问题作出批示，要求劳动部门要加大劳动监察力度，切实保护劳动者合法权益。为进一步贯彻实施《劳动法》，落实国务院领导同志的批示精神，切实维护劳动者合法权益，现就有关问题通知如下：

一、高度重视依法维护劳动者权益工作

各地劳动保障、经贸、公安、工会等部门和组织要从依法治国的战略高度，认真抓好《劳动法》贯彻实施和劳动者权益保障工作，严格依法行政，切实维护劳动者合法权益。对一些企业特别是非国有企业不能自觉遵守《劳动法》，存在用工不签订劳动合同、随意辞退职工、克扣和无故拖欠工资、不依法参加社会保险、欠缴拒缴保险费、随意延长工作时间，以及侵害劳动者人身权等方面的违法行为，要采取有效措施，严肃查处。

二、全面加强劳动合同管理，积极推行平等协商、签订集体合同制度

各地劳动保障部门要加大督促检查工作力度，督促企业加强劳动合同管理，支持企业工会组织代表劳动者与用人单位依法进行平等协商，签订集体合同，合理确定劳动者包括外来劳务工的工资水平和各项福利待遇，促进用人单位落实工作时间、最低工资、劳动条件、女职工和未成年工保护等各项国家劳动标准。各地劳动保障监察机构要对企业签订和履行劳动合同、集体合同的情况进行检查。对企业招用职工未签订劳动合同的，要责令其限期签订；劳动合同主要条款要准确详实，各项指标要细化。对条款不完备及内容显失公平的，要责令其限期与职工重新协商修订；对拒不整改的，依法予以处罚；用人单位违反有关劳动合同管理规定、给职工造成损失的，应责令其赔偿经济损失。对不履行集体合同的，应督促其履行。

三、综合运用法律和行政手段，依法纠正和处理克扣和无故拖欠工资及拖欠工资后逃匿的行为

劳动保障部门要依法履行监察职责，对克扣和无故拖欠工资的用人单位，责令其限期发

放工资，并按规定支付经济补偿和赔偿金；对不执行劳动保障行政部门整改指令的，依法做出行政处理决定书，要求其限期发放；对拒不执行行政处理决定的，劳动保障行政部门依法申请人民法院强制执行。

四、切实加强安全生产监督管理工作，保障劳动者的安全和健康

要进一步落实各级安全生产责任制，尤其是企业法定代表人的安全生产责任制，建立健全并认真执行安全生产的规章制度。加强安全生产宣传教育和对企业经营者及安全管理人员的培训，建立企业经营者安全考核制度，提高其安全生产的科学管理水平。加强对新职工特别是外来劳务工的安全培训，使他们了解必要的安全生产知识；生产易燃易爆、剧毒产品的企业和以这些物质为原料的企业，要进行全员培训。从事特种作业的人员，必须经过专门的技术培训并取得特种作业资格。新建、改建、扩建的生产性工程项目必须保证劳动安全卫生设施与主体工程同时设计、同时施工、同时投入使用。企业要对存在的重大事故隐患进行评估，并采取有效的监控措施，确保安全生产。加强安全生产执法检查，确保国家安全生产法律法规的贯彻实施。开展安全生产检查工作，重点检查各类企业中工作条件差、工伤事故频繁、职业危害严重的场所，对存在事故隐患和职业危害的企业，要督促其限期整改。对拖延不改的高危险、高危害的企业要坚决关停。对发生伤亡事故的企业，要依法严肃处理并追究有关责任人员的责任。

各级工会组织，特别是企业工会要切实履行安全生产监督职责，对企业违章指挥，强令工人冒险作业或在生产过程中发现明显重大事故隐患和职业危害，要及时提出意见，督促和帮助企业做好防范工作。

五、加大劳动保障监察力度，严肃查处违法行为

加强劳动保障监察执法工作，强化劳动保障监察职能，健全举报制度，认真做好群众举报案件的受理和查处工作。全面开展劳动保障年检，把年检范围扩大到各类非国有企业。在对用人单位遵守《劳动法》情况进行检查的同时，要加强社会保险费征缴和两个确保的监察执法工作，重点检查缴费单位不依法进行社会保险登记和缴费，国有企业下岗行为不规范、不发放或未足额发放下岗职工基本生活费，以及用人单位在招用工时歧视下岗职工和不与下岗职工签订劳动合同等违法行为。对严重违法的用人单位和直接责任人要依法处理。

加强劳动争议仲裁委员会建设，加大劳动争议调解和仲裁工作力度，确保仲裁案件结案率达90%以上；认真受理劳动争议案件，对超过时效的案件，凡有正当理由的，仲裁委员会应予受理；重点做好非国有企业拖欠工资及经营者拖欠工资逃匿引发的劳动争议案件的处理工作，切实维护劳动者合法权益。

六、依法查处强迫劳动及体罚、殴打、拘禁劳动者等严重侵犯劳动者人身权的违法行为

各级公安机关对非法限制劳动者人身自由，殴打、侮辱劳动者以及阻挠有关部门依法行使监督检查权的，要依照《中华人民共和国治安管理处罚条例》和《中华人民共和国刑法》的有关规定追究其责任；对企业违反劳动管理法规，以限制人身自由强迫劳动的，要限令改正，情节严重的，对直接责任人员要依照《中华人民共和国刑法》有关规定追究其刑事责任；对非法扣留外来劳务工人员居民身份证、暂住证、边防证等有效证件的，依据有关规定，对企业的法定代表人或者直接责任人员给予行政处罚。

七、充分发挥工会组织劳动法律监督作用

要加快在非国有企业组建工会步伐，目前尚未建立工会组织的非国有企业应尽快建立。各级工会组织要加强工作指导，深入基层，指导企业工会依法行使监督职责，了解和掌握企业劳动关系动态，并及时与有关方面沟通情况。

各级工会组织要积极参与劳动争议仲裁和企业劳动争议调解工作,充分发挥工会劳动法律监督组织的监督作用,以有效维护劳动者权益。

八、继续深入宣传劳动保障法律法规，营造法制环境

通过电视、广播、报刊等新闻媒体广为宣传和普及劳动保障法律知识，促进劳动者依法维护自身权益。加强对企业，尤其是企业经营者和劳资管理人员的法律知识培训工作，促进用人单位加强劳动管理，依法保障劳动者权益。充分发挥舆论监督作用，宣传正反两方面的典型，促进用人单位遵守劳动保障法律法规规定，营造守法光荣、违法可耻的社会氛围。

1999 年 11 月 5 日

全国劳动和社会保障工作

就业和再就业

一、就业总量持续增长

1999年，我国就业总量继续增长，就业结构进一步发生变化。到年底，全国城乡从业人员70 586万人，比上年增加629万人。到年底，全国城镇登记失业率为3.1%。

第一产业从业人员35 364万人，比上年增加526万人；第二产业从业人员16 235万人，减少205万人；第三产业从业人员18 987万人，增加308万人。各产业从业人员增减变动趋势呈现以下特点：一是第三产业中的批发和零售贸易、餐饮业及社会服务业仍保持增加趋势，两个行业从业人员比上年增加了161万人；二是第二产业从业人员减少，主要是采掘业和制造业从业人员大幅度下降，两个行业比上年末减少264万人，但下降趋势有所放缓；三是第一产业从业人员有所增加，主要是这两年乡镇企业不景气，造成部分原在乡镇企业从业的人员向第一产业倒流。

1999年末，全国城镇从业人员21 014万人，比上年增加336万人。其中，国有单位从业人员9 911万人，减少381万人；城镇集体单位从业人员2 293万人，减少228万人；其他单位（含股份合作单位、联营单位、有限责任公司、股份有限责任公司、港澳台商投资及外商投资等单位）从业人员继续上升，达到2 081万人，首次超过城镇集体单位从业人员总量。

二、国有企业下岗职工基本生活保障工作继续得到加强

为继续做好国有企业下岗职工基本生活保障和再就业工作，1999年2月，国务院办公厅下发了《关于进一步做好国有企业下岗职工基本生活保障和企业离退休人员养老金发放工作有关问题的通知》（国办发〔1999〕10号），要求坚决实行企业、社会、财政各负担1/3的办法筹集下岗职工基本生活保障资金。各地财政一定要调整预算支出结构，优先、足额安排这项资金，企业、社会筹集不足的部分，财政要给予保证。财政确有困难的地区，中央财政通过转移支付的办法给予一定的支持。认真落实促进下岗职工再就业有关税费减免和小额贷款等方面的优惠政策，鼓励和支持更多的下岗职工自谋职业和组织起来就业。加强下岗职工劳动合同管理，严格按照国家有关规定签订基本生活保障和再就业协议，进中心不签协议的下岗职工不支付其基本生活费，同时强调要进一步完善“三条保障线”制度。为增加城镇中低收入居民的收入，实施积极财政政策，进一步扩大国内需求，1999年8月，中共中央决定提高中低收入家庭收入水平和三条保障线标准。为此，国务院办公厅转发了劳动保障部等五部门《关于做好提高三条社会保障线水平等有关工作的意见》（国办发〔1999〕69号），规定了具体操作办法，明确提出从1999年7月1日起，将国有企业下岗职工基本生活保障水平提高30%，具体标准由各地根据实际情况确定。

为完善“三条保障线”制度，劳动保障部、民政部、财政部联合下发了《关于做好国有企业下岗职工基本生活保障、失业保险和城市居民最低生活保障制度衔接工作的通知》

（劳社部发〔1999〕13号），对做好下岗职工基本生活保障、失业保险和城市居民最低生活保障制度的衔接作了具体规定；为规范中央直属企业再就业服务中心运作，加强与所在地方的工作协调，劳动保障部、财政部联合下发了《关于进一步加强中央直属企业下岗职工基本生活保障和再就业工作的通知》（劳社部发〔1999〕33号），对中央直属企业加强中心建设、落实保障资金、做好再就业工作作了具体规定。

在党中央国务院高度重视、地方党委政府的坚强领导和有关部门的积极配合下，国有企业下岗职工基本生活保障和再就业工作继续得到加强。一是下岗职工基本生活保障工作成果得到巩固。1999年，全年下岗职工人数为1 174万人，其中上年底结转610万人，当年新增564万人。全年共减少下岗职工524万人，其中492万人实现再就业，再就业率为42%。至1999年末，全国国有企业下岗职工为653万人，其中有93%进入再就业服务中心。在进入再就业服务中心人员中，有97%领到了基本生活费。北京、上海、江苏、福建、山东、重庆等省市进中心、签协议和保障生活的比例均达到98%左右。二是提高国有企业下岗职工基本生活保障水平工作按时完成。国有企业下岗职工基本生活保障标准月人均增加86元。三是下岗职工基本生活保障和再就业工作取得新的进展。纳入管理范围的下岗职工有了大幅度增加，据抽样调查，6月份中心以外下岗职工为170万人，年底减少到70万人；进中心下岗职工签协议比例有较大提高，年底达95%，比年初增加15个百分点。

为促进下岗职工再就业，各地积极采取措施，拓宽就业渠道，出台了一批促进下岗职工再就业的优惠政策。

三、劳动力市场建设取得新进展

1999年，各地加快了劳动力市场建设，到年底，全国共有各类职业介绍机构30 685个，全年为1 500万人提供了职业介绍服务。

——启动了全国100个城市劳动力市场“三化”建设试点工作。1999年1月，劳动保障部印发了《关于开展劳动力市场“三化”建设试点工作的通知》（劳社部发〔1999〕1号），决定在全国确定100个城市进行劳动力市场科学化、规范化、现代化建设的试点工作。6月，劳动保障部在贵阳召开了劳动力市场建设座谈会，具体部署劳动力市场“三化”建设试点工作。会议提出了建立市场就业机制的初步设想，明确了劳动力市场建设的指导思想。

——劳动力市场建设得到了高度重视。各地按照试点工作要求，结合实际情况，制定了劳动力市场建设发展规划和方案。为加强劳动力市场建设，各地多渠道筹措和落实了市场建设资金。据统计，31个省、自治区、直辖市中已有21个省区市将劳动力市场建设经费列入本省区市财政预算。在全国100个试点城市中，有53个城市将劳动力市场建设经费列入了当地财政预算。另据158个城市的调查，1999年用于劳动力市场建设的投资相当于前四年投入的总和。政府和各部门的重视与支持，为劳动力市场建设创造了较好的条件。

——劳动力市场信息网络建设取得了快速发展。为指导各地搞好信息网建设，劳动保障部公布了统一的职业分类标准，提出了劳动力市场管理和服务的统一业务流程，免费向各地提供信息网应用软件。到1999年底，已建成了11个省级劳动力市场信息网络监测中心，全国100个试点城市中，已有45个试点城市初步实现了城区广域网联接，有83个城市职业介绍中心建立了局域网。在做好信息网络建设的同时，加强了信息的分析利用和发布工作，有46个城市开展了劳动力市场供求状况分析，初步建立了职业供求信息分析发布制度。一些城市还编制并公布了劳动力市场工资价位。上海、青岛等城市已实现了劳动力市场职业供求信息与职业培训信息、工资价位信息联网。通过信息网络的建设和运用，利用现代化的手段，使求职者方便、快捷地了解职业需求信息。

——就业服务取得了新的突破。各地在开展“131”服务（对进入再就业服务中心的下岗职工，半年内要至少进行一次职业指导，提供三次就业信息和职业介绍，对每个参加技能培训的下岗职工提供一次免费或部分免费的培训机会）、承诺服务、专门窗口服务的基础上，拓宽了服务领域和功能。在全国100个试点城市中，有82个城市制定了全市统一的劳动力市场管理和就业服务流程，72个城市实施了就业准入制度，49个城市实施了劳动力市场工资价位调查制度。在开展的就业服务项目中，除开展职业介绍、职业指导外，87个城市开展了劳动保障事务代理，90个城市统一了职业介绍收费标准；94个城市对下岗职工实行了免费服务，73个城市对失业人员实行了免费服务，北京市、上海市、杭州市中心公共职业介绍服务机构实行了职业介绍全程免费服务；90个城市为下岗职工和失业人员提供减免费培训，78个城市在服务区内设立了职业指导区。

职业指导作为高层次的就业服务取得了新的较大的进展。各地通过加强培训，实行职业技能资格鉴定和持证上岗等制度，加强了队伍建设。职业指导以帮助下岗职工转变观念为重点，以落实再就业优惠政策为突破口，以开辟社区服务为就业主渠道，注重提高职业指导方法和技术水平，在下岗职工再就业中发挥了重要作用，涌现了一批先进职业指导员，评选出了10名全国优秀职业指导员，在全国树立起了职业指导的旗帜和良好形象，推动了就业服务的发展。

——劳动力市场管理得到了加强。到1999年底，全国有19个省（市）人大颁布了劳动力市场管理法律法规，100个试点城市中，有50个试点城市已通过市人大或市政府颁布实施了劳动力市场管理条例或管理办法。针对劳动力市场中职业中介混乱的现象，年初对全国劳动力市场进行了一次全面的清理整顿。各地按照部里的统一部署和安排，集中时间和人力，进行检查，加大了对非法职业中介机构的打击力度，清理了4 000多个非法机构，取缔了500多家严重违规的机构，劳动力市场秩序得到进一步改善。在清理整顿劳动力市场，打击非法职业中介的同时，还加强了制度建设，制定和出台了一系列市场管理和就业服务方面的规范性文件，统一了全国公共职业介绍机构的标志，在劳动力市场的规范化建设中迈出了新的步伐。

四、农村劳动力流动就业重点监控体系初步建立

根据新时期组织民工有序流动的工作特点，1999年，劳动保障部制定了农村劳动力流动就业重点监控方案，确定了100个地（市、区）、县（市、区）为重点监控地区，即58个主要农村劳动力输入地区、34个主要农村劳动力输出地区和8个中转地区。输出地重点监控地区又分别确定了174个乡镇，乡镇下面设318个行政村作为固定监测点，输入地重点监控地区确定了480个用人单位和136个职业介绍机构为固定监测点，中转地重点监控地区确定28个主要车站为固定监测点。重点监控的主要任务是开展农村劳动力流动就业重点监控工作，定期收集数据信息，反映和通报基层的情况和动态，按统一标准和要求开展流动就业调控和服务工作。

职业培训

一、以再就业培训为重点的职业培训工作全面推进

1999年，职业培训工作坚持市场化、社会化的改革方向，坚持为就业、再就业服务的指导思想，在再就业培训、创业培训、劳动预备制度培训以及培训机构改革方面取得了新进展。全国各地继续大力推进“三年千万再就业培训计划”。各级劳动保障部门多方筹措资金，大力动员社会力量，通过实行政府购买培训成果、建立再就业服务中心与职业培训机构的伙伴关系等方式，动员社会各级各类培训机构开展再就业培训。在培训专业设置上注重围绕劳动力市场开设适合下岗职工的培训课程，在培训形式上采取白班、晚班、周末班等灵活方式，在培训内容上着重进行职业指导和就业观念教育，力求突出再就业培训的实用性、有效性和针对性。全年共有513万人参加了培训，培训后有323万人实现了再就业，培训后再就业率为63%。

大力推广创业培训模式。自北京、上海、苏州率先开展创业培训试点以来，全国已有沈阳、天津、成都等30多个城市相继推广创业培训模式，帮助下岗职工自谋职业或组织起来创业。各地劳动保障部门牵头成立由工商、税务部门参加的创业培训工作指导小组，依托技工学校、就业训练中心以及有关培训机构，开设创业培训课程，强化学员的创业观念教育，注重个性化培训，加大个别辅导和扶持力度，收到了较好效果。全国有30万人接受了各种形式的创业培训，许多创业培训学员通过创办小企业，吸纳下岗职工，促进了再就业工作。

劳动预备制度在全国普遍确立。根据《国务院办公厅转发劳动保障部等部门关于积极推进劳动预备制度加快提高劳动者素质意见的通知》（国办发〔1999〕60号），从1999年下半年开始，在全国城镇普遍推行了劳动预备制度，要求城镇初高中毕业生就业前必须接受职业教育或培训。据对全国27个省、自治区、直辖市的统计，1999年有93万城镇未能继续升学的初高中毕业生，参加了劳动保障部门认定的定点培训机构组织的劳动预备制培训，加上全国当年被各类职业学校招收的学生，总数达到480万人，约占当年城乡应届初高中毕业生总数的1/3。

职业培训机构调整改革工作开始起步。国务院部委和直属机构所属400多所技工学校移交到地方管理，部分地区开始通过组建企业技工教育集团等方式，探索培训机构结构调整的办法与途径。全面推进素质教育，不断深化改革，提高质量，到1999年底，全国有国家级重点技工学校297所，重点就业训练中心171所，其中高级技工学校达到135所，职业培训综合基地和集团达到148家，为提高劳动者素质，促进就业和再就业发挥了积极作用。

二、职业技能鉴定工作稳步推进

根据进一步推进职业资格证书制度，培育、发展和规范劳动力市场，全面提高劳动者就业能力和工作能力的要求，1999年全国职业技能鉴定工作得到进一步发展。职业资格证书在全社会的认同程度提高，职业技能鉴定规

模和质量进一步扩大和提高。全年共有337万人参加职业技能鉴定，292万人获得相应的职业资格证书。与此同时，启用了新版职业资格证书，并规范了职业资格证书的核发和管理工作。

为促进我国劳动者就业从安置型就业转为依靠素质就业，并为劳动者创造平等竞争的就业环境，发挥职业资格证书在劳动力市场中的作用，劳动保障部培训就业司4月份下发了《关于印发〈实行就业准入的职业目录〉及有关问题的通知》（劳社培就司发〔1999〕17号），对原劳动部公布的持证就业上岗的技术工种进行了调整，确定在全国范围内对66个技术复杂、通用性强、涉及国家财产、人民生命安全和消费者利益的职业（工种），要求劳动者必须经过相应培训，取得职业资格证书后才能就业上岗。同时，为进一步完善职业资格证书制度，进行了两项改革试点工作：一是在全国27家大中型企业开展了企业职工职业技能鉴定试点工作，引导企业工人考核向职业技能鉴定社会化管理过渡，将社会化职业技能鉴定与企业生产实际紧密结合。二是改革技师、高级技师评聘办法，完善技师评聘制度。在17个城市开展了技师考评社会化管理试点工作，调整和制定技师评聘的有关政策，扩大技师评聘范围，取消比例限制，简化评审程序和考评方式，将技师考评纳入职业技能鉴定社会化管理，为高级技能人才成长提供条件。通过这两项试点工作的开展，指导和推动企业建立培训、考核与使用相结合，与待遇相联系的激励机制，调动广大劳动者钻研业务，提高技能水平的积极性，打通初、中、高和技师、高级技师等各类技能型人才成长的通道。

职业资格证书制度的基础工作也取得了显著进展。1999年5月，劳动保障部、国家质量技术监督局和国家统计局共同颁布了《中华人民共和国职业分类大典》，为推行职业资格证书制度提供了重要依据。之后，开始进行国家职业标准的制定工作，在研究论证的基础上，改革国家职业标准的模式和结构，着手构建以职业活动为导向、以职业能力为核心的动态和开放的国家职业分类和职业标准体系。

劳动关系

1999年，各级劳动保障部门紧紧围绕国有企业改革和劳动保障工作的中心任务，在全面加强劳动合同管理的同时，重点做好下岗职工劳动关系处理工作，并积极探索建立劳动关系协调机制，取得一定成效。

一、全面加强劳动合同管理，进一步完善劳动合同制度

1999年，各级劳动保障部门把全面加强劳动合同管理作为一项重要的基础工作，积极采取措施，加大工作力度，使劳动合同签订率继续提高，劳动合同管理制度建设有所加强。截至年底，全国城镇国有及国有控股企业、集体企业、外商投资企业签订劳动合同的职工人数为10 088万人，占同口径职工总数的95%；城镇私营企业签订劳动合同的从业人员为612万人，比1998年末增加12.5万人；个体工商户所雇从业人员中签订劳动合同人数达474.7万人，比1998年末增加40万人；乡村集体企业实行劳动合同制度的从业人员为2 326万人，比1998年末增加了20万人。

在劳动合同管理制度建设方面，各地加强了有关立法工作，依法规范劳动合同管理工作。黑龙江、吉林、宁夏、新疆、上海、福建、广东、海南等8个省、自治区、直辖市由人大或政府颁布了劳动合同管理规定，其他省份的劳动保障部门也专门制定下发了劳动合同管理办法或政策性文件，对签订劳动合同的当事人资格、订立原则、解除和终止程序作出规定，尤其对企业劳动合同管理内容、管理环节以及日常管理和考核等作出了具体规定。许多地区通过培训企业劳资管理人员、实行持证上岗、加强督促检查等办法，重点加强了对国有企业劳动合同管理的指导，促使一批企业逐步建立起现代企业用人制度。同时，针对企业改制改组给劳动关系带来的新情况、新问题，北京、天津、辽宁、江苏、浙江、河南、云南和广州等省市，研究制定了企业改制改组中的劳动合同管理政策，为这些企业及时变更、调整劳动关系提供了政策依据。

二、国有企业下岗职工劳动关系处理工作初见成效

为进一步深化国有企业改革，继续做好两个确保工作，根据《国务院办公厅关于进一步做好国有企业下岗职工基本生活保障和企业离退休人员养老金发放工作有关问题的通知》(国办发〔1999〕10号）要求，切实加强下岗职工劳动合同管理，理顺下岗职工劳动关系。各级劳动保障部门将妥善处理国有企业下岗职工劳动关系作为劳动关系调整工作的重点，广泛开展调查研究，积极研究制定切合本地实际的政策措施。截至1999年底，全国共有22个省、自治区、直辖市由政府或劳动保障部门制定下发了有关妥善处理下岗职工劳动关系的政策性文件。经过努力，下岗职工劳动关系处理工作取得初步成效。据统计，1999年全国有156.4万出中心的下岗职工与原企业解除了劳动关系，占出中心总人数的29.5%，其中北京、重庆、新疆等3个地区基本做到了对出中心的下岗职工及时解除劳动关系，天津、广东、上海、福建、浙江等五省市和新疆生产建

设兵团解除劳动关系的人数过半。

在实践中，许多地区针对理顺下岗职工劳动关系的重点、难点问题，摸索出了一些行之有效的解决办法。针对部分年龄偏大、再就业困难的下岗职工，上海、浙江、广东等地采取协议保留社会保险关系的办法。在解决经济补偿和历史拖欠问题所需的资金方面，督促企业依靠自身努力千方百计足额筹措资金，对筹集资金确有困难的企业，江苏、湖南等地规定，企业可与下岗职工协商签订分期支付协议；河北、山东等地规定，企业经与下岗职工协商，可将经济补偿金和其他债权折算为购房款；山西、福建等地允许企业通过资产变现、转让土地使用权等办法筹集资金，或由财政给予补贴。为鼓励下岗职工提前出中心解除劳动关系，河南、湖北、新疆等地规定可一次性支付下岗职工在中心应享受的基本生活费余额；北京、重庆规定，除一次性支付经济补偿金外，适当给予现金奖励。结合理顺下岗职工劳动关系工作，辽宁、安徽、云南等地还部署企业，对没有进入再就业服务中心的各类离岗人员的劳动关系进行了清理。

三、协商签订集体合同工作取得进展，探索三方协调机制的试点工作初步开展

各级劳动保障部门会同工会、经贸、企协等部门，继续指导、推动企业认真执行集体合同制度，取得新的进展。截至1999年底，各地报送劳动保障部门审核通过的集体合同为19.4万份，涉及职工5 980万人，分别比1998年末增加4.4万份和430万人；其中非国有企业签订集体合同4.9万份，占22%，比1998年末增加2个百分点。继山西、福建出台集体合同法规之后，又有浙江、山东、河南、广东等省通过人大颁布了《集体合同条例》。一些地区还在部分企业进行了工资集体协商试点工作，对完善平等协商机制进行了探索。

与此同时，一些地区开始探索建立劳动关系三方协调机制。截至1999年底，河北、山西、辽宁、江苏、海南、陕西6个省以及深圳、大连、牡丹江等城市，建立了地区性劳动关系三方协调制度。其中，山西和江苏在省、地（市）、县（区）三级基本上都建立了这项制度。这些地区通过借鉴市场经济国家的经验，由劳动保障部门、工会组织和企业组织的代表组成三方协调机构，协商解决本地区涉及劳动关系的重大问题，对制定和完善有关法规、政策提出意见和建议，为促进本地区劳动关系的稳定发挥了积极作用，并为进一步开展这方面的试点积累了经验。

四、进一步加强劳动争议预防处理工作

1999年，各地劳动争议处理机构按照劳动保障工作的总体要求，围绕“两个确保”，突出重点，结合本地实际积极开展劳动争议处理工作，加大预防处理因劳动保障问题引发突发事件的工作力度，维护了社会和职工队伍的稳定，为深化劳动和社会保障制度改革创造了有利条件。

在劳动争议预防处理工作方面，各地劳动争议处理机构以预防处理国有企业下岗职工劳动争议案件和非国有企业严重侵害劳动者权益案件为重点，继续增强预防处理劳动争议的力度，进一步完善劳动争议仲裁制度，开展多种形式的劳动争议调解工作，积极发挥三方机制的作用，克服了人少案多和处理难度大的突出矛盾和困难，在劳动争议较大幅度增加的前提下仍做到及时处理。据统计，1999年全国各级劳动争议仲裁委员会共立案受理劳动争议案件120 191件，涉及劳动者473 957人，与1998年相比，立案受理案件数上升28.3%，涉及劳动者人数上升32.2%。其中集体劳动争议9 043件，涉及劳动者319 241人。1999年当年结案为121 289件（含上年结转的3 840件），结案率为97.7%。除上述立案受理的劳动争议案件外，还以其他方式调解劳动争议48 505件。两者相加，各地仲裁委员会共处理劳动争议168 696件，比上年增加了20.1%。

1999年，全国各级劳动争议仲裁委员会受理的劳动争议具有以下特点：

第一，国有企业劳动争议案件所占比重继续下降，机关事业等单位劳动争议案件明显上升。1999年各级劳动争议仲裁委员会受理国有企业劳动争议案件26 726件，占受理案件总数的22.2%，比上年下降1.5个百分点，已连续6年下降；机关事业等单位劳动争议案件14 383件，比上年上升5.3个百分点，占案件总数的12%。

第二，非国有企业特别是外商及港澳台投资企业劳动争议案件持续上升。1999年非国有企业劳动争议案件76 633件，比上年上升17.6%，占案件总数的63.8%；其中外商及港澳台投资企业劳动争议案件27 824件，比上年上升1.7个百分点，占非国有企业劳动争议案件的36.3%。1999年，外商及港澳台投资企业集体劳动争议案件2 726件，占全国集体劳动争议案件总数的30.1%，涉及人数的34.9%，分别比上年上升2.1个百分点和0.9个百分点。

第三，地区间的劳动争议案件数量仍相差悬殊。据统计，全国劳动争议案件受理数排在前4位的是：广东省36 990件、江苏省17 185件、上海市7 853件、山东省7 450件，4省市受理案件数占全国劳动争议案件总数的57.8%。排在后4位的地区是：宁夏回族自治区279件、海南省207件、青海省177件、西藏自治区88件，4省区受理的劳动争议案件仅占全国劳动争议案件总数的6.2%。

第四，劳动者申诉的劳动争议案件比例仍占绝大多数，胜诉率与上年基本持平。1999年劳动者申诉的劳动争议案件为114 152件，占申诉案件数的95%，比上年增加4.4个百分点；劳动者胜诉案件63 030件，胜诉率为52%。

第五，工资、保险福利及劳动合同争议有较大幅度的上升，占案件总数比重明显增加。1999年，各级劳动争议仲裁委员会共受理劳动报酬争议44 690件，占案件总数的37.2%，案件数比上年上升了42.3%，比重增加了3.7个百分点；保险福利争议28 832件，占案件总数的24%，案件数比上年上升了42.7%，比重增加了2.4个百分点；因变更、终止、解除劳动合同产生的争议29 608件，占案件总数的24.6%，案件数比上年上升了43.3%，比重增加了2.5个百分点。工资、保险福利、劳动合同争议合计为103 130件，占案件总数的85.8%，案件数比上年上升了42.7%，比重增加了8.6个百分点。

第六，国有企业下岗职工基本生活费争议增多。1999年各级劳动争议仲裁委员会共受理下岗职工生活费争议8 626件，占受理案件总数的7.2%。在群体性突发事件的预防处理工作方面，各级劳动保障部门按照劳动保障部《关于做好预防处理劳动和社会保险突发事件工作的通知》（劳社厅发〔1999〕4号）的要求，加强了群体性突发事件的预防处理工作。全国有30个省、自治区、直辖市劳动保障部门成立了预防处理群体性突发事件的领导班子和工作机构，建立了领导责任制，明确了预防、报告、处理工作的基本程序；部分地区加强了对重点地区、行业、企业的监控；有的地区还在企业设立了突发事件信息员。在有色、冶金、煤炭、军工等企业主管部门形成了突发事件信息报告和处理网络。通过各地劳动保障部门的努力和公安、工会等有关部门的配合，及时消除了大量突发事件的隐患，处理了一批群体性突发事件，维护了社会的稳定。

企业工资收入分配

1999年，全国在岗职工年平均工资为8 346元，其中企业在岗职工8 168元，分别比上年增长11.6%和10.3%；扣除物价因素，实际分别增长13.1%和11.8%。

一、提出了企业工资制度改革的基本思路和改革措施

按照党的十五大和十五届四中全会有关精神，在对企业工资分配状况和分配制度改革进行深入调研的基础上，提出了新形势下企业工资制度改革的基本思路，即：坚持以按劳分配为主体、多种分配方式并存，以及效率优先、兼顾公平的原则，实行“市场机制调节、企业自主分配、职工民主参与、国家监控指导”，逐步建立现代企业工资收入分配制度。其具体含义主要是：企业基本分配制度要坚持按劳分配原则，实行以按劳分配为主体的多种分配方式，允许和鼓励资本、技术等生产要素参与收益分配，形成有效的激励和约束机制。充分发挥市场对工资收入的基础性调节作用，企业根据劳动力市场价格和本企业经济效益，合理确定工资水平。要使企业拥有充分的工资收入分配自主权，一般竞争性企业可以根据生产经营特点、经济效益和国家有关的法律法规政策，自主决定工资收入分配；垄断性行业、企业的工资总额或者平均工资仍要由政府调控。要使职工民主参与企业工资收入分配过程，在政府的监督指导下，建立企业和职工双方进行集体协商的制度。国家在市场调节的基础上，建立适应市场经济要求的宏观调控体系。要实现政府职能的根本转变，通过制定和完善有关法律法规，规范企业工资收入分配行为；通过建立工资指导线制度、劳动力市场工资指导价位制度和人工成本预测预警体系，引导企业工资收入合理分配，调节内部工资关系，加强人工成本管理等等。

按照企业工资制度改革的基本思路，要建立工资收入分配的激励和约束机制，深化企业内部分配制度改革。通过实行岗位工资制、科技人员分配激励机制，以及实行董事会、经理层成员按责任和贡献取得报酬的办法，建立工资能增能减机制；探索建立经营者收入分配激励和约束机制，积极稳妥地进行经营者年薪制试点；探索按劳分配和按其他生产要素分配相结合的分配办法；继续在非国有企业推行、在国有企业试行工资集体协商办法。

要建立符合社会主义市场经济要求的企业工资宏观调控体系，进一步改革国有企业工资决定机制。企业职工工资水平，由企业根据当地社会平均工资水平和本企业经济效益决定。具体办法要根据企业改革和参与市场竞争情况，实行分类调控；全面建立工资指导线制度和劳动力市场工资指导价位制度，并逐步建立人工成本预测预警体系；完善最低工资保障制度，健全企业工资收入监督检查制度；调节收入分配关系，研究解决某些行业个人收入过高，行业间收入差距过大的问题。

二、企业工资收入宏观调控体系建设稳步推进

一是继续推行工资指导线制度。在总结试点经验的基础上，1999年的试点地区已由

1998年的14个扩大到20个。北京、上海、江苏、湖南、深圳等地区结合本地实际情况，将工资指导线和其他工资管理办法相互衔接，使工资指导线较好地发挥了宏观调控的功能。1999年国家出台调整收入分配政策后，工资指导线对企业合理增加工资起了积极的引导作用。二是开展劳动力市场工资指导价位制度的试点。劳动保障部制定发布了《关于建立劳动力市场工资指导价位制度的通知》（劳社部发〔1999〕34号），明确了指导思想和工作目标，并在全国35个大中城市开展试点，为在全国其他中心城市建立这项制度提供了经验。三是探索建立人工成本预测预警制度。有十多个城市和部分企业参加试点，初步探索了一些办法。如北京市调查分析了全市3 000多户企业的情况，向企业发布了有关信息，对人工成本偏高的国有企业提出预警；中国石化集团公司也对所属企业的人工成本作了全面分析，初步建立了人工成本控制制度。四是继续加大企业工资内外收入监督检查力度。劳动保障部制定下发了《关于做好1999年企业工资内外收入监督检查工作的通知》（薪检发〔1999〕1号），明确了工作的指导思想和工作重点，指导各地区、各部门工作的开展，并与财政、审计部门一起，对中国建设银行自贡市分行等9家中央企业所属企业进行了检查，对其中违法违纪的企业依法进行了处理。

三、企业工资决定机制改革取得新的进展

各地区在改进完善企业工效挂钩办法的同时，探索了建立新的国有企业工资决定机制：一是指导企业建立工资集体协商制度，签订工资协议。据不完全统计，全国有北京、江苏、山西、湖北、吉林、大连等地约1 700户企业进行了集体协商的试点。山西等地还制定下发了工资集体协商试行办法，规范了协商的准则、程序。二是改革政府对国有企业工资总额管理办法。如上海市在改总量挂钩为水平挂钩的基础上，又进一步实行工资列支成本与实发数额并轨，为实现工资总量调控向工资水平调控转变探索了有益的经验。三是结合国有企业改制，对实行公司制改造、内部法人治理结构完善的企业，尤其是上市公司，逐步放开工资总量行政管理，由企业根据劳动力市场价位和经济效益自主确定工资水平。

四、企业经营者年薪制试点逐步推进

在前期试点的基础上，各地试点工作进一步推进。各地区总结经验，进一步规范试点办法，将试点着重点放在建立企业经营者激励和约束机制上，积极开展试点工作。截至1999年底，全国已有28个省市下发了年薪制试点的文件，试点企业达6 700多户。在试点中，各地区将经营者年薪收入与企业经营业绩紧密联系，规范经营者收入渠道，提高收入透明度。有的地区还会同组织、人事部门，探索了经营者选拔、任用、考核等方面的综合配套改革办法。上海、北京、武汉等地将年薪制与持股分配相结合，使经营者收入与企业长远发展紧密联系在一起，增强了经营者收入分配的激励和约束作用。

五、企业内部分配制度改革不断深化

在企业内部分配制度改革方面，各地认真总结以岗位技能工资制为主的内部分配制度改革经验，根据企业的不同生产经营特点，指导企业建立科学合理的基本工资制度，提倡实行岗位工资制、岗位薪点工资制等，同时加强对职工劳动贡献的考核，把考核结果作为拉开收入分配差距的依据。中央直属企业也积极进行内部分配制度改革，实行岗位工资制，并取得初步成效。同时，各地区按照党的十五大和十五届四中全会的要求，继续探索按劳分配和按其他生产要素分配相结合的办法，在资本、技术等生产要素参与分配方面进行了有益的尝试。如北京、浙江、深圳等地出台了关于职工持股的办法，试行职工投资入股、技术入股、劳动分红等新的收入分配制度，取得了明显效果。

六、工资分配的基础管理工作进一步加强

一是严格执行最低工资保障制度。除了西藏，全国所有省、自治区、直辖市都已经调整颁布了本地区的最低工资标准，使低收入职工的收入得到提高。各地劳动保障部门通过开展劳动监察活动，查处了违反最低工资保障制度的企业。二是督促企业严格执行国家的工资支付法规，想方设法帮助企业解决拖欠工资问题。三是注意严格审核《企业工资总额使用手册》，大连、哈尔滨等地将审核《企业工资总额使用手册》与社会保险基金征缴相结合，使工资工作与社会保险工作相互衔接、相互促进。四是指导企业建立健全劳动评价、定员定额、考试考核、厂务公开制度，做了大量基础工作。如铁路工业部门历时数年，经过艰苦努力，重新修订了行业性劳动定员定额标准，为企业内部实行按劳分配创造了条件。

养老保险

1999年是我国养老保险制度改革与发展历程中极为重要的一年。劳动和社会保障部认真贯彻《国务院办公厅关于进一步做好国有企业下岗职工基本生活保障和企业离退休人员养老金发放工作有关问题的通知》（国办发〔1999〕10号）精神，全面推进养老保险制度改革，在确保离退休人员养老金按时足额发放，扩大养老保险覆盖面，调整企业离退休人员待遇，加强基金征缴，抓紧做好养老保险行业统筹移交地方管理后续工作等方面取得了新的成绩。到1999年底，全国参加基本养老保险的在职职工人数达到9 502万人，离退休人数达2 984万人，基本养老保险基金收入1 965亿元，基金支出1 925亿元，基金历年累计结余734亿元。

一、确保离退休人员养老金的按时足额发放

按照国务院的要求，1999年各级劳动保障部门以确保养老金发放工作为重点，通过加强基金征收，清理企业欠费，增加财政投入等途径筹集资金，加大了基金调剂力度，全年共发放养老金1 925亿元，绝大多数地区基本做到了离退休人员养老金的按时足额发放。在此基础上，1999年还补发了历史拖欠的养老金133亿元，其中：地方筹资50亿元，中央财政支持地方83亿元。特别是针对行业统筹移交地方管理后出现的新问题，劳动保障部会同财政部在认真调研和核实的基础上，向各地补助原行业统筹企业养老保险基金50.86亿元，其中：用于补发1999年6月底以前拖欠的养老金25.96亿元，补助煤炭、有色等困难行业的基金缺口24.9亿元。自1999年10月起，将煤炭、有色等企业较高的缴费比例统一降低到地方标准，由此，中央财政今后每年对困难行业的基金缺口补助将达到67.6亿元。

二、贯彻《条例》，养老保险扩大覆盖面工作取得新进展

扩大养老保险覆盖面（以下简称扩面）是深化养老保险制度改革的重要内容，党中央、国务院予以了高度重视，特别是国务院《社会保险费征缴暂行条例》(简称《条例》)发布后，养老保险扩面工作受到普遍重视，加大了工作力度。年初，劳动保障部召开了全国扩面征缴工作电视电话会议，对扩面征缴工作进行了全面部署；制定下发了《关于贯彻两个条例扩大社会保险覆盖范围加强基金征缴工作的通知》(劳社部发〔1999〕10号)，明确了养老保险扩面工作的有关政策；5月份又专门召开全国扩面征缴工作会议，进一步落实了任务。按照劳动保障部的统一部署，还分别于上半年和下半年集中力量对一些省市的扩面征缴工作进行了调研和督查，分片召开了两次扩面征缴工作座谈会，组织编写养老保险扩面工作信息专辑和周报。通过采取积极的措施，使养老保险扩面工作取得了明显成效。到1999年底，全国参加基本养老保险的人数达到9 502万人，比上年末增加1 026万人，1997年以来参保职工连续两年下降的趋势得到遏制。已参加基本养老保险的离退休人数达2 984万人，比上年末增加256万人。

三、调整企业离退休人员基本养老保险待遇工作顺利完成

按照党中央、国务院关于提高企业离退休人员养老保险待遇标准的要求，劳动保障部在1999年8月份召开的全国劳动保障厅局长座谈会上，就提高企业离退休人员待遇工作作了周密部署，提出了工作要求。8月底又专门召开了全国企业离退休人员养老金调整方案会审会，在此基础上，进一步明确了调整对象、调整水平和调整方式，提出了具体的政策要求和指导性意见。按照工作部署，劳动保障部认真抓工作协调，抓资金落实，在与财政部共同研究、反复测算的基础上，于9月初向24个省、自治区、直辖市和新疆生产建设兵团下拨了中央补助资金64亿元，北京等7个省市自筹资金37亿元。与此同时，劳动保障部认真抓工作调度，及时了解和掌握各地的工作进度和情况，开展政策指导，研究和解决工作中的有关问题。由于各地党委、政府的高度重视和各级劳动保障部门、社会保险经办机构的积极努力，保证了调整企业离退休人员待遇工作的按时完成。10月1日前后，全国有2 757.3万名离退休人员普遍提高了养老金待遇水平，离休人员月人均提高145元，退休人员月人均提高58元，使他们的基本生活有了明显改善。

四、养老保险省级统筹和行业移交后续工作取得积极进展

为了在更大范围内分散风险，提高基金调剂能力，保障离退休人员基本生活，劳动保障部认真贯彻落实《国务院关于实行企业职工基本养老保险省级统筹和行业统筹移交地方管理有关问题的通知》（国发〔1998〕28号）精神，进一步规范和完善养老保险省级统筹，大力推进养老金社会化发放工作，加快养老保险管理服务的社会化。到1999年底，全国已有29个省、自治区、直辖市实现了养老保险费用省级统筹或建立了省级调剂金制度；已实行养老金社会化发放的离退休人员达1 403万人，社会化发放率达47%。1999年2月，劳动保障部、财政部下发了《关于调整原行业统筹企业缴纳基本养老保险费比例等有关事项的通知》（劳社部发〔1999〕3号），对31个省、自治区、直辖市上报的行业费率调整方案进行了审批。与此同时，对各地清理核定原行业企业统筹项目、移交时漏交企业的属地管理、个别移交企业养老保险属地划分的调整等项工作加强了协调和指导，及时帮助地方解决了行业企业移交后的一系列问题。根据国务院要求，劳动保障部于3月份下发了《关于制止和纠正违反国家规定办理企业职工提前退休有关问题的通知》（劳社部发〔1999〕8号），在全国范围内对违反国家规定办理提前退休的问题进行了清查，遏制了提前退休蔓延的势头。上半年，劳动保障部还会同审计署、财政部对原行业统筹结余基金分中央和地方两部分进行了审计，摸清了结余基金的情况，保证了结余基金的移交，促进了原行业统筹向地方省级统筹的平稳过渡。

五、机关事业单位养老保险制度改革取得初步进展

各地不同程度地开展了机关事业单位养老保险制度改革试点工作。到1999年底，全国机关事业单位参保人数已达1 406万人，积累养老保险基金约194亿元。根据国家科技教育领导小组第三次会议纪要关于尽快制定事业单位养老保险改革办法的要求，我部研究起草了《事业单位工作人员养老保险制度改革方案》，并印发各省、自治区、直辖市劳动保障厅（局）和国务院有关部门征求意见。此外，还会同科技部、国家经贸委、财政部等有关部门，研究制定了国家经贸委管理的10个国家局所属科研机构管理体制改革中有关养老保险的相关政策。

失业保险

1999年，是失业保险制度建设取得重大进展的一年。1月22日，国务院颁布了《失业保险条例》（以下简称《条例》）。在各级党委和政府的领导下，劳动保障部门以贯彻实行《条例》为主线，立足于改革和稳定大局，配合国有企业改革，开展了多方面的工作，取得了明显成效。可以说，我国的失业保险事业进入了一个新的发展时期。

一、《条例》的颁布实施为失业保险事业发展打下了坚实基础

《条例》充分体现了社会主义市场经济对失业保险的要求，总结吸收了我国失业保险建立和发展的实践经验，借鉴了国外有益做法，对原有制度作了调整，为形成具有中国特色的失业保险制度打下了坚实的基础。

扩大覆盖范围。《条例》将失业保险的覆盖范围从国有企业及其职工、企业化管理的事业单位及其职工扩大到城镇所有企业事业单位及其职工，包括：国有企业、城镇集体企业、外商投资企业、城镇私营企业和城镇其他企业及其职工，事业单位及其职工。同时还规定，省级人民政府可以决定将社会团体及其专职人员、民办非企业单位及其职工、有雇工的城镇个体工商户及其雇工纳入失业保险覆盖范围。这样，城镇中除国家机关工作人员外的职工基本上都纳入了失业保险范围，从根本上解决了以往制度覆盖范围窄的问题。

建立用人单位、职工和国家三方负担的筹资机制。过去，失业保险主要采取用人单位缴费为主、财政补贴为辅的筹资办法。《条例》颁布后，失业保险基金主要由用人单位、职工缴纳的失业保险费和财政补贴构成。城镇企业事业单位按照本单位工资总额的2%、职工按照本人工资的1%缴纳失业保险费。在失业保险基金入不敷出时，财政将给予必要补贴。这样规定，体现了社会保险基金筹集的一般原则，用人单位、职工和国家三方的义务明确，能够使失业保险基金的来源稳定，确保基金支付能力。

调整基金支出范围和统筹层次。《条例》对失业保险基金的支出项目作出了明确规定：(1) 失业保险金；(2) 领取失业保险金期间的医疗补助金；(3) 领取失业保险金期间死亡的失业人员的丧葬补助金和其供养的配偶、直系亲属的抚恤金；(4) 领取失业保险金期间接受职业培训、职业介绍的补贴；(5) 国务院规定或者批准的与失业保险有关的其他费用。与1993年《国营企业职工待业保险规定》相比，取消了生产自救费、管理费，增加了职业介绍补贴项目，明确了基金其他支出项目的审批层次。在现阶段，通过从失业保险基金中调剂一部分资金用于保障国有企业下岗职工基本生活，是失业保险发挥作用的重要方式，这是与我国当前国情相适应的一项社会保障措施。《条例》规定：失业保险基金在直辖市和设区的市实行全市统筹；其他地区的统筹层次由省、自治区人民政府规定。

失业保险金的标准按照高于当地城市居民最低生活保障标准、低于当地最低工资标准的原则，由省级人民政府确定。其他失业保险待遇由省级人民政府确定。失业人员领取失业保

险金的期限，根据失业人员失业前所在单位和本人累计缴费时间长短计算。具体规定为：累计缴费时间满1年不足5年的，领取失业保险金的期限最长为12个月；累计缴费时间满5年不足10年的，领取失业保险金的期限最长为18个月；累计缴费时间10年以上的，领取失业保险金的期限最长为24个月。

规范失业保险待遇的享受条件和申领程序。《条例》规定，具备下列条件的失业人员，可以领取失业保险金：按照规定参加失业保险，所在单位和本人已按规定履行缴费义务满1年的；非因本人意愿中断就业的；已办理失业登记，并有求职要求的。失业人员在领取失业保险金期间有下列情形之一的，停止领取失业保险金：重新就业的；应征服兵役的；移居境外的；享受基本养老保险待遇的；被判刑收监执行或者被劳动教养的；无正当理由拒不接受当地人民政府指定的部门或者机构介绍的工作的；有法律、行政法规规定的其他情形的。

加强基金管理和监督。《条例》规定，失业保险基金必须存入财政部门在国有商业银行开设的社会保障基金财政专户，实行收支两条线管理，专款专用，不得挤占、挪作他用，不得用于平衡财政收支。《条例》还规定了劳动保障和财政、审计等部门各自的职责，以及对管理部门、经办机构、其他单位和个人挪用失业保险基金的处罚措施。

二、贯彻《条例》，服务大局，推动失业保险工作

失业保险制度建设取得重大进展。《条例》颁布后，针对工作需要，劳动保障部和有关部门制定了社会保险参保登记管理、缴费申报管理、征缴监督检查、基金财务会计和失业保险统计制度，以及事业单位参加失业保险、调整基金支出结构的有关政策，一些地方也以地方性法规、规章和规范性文件的形式出台了地方的规定，一个基本完善的失业保险法规政策体系正在逐步形成。

参保人数大幅度增加。《条例》颁布一年来，劳动保障部门把扩大覆盖面作为施行《条例》的首要任务，广泛争取社会各方面的支持，集中力量，明确重点，狠抓落实，效果明显。截至1999年底，参加失业保险的人数达9 852万人，比1998年末增加1 924万人，不仅扭转了连续两年参保人数下降的趋势，而且超过了参保人数的历史最高水平。其中，事业单位参保人数大幅度增加，由年初的301万人增至年末的1 477万人。河南、江苏、山东、湖北、黑龙江、安徽等地参保人数增幅均超过100万人。上海、河北、青海、江苏、河南、陕西等地实现了较高的覆盖率，上海最高，为98%。

基金征缴工作成效显著。1999年1月，在颁布《失业保险条例》的同时，国务院还颁布了《社会保险费征缴暂行条例》，为失业保险费征缴提供了依据。一年来，劳动保障部门克服种种困难，与有关部门密切合作，摸清底数，规范缴费行为，加强监督检查，失业保险基金收入大幅度增加。1999年，全国失业保险基金收入125.2亿元，比上年增加57亿元，超过前两年收入的总和。其中，内蒙古、黑龙江、上海、江苏、湖北、广东、广西、贵州、陕西、青海等地基金收入增幅超过100%。

失业人员基本生活得到有效保障。按照党中央、国务院关于提高城市中低收入居民收入的决策，从1999年7月起，失业保险金标准提高了30%，改善了失业人员的待遇。在改革力度加大、享受失业保险待遇人数逐月增加的情况下，各地做了大量工作，确保了失业保险金按时足额发放。失业保险在社会保障中的作用进一步为群众所认同，特别是为下岗职工基本生活保障向失业保险过渡创造了条件。国有企业下岗职工出中心享受失业保险的人数逐渐增加。1999年，平均每月领取失业保险金人数超过100万人。与此相对应，下岗职工进中心人数与领取失业保险金人数之比发生变化，全国1999年末为100∶17，浙江、北京、福建、上海、江苏、山东、广东等7省市的比例超过100∶50，其中浙江和北京领取失业保险金人数已超过下岗职工人数。失业保险发挥越来越重要的作用。

加大了向再就业服务中心调剂资金的力度，有效地支持了两个“确保”工作。在确保失业人员基本生活的前提下，劳动保障部门充分发挥失业保险基金“一金两用”的作用，积极支持下岗职工基本生活保障政策的落实，按照“三三制”原则，1999 年共向再就业服务中心调剂资金 40.9 亿元，占基金总支出的 45%，为下岗职工基本生活保障作出了贡献。

失业保险基础工作进一步改善。为推动《条例》的贯彻实施，各级劳动保障部门加强了基础建设工作。为提高工作人员的政策水平和业务能力，各级劳动保障部门组织了政策和业务知识的培训。为提高统计工作的准确性和时效性，劳动保障部实行了新的统计制度，按月上报，及时分析，为领导了解情况、进行决策提供了依据。为提高工作效率和工作质量，劳动保障部选择 100 个城市，开展就业服务与失业保险信息网络建设试点，带动了其他地方推广失业保险的计算机管理。

医疗保险

1999年是《国务院关于建立城镇职工基本医疗保险制度的决定》(国发〔1998〕44号)颁布后的第一年，劳动保障部确定了“内抓配套政策，外抓推动实施”和“督促实施方案出台、指导重点联系城市、解决重点难点问题”的工作部署和工作重点，稳步推进医疗保险制度改革。截至年底，建立城镇职工基本医疗保险制度改革的政策体系基本形成，各地制定了改革总体规划，部分地区陆续启动实施新的改革方案。

一、研究制定医疗保险配套文件

由劳动保障部组织，会同有关部门共同完成制定了与基本医疗保险管理密切相关的6个配套文件，即《城镇职工基本医疗保险定点医疗机构管理暂行办法》《城镇职工基本医疗保险定点零售药店管理暂行办法》《城镇职工基本医疗保险用药范围管理暂行办法》《关于城镇职工基本医疗保险诊疗项目管理的意见》《关于确定城镇职工基本医疗保险医疗服务设施范围和支付标准的意见》和《关于加强城镇职工基本医疗保险费用结算管理的意见》；会同铁道部制定了《关于铁路系统职工参加基本医疗保险有关问题的通知》；分别会同财政部、卫生部、国家药品监督管理局等有关部门制定了《社会保障基金财务制度》《关于发展城市社区卫生服务的若干意见》《关于我国实施处方药和非处方药分类管理若干意见》。

二、各地的改革工作陆续启动

绝大部分省份完成制定总体规划。除吉林、浙江、西藏、青海等4省(自治区)的总体规划未经省(自治区)政府审批外，其他24个省份的总体规划已经出台。

各统筹地区加快了制定实施方案的工作步伐。在全国349个地级以上统筹地区(含京、津、沪)中，36个统筹地区已出台实施方案并正式运行，占10.3%；88个统筹地区的实施方案已经省政府审批，正在准备组织实施，占25.2%；74个统筹地区实施方案已上报省政府待批，占21.2%；117个统筹地区已制定实施方案尚未上报，占33.6%；正在制定实施方案的有34个统筹地区，占9.7%。

各级医疗保险管理体制进一步理顺。全国有21个省份基本理顺了省级医疗保险管理机构，其中人员划转到位的省份14个；落实省级经办机构的省份有10个。统筹地区也逐步开始理顺管理机构，完成职能划转的地市有206个，占全部地市的60.1%，其中人员划转到位的地市128个，占37.6%；落实经办机构的63个，占18.6%。

三、加强对各地的督查和指导

抓工作部署。除了在全国劳动保障工作会议和厅局长座谈会等综合性会议上明确医疗保险制度改革的工作要求和部署外，3月初和11月初专门在海口和成都分别召开了贯彻国务院医疗保险改革决定工作会议和全国城镇职工医疗保险制度改革经验交流会。在海口会议上部署了省总体规划和统筹地区实施方案制定等工作要求和时间进度要求。在成都会议上总结了前三个季度的工作，交流了各地的经验，分析了存在的问题，明确了后两个月的工作要求。

抓点带面。为推动各地面上的工作，发挥先进地区示范带动作用，在全国先后确定了近40个重点联系城市（地区），加强监督指导。4月和6月分别在大连、金华召开了医疗保险重点联系城市工作会议，对这些城市的工作提出了任务要求，并以会代训，进行了政策培训和指导。

对各地总体规划和实施方案的制定进行审议和指导。审议了近30个省、自治区、直辖市的总体规划和50多个统筹地区实施方案初稿，提出了修改建议。针对一些省市自行审批基本医疗保险药品目录并收取评审费用的不正当做法，下发了《关于加强基本医疗保险用药范围管理工作的通知》（劳社部函〔1999〕145号）。

加强调查研究和部门协调，研究解决难点、重点问题。全年共对近20个省份、50多个城市的医疗保险制度改革工作进行了调研。对解决拖欠离休干部“两费”问题进行了调研，会同中组部等有关部门，提出了解决离休人员医疗保障资金和管理办法的初步意见；与民政部协商解决移交地方安置军转人员的医疗保障问题；与公安部就公安干警医疗待遇问题进行研究和讨论；与总后勤部军人保险局等有关单位研究退役军人医疗保险制度的建立、军队职工医疗保险和军队医疗机构定点、军队伤残人员和离退休人员及无军籍职工移交地方后的医疗待遇政策衔接等问题。根据各地医疗保险职能的调整中存在的问题，劳动保障部与中央编委办公室协调，下发了《关于转发中央编制委员会办公室就理顺地方医疗保险管理体制有关问题复函的通知》（劳社部函〔1999〕184号），对市（地）医疗保险行政管理职能划转和机构建设提出了要求。

狠抓培训宣传，开展政策咨询。根据工作需要和各地要求，1～7月份组织了4期医疗保险制度改革培训班和3期配套政策培训班，集中培训人次达2 000人；在中国劳动保障报开辟《你我他话医改》《医疗保险问答》专栏，利用各种新闻媒体进行医疗保险制度改革和政策的宣传，提高劳动保障系统干部的政策水平，争取社会各方面对改革的理解和支持。同时，开展了广泛的政策咨询。对有关政策进行解释，回答来信来访中提出的问题，并对各地反映的问题进行汇总，研究提出意见。

工 伤 保 险

1999 年，全国职工工伤保险制度改革稳步推进。截至年底，全国参加工伤保险的职工人数达 3 960.3 万人，增长 4.7%；收缴工伤保险费 18.6 亿元，收缴率为 69.5%，比 1998 年下降了 13 个百分点；支付工伤保险金 11.9 亿元，支付率 64.7%；全年享受工伤保险长期待遇的人数为 15.1 万人，其中一至四级工伤人员为 2.5 万人，五级至六级工伤人员为 2.1 万人，七至十级工伤人员为 7.9 万人，因工死亡人员为 0.5 万人。按照原劳动部《关于发布〈企业职工工伤保险试行办法〉的通知》（劳部发〔1996〕266 号）的要求，以大中城市为中心，积极推进建立地级工伤保险社会统筹工作。目前，已有海口、深圳、广州、南宁、福州、厦门、南昌、成都、南京、长沙、青岛、合肥、西宁、银川、沈阳、大连、长春、郑州、太原、哈尔滨、昆明、杭州、宁波等大中城市实行工伤保险社会统筹。

生育保险

1999年，全国城镇职工生育保险工作有了新的进展。截至年底，参保职工2 945.36万人，全国平均缴费水平为职工工资总额的0.73%，当年征缴生育保险费9.78亿元，基金征缴率为82.48%，支付生育保险金6.6亿元。共有28.13万人享受了生育保险待遇，人均待遇2 346元。

一、加强政策研究

为了进一步规范生育保险有关政策，劳动保障部与卫生部合作，加强了生育保险医疗服务有关问题的研究。7月7日，历时两年多的《企业职工生育保险统筹项目及其支付标准》课题通过了部级鉴定并申报国家级科研成果奖。该项研究包括了正常情况下妇女妊娠、分娩和产褥三个时期的基本诊疗项目，也包括了异常情况下，如妊娠并发症、合并症等特殊情况下的分娩和产褥三个时期的基本诊疗项目。该课题经过劳动保障部、卫生部有关部门的共同努力，有几百名专家和专业技术人员参与了研究，在11个城市、46所医院进行了费用调查，取得了两项主要成果：一是孕产期诊疗项目研究；二是孕产期诊疗项目费用调查及分析，对研究和制定生育保险政策有重要的参考价值。

为了进一步听取专家学者对生育保险工作的意见，9月17日，劳动保障部医疗保险司在北京召开了生育保险专家研讨会，邀请中国社会科学院、武汉大学社会保障研究所、南开大学人口与发展研究所、国务院体改办、全国妇联、国家计生委、全国总工会以及地方劳动保障部门等专家、学者，针对生育保险的改革成果、发展方向、保障措施、政府责任、管理制度等问题进行了广泛讨论，为生育保险工作提出了许多很好的意见和建议。

二、妥善处理计划生育手术费用问题

为了搞好生育保险与医疗保险的政策衔接，促进计划生育基本国策的贯彻落实，劳动保障部就城镇职工计划生育手术费用列支渠道问题，多次与有关部门研究协商解决办法。9月28日，劳动保障部、国家计生委、财政部、卫生部联合发出了《关于妥善解决城镇职工计划生育手术费用问题的通知》（劳社部发〔1999〕32号），明确规定：已经建立企业职工生育保险的地区，参保单位职工的计划生育手术费用列入生育保险基金支付范围。没有建立企业职工生育保险的地区，在建立城镇职工基本医疗保险制度时，可以将符合基本医疗保险有关规定的参保单位职工计划生育手术费用纳入基本医疗保险统筹基金支付范围。没有参加生育保险和基本医疗保险的单位，职工计划生育手术费用仍由原渠道解决。

三、召开生育保险工作座谈会

为了进一步规范和推动全国生育保险工作，总结交流近年来生育保险工作经验，分析当前生育保险工作形势，部署下一步工作，11月4日，劳动保障部在四川省成都市召开了全国生育保险工作座谈会。部领导出席会议并作了重要讲话，指出，当前生育保险工作的重点是建章立制和规范政策。各省要按照职责分工和部里的统一要求，制定全省生育保险工作总体规划，加强对各地的指导和督促检查，各统筹地区要结合当地实际，有针对性地开展工作。已经建立生育保险的地区，要进一步规范和完善有关政策，提高职工参保率和基金到位率，努力提高社会化管理服务水平。目前还没有建立生育保险的地区，要认真搞好调查摸底，抓紧制定方案，加快推进生育保险工作步伐。暂时没有条件的地区，要抓住主要矛盾，注意解决好突出问题，确保社会稳定。会上，山西、江西、云南省和大连、青岛、南京、成都、广州、秦皇岛、双鸭山、太原市等地介绍交流了生育保险工作经验。

农村养老保险

1999年，各级农村养老保险管理机构在主管部门的领导下，从“讲政治”的高度，认真贯彻《国务院批转整顿保险业工作小组〈保险业整顿与改革方案〉的通知》（国发〔1999〕14号）精神，农村养老保险整顿规范工作取得一定进展。

一、研究上报整顿规范农村养老保险工作的意见

为全面贯彻国务院〔1999〕14号文件关于对农村养老保险工作进行整顿规范的精神，主要做了四项工作：一是给国务院有关领导报送《关于做好农村社会养老保险整顿和规范工作的情况报告》，反映了停止接受新的业务后农村养老保险工作面临的一些突出问题及对整顿规范农村养老保险工作的设想。二是在昆明、上海分片召开了省级农村养老保险处长座谈会，听取了对整顿规范农村养老保险工作基本思路和设想的意见，一些省市介绍了理顺机构、加强规范化管理等方面的情况。三是起草了《整顿和规范农村社会养老保险工作方案》，提出了整顿规范农村养老保险工作的目标、原则、基本思路、主要内容和实施步骤，并征求了有关部门的意见。四是向国务院上报了《关于做好整顿和规范农村社会养老保险工作有关问题的请示》和《整顿和规范农村社会养老保险工作方案》。

二、指导地方做好农村养老保险职能归并和机构建设工作

根据国务院机构改革方案和中共中央编制委员会《关于省级政府劳动和社会保障以及药品监督管理工作机构有关问题的通知》（中编办〔1998〕8号）精神，指导地方将农村养老保险管理职能和机构人员划转到劳动保障部门。到1999年末，有15个省、自治区、直辖市的农村养老保险职能和机构划入劳动保障部门。

三、加强对地方农村养老保险工作的指导

建立工作联系制度，分片联系，责任到人，及时了解地方农村养老保险工作的新情况、新问题，指导地方做好工作。一是做好稳定工作。在整顿规范的特殊时期，一些地方的农保业务停止，各级农村养老保险机构耐心地向参保农民进行政策解释，做了大量的思想工作和协调工作，没有出现过大的群体事件。二是做好基金管理工作。停止接受新的业务后，指导各地把基金管理工作作为重点，采取不同措施，摸清基金底数，清理违规基金。江苏已对全省基金进行了两次清理，基本上摸清了基金情况。湖北省采取了“先内部、后外部”的办法对基金进行清理，对违规挪用的基金做到心中有数，加大回收力度，为将来工作移交做好准备。三是做好续保和农民自愿投保工作。山东、北京、上海等经济比较发达、农村养老保险工作基础较好的地区，为了工作的连续性和社会稳定，在不搞大范围宣传发动的前提下，做好续保和农民自愿投保工作。四是做好档案等规范化管理工作。如江西省把工作重点放在规范化管理上，与省档案局联合进行全省农村养老保险档案管理评比达标活动。目前，

已有四个县市获省农村养老保险档案管理一级标准。

四、对乡镇企业职工养老保险制度建设情况进行深入调研

乡镇企业职工养老保险制度建设调研是劳动保障部科研工作的立项课题，也是国际合作交流项目。根据项目计划安排，主要做了以下工作：一是制定了课题研究计划，派员与法国国家人寿保险公司代表进行了初步调查，确定了江苏省江阴市和江西省崇仁县两个试点单位。二是下发了《关于对乡镇企业职工养老保险制度建设调研的通知》和《关于上报乡镇企业职工养老保险制度建设有关情况的通知》，要求各地就此内容进行调研，收到各地调研论文40多篇。三是组织了国务院发展研究中心、中国社会科学院、北京大学、中国人民大学、农业部乡镇企业局等有关单位的专家，分三批赴山东、江苏、上海、福建、安徽等五省市，就乡镇企业职工养老保险制度建设情况进行调研。四是筹备召开乡镇企业职工养老保险制度建设国际研讨会。

五、下调了退保计息标准和个人账户计息标准

1999年，中国人民银行两次下调金融机构存贷款利率，国债利率也作了相应的调整。根据农村养老保险养老金计发办法的有关规定。经研究测算，及时下发了《关于对调整农村养老保险个人账户计息标准征求意见的通知》，下调了农村养老保险个人账户计息标准和退保计息标准，保证了农村养老保险业务的正常进行。

社会保险基金管理与监督

一、社会保险基金管理

1999年，全国各级社会保险经办机构坚决贯彻执行党中央、国务院的各项方针和政策，在巩固确保养老金发放成果，提高基金收缴率，增强基金支撑能力，以及补发历史拖欠的养老金等方面都取得显著成绩。

(一) 确保养老金发放工作得到巩固

为了落实中央关于确保企业离退休人员养老金按时足额发放的要求，各地通过加强基金征缴、加强调剂力度、财政借支、动用积累等途径筹集资金，全年共发放养老金 1 925 亿元，比上年增长 23.8%，绝大多数地区基本做到了按时足额发放，发放率达 98%，同时补发了历史拖欠的养老金 133 亿元。

中央财政对养老保险给予了有力的资金支持，对确保发放起到了重要的作用。1999 年中央财政共投入养老保险资金 172.95 亿元，比 1998 年的 23.89 亿元增长了 6 倍多。其中用于补发拖欠的资金达 76 亿元。这是中央调整预算支出结构、加大社会保障投入的重要措施，初步解决了煤炭、军工等一些老大难行业的问题。

为了确保发放，各地区都加大了省级统筹的调剂力度。除了北京、上海、天津实行基金统一调剂使用之外，有 22 个省全年使用省级调剂金 43.6 亿元，及时解决了一些困难地区、困难行业的资金短缺问题。其中黑龙江省下拨调剂金 13.4 亿，吉林、广东、云南、江西等省的调剂额度也在 3～7 亿元。

1999 年 9 月，顺利完成了一次性补发历史拖欠工作。这次补发拖欠工作有以下几个特点：一是各级领导十分重视这次补发工作，工作紧张而有序。9 月初，各地普遍召开了省(市、区)委常务会、政府常务会议和劳动保障厅局长以及社会保险局长会议，按照中央精神，对补发养老金工作作出部署，制定了具体的实施方案。各地劳动保障部门和社会保险经办机构，普遍实行了日调度制度和 24 小时值班制度，昼夜加班审批补发方案，下拨补助资金，及时调度补发工作进度。二是加强了督查核查，保证补发及时到位。在时间紧任务重的情况下，各地区以严肃认真的态度，坚持“边核查边补发”的原则，确保补发工作及时准确。三是有关部门紧密配合，保证了补发工作顺利进行。在补拖欠过程中，劳动保障、财政、银行、工会等部门和单位密切配合，有力地保证了核查情况、下拨资金、监督进度等项工作环节的协调一致，并及时掌握离退休人员的思想动向，采取相应措施，保证了补发工作的顺利进行。四是地方通过财政借款、动用养老保险积累基金、使用省级调剂金和企业自筹等形式筹集了大量配套资金用于补发拖欠。

一次性补发养老金工作的实施，受到企业和广大离退休人员的热烈欢迎。有的离退休人员以为过去的拖欠“黄”了，没想到从看到电视报道到拿到补发的养老金，只有短短的十几天时间，切实感到党中央、国务院的关怀。离退休人员在补发养老金那几天像过节一样高兴。

(二) 养老金的社会化发放工作取得新进展

为了贯彻落实党的十五届四中全会《决

定》提出的“逐步推进社会保障的社会化管理，实行退休人员与原企业相分离，养老金由社会服务机构发放，人员由社区管理”的精神，全国各级社会保险经办机构在这方面做了大量工作。

劳动保障部于1999年12月1～3日在深圳召开了养老金社会化发放现场会，全国劳动保障厅局长及社会保险局长参加了会议。张左己部长出席会议并作了重要讲话。会议对贯彻落实党的十五届四中全会和中央经济工作会议精神作出部署，提出了2000年底养老金社会化发放率的目标，并对退休人员的社会化管理工作进行探索。同时，劳动保障部分别与中国银行、中国农业银行、国家邮政局联合下发了关于社会保险经办机构委托其代发养老金的通知。

经过各地的努力，特别是深圳社会化发放现场会以后，各地加大工作力度，养老金社会化发放有了明显进展。在参加养老保险的2 984万离退休人员中，实行养老金社会化发放的有1 403万人，占47%，比上年的35%增长了12个百分点；其中2 864万企业离退休人员的养老金社会化发放率为48%，超过80%的有上海、福建、山东、重庆、云南、陕西6省市。

（三）以《条例》为武器推动了社会保险基金征缴工作的开展

1999年1月22日，朱镕基总理签署国务院令，发布了《社会保险费征缴暂行条例》（国务院令第259号，简称《条例》），明确了社会保险费的征收机构，既可以由税务机关征收，也可以由社会保险经办机构征收；确立了社会保险登记制度和缴费申报制度；规定缴费单位和个人应以货币形式全额缴纳社会保险费，禁止协议缴费；另外，还规定了单位不按规定登记、申报、缴费时的处罚和强制措施。

3月19日，《社会保险登记管理暂行办法》（劳动保障部令第1号）、《社会保险费申报缴纳管理暂行办法》（劳动保障部令第2号）和《社会保险费征缴监督检查办法》（劳动保障部令第3号）等三个配套规章颁布。全国各地借《条例》的强劲东风，强化征缴。许多地区省委、省政府主要领导亲自动员部署，劳动保障部门领导带队深入重点单位进行检查，社会保险经办机构和劳动保障监察机构协调行动，有关部门积极配合，通过督促检查、工商年检和新闻曝光等多种措施推动工作的开展。全年养老保险基金收缴率达到93.25%，比上年提高3.01个百分点。同时清理追缴企业欠费111亿元。养老保险基金总收入1 965.1亿元，总支出1 924.9亿元，收支相抵后，结余40余亿元，累计结余为734亿元。从基金收入角度看，1999年是少有的丰收年。基本养老保险基金总收入比上年增收485亿元，超额完成了年初预定的增收目标。

在清理企业欠费方面，劳动保障部、国家经贸委、财政部联合下发了《关于清理收回企业欠缴社会保险费有关问题的通知》（劳社部发〔1999〕36号），要求各地建立清欠目标责任制，大力追缴欠费，对长期欠费的企业，要逐户认定缴费能力；对生产运行正常、工资能够发放的欠费企业，2000年年底前要全部补缴历年欠费，对有补缴能力但未完成补缴任务的企业，要依法作出行政处理决定，责令其补缴。要严禁任何形式的“协议缴费”和以物抵费，妥善处理兼并、破产企业的欠费问题。要与工商、银行、法院等有关部门密切配合，共同完成清欠任务。

为落实清欠目标，劳动保障部于11月份举办了1 000万元以上欠费大户培训班，有197个企业的380多人参加，其中总经理、副总经理170多人，许多企业与地方社会保险经办机构达成了补缴欠费的意向。到年底，已追缴100多户企业欠费9.3亿元。一些省份也举办了欠费大户培训班。

（四）下大力气抓好各项基础管理工作

根据财务管理工作面临的新形势，各级社会保险经办机构不断改进财务管理工作。坚决执行收支两条线管理的规定，至1999年底，各项社会保险基金总结余877亿元，其中收入户73亿元，财政专户337亿元，支出户246亿元，合计656亿元，占结余基金总额的74.8%，大部分结余基金已纳入收支两条线管理。目前还没有纳入财政专户的主要是部分未到期债券和定期存款。加强财务状况的分析预测，紧密结合业务发展，分析资金的流向、流量，预测趋势，支持决策。

增强了社会保险统计的及时性、准确性。认真负责地执行统计报表制度，各地区的报表质量有不同程度的提高，数据不平、栏目关系不清等错误明显减少，报送时间也更及时了。加强统计资料的分析加工工作，通过加工分析，发现数字之间的内在联系和变动规律，提高其运用价值，为决策提供参考。改进统计方法，在常规统计的基础上，辅之以抽样调查和典型调查的手段。

在劳动保障系统创建“三优”文明窗口活动中，社会保险经办机构的精神面貌和行业形象有了大的改观。1999年全国社会保险系统有12个单位被部里评为“三优文明窗口”，10人被评为全国优秀社会保险工作者。

二、社会保险基金监督

按照抓重点（加大督查力度，清理回收被挤占挪用的社会保险基金，查处社会保险基金重大违纪案件）、打基础（摸清社会保险基金的底数，加强基金监督管理制度建设）的目标要求，1999年基金监督工作主要有以下进展：

（一）清理回收被挤占挪用和违规动用的社会保险基金

年初，劳动保障部对清理回收基金工作进行了全面部署，下发了《关于抓紧回收挤占挪用社会保险基金的通知》（劳部发〔1999〕5号），向各地区下达了1999年回收指标，并加大了督促检查力度，派出督查组到广东、海南、浙江、江苏、山东、河南、内蒙古、陕西、湖北、湖南等地对清理回收工作进行督查。1999年共收回和纠正基金19.79亿元，其中，养老保险基金16.77亿元，失业保险基金3.02亿元，占应收回和纠正基金数额59.15亿元的33.46%（其中，养老保险基金为30.79%，失业保险基金为64.61%）。到年底，还有39.36亿元基金仍未收回和纠正，其中，养老保险基金37.69亿元，失业保险基金1.67亿元。

（二）查处违规动用基金案件

根据群众举报，1999年对天津市社会保险中心宝坻分中心、黑龙江省齐齐哈尔市劳动局挪用社会保险基金，沈阳铁路局挤占挪用集体职工养老保险基金和海南省财政厅挪用中央下拨的下岗职工生活补助费等问题进行了调查，并根据调查出的问题，分别提出了处理意见，责成有关部门限期归还被挪用的基金，对责任人进行严肃处理。

（三）对原行业统筹企业职工基本养老保险基金进行审计

1999年3~7月劳动保障部会同审计署、财政部对原行业统筹企业职工基本养老保险基金结余情况进行了全面审计。通过审计，全面了解行业统筹基金的收、支、结余状况和存在的问题，为原行业统筹基本养老保险基金移交地方管理提供了依据。

（四）受理社会保险基金监督电话和信函

1999年共受理社会保险基金监督电话2 010件，其中涉及挤占挪用社会保险基金的89件。按照《劳动和社会保障部处理社会保险基金监督电话暂行办法》，由劳动保障部直接查处3件，其余86件转由有关省市劳动保障部门调查处理。截至年底，已有77件办理完毕，其中经查举报属实的64件，共挪用基金4.46亿元，绝大部分是前几年挪用的，至年底已收回2.25亿元，占挪用基金数额的50.47%。

（五）整顿规范企业补充养老保险

根据《国务院批转整顿保险业工作小组〈保险业整顿与改革方案〉的通知》（国发〔1999〕14号）要求，会同有关单位研究起草了《整顿规范企业补充养老保险工作方案》，开展了补充保险经办机构资格认定标准的研究。

法制建设

1999年，劳动保障部门认真贯彻落实党的十五大提出的依法治国基本方略，大力加强劳动保障法制建设，在劳动保障立法、监察执法、行政执法监督及普法教育等方面，取得了积极进展。

一、劳动保障立法工作取得阶段性成果

为了建立健全社会保障体系，配合解决深化国有企业改革中的难点问题，劳动保障立法工作得到了进一步加强。一是加快有关法律草案的起草步伐，启动了《社会保险法（草案)》起草工作，并对《劳动合同法（草案)》作进一步的修改论证。二是配合《行政复议法》《社会保险费征缴暂行条例》和《失业保险条例》等法律法规的贯彻实施，制定、颁布了劳动保障行政复议以及社会保险登记、申报缴纳和监督检查等方面的配套规章和规范性文件。三是积极指导、推动地方劳动保障立法工作。1999年，许多省市出台了养老保险、失业保险、工伤保险以及劳动用工、劳动力市场管理等方面的地方性法规或规章，有力地促进了各项劳动保障工作的开展。

二、劳动保障监察发挥了重要作用

劳动保障监察机构紧紧围绕劳动保障中心工作，通过巡视监察、群众举报专查等多种形式，全面开展监察执法工作，在推进两个确保和社会保险扩面征缴工作中发挥了重要作用。据不完全统计，1999年，劳动保障监察部门共主动检查用人单位约100.7万户，比上年增加28.9%；查处违法案件20.8万件，比上年增加45%；处理结案的群众举报案件9.1万件，比上年增加24%。其中，共督促28.8万户用人单位办理了社会保险登记，1.8万户企业为59万名离退休人员补发了养老金，2 569户企业为17.9万名下岗职工补发了基本生活费；责令用人单位与431.6万名职工补签了劳动合同，补发克扣和无故拖欠的工资10.6亿元，退还非法收取的职工风险抵押金1亿元。在劳动力市场清理整顿专项工作中，坚决打击违法职业中介行为，对4 821家非法职业中介机构依法进行查处，并取缔了其中500多家严重违规的机构，有力地维护了劳动者和用人单位的合法权益，规范了劳动力市场运行秩序。

三、劳动保障行政执法监督得到加强

劳动保障执法监督以实施依法治国方略，促进依法行政为目标，建立健全劳动保障行政复议体制，依法规范行政审批和许可行为，落实行政执法责任制，完善行政机关内部监督机制。《行政复议法》颁布实施后，劳动保障部发布了《劳动和社会保障行政复议办法》（劳动保障部令第5号)，进一步建立和完善了劳动保障行政复议和行政应诉工作制度。各级劳动保障部门认真处理劳动保障行政复议案件，及时发现和纠正执法偏差，依法规范了行政行为，维护了行政相对人的合法权益。据统计，1999年，全国各级劳动保障部门共处理行政复议案件693件。还对建国以来的劳动和社会保障法规、规章及其他规范性文件进行了清理，废止了200多件部颁规范性文件，为确保劳动保障部门广大干部及时学习、掌握现行有

效的劳动保障法规和政策，全面推进依法行政，减少和预防行政争议打下了基础。

四、劳动保障“三五”普法教育顺利完成

围绕《劳动法》颁布5周年及《社会保险费征缴暂行条例》和《失业保险条例》的颁布实施，劳动保障部门大力加强普法教育工作，有力配合了各项劳动保障工作的开展。按照国家“三五”普法规划的要求，劳动保障部组织进行了有针对性的法律培训和年度普法考核，进一步提高了劳动保障部门干部依法行政的能力。据19个省、自治区、直辖市上报的统计数据显示，1999年有16万人参加了普法考核，人数比上年增加60%。各地劳动保障部门通过新闻报道、文艺演出、知识竞赛等多种形式，向社会各界广泛宣传社会保险费征缴和失业保险两个条例，为促进社会保险扩面征缴工作营造了良好的社会氛围。此外，在法规清理基础上，编辑出版了全面、系统反映新中国50年来劳动保障法制建设成果的《劳动和社会保障法规全书》，为向全社会普及劳动保障法律、法规知识创造了条件。

规划统计与信息系统建设

一、规划工作

1999年，劳动和社会保障规划工作继续围绕劳动和社会保障部中心工作展开，在认真调研和广泛征求意见的基础上，印发了《劳动和社会保障事业发展总体规划（1998—2002年）》；围绕“两个确保”目标，继续做好年度发展计划工作，编制下达了1999年劳动和社会保障事业发展计划；根据国家计委的总体部署和要求，开展了劳动和社会保障事业“十五”计划和2015年长远规划（以下称“十五”规划）研究工作，提出了劳动和社会保障事业“十五”规划基本思路。

（一）印发《劳动和社会保障事业发展总体规划（1998—2002年）》，明确了今后五年劳动保障事业发展的方向和目标

在1998年提出的《劳动和社会保障事业发展总体规划（1998—2002年）》草案的基础上，1999年初继续对“草案”进行修改和论证。3月，正式印发了《劳动和社会保障事业发展总体规划（1998—2002年）》（劳社部发〔1999〕6号）。总体规划分为基本形势和指导方针、目标任务、政策措施和实施步骤，以及支撑保障四大部分，在分析了劳动保障事业当前面临的形势后，提出了今后五年的发展目标和方向，明确了就业与再就业、劳动关系调整、工资收入分配、养老保险、医疗保险、失业保险、工伤保险、生育保险以及农村养老保险等主要业务工作的政策措施和实施步骤，并对法制建设、统计工作、信息网络建设、科研、国际交流与合作等支撑保障工作提出了明确目标和要求。

（二）编制下达1999年劳动和社会保障事业发展计划，明确年度发展计划和目标任务

根据国家关于1999年国民经济和社会发展计划要求，结合《劳动保障事业发展总体规划（1998—2002年）》的贯彻实施和1999年度劳动保障工作要点，劳动保障部编制下达了《1999年劳动和社会保障事业发展计划》（劳社部发〔1999〕17号）。除了原有计划指标外，根据当前和今后一个时期社会保险工作发展的需要，试编下达了分地区的基本养老保险、基本医疗保险、失业保险三项社会保险基金收支计划。

（三）开展了劳动和社会保障事业发展“十五”规划基本思路的研究和起草工作

根据国家计委要求，劳动保障部从1999年三季度起，开始了劳动和社会保障事业“十五”规划基本思路的研究和起草工作。经过半年的研究、起草和修改论证，完成了《劳动和社会保障事业发展“十五”规划基本思路（征求意见稿）》，并于1999年11月在大连市组织召开了由部分地区劳动保障厅局长和专家学者参加的座谈论证会，会后对基本思路稿作了进一步修改和完善，为正式开展劳动和社会保障事业“十五”规划（草案）的编制工作打下了良好的基础。

二、统计工作

1999年，各级劳动保障部门继续把“两个确保”放在首位，坚持依法统计，狠抓各项统计基础工作，努力提高统计信息质量，进一

步发挥统计的信息、咨询、监督的总体功能，为全国劳动和社会保障事业的发展作出了贡献。

（一）以提高数据质量为核心，大力加强统计法制建设

根据劳动保障部党组关于提高统计数据的真实性、准确性的要求，各级劳动保障部门以提高数据质量为核心，大力加强统计法制建设，基本上做到了依法统计，统计数据质量比过去有了较大的提高。一是统计管理进一步加强，统计报表制度实行了统一管理、统一制发并得到进一步精简和修改，建立了重要数据的审批制度，基本制止了数出多门的现象；二是通过抽样调查与全面定期报表数据的对比和相互印证，使统计数据在准确性上有了很大的提高；三是加快统计手段的现代化，更多地利用了计算机技术和网络，统计的效率和统计数据的时效性进一步提高，减少了统计工作中的人为因素；四是坚持依法统计，严格按《统计法》开展统计调查活动，严肃查处各种统计违法行为，使虚报浮夸、弄虚作假现象得到了比较有效的抑制。

（二）“两个确保”统计继续得到加强

各级劳动保障部门继续将“两个确保”统计工作作为头等大事来抓，广大统计工作人员以高度的政治责任感和极强的事业心，全面完成了“两个确保”统计，及时为各级领导作决策提供了所需的相关数据。

（三）统计调查方法进一步多样化

1999年，在统计调查方法方面进行了一系列的改革和探索，一是在全国开展了企业人工成本抽样调查和在35个大中城市开展了劳动力市场工资价位抽样调查；二是1999年7月，在全国10个城市分别开展了企业下岗职工基本情况和离退休人员基本生活保障情况的问卷调查；三是从1999年第二季度起，在全国200多个城市4 000多户国有企业开展了下岗职工基本情况企业直报。统计调查方法的改进，对了解下岗职工的真实情况发挥了重要的作用。同时各地根据中心工作开展了形式多样的抽样调查，如上海劳动保障部门与统计部门联合进行的岗位空缺调查、深圳市失业预测预警系统的调查与研究等，都在劳动保障工作中发挥了重要的作用。

（四）加强统计分析，统计服务水平有了新的提高

各级劳动保障部门紧紧围绕“两个确保”及党政领导决策的需要，抓住劳动保障工作中的热点与难点问题，及时捕捉新情况、新问题，深入开展统计调查研究，加强统计分析，努力提高统计分析的质量和水平，统计分析报告数量增多，质量也有明显提高。通过及时编印《劳动保障统计专报》和统计快报，把每一时期最为重要的劳动保障统计数据和资料，及时向中央、部领导和系统内各单位提供；各地区以各种形式及时向地方政府领导报送“两个确保”的统计报告，针对劳动和社会保障工作中的热点和难点问题，开展了较深入的调查和研究，写出了一大批统计调查分析报告。如北京市的《“十五”期间北京市劳动力供求预测》、天津市的《天津市部分行业人工成本抽样调查分析》、河北省的《企业拖欠在岗职工工资情况分析》、山西省的《关于1999年山西省城镇在岗职工工资增长情况的简要分析》、吉林省的《关于企业调整工资承受能力的调查报告》、广东省的《2000年广东劳动就业走势预测及对策》、四川省的《国有企业下岗职工再就业所面临的问题及其政策建议》等。

（五）统计综合管理进一步加强

1999年，全国多数地区按照“统一管理、分工负责、综合协调、统一发布”的原则，规范了劳动保障统计各个部门的职能，从统计调查制度制定、统计职能的划分、统计资料的归口管理，到统计数据实行统一对外发布，基本做到了有章可循，避免了数出多门，数据打架的现象。许多地区陆续发布了《劳动保障统计管理办法》，统计综合管理得到了进一步加强。

（六）狠抓统计基础工作，各项统计工作任务全面完成

1999年，在抓好常规统计工作的同时，

注意加强统计基础工作。部里和各地区都完成了大量的数据资料整理、统计考评、咨询服务、人员培训等其他统计工作任务。一是通过统计资料的整理，为领导和有关部门提供了统计服务和咨询。《中国劳动统计年鉴》和《劳动力市场工资指导价位》都已编辑完成，许多地方也相应印发了各种统计资料。二是通过开展专题培训、出国培训考察以及各地的以会代训，讲解统计基础知识和统计分析方法，培训了统计人员，从而提高了统计人员的业务水平。1999 年，劳动保障部以下岗职工统计调查、劳动力市场工资价位抽样调查为重点，专门举办统计培训，各地区也相应举办了培训或以会代训，河北还专门编印统计基本知识讲座教材，有力地促进了统计工作的开展，提高了统计人员的业务素质。三是通过开展统计考评工作，调动了统计人员的积极性。1999 年，通过对地方统计工作的考评和优秀统计工作者的评定，对促进地方统计工作产生了积极的影响。各地也通过不同的方式对统计先进单位和先进统计工作者进行了表彰，极大地调动了统计人员的积极性。

三、信息系统建设

1999 年劳动保障信息系统建设的重点工作可以概括为“实施三项工程，完成两项任务”。即配合劳动保障部里的重点工作，实施部省网络升级工程，统计信息管理系统扩面工程，劳动力市场信息网建设工程；完成养老、医疗两个信息系统的规划工作，完成资源数据库和 IC 卡的总体规划、主要标准的制定工作。

（一）部省网络升级工程全面展开

根据《劳动和社会保险管理信息系统规划要点》总体安排，3 月份下发了《关于进行劳动保障系统部省级信息网络建设的通知》（劳社信息函〔1999〕5 号）。按照通知要求，各省级劳动保障部门已完成了长途拨号点对网方式的升级；有 40% 的省区市已经建立或正在建立局域网。与此同时，地方社会保险经办机构、就业服务机构在当地劳动保障厅（局）尚未同其联网时，先用点对网的方式同劳动保障部联网，以便及时上报下岗、失业、养老金发放等信息，1999 年底有 90% 的省级社会保险部门同劳动保障部实现电子邮件通讯。

（二）统计信息管理系统扩面工程取得成效

1999 年完成了统计信息管理系统（SMISS）5.0 版的开发，实现了 DOS 版向 WINDOWS 版的升级，新版软件除进一步完善了数据分析功能外，实现了支持网络运行的功能。到年底，各省级劳动保障综合统计单位均已使用统一软件完成汇总上报工作，50% 的省区市所属地市级综合统计单位也已实现了这一要求，另有 10% 的省区市在县级单位实现了软件统一。社会保险部门在 1998 年实现省级社会保险统计软件的统一后，1999 年又在浙江、内蒙古、安徽、河南、广西、广东、江西、贵州等地的地市级单位中实现了使用统一软件的要求。劳动和社会保障就业、失业统计部门也在省级实现了就业、失业、下岗统计使用统一软件。

（三）劳动力市场信息网建设的各项要求得到进一步落实

1999 年劳动力市场信息网建设主要是配合劳动力市场“三化”建设，进一步落实《劳动力市场信息网建设实施纲要》中提出的各项任务。

《实施纲要》推动了各地信息网建设，不少省、市按照实施纲要制定了本地规划，落实了立项和建网资金。在“三化”建设过程中进一步推动了劳动力市场前台业务的计算机化和城域网的建设。根据新的《职业分类与代码》国家标准和部颁《职业分类大典》，修订完成了《劳动力市场职业分类与代码》并正式下发实施。在全国范围内继续推广使用劳动力市场信息系统软件（劳动 99），并建立了新的推广机制，到 1999 年底，该软件已推广至 60 几个城市，较好地推动了系统建设进度。

（四）养老、医疗信息系统的规划和开发工作开局良好

为配合劳动保障部中心工作，加大了对养老保险、医疗保险两个信息系统的规划和开发工作力度，成立了专门的领导小组和工作小组，对全国养老和医疗保险管理信息系统建设状况进行了调查，制定并下发了《城镇职工基本养老保险管理信息系统建设实施纲要》。《城镇职工基本医疗保险管理信息系统建设指导意见》已征求有关省市劳动保障部门意见，并经过专家论证。

为尽快开发出能够对全国社会保险系统发挥作用的主体软件，劳动保障部通过技术合作方式组织了精干队伍，从8月份开始进行社保系统软件核心平台的开发工作。社保核心平台是根据社会保险一体化管理要求，集业务规范、信息标准和统一应用软件于一体的全面解决方案，既满足各地的共性需求，又可方便地实施本地化。这一软件的开发将为社会保险信息系统建设奠定坚实的基础。

（五）资源数据库和社会保障卡的规划设计工作已启动

为了使宏观统计数据库、资源数据库、IC卡等各个层次的数据库及其相应的功能系统能够顺利实现上下、左右的系统衔接和信息交换，编制了《劳动和社会保险管理信息系统信息结构通则》，要求所有劳动和社会保险领域新出台的系统都必须遵守这一规则。通则的颁布为劳动保障信息系统建设向规范化、标准化方向发展铺平了道路。

在社会保障卡方面，加强了规划，要求各地要统一规划，暂缓发卡。制定了《社会保障卡建设总体规划》，明确了IC卡应用的总体思路。初步完成了《社会保障（个人）卡卡内信息标准》和《社会保障（个人）卡密钥管理方案》，并在上海开展试点，12月22日在上海举行了社会保障卡网络系统开通仪式。劳动保障领域IC卡应用混乱局面得到缓解，逐步走向规范化轨道。

（六）计算机2000年问题得到预防和解决

为使劳动和社会保障信息系统平安度过2000年大关，按照国家计算机2000年问题领导小组要求，对本系统内解决计算机2000年问题开展情况进行调查，组织了研讨会，要求各地在限期内解决，同时加强领导，做好应急预案和实际应急准备工作。由于准备工作充分，预防得力，劳动保障系统顺利通过2000年零点过渡，未出现大的计算机2000年问题。

另外，结合贯彻《公民身份号码》国家标准，下发了《劳动保障部办公厅关于在劳动和社会保险管理信息系统中使用公民身份号码的通知》（劳社厅函〔1999〕66号），要求各地劳动保障部门高度重视，组织专门力量，制定周密计划，按期完成信息系统中15位社会保障号码（居民身份证编号）到18位公民身份号码的升位工作。

（七）参与发起“政府上网工程”，建立劳动保障部政府网站

1999年初，劳动保障部作为发起单位之一参加了“政府上网工程”。经过积极的组织和筹建，12月28日正式开通了劳动和社会保障部政府网站。在网站上开辟了劳动法律法规、政策文件、统计信息，以及业务咨询等专栏，为社会公众提供了查询服务，成为政府与社会公众之间的电子信息桥梁。地方劳动保障部门如北京、河北等地区在互联网上也设立了政府网站。

科学研究

1999年劳动保障科研工作继续按照“把握大局、服务中心、突出重点、形成合力”的指导思想，紧紧围绕劳动保障部中心工作，抓住劳动保障工作的重点、难点、热点问题，深入实际进行专题调研，劳动保障科研工作呈现出崭新面貌。

一、科研工作取得丰硕成果

1999年中国劳动保障科学研究院全年共完成课题39项。具体包括：

1. 劳动立法研究方面，完成了国家“九五”重点社会科学项目《中国劳动法若干理论与政策问题研究》的主报告和6个分报告，并完成院级课题《下岗职工劳动合同管理》《企业内部劳动规则问题研究》《外商投资企业劳动争议处理研究》，对我国劳动立法及劳动法律制度的相关问题进行了探讨，并提出了积极的建议。

2. 就业理论和劳动关系研究方面，完成了《国有企业下岗职工劳动关系处理问题研究》课题，对推动下岗职工尽快出中心、实现再就业，积极稳妥地处理好劳动关系，从理论、实践、政策等方面提出了积极的建议，对实现国有企业改革目标、加快市场就业进程起到积极的促进作用。同时完成了《结构调整与再就业问题研究》《近期我国失业承受能力研究》《培训与就业关系研究》《国有企业下岗职工劳动关系处理问题问卷调查与分析》《关于再就业服务中心的运作研究问题》课题。通过对结构调整、培训与就业的关系，以及国有企业下岗职工与再就业中心、失业承受能力等问题的分析，论证了结构调整及培训对就业的影响和作用，对国有企业下岗职工劳动关系调整和再就业中心的运作提出了建设性意见。劳动保障部就业培训中心完成了《就业指导技术与方法研究》和《我国职工科学素质和技能培训考核方法研究》课题。

3. 工资分配理论研究方面，完成了国家计委重点科研课题《劳动力市场工资指导价位体系的技术支撑》，承担了部级课题《按劳分配与按生产要素分配相结合的理论依据和实现形式》的研究，完成了《全面推行工资指导线的可行性研究》和《经营者年薪制实施办法的问题及对策》课题研究，对推行工资指导线，维护劳动者基本权益进行了论证，同时对工资分配中的热点问题——年薪制，从理论和实践上进行了积极的探索和研究。

4. 社会保险研究方面，完成了国家计委立项的国家重点研究课题《我国职工基本医疗保险管理信息网络系统的研究》的分析、论证。按照党的十四届三中全会和十五大确定的社会保障制度的目标模式要求，通过对《独立于企业之外的社会保障体系研究》国家级课题的研究，提出了建立统一、规范、完善的社会保障体系的具体设想。完成了《行业统筹移交地方管理问题研究》《基本医疗保险问题研究》《工伤保险研究》课题研究，对我国社会保险提高统筹层次、加快推进医疗保险、完善工伤保险制度提出了积极的对策建议。劳动保障部失业保险司和农村司还分别完成了《我国失业制度的改革和发展》和《乡镇企业职工养老保险办法研究》课题。

5. 国际劳动和社会保障问题研究方面，完成了《关于加快批准国际劳工公约的建议》课题，分析了适当加快批准劳工公约的意义和批准公约的基本原则，提出了5年内争取批准的劳工公约的建议。通过《工业化市场经济国家劳动争议仲裁制度比较研究》《国外积极的劳动力市场政策研究》《日本年金研究》《部分国家中小企业管理比较研究》等课题的研究，介绍了国外的经验和做法，并针对我国情况提出了对策建议。同时翻译了《世界就业报告》等120万字的国外资料，为理论研究和实际工作提供了详尽、实用的资料。

二、合作研究与交流取得新进展

1. 国际合作研究与交流。1999年，国际间的合作研究项目取得了新的进展。全年共完成国际合作项目6项，其中包括国际劳工组织的《关于河北行唐县农村妇女就业问题研究》《甘肃岷县市场机会调查行动研究》《企业兼并中工人雇主的权利》《农村剩余劳动力转移调研》《再就业服务中心调研》5个项目和世界银行《企业住房与社会保障制度改革项目》的合作研究，为国际组织了解中国劳动保障状况、支持中国劳动保障事业发展提供了决策支持。

围绕劳动科研展开的国际学术交流活动不断增多，与世界银行共同举办了“养老保险国际研讨会”，参加了“亚太经合组织妇女领导人网络会议”“中国—欧盟第二次妇女问题研讨会”“失业、创造就业机会和就业政策国际研讨会”“ILO新加坡职业培训三方咨询研讨会”“构造学习与发展的新框架”“亚太地区妇女问题协调会议”等国际研讨会和社会政策与社会保障体系建设学术交流活动。通过这些活动，为更多、更快、更好地了解国外情况，借鉴国外经验创造了条件。

2. 国内合作项目与交流。1999年与国家体改办共同合作开展了《养老保险隐含债务》研究，与人事部合作开展了《人力资源开发与培训》研究，为其他有关部门提供了工作支持。同时，积极开展国内学术交流。在广泛参加国内、有关部委和社会团体组织的研讨会的同时，组织召开了“国有企业下岗职工劳动关系处理专家研讨会”“再就业服务中心研讨会”“贯彻四中全会精神，探讨十五规划研讨会”“按劳分配与按要素分配相结合研讨会”“工资分配热点、难点问题座谈会”等内容的研讨会，对于充分了解各方面观点、充分掌握资料、开阔思路起到了积极的作用。

三、转化成果，研究与市场相结合

1999年，在搞好科研的同时，科研成果也不断推向社会、推向市场。《企业劳动人事管理系统软件》荣获中国软件行业协会颁发的优秀软件产品称号，同时被列入1999年科技部下达的国家科技成果推广项目计划；《劳动监察软件》及《劳动争议处理软件》已经获新闻出版署批准出版；《人工成本与劳动力价位咨询服务网》已成功运行了3年多。

新闻宣传与出版

一、新闻宣传工作

1999年，根据国务院领导同志关于劳动保障工作要“大题大作”的指示精神，本着“以党的十五大和中央经济工作会议精神为指针，按照国有企业下岗职工基本生活保障和再就业工作会议的部署，紧紧围绕改革、发展、稳定的大局，有针对性地、广泛深入地开展劳动保障宣传工作”的指导思想，充分利用中央各大新闻媒体和部属各报刊宣传劳动保障工作。一年来，劳动保障宣传工作取得了明显成效：部机关刊发内部工作期刊225期，其中中央办公厅采用29条、国务院办公厅采用45条；在新华社、人民日报、中央人民广播电台、中央电视台等重要新闻媒体刊播各类新闻稿件691篇，其中，重要文章和新闻如人民日报社论和评论员文章、中央人民广播电台报纸摘要和各地新闻联播、中央电视台新闻联播、新华社国内动态清样以及署名文章70多篇；各地在中央和地方各类报刊电台、电视台等新闻媒体刊播劳动保障方面的新闻达10 000余篇。通过围绕劳动保障中心工作，多渠道多形式地开展宣传，使全社会对劳动保障工作的重要性，党和国家的方针政策，劳动保障形势任务和工作情况等，都有了比较全面正确的了解，对进一步加快劳动保障制度改革、推动劳动保障事业发展起到了积极作用。

（一）抓住有利契机，组织宣传两个确保工作

在国务院1999年1月12日至13日在北京召开“国有企业下岗职工基本生活保障和再就业工作会议”前后，一方面组织新华社、人民日报、中央电视台等中央级新闻媒体对劳动保障部与中央宣传部联合下发的《国有企业下岗职工基本生活保障和再就业工作宣传提纲》《确保企业离退休人员基本养老金按时足额发放工作宣传提纲》进行宣传，另一方面在人民日报开设专栏，综合宣传劳动保障工作，为开展好全年劳动保障宣传工作打下了基础。在综合宣传方面，一是1月11日、12日在人民日报第一版和第二版的“回顾与展望”专栏分别发表了《“两个确保”取得阶段性重大成果》和《社会保障制度改革大步前进》；二是1月15日在人民日报头版头条位置发表了《国有企业下岗职工基本生活保障和再就业工作会议在京召开》的新闻稿，并发表了题为《再接再厉，狠抓落实》的社论，新华社和中央电视台也相继进行了报道；三是人民日报于1月28日、2月2日分别全文刊发了《失业保险条例》和《社会保险费征缴暂行条例》；四是2月12日人民日报发表了劳动保障部张左己部长署名文章《劳动和社会保障制度改革的基本经验》；五是人民日报和中央电视台等新闻媒体于2月27日对劳动保障部在京召开的“扩大社会保险覆盖范围，加强基金征缴电视电话会议”进行了宣传报道；六是3月3日在人民日报第二版发表了《贯彻‘两个条例’，巩固‘两个确保’》的评论员文章；七是9月18日在人民日报发表了《切实做好提高中低收入居民收入工作》的评论员文章，要求在新中国成立50周年之际，各级党委、政府和各有关部门，要以对党和人民高度负责的精神，从讲政

治、讲大局的高度来认识，切实做好提高中低收入居民的收入工作。

（二）调动各方力量，集中开展全国社会保险政策宣传活动

为把“两个条例”和“两个确保”的宣传工作引向深入，会同中宣部于3月29日召集中央级驻京各大新闻媒体主要负责人，就4月11日至20日组织开展全国社会保险宣传活动召开了专题新闻通气会，劳动保障部和中宣部的领导同志介绍了劳动保障工作情况，提出了开展全国社会保险宣传活动的要求。

全国社会保险宣传活动期间，各地党委、政府非常重视和关心，县以上劳动保障部门按照劳动保障部的要求，积极行动，在当地党政机关有关部门大力支持配合下，使宣传活动开展得有声有色，收到了很好的社会效果。4月11日的当天，各地共组织15万名劳动保障系统工作人员走上街头，开展社会保险政策咨询服务；设立咨询站（点）8 967个；张贴社会保险宣传画和挂图等56万套；悬挂或张贴横幅标语426万多条；向社会散发宣传资料568万多张；接待群众咨询486万多人；有300多万人参加了社会保险知识竞赛。仅4月11日全国就有5 114名记者上街或在政府有关部门进行采访，被采访的处级以上领导达2 502人次，其中省部级领导124人次，厅局级领导757人次，处级领导1 621人次。全国约有2 504家新闻媒体参加这次宣传活动，开辟社会保险宣传专栏或专题节目2 073个，各类报刊、电台、电视台连续刊发或播发社会保险宣传活动方面的文稿10 540篇。在劳动保障部组织宣传活动中，共有15个中央级新闻单位的70多名记者参加并发稿76篇。通过这次宣传活动，对深入贯彻两个条例，巩固两个确保起到了积极的作用。

（三）开辟专栏，专题宣传下岗职工再就业工作典型

为把再就业工作引向深入，劳动保障部两度在人民日报开辟专栏，开展了宣传再就业典型活动。一是开辟了“新春专访再就业职工”专栏。从2月19日至26日连续刊发了《做家政，找阿惠——毕惠仙的故事》等7篇系列文章。二是开辟了“国企下岗职工再就业工程聚焦”专栏。从5月6日至26日分别刊发了《深化改革的重大决策——中央领导关心再就业工程》等5篇系列报道文章。为加大对再就业的宣传力度，劳动保障部在中央电视台常年开设《再就业之友》节目，全年制作播发了40期1 200分钟再就业专题节目。这对宣传党和国家有关再就业的方针政策，宣传报道各地再就业的经验、做法，帮助下岗职工转变就业观念，尽快实现再就业，起到很好的作用。

（四）突出重点，进一步宣传基本养老保险工作

一年来，除做好基本养老保险的日常宣传工作外，还多次组织人民日报和中央电视台的记者，针对养老保险工作的难点问题进行专题采访报道。为配合做好养老保险费征缴和社会化发放工作的宣传，一是于11月22日在人民日报第二版刊登了《“养命钱”如何才能收上来》的文章，并在当日“经济周刊”整版发表了《为何欠缴“养命钱”——对山西太原部分企业欠缴养老保险费的调查》等4篇文章；11月29日专版刊发了《我们老了谁来养》等系列文章，报道一些私营企业和个体工商户逃避缴纳养老保险费问题。二是组织中央电视台和新华社的记者实地采访延安、福州、深圳等地推行养老金社会化发放工作情况；三是对一些企业故意欠缴养老保险费问题，在中央电视台进行曝光。通过宣传报道，有利地推进了扩大养老保险覆盖面、加强基金征缴、提高养老金社会化发放水平等工作。

（五）围绕《决定》，加强对医疗保险制度改革配套政策的宣传

为贯彻落实好《国务院关于建立城镇职工基本医疗保险制度的决定》，一年来先后两次组织新闻发布会，对新出台的医疗保险制度改革6个配套政策文件进行了广泛宣传。5月和7月在劳动保障部机关分别与国家计委、经贸委、财政部、卫生部、药品监督管理局、中医

药管理局联合召开“医疗保险配套文件出台新闻发布会”，向驻京30多家新闻媒体50余名记者发布了《城镇职工基本医疗保险定点医疗机构管理暂行办法》《城镇职工基本医疗保险用药范围管理暂行办法》《城镇职工基本医疗保险定点零售药店管理暂行办法》《关于加强城镇职工基本医疗保险费用结算管理的意见》《关于城镇职工基本医疗保险诊疗项目管理的意见》《关于确定城镇职工基本医疗保险服务设施范围和支付标准的意见》等医疗保险改革的配套政策。

（六）大力宣传50年来劳动保障工作所取得的成就

在中华人民共和国成立50周年之际，一方面组织劳动保障通讯和中国劳动保障报及中央有关新闻媒体对建国以来劳动保障工作所取得的成就进行总结回顾，从9月中旬开始，先后在劳动保障通讯和中国劳动保障报等有关报刊，以及新华社、中央人民广播电台、中央电视台刊播了《50年来我国劳动保障体制的变迁与发展》等11篇文章。另一方面及时向国务院新闻办公室《中国人权发展50年》白皮书和《中国人权年鉴》提供了有关材料。

（七）发挥优势，充分利用劳动保障报刊进行宣传

劳动保障系统的报刊是宣传劳动保障工作的重要阵地，也是劳动保障宣传工作的重要渠道。特别是中国劳动保障报和劳动保障通讯，在宣传劳动保障工作和政策等方面发挥了非常重要的作用。中国劳动保障报积极围绕劳动保障部中心工作任务开展宣传，对“十五”期间劳动保障事业取得的成就进行了充分报道，并对违反劳动保障政策、法规的现象给予了深刻的揭露，在社会上产生了积极的影响；劳动保障通讯作为劳动保障部的惟一机关刊物，在发挥指导各地工作方面发挥了积极的作用。

二、出版工作

1999年，经新闻出版署批准，中国劳动出版社正式更名为中国劳动社会保障出版社。一年里，中国劳动社会保障出版社围绕劳动保障中心工作共出版图书及音像电子出版物830多种，比1998年增长15%左右，其中新书260种。

（一）全面落实《1999—2001年选题规划》

为顺利完成选题规划的各项目标，对各部门的目标责任管理办法进行了修改，将选题规划的各项指标分解到各有关部门，同时制定和完善了有关管理制度和保障措施。

（二）服务于劳动保障中心工作，重点抓好教材的出版工作

1999年，出版各类职业教育和职业培训教材近170种。一是为适应技工学校和各类中等职业技术学校改革和发展的需要，全年出版中等职业技术学校教材近110种；二是针对大批下岗职工将转移到第三产业就业的特点，全年重点推出了一批修理、饮食服务类的再就业培训教材等；三是为使职业技能鉴定教材的品种更加齐全，全年共出版涵盖机械、服装、财务、建筑等职业技能鉴定教材36种。

（三）加大图书出版力度，为建立社会保障体制服务

1999年，共推出各类劳动和社会保障业务图书和音像电子出版物40多种，其中，《中华人民共和国职业分类大典》第一次对我国社会职业进行了科学的划分和归类，全面反映了我国社会职业结构，填补了我国职业分类领域的空白；《劳动和社会保障法规全书（1949—1999）》收集了新中国50年来我国颁布的有关劳动和社会保障方面的法律、法规及其他规范性文件等。同时还推出了《全国城镇职工医疗保险制度改革工作指南》以及《社会保障系列讲座》录像片等。

（四）积极开展对外合作，不断拓展业务领域

1999年，对外出版合作有了新的实质进展。先后与澳大利亚威科出版集团亚太公司、微软出版社、德国康乃森出版社、国际劳工局出版社等进行了业务洽谈，并与威科出版集团亚太公司签订了合作协议。

国际合作与交流

1999年，劳动保障领域的国际合作与交流取得新的进展，高层交往活跃，多双边合作与交流在继续实施原有项目的基础上，进一步开拓了新的合作与交流领域，境外就业工作基础化管理得到加强，按国际惯例启动了与德国等国家进行商签双边社会保险协定的谈判。

一、高层交流

1999年，劳动保障领域高层交往十分活跃，先后接待了来访团组30多个，如加拿大劳工部长布莱德肖女士、韩国产业人力管理公团理事长崔相容先生、澳大利亚家庭与社区服务部部长纽曼女士、阿根廷劳动和社会保障部部长尤里布卢先生、俄罗斯劳动和社会发展部部长卡拉什尼科夫先生、日本劳动省事务次官伊藤庄平先生等部级代表团。同时，向外宾介绍了我国劳动就业和社会保险方面的改革情况，有力推动了与上述国家的双边合作项目。

应有关国家劳动和社会保障部门的邀请，劳动保障部有关领导率团进行了一系列出访活动。1月，刘雅芝副部长率团出访澳大利亚和新西兰，考察了澳、新社会保障立法并就社会保障领域的双边交流与合作事宜进行了探讨；3月，张左己部长率团访问美国和加拿大，考察了美国养老保险、失业保险、就业培训以及加拿大的社会保险和就业促进等工作，并与美国劳工部长赫尔曼女士签署了两部间合作会谈纪要；3月，李其炎副部长率团访问墨西哥和智利，重点考察了社会保险制度和劳动关系情况；5月，刘雅芝副部长率全国妇联代表团访问朝鲜；9月，王东进副部长率团访问意大利和瑞典，考察了两国社会保障体制的改革和发展情况；10月，王建伦副部长率团访问德国、匈牙利，对两国养老保险费用征缴、基金监督管理、企业补充养老保险制度等问题进行考察，并顺访总部设在日内瓦的国际社会保障协会；11月，林用三副部长率团出访法国，与法国就业和互济部国务秘书贝里女士签署了两部在就业培训领域的合作协议。

二、多双边合作项目

1999年，正在执行的大型双边合作项目主要有：由德国政府援助700万马克的3年期中德职业资格证书项目正式启动，进展顺利；由德国政府援助400万马克的3年期中德妇女再就业项目正式启动，第一期项目在南京执行；由韩国政府援助1 000万美元的中国就业培训技术指导中心项目进展顺利，中心大楼已经封顶，770万美元的援助设备已基本到位。

多边合作也取得了重大进展，主要有以下活动：（1）与联合国开发计划署合作实施的“城市就业促进项目”，召开了三方项目中期评审会；举办了培训战略、城市就业问题、岗位信息收集和职业指导研讨会；完成了宏观经济与就业课题研究，赴美国和加拿大进行再培训考察，以及派员到欧洲就业服务机构实习等工作。（2）与国际劳工组织及日本政府合作实施的“中国农村就业促进试点项目”，1999年主要围绕小额贷款专项经费管理开展了活动，举办了专题研讨会，研究制定了项目专项经费管理办法。4月初开展了项目中期评估，日本政府项目评估团对项目实施情况给予了高度评价。(3)瑞典政府资助的“中国积极的劳动力市场政策项目”二期项目活动圆满结束。在10月召开的项目末期评估会上，中瑞双方均对合作成果给予高度评价，并提出进一步合作的意向。(4)我部与亚洲开发银行及美国安永公司等7家赞助商合作实施的养老保险项目初步完成了9个课题研究工作；就试点城市养老保险行政管理体系、信息系统建设、数据处理模式，以及扩大养老保险覆盖面、实施统一的养老保险制度等问题进行了专题调研；组团赴欧洲、美国和加拿大、澳大利亚和新西兰以及南美进行了相关考察和工作实习。(5)继续承担亚太经合组织(APEC)妇女问题协调工作，参加将妇女融入APEC特别工作小组工作，派员出席了1999年妇女领导人网络会议。(6)积极参加相关区域活动，派员出席了亚太经合组织第三次人力资源开发部长级会议，联合国开发计划署在香港举行的千禧年会，亚太经社理事会城乡扶贫委员会第二届会议，亚洲开发银行人力资源开发工作组第二次会议，亚洲开发银行学院“创造学习与发展的新框架”研讨会，以及中欧第二届妇女问题研讨会。(7)利用国际劳工组织亚太分局和北京局的经费支持，就社会保障立法、社会保险基金监督体系、失业保险改革与发展、职业指导、国有企业下岗职工再就业、再就业服务中心建设、农村剩余劳动力转移等问题进行了专题调研和研讨。(8)与国际劳工组织都灵培训中心合作，举办了社会保险高级研讨班、劳动行政管理高级研讨班和失业保险培训班。(9)积极与联合国开发计划署、世界银行、亚洲开发银行、欧盟等国际组织讨论在华技术援助/合作问题。在劳动预备制度、小额信贷促进城市就业、城市就业促进等领域达成初步合作意向。

三、国际组织活动

1999年，劳动保障部积极参与了国际组织各项活动，举办了28个各种国际研讨会，进一步加强了与国际组织的合作关系。主要开展的活动有：(1)张左己部长参加了国际劳工组织社发首脑会议后续行动会议。会上阐述了我国对重大国际劳工事务与社会发展问题的原则和主张。(2)李其炎副部长参加了第87届国际劳工大会和国际劳工局第275次理事会等。大会以全票赞成的方式通过了《禁止和立即采取行动消除最恶劣形式的童工劳动》的公约和建议书，成为国际劳工组织第8个核心公约。(3)林用三副部长参加了国际劳工局第二届企业论坛。在这一系列的会议上，劳动和社会保障部领导利用各种机会阐述了中国对许多重大国际劳工问题的观点和建议，对扩大我国在国际劳工组织中的影响起到了积极作用。(4)组织参加了多次国际劳工局理事会、产业会和区域研讨会、国际社会保障协会执行局会议以及世界公共服务协会执委会等会议。(5)通过我驻港公署处理香港特别行政区有关国际劳工方面的事务，并与外交部港澳办共同研究澳门回归后适用劳工公约问题。

四、境外就业

1999年，加强了对境外就业工作的规范管理工作：一是对境外就业机构的组织、业务及存在的问题进行了调研，并开展了境外就业许可证的换发工作，为45家境外就业服务机构核换了境外就业许可证；二是会同对外贸易经济合作部、中华全国总工会就劳务输出和境外就业有关情况和外派劳务人员权益保护等问题进行了专题调研，形成了调研报告；三是于11月底在河南郑州召开全国境外就业工作座谈会，交流各地境外就业工作的经验，研讨有关问题，讨论修改《境外就业服务机构管理规定》和《外派劳务人员、公民出境就业人员权益保障规定》。

五、双边社会保险协定谈判

随着我国社会保险制度改革的不断深入，国际经贸合作的不断扩大，我国派驻国外企业、机构人员和外国在华投资企业外籍人员的社会保险问题逐渐浮出水面。为妥善解决这类问题，我部首先与德国劳动保障部门开展了商签双边社会保险协定的工作，于10月中旬与德国联邦劳动和社会秩序部专业代表团就商签两国社会保险协定的问题进行了积极磋商，形成了初步意见。

协会与学会

一、中国职协工作

中国职工教育和职业培训协会（简称中国职协），是具有法人资格的全国性社团。目前，协会共有一级会员单位481个，其中企业会员单位114个、学校179个、其他机构188个。1999年，协会做了以下主要工作：

（一）以劳动制度改革为中心，开展理论研究工作

1999年中国职协根据改革的形势，积极发挥兼职研究员和学术委员在理论研究中的学术带头作用，引导、推动了协会研究工作的开展。各团体会员单位则根据自身工作的需要或受有关部门委托，开展灵活多样的理论研究活动，一些成果在行政决策和职教实践工作中被采用，起到了理论指导实践的作用。如组织企业会员配合企业再就业工程的实施，开展富余人员下岗分流及再就业培训研究；配合企业劳动人事制度改革，开展人力资源开发与应用研究；配合企业建立现代企业制度，开展现代企业员工培训制度研究；配合企业科研、生产、经营和发展需要，开展现代企业岗位培训、继续教育和“三高”人才研究。

为了总结1996—1999年中国职协理论研究工作，中国职协秘书处于1999年底组织了中国职协优秀理论科研成果的评选活动。经过严格的评审，共评出一等奖15篇、二等奖25篇、三等奖32篇。此次评选活动，较全面地反映了我国职工教育、职业培训和职业技能鉴定理论研究的现状及水平。

（二）围绕国家、企业和职教工作的需要，有重点有针对性地开展各类培训

1. 围绕国有企业改革和脱困，开展企业富余人员的转岗和再就业培训。

2. 根据企业生产、经营和管理的需要，大力开展以提高岗位工作能力为主的岗位培训和适应性培训。例如，甘肃省每年都有25%的工人参加各类培训。

3. 适应入世要求，开展“三高”人才培训。如在高级管理人才和高级工程技术人才的培养上，多数采取送外培训、与高校和科研机构合办研究生班、国外研修等形式。在高级技能人才的培养上，多采用导师带徒结合岗位练兵和技术比武的形式。

4. 开展与职业资格证书相衔接的培训。为推动这项工作的开展，配合地方和行业主管部门研究制定了相应的配套政策。如上海市经委与市劳动局联合出台了《关于企业职工内部技能考核逐步向职业技能鉴定社会化管理过渡的实施意见》，加快了企业技工培训与考核结合的步伐，起到了促进技能人才成长的作用。各级会员单位还积极落实国家经贸委和中组部关于《加强企业管理干部培训工作的实施意见》和管理培训工程的意见，积极开展培训活动。

5. 职工教育、职业培训管理干部和教师素质提高培训。中国职协秘书处每年都制定培训计划，通过培训班和研讨会的形式，培训教师和管理干部，受到了会员单位和广大职教工作者的好评。各会员单位在这方面也创造了很多好的形式，收到了很好的效果。例如，上海市成人教育协会、北京市职工教育协会、沈阳

成人教育研究会，结合形势和成人、职工教育工作中的热点、难点问题举办系列讲座和专题报告会。

（三）做好宣传工作，促进工作开展

在宣传内容上，紧紧围绕党和国家在职工教育、职业培训和职业技能鉴定领域出台的重大政策、法律法规和各个时期重大活动的安排，进行宣传。重点主要集中在以下几个方面：《职业教育法》及全国职业教育工作会议；国有企业下岗职工再就业工程及三年千万再就业培训计划；劳动预备制度及其实施；中华技能大奖和全国技术能手表彰活动；国家职业资格证书制度及职业技能鉴定；企业管理培训工程及工商管理培训；企业职工培训体制改革及现代企业教育培训制度的建立；职业培训实体改革和创业培训等。

（四）积极主动地配合中心工作，为职教改革献计献策

1999年6月，《中共中央　国务院关于深化教育改革和全面推进素质教育的决定》（简称《决定》）颁布和第三次全国教育工作会议后，为了学习贯彻好《决定》和全国教育工作会议精神，及时在职工教育和职业培训工作领域中开展素质教育，中国职协于1999年7月30日在北京召开了由综合部门、企业和学校等单位80多名代表参加的座谈会。这次会议对推行素质教育，引导基层学习落实好《决定》精神，起到了积极的导向和参谋作用。9月，为了在企业落实推进素质教育的问题，中国职协在大连召开了企业专题学习贯彻《决定》座谈会，会议取得较好的成果。

（五）加强组织建设，规范社团管理

1999年按照国家有关规定完成了职协第二届理事会秘书长以上领导班子的调整工作，选举林用三副部长为职协第二届理事会会长，加强了职协的领导。

中国职协工会、冶金、铁建、轻工、有色、建材六个分会的组织建设、制度建设进一步得到加强和完善。如工会系统分会下设省、市、企业、高教、中专、职校六个专业委员会，会员单位已达246个。各分会自成立以来，活动始终坚持不断，逐步做到了分会和专业委员会活动的制度化、规范化。

二、中国劳企协工作

中国劳动就业服务企业协会（简称中国劳企协），于1991年经民政部登记注册后正式成立。中国劳企协是由全国劳动就业服务企业自愿组成的非营利性社会团体，其宗旨是贯彻党和国家的劳动就业方针，为劳动就业服务企业服务，促进就业，维护社会稳定。中国劳企协有8个行业分会，在全国29个省、自治区、直辖市成立了地方劳动就业服务企业协会。1999年中国劳企协的主要工作包括：

（一）2月，中国劳企协承办了联合国开发计划署与中华人民共和国政府项目（简称UNDP），利用这个项目提供的资金，对青岛、沈阳两市各500家劳服企业进行了抽样调查，并形成了有价值的研究报告。

（二）3月，中国劳企协就出台下岗职工自谋职业和从事社区服务享受国家所得税和营业税的减免优惠政策进行了协调，国家税务总局于1999年3月15日颁布了《国家税务总局关于下岗职工从事社区居民服务业享受有关税收优惠政策问题的通知》（国税发〔1999〕43号）。

（三）3月，中国劳企协对辽宁、上海、江苏、山东、河南、湖北、四川、陕西、甘肃、青海10个省（市）的83个市，就促进下岗职工再就业的税收和小额贷款等优惠政策落实的情况进行了专项调查，完成调查报告。

（四）4月14～16日，中国劳企协与劳动和社会保障部培训就业司、中国就业培训技术指导中心联合在江苏省常州市召开了发展社区服务业和小企业促进再就业现场会。林用三副部长到会并发表讲话。在这次会议上指出，劳服企业的发展要与发展社区服务业和小企业紧密结合，劳企协工作要拓宽工作领域，向社区服务业和小企业延伸。

（五）6月10～12日，中国劳企协在浙江

省宁波市召开了1999年度全国劳服企业、小企业第七届优秀质量管理小组成果发布活动。来自27个省、自治区、直辖市80个QC小组参加了发布活动。通过成果发布，评选出优秀质量管理小组一等奖48名、二等奖32名、三等奖178名；质量管理小组活动优秀企业32名、优秀质量“信得过”班组64名、质量管理推进者60名。

（六）9月21～22日，中国劳企协在江西井冈山召开了第二届常务理事扩大会议。协会领导、常务理事、部分理事成员和会员，劳动和社会保障部培训就业司司长张小建同志参加，要求劳服企业的发展要按照张左己部长在贵阳劳动力市场三化建设工作会议上提出的“适应市场，转变观念，拓展领域，再创辉煌”十六字方针去落实。

三、中国劳动学会工作

1999年，中国劳动学会基本完成了预定的工作计划，并对第五届会员代表大会的召开，进行了认真的筹备。

（一）*召开劳动学会秘书长工作会议*

1999年度部门、地方劳动学会秘书长工作会议分别在北京、哈尔滨召开。会议传达了中央、国务院关于整顿社团组织，按照新的管理条例，进行重新登记的政策精神，讨论学会工作下一步发展思路。

会议充分肯定了过去一年里学会工作取得的成绩。认为在理论研究和学术探讨方面有了新进展。产出了一批既有理论价值又有应用价值的研究成果；培训工作有了新的突破，不仅范围拓宽了，而且提高了专业水平，形成了规模效应；咨询服务有了新的探索，理论与实践的结合更加紧密，增加了劳动行政、企业与专家学者之间的联系与协作；通讯设施、电脑以及网络技术的应用，增加了信息交流的渠道，提高了工作效率。

会议认为，劳动学会是改革的产物，是我国劳动和社会保障领域一支重要的社会力量，在劳动和社会保障制度改革及事业发展中，作出了有益的贡献。目前，学会工作面临着新的形势、新的机遇和新的挑战。我们要认清形势、把握大局，要研究自身发展的规律，特别要注意研究新的形势对学会的要求，转变工作作风，改进工作方法，推进学会改革，提高工作水平。

（二）*开展学术研讨活动*

1.6月8日至10日，中国劳动学会企业工作委员会在邯钢集团有限公司召开了企业劳动工资管理改革研讨会。与会代表认真听取了邯钢领导和劳资部门负责同志的报告，实地考察了邯钢围绕模拟市场核算，实行成本机制，搞好企业内部劳动管理和工资分配改革的经验，看到了国有企业改革的希望之光，学到了“瞄准市场，苦练内功，以人为本，搞活企业”的真经。代表们反映，出席这次会议颇受启发，增强了在市场经济条件下搞好搞活企业劳动工资管理的信心。

2.9月6日至9日，在江西井岗山市召开了企业工资改革与医疗保险制度改革研讨会。会议主要就按劳分配与按生产要素分配、劳动分红、期权奖励等问题和各地的实践情况进行了深入的探讨和交流。

3.中国劳动学会定员定额专业委员会于8月底在辽宁大连召开了全国劳动定额定员工作会议暨第五届学术研讨会。总结近年来劳动定额定员工作的进展情况、经验，分析今后一个时期劳动定额定员工作的方法途径，为深化企业改革、提高劳动生产率和经济效益服务。会后出版了《第五届定员定额学术研讨会文集》。

4.中国劳动学会工资专业委员会于4月、7月分别在江西无锡、吉林延吉召开了两次企业内部分配研讨会，会议分析了企业内部分配面临的形势，交流了企业内部分配的经验，研讨了进一步深化改革的对策措施。会后向部领导报送了“关于深化企业内部分配制度改革的基本思路和对策”的材料。

5.中南九省（区）、市劳动学会学术研讨会于9月20日至26日在广西南宁市召开。这次会议主要是针对当前劳动保障工作的热点、难点问题进行研讨，并对广西国有大中型企业改革和下岗职工再就业情况进行调研考察。

（三）完成了部领导交办的任务

按照有关部领导提出的“司、所、会”联合作战的要求，参与了经营者激励和约束机制问题的调查，参与了收入分配有关文件的讨论修改工作，配合劳动工资司做了一些力所能及的工作。另外，地方劳动学会配合劳动保障中心工作也做了大量工作。开展学术研讨，编辑发行地方劳动杂志，开展培训咨询服务等，发挥了桥梁纽带作用。

地方劳动和社会保障工作

北　京　市

1999年，是历史上具有特殊意义的一年，也是不平凡的一年。这一年，北京市按照企业、机关、事业、农村“四位一体”，养老、失业、医疗、工伤、生育“五保合一”的精神，经市委、市政府批准，市和各区（县）在原劳动局的基础上，组建了劳动和社会保障局，实现了社会保险机构工作的统一管理。一年来，全市各级劳动保障部门在市委、市政府的高度重视、领导下，在劳动和社会保障部的指导下，紧紧围绕国有企业改革和保持社会稳定，统一思想、坚定信心、知难而进、团结一致、奋力开拓，各项工作取得显著成绩。

一、两个确保继续得到巩固

1999年全市有9.27万名下岗职工进入企业再就业服务中心。为保障其基本生活，北京市在没有享受中央财政补助的情况下，克服困难，多方筹措，保证了资金按时足额到位。一年来，全市共筹集资金4.7亿元，其中市财政和失业保险基金中共拨付2.55亿元，区（县）财政0.18亿元，企业自筹1.97亿元，全年还从失业保险基金中为不享受“三三制”的131户停产半停产集体企业的2万名下岗职工借支生活费1 176万元，确保了下岗职工的基本生活。

1999年北京市共为109万名企业离退休人员发放养老金80.8亿元。企业退休人员月人均养老金为677元，离休人员月人均养老金为1 005元。对企业自筹养老金有困难的，采取了借支方式予以解决，共为939户次企业的29.2万名离退休人员借支基本养老金7 735.55万元，保障了离退休人员按时足额领到养老金。

低收入职工群众保障标准大幅提高。1999年5月、7月两次调整了城市居民最低生活保障相关待遇标准。城市居民最低生活保障标准、失业救济金标准、下岗职工基本生活费标准提高了36%左右，企业退休人员养老金标准提高了22.8%，职工最低工资标准提高了29%。

元旦、春节期间从社会保险基金中安排了一次性困难补助金1 333万元，对享受城市居民最低生活保障待遇的企业特困职工（包括离退休人员）按每户600元的标准给予了一次性补助，对生活困难的下岗职工和城镇失业人员家庭给予了一次性适当补助。

进一步规范了劳动合同的管理。印发了《关于进一步规范劳动关系的通知》，建立了劳动合同期限届满情况的预警、预报制度，加强对劳动合同履行情况的监测。对劳动合同届满职工比较多的企业，劳动部门提前介入，指导、帮助其依法做好终止、续订、解除工作。在1999年中，全市共有26.9万名职工劳动合同到期，其中城镇职工18万人，劳动合同续订率为74.6%，终止合同到社会失业的1.7万人，占合同到期职工的6.3%。

加大信访、仲裁工作力度。1999年全市处理群众来信来访10.28万人次，共受理劳动争议案件5 234件，涉及职工11 183人，分别较上年增长51.7%和64.2%，其中集体劳动争议案件242件，涉及职工6 191人，分别比上年增长126%和78.5%，结案率达到99.7%。

二、就业和再就业工作取得突出成绩

各级劳动保障部门、各企业强化对就业服务中心的管理，以解决再就业服务中心出口为工作重点，狠抓各项促进再就业政策的落实，使下岗职工再就业率大幅攀升。截至1999年底，全市共有16.6万名职工脱离主业，其中分流7.33万人，下岗职工9.27万人，下岗职工中有6.09万人出中心实现再就业，再就业率达65.7%。全年累计接收失业人员9万人，实现再就业5.7万人，再就业率63.33%。年底实有城镇失业人员2.8万人，城镇登记失业率为0.62%。

进一步拓展了再就业培训伙伴计划，使再就业培训学校与再就业服务中心、职业介绍服务机构形成有机整体。建立起"首都再就业培训信息网"，为下岗职工实现再就业提供了有效的培训和就业服务。1999年，全市下岗职工、失业人员接受培训17.03万人次，其中接受职业指导培训11.88万人次，职业技能培训5.15万人次，培训后推荐就业率达89%。企业创办者培训621人，培训后开业率达29%。有3 500名初、高中落榜生参加了劳动预备制培训，缓解了就业压力，提高了新生劳动力素质。

三、社会保险扩面征缴工作取得突破性进展

1999年，北京市各区（县）认真贯彻国务院《社会保险费征缴暂行条例》，把扩面征缴工作当做一场硬仗来打。区（县）党委、政府领导亲自抓，劳动保障局一把手直接抓，社会保险经办机构与劳动保障监察部门协同配合，克服重重困难，顽强拼搏，使社会保险扩面征缴工作取得了突破性进展。养老保险在全市企业城镇职工中已基本上实现了全面覆盖，参加养老保险的职工达379万人，参加失业保险的企、事业单位职工达306万人，参加大病统筹的北京市企业职工达235.1万人。三项保险新增职工超过百万人，是12年来新增参统职工人数的总和。养老、失业、大病统筹三项基金共征收94.79亿元，比1998年增收23.33亿元，保险基金收缴率分别达到97%、98%、99%。加大了催收欠缴基金的力度，共收回历年欠缴基金1.2亿元，占应追欠缴基金的50%。扩面征缴工作在取得突破性进展的同时，各项社会保险政策进一步完善。

1999年，北京市认真落实国务院《失业保险条例》，出台了《北京市失业保险规定》，调整了单位和个人缴费比例，调整了失业保险待遇。制定了养老保险原行业统筹企业移交地方管理的费率调整及个人账户、基本养老金计发办法等政策并轨方案，确保了离退休人员待遇水平不降低，解决了行业统筹结余基金接收到位问题。出台了个体劳动者、自由职业人员参加社会保险政策和农民工参加养老、失业保险办法，提出了事业单位、人才交流中心存档人员养老保险与企业养老保险制度并轨方案。农村社会养老保险实现了平稳过渡。

四、基本医疗保险制度改革稳步推进

1999年，北京市积极贯彻落实《国务院关于建立城镇职工基本医疗保险制度的决定》精神，对全市医疗保险情况进行了全面调查测算，范围包括北京市地方和中央在京所属机关、企业、事业单位，以及辖区内医疗机构和药店的在职职工和离退休人员，共433万人。在认真测算和论证的基础上，拟定了《北京市基本医疗保险规定》，1999年11月1日市政府专题会议已原则通过，正在进一步修改完善。已完成定点医院管理等12个配套办法起草工作。完善了现行大病统筹和公费医疗管理办法，加大了对医疗机构的管理，有效地控制了费用支出。

五、安全生产形势基本平稳

1999年，北京市继续贯彻落实江泽民总书记的重要指示，全面落实安全生产责任制，加大安全生产监督检查力度。各地区、各系统为保"两节""两会""50周年大庆"和"澳门回归"等重大政治活动的顺利进行，开展了

6次大规模的安全生产检查，及时消除了9项重大事故隐患，圆满完成了安全保障任务。截至1999年底，全市共发生因工死亡事故160起，死亡177人，事故起数和死亡人数同比分别下降了18.8%、19.9%，因工万人死亡率为0.356。全市发生锅炉爆炸事故1起，气瓶爆炸事故1起，电梯事故5起，死亡5人，事故、死亡率均未超过控制指标。

六、企业工资制度改革力度加大

1999年，北京市完善了工资指导线办法，对全市企业工资指导线的执行情况进行了预警预报。调整了全市企业人工成本的调查方案，扩大了企业人工成本数据行业的分布范围，发布了国有、集体、“三资”企业的97个大中行业人工成本状况。完善了劳动力市场供求信息的发布制度，发布了100个工种（岗位）的价位数据。改进了企业工效挂钩办法，使企业人工成本管理和工效挂钩办法有机结合。强化了企业工资内外收入监督检查和规范企业工资支付行为的工作，进一步扩大职工收入银行个人账户的试点。选择36户非国有企业进行集体协商决定工资的试点。全市企业职工平均工资为13 610元，同比增长11.0%。

七、劳动保障法制建设取得了明显进展

1999年，北京市颁布实施了《北京市失业保险规定》，颁布了《北京市企业城镇劳动者工伤保险规定》，于2000年4月1日开始实施。市政府审议通过了《北京市职业介绍管理办法》。

执法检查力度进一步加大。全市各级劳动保障监察机构先后组织开展了4次大规模的专项监察执法大检查，共检查33 017个用人单位，查处举报劳动违法案件3 000件，结案率达到95%。清退不符合规定擅自招用的外地务工人员1.24万人，腾出岗位吸纳安置下岗职工和失业人员5 244人。共对781户有严重违法行为的用人单位进行了行政处罚，罚款194.2万元；共使3.07万职工与单位补签了劳动合同；为职工追发劳动工资1 997.7万元；为职工追缴社会保险费3 869.7万元；清退风险抵押金63.5万元；取缔非法职业介绍机构208家，维护了职工的合法权益。

进一步规范执法行为。根据市委《依法治市工作规划》，制定了《北京市劳动和社会保障局关于依法行政工作的实施意见》，修订了行政处罚文书，开展了行政处罚案卷的评查活动，进行了《行政复议法》培训，强化了系统内的层级监督，规范了行政执法行为。

1999年，在各项业务工作取得突出成绩的同时，劳动统计、信息和宣传等工作也得到加强。建立了劳动就业决策支持系统框架，调整扩大了“两个确保”监测面。开展了对企业富余人员、下岗职工的跟踪调查，加大了劳动保障工作形势分析和预测力度。充分开发和利用劳动和社会保障领域信息资源，开辟了劳动和社会保障部门对外宣传窗口，在互联网上，建立了“北京市劳动和社会保障信息网”，完成了市政府上网工程的任务。围绕下岗职工再就业，建立新的市场就业机制，建立完善社会保障体系等重点工作加大宣传，正确地引导了社会舆论，取得了较好的宣传效果，推动了工作的开展。

北京市劳动保障制度改革的推进，对于深化国有企业改革，促进经济发展，维护社会稳定起到了积极的作用。分析取得成绩的原因：一是各级党委、政府对劳动保障工作给予了高度重视。市委、市政府主要领导对再就业、两个确保及社会保险扩面征缴工作，多次调研、听取汇报，各区（县）、局（总公司）主要领导亲自挂帅，为实现年初确定的目标起到了重要保证作用；二是财政、税务、工商、工会等有关部门的大力协作，密切配合，为圆满完成任务打下了良好的基础；三是积极推进依法行政和政务公开，做到了职责明确、责任落实、行为规范、奖惩到位，使全市劳动保障系统依法行政的水平和能力有了明显提高，这是圆满完成任务的关键；四是坚持业务工作与精神文明建设两手抓，两手都要硬。在处级以上领导

班子、领导干部中开展以“讲学习、讲政治、讲正气”为主要内容的三讲教育，开展“创三优”和行风评议活动，大大提高了干部的思想觉悟，焕发出坚韧不拔、奋发向上的良好精神状态，正是这种良好的精神状态，成为克服各种困难、在复杂情况下完成各项任务的巨大动力。

在 1999 年的工作中，虽然取得了一些成绩，但必须清醒看到，还存在一些薄弱环节：一是社会保险制度改革还跟不上经济体制改革的步伐，社会化程度较低，企业仍承担着大量的事务性负担；二是个别地区、个别企业对再就业工作重视不够，对下岗职工疏于管理；三是部分单位用人不规范，侵害劳动者合法权益的事件时有发生；四是一部分企业的用人机制和内部分配机制不活，平均主义倾向比较严重；五是部分企业没有建立起安全生产自我约束机制，“预防为主”还没有根本落实；六是劳动保障管理体制如何做到重心下移，如何充分发挥区（县）劳动保障部门的作用还需要认真进行研究。

（北京市劳动和社会保障局）

天　津　市

1999年，天津市的劳动和社会保障工作坚持以邓小平理论和党的十五大精神为指针，按照市委七届二次全体（扩大）会议和全国劳动保障工作会议部署，紧紧围绕经济发展、国有企业改革和社会稳定的大局，全力巩固两个确保，以实施再就业工程和深化养老、医疗、失业保险制度改革为重点，全面推进劳动和社会保障制度改革，各项工作取得新进展，为国有企业改革和发展创造了有利条件，维护了社会稳定。

一、千方百计做好两个确保工作，维护社会稳定

1999年，在天津市委、市政府领导下，继续将两个确保作为劳动和社会保障工作的头等大事，狠抓落实，取得明显成效。

为了使下岗职工的基本生活得到有效保障，天津市劳动保障部门继续完善再就业政策，扩大保障范围，积极组织下岗职工进再就业服务中心，签订协议，实行规范化管理。同时，按照“三三制”的原则，积极筹措资金，确保了10万名下岗职工的基本生活。

为确保企业离退休人员养老金按时足额发放，天津市全年为540余户企业、15.6万名离退休人员借款1.74亿元。元旦、春节期间，对不能足额发放统筹项目内养老金的12万人，增加借款500万元，保证了企业离退休人员统筹项目内养老金按时足额发放。

按照中央关于提高城镇中低收入水平居民收入的决策，全市各级劳动保障部门在测算的基础上，制定周密方案，采取得力措施，多方筹集资金，调整了待遇标准，国有企业下岗职工基本生活保障标准月人均增加71元，失业保险金月人均增加70元，企业离退休人员月均增资79元。同时，完成了历史拖欠养老金的补发工作，先后两次共为22万人次企业离退休人员补发拖欠养老金3.1亿元。在1999年10月1日前如期完成了提高社会保障待遇水平和补发历史拖欠养老金工作。

二、加大再就业工作力度，较好地完成了再就业工作目标

天津市委、市政府高度重视下岗职工再就业工作，将再就业工作列入改善城乡人民生活20件实事之首，并实行目标责任制，层层分解落实。各区县、委、局、总公司通力协作，确保了目标实现。1999年全市待安置的下岗职工17.01万人，已安置9.96万人，再就业率达到58.6%，超额完成了年初确定的55%的工作目标。

1999年，天津市强化再就业服务中心的管理，规范运作，严格实行“单行道”，充分发挥其基本生活保障和促进再就业的职能作用。在确保下岗职工基本生活费发放的同时，进一步落实再就业中心“一三一”工作任务，加强对下岗职工的转业转岗培训和职业介绍，加快再就业培训基地建设，已建成再就业培训基地20个，全年组织动员100家培训单位对下岗职工开展免费培训，共举办各类培训班2 500个，培训下岗职工10.1万人次，增强了下岗职工的就业竞争能力，促进了下岗职工的再就业。

拓宽就业渠道，开发就业岗位。1999年，天津市劳动和社会保障部门认真落实市政府制定的再就业10个方面25条优惠政策，围绕产业结构、所有制结构调整开发就业岗位，开辟了社区服务、家政服务、集贸市场和物业管理等16条再就业新途径，有效地促进了下岗职工再就业。截至年末，企业行业分流安置5.06万人，社区吸纳安置3.1万人，自谋职业1.8万人。同时，大力发展劳服企业，全年新办劳服企业600家，安置2.6万人；“放心早点店”达到200家，安置3 325人；再就业基地达到17个，安置6 500人。

1999年，天津市加强了劳动力市场建设，扩大了规模，拓展了服务范围，增加了服务功能，规范了市场运行，提高了服务质量。截至年末，全市职业介绍机构已发展到208家，进场洽谈求职人数达276万人次，达成意向50.3万人次，洽谈成功率18.2%。为扩大职业介绍规模，合理布局，按照劳动力市场“三化”建设的要求，市劳动和社会保障局新建成天津市职业介绍南开服务中心，10月26日成立并投入运营。该中心面向各类中、高级人才与著名企业，提供人才素质能力测评、大中专毕业生就业服务等综合服务。与和平、河北中心互为依托，与各行业、区县、民间职业介绍机构共同构成了多层次职业介绍网络，全市各级职业介绍机构充分利用计算机、劳动就业公众网等现代化信息手段，开展职业介绍工作，全市上网查询达到10万人次。各级职业介绍机构配合实施再就业工程，为下岗职工举办了100余次招聘专场，有12万名下岗职工进场求职。同时，加强对民间职业介绍机构的管理，取缔打击非法职业介绍机构和中介行为，维护了市场正常秩序。

三、加强社会保障体系建设，为国有企业改革和发展创造有利条件

为进一步加强社会保障体系建设，认真贯彻落实国务院颁布的《社会保险费征缴暂行条例》和《失业保险条例》，1999年，天津市按照中央和市政府的统一部署，组织开展了扩大社会保险覆盖范围，加强基金征缴工作的攻坚战。各区、县，各委、局、总公司统一思想，提高认识，加强领导，集中精力，做了大量艰苦细致的工作，取得新的突破。具体表现在：

养老保险工作取得明显成效。首先，养老保险覆盖面进一步扩大。截至1999年末，全市参加社会保险登记的单位1.6万余户，实现扩面15.2万人。全市参加养老保险社会统筹的单位9 441户，在职职工190.7万人，离退休人员74.7万人。全年养老保险基金收入42.4亿元，比1998年提高了6.6%，征缴率达到97%，追缴历年欠缴额7 000万元。其次，全市社会保险基金管理系统的基础管理工作得到加强，开展了养老保险个人账户对账工作，并完成了机关事业单位养老保险机构的划转和接收。根据国务院机构改革方案，将市人事局主管的机关事业单位社会养老保险职能并入市劳动和社会保障局。截至1999年末，全市参加养老保险社会统筹的自收自支事业单位1 423个，在职职工50 618人，离退休人员13 841人；参加养老保险的机关事业单位的劳动合同制工人13 638人，退休人员383人。再次，进行了中央11个行业驻津企业基本养老保险统筹项目的核实和违规提前退休的清理工作，为与地方养老保险制度并轨打下了基础。

失业保险工作取得显著进展。扩大了失业保险覆盖面，依法将事业单位纳入失业保险范围，全年实现扩面24.7万人。截至1999年末，全市参加失业保险单位9 261户，其中事业单位1 620户；参加失业保险人员达到204.52万人，其中事业单位参保人员20.28万人，参保人数比1998年提高了10%。同时，加大了失业保险基金征缴力度，增强了失业保险基金的支付能力。1999年，失业保险基金收缴额达到3.44亿元，比上年提高了76%，征缴率达到93%；全年为7.7万失业人员支付失业保险金等费用17 967.38万元，支付再就业中心调剂金10 905.45万元，确保了进入再就业服务中心下岗职工的基本生活。此外，根据国

务院规定，按期完成了失业保险金上调30%的工作任务。从1999年7月1日起，调整了失业保险金发放金额，失业保险金月人均增加70元。

城镇职工基本医疗保险制度改革工作取得新进展，完成了实施医疗保险制度的各项准备工作。对1996年至1998年的职工和离退休人员工资收入、医疗费报销、门诊住院费用等7个方面的情况进行了摸底调查，涉及231万人，占全市职工和离退休人员总数的64.6%。通过对1万多份调查表、上亿个数字的测算分析，拟定出《天津市城镇职工基本医疗保险制度实施方案》，并根据该方案拟定了《城镇职工基本医疗保险暂行规定》《定点医院管理办法》《基本医疗保险结算办法》《天津市城镇职工补充医疗保险管理办法》等17个配套办法。调整了工伤保险待遇标准，工伤保险待遇和伤残抚恤金领取额比1998年增加了9.6%。加强了因病和非因工致残提前退休的劳动能力鉴定工作，修订了鉴定标准。由1980年《天津市职工因工因病丧失劳动能力暂行鉴定标准》文件规定的28条上百种病种范围，调整为《关于企业职工因病或非因工致残提前退休有关问题的通知》文件规定的11种病种范围。

四、深化企业改革，建立与市场经济相适应的分配机制

继续深化企业工资制度改革，逐步建立与社会主义市场经济相适应的企业工资分配宏观调控机制。一是自1999年起对全市企业发布工资指导线。根据天津市国内生产总值增长率、货币平均工资增长率和城镇居民消费价格指数，同时考虑就业状况、劳动力市场指导价位和人工成本水平等因素，确定工资指导线基准线（即1999年企业职工平均工资增长幅度）为15%；工资指导线上线（即预警控制线）为25%，下线为零增长或负增长。二是在1998年公布30个工种（岗位）劳动力市场指导价位的基础上，1999年又增加了劳动力市场流动性较大、对企业生产经营活动有一定影响的70个工种（岗位），公布了100个工种（岗位）劳动力市场价位，其中管理岗位22个，生产岗位78个。三是公布了制造业企业人工成本数据，包括人工成本水平、人工成本构成和人工成本投入产出效益情况。数据涉及样本企业841户、从业人员67.8万人。

认真做好企业职工工资调整和管理工作，从1999年7月1日起企业人均月增加120元工资。截至年末，完成增资人数78.5万人，占符合增资条件人数168万的46.7%，人均增资79元。天津市最低工资标准由月人均290元调整为月人均350元。1999年天津市企业从业人员人均报酬为11 144元，比上年增加1 246元，增长12.59%。

加强工资内外收入的监督检查工作，在企业自查、主管区县局、总公司复查的基础上，委托中介机构对23户企业进行了重点检查。

五、搞好劳动关系调整，保持和谐稳定的劳动关系

劳动合同制度进一步完善。1999年，天津市推行“两账一卡”制度，提高了企业劳动合同管理水平；加强劳动合同鉴证工作，全市劳动合同鉴证达35.7万份；积极稳妥推行集体合同制度，截至年末，已累计审核集体合同2 789个，涉及企业4 000余户，职工153.3万人。

劳动争议处理工作进一步规范。加强了全市各级劳动争议仲裁委员会建设，建立健全了劳动争议处理的相关制度，提高了办案质量和效率，改进了办案方式，扩大了受案范围。截至1999年末，全市形成了由22个仲裁委员会、240多名专兼职仲裁员和5 200个调解委员会、11 000多名劳动争议调解员组成的劳动争议处理网络。共受理劳动争议案件6 044件，比上年增长2.9%，涉及职工9 048人，其中集体争议65起，涉及职工3 069人。正式立案2 084件，案外调解3 960件。通过调解结案的445件，仲裁结案的957件，当事人撤诉的518件，全年处理劳动争议案件5 880件，结案

率达97.3%。同时，做好劳动争议调解员的培训工作，全市共举办专题培训班12期，培训12 000多人次。

劳动信访工作坚持文明接待，耐心做好政策咨询和疏导，化解了矛盾。全年共受理群众来信来访1.42万件次，办理天津市政府批转的群众来信209件，办结率达100%。

六、强化职业技能培训，提高劳动者的整体素质

技工学校改革进一步深入。优化布局结构，1999年调整撤并学校14所，平均在校规模由1998年的300人提高到目前的420人；积极开发和设置高新技术、复合型及第三产业等市场急需专业，这些专业占总招生专业的70%以上。1999年全市技工学校共招新生17 280人。建立技工学校毕业生就业服务网络，提供"一站式"就业服务，办理人事关系结转12 000人，合同鉴证1 300人，推荐就业和实习1 000人，岗前培训1 000人次。有52所技工学校积极为再就业工程服务，开设烹饪、家电维修等30多个工种（专业），共培训职工4 000人次。

加强教学研究和师资队伍建设。1999年组织评估了1所国家级重点技校，复评了3所国家级重点技校。制定并实施了《技工学校教学管理制度》。开展技工学校教师职称评审工作，共评审中、高级职称295人。组织技工教育教学论文评选活动，共评选论文493篇。

大力加强职工培训工作。全年培训职工达70万人次。开展了1999年度"天津市技术比赛""绝技绝活表演赛"及评选"天津市技术能手"和"十名工种带头人"活动。

1999年，天津市贯彻国务院《社会力量办学条例》，对社会力量办学单位实行培训许可证制度，与有关部门联合制定《天津市社会力量办学管理办法》，制定16个工种的机构设置标准，实行教师资格证和职业资格证"双证"上岗制度，培训教师近200人。制定了3个工种（专业）的职业技能培训教材、培训大纲、鉴定标准及题库。

进一步推行劳动预备制度。1999年在天津铁厂、大港油田实行就业准入，全面建立和实行劳动预备制。将劳动预备制培训与技工学校教育相互衔接，将劳动预备制学员纳入技工学校管理。将高自考职业技术专业纳入劳动预备制管理，全年已招收学员5 000余人。

1999年，天津市的职业技能鉴定工作取得新的进展。制定了《天津市从事技术职业（工种）劳动就业上岗前必须培训的实施办法》，公布了天津市实行就业准入的职业（工种）目录，出台了鉴定所（站）工作运行办法、考务管理实施细则、试卷管理办法和考评员聘任办法等文件。完成了两个职业（工种）国家题库的开发任务，建立了天津市8个职业（工种）技能鉴定试卷库。扩大了职业技能鉴定范围和规模，全年鉴定人数达到8万人次。

七、加强安全生产管理，确保安全生产形势稳定

1999年，天津市为加强安全生产管理，稳定全市安全生产形势，强化了各级安委会的综合管理职能，形成了全市三级安委会管理网络，加强了安全监察。市安委会以狠抓各级安全生产责任制的落实为核心，动员全市力量部署组织全市性安全大检查多达4次，即元旦、春节安全大检查，暑期安全大检查，安全月大检查和冬季百日安全无事故大检查活动。据统计，全市各区县、各集团总公司组织的大检查达200余次，涉及企业4 000家，解决整顿重大隐患和问题500多件。全年共发生因工死亡事故67起，死亡102人，事故起数下半年比上半年下降，人数略有增加。

进一步推行安全生产目标责任书和风险抵押制度。1999年，天津市各区县局、集团总公司明确目标责任，层层签订责任书，定期开展大检查，全员实行风险抵押的范围明显扩大，操作性日益增强。深入开展安全生产的宣传教育，开展了第九个"安全月"活动，组织近30万职工开展安全知识考核。加强了安全管理人员的法制教育和业务培训，全市已有

5 000多名安技干部和3 000多名企业法定代表人实现持证上岗。全年培训特种作业人员5.5万人。进一步加强了重大危险源的治理和重点危险部位的监控工作，并进行了实战演练。继续强化了建筑施工、起重和制冷行业的安全管理。加强了施工现场的执法检查，仅市、区劳动部门就开展大型联合执法检查3次，检查企业500余家，确保施工现场的安全运营。

1999年，天津市进一步加强了锅炉压力容器的安全管理与现场监察，在全市范围内开展了以锅炉压力容器制造、安装、使用环节为重点的安全大检查，共检查锅炉房2 321座、在用锅炉压力容器7 910台，检查设计、制造单位26家、安装修理单位129家，下达监察意见书251份，有效地消除了事故隐患，锅炉压力容器事故起数比1998年下降了38%。

八、加强劳动保障立法和监察，促进依法行政

为加强劳动保障立法和监察，促进依法行政，推动劳动和社会保障工作的健康发展，1999年，天津市加快了劳动法制建设步伐，修订并实施了《天津市外商投资企业劳动管理条例》，起草了《天津市劳动就业管理条例》《天津市常压锅炉安全管理规定》《天津市社会力量办学规定》等行政规章，制定了50多件规范性文件。行政复议工作进一步规范，强化了行政执法责任制，加强了行政应诉指导工作，全年共受理行政复议案件8件。同时，积极做好劳动法制的宣传和咨询工作。

1999年，天津市进一步强化和规范劳动监察工作。围绕两个确保、社会保险扩面和基金征缴以及劳动用工等重点工作，开展了监督检查。全年共检查各类用人单位2.78万户，查处违法单位2 687户，实施行政处罚201户。追缴社会保险费7 638万元；补签劳动合同3.21万人，清退擅自招用的外来劳动力1 433人。全年共接待群众来信来访2 136件（次），立案1 388件，结案率达100%。同时，加强劳动监察队伍自身建设，全市专职监察员1999年比1998年增加9.1%，并聘请20名市人大代表、政协委员为特邀劳动监察员。

回顾1999年，天津市的劳动保障工作之所以能够取得较大成绩，一是党中央、国务院高瞻远瞩，英明决策，为劳动保障工作的发展指明了方向；二是市委、市政府高度重视，每年都将劳动和社会保障工作列入市政府重点工作之一；三是全市各有关部门积极支持，通力配合，为劳动保障事业的发展创造了良好的条件；四是市劳动和社会保障局在工作中能够始终统揽全局，突出重点开展工作，在解决难点、热点问题上取得了突破；五是全市劳动保障系统广大干部职工发扬务实创新精神，扎实苦干，拼搏进取，推动了各项工作的开展。

但是，天津市的劳动和社会保障工作还存在着以下几个主要问题。一是由于国有经济结构和布局的重大调整，劳动力供求矛盾更加突出，劳动力总体供大于求，就业压力进一步加大。二是市场导向就业机制尚未形成，劳动关系主体多元化所带来的争议和矛盾日益突出，下岗职工劳动关系没有理顺，直接影响了劳动关系的和谐稳定。三是“两个确保”资金还有缺口，保障能力还很弱，社会保障体系亟待完善和发展。四是当前的社会保障体系还不能完全适应社会主义市场经济体制的要求。国有企业改革进入攻坚阶段，迫切要求建立独立于企业之外、保障有力的社会保障体系，但是社会保障体系改革难度还很大，在社会保险扩面、征缴等方面的措施和手段还不够有力，在基金收支管理方面还不同程度地存在一些薄弱环节。五是企业分配制度还不能完全适应建立现代企业制度的需要。围绕国有企业改革和建立现代企业制度，需要进一步加强宏观调控，建立与之相适应的企业分配制度。

（天津市劳动和社会保障局）

河 北 省

1999年是河北省劳动和社会保障事业大发展的一年。1月8日,“河北省劳动和社会保障厅”正式挂牌。年初,按照省政府办公厅《关于调整社会保障和药品监督管理工作职能和机构的通知》要求,将省人事厅、民政厅、卫生厅等部门管理的机关事业单位社会保险、农村养老保险、公费医疗和医疗保险的职能、机构及人员划入劳动和社会保障厅。各市劳动和社会保障机构也都进行了相应调整,从而在全省实现了养老、失业、医疗、工伤、生育5个社会保险险种的统一管理,改变了长期以来社会保险多头管理、分散决策的局面,为加快建立统一的社会保障体系创造了条件。

全省各级劳动保障部门开拓进取,迎难而上,使以国有企业下岗职工基本生活保障和再就业、城镇企业职工养老保险制度改革为重点的各项劳动保障工作再上新台阶。

一、国有企业下岗职工基本生活保障和再就业工作步入正常化管理轨道

1999年,全省共有国有企业下岗职工41.9万人。全省各级劳动保障部门不断加大工作力度,推动工作开展。一是国有企业下岗职工基本生活得到有效保障。全省共筹集再就业资金7.69亿元,其中财政拨款4.19亿元,占54.5%;社会筹集1.8亿元,占23.4%;企业自筹1.7亿元,占22.1%。上年结转1.55亿元。全年共有再就业资金9.24亿元。石家庄、秦皇岛、唐山、廊坊、沧州、衡水6市均依靠自身力量解决了再就业资金问题。全年全省共支出再就业资金8.08亿元,使国有企业下岗职工基本生活得到了有效保障,石家庄、秦皇岛、唐山、沧州、廊坊、衡水、邢台、邯郸8市基本实现了足额发放。二是大力促进再就业。督促落实各项再就业优惠政策,广开就业门路,积极开展职业指导、职业介绍工作,推行即时就业服务制度,推广再就业服务伙伴计划和政府购买培训计划,促进再就业。全年有21万人实现再就业,再就业率为50.1%,廊坊、秦皇岛、衡水、石家庄、沧州和邢台6市较好地完成了再就业任务。三是强化再就业服务中心建设。不断规范再就业服务中心管理和运作,保障下岗职工基本生活,代缴各项社会保险费。全省共建立再就业服务中心2 031个,没有实现再就业的20.9万名下岗职工全部进入再就业服务中心,其中有18.4万人签订了基本生活保障和再就业协议,协议签订率达90%。

二、养老、失业、医疗保险制度改革稳步推进

养老保险方面,1999年全省企业参保职工426.1万人,机关事业单位参保职工58万人,分别比上年增加2.6万人和16万人,综合覆盖率为95.3%,廊坊、石家庄、邢台3市扩面工作进展明显。实际征缴企业养老保险费58.4亿元,征缴率为94%。征缴工作做得较好的有廊坊、秦皇岛、衡水、保定、沧州、唐山、石家庄7市。清收企业欠费3.55亿元,占上年欠费总额的21.1%,廊坊、沧州、衡水3市全部完成省下达的指标。机关事业单位征缴养老保险费10.5亿元,征缴率为95%;

清收欠费0.36亿元，占上年欠费总额的60%。全省共有企业离退休人员118.4万人，应发养老金65.6亿元，实发64.7亿元，发放率为98.6%。机关事业单位也全部按时足额发放了养老金。全省企业养老保险全额缴拨率为79%，原地方统筹企业实行社会化发放养老金的离退休人员46.1万人，社会化发放率达50.8%。秦皇岛、衡水、廊坊3市全部实现了全额缴拨，廊坊、衡水、沧州3市社会化发放率较高。

在失业保险方面，1999年全省参保职工543.2万人，比上年新增79.6万人，覆盖率为92.9%。征缴失业保险费4.2亿元，征缴率为93.4%；清收欠费0.36亿元，占上年欠费总额的17%，并及时向失业人员发放了失业保险金。秦皇岛、石家庄、廊坊、承德4市全部完成或超额完成了省下达的各项任务。

在医疗保险方面，《河北省建立城镇职工基本医疗保险制度总体规划》按时出台，城镇职工基本医疗保险定点医疗机构管理、定点零售药店管理、诊疗项目管理、医疗服务设施范围和支付标准等配套文件陆续出台，石家庄市的医改方案报省政府待批，其他市的实施方案也均已报当地党委、政府待批。此外，农村养老保险、工伤、生育保险工作也有明显进展。

三、调整收入分配政策落实到位

中央12号文件下发后，全省各级劳动保障部门把贯彻落实好文件精神作为一项政治任务和重要工作来抓，精心测算，周密部署。从1999年7月1日起，国有企业下岗职工的基本生活费月人均标准低于180元的，按30%进行调整；高于180元的，在30%以内调整；最低不得低于230元。失业保险金由月人均158元提高到188元。企业离休人员按每人每月135元增加养老金，退休人员根据地区差异和工龄长短，平均提高55元。全省国有企业下岗职工、企业离退休人员和失业人员全部领到三项资金提高部分，机关事业单位离退休人员养老金调标发放工作也全部按时落实。企业职工最低工资标准分别由180元、210元和240元提高到210元、240元和290元，企业职工工资调整工作进展顺利，全省有210万名职工调整了工资，其中53%的职工兑现了工资。

四、劳动就业工作扎实开展

1999年，全省城市就业工作按照“劳动者自主择业，市场调节就业，政府促进就业”新的就业方针，突出抓好就业转化和特殊群体就业，开展了就业难点调查、社区服务推进就业和巾帼建功就业和再就业活动等；举办了青年创业就业培训班，积极落实残疾人按比例就业政策，促进刑满释放和解除劳动教养人员就业；努力抓好妇女就业工作，树立了一大批就业、再就业先进典型。到年底，全省城镇登记失业人员16.2万人，城镇登记失业率为2.5%。全面推进农村劳动就业工作，在全省确定了31个县（市）为农村劳动力开发就业试点，全省农村剩余劳动力向非农产业转移143.3万人，超额完成了省政府下达的转移120万人的任务。

五、劳动就业服务体系作用得到发挥

全省各级劳动保障部门就业服务机构充分发挥劳动就业服务体系的各项功能。劳动力市场和职业介绍工作不断完善职业指导员制度、“即时服务”制度、空岗报告制度、职业供求状况调查分析与预测和劳动人事代理制度，全年征集就业信息7.1万条，上网发布信息4.3万条，开展职业指导27.1万人次。共有60.7万人求职登记，有30.7万人实现了就业和再就业，交流成功率达50%，其中安置下岗职工4.6万人。全年劳务输出178万人，向境外输出劳务人员1 349人。就业训练工作确立了以就业培训中心为龙头，以大中专院校、职业技能学校为骨干，以各大企业为基础，以社会力量办学为补充的工作机制，基本形成了以“市场引导培训、培训促进就业”的社会化再就业培训体系，为就业培训工作向社会化、市场化发展奠定了良好基础。劳动保障部门173所训练中心和批准的441个再就业培训基地全年共培训下岗职工和失业人员20万人。劳服企业工作以综合配套改革和发展劳动部门直属企业为重点，把工作重心向社区、街道延伸，努力创造出更多的就业岗位，全年安置下岗职工1.3万人。全省各级失业保险机构按照当地政府的规定，及时向再就业服务中心调剂资金8 856.6万元，为确保下岗职工基本生活提供了保障，另拨付职业培训和职业介绍补贴2 816万元，促进了就业服务工作的开展。

六、企业工资制度改革进一步深化

1999年，按照国家企业工资宏观调控部署，结合河北实际在科学预测经济发展的基础上，全面深化了企业工资制度改革。一是积极推行工资指导线制度。提出了年度工资指导线意见，经劳动保障部审核同意，并经省政府批准，已经发布实施。按照新办法试行，旧办法不丢，先相互衔接，再逐步取舍的原则，重点抓了工资指导线与现行工资调控措施的结合，突破盲区不留死角，努力使工资指导线成为整个工资宏观调控和指导企业工资增长的主线。二是积极探索建立劳动力市场指导价位发布制度和人工成本评价发布制度。加强了企业人工成本的指导和管理，引导企业建立工资分配人工成本约束机制，以增强企业竞争能力，全省11个市都进行了相关数据的搜集调查统计工作，为全面推开奠定了基础。三是调整了企业职工最低工资标准。四是积极开展企业工资各项基础工作。对省直企业工效挂钩清算和基数核定及工资包干方案进行了审批，增加了国有资产保值指标的考核。严格审批了省直企业经营者工资收入，规范了经营者年薪制办法。加强了工资使用手册的管理，提高了覆盖率。组织开展了工资内外收入监督检查工作，以保障职工最低工资和下岗职工基本生活费以及社会保险基金征缴基数为重点，对全省1/6的企业进行了行政抽查和审计检查，对违纪行为进行了处罚。

七、劳动关系调整与劳动监察工作力度加大

在劳动合同管理方面，指导用人单位规范劳动合同内容，实行劳动合同台账管理，做到了劳动合同制度实行动态化管理，全省签订劳动合同的职工达831.8万人。在集体合同制度方面，注重抓好集体合同基础管理工作，在用人单位普遍建立了集体合同管理台账，建立了适合实际的动态管理、档案管理和监督检查制度，使集体合同工作纳入了企业的正常管理制度。全省签订集体合同2.4万份，涉及职工501万人，在全国居第一位。在劳动争议处理方面，认真开展了劳动合同鉴证等劳动争议预防工作，建立健全了上访群众领导接待日制度，全年共受理劳动争议案件2 841起，结案2 819起，结案率为99.2%。在劳动监察方面，大力开展了企业劳动用工、民工有序流动和社会保险费征缴执行大检查，督促缴纳社会保险费5亿多元。

八、职业培训有新的突破

全省职业培训工作以提高劳动者素质和促进培训与就业的紧密结合为目标，不断加大工作力度。一是技工学校建设得到加强。1999年，新建高级技工学校7所，有部分技校拟与大专院校联办或以函授、自学考试等方式提高办学层次，在对全省技工学校统筹规划、分类指导、调整布局结构、优化资源配置方面迈出了新的步伐。年内共录取新生2万名。二是推开了劳动预备制度。提出并经省政府办公厅批转了《关于推行劳动预备制度，实行就业准入控制，提高劳动者素质的实施意见》。各市在技工学校、职业高中、就业训练中心、社会力量办学等各类培训机构中确定了一批劳动预备制度定点培训单位，保证了劳动预备制度的顺利推开。三是职业技能鉴定体系逐步完善。狠抓质量管理，查处并纠正了违规鉴定的行为。启用了劳动保障部统一印制的《职业资格证书》，全年鉴定人数达9.7万人，比上年增长

40%。四是技能人才成长通道和激励机制基本形成。采取以评审工人技师、高级技师为龙头，以抓持证上岗为切入点，以落实相应待遇为动力，积极引导企业实行培训、考核、使用、待遇相结合的激励机制，调动了广大工人的积极性。同时，河北省在全国率先推出了技能大师评审的试点，全省共评选出12名首批技能大师。

九、劳动保障法制建设得到加强

一是抓劳动保障立法。根据劳动保障事业发展的需要，加大劳动保障立法力度，按照省人大、省政府的部署，经多方调研、论证，于5月份出台了《河北省劳动力市场管理条例》；配合省政府发布了《河北省基本养老保险费征缴暂行办法》；《河北省国有企业下岗职工基本生活保障资金筹集管理发放条例》已报省政府；草拟了《河北省失业保险实施办法（草稿）》；《河北省基本养老保险条例》也正在起草调研中。二是抓执法监督。省劳动保障厅集中7、8、9三个月时间，组织各执法处室人员清理法规，明确职责，规范执法项目，建立完善了各执法机构的执法责任，将责任制落实到每个执法岗位。同时，对现行的法规、规章、规范性文件进行了清理，废止了过时的230件规范性文件。三是抓“三五”普法。普法重点是劳动法律、法规和市场经济相关法律，对全省劳动保障系统干部职工进行了普法教育，并进行了统一考核。

十、安全生产形势进一步好转

全省安全生产工作本着“安全第一、预防为主”的指导思想，努力加强各项基础工作，建立安全生产责任制，并开展道路交通、矿山秩序、火灾隐患等专项检查。认真贯彻《河北省劳动安全卫生条例》，强化对矿山企业的安全监督检查，继续对在用设备和压力管道进行安全监督检验，从而减少了事故隐患。1999年全省共发生各类事故9 308起，死亡3 031人，受伤5 065人，分别比上年上升10.2%和下降0.03%、0.5%。

1999年，河北省的劳动保障工作有三个特点：一是领导重视、政策到位。省委、省政府领导多次就劳动保障工作作出重要批示，并经常深入基层，检查督促各项政策措施的落实。省政府先后召开了全省国有企业下岗职工基本生活保障和再就业工作会议、巩固“两个确保”成果电视电话会议和全省城镇职工基本医疗保险制度改革工作会议，制定了《关于进一步做好国有企业下岗职工基本生活保障和企业离退休人员养老金发放有关问题的通知》和《关于做好提高三条社会保障线水平等有关问题的通知》等一系列重要文件，省委、省政府将国有企业下岗职工基本生活保障率、再就业率、养老和失业保险覆盖率及费用征缴率等重要指标列入考核目标，层层分解到各级各有关部门，实行分级负责，分级管理。各级党委、政府都把“两个确保”和再就业工作当做“一把手”工程去抓。秦皇岛、沧州、邢台3市政府与所辖各县区政府和企业签订了养老、失业保险目标管理责任状，将目标完成情况同政绩考核和经济利益挂钩，成为做好全年工作的重要保证。二是社会联动、密切配合。国有企业下岗职工基本生活保障和再就业、社会保险工作涉及范围广，工作难度大，已经成为社会热点问题。在各级党委、政府的统一领导下，劳动保障部门主动同社会各界取得联系，争取支持，把劳动保障工作扩展为一项社会系统工程。财政部门加强对各项社会保障资金的管理，将再就业资金列入财政预算，并帮助劳动保障部门加大养老、失业保险费征缴清欠力度，为“两个确保”和再就业创造了坚实的物质基础。民政部门会同劳动保障部门广泛开展社会服务再就业工作，既完善了社区服务功能，又解决了大量下岗职工再就业问题。工商、税务部门积极务实，研究制定并落实了一些优惠政策，引导下岗职工到非公有制经济组织就业。宣传部门和新闻单位大力宣传劳动保障政策和典型经验，对欠缴养老、失业保险费的企业进行曝光，营造了良好的舆论环境。工会、妇联和共青团组织结合自身特点广泛开展职业培训和再就业工作，起到重要作用。其他一些部门也在各自的工作中大力支持、帮助做好劳动保障工作。三是依法行政，克难攻坚。各级劳动保障部门强化劳动保障监察职能，加强行政执法监督制度建设，推进依法行政，极大地推动了劳动保障工作的规范开展。在社会保险扩面征缴工作中，劳动保障部门依法对拒缴、欠缴社会保险费的单位进行处罚，加大劳动保障工作的执法力度，效果非常明显。衡水市在失业保险费征缴清欠中，对欠费单位直接申请法院强制执行，沧州市加大劳动监察执法力度，促缴养老保险费几千万元。依法行政成为做好劳动保障工作的重要手段。

（河北省劳动和社会保障厅）

山　西　省

1999年是山西省劳动保障工作史上极不平凡的一年。在省委、省政府的正确领导下，全省各级劳动保障部门在两个确保、再就业、提高三条社会保障线、扩大社会保险覆盖面、补发拖欠养老金等重大问题和其他工作上，以对党和人民高度负责的精神，服从全局，敢于负责，勇挑重担，攻艰克难，取得了重大突破，为全省的改革、发展、稳定作出了积极贡献。

一、在资金缺口较大的情况下，经过多方努力，保证了特殊群体的基本生活

两个确保的核心是资金筹集。全省各级政府积极调整财政支出结构，劳动保障部门狠抓社会保险扩面征缴工作，千方百计拓宽资金筹集渠道。省政府主要领导两次到中央有关部委反映我省的困难，劳动、财政部门多次到国家两部汇报工作争取资金支持。同时邀请中央有关部委的同志多次来我省实地了解情况；煤炭、国防工办等部门也积极向中央有关部门汇报。经过多方努力，较好地解决了我省煤炭、有色、国防工办等行业的特殊问题，基本解决了我省两个确保的缺口资金。

（一）保证了40万国有企业下岗职工的基本生活

经过各级劳动保障部门的精心努力，全省国有企业下岗职工的管理基本走上了正规化，有96%的下岗职工进中心签协议；全省筹资5.8亿元，确保了绝大多数下岗职工的基本生活费；有70%的下岗职工接受了再就业培训，再就业率达42.2%。太原、阳泉、晋城、晋中、临汾、运城等地市下岗职工基本生活保障率达到了98%；临汾、晋城、运城、太原、吕梁、晋中、朔州等地市下岗职工再就业率达60%以上；太原、阳泉、晋中和省建四公司、五公司、阳煤集团等地市和企业在下岗职工出中心上进行了积极的探索，取得了重大突破。

（二）保证了75万离退休人员的基本养老金

1999年全省共征缴基本养老保险费37亿元，支出42亿元，缺口部分通过中央和地方财政的注入以及动用结存基金解决，基本保证了离退休人员养老金的按时足额发放。

二、在不足一个月的时间内，发扬连续作战的作风，较好地完成了调整企业下岗职工、离退休人员待遇水平的工作

（一）按期提高了下岗职工和失业人员的待遇

下岗职工基本生活保障和失业保险金水平均按30%的幅度提高。其中，中央对下岗职工提高待遇的1.1亿元按时下拨各地市和省属企业；失业人员提高的待遇从1999年7月开始执行。

（二）按期提高了离退休人员的待遇

全省离休人员比照机关同类人员，退休人员按月人均55元的标准提高了养老金水平，提高待遇的2.5亿元均按时发放到位。

（三）调整了在岗职工的工资水平

地方国有企业根据经济效益状况，按人均增加120元调整了工资标准。全省6 734户企业出台了增资方案，涉及职工122.1万人，分别

占企业总户数、职工总人数的70.0%、67.5%；兑现增资方案的有64.6万人，占职工总数的35.7%。同时，按30%的幅度提高了企业职工最低工资标准。

（四）补发历年拖欠养老金4亿多元

在这4亿多元中，中央补助2.8亿元，省里补助8 500万元，地市筹集3 500万元。除部分地市属以下企业仍有近3亿元的拖欠外，其他企业1998年5月底前的拖欠已经补发完毕。整个补发工作紧张有序，进展顺利，没有发生任何问题。

调整企业下岗职工、离退休人员的待遇水平，补发历年拖欠养老金，中央要求在不到一个月内全部兑现，并通过新闻媒体向社会作出承诺。在时间紧、任务重、资金尚未全部落实的情况下，全省各级劳动保障部门紧急行动、全力以赴做好政策制定、基金筹集发放和信访接待工作，做到了好事办好。

三、原行业统筹企业的养老保险与地方顺利对接

原行业统筹企业的养老保险划归山西省管理后，按中央要求，山西重新审定了缴费基数，明确了统筹项目，确定了企业和职工个人的缴费比例。展开了清理企业提前退休人员和统筹项目的工作，初步对接了原行业统筹企业和地方统筹的各项政策和管理办法。

四、社会保险扩面征缴取得突破性进展

全省统一开展了“4、5、6”扩面征缴攻坚战。太原、运城等地市普遍采取了“拉网式”广覆盖的社会保险登记办法，晋城、晋中等地市的有关部门密切配合，工商、税务部门分类提供用人单位名单；工商联组织动员会员单位积极参加社会保险；太原市财政部门按新增参统人数给予补助奖励；全省劳动保障监察部门集中时间、集中人员对社会保险的扩面和征缴进行执法监察。到1999年底，全省养老保险参统人数323万人，比上年增长22%，覆盖率达93.5%；征收基金37.4亿元，比上年增收17%；地方统筹企业征缴率为86%，原行业统筹企业征缴率为96%；养老金社会化发放人数占46%；失业保险参保人数254.8万人，比上年净增42.9万人，覆盖面达83.4%；收缴基金2亿元，比上年增收7 932万元。

五、医疗保险制度改革稳步推进

全省各地劳动保障部门在医疗保险管理体制不顺、机构不够健全、人员紧缺的情况下，克服重重困难，进行了大量的调研论证和测算工作，11个地市已全部完成方案制定工作，阳泉、晋城、长治、运城4个地市的方案已经省正式批准。其中阳泉市已在商业系统1.5万名职工和2 600名退休人员中开始试运行；其他7个地市的方案已报省审核完毕，正在履行审批程序。

六、劳动关系调整和监察力度进一步加大

1999年，山西省在城镇国有企业全部实行劳动合同制度的基础上，乡镇、私营企业和个体工商户分别有165.8万、21.4万、24.3万人签订了劳动合同，分别占应实行总数的91.2%、88.8%和80.3%。阳泉、晋中等地市及时出台了解决隐性就业、理顺下岗职工劳动关系的一系列政策措施。全省有116户企业签订了集体合同，涉及职工17.3万人。11个地市、50个县（市、区）建立了劳动关系三方协调机构。全省共接待处理群众来信来访25 930件，比上年增加了9.1%；妥善处理集体上访326起，涉及职工2.38万人；受理劳动争议案件1 195件，结案1 160件，结案率为92%。劳动保障监察机构先后组织了民工有序流动、清理整顿职业中介机构、社会保险费征缴清欠、两个确保情况执法检查以及劳动用工年检工作，共检查用人单位1.7万户，年检单位1.3万户；督促补办流动就业证卡7.2万个，取缔非法职业中介机构33家，督促补办社会保险登记7 437户，依法追缴社会保险费2.7亿元，对593个单位实施了行政处罚，申请法院强制执行63件。在全省范围建立了劳

动保障监察员制度。劳动保障监察在贯彻“两个条例”、实施“4、5、6”扩面征缴攻坚战工作中，发挥了举足轻重的作用。

七、职业培训工作成效明显

1999年，山西省制定实施了“3年40万”再就业培训计划。全省各级各类再就业培训基地发展到1 200多个。首批确定了95个再就业培训示范单位，下岗职工再就业培训面达70%，大同、长治、临汾、忻州尤为突出。按照“扶持一批、整顿一批”的思路，加强了技工学校的综合管理。1999年又有3所省（部）级技校晋升为国家级重点技校，2所国家级重点技校晋升为高级技校。在技校招生方式上，将多年来形成的全省统招改为统招与地市、学校单独招生相结合的办法，减少了生源流失，遏制了招生下滑的局面，当年录取新生12 600余名。全省职业技能鉴定机构发展到136所，年考核鉴定3.8万人，职业资格证书制度得到进一步推行，中高级技术工人比例有了较大幅度提高。技师、高级技师考评工作已在13个工种开展了职业技能鉴定社会化管理的试点。题库建设受到劳动保障部的表扬。

八、安全生产形势明显好转

1999年，山西省各级劳动保障部门认真贯彻落实江泽民总书记关于安全生产工作的一系列重要指示，坚持“安全第一、预防为主”的方针，狠抓安全生产责任制的落实，严格执法，加大监督检查力度，实行了“三跟踪”（跟踪重点地区、重点企业、重点隐患治理项目）和“谁检查、谁签字、谁负责”的安全检查制，严肃查处各类伤亡事故，遏制了重特大事故的发生。1999年，全省工矿企业共发生伤亡事故295起，死亡615人，分别比上年下降29.7%和5.3%。矿山企业共发生伤亡事故233起，死亡542人，分别比上年下降3.7%和0.3%，创17年来最好水平。非矿山企业共发生伤亡事故62起，死亡73人，分别比上年下降36.1%和37.6%。

九、“三讲”教育和创建精神文明活动扎实有效

1999年，按照山西省委的统一部署，省劳动和社会保障厅开展了“三讲”教育活动，厅、处级干部深入学习理论，紧密联系工作实际，认真查摆剖析党性党风方面存在的突出问题，并立说立改，初步实现了中央和省委提出的思想上有明显提高，政治上有明显进步，作风上有明显转变，纪律上有明显增强的要求。全省劳动保障系统继续开展了创建“三优”文明窗口活动，党风廉政建设和政务公开活动取得显著成效。全省有120个地市县劳动局被当地党委、政府评为精神文明建设先进单位，有44个窗口单位被评为“三优”文明窗口达标单位，晋城市社保所和省劳动保障厅姚振义同志被劳动保障部授予“三优”文明窗口建设先进单位和先进个人称号。省劳动保障厅对102名“两个确保”和再就业工作先进个人以及作出显著成绩的15名企业领导进行了表彰。省政府对晋城、太原、临汾、阳泉、运城、晋中6个地市进行了表彰，这是山西省劳动保障工作史上少有的荣誉。

（山西省劳动和社会保障厅）

内蒙古自治区

1999年，在内蒙古自治区党委和政府的高度重视、在劳动和社会保障部的大力支持下，全区劳动保障部门高举邓小平理论的伟大旗帜，深入贯彻落实党的十五大和中央经济工作会议精神，按照全区国有企业下岗职工基本生活保障和再就业工作会议的部署，紧紧围绕改革、发展、稳定的大局，全力巩固两个确保，努力开拓再就业渠道，狠抓社会保险扩面征缴，认真做好提高三条社会保障线待遇水平工作，稳步推进医疗保险制度改革，劳动和社会保障工作在已有成绩的基础上取得了新的进展。

一、两个确保工作继续得到加强

1999年，内蒙古自治区凡有下岗职工的国有企业都建立了企业再就业服务中心，职工随下岗、随进中心、随签协议、随保生活的机制基本形成。全自治区累计共有国有企业下岗职工33.15万人（上年结转14.89万人，当年新增18.26万人），其中20.02万人实现了再就业，再就业率为60.4%，高于全国平均水平18个百分点，居全国第五位。为促进下岗职工再就业，自治区制定了一系列政策措施，努力增加就业岗位，通过鼓励中小企业吸纳下岗职工、大力发展非公有制经济、开发第三产业和社区服务业、引导下岗职工向农牧业转移和组织劳务输出等多种渠道，实现了出大于进的目标。年末实有下岗职工13.13万人，全部进入了中心，签订了协议，领到了基本生活费，为93%的下岗职工代缴了养老、失业、医疗保险费。从总体上看，确保了国有企业下岗职工的基本生活，维护了社会稳定，由此引发的群体性上访和突发事件明显减少，特别是保证了敏感时期和重要节假日的社会安定。为了确保国有企业下岗职工的基本生活，全自治区加大了“三三制”筹集资金力度。1999年共筹集资金4.7亿元，比1998年的3.2亿元提高47%，其中财政、社会、企业各筹集2.6亿元、1.3亿元和0.8亿元，分别占55%、28%和17%。

二、企业离退休人员养老金基本上做到了按时足额发放

养老保险工作以确保企业离退休人员养老金按时足额发放为中心，以抓扩面征缴为突破口，全面深化养老保险制度改革，初步建立起统一、规范的养老保险体系。1999年，通过扩大覆盖面、提高收缴率、动用积累金和争取中央资金支持等渠道千方百计筹集资金，为58万名企业离退休人员基本上按时足额发放了养老金。全自治区各类企业应参加养老保险统筹的职工191.1万人，实际参统180万人，比上年增加4.5万人，覆盖率为94.2%。其中，个体私营经济应参统28.7万人，实际参统13.3万人，参统率为46%；应收养老保险费25.6亿元，实际收缴24.3亿元，比上年增收2.67亿元，收缴率为94.9%。清理企业欠费3.63亿元，清欠率为40.8%；回收挤占挪用基金0.12亿元，回收率为29%。全年支付28.1亿元，基本上做到了企业离退休人员养老金按时足额发放，发放率为96%。

三、就业和再就业工作取得了积极进展

1999年，各地积极采取措施，拓宽就业渠道，广开就业门路，把促进就业和再就业作为社会经济发展和社会稳定的重要工作来抓，城镇登记失业率为3.1%，保持了就业局势的基本稳定；在进入中心的33.15万名下岗职工中，有20.02万人出中心实现了再就业，再就业率为60.4%。在实施就业和再就业工作中，始终注重培育“劳动者自主择业、市场调节就业和政府促进就业”的市场就业机制，并取得了积极进展。

（一）劳动力市场建设上了新台阶

全自治区自上而下加大了对劳动力市场建设的经费投入，各级劳动力市场在场地、设备等方面都不同程度地得到了改善，中介服务手段得到了加强，用工信息发布和求职登记人员大幅度增长。1999年，全自治区通过劳动力市场实现就业的人数达到15.76万人，求职介绍成功率达60%，比上年增加14个百分点。呼和浩特市、包头市、赤峰市被列入全国劳动力市场“三化”建设试点城市，按照“三化”建设标准，在场地建设、资金投入、信息联网、规范化运作、人员培训、制度建设、目标化管理等方面都做了大量工作。同时，各地加大了信息网络建设的财政投入力度，有的盟市职介中心配备了彩色大屏幕，有的还配备了电子触摸屏。为了更好地发挥劳动部门职业介绍机构的作用，许多职业介绍机构积极探索用人单位空岗报告制度，多渠道、多形式收集用工信息，实行一条龙就业服务，为求职者提供职业指导、政策咨询、职业培训、职业介绍、代办社会保险，以及组织劳务输出等多项服务。全年共有25.88万人次到职介中心（站、所）求职登记，其中下岗职工占29%。提供岗位17.83万个，15.76万人实现了就业，成功率达61%。同时，针对一些民办职业中介机构和用人单位存在的问题，内蒙古自治区在全区12个盟市101个旗县共检查违法违规的各类职业介绍机构204个，取缔非法职业中介机构148家，初步净化了劳动力市场。为树立公共职业介绍机构的良好形象和权威，经过旗县自查、盟市检查、自治区抽查，有8家职业介绍中心被评为自治区优秀职业介绍中心，有41家职业介绍所被评为自治区优秀职业介绍所。

（二）拓宽就业渠道，广开就业门路有了突破

如通辽市委、市政府解放思想、因地制宜、大胆探索，研究确定了“退二进一还三”的再就业工作思路。全市共兴建以种养业、商贸、社区服务为主的再就业基地（市场、网点）130个，解决了2万多名下岗职工的再就业问题。许多地区采取鼓励与保护并重的措施，落实有关优惠政策，引导下岗职工通过自谋职业或组织起来就业，全自治区通过自谋职业实现再就业的达9.2万人，占46%。

（三）就业和再就业培训有了新进展

各级就业训练中心和再就业服务中心广泛开展全方位、多层次的培训服务，面向市场，注重培训的针对性、实用性，提高了下岗职工和失业人员的就业技能，促进了就业和再就业工作。全自治区参加再就业培训的下岗职工12.9万人，占实现再就业人数的64%；参加就业训练的失业人员8.5万人，占实现就业人数的88.5%。

四、社会保险扩面征缴工作取得突破性进展

各地认真贯彻《社会保险费征缴暂行条例》和《失业保险条例》，制定方案，周密部署，精心组织了社会保险扩面征缴攻坚战。许多地方召开动员大会，设立了登记、申报、缴费大厅，实行柜台式一条龙现场办公，简化了程序，方便了参保单位；社会保险经办机构还和劳动保障监察队伍协调行动，深入企业开展专项监察，采取下达指令书、重点企业蹲点和新闻曝光等多种措施，推进了工作的开展。包头、伊盟等地成立了扩面征缴大队，实行几费统一合并征收；兴安盟、赤峰等地实现了劳动关系转移社保关系不脱钩、职工下岗参统不流

失。经过艰苦努力、顽强拼搏、连续作战，使社会保险扩面征缴工作取得了突破性进展。截至1999年底，企业参加基本养老保险的人数180万人，比年初增加4.5万人，覆盖率为94.2%；参加失业保险的人数215.55万人，比年初增加78.1万人，覆盖率为96%。失业保险基本实现了全覆盖，7个盟市及行业和区直企业养老保险基本实现了全覆盖。收缴养老保险基金24.29亿元，比上年增收2.67亿元，收缴率达94.6%；收缴失业保险基金1.88亿元，是前3年之和，收缴率达92%。与此同时，清理企业欠费和回收挤占挪用基金工作也取得了新进展，全年共清理回收企业欠缴养老保险费36 318万元，清欠率为40.8%；回收挤占挪用养老金1 242万元，回收率为29%。

五、提高三条社会保障线待遇水平工作按时完成

中央和内蒙古自治区作出提高三条社会保障线水平的决策后，为了落实这一举措，各地从讲政治、保稳定的高度出发，在时间短、工作任务重的情况下，抓紧进行测算，倒计时安排工作，逐日调度进展情况。由于态度坚决、方案周密、措施得力、督察有力，按时足额为全区1 597户国有企业的14.3万名下岗职工、近1.7万名失业人员和55.5万名企业离退休人员调整了待遇水平，提标补助资金支出2亿元；为近10.6万名企业离退休人员一次性补发了历史拖欠的养老金2.03亿元。同时，及时调整了企业最低工资标准，积极指导企业做好调整在职职工工资的工作。

六、基本医疗保险制度改革稳步推进

医疗保险制度改革工作按照建立健全政策体系，夯实完善管理基础，逐步扩大覆盖范围的工作方针，1999年做了大量的前期准备工作，医疗保险制度改革取得了积极进展。一是领导管理体制基本理顺。全自治区12个盟市已全部按要求成立了领导小组和办事机构，为改革工作的顺利开展提供了领导和组织保障。二是政策研究工作基本完成。自治区劳动保障厅按照低水平、广覆盖、快起步的原则，组织人力进行了广泛调研、认真测算，在与有关部门多次协商、论证，反复征求意见的基础上，草拟了《内蒙古自治区建立城镇职工基本医疗保险制度实施意见》，并下发执行。同时，把制定和完善配套政策当做重要工作来抓，拟定转发了《内蒙古自治区城镇职工基本医疗保险用药范围管理实施意见》等6个政策性文件。三是统筹安排，突出重点，新制度开始启动运行。到1999年底，已有10个盟市中的24个旗县级统筹地区开始实施新制度，覆盖人数23万，运行基本平稳。

七、劳动保障法制建设步伐加快

国务院两个条例颁布后，内蒙古自治区进一步加大了劳动保障的立法力度。《内蒙古自治区城镇职工养老保险条例》业经自治区人大审议正式出台，《内蒙古自治区失业保险实施办法》业经自治区政府常务会议审议颁布；对《内蒙古自治区劳动保障监察条例》《内蒙古自治区劳动合同规定》等“送审稿”提出了修改意见；《基本医疗保险条例》开始调研，着手起草。与此同时，加大了劳动保障监察力度，全自治区劳动保障监察机构共监察用人单位31 695户，立案调查处理违法案件351件，结案率达99.7%，维护了劳动者的合法权益。包头市劳动局监察科被劳动保障部评为“三优”文明窗口先进集体。与社会保险扩面征缴工作同步，劳动保障监察主动跟进，周密部署，严肃执法，精心组织，开展了社会保险扩面征缴执法大检查，共督促12 632户用人单位办理了社会保险登记，督促缴纳养老、失业保险费15 638万元和6 683万元。

在努力做好以上工作的同时，内蒙古自治区其他各项劳动保障工作也稳步发展：企业工资收入分配制度改革围绕建立现代企业制度的要求，积极探索新的工资决定机制和宏观调控办法，进行了工资指导线、劳动力市场工资指导价位和经营者年薪制等的试点；劳动关系调

整工作出台了处理下岗职工劳动关系的指导意见，巩固和加强了劳动合同管理，依法进行劳动争议仲裁，维护了和谐稳定的劳动关系；职业技能开发初步建立了面向全社会、根据市场需求开展培训的机制，强化了再就业培训。

1999年，内蒙古自治区劳动保障系统在取得显著成绩的同时，也还存在许多不足。

——国有企业下岗职工“三三制”筹集资金办法难以完全落实。造成资金筹集难的原因，一是企业效益不好，应筹的1/3不能足额到位；二是社会筹资渠道单一，仅靠失业保险提高的2个百分点难以满足；三是各级地方财政困难。

——促进下岗职工、失业人员再就业的优惠政策落实不理想。在落实优惠政策过程中，有关部门的基层单位受自身利益影响，使一些鼓励自谋职业的工商登记、税费减免、资金信贷等方面的优惠政策很难落实到下岗职工身上。比如：税收减免政策落实不到位；下岗职工小额贷款政策除部分地区开始启动外，大部分地区尚未落实；应该减免的一些诸如租场地等费用得不到减免。

——下岗职工劳动关系问题没有完全理顺。许多出中心再就业的下岗职工既没有与原企业解除劳动关系，又没有与新的用人单位签订劳动合同，接续社会保险关系方面存在断档脱钩现象；由于企业内部管理不规范，隐性就业和“两不找”人员还与企业有千丝万缕的联系，排查剥离工作收效甚微，妥善处理劳动关系难度加大。

——养老保险统筹层次低。绝大多数盟市没有实现真正意义上的盟市级统筹，受财政分灶吃饭、管理体制条块分割、利益格局难以突破的制约，调剂功能十分脆弱，形成同在一个盟市级统筹范围内，此地拖欠、彼地结余，造成费率不统一、待遇不统一、制度不统一，使建立省级统筹难度加大。

—— 一些经济比较困难的旗县和盟市筹集基金、保障医疗方面的能力有限。部分困难企业一方面迫切需要参加基本医疗保险，另一方面又存在缴费能力不足。医疗保险基金的承受能力差。

（内蒙古自治区劳动和社会保障厅）

辽 宁 省

1999年是我国建国50周年和澳门回归祖国的大庆之年，也是实现国有大中型企业3年改革与脱困的关键之年。因此，辽宁省劳动和社会保障部门面临的任务更加繁重，形势更加严峻。按照省劳动厅的《工作目标责任书》，1999年涉及6类7项重点工作，包括国有企业下岗职工基本生活保障和再就业及企业离退休人员养老金发放两个确保工作，工资分配、职业技能开发、劳动关系调整以及劳动安全卫生监察等工作。省劳动厅对7项重点工作逐条分解，在实施1999年目标管理工作会议上，厅领导与各处室各单位签订了目标责任状。从全年工作目标责任制落实情况看，圆满地完成了各项工作目标。同时，机关建设和党的建设迈上了新的台阶。

一、切实做好两个确保工作，为全省经济改革、发展和社会稳定服务

辽宁省委、省政府对两个确保工作十分重视，把它作为实现全省国有企业改革与脱困的根本性措施之一，作为实现社会稳定的重要条件。1999年，省政府相继召开了全省国有企业下岗职工基本生活保障和再就业工作会议，加强再就业服务中心管理工作会议，贯彻两个条例、扩大社会保险覆盖面、加强社会保险基金征缴、巩固两个确保工作电视电话会议，再就业工作表彰电视电话会议等一系列工作会议，要求各级政府、领导必须从维护社会稳定和讲政治的高度，以对党对人民高度负责的态度扎扎实实、不折不扣地把党中央、国务院关于两个确保工作的政策和措施落到实处。各级党委、政府按照省委、省政府的要求，克服困难，狠抓落实，两个确保工作在1998年的基础上继续得到巩固。中央财政下拨养老保险缺口专项基金10.88亿元，有力地支持了辽宁省确保养老金发放工作。特别是元旦、春节等重大节日期间，各地积极采取措施，多方筹集资金，实现了两个确保，为维护社会稳定发挥了重要作用。

（一）圆满完成了国有企业下岗职工的基本生活保障和再就业工作目标

1.制定政策，筹集资金，切实保障了国有企业下岗职工的基本生活。省政府专门召开会议，部署全省国有企业下岗职工基本生活保障工作。同时，下发了《加强再就业服务中心管理，切实保障国有企业下岗职工基本生活的通知》，进一步明确了再就业服务中心的各项职能和界定下岗职工的政策界限。从1999年4月份起，在全省范围内实行了下岗职工人数、进中心人数、签协议人数和发基本生活费人数“四个统一”。截至12月末，全省国有企业下岗职工60.3万人进入了再就业服务中心，有57.4万人签订了基本生活保障和再就业协议，54.6万人领取了基本生活费。其中，足额领取的40.2万人，未足额领取的14.4万人。没有领到生活费的5.8万人。为加大社会筹集资金能力，在各地普遍加强失业保险费收缴工作力度的基础上，对企业筹集资金确有困难的，各市财政还准备了兜底资金。1~12月份，全省共筹集国有企业下岗职工基本生活保障资金15.24亿元，其中，财政筹集8.68亿元，社会筹集3.32亿元，企业筹集3.24亿元，切实保

障了国有企业下岗职工的基本生活。

2. 积极拓宽再就业渠道，促进下岗职工再就业。各地区有组织、有计划地组织下岗职工开辟新的就业门路，扩大就业岗位。在继续实行5个转移和做好1998年推出的再就业10件实事的基础上，1999年省政府又推出促进下岗职工再就业10件实事，取得了较好效果。现已培训室内装饰、家政服务、销售员9.1万人；培训出“戚秀玉”式职业指导师219名，为2.4万名下岗职工提供了职业指导；建立再就业基地295个，安置5.78万名下岗职工；创建“青年创业岗（亭）”165个，培养青年创业带头人502名，已使2.68万名下岗职工实现了再就业；通过创建下岗女工家政服务岗，组织4.28万名下岗女工从事家政社区服务；街道居委会利用自身优势，已安置8.5万名下岗职工再就业；建立了加油站54个，安置下岗职工1 261名；邮政系统开展邮政延伸服务，聘用邮政上楼投递员1 201名；组织了3.8万名下岗职工到农村从事种植业、养殖业，经销农副产品；向省外、国外输出劳动力3.9万名。

3. 广泛开展再就业培训，提高下岗职工的职业技能。各地区把开展技能培训作为促进下岗职工再就业的重要手段。一是积极开展政府购买培训成果工作，运用市场机制，充分调动社会各方面的积极性，开展培训工作；二是广泛开展创业能力培训工作，着重提高下岗职工创办小企业和组织起来再就业的能力，使更多的下岗职工走上自谋职业之路；三是实行培训就业一体化，发挥就业对培训的导向作用，实现培训和就业的紧密结合。

4. 加强再就业典型的宣传和再就业各项优惠政策的落实工作。年初，辽宁省政府召开了全省下岗职工再就业先进集体、先进个人电视电话表彰会议，表彰了10名“再就业标兵”，100名“再就业先进个人”，50名“再就业先进工作者”，41个“再就业先进工作单位”；组织新闻单位对全省10名再就业先进个人、8个再就业先进单位进行了专访，并对大连市劳动局职业介绍中心职业指导师戚秀玉的先进事迹进行了宣传报道；在全省范围内举办了再就业政策咨询宣传日活动。全省有近2 000余名劳动系统的干部职工参加了这一活动，到现场咨询的下岗职工及有关人员达到10余万人。

另外，辽宁省还加大了各项再就业工程措施的督察力度。省里组织了对省政府辽政发〔1998〕39号文件关于再就业优惠政策贯彻落实情况大检查，提出了进一步贯彻落实再就业优惠政策的意见和建议；开展了下岗职工基本生活保障资金筹集使用情况大检查，重点抽查了45户企业，对个别企业有虚报冒领、挤占挪用下岗职工基本生活保障资金现象及时进行了纠正，追回被挤占挪用的基本生活保障金，有关责任人受到了行政纪律处分；开通了监督举报电话，并将电话号码在《辽宁日报》上予以公布。

截至12月末，全省共有下岗职工67.8万人，有50.6万人实现了再就业，完成全年计划的120%。

（二）加快建立和完善社会保障体系，确保企业离退休人员养老金按时足额发放

国务院两个条例发布后，特别是国家和辽宁省政府相继召开贯彻条例，扩面征缴会议后，全省立即行动起来，投入到4、5、6月攻坚战中，以养老保险为龙头，使社会保险制度改革取得长足发展。

1. 企业离退休人员养老金基本上做到了按时足额发放。截至12月底，全省参加基本养老保险的在职职工678.4万人，离退休人员253.1万人，基本养老保险综合覆盖面为87%。其中原行业统筹移交地方的10个行业参加基本养老保险的在职职工96.3万人，离退休人员43.8万人。全省当期收缴基本养老保险基金105.8亿元，平均收缴率为90%，当期实际支出养老保险基金131.7亿元，收支相抵，当期赤字26亿元。其中行业统筹企业共收缴养老保险基金24.8亿元，实际支出养老保险基金32.4亿元，收支相抵，当期赤字7.6亿元。全省14个市均已实现了市级统筹或市

级调剂。为了保证按时足额发放养老金，辽宁省采取动用结余基金、财政借资、从其他渠道筹措资金等措施，多方筹集资金，基本上保证了企业离退休人员养老金的按时足额发放。

2. 加强了基金征缴和扩面工作。截至12月末，辽宁全省已有32 749户企业办理了社会保险登记，涉及在职职工534.4万人，离退休职工181.8万人。其中，通过登记新增参加基本养老保险在职职工44.6万人。在扩面工作中，政府职能部门联动，进行“拉网式”清查。从4月份开始，各市结合当地实际，以劳动部门和社会保险经办机构为主，工商、税务、公安、经贸、交通等部门密切配合，发挥政府职能部门的优势，通力协作，联合作战，对各类企业和个体经济组织进行了“拉网式”清查。规定企业工商登记证、税务登记证、社会保险登记证必须“三证”齐全，社会保险登记的重要性和权威性得到了大大提高。

3. 规范行业统筹企业政策：

——清理统筹项目。按照劳动和社会保障部、财政部联合下发的《关于核定原行业统筹项目的通知》要求，省劳动厅对各有关行业、企业的统筹项目进行了核实、清理，规范了各个行业、企业的统筹项目及支出标准。

——调整费率。省劳动厅与财政厅在认真测算的基础上，拟出了煤炭等10个行业1999年缴费费率执行方案，经省政府批准后上报劳动和社会保障部、财政部，并根据两部批复下发专门文件，对行业企业基本养老保险缴费费率及时进行了调整，保证了行业企业基本养老保险统筹基金的正常运转。

——清理违规退休。按照国务院有关规定，省劳动厅对行业企业职工办理违规退休情况进行了调查，在此基础上下发了专门文件；对违规退休按国家标准进行了清理，通过清理审查违规退休节支3.4亿元，并将清查结果向省政府做了书面汇报。有效地遏制了行业企业违规办理退休的现象，减少了行业基金收支缺口。

4. 制定省级调剂方案。按照辽宁省政府的部署，省劳动厅、省财政厅抽调人员组成了工作小组，对省级统筹进行了反复测算和分析，测算出了上百万个数据，先后提出了十几套方案，并及时向省政府领导进行了汇报。经省政府领导研究，确定了“市级核算、自求平衡、适当调剂、市间互助”的省级统筹模式，并已开始运转。省劳动厅、省财政厅按照省政府领导的要求，共同草拟了《基本养老保险基金市间互借方案》《基本养老保险省级调剂金使用管理暂行办法》，待省政府批准后实施。

5. 加强基金管理与监督：

——完善基金财务管理制度。省劳动厅对各市基金管理使用情况定期进行检查，加强了对各项社会保险基金的管理。进一步完善相关财务制度，严格执行收支两条线制度，确保基金专款专用。

——设立举报监督电话。按照省政府和省劳动厅的要求，各市社会保险机构全部设立了社会保险基金举报监督电话，并从1999年4月1日起全面开通。截至12月末，全省共接到养老金发放等方面的监督举报电话11 435件次，并及时进行了处理，结案率达87%。

——清理回收挪用挤占基金。全省各市劳动部门和社会保险机构在当地政府的领导下，加强了对基金的管理监督，1999年以来未发生新的挪用挤占基金现象，并在此基础上，回收清理历年挪用挤占基金1.1亿元。

6. 努力争取基本养老保险基金全额缴拨和养老金社会化发放。全省各市结合当地实际情况，逐步变基本养老基金差额缴拨为全额缴拨。到12月末，全省基本养老保险基金全额征集率为61.5%。在全额征缴率提高的基础上，各市逐步扩大了养老金社会化发放范围，社会化发放率为36%。

此外，《辽宁省城镇企业职工养老保险条例》已于1999年5月份正式颁布。条例的出台，结束了辽宁省养老保险工作靠行政管理的历史，步入了依法管理的新阶段。随后，省政府以104号令发布了《辽宁省城镇个体工商户及其从业人员基本养老保险办法》，为辽宁省实现养老保险全覆盖提供了法律保障。

7. 其他社会保险事业也取得了较大的发展。失业、医疗、工伤、生育以及机关事业单位社会保险工作取得较大进展：按照中央部署和辽宁省失业保险基金明显不足的实际情况，及时提高了用人单位缴纳失业保险费的比例，并实行了个人缴纳失业保险费的新机制。截至12月末，收缴失业保险金6.4亿元，比上年增加1倍。失业保险覆盖面已达到96.6%，人数为696万人，城镇失业人员登记失业率为3.3%。起草了《辽宁省失业保险条例》(草案)，已经省政府常务会议讨论通过，报省人大审批。省劳动厅与省财政厅联合下发了调整失业保险基金项目的通知，规范了失业保险基金的管理。全省有358万企业职工参加了工伤保险，基金收入9 263万元；有201.5万人参加了生育保险，基金收入4 910万元；全省机关事业单位已有60万名工作人员参加了养老保险，有40万人参加了失业保险，机关事业单位养老保险基金滚存积累7.15亿元，失业保险基金滚存积累3 500万元；全省农保基金滚存积累5.6亿元。

按照国务院统一部署，加快了医疗保险制度改革步伐，在大量调查研究和部分地区试点的基础上，制定了《辽宁省城镇职工医疗保险制度改革实施意见》及相关政策，在全省初步建立起城镇职工基本医疗保险制度。加快了理顺医改工作机构和职能的进度，全省已有12个市理顺了医疗保险机构和职能；已有13个市制定或出台了医改方案，大连市医改方案省政府已于1999年8月份正式批准后实施，医改工作走在全省乃至全国的前面。

二、认真贯彻中央12号文件精神，提高三条社会保障线标准

中央12号文件和国办发69号文件下发后，辽宁省劳动厅立即着手对辽宁省提高三条社会保障线水平所需资金进行测算，并积极争取国家支持。制定了《辽宁省贯彻国务院办公厅转发劳动保障部等部门关于做好提高三条社会保障线水平等有关工作意见的通知实施方案》以及4个配套的实施办法，经省委常委会和省政府常务会议通过。9月5日，省政府召开了全省提高三条社会保障线水平等有关工作会议进行部署，要求各地要克服一切困难，千方百计筹集资金，确保在9月14日前将各项政策落实到位。根据辽宁省提高三条社会保障线水平工作的实际情况和中办、国办密码电报精神，省劳动厅、财政厅本着实事求是的原则，下发了操作性较强的《关于落实辽劳字〔1999〕92号文件补发拖欠企业离退休人员养老金的补充通知》和《关于进一步做好补发拖欠企业离退休人员基本养老金有关问题的通知》，并连夜召开了紧急会议进行部署。为了把这项工作抓实，把好事办好，省政府对提高三条社会保障线水平等项工作实行了日调度制度，并组成7个督察组，到各地督促检查。到1999年9月末，全省有39.9万名地方国有企业下岗职工领到了增补的基本生活费，占应领人数的99.9%，共补发资金9 202万元；有243.9万名参加统筹的企业离退休人员领到了增补的离退休费，共补发资金44 601万元；有10.1万人领到了增补的失业保险金，共补发资金1 386万元；共为98万名离退休人员补发拖欠养老金17.8亿元，除中央下拨的专项资金161 758万元全额投入外，又从财政借款9 988万元，动用结余和企业自筹等6 300万元。

三、劳动和社会保障其他各项工作取得明显进展

(一) 劳动关系与监察工作

1999年以来，劳动关系调整与监察工作重点开展了社会保险费征缴执法大检查，处理集体访和突发事件，规范国有企业劳动关系等3个方面的工作。

——劳动监察结合年检指导全省组织98个小组，检查用人单位5.4万户，涉及人员390万人，查处违法单位9 300户，对1 300户严重违法单位进行了处罚。追缴社会保险金1.4亿元，追缴工资6 753.1万元，清退抵押金

302.8万元，补签劳动合同21.8万人，纠正非法中介机构227个。

——下发了《处理集体访和突发性事件工作预案》，快速平息了鞍钢、本钢、锦州纺织厂及煤炭集体访和突发性事件99起。全省117个仲裁委员会受理劳动争议案件2612起，结案率达97.3%。

——为清理国有企业离岗职工劳动关系，制定了《关于进一步理清国有企业劳动关系的有关规定》，使19.9万名国有企业下岗职工理顺了劳动关系。

（二）综合计划工资工作

1999年以来，辽宁省在计划与工资工作中突出抓了完善两个机制：一是完善与企业产权制度改革相配套的工资宏观调控机制，继续执行工效挂钩与工资包干办法，全面实行工资手册制度；二是深化企业内部分配制度改革，完善企业内部工资分配机制，探索按劳分配与按生产要素分配相结合，10%的企业实行企业内部分配方案备案制度。1999年10月，省劳动厅又代省政府起草文件，调整企业最低工资标准。搞好4个试点，继续扩大企业经营者年薪制试点，试点企业比1998年增加100户左右；沈阳、大连、鞍山3个市已开展劳动力市场工资价位试点；已有9个市实行企业工资指导线试点；全省有140户外商投资企业开展集体协商谈判决定工资水平试点。

（三）职业培训工作

1999年以来，职业培训工作狠抓了劳动预备制的实施工作，全省已有11个市出台了实施方案，有9万人接受了就业前培训和职业教育；组织开展职业资格证书宣传周活动；对全省鉴定所（站）统一规划和编码；完成了10个工种的两校统一鉴定，完成17个工种的社会统一鉴定和两批技师和高级技师的培训考核和发证工作；完成全省技校布局调整，成功举办了全省技工学校应届毕业生车工专业技能竞赛，在全社会产生了重视技能、重视人才的影响；辽宁省承担的国家题库辽宁分库开发任务受到劳动和社会保障部的通报表扬。此外，还向省政府法制办报送了《辽宁省社会职业技能培训劳动机构管理暂行办法》（送审稿），以进一步规范管理，提高辽宁省的社会力量办学质量。

（四）安全生产工作

1999年以来，进一步加大了转制企业、煤矿以及建筑、石化等重点行业的劳动安全卫生监察力度，经省政府同意，省劳动厅与省经贸委、省总工会联合下发了《关于加强转制改制企业安全生产工作的通知》，组织了煤矿、建筑、石化等重点行业专项监察活动，使全省工矿企业安全生产形势相对稳定。1～12月份，全省工矿企业共发生死亡事故492起，死亡694人，重伤事故268起，重伤331人，与1998年同比，事故死亡人数下降2.5%。做到了出事故现场率100%，事故结案率100%。

四、以“三讲”教育为重点，全面加强党的建设和机关建设

1999年，在辽宁省委和省直工委的领导下，省劳动厅以“三讲”教育为重点，强化领导班子和干部队伍建设，有针对性地开展思想政治工作，认真贯彻《基层组织工作条例》，严格实行党风廉政责任制，积极推进政务公开制度，全面加强了党的建设和机关建设，充分发挥了党员先锋模范作用和基层党组织的战斗堡垒作用，确保了工作目标的完成。

（一）开展“三讲”教育工作，强化领导班子和干部队伍建设

按照省委的统一部署，省劳动厅从1999年9月15日开始，利用65天的时间，在厅领导班子和机关处级以上领导干部中开展了以“讲学习、讲政治、讲正气”为主要内容的党性党风教育工作。通过思想发动学习提高、自我剖析听取意见、交流思想开展批评、认真整改巩固成果4个阶段，学习了中央规定的学习书目，在广泛征集群众意见的基础上，查找了党性党风方面存在的问题，认认真真召开了专题民主生活会，制定了整改方案。针对一些部门业务工作相互交叉多而又相互通气少的问

题，重新制定了公文会签制度，重申了督办催办规则；针对班子成员之间忙闲不均的问题，对班子成员的分工进行了适当的调整，充分发挥了班子每个成员的作用；针对理论学习问题，制发了《中共辽宁省劳动厅党组关于加强理论学习的意见》，年底前安排了两次学习辅导；针对党风廉政建设问题，制定了《劳动厅党风廉政建设责任制暂行规定》；针对信访工作量急剧增加的问题，成立了厅信访工作领导小组，实行了厅领导接待日制度，加大了对信访工作的力度，使整改工作初见成效。

（二）狠抓三个教育，严格党员管理

1. 抓住“三讲”教育的契机，对党员干部进行了马克思主义理论和邓小平理论的教育，并将“三讲”教育的学习同学习十五届四中全会决议密切结合，从而使党员干部系统地学习了马克思主义基本理论和邓小平理论，提高了运用马克思主义的观点、方法解决现实问题的能力。

2. 针对法轮功邪教问题，对党员干部进行了理想信念教育和法制教育。“4·25”事件之后，省劳动厅及时组织党员干部学习了中办通报精神，以支部为单位召开了“共产党员要坚定共产主义信仰”的专题民主生活会。对法轮功练习者进行了调查摸底和深入细致的思想政治工作，建立了严格的责任制，包干负责层层抓落实。通过教育转化工作，不仅从政治上挽救了曾经习练法轮功的同志，同时使党员干部普遍受到了一次坚定共产主义信念的教育和法制教育。

3. 结合以美国为首的北约轰炸我驻南使馆的暴行和建国50年大庆、澳门回归3件大事，对党员干部进行了爱国主义教育。通过组织参观《目击暴行——战地记者吕岩松摄影展》，召开对北约轰炸我驻南使馆暴行的声讨会，开展50年大庆系列活动等，不失时机地对党员干部进行了系统的爱国主义教育、革命传统教育，极大地激发了党员干部的爱国热情，调动了党员干部立足本职岗位、做好劳动保障工作的积极性。

（三）实行党风廉政责任制，加强党风廉政建设

通过组织学习党纪政纪条规，观看有关廉政教育专题片，增强了党员干部反腐倡廉的自觉性。1999年3月，省劳动厅在盘锦召开了全省劳动社会保障系统党风廉政建设和纠风工作会议，传达了省委八次全会精神，总结和部署了廉政建设和纠风工作，交流了各市工作的基本经验和做法。他们还结合工作实际，制定了省劳动厅《1999年劳动系统纠正行业不正之风责任状》《党风廉政建设责任制暂行规定》，落实了党风廉政责任制，加强了行风管理，严肃了党纪政纪。

（四）推进政务公开制度，转变机关工作作风

1999年，省劳动厅在政务公开的基础上，加强了重点窗口、重点岗位的管理，在窗口单位开展了“三优”文明窗口创建活动。年初，在辽阳召开了全省劳动系统“三优”文明窗口创建活动座谈会，交流了“三优”文明窗口创建活动的经验和做法，部署了1999年“三优”文明窗口创建工作；年中，下发了《关于在全省劳动系统“三优”文明窗口先进单位进行考核验收的通知》，对全省14个市、5个分设的保险总公司的“三优”文明窗口单位进行了检查验收；年末，下发了《关于在全省劳动和社会保障系统窗口单位开展优秀个人评选表彰活动的通知》，进行了窗口单位和岗位先进个人评比工作。通过“三优”文明窗口创建活动，丰富了政务公开的内容，推进了政务公开制度，收到了提高工作质量，提高服务水平，提高工作效率，提高窗口单位干部素质的效果。

（辽宁省劳动和社会保障厅）

大 连 市

1999年，大连市劳动保障工作在市委、市政府的领导下，在国家劳动保障部的指导下，紧紧围绕经济结构调整和国有企业改革，继续以巩固两个确保为重点，坚决贯彻党中央、国务院关于两个确保的一系列要求，将贯彻中央精神和大连市实际结合起来，积极探索符合市场经济要求，与大连市经济发展水平相适应的社会保障机制，并以之为龙头，配套联动，综合推进劳动保障制度改革，各项工作均取得一定成效。有力地支持了国有企业改革，维护了社会稳定。

一、全面完成两个确保工作

1999年，大连市共有下岗职工10.5万人，其中实行“三三制”的54 168人，出中心的52 053人，实现再就业的52 053人（其中自谋职业49 611人）。全年筹集再就业资金45 792万元，保障了下岗职工的基本生活。其中财政调整支出结构，安排了24 915万元，占54.4%；社会筹集（主要是失业保险）13 741万元，占30%；企业自筹7 136万元，占15.6%。年底领取失业救济金人数45 467人，比1998年19 303人增加135.5%。当期失业职工人数大于下岗职工人数。

1999年全市收缴养老保险金15.8亿元，支付19.07亿元。其中为7.5万名退休人员补发欠缴的养老金1.1亿元，彻底解决了连续几年的欠发问题。到年底，养老金全部实现了社会化、按时足额发放。

（一）下岗职工基本生活保障和再就业工作

从转换国有企业下岗职工身份入手，大连市建立了快出中心再就业、积极的基本生活帮助和促进市场就业等再就业机制。主要抓了4件事：一是开展“一家一策”帮困活动。市政府组织劳动、民政、教育、卫生、工会等部门，针对特困下岗职工的困难原因，实行对口帮困。对因就业造成生活困难的，劳动部门提供就业岗位，采取援助就业措施，帮助尽快上岗就业。二是实行了定期生活救助。在春节、“五·一”国际劳动节、国庆节期间，专门向全市特困下岗职工进行生活救助，保证这些下岗职工能与全市人民一道欢庆节日。三是实行劳动代理。成立了劳动代理机构，专门对下岗自谋职业人员提供档案保管、代缴保险、就业服务等8项服务，还对3个月以上未就业者实行重点服务，组织他们参加就业培训，帮助他们在短期内实现再就业。对月工资达不到劳动力市场最低工资指导线（400元）、技能水平达不到岗位要求、生活困难的人员给予转岗就业援助。以戚秀玉命名的职业介绍所发挥了示范作用，全年为1.5万名下岗、失业人员介绍了工作。四是认真贯彻落实中央12号文件精神，组织制定工作方案，积极筹措资金，为全市下岗、失业人员按规定提高了待遇。

为做好上述工作，一是加大了资金筹措力度，确保了资金需求。市政府调整财政支出结构，优先安排专门保证下岗职工基本生活的资金3个多亿。1999年下半年，为了保证失业保险金需要，又多筹集1.4亿元，补充失业保险基金。二是加大对困难企业和地区的支持力度，从政策上给予优惠和倾斜。对实行“三三制”筹集资金困难的企业，降低企业承担的比例，对特别困难的由财政兜底。三是形成了全社会促进再就业的工作网络。抓基层，打基础，建立起以街道为主体的再就业和生活保障体系，全市大多数街道建立了下岗自谋职业人员台账和跟踪服务走访记录，责成专人帮助他们寻找岗位，为他们提供政策咨询，帮助他们办理工商、税务、房管等与就业有关的手续，形成了强有力的工作网。四是根据再就业工作的总体要求，积极发展社区服务，加大社区服务力度，因地制宜发展第三产业，拓宽就业领域，扩大再就业，全年使近万名下岗、失业职工实现了上岗就业。

（二）确保养老金按时足额发放

1999年，大连市继续坚持实行总量控制、定额调剂、自求平衡的市级统筹下的两级政府共同负责的制度，充分调动各级政府的积极性，养老保险工作取得了突破性进展，确保了养老金按时足额发放。一是养老保险扩面工作取得新突破。至12月底，全市养老保险参保人数净增6.9万人，达到89.5万人，有效地扭转了因国有企业下岗、分流等原因造成参保人员减少的趋势。二是养老保险基金征缴任务超额完成。全市征缴养老保险基金15.8亿元，超过年初确定的15.7亿征缴目标0.1亿元，收缴率保持在96%以上；追缴企业历年拖欠养老保险费8 453万元，超过年初5 000万元清欠任务目标3 453万元，有力地保证了全年养老保险费征缴任务的完成。三是企业拖欠的退休人员养老金全部补发。为解决企业资金不足和差额缴拨造成的企业拖欠退休人员养老金问题，1999年1月起，大连市社会保险基金缴拨方式，全部改为全额缴拨。在确保按时足额发放养老金的同时，大连市把补发工作作为确保工作的重要组成部分，对过去拖欠的养老金在摸清底数基础上划分责任，逐步补发。至1999年6月末，全市1998年7月前633户企业拖欠72 534名退休人员的1.1亿元养老金全部补发完毕。四是养老金社会化发放目标基本实现。至年底，全市32.7万名离退休人员，已有31.8万人通过银行领取养老金。五是贯彻国务院提高离退休人员待遇的决定，完成了离退休人员提高待遇的工作。提高待遇后，大连市企业离退休人员人均养老金达到491元，人均月增资66.30元，增资幅度为15.6%。

二、基本医疗保险制度改革稳步推进，基金实现良性运行

1999年1月，依据《国务院关于建立城镇职工基本医疗保险制度的决定》，大连市对医改运行模式进行了调整，实现了新老政策的平稳过渡；同时，加强了对定点医疗机构的监督管理，提出并实施了“实时管理”，取消了3家违规医院的定点资格。在保障职工基本医疗的同时，强化基金的收缴和管理。1999年，全市收缴医疗保险基金24 358万元，收缴率达97.5%，扭转了医疗保险基金赤字运行的局面，实现当年收支基本平衡。初步理顺了医疗保险管理体制，成立了大连市城镇职工医疗保险管理服务中心，对全市企业、机关、事业单位的医疗保险实行统一管理。制定了大连市城镇职工基本医疗保险改革实施方案，1999年8月，省政府正式批准了这一方案。按照国务院和劳动保障部及方案的要求，起草制定了就医管理办法、结算办法、医疗机构审定管理办法等10个配套政策。至年底，全市有2 080个单位、32.9万名职工参加了基本医疗保险。

三、工资工作有新起色，加快了工资制度改革步伐

1999年，大连市在探索新的分配方式，加强宏观调控的力度，调整工资分配关系等方面取得了一定成效。一是试行了工资指导线制度。经市政府同意，报国家劳动保障部批准，发布了1999年企业工资指导线，并制定了执行办法，使之与工效挂钩、工资发放有机地结合起来，保持了企业工资在提高效益的前提下适度增长。二是试行了劳动力市场工资指导价位。通过对1998年全市部分行业、企业工资发放情况的调查，制定了85个工种的工资价

位，并通过劳动力市场发布，使用人单位在招工时能了解劳动者的工资水平，在改进工资方案时，引入公布的价位，使劳动者求职时能够知道自己的身价。三是试行了人工成本预警预报制度。1999年7月，首先发布了制造业企业人工成本各项指标，9月，对人工成本超过本行业平均水平，企业增加值、销售收入、实现利税低于本行业平均水平的8户企业提出了预警。四是对工资分配形式和进一步做好工资工作进行了积极的探索。探索集体协商确定工资的办法，在市内8户非公有制企业中实行按照工资指导线确定的水平，通过集体协商确定工资的试点；探索了企业内部工资分配形式，总结部分企业的做法，进行了推广；探索了遏制拖欠工资问题和偿还拖欠工资问题的解决办法，取得一定效果。五是加强了宏观调控。制定了下岗职工再就业最低工资规定，调整了最低工资标准，建立了企业内部分配备案制度；加强了工资内外收入的检查；进一步完善了工效挂钩办法；对亏损企业、拖欠养老金的企业的工资发放进行了控制，对亏损企业按月审批工资，对拖欠工资企业严格把关，适时向全市企业通报拖欠工资情况，对拖欠养老金的企业执行最低工资，使企业降低了工资发放水平，补缴了养老保险费。

四、理顺劳动关系工作取得重大进展

（一）进一步完善劳动仲裁工作机制

妥善处理劳动争议案件，稳定了劳动关系。1999年，大连市各级劳动仲裁机构处理劳动争议案件610件，比同期上升13.2%；为企业和职工追回各种损失和工资及各种待遇9 496万元。1999年，全市共接待来访群众50 568人，处理来信337件，热线电话33 919人次，来访人数比同期上升47.6%。

主要工作：一是完善三方机制，充分发挥三方作用。成立了由劳动保障局、经委和总工会三方组成的劳动关系协调委员会，研讨劳动关系方面带有全局性的重大问题，协商处理重大劳动争议和违法侵权案件，监督劳动法律、法规的贯彻落实以及研究劳动关系变化等，扩大了三方合作领域和范围，增强了预防和处理劳动争议的实效性。二是拓宽了劳动争议处理渠道。在当事人选择仲裁员制度的基础上，实行在兼职仲裁员中选择首席仲裁员制度；开展了劳动仲裁乡镇派出机构的试点工作，在全市建立了12个乡镇办事处，建立了工作制度，设立了标准的仲裁庭，统一制作了仲裁文书，为仲裁向乡镇延伸打下了坚实的基础。三是进一步加强了劳动争议预防工作。加强了调解委员会成员的业务培训，改革了办案形式，公开开庭，以案示法，收到开一个庭，教育一片的效果；开发区劳动人事局针对辖区内无主管部门企业多的实际，还建立了15个劳动关系信息网络，加强了信息沟通，起到了较好的预防作用。

（二）理顺劳动关系工作全面开展

对全市2 292户国有、集体企业，59.9万名在册职工，15.8万名离岗人员的劳动关系进行了清理和理顺，占在册职工的26.4%。其中涉及应取消的停薪留职、“两不找”、挂名、请长假、因私出国和外借6种形态的离岗人员5.2万人，占离岗人员的32.9%。通过理顺劳动关系，对40 554名应取消的6种人员进行了清理，占应清理人员的78.5%，劳动管理工作逐步实现明晰、正规的目标。为做好这项工作，一是突出重点，明确责任，加强指导，保证理顺工作规范、有序进行。认真细致地开展调查摸底，全面掌握涉及理顺劳动关系人员、企业的基本情况；认真总结1998年的试点经验，并以政府规章的形式，向全市发布，在全市推行此项工作；在国家无规定、无经验可借鉴的情况下，及时采取合理措施，有针对性地制定政策，对应取消或保留人员的处理方法、解除或终止劳动关系的去向、办理程序、经济补偿等问题作了明确规定，使理顺工作有章可循；建立组织领导体系和分工负责制度，深入企业进行细致指导。二是将理顺工作和劳动合同管理工作结合起来，边理顺、边完善、边巩固。针对在理顺过程中发现的部分企业和职工在签订劳动合同时，对合同条款不加重视，盲目签订，合同签订后，不及时发给职工等合同签订中存在的问题，把提高劳动合同质量作为工作的突破口，和理顺工作配套进行。抓住劳动合同制定、签订、鉴证等几个重点环节，进一步进行了规范，启用了新的合同文本。在企业中实行了内部规章制度的备案制度，分批实行了劳动合同卡制度，实施劳动合同动态管理。三是适应就业形式的变化，规范了职工档案管理工作，有效地解决了职工档案丢失或缺少必要的资料、流入个人手中等企业档案管理中的问题，使档案得到充分利用，巩固了清理工作的成果，也为市场就业创造了条件。

（三）劳动监察工作成效显著

1999 年，劳动监察工作以《劳动法》为统领，紧紧围绕劳动保障中心工作，不断健全监察手段，加大监察力度，扩大监察覆盖面，使大连市的劳动保障监察工作得到全面的加强和深化，为社会保险的扩面征缴，为促进两个确保和再就业工作，为维护劳动者的合法权益作出了积极的贡献。1999 年，全市共检查用人单位37 083户，其中常规巡视监察用人单位13 288户，完成全年常规巡视监察8 000户计划指标的 166.1%；受理群众投诉举报，立案1 056件，结案1 046件，结案率为 99.05%；劳动年检用人单位22 739户。通过检查，查处用人单位非法招用外来劳务工28 947人，责令补办了用工手续；责令用人单位同46 277名劳动者补签了劳动合同；为19 646名劳动者追发被克扣、拖欠的工资6 502.51万元；为1 601人退还被非法收取的风险抵押金 73.61 万元；为13.69万名劳动者追缴社会保险费6 792.4万元，新增参保27 017人；查处并清退童工 14 名；平息突发性事件 6 起；为下岗职工再就业提供有效岗位5 745个；对 956 户严重违反劳动法律法规的用人单位，给予了行政处罚，罚款入库 427.02 万元。

（大连市劳动局）

吉 林 省

1999年，吉林省的劳动保障工作在省委、省政府的领导和劳动和社会保障部的指导下，紧紧围绕改革、发展和稳定的大局，突出两个确保这一重点，加大力度，攻坚克难，取得了重大进展。

一、两个确保工作取得新进展

1999年，吉林省认真贯彻党中央、国务院和省委、省政府关于下岗职工基本生活保障和再就业及养老保险工作的一系列重大决策，加大工作措施，推动两个确保工作不断向纵深发展。

在下岗职工基本生活保障和再就业方面，继续坚持“党委政府牵头、部门组织协调、企业各负其责、职工自强自立、社会广泛参与”的工作方针，深入研究和贯彻落实推进再就业的政策措施，不断加大工作力度。为了进一步做好国有企业下岗职工基本生活保障和再就业工作，针对部分企业下岗职工管理不规范，再就业服务中心基础建设比较薄弱等问题，于4月份在全省统一组织开展了“规范再就业服务中心工作月”活动，按照“六有一发”的要求，严格标准，严格程序，规范中心的运作，使全省再就业服务中心基础建设水平明显提高，功能作用普遍增强。同时，积极筹集资金，全年共筹集基本生活保障资金10.6亿元，其中，上年结余2.74亿元；当年地方安排3.82亿元（财政预算安排2.32亿元，社会筹集0.74亿元，企业自筹0.76亿元）；中央财政拨款4.04亿元。同期发放下岗职工基本生活费5.99亿元。特别是9月份，按照国家关于国有企业下岗职工基本生活费标准提高30%的有关要求，认真做好调标工作。1999年，全省国有企业累计有下岗职工58.49万人，其中，当年新发生下岗职工24.45万人，上年结转34.04万人，全年减少24.09万人，到年末，全省尚有下岗职工34.4万人，其中，签协议、进中心27.48万人。大力加强再就业服务工作，培育和发展劳动力市场，截至年末，吉林省劳动力市场场所面积已达19 617平方米，使用各种型号计算机149台，其中，有15个市、县（市、区）装备了大型电子显示屏幕。全省共有各类职业介绍机构781个，其中，劳动部门办597个，非劳动部门和公民个人办184个。劳动部门办的职业介绍机构中，省级2个，市州级12个，县（市、区）级60个，街道和乡镇523个。共接待求职登记29.85万人次，介绍成交28.89万人次。并且全年通过劳动力市场使近10万名下岗职工实现了再就业。强化再就业培训，组织社会各方面力量，多渠道、多形式培训下岗职工，全省共对13万名下岗职工进行了再就业培训，培训后就业7.41万人，培训就业率达到57%。积极拓宽就业门路，促进下岗职工多渠道分流安置。全省共有20.77万名国有企业下岗职工实现了再就业，再就业率达到35.5%。

在养老保险方面，以“两级调剂、三级管理”为主要内容，进一步完善了养老保险省级统筹的政策措施，促进了省级统筹调剂金制度的全面建立，对保持省级统筹的平稳运行起到了重要作用。二季度，按照劳动和社会保障部和省政府的统一部署，在全省范围内开展了为期3个月的社会保险扩面征缴攻坚战。通过各方面的共同努力，全省养老保险扩面征缴工作取得了阶段性成果。养老保险扩面31.56万人。强化养老保险金征缴工作，全力保发放。1999年省级统筹基本养老金全年征缴43.7亿元（不含中央补助资金），征缴率为92.5%，其中地方统筹部分征缴33.7亿元，比上年增长17.83%；基本养老金支出60.8亿元（含补欠和调整待遇），其中地方部分46.7亿元，比上年增长54.64%。与此同时，养老金社会化发放工作也有较大进展，离休干部基本实现了社会化发放，破产关闭企业也逐渐开始实行社会化发放。同时，认真落实中央12号文件精神，全力做好养老金调整和补欠工作。按照要求，于1999年国庆节前，调整和补发了养老金。全省共补发省级统筹单位拖欠离退休金11.76亿元，其中使用中央补助资金10.07亿元。全省共支付调整养老待遇资金3.05亿元。

二、劳动就业工作取得较大发展

1999年，全省采取有效措施，多渠道开发就业岗位，积极促进各类人员就业。全年全省国有企业下岗职工和再就业情况已于上述。1999年，全省共有女职工188万人，有下岗女职工20万人。其中，国有企业进入再就业服务中心并签订基本生活保障和再就业协议的下岗女职工为11.8万人，全部领到了基本生活费。经过努力，全年共有8.1万名国有企业下岗女职工实现了再就业。同时，全省依法按比例安排残疾人就业工作取得突破性进展，共建立各级残疾人就业服务机构70个，市、县（市、区）按比例就业工作实施面达到100%，集中就业继续发挥着积极作用；个体就业和自愿组织起来就业发展较快。全省共安排残疾人就业8 269人，其中，按比例安排残疾人就业1 625人，集中就业1 611人，个体就业5 033人。收缴残疾人就业保障金1 700多万元。1999年，全省城镇新就业人数为9.98万人，比上年下降5.7%，其中，到国有经济单位就业的1.44万人，到城镇集体经济单位就业的0.81万人，到其他各种经济类型单位就业的3.32万人，从事个体经济的4.41万人。其他各种经济类型单位和个体经济组织已明显成为就业的主渠道，占就业总人数的77.45%。期末尚有城镇登记失业人员21.52万人，登记失业率为3.3%。

1999年，吉林省全部单位从业人员为357.9万人，比上年下降5.9%，其中，全部在岗职工为352.6万人，比上年下降5.8%；全部离开本单位仍保留劳动关系的人员为112万人，比上年增长2.9%。全部企业单位在岗职工为246万人，比上年下降7.8%；全部企业单位离开本单位仍保留劳动关系的人员为107.7万人，比上年增长2.6%。

国有经济单位在岗职工为265.8万人，比上年下降7.2%；离开本单位仍保留劳动关系的人员为70.2万人，比上年增长2.3%。国有经济单位中，国有企业单位在岗职工为161.5万人，比上年下降11.1%；离开本单位仍保留劳动关系的人员为66.1万人，比上年增长1.9%。国有事业单位在岗职工为80.8万人，比上年下降0.3%；离开本单位仍保留劳动关系的人员为3.7万人，比上年增长9.2%。国有机关单位在岗职工为23.5万人，比上年下降1.6%；离开本单位仍保留劳动关系的人员为0.4万人，比上年增长39.8%。

集体经济单位在岗职工为48.4万人，比上年下降14.3%；离开本单位仍保留劳动关系的人员为33.8万人，比上年增长0.02%。

其他经济单位在岗职工为38.4万人，比上年增长23.2%；离开本单位仍保留劳动关系的人员为8万人，比上年增长23.6%。

三、认真做好困难职工生活保障工作

1999年度，吉林省认真做好保障困难企业职工基本生活的各项政策、措施的督促落实工作，全年共核发《特困职工证》71 336份，为职工开展生产自救、摆脱困境创造了条件。继续实行党政领导机关、领导干部联系困难企业、困难职工的活动，积极筹措落实资金，对特困职工实行救济。在做好经常性的救济、救助工作的同时，重点开展了节日期间困难企业职工的基本生活保障工作。1999年春节期间，全省参加走访慰问的党政领导干部共有7 713人次，深入到787户困难企业和7 891户困难职工家庭进行走访慰问，共送去慰问金1 093.2万元，送去慰问品折合人民币32.1万元。另外，为13.35万名生活特殊困难的职工发放救济款4 003.5万元。

四、企业工资分配制度改革不断深化

1999年，全省劳动工资工作积极贯彻落实中央、国务院关于“扩大内需、刺激消费”的宏观经济政策，充分发挥工资指导线的调控功能，引导企业根据自身效益情况，依据工资指导线，确定企业工资增长幅度。全省国有企业已有35.17万名在岗职工调整了工资。发挥劳动力市场对企业工资分配的基础性调节作用，在长春和吉林两个城市开展了劳动力市场工资指导价位试点，发布了部分职业（工种）的工资价位和部分行业人工成本信息，利用劳动力市场价格信号指导企业合理进行工资分配。扩大企业经营者年薪制实施范围，1999年实行年薪制企业已达376户，为265户企业经营者审核兑现了1998年度年薪收入。稳步推进集体协商确定工资水平的试点工作，试点企业已经达到50户。发布了1999年最低劳动工资标准。为保障职工合法权益，指导企业主管部门抓好拖欠工资的困难企业工资发放工作，保证了职工队伍的稳定。加大了《企业工资总额使用手册》的管理力度，在保证企业在岗职工工资发放不低于最低劳动工资标准的基础上，把《手册》核签与“两费”征缴挂钩，有效地配合了劳动保障中心工作的开展。同时，职工工资水平也保持了良好的上升态势。

1999年，全省全部在岗职工平均工资为7 158元，比上年增长9.3%；全部企业单位在岗职工平均工资为7 051元，比上年增长8%。

五、劳动合同管理工作取得较大进展

1999年，全省各级劳动部门大力加强对劳动合同的管理，完善劳动合同管理政策，扩大劳动合同实施范围，取得了较大成绩。截至1999年底，全省城镇企业签订劳动合同的职工达到361.2万人，占城镇企业职工总数的99.2%；金融系统签订劳动合同的职工为5.4万人，占59.8%；乡村集体企业签订劳动合同的从业人员为36万人，占94.2%；城镇私营个体从业人员签订劳动合同的人数为29.5万人，比上年增加1.6万人。与此同时，加强对劳动合同管理工作的监督检查，在全省开展了对各类用人单位实行劳动合同制度情况大检查的活动。据统计，全省共检查72 039户企业，在检查的企业中应签订劳动合同的职工为286.03万人，实际签订劳动合同的达276.14万人，劳动合同签订率为96.5%。通过检查，共补签劳动合同8.4万人，对下一步妥善处理劳动关系起到了积极作用。集体合同制度稳步推进，截至1999年末，全省报送劳动行政部门审核登记集体合同的企业共有3 751户，比上年增加555户，涉及职工110.23万人，集体合同报送率继续保持在85%以上。集体合同在维护职工合法权益方面正在发挥着重要作用。

六、劳动保障监察工作有效地维护了劳动者的合法权益

1999年，全省各级劳动部门围绕“两个确保”和“社会保险扩面征缴攻坚战”等重点工作，集中开展了劳动监察专项执法检查，紧紧盯住群众关注的热点，对违反劳动法律法规、侵犯劳动者合法权益的行为作了查处和纠正。1999年，全省劳动监察机构共检查各类用人单位24 782户，涉及劳动者200万人。对一批用人单位的违法违规行为分别作出了相应处理；责令用人单位与5.2万名员工补签了劳动合同；为2 600多人补办了流动就业证卡；为劳动者追讨补发工资待遇77.4万元；责令用人单位向20.3万名劳动者退还非法收取的

抵押金5 500万元。特别是在社会保险扩面征缴攻坚战中，认真履行国家赋予劳动行政部门的监督检查处罚权，对11 700余家城镇各类企事业单位进行了检查，处罚了48户未能在规定期限内申报缴纳“两费”的用人单位，督促4 833户用人单位申报缴纳“两费”2.5亿元，实际催缴入库达5 463万元。同时，针对一些地方出现的非法职业介绍问题，组织开展了专项执法行动，共清理整顿民办职业介绍机构248家，对其中有欺诈行为的89家作了取缔处理，对存在违规问题的62家提出了限期整改要求，有效地维护了求职者的合法权益和劳动力市场的有序运行。

七、职业培训工作取得较大成绩

1999年，吉林省按照劳动和社会保障部“三年千万”再就业培训规划的要求，制定了吉林省1999年培训12万人的计划，并逐步分级落实到各地区、省直各企业。采取定期检查、按季度通报执行情况等办法，加强监督检查。同时，各级劳动部门采取积极有效措施，进一步动员社会力量，形成积极参与、共同推进再就业培训的工作局面。开展多种形式的合作，挖掘培训潜力，共同承担培训任务。由于各级领导重视，各部门、各培训机构积极参与，培训效果明显。1999年培训失业、下岗职工13万余人，完成年计划的110%；培训后就业7.5万人，培训就业率达57.7%。同时，按照中央〔1998〕10号文件要求，结合贯彻落实《国务院办公厅转发劳动和社会保障部、教育部等6部门〈关于积极推进劳动预备制度加快提高劳动者素质意见〉的通知》，与有关部门共同研究起草了吉林省全面推行劳动预备制度方案，及时召开“全省全面推行劳动预备制度加快提高劳动者素质”电视电话会议，对全省进一步广泛深入地开展劳动预备制度工作进行了部署。全省把推行劳动预备制度作为实施再就业工程的重要配套措施，与失业、下岗职工再就业培训统一规划、统一部署、统一检查、统一总结，集中主要力量和精力狠抓落实。1999年已有70 302名初、高中毕业生参加了劳动预备制度培训，为提高新生劳动力素质、缓解当前就业压力发挥了重要作用。并且，进一步加强了职业技能鉴定工作，职业资格证书在就业中的作用及社会的认可程度得到强化。根据劳动和社会保障部的统一部署，全省组织开展了11万多人参加的职业资格证书宣传周活动，使广大劳动者对推行职业资格证书的意义有了明确认识。同时，研究制定了《吉林省职业资格证书管理规定》，新建了一批职业技能鉴定站，新培训、评聘了一批考评员，新制定了一批管理制度，新开辟了一批鉴定工种。50个职业技能鉴定社会管理工种试题全部装配到位。1999年全省共组织111 398人参加了职业技能鉴定，核发职业资格证书107 276本。

八、社会保险制度改革积极推进

1999年，吉林省除做好“两个确保”工作中的养老保险工作外，还认真做好其他各项社会保险工作。认真贯彻执行《失业保险条例》，进一步完善失业保险制度，强化失业保险基金征缴，失业保险的覆盖范围逐步向事业单位、“三资”企业、私营企业职工扩展，保证了失业救济金和再就业资金的及时足额拨付。失业保险已覆盖各类企业职工291.9万人。征缴失业保险费1.73亿元，比上年增加96.3%；失业救济金支出4 819万元，比上年增加13.52%；拨付再就业资金11 128万元，比上年增加165%。全年共调剂和补发调标失业保险金621万元。全省调整失业保险金0.06亿元。同时，医疗、工伤、生育保险也继续保持了稳步前进和正常运行。根据《国务院关于建立城镇职工基本医疗保险制度的决定》和劳动和社会保障部的总体部署，省政府高度重视医改工作，成立了吉林省城镇职工基本医疗保险制度改革领导小组，组织有关部门在调研测算的基础上，起草了《吉林省医疗保险制度改革总体规划》，提出了加快医药卫生体制配套改革意见。并且先后起草了与《总体规划》相配套的基本医疗保险管理办法、离休干部单独管理、公务员医疗补助和职工补充医疗保险暂行办法等12个文件。其中,《吉林省城镇职工基本医疗保险定点医疗机构管理实施细则》等5个配套文件已经成型。同时,通过实地调研、测算,经省医改办研究并报省医改领导小组确定,吉林市作为国家医改重点联系城市,农安县、舒兰市、敦化市、伊通县、集安市、大安市、抚松县、前郭县、东丰县为省级医改重点联系县(市)。工伤保险已覆盖职工67.43万人;生育保险覆盖职工56.51万人。吉林省还进一步加强社会保险基金管理和基金征缴、清欠工作。对全省24个挤占挪用养老保险基金和14个挤占挪用失业保险基金的市县逐户逐笔进行清理,全年共收回被挤占挪用基金5 571万元,占应清收总量的74.1%。加强和完善财务管理,保证了收支两条线的顺利运行。计算机管理系统的开发工作进展显著,完成了打印职工个人账户对账单工作,保证了整个管理系统的正常运行。

九、劳动争议处理工作为维护职工队伍和社会稳定发挥了重要作用

1999年,劳动争议处理工作紧紧围绕劳动保障工作的中心任务,以促进社会安定和企业改革为己任,加强职工群众来信来访和劳动争议案件处理,积极预防和解决集体性突发上访事件,深入开展劳动法律咨询服务,化解了矛盾,妥善处理大量职工群众来信来访和劳动争议案件,有力地维护了职工群众的合法权益,为促进社会安定和企业深化改革作出了积极的贡献。

1999年,全省各级劳动行政部门共接待处理职工群众来信来访13 159件(批)次,涉及职工239 372人。全省共受理劳动争议案件1 008件,比1998年上升了29%,共涉及职工3 718人,结案957件,结案率达95%,共为当事人挽回经济损失1 900多万元。

十、安全生产继续保持稳定

1999年,吉林省政府认真贯彻落实党中央、国务院关于安全生产工作的重要指示,先后3次召开全省安全生产电视电话会议,省领导分别到会作重要讲话,并先后下发了《吉林省人民政府关于加强安全生产工作的紧急通知》《吉林省人民政府关于加强安全生产有关问题的紧急通知》。全省各级劳动部门切实履行职责,加大了安全生产综合管理和监督检查的力度,先后3次在全省范围内组织开展了安全生产大检查。同时,结合“’99安全生产周”活动,对全省安全生产情况进行了检查,全省共查出隐患12 876项,整改了11 150个,整改率达86.6%。尤其加强了对重点煤矿和事故多发地区的监察,全年共检查4 800个矿处,检查频率接近3,是原劳动部下达力争指标的3倍,查出各类事故隐患10 722项,督促整改9 816项,整改率达91.6%。通过努力,在加强建筑、化工、冶金等危险性较大的行业现场安全监察,取缔非法液化气充装站和制造与使用“土锅炉”,关闭整顿非法和不合格小煤矿,整改事故隐患等方面,都取得了明显成效,保持了全省安全生产形势的基本稳定。全年发生矿山事故216起,死亡260人,较控制目标低36.4%,是吉林省近年来死亡人数最少的一年;重大事故14起,死亡67人,较上年分别下降26.3%和39.1%。其中瓦斯爆炸事故的起数和死亡人数较上年分别下降73.3%和71.3%;非矿山企业发生重大事故3起,死亡9人,均比上年有较大幅度下降。

(吉林省劳动和社会保障厅)

黑 龙 江 省

1999年，黑龙江省的劳动保障工作在省委、省政府的正确领导下，在劳动和社会保障部的有力指导下，在各有关部门的大力支持下，全省各级劳动保障部门坚持以邓小平理论为指导，深入贯彻落实党的十五大精神，紧紧围绕省委、省政府中心工作，攻坚克难，埋头苦干，较好地完成了两个确保的工作目标，全面推进各项劳动和社会保障工作，有力地促进了全省的经济发展和社会稳定。

一、国有企业下岗职工基本生活保障和再就业工作取得重要成果

按照中央提出的深化国有企业改革，实施减员增效，实现三年解困目标，黑龙江省不断加强组织领导，各级劳动保障部门进一步加大工作力度，层层落实目标责任制，全力以赴做好下岗分流和再就业工作。1999年，全省下岗职工在上年结转52.8万人基础上，新增68.05万人，累计120.85万人，实现再就业51.24万人，再就业率为42.4%；截至年底，全省进中心并签订协议的国有企业下岗职工有65万人。在具体工作中，重点抓了以下4个环节：

（一）结合省情，制定相关政策

为贯彻落实党中央、国务院10号文件精神，根据黑龙江省的具体情况，制定出台了一系列配套政策和全省再就业工作5年规划。在扶持下岗职工自谋职业方面制定了30多条优惠政策，全省已形成比较完善的促进再就业的政策体系。同时，采取切实有效措施，狠抓政策落实，为下岗职工再就业创造了宽松环境。

（二）多方筹集再就业资金，确保下岗职工基本生活

到1999年底，全省已建立再就业服务中心4 437个。各地按照国家要求，进一步加强再就业服务中心管理，实施规范化运作，充分发挥再就业中心保生活的职能。为确保下岗职工的基本生活，各地严格按“三三制”的筹资原则，加大了再就业资金的筹措力度。一方面，积极加大财政投入，确保财政负担的1/3足额到位；对社会筹集部分，从失业保险金中予以调剂，同时努力开辟其他社会筹资渠道；对企业负担的1/3，督促企业自筹解决，实在无力自筹的，由财政兜底。另一方面，积极向国家反映黑龙江省的困难，争取中央财政支持。通过多方努力，全省共筹集下岗职工基本生活保障资金16.33亿元，为下岗职工发放基本生活费和代缴社会保险金15.4亿元。绝大多数进入再就业服务中心并签订协议的国有企业下岗职工的基本生活得到有效保障。同时，按照中央12号文件要求，提高下岗职工基本生活费标准，全省共计为46.35万名下岗职工增加了基本生活保障金。

（三）加强再就业培训，建立和完善就业服务体系

继续落实“3年130万”再就业培训计划，加强再就业培训和服务，引导广大下岗职工转变择业观念，提高职业技能，参加就业竞争。省内各大中专院校、技工学校、职业学校、各系统的培训中心都陆续面向下岗职工开展再就业培训。1999年培训下岗职工44.5万人，培训率为68%。同时，大力推行劳动预

备制度，全年完成了培训近20万新生劳动力的任务。

（四）广开就业门路，千方百计帮助下岗职工再就业

黑龙江省通过挖掘企业自身潜力，积极发展多种经营，分流主业上的富余人员，减少下岗压力。通过大力发展第三产业和非国有经济，特别是把发展社区服务业作为中心城市安置再就业的重要渠道。到1999年底，全省大城市区街两级社区服务中心已发展到200多个，共安置了38万多名下岗职工。同时，鼓励和扶持下岗职工面向社会需求，创办个体私营经济，走自谋职业之路。如创办下岗职工商贸市场、再就业商城、消费合作社等。全省通过自谋职业这条渠道实现再就业的下岗职工占下岗再就业总数的1/3左右。

在做好再就业工作的同时，各地注意做好新生劳动力的就业工作。1999年全省完成就业安置人数17万人，登记失业率控制在3.5%以内。

二、养老保险扩面和基金征缴取得实效，保障功能进一步增强

1999年是黑龙江省国有企业改革进入攻坚阶段的关键一年，在国有企业改革中长期积累的许多矛盾比较充分地暴露出来。体现在养老保险方面，主要是社会保险制度改革滞后，覆盖面窄，基金征缴困难，体系建设亟待完善。对此，按照中央和省委、省政府的部署，突出抓了以下三个方面工作：

（一）加快养老保险制度改革，逐步实现向全国统一的基本养老保险制度过渡

1．继续深入贯彻落实国务院和省政府关于养老保险制度的有关政策，特别是认真贯彻《黑龙江省建立统一的城镇企业职工基本养老保险制度的实施意见》《黑龙江省城镇企业职工基本养老保险规定》（省政府第16号令）和《黑龙江省城镇个体劳动者基本养老保险规定》（省政府第17号令），实行单基数单比例缴纳养老保险费，规范统筹项目和计发办法，改差额缴拨为全额缴拨，加快建立统一的基本养老保险制度。

2．继续完善中直行业统筹移交省级管理，搞好工作衔接。将中直8个行业39个单位的71.7万在职职工和24.3万名离退休人员直接纳入省级管理，制定出台了《关于调整中直行业统筹企业基本养老保险企业缴费比例等有关问题的通知》，调整中直行业缴费费率，逐步向全省平均费率过渡。

3．进一步提高养老保险统筹层次。按照国务院的要求，根据黑龙江省的实际，确定企业职工基本养老保险省级统筹实行两步走：第一步，1999年建立省级调剂金制度，2000年实现市地级统筹；第二步，经过3至5年，在全省实行统一费率、统一管理和统一调剂使用基金，统一对社会保险机构实行垂直管理。

（二）加大扩面和征缴工作力度，保证养老金按时足额发放

1．认真贯彻落实国务院颁布的《社会保险费征缴暂行条例》。在大力开展宣传教育工作的基础上，对不依法参加社会保险和拒不缴纳社会保险费的单位予以新闻曝光。省、市、县各级政府及企业层层签订责任状，建立目标责任制。各级劳动保障部门强化措施，狠抓落实。第二季度，在全省组织开展了社会保险扩面征缴攻坚战，各地成立专门工作机构，抽调精兵强将，沿街道进行“地毯式”清查登记，做到清查一户，登记一户，收缴一户。为解决城镇私营企业、个体工商户参加养老保险统筹问题，与工商等部门联合下发了《关于组织城镇私营企业、个体工商户参加基本养老保险社会统筹的紧急通知》，有力地推动了养老保险扩大覆盖面工作。截至1999年底，全省应参加养老保险的各类企业职工512.7万人，其中国有413.1万人，集体51.7万人，外资7.5万人，私营10.6万人，个体工商户29.8万人；实际参加养老保险的各类企业职工449.2万人，参保率为87.6%，其中国有402.3万人，集体34万人，外资6.2万人，私营1.9万人，个体工商户4.8万人，分别占应参加人数的

97.4%、65.7%、83%、17.9%、16.1%，与上年底相比，新增参保职工22.3万人。全年应收缴养老保险费71亿元，实际收缴61.3亿元（含提高待遇国家补助5.1亿元），收缴率为86.3%，比上年增加2.8个百分点；应拨付养老金74.3亿元，实际拨付71亿元（含提高待遇5.1亿元），拨付率为95.6%。

2．采取有效措施，努力解决养老金缺口。为确保按时足额发放离退休人员养老金，1999年动用结存基金4 500万元，使用省级调剂金5 062.2万元。此外，通过积极向国家争取，基本解决了煤炭、有色、军工行业基金缺口问题。

3．抓紧清理回收企业欠缴养老保险费和挤占挪用基金，提高基金支撑能力。截至1999年底，追缴企业欠缴养老保险费5.9亿元，仍欠缴27.8亿元；清理回收挤占挪用基金20 964.2万元，占挤占挪用基金总额的65%。

为确保元旦、春节期间养老金按时足额发放，省劳动厅组成6个工作组，分赴各地进行调查测算，了解地、市、县基金缺口及解决措施。1999年12月20日，王东华副省长召集省劳动、财政部门负责人，对“两节”期间确保养老金按时足额发放进行了认真研究，决定由省财政和省社保局分别筹资3 078万元和998万元，共计4 076万元，借给各地市补充收缴率达到90%以上存在的资金缺口。12月24日，省政府下发《关于确保“两节”期间国有企业下岗职工和离退休人员基本生活的紧急通知》，要求各地从讲政治的高度和维护社会稳定的大局出发，千方百计筹集资金，确保元旦、春节期间下岗职工和离退休人员的基本生活。

（三）认真贯彻落实中央12号文件精神，认真做好补发拖欠养老金和提高离退休人员待遇水平工作

黑龙江省社会保障方面历史欠账较多，为解决拖欠养老金问题，贯彻落实好中央12号文件精神，黑龙江省得到了国家的大力支持，国家补助该省补发拖欠的养老金161 069万元，补助提高离退休人员待遇水平资金51 216万元。为确保将资金发放到离退休人员手中，在发放过程中，省政府成立了以王东华副省长为组长的工作领导小组，并组成17个工作组分赴各地进行监督、检查和指导。共补发拖欠企业离退休人员养老金187 314.1万元，涉及离退休人员60.5万人；提高离退休人员养老保险待遇水平资金已于10月1日前发放完毕，涉及离退休人员143.7万人。通过这项工作，使黑龙江省养老保险的社会保障功能大为增强，确保了离退休人员的基本生活，促进了社会稳定。

三、失业保险工作取得新进展

1999年，黑龙江省紧紧围绕保障下岗职工、失业人员基本生活这一重点，认真贯彻落实国务院两个条例和黑龙江省《失业保险条例》，继续加强扩面和基金征缴工作，重点做好城镇集体企业、外商投资企业、事业单位和社会团体参加失业保险工作，失业保险向着全覆盖的方向发展。截至1999年底，全省参加失业保险职工达512.8万人，占应参保职工的79.8%，比上年底增加13.5个百分点，净增91.8万人。1999年全省收缴失业保险费3.4亿元，支付失业保险金2.8亿元。其中，为8.41万名失业人员发放失业保险金8 595万元，救济率达100%；为再就业服务中心调剂下岗职工生活保障资金1.57亿元。

四、医疗保险制度改革工作全面铺开

按照国务院要求，黑龙江省积极稳妥地推进医疗保险制度改革。为认真贯彻落实《国务院关于建立城镇职工基本医疗保险制度的决定》，省政府制定下发了《黑龙江省建立城镇职工基本医疗保险制度总体规划》。各地认真筹划，制定方案，稳步推进。到1999年底，全省13个市地中有7个市地启动医疗保险制度改革，参保人员112.8万人，覆盖面达到18.5%。根据本地实际，省劳动厅制定了一系列配套政策措施，为2000年全面铺开奠定了基础。

五、继续适度调控企业工资，逐步规范和完善企业分配关系

各地劳动部门和中省直企业主管部门认真执行国家和省下达的劳动工资计划，基本杜绝了企业无计划、超计划的现象发生。根据中央12号文件精神，经过调研，提出了调整企业在职职工收入的几点意见并下发执行。省政府下发文件，调整了最低工资标准。职工工资总额稳步增长，拖欠在岗职工工资明显减少，但由于经济发展制约，职工工资收入水平仍居全国末尾。

六、加强劳动力市场基础建设，逐步规范有形及无形市场

——着手建设覆盖全省的劳动力市场主干网络，加快劳动力市场“三化”建设步伐。经过积极争取，省财政一次性投入2 000万元资金，专项用于劳动力市场基础设施建设。利用这笔资金，为全省每个市、县配备微机3～5台，并开发了相应的软件，省、市劳动力市场已具备联网条件，省级劳动力市场有望在2000年接入公众信息网。

——对全省劳动力市场进行了清理整顿，共取缔撤销了非法职业中介机构263所，作出停业整顿、限期整改处理94所，对基本符合条件的102所重新进行了审批。

——加强劳动用工管理，规范用工行为，清理非法私招滥雇，维护了市场的正常秩序。

七、加大劳动监督和劳动关系调整工作力度，维护劳动关系的和谐稳定

各级劳动保障监察机构围绕“两个确保”，重点开展了社会保险缴费情况和下岗职工劳动关系调整监督检查，为扩大社会保险覆盖面，提高收缴率，维护下岗职工和企业合法权益作出了积极努力。此外，各地还加强了民工有序流动监察执法工作，维护了正常劳动力市场秩序。据统计，全省各级劳动监察机构共检查用人单位28 703户，涉及职工368.3万人，清退非法使用民工23 800人，补发克扣或拖欠劳动者工资436.4万元，补签劳动合同11.6万份，补办流动就业证卡28 600份。

针对近年来信访工作日益繁重的趋势，各级劳动部门普遍加强了劳动信访和争议处理力量，积极做好恶性事件预防预警。通过主动参与、跟踪了解、反复解释、耐心疏导、切实解决，有效地防止了严重后果的发生。1999年，全省各级劳动争议仲裁机构共受理案件2 189起，同比增长60%，到期结案率均达90%以上。此外，通过案外程序调解了一大批劳动纠纷。

八、采取多层次、多形式、多渠道的办学方式，确保培训质量，全面提高劳动者素质

围绕再就业中心工作，重点加强了对下岗职工的职业技能培训。继续做好职业技能培训和鉴定工作。1999年，全省共培训在职职工21.5万人，核发各类技术等级证书13.5万个，评聘工人技师、高级技师1 540人。同时，不断加强职业技能开发和开展下岗职工再就业培训工作的宣传力度。在省电视台“今日话题”节目播出了再就业培训问题专访，节目播出后，引起社会良好反响。

在技工学校建设方面，进一步确立培训为就业服务，招生与就业相结合的指导思想，积极提升技工学校层次，调整学校布局和结构，增强市场竞争意识，同时加强师资培训和技校教研工作，全面提高了技工学校招生竞争力，1999年超额完成了招生计划。全省有1所技工学校被确定为国家级重点技工学校，2所学校被确定为省部级重点技校。由于办学结构调整，拓宽了毕业生就业市场，为黑龙江省各类经济单位培养了大量合格的技术工人。

九、强化安全监察和综合管理，为经济建设创造安全环境

一是层层签订责任状，狠抓安全工作责任制落实。二是继续对煤矿、建筑等重点行业进行重点监察和监控，对小型矿山安全条件合格证进行了清理，开展了事故后复查工作，组织交通、消防等部门在重点时期开展大检查，取得了较好效果。三是加大了安全生产宣传力度，组织开展了第九次安全生产周、矿山安全法宣传月、百日安全无事故、“安康杯”竞赛等宣传教育活动。四是根据法律法规规定严肃查处各类事故。1999年，全省共发生工业生产、道路交通和铁路路外事故7 517起，死亡2 637人，经济损失6 543.51万元，同比分别下降7.22%、10.15%、56.66%。各级劳动部门严格履行职责，认真参与调查处理事故，积极协助有关部门做好善后处理工作，做到了政府、企业、家属三满意。烟台海难事故发生后，省劳动厅派员参与了善后处理，通过耐心细致、有理有据的工作，圆满完成了中央交给的任务，受到事故处理领导机构和省政府的表扬。

（黑龙江省劳动和社会保障厅）

上　海　市

一、培训与就业

（一）再就业服务中心人员分流加快

1999年，上海市新进入再就业服务中心的下岗人员为25万人，加上上年结转16.3万人，共41.3万人；出中心26.6万人，出中心率为64.4%，结存下岗人员14.7万人。截至年底，累计已有83.3万下岗人员进入再就业服务中心，68.6万下岗人员出中心，出中心率为82.4%。全市再就业服务中心由1998年底的308个减少到1999年的298个，原9个试点行业中，广电、仪电、建材3个中心下岗人员已全部出中心，中心职能将逐步实现转换。

（二）完成年培训15万人的市府实事项目

1999年，上海市“政府购买培训成果”的就业培训共完成154 703人，圆满完成了“年培训15万人”的市政府实事项目。其中下岗人员84 560人，失业人员38 954人，再就业预备制人员31 189人，培训后就业总人数101 273人，就业率为65.5%。

（三）职业介绍信息网络建设步伐加快

1999年，上海市职业介绍网络扩大到郊县职业介绍所，实现了覆盖城乡、信息互通的目标。在实现信息实时联网的基础上，市场招聘信息通过有线电视滚动播出，通过“上海热线”实时发布，大大方便了广大劳动者求职，有效地促进了劳动力资源的流动和合理配置。

（四）全面开展特困托底工作

1999年，上海市基本形成了市、区县、街道三级特困对象就业托底网络，做到了“出现一个、认定一个、安置一个、保障一个”。全年建立公益性劳动组织62个，安置人员24 196人。截至年底，累计已建立公益性劳动组织167个，安置再就业特困对象10 836人、就业困难对象3.6万多人（经劳动部门认定给予岗位补贴的有2.9万人，占80.5%）。

（五）街道就业服务机构建设进展顺利

配合市民保障IC卡开发工作，上海市虹口、卢湾、黄浦三个试点区18个街道社会保障服务中心的建设已全部完成，就业及个人基本信息等有关资料输入及相关工作已经完成。

（六）职业指导工作不断规范化

1999年，上海市各区县职业介绍所和街道劳动服务所都配备了专职职业指导员，形成一支2 000多人的队伍。在实践中，通过全面实行一对一的职业指导，重点加强了对失业人员和就业困难人员的职业指导，将失业人员领取失业保险金和就业困难人员得到就业帮助与职业指导联系起来，进一步发挥了职业指导促进就业的作用。全年累计对约54万人次求职人员进行了职业指导。

（七）开展“创业者”培训

1999年，上海市举办了3期“创业者培训班”，共培训学员638名。截至年底，已有146名学员成功开业，开业成功率达到56.8%，新增就业岗位1 289个。1999年11月25日，上海市专门组织召开了“创业者培训班结业暨非正规劳动组织转制”大会，160家非正规劳动组织转制为小企业。

（八）扶持和发展非正规劳动组织就业

1999年，上海市认定非正规劳动组织2 906户，从业人员38 853人。至年底，全市累计认定非正规劳动组织7 048户，涉及餐饮、清洗、修理等多个行业，从业人员已近7万人。非正规劳动组织就业已成为本市下岗失业人员再就业的一条重要途径，并在改善社区绿化、清洁、安全状况和提高市民生活质量等方面发挥了重要作用。

（九）加强境外人员来沪就业管理

1999年，上海市抓好境外人员来沪就业申请受理和审批部门的软、硬件建设，以规范的服务创建文明窗口。完成开发《境外人员就业管理信息系统》，使境外人员就业管理上了一个新台阶。办理外国就业证3 214份，与1998年同期相比减少8.98%；办理台、港、澳人员就业证1 416份，与1998年同期相比减少2.07%；办理定居国外人员在沪就业核准证62份。

二、劳动关系和工资分配

（一）规范劳动关系，推进劳动合同制度

1999年，上海市配合再就业服务中心运作和市场化进程，针对下岗职工的不同情况，制定了切实可行的规定，使出中心劳动关系的处理趋于规范。研究“后中心”时期的劳动关系，调整相关政策，以加快实现企业富余人员的市场就业进程。主要对企业经济性裁员、无固定期限劳动合同解除关系进入市场、征地劳动力实行市场就业办法等问题进行了研究和探索。继续推进劳动合同制，80%的乡镇、私营企业实行了劳动合同制度；组织、指导市属企业签订集体合同480余份。

（二）加大劳动监察力度

1999年，全市共受理职工、群众举报7 948件，比上年同期增长37.1%；检查用人单位18 730户，比上年同期增长37.1%；立案5 698件，比上年同期增长118.9%；接受劳动保障年检的用人单位4.3万户，比上年同期增长46.3%；发出限期整改指令和行政处理决定书4 869件，行政处罚决定书211件；申请人民法院强制执行9起；用人单位申请行政复议1起，提起行政诉讼1起；罚款金额150万元；追缴各类社会保险费等约2.03亿元。

（三）实施劳动保障年检

1999年，全市共发年检资料48 568份；审查用人单位43 034户，比上年同期增长46.3%。经审查合格单位34 512户，年检合格率为80.2%；不合格单位647户；经整改合格单位3 472户；暂不评定单位4 403户。应缴纳社会保险费单位34 512户，实际缴费单位31 552户，单位缴费率达95.7%；补缴社会保险费3 873.6万元。单位清退外来劳动力716名；补办就业证7 447名；补缴管理金（费）309.5万元。补办录用手续职工6 764名；补签劳动合同职工12 949名；补发拖欠职工工资445万元；清退抵押金17万元。

（四）认真开展劳动争议仲裁

1999年，上海市和区县劳动争议仲裁部门受理各类劳动争议7 853件，比上年增加43.4%；处理结案7 529件，结案率为96%。在所受理的劳动争议中，劳动报酬争议2 850件，保险福利争议1 897件，劳动保护87件，职业培训125件，变更劳动合同42件，解除劳动合同1 526件，终止劳动合同338件，其他988件。

（五）进一步完善劳动力市场价格体系

为使劳动力市场对劳动力资源配置发挥基础性作用，通过公布劳动力市场价格，推进工资市场的决定机制的形成。在前几年公布劳动力市场价格的基础上，1999年的工作又有新的突破：一是采用了新的数据处理方法，使职位工资指导价位更科学合理。二是公布了行业工资指导线和人工成本参考水平。通过劳动力市场价格的公布，体现了政府对劳动力市场价格的调节职能，提高了企业的市场价格、工资效益、人工成本等意识，促进了劳动力市场机制的规范运行和企业工资成本的合理化。

三、社会保险

（一）积极推进养老金社会化发放

截至1999年底，全市已有198.06万离退休人员实行了养老金社会化发放。其中，企业离退休人员养老金社会化发放人数已达到194.56万人，实现了企业离退休人员养老金社会化发放的100%。同时，本市机关、事业单位也已有3.5万离退休人员纳入社会化发放范围。

（二）增加离退休人员养老金

1999年，上海市贯彻中央精神，提出了增加离退休人员养老金的具体办法：对离休干部按照机关同职务在职人员增加离休金；对机关事业单位退休人员按照退休时担任的实际职务相应增加养老金；对企业退休人员每人每月增加养老金80元。全市约222万人增加了离退休金。离休干部月平均增加离休金达到182元；机关事业单位退休人员月平均增加养老金达到115元；企业退休人员月平均增加养老金达到80元。加上1999年4月份按本市调整机制和对高龄低收入退休人员已增加养老金的因素，企业和机关事业单位退休人员1999年月平均增加养老金分别达到106元和141元。

（三）出台新的失业保险办法

从1999年4月1日起，新修改的《上海市失业保险办法》正式实施。新办法进一步扩大了失业保险的覆盖面，提高了失业保险待遇标准，并拉开了差距，向缴费年限长、年龄大的失业人员倾斜，体现了失业保险“积极救济、重点保障、促进就业”的原则。新的失业保险办法的适用范围不仅包括上海市行政区域内的城镇企业、国家机关、事业单位、社会团体及其在职职工，而且也将城镇个体工商户及其帮工等从业人员纳入范围，使城镇个体经济组织和非正规劳动组织的从业人员一旦失去工作后，也能得到基本生活保障。新办法规定，除单位按规定缴纳失业保险费外，在职职工（包括城镇个体工商户业主及其帮工、非正规劳动组织、外省市机关和企事业单位的驻沪办事机构中使用的具有上海市城镇户籍的从业人员）也应当每月按个人应缴失业保险费基数的1%缴纳失业保险费，由单位从其工资中代扣代缴。个人缴纳的失业保险费纳入全市统筹使用，不建个人账户。新办法规定，失业人员领取失业保险金期限，根据其失业前累计缴纳失业保险费的年限（扣除已经核定过领取失业保险金期限的缴费年限）确定。失业人员在1998年10月1日之前的连续工龄或工作年限，视作缴纳失业保险费年限，可以计入累计缴费年限。缴费年限每满1年，可领取2个月的失业保险金，但一次核定领取的期限最长不超过24个月。核定期限后，如有剩余的缴费年限，可予以保留，在下次失业时一并计算。新办法规定，失业保险金标准根据失业人员的累计缴费年限和年龄确定。失业保险金标准不高于上海市当年最低工资标准，不低于上海市当年城镇居民最低生活保障线标准。对累计缴费年限满25年，或累计缴费年限满20年不满25年但年龄达到或超过45岁的失业人员，除按规定领取失业保险金外，可以同时领取失业补助金。失业保险金和失业补助金合并计算，作为对失业人员第1～12个月的实际支付标准，第13～24个月按此标准的80%支付。具体支付标准由上海市劳动和社会保障局负责予以公布。1999年公布的第1～12个月的具体支付标准分为6档，最低为259元，最高为407元。1999年全市平均每月发放失业保险金8.3万元，全市20多万协议保留社会保险关系人员中，尚未就业且生活困难的对象，生活费补贴全部落实。完成了再就业服务中心下岗人员基本生活费和失业人员失业保险金标准的提高和落实工作。到年底，上海市城镇登记失业人数为17.47万人，实现了年初确定的控制目标。

（四）加大社会保险费征缴监察力度

1999年，上海市劳动监察机构贯彻国务院《社会保险费征缴暂行条例》和劳动和社会保障部电视、电话会议的精神，检查涉及社会保险方面的单位10 009户，未按时足额缴纳社会保险费单位3 771户，涉及职工140 315名。还对上海市的出租汽车、金融保险、通讯邮电、外事服务机构等扩面难点行业进行了调研、培训及监察工作，探索以行业为主，开展扩面工作的新路子。目前，邮电行业投递员和出租汽车驾驶员基本上已参加社会保险，预计年内新参保人员近3万人。保险代理人已明确可按自由职业人员办法参保。

四、安全生产

1999年在本市地域内共发生职工伤亡事故271起，死亡330人，比1998年分别上升5.4%和20.8%。其中，国有、集体企业职工因工死亡138人，比1998年死亡114人，上升21%；乡镇（街道）企业职工因工死亡64人，比1998年死亡55人，上升16.4%；外商投资企业职工因工死亡28人，比1998年死亡19人，上升47.4%；私营企业职工因工死亡46人，比1998年死亡17人，上升170.6%；外省市在沪施工企业职工因工死亡54人，比1998年死亡68人，下降20.6%。

（上海市劳动和社会保障局）

江 苏 省

1999年，江苏省各级劳动保障部门从讲政治的高度，坚决贯彻执行中央的方针政策和省委、省政府的重大决策，紧紧围绕国有企业改革和保持社会稳定，全力巩固两个确保，按时完成提高三条社会保障线待遇水平工作，狠抓社会保险扩面征缴，积极推进医疗保险制度改革，大力加强安全生产，劳动保障各项工作取得明显成效。

一、两个确保工作得到巩固

1999年，江苏省共有企业下岗职工66.84万人（其中国有企业39.49万人），出中心36.76万人（其中国有企业20.84万人），其中实现再就业32.14万人（其中国有企业18.76万人）。至年底下岗职工为28.76万人（其中国有企业17.6万人），99.26%足额领到了基本生活费。全年共筹集下岗职工基本生活保障资金15.79亿元，其中财政承担占25.52%，社会筹集占32.55%（其中失业保险基金调剂占52%），企业自筹占41.93%。“三三制”筹资原则得到较好落实，财政安排和社会筹集分别比1998年提高3.2个和4.7个百分点。进中心下岗职工签协议比例有较大提高，年底达99.73%，比年初增加29个百分点。

为确保企业离退休人员养老金按时足额发放，各地通过加强基金征缴、加大清欠力度、回收挤占挪用基金、动用积累基金、财政借支等途径筹集资金；加大省级调剂力度，下拨2.16亿元省级调剂金对各地给予了补助，并动用5个省辖市市区积累基金补助其所辖困难县（市）；省财政也安排了1 000万元对10个省辖市给予了补贴。全省全年共发放养老金105.18亿元，绝大多数地区做到了按时足额发放，发放率达99%。同时，各地把实行养老金社会化发放作为保发放的一项根本措施，切实抓紧抓好，社会化发放工作已在一些地区取得突破。完成原行业统筹移交地方管理的基金审计、结余基金移交、养老保险政策调整和当年费率调整工作，保证了原行业统筹企业养老保险费的正常结算和离退休人员养老金的按时足额发放。在确保当期按时足额发放的同时，全年共补发历史拖欠的养老金2.7亿元，拖欠面大大缩小并得到有效控制。

二、就业、再就业及职业培训工作取得成效

1999年，江苏省各地积极采取措施，全面落实就业目标责任制，拓宽就业渠道，广开就业门路，把促进就业、再就业作为社会经济发展的重要工作来抓。劳动、财政、税务、工商、工会等部门组织对再就业优惠政策落实情况进行专项检查。通过落实再就业扶持政策，积极推动劳服企业、社区服务业、小企业、生产自救基地和个体私营经济组织等5个领域的就业岗位开发。全面开展“一三一”再就业服务活动，为每位下岗职工至少提供1次职业指导、3次有效的就业信息和1次减免费再就业培训。落实“三年百万”再就业培训计划，全年为50万下岗职工提供了职业指导和培训。通过各地、各部门的共同努力和社会各界的支持、参与，就业、再就业工作取得明显成效。全省年末城镇登记失业率为2.9%，城镇失业

人员实现就业21.57万人，全省下岗职工再就业率达到52.78%（其中国有企业下岗职工再就业率达到51.60%），就业局势基本稳定。

全省技工学校招收新生3.2万人，技工学校招收的新生在中等职教的份额有所提高。全省技工学校有11所创建成省级重点技工学校，3所创建成国家级重点技工学校，12所创建成高级技工学校，技工学校的办学层次得到提升。创业培训已在全省13个省辖市全面推开。扬州等市已开始实行政府购买培训成果机制，推动全社会开展就业培训工作。全省城镇普遍推行劳动预备制，开始建立新生劳动力就业前必须经过培训的新制度。全年职业技能鉴定23.3万人，其中20.3万人获得职业资格证书。开展了技师和企业内职工职业技能鉴定社会化试点。职业资格证书制度不断完善。

三、劳动力市场建设取得突破性进展

1999年，江苏省劳动力市场的法制建设取得了重大突破。《江苏省劳动力市场管理条例》顺利颁布实施，并下发了《关于贯彻〈江苏省劳动力市场管理条例〉的通知》，对全面实行职业介绍登记管理制度、空岗报告制度、招聘广告发布审查登记制度、招聘录用人员登记备案管理制度、举办劳动力交流审批制度等提出了具体要求。按照建立市场就业机制的要求，全省全面启动劳动力市场“三化”建设试点，13个省辖市初步实现劳动力市场计算机信息联网。通过信息网，将劳动力市场供需信息方便、快捷地提供给求职者和用人单位，使职业介绍服务上了一个新的台阶。加强了对职业中介机构的清理整顿，全省共查处非法职业介绍机构295家，市场秩序趋于规范。失业保险制度逐步完善，享受失业保险的人数增多，年底领取失业保险金的人数达10.8万人，比年初增加70.35%。江阴等一些地区领取失业保险金的人数已多于下岗职工人数，率先向市场导向的就业机制迈进。

四、各项社会保险稳步推进

（一）养老保险

各地认真贯彻《社会保险费征缴暂行条例》，大力推进扩面征缴工作。全省参加养老保险的有633.13万人，参保率达90%；为622.4万名职工建立了个人账户。南京、苏州、镇江、扬州、连云港、盐城6市养老保险参保职工净增万人以上。全年养老保险基金收入113.27亿元，收缴率94.7%，全年清欠企业欠费8.47亿元。

（二）失业保险

江苏省各地按照《失业保险条例》的规定，积极开展工作。全省参加失业保险的职工760.22万人，参保率达91.7%，实现了较高的覆盖率，南通、无锡、苏州、淮阴、常州5市达90%以上。全年失业保险基金收入为11.72亿元，当年征收失业保险基金11.36亿元，相当于前3年基金征缴额之和，失业保险基金收缴居全国前列。

（三）工伤保险

《江苏省城镇企业职工工伤保险规定》经省政府常务会议通过，自1999年10月1日起施行。截至年底，全省已有63个市县实行了工伤保险，占全省市县总数的82%；参加工伤保险的企业为4.19万家，职工为454.28万人。全年基金收入为1.99亿元，支出0.72亿元。历年滚存结余工伤保险基金4.21亿元，当年结余1.27亿元。

（四）生育保险

《江苏省城镇企业职工生育保险规定》经省政府常务会议通过，自1999年10月1日起施行。截至年底，全省已有70个市县实行了生育保险，占全省市县总数的91%；参加保险的企业为4.15万家，职工为446.51万人。全年基金收入为2.26亿元，支出1.42亿元。历年滚存结余生育保险基金2.69亿元。

（五）医疗保险制度改革

《国务院关于建立城镇职工基本医疗保险制度的决定》下发后，江苏省政府制定了《江苏省城镇职工基本医疗保险制度改革的实施意见》，出台了定点医疗机构、定点药店、用药管理、诊疗项目、服务设施标准和结算办法等配套文件。各地劳动保障部门进行了大量的调研论证和测算工作，抓紧制定总体规划和实施方案，基本医疗保险制度改革稳步推进，8个市经省政府批准出台了医疗保险制度改革实施方案。参加医疗保险的在职职工21.27万人，退休人员9.58万人。

五、按时完成提高社会保障待遇水平工作

1999年7月，中央作出了提高城镇中低收入居民收入的决策，要求在10月1日前完成。在时间短、任务重、中央财政又未给予资金支持的情况下，养老保险省级调剂金和省财政预算中安排的补助资金及时下拨各地。按时为近34万下岗职工、8.59万失业人员和179.7万企业离退休人员调整了待遇水平，较好地完成了提高三条社会保障线待遇水平的工作。

六、企业工资改革力度加大

1999年，江苏省进一步完善工资指导线制度，做好企业工资增长工作，全省13个市都出台了当地企业工资指导线及实施意见，认真贯彻落实省政府有关企业工资正常增长的政策。1999年全省在职职工平均工资为9 171元，全国排名第八，华东地区排名第四，增幅为11.08%。其中，企业在岗职工平均工资为8 491元，增幅为9.83%。较好地完成了省政府确定的工资增长目标。对全省企业最低工资标准进行了调整：一类由原280元调整为320元；二类由原250元调整为290元；三类由原210元调整为250元；四类由原175元调整为210元。积极推进企业经营者年薪制工作，认真进行工资集体协商试点，调查总结一些地方和企业探索按生产要素进行分配的做法和经验，初步建立了劳动力市场工资指导价位、企业人工成本调查发布制度，进一步规范了企业工资支付行为，在改进工效挂钩办法的同时，积极探索新的企业工资决定机制和宏观调控办法。同时，各地还按照中发12号文件精神，切实指导企业做好调整职工工资的工作。

七、加强劳动关系调整工作

在常州、泰州两市进行妥善处理下岗职工劳动关系的试点，积极探索对下岗职工和分流人员实行分类管理的办法，指导企业理顺劳动关系，制定了《关于加强劳动合同管理理顺劳动关系的意见》。在巩固完善城镇国有、集体企业实行劳动合同制度的基础上，继续以乡镇企业、私营企业和个体工商户为重点，采取有效措施，积极推行劳动合同制度，进一步提高劳动合同的签约率和履行质量。集体合同制度稳步发展。劳动行政部门登记审查的签约单位近8 000户，涉及职工166万人。目前全省各市、县（市）全部建立了劳动行政部门、工会组织和企业家协会三方劳动关系协调机制。对13万户用人单位进行劳动用工年检。各级劳动争议仲裁委员会共受理劳动争议案件17 501件，涉及38 432人，结案率达95.8%。

八、劳动保障法制建设步伐加快

1999年，江苏省的劳动保障地方性立法工作进展较快，全年完成省级立法项目4个，省人大制定颁布了《江苏省劳动力市场管理条例》，修订了《江苏省外商投资企业劳动管理办法》，省政府制定颁布了《江苏省城镇企业职工工伤保险规定》《江苏省城镇企业职工生育保险规定》。为贯彻国务院两个条例，省和各地制定了与之配套的规范性文件。同时，广泛地开展了一系列劳动保障法规的宣传普及活动。各地劳动保障监察机构共监察用人单位70 295户，立案调查处理违法案件7 457件，处理群众举报案件3 759件，较好地维护了劳动者的合法权益。配合扩面征缴工作，开展了社会保险执法大检查，共督促25 379户用人单位办理了社会保险登记，缴纳养老、失业保险费4.05亿元和6 292万元。全省各级劳动保障部门积极推行了行政执法责任制，初步建立了行政复议工作制度，全面清理了规范性文件，执

法监督机制基本形成，依法行政意识有了明显增强，依法行政的水平不断提高。

九、安全生产形势较为稳定

1999年，江苏省始终坚持“安全第一、预防为主”的方针，进一步完善和落实安全生产责任制，有效地开展了五月“安全生产月”和“百日安全无事故”活动，狠抓薄弱环节，加强隐患治理，防止各类事故，减少职业危害，安全生产取得了一定的成效。1999年，全省非矿山企业发生企业职工因工伤亡事故645起，死亡296人，重伤407人，与前一年同期相比，事故起数、死亡人数和重伤人数分别下降9.7%、16.3%和14.4%。全省火灾事故、道路交通、水上交通和民航、铁路等安全形势总体也比较平稳，有力地促进了经济建设和社会各项事业的顺利发展。1999年，全省矿山企业共发生因工伤亡事故181起，死亡96人，重伤112人，与1998年相比，事故起数和重伤人数分别上升14.56%和53.42%，而死亡人数下降11.93%，死亡人数保持6年持续平稳下降。全省矿山企业共发生重大伤亡事故3起，死亡9人，重大伤亡事故的起数和死亡人数分别比1998年下降57.14%和60.87%。同时，完成了一批国家和省下达的劳动保护科研项目，进行了化工企业重大事故危险源的国家课题研究。

（江苏省劳动和社会保障厅）

浙 江 省

1999年，浙江省各级劳动保障部门全面贯彻落实党的十五大和国务院再就业工作会议精神，克服困难、艰苦奋战，以两个确保为中心，各项劳动保障工作取得重大进展。一年来，面对巩固两个确保、社会保险扩面征缴、医疗保险制度改革、劳动关系调整和提高三条社会保障线水平等繁重而艰巨的工作任务，浙江省各级劳动保障部门按照中央的统一部署，在各级党委、政府的正确领导和有关部门的密切配合下，自觉服从、服务于改革发展稳定的大局，讲政治、讲奉献，开拓进取，真抓实干，做了大量卓有成效的工作，取得了可喜的成绩。

一、国有企业下岗职工基本生活保障和再就业工作取得新的成效

（一）国有企业下岗职工基本生活得到切实保障

浙江省各级党委、政府高度重视下岗职工基本生活保障工作，按照“三三制”的筹资原则，保证了下岗职工基本生活费的按时足额发放。1999年，全省共筹集国有企业下岗职工基本生活保障资金4.99亿元，其中企业自筹2.31亿元，占46.3%；社会筹集1.23亿元，占24.6%；财政安排1.45亿元，占29.1%。共支付国有企业下岗职工基本生活资金4.94亿元。全省资金结余额由年初的0.98亿元，提高到年末的1.04亿元。

（二）再就业工作力度加大，下岗职工总量呈下降趋势

浙江省政府于年初与各市地政府签订了国有企业下岗职工基本生活保障和再就业工作目标责任书。各级政府继续切实加强领导，落实责任制，在保障下岗职工基本生活的同时加大再就业工作力度。各级政府与各有关部门进一步落实和完善促进再就业的各项优惠政策，大力发展中小企业和个体私营经济，发展第三产业特别是社区服务业，广开就业门路，拓宽就业渠道，引导和支持下岗职工实现再就业。各级劳动保障部门真抓实干，有关部门密切配合，再就业形势喜人。1999年，全省国有企业已有11.36万人实现了再就业，超额完成了省政府确定的10万名国有企业下岗职工实现再就业的目标任务。由于各方努力，特别是政策支持力度加大和再就业工作的不断推进，年末全省企业下岗职工为11.34万人，比上年同期的19.93万人减少了8.59万人，下降43.1%。其中国有企业为6.49万人，减少4.9万人，下降43%；城镇集体企业为4.6万人，减少3.42万人，下降42.6%；其他企业为0.25万人，减少0.27万人，下降51.9%。

（三）失业保险制度逐步完善，享受失业保险的人数增多，有力地促进了下岗职工再就业工程

目前，浙江省企业富余人员实现再就业仍处“双轨”阶段，即下岗职工进入再就业服务中心，失业人员进入劳动力市场。全省领取失业保险金的有11万人，比上年末增加5.5万人，使全省领取失业保险金的人数已超过国有企业下岗职工人数。这一趋势表明，浙江省在处理企业富余人员劳动关系和直接转向市场就业方面迈出了实质性步子，也为浙江省率先

“并轨”和建立市场导向的就业机制创造了条件。

二、提高社会保障待遇水平工作按时完成

1999年7月份，中央作出了提高城镇中低收入居民收入的决策，并明确要求在10月1日前完成。在时间短、资金压力大、工作任务重的情况下，全省各级劳动保障部门根据中央的统一部署和省委、省政府的要求，抓紧进行测算，多方筹集资金，倒计时安排工作，逐日掌握进展情况。由于贯彻决策态度坚决，方案周密，措施得力，特别是在没有中央资金支持的情况下，千方百计筹措资金，做了大量艰苦细致的工作，使全省近8.7万下岗职工的基本生活保障、9万余名失业人员的失业保险金和100万退休人员的养老金待遇水平按时足额得到调整。其中国有企业下岗职工基本生活标准月人均增加60元，共增发国有企业下岗职工基本生活保障金2 808万元；失业保险金月人均增加57元，共增发失业保险金3 000余万元；企业离退休人员养老金月人均增加78元，共增发养老金4.7亿元。同时，全省按照文件精神，指导做好调整职工工资工作，增资企业面达70%左右，人均月增资额100元左右，较好地完成了提高三条社会保障线待遇水平的工作。

三、社会保险扩面征缴工作取得突破性进展

1999年，浙江省各级政府和有关部门在继续确保全省100万企业离退休人员养老金按时足额发放的同时，以贯彻国务院《社会保险费征缴暂行条例》《失业保险条例》和《浙江省职工基本养老保险条例》为契机，加大了扩大社会保险覆盖面和基金征缴工作的力度。各级政府把扩大养老和失业保险覆盖面、提高基金收缴率摆上了重要议事日程，建立了工作目标责任制，加大了宣传和督察力度，为各类企业在市场经济条件下的公平竞争创造了条件，也维护了广大职工群众的切身利益。在这场扩面征缴的攻坚战中，全省广大劳动保障战线的同志们，始终站在第一线，以对人民、对事业高度负责的态度，辛勤工作，取得了来之不易的成绩。截至年底，全省城镇各类企业参加养老保险的职工人数达到425.08万人，其中在职职工325.08万人，离退休人员100万人；在职职工净增参保人数52.96万人，加上企业化管理的事业单位净增0.94万人，全省在职职工共净增53.9万人。养老保险扩面人数增幅列全国第三，扩面人数列全国第四。全年养老保险基金收缴约72亿元，比上年增加约10亿元，基金收缴率达92%以上，养老保险基金实现当年收支平衡，超额完成了省政府的考核目标，扭转了连续两年参保人数减少和养老保险基金当年赤字的被动局面。失业保险参保人数达到365万人，收缴基金7亿元，增收基金2.3亿元，基金收缴额列全国第三位。由于各地的连续作战，顽强拼搏，扎实细致地工作，使全省的养老、失业保险扩面征缴工作取得重大突破，也使浙江省的养老、失业保险扩面征缴工作走在全国的前列。同时，全省还开展了养老、失业保险基金的清欠工作，成效明显。

医疗保险制度改革总体方案基本拟定，大病医疗保险巩固提高。根据国务院的有关规定，并结合浙江省实际，浙江省医疗保险制度改革的总体方案已基本拟定，并正式上报省政府审批。各地的医改调查测算和业务培训工作也普遍进行，为全面实施城镇职工基本医疗保险制度打下了基础。企业职工大病医疗保险在原有的基础上，巩固提高、稳步推进。到年底，实施大病保险的市县有50个，职工达197.5万人，比上一年同期增长7%，基金收缴率为95.5%。

工伤保险、生育保险制度的改革也取得了新的进展，出台了《浙江省企业职工工伤保险实施办法》。实行工伤保险的市县达到92个，人数达227.91万人；实行女职工生育保险的市县达到79个，参保人数218万人。

开展了社会保险专项执法监察工作。通过

各种形式的检查，涉及用人单位26 341户，劳动者193.5万人，全省共督促补缴社会保险费3 666.1万元，有力地促进了《社会保险费征缴暂行条例》的贯彻落实。

四、劳动力市场运作机制渐趋规范，就业培训和企业工资分配等工作不断完善

（一）劳动力市场运作机制渐趋规范

浙江省各级劳动部门按照中央和省委、省政府的要求，进一步加强劳动力市场建设和就业服务体系建设，积极培育市场就业机制。杭州、宁波、温州、绍兴等4市被劳动和社会保障部列为首批全国劳动力市场“三化”建设试点城市，工作进展顺利，并取得初步成效。其他市、县也积极按照“科学化、规范化、现代化”的要求，在劳动力市场建设上迈出了大步。随着劳动力市场的发展，浙江省劳动者的就业观念也发生了深刻变化，求职就业找市场的观念已被人们普遍接受。1999年，全省有近70万名城乡求职者通过职业介绍走上就业岗位。全省各级职业介绍机构在大力促进下岗职工再就业的同时，做好城镇失业人员的就业工作，全省共安排13万余名城镇失业人员实现就业，比上年增加0.5万人。年末城镇登记失业人员21万人，城镇登记失业率控制在3.5%以内，城镇就业形势继续保持基本稳定。

（二）职业技能培训和鉴定工作得到加强

浙江各级劳动部门积极开展就业前培训和再就业培训工作，当年培训下岗、失业人员13万人。认真研究技校招生中出现的新情况、新问题，及时调整了招生政策，完成招生近2万人，保持了技校在校生的基本稳定。拓宽了职业技能考核鉴定，凭职业资格证书上岗就业的范围，劳动预备制度逐步推进。

（三）企业工资收入分配制度改革力度不断加大

浙江省政府《关于印发企业经营者年薪制试行办法的通知》下发后，大部分市地都已制定了实施办法，并组织实施。省属企业除继续做好对杭钢、巨化、建工、中大4家集团公司试点的同时，积极在其他符合条件的企业中开展试点。继续试行企业工资指导线制度。各市地积极开展劳动力市场价位制度试点工作，宁波、湖州、台州、慈溪等市已在这方面进行了有益的尝试。各地还继续探索按劳分配与按生产要素分配相结合的有效方式。全省还普遍提高了最低工资标准。

五、劳动关系调整工作取得重大进展

（一）重视做好国有企业下岗职工劳动关系处理工作

浙江省各地按照政策合理、依法办理、步骤稳妥、有情操作的原则，进一步加大清理劳动关系的力度。区别不同情况，妥善处理下岗职工的劳动关系，促进了下岗职工出中心和再就业的步伐。在总结各地经验的基础上，省劳动厅、财政厅出台了若干政策措施，突破了下岗职工劳动关系处理方面的一些难点。特别是允许企业对下岗职工中男性年满50周岁、女性年满40周岁及其以上的人员，在解除劳动关系的同时延续社会保险关系，得到了企业和下岗职工的普遍欢迎，促进了下岗职工出中心的步伐。在国有企业改制的过程中，各地还积极探索实践改制企业职工的劳动关系处理问题，金华、诸暨、义乌、慈溪等地都采取了适当经济补偿的办法转换职工身份，保证了国有企业改制工作的顺利进行，也为全省进一步做好国有企业改制过程中的劳动关系处理工作提供了经验。

（二）强化劳动合同基础管理

劳动合同管理是一项基础性工作，是劳动保障工作的源头。1999年，浙江省各地从抓源头开始，都高度重视劳动合同管理工作，进一步规范用人单位的用工行为，全面推行劳动合同管理。全省城镇企业劳动合同签订数约为308.7万，签订集体合同的已逾8 500家。

（三）强化劳动监察和劳动争议处理的工作力度

由于企业改制步伐的加快和多种经济成分的发展，劳动关系呈多元化、复杂化状态，劳

动争议案件大幅度上升。浙江省各级劳动争议仲裁委员会为维护双方当事人合法权益，坚持多立案、快办案、办好案，1999 年全省受理各类劳动争议案件5 568起，涉及劳动者20 376人，分别比上年上升 57.1% 和 50.7%。其中集体争议案件 430 起，涉及劳动者15 100人，同比增长 50.9% 和 51.6%，结案率达 95.84%。案件当事人申诉经济标的为 1.61 亿元，仲裁裁决为当事人追回经济损失 1.05 亿元。各地在加大劳动争议仲裁工作力度的同时，继续完善劳动争议仲裁制度和仲裁机构建设。

对投诉举报案件浙江省认真进行了查处。1999 年，全省共受理举报投诉8 424件，比上年同期增长 23%，结案率达 97%。通过案件查处，共追回拖欠劳动者工资2 433.2万元，查处童工 263 名。尚未发现行政处罚不当或行政不作为案件，为劳动保障部门树立了良好形象。

此外，浙江省还积极开展了劳动保障年检工作。1999 年，全省共有44 384家用人单位参加了劳动保障年检，比上年增加了 24%，规范了用工行为，增强了劳动法制意识。

在做好劳动保障各项工作的同时，全省劳动保障系统在党的建设、精神文明建设、干部队伍建设等方面都做了大量工作，取得了明显成效。特别是通过“三讲”教育，进一步增强了领导班子的凝聚力和战斗力，县、处以上领导干部在思想上有了明显提高，政治上愈加坚定，党性得到了锻炼，作风有了明显转变。全系统还开展了以“优美环境、优良作风、优质服务”为主要内容的“三优”文明窗口创建活动，劳动保障部门的精神面貌有了较大改观。在各级劳动保障部门领导班子的带领下，全省劳动保障系统的干部职工精神更加振奋，不畏艰难，奋力拼搏，勤勤恳恳，忘我工作，系统上下日益形成了风正、气顺、心齐、劲足的良好局面。

（浙江省劳动和社会保障厅）

宁 波 市

一、就业与培训

（一）就业

1999年，宁波市各级劳动部门从实际出发，积极探索下岗职工劳动关系处理办法，部分县（市）、区企业与职工的劳动关系率先理顺。市本级共指导市属80家产权制度改革企业制定了富余人员分流安置和劳动关系调整工作实施方案。同时积极稳妥地做好驻甬军队、政法系统撤销企业的人员分流安置和劳动关系处理工作，涉及企业30多家，职工800多人。同时，市劳动部门通过对市属行业的调研，初步提出了对企业与职工劳动关系实行几个一批分类理顺的办法，进一步促进了国有企业的改革和发展。

在规范再就业服务中心运作方面，积极引导各级再就业服务中心把工作重点放到了促进再就业方面。部分再就业服务中心在认真做好系统内下岗职工余缺调剂的同时，利用闲置场地设施，大力组织生产自救；另一部分再就业服务中心积极组织系统内下岗职工进行劳务输出，加快了下岗职工的分流安置。同时，积极拓宽就业渠道，大力发展第三产业和社区、家政服务业，鼓励下岗职工自谋职业和组织起来就业，促进了下岗和失业职工的再就业。1999年，宁波市共有3.03万名下岗职工得到分流安置，3.2万名失业人员实现了再就业，全市城镇登记失业率为3.05%。

（二）劳动力市场建设

1999年，宁波市按照科学化、现代化、规范化要求，加快劳动力市场建设。作为宁波市政府10大实事工程之一的劳动力市场竣工并投入使用，市场总投资3 300万元，总占地面积18 600 m^2，其中主楼建筑面积为7 500 m^2，市场具有职业介绍、职业指导、技能培训、职业技能鉴定、劳动人事事务代理等多种服务功能，是全市各类用人单位选择各类劳动力（包括专业技术人才、管理人才），实现劳动力供需双方双向交流的理想场所。目前，全市有13个县（市）、区建立了有形的劳动力市场，共有各类职业介绍机构136家。同时，为下岗职工和失业人员开展了职业介绍、职业指导、失业登记、集体户口挂靠、劳动事务代理等就业服务，市本级共有19.45万人次通过市场实现了再就业。建立了用工申报、招聘广告审查和市场信息定期分析制度，并通过新闻媒体、公用信息网、电脑触摸屏和信息窗口等多渠道发布劳动用工信息。推行了劳动力市场工资指导价位制度。经常性地对民办职业介绍机构进行劳动监察，规范职业中介行为，全市已有200多名职介员实现了持证上岗，劳动力市场运行秩序良好。

（三）培训与职业技能鉴定

1999年，宁波市的培训和就业一体化工作稳步发展。为促进劳动力市场就业机制的形成，大力推行职业技能培训，健全了再就业培训网络，强化了职业技能培训和职业指导工作。宁波市的创业培训被劳动和社会保障部确定为全国试点城市。全市已有再就业培训基地46个。至年底，全市共开办各类再就业培训班920期，培训下岗、失业职工4.04万名，其中2.34万名通过培训后重新上岗，培训后就业率达58%，有1.98万名取得了职业资格证书或技术培训证书。提前2个月完成了市政府制定的“三个一万”，即以下岗职工为主的技能培训1万名，以失业人员为主的职业指导培训1万名，企业富余职工转岗培训1万名的年度培训目标。至1999年底，全市约有13.5万名职工参加了各种类型的培训，其中参加技能培训的5.4万名职工中，有4.86万名获取了《职业资格证书》或《职业技术培训合格证书》，其中高级技师25名，高级工291名，中级工4 953名，初级工19 324名，2.46万名取得了《职业技术培训合格证书》。

二、劳动关系

（一）劳动力管理

1999年，宁波市抓住社保扩面的有利时机，在全市范围内开展了企业劳动合同自查工作，并将劳动合同制度的实施工作向非公有制方向推行。同时，宁波市劳动局会同市总工会对全市集体劳动合同的签订工作进行了检查。从“讲政治”的高度，千方百计做好驻军随军家属和转业干部随调配偶的接收安置工作。全市共接收军嫂180多名，其中市本级116名，通过努力，有95%得到了妥善安置。对未就业的随军家属实行生活补助制度，为70名随军而未就业的家属发放生活补助费6.4万元。

（二）劳动监察

1999年，宁波市将两个确保、社保扩面、职业中介行为、外来劳动力管理等列为劳动监察工作的重点，加大了工作力度。全市各级劳动监察机构主动监察用人单位和职业介绍机构7 086家。组织开展专项劳动监察6次，检查单位6 377家。下达限期整改指令书2 546份，依法行政处罚用人单位486家。共受理群众举报2 221件，立案处理543件，结案537件，结案率为98.9%。处理较大规模突发性事件140件，涉及劳动者1 934名。全年共补签劳动合同19 870份；补办就业证卡13 133份；补发劳动者工资584.34万元，涉及人数5 282名；补办参加社会保险手续56 358人。与此同时，全市完成了4 451户用人单位1998年度的劳动年检工作，年检率为82.73%。1999年，宁波市劳动局信访室被劳动和社会保障部授予“三优”文明窗口。全年受理信访总数3 582件（人）次，其中，来信233件，来访3 349人次；按期办结率达98%；处理集体上访32批，407人次；市交办4件，本部门自立要信要访8件，结案率均为100%。

（三）劳动争议处理

至1999年底，宁波市劳动争议案件总量为2 342件，其中乡镇、街道劳动关系协调机构、乡镇劳动争议仲裁派出庭受理750件。全市劳动争议仲裁委员会立案受理的1 144件案件中，涉及人员2 796人，已处理1 140件，结案率为99.65%，申诉标的4 280.26万元，实际处理标的2 510.86万元。共受理集体劳动争议案件90件，涉及人员1 734人。鉴证劳动合同10.83万份，纠正违法无效劳动合同3 420份，督促补签劳动合同9 053份，指导和审查各类企业的劳动合同样本40余份。扩大兼职仲裁员队伍，目前市本级已有4名兼职仲裁员参与办案，共处理案件30余件。

三、劳动工资

1999年，宁波市在全市范围内开展了企业工资指导线制度，确定1999年公有制企业货币平均工资增长基准线为7%，高限线为10%，对工资增长较快的垄断行业进行了控制，建立了有效的约束机制。完善了企业职工最低工资保障制度，从1999年7月1日起，将城镇企业职工的最低工资标准分别提高到每月380元、350元、320元，其中市本级和各区最低工资标准为380元。同时，调整了企业职工的工资，人均为120元/月额度，并将其列入企业成本。此外，对市属152户非建筑企业进行了拖欠职工工资情况的抽样调查，对有关情况进行了协调和处理。

四、社会保险

（一）两个确保工作

1999年，宁波市认真贯彻落实中央、省、市关于提高三条保障线水平的文件精神，千方百计落实下岗职工基本生活保障所需资金。全年市本级财政和劳动部门共筹集“三家抬”资金2 866万元，“三三制”资金4 610万元。将下岗职工的基本生活费从原来的220元提高到了286元，下岗职工在规定时间内全部按新标准领到了基本生活费。宁波市集体企业参照执行。下岗职工进中心和按规定领取基本生活费率达到了100%。同时，宁波市参保企业离退休职工养老金社会化发放工作得到巩固。根据中央关于提高三条保障线的文件要求，退休人员的养老金月人均提高了61元，加上1999年5月调整机制增加的月人均24.2元，共增加85.2元（离休人员按照机关事业单位标准增加），全市离退休人员的月平均养老金水平从1998年底的月533元增加到1999年底的620元。全市14.4万名离退休人员全部纳入养老金社会化发放范围，养老金的社会化发放率一直保持在100%。

（二）扩大社会保险覆盖面工作

1999年，宁波市劳动部门认真贯彻《社会保险费征缴暂行条例》和《失业保险条例》，全面开展了社会保险登记、申报缴费工作，重点抓了非国有企业和个体工商户扩面工作。至年底，全市参加养老保险的企业为15 587家，参保缴费人数为51.18万人，比1998年底净增10.54万人；全市参加失业保险的企业达13 852家，职工51.31万人，比1998年底净增14.3万人。

（三）失业保险

1999年，宁波市对事业单位实行了失业保险制度，扩大了失业保险实施范围。至年底，事业单位参加失业保险的人数达到10.57万人。失业职工的基本生活得到了保障，1999年全市共累计发放失业救济金7 614.75万元，医疗补助费260万元，享受救济金和医疗补助费的失业人员达到了24.85万人次。失业人员转业培训和就业意识培训已走上制度化轨道，当年新登记的失业职工就业培训率达到了100%。

（四）医疗保险

1999年11月，宁波市机关事业单位的医疗保险职能和管理人员已由卫生部门移交到劳动部门，医疗保险机构已初步理顺，全市统一的医疗保险改革方案框架已经确定，并抓紧制定实施方案和配套政策。与此同时，以大病医疗费用社会统筹为主的医疗制度改革继续进行。至1999年底，共收缴统筹基金6 752.4万元，全市有1.12万人次享受了大病医疗待遇。

（五）工伤、生育保险

1999年5月，全市工伤保险与统一的《宁波市企业职工工伤保险暂行办法》实现了并轨，至此，宁波市企业职工工伤保险制度实现了统一。同时，出台了工伤保险费率浮动和考核办法，对企业安全生产起到了积极的促进作用。至1999年底，全市共收缴工伤保险基金1 934.05万元，有508名工伤职工享受了工伤保险待遇；全市共收缴生育保险基金930.95万元，有3 040名生育女职工享受了生育保险待遇。全市统一的生育保险办法经再次测算修改后已报市政府审定。

（六）社会保险基金的收缴和管理

1999年，宁波市在狠抓社会保险扩面工作的同时，各级劳动部门积极配合地税部门向用人单位和参保人员征缴养老金。全市养老基金的征缴率为95.56%，失业保险基金的征缴率为97.32%，工伤、生育保险和大病医疗统筹费的征缴率分别为97.38%、98.5%和97.83%。同时，对欠缴基金进行了认真清理，至年底，全市共清理企业历年欠缴的养老保险基金3 949.94万元，占应清额的76.94%；清理挤占挪用养老保险基金3 198.76万元，占应清额的80%。至1999年10月底，全市的养老基金征缴工作已全部移交地税部门，并纳入了财政专户管理。

五、劳动立法

《宁波市劳动合同条例》已经市人大讨论通过并报送省人大审议。《宁波市企业职工工资手册监督管理规定》已作为政府规章报市政府审议。组织并参与了上级和有关单位8项法规、规章的修改工作。组织全市劳动系统进行了“三五”普法教育，重点进行了《行政复议法》的学习和宣传工作。受理行政复议案件5件。办理人大、政协提案议案28件，见面率、满意率和办结率均为100%。

六、安全生产

（一）安全生产管理

1999年，宁波市切实贯彻落实江泽民总书记关于安全生产的重要指示，落实各县(市)、区和市级各部门安全生产责任制。以第九次安全生产周为契机，加大了对安全生产工作的宣传力度，通过上街宣传咨询、制作宣传画板巡回展出、举办演讲比赛等形式，在社会上营造了人人重视安全生产的良好氛围。认真开展了各类特种作业人员培训，共组织培训班120期，培训发证6 516人，提高了特种作业人员的持证上岗率。开办安全员培训班22期，发证1 427人。积极贯彻《浙江省外来务工人员基础安全教育管理规定》，提出了具体贯彻意见，培训外来务工人员4 600人。据统计，至1999年底，宁波市共发生企业职工因工死亡、重伤事故118起，死亡、重伤131人。其中死亡事故75起，死亡81人，千人死亡率为0.030 1。事故结案率达93%。

（二）安全生产检查

1999年，宁波市加大了安全生产监察力度，认真开展安全生产大检查7次，消除了事故隐患。配合省劳动厅对宁波市11家起重机械制造、安装单位的制造、安装质量进行了抽查，共检测起重机械3 270台，核发准用证2 420台。为保证市第九次党代会、省“贸洽会”、全国第十二届发明博览会及有关大型活动在宁波市的顺利进行和来宾等人员的人身安全，5次对全市35家宾馆100余台电梯逐一进行了现场监察，受到市委办公厅的表扬。参加建设项目（工程）劳动安全卫生“三同时”审查2次。对8家地下矿山进行现场安全监察，会同有关部门对6家承包采掘施工企业安全资质进行了安全审查。

（三）锅炉压力容器监察

1999年，宁波市共检验各种锅炉2 267台，压力容器2 485台，检验各种气瓶26.54万只，锅炉和在用压力容器年检率分别为98.1%和96.4%。

（宁波市劳动局）

安 徽 省

1999 年，安徽省的劳动保障工作在各级党委、政府的正确领导下，在劳动和社会保障部的指导下，在各有关部门的支持与配合下，经过各级劳动保障部门团结拼搏，迎难而上，以巩固两个确保、社会保险扩面征缴、医疗保险制度改革、提高三条保障线水平为重点的工作取得重要进展，劳动保障事业得到全面发展。

一、国有企业下岗职工基本生活保障和再就业工作进一步加强

1999 年，安徽省各级党委、政府继续把国有企业下岗职工基本生活保障作为头等大事、第一位的工作，按照国务院和省委、省政府要求，组织有关部门集中精力抓企业再就业服务中心规范化建设，着重在规范职工下岗程序、进中心签协议、落实资金保生活和再就业培训等方面下功夫。1 月 22 日，安徽省政府召开全省两个确保电视电话会议，传达全国国有企业下岗职工基本生活保障和再就业工作会议精神，4 月 16～17 日专门召开全省国有企业下岗职工基本生活保障和再就业工作会议，对 1999 年全省国有企业下岗职工基本生活保障和再就业工作进行全面部署，时任省长的王太华同志和副省长黄岳忠同志分别与各市地市长、专员和分管市长、专员签订了 1999 年劳动保障重点工作目标责任状，实行年终考核。这一项工作由省长、副省长签责任状，这在安徽省还是第一次，在全国也是鲜见的。

根据国务院办公厅 10 号文件精神，安徽省政府先后下发了关于做好两个确保、再就业和社会保险工作的 3 个文件。安徽省各级劳动保障部门按照省委、省政府的要求，认真落实“三三制”筹资原则，千方百计筹集基本生活保障资金，通过调整财政支出结构、加大失业保险基金征缴力度、督促企业落实自筹资金和积极向中央财政争取补助资金等方式，共落实基本生活保障资金近 10 亿元，其中从中央财政争取补助资金 4.03 亿元。全年支付下岗职工基本生活费 8.3 亿元，有 99.9%的下岗职工足额或部分领取基本生活费，其中足额领到的占 80.8%，部分领到的占 19.1%，只部分领到生活费的主要原因是少数困难企业自筹的 1/3 部分没有落实。

1999 年末，安徽省国有企业下岗职工进中心人数为 30.6 万人，签订基本生活保障和再就业协议率为 98.7%。17 个市地中有 12 个市地下岗职工进中心、签协议、保生活的比例达到了省政府下达的责任目标要求。与此同时，各地积极采取措施，认真开展再就业培训，全年共培训下岗职工 25.87 万人，完成了省政府下达培训 20 万人的目标任务。督促有关部门认真落实再就业优惠政策，努力拓宽就业门路，通过大力发展社区服务、第三产业、组织个体私营企业和有关用人单位举办专场招聘会、开展劳务输出、引导自谋职业等措施，全省共有 14.4 万名国有企业下岗职工出中心实现了再就业。

二、社会保险扩面征缴工作取得了重要进展

1999 年，安徽省各地认真贯彻国务院颁布的《社会保险费征缴暂行条例》和《失业保险条例》，大力开展社会保险扩面征缴攻坚战和执

法大检查。全省共抽调劳动保障专兼职监察员1 855人，深入5.6万多户用人单位检查，督促依法参加社会保险，使扩面工作取得积极进展。

在养老保险方面：1999年安徽省各级劳动保障部门积极开展社会保险扩面征缴攻坚战，依法组织未参加养老保险的单位和职工参加养老保险。至年底，全省各地参加养老保险的企业职工达到322万人，覆盖面达86%，离退休人员达86.90万人（包括中央在皖原行业统筹企业职工49.17万人，离退休人员20.29万人），新增参保人员50.2万人。全省有52.39万企业离退休人员养老金实行了社会化发放，社会化发放面为60.29%，其中淮北市、宣城行署社会化发放面超过90%。全年征缴养老保险基金42.82亿元，比1998年增收6.1亿元。全年支付离退休人员养老金44.75亿元，其中补发历年拖欠的养老金2.24亿元。与此同时，加大了对养老保险欠费的清欠力度，共追缴企业历年拖欠的养老保险费和有关部门挤占挪用的养老保险基金3.70亿元。

在失业保险方面：1999年，安徽省各级劳动保障部门认真贯彻国务院颁布的《失业保险条例》，积极采取措施，将事业单位职工纳入失业保险范围。通过开展社会保险扩面征缴攻坚战，全省参加失业保险的职工达到345万人，新增参保职工116万人，覆盖面为79%，其中国有企业190万人，集体企业67万人，事业单位60万人。全年征缴失业保险基金3.8亿元，比1998年增加2.27亿元。全年支出失业保险金3.6亿元，其中支付失业人员失业救济金5 821万元，用于国有企业下岗职工基本生活费22 078万元，用于下岗职工、失业人员培训1 876万元。

在医疗保险制度改革方面：1999年，安徽省医疗保险制度改革在1998年的基础上向前迈了一大步。按照国务院的医改决定，先后完成了全省医改调查测算工作，正式颁发了《安徽省实施城镇职工医疗保险制度改革的若干意见》和5个相关的配套文件，并于6月份召开了全省医改大会，安徽省医改领导小组组长、原省委常委、常务副省长汪洋，领导小组副组长、副省长黄岳忠、蒋作君在会上作了重要讲话。会后，医改工作在全省积极稳妥地推开。至年底，全省17个市地中，已有16个市地医改方案经省政府批准实施。合肥市的医改方案涉及到省直机关和企业单位的属地管理，省、市两级政府和劳动保障部门极为慎重，经过多次研究，反复征求意见，修改达18稿之多，已于年内经省医改领导小组两次讨论原则通过，报省委、省政府待批。年内淮北、安庆两市已率先按新制度启动，有10万职工进入医疗保险覆盖范围。

三、中央调整收入分配政策的贯彻落实取得明显成效

1999年7月，党中央、国务院作出调整收入的决策，决定从7月1日起，提高三条保障线水平，提高离退休人员养老金水平，补发过去拖欠的养老金。为贯彻落实中央这一重大部署，安徽省各级劳动保障部门加班加点，抓紧测算，多方筹资，精心组织，按中央要求在9月15日前将调整待遇的钱全部发放到应享受待遇人员手中。全省有130多万名国有企业下岗职工、企业离退休人员、失业人员的待遇得到提高。经过调整，全省国有企业下岗职工月人均基本生活费（含缴社会保险费）达到312元，合肥市达到387元，为全省最高；失业人员失业保险金月人均增加39.6元，企业离休人员月人均增加135元，退休人员月人均增加54元。与此同时，对调整企业在职职工收入也提出了指导性意见。据不完全统计，安徽省地方国有企业在岗职工有48.7万人兑现了增资。

四、职业培训与职业技能鉴定工作有了新进展

1999年，安徽省的职业培训工作按照中共中央、国务院关于深化教育改革全面推进素质教育的要求，坚持培训为经济、社会发展和劳动就业服务的指导思想，主要做了以下几方面工作：一是健全职业培训的法规体系，制定

了《安徽省社会培训机构审批办法》等5个规范性文件，争取财政、物价部门核定了《职业技能培训收费标准》；为省政府代拟了实施劳动预备制度的有关文件，劳动预备制度在试点的基础上逐步推开。二是进一步落实技工学校办学自主权，引导学校逐步完善适应市场的办学机制，千方百计克服困难，做好技校招生工作。1999年，全省报考技校的考生人数为17 990人，录取新生13 320人，其中高级技工学校（班）招生165人。三是积极动员社会各方面力量实施再就业培训，全年技工学校和社会培训机构共培训下岗职工4.3万人次。四是职业技能鉴定社会化管理体系建设又有新的进展，全省现有职业技能鉴定机构305个，考评人员2 199人，当年鉴定人数达到76 669人，取得职业资格证书68 944人。五是社会培训机构管理逐步规范，已有中式烹调、汽车修理等10个职业的社会机构设置标准及教学计划，并对399家社会培训机构开展了年审检查。六是积极开展技能竞赛，省劳动厅会同省商务厅等部门参加和举办国家级及省级技能大赛6次，推动了技能人才的培养。与此同时，继续开展工人技术职务的评审，全年评审技师365名，高级技师18名。

五、城乡就业和劳务输出工作取得一定成效

1999年末，安徽省城镇职工总数为483.6万人，比上年减少11.73万人。企业单位343.7万人，减少13.45万人，其中国有企业181.7万人，减少19.13万人；集体企业88.1万人，减少9.9万人；其他所有制企业73.9万人，增加15.58万人。全省城镇失业人员总数为27.44万人（其中上年结转15.34万人，本年度新增12.1万人）。当年安置城镇失业人员10.7万人，其中内资企业80 447人，港澳台投资企业1 731人，外商投资企业1 618人，事业单位1 237人，机关团体274人，个体经济组织21 900人。至年底，尚有失业人员17.3万人，城镇登记失业率为3.15%，比1998年下降0.06个百分点。

1999年，在面临城市下岗职工人数增加，城市就业压力加大的情况下，安徽省各级劳动部门继续遵循国家统筹城乡就业的方针政策，全力实施农村劳动力跨地区有序流动工程，加大了流动就业的管理工作力度，采取了“证卡管理，有序流动，信息导向，全程服务”等一系列行之有效的措施，使全省农村劳动力流动就业继续保持相当规模，当年全省农村劳动力跨地区流动就业人数为520万人，其中，跨省流动就业人数达433万人。农村剩余劳动力流动就业健康发展，为安徽省农业产业结构调整、农民脱贫致富，促进城乡经济协调发展作出了重要的贡献。

1999年，安徽省劳动厅境外就业介绍所、安徽省劳动厅对外劳务开发中心遵照国家劳动和社会保障部、对外经济贸易部和安徽省有关境外就业的方针政策和法律、法规，坚持努力拓宽境外就业门路、扩大境外就业渠道、为公民出境就业服务的方向，加强了与境外、国外劳务中介机构和雇主的联系，先后介绍安徽省公民因公因私出境就业50多人。与此同时，合肥、芜湖等市地劳动部门充分发挥劳动力市场的作用，主动与外经贸企业及相关部门联系协作，积极开展境外就业工作，全年共介绍境外就业近1 000人。

1999年，随着安徽省经济发展和对外开放的进一步扩大，外国人及台港澳人员来安徽就业人数有所递增。全年来安徽就业的外国人及台港澳人员共计183人，较1998年增加了41人。安徽省各级劳动保障部门在从事外国人及台港澳人员来安徽就业的管理工作中，始终本着“规范审批，强化服务，依法管理”的原则，认真贯彻原国家劳动部等4部委颁布的《外国人在中国就业管理规定》及原国家劳动部颁布的《台港澳居民在内地就业管理规定》，积极与省公安厅、外经贸委等部门协调配合，使此项工作逐步走向制度化、法制化的轨道，对促进安徽省的经济和对外开放起到了积极的作用。

六、劳动工资宏观调控进一步加强

1999年，安徽省的劳动工资管理工作继续按照“市场机制调节、企业自主分配、职工民主参与、政府监控指导”的工资制度改革要求，围绕推进建立现代企业制度，充分调动企业经营者、科技人员和广大职工的积极性，促进科技成果转化、生产发展和经济效益增长，部署开展了企业经营者年薪制、劳动力市场工资指导价位和企业人工成本监测预警试点工作。1999年7月，安徽省政府发布了《安徽省国有企业经营者年薪制试点办法》《安徽省国有控股、参股公司内部职工持股试行办法》和《安徽省鼓励技术要素参与收益分配试行办法》。安徽省劳动厅根据省政府的要求，与省经贸委联合对进行公司制改造的39户企业开展经营者年薪制试点，实际参加试点企业达到70户。与此同时，合肥、芜湖两市开展了劳动力市场工资指导价位试点，合肥、蚌埠两市开展了企业人工成本监测预警试点。

1999年，安徽省职工工资总额278.48亿元，比1998年增加7.22亿元，其中企业职工工资总额175.45亿元，比1998年减少3.67亿元。在企业工资总额中，国有企业职工工资总额105.05亿元，集体企业30.05亿元，其他企业40.35亿元。全部在岗职工年平均工资6 516元，比1998年增加6.5%，位居全国第28位，比1998年下降4位。企业在岗职工年平均工资6 040元，比1998年增长3.8%。其中，国有企业在岗职工年平均工资6 691元，集体企业4 277元，其他企业6 392元，分别比1998年增长3.5%、4.8%和1.3%。

七、劳动争议处理和劳动关系处理工作取得较大进展

鉴于目前劳动争议案件不断增长和人员力量不足的矛盾较为突出，安徽省各级劳动争议仲裁委员会始终将提高办案质量和效率作为工作重点，采取了简化办案程序、改进办案方式、完善“三方”机制、扩大兼职仲裁员队伍等办法，妥善处理了一大批劳动争议。1999年，全省各地共受理劳动争议案件1 080件，涉及劳动者4 245人，比1998年增加10.2%，本年度已结案1 046件，含上年度未结案81件，结案率为90.1%。其中仲裁裁决412件，仲裁调解和运用其他形式结案的634件，分别占结案数的39.4%和60.6%。积极发挥企业调解组织的作用，指导其开展政策宣传和调解工作。全省各地企业调解委员会受理劳动争议案件1 785件，调解成功1 652件，成功率达92.5%。与此同时，按照省政府的要求，省劳动厅对外公布了3部热线电话，及时受理群众举报、投诉和政策咨询。

为适应国有企业改革和建立市场就业机制的需要，1999年，安徽省劳动厅在对“停薪留职”“两不找”等隐性就业情况进行调查摸底，在认真总结各地经验的基础上，经省政府常务会议研究同意，下发了《关于国有企业下岗职工劳动关系调整问题的处理意见》（皖劳字〔1999〕75号），为各地理顺企业各类人员劳动关系，尤其是下岗职工的劳动关系提供了政策依据。

1999年，安徽省以中央驻皖企业、城镇私营企业和个体工商户为重点，大力推进劳动合同制，制定了《关于进一步加强劳动合同管理的通知》。全省已累计签订劳动合同334.4万份，其中国有企业劳动合同217.5万份，城镇集体企业劳动合同58.2万份，外商及港澳台投资企业劳动合同3.7万份，乡镇企业劳动合同37万份，城镇私营企业和个体工商户劳动合同11.1万份，其他劳动合同6.9万份。同时，积极开展建立集体协商和集体合同制度的工作，至年底，全省累计审核集体合同6 305份，涉及职工197.8万人。与此同时，充分发挥政策咨询和来信来访窗口作用，认真做好来信来访接待工作。全省共接待咨询和来访10 624人次，涉及职工28 050人；处理人民来信1 393件，涉及职工16 568人。为真正解决职工群众上访难、问题解决难的问题，安徽省劳动厅根据省政府办公厅《关于建立健全行政领

导干部接待群众来访日制度的通知》（皖政办〔1999〕22号）精神，于1999年8月起建立厅长接待日制度。截至年底，厅长接待日共接待来访职工95批次，涉及职工481人。

八、劳动保障监察工作取得阶段性成果

1999年，安徽省各级劳动保障监察机构紧紧围绕劳动保障重点工作，取得了阶段性成果。一是围绕社会保险扩面征缴工作，开展了“千人万户行、监察促参保”的执法大检查活动。二是劳动保障年审工作有新的进展。全省共审查企业1.2万户，较1998年上升26.47%，中央在皖金融、保险、邮电、铁路等行业纳入年审范围。各级劳动保障部门都将年审结果在当地报纸上进行了公告。三是积极查处群众举报案件。全省共接受群众举报1 312起，立案处理劳动违法案件的结案率为96.76%。四是各地积极组织公安、工商等部门对社会职业中介机构进行清理整顿，共清理整顿职业中介机构1 205家，其中查处非法职业中介机构351个，吊销许可证41家，责令停业或限期整改333个，有力地打击了非法职业中介机构的违法行为，维护了广大求职者的合法权益。此外，各地还加强了日常巡查的频度和力度，全省专职劳动保障监察员日常巡查企业人均达30户以上。

九、劳动力市场“三化”建设开始打开局面

1999年9月，安徽省劳动厅出台了《安徽省劳动力市场建设总体规划》，明确了今后5年劳动力市场发展的指导思想和目标任务，提出了一系列保障措施。全国贵阳会议后，省劳动厅积极指导和帮助合肥、蚌埠、芜湖、马鞍山、淮南、淮北等6个重点城市先行开展劳动力市场“三化”建设试点，并在资金上予以适当帮扶，年底又对全省每个市地劳动力市场建设给予了经费支持。通过上下共同努力，各试点城市相互学习，你追我赶，在很短的时间内形成了可喜的局面。其他非试点城市如黄山、安庆、巢湖、六安、铜陵、滁州以及部分县（市、区）也在积极筹措资金，进行新建和改造拓展劳动力市场。

1999年，安徽省的劳动保障工作取得了重要进展，较好地完成了省委、省政府和劳动保障部交给安徽各级劳动保障部门的任务。其工作特点概括起来有以下几点：

（一）各级党政领导高度重视，以两个确保为重点的劳动保障工作真正被摆上重要的位置

1998年以来，安徽省积极推进以两个确保为重点的各项劳动保障工作，受到各级党政领导的高度重视和大力支持。1999年7月下旬，朱镕基总理率张左己部长一行来安徽视察，在合肥专门召开社会保障座谈会，就建立独立于企业之外的社会保障体系发表了重要讲话。9月初，张左己部长再次陪同吴邦国副总理来皖视察，为安徽省两个确保和行业养老保险业务移交地方管理后的基金缺口等困难给予了积极帮助。同年，刘雅芝、王东进副部长也先后来安徽省检查指导工作，对安徽的劳动保障工作给予充分肯定和大力支持。一年内，两位正副总理、三位正副部长来安徽视察指导劳动保障工作，这是过去从未有过的，对全省各级劳动保障部门是极大的鼓舞和激励。安徽省劳动保障工作也得到了省委、省人大、省政府和省政协的高度重视。1998年6月以来，省委、省政府先后召开6次大会，下发了9个重要文件，组织了5次全省性的督察活动，并多次召开省委常委会和省政府常务会议专题研究劳动保障工作。1999年，省政府决定将劳动保障重点工作列入政府任期目标管理考核，王太华省长、黄岳忠副省长与各市地市长、专员和分管市长、专员分别签订了责任状。省人大、省政协也多次听取劳动厅关于重点劳动保障工作情况的汇报，并组织人大代表、政协委员对两个确保工作进行视察。各级党委、政府领导的高度重视和支持，是激励安徽省各级劳动保障部门做好工作，取得重要成果的首要条件和保证。

（二）正确处理改革、发展、稳定的关系，始终抓住两个确保不放松

安徽省各级劳动保障部门紧紧围绕改革发展稳定的大局，以高度的政治责任感，把两个确保作为一项政治任务和硬指标始终抓住不放，全力以赴，积极稳妥地推进各项劳动保障制度改革，在解决重点、难点问题上花气力，使两个确保工作不断得到巩固和发展。如：明确了下放煤炭行业集体企业以及城镇个体私营企业参加社会保险的政策；解决了事业单位参加失业保险的资金渠道和安徽省建工集团的两个确保、省水利安装公司离退休人员养老金发放以及两淮煤矿的养老金缺口问题等等。特别是在1999年夏季，安徽省郎溪、东至、望江、石台等县遭受特大洪灾时，当地劳动部门的干部职工坚守岗位，竭尽全力为下岗职工和企业离退休人员服务，不管遇到多大困难，坚持抓好两个确保不动摇。郎溪县劳动局的同志不顾自己的办公楼和宿舍被淹没，坚持划船将养老金逐个送到离退休人员手中，受到了企业离退休人员的高度赞扬。此外，各地劳动保障部门深入困难企业，逐个帮助解决难题，对建国50周年大庆和元旦、春节期间的两个确保周密部署，为维护社会稳定作出了积极贡献。

（三）坚持突出重点抓全面，劳动保障各项事业得到了整体发展

安徽省各级劳动保障部门在保重点工作的同时，各项事业也得到了全面发展。省劳动厅起草上报了《安徽省社会保险费征缴暂行规定》《安徽省失业保险规定》，出台了《关于国有企业下岗职工劳动关系调整有关问题的处理意见》等一批规范性文件。行政执法责任制和执法监督工作在全系统不断推进。坚持实行安全生产目标管理责任制，加强了安全管理与监察，使全省安全生产形势继续保持稳定，工矿企业因工死亡事故起数和死亡人数分别比上年下降了12.28%和6.87%。

（四）各级劳动保障部门在工作任务异常繁重的情况下，始终保持高昂的斗志和良好的精神状态

1999年，安徽省按照党中央和省委的部署，市地以上劳动保障部门在处以上干部和领导班子中集中开展了“三讲”教育，广大干部特别是领导干部的思想和工作作风明显改进，自觉从全省发展大局和人民利益的高度出发，不断增强责任感和使命感，始终保持良好的精神状态。1999年首次在全省劳动保障系统普遍实行工作目标责任制管理，同时开展“评先评优”和“三优”文明窗口创建活动，在全系统形成了你追我赶推动各项重点工作争先进的生动局面，涌现出一批先进单位和先进个人。合肥市劳动局职业介绍中心荣获“全国优秀职业介绍机构”称号，马鞍山市劳动局汪美萍同志荣获全国“十佳优秀职业指导员”称号，受到了劳动保障部的表彰，为安徽省争得了荣誉。为鼓励先进，促进各地进一步争先进，省劳动厅与人事厅联合开展了劳动保障系统先进集体和先进个人评选表彰活动，1998至1999年度劳动保障系统共有27个先进集体和25名先进工作者受到表彰。

（安徽省劳动和社会保障厅）

福 建 省

1999年，福建省劳动保障工作紧紧围绕推进经济结构调整、企业改革发展和确保社会稳定大局，以巩固两个确保为中心，以深化养老、医疗和失业保险制度改革为重点，以完善市场就业和社会保障机制为目标，大力加强劳动力市场信息网络建设，加大劳动监察和安全卫生综合管理力度，严格依法行政，劳动保障事业得到全面发展，有力地配合了企业改革的推进和经济结构的调整，有效地保障了广大职工的基本生活，保持了职工队伍稳定，为维护福建的改革、发展、稳定大局作出了积极的贡献。

一、两个确保成果进一步得到巩固

通过落实两个确保和再就业责任制，福建省有下岗职工的782户国有企业全部建立了再就业服务中心，全省累计有下岗职工93 100名，基本生活都得到保障，至年底，在中心的下岗职工有30 050名。全省共筹集再就业基金3.46亿元，使用资金3.05亿元，其中失业保险基金承担再就业资金7 100万元，发放失业保险金8 900万元。在确保企业离退休人员养老金发放方面，1999年全省共发放养老金27.23亿元，社会化发放率已达99.2%（不含行业）。莆田、南平、厦门、宁德、漳州、泉州、三明等7个地市100%实现了社会化发放，保证了离退休人员养老金基本得到按时足额发放。贯彻中央12号文件，全省各级劳动部门在当地党委、政府的领导下，全力以赴，加班加点，按时完成了提高国有企业下岗职工基本生活保障费、失业保险金和企业离退休人员养老金水平的工作。提高待遇水平后，国有企业下岗职工基本生活保障标准由月人均273元提高到341元，增幅为24.9%；失业保险金标准由月人均223元提高到290元，增幅为30%；企业退休人员月人均增加56元，月人均养老金达到412元。

二、就业和再就业工作取得新的成效

1999年，福建省各地以市场就业为目标，紧紧围绕推进实施再就业工程，着重抓了落实再就业各项优惠政策，下岗职工劳动关系调整和10家省属重点企业减员增效工作。努力做好城镇就业工作，城镇登记失业率控制在2.7%以内，就业局势基本稳定。各地积极采取措施，拓宽就业渠道，开展职业指导、转业转岗培训、职业介绍服务，累计为下岗职工进行职业指导92 120人，转业转岗培训65 341人，提供就业岗位86 704个，千方百计促进下岗职工再就业，狠抓再就业各项优惠政策的落实。到年底，全省有57 836名下岗职工实现再就业，再就业率为62%，完成了省委、省政府下达的再就业率60%的目标。重点做好10家省属重点企业减员增效工作，取得初步成效。这10家企业共下岗分流8 592人，其中下岗职工进中心936人。开展集体企业下岗职工再就业工作，省政府下发了文件，厦门、泉州两市结合实际制定了实施办法。突出抓好下岗职工劳动关系处理工作，根据贯彻《福建省人民政府批转省劳动厅关于国有企业下岗职工劳动关系调整有关问题的处理意见的通知》（闽政〔1999〕16号文件）精神，多方筹措解除劳动关系经济补偿金，全省共有42 084名下岗职工解除了劳动关系。按照实现劳动力市场建设“三化”要求，福建省加快了劳动力市场建设，福州、厦门、泉州、南平、三明等5市被列入全国劳动力市场科学化、规范化、现代化建设试点城市，漳州、龙岩、莆田、宁德和福清、仙游、石狮、漳浦、漳平、永安、武夷山、福安等12个地（市）、县（市）被列为全省劳动力市场“三化”建设试点城市。通过以点带面，突出抓好劳动力市场信息网基础建设，完善市场服务功能，规范市场管理，促进全省劳动力市场建设上了一个新的台阶。

（一）初步建立了劳动力市场信息计算机城市局域网

1999年，全省各试点城市共筹集资金2 500多万元，用于劳动力市场信息网建设。到年末，所有地（市）级城市和县级城市第一期改建网工程任务已基本完成，初步实现了劳动保障部规定的全国“三化”试点城市在年底前建成劳动力市场城市局域网和省委、省政府提出的建立全省劳动力信息网的为民办实事项目任务，基本实现各试点城市劳动力市场的职业介绍前台服务计算机化的目标。

（二）进一步建立和完善了劳动力市场信息收集、发布及其管理系统

福州、三明、漳州、南平、福清、石狮、仙游等试点城市通过电子大屏幕、触摸屏和求职热线声讯台等设施和传播渠道，发布劳动力供求信息，为下岗职工提供再就业服务，促进农村劳动力跨地区有序流动起到了积极作用。

（三）进一步规范了市场服务行为，提高了市场管理水平

至1999年末，全省共有各类职业介绍机构1 068个，其中劳动部门办的公共职业介绍机构697个，其他社会团体组织和个人办的职业介绍机构371个，并按照劳动保障部的规定，各类职业介绍机构全部使用了统一标志。全年接受用人单位用工招聘登记21.24万人次，接受各类劳动者求职登记36.62万人次，介绍成功18.39万人次。针对一些地方劳动力市场存在着非法中介活动，个别民办职业介绍机构服务欠规范，甚至出现严重损害求职者合法权益的现状，全省各级劳动部门采取了经常性的检查、监督，及时查处求职者投诉和定期清理整顿的办法，特别是在1999年春运期间全省统一组织的清理整顿劳动力市场秩序的活动，共列入清理的各类职业介绍机构989家，共查处存在不同程度违规行为的职介机构141家，责令限期整改75家，吊销“职业介绍许可证”16家，从而有力地规范了职业介绍行为，维护了劳动力市场秩序，提高了职业服务质量。

三、各项社会保险稳步推进

养老、失业保险工作在困难的情况下取得进展。1999年，随着福建省企业改革的深入，破产关闭企业增多，下岗失业人员增加，一些系统提前退休人员骤增，企业原已参保人数比上年减少了9万多人，加上困难企业无力缴费，全省有近20万参保职工无力缴费，累计欠费达2.14亿元，同时退休人员养老金水平又较大幅度提高。在这种情况下，福建省各级劳动部门和社会保险经办机构做了大量艰苦细致的工作，统一组织扩面工作队伍，加大执法监察力度，认真贯彻落实国务院颁布的《社会保险费征缴暂行条例》《失业保险条例》和《福建省城镇企业职工基本养老保险条例》，以扩大社会保险覆盖面，加强基金征收为重点，以确保基本养老金、失业保险金发放为目标，强化业务规范、管理服务、基金监督三项工作，切实保障企业离退休人员和失业人员的基本生活。1999年，全省参加基本养老保险职工167.39万人，其中当年新增养老保险的参保职工23.63万人，企业3.03万户，离退休人员52.34万人。全省基本养老金基金收入29.54亿元，支出27.28亿元，当年基金收支结余2.26亿元，全省实现当年养老保险基金收大于支且略有结余的目标，人均月养老金443.99元。全省养老金社会化发放人数478 303人，实行养老金社会化发放的人数占离退休总人数的99.22%（不含行业）。行业统

筹的各项工作稳步推进，新增行业参保职工9 623人，调整了行业养老保险费率，开展了清理违规办理提前退休工作。全年共征收失业保险基金2.22亿元，发放失业救济金8 900多万元，用于保障下岗职工基本生活和促进再就业7 100万元。

工伤保险制度改革工作进展顺利。截至1999年底，全省参加工伤保险的职工128.95万人。工伤保险基金收入9 306万元，工伤保险基金支出3 081万元，当年基金结余6 225万元，历年基金滚存结余2.39亿元。享受工伤保险待遇的有2 136人。

生育保险工作稳步进行。截至1999年底，全省参加生育保险的职工99.66万人。生育保险基金收入3 588万元，生育保险基金支出2 862万元，当年基金结余726万元，历年基金滚存结余3 476万元。享受生育保险待遇的有9 292人。

基本医疗保险制度改革稳步推进。省政府印发了《福建省人民政府贯彻国务院关于建立城镇职工基本医疗保险制度的决定的通知》。到1999年底，全省各地市医改实施方案已全部制定。先行试点的厦门、莆田两地市对原来的政策进行了调整，并在原有基础上，积极拓展医疗保险覆盖面，努力提高参保率和资金到位率。全省参保人数达到48.07万人。各级都建立了医改机构。制定出台了定点医疗机构管理办法等20多个配套文件。省医改办制定下发了关于医疗保险基金存储银行选择和计算机管理系统开发建设的指导性文件。各地抓紧医疗保险计算机管理系统建设工作，已基本确定基金存储银行，并陆续进行计算机公司的选择确定工作，医改工作得到了劳动保障部和省政府领导的充分肯定。

四、进一步加强工资分配宏观调控工作

福建省的企业工资分配工作坚持以市场为改革取向，以制度创新为重点，以“限高保低”为主要内容，规范分配秩序，理顺分配关系。进一步加强工资宏观调控，根据企业性质、规模、国有企业产权状况等确定不同的调控方式；加大推行企业工资指导线办法，公布了1999年全省企业工资增长指导意见，福州、泉州、莆田、三明、龙岩、南平等6个地市结合本地实际公布了当地1999年的企业工资指导意见；福州、厦门两市被列入全国建立劳动力市场工资指导价位制度试点单位，其余各地市按统一要求开展劳动力市场职位（工种）工资水平抽样调查，福州、厦门、泉州、南平、龙岩、三明等6个地市公布了各自的劳动力市场职位（工种）工资指导价位；引导企业建立人工成本约束机制，企业人工成本监测预警工作开始起步。福建省贯彻中央12号文件，核增国有、集体企业工资使用总额计划，工效挂钩企业核增6%～8%；工资总额计划包干企业核增10%～15%；企业在国家政策允许增加的总额范围内，可自主决定职工的晋级增薪；全省约70%的企业在岗职工兑现调整了工资。积极开展集体协商确定工资试点工作，制定了统一的集体合同样式。以泉州市为主要试点地区，目前全省已有20户左右的外商投资、合资企业开展或正在开展集体协商谈判确定工资的试点工作。福建省还积极探索建立国有企业经营者收入激励约束机制，提出试行年薪和期权奖励相结合的新的试点办法，确定对省属11家重点企业进行经营者收入年薪制和期权奖励制的试点。经营者收入由基本年薪和奖励年薪组成，对奖励年薪探索以经营者持有股权为主要形式的期权奖励办法。积极调研探索按生产要素分配的办法和途径。调整了福建省企业最低工资标准，调整后的标准为：福州所属各区300元；三明、泉州等地市所在地270元；惠安、东山等县市240元；平和、华安等县210元。

五、劳动关系与监察和劳动争议处理工作进一步加强

1999年，福建省积极推行劳动合同制度和集体合同制度，促进劳动关系的和谐稳定，全省签订劳动合同职工达410.16万人，签订

集体合同12 168户，涉及职工144万人。各级劳动监察机构配合中心工作，积极开展劳动监察活动，全省共检查用人单位3.96万户，查处违法企业6 100户，取缔非法职业中介机构198家，督促用人单位缴纳养老保险费4 201万元，失业保险费1 125万元。全省立案受理各类劳动争议案件2 920件，涉及劳动者2.36万人，结案率达93.25%，有力地维护了劳动关系的和谐和社会的稳定。

六、职业培训工作取得实效

1999年，福建省各地紧紧围绕实施再就业工程和提高劳动者素质，全面推行劳动预备制，在全国率先由省政府出台了全面实行劳动预备制的通知，全省已组织7万多名劳动预备制度实施对象参加职业培训，对66个工种实行了就业准入制度，职业培训工作进一步加强。职业技能鉴定的社会覆盖面和工种覆盖面日益扩大，全年鉴定的总人数达7万多人，考评技师500名以上。职业培训工作进一步加强，全省技校招生1.87万人，鼓励社会力量开展职业技术培训，全省批准社会职业技术培训机构300多家，为下岗职工和各类人员参加职业培训创造了条件。

七、安全生产综合管理进一步加强

1999年，福建省的目标管理责任制得到较好贯彻落实，全省各类事故四项指数全面下降，企业安全生产形势基本稳定。通过扩大安全文化建设工作试点，建立工伤预警通报制度、事故频发县（区）领导专题通报会，以及强化现场监察专项整治等措施，加大安全监察力度，提高了职工的安全意识，事故起数、重伤人数比上年都有所下降，因工死亡人数控制在省政府预定的指标以内。

八、劳动法制工作取得新进展

1999年，福建省在继续抓好立法、执法工作的基础上，着力抓了依法行政和执法监督制度建设。福建省劳动厅制定了《关于劳动部门实施〈福建省人民政府关于依法行政的实施规划〉的意见》，加强法律法规的学习宣传和教育工作，对行政执法人员组织了资格考试；对部分劳动和社会保障规范性文件进行了清理，废止了65个规范性文件，提出了地方性劳动法规的修订计划；组织开展了《行政复议法》的学习培训，为贯彻实施《行政复议法》，增强法制意识，提高依法行政水平打下了良好的基础。

九、主要经验

1999年，福建省各地结合当地实际，创造了一些行之有效的工作方法和经验，主要有以下几条：

（一）自觉把劳动保障工作融入大局，全力维护社会稳定

1999年是我国历史上很不平凡的一年，大事喜事多，难事也不少，维护社会稳定是压倒一切的任务。福建省各级劳动部门干部职工识大体，顾大局，以高度的政治责任感，把两个确保作为一项政治任务和硬指标，全力以赴，扎实工作，积极筹措资金，深入困难企业，解决难点问题，及时处理突发事件，保证了“两节”“两会”等敏感期及迎接建国50周年和澳门回归期间的社会稳定，得到了省委、省政府的充分肯定。

（二）狠抓责任制落实，推动工作开展

1999年，福建省政府印发了实行两个确保和再就业工作责任制的通知，明确了各级政府和有关部门的责任，各级劳动部门以此为契机，积极抓好责任制的落实。三明市政府和各县、市（区）政府签订了两个确保责任状，保证了下岗职工基本生活保障和再就业资金的落实。宁德地区行署给各县（市）政府颁发两个确保和扩面工作责任书，并列入年终考核主要内容，收到很好效果。

（三）因地制宜采取措施，解决重点、难点问题

下岗职工劳动关系调整，是再就业工作的一个难点问题。福建省政府闽政〔1999〕16号

文件下发后，各地劳动部门结合本地实际，采取各种有力措施，加强宣传，多方筹集资金，加大理顺下岗职工劳动关系力度。永安市筹集了3 140万元资金，解除了2 200多名下岗职工的劳动关系。漳浦县通过实行股份制，以资产置换身份，盘活资产用于支付职工解除劳动关系一次性补偿金，全年解除劳动关系1 168人。

（四）发挥整体合力，抓好重点工作

贯彻国务院两个条例，开展社会保险扩面和基金征缴，是1999年的一项重点工作，难度很大。福建省各级劳动部门迎难而上，统筹调度内部力量，发挥整体合力，组织专门扩面工作队伍，深入外商投资企业、私营企业和个体工商户开展扩面工作，取得了突破性进展。厦门市集中力量在劳动力市场开设统一申报缴费窗口，分批组织企业前来登记，在较短时间内取得了良好成效。福清市劳动局统一领导、统一部署、统一行动，集中全局力量，集中时间，以劳动监察执法开道，全面开展劳动力管理和社会保险扩面工作，新扩面12 117人，增收养老保险基金714万元，取得明显成效。

（五）坚持两手抓、两手硬的方针，以精神文明建设促进业务工作

1999年，福建省通过深入开展“三讲”学习，广大干部思想政治觉悟不断提高，在反对美国霸权主义、“法轮功”邪教组织和李登辉分裂祖国三项政治斗争中，始终同党中央保持一致。在全省劳动系统中开展创建“三优文明窗口”活动，取得丰硕成果，达标率达90%。福建省职业介绍服务中心和厦门市劳动监察大队被劳动保障部评为全国劳动保障系统“三优文明窗口先进单位”，福建省劳动厅被省政府评为军民共建“三挂钩”先进单位，并被省委、省政府授予信访工作先进单位。莆田、龙岩两市劳动部门在市里组织的行风评议中，得到了很好的评价。其他许多地方的劳动部门也受到了当地政府的各种表彰，树立了劳动系统的良好形象。

（福建省劳动和社会保障厅）

厦 门 市

1999年厦门市的劳动保障工作紧紧围绕经济结构调整、企业改革发展和维护社会稳定，继续巩固两个确保，大力扩大社会保险覆盖面，强化法制，在促进再就业、妥善处理劳资矛盾、加强职业技能开发、调控工资分配、促进安全生产等方面都取得了一定的成绩。

一、就业与培训

（一）国有企业下岗职工基本生活保障和再就业工作

1999年新增加下岗职工1 015人，年末进入再就业服务中心并签订基本生活保障和再就业协议的下岗职工净人数为1 253人。认真贯彻落实党中央、国务院关于提高三条保障线的决定，在9月15日前将各项生活费提高部分全部发到下岗职工手中，共补发下岗职工基本生活费40多万元。全年共为下岗职工发放基本生活费804.4万元，缴交养老保险费198.2万元，医疗保险费112万元，失业保险费48.6万元，进中心签协议的下岗职工都按时足额领取了基本生活费，未发生拖欠现象。继续办好各再就业服务中心，为4 500多名下岗职工提供了职业指导和培训，完成省里下达的“一三一”工作任务。共有1 334人实现了再就业，再就业率为51.6%。

（二）集体企业下岗职工基本生活保障和再就业工作

为了促进集体企业改革、发展，厦门市政府出台了《厦门市人民政府关于做好集体企业下岗职工基本生活保障和再就业工作的实施意见》，从各方面保障集体企业下岗职工的基本生活，并帮助他们尽快实现再就业。

（三）劳动力市场建设

加快劳动力市场“三化”（科学化、规范化、现代化）建设，加大信息网络的投入，提高服务效率和质量。加强职业中介机构的清理整顿，市场秩序有了一定的好转。加强外来务工人员的管理服务和就业培训工作，实现了民工的有序流动。全年通过劳动力市场求职的人员达165 760人次，介绍成功37 021人次，市场就业取向日趋增强。

（四）职业培训工作

厦门市高级技工学校的筹建工作已经完成；重点高级技校已获劳动保障部批准，开始正常运转，并开办了“高职班”；实施了劳动预备制度，培训工作已在组织实施当中；新批“办学许可证”培训机构12家，形成了多方办学，多形式、多层次的职业技能培训网络；积极推行职业资格证书制度。

二、劳动关系与劳动监察

（一）劳动监察工作

1999年，厦门市开展了用人单位工资发放专项大检查、民工有序流动专项大检查、劳动保障年审、餐饮业劳动保障大检查、拖欠工资情况大检查等，追回职工被拖欠、克扣的工资492万元，督促企业补缴社会保险费61万元，责令职工补办《就业证》3万多本，处理突发事件113起，“110”出警103起，均按时办结。市劳动监察大队被劳动保障部评为“三优”文明窗口。

（二）劳动争议仲裁

1999年，厦门市公正、及时地处理劳动争议案件1 420起，其中立案处理515起（集体争议5起），案外处理905件，立案率、结案率均达100%。仲裁窗口被福建省劳动厅评为创“三优”文明窗口先进单位。

（三）劳动保障信访工作

厦门市坚持每月召开一次信访领导小组工作会议，及时总结分析，尽量将问题解决在基层。全年共处理了4 280件信访案件，结案率为95%，较好地促进了稳定。厦门市劳动局办公室被评为全省信访工作先进集体，厦门市劳动局被福建省劳动厅评为劳动信访工作先进单位。

（四）工资制度改革

1999年，厦门市继续实行企业最低工资制度；完成了劳动力市场工资指导价位测定工作；测算了工资指导线，完成了工交企业的人工成本调查；同时按照《厦门市劳动管理规定》的规定，完成了恢复工资总额使用手册的准备工作。

三、社会保险

（一）社会保险扩面工作

1999年，厦门市政府决定成立由劳动局牵头的扩大社会保险覆盖范围工作协调小组，市社会保险公司等6家社会保险经办机构在市劳动力市场大厦联合办公，社会保险覆盖面得到了扩大。已完成养老保险登记单位7 082户，登记职工32.51万人，实际申报职工30.72万人，实际新增参保人员4.99万人。失业保险登记单位8 858户，登记职工39.22万人，实际申报职工35.36万人，实际新增参保人员21.76万人。

（二）社会保险基金征缴工作

全市社会保险基金收缴率达91%以上，基金收支相抵后略有结余；继续开展基金大清查，共追回企业欠缴800万元，49家无力还款的企业已按要求提高了缓缴报告和还款计划。

（三）社会保险社会化工作

1999年，厦门市实现了全市所有企业离退休人员养老金通过银行社会化发放，基本上保障了他们按时足额领取养老金。专门负责社会化管理服务的社会保险服务公司，已接纳停破产企业职工及离退休人员8 100多人，社会保险社会化程度逐步提高。

四、法制建设

（一）劳动保障立法

1999年，厦门市通过市人大常委会、市政府出台了一批地方性法规、规章、规范性文件，如《厦门市劳动管理规定》《厦门市城镇职工基本医疗保险暂行规定》《厦门市处理国有企业下岗分流职工劳动关系办法》《厦门市外来员工社会保险暂行办法》《关于厦门市贯彻〈社会保险费征缴暂行条例〉的有关规定》《关于做好集体企业下岗职工基本生活保障和再就业工作的实施意见》《厦门市实施劳动预备制度办法》等，草拟了《厦门市实行技师评聘制的实施意见》《厦门市女职工生育保险暂行办法》等。

（二）劳动保障普法工作

1999年，厦门市加强了法律法规的宣传教育，做好《社会保险费征缴暂行条例》《失业保险条例》和《厦门市劳动管理规定》、职业资格证书制度、劳动预备制度等的宣传、贯彻工作，并印发了6万多份劳动和社会保险法规，对用人单位和劳动者进行了宣传。

五、安全生产工作

1999年，厦门市以遏制重特大事故为重点，继续实施安全生产目标管理责任制度，实施企业安全管理人员资格认证制度；加大压力容器监察、施工工地检查力度，开展了安全培训，普及安全教育。全年工伤死亡25人，比1998年降低10.7%，比市政府下达的指标降低40.48%；工伤重伤65人，比1998年降低10.9%，比市政府下达指标降低21.69%。其他各项考核目标也都完成上级交给的任务，确保了安全生产。

（厦门市劳动局）

江 西 省

1999年，江西省劳动和社会保障工作以党的十五届三中、四中全会和省委十届十次会议精神为指导，以两个确保为中心，以深化养老、医疗和失业保险制度改革为重点，紧紧围绕改革、发展、稳定的大局，全面推进劳动和社会保障制度改革，为促进全省经济发展和社会稳定作出了积极的努力。

一、从维护社会稳定大局出发，认真做好两个确保工作

1. 认真做好国有企业下岗职工基本生活保障工作。继续把国有企业下岗职工基本生活保障工作作为维护社会稳定的头等大事来抓，制定并完善了有关保障办法和措施，督促检查全省国有企业下岗职工基本生活费发放和再就业工作情况，及时了解和掌握工作进度，指导和规范国有企业下岗行为，加强再就业服务中心建设，充分发挥企业再就业服务中心的作用，做到随下岗随进中心，随再就业随出中心。大力组织下岗职工建立和发展再就业基地和社区服务业，促进下岗职工实现再就业。据统计，1999年全省共有国有企业下岗职工46万人，其中：上年结转24.67万人，当年新增21.34万人。全省下岗职工减少19.82万人，其中实现再就业11.16万人。年末实有下岗职工26.19万人，其中：进中心签协议人数16.02万人，进中心未签协议但享受优惠政策的有10.17万人。

2. 企业离退休人员养老金按时足额得到了发放。一是全省企业离休人员在1999年实现了与国家机关离休人员离休费的基本平衡，企业离休制度顺利实现了变革。二是根据中央12号文件和国办发69号文件精神，在充分考虑各群体利益及认真测算的基础上，省劳动保障厅反复修订了企业退休人员增加养老金的方案，以省政府名义下发各地，并采取建立养老金发放及解决拖欠月报制度，加大信访处理力度，对反映养老金拖欠的信访，督促迅速查办，认真解决等措施，按时足额地确保了企业离退休人员养老金的发放。同时为解决养老金历史拖欠问题，根据中央“一次性补发”精神，全省加大了资金筹集力度，对养老金历史拖欠进行了补发，仅地方就一次性补发了7 903.3万元，社保机构的拖欠已全部补发。1999年省属煤炭企业正式进入省级统筹并实行资金运作。到1999年底，全省参加基本养老保险的离退休人员66.72万人，比1998年底增加26 627人，增长率为4.16%；全省共支付基本养老金30.98亿元，发放率为104.33%。

3. 全面提高了社会保障标准并确保及时到位。中发12号和国办发69号文件下发后，根据省政府领导的批示，省劳动保障厅在认真组织学习、深刻领会文件精神的基础上，就该文件所涉及的工作任务进行了测算和调查摸底，分别制定并以省政府名义出台了有关调整企业退休人员基本养老金、进一步做好企业离休人员与国家机关离休人员离休费平衡工作、提高国有企业下岗职工基本生活保障水平及提高失业保险金发放标准等文件。为确保方案的顺利实施，全省各级劳动部门从讲政治的高度，积极采取措施，加班加点工作，确保了中央提出的在1999年9月15日前把钱分别发放到下岗职工和离退休人员手中的目标。据统计，在提高国有企业下岗职工基本生活保障水平方面，下拨资金9 932万元（7～12月），全省应发金额3 821万元，已发金额3 821万元，应发人数15.76万人，已发人数15.76万人；在提高失业保险金水平方面，全省应发金额58.66万元，已发金额58.66万元，应发人数3 193人，已发人数3 193人；在提高企业离退休人员养老金水平方面，已下拨资金1.866亿元，全省应发金额1.094亿元，已发金额1.094亿元，应发人数64万人，已发人数64万人；在一次性补发拖欠养老金方面，全省已下拨资金1.28亿元，实发金额1.28亿元，并从省调剂金中下拨1 200万元。

二、加强劳动力市场建设，全面促进劳动者市场就业

1. 发挥劳动力市场的作用，促进劳动者市场就业。按照劳动保障部关于劳动力市场建设科学化、规范化、现代化的要求，进一步规范了劳动力市场建设的管理，制定了劳动力市场清理整顿检查验收的具体内容和宣传提纲，组织开展了全省1998年至1999年职业介绍机构清理整顿工作，取缔了一批不规范的民办职业介绍机构，推广宣传了南昌市、萍乡市劳动力市场建设的先进经验。据统计，1999年全省实现城镇就业人数15.16万人，完成年计划的108%；共有城镇失业登记人员15.5万人，其中当年新增失业登记人员19.26万人；至年末实有城镇失业登记人员15.5万人，城镇登记失业率为2.6%。

2. 切实加强劳务输出工作，促进农村劳动力有序流动。一是继续贯彻落实流动就业凭证管理制度，进一步做好全省农村劳动力跨省就业有序化工作。据统计，1999年全省在外务工人员达到269万人，完成年计划的134.5%，其中劳动部门组织输出23万人，占年计划的115%。二是认真做好灾区农村劳动力就地安置及春运期间组织民工有序流动工作。全省有近900万灾区劳动力，其中移民建镇、冬修水利工程共安排690万人，就地安置率达70%左右，较好地防止了灾后大批灾民盲目外出，分别被劳动保障部和江西省春运工作领导小组授予1998—1999年度农村劳动力就地安置和组织民工有序流动工作先进单位和“春运工作先进单位”称号。三是认真做好组织民工有序流动的重点监控工作。南昌市、鹰潭市、临川市、都昌县、余干县被劳动保障部列为民工有序流动重点监控地区，经过各级劳动部门的共同努力，监控工作取得了较好效果。南昌市、鹰潭市、余干县受到劳动保障部的表扬，南昌市、余干县的监控经验得到了劳动保障部的肯定。四是进一步加强了驻外劳务管理机构的建设工作，先后在赣州、宜春、吉安、新余等地建立了培训基地和输出基地。五是严格执行《外国人在中国就业管理规定》，积极为企业和外籍工作人员做好服务工作，提高办事效率。据统计，全年已办理外国人在赣就业证60人次，港澳台人员就业证40人次。

3. 认真搞好就业训练工作，大力开展失业人员培训和下岗职工转岗培训，增强市场就业竞争能力。一是继续做好城镇失业人员就业前培训和农村剩余劳动力向非农领域转移实用技术培训，积极开展了下岗职工转业转岗培训及远程再就业培训。据统计，全省参加就业训练结业人数16.6万人，其中下岗职工参加再就业培训5.46万人。二是组织开展了全省第二次就业训练中心教师上岗资格认定工作。三是加强了对民办就业训练机构的管理，开展了社会力量办学年检、年审及培训办证工作。

4. 进一步加强劳服企业管理，促进劳服企业健康发展。认真贯彻落实国家关于发展劳服企业、社区服务业、中小企业，促进就业的有关政策，积极引导现有劳服企业通过改制增强企业活力，提高劳服企业质量。组织开展了全省劳服企业先进集体、先进个人评选表彰工作。据统计，全省劳服企业实现总产值33.33亿元，利税2.6亿元；南昌铁路局新余橡胶厂获全国优秀质量管理小组称号。

三、以养老、医疗、失业保险制度改革为重点，各项社会保险制度改革稳步推进

1. 养老保险制度顺利实现向全国统一制度并轨。经过一年多的紧张调研、测算，1999年4月江西省政府下发了《江西省统一企业职工养老保险制度实施办法》，同时为配合实施办法的贯彻实施，省劳动保障厅又及时出台了有关配套文件，使全省基本养老保险工作在统一制度、业务操作、微机和个人账户管理等方面，迈上一个新台阶，并向全国统一制度并轨。

基本养老保险覆盖率及基金收缴总量稳步上升。根据《社会保险费征缴暂行条例》的规定，全省各级劳动部门和社会保险经办机构按照劳动保障部的要求，积极采取措施，大张旗鼓地进行了扩面征缴工作。同时认真妥善地处理了省属农垦企业移交属地管理时的养老保险问题，并协同有关部门较好地处理了洛市矿务局破产后职工提出的安置、养老保险等问题。到1999年底，全省参加基本养老保险的在职职工253.99万人，比1998年净增18.31万人，基本养老保险覆盖率达到84.66%。其中：地方参保的在职职工219.71万人，比1998年增加18.34万人，行业参保的在职职工34.28万人。养老保险基金收缴率为92.96%，基金总量增长1.92亿元，增长率为7.82%。

全省各行业统筹企业职工基本养老保险工作顺利平稳进行。经省编委批准，省劳动保障厅成立了行业养老保险管理办公室，及时制定和完善了行业基本养老保险有关业务制度和操作办法；会同省财政厅、省审计厅对行业统筹企业基本养老保险基金进行了审计；研究提出了行业退休人员待遇过渡性计发办法，并对行业1998年违规提前退休人员进行了清理，对1999年行业缴费比例进行了调整；完成了省工行、省建行、省邮电、铁路、有色、煤炭等行业的社会保险登记工作；积极做好了煤炭、有色行业拖欠养老金的补发工作。1999年初，对煤炭企业1998年8月底以前拖欠养老金进行了补发，补发金额达5 400万元；9月，又根据国办发〔1999〕69号文件精神，对有色、煤炭行业1999年6月底前离退休人员统筹项目内拖欠的养老金一次性进行了补发，补发金额达9 301万元。同时做好了行业企业13万多名离退休人员提高待遇审批工作，共拨增资款3 000多万元。

2. 失业保险制度改革进一步深化。全省各级劳动部门认真贯彻落实《失业保险条例》，切实加强失业保险扩面和基金征缴工作力度。到1999年底，全省累计参加失业保险单位1.9万个，参保人数205万人，征缴失业保险基金1.1亿元，为再就业服务中心拨付资金4 220万元，接纳失业职工7 000名，为其发放救济金1 070万元，安置了3 590名失业职工就业，累计结存失业保险基金3.6亿元。

3. 认真贯彻落实全国医改工作会议精神，积极稳妥地推进医疗保险制度改革。1999年7月，江西省政府下发了《江西省建立城镇职工基本医疗保险制度总体规划》，成立了省医改领导小组，制定了医改工作计划，同时以省政府名义召开了全省城镇职工基本医疗保险制度改革工作会议，具体部署了全省的医改工作。至1999年底，11个地市均已完成方案的测算、调研和制定工作，有9个地市的方案省政府即将批准实施。据统计，全省参加医疗保险的职工44.36万人，离退休人员7.292万人，其中：实行统账结合医疗保险制度的职工23.23万人，退休人员5.296万人；实行大病医疗费用社会统筹的职工21.13万人，离退休人员1.996万人。

4. 积极稳妥地推进工伤保险和生育保险制度改革工作。一是认真落实和进一步完善工伤保险制度和办法，促进企业安全生产，保障工伤职工基本权益。到1999年底，全省参加工伤保险的职工为145.31万人，实行工伤保险的县市98个，有8个地市实行了地、市级统筹。二是全省国有企业普遍建立了生育保险制度，切实保障了女职工生育期间基本医疗保健需求。到1999年底，全省参加生育保险的职工为141.98万人，实行生育保险的县市95个，有7个地市实行了地、市级统筹。

5. 加强全省基金管理和监督工作，确保基金安全。1999年，基金管理和监督工作的重点放在贯彻完善新财务会计制度，加大回收挤占、挪用基金力度等方面。全省失业保险基金和绝大部分基本养老基金进入了财政专户管理，并逐步规范管理程序，确保养老保险省级统筹的良性循环。到年底，已收回挤占养老保险挪用款4 147.22万元，完成了回收挤占挪用基金的52.2%；收回挤占失业保险挪用资金564.8万元，占应收回的70.4%；收回失业保险违纪资金155.6万元，占应收回总数的45.2%。

6. 进一步规范和完善了企业职工退休审核、审批制度，严格了退休待遇审核条件和待遇计算标准，研究提出了职工死亡遗属待遇调整意见。切实做好企业职工劳动鉴定工作，积极推行伤残评定国家标准。全省共鉴定伤、病职工近1 000人。

四、加大了工资收入宏观调控指导和管理，各项调控政策逐步得到实施

1. 进一步转变了劳动计划工作职能，不断加强劳动经济的宏观调控。一是编制了1999年江西省劳动和社会保障事业发展计划，并对年度计划进行了适时调整。二是配合下岗职工再就业工作，进一步完善了企业招工备案制度，严格了审批程序。三是加强了企业工资基金管理工作，改进和完善了企业工资基金管理制度，基金管理覆盖面进一步扩大，有5%未实行工资基金管理的企业纳入了全省统一的工资基金管理范围。

2. 企业工资制度改革取得新进展。一是积极推进了国有企业工资决定机制改革，工资宏观调控方式逐步由总量调控向水平调控转变。1999年，进行了人均工资与人均效益挂钩试点，全省参加试点的有盐业、新闻出版、外经贸、国际公司等4个行业24个企业，涉及职工1.24万名。二是进一步改进和完善了企业工资总额宏观调控办法。对工效挂钩企业，继续改进和完善了工效挂钩办法。1999年，全省实行工效挂钩的企业4 012户，职工120.9万人，挂钩职工占职工总人数的66.4%。对非挂钩企业，继续推行按计税工资标准提取和使用工资总额。对改制企业，依据《公司法》，积极做好“两低于”自主确定工资总额的试点。三是指导企业进一步加强人工成本的管理，发布了企业人工成本状况，指导企业合理确定工资水平。四是开展了劳动力市场工资指导价位调查，初步建立了劳动力市场工资指导价位制度，南昌、九江、上饶、鹰潭等4个地市已开展了劳动力价位调查。五是积极开展了工资指导线试点的准备工作，研究提出了《江西省工资指导线试行办法》和调整最低工资标准的意见。六是积极开展了企业工资内外收入监督检查工作。全省自查企业达92%，主管部门复查企业达80%。七是为适应社会主义市场经济要求，在已签订集体合同的非国有企业进行了集体协商谈判决定工资的试点。1999年，全省试点企业共18户。

3. 调整了企业职工工资标准。根据国家宏观经济政策，经省政府同意，对企业大中专毕业生和专业技术人员定级进档工资标准进行了调整，同时适当提高了企业职工工资，企业人均增资大约在120元左右，较好地解决了企业大中专毕业生及专业技术人员工资偏低的问题。

4. 加强了国有企业经营者工资收入管理。1999年，稳步开展了国有企业经营者年薪制试点工作，全省试行经营者年薪制国有企业63户。对非年薪制国有企业，严格了经营者工资收入审批制度，管理覆盖面进一步扩大。

5. 继续推进了以岗位技能工资制为主要形式的内部分配制度改革，积极指导企业搞好内部工资分配，推广企业内部分配的典型经验。据统计，全省实行岗位技能工资制的企业2 420户，职工102.1万人。

五、切实加强劳动合同管理，维护劳动关系的和谐稳定

1. 劳动合同制度进一步走向规范化、制度化、法制化。劳动合同制度在全省国有企业中已普遍建立，目前国有企业劳动合同签订率已达98.2%，非国有企业劳动合同签订率已达78.4%。据统计，全省已有劳动合同制职工357.1万人，占全省职工总数的86.8%，其中国有企业职工296.5万人，占职工总数的98.1%。

2. 完善集体协商制度，集体合同覆盖面进一步扩大。为了有力地推行在企业中实行集体协商、签订集体合同制度，一方面加强了与工会、企业主管部门的联系和配合，形成合力，在经济效益好、条件成熟的改制企业以及非国有企业中推行集体协商，订立集体合同制度。另一方面强化了集体合同审核管理工作，建立和完善了集体合同审核机构，健全了审核制度。据统计，全省现已签订集体合同的企业3 562户，其中国有企业3 416户，非国有企业146户。

3. 劳动争议仲裁工作稳步推进。一是全省各级劳动仲裁机构克服人员少、案件多的困难，认真地受理好每一个案件，审理好每一个案件。据统计，1999年全省共受理劳动争议案件615起，结案590起，结案率为95.9%。二是积极开展典型案例研讨，切实解决了许多重大劳动争议案件。三是进一步规范全省仲裁员的聘任管理工作，对各类专职劳动仲裁员进行了全面的培训考核发证工作。四是积极推进乡镇劳动争议处理工作，重点抓了南昌市、赣州市等地市的乡镇劳动争议处理派出机构的完善和相关政策规定的制定工作。五是积极开展了劳动争议当事人选择仲裁员的探索。

4. 进一步拓宽了技术工人交流渠道，建立交流网络。本着为各类人员服务的宗旨，继续拓宽了技工交流工作范围，不少地市不同程度地扩大了保职挂编的范围。同时还对非国有企业职工建立档案进行了调查研究，为今后技工交流工作的进一步发展打下了基础。

六、全面推进劳动监察工作的开展，切实保护劳动者合法权益

1. 认真开展了劳动力市场和民工有序流动执法检查工作，规范劳动力市场管理，保障劳动者的合法权益。据统计，1999年共检查了2 159家用人单位，涉及民工10.5万人，补发拖欠、克扣工资18.3万元，补签劳动合同2.8万人。

2. 积极做好劳动用工年检工作，进一步规范劳动用工行为。在前两年年检基础上，进一步扩大了年检范围，1999年重点放在集体、外资、私营、乡镇及股份制等非国有企业。据统计，全省共年检11 994家，合格的10 134家，合格率为84.5%，对未通过年检的1 860家都分别下达了限期整改通知书要求整改。国有企业年检覆盖率达98%，非国有制企业年检率达90%。

3. 围绕中心工作，积极开展了社会保险扩面征缴和“两个确保”的执法大检查。按照劳动保障部的部署，集中4、5、6三个月在全省范围内开展了社会保险费征缴执法大检查活动，第四季度又继续开展了社会保险扩面征缴和“两个确保”执法检查工作。由于各级领导的重视，措施得力，执法严格，使整个执法检查工作进展顺利，取得了明显的效果，劳动保障部曾两次介绍了江西省的做法。据统计，全省劳动监察机构共检查用人单位22 226户，涉及职工122.5万人；督促办理社会保险登记单位16 132户，职工67.68万人；督促依法申报单位11 790户，职工54.96万人；督促缴纳养老保险费单位7 516户，金额3.57亿元；督促缴纳失业保险费单位3 415户，金额3 520万元；责令缴纳滞纳金0.74万元；作出行政处理决定涉及单位743户；接受群众举报65件，责令改正单位3 272户，强制执行处理决定34户。

4. 加强主动监察，认真处理举报案件。全省各地狠抓“三优”文明窗口的建设工作，热情接待群众举报，及时受理群众举报案件，

认真查处侵害劳动者的行为，切实保护劳动者合法权益。据统计，全省各级劳动监察机构共接待群众举报案件2 769起，其中立案2 492起，结案2 439起，结案率为97.9%。全省专职劳动监察员人均主动检查用人单位55户，完成了劳动和社会保障部的人均50户的任务。

5. 加强劳动监察机构队伍建设，提高劳动监察员素质。一是进一步建立健全劳动监察机构。全省共有各级劳动监察机构112个，其中劳动监察专门机构78个，专兼职劳动监察员1 325人。二是统一了劳动监察员着装。全省有6个地市和部分县区统一了劳动监察员着装。三是加强了对专兼职劳动监察员的培训工作，不断提高劳动监察员的业务素质和执法水平，全年共培训专兼职监察员160余人，联络员70余人。

七、紧紧围绕实施科教兴赣战略，加大职业技能开发力度

1. 大力加强职业技能开发制度和基础建设，健全职业技能培训鉴定网络。到1999年底，全省共建省、地（市）级职业技能鉴定中心11个，各类职业培训机构465个，各级职业技能鉴定所（站）311个，面向社会开展职业技能培训和考核鉴定。同时积极做好职业技能开发教材、题库和考评员队伍建设等基础工作，组织编写了职业技能开发实用教材、大纲和考试指南，顺利完成了国家题库8个工种共19个复合岗位56个等级的试题库开发和复习指导丛书的编写任务，受到劳动保障部的通报表扬。全年共培训职业技能鉴定考评员260名，使全省考评员总数达到1 936人。

2. 全面推进了劳动预备制培训。在全省县级以上城市全面推行了劳动预备制度，全省有8个地市出台了《劳动预备制度实施方案》和与此相配套的政策，抓紧做好宣传发布、调查摸底、组织培训等基础工作，保证了劳动预备制度的实施工作落到实处。全省参加劳动预备制度培训的在校生2.1万人。

3. 社会力量办职业技能培训稳步发展。根据《职业教育法》和《社会力量办学条例》，进一步加大了对社会力量办职业培训机构的管理力度，开展了职业技能培训机构的年检评估工作，规范培训市场，全年共整顿撤销不合格培训机构64个。在全省电子、医药、物资、冶金、技术监督等行业开展了技术工种持证上岗工作。全省各类培训机构累计培训人员约30余万人。

4. 加大推行职业资格证书力度，强化职业技能鉴定质量管理。在全省开展了职业资格证书宣传周活动，组织全省各类职业学校、培训机构、就业训练中心毕（结）业生“双证制”鉴定和全省高级工、技师和高级技师的鉴定考核评审工作。全省参加职业技能鉴定的人员约22万人，取得职业资格证书的人员约14万人。开展了计算机及信息高新技术培训考试和推销员、秘书等新职业的全国统一职业资格鉴定工作，全省参加计算机及信息高新技术培训考试人员达1 985人，近3 000人参加了推销员、秘书统一职业资格鉴定。积极开展了职业技能鉴定质量督导试点工作，采取有力措施，狠抓考场秩序、考场纪律、考务管理，提高了鉴定质量。积极推行就业准入制度，会同公安、卫生、工商等部门开展了全省性清理整顿按摩等服务场所，全省共检查按摩等场所5 929家，从业人员17 458人，有效地督促了有关经营者、从业人员按照国家法律、法规持证开业、执业和从业。

5. 进一步加强技师管理，严格技师考评。按照《江西省工人技师考核办法》，全省各地加强了技师考核工作，督促技师待遇的落实，指导企业组织技师培训，开展技术攻关和技术服务，为企业的技术进步和经济发展发挥了积极作用。1999年，全省考核评定了技师4 022人，高级技师86人。

6. 积极开展了职业技能竞赛活动，推动技能人才成长通道建设。举办了江西省第三届烹饪技术比赛，并选拔26位选手参加了第四届全国烹饪技术比赛；与南昌铁路局、省总工会联合举办了第二届江西铁路21个主要行车

工种职业技能比赛；会同省总工会，认真做好了江西省“十大能工巧匠”的评选表彰工作，江西制氧厂的薛国华等10名同志获此殊荣。

7. 积极做好技工学校管理工作。一是继续拓宽招生渠道。从1999年起，全省所有技工学校均可以跨行业、跨地区进行招生。有条件的地、市劳动部门所属技校，可以与当地教育行政部门协商，尝试将技校招生纳入中等专业学校和职业高中招生宣传范畴，采取与中专、职高同步报名办法，再按有关规定办理新生入学手续。同时，积极探索开发省外培训市场，鼓励有条件的技校可以在省外办分校，如江西仪器仪表技校在江苏开办了“南京江北分校”。二是商得省计委同意，简化了技校毕业生就业派遣手续，不再编报技校毕业生就业派遣计划，并将原来的批量和定时派遣改为可以批量和零星派遣，且随到随派遣。1999年共招收新生1.5万余人，其中农转非4 000人，为各行各业输送毕业生1.3万余人。三是根据劳动保障部的精神，开展了对申报重点技校的评估工作。省无线电技工学校等5所技校经劳动保障部批准为国家高级技工学校。四是积极开展教研活动，促进教学水平的不断提高。在各技工学校自行组织、开展形式多样的教学研究活动的同时，各片区协作组也开展了加强技校生德、智、体、美教育的研讨和进一步提高技校生动手能力的探索等活动。五是进行了技校系列教师职称评聘工作，评审通过具备高级职务任职资格的有39人，具备中级职务任职资格的有74人。

八、大力加强劳动保障法制建设，努力推行依法行政

1. 认真做好了劳动立法项目的计划编制、法规的清理修改、送审等工作。研究制定了1999年劳动立法项目计划，提出了《江西省失业保险实施细则》《江西省劳动保障监察条例》《江西省社会保险基金征缴条例》《江西省职业技能鉴定条例》并报省政府。同时根据省人大、省政府的要求，在调查研究的基础上，制定并向省人大、省政府呈报了《江西省劳动保障法规和规章体系规划方案》，并以省政府名义出台了《江西省职工伤亡事故调查处理办法》。

2. 广泛深入地开展了劳动普法宣传教育，进一步增强劳动保障执法人员的法制观念。一是首次召开了全省劳动法制工作会议，具体部署了全省劳动法制宣传教育、依法行政、执法监督等工作。二是采取统一时间、分级组织、集中考试、汇总评卷的办法组织了全省劳动保障部门全体工作人员及全省各行业劳资管理人员参加全国劳动和社会保障法律知识考核，全省参加考试人员达1.5万人。三是加强了全省企业劳资管理人员岗位资格培训工作，使企业劳资管理人员掌握了解相关的劳资管理工作方法，实行持证上岗。四是积极向省人大汇报工作，取得省人大领导及代表对劳动工作的支持，向省人大常委会、人大代表就《劳动法》实施四年来的情况、劳动保障工作情况及社会保险工作情况等作了专题汇报。

3. 积极开展行政执法监督工作。《行政复议法》出台后，及时举办了全省劳动保障部门《行政复议法》培训班，要求全省劳动保障部门的工作人员必须依法行使权利，规范处罚主体和处罚程序，推进行政复议、错案追究等监督制度，纠正违法或不当的具体行政行为。1999年省劳动厅共受理了4起行政复议案件，并相应作出了复议决定。

九、认真贯彻落实江总书记关于安全工作的重要指示，依法保障劳动者在劳动过程中的安全与健康

全省安全生产工作以江总书记关于“坚决树立安全第一的思想，任何企业都要提高经济效益，但是必须服从安全第一的原则”的重要指示为指导，严格执行安全生产的工作体制，督促各项目标任务的完成。全省国有企业因工死亡人数119人，与1998年同期相比下降38.7%，其中，矿山企业发生死亡事故43起，死亡67人，与1998年同期相比分别下降18.9%和25%；非矿山企业共发生死亡事故

45起，死亡52人，死亡人数下降5.5%。

加强了对事故隐患的监控，全省共开展综合性和专项安全检查达1 452次，共查出安全隐患795处，发出整改指令书98件，隐患事故整改率95%；伤亡事故结案率98%；大力推行“注册安全主任”制度，1999年共培训安全主任2 231名，注册1 838名，其中注册高级安全主任273名；认真做好对有毒有害特殊工种提前退休的认定工作，共完成对7个行业236个岗位现场考察审核，批准了10个企业、115个工种执行提前退休；参与建设项目“三同时”论证4项，初步设计审查16项，竣工验收21项，客运架空索道现场监察7项/次，公园游乐设施现场监察69台/次，电梯、起重机、厂内机动车辆检测率达80%；全年共完成对监察员考核发证21人，劳动防护用品生产经营审查换证15件，特种作业人员培训取证3 675人，复审3 069人，特种作业培训基地审查发证3件，核发特种设备生产、安装、维修安全认证39件，工伤（亡）认可证268件。

进一步加强了现场预防性监察。组织人员对德兴铜矿4#尾矿库、乐平矿务局等重大安全隐患源进行了跟踪监督检查，全省对82个国有矿山、966个乡镇矿山进行了预防性监察，对重大安全隐患下达整改意见通知书；开展了核工业719矿扩建项目初步项目审查、金山金矿三期工程、英岗岭矿务局高岭土矿建设工程、德兴铜矿铜海公司尾矿回收工程项目、核工业721矿医用胶布厂项目劳动安全卫生设施验收工作。

以强化使用环节的现场安全监察、整治重大事故、降低事故率为重点，最大限度地遏止了锅炉、压力容器、压力管道事故发生。对非法使用“土锅炉”的现象进行了认真仔细排查，查处一批“土锅炉”“土容器”，强制性就地拆除销毁65台，取缔非法制造单位2个。全省完成在用锅炉检验3 925台，定检率96%；在用压力容器检验3 981台，定检率90%；锅炉压力容器产品监检1 275台，监检率100%。全年共发生土锅炉爆炸事故1起，压力容器爆炸事故1起，压力容器重大事故1起，气瓶泄露事故1起。完成到期锅炉压力容器检验单位的换证工作，共换证4家。加强锅炉压力容器压力管道管理人员和操作人员的岗位培训工作，培训无损检验（Ⅰ、Ⅱ级）人员72人/次、锅炉检验员换证61人/次、气瓶检验员取（换）证38人/次、司炉工操作人员919人/次、焊工操作人员407人/次、锅炉房管理人员86人/次、充装操作人员92人/次、液化气体罐车押运员及准驾员82人/次。

十、认真开展了“三讲”教育，切实加强劳动部门的自身建设

1. 顺利完成了厅领导班子和领导干部、厅机关处级干部“三讲”教育工作。根据中共江西省委的统一部署和要求，省劳动保障厅从1999年7月底至11月中旬，在厅领导班子和领导干部及机关处级干部中开展了以“讲学习、讲政治、讲正气”为主要内容的党性党风教育。在省委的正确领导下，在省委“三讲”办和省委巡视组的指导、帮助下，省劳动保障厅及时成立了“三讲”教育领导小组，制定了“三讲”教育实施方案，并根据实施方案提出了分阶段实施的日程安排。在“三讲”教育中，厅领导班子成员、机关处级干部严格按照省委“三讲”办的要求，以高度的政治责任感、足够的精力、良好的精神状态，积极投身到“三讲”教育中。深入学习理论，广泛发动群众，坚持开门搞“三讲”，基本找准并抓住了在党性党风方面存在的突出问题，并从世界观剖析根源，弄清是非，积极采取有效措施进行整改，取得了一定的成效，基本达到了中央17号文件的要求。

2. 进一步加强了劳动信访工作。1999年是建国50周年，我国恢复对澳门行政主权，又适逢国家提高社会保障标准，上访事件比往年有所增加，社会稳定工作尤其显得重要。省劳动保障厅干部职工克服困难，对来信来访人员做到热情接待，耐心解释，尽量把矛盾化解在基层，消灭在萌芽状态。据统计，1999年

全年省劳动保障厅共接待上访人员1 109人次，处理来信2 106封。

认真回顾一年来的工作，全省劳动保障工作虽然取得了一定成绩，基本实现了全年的目标任务，但也还存在一些问题：一是劳动保障制度改革的力度还不大，开拓性不够；二是抓思想建设与业务建设还不够平衡；三是下岗职工基本生活保障资金和再就业优惠政策难以落实到位；四是下岗职工进中心难；五是劳动监察执法力度不够，缺乏执法依据；六是社会保险参保率低，基金征缴困难，养老保险基金出现赤字 4.56 亿元，扩面工作举步维艰；七是基本养老保险省级统筹调剂金上缴十分不理想，上缴率仅为 16.4%，其原因主要是省财政 1999 年未核拨社保业务经费，使已建立起来的业务经费与调剂金上交挂钩的激励机制没有起到应有作用，加之 1999 年为了确保发放和补发历史拖欠，全省 11 个地市有 9 个地市当期收支相抵为赤字，无力上缴调剂金；八是忙于处理日常事务，下基层搞调研时间还不够多等等，这些问题需要在今后的工作中认真地加以分析研究和解决。

（江西省劳动和社会保障厅）

山 东 省

1999年，山东省各级劳动保障部门围绕改革、发展、稳定的大局，以继续巩固两个确保为中心，以加快社会保障体系建设为主线，面对就业和再就业工作、社会保险扩面征缴、医疗保险制度改革等艰巨的任务，突出重点，狠抓落实，基本实现了年初确定的主要工作目标。

一、两个确保继续得到巩固

各级劳动保障部门继续把两个确保作为头等大事，按照各级党委、政府的要求，全力以赴，狠抓落实，取得了突出成效。在下岗职工基本生活保障方面，到1999年底，共建立企业再就业服务中心5 632个，下岗职工23.5万人，进中心的23.2万人，占应进人数的98.9%，98%以上进中心的下岗职工能够领到基本生活费。主要通过抓重点、抓资金落实来巩固前期取得的成果。一是完善制度，对再就业服务中心进行规范，使再就业服务中心的作用得到进一步发挥。二是千方百计筹措生活保障资金。全年共筹集生活保障资金11.6亿元，其中，各级财政筹集5.22亿元，占49.7%；社会筹集2.66亿元，占25.3%；企业筹集2.62亿元，占25%，基本满足了工作需要。三是突出重点，努力保障困难地区和行业的基本生活。在养老金发放方面，基本做到了按时足额发放，全年共发放养老金95.2亿元。全面推行养老保险金全额缴拨和社会化发放，地方属企业养老金社会化发放率达到87%。

二、就业和再就业工作进一步加强

各市地把促进就业和再就业作为社会经济发展的重要工作来抓。1999年新安置63万人就业，其中，到国有单位的22.5万人，到城镇集体单位的10.8万人，到其他各种经济类型单位的12.9万人，到私营企业和从事个体劳动的15万人，其他渠道安置1.8万人。年末城镇登记失业率为3.2%，有27.8万下岗职工实现了再就业，再就业率达到52.8%，实现了年初制定的目标。主要措施是：一是积极拓宽就业和再就业渠道。由于产业结构和所有制结构的调整，第三产业、私营个体经济发展迅速，就业人员比重增加。城市社区服务业和农村社会化服务也成为下岗职工再就业的重要渠道之一。二是加快劳动力市场建设。到1999年底，县以上劳动部门建立职业介绍中心172所，全年办理求职登记76.7万人次，交流成功48.7万人次，介绍成功率为63%。部分市地职业介绍所实现了与华东、华北两大区域劳动力市场的信息联网，初步形成了职业介绍、用人需求预测、职业指导、就业训练等功能较为齐全的劳动力市场服务体系，通过劳动力市场实现就业的城乡劳动力达60万人次。三是强化职业技术培训。落实“三年百万”培训计划，组织下岗职工参加职业技能培训30万人次，培训结业后的就业率达60%。四是继续发挥劳服企业安置基地的作用。到1999年底，劳动就业服务企业发展到5 953户，从业人员41万人，实现利税11.3亿元，安置失业下岗人员5.8万人，占失业、下岗职工安置总量的16.7%。

三、继续推进社会保障体系建设

理顺了社会保险管理体制，绝大部分市县

实现了对社会保险工作的统一管理。社会保险扩面征缴工作取得了重要进展。1999年，参加基本养老保险的职工人数达到598.4万人，比1998年增加19.5万人，收缴养老保险基金92.9亿元，比1998年同期增收5.8亿元；参加失业保险的人数达到650万人，比1998年增加125万人，基金收入达到7.7亿元，比1998年增收3.7亿元。医疗保险制度改革稳步推进，山东省人民政府下发了医疗保险制度改革方案，各项配套文件也相继出台，到1999年底，有5个市地的方案已经审批。工伤和生育保险制度改革步伐加快，已有15个市地89个县（市、区）实行了工伤保险费用社会统筹，参加工伤保险的职工达到280万人，并建立了省级劳动能力鉴定制度；14个市地98个县（市、区）实行了生育保险费用社会统筹，参加统筹的职工达到250万人。进一步加强社会保险基金管理，严格执行收支两条线制度，做好违纪违规保险基金的回收工作，并杜绝了新的挤占和挪用。机关事业单位和农村社会保险工作有了新的发展。机关事业单位有166万人参加了基本养老保险，比1998年增加11.8万人；参加失业保险的有43.3万人，全年共收缴失业保险费3 344万元。全省17个市地都开展了农村社会养老保险工作，共有1 167.24万农民参加了养老保险，其中，续保及新参保人数120.91万人，收取保险费1.51亿元。

四、完成了提高社会保障待遇水平和企业增资工作

全省有29万企业下岗职工、11.7万失业人员和136万企业离退休人员的待遇水平得到提高。失业保险金标准由月人均150元提高到195元，增幅为30%；企业离退休人员月人均增加152元，退休人员月人均增加76元。同时，制定出台了企业在职职工增加工资方案，对城镇各类企业实行工资指导线制度，引导企业合理增加工资，城镇企业在岗职工平均工资7 656元，比1998年增长7.8%；离岗职工平均生活费2 010元，比1998年增长17.9%。

五、积极开展职业培训工作

职业技术培训得到加强，全面推行职业技能鉴定和职业资格证书制度，并加大力度改革技工学校办学机制和招生办法。到1999年底，全省有技工学校302所，在校生16.2万人。其中，劳动部门办校101所，在校生7.92万人。国家重点技工学校29所。毕业生全部实行了“双证制”，参加职业资格鉴定的7.1万人，取得职业资格证书的6.96万人。全年培训在职职工120万人次，其中对下岗、失业职工培训30万人次。新建职业技能鉴定所60个，培训考评员825人，全年参加职业技能鉴定考核的有25.8万人，其中有22.1万人获得职业资格证书。评聘技师5 800人，高级技师380人。新建社会力量办学机构205个，累计达到733个，培训社会人员23万人次。建立了“山东省优秀技师”“山东省技术能手”评选表彰制度，1999年评选“山东省优秀技师”97人，“山东省技术能手”60人。

六、加快劳动保障法制建设

劳动合同制度日趋完善，劳动关系调整与劳动监察力度进一步加大。经过努力，《山东省企业集体合同条例》经山东省九届人大十二次会议审议通过，它的出台，为下一步加强劳动合同管理提供了政策依据。认真贯彻落实《行政复议法》，建立了行政复议与行政应诉工作程序规定。《行政复议法》实施后，共受理行政复议案件11起，行政诉讼案件9起。继续开展“三五”普法宣传教育工作，先后有3万多人次参加了全省年底统一的普法考核，及格率达到100%。在全省企业基本建立劳动合同制度的基础上，进一步巩固和完善了劳动合同制度，到1999年底，全省企业（含乡镇和私营企业）合同制职工人数达到852.8万人，占应签合同职工总数的99%。加强对外国人及港、澳、台人员就业的管理，使在山东省就业的境外人员基本都纳入了劳动管理范围。外国人在山东省就业人数为4 365人，比1998年

增加15%；港、澳、台人员就业人数为206人，比1998年增加36.7%。各级劳动争议仲裁委员会共受理劳动争议案件7 450件，涉及劳动者23 020人，分别比1998年增长23%和38%。其中，集体劳动争议372件，比1998年增长24%。审理结案6 854件，结案率为92%。全年鉴证劳动合同100多万份，纠正违法无效合同2.9万份。继续扩大劳动保障监察员队伍，专职劳动保障监察员达到760名，比1998年增加210名。大力开展劳动保障执法检查，全年共受理举报10 720件，立案5 864件，结案率达到95%。查处违法单位16 485户，督促补签劳动合同56.12万份，责令用人单位补发拖欠职工工资2 250万元，清退用人单位违法收取的风险抵押金1 326万元，有效地维护了劳动者的合法权益。

七、做好安全生产管理工作

认真实行安全生产目标责任制，强化综合管理和监察，加强对事故隐患的治理和监控，发现和清除了大量的事故隐患。全省企业职工发生伤亡事故367起，死亡377人，比1999年分别下降了15%和9.6%。其中：非矿山企业发生伤亡事故234起，比1998年下降了22%；矿山企业发生伤亡事故133起，比1998年上升了0.8%。

（山东省劳动和社会保障厅）

青 岛 市

1999年，青岛市劳动和社会保障工作紧紧围绕改革、发展、稳定大局，全力巩固“两个确保”，稳定城镇就业局势，扩大社会保险覆盖面，狠抓社会保险基金征缴，积极推进医疗保险制度改革，各项劳动和社会保障工作取得明显成效。

一、保持了就业局势的基本稳定

1999年，青岛市累计登记失业人员74 919人，其中，当年新增46 846人，当年实现就业36 331人，其他原因减少1 447人，年末失业人员存量37 141人，登记失业率为2.6%。年内，全市共有16 472名失业人员参加了职业培训，培训后实现就业6 519人。

二、下岗职工分流安置与再就业取得较好的成绩

1999年，青岛市企业富余人员在结构调整中直接实现转岗分流的有25 204名，累计进入再就业服务中心的下岗职工41 089人，共分流安置21 461人，再就业率达到52.2%，其中大龄下岗职工再就业10 845人，再就业率达到54.3%。年末待安置下岗职工19 628人，占全市职工总数的1.9%。

三、企业下岗职工和困难企业职工基本生活得到了保障

1999年，青岛市为4.1万名下岗职工累计发放基本生活保障费10 684.8万元，其中市、区（市）两级财政承担资金4 962.8万元，占46.5%；社会筹集4 340.2万元，占40.6%；企业自筹1 381.8万元，占12.9%。同年7月，提高了下岗职工基本生活保障标准，青岛市市内四区和崂山区、黄岛区每人每月提高到225元，五市和城阳区每人每月提高到185元。年内，全市共救助困难企业1 353户次，职工22.5万人次，累计发放救助金5 245万元。

四、劳动力市场建设上了新台阶

1999年，青岛市被劳动和社会保障部确定为全国劳动力市场科学化、规范化、现代化建设100个试点城市之一。青岛市政府把劳动力市场信息网络建设列为1999年全市重点办好的12件大事之一，年内共投资930万元，基本建成了青岛市市内四区劳动力市场信息网络，实现了市、区、街三级职业介绍网点的计算机联网，下岗职工、失业人员管理信息和用工、求职信息一点登录，可以在任何一个职业介绍网点随时查询和求职登记，方便了用人单位用工和劳动者求职择业。劳动力市场信息网络从1999年3月份到年底试运行期间，全市共有3 575家用人单位登记用工，提供空岗33 613个；共有38 748人进行求职登记，介绍就业14 834人，职业介绍成交率为44.2%。

五、企业职工工资有所提高

1999年，青岛市地市县属企业3 600户，职工63.8万人，实发工资44.7亿元，全年人均工资6 891元，与上年同期相比增长10.2%。其中，实行“两低于”办法的企业47户，职工4.8万人，实发工资4.6亿元，年人均9 565元，与同期相比增长5.1%；实行“工效挂

钩”办法的企业462户，职工21.3万人，实发工资17.7亿元，年人均8 063元，与同期相比增长8.5%；实行工资总额包干办法的企业3 091户，职工37.7万人，实发工资22.4亿元，年人均5 876元，与同期相比增长9.4%。年内，根据国家和省的部署，青岛市政府以青政发〔1999〕193号文件决定调整全市企业最低工资标准，驻青岛市市内四区及崂山区、黄岛区用人单位由240元调整为320元，其他五市及城阳区用人单位由200元调整为290元。青岛市政府首次发布了企业工资指导线，1999年以上年度全市全部企业在岗职工平均工资7 792元为基数确定，基准线为23.3%，上线为26.3%，下线为18.3%。青岛市劳动力市场首次发布了36个职业（工种）工资指导价位，分别以低、中、高三个档次确定同一工种不同技术等级的工资水平。

六、职业培训工作有了新进展

1999年，青岛市建立起综合培训体制，成立了培训综合管理办公室，对下岗、失业、在职职工培训实施统一管理；对技工学校、训练中心、社会力量办学进行统一指导；建立了从市场收集信息，科学设置专业，统一组织培训，统一鉴定，统一证书到下岗、失业职工再就业的一条龙服务体系，并实行了培训招标活动，组织了11个专业742名学员，由18家培训单位公开竞标，其中8家培训单位中标并签订了培训协议，节约培训经费10万元。年内，共开设了32个培训专业，全年举办下岗、失业职工培训100多期，培训下岗职工8 829人，结业8 056人，培训结业率为91%；培训失业人员15 674人，结业率达100%。

1999年，共对108个工种、38 853人进行了技能鉴定，颁发技术等级证书14 838人，其中：初级4 346人，中级8 424人，高级2 068人，岗位证书2 670人；评审技师260人，高级技师13人。全市共招收技校学生3 550人；组织技校学生3 338人进行技术等级考核，合格的3 217人；办理了3 800名毕业生验证派遣工作。

七、保持了劳动关系基本稳定

1999年，青岛市市内四区劳动年检企业1 289户，共审查劳动合同29万份，督促923户企业修订了原合同标准，纠正了不适当条款3 593条，预防劳动争议643起。实行了劳动合同管理人员持证上岗制度，全市2 250名劳资人员经考试取得了上岗资格证书。扩大了集体合同制度实施范围，全市2 063户企业、37.8万职工已实行集体合同制度。提高了劳动争议办案质量和办案效率，全市共受理争议14 224起，立案1 061起，比1998年上升了48.8%，涉及职工1.27万人，为用人单位追回经济损失163.2万元，为职工追回劳动报酬198.6万元、社会保险费415.8万元，结案率为93.9%。全年共发生集体争议75起，涉及职工1 838人，分别比1998年同期增长163%和92%，结案率达100%。

1999年，青岛市共受理职工群众来信来电来访10 884起、16 957人次，与1998年基本持平。其中，求决805起、2 027人次，已处结773起，处结率为96%；其余为咨询10 079起、14 930人次，一次性答复率为98%以上，杜绝了到省、进京集体上访。年内，共研究解决热点、难点问题14个，解决老上访户问题12起；市劳动和社会保障局主要领导对群众反映、投诉的43项重点人、重点事实行了包案，处结率达100%，并亲自阅批信访件146件，处结率达100%。

八、劳动监察发挥了重要作用

1999年，青岛市劳动监察机构共对15 421户（次）用人单位进行了检查，涉及职工145.7万人（次），下达《劳动监察限期改正指令书》1 114份，共督促用人单位补办用工手续12万人，补签劳动合同7.5万人。全市共受理各类劳动监察投诉举报案件2 330起，立案查处举报案件764起，结案率为95.5%，补缴社会保险费1.1亿元，为劳动者追回劳动报酬380万元，取缔非法职业介绍机构119个

(次)。全市共对78户违反劳动法律、法规的单位进行了处罚，罚款金额41.9万元，其中对拒不执行行政处罚决定的20户企业通过人民法院强制执行，执行标的1 000多万元，执行完毕18户，强制收缴社会保险费750万元，补发工资40多万元。

九、社会保险工作成效明显

一是社会保险费征缴率较高。1999年，青岛市企业养老保险基金收缴15.66亿元，收缴率达到95.6%，其中当期收缴13.8亿元，清欠7 230万元，回收挪用基金1 875万元；全市机关事业单位收缴养老保险基金4 500万元，收缴率达99%；全市农村养老保险基金收缴1 440万元。企业失业保险基金当期收缴1.34亿元，收缴率达到95.2%；市属600个机关事业单位收缴失业保险基金380万元，其中非财政拨款单位收缴率达95%，财政拨款单位收缴率为50%。医疗保险基金收缴1.8亿元，收缴率为92.2%。工伤保险基金收缴2 579万元，收缴率为92.3%。生育保险基金收缴3 703万元，收缴率为92.6%。

二是确保了企业离退休人员养老金按时足额发放。1999年，全市参加养老保险的企业9 469户，职工72.27万人，离退休人员25.8万人；全市机关事业单位参加养老保险的为2 400户，职工2.8万人，离退休人员5 500人；全市11个市（区）、153个乡镇（街道办事处）、5 587个行政村近百万农民参加了社会养老保险，占适龄投保人口的40%。同年7月1日起，为全市1999年6月底前企业离退休、退职的309 700人增加了待遇，其中企业离休人员月人均增加233元，退休人员月人均增加71.58元，退职人员月人均增加51.5元；事业单位离退休人员月人均增加166元。

三是积极筹备基本医疗保险制度改革。1999年，青岛市参加医疗保险的企业7 298户，职工62.33万人，离退休人员23.03万人。当年共为患大病的职工和离退休人员24 489人次拨付医疗费12 592万元，基金支付率为72.07%，人均5 142元。年内，加强了公费医疗管理，市财政共拨付市直享受公费医疗人员医疗经费2 441.67万元，全年实际医疗费开支2 738.33万元，扣除单位和个人负担后，医疗经费总体结余11.6万元。同年，积极推进了医疗保险制度改革，制定了《青岛市城镇职工基本医疗保险暂行规定》，并经青岛市政府通过，报省政府批准。同时拟定了《青岛市城镇职工大额医疗救助金筹集使用管理办法》《青岛市关于建立单位补充医疗保险的指导意见》等17个配套办法。

四是确保了失业人员及时领取失业保险金。1999年，全市参加失业保险的企业共9 442户，职工74.4万人。全年共征收失业保险基金1.34亿元，全市共为30 346名企业失业人员发放失业救济金6 118万元，发放率达100%；青岛市市直600个机关事业单位的3.6万人参加失业保险，为900名失业人员发放失业救济金110万元。为鼓励失业职工自谋职业，共发放自谋职业扶持资金1 025万元，使5 696名失业职工走上了自谋职业的道路，占全市就业总量的15.6%，较1998年同期提高了74%。为扩大失业保险覆盖范围，各街道劳动管理所开展了代办失业人员社会保险业务，共为5 555名失业人员代投缴社会保险费982万元。

五是工伤和生育保险进行了新的改革。青岛市参加工伤保险的企业7 659户，职工62.66万人。全年共为工伤和职业病患者5 445人支付工伤保险金1 396万元，人均2 564元。全市参加生育保险的企业7 659户，职工62.66万人。全年共为全市6 896名生育职工支付生育保险费2 580万元。年内从8月份起，生育职工产假工资全部由社会保险经办机构直接发放，减轻了企业事务性负担，并完善了生育保险定点医院、定点结算办法，有效地控制了生育医疗费支出，提高了医疗服务质量。

十、外商投资企业劳动管理基本达到规范化

1999年，为外商投资企业办理工资基金手册、审批确定中方职工工资水平和工资总额计划686家；外资企业档案管理新开户50家，新增档案1 860份，转移档案1 380份；政审企业职工出国140人，调查人事档案410人；审批招收招聘简章714家，举办10次招聘洽谈会，参加企业714家次，计划招收7 351人，实际报名36 806人次，成交5 610人，成交率76%；求职登记1 549人，用工登记166家次，需求370人，实际介绍884人次；办理录用手续851家次2 829人，审查失业人员档案876家次2 257人；为1 827家次企业22 789人鉴证了劳动合同，纠正不规范合同700多份；办理外国人就业许可证书900个，外国人就业证2 800个，港、澳、台就业证170个；收缴632家外商投资企业38 226人社会保险金16 830.8万元。

十一、抓好劳动安全卫生工作

1999年，青岛市共发生统计上报企业职工伤亡事故52起，死亡32人，重伤26人。与上年相比，事故起数、重伤人数分别上升0.6%、0.8%，死亡人数下降13.5%。年内，一是继续推行安全生产目标责任管理。1999年，市政府分管市长与各区市政府和主管部门、市直企业的主要负责人签订安全生产目标责任书，涉及60个部门、单位，覆盖了全市各行业和各区、市。同时，对各有关单位1998年度安全生产责任目标完成情况进行了检查考核，评选出24个先进单位，34个合格单位和50个基层先进单位，4个不合格单位。二是完善重大危险源信息管理系统。利用已建立起的危险源监控网络，运用易燃、易爆、有毒物质的罐区、库区、生产场所、工业危险建筑物以及锅炉压力容器、管道等7大类的辨识技术，共查出事故隐患4 000余项，下达整改指令书240余份。三是开展了安全生产大检查。全市共检查单位1 377个，查出事故隐患1 100余项，均已得到整改或采取了防范措施。四是积极做好劳动卫生工作。对新建、改建、扩建和更新改造的101个项目劳动安全卫生进行了“三同时”审查，提出建议和整改意见近1 160余条。五是进一步加强特种设备的安全管理与检测。年内，注册验收新装电梯262台，起重机56台，塔机1 300余台；年检电梯、起重机近1 000台，厂内机动车辆888台，提出整改意见万余项；对3家锅炉制造单位进行了初步审查，并报省劳动和社会保障厅复审发证，协助省劳动和社会保障厅、劳动和社会保障部对2家锅炉制造单位进行复审工作，检查验收新装锅炉200台次、锅炉房90个，共审查压力容器设计、制造单位8家，新装压力容器620台次，检验各类气瓶万余只。

（青岛市劳动和社会保障局）

河　南　省

1999年，在省委、省政府的正确领导和劳动保障部具体指导下，河南省各级劳动保障部门自觉服从、服务于改革发展稳定的大局，紧紧围绕国有企业改革和保持社会稳定，全力巩固两个确保，按时完成提高三条社会保障线待遇水平工作，狠抓社会保险扩面征缴，积极推进医疗保险制度改革，各项工作取得了新的进展。

一、两个确保得到进一步巩固和加强

全省全年国有企业共有下岗职工58.08万人，出中心28.75万人，其中实现再就业27.45万人。1999年底下岗职工为28.8万人，其中进中心26.68万人，占下岗职工总数的92.6%；按时领到基本生活费的下岗职工26.57万人，占进中心下岗职工的99.5%。全年筹集基本生活保障资金6.18亿元，其中财政安排2.89亿元，占46.8%；社会筹集1.69亿元，占27.4%；企业自筹1.60亿元，占25.8%。“三三制”筹资原则得到较好落实。全年发放基本生活费4.74亿元，代缴社会保险费2.11亿元，保证了下岗职工随下岗随进中心、签协议、发基本生活费、代缴社会保险费用。中心的管理得到加强，运作进一步规范。

在确保企业离退休人员养老金发放方面，顺利实现了基本养老保险省级统筹，为保证全省企业离退休人员养老金按时足额发放创造了条件。全省各级社保机构在征缴困难的情况下，千方百计筹措调剂资金，确保了按时足额发放。全年应发养老金66.37亿元，实发70.38亿元，除保证当期应发养老金按时足额发放外，还对以往欠发进行了补发，全年补发养老金4.6亿元，各级社保机构过去拖欠的养老金全部补发完毕，企业离退休人员养老金拖欠问题从根本上得到了缓解，受到了广大离退休人员和社会的广泛好评。

二、再就业取得明显成效，全省就业局势基本稳定

在努力做好两个确保工作的同时，全省各级劳动部门积极采取措施，把再就业作为保障下岗职工基本生活的根本出路来抓，拓宽就业渠道，广开就业门路，积极开展职业介绍，加强就业指导，强化就业培训，强力实施再就业工程，有力地促进了下岗职工再就业。1999年，全省共有27.45万下岗职工实现再就业，再就业率为47.3%，对保证全省国有企业改革的顺利进行发挥了重要作用。全省城镇登记失业率为2.61%，就业局势基本稳定。

三、按时完成了提高社会保障待遇水平工作，城镇低收入居民的生活水平得到大幅度提高

1999年7月，中央作出了提高城镇中低收入居民待遇的决定。在时间紧、资金压力大、工作任务重的情况下，全省各级劳动部门按照中央和劳动保障部的部署和要求，在省委、省政府和各地党委、政府的直接领导下，全力以赴，加班加点，与有关部门密切配合，倒计时安排工作，逐日调度进展情况，态度坚决，方案周密，措施得力，从而保证了提高国

有企业下岗职工基本生活保障费、失业保险金和企业离退休人员养老金水平工作的按时完成。全省21.6万下岗职工、2万失业人员和120.9万企业离退休人员调整了待遇水平，下岗职工和失业人员的收入增幅达到30%左右，企业离休人员月人均增加135元，退休人员月人均增加60元。同时，按照有关规定，对提高企业在职职工的工资水平作了安排，全省企业职工的最低工资标准平均提高了20%。

四、社会保险扩面征缴取得突破性进展，保障能力明显增强

按照中央和劳动保障部的部署，全省各级劳动部门发扬连续作战、敢打硬仗的优良作风，积极协调有关部门共同行动，从4月份开始进行了深入持久的扩面征缴活动，取得很大成绩。养老保险参保职工新增69.06万人，达到552.9万人，参保率为89.2%。失业保险参保职工新增232.04万人，达到631.04万人，参保率为83.7%。扭转了养老、失业保险参保人数连续两年下滑的局面，较好地完成了社会保险扩面征缴任务。在大力扩面的同时，全省各级劳动部门通过加大执法检查力度，举办欠费大户培训班等多种手段，切实强化基金征缴，效果显著。全年征收养老保险基金57.23亿元，同比增加3.61亿元，综合征缴率达到90.7%；收回被挤占挪用基金3 000多万元。征收失业保险基金5.5亿元，同比增加2.6亿元，综合征缴率达到90.1%。扩面征缴工作的有效开展，为保证下岗职工基本生活费、失业人员失业保险金和企业离退休人员养老金的按时足额发放创造了条件。

五、医疗保险制度改革稳步推进，基本制度初步建立

按照国务院和省政府关于城镇职工基本医疗保险制度改革的总体部署，河南省各级劳动部门本着积极稳妥的原则，结合当地实际，在广泛调研测算和反复论证的基础上，稳步推进医疗保险制度改革。经过一年的紧张工作，取得很大成效。全省18个市地全部如期完成了方案的制定工作，其中许昌、新乡、鹤壁、安阳、平顶山5市已于年底前开始按新方案正式组织实施，112个县级统筹地区中已经有102个完成方案的制定工作，固始、禹州、西华、新安、武陟等县（市）已正式开始实施。基本实现了年初确定的在年底前建立基本制度的目标。同时，基本理顺了全省医疗保险管理体制，职能划转和建立经办机构等关键问题已经基本得到解决，为全省医改工作的正式启动和全面推开奠定了基础。

六、安全生产得到进一步加强，形势好于往年

1999年，全省各级劳动部门以落实安全生产责任制为中心，全面加强安全生产综合管理和各项安全监察工作。一是狠抓了全省安全生产目标管理考核工作，建立了省对市地、市地对县市以重大事故起数、事故死亡人数、新增职业病人数等关键参考数据为主要内容的量化考核办法，进一步强化了安全生产管理。同时，采取多种形式，组织开展“百日安全无事故”活动和安全生产大检查，促进了安全生产责任制的落实，“安全第一，预防为主”的安全生产方针更加深入人心。二是认真抓好对全省煤矿安全生产的检查整改。针对节后煤矿事故多发的特点，1999年春节后，利用1个月时间，集中对郑州、洛阳、平顶山、鹤壁、焦作、许昌7个产煤市和12个重点产煤县的煤矿节后复工情况进行了检查，有效地预防了煤矿生产事故的发生。同时，严肃事故处理，矿山事故结案率达95%以上，使事故责任者受到应有的惩处。三是深入宣传贯彻江总书记关于锅炉质量检验和安全生产的重要指示精神，积极开展了锅炉压力容器制造、安装、使用情况的监察工作，防止了锅炉压力容器重大事故的发生，降低了事故发生率。全省全年共检查出非法制造、安装、使用锅炉、压力容器1 528台，发现事故隐患4 511个，下发安全监察指令书或意见书2 828份，查封非法液化石油气充装站、点34个。同时，认真做好特殊工种人员的培训考核工作，省厅先后举办特殊工种人员培训班9期，培训检验、检测人员480人，换发证423人，提高了受训人员的业务素质。四是强化职业安全卫生监察工作。全年共完成98个项目的初步设计审查和竣工验收，确保工程项目不留隐患；对200余家企业的安全资格进行了评审，对48家起重机、电梯制造、安装、维修单位进行了安全资格认可和复审换证；培训安全生产管理人员、特种作业人员、防护用品经营人员5万余名。通过上述工作，有力地促进了全省的安全生产工作，各类伤亡事故明显减少。全省非矿山企业共发生伤亡事故281起，死亡144人，同比分别下降25.2%和19.5%；矿山企业发生伤亡事故120起，死亡314人，同比分别下降32.22%和41.63%。

七、企业工资收入分配制度改革不断深化，宏观调控进一步加强

一是进一步落实了最低工资保障制度。在1997年调整最低工资标准的基础上，1999年7月1日对全省企业最低工资标准进行了新的调整，新标准较以前标准平均提高20%。经过对全省10 193户各类企业179.24万职工落实最低工资保障制度情况的检查，执行情况良好的占99.56%。二是积极抓了劳动力市场工资价位制度试点工作。为稳步推进劳动力市场工资价位制度，在郑州、洛阳两市实行部分工种劳动力市场工资指导价位试点的探索。三是在全省范围内开展了国有企业经营者年薪制试点工作，加强了对国有企业经营者工资收入的管理。四是加大了企业工资内外收入监督检查力度。到1999年底，全省自查企业13 000户，重点检查企业1 412户，职工40万人，重点检查工资内外收入12亿元。五是进一步加强对企业工资收入宏观调控管理。到1999年底，全省共有3 200户企业实行工效挂钩办法，核定挂钩工资770亿元；有7 786户国有企业、263.7万名职工建立了以岗位技能工资制为主要形式的基本工资制度。

八、劳动力市场建设逐步规范，三年千万再就业培训计划有序展开

1999年是河南劳动力市场建设逐步走向规范发展的一年，占地6 000平方米的省级劳动力中心市场8月份建成开业，与华北、华东、华南以及各市地网络建设进一步加强；郑州、开封、洛阳、安阳劳动力市场“三优”试点完成实施方案制定工作，并在组织、资金、设施等方面做了充分准备；全省各地也在加快劳动力市场基础设施建设和提高管理服务水平等方面有新的进展；对市地职业介绍机构、失业保险机构、就业训练机构从事职业指导的工作人员进行了系统培训。据不完全统计，对全省下岗、失业等人员进行职业指导达50万人次。进一步加强对职业介绍机构的管理，全省各级公共职业介绍机构统一了标志，开展了声势浩大的宣传活动，按照分级负责的原则，对所有的职业介绍机构进行了全面的清理整顿，全省共审验各类职业介绍机构1 789家，查处非法职业中介机构261家，收回《职业介绍许可证》103家，停止或限期整改214家。通过严厉打击非法中介活动，全省各地劳动力市场秩序得到明显好转。积极加强就业服务，促进下岗职工再就业。全省各级职介机构全年共举办下岗职工专场招聘洽谈会800余次，接待求职下岗职工、失业人员、农村剩余劳动力等各类人员150万人次，介绍成功50万余人。其中，下岗职工6万人，企业富余人员10万人。积极配合再就业工程的实施，认真落实“三年千万再就业培训计划”，积极为下岗职工提供免费培训。全省全年共培训各类人员51.2万人，其中再就业培训32.46万人，就业训练6.9万人。同时，省厅还培训企业再就业服务中心负责人200人。

为做好农村劳动力就地转移，各级劳动保障部门重点抓了“四个结合”，即职业培训与当地支柱产业发展、与扶贫开发、与劳务输出、与精神文明建设相结合，组织青年农民学

知识、学技术，全年共培训农村劳动力11.63万人。采取得力措施，加强对春运期间民工有序流动工作的领导，设立了监测点，加大了对民工流动的监控力度和有序流动的宣传力度，保证了民工流动的有序化。

九、劳动关系调整力度加大，劳动争议仲裁和劳动监察工作成效明显

一是按照“依法调整，积极稳妥，先易后难，分类实施”的原则，认真清理了下岗职工和隐性就业人员的劳动关系。到1999年底，全省国有企业理顺下岗职工劳动关系人数达17.8万人，占未进中心下岗职工总数的56%。其中，被解除或终止劳动关系的7.42万人，占未进中心下岗职工总数的24%。二是进一步加强了劳动合同和集体合同管理工作。目前，城镇私营企业、乡镇企业及个体从业人员劳动合同签订率分别达97.6%、96.1%和95.1%以上，全省国有企业建立劳动合同管理台账的达64%，为53.3万名劳动合同到期职工办理了续订或终止手续。省人大于1998年9月颁发了《河南省企业集体合同条例》，加强了集体合同的管理工作。截至1999年底，全省各类企业累计签订集体合同报送劳动部门审核的达12 571户，涉及职工593.8万人，其中1999年度签订集体合同报送劳动部门审核的企业1 404户，涉及职工90余万人，审核通过率达99%。认真做好劳动合同鉴证工作，全年鉴证劳动合同38.53万份。三是积极做好劳动争议案件的受理和处理工作。全省各级劳动争议调解仲裁机构1999年共处理劳动争议18 540件，比上年增长82%，其中仲裁机构处理9 390件，比上年增长57.6%；立案处理3 413件，比上年增长36%；为当事人和用人单位挽回经济损失5 970万元，比上年增长65.5%。同时，进一步完善了信访工作制度。全省全年共接待上访群众9.8万人次，比上年增长19.4%。其中接待集体上访1 668批，涉及群众5万多人；处理群众来信2 244件；处理突发事件275件，比上年增长20.6%；立案处理信访事项842件，结案798件，有70%的初信初访一次处理到位，维护了职工群众的合法权益。四是积极开展执法检查活动。全省全年共检查用人单位6万户，涉及职工和民工390余万人，受理和查处群众举报案件2 928件，其中立案1 902件，结案1 782件，结案率为93.3%；追发劳动者工资待遇1 400多万元，补办流动就业证卡3.4万人，补签劳动合同23万人；清退童工282人，清退风险抵押金275万元；处理突发事件87件，涉及1.4万人；督促22 146个用人单位为161.5万名职工办理了社会保险登记，督促11 319个用人单位为109.2万名职工办理了社会保险申报手续，督促缴纳养老保险金2.4亿元，失业保险金4 386万元。劳动监察和劳动争议处理工作的有效开展，使大量劳资矛盾得到及时化解，促进了劳动关系的稳定。

十、职业培训体系进一步完善，职业培训、技能鉴定、技校管理取得新成绩

1999年，审批建立了南阳市经济贸易技工学校，全省技工学校达到201所，其中，地方劳动保障部门办校41所，地方国有经济单位办校136所，国务院部委及所属单位办校24所。技工学校招收新生和毕业生就业工作面向市场，调整政策，招收新生25 176人，其中农村户口学生11 424人，占录取新生的45.3%；学习期满毕业35 471人，全部参加职业技能鉴定，其中1 118人获得初级技能职业资格证书，31 567人获得中级技能职业资格证书，112人获得高级技能职业资格证书，23 881人通过劳动力市场实现就业，当年就业率达67.3%。1999年，全省技工学校积极承担了下岗职工、失业人员、企业在职职工和其他人员的技能培训任务，共培训各类人员112 433人次，其中下岗职工52 751人次，失业人员6 155人次，劳动预备制学员3 252人次，在职职工41 603人次，其他人员8 672人次。通过培训，31 915人获得职业资格证书，60 304人走上了工作岗位。

十一、“三讲”教育和“三优”文明窗口创建活动取得明显成效，全省劳动保障部门自身建设不断加强

一是集中开展了以“三讲”为主要内容的党性党风教育，广大干部特别是处以上领导干部的理想信念进一步坚定，思想、政治、作风、纪律明显转变。“三讲”教育中，省劳动厅党组针对群众反映的突出问题，研究制定了整改方案和整改措施，建立和完善了干部选拔任用、廉洁自律、实行“收支两条线”管理和行政管理等相关制度和规定，把“三讲”贯穿到业务工作、行政管理和领导活动的全过程。二是以创建“三优”文明窗口为载体，不断加大精神文明建设力度，行业精神文明建设取得新的进展。在全省劳动部门开办的职介机构中大力开展了“热爱河南，增辉中原”活动，认真抓好对到省外、境外就业人员的教育、管理和服务三个主要环节，使外出务工的河南籍人员增强了为家乡人民增光添彩的意识。据对到沿海地区和经济发达省市调查情况看，劳务输入地群众对河南籍外出务工人员的看法有了明显转变。认真落实劳动保障部倡导的创建“三优”文明窗口活动，建立了创建领导小组，加强了对创建工作的领导，全省各级劳动保障部门窗口单位争创“三优”取得明显成效。1999年，劳动保障部授予河南省劳动厅仲裁处“全国三优文明窗口单位”光荣称号，经省厅验收达标的“三优”文明窗口单位达69个。三是坚决开展了与以美国为首的北约悍然袭击我驻南使馆、与“法轮功”邪教组织、与李登辉分裂祖国三场大的政治斗争，全省劳动保障系统的广大职工始终与党中央保持高度一致，政治意识、科学意识和爱国思想进一步增强。四是不断加强普法教育和依法监察，依法行政和公正执法得到较好落实。在省政府组织的治乱减负民意测评行风调查中，全省劳动保障系统的满意率排第7位，劳动保障部门的良好形象得到职工群众赞同。

1999年的劳动保障工作虽然取得了很大成绩，同时，也存在一定的问题。全省还有一定数量的下岗职工没有进中心，进中心的下岗职工中还有0.5%没有按时发放基本生活费，企业再就业服务中心的作用还没有完全发挥出来，下岗职工稳进快出的目标还没有很好实现，再就业率不够理想。在养老金发放方面，还存在一些薄弱环节，补发历史拖欠特别是企业拖欠的问题还需要进一步努力。扩面征缴的目标没有完全实现，基金当期征缴率较低。省级统筹有待进一步加强和完善。

（河南省劳动和社会保障厅）

湖 北 省

1999年，湖北省各级劳动保障部门在湖北省委、省政府的正确领导下，以邓小平理论为指导，从讲政治、讲大局、促发展、保稳定的高度，进一步巩固两个确保，大力推进养老、医疗和失业保险制度改革，各项劳动保障工作取得长足的进步。

一、两个确保进一步巩固

湖北省继续把巩固两个确保作为各级党委、政府压倒一切的头等大事和第一位的任务，摆在十分重要的位置，在巩固已有成果的基础上，进一步加大工作力度，狠抓政策的落实，两个确保工作取得明显成效。全省在再就业服务中心领取基本生活费的国有企业下岗职工45万人，领取养老金的企业离退休人员119万人。主要采取了以下措施：一是层层签订目标责任状，切实落实“三三制”筹资原则，扩大养老、失业保险覆盖范围，并对部分困难地区、困难企业采取借款、垫支等办法予以调剂。全年共筹集下岗职工基本生活保障资金15.72亿元（其中，中央财政转移支付专项资金和调标补助资金4.473 8亿元），发放下岗职工基本生活费和代缴养老、失业、医疗保险费12.68亿元；企业离退休人员的养老金基本实现当月按时足额发放。二是按时提高社会保障待遇水平。中央12号文件下发后，湖北省在时间紧、任务重、压力大的情况下，狠抓资金筹措与发放，使全省进中心、签协议的国有企业下岗职工全部按新标准领取了基本生活费，2.94万名失业人员按新标准补发和领取了失业保险金；并为全省108.7万名离退休人员按时增加了离退休费，其中离休人员按人均145元增加离休费，退休人员分别按55元、65元增加退休费；29.08万名离退休人员领取了拖欠的部分养老金。与此同时，还狠抓了特困企业职工解困工作，积极募集救助特困企业职工基本生活资金5 395.8万元，发放帮困资金4 180.8万元，救助特困职工13.2万人。

二、就业和再就业工作稳中求进

针对国有企业就业容量越来越小，非国有经济已成为扩大就业新增长点的特点，湖北省坚持从实际出发，努力探索新的就业途径。

一是加快劳动力市场建设，充分发挥劳动力市场作用。及时制定出台《湖北省1999—2003年劳动力市场建设规划》，积极开展国家、省、市三级劳动力市场“三化”建设试点，劳动力市场基础建设和信息处理水平明显提高，市场信息网络建设稳步推进，各大中城市建立了职业介绍信息局域网，有的建立了与所属区、县联通的广域网，省监测中心基本建成，并与8个市、州联通。市场的就业信息占有率、中介成功率进一步提高。全省职业介绍机构发展到834家，基本形成布局合理、辐射全省城乡的服务网络。通过市场交流成功48万人，有30.88万名下岗职工实现再就业，再就业率为42%。城镇登记失业率为3.2%。

二是加强管理，规范劳动用工制度。全年全省城镇企业职工劳动合同签订率达99.6%，乡镇企业、城镇私营企业和个体工商户从业人员劳动合同签订率明显提高。印发了《关于做好当前劳动合同管理工作，理顺各类人员劳动关系的通知》，并规范了解除、终止劳动合同的手续。认真贯彻《湖北省用人单位登记办法》《关于加强职工管理若干问题的通知》，使用人单位登记和职工录用登记工作有了实质性进展，全省用人单位登记率达93.7%。用人市场准入制度在全省基本建立。

三是搞好农村劳动力开发就业和有序流动。坚持城乡统筹分类指导的原则，通过发展乡镇企业、发展农村第三产业、开发荒山荒滩推进农业产业化。同时积极组织农村剩余劳动力开发就业100万人，其中组织劳务输出11.14万人，外出务工人员持卡率达80%，外来流动就业人员办证率达到90%，全省19个驻外劳务工作机构向省内提供就业岗位28 383个，直接组织劳务输出12 727人。

四是建立劳动保障业务代理制度。率先在全国各省、市中以省级劳动行政部门名义正式出台了《湖北省劳动保障业务代理暂行办法》。把劳动保障业务代理作为一种适应市场经济需要的新的劳动保障管理服务制度，各地成立了专门的代理机构，成立了湖北省企业劳动保障管理协会，劳动保障业务代理工作成为协会的一项日常工作。

三、社会保障体系框架逐步形成，社会保险扩面征缴工作取得重大进展

1. 以贯彻国务院两个《条例》为契机，集中开展扩面征缴攻坚战。1999年，全省参加养老保险的职工达455.3万人，新增养老保险参保人数101.46人，占国家下达指标任务的75.12%。其中，黄石、宜昌、襄樊等市养老保险完成扩面计划任务的100%以上。全年征缴基本养老保险费38.9亿元，征缴率为94.87%，比上年同期增收6.6亿元，增长17.12%；补收上年欠费4.5亿元，全省已收基本养老保险费43.4亿元。失业保险参保人数达517.56万人，新增长139.33万人，占国家下达指标任务数的76%；征缴失业保险费3.97亿元，比上年增长135%。一举扭转了养老、失业保险参保人数连续两年下降的局面。

2. 规范省级统筹和行业并轨工作。省政府出台《湖北省企业职工基本养老保险费用省级统筹方案》，召开由各市州主要领导参加的省级统筹实施大会，各市州按规定逐步上缴了省级统筹铺底资金，截至1999年底达768万元。在充分调研的基础上，省政府还出台了《湖北省原行业统筹企业基本养老保险并轨方案》，初步实现原行业养老保险与全省养老保险方案的统一并轨。

3. 大力推进城镇职工基本医疗保险制度改革。认真学习、领会党中央、国务院关于医疗保险制度改革的重要指示，从实际出发，切实把握好“低水平、广覆盖、共同负担、统账结合”的原则，及时出台了《湖北省城镇职工基本医疗保险制度总体规划》，全省17个市州都成立了医改领导小组及办公室，所有市州的实施办法全部上报省政府，其中14个统筹地区的实施办法已经省医改领导小组审批，9个统筹地区的实施办法已正式组织实施，参保职工达40万人。

4. 不断扩大工伤生育保险覆盖面，试行差别和浮动费率相结合的办法，逐步将工伤期间医疗费纳入工伤保险基金支付的范围。截至1999年底，已有89个县（市、区）实行了工伤保险统筹，参保职工达200万人，享受待遇达20 586人；有80个县（市、区）实行了生育保险社会统筹，参保职工达189万人，全年享受待遇达12 795人。

四、职业培训工作得到进一步加强

1. 以企业经营管理人员培训考评为重点，推动在职职工的培训工作，指导企业建立培训、考核鉴定与使用待遇相结合的制度，落实奖励政策。

2. 认真执行办学许可证制度，实行法人代表责任制，加强管理力度，加强广告审批、培训收费和结业生鉴定的管理和监控，着手建立社会培训机构校长任职资格制度和社会培训机构督导评估制度。全省社会培训机构培训能力达15万人次。

3．全省技工学校203所，国家级重点技校20所，省部级重点技校45所，高级技工学校8所。技校录取新生20 181人，职业技能培训76 959人，全省技校毕业生32 651人，就业26 000多人，就业率达80%。技工学校的结构调整稳步进行，率先在17个重点技校建立了进行职业资格教育的职业（技术）培训学院；调整了省内5个军工企业所属的16所技工学校管理体制；组织评估国家级重点技校1所，省级重点技校4所。

4．开展了技校教师职务资格评审工作，评审高级讲师122人，中级讲师8人。全省技工学校现有教师8 786人，具有大学本科以上学历的2 566人，取得高级讲师和高级实习指导教师资格的1 189人，取得讲师和一级实习指导教师资格的有4 147人，取得助理讲师和二级、三级实习指导教师资格的2 638人。

5．认真组织技能竞赛，开展技能人才评选表彰活动。省命名表彰的“湖北省技能大师”达28人，“湖北省技术能手”175人，获“中华技能大奖”称号的3人，获“全国技术能手”称号的31人。

6．清理鉴定机构，完善鉴定工作。清理整顿了鉴定机构，撤销了17个鉴定站（所）；充实完善了试题库，有14个市、州实现了省、市两级微机网上运作；以启用新证书为契机，实行统一制证，按级核发；开展了计算机高新技术考试等新技术、新职业的鉴定工作。引导企业将职工的技术考核过渡到社会化的职业技能鉴定，全年考评鉴定人数13.2万人，获职业资格证书的12.58万人，其中初级4.74万人，中级5.58万人，高级1.98万人。全省具有技师（经营师）资格的51 426人，具有高级技师（高级经营师）资格的14 827人。

五、企业工资分配制度改革步伐加快

湖北省政府颁布《湖北省企业工资指导线制度试行办法》后，企业工资指导线制度在全省全面建立实施。武汉、黄石等5市发布一批通用性、流动性强的职业（工种）的市场工资价位，初步建立起劳动力市场工资指导价位制度。全省2 145户企业进行了经营者年薪制试点，武汉等地还将股票期权激励引入年薪制。10个市、20家企业开展了工资集体协商试点，试点面逐年扩大，部分企业探索实行了岗位工资制度，以岗定薪，岗变薪变，少数企业进行生产要素参与收益分配试点，出现了职工持股、科技人员成果入股等分配形式。省政府下发通知，将全省现行的最低工资标准在原有标准上提高30%，提高后的最低工资标准依次为180元、210元、235元和260元。按照中央12号文件精神，对有经济承受能力的工效挂钩和工资总额包干企业，1999年按人均不超过1998年当地企业人均实发工资的30%核增工资总额基数，并在工资指导线确定的相应档次外，参照机关事业单位同类人员的工资待遇，调增了企业新参加工作人员的临时工资待遇。1999年全省平均工资5 931元，比上年增加341元，增长6.1%。全部企业职工平均工资5 209元，比上年增加120元，增长2.36%。

六、安全生产综合管理与劳动安全卫生监察管理体系进一步完善

召开了全省安全生产工作会议，开展了形式多样的安全生产宣传活动和各类培训教育活动，坚持经常性的安全生产检查和规范化的检测检验工作，进一步促进各级领导安全生产责任制的落实。对全省132个重点新建、改建、扩建工程项目进行了劳动安全卫生初步设计审查或专项验收，119家起重机、电梯安装及建筑企业进行了安全资格认证审查，20余家劳动防护用品生产、经销单位进行了认真审查，抽检8类74件劳动防护用品，合格率达到100%。全省非矿山企业共发生职工因工伤亡事故161起，死亡136人，重伤80人。开展了锅炉压力容器安全大检查，发出安全监察意见书3 000余份。9家液化石油气钢瓶制造企业的法人代表签订了钢瓶产品安全质量承诺书。全年定期检验锅炉、压力容器、气瓶分别为5 580、5 786、369 896台，定检率分别为98%、93%

和88%。全年发生锅炉压力容器事故11起，死亡5人，重伤6人，事故起数较1998年上升了38%，死伤人数较1998年下降了39%。开展了矿山安全卫生的现场监督检查和重大事故的调查处理工作，组织了3次全省性安全检查活动。全省矿山企业共发生工伤事故181起，死亡292人，重伤31人。与上年相比，事故起数下降6%，死亡人数上升4%。办理重特大事故结案18起。

七、劳动保障工作正在步入法制轨道

1．劳动保障立法步伐加快。全年共出台省级政府规章、规范性文件10件，省厅印发规范性文件107件，已向省政府上报《湖北省社会保险费征缴实施办法》和《湖北省失业保险实施办法》两个规章。

2．劳动保障执法力度加大。全省共检查各类用人单位44 170户，涉及职工541万人，查处违法单位4 796户，对44 888户用人单位进行了劳动年检，受理违反劳动保障法律法规行为举报5 459件，结案率为98.3%，组织开展了社会保险费扩面征缴大检查和对建筑企业、餐饮娱乐、职业中介等行业用工情况的专项监察。据不完全统计，通过检查补办外来劳动力就业证卡5.55万个，补签劳动合同11.8万份，清退童工69人，为3.52万职工清退风险抵押金835万余元，为103.48万人追缴社会保险费158.4万元，补发拖欠职工工资1 885.465万元，取缔非法职业中介机构329家。全省截至年底已建立各级劳动争议仲裁委员会118个，办事机构120个，共受理劳动争议案件3 384件，涉及劳动者8 450人。审理结案3 176件，结案率为91.26%。

3．劳动保障执法监督检查制度逐步完善。劳动保障行政复议和应诉制度、重大行政处罚听证制度、重大行政处罚集体讨论决定制度、行政执法统计报表制度和规范性文件备案制度逐步健全与完善；全省大部分地市初步建立了执法责任制和错案追究制；重点开展了全省各级社会保险经办机构社会保险费征缴委托执法工作，对社会保险经办机构签署委托执法书，对经办人员核发委托执法证，进一步规范委托执法行为，促进劳动保障部门依法行政。认真开展了行政复议和应诉工作，全省各级劳动保障行政部门共接到行政复议案件25件，依法受理23件，审结22件；发生行政诉讼案件7件，原告中途撤诉1件，劳动行政部门胜诉4件，败诉2件。

与此同时，加强了劳动保障宣传工作。通过《中国劳动保障报》《劳动保障通讯》《劳动月刊》等报刊，加大了劳动保障工作的宣传力度。进一步加强劳动统计工作，全省劳动部门之间和劳动部门与统计部门之间在统计部署、填报口径、上报时间等方面达到统一。劳动信息工作制度和网络进一步完善。全年共编发《劳动保障工作信息》83期，《专报信息》62期，为沟通情况、指导工作、交流经验、促进决策科学化等方面发挥了重要作用。全省劳动综合考评工作进展顺利，考评办法不断完善。文秘、档案机要工作更加规范，学会、协会工作得到加强。

八、加强机关建设，创树文明新风

全省劳动保障系统以“三讲”为契机，进一步加强机关思想理论建设。按照中央的要求，认真学习马克思主义、邓小平理论，特别是江总书记重要讲话和党中央国务院、省委省政府重要文件，增强政治责任感。领导班子的凝聚力和战斗力得到加强，全心全意为人民服务的意识进一步增强，勤政廉洁的优良传统进一步弘扬。全面开展了争创“五好”班子、文明处室（单位）、文明系统等活动，积极开展“爱心献功臣活动”和“情系特困职工社会救助活动”；进一步建立健全了党风廉政建设目标责任制和各项规章制度；加强“收支两条线”工作的监管；认真查办案件，及时做好信访接待和举报工作；加强日常治安防范，坚持干部值班制度；积极做好住房改革，后勤服务工作进一步改善。有52个单位被评为“三优”文明窗口先进集体。鄢楚怀、董大英同志被劳动保障部授予“劳动保障系统窗口单位先进个人”光荣称号。

随着企业改革的不断深化，国内外市场竞争日益加剧，劳动保障工作面临的深层次问题日益增多。主要表现在以下几个方面：

1. 劳动力供求矛盾突出，就业再就业压力增大。从劳动力供给看，城镇下岗职工和失业人员、自然增长的劳动力和向城镇转移的农村剩余劳动力三股合一，增势不减。从劳动力需求看，正在发生一系列新的变化。一是企业逐步由劳动密集型向集约型转变，用人比重逐步下降，而对劳动者素质的要求不断提高；二是企业用工自主权逐渐扩大，劳动用工法规政策不够配套完善，劳动管理工作滞后，企业私招乱雇的现象严重，大量使用农村劳动力、廉价劳动力，使本来就十分有限的就业岗位不能提供给下岗职工、失业人员。三是经济增长速度与就业增长的需求不相适应。另外，下岗职工和城镇失业人员就业观念陈旧，文化水平和职业技能偏低，就业再就业难度更大。

2. 下岗职工人数增多与筹资难的矛盾突出，基本生活保障资金缺口大。按照“三三制”的筹资机制，财政负担部分应通过调整支出结构等办法，确保资金落实。但各地财政基本上是“吃饭财政”，资金到位率不很高，由财政对社会和企业负担不足部分予以“兜底”难以实现。社会筹集部分，主要靠劳动保障部门从失业保险基金中提取。企业负担部分，由于实行“三三制”的企业本来就是亏损企业，资金到位率只有65%。同时企业改革和社会经济结构调整力度不断加大，国有企业的富余人员进一步增多，下岗职工进中心人数增多，基本生活保障面扩大，资金需求急剧增加。

3. 解除劳动关系矛盾多，处理难度大。随着经济结构、所有制结构高速和多元经济发展，劳动关系日趋复杂，处理难度较大，主要表现在三个方面：一是“隐性就业”显现难；二是下岗职工出中心难；三是下岗职工劳动关系解除难。

4. 社会保险收支矛盾突出，确保离退休人员养老金按时足额发放责任大。养老保险费的征缴是弹性的，加之缺乏强有力的征缴手段，致使保险费征缴难于落实到位，欠缴保险费现象严重，但扩面征缴难度也较大。

5. 改制企业劳资矛盾凸现，劳动保障权益落实阻力大。一是改制企业劳动合同管理问题。原企业职工整体划入改制企业后，由于用人单位性质发生了变化，劳动合同的内容、期限均要发生变更，如果合同变更不及时，劳动者的权益就无法得到法律保护。二是改制企业职工工资问题。一些企业为了追求经济效益，大量使用农村廉价劳动力，原企业职工的工资待遇水平得不到落实。三是一些亏损企业或资不抵债企业为了吸纳资金而实行股份制改造，强迫职工入股，购买不良资产，甚至出现不入股就下岗的情况。

（湖北省劳动和社会保障厅）

湖 南 省

1999年，在劳动保障部的直接指导下，在省委、省政府的高度重视和社会有关部门的大力支持下，湖南省各级劳动保障部门自觉服从和服务于改革发展稳定的大局，坚决贯彻中央和省里的方针政策和重大决策，下大力气巩固两个确保，积极稳妥地开展医疗保险制度改革，全面推进全省劳动保障工作顺利发展，较好地完成了全年劳动保障工作任务，为促进全省经济发展和社会稳定作出了应有的贡献。

一、两个确保得到巩固和加强

全省各级劳动保障部门认真贯彻中央和省委、省政府关于把两个确保作为“一把手工程”的指示精神，全力以赴抓好两个确保工作，使这项工作取得新的进展。

(一) 确保国有企业下岗职工生活和再就业工作取得明显成效

1999年底，湖南省国有企业实有下岗职工人数为52.45万人，占国有企业在职职工总数288万人的18.21%。全省应建再就业服务中心8 958个，已建8 958个，中心组建率达100%。进中心的人数为52.45万人，进中心的比例为100%；已签协议的人数为49.91万人，占进中心人数的95.2%。1～12月再就业人数为48.65万人，再就业率为48.12%。1999年全省共筹集国有企业下岗职工基本生活保障资金11.95亿元，其中财政筹集6.06亿元（其中，中央财政4.16亿元，地方财政1.9亿元），企业自筹3.8亿元，社会筹集2.09亿元。1～12月共发放基本生活保障资金13.46亿元。主要的做法是：

1. 领导重视，层层落实责任制。1999年，省委、省政府对规范职工下岗程序，控制下岗职工规模进行了专门研究，并对劳动保障部门提出了具体工作要求。为了确保资金到位，加强资金管理，规范运作，省劳动保障厅会同省财政厅在5月份召开了全省资金管理工作会议，出台了包括资金筹集、管理、使用办法等在内的政策文件。省政府于6月2日至3日又召开了全省第二次巩固两个确保工作会议，落实了两个确保工作目标责任，进一步明确了全省和各地的考核指标和评价标准。为确保全年工作目标任务的完成，湖南省还建立了各地情况通报制度，加强了部门之间、上下之间的密切配合。

2. 规范程序，逐厂逐户抓认定。1998年7月以来，湖南省国有企业下岗职工规模居高不下。按照杨正午书记和储波省长要规范下岗程序的指示，省劳动保障厅在全省范围内对下岗职工的下岗程序进行了认真检查，对国有企业下岗职工人员逐户逐人进行了拉网式清理认定，把短期待岗的、已内退的、已分流安置的、“两不找”的、停薪留职的、下岗后已实现再就业的人员等不属于国有企业下岗职工范畴的人员加以剔除，收到了一定成效。

3. 积极筹资，千方百计抓确保。按照“三三制”和分级负责原则，在财力非常紧张的情况下，努力筹措资金，确保下岗职工基本生活。除各级财政部门、企业、社会千方百计安排和筹集资金外，1999年争取中央财政支持国有企业下岗职工基本生活保障专项资金11亿元。到1999年12月底为止，经省政府批准，省劳动保障厅会同省财政厅按照中央的要求和规定，已及时将中央的借、拨款借拨给各市、州，为保障国有企业下岗职工的基本生活，保持社会的稳定，起到了关键作用。

4. 广开门路，切实促进就业和再就业。全省普遍实行“两鼓励”（鼓励下岗自谋职业和鼓励用人单位招收下岗职工）和“一发展”（发展劳动力市场）政策。据统计，全省已有省、市、州（县）三级综合劳动力市场143家，经批准开办的民办职业介绍机构356家，职介从业人员2 930人，14个市州劳动力市场面积达7 811平方米，为推动就业发挥了积极的作用。1999年求职登记83.7万人，其中下岗职工19.5万人，失业人员24.8万人；提供岗位54.5万个；介绍成功27万人，其中下岗职工8.1万人，失业人员8.7万人。县以上公共职介机构举办招聘会2 231场次，有1.8万个单位进场招聘，求职人数为39.4万人，洽谈成功14万人。

5. 继续实行全省就业安置目标责任制。1999年初省政府下达全省全年安置任务为18万人，全年需要安置的城镇失业人员60万人，其中上年结转29.77万人，当年新增30万人，预计完成安置18万人，城镇失业人员为30.7万人，城镇登记失业率为3.9%。

（二）确保离退休人员养老金按时足额发放工作逐步好转

截至1999年底，全省参加养老保险的企业（单位）18 013户，在职职工314.36万人，离退休人员105.14万人。1～12月全省应征养老保险基金48.44亿元，实际征缴基金42.23亿元（含清收历年欠费5.12亿元），全年平均基金收缴率为87%（如含清收企业历年欠费，基金征缴率超过90%）。1～12月全省当期应支付养老金49.32亿元，实际支付养老金54.9亿元，当年发生新拖欠3.85亿元，占应发养老金的7.8%。

1. 加强养老保险基金征缴取得成就。全省各级劳动保障部门认真贯彻实施《社会保险费征缴暂行条例》，强化基金征缴，征缴率不断提高。全省地方统筹的养老保险基金1～12月平均收缴率为86%。1～12月份的地方统筹企业的基金总收入为34.78亿元。中央行业从7月份开始征收，到12月底共征收基金12.57亿元，征缴率达到95.16%。

2. 积极开展社会保险登记扩面工作。全省各级社会保险经办机构共发放社会保险登记表3万多份。截至12月底，全省参加养老保险人数比上年年底约增17万人。

3. 清理回收企业欠费取得成效。全年收回企业历年欠费5.12亿元。

4. 养老金社会化发放工作有新的进展。1999年底实现社会化发放养老金的人数已达22.7万人，占全省企业离退休总人数的22%。

5. 完善退休审批管理，严格控制企业职工提前退休工作进一步加强。按照国办发〔1999〕10号文件和湘政办发〔1999〕12号文件精神，对企业职工提前退休的情况进行了认真清理，并按照国家有关规定调整降低了提前退休人员（即破产企业、纺织压锭企业提前退休人员以及病退人员）的待遇。同时，为进一步加强退休审批权限的管理，将破产职工提前退休改由省厅直接审批，将因病退休、工残退休和特殊工种退休审批权限也上收到市州。1999年，全省地方统筹企业当年共新增离退休人员3.43万人，比上年约减少2万人。

6. 顺利实现中央行业统筹单位移交省管工作。按照中央的决策和省政府的部署，省劳动保障厅会同省财政厅等有关部门做了大量工作，顺利实现中央行业统筹单位移交省管工作，确保了14个行业的平稳移交和衔接。在资金缺口未到位的情况下，千方百计筹措资金，于1999年底已调剂到位资金1.8亿元，保证了原行业统筹单位养老金的正常发放。

（三）贯彻中发12号文件，提高国有企业下岗职工基本生活费标准和企业离退休人员养老金调标补欠工作圆满完成

这项工作涉及到全省100多万企业离退休人员和50多万下岗职工，时间紧，任务重，影响大。省委、省政府对这项工作高度重视，

多次召开专门会议部署。劳动保障厅把认真贯彻中央决策和省委、省政府这一部署，作为压倒一切的大事来抓，多次召开厅党组会议和厅办公会议研究，全力以赴，组建了由三位厅级干部挂帅、有关处室抽调12名骨干组成的提标紧急督察小组，设立专门办公室，配备专车和通讯工具，实行24小时值班跟踪，每日一报情况，督促各地按进度落实。按照国务院的要求，全省国有企业下岗职工7、8两月提标部分和9月份按新标准足额发放所需资金于9月23日前全部发到了下岗职工手上，到位率达98.6%。

全省按新标准7、8、9三个月提高企业离退休人员养老金应发1.73亿元，应发人数为101.71万人，都全部按规定发放到人。一次性补欠养老金实发5.33亿元。为了保障提高企业离退休待遇和补欠工作的到位，在省政府的高度重视下，主管省长亲自组织过问，共争取中央财政拨借款7.84亿元（其中，补拖欠款3.83亿元，调拨款3.46亿元，借款0.55亿）；各级社保机构筹集1.38亿元（省社保局分别拿出省结余基金5 000万元和直接抵扣省级调剂金5 596万元），同时，各级财政也筹集注入资金1.23亿元，确保了调标和补欠工作的顺利完成。

二、企业工资收入分配制度改革力度加大

（一）进一步改进完善工资宏观调控办法，政府监督调控力度加大

一是制定和发布了湖南省1999年度工资指导线。根据劳动保障部的统一布置，湖南省于3月份开始着手制定1999年度工资指导线的一系列准备工作，在对上年度各项主要经济指标进行测算的基础上，根据湖南省经济形势预测和“九五”时期全国企业职工实际平均工资年均增长4.5%左右的调控目标，通过多方论证，制定了1999年度湖南省职工工资增长指导意见，以工资增长率6%为工资增长基线，15%为上线，实际工资零增长为下线，使企业工资在指导线规定的区间内，保持了合理增长。二是及时调整和发布最低工资标准。按照《湖南省最低工资规定》，在中央12号文件下发后，为了解决最低工资标准与调整后的三条社会保障线水平倒挂的现象，及时调整了最低工资标准。三是认真开展企业工资内外收入监督检查工作。通过企业自查、主管部门复查和委托社会中介机构重点抽查三结合的办法，对1998年度企业工资分配情况进行了检查，对发现的问题，根据有关规定给予了严肃查处。

（二）建立健全企业工资增长机制，企业工资增长的自我约束机制增强

一是完善和修订了全省职工工资指导标准。指导企业进一步深化内部分配制度改革，建立健全规范、科学的企业基本工资制度，引导企业在工资分配过程中，逐步适应劳动力市场发展的需要。针对目前企业工资指导标准中级差不合理、容量不够、与劳动力市场价格严重脱节等问题，在经过多次调查、广泛征求意见的基础上，重新修订了企业工资指导标准（湘劳社〔1999〕180号文件），进一步理顺了企业各类人员的工资关系。二是积极开展国有企业经营者年薪制试点。在试点过程中，提出了经营者年薪收入必须以经济效益为中心，强调先考核后兑现，坚持既负盈又负亏的原则，对少数有突出贡献的经营者，年薪收入上不封顶。年薪收入在企业当年成本（费用）中列支。年薪收入较高的，超出部分当年按一定比例支付，其余作为风险基金由企业存入个人账户，待任期届满经考核确认称职后，连同银行利息一同兑现。这一办法在株洲试点中取得了良好的成效。三是积极开展建立劳动力市场工资指导价位制度试点工作。按照劳动保障部的要求，湖南省首先确定在长沙、株洲、岳阳、郴州4个城市进行劳动力市场指导价位试点，长沙市被列为劳动保障部的试点市。共选定了43个试点工种（岗位），其中管理岗位19个，生产岗位22个，确定了调查范围、内容、对象、办法，设计了一系列调查表。通过召开各类座谈会，广泛听取企业的反映，征求劳动力

市场管理部门的意见，在汇总各项调查样本资料的基础上，确定并公布劳动力市场工资指导价位的有关信息。

（三）做好劳动计划统计信息工作，为劳动事业的发展打好基础

1999年，在编制实施当年全省劳动保障事业计划的同时，还认真编制和上报了全省2000年劳动保障事业发展年度计划。

三、基本医疗保险制度改革稳步推进

制定了全省城镇职工基本医疗保险制度的总体规划和实施意见。湖南省劳动保障厅在认真领会国务院44号文件精神，吸收兄弟省市及原试点城市先进经验的同时，对全省470万人近三年公费医疗和劳保医疗的情况进行了认真的测算，同时对32家省直机关、事业单位，27万多人进行了重点抽样调查。在此基础上，反复修改论证，制定了《湖南省城镇职工基本医疗保险制度的总体规划》，在全国率先经省政府批准出台了《湖南省城镇职工基本医疗保险制度实施意见》，为医疗保险制度改革在全省的展开提供了政策依据。全省已有13个市州的实施办法报省批准试行。

理顺了职能，统一了机构，落实了人员。在省编委以及省体改委、财政厅、卫生厅等部门的大力支持下，理顺了医疗保险的管理职能，建立了机构，落实了人员编制。3月份，省厅经批准设立了保险处，9月份医疗保险基金管理服务中心正式挂牌。目前，全省14个市州都已实现了职能、机构及人员“三到位”，有近半数已理顺了职能，建立了机构，配备了人员，为医疗保险制度改革提供了组织保证。

通过宣传培训，提高了思想认识和政策业务水平。有计划地分期分批对基层劳动保障部门的领导和干部、对省直参保单位的负责人和专办人员、对申请定点的部分医院和部分大中型药店，以及省直管的部分医疗单位共2 000人进行了培训。

认真调研，拟定并出台了医改配套政策。根据国务院〔1998〕44号文件及劳动保障部陆续下发的有关配套政策和湘政发〔1999〕15号文件，结合湖南省的实际，会同有关部门拟定了12个配套文件，其中5个配套文件已正式下发。

认真组织了医改试点工作。1999年省厅认真抓了株洲市、益阳市、澧县的医改试点工作。澧县于8月份正式启动。截至12月，有210家单位、16 852人（退休人员2 922人）参加基本医疗保险。

四、劳动关系调整、劳动争议仲裁和劳动监察工作有了新的进步

劳动合同制进一步完善。截至12月底，全省共有582.78万名职工与用人单位签订了劳动合同，占应签劳动合同职工人数的97.72%，比1998年提高了5.98个百分点。其中城镇企事业单位461.2万名，占应签订的99.37%；乡镇企业60.55万名，占应签订的78.18%；私营企业21.67万名，占应签订的71.28%；个体工商户雇工39.53万名，占应签订的79.23%。全省累计审核集体合同1.1万个，涉及职工人数274.7万人。

劳动保障监察工作得到加强。全面开展劳动用工年检，依法规范用人单位的用工行为。根据《湖南劳动监察条例》的规定，1999年全省开展了劳动用工年检。据统计，全省共28 788户用人单位参加年检，涉及劳动者278.93万人。其中，年检合格的用工单位18 581户，年检合格率为71%。同时，积极开展两个确保和社会保险费扩面征缴专项检查工作，收到了良好的效果。与此同时，加强日常巡视监察和举报专查工作，维护劳动者和用人单位的合法权益。截至12月底，全省日常巡视监察用人单位34 100户，涉及职工24 089万人；接受群众举报案件6 213件，其中符合举报立案规定的案件2 596件，处理结案2 332件，结案率为89.8%。检查用工单位规章制度23 105件。在日常巡视监察和举报专查中，全省共立案调查处理劳动和社会保障违法案件7 882件，处理结案5 895件，有效地维护了用

人单位与劳动者的合法权益。

劳动争议仲裁工作进一步加强，切实维护了劳动者与用人单位双方的合法权益与社会稳定。据统计，1999年，全省各级劳动仲裁委员会共立案处理各类劳动争议2 229起，结案率为90%以上。其中省劳动争议仲裁委员会直接立案处理82起，结案率达到了94%。共立案处理集体劳动争议114起，涉及职工人数2 018名，结案率达100%。狠抓了机构建设。一方面拓展乡镇劳动争议机构，使全省乡镇劳动争议协调机构建立率达到了82%；另一方面，企业劳动争议调解机构进一步完善，使98%以上的大中型企业充实完善了机构，85%以上的小型企业已经建立调解组织，使80%以上的争议在基层企业得到了化解。各级劳动保障部门积极做好劳动合同鉴证工作。1999年全省共鉴证劳动合同30多万份，全省劳动信访部门共处理群众来信34 000多件，接待来访群众36 500余人次。

五、职业培训工作进一步加强

职业培训的法规建设取得新进展。积极参与了省人大对《湖南省职业教育条例》修订的调研、讨论和修改工作。《条例》已经省人大常委会审议通过并于1999年6月1日颁发实施。为发展职业培训工作提供了更为明确、完善的法规依据。

以加大技校招生改革为中心，促进技校各项工作全面发展。年初制定并下发了技工学校招生改革意见，将沿袭了20年的技校招生全国统考制改为以初中毕业会考成绩为录取依据，技校自主招生，并逐步实行登记入学制度。通过这一改革，1999年全省技工学校招生2.3万余人，比上年增加2 000人，其中高级技工班招生943人。初步形成了多层次、多形式、多功能的办学格局。全省国家级重点技校达到11所，省部级重点技校28所，衡阳市第二技校等3所学校已被劳动保障部批准为高级技工学校。1999年全省技校毕业生中级工合格率达到75%左右，毕业生当年就业率为90%左右。圆满完成了全省技工学校教师高级职称评审，71名教师获得高级职称。

社会力量举办职业培训蓬勃发展。全省社会力量举办的培训机构已达390多家，1999年培训人数近10万人。从1999年起开始对社会培训机构教师实行上岗资格认定制度。

职业技能鉴定快速发展，职业资格证书制度稳步推进。职业技能鉴定的组织实施网络初步形成，全省鉴定所已达268家，1999年新设了51家，国家行业部门在湖南省选点布局设了4家行业特有工种鉴定站。加强了职业技能鉴定考评员和督导员队伍建设，1999年全省有1 800多人取得了考评员资格。全省各类职业学校、培训机构毕业生的技能统一鉴定进一步规范，有3万多毕业生参加了鉴定。1999年全省参加职业技能鉴定的各类人员有12万人，其中11.6万人取得职业资格证书，1 200多人取得质量任职资格。

六、就业服务事业进一步发展

劳服企管工作方面，截至12月底，全省劳服企业共完成生产经营总收入56.4亿元，盈利企业实现利润12 396万元，亏损企业减（扭）亏2 750万元，新吸纳就业人员21 080人。

就业训练方面，全省就业训练总人数为17.4万人，培训结业13.9万人，结业率为80%。结业后实现就业11.8万人。其中，培训失业人员和下岗职工8.3万人，占培训总人数的48%，培训后实现就业6.8万人，就业率为82%；培训劳动预备制人员4.2万人，占培训总人数的24%，培训后实现就业的3.5万人，就业率为83%；培训农村劳动力4.6万人，占培训总人数的26%。

失业保险方面，到1999年底，全省参加失业保险的单位有13 142个，比1998年增加795个，参保职工346万人。其中，国有企业254万人，集体企业38万人，其他企业5万人，事业单位46万人，基层单位3万人，比1998年扩面92万人，增长36%。1999年全省收缴失业保险基金19 736万元，比上年同期增加1 572万元，增长9%。截至12月底，全省共支付失业保险基金14 030万元，其中，为65 867名失业职工发放失业保险金3 143万元，为19万名参加了失业保险的困难企业的特困职工发放一次性救济1 961万元，为确保下岗职工基本生活，向再就业服务中心调剂失业保险金7 905万元。同时，加强“两个基地”建设取得成效。1999年全省动用转业训练费1 055万元，生产自救费1 467万元，对原有的“两个基地”进行了完善和扩建，新添置了一批培训教学设备，增加了培训实习场地。

七、安全生产形势趋于稳定

职业安全监察工作方面，1999年全省非矿山企业伤亡事故次数、死亡人数和直接经济损失比上年同期分别下降11.5%、30.4%和9.6%。在全省范围内开展了“’99安全生产周”和“百日安全无事故”活动，加强了对起重机械、电梯等特种设备安全管理工作。全年共颁发起重机械、电梯制造证15个，安装资格证26个，修理资格证18个。特种行业人员培训考核发证工作已步入规范化、科学化轨道。

矿山安全监察工作方面，全年共发生各类矿山事故373起，死亡687人。与上年同期相比，事故起数下降8.8%，死亡人数下降1.9%。积极开展矿山安全执法监察，实施重大事故隐患监督整改方案，使一些重大事故隐患得到及时有效的整改。据不完全统计，1999年已审查国有矿山380个，审查乡镇矿山3 018个。

锅炉压力容器监察工作方面，对全省焊工考试委员会进行了整顿，经验收合格的18家，基本合格的23家，对制造土锅炉的地下工厂进行了严肃查处，规范了锅炉制造销售市场；对锅炉安装单位进行了整顿。

八、劳动保障法制建设和新闻宣传工作取得新的进展

1999年劳动保障法制建设和劳动保障新闻宣传工作进一步加强。全省各地以大力宣传贯彻《劳动法》为统领，把各项劳动保障工作自觉纳入了《劳动法》的轨道，加快了劳动保障法制建设步伐，制定和出台了一系列相关配套的地方性法规和规章，使全省劳动保障工作出现了有法必依、依法行政的局面。由于各级的大力支持，《湖南劳动》杂志、《中国劳动保障报》，以及《劳动保障通讯》杂志的宣传和发行取得了明显成效，产生了良好的社会效果。

总的来说，1999年全省劳动保障工作成绩是显著的，较好地完成了省委、省政府交给的任务，达到了预期目标，为促进改革、发展、稳定起到了积极作用。总结一年的工作，有以下几个特点：

一是得力于省委、省政府及各市、州、县地方党委、政府对劳动保障工作的高度重视与大力支持。杨正午书记、储波省长多次听取汇报，并提出明确要求，郑茂清副省长亲自过问、亲自督促检查。为保证全省两个确保工作任务的较好完成和各项劳动保障改革事业的健康发展，起了关键作用。

二是紧紧围绕改革发展稳定的大局，突出抓重点、难点、热点问题。各级劳动保障部门以高度的政治责任感，站在全局的高度，想大事、议大事、抓大事，全力以赴，使“两个确保”继续得到了巩固，特别是贯彻中央12号文件，扎实做好提高三条保障线的工作，各级劳动保障部门深入困难企业，逐个解决难点问题，及时处理突发事件，为保证两节、敏感时期以及迎接建国50周年和澳门回归期间的社会稳定作出了贡献。

三是坚持“两手抓、两手都要硬”的方针，以“三讲”教育促进劳动保障业务工作的开展。按照省委、省政府的部署，省厅处以上干部和各级领导班子，集中开展以“讲学习、讲政治、讲正气”为主要内容的党性党风教育，广大干部的政治敏感性和政治觉悟进一步增强，为促进全省各项劳动保障改革事业的健康发展提供了政治和组织保障。

1999年，湖南省劳动保障工作存在着许多困难和问题，如下岗职工年龄偏大，解除劳动关系难，城镇失业人员较多，就业和再就业困难，两项基金收缴困难，拖欠养老保险费问题比较突出，养老保险扩面难度大等等。

（湖南省劳动和社会保障厅）

广　东　省

1999年是建国50周年和澳门回归祖国的喜庆之年，也是贯彻党的十五大精神，全面推进和深化国有企业改革取得显著成效的一年。广东省各级劳动和社会保障部门在当地党委、政府的领导下，自觉服从和服务于改革发展稳定大局，以两个确保为中心，集中力量抓好国有企业下岗职工基本生活保障和确保离退休人员养老金按时足额发放及再就业工作，深化养老保险、医疗保险制度改革，成效显著；在扩大社会保险覆盖面、提高基金征缴率、劳动力市场建设、劳动关系调整、职业培训、劳动和社会保险法制建设、企业工资分配、安全生产、宏观调控和机关精神文明建设等方面也取得了新成绩。

一、实现了下岗职工多分流、少进中心、快出中心，就业局势基本稳定

各地注意把再就业工作与国有企业改革紧密结合起来，总结推广剥离企业办社会实体、盘活资产、自谋职业、内部调剂、转岗、离岗退养、清退外来工等做法，指导企业结合实际分流安置富余职工，同时加强对再就业服务中心的管理。如茂名市对中心工作人员进行了培训，进一步规范中心的运作，严把中心入口关，对实际已分流的下岗职工不再安排进中心。不少地方加快发展非公有制经济、第三产业和“三高”农业，开拓就业门路，促进再就业。如梅州市有1 600多名下岗职工到“三高”农业再就业，占该市下岗职工分流安置总数的21%。1999年全省共有16万富余职工在下岗前或下岗后不经中心直接分流。广州、深圳、珠海、佛山、江门、肇庆、汕头等地从本地实际出发，针对不同企业、不同职工的情况，采取一步到位进市场和下岗进中心“双轨运行”办法。顺德、四会、三水及揭阳市榕城区、东山区等地改制企业的下岗职工则完全是一步到位，直接进入市场实现再就业。此外，结合经济结构调整，认真做好煤炭、纺织、制糖等特困行业关闭、破产企业职工的分流安置工作，仅省属煤炭13个关闭、破产企业就分流安置下岗职工7 820人，分流安置率为56.1%。至1999年底，全省累计国有企业下岗职工39.5万人，实现再就业22.72万人，再就业率为57.5%；如加上不经中心直接分流的16万名富余职工，实际分流安置率达69.7%，比1998年略有提高。未实现就业的16.78万人全部进入再就业服务中心，同比减少26%。全省城镇登记失业的人员中，实现就业的有52万人，年末城镇登记失业率为2.3%，就业局势继续保持基本稳定。

二、狠抓资金筹措，确保了下岗职工的基本生活

各地按照“三三制”原则狠抓下岗职工基本生活保障资金筹措，共筹集资金11.08亿元，其中财政承担4.2亿元，社会筹集2.07亿元，企业负担4.81亿元。共发放基本生活保障金10.2亿元，其中发放基本生活费7.02亿元，代缴社会保险费3.18亿元。全省失业保险基金向再就业服务中心调剂9 885万元，占全年失业保险基金收入的26.73%，占全年失业保险基金支出的76.04%。省级财政补助

困难地区8 223万元。佛山、汕尾、河源、云浮等地劳动部门经常深入企业，了解企业的负担能力，确保企业负责筹集的资金到位；湛江市实行上级财政补助资金与4项指标（即：市县资金到位数、下岗职工签订协议人数、市县下岗职工总数、再就业服务中心规范化管理程度）挂钩，促进工作四到位（即：领导到位、工作机构和人员到位、地方财政负担的资金到位、思想工作到位），取得较好效果。1999年全省进入再就业服务中心的下岗职工99.9%领到了基本生活费。一些地方还积极采取措施，帮助特困职工解决生活困难，如汕头、潮州市在粮油、水电等多个方面对特困职工家庭给予优惠，两市分别有498户和473户特困职工家庭、1 272人和1 655人享受了优惠。各级劳动部门按照党中央、国务院关于提高三条保障线水平的要求，加强与财政、社保部门的协调，做好调查摸底、费用测算、方案制定和资金拨付等环节的工作，省厅与财政厅还组织了5个工作组对这项工作进行检查，保证了国有企业下岗职工基本生活费提高30%，并及时足额发放。

三、采取有力措施，社会保险扩面征缴取得明显成效

各地依据社会保险的“四条例一规定”，从讲政治、保稳定的大局出发，采取多种有力措施，努力扩大社会保险覆盖面，加强基金征缴。通过全面开展社会保险登记工作，为扩大企业和个人参保覆盖面提供了基础数据；在社保机构内部建立扩面增收目标管理责任制，逐级下达任务，分解扩面指标，实行奖惩制度，层层抓落实；与缴费对象签订责任书，强化所有单位和劳动者依法参加社会保险及按时足额缴纳社会保险费的责任；聘请社会保险义务监督员，以加强社会监督；与工商部门建立社会保险联审制度，加强政府职能部门之间的合作，依法治理违法行为；向法院申请强制执行，依法追缴欠费。通过采取上述措施，全省扩大社会保险覆盖面和强化基金征缴工作取得了初步成效。到1999年底，全省参加社会养老保险人数为797.32万人，其中离退休人员为161.32万人，分别比上年增长12.13%和7.54%。全省企业职工参加养老保险的人数比上年增加69.01万人，增幅达15.81%。其中，国有企业增加2万人，增幅0.68%；集体企业增加10.27万人，增幅16.90%；外资（含港澳台）企业增加8.69万人，增幅23.87%；私营企业及个体工商户增加9.27万人，增幅93.82%；其他增加38.78万人，增幅98.42%。全省参加失业保险人数为440.73万人，比上年增长4.43%；参加医疗保险人数为124万人，比上年增长57.66%；参加工伤保险人数为836万人，比上年增长8.95%；参加女工生育保险人数为210.31万人，比上年下降3.12%。1999年全省共征收社会保险费137.76亿元（不含劳动部门负责的失业保险部分，下同），待遇支出111.65亿元，分别比上年增长34.95%和38.21%。其中征收养老保险费112.04亿元，支出养老金总额95.86亿元；征收工伤保险费7.46亿元，比上年增长9.87%，支出6.60亿元，增长74.60%；征收失业保险费7.54亿元，增长383.33%，支出3.73亿元，增长631.37%；征收医疗保险费9.47亿元，增长101.04%；征收生育保险费1.25亿元，增长5.04%，支出0.84亿元，增长11.84%。

四、想方设法克服困难，确保离退休人员养老金按时足额发放

各地对养老金发放已全部改差额结算为全额结算，保证养老金全额拨付，同时积极推行社会化发放，实行离退休人员养老金由银行代发，杜绝了个别企业挪用养老金的现象。到1999年底，全省有69.02万名企业离退休人员养老金实行了社会化发放，社会化发放率达到47%。此外，还制定了补发计划和养老金发放月报制度，建立了跟踪检查制度，及时发现、处理和纠正养老金发放中存在的问题，保证离退休人员养老待遇的落实。1999年，省级下拨养老金调剂金2.52亿元，用于补发过去拖欠的养老金和解决各地发放养老金的困难。与此同时，根据具体情况，采取省、地市养老基金调剂为主，地方财政及当地社保部门共同筹集的办法，将原企业拖欠的养老金采用企业向社保基金借款的方式一次性补发完毕。对农垦企业，按省级养老基金调剂、省财政和省农垦“三家抬”办法，一次性补发拖欠的养老金1 243万元。中央12号文件、国务院69号关于提高三条社会保障线和养老金水平文件下发后，对如何提高三条保障线和离退休人员养老金召开紧急会议进行部署，要求在9月15日前将增发的养老金和失业保险金按时足额发到离退休人员和失业职工手中，全省补发失业保险金1 162万元，增发养老金1.85亿元，使离退休人员待遇平均提高15%以上，人均养老金达到498元，使全省163万离退休人员的基本生活得到适当提高。

五、从实际出发，医疗保险制度改革稳步推进

各级党委、政府对建立城镇职工基本医疗保险制度工作非常重视，坚持从实际出发，认真贯彻落实国务院44号文件。省医改领导小组年初就制定了“重点突破，逐步推进，年底前基本完成医改实施方案审批”的工作计划。为实现这一计划，省社保局和省医改办先后四次召开专题研讨会，针对存在的问题进行研究，省医改办还举办了三期培训班，分片对142个县（市）、区的260多名医疗保险业务骨干进行了培训，拟定了《基本医疗保险实施方案编拟要点》《基本医疗保险统筹地区测算原则和方法》和《统筹地区城镇职工基本医疗保险制度方案报批资料基本格式》等三个规范性文件。许多地区组织有关人员到原试点城市学习借鉴医改经验，从而有力地推动了全省医疗保险制度改革。到1999年底，原已开展医改试点的珠海市、东莞市已按国务院《决定》调整了方案，并按新方案运行；深圳市政府也按国务院《决定》对原医疗保险制度进行了修改，并提请市人大审议职工基本医疗保险条例；佛山市已向省政府上报了调整方案，中山市也提出了调整医改方案的设想。韶关、湛江、云浮、汕尾、茂名、惠州、肇庆、梅州、河源、潮州、江门、揭阳、清远等13个市的医改实施方案已经省政府批准，汕头、阳江等2个市的医改方案也已上报省政府待批。至此，全省除广州市正在研究外，其他20个地级以上市都制定和实施了医改方案，基本达到了年初预期的医疗保险制度改革工作目标。

六、劳动力市场建设有较大进展，就业服务水平有新的提高

各地按照科学化、现代化、规范化要求加快建设劳动力市场，广州等6市被纳入国家劳动力市场“三化”建设试点城市；佛山、湛江、韶关、东莞、中山等市按“三化”标准建设的劳动力市场投入使用，阳江、揭阳、惠州等市也在积极筹备劳动力市场建设。全省各地投入劳动力市场建设的经费近5 000万元，省对一些困难地区的劳动力市场建设给予了力所能及的支持。全省有9个市实现了市区劳动力市场信息联网，广州、珠海市每天上网的岗位空缺信息分别达到3 000多条和1 000多条。各地注意抓好“一三一”就业服务，积极开展就业指导和职业介绍工作，全省劳动部门举办的职业介绍机构办理求职登记达125万人次（其中富余、下岗职工28万人次），介绍成功58.5万人次，成功率为46.8%，比上年提高6个百分点。

七、大力抓好下岗、失业职工再就业培训，职业培训工作取得新进展

不少地方发挥就业培训中心、技工学校、企业培训机构、社会办学网点和大中专院校等五个方面的积极性，实行公共培训、强制性培训、岗前培训、创业培训和购买培训成果等多种再就业培训方式，大力推行定向、定点和挂钩培训。例如广州市推出“金钥匙”计划，确定了100个培训项目，通过招标方式吸引100所各类培训机构对下岗、失业职工进行再就业培训。1999年全省共培训下岗、失业职工55

万人，培训后再就业率达72%。全省社会办培训机构1 666所，年培训50万人次。技工学校建设取得新成绩。全省技工学校基本建设投入资金1.06亿元，同比增长1倍多；此外，省下拨扶持困难地区技校建设资金960万元。全省技工学校招生6万多人，创历史最高记录。有7所技校被批准为国家重点技校，6所技校晋升为高级技校。成功举办了广东省首届国际职业技能教育研讨会，促进了广东省技工教育的国际交流。继续推行劳动预备制度试点，如清远市招收了500多名没有升上高一级学校的初、高中毕业生进行职业教育和相关教育。职业技能鉴定工作稳步推进，国家题库广东分库建成并投入运行，建立了第一批共21个计算机及信息高新技术考试站；全省有32万人参加职业技能鉴定，取得职业资格证书的有30万人。

八、加强劳动关系的调整，推动了劳动关系的和谐稳定发展

各地把全面实行劳动合同制度作为贯彻落实《劳动法》的一项重要基础工作来抓，采取各种措施着重抓好非公有制企业和个体工商户从业人员签订劳动合同工作。东莞市以劳动关系的建立作为工作重点，积极指导企业依法与职工建立劳动关系，发动职工主动要求与企业签订劳动合同，全市共有12 700家非公有制企业与120万职工签订了劳动合同，分别占全市非公有制企业和职工总数的85%和88%。至1999年底，全省签订劳动合同的职工（含个体工商户从业人员）1 015.9万人，签订率达81.4%。其中国有企业职工272.7万人，签订率为96.4%；非国有企业职工743.2万人，签订率达76.8%。全省报送劳动部门审核的集体合同14 020份，涉及职工296万人，居全国前列。各级劳动仲裁机构受理劳动争议案件3.5万件，占全国的1/3，涉及职工22.5万人，结案率达到98%，有力地促进了职工队伍和社会稳定。

九、劳动和社会保险法制建设取得新成绩

积极争取省人大重视地方性劳动立法工作，颁布了《广东省流动人员劳动就业管理条例》,《广东省职业介绍管理条例》及《广东省企业欠薪处理条例》草案已上报省人大、省政府审议，《广东省社会养老保险条例实施细则》《广东省社会工伤保险条例实施细则》和《广东省职工生育保险规定》已形成送审稿上报省政府。在省政府统一部署下，开展了贯彻实施劳动和社会保险法律、法规执法大检查，推动各市落实省人大提出的有关执行劳动和社会保险法律、法规的整改措施。省和深圳、佛山市制定行政执法责任制实施办法并组织实施，得到省人大、省政府的肯定。继续抓好行政复议工作，认真审理行政复议案件。加大了劳动和社会保险执法力度，积极开展社会保险扩面和两个确保执法检查，及时查处用人单位拖欠职工工资和欠缴社会保险费等违法行为，总结推广南海市欠薪处理办法，为35万多名劳动者追回被拖欠的工资4.75亿元。妥善处理职工集体上访和罢工事件3 731件，协调处理工伤争议案件30余件。全面实行劳动年审合格证制度，有10万多户用人单位纳入了劳动年审。

十、继续加强和改善劳动工资计划管理和宏观调控工作

加强了劳动经济形势的分析预测工作，编制了劳动事业发展年度计划，制定技能人才规划项目的实施办法并抓紧组织实施，提出了劳动事业发展的宏观调控指标。继续实施劳动领域监测预警和企业岗位空缺申报制度，全省有11个市推行了岗位空缺申报制度，如惠州、江门等市通过实施这一制度，掌握企业用工情况，加强了对劳动力市场的管理；深圳市在全国率先运用数学模型对就业变动趋势进行定量分析，监测预警。认真贯彻中央关于提高工资，增加城镇中低收入居民收入的决策，调整了企业职工最低工资标准、企业工资指导线，协调了企业职工工资水平同三条社会保障线及

国家机关事业单位的工资关系，引导企业合理增加工资；深圳、湛江经济开发区公布了劳动力市场价位。充分发挥劳动监察等劳动行政职能作用，加大对非法职业中介机构的打击力度，开展了两次大规模的清理整顿，共检查职业中介机构1 447家，取缔301家。涉外就业管理工作力度加大，全省纳入管理的外企中方雇员、入粤就业的台港澳和外国人分别达到1.2万人、1.3万人和0.8万人。抓好国有企业下岗职工情况和城镇劳动就业等报表的统计分析和预测工作，积极组织开展人工成本和工资价位抽样调查，广东省连续第10年被评为全国劳动统计先进单位。

十一、安全生产责任制进一步落实，安全生产形势基本稳定

认真贯彻落实江泽民总书记等中央、国务院领导关于安全生产和锅炉压力容器安全工作的重要指示以及《国务院办公厅转发国家经贸委关于加强安全生产工作意见的通知》精神，组织了三次全省安全生产电视电话会议，卢瑞华省长，钟启权副省长多次部署安全生产工作，各地均积极采取有效措施层层落实安全生产责任制，加大在企业中推行聘用“注册安全主任”工作的力度。认真组织开展了第九次“安全生产周”和全省第二次安全生产有奖知识竞赛等一系列的安全生产宣传教育活动，全省近400万职工参加了各种知识竞赛。狠抓了重大事故隐患的整治，认真抓了三水青岐——四会石膏矿等重大事故隐患的整改工作。对全省劳动防护用品质量进行了监督抽查管理，检查了全省的架空客运索道安全运行情况。在年初、年终各组织开展了一次安全生产大检查，全省县（区）以上政府组成1 841个检查组对2.85万家各类企业进行了检查。在对锅炉压力容器及液化气安全管理的专项检查中，查封无证制造土锅炉厂家11家，无证使用的锅炉压力容器近千台；全年共检验进出口锅炉181台，进出口容器962台，进出口气瓶23万多台。认真抓了珠海拱北祖国广场基坑坍塌、四望嶂矿务局上丰矿重大透水等17起重大事故的处理结案工作。1999年1～11月份非矿山企业发生事故739起，死亡513人，重伤418人，同比分别下降16.1%、1%和16%；发生重大伤亡事故13起，比上年同期多2起。全省矿山企业发生各类伤亡事故164起，死亡227人，重伤14人，同比分别下降13.7%、9.2%和65.9%；发生重大伤亡事故12起，比上年减少3起。

1999年劳动保障工作的主要特点：

一是各级党委、政府对劳动保障工作给予了高度重视和大力支持。各级劳动保障部门在任务重、工作难度大的情况下，能够较好地完成各项任务，这主要是各级党委、政府对劳动保障工作给予了高度重视和大力支持。李长春书记、卢瑞华省长对社会保险和劳动力市场建设工作非常重视，多次作出重要批示，李书记还亲自到广州、深圳等地调研社会保险，卢省长亲自主持召开市长座谈会，专题研究社会保险扩面征缴工作。游宁丰副省长等省领导经常深入基层和企业了解、检查劳动保障工作，积极向当地党政领导宣传社会保险和加快劳动力市场建设以及建立和谐的劳动关系的重大意义，现场指导解决问题。各地党委、政府也十分重视劳动保障工作，把两个确保作为“一把手”工程，通过制定优惠政策、提供资金支持、减免收费等方式，对两个确保和劳动力市场建设给予了很大支持。

二是从实际出发，创造性地贯彻国务院和劳动保障部的工作部署。各级劳动保障部门在研究安排工作尤其是开展两个确保和再就业工作时，注意紧密结合本地改革和经济发展的实际，创造性地贯彻国务院和劳动保障部的工作部署。例如，中央为解决下岗职工问题提出“建中心、进中心、保生活”的工作原则，广东省劳动保障厅从实际出发，提出了“先分流、后下岗，少进中心、快出中心，分类指导管理，确保基本生活”的工作思路，并按照这个工作思路开展工作，取得了加快下岗分流，转换就业机制，促进企业改革的实际效果。不少地方也十分重视创造性地开展工作。为强化社会保险扩面征缴工作，提出了税务征缴社会保险费和工商部门配合等前瞻性措施。在开展下岗职工基本生活保障和再就业工作中，肇庆市提出“双轨运行”，一方面积极推广四会实行下岗职工一步到位进入市场再就业的做法，另一方面又允许不具备条件的地方继续实行下岗职工进中心的办法；揭阳市榕城、东山区提出建立“快车道”，让下岗职工通过“快车道”直接进市场；曲江、乳源两县虽然地处粤北山区，社会经济发展水平较低，但也采取多种措施推动下岗职工直接进入劳动力市场实现再就业。在其他工作方面也是这样。如深圳市针对本地下岗职工、失业人员创业意识强的特点，开展了创业培训；东莞市针对本地劳动争议量大，开庭处理能力不足的实际，把工作重点放在调解上，使受理的 1.31 万件劳动争议案99.8%得到结案；中山、南海市积极实施欠薪处理办法，较好地解决了企业拖欠职工工资的问题。由于各地能够创造性地开展工作，使全省劳动保障工作出现了崭新的局面。

三是重视对一些重大问题进行超前研究，协调有关部门制定配套政策措施，为基层劳动保障部门开展工作创造有利的条件。面对劳动保障工作中出现的新情况、新问题，各地劳动保障部门能够主动抓住工作中的重大问题开展超前研究，制定具体的政策措施，加强配套改革。1999 年，省厅着重围绕转换就业机制、扩大社会保险覆盖面，理顺下岗职工劳动关系、两个确保和外贸出口变动对劳动就业的影响等重大问题进行了超前研究，并协调有关部门出台了一系列的配套政策，为各地开展工作提供了依法行政的依据和有利条件。在开展调研、制定政策的过程中，注意实行分类指导，从山区和困难地区的实际出发，向这些地区倾斜，出台的不少政策措施都是有利于山区和困难地区的，例如保障下岗职工基本生活的有关筹集资金的政策等，而且经过大量协调、争取工作，使省财政向山区和困难地区拨付了8 223万元的补助资金。

四是坚持两个文明一起抓，促进了劳动保障事业全面发展。各级劳动保障部门要完成党和政府交给的各项艰巨任务，没有一支特别能战斗的队伍是不行的。因此，各地把干部队伍建设和机关精神文明建设摆在重要的位置上，认真组织学习贯彻《中共中央关于国有企业改革和发展若干重大问题的决定》和省委八届四次全会精神，认真开展“三讲”活动。通过“三讲”教育，广大干部坚定了政治信念和政治立场，端正了劳动工作的指导思想，并以“三讲”教育为动力，针对“三讲”反映出来的问题，制定整改措施。各地进一步加强廉政勤政和职业道德建设，落实便民利民措施，优化机关工作作风，不仅较好地完成了各项任务，而且树立了劳动保障部门的良好形象，许多市县劳动保障部门被当地企业和职工评为最受欢迎的政府部门。深圳市社会保险管理局、肇庆市社会保险管理局、深圳市劳动监察大队、珠海市劳务市场服务中心获得全国劳动保障系统“三优”文明窗口称号，深圳市林风梅、李翔坤和东莞市罗少伟三位同志分别被评为全国优秀劳动监察员、职业指导员和劳动仲裁员，江门市高级技校刘惠础同志被广东省评为“南粤杰出教师”。

（广东省劳动和社会保障厅）

深　圳　市

一、劳动工作

1999年，深圳市委、市政府深入贯彻江泽民同志关于深圳特区要“增创新优势，更上一层楼”的指示，进一步深化经济体制改革，发展高新技术产业，整体推进依法治市，促进国民经济持续稳定发展。全年国内生产总值达到1 436.03亿元，跃居全国大中城市的第六位；人均国内生产总值35 896元，居全国大中城市首位；实现工业总产值2 163.39亿元，全员劳动生产率75 927元/人，完成全社会固定投资569.59亿元，均居全国大中城市第四位；实现地方预算内财政收入184.79亿元，居全国大中城市第三位；完成进出口总额504.28亿美元，按可比口径计算比1979年增长1 046倍，连续七年居全国大中城市榜首。它说明深圳的综合经济实力已进入全国大中城市前列。

1999年，深圳市的劳动工作围绕改革、发展、稳定大局，抓住重点、难点、热点问题，继续深化劳动制度改革，完善劳动力市场，以依法行政为主线，推进劳动管理法制化建设和各项业务工作，就业局势保持稳定，劳动关系和谐，劳动力管理工作取得新的成绩，为深圳经济发展作出了积极的贡献。

（一）大力加强劳动力规范化管理和劳动力市场“三化”建设，就业局势保持稳定

为了保持就业局势稳定，深圳市劳动局大力加强劳动力规范化管理和劳动力市场“三化”建设。劳动就业以下岗、失业员工基本生活保障和再就业工作为重点，加强管理和服务。全市城镇登记失业率2.5%，下岗员工进中心率100%，下岗员工基本生活保障率100%，有就业愿望的失业员工再就业指导率100%。

1. 加强劳动力规范化管理。(1) 改革劳务工管理体制，实行“市区交叉，统一设点，就近办证”的用工手续办理方式，全市办理劳务工用工手续244万人。(2) 加强招调工管理，优化劳动力结构。全年调入员工1 522名，其中技师20名，占1.3%；紧缺优先工种575名，占37.8%；控制工种226名，占14.8%。同时还办理了中级职称和中级以上技术等级员工免试342名，调进高级技师等高级技能人才60名。(3) 强化涉外劳动管理，纳入管理的境外在深就业人员6 738人，劳务输出418人；(4) 落实驻军随军家属安置责任制，安置率达90%。

2. 加强劳动力市场“三化”建设。(1)按照科学化、规范化、现代化的要求成功开发和启动了职业介绍管理信息系统广域网。(2) 加强职业介绍机构管理，清理整顿非法中介机构，打击劳务诈骗行为，劳动力市场秩序进一步规范。

3. 做好下岗、失业员工基本生活保障工作。制定和实施了《关于进一步做好国有企业下岗职工基本生活保障和企业离退休人员养老金发放工作有关问题的通知》，足额筹集了再就业专用资金。规范了统计工作，摸清了下岗员工底数。全市保留再就业服务机构67家，确认下岗员工4 127人。调整下岗员工基本生活费和失业救济费标准，保障下岗、失业员工的基本生活。1999年7月1日起，下岗员工基本生活费和失业员工救济金标准提高30%。

全市4 127名下岗员工全部领取基本生活保障费，发放失业救济25 651人次，并为所有领取失业救济员工缴交了医疗保险。

4. 做好再就业工作。制定《失业员工及国有企业下岗员工1999年再就业培训意见》，继续实施“3年3万”的再就业培训计划，新增加了定向培训、随岗培训和创业培训等内容，对下岗、失业员工进行强制性培训。全年对下岗、失业员工进行强制性培训，举办下岗、失业员工培训班77期，参培人数达5 356人次。组织下岗、失业员工再就业交流大会，提供岗位4 487个，达成就业意向1 500多人次。开展了两期57名失业员工参加的创业培训，20人已成为“小老板”，30多人筹备其他经营项目。

同时，加强失业保险工作，失业保险覆盖面（按地方法定范围）达90%，全市参加失业保险的企业达1.7万家，涉及员工75万人，分别比上年增长6.25%和5.63%。

（二）加强企业工资管理，不断完善宏观调控体系

1. 加强企业工资分配宏观调控，引导收入分配合理增长。调整公布了1999年最低工资标准，特区内最低工资为547元/月，宝安、龙岗两区为419元/月。调整公布了企业工资指导线，工资增长预警线为17%，基准线为12%，下限为工资零增长或负增长，但不能低于当年最低工资标准。完善《企业工资总额使用手册》的办理程序，提高了办理率，办理《企业工资总额使用手册》的企业达6 389家。同时，经过调研起草了《深圳市按劳分配与生产要素分配相结合的实施指导意见》，制定并公布了《深圳市部分职位劳动力市场工资指导价位》，社会反映良好。

2. 做好欠薪受理工作。全年受理欠薪投诉案件180件，实际垫付28件，垫付金额335万元，涉及垫付欠薪人数2 500人，起到了缓解劳资纠纷，维护社会稳定的作用。

3. 完善国有企业经营者年薪制办法。实行年薪制市属企业80家，已办理1998年底结算60家，占实行年薪制企业的75%，已结算企业经营者平均年薪为13.5万元，最高年薪为31万元，最低年薪为3.6万元。

（三）大胆改革、规范管理，职业培训工作取得新发展

1999年，深圳市以提高劳动者素质为中心，在坚持培训为就业服务，规范办学管理和改革鉴定手段等方面取得新的突破。

1. 坚持职业培训与再就业工作相结合原则。首先，加强在岗、下岗、失业员工及新成长劳动力的培训，为社会提供职业技能培训10万余人次，比1998年增加2%。其次，加强就业指导培训，组织力量编写《创业指南》，为全市新成长劳动力和下岗、失业员工自主创业提供指导服务。第三，从讲政治高度拓展三项培训。宝安联合培训中心为武警部队组织技能培训，80%的参训者取得了初级工等级证书；市劳动局为2 000多名驻港部队官兵进行职业技能培训，1 600多人取得技术等级证书，受到驻港部队的高度评价；开办4期劳教人员技能培训，共培训590人次，受到社会各界好评。

2. 规范管理。一是完善职业培训办学办班的审批和管理，进一步规范了社会力量办学，全市社会力量办学机构达110家。二是大胆改革技工学校教育模式，深化教学改革，提出创办深圳市高级技工学校的申请，并获得国家劳动和社会保障部的肯定。市第一、第二技工学校结合市场需求，及时调整办学方向和教学方法，教学质量明显提高。三是帮助企业开展培训，全市政府、社会、企业三种培训网络得到完善。

3. 改革鉴定考核手段。一是建立了60个计算机技能测试站，为社会化考核和“公开、公平、公正”的职业技能鉴定提供了现代化手段，全年共完成职业技能鉴定26 750人次。二是企业内部鉴定考核取得成效。深圳作为全国企业内部鉴定考核试点城市，在公交集团、赛格三星、赛格日立等3家企业进行了试点，并在全国经验交流会上交流了经验，得到好评。

（四）加强劳动合同管理和劳动监察、劳动争议处理，劳动关系协调稳定

1999年，在劳动纠纷不断增多的情况下，深圳市劳动部门加大了劳动合同、劳动监察、劳动仲裁的工作力度，保持了劳动关系的和谐协调，维护了社会的稳定。全年没有因劳动纠纷日益增多而产生影响社会秩序的重大事件；没有因为办案量日益增多而出现失误引起重大投诉；也没有因为劳动信访量日益增多而出现上省上京越级上访。

1.加强劳动合同管理。实施《深圳市劳动合同管理办法》，规范合同管理，搞好劳动合同鉴证和检查，促进企业依法订立和履行劳动合同，全市共鉴证劳动合同250万份。召开劳动合同和集体合同经验交流会，总结推广蛇口劳动合同签收制度、观澜镇企业集体合同制度等，指导企业建立劳动合同内部管理制度，实行企业规章制度审查备案制度、企业劳动合同台账管理制度、企业劳动合同管理人员持证上岗制度，促使企业内部合同管理逐步纳入规范化、制度化轨道。联合市总工会积极稳妥推进集体合同制度，目前全市签订集体合同的企业1 850家，涉及员工42万人。

2.加强劳动监察。推广、试行了一批切实可行的新制度，如劳动关系联手处理备忘录制度、监察协理员制度、“红黄绿”分类监察制度、中方厂长负责工资发放情况申报制度以及进一步完善劳动年审制度等，采取日常监察和专项检查相结合的模式，扩大监察覆盖面，重点打击非法职介、劳务诈骗等活动。开展欠薪、劳动合同签订情况专项检查，全年共监察企业10 568家，涉及员工102.5万人。督促企业补办劳动用工手续18.3万人，补签合同13.7万份，处理30人以上的重大劳资纠纷218件，涉及员工1.72万人次。追回欠薪1.32亿元，补收城市增容费5 490万元，年审企业2 516家，涉及员工33.6万人。全市全年共受理群众来访来信案件23 218件，比1998年增加21%，来信来访均得到比较妥善的处理，劳动信访科荣获全国“三优”文明窗口。

3.认真做好劳动争议处理工作。把抓源与抓处理结合起来，进一步完善派出庭网络、三级协调网络、兼职仲裁员制度和区镇政府的相关职能部门协同处理劳动关系等做法。全年全市共受理劳动争议案件13 500件，比1998年增加15%，其中经过仲裁程序立案处理1 700件，比1998年增加88%，结案率为96.8%，依法维护了员工和企业双方的合法权益。

（五）加大劳动安全管理力度，安全生产形势有所好转

1999年，深圳市深入贯彻落实《深圳经济特区安全管理条例》，依法加强安全生产综合管理和现场监察，加强安全生产管理。全市全年职工伤亡事故73件，死亡79人，重伤25人，比1998年分别下降38.14%、11.24%和43.18%。机构改革方面，完成锅炉处等3个机构的职能划转，实现平稳过渡。

1.加强重点行业、重点企业的监控工作。组织力量对存在重大危险源的单位进行评估，确定第二批10家企业安全重点防护单位，并强化对重点防护单位的安全管理。

2.组织法人代表培训并开展安全生产周、月活动。全年举办企业法人代表安全生产培训班36期，培训4 351人。组织开展全国第9次安全生产周和全市安全月活动，编印发放各类安全知识读物145万份，检查各类企事业单位18 156家，取得明显成效。

3.开展“除隐患、压事故、保安全”专项整治活动。与社保、经发、公安和工会联合开展企业普查建档，对危险化学品及冲剪压设备等安全管理薄弱环节进行专项整治，共检查企业8 174家，查出各类安全隐患17 286条，完成整改1 021家，占整改企业总数的50.15%，消除了一批事故隐患，取得了明显的阶段性成果。

4.强化劳动安全卫生现场监察，综合整治薄弱环节。重点开展全市电梯运行安全检查，综合整治采石场，同时查处一批违反劳动安全卫生规定的企业。全市共检查检测电梯107台，自动扶梯206台，检查采石场96家，

促进了企业安全生产。

5. 组织开展基层劳动安全管理情况调研。市劳动局组织开展了以宝安、龙岗、盐田三个区为重点的基层安全管理情况调查，摸清了情况，完成了调研报告，提出了今后镇、村安全生产管理意见，为2000年加强基层安全生产管理起到了积极作用。

（六）深入开展劳动法制建设，以依法行政为主线，推动劳动管理与国际劳动管理接轨

1999年，深圳市劳动部门以依法行政责任制试点为契机，坚持依法行政，推动劳动管理向法制化、规范化方向发展。

1. 推行依法行政责任制。按照深圳市政府的统一部署，规范全市劳动系统执法主体、执法内容、执法程序，明确执法责任，严格依法行政。市劳动局认真制定并组织实施《依法行政责任制工作方案》，劳动法制化建设取得了新的进展。

2. 推进劳动立法。完成了《就业促进条例》和《职业训练条例》的起草工作，《外国人及台港澳人员在深就业管理条例》和《工资支付条例》的立法调研工作已经起步，并对《深圳经济特区失业保险条例》与国务院《失业保险条例》的衔接问题提出了修改意见。

3. 继续加强普法工作。组织举办了基层劳动管理人员法规培训班，重点对龙岗、宝安两区基层劳动管理人员进行培训，参培率达94.8%；对全系统工作人员实行全员性法规培训，参与率达到98%，及格率为100%；宝安、龙岗等区劳动局制定政策法规培训计划，举办各类培训班，对企业和员工进行劳动法规培训，收效明显；与亿通声讯公司合作开办的劳动政策法规咨询热线，全年接受咨询25 000多次，已体现出良好的社会效果；继续办好与市电台合作的“共同的家园”、与《深圳特区报》合办的“打工世界”等节目和栏目，同时又分别与市电视台、《深圳商报》合办了“劳动法一分钟”和“深圳劳动力市场”，还结合政务公开活动，在荔枝公园成功举办了以下岗、失业员工再就业为主题的“劳动论坛”，引起了社会关注；组织全市劳动系统学习《行政诉讼法》和《行政处罚法》，开展知识竞赛，并组队参加全市竞赛，取得第二名的好成绩。

（七）进一步加强机关建设和基础工作，有效促进了各项劳动业务的发展

1. 整顿机关作风，加强班子和队伍建设。1999年，根据深圳市委、市政府的统一部署，全市劳动部门把创建好班子和整顿机关作风试点工作结合起来，以创建好班子带动机关作风整顿、带动干部队伍建设。深圳市劳动局召开了8次社情民意恳谈会，对企业和员工提出的建议认真进行整改。以“人民群众满意不满意”作为标准，加强窗口创“三优”建设，全市劳动系统各服务窗口均被广东省劳动厅评为“三优”文明窗口达标单位。市劳动局机关作风整顿工作被市人大评为满意单位，创建好班子受到市委、市政府的肯定，并被市政府授予1999年度文明单位。11月份，召开全市劳动系统机关作风建设交流会，总结各区局经验，重点推行南山区劳动局经验，有力地促进了全市劳动系统的机关作风建设。

2. 大力加强基础工作。首先，加强了信息化建设，实现计算机对劳动业务的跟踪管理，解决计算机2000年问题。建立了市区劳动部门广域网，开发了新的劳动业务管理系统，管理效率进一步提高。其次，劳动统计制度更加完善。把劳动统计工作列入基础建设目标管理计划，规定各业务部门按时上报数据，并指定市劳动局综合计划处汇总，统一对外公布，进一步改进了全市劳动统计工作。第三，劳动调研和劳动资料汇编继续加强。全市共完成24项课题调研，对劳动管理工作提出不少有价值的意见和建议。出版了《创业指南》和1997—1998年《深圳劳动科研文选》（上下册，共55万字）。组织力量完成了1999年《深圳劳动年鉴》和《深圳劳动志》（送审稿）的编纂工作，共计30万字。第四，老龄工作取得了新进展。宣传贯彻《中华人民共和国老年人权益保障法》，推动社区养老服务网络建设，不断完善老龄工作联席会议制度。第五，劳动

学会工作围绕全局中心任务，加强国内外学术交流，积极组织劳动科学研究，有力地配合了劳动工作。第六，活跃了机关文化生活。成功组织了局第二届体育运动会和全市劳动系统第二届运动会；参加市直工委组织的第八套广播体操比赛，荣获二等奖和组织奖。

二、社会保险工作

1999年12月1日至3日，由国家劳动和社会保障部主办，深圳市社保局承办的全国养老金社会化发放现场会在深圳召开。会议由劳动和社会保障部副部长王建伦主持，劳动和社会保障部部长张左己到会并作了重要讲话，广东省副省长游宁丰、深圳市副市长宋海分别代表广东省委、省政府和深圳市市委、市政府致欢迎词。全国各省、自治区、直辖市分管社会保险工作的厅局长共132人参加了会议。这次会议，是全国劳动和社会保障系统贯彻落实中央十五届四中全会和中央经济工作会议精神，建立和完善社会保障体系，搞好养老金社会化发放的一次重要的会议。深圳、上海、大连、常熟等7个城市的代表交流了本地养老金社会化发放的经验。与会代表参观了市社保局计算机管理系统、电话咨询服务中心、社会保险费征缴大厅、偿付大厅，以及莲花北村、益田村、莲花二村等社区管理服务系统，并充分肯定了深圳市养老保险管理服务社会化工作。张左己部长在检查指导莲花北村社区服务网点时指出，深圳的养老保险管理服务社会化工作搞得好，给内地其他城市提供了好的经验，国家劳动保障部将陆续推广深圳的经验。

（一）离退休人员管理服务社会化

1999年，深圳市在已实行离退休人员养老、医疗保险待遇与企业相分离，实行社会化发放的基础上，充分利用深圳市社区由物业公司进行产业化管理的基础，按照党的十五届四中全会精神，对离退休人员管理服务社会化工作进行了大胆探索。按照依托社区，以社区物业管理公司为主，社保部门积极参与配合，离退休人员自我管理相结合的模式，积极推进离退休人员社区管理服务。在莲花北村、莲花二村、益田村等社区物业管理处为离退休人员建立了书报阅览室、书法绘画室、棋牌娱乐室、义工助残室等活动室，成立了各种文体表演队。通过社区银行、社区健康医疗服务中心以及各种社会服务行业，采取商业化、社会化方式为退休人员提供广泛的生活服务，保证离退休人员在脱离原企业后，得到完善的管理服务，以满足他们的政治学习、文化活动和生活服务需求，使离退休人员老有所学、老有所乐、老有所为。

（二）加强社会保险服务工作

1999年，深圳市社保局继续把服务为立局之本，不断加强服务的硬件和软件建设。在服务的硬件方面，建立了社会保险费征缴大厅和偿付大厅，将过去分散式办公改为集中敞开式、流水线办公。在征缴大厅设立柜台式缴费窗口，集受理参保、咨询、查询、资料打印、制卡、信访等服务项目为一体，实行一条龙服务。在偿付大厅，凡涉及社会保险费用审核报销的处室，集中在一起办公。这一改革，极大地方便了参保职工办事，改变了过去“我坐着，你站着”的办公格局，实行参保人与工作人员“平起平坐”办事，体现了平等服务的宗旨。进一步扩大个人缴费窗口的范围，凡是具有深圳户籍的自谋职业者符合缴费条件的，均可在窗口办理社会保险手续，极大地方便了下岗职工和自谋职业的员工，被誉为“为民办实事的窗口”。建立了20条专线的社会保险电话咨询服务中心，方便群众咨询、查询，并建立了声讯、传真和因特网咨询、查询系统，在机关事业单位中进行了通过因特网办理参保手续的大胆改革，开通了传真电话自助服务系统，企业可以通过传真电话报送登记报表。在服务的软件方面，继续广泛开展文明优质服务竞赛活动，充实了竞赛项目，设立“文明优质服务窗口”“先进单位”“服务标兵”和“岗位业务能手”等项目。提出以服务促业务、以素质促优质、以文明树风貌、以竞赛树标兵，把群众对服务满不满意作为考核干部职工的一项重要指标。明确规定凡服务工作不到位，有群众投诉，不论对错，一次投诉的由主管局领导批评教育，二次投诉的全系统通报批评，三次投诉的下岗培训，情节严重的开除公职。年终重奖标兵、先进。重新规范和简化了各个部门的办事程序，并推出服务承诺，均“挂牌”上墙，接受群众监督。改进服务方式，各级领导深入企业调研已蔚然成风，业务人员每月均有不少于5天的时间上门为企业服务。坚持每周二下午局长接待日制度，贴近群众，直接听取群众反映的意见和问题，及时化解各种矛盾，维护特区社会稳定。1999年，深圳市社保局被评为全国劳动和社会保障系统“三优文明窗口”，市委肯定了市社保局整顿机关作风和窗口建设的经验并在市社保局召开全市机关事业单位“整顿机关作风窗口建设现场会”，市人大、市政协整顿机关作风视察组检查评议市社保局为创文明机关好的单位。

（三）加大社会保险宣传力度

1999年，市社保局继续加大社会保险政策法规宣传力度，不断提高全社会的社会保险意识。在深圳市报纸、电视台、电台等新闻媒体上开设“社会保险在您身边”“社会保险您我他”“社会保险之窗”“社保局长信箱”“深圳社会保险”“社保5分钟”“社会保险大家谈”等专栏，刊登各类宣传报道文章300多篇。同时开展了社会保险宣传季活动。3～5月的所有双休日，市社保局干部职工500多人在市、区、镇主要繁华路段及企业集中的地点上街设点咨询，每次设立咨询点38个，接待群众咨询累计40多万人次，发放宣传资料80多万份。并举办各种类型的学习班进行宣传。先后举办了40多期培训班，培训了机关企事业单位人事劳资干部8 000多人，到企业宣讲社会保险政策法规50多次，参加人员1万多人，并将编印的宣传小册子、宣传图片、画册在人口集中的地方派发和张贴，制作电视专题片和录音带深入企业巡回播放。自编自导反映社会保险明天更辉煌的专题文艺节目到市、区巡回演出，举办社会保险知识竞赛，编辑《深圳社会保险年鉴》《深圳社会保险》《社保信息》。通过多形式、多渠道的宣传，既提高了全社会的社会保险意识，又树立了良好的社会保险形象，形成了全社会重视支持、企业和职工积极参加社会保险的良好局面。

（四）社会保险制度改革不断深化，保障能力逐步提高

1．养老保险。1999年1月1日，《深圳市企业员工基本养老保险条例》正式实施。同年，市政府颁布了《〈深圳经济特区企业员工基本养老保险条例〉若干实施规定》，制定了《企业员工基本养老保险运作办法》，拟定了《深圳市个体经济组织及其从业人员养老保险实施办法》，使深圳市养老保险法规更加完备，管理更加规范。深圳市进一步扩大了企业员工补充养老保险的试点，市政府二届139次会议讨论并原则通过《深圳市国家公务员补充养老保险方案》，使深圳市多层次的养老保险体系初步建立起来。到年底，全市参加基本养老保险人数84.17万人，比上年净增加了8.56万人，增长率为11.3%，其中户籍职工参保率为98%，比上年提高了6个百分点。

2．医疗保险。1999年，深圳市根据《国务院关于建立城镇职工基本医疗保险制度的决定》精神，积极研究制定与全国医改决定相衔接的具体措施，初步研究制定了建立大病互助基金制度、医疗保险定点药店管理办法。到年底，全市参加基本医疗保险人数62.53万人，比上年增加了15.06万人，增长率为31.7%，其中户籍职工参保率为88%，比上年提高了14个百分点。

3．工伤保险。1999年，深圳市工伤保险管理进一步加强。到年底，全市参加工伤保险人数为202.24万人，比上年增加了8.24万人，参保率为92%，比上年提高了6个百分点。

4．基金征缴。1999年，深圳市进一步加强了社会保险基金收缴力度。在全市基本养老保险费率调低2个百分点，宝安、龙岗两区工伤保险缴费基数调低15.5%的情况下，社会

保险基金收缴仍大幅度增长。全年共征收社会保险基金25.32亿元，超额完成了年初市政府下达的20亿元的基金收缴指标，超过金额达5.32亿元。全市基本养老保险月缴费工资基数平均为1 371元，比上年的1 325元增加了46元。追缴历年欠款6 440.67万元。基金征缴率达到了99.6%。

5. 基金偿付。1999年，深圳市参加社会保险的职工的各项社会保险待遇均得到了按时足额发放。养老保险方面，全年共核准、办理离退休手续3 528人，办理享受一次性领取生活待遇85人，办理离退休人员死亡手续236人，办理参保职工非因工死亡手续283人。在保证离退休人员养老金按时足额社会化发放的同时，按照国家的政策和标准，从7月1日开始，深圳市企业离休人员人均增发养老金192元，退休人员人均增加113元，并于9月15日之前打入每个离退休人员个人账号中。全年共发放各项离退休待遇6.26亿元。在医疗保险方面，全年共提供门诊服务2 453 195人次，比上年增长23.5%；提供住院服务21 920人次，人均偿付费用3 781元，比上年的3 395元高出386元，增幅11.4%；提供特殊医疗检查7 404人次。支付各项医疗保险费用2.93亿元。在工伤保险方面，全年偿付7 800万元，补偿19 246人，供养98人。

6. 基金管理。1999年，深圳市进一步加强了社会保险基金的管理。认真核算保险金的各项收支，严格按照收支两条线、财政专户管理规定运作保险金，每月按时收、付各项保险金；进一步完善社会保险基金财政专户管理模式，合理安排基金存储；严格执行财政部、劳动和社会保障部颁布的社会保险基金新财务制度、会计制度；完善了基金支付管理，制定了审批权限和印章管理规定，根据支付数额，分级审批支付；严格个人账户管理，规范账户计息、结算办法；想方设法追收以往投资基金，确保了社会保险基金的完整和安全。

7. 基金收缴目标责任制。1999年，市社保局继续实行基金收缴目标责任制。将市委、市政府确定的扩面征缴任务目标，进行层层分解，把任务落实到各分局、各处室及个人，签订目标管理责任书，每月定期通报任务完成的进度情况，并把扩面征缴目标的完成情况作为考核班子政绩和干部提拔使用的重要依据。千斤重担人人挑，人人肩上有指标。这一措施，极大地调动了干部职工的积极性和创造性。人人出主意，个个想办法，各直属部门创造性地工作，创造了许多行之有效的扩面征缴经验。

(五) 社会保险立法和依法行政

1. 社会保险立法。1999年，深圳市加快了社会保险立法步伐。按照市委、市政府关于加快社会保险立法步伐，使全市的社会保险改革尽快走上法制化、规范化管理轨道的要求，在养老保险立法的基础上，进一步加快了医疗保险的立法和工伤保险条例的修改完善工作。与市法制局、市人大经工委联合组成医疗保险立法起草小组，先后考察了国内外的医疗保险情况，广泛征求社会各界的意见，就如何以现行医改方案为基础，并与《国务院关于建立城镇职工基本医疗保险制度的决定》相衔接等问题，多次组织研讨论证，在此基础上，制定了《深圳经济特区城镇职工基本医疗保险条例(草案)》，已提交市法制部门征求意见。在深入调查研究，广泛征求意见的基础上，完成了工伤保险条例的修改稿，市人大常委会已于12月24日讨论通过，并于2000年1月16日起执行。

2. 依法行政。1999年，市社保局进一步加大社会保险执法监察力度，严格依法行政。进一步加强了执法监察人员的业务培训和行政执法培训，不断提高执法水平，有120名执法人员领取了“深圳市人民政府行政执法证”。进一步规范执法程序，严肃执法纪律，坚持依法行政。进一步加强执法监察管理，实现目标责任管理，将全年追缴清欠社会保险基金3 000万元的任务目标，逐层分解落实到监察处、各分局和管理站。在加大日常执法监察力度的基础上，从5月份开始，进行了1个多月的集中、突击性的社会保险执法大检查，市社保局抽调200多人，深入企业进行执法监察。随后，对一些“钉子户”进行了2个多月的复查。在执法大检查和复查中，采用说服教育、发放追缴通知书和监察通知书、对不按法规参保的企业给予经济处罚、新闻媒体追踪曝光、法院强制执行等逐层深入的措施，取得了较好的效果。全年执法监察共检查企业2 940家，涉及员工35万多人，追缴到账社会保险费6 440万元。

（深圳市劳动局、深圳市社会保障局）

广西壮族自治区

1999年，广西壮族自治区各级劳动保障部门紧紧围绕改革、发展、稳定大局，按照中央和自治区的部署，突出重点，统筹兼顾，全力巩固两个确保，按照完成提高待遇水平工作，狠抓社会保险扩面征缴，加快医疗保险制度改革步伐，积极推进依法行政，劳动保障各项工作成效显著。年内，社会保险扩面征缴、劳动保障依法行政工作获得劳动保障部表扬。

一、两个确保得到全面巩固

1999年，全自治区共有国有企业下岗职工26.5万人（其中，1998年结转7.14万人，当年新增19.36万人），全年出中心14.1万人。12月底，全自治区再就业服务中心尚有下岗职工12.4万人，95.7%签了协议。在中心的下岗职工98.95%领到基本生活费，其中足额领取的占88.47%，部分领取的占10.48%，未领到的占1.05%。未足额领取基本生活费的下岗职工主要集中在柳州地区、南宁地区和南宁市以及中直有色系统；未领到生活费的主要在中直有色系统和柳州地区。全年全自治区共筹集下岗职工基本生活保障资金2.52亿元，其中财政承担1.52亿元，占60.3%；社会筹集0.52亿元，占20.6%；企业自筹0.48亿元，占19.1%。年内，下岗职工基本生活保障的程度和规范化管理水平，与1998年底相比都有较大提高，基本实现了确保下岗职工基本生活的目标。在此方面，着重抓好了三个关键性工作：一是进行深入细致的调查研究。针对下岗职工绝对数与全国其他省份相比相对较小，但人员分散、分布面广，稍有疏忽，即会出现遗漏，工作难度相当大这一特点，实行分片包干，责任到人，抽调精兵强将组成工作组，深入企业，采取拉网式的办法，对下岗职工逐一进行调查核实，并登记在册，真正做到不漏一人。二是严格规范下岗职工管理，从职工下岗到进中心、签协议，获得基本生活保障，缴纳社会保险，接受再就业培训、再就业指导，以及实现再就业出中心与原企业解除劳动合同等每一个环节，都通过制定具体的管理办法来加以明确，使下岗职工的管理工作规范化。三是千方百计筹集下岗职工基本生活保障资金。按照“三三制”筹资原则，在对全年资金需求情况进行认真测算的基础上，将应由财政负担的资金列入财政预算并落实到位；督促落实社会筹集和企业自筹资金，想方设法多形式开辟筹资渠道，积极扩大失业保险覆盖范围，加强失业保险费的征收和管理，将失业保险基金提高比例部分调剂用于下岗职工的基本生活保障。同时，加强对保障资金的管理和监督，严格资金拨付程序，保证专款专用，认真做好下岗职工基本生活保障、失业保险和城镇居民最低生活保障制度三条保障线的衔接工作。

1999年，自治区各级社保机构共为60.19万名企业离退休人员拨付由社保机构负担的统筹项目内的基本养老金29.01亿元，实现了按时足额拨付；同时，还补发了企业拖欠的基本养老金0.82亿元。全年社会化发放15.24万人，社会化发放率从年初的28%提高到年末的37%。南宁地区、梧州市、贺州地区、河池地区和贵港市的社会化发放率较高，分别达到88.8%、72%、65.9%、60.4%和60%，有部分县达到100%。为确保企业离退休人员养老金按时足额发放，各级劳动保障部门努力扩大养老保险覆盖范围，上半年把城镇各类企业和实行企业化管理的事业单位及其职工全部纳入基本养老保险，规范缴费行为；加大养老保险基金征缴力度，提高基金收缴率，清理回收被挤占挪用的基金；推行养老保险基金全额缴拨，积极推进养老金社会化发放进程。

二、提高社会保障待遇水平工作按时完成

1999年7月份，中央作出提高城镇中低收入居民收入的决策，并明确要求在9月15日前完成提高待遇水平工作。在时间短、资金缺、任务重的情况下，自治区各级劳动保障部门按照党委、政府的统一部署，与财政部门互相配合，提前安排时间调查测算，提出调整待遇实施意见，及时调度资金。到9月15日18时，共为7.26万名国有企业下岗职工补发提高待遇款1 678.8万元，为1.1万名失业人员补发246.33万元，为58.74万名企业离退休人员补发11 339.28万元，提高待遇发放率为99.9%。国有企业下岗职工基本生活保障标准月人均提高75元，失业人员月人均增加42元，企业离休人员月人均增加135元，退休人员月人均增加55元，全面完成了任务。

三、就业和再就业工作取得好成效

1999年，自治区共有城镇登记失业人员31.4万人，年内有15.86万人实现了就业，年末城镇登记失业率3.3%。就业去向：到企业就业11.2万人（其中到内资企业就业10万人，到港澳台商投资企业就业0.6万人，到外商投资企业就业0.6万人），到事业单位就业0.5万人，到机关团体就业0.16万人，到个体经济组织就业4万人。

1999年，自治区党委、政府继续把国有企业下岗职工基本生活保障和再就业工作列为为民办好事、办实事项目狠抓落实。6月，自治区人民政府办公厅发出《关于进一步做好国有企业下岗职工基本生活保障及再就业工作有关问题的通知》（桂政办发〔1999〕116号），就进一步规范下岗职工管理，保证保障资金的落实等作出了明确规定，制定出台一系列财政、税收、工商扶持优惠政策，帮助下岗职工尽快实现再就业。各地认真贯彻执行中央和自治区的有关精神，加大工作力度，层层落实目标责任，完善各项政策措施，加强就业和再就业培训，开展职业介绍和就业指导，加强督促检查，落实各项再就业优惠政策，拓宽就业渠道，广开就业门路，大力促进下岗职工实现再就业。1999年，全自治区共有12.68万名国有企业下岗职工实现再就业，再就业率为47.1%，高于全国平均再就业率5.1个百分点。

自治区把加快劳动力市场建设步伐作为就业和再就业的基础工作来抓。在重点做好全国劳动力市场“三化”建设试点城市南宁、柳州、桂林市的劳动力市场建设的同时，大力抓好全区劳动力市场的立法、载体建设和机制建立三项基础工作，加大劳动力市场建设资金投入，制定完善配套政策措施，全面清理整顿劳动力市场，加强职业介绍机构管理，规范职业中介行为，逐步形成以市场为导向的就业机制。1999年，全自治区共有职业介绍机构457个，其中劳动部门开办的332个。全自治区劳动部门职业介绍机构办理求职登记41.45万人，用人单位用人登记23.47万人，介绍就业21.8万人，介绍成功率52.59%，比1998年增加了3.59个百分点。劳动保障部门组织劳务输出20.85万人，其中贫困地区输出劳动力11.98万人。

四、社会保险扩面征缴工作取得突破性进展

针对社会保险扩面工作几年来一直停滞不前的局面，自治区分别在第二、第四季度开展了扩面征缴攻坚战。在工作中，采取了以下措施：一是各地成立有当地主要领导参加的扩面征缴工作领导小组，精心组织，加强领导，有

效保证和推动扩面征缴工作的开展；二是认真贯彻《社会保险费征缴暂行条例》和《失业保险条例》，抓好学习、宣传、培训三个环节，使两个条例深入人心，家喻户晓，为扩面征缴工作创造良好的舆论氛围；三是结合本地区实际，抓紧研究制定配套政策文件和措施办法，为扩面征缴工作目标的实现提供政策保证；四是组织力量，分片包干，任务到人。自治区劳动厅于4月份派出7个工作组共30多人，由5位厅领导带队分赴各地、市、县指导和督促检查。各地、市也通过抓试点，下基层督促检查等措施依法开展扩面和基金征缴工作。经过4、5、6三个月努力，局面迅速打开。第四季度，自治区劳动厅又一次部署声势更为浩大的、以劳动保障监察为主要内容的扩面征缴和两个确保执法大检查，6位厅领导率6个工作组以及地、市、县组成的100多个检查组共1 000多人，全面开展严格的执法检查，效果较好。至1999年底，全自治区参加养老保险263.35万人，扩面净增28.32万人，扩面工作全国排位6月底第三，12月底第一。劳动保障部专门派员到自治区几个地市调查了解工作情况，并发简报予以表扬。全年全自治区共收缴基本养老保险基金24.86亿元，其中，收当年应缴基本养老保险基金21.53亿元，收缴率91.2%，比1998年高5.1个百分点，多年来第一次超过国家规定的90%的要求；清理追缴企业欠费3.33亿元，完成全年追缴任务的86.4%。全自治区失业保险扩面新增77万人，失业保险覆盖面达75%，高出全国平均水平5.5个百分点，全年收缴失业保险基金2.44亿元，当年失业保险实际覆盖率、参保人数、基金征缴额、人均缴费占人均应收比例与1998年有大幅度上升。

五、城镇职工基本医疗保险制度改革步伐加快

自治区认真贯彻国务院医改《决定》（国发〔1998〕44号），统一工作职能，积极稳妥地开展医改工作。元月，自治区人民政府成立了自治区城镇职工基本医疗保险制度改革领导小组，负责全自治区城镇职工基本医疗保险制度改革总体规划和组织实施，指导各地市开展城镇职工基本医疗保险制度改革工作；4月，召开自治区城镇职工基本医疗保险制度改革工作会议，全面部署医改工作；6月，制定下发了《广西壮族自治区建立城镇职工基本医疗保险制度总体规划》《广西壮族自治区建立城镇职工基本医疗保险制度的指导性意见》和《广西城镇职工医疗费调查测算方案》，指导和推动医改工作开展。年内，全自治区14个地市81个县（市）均成立或重新调整医改领导小组及其办公室，绝大部分统筹地区先后开展调查测算，拟定实施办法，制定配套政策措施。至年末，全自治区调查测算工作基本完成，自治区重点联系城市梧州市、贵港市已全力开展启动前的各项准备工作，北海市、钦州市及贺州地区医改方案已报自治区人民政府待批。其余统筹地区实施方案及配套文件的制定工作也在抓紧进行。

1999年，自治区原试行医疗保险统筹的地区及企业继续试行医疗保险社会统筹试点，并实行大病医疗“社会保险统筹基金与个人医疗账户相结合”的职工医疗保险制度。全自治区参加医疗保险试点的职工8.65万人，其中在职职工6.48万人，下岗职工0.54万人，离退休人员1.63万人。全年征缴医疗保险基金1 897万元，支出1 600万元，滚存结余1 514万元。

六、劳动合同管理得到加强，劳动关系进一步理顺

1999年，自治区国有单位职工总数258.64万人（含中央直属单位26.87万人），比1998年减少1.7%；城镇集体单位职工总数35.52万人，比1998年减少9.8%；其他经济类型单位职工34.56万人，比1998年增加5.4%。企业劳动、人事、分配三项制度改革进一步深化，用人单位全面实行以劳动合同形式确立劳动关系的现代企业劳动管理制度，各

级劳动保障部门积极指导企业依法制定本单位劳动合同管理办法，建立健全劳动合同管理台账，全自治区96%的国有企业实现了运用台账对劳动合同实行动态管理，非国有企业劳动合同签订率达到80%，劳动合同管理逐步走向规范化。积极稳妥地开展理顺国有企业职工特别是下岗职工劳动关系工作。1999年，确定南宁市为理顺国有企业下岗职工劳动关系试点城市，对已离开工作岗位的放长假、长期外借、停薪留职、挂靠等各类人员及从事其他就业活动和隐性就业的离岗、下岗职工劳动关系依法进行理顺。建立和完善企业集体协商机制，规范、落实劳动标准，指导、促进企业职工参与民主决策和民主管理工作。至年底，全自治区累计有3 400家企业与职工签订集体合同，签约职工93.5万人。继续完善劳动争议调解和仲裁制度，加强劳动合同鉴证工作的监督和管理，及时处理劳动争议，全年共受理劳动争议案件675起，结案629起，结案率为93.2%。加强对突发事件隐患的监控和群体性突发事件的处理工作，促进劳动关系的和谐与职工队伍稳定。

七、劳动保障依法行政工作稳步推进

1999年，自治区劳动保障依法行政工作获劳动保障部表扬。为全面推进劳动保障依法行政工作，自治区劳动厅注意正确处理好以下关系：一是正确处理法制建设与整个劳动保障事业的关系，坚持“依法治劳，依法治保”，加强劳动保障法制建设。厅党组明确提出“两根支柱一条横梁”，即整个劳动保障工作由劳动就业和社会保障这两根支柱支撑，而劳动保障法制建设则是横跨在这两根支柱上覆盖全部劳动保障工作并对此起保障、促进、服务作用的横梁。为此，注重加强劳动保障执法机构的组织建设，做到在人力、物力、财力上到位。至年末，全自治区已建立劳动监察机构150个，配备劳动监察人员1 600人。与此同时，抓好立法。《广西壮族自治区劳动力市场管理条例》《广西壮族自治区养老保险条例》已完成起草、征求意见工作，并报自治区法制局审查。与自治区人大法制委、自治区法制局一起召开了两个条例的立法听证会，听取企业领导、劳资人员、职工、职介机构以及有关单位的意见，与会人员达100多人。二是正确处理行政执法与各项劳动保障业务工作的关系，运用执法手段，促进各项业务工作的开展。开展了加强民工有序流动、清理整顿按摩服务场所以及两个确保、社会保险扩面征缴、理顺劳动关系两次专项执法大检查，全年清理非法务工的外来民工1 871人，责令4 818人参加培训并按规定办理职业资格证书，4 940人办理流动就业证卡，11 387人补签劳动合同，督促16 422个用人单位缴纳养老保险费15 777.95万元，21 868个用人单位缴纳失业保险费5 090.8万元。全年还受理群众举报的各类劳动违法案件2 797件，立案查处2 448件，结案2 399件，结案率达97%；年审用人单位5.4万个。三是正确处理行政执法与监督行政执法的关系，严格依法规范行政执法行为。继续实行规范性文件备案审查制度，强化对抽象行政行为的监督；在全自治区范围开展了一次大规模的行政执法监督检查活动，认真开展行政处罚听证和行政复议工作，发现和纠正本系统存在的一些违法或不当的具体行政行为，维护劳动者和用人单位的合法权益。

八、企业工资收入分配的宏观调控进一步加强

自治区各级劳动保障部门紧密配合国有企业改革，积极探索新的企业工资分配机制和宏观调控办法，指导企业建立以岗位工资为主的基本工资制度，实行竞争上岗，按岗定薪，岗变薪变；继续开展国有企业经营者年薪制试点，坚持经营者收入与其承担的责任、风险和企业经营业绩相挂钩，1999年，在33户国有企业中实行了经营者年薪制试点。积极推进劳动力市场工资指导价位制度，利用劳动力市场价格信号指导企业合理进行工资分配，促进劳动力市场形成合理的价格水平，为劳动力供求

双方协商确定工资水平提供客观的市场参考依据，使劳动力价格机制与劳动力供求机制紧密结合，构建完整的劳动力市场体系。南宁、柳州、桂林市被确定为自治区试行劳动力市场工资指导价位制度试点城市，各试点城市按照国家统一规范和制度要求，结合本地实际情况，以目前劳动力市场上通用性强、流动性大的职业（工种）为样本采集对象，通过实施调查、排列分组、汇总分析、数据修正等阶段，形成各类职业（工种）工资价位，向社会公布。其中，南宁市公布价位信息22个，柳州市48个，桂林市58个。

1999年，自治区职工平均货币工资6 254元，比上年增长8.2%。其中，国有单位职工6 337元（国有企业在岗职工6 964元），增长8.8%；城镇集体单位职工4 370元，增长0.58%；其他经济类型单位职工7 571元，增长6.6%。扣除物价因素影响，全自治区职工平均工资实际增长10.8%。

九、职业培训工作力度加大

自治区在全区推行劳动预备制度、就业准入制度和职业资格证书制度。1999年，全自治区有7万人参加职业技能鉴定（考核），其中6.4万人获得相应的职业资格证书。大力开展国有企业职工岗位培训、下岗职工再就业培训、就业前培训和失业人员就业训练，全自治区412个就业训练机构组织就业训练13.88万人，结业12.79万人，比1998年增长2.2%。就业训练结业后实现就业和再就业8.75万人，就业率达68%。各级劳动保障部门就业训练中心组织开展就业训练9.94万人，比1998年增长18.9%；组织开展转业转岗培训，结业4.32万人，有3.56万名下岗职工参加转业转岗培训，结业2.81万人，有1.92万人实现再就业，培训后的再就业率为68.33%。1999年，南宁、梧州市就业训练中心被劳动保障部确定为全国重点就业训练中心，桂林市、河池地区、全州县、玉林市玉州区就业训练中心继续保持全国重点就业训练中心称号，至此全自治区已有6所全国重点就业训练中心。帮助、指导技工学校深化各项改革，较好地完成了技校招生任务，同时加强对社会力量办学机构的监督和管理，规范了办学行为。1999年，对20年来一直沿用“单独考试、单独招生”的招生办法进行改革，实行从中考生中录取新生与免试入学相结合、集中录取与分散录取相结合的招生办法。全自治区技校招生1.6万人，比1998年增加1 600人。调整技工学校布局和结构，撤销了19所办学规模小、长期不招生的技工学校。

十、劳动保障干部队伍建设有新的起色

按照自治区党委的统一部署，自治区劳动厅开展了厅领导班子、领导干部和厅内设机构处级干部“三讲”教育，各地、市劳动保障部门也集中开展了局领导班子、领导干部“三讲”教育。通过“三讲”教育，全自治区劳动保障系统职工在思想上明显提高，政治上明显进步，作风上明显转变，纪律上明显增强，提高了服务经济、服务基层和群众的水平。同时，加大了干部教育培训的力度，组织厅领导和部分地、市劳动局长参加了国家行政学院、劳动保障部共同举办的劳动保障厅（局）长第一期培训班；制定措施和办法，抓好劳动保障系统干部的学习和培训，提高全体干部的政治素质和业务素质。

1999年，自治区劳动保障工作仍面临一些困难，存在几个较为突出的问题：主要是：

1. 国有企业下岗职工基本生活保障和再就业难度加大。一是基本生活保障资金筹集仍然非常困难。一方面，调整待遇后下岗职工增多；另一方面，企业经济效益不佳，企业自筹资金难以落实到位，财政由于困难而无法给予“兜底”，社会筹集部门也极其有限。尚分别有10.48%和1.05%的下岗职工未足额领到和未领到基本生活费。二是下岗职工再就业难。主要是由于广西经济处在调整阶段，第三产业不发达，就业岗位有限，就业难的状况在近期内难以缓解。同时由于应由各级财政安排的再就

业工作经费未作安排或安排后不到位，再就业服务中心的功能未能得到真正的发挥，下岗职工的再就业培训和实现再就业工作成效还不够大。

2. 扩大社会保险覆盖范围工作难度越来越大。目前，全自治区大部分国有企业和职工已基本参加了养老保险，尚未参保的都是一些生产经营很困难的单位，其缴费能力低，历史包袱重，累计拖欠养老金数额较大，基金缺口严重，最为突出的是华侨、农垦、林业、煤炭、供销和二轻等系统。到年末为止，这些企业已累计拖欠养老金4亿多元，要纳入全自治区统筹，养老保险基金难以支撑，财政也会因支出结构调整余地不大而难以承受。个体工商户和私营企业扩面工作进展仍较为缓慢。事业单位特别是全额财政补贴的事业单位参保缴费所需资金来源渠道未落实，单位及其职工在观念上总是认为他们不存在失业问题，参保的单位还不多。

3. 基金收缴困难，缺口大，企业欠费严重。企业近几年亏损面一直保持在60%左右，企业拖欠养老保险费现象越来越严重，年内扩面新增参保单位大部分是老大难企业，缴费能力低，更加大了基金收缴难度。同时，基金缺口数额也呈增加趋势，扩面后离退休人员迅速增加，加大了基金支出，基金收支出现了赤字，特别是三季度提高养老金待遇水平后，全自治区多数地市当期收支出现赤字。

4. 不少用工单位劳动合同管理不到位，劳动关系难以理顺。合同到期的职工本应终止或解除劳动关系，但因企业生产经营困难而无力依法支付职工解除劳动关系的经济补偿金，致使相当多的下岗、离岗职工仍滞留在企业。同时，对下岗职工的隐性就业难以界定，企业领导也难以下决心，使一些应出中心的下岗职工仍然滞留在中心。

5. 医疗保险制度改革进度较慢。医改工作涉及面广、政策性强、难度较大，医改管理职能没有完全统一，经办机构及人员尚未落实，进展还比较慢。

（广西壮族自治区劳动和社会保障厅）

海 南 省

1999年，海南省劳动和社会保障部门按照党的十五大、十五届三中全会确定的跨世纪战略目标，紧紧围绕改革、发展、稳定大局和海南经济建设这个中心，以两个确保为重点，继续深化劳动保障制度改革，开拓创新，圆满完成了年初确定的工作目标，为海南经济建设和改革、发展、稳定大局作出了积极贡献。

一、国有企业下岗职工基本生活保障和再就业工作有了新起色

根据党中央、国务院的要求和劳动保障部的部署，海南省各级党委、政府坚持把此项工作摆在重要位置，继续下大力气抓紧抓好。省委、省政府把它列为1999年为民办实事的重要事项，纳入维护社会稳定领导责任制范畴，并制定了《海南省国有企业下岗职工基本生活保障和再就业若干政策规定》等促进措施，为此项工作深入开展奠定了基础。各级劳动保障部门认真执行《海南省国有企业下岗职工基本生活保障和再就业工作实施办法》，以创建、扩大再就业基地为重点，全面启动再就业工程，进一步拓宽就业渠道，全力以赴做好基本生活保障基金筹集、下岗职工转岗转业培训、职业介绍、协议签订、人事代理等工作。海南省人事劳动保障厅组织了5个工作组，由厅领导带队，进驻市县和省直大型企业督促指导，并通过每周工作报告、情况通报、重点专报等形式，及时通报、反馈全省各地工作情况，有力地推动了工作的深入开展。财政、商贸、工业、工会等部门也协同配合，积极做好基本生活资金财政预算、企业筹集和慰问下岗职工等工作，为工作的开展创造了条件。由于各级党委、政府高度重视，有关部门紧密配合、同抓共管，劳动保障部门狠抓落实，海南省国有企业下岗职工基本生活保障和再就业工作取得持续发展。全年全省国有企业下岗职工继续呈下降趋势，有34 235名下岗职工实现了分流再就业，分流再就业率为42%。在各级财政十分困难和企业经济普遍不景气的情况下，全省仍筹集11 189.94万元发放下岗职工基本生活费（其中财政安排5 318.33万元，企业自筹4 566.32万元，社会筹集1 305.29万元），领取生活费人员比例达90%以上。仅元旦、春节期间，全省就筹集资金912.31万元，对困难和下岗职工进行慰问和生活救助。此外，全省还筹集资金3 416.76万元，为下岗职工缴纳养老、失业、医疗保险费，对维护社会安定起了积极作用。

二、社会保险制度改革不断深化，社会保障能力逐步提高

1．以深化养老和加快医疗保险制度改革为重点，全面推进失业、工伤、农村养老保险制度改革，探索建立与社会主义市场经济相适应的社会保障体系。修订完善《海南经济特区城镇从业人员养老保险条例》，并经省人大通过，于1999年10月1日起实施。以经济发达的市县为突破口，全面进行医疗保险制度改革，三亚、洋浦等地医疗保险制度改革已进入实施阶段。积极探索农村养老保险基金筹集、管理、运作模式，不断完善管理制度。

2．继续下大力气做好社会保险扩面征缴

和欠费追缴工作。1999年国有企业改革进入攻坚阶段后，由于一批企业按照建立现代企业制度要求实行停产、关闭、兼并、重组等，企业拖欠社会保险费面不断扩大，欠费额增长速度较快，总额高达4亿多元，给海南省社会保障工作带来的压力进一步增大。为提高社会保障能力，确保离退休人员养老金按时足额发放，海南省人事劳动保障厅继续以扩面征缴为重点，全面清理企业欠费。一是层层落实工作责任制，定目标、定任务、定时间，限期完成。二是加强舆论监督，通过电视、报纸等大众媒体对欠费50万元以上的26家省属企业进行公开曝光，并进行跟踪报道。实行此项举措后，对社会和欠费单位震动很大。海南省水电工程总公司等部分欠费企业，在《海南日报》公开曝光后立即补缴欠费70多万元。三是依法征缴追欠，对有能力缴费而故意拖欠的“钉子户”，劳动保障部门积极争取工商、法院等部门配合，通过法律手段强制执行，决不手软。

采取上述措施后，全省社会保险费征缴额稳步上升。年内征收各项社会保险基金总额116 254.73万元，比上年增加19 249万元，增长28%。其中养老保险基金105 000万元，增长21%；医疗保险基金11 582万元，增长12%；工伤保险基金1 729万元，增长14%；失业保险基金2 998.73万元，增长28%；农村养老保险基金500万元。其中追缴企业拖欠的社会保险费1 793万元，追回挤占挪用的基金957万元，其中省本级追回35万元。社会保险覆盖面不断扩大，全省参加养老、医疗、工伤、失业保险人员分别比上年增长0.81%、1.06%、13%和18%。社会保险基金支付能力、共济能力明显提高。年内各项基金支出117 028万元，增长16%，其中养老金支出105 082万元，增长20%，确保了全省29.4万名离退休人员养老金基本上按时足额发放；工伤保险金支出671万元，增长27%；失业保险金支出2 190万元。通过扩面征缴，在确保离退休人员养老金按时足额发放的同时，各地还筹集资金2 405.65万元，调整提高和兑现126 574名离退休人员养老金。此外，还通过基金调剂制度，补发历年拖欠的养老金2 152万元，涉及离退休人员15 520人，切实维护了社会安定。

3. 加强领导，规范管理，积极稳妥推进农村养老保险事业。积极配合有关部门理顺机构改革期间基层农村社会养老保险机构、人员和工作关系，做到机构不散，工作不中断，国有资产不流失。全面开展农保资金征收、管理、使用、运营等情况检查、监管，进一步完善管理和监督制度。全力做好扩面征缴工作。全省投保的农民达1.25万，投保金额500万元。文昌、临高等市县超额完成了全年投保任务。

三、依法规范劳动力市场，切实维护特区劳动力市场秩序

1. 依照海南省就业管理、职业介绍规定，全面开展劳动力市场清理整顿。对20多家职介所进行规范，取缔了一批非法职介机构。继续加强人才、民工流动就业管理，审核、办理特区就业证、外出就业登记卡5万多张。重点对建筑等用工单位进行监控，遣返民工5 000多人，促进了民工有序流动，有效地避免了民工潮。

2. 加强劳动力市场“三化”建设，全面盘活各级人才劳动力市场，竭尽全力为求职者和用人单位提供供求信息、招聘、职业介绍、技能培训、人事代理等一系列服务。全省各级劳动力市场通过“三化”建设，进一步激活了市场机制，在坚持天天开市，确保市场正常运转的情况下，还举办30次大型人才劳动力交流会、15次下岗职工专场招聘会，为3 046家用人单位办理招工广告业务和提供现场招聘服务，参加交流会和专场招聘会的求职人员达14.4万人次，有18%的求职应聘人员通过双向选择实现了就业和再就业。同时通过人事代理，为1 577名流动人员办理档案托管（其中新增托管470人），108人办理转正定级和调整工资。切实消除了流动求职人员的后顾之忧。

四、加强工资调控管理，全面提高三条社会保障线水平

积极推进企业内部分配制度改革，引导企业建立完善限制过高收入，保障最低收入，促进工资适度增长的工资监督调控体系。制定实施《海南省企业工资指导线制度试行办法》《海南省1999年度企业工资增长指导线意见》和1999年企业最低工资标准（一类地区350元，二类地区300元，三类地区250元）。通过宏观调控和政策指导，帮助企业合理确定工资水平和增长幅度，调节不同行业之间的分配平衡，保障了劳动者最低收入。为探索建立劳动力市场工资指导价位制度和企业工人成本预警预测体系，还认真总结了海口市劳动力市场工资指导价位试点经验，经反复论证，确定了73个通用性、可比性较强的职位的劳动力指导价位，为合理确定劳动者工资提供了依据。为保障企业离休人员生活，还根据国务院的有关规定，制定企业离休人员工资调整办法并相应调整了3 851名企业离休人员工资标准，人均月增资额400元左右。党和政府关于离休人员生活待遇从优的政策得到了充分体现。

五、完善职业培训体系，多渠道、多形式进行职业培训

根据海南省经济、产业结构特点和劳动力需求，继续加快和深化职业培训体制改革。一是以市场为导向，进一步扩大技工学校办学规模和提高办学层次。指导各技校调整增设与市场需求紧密的实用型、复合型专业，与天津职业技术学院等高等学院联合举办“3+2”大专班、“双证班”。由于办学规模扩大、办学层次提高、专业实用，1999年报考技校人数高达3 491人，比上年提高了17%。二是规范培训市场，加强调控指导，支持鼓励社会办学，坚决打击“违规操作”。依照《海南省社会力量办学机构评估方案》，全面开展培训机构调查摸底和组织评估工作，取缔一批违法培训机构，批准设立职业技能鉴定所（站）10家，进一步净化了职业培训秩序。三是统一考试、考核标准和办法，于全国率先实施社会化、一体化的职业技能鉴定管理模式。新的鉴定机制运行后，已对78个工种8 150名学员和从业人员进行职业技能鉴定，有5 163人取得了职业资格证书，其中技校毕业生中级技能合格率达68%。四是大力推行劳动预备和职业资格证书制度。目前海南省已在美容、美发、按摩三个职业试行职业资格就业准入制度。

六、加强法制建设，不断完善劳动保障法制体系

1. 认真做好立法工作，进一步完善人事劳动保障法制体系。以完善社会保险条例为核心，修订完善养老、医疗、失业保险条例及实施细则，其中《海南经济特区城镇从业人员医疗保险条例》已颁布实施。积极配合有关部门做好《海南省行政执法责任制实施办法》等80多个规范性文件的论证和法核工作，立法质量有所提高。

2. 加强法制教育，促进依法行政。继续深入开展人事劳动保障系统“三五”普法教育活动，重点对基层领导干部、执法人员、企业劳动管理人员进行法律法规培训学习和法制教育。人事劳动保障系统普法覆盖面已提高到98%以上。积极组织省人事劳动保障厅机关及直属单位干部职工参加全省普法教育学习，有250人参加了统一考试，并取得优异成绩。深入开展普法教育，大大提高了广大人事劳动保障工作者的行政水平和执法能力，执法质量和执法效果也明显提高。年内，通过对9 250家用人单位进行劳动监察年审、专项重点检查，促使1 485家用人单位为16万多名从业人员补缴社会保险费1 262.8万元；补发拖欠的工资134.12万元；责令446家违反劳动法规规章单位整改；指导、监督用人单位签订劳动合同32 516份，集体合同13份，并依法进行鉴证。受理、审议行政案件10多件，裁决8件，其中深圳发展银行海口分行谢文俊巨额款赔偿案、海南发展银行分流人员劳动关系争议案等都得到妥善处理或找到积极的解决办法。依法行政和强化执法力度，促进了劳动关系的和谐发展。全年没有发生因下岗职工生活困难而引发的突发事件，劳动争议案件发生率明显降低，切实维护了社会安定。

七、基础工作进一步加强

认真搞好调查研究和信息统计分析，为省委、省政府决策提供依据。针对劳动保障工作的热点和难点问题，重点开展了国有企业下岗职工基本生活保障和再就业、社会保障等专项调查研究，结合全省劳动工资、社会保障等统计数据，对海南省劳动力计划、人工成本、就业与失业等情况进行重点分析测算，向省委、省政府提交了《海南国有企业职工下岗情况与分流出路》等16个专题调研报告和统计预测分析。加强调查研究和统计预测分析，为省委、省政府制定下岗职工再就业方案、工资调整政策，统筹调拨养老金、基本生活保障基金等提供了有力依据。此外，还通过印发《人事劳动保障信息》《下岗职工再就业信息》《督办通报》等，进一步沟通情况、促进经验交流和各项工作落实。为提高调研质量和信息统计分析时效，继续加快信息系统和办公自动化建设，研制开发了海南省国有企业下岗职工、技工学校等信息管理软件；加快“政府上网工程”步伐，实现了与劳动和社会保障部远程联网和部分省市劳动保障部门的信息交换。

1999年，海南省劳动保障工作已取得较大成绩，但仍存在不少问题。突出表现：一是养老保险基金收不抵支矛盾越来越严重，参保单位拖欠社会保险费面越来越大，总额高达19 980万元；行业统筹单位社保基金尚有3 074万元未到位；全省有2/3的市县社保基金连年收不抵支；养老基金年年赤字，1999年高达10 250万元（财政已补6 498万元）。二是农垦系统抚养比高，工资基数低，基金缺口大，难以纳入地方社会统筹。三是养老保险、失业保险、医疗保险由于地方法规修改方面的问题，未能实现与国家统一制度的完全并轨。四是由于企业筹集部分难以落实，而部分市县财政困难不能兜底，导致仍有部分下岗职工未能按时足额领到生活费。

（海南省人事劳动保障厅）

重 庆 市

1999 年，重庆市各级劳动和社会保障部门紧紧围绕改革、发展、稳定的大局，面对巩固两个确保、社会保险扩面征缴、医疗保险制度改革和提高三条保障线水平等繁重而艰巨的任务，按照党中央、国务院的统一部署，克服困难，艰苦奋战，开拓进取，真抓实干，做了大量卓有成效的工作。

一、两个确保得到进一步巩固

重庆市两个确保工作在 1998 年取得阶段性成果的基础上，1999 年得到进一步的加强。据统计：1999 年重庆市国有企业下岗职工总人数为 23.71 万人，1999 年 12 月底下岗职工为 13.52 万人，下岗职工得到了基本生活保障。在确保离退休人员养老金发放方面，73.29 万离退休人员按时足额领到了基本养老金，保证了广大离退休人员的基本生活；同时，重庆市共补发历史拖欠的养老金10 389.4 万元，企业离退休人员养老金拖欠问题得到缓解。全市养老金社会化发放人数已达 60.01 万人，占全市离退休人员总数的 81.88%，超额完成了重庆市人民政府下达的 60% 的目标任务。

二、就业和再就业工作进一步加强

重庆市各级劳动保障部门采取有效措施，拓宽就业渠道，广开就业门路，普遍把促进就业作为社会经济发展的重要工作来抓，在做好新增劳动力就业工作的同时，十分重视下岗职工再就业工作。再就业工作围绕国有企业改革脱困，适时加快了下岗职工进中心速度，以促进下岗职工再就业为工作重点，实施“企业促进，社会吸纳”下岗职工再就业双向推动计划收到良好效果。通过试点启动的再就业工程与国企改革发展相结合，与建立新的劳动用工机制相结合，与健全社会保障体系相结合工作达到了预期目标。在就业岗位不足，就业压力很大的情况下，1999 年帮助指导下岗职工 11.82 万人实现再就业，帮助指导城镇失业人员 8.89 万人就业，城镇登记失业率为 3.5%。组织 6.96 万名下岗职工参加再就业培训。开展了劳动力市场“三化”建设的试点工作，劳动力市场信息网络二期工程建设如期完成，新增 11 个联网单位，使联网规模达到 21 个区县(市)；建成开通了“重庆市劳动力市场国际互联网站”，建立了 5 个互联网查询点。劳服企业完成社会总产值 34.62 亿元，实现利税 2.26 亿元。

三、按时完成提高社会保障线水平的工作

中央 12 号文件下发后，重庆市各级劳动保障部门全面贯彻中央 12 号文件精神，倒计时安排工作，全力以赴，按时完成了提高国有企业下岗职工基本生活费、失业保险金和企业离退休人员养老金水平工作。全市 12.16 万名国有企业下岗职工、3.25 万名享受失业保险待遇的失业人员和 72.83 万名企业离退休人员的收入得到不同程度的提高，使党中央、国务院关于提高城镇中低收入居民收入的政策措施得到较好的落实。

四、社会保险扩面征缴工作取得新的进展

1999 年，重庆市以贯彻国务院《社会保

险费征缴暂行条例》和《失业保险条例》为契机，加大宣传力度，做了大量艰苦细致的工作，养老、失业保险扩面征缴工作取得新的进展。据统计，1999年底参加基本养老保险的企业职工人数比上年同期增加9.55万人，参加失业保险职工人数比上年同期增加37.89万人。1999年养老保险费征收25.19亿元，比上年同期增加4.63亿元，失业保险费征收1.94亿元，比上年同期增加7 300万元。

五、医疗保险制度改革稳步推进

按照国务院关于城镇职工基本医疗保险制度改革的要求，1999年7月28日，重庆市召开电视电话工作会议，部署全市医改工作。在各级党委、政府的领导下，各区县（市）都相应成立了医疗保险改革领导小组，各级劳动保障部门在有关部门配合下，加大宣传力度，组织开展培训，进行调研测算，积极稳妥地组织实施。重庆市出台了《重庆市建立城镇职工基本医疗保险制度总体规划》以及定点医疗机构管理等4个配套文件。并根据重庆市近郊6区的情况，起草了《重庆市城镇职工基本医疗保险市级统筹暂行办法》。全市有28个统筹地区已制定出了医疗保险改革实施方案。

六、突出两个确保，全面推进各项劳动事业发展

（一）政策法规工作

地方劳动立法步伐加快，1999年《重庆市劳动监察规定》《重庆市劳动争议处理实施办法》两个政府规章相继出台，并加大对两个规章的宣传力度，配合《行政复议法》的贯彻，强化执法监督，全年共办理22件行政复议案件，结案率为82%。

（二）劳动监察工作

劳动监察工作紧紧围绕巩固两个确保和扩面提率这一中心工作，以贯彻国务院“两个条例”和《重庆市劳动监察规定》为主要内容，在全市范围内集中进行了社会保险费扩面征缴执法大检查，特别是对外资、私营企业进行了重点检查。共检查了10 544个用人单位，涉及职工160余万人次，督促办理社会保险登记单位8 000余户，依法申报单位5 500余户，督促缴纳基本养老和失业保险费共9 400余万元，有力地促进了扩面提率工作的开展。各级劳动监察机构高度重视群众举报投诉案件的受理和查处，1999年全年共接受群众举报2 066件，立案1 061件，结案1 014件，结案率保持在95%以上。

（三）劳动争议处理工作

劳动争议处理工作把确保社会稳定放在突出位置，继续按照“重在源头，重在预防，重在调解，重在基层”的原则，指导企业充分发挥劳动争议调解委员会的作用，并把仲裁机构向乡镇、街道延伸，在近郊区县推行仲裁派出机构制度。全年共鉴证劳动合同105 317份，纠正违法无效合同15 039份，督促15 452人补缴“两金”。共处理劳动争议案件11 684件，其中立案处理6 160件，涉及劳动者1.62万人，已结案5 687件，立案处理的案件结案率为92.3%。

（四）劳动关系调整工作

劳动关系调整工作紧紧围绕国企改革，开展对下岗（分流）职工劳动关系专题研究，制定了加强劳动合同管理，理顺劳动关系的工作方案并组织实施，在广泛征求意见的基础上，形成了《关于处理国有企业职工劳动关系若干问题的意见》。并与有关部门共同商定建立重庆市劳动关系三方协调机构和工作制度，指导企业实行平等协商，开展签订集体合同工作。参与了重庆市军队、武警部队和政法机关共216户撤销、移交企业职工的安置工作。

（五）劳动工资工作

企业工资分配工作根据全市经济状况、经济体制改革和国有企业改革的实际，在分配上仍然实行效益决定工资的增长机制，继续实行工资与效益挂钩的宏观调控形式。结合劳动就业工作，按季公布劳动力市场工资指导价位，并根据劳动和社会保障部职业分类进行了规范。为查处工资分配中的违纪行为，还在全市

开展了工资内外收入监督检查。

（六）职业培训工作

职业培训工作紧扣市场需求，进一步明确职业培训为就业和再就业服务的指导思想，开展了全市职业资格证书和劳动预备制的宣传教育活动。深化技校改革，优化全市技校布局结构，增强了技校在新形势下的适应能力，拓宽了发展空间。1999年重庆市共招收技校新生9 490名，推荐、分配安置技校毕业生8 480名。基本理顺了职业技能鉴定的管理体制，现重庆市已建立职业技能鉴定站（所）123所，4.5万人参加了职业技能鉴定，并取得了相应等级的职业资格证书。按劳动和社会保障部的部署，1999年鉴定和评审高级技师187人，技师1 683人。

（七）机构职能划转工作

根据中编办《关于省级政府劳动和社会保障以及药品的监督管理机构有关问题的通知》（中编办〔1998〕8号）精神和市编委机构职能划转实施方案，于1999年6月底前，顺利完成了重庆市卫生局承担的公费医疗管理以及社会医疗保险制度改革与实施职能、重庆市人事局承担的国家机关、事业单位人员社会保险和乡镇聘用制干部养老保险职能、重庆市民政局承担的农村社会养老保险职能移交划转工作。

继续坚持把行政效能监察工作与劳动体制改革和劳动业务工作的开展有机结合起来，结合贯彻《重庆市人民政府关于进一步规范政务管理改善投资环境的决定》及6个配套文件精神，进一步深化效能监察，转变机关作风，改善服务质量，提高行政效率，推动劳动体制改革和劳动事业发展，为推动重庆市改善投资环境发挥作用。

抓好党风廉政建设，端正党风，勤政为民，在重庆市劳动和社会保障系统开展了创建“三优”文明窗口活动，进一步加强了重庆市劳动和社会保障系统的精神文明建设，推动劳动和社会保障事业健康发展。加大反腐败力度，严肃查处党风违纪案件。

1999年工作虽然取得了较好的成绩，但随着国有企业改革的不断深入，破产、兼并力度加大，劳动保障工作的矛盾和问题也进一步暴露出来，再就业难度加大，养老保险基金当期收不抵支，总量严重不足，支付压力进一步加大，扩大覆盖面、提高征缴率和实行市级统筹等工作困难和问题较多，医疗保险工作还存在不少的困难。

（重庆市劳动和社会保障局）

四　川　省

1999年，四川省各级劳动保障部门在各级党委、政府的正确领导下，全面贯彻落实中央国有企业下岗职工基本生活保障和再就业工作会议精神，克服困难，埋头苦干，在确保国有企业下岗职工基本生活和企业离退休人员养老金按时足额发放的同时，大力促进下岗职工再就业，取得了显著成绩，各项劳动保障事业在挑战和机遇中取得了新的进步和发展，为加快市场就业机制的建立和完善社会保障体系打下了基础。

一、工作概况

（一）劳动就业

1999年，四川省在岗职工人数为547.2万人，比1998年末减少25.7万人，其中，国有单位在岗职工394.3万人，减少15.6万人；城镇集体单位在岗职工80.7万人，减少11.2万人；其他各种经济类型单位在岗职工72.2万人，增加1.1万人。

国有企业下岗职工再就业工作成绩显著。1999年，四川省共有62.8万名国有企业下岗职工需要再就业（其中：当年新增33.9万人），再就业工作任务重、压力大。在省委、省政府的高度重视和正确领导下，通过制定和落实促进再就业的各项政策措施，规范下岗职工管理，开发新的就业岗位和强化各项就业服务，全年共有33.3万名国有企业下岗职工通过多种渠道实现了再就业，再就业率达到53.1%。1999年，四川省共有50.4万名国有企业下岗职工参加再就业工程，较好地完成了省委、省政府确定的再就业工作目标任务。到年末，四川省尚有国有企业下岗职工29.5万人，其中签订了基本生活保障和再就业协议的有29.1万人。

城镇就业工作成绩可喜。1999年，四川省共有城镇登记失业人员49.3万人，其中当年新增19.1万人，比1998年减少3.6万人。尽管就业形势十分严峻，但仍有18.3万名城镇失业人员通过多渠道、多形式实现了就业，其中到国有企业就业的2.7万人，占就业人数的14.7%；到城镇集体企业的3.4万人，占18.6%；到其他企业（含城镇私营企业）的5.1万人，占27.9%；从事个体经济的5.7万人，占31.2%；还有1.4万人通过其他渠道实现了就业。城镇私营企业和个体经济组织在缓解四川省城镇就业压力，稳定就业局势上作出了重要贡献。到1999年末，四川省尚有城镇登记失业人员29.6万人，城镇登记失业率为3.7%。

职业介绍工作取得新的进展。1999年，四川省各地继续认真抓好劳动保障部门所属的职业介绍中心建设，一批具有一定规模的职业介绍中心相继投入使用，职业介绍计算机信息网络建设有了进一步的发展。四川省县以上劳动保障部门所属的职业介绍中心272个，劳动保障部门所属的职业介绍中心共办理求职登记31万人次，介绍成功21万人次，成功率为68%。同时，还为22.2万人次的下岗职工和失业人员提供了职业指导服务。

开发农村劳动力，促进民工有序流动。1999年末，四川省共有农村劳动力3 834万人，其中实现省内、本地内部转移的1 350万人，占农村劳动力总数的35.2%；跨省区流动就业的420万人，占农村劳动力总数的11.0%。为确保农村劳动力的有序流动，四川省建立的乡镇劳动服务站已达2 128个，有1 056个乡镇劳动服务站为民工提供提前登记、组织购票服务。四川省各级就业服务机构在车站、码头设立了169个服务站，有2 500多人为民工服务，圆满完成了1999年春运民工疏导任务。

1999年，四川省劳服企业、社区就业实体和生产自救基地加快了发展步伐，经济效益和社会效益不断提高。1999年末，四川省劳服企业、社区就业实体和生产自救基地达8 175户，从业人员23.5万人；实现产值60亿元，比1998年增长1.3%；实现税利4.1亿元，比1998年减少1.4%；资产总额达68.8亿元；全年安置失业人员和下岗职工3.7万人。

（二）工资分配

职工工资水平稳步提高。1999年，四川省在岗职工工资总额达398.6亿元，比1998年增长5.3%。四川省在岗职工平均工资为7 249元，比1998年增加672元，增长10.2%，扣除物价因素，实际增长12.3%。其中：国有单位在岗职工平均工资7 771元，增长10.3%；城镇集体单位在岗职工平均工资4 927元，增长6.2%；企业单位在岗职工平均工资6 992元，增长10.0%；事业单位在岗职工平均工资7 325元，增长14.5%；机关单位在岗职工平均工资8 031元，增长14.0%。1999年，四川省国有企业在岗职工平均工资7 913元，比1998年增长7.5%，其中：中央企业10 816元，增长4.9%；省属企业8 564元，增长5.0%；市、地、州属企业6 430元，增长6.1%；县及县以下属企业5 070元，增长10.7%。

企业工资管理工作进一步加强。1999年，四川省围绕建立现代企业制度，加大了企业工资制度改革的力度，进一步扩大了工资指导线试点范围，试点地区由8个扩大到12个。继续积极稳妥地开展了年薪制试点和企业工资集体协商的研究和试点。在国有企业工资总量调控中，进一步引入并强化了根据地区工资指导线水平、社会平均工资和行业平均工资水平调控企业工资总量的机制。切实实施了最低工资保障制度，研究制定了四川省1999年职工最低工资标准，分别为160元、180元、200元、220元。继续加强了对重点企业工资内外收入进行行政检查的力度。此外，成都市还开展了建立劳动力市场工资指导价位制度的试点。

（三）社会保障

国有企业下岗职工基本生活得到了保障。1999年，各级党委和政府高度重视国有企业下岗职工基本生活保障工作，按照“三三制”和分级负责原则，加大资金筹集力度，规范了资金管理。较好地落实了下岗职工基本生活保障的政策措施，全年为国有企业下岗职工发放基本生活费和代缴各种社会保险费共计7.6亿元，为深化企业改革，维护社会稳定作出了重要贡献。

截至1999年底，四川省离休、退休、退职人员（不包括由民政部门支付离退休费用的人员）总数为193.5万人，比1998年底增加3.9万人，离休、退休、退职人员人数与在职职工人数的比例为1:3。离休、退休、退职人员福利费用总额为123.9亿元，比1998年增长16.4%，其中离休金、退休金、退职人员生活费总额为102.8亿元，比1998年增长17.4%。

1999年，四川省基本养老保险覆盖面进一步扩大。截至1999年底，四川省参加基本养老保险地方统筹职工达320.8万人，离退休人员124.7万人，参保职工人数比1998年底净增22.1万人，增幅达7.4%，全年地方统筹部分共计支付养老金55.2亿元（其中补发2.8亿元），支付率达99.6%。

基本养老保险个人账户建立工作得到进一步完善。1999年，四川省地方统筹部分建账人数为321.8万人，其中在职职工建账达253.2万人，下岗职工16.7万人，二者占参统职工总数的84.1%。建立个人账户的离退休人员39.1万人。拖欠企业离退休人员养老金的情况得到遏制，全年基本实现了按时足额发放。到1999年底，四川省已基本实现养老金全额缴拨，地方统筹部分社会化发放养老金的人数达71.7万人，比1998年增加19.9万人，社会化发放比例达到57.5%。

农村社会养老保险工作稳步发展。1999年，四川省共有20个市（地、州）、113个县（市、区）开展了农村社会养老保险工作，有358万人参加了养老保险；有5.4万人领取了养老金，全年发放养老金259.9万元。

失业保险覆盖面继续扩大。1999年，四川省参加失业保险的人数达到461.9万人，比1998年增长25%；失业保险基金征缴率达95%以上，全年共筹集失业保险基金4.7亿元。全年享受失业保险待遇的失业人员共6.2万人，发放失业保险金等8 700万元。全年共划拨失业保险金2.2亿元用于解决国有企业下岗职工基本生活费。

医疗保险制度改革取得新的突破。截至1999年底，四川省有104个县（市）开展了大病医疗费用社会统筹，参统在职职工106.6万人，离退休人员37.9万人。全年支付大病医疗保险费1.6亿元，比1998年增长8.2%。医疗保险统账管理改革试点稳步开展，到1999年底，四川省共有32个市县40.7万名职工和12.7万名离退休人员实行了医疗保险统账管理办法，分别比1998年底增加17.7万人和5.9万人。统账医疗保险支付门（急）诊、住院费用1.6亿元，比1998年增长75.8%。

工伤、生育保险稳步发展。1999年，四川省有166个县（市）开展了工伤保险，参保人数225.3万人，比1998年减少15.4万人。全年有5 044名伤残职工和435名因工死亡职工获得补偿，另有315名职工享受职业病待遇。全省开展生育保险的县（市）数达到122个，参保职工191.9万人，比1998年减少2.2万人，全年共有17 187名职工享受生育保险待遇。

（四）劳动关系与监察

劳动关系调整制度进一步完善，实施劳动合同制度取得新的成效。截至1999年底，四川省企业实行劳动合同制的职工为518.9万人，其中城镇企业劳动合同制职工443.4万人，占城镇企业职工的97.0%。乡村集体企业、私营企业和个体工商户签订劳动合同的人数继续增加，已签订劳动合同的从业人员分别达到75.5万人、21.5万人和31.5万人。集体协商和签订集体合同工作取得新的进展，年末签订集体合同的企业达7 961户，比1998年增长10.1%。各级劳动保障部门进一步加强劳动合同管理，做好劳动合同鉴证工作，预防和减少劳动争议的发生。1999年，全省各级劳动争议处理机构鉴证劳动合同20万份，其中纠正违法无效合同7 637份，督促补签劳动合同43 861份，制止非法招用童工144人，督促用人单位为16万名职工补缴养老保险费和失业保险费。

劳动监察力度进一步加大。各级劳动保障部门在开展劳动用工年检、日常巡视检查、举报专查的同时，围绕劳动和社会保障的中心工作强化了专项执法活动。开展了“社会保险扩面征缴和两个确保执法检查”“民工有序流动监察执法”和“打击非法职业中介组织，查处职介违法行为”等专项执法监察活动。进一步宣传了劳动法律、法规和政策，纠正和制止了部分用人单位和职业中介组织的违法行为。全年查处劳动违法案件7 343件，结案7 315件，结案率达99.6%，较好地维护了用人单位和劳动者的合法权益。

（五）劳动争议处理

劳动争议处理工作进一步加强。截至1999年底，四川省劳动争议仲裁委员会已达199个，组建率达99.5%。全省用人单位建立劳动争议调解委员会已达14 020个，组建率为93.3%，其中国有企业组建率近100%，集体企业组建率为70%。

劳动争议仲裁三方机制进一步得到完善。1999年，四川省共处理劳动争议案件3 490件，其中集体争议案件176件，结案率达95%。促进了劳动关系的和谐以及社会的稳定。

劳动仲裁员、调解员队伍不断壮大。截至1999年底，四川省仲裁员已达1 011人，其中专职349人，兼职662人；用人单位专职调解员达12 865人，兼职调解员达23 674人。

继续推进劳动争议处理体制向乡镇延伸，一些有条件的地区已实行了仲裁派出庭制度。截至1999年底，四川省已建立乡镇（街道）劳动争议处理机构约200个。

（六）职业培训

1999年，四川省开展了省级重点、国家级重点技工学校评估和复评工作。到年底，四川省有各类技工学校264所，其中国家级重点技工学校15所，省部级重点技工学校48所，高级技工学校2所，在校学生52 256人，当年招收新生22 475人，毕业学生29 355人。

继续推行国家职业资格证书制度，不断提高职业技能鉴定质量。到1999年底，四川省有国家职业技能鉴定所（站）467个，全年组织25.5万人参加了职业技能鉴定，其中22.8万多人取得了职业资格证书。

继续组织开展了四川省十大杰出技术能手的评选推荐工作。10人被评为“四川省十大杰出技术能手”。

就业训练工作进一步发展。四川省各级就业训练中心培训各类人员10.7万人次，为提高劳动者技能，促进就业发挥了积极的作用。再就业培训工作进一步加强，全省共组织16.3万名下岗职工、失业人员参加转业转岗培训，培训后再就业率达到68.6%。

（七）安全生产

1999年，四川省共发生各类伤亡事故24 113件，比1998年上升7.0%；死亡5 245人，下降1.6%；受伤15 089人，上升10.1%；直接经济损失18 065.5万元，上升29.8%。

（八）劳动法制建设

劳动保障立法工作继续加强。为保证四川省劳动和社会保障事业的顺利发展，1999年，省人大制定颁布了《四川省外商投资企业劳动管理条例》。省里相继出台了《四川省人民政府关于贯彻实施〈社会保险费征缴暂行条例〉的通知》（川府发〔1999〕19号）、《四川省贯彻〈国务院关于建立城镇职工基本医疗保险制度的决定〉的意见》（川府发〔1999〕30号）、《四川省人民政府关于贯彻〈失业保险条例〉有关问题的通知》（川府发〔1999〕32号）等11个规范性文件。

行政执法监督逐步完善，依法行政工作取得新的进展。1999年，四川省先后制定了《四川省劳动保障行政执法有关程序和制度》（试行）、《劳动保障监察文书》（式样）及《四川省劳动保障行政部门规范性文件制定和备案暂行规定》，促进了四川省劳动保障依法行政工作的制度化和规范化。四川省各级劳动保障部门普遍按要求建立了行政执法责任制，完善了有关制度，并初步落实了法制工作机构和人员。在四川省劳动保障部门执法责任制先进单位评选活动中，成都、广安、攀枝花、达州、遂宁、绵阳、宜宾等7个地市劳动保障部门被评为先进单位。各地劳动保障部门依法行政意识不断增强，劳动保障监察执法力度在较为困难的条件下逐步加大，较好地维护了劳动关系双方的合法权益。

劳动保障普法宣传逐步走向深入。1999年，通过对劳动保障各项制度的宣传，全社会劳动保障法制观念日趋强化，为劳动保障各项制度改革的实施打下了基础。

科研和调研工作得到进一步加强并取得了明显成效。1999年，四川省劳动保障厅完成了《控制我省城镇失业率对策研究》《建立健全劳动保障体系研究》《“十五”期间劳动就业和社会保障研究》《民营企业劳动管理与劳动者权益保护问题研究》等4个科研课题及《企业工资集体协商谈判课题研究》《医疗保险统筹基金结算办法调查报告》等5个重点调研课题。在四川省劳动保障系统优秀调研成果评选活动中，四川省共有17个地区、39篇材料参评，评出一等奖4篇、二等奖8篇、三等奖17篇。

二、主要工作经验

(一) 只有正确处理局部与全局的关系，才能保持正确的工作方向

新时期劳动保障工作，关系改革、发展、稳定的大局，只有正确处理局部与全局的关系，做到全局在胸、高屋建瓴，才能保证工作方向明确、路子对头，才能在大局中有所作为。为此，四川省各级劳动保障部门进一步强化大局观念，坚持一切从大局出发，紧紧围绕党、国家和省委、省政府的中心工作，从社会变革的大环境和改革、发展、稳定的大局中审视四川省劳动保障工作的现状，认清国家和社会发展对劳动保障的需求，选择劳动保障事业的发展道路，谋划和统筹安排各项劳动保障工作，收到了明显成效。为了促进四川省国有企业的深化改革和社会稳定，四川省继续把国有企业下岗职工基本生活保障和再就业工作作为一件头等大事来抓。四川省省长与各地政府主要领导签订了目标责任书，并将“全省国有企业下岗职工再就业率达 50%”作为四川省委、四川省政府为全川人民办的 10 件实事之一。为贯彻落实中央 12 号文件，四川省劳动厅全力以赴，迅速行动，在财政、银行等部门的密切配合下，按日调度，加班加点，夜以继日地忘我工作，狠抓了各项工作落实，按时完成了党中央、国务院和省委、省政府赋予的任务，及时把党和政府的关怀送到了每一位下岗职工、离退休人员和失业人员手中，受到了四川省委、四川省政府领导的充分肯定。在安全工作职能和上下关系尚未完全理顺的情况下，四川省劳动厅坚持以大局为重、以党的事业为重，一如既往地狠抓了劳动安全生产法规、条例和安全生产责任制的落实，加大了执法监督和重特大事故的查处力度，有效地扼制了各类重特大事故的发生，为促进四川省经济发展和社会稳定发挥了重要作用。

(二) 只有正确处理重点与一般的关系，才能把握工作的主动权

突出重点，抓好重点，以重点工作带动全面工作的落实，是新时期劳动保障工作的内在要求，也是一种行之有效的工作方法。1999 年，为确保“两保”、再就业和社会保险扩面、征缴、清欠等重点工作全面落实，四川省劳动厅坚持高标准、严要求和点面结合、以点带面，切实加强督察督办和分类指导，及时发现和研究解决新情况、新问题，推进了年度工作任务的全面完成。四川省 1999 年开展了以贯彻落实国务院颁布的两个《条例》为契机，精心组织开展了以社会保险扩面、征缴、清欠为主要目标的攻坚战和以社会保险费征缴为主题的行政执法大检查活动。一是抓重点地区。分赴各地对“两保”和再就业工作的落实情况进行重点督促检查。四川省代省长张中伟亲自召集 11 个协议签订率较低的市、地、州主管领导召开了专题会议，同时将此情况及时通报各地，提出明确要求，使四川省国有企业下岗职工的协议签订率得到了大幅度提高，从 1998 年 6 月份起一直保持在 98% 左右。二是抓重点单位。为全面完成社会保险扩面、征缴任务，四川省劳动厅要求各地把新参保单位和欠费大户作为工作重点，坚持一抓到底，不见成效不松手。攀钢、19 冶不仅缴清了当期费用，而且还补缴了历年的欠费11 974万元；德阳东方电机厂补缴了3 672万元。此外，四川省劳动厅还组织社会保险费征缴执法组进行执法检查。通过社会保险执法，四川省共追缴养老保险费65 272.53万元、失业保险费8 071.08万元，同时对 707 个有能力缴费而不缴的单位作出了行政处罚决定，对 62 个单位的责任人实施了行政处罚。通过这些活动，进一步提高了用人单位和劳动者参加社会保险的意识，得到了社会各界的广泛支持，有效地保护了劳动者和用人单位的合法权益。

(三) 只有正确处理继承与创新的关系，才能开创劳动保障工作新局面

经过四川省劳动保障战线广大职工几十年的大胆探索和实践，取得了可喜的成就，积累了丰富的工作经验和方法，形成了一套较完整的工作方针、原则和制度，这是宝贵财富，应

当继承下来。但是，现正处在一个伟大的变革时代，如果因循守旧、求稳怕变、不思进取，就会停止不前，也就难以紧跟时代前进的步伐，难以开创工作的新局面。所以，必须进一步解放思想、更新观念，坚持把继承与创新紧密地结合起来，在继承中求发展，在继承中求创新，才能完成历史赋予的责任。

（四川省劳动和社会保障厅）

贵 州 省

一、劳动保障工作概况

1999年，贵州省劳动保障工作在中央和贵州省委、省政府及劳动和社会保障部的高度重视和领导下，在全省地方各级党委、政府的坚强领导和有关部门的密切配合下，各级劳动保障部门自觉服从、服务于改革发展稳定的大局，从讲政治的高度，坚决贯彻执行中央的方针政策和重大决策，紧紧围绕国有企业改革和保持社会稳定，继续以“巩固两个确保”“社会保险扩面征缴”和“医疗保险制度改革”为中心，全面加强劳动保障法制建设、劳动就业和培训、劳动关系和监察管理、劳动争议仲裁、企业工资管理、安全生产管理等工作，积极推进工伤保险、生育保险、农村社会养老保险、社会保险基金管理监督、统计和信息等项工作，有力地推动了贵州省劳动保障事业的全面发展。1999年，在两个确保难度不断加大、工作任务繁重的情况下，全省劳动保障系统、包括在各部门、各企业从事劳动保障工作的同志们，从讲政治的高度，任劳任怨，艰苦奋斗，作出了一定的成绩。但在当前和今后一段时期内，贵州省劳动保障工作面临的形势是严峻的。一是随着国有经济布局和结构将进行重大调整，企业破产、兼并、重组的力度进一步加大，劳动力结构调整的力度必然随之加大，下岗职工、失业人员将持续增加，全省城镇需就业再就业总量近50万人，城镇登记失业率上升到4.1%，调查失业率将在1998年5.62%的基础上大幅度上升，就业岗位明显不足，促进就业和再就业的任务十分艰巨。二是还有少数下岗职工的基本生活没有得到保障，省委、省政府关于促进下岗职工再就业的9条优惠政策未完全落实。三是要继续巩固两个确保，全省存在很大的资金缺口。地方企业下岗职工基本生活保障资金缺口预计为1.2亿元；养老保险基金收支缺口达8.1亿元，其中地方企业缺口2.3亿元。四是工作难度加大，当前所面临的工作，相当部分是难啃的“硬骨头”。如：养老保险扩面，国有企业和生产经营基本正常的集体企业已经参保，目前面临扩面的对象多数是困难企业，存在十分棘手的问题；企业实施破产后职工的妥善安置问题需要认认真真研究；下岗职工的劳动关系如何在尽量减少社会震荡和适应心理承受能力的情况下理顺；医疗保险制度涉及到广大职工的切身利益，如何制定好医疗保险基金的实施方案，同时处理好基本医疗保险同大病医疗保障的关系，需要十分审慎地研究和精心地操作，稍有不慎，就可能引发问题。五是基础管理工作还亟待加强，干部队伍素质、管理水平、服务质量亟待提高。六是统计信息基础工作薄弱（特别是在县、市、区一级），不能适应目前劳动保障事业快速发展的需要，亟待在人员素质、基础设施、经费和制度等方面加强管理。

二、劳动就业和再就业

1999年，贵州省劳动就业工作继续以确保国有企业下岗职工基本生活保障和再就业工作为重点，全面有效地开展各项劳动就业服务工作，将城镇登记失业率控制在4.1%以内，全省就业局势基本稳定。全年促进就业10万人，其中：到国有企业、城镇集体企业就业2.7万人，占27%；到城镇私营企业、外商港澳台投资企业和其他经济类型企业就业2.6万人，占26%；到个体经济组织就业4.2万人，占42%；到机关、事业单位和其他形式就业仅占5%。

（一）下岗职工基本生活保障和再就业

截至1999年底，贵州省国有企业下岗职工总计16.42万人，其中实现再就业5.12万人，再就业率为32.7%。年末尚有下岗未就业职工10.96万人，其中进入再就业服务中心9.44万人，占下岗职工总数的86.13%；签订基本生活保障和再就业协议8.42万人，占进"中心"人数的89.2%。1999年全省共筹集再就业资金27 084万元，其中：财政筹集20 290万元，社会筹集882万元，企业筹集5 912万元；共使用资金28 379万元，其中发放基本生活费17 034万元。基本保障了国有企业下岗职工的基本生活。

在继续确保国有企业下岗职工基本生活的基础上，贵州省将工作重点转向积极促进下岗职工再就业上，全省再就业率为32.7%。黔西南州抓住基础建设机遇，大力发展中小企业和非国有经济，使再就业率跃居全省首位；遵义市采取盘活资产存量、开发新项目、清岗腾位、自办经济实体安置、下岗职工自谋职业和组织起来就业等方式，再就业率达到61.51%；贵阳市继续开展再就业工程，再就业率达到54.4%。

（二）劳动力市场建设

根据劳动力市场"三化"建设的要求全面加强贵州省劳动力中心市场的建设，同时对遵义、六盘水和安顺等劳动力市场建设进行帮助和指导。继续加强对各类职业中介机构的清理、整顿和培训工作，进一步规范他们的职业中介行为。1999年对214个职业中介机构进行清理整顿，验收合格的161家，停业限期整改34家。吊销许可证20家。同时对各类职业中介机构的收费标准进行统一规范。

（三）劳动服务企业

继续加强对劳服企业的管理，努力为劳服企业的生产经营及发展保驾护航，使劳服企业逐步适应在市场经济竞争中发展壮大。"贵州牛来香"产品上了飞机，贵州申城公司和贵州天如山药业公司改制成功。截至1999年末，全省共有劳动服务企业427户，比上年减少136户；从业人员7.31万人，比上年减少1.63万人；工资总额为9 109.2万元，比上年增加3 131.4万元；企业增加值16 515万元，比上年增长27.945万元。上缴税金2 887.5万元，实现利润1 034.6万元，分别比上年增加1 292.4万元和136.5万元。

（四）农村剩余劳动力有序化转移

1999年，全省农村剩余劳动力有序化转移工作严格按省政府关于"切实搞好劳务输出信息服务和培训工作，管好省内劳务市场，拓展省外劳务输出，加强以四城市为重点的沿海劳务工作"的要求，努力同深圳、宁波、大连、青岛发展劳务协作关系。广泛收集省内外用工信息，坚持信息导向，组织劳务输出。继续加强有序化流动就业制度管理和贯彻劳动和社会保障部《流动就业重点监控方案》，认真做好春运工作，全省共疏导民工65万人。充分发挥驻外劳务机构的作用，搞好信息收集和跟踪服务工作。全年农村劳动力新增外出务工54.1万人，其中跨省输出40.2万人，劳动部门有组织输出8.5万人。

（五）职业介绍

到1999年末，全省共有职业介绍机构854个，工作人员2 087人；全年在劳动部门职业介绍机构登记求职的有15.41万人（其中下岗职工2.5万人），介绍成功10.11万人（其中下岗职工1.22万人），成功率为65.61%。

（六）就业训练

1999年，全省劳动部门所属就业训练机构对5.86万人进行就业训练，训练结业人数5.72万人。培训后实现就业3.31万人，培训后就业率达57.87%。全省劳动部门所属就业训练中心76个。

三、社会保险

1999年，社会保险围绕“扩面征缴”“提高离退休养老金标准”和“确保离退休养老金发放”主要做了以下几项工作：

（一）采取有效措施，积极推进扩面征缴

扩面征缴是社会保险工作的前提和关键，为加强扩面和征缴，采取了以下措施：一是开展“两个条例”的宣传活动。二是建立目标责任制，各级相关部门和机构签订目标责任书，层层落实目标任务，并在年底进行了检查评估。三是清理追缴企业欠费，1至9月完成追缴3 647万元，12月对全省欠费50万元以上的大户进行了培训，各级社保机构与50多家企业签订了还款计划，企业承诺分批认缴欠费金额18 495万元。四是联合省财政厅对原中央行业统筹移交贵州省管理的9个行业进行了“两清一查”，清理出提前退休2 804人，清理出统筹项目外待遇6 800万元，查出部分中央行业企业违规上划主管部门结余基金4 839万元。五是在统筹范围和职责范围内全面开展社会保险登记和缴费申报，完成了省级统筹养老保险单位的登记和申报工作。六是调整了行业养老保险缴费率，个人缴费比例从1999年元月起与地方企业一起提高到5%，企业缴费比例按劳动保障部和财政部的有关规定作了相应调整。七是将茅台酒厂、省证券公司、省证券登记公司等单位的养老保险纳入了省级直接管理。

（二）克服重重困难，千方百计做到确保发放

为确保发放，贵州省劳动保障厅一方面加大征收力度，打好基础，一方面提高省级调剂金上缴比例，建立了省级调剂基金制度，增强了省级基金的调剂能力，同时争取到中央弥补资金9 680万元。一是确保了移交行业离退休人员按时足额领取养老金，保证了行业统筹移交贵州省后没有发生新的拖欠；二是在核查认定的基础上补发了历年拖欠的离退休人员养老金；三是在极短的时间内制定了离退休人员正常调整机制资金拨付计划，高效率地完成了黔府办发〔1999〕94号文件规定的任务。按要求，在1999年9月15日前将增加的养老金发放到离退休人员手中，增加待遇共涉及中央行业企业离退休人员110 442人，月增加养老金支出626万元。

（三）养老保险

1999年，贵州省基本养老保险参保职工总数为113万人（原中央行业统筹企业25.95万人），参保人员比1998年净增15.7万人，其中离退休人员379 302人（中央行业112 825人，机关事业单位7 226人），完成了扩面任务计划的34.9%，基金收缴率为93.94%。全省养老保险基金征收总额为18.4亿元（其中征收原中央行业统筹企业6.02亿元），共发放养老金20.32亿元（春季发放原中央行业统筹企业8.21亿元）。全年补发拖欠养老金1.7亿元（其中补发原中央行业统筹企业5 189万元），基本上做到了确保发放。

（四）失业保险

1999年，贵州省失业保险参保职工总数为129万人，完成了覆盖计划任务的63%，参保人数比上年净增45.4万人，增幅54.31%；失业保险基金收缴额为12 438万元，比上年度增加7 991万元，增长179.69%，收缴率为73%。全年失业保险基金支出为4 673万元。按照省委、省政府〔1998〕17号文件的规定，从失业保险基金中全年累计提取资金1 068万元支持企业再就业服务中心工作，其中调剂给中央在省企业再就业服务中心399.7万元。将失业保险待遇提高了30%，核发了应补发的失业保险金。

（五）医疗保险

1999年，贵州省的医疗保险工作从职能划归、内部建章立制入手，积极加快城镇职工基本医疗保险制度改革和加强公费医疗管理。一是拟定了《贵州省城镇职工基本医疗保险制度改革实施规划》并印发全省；二是开展大规模的城镇职工基本医疗保险制度改革宣传活动；三是对全省城镇职工基本医疗保险进行调

查研究和测算工作；四是加强对医改人员的培训；五是基本完成了《贵州省城镇职工基本医疗保险定点医疗机构管理暂行办法实施意见》等6个配套政策和省级实施方案的起草工作；六是组建了贵州省城镇职工基本医疗保险专家委员会和论证委员会；七是进一步加强公费医疗管理，截至12月底，共核报省级单位公费医疗费1.4亿元。

（六）工伤、生育保险、农村养老保险及其他保险

1999年，全省参加农村养老保险人数38.94万人，收缴保险金554.7万元，累计结余6 182.6万元；参加工伤、生育保险的职工人数为18 666人和11 696人，分别比上年减少606人和增加102人；收缴保险金38万元和13万元；参加单位补充养老保险和个人储蓄性养老保险的职工人数为5 956人和1 252人，收缴保险金804万元和76万元。

四、劳动监察与仲裁

（一）劳动关系

为维护贵州省劳动关系和谐稳定的良好局面，加强了对深化企业改革中劳动关系所发生的新变化、新情况、新问题等的调查研究，进一步完善了劳动合同制和推进平等协商的集体合同。1999年，全省共有4 053户企业签订了集体合同，全年补办流动就业证卡5.64万份，补签劳动合同4.28万份。同时配合省退伍军人安置办公室，共完成4 100名退伍军人的接收安置工作。

（二）劳动监察

1999年，贵州省劳动监察受理案件1 124件，结案950件，结案率为84.52%。围绕“两个确保”和“养老保险、失业保险扩面征缴”，在全省开展社会保险费征缴执法大检查，全省共检查1 394个单位，涉及职工7.1万人，督促741个单位依法办理了社会保险登记，524个单位依法进行了社会保险申报；督促581个单位缴纳养老保险费508.24万元，374个单位缴纳失业保险费66.41万元，根据省政府黔府办发〔1999〕26号文，在全省建立用人单位劳动监察年度审查制度。全年共监察检查用人单位9 494户，涉及劳动者63.32万人，共查出违法单位1 434户，并对其中59户进行了处罚；为2 700人清退风险抵押金24.07万元，共为3.3万人追发工资等待遇53.87万元；全年共追缴社会保险费3 714万元；全年受理立案群众举报案件688件，结案671件；全年参加用工年检的单位5 837户，年检合格3 487户，纠正用人单位违法违规777件，涉及劳动者45.53万人。有力地维护了劳动法规的尊严，同时保护了用人单位和劳动者双方的合法权益。

（三）劳动争议仲裁

1999年，贵州省劳动争议仲裁处理紧紧围绕全省稳定大局这一中心任务开展工作，抓住“两个确保”“养老保险、失业保险扩面征收”和企业职工工资标准、离退休金标准、下岗职工基本生活费标准调整，认真做好仲裁信访工作。着眼于保证劳动和社会保障各项改革的顺利进行，促进劳动关系的和谐发展，依法维护双方的合法权益，积极接待和处理各种来信、来访、劳动争议案件。全省共受理劳动争议案件566件，涉及劳动者当事人1 294人（其中集体争议案件16件），结案516件，结案率为91.17%。

五、劳动工资、计划和统计

1999年，全省劳动工资继续以“两个确保”这个中心工作，贯彻落实“限高、调中、保低”的工资管理原则，重点以加强企业职工工资标准调整为主，以企业工资内外收入的监督检查为辅，以夯实统计信息和加大统计分析力度为基础，认真搞好全省工资总额的宏观调控工作。一是继续执行以弹性工资计划为主，调查研究工资指导线为辅的工资宏观管理办法。健全和完善对9个地、州、市弹性工资计划的结算和审批办法，强化对弹性工资计划执行情况的监督检查。二是继续改进和完善工效挂钩办法及经营者年收入办法，把国有资产的

保值增值作为企业提取效益工资的标准，把是否缴纳社会保险费作为企业调整工资标准的指标，对亏损企业实行减少挂钩，在效益工资升级时充分鼓励盈利的原则。同时对未实行“工效挂钩”办法的企业实行“工资总额包干”，加强对企业工资总额的管理。三是严格执行《工资总额管理手册》的管理规定，规范企业的工资支付行为，对企业工资发放实行按季审核，编制印发了《贵州省1999年劳动事业发展计划》(草案)。四是强化工资内外收入的监督检查工作，对16户企业实行重点检查和对6户企业实行行政检查，切实规范企业的工资支付行为。五是积极配合“两个确保”工作，加强对统计信息工作的基础建设，同时强化统计信息的分析、预警预测，为领导制定政策和决策提供优质服务，为确保企业职工、离退休人员、下岗职工的基本生活费标准调整及其发放提供服务。

六、职业培训

1999年，贵州省职业培训工作以提高鉴定质量，扩大鉴定工种和人员的覆盖面，深化技工学校改革，促进办学机制向适应市场需求的方向转化；继续在全省逐步推行劳动预备制度，促进全省职业培训工作，不断提高劳动者素质。

1. 积极指导技工学校深化改革，建立以市场为导向的办学体制，根据市场需求设置专业，确定培训方向，采取灵活的办学形式，稳定招生规模。逐步实行统考入学和学校自主招生与登记入学相结合的招生办法，稳步推动和指导技工学校把招生培训与劳动预备制培训、下岗职工再就业培训及在职培训等相结合，开展多种形式、多层次的培训。全年共招生培训1.3万人，超额完成了年初制定的工作目标。同时，通过与劳动力市场和职介机构联网挂钩，为技校毕业生提供就业服务，就业安置率达68%。

2. 为促进技工学校的巩固和发展，报经省政府同意，开展了省级重点技校的评估工作，对省机电技校、贵州钢绳厂技校和黔东南州技校进行评估。同时组织召开了全省技工学校教师高级职称评审会，共评审高级讲师18人、讲师36人。

3. 为加强对职业技能鉴定的质量管理，制定颁发了《关于加强职业技能鉴定考务管理办法》，对职业技能鉴定考务工作全过程中有关问题的管理作了明确规定，并实行了鉴定督考制度，促进了职业技能鉴定考务管理的加强。同时，建立了职业技能鉴定国家题库贵州分库，内存国家劳动和社会保障部统一制定的50个工种的试题及省组织制定的部分工种试题，配备了相应的设备和技术管理人员，已具备了试题提取及试卷印制一体化运作的要求，并于1999年11月1日起正式运行。

4. 为适应社会对职业技能鉴定的要求，扩大职业技能鉴定覆盖面，新审批职业技能鉴定所、站12家。同时对6个职业技能鉴定所、站的工种和等级进行了调整。组织了两批次职业技能鉴定考评员培训，认定考评员资格36人。组织了两次848人全省推销员资格统一鉴定考试。组织了汽车指导驾驶员等工种的技师考评，共评审技师资格292人。全年共组织职业技能鉴定考核3.7万人。

5. 按照国家关于实行就业准入的要求，制定下发了《关于实行就业准入制度有关问题》的通知，明确了对首批59个职业（工种）实行就业准入的规定，在全省初步建立了就业准入制度。同时实行了新的职业资格证书核发制度。

6. 推行劳动预备制取得了实质性的进展。贵阳、黔南、黔东南、六盘水、安顺、黔西南等地、州、市都制定了具体的实施方案，采取各种有力措施，在所在地及部分县实施了劳动预备制培训，共组织劳动预备制培训2.8万人。同时会同省教委等部门拟定了《贵州省实行劳动预备制实施意见》，报省政府批转执行。

7. 为推行劳动预备制和职业资格证书制度，扩大技校招生，在全省范围内组织开展了劳动预备制、职业资格证书和技工学校招生宣传和咨询活动。同时加强了对社会力量办培训机构的管理，制定下发了《加强我省社会力量办职业培训实体管理有关问题的通知》，促进社会力量办职业培训实体，规范办学行为，提高培训质量。

七、安全生产

1999年，全省安全生产以遏制重特大事故的发生为重点，狠抓安全生产责任制的落实，促进企业建立健全安全生产的自我约束机制，协调处理安全生产重大问题，认真贯彻落实中央和省对安全生产的各项要求，努力保障国家和人民群众生命财产安全，为贵州省改革、稳定、发展的大局服务。1999年全省安全生产稳中有降。全年共发生一次性死亡10人以上（或直接经济损失100万元以上）的重特大事故21起，死亡人数353人，直接经济损失632万元，同比分别下降了24.1%、22.4%和21.4%。

1999年，矿山安全监察工作主要是加强对矿山安全生产的监督管理，全面贯彻落实《矿山安全法》《矿山安全法实施条例》和《贵州省矿山安全实施办法》。省劳动保障厅多次到贵阳市、六盘水市、遵义市特别是黔西南州开展矿山安全的监督检查和指导工作。同时加强全省矿山安全法律、法规的宣传工作，严肃查处重大、特大事故，并规范事故批复结案工作，提高事故结案率。1999年发生特大事故11起，死亡153人，分别比上年下降8.33%和19.42%。

1999年，继续加大锅炉压力容器安全监察工作力度。一是切实转变工作作风，加强各项安全规章的检查落实；二是加大安全检查和抽查力度；三是加强培训工作；四是抓锅检所建设，促定检率的提高；五是推进压力管道安全监察工作，加强对压力管道新建、扩建和改建工程的监检；六是认真查处锅炉爆炸事故。

（贵州省劳动和社会保障厅）

云 南 省

一、概况

1999年，云南省劳动和社会保障工作在省委、省政府的高度重视和各级党委、政府的坚强领导下，以邓小平理论为指导，全面贯彻党的十五届四中全会和省委六届八次、九次全会精神，按照劳动和社会保障部和全省劳动保障工作会议提出的目标和任务，突出重点，知难而进，团结一致，扎实工作，使全省劳动保障各项工作任务取得了明显成效。全省确保国有企业下岗职工基本生活费和离退休人员基本养老金按时足额发放（“两个确保”）工作不断得到巩固。就业工作通过加强劳动力市场建设和规范管理，逐步实现了劳动力资源的优化配置和合理开发，继续保持了全省就业形势的稳定。下岗职工再就业工作在面临就业岗位不足，再就业难度加大的形势下，仍基本实现了省委、省政府提出的下岗职工再就业目标。在时间紧、任务重、压力大的情况下，全省各级劳动保障部门高质量地按时完成了中央关于提高社会保障待遇水平工作。在各级党委、政府的高度重视下，全省医疗保险制度改革工作也取得了阶段性成果，其他社会保险事业稳步推进。全省企业工资分配制度改革力度进一步加大，劳动保障法制建设及社会保险基金监察审计工作取得了明显成绩。为提高劳动者素质，各级劳动保障部门在加强职业技能培训工作的同时，积极推行劳动预备制，技校工作也取得了新的成绩。其他各项劳动保障领域的基础工作得到进一步加强。

回顾1999年的工作，云南省劳动和社会保障战线的同志们经受了严峻的考验和艰苦的锻炼，劳动和社会保障工作取得了突出成绩，保障了全省经济的持续发展和社会的稳定，为祖国50周年华诞庆典、澳门的顺利回归和昆明世界园艺博览会的成功举办作出了积极的贡献。

二、培训就业

（一）国有企业下岗职工基本生活保障和再就业

在省委、省政府的重视下，1999年3月全省召开了第二次国有企业下岗职工基本生活保障和再就业工作会议，传达贯彻了全国再就业工作会议精神，动员并安排部署全省工作。全省各级党委、政府都把确保国有企业下岗职工基本生活费按时足额发放作为一把手工程来抓，省政府与全省16个地州市、26个企业主管部门都签订了目标责任书，所有16个地州市劳动保障部门也全部建立了目标责任制。全省各级人大、政协对这项工作也给予了充分关注与重视，年初还组成联合督察组对部分地州市进行了工作督察，进一步加强了该项工作的法制和民主监督。按照“三三制”的筹资原则，全省1999年共筹集下岗职工基本生活保障资金3.49亿元，建立再就业服务中心2 046个，有10.59万名下岗职工领到了基本生活费，支出基本生活保障费达2.98亿元。昆明、红河、曲靖、楚雄、大理等地州市都进一步加大工作力度，千方百计筹措资金，确保进中心的下岗职工按时足额领到了基本生活费。这项工作也得到了各级财政部门的大力支持，仅省财政就拨出11 383万元的资金为下岗职工提供基本生活保障。从总体情况上看，这项工作在已有成绩的基础上，又有新的进展。如纳入管理服务范围的下岗职工有了大幅度的增加，进中心的下岗职工签协议比例有一定提高，享受失业保险的人数不断增多，这为下岗职工最终走向市场就业创造了条件。

1999年，全省再就业工作取得较大成效。全省各地州市积极采取措施，拓宽就业渠道，广开就业门路，下岗职工再就业工作得到了全社会的重视和支持。1999年8月，全省召开了第二次个体经济组织、私营企业招聘国有企业下岗职工交流大会，共有6个分会场693家用人单位提供9 397个就业岗位，有4 233名下岗职工与用人单位达成了意向性协议，有力地促进了下岗职工再就业。在就业岗位不足，就业压力很大的情况下，1999年全省共2.41万名下岗职工实现了再就业，基本实现了省委、省政府提出的下岗职工再就业目标。

（二）就业与劳动力市场建设

1999年，昆明、曲靖、玉溪、个旧、楚雄、保山、大理等地州市进一步加强劳动力市场建设和规范化管理，逐步实现了劳动力资源的优化配置。至年底，全省共建立职业介绍机构1 181个，开展招聘登记17.2万人次，求职登记17.7万人次，介绍成功13.4万人，成功率为75.7%。全省农村劳动力在外就业人数达到20.7万人，省外农村劳动力进入云南省城镇就业的有23.3万人。城镇登记失业人员12.51万人，其中新增失业人员6.5万人，城镇登记失业率为2.1%。全省实施扶贫劳务输出的县由原来的10个增加到50个，共组织扶贫劳务输出3.04万多人，有力地帮助了贫困地区群众增收脱贫。

（三）职业培训

为提高劳动者素质，各级劳动保障部门在加强职业培训工作的同时，积极推行劳动预备制度，动员社会各方力量开展职业培训，培训就业率明显提高，有力地促进了就业和再就业工作。在各种困难因素增加的情况下，1999年，全省通过各方面的共同努力，组织技校招生报名3.07万人。同时，全省各级劳动保障部门进一步加强了技校师资队伍建设，组织实施对技校教师资格评定，全年共对43名符合申报高职条件教师的申报材料进行了评审，通过34人，通过率为79%；共审批了11个厅（局、办、公司）技校64名教师的中职任职资格。在职业技能鉴定方面，全省累计考核鉴定人数达4万人。全省1999年共审批建立了22个鉴定所，全省职业技能鉴定所总数达到了131个。1999年，首次对全省职业技能鉴定所进行了年检，直接抽检了11个地州市的35个职业技能鉴定所，有5 000余人参加了7个工种的考核鉴定。组织指导全省1 085人参加全国统考保育员职业技能鉴定和400余人参加全国统考市场营销、文秘资格鉴定，对13万名企业职工进行职业培训，比1998年增加了7%。

三、劳动关系调整

（一）劳动关系协调

全省劳动关系调整工作有了新的进展。1999年省劳动保障厅制定了加强劳动合同管理的政策性文件，16个地州市出台了理顺下岗职工劳动关系的政策规定。国有、集体和外商投资企业基本建立了劳动合同制度，城镇私营企业和个体工商户签订劳动合同的从业人员有了较大增长。1999年，全省签订劳动合同的职工累计达251.88万人，其中，国有企业职工170.45万人，占国有企业职工总数的99.98%，非国有企业职工81.43万人。各级劳动保障部门审核通过的集体合同为5 079份，涉及职工109.86万人，分别比上年增加6.7%和10.08%。全年共审查、办理职工转移手续560人。1999年，在省厅的统一布置下，全省各级劳动保障部门建立了厅（局）考勤接待职工群众来访工作日制度。13个地州市建立了预防处理突发事件工作责任制和突发事件信息报告制度，积极参与处理突发事件。省劳动争议仲裁委员会1999年共受理劳动争议案件

1 033件，涉及1 489人。

（二）劳动监察与执法监督

1999年，全省各级劳动保障部门加大了劳动保障执法及社会保险基金监察审计力度，清理和回收挤占、挪用的社会保险基金共计1 218.44万元（其中失业保险基金802.18万元，养老保险基金416.26万元），纠正其他违纪违规金额达302.37万元。1999年度劳动保障监察部门共对7.3万户企业进行了劳动保障执法年审，涉及劳动者191.9万人；接受群众举报4 229件，立案处理1 940件，结案1 618件，结案率为83.4%。受理劳动保障监察案件4 815件，结案4 695件，结案率为97.5%。

四、工资分配

全省企业工资分配制度改革力度进一步加大。1999年全省企业工资收入分配工作继续从着重管理国有企业微观分配行为向调控全社会宏观分配转变。省劳动保障厅对企业工资收入状况进行了大范围调研，为调整国有企业在岗职工工资和最低工资标准政策的实施提供了决策依据。按照劳动保障部要求，结合云南省实际，在昆明、曲靖、个旧等城市开展了劳动力市场工资指导价位制度的试点工作，对64户开展年薪制试点企业情况进行了总结。在此基础上，省劳动保障厅修订了《云南省企业经营者年薪制试行办法》，并对150户企业工资内外收入进行了监督检查。按照建立与现代企业制度相适应的工资收入分配制度的要求，进行了持股分配等试点工作。

五、社会保险

（一）提高社会保险待遇水平工作

自《中共中央国务院关于转发〈国家发展计划委员会关于当前经济形势和对策建议〉的通知》（中发〔1999〕12号）和《国务院办公厅转发劳动保障部等部门关于做好提高三条社会保障线水平等有关工作意见的通知》（国办发〔1999〕69号）文件下发后，云南省劳动和社会保障厅及时召开全省会议传达贯彻中央精神，并明确要求全省各级劳动保障部门必须在9月15日前完成提高社会保障待遇水平工作。在时间紧、任务重，资金压力大的情况下，各级劳动保障部门在当地党委、政府的正确领导下，全力以赴，加班加点，与有关部门互相支持，密切配合，抓紧进行数据测算，多方筹集资金，倒计时安排工作，逐日调度进度情况。由于贯彻执行中央决定态度坚决，方案周密，措施得力，按时完成了提高国有企业下岗职工基本生活保障费、失业保险金和企业离退休人员养老金水平的工作。全省共有7.15万名国有企业下岗职工、13万名失业人员和60.39万企业离退休人员的收入得到不同程度的提高，使中央关于提高城镇中低收入居民收入的政策措施得到了较好的落实。同时，还为14.1万离退休人员补发了历年拖欠基本养老金，补发金额达24 719.04万元。

（二）养老保险

确保企业离退休人员基本养老金的按时足额发放，是1999年劳动保障工作的重中之重。一年来，通过全省各级社保机构发放养老保险金达38.87亿元，人员达61.73万人，占应发人数的100%。全省实行社会化发放养老金的县（市、区）达128个，社会化发放率达87.8%，共有53.45万离退休人员实行了基本养老金社会化发放。云南省各级劳动保障部门，按照国务院《社会保险征缴暂行条例》的要求，加大了社会保险宣传力度，重点对未参统的外资企业、私营、个体经济组织开展宣传，努力扩大覆盖面。1999年全省有25 015户企业和个私经济组织参加了社会保险登记，新增参统企业9 248户，新增参保职工28.37万人；参加养老保险的职工总数达157.57万人，离退休人员总数达61.73万人，分别比1998年增加5.6%和3.4%；职工个人账户建账率地方为100%，达129万人。11个中央行业移交云南省管理后，省厅在对各行业单位逐户进行缴费基数核定的基础上，基本统一了缴费比例，保证了移交工作的平稳过渡。针对基金缺口大的问题，省厅积极主动向中央有关部门反映，争取了专项基金4.86亿元，确保了中央行业离退休人员基本养老金的按时足额发放。机关事业单位养老保险和失业保险也已在全省逐步推开。

（三）失业保险

失业保险作为“三条社会保障线”的中间环节，已成为确保下岗职工基本生活保障资金的重要来源。1999年，全省参加失业保险的职工人数达180万人，比上年增加40%；全年共征收失业保险基金1.65亿元，比1998年增收2%；全年共发放失业保险金3 839万元，支付转业转岗培训费160万元。为确保下岗职工基本生活，维护社会稳定作出了积极贡献。

（四）医疗保险

1999年，在云南省各级党委、政府的高度重视下，全省医疗保险制度改革取得了阶段性成果。一是全省16个地州市128个县（市、区）都成立了医疗保险制度改革协调领导小组，组建了医改办公室。除省成立了医疗保险基金管理中心外，还有7个地州市和13个县（市、区）组建了医疗保险经办机构，保证了医改工作的顺利进行。二是基本完成了基础数据的测算工作。各级医疗保险部门在全省范围内，对公费医疗、劳保医疗的基础数据进行了调查。各地州市对所有参保单位、参保人员的基础数据进行了统计、建档。省劳动保障厅还统一设计了《云南省城镇职工基本医疗保险单位登记表》《云南省城镇职工基本医疗保险个人基本情况表》等多种表格样式，昆明、曲靖、开远等地还及时收集整理数据并录入了计算机。这些都为全省统一计算机信息管理系统和个人账户IC卡管理打下良好基础。三是制定下发了《云南省城镇职工基本医疗保险制度总体规划》（云劳社〔1999〕92号）、《云南省城镇职工基本医疗保险暂行规定》（省政府第86号令）和《云南省城镇职工大病补充医疗保险暂行办法》（云政发〔1999〕192号）以及省厅联合有关部门制定下发的其他8个配套性文件。这些法规和规范性文件的出台，标志着云南省已初步建立了城镇职工基本医疗保险制度。四是省厅在各地州市进行广泛调查研究的基础上，组织了有关人员赴省外学习考察先进管理经验，组织专业管理人员赴成都、西安、北京等地实地考察计算机管理系统建设、计算机软件开发应用、IC卡制作使用等方面的情况，并举办了8期共计1 800余人参加的业务培训班，为全省医改全面启动创造了条件。

（五）工伤、生育保险

1999年，云南省工伤生育保险统筹覆盖面不断扩大，全年在116个县（市、区）、27个中央和省属行业实施了工伤保险，参保职工达108.5万人，年收缴基金7 145万元，支付4 100万元，有2.5万职工享受了工伤保险待遇。1999年全省参加生育保险人数达126万人，累计收缴保险金达7 000万元，年支出达4 000万元，有2.1万名女职工享受了生育保险待遇。

（六）农村社会保险

1999年，全省农村社会保险新增参保人数6万多人，收缴基金1 224.73万元，年支付基金480万元。农保基金滚存结余5.9亿元，累计参保人数达140万人。

六、劳动法制建设

1999年，云南省劳动保障法制建设工作取得了明显成绩。全省各级劳动保障部门坚持把贯彻实施《劳动法》放在改革、发展、稳定的大局中去把握，与深化企业改革相结合，为社会稳定服务。坚持把实施《劳动法》放在劳动保障工作中的统领地位，按照实事求是、分类指导、分步到位的方针，把工作重心转到了狠抓落实上来。1999年，相继出台了《云南省城镇职工基本医疗保险暂行规定》（省政府第86号令）、《云南省城镇职工大病补充医疗保险暂行办法》（云政发〔1999〕192号）、《关于认真贯彻国务院失业保险条例切实做好我省失业保险工作有关问题的通知》（云政发〔1999〕126号）等规范性文件。《云南省就业管理条例》已经省政府常务会议讨论通过，提请省人大九届十二次常委会议审议。《云南省社会保险费征缴规定》经省政府多次讨论修改，已列入立法项目。这些法规和政策的制定，为做好云南省新时期的劳动和社会保障工作提供了法律依据。

（云南省劳动和社会保障厅）

西藏自治区

一、两个确保工作继续得到加强

按照1998年5月初国务院召开的国有企业下岗职工基本生活保障和再就业工作会议精神，西藏自治区各级劳动和社会保障部门把两个确保工作作为首要工作来抓，采取有效措施，加强督促指导，使两个确保工作进一步得到巩固。

1. 在确保下岗职工基本生活方面，积极配合国有企业实施减员增效、下岗分流的措施，加强宏观调控指导，规范下岗程序，严把审批关，全年共批准2 111名国有企业职工下岗，其中2 058人进入再就业服务中心。同时加大落实“三三制”筹资原则，积极筹措下岗职工基本生活保障资金，全年共筹集资金1 155.7万元，其中财政承担460.3万元，占40%，失业保险基金中筹措374万元，占32%，企业自筹321.4万元，占28%，使“三三制”筹资原则得到了较好落实。全自治区共发放下岗职工基本生活费839.26万元，使下岗职工都按时足额领取到了基本生活费。同时，还为下岗职工代缴了失业、养老保险费186.27万元。

2. 在确保企业离退休人员离退休费按时足额发放方面，认真贯彻国家劳动和社会保障部“扩大社会保险覆盖范围，加强基金征缴工作电视电话会议”精神，进一步严格养老保险费的核定，强化基金征缴，积极开展基金清欠工作，成立了全自治区清欠工作领导小组，对欠缴企业的效益状况、资金情况、欠缴原因、还欠能力、银行账户等情况进行了认真调查研究，制定下发了《关于下达1999年基本养老保险金、失业保险金清欠计划的通知》，并采取有效措施落实清欠计划，取得了实效。1999年，全区共发放养老金20 211万元，发放率达到100%；全自治区共清欠企业拖欠的养老保险费686万元，清欠工作有了突破性进展，为进一步增强基金支撑能力开了好头。基本上做到了企业离退休人员养老金的按时足额发放。

二、以两个条例为武器，社会保险扩面征缴工作取得较大进展

全自治区劳动和社会保障部门以贯彻落实《社会保险费征缴暂行条例》和《失业保险条例》为契机，采取各种措施，利用多种新闻媒体，在全自治区范围内进行了一次有关社会保险工作的深入宣传，使社会各界对社会保险工作有了新的、更深入的认识，参加社会保险的意识进一步增强。在巩固社会保险征缴范围的基础上，通过开展督促检查、审核年检等多种措施，推动扩面工作的开展，使全自治区社会保险的扩面工作有了较大的进展。截至1999年底，全自治区参加养老保险社会统筹的单位达1 224家，参保人数达61 135人，其中，在职职工41 676人，离退休人员19 459人；参加失业保险的单位达787家，使全自治区82%的事业单位纳入了失业保险覆盖范围，参保人数达57 000人。

在力促扩面的同时，各级劳动保障部门努力完善现行征缴手段，实行全额缴拨，规范缴费制度，采取积极的征缴措施，加强基金征缴，使养老保险基金的征缴率达到90%，失

业保险基金的征缴率达84.2%。全年共征缴养老保险基金9 331万元；征收失业保险基金1 399万元，比上一年度增收700万元。社会保险基金征缴比例的提高，有力地支持了全自治区两个确保工作任务的顺利完成，维护了社会的稳定。

三、提高社会保障待遇工作顺利如期完成

1999年7月份，中央作出了提高城镇中低收入居民收入的决定，并明确要求10月1日前必须兑现到位。为了把党的关怀及时送达到广大中低收入人员，特别是下岗职工和离退休人员手中，按照《国务院办公厅转发劳动保障部等部门关于做好提高三条社会保障线水平等有关工作意见的通知》和自治区人民政府批转的《关于提高社会保障水平和企业离退休人员基本养老金的意见》以及政府专题会议精神，各级劳动保障部门在时间紧、任务重的情况下，加强组织领导，集中主要精力，抓紧数据测算，跟踪调查，掌握情况，积极筹集资金，加强督促指导，以“注重政治意义，慎重严格，准确快捷”的工作态度和工作作风，抢时间，赶进度，边核对，边审批，边发放，在9月14日前将全自治区企业下岗职工和离退休人员的增资待遇全部按时足额发放到位。这次调整比例为：国有企业下岗职工基本生活费在原标准的基础上提高30%，从1999年7月1日起执行，人均增加75元左右；1999年6月30日前经批准离休的人员月人均增加135元，退休人员月人均增加80元，退职人员月人均增加40元；凡1999年6月底以前拖欠的企业离退休人员统筹项目内的养老金，由自治区财政一次性全部补发。这次调整待遇水平的人数为26 200人，其中，国有企业下岗职工3 600人，企业离退休人员为21 200人，失业、退职人员1 400人，共增发资金914.1万元，其中，增加离退休费511.75万元；增加下岗职工基本生活保障费81.34万元；增加失业保险救济金48.6万元；一次性补发1 300人的拖欠养老金272.41万元。同时，还根据国家规定，结合自治区实际，制定下发了《关于企业离退休干部和建国前参加工作的退休工人增加离退休费的通知》，对1985年6月30日以前批准离退休人员每人每月增加离退休费275元，对1993年12月31日以前批准离退休人员每人每月增加离退休费245元，对1994年1月1日以后批准离退休人员每人每月增加离退休费225元。上述人员中，享受地（厅）级、县级生活待遇的分别再增加40元和20元离退休费，从而有效地解决了全自治区企业离退休人员离退休费偏低的问题，较好地完成了提高三条社会保障线待遇水平的工作。

四、深入调查研究，以市场需求为导向，就业和再就业工作进一步加强

随着国有企业改革的不断深入，自治区就业压力不断加大，就业和再就业工作成为全自治区劳动保障工作的一项长期而艰巨的任务，是影响自治区社会稳定的一个重要因素。为了更好地推动就业和再就业工作的开展，各级劳动保障部门积极采取措施，认真开展调查研究，努力扩大就业门路，采取积极的就业政策，把建立市场导向的就业机制作为促进就业的中心工作来抓。针对用工需求，认真开展职业指导工作，并采取自办、与企业协办、扶持社会办学等方式，大力开展就业培训，从提高失业人员和下岗职工技能上入手，增强失业人员和下岗职工的竞争就业能力，收到了显著成效。1999年全区共举办各类就业培训班12期，培训人数达580人，经培训实现就业和再就业476人，全区城镇登记失业率控制在了3.6%以内，缓解了严峻的就业形势。同时，为把再就业的各项政策规定落到实处，在与有关部门加强协调的基础上，加强了对下岗职工的职业指导，积极主动协助、指导企业兴办经济实体，发展第三产业，千方百计抓好再就业工作，全年共使556名下岗职工实现了再就业，占全自治区下岗职工总数的26%。

五、加强组织领导，基本医疗保险制度改革稳步推进

为了提高城镇职工基本医疗保障水平，抑制医疗费用过速增长势头，合理确定筹资比例和基本医疗保障水平，根据《国务院关于建立城镇职工基本医疗保险制度的决定》和自治区党委、自治区政府领导批示精神，对部分重点企业医疗费用负担占工资总额的比例情况进行了调查测算，并成立了“西藏自治区城镇职工基本医疗保险制度改革方案起草领导小组”，拟定了工作计划，草拟了《实施方案》和有关配套办法，为在全区开展基本医疗保险制度改革打下了良好的基础。

六、企业工资分配制度改革工作进一步加强

1999年，云南区劳动保障系统紧紧围绕建立现代企业工资收入分配制度这个中心，以加强企业工资宏观管理为重点，积极指导、帮助企业搞好内部分配制度改革，探索建立企业工资指导线和企业经营者实行年薪制试点以及建立企业工资的正常调整增长机制，积累了大量可靠的资料。在继续推行《工资使用手册》，加强企业工资收入宏观调控的同时，按照中央、国务院办公厅《关于进一步加强做好补发拖欠基本养老金和企业调整工资工作的通知》精神，结合自治区实际，为做好企业工资工作，加强企业工资分配的政策指导和管理，制定上报了《关于调整地方国有企业职工标准工资的意见》，明确了职工标准工资调整的具体办法，进一步规范了全自治区企业职工的工资标准和分配行为。

七、继续加大劳动用工制度改革力度，劳动关系调整工作进一步加强

针对自治区劳动合同制度推行工作滞后的局面，1999年各级劳动保障部门从思想上提高认识，在工作上加强指导，宣传和动员相结合，采取有效措施，积极推行劳动合同制度，深化用工制度改革，扩大了劳动合同的推行面，提高了劳动合同的签订率，促进了全自治区劳动关系的和谐稳定与发展。

1．劳动合同管理工作进一步加强。截至1999年底，全自治区实行劳动合同制度的人数已达47 141人，占同口径人数的83.9%，与上一年相比，增加25.4%；劳动合同签订率也有了大幅度上升。同时，会同有关部门开展了集体合同协商制度工作，集体合同的覆盖面进一步扩大，截至1999年底，全自治区已有185家企业签订了集体合同，使自治区的用工制度改革逐步走上了合同化法制管理的轨道。

2．劳动争议处理工作取得了新的进展。随着国有企业改革的不断深化，《劳动法》及有关法律法规政策在广大职工中的宣传不断深入，劳动者法制观念和运用法律保护自身利益的意识进一步增强，因劳资纠纷申请劳动争议仲裁的数量不断上升，1999年全自治区各级劳动争议仲裁机构共受理劳动争议案件111件，涉及504人，结案94件，结案率达85%。通过及时预防和调解劳动争议，有效地化解了各类将激化的劳资纠纷，切实保护了劳动关系双方的合法权益，维护了社会稳定。

3．劳动监察工作逐步走上了依法管理的轨道。全自治区各级劳动保障部门克服监察人员少、机构不健全的困难，坚持推动劳动保障工作全面发展与监察相结合的工作办法，认真开展用工单位和劳动者贯彻执行各项劳动法律、法规、政策的监察工作，加大对各类违反劳动法律法规行为的查处力度，进一步规范了用工单位的用工行为，有效地保护了广大劳动者的合法权益。同时，在广大劳动保障工作者的不懈努力之下，《西藏自治区劳动监察暂行规定》1999年12月7日已经自治区人民政府第24次常务会议通过，并以政府令第25号发布实施，这将更加促进全自治区劳动监察工作依法行政，迈上一个新的台阶。

八、劳动安全监察工作取得新的进展

劳动安全监察工作继续坚持“安全第一，

预防为主”的工作原则，以综合管理为重点，以监察整改为手段，以关系群众利益的部门为中心，将日常检查和重点抽查相结合，有组织、有计划地开展监督管理，确保了自治区安全形势的稳定。

1. 安全生产管理工作，积极会同经贸、技术监督、消防等部门进行有针对性的检查工作，先后开展了液化气充装站、电梯安全、娱乐场所消防安全，工矿企业事故隐患整治等多项专项检查工作，及时预防和整改了一批事故隐患，落实了安全生产责任制，规范了劳动安全规章制度，极大地改善了被检查单位部门的安全情况。同时，认真开展了“安全生产周”活动，大力推广安全生产知识，共发放宣传资料2 500份，接待咨询群众2 000多人次，通过宣传，强化了全社会的安全和生产意识，创造了良好的安全生产环境。

2. 检测检验工作继续得到加强。截至1999年底，共检验锅炉压力容器53台，其中，新安装检验29台，定期检验20台，申请报废检验4台；全年共检验电梯设备15台，其中，新安装检验13台，申请报废检验2台，确保了全自治区在用特种设备的安全无故障运行。与此同时，积极扩大检测检验工作范围，开展了对拉萨地区游乐场所特种设施和液化气运输槽车的检测检验试点工作，共检验游乐设施2家，检验汽车槽车13辆，为今后规范特种设备的管理，使检测检验工作向多层次、多范围的发展积累了经验。

九、职业培训工作开始起步

在做好机关事业单位工人技术等级考核工作的接交理顺的同时，根据自治区人民政府令第16号《西藏自治区实施〈社会力量办学条例〉办法》和国家职业技能鉴定规定，认真开展了对社会力量办学机构的审批工作，先后批准成立了西藏地勘行业特有工种职业技能鉴定站、西藏长风汽车驾驶员培训中心、西藏自治区秘书职业资格鉴定站、四川省烹饪专科学校拉萨烹饪中心、西藏邮电学校计算机培训中心、霞辉电脑培训中心等社会办学机构，并对这些机构培训的人员进行了考核、鉴定和发证工作，共为74人颁发了职业资格证书，其中，中级21人，初级53人，持证上岗率达100%，为推动自治区职业技能鉴定工作的社会化管理起了好头。

十、行业统筹企业纳入地方管理工作顺利完成

为加快原行业统筹企业养老保险移交地方管理的步伐，经请示自治区政府领导同意，制定下发了《关于原行业统筹企业基本养老保险统筹纳入地方管理有关问题的通知》，就驻自治区的3个行业共7家企业的费率调整、基本养老保险个人账户、离退休人员待遇、基本养老保险基金管理、离退休审批工作、养老保险费的核定、征缴、拨付等事项制定了具体的规定，并抽调专人，配合自治区审计厅等单位对行业企业养老保险基金进行了审计。同时，由自治区劳动保障厅组织清核小组，会同自治区财政厅对原行业统筹企业养老保险各项有关数据和离退休人员及其待遇进行了认真详细的清理核定，在此基础上，完成了原行业统筹企业基本养老保险费的费率调整和核定，使移交地方的原行业统筹企业养老保险工作顺利步入正常。

在抓好上述工作的同时，还进一步加强了各项基础性工作，干部队伍素质建设工作取得实效。按照中央和自治区党委的统一部署，结合在县级以上领导班子和领导干部中深入开展以“讲学习、讲政治、讲正气”为主要内容的党性党风教育，劳动保障部门的全体干部职工受到了一次系统的政治理论教育，进一步树立了正确的祖国观、民族观、宗教观、文化观，思想水平有了很大的提高，在反对美国霸权主义、达赖集团祸国乱教罪行、“法轮功”邪教组织和李登辉分裂祖国的斗争中，保持了坚定的政治立场。同时，全体干部职工认真改进工作作风，自觉学习各项业务知识，努力提高处理、解决问题的能力，使全自治区劳动保障部

门干部职工的整体素质有了很大提高。信息工作的时效性进一步增强，全年共向上级部门提供信息 50 多期，并有多期信息被采用，为上级领导决策起到了实效。计划统计工作不断加强，统计手段有了较大提高，先后完成了劳动工资、劳动监察、矿山伤亡事故、养老保险、失业保险、下岗职工基本生活保障和再就业、劳动争议仲裁等专项统计表的报送工作。同时，编制完成了《西藏自治区 1999 年劳动和社会保障事业发展计划》（草案）和《西藏自治区劳动年鉴》(1999 年)、《1979 年—1999 年西藏自治区安全生产年鉴》《西藏劳动保障事业“十五”计划和 2015 年长远规划》等发展计划。群众来信来访接待工作有了极大进展，全年共接待来访群众1 500人次，答复群众来信 100 多封，承办政协委员、人大代表意见和提案 15 件，做到了让群众满意。社会保障体系信息网络建设工程也开始启动，根据国家劳动和社会保障部《城镇基本养老保险管理信息系统建设实施纲要（1999—2000)》和自治区人民政府领导的指示，为建立规范的职工养老和医疗保险个人账户，自治区劳动保障厅拟定了《西藏自治区社会保险个人账户微机网络构建方案》，上报自治区人民政府审定。《西藏劳动志》编纂工作历时 8 个月完成前期准备工作，并将于 2000 年底将《西藏劳动志》初稿上报自治区地方志办公室。

（西藏自治区劳动和社会保障厅）

陕 西 省

1999年，陕西省劳动保障工作按照建立社会主义市场经济体制的要求，紧紧围绕国有企业改革和保持社会稳定这个中心，集中精力，团结协作，全力巩固两个确保，按时完成提高三条社会保障线待遇水平工作，积极推进医疗保险制度改革，狠抓社会保险扩面征缴，进一步强化安全生产工作。劳动保障工作取得了明显成效，有些工作有了新的突破。

两个确保工作继续得到加强，为维护社会稳定起到了重要作用。全省劳动部门从讲政治的高度出发，始终坚持把两个确保作为头等大事来抓，全力以赴抓好落实，较好地完成了两个确保的任务。1999年底，全省共有国有企业下岗职工32.5万人。按照“三三制”原则，全省共筹集基本生活保障资金7.56亿元，其中财政承担1.15亿元，企业自筹1.25亿元。共拨付基本生活保障金7.62亿元，其中发放下岗职工生活费4.99亿元，代缴养老、失业、医疗保险费共计2.63亿元。同时拨付帮困基金700万元，对困难企业特困职工进行救济。

按照省政府要求，实行了对全省社会保险经办机构业务的垂直管理，加强基金征缴工作和省级对基金的调剂力度，确保企业离退休人员基本养老金按时足额发放。1999年全省共有企业离退休人员74 624万人，发放基本养老金39.4亿元，其中行业统筹企业15.1亿元，发放率达98%以上。对原11个行业统筹企业的基本养老保险统筹项目进行核定，制定了养老金计发办法，确保了原行业统筹与地方政策的衔接和其离退休人员待遇平稳过渡。解决了煤炭和军工企业养老金发放问题。全年共补发历史拖欠养老金2.7亿元，其中省筹集1.26亿元。到1999年底，全省养老金社会化发放率由上半年36.6%上升到85.3%，其中延安、安康、宝鸡、杨凌4市区社会化发放率已达到100%。陕西省养老金社会化发放的比例，在全国处于较前位置，受到了劳动和社会保障部的表扬。

提高社会保障待遇水平工作按期完成。按中央12号文件精神，全省为25万名省属、国有企业下岗职工发放提高标准的基本生活费9 813万元，为74万多名企业离退休人员发放提高标准的养老金13 542万元，补发拖欠的养老金22 218万元，涉及24万人。

就业和再就业工作取得了新成效。全省采取积极措施，认真落实国家和省有关促进就业的政策，把促进就业作为一项重要工作来抓。全省共安置城镇失业人员10万多人，国有企业下岗职工出中心实现再就业12.35万人，登记失业率在3.5%以内。省职业介绍中心劳动力市场信息局域网基本建成，地、市区域网建设正在抓紧进行。并对全省职业介绍机构进行了清理整顿，取缔违法违规职介机构188家，劳动力市场趋于规范。

大力加强下岗职工再就业培训工作，认真落实“三年四十万”再就业培训计划，积极开展再就业伙伴援助行动，会同财政部门对省级企业下岗职工再就业培训经费给予补贴，有力地促进了就业培训工作的开展。全省共结成培训伙伴对子80对，认定培训基地22所，为15万名下岗职工和失业人员提供职业指导和培训。劳务输出继续保持增势，全年劳务输出

220万人，收入19.4亿元。与新疆生产建设兵团签订劳务合作协议，输送摘棉工2万多人，其中商洛地区输送1.2万人，创收近2 000万元。

按照《社会保险费征缴暂行条例》和《失业保险条例》，采取积极措施，在困难较大的情况下，使社会保险扩面工作取得重大进展。至年底，全省参加基本养老保险的人数比年初增加8.5万多人，参加失业保险人数比年初增加90多万人。全省各级养老、失业保险经办机构，采取分解任务、落实责任、按月通报、严格考核等有效措施，强化基金征缴，成效明显。1999年养老保险基金收入30.3亿元，较上年增收2.5亿元，其中清理追缴企业欠费和挤占挪用养老金2.7亿多元，收缴率为92.5%，高于全国平均水平，其中延安、咸阳、榆林三地市收缴率为95%以上。1999年失业保险基金征收3.2亿元，是上年的2.2倍，增收1.8亿元。

按1998年医改工作总体部署和省政府医改总体规划，积极稳妥地推进医疗保险制度改革工作。全省地市均出台了医改实施方案，咸阳、铜川、渭南等9地市及部分县（区）的医改方案已启动实施，参保职工达到44.88万人。医改的各项配套政策、定点医院、定点药店的审核、确定，职工参保、登记等工作已基本完成。医改工作走在全国的前列。

按照《企业工资指导线制度试行办法》，制定了《全省1999年度企业工资调控目标》，由省政府发文实施，在全省全面推行了企业工资指导线制度，在实施中各地能够与现行的工效挂钩、工资总额包干等工资调控办法有机结合。继续开展了企业经营者年薪制和企业工资内外收入监督检查。在西安、咸阳、宝鸡、汉中、渭南5地市进行了建立劳动力市场工资指导价位制度抽样调查工作，5地市在调查基础上，发布了本地区劳动力工种工资价位，为合理确定本地区劳动力价格起到了指导作用。克服困难，积极努力，连续4年超额完成了省政府确定的帮困基金征收任务，1999年征收1 100多万元，为解决特困职工生活、维护社会稳定起到了积极作用。中央12号文件下发后，结合实际，在认真测算论证，广泛征求意见的基础上，制定了《关于加强企业工资管理适当增加企业职工工资的实施办法》，根据企业经营状况，制定了增加职工工资的原则和标准，指导企业做好实施工作，受到企业职工的欢迎。

积极推进集体协商和集体合同制度，全省共有5 900多户企业签订了集体合同。结合本省实际，制定下发了《关于进一步规范再就业服务中心建设有关问题的通知》和《关于抓好理顺下岗职工劳动关系试点工作的通知》，完善理顺了下岗职工的劳动关系。

围绕两个确保和扩面征缴等中心任务，进一步加大劳动监察执法力度，全方位、多层次地开展了劳动监察工作，取得了明显成效。1999年对12 000多户企业进行了执法检查，督促办理社会保险登记5 800多户，依法申报3 100多户，督促缴纳养老保险费近1.2亿元，失业保险费1 787万元。制定印发了《关于当前劳动争议处理若干问题的处理意见》，促进了劳动争议工作的顺利开展。全省共处理劳动争议1 200余件，依法维护了劳动争议双方的合法权益，为保持社会稳定作出了积极的努力。

劳动关系调整工作有了新的进展。以贯彻实施劳动预备制度和抓好在职职工培训为中心，积极探索新形势下职业培训的新路子。全省认真贯彻《关于深化技工学校管理体制改革的意见》，不断深化技工学校改革，加强教师队伍建设，保持了技工学校的招生人数。全面推行职业资格证书制度，不断强化职业培训社会化管理，规范鉴定程序，提高鉴定质量，促进了职业培训工作的健康有序发展。

认真贯彻落实中央安全生产的指示精神，强化安全生产综合管理和安全监督工作。在全省范围内组织开展了三次安全生产大检查和“安全生产周”活动，治理整改了一批事故隐患和安全生产中存在的问题，严肃处理伤亡事故，有力地促进了“安全第一、预防为主”方针的贯彻落实。采取多种形式开展职业安全培训教育工作，强化企业厂长、安全管理人员的安全意识，提高了特种作业人员的安全技术水平。加强了锅炉压力容器、起重机械等特种设备和劳动条件检测检验工作，预防了事故发生。全省共发生各类伤亡事故和火灾13 198起，死亡2 907人，受伤7 554人，直接经济损失7 013.3万元，与1998年基本持平，特别是一次死亡10人以上的重大事故与上年同期相比，四项指标有较大幅度下降。

劳动法制建设和劳动工作取得新成效。《陕西省劳动力市场管理条例》列入省人大立法项目，省人大常委会一审已通过，该条例的颁布实施，有力地促进了劳动力市场的建设和发展。《陕西省实施〈失业保险条例〉办法》和《陕西省企业集体合同条例》已上报省政府审定。按照依法行政要求，对1978年以来颁布的劳动保障方面的规范性文件进行了彻底清理，废止165件。积极响应省委、省政府迎接西部大开发的号召，组织有关部门，完成了《建立健全以市场为导向的新型就业机制，在西部大开发中合理配置我省劳动力资源》的课题研究，受到有关专家的高度评价。全省新闻宣传机构围绕劳动和社会保障工作的重点，对医疗保险制度改革、养老金社会化发放、安全生产、再就业培训、劳动预备制度等工作进行专题宣传报道，有力地推进了劳动保障工作的顺利开展。

由于受陕西省经济发展的制约，在两个确保工作中，面临的资金缺口进一步加剧，确保下岗职工基本生活费和企业离退休人员基本养老金按时足额发放的形势仍很严峻；再就业的优惠政策在一些地方还存在落实不到位的问题，下岗职工再就业难的问题仍未得到有效解决；社会保险对三资企业、集体企业和私营企业、个体工商户的覆盖面仍较低；劳动保障基础管理仍很薄弱，已越来越不适应形势的需要；各地市劳动工作进展情况还不很平衡。劳动部门自身建设还需要进一步加强，有些干部的工作作风需要进一步改进。对存在的问题，必须充分认识其严重性，在今后的工作中应采取切实有效措施，认真加以解决。

（陕西省劳动和社会保障厅）

甘肃省

1999年，在劳动和社会保障部及甘肃省委、省政府的正确领导下，甘肃省各级劳动保障部门认真学习贯彻十五届四中全会精神，坚决贯彻执行中央及省委的方针政策和重大决策，继续巩固两个确保，按时完成了提高社会保障线待遇水平工作，狠抓社会保险扩面征缴，稳步推进医疗保险制度改革，全省劳动保障各项工作取得明显成效，为维护全省改革发展稳定大局作出了积极贡献。

一、国有企业下岗职工基本生活保障和再就业工作取得阶段性成果，基本实现了预定的工作目标

1. 基本确保国有企业下岗职工基本生活费发放。据统计，截至1999年底，全省共有国有企业下岗职工26.27万人，其中新增12.43万人，上年结转13.84万人；有10.6万人转出中心实现再就业。到年底，全省国有企业下岗职工15.7万人，其中进中心签协议的有14.25万人，占总数的90.8%；足额或部分发放基本生活费的14.21万人，占进中心人数的99.7%，未发放的420人，占0.3%。

2. 加大“三三制”资金落实力度。协调有关部门采取提前介入的办法，预拨财政“兜底”资金，特别是对12户重点监控企业协调省财政提前拨付“兜底”资金，基本保证下岗职工基本生活保障资金落实到位。据统计，1999年全省共筹集下岗职工基本生活保障资金3.04亿元，其中财政承担46%，社会筹集25%，企业自筹占29%，全年共发放3.22亿元。

3. 按时完成提高社会保障线待遇水平工作。认真贯彻中央12号文件精神，在时间短、任务重、要求紧的情况下，及时部署安排，制定实施办法和配套措施，倒计时安排工作，逐日调度进展情况，整个工作安排周密，措施得力，按时为国有企业下岗职工、失业人员和企业离退休人员调整了待遇水平。全省国有企业下岗职工基本生活保障标准分别由每月110元、120元、130元提高到143元、156元、169元，增幅30%，为下岗职工代缴的社会保险金也相应提高30%；失业保险金标准由每月90元、100元、110元提高到117元、130元、143元，增幅为30%；企业离休人员月人均增加160元左右，退休人员月人均增加60元左右。

4. 就业和再就业工作取得新的进展。各地积极采取措施，努力开辟就业渠道，到年底全省城镇登记失业人员8万人，城镇登记失业率2.7%，就业局势基本稳定。从就业渠道看，第三产业特别是社区服务业已成为吸纳失业人员和下岗职工的一个重要渠道。1999年全省失业人员到个体、私营、外商投资和其他企业就业占64%，到国有、集体企业就业占34%，到机关事业单位的占2%；实现再就业的下岗职工中，通过企业兴办三产、劳务输出、组织起来生产自救等内部分流占60%，通过自谋职业、职业介绍机构介绍就业等社会分流占40%。进一步发展劳动就业服务企业。1999年，全省劳服企业完成社会总产值63亿元，实现利税4.5亿元，吸收失业人员和下岗职工3.5万人。认真实施农村剩余劳动力有序

化流动工程，积极开展农村劳动力开发就业工作，全年共输转城乡劳动力229.07万人次，比1998年同期增长8.7%，其中下岗职工和城镇待业青年有11.9万人外出务工，创劳务收入27.5亿元。

5.劳动力市场“三化”建设进展顺利。启动了兰州、白银、金昌3个国家级和天水、嘉峪关、武威、平凉、敦煌5个省级试点城市的劳动力市场科学化、规范化、现代化建设工作，初步建成省级劳动力市场信息网络监测中心。截至1999年底，全省职业介绍机构达到705所，其中劳动保障部门开办的603所。大力加强劳动力市场监管力度，规范职业中介行为，全年共查处非法职业介绍机构189所。加强下岗职工再就业培训工作，开展了“再就业培训伙伴行动”，为15.6万名下岗职工提供了再就业培训。

二、覆盖面比较广，制度统一的养老保险基本框架已初步形成，企业离退休人员养老金发放基本得到确保

1.养老保险扩面征缴工作有所突破。认真贯彻《社会保险费征缴暂行条例》，加强组织领导，建立目标责任制，层层分解下达任务；争取有关部门的协调配合，建立联席会议、定期通报和监督检查制度；制定清理国有企业欠费计划，举办欠费企业法定代表人培训班，签订缴费协议。截至1999年底，全省参加养老保险的企业职工142.65万人，比1998年底新增74 046人，覆盖面达到92.03%，享受养老保险的离退休人员41.56万人；全年共收缴养老保险基金28.32亿元（含中央财政补助3.4亿元），其中清收企业欠费7 634万元。

2.基本确保企业离退休人员养老金按时足额发放。通过加强基金征缴、加大调剂力度、动用积累、财政借支、争取中央财政支持等途径，确保企业离退休人员养老金按时足额发放，全年各级社会保险机构为41.56万名企业离退休人员实际支付养老金29.30亿元，97%的离退休人员按时足额领到了养老金。

3.积极推进养老金社会化发放工作。到1999年底，全省有16.04万名企业离退休人员养老金由社保机构直接发放或委托银行、邮局代发，企业社会化发放率为39%。

4.建立基本养老金正常调整机制。根据国家的要求，调整了企业离退休人员养老金水平，1999年全省企业离退休人员人均基本养老金达到6 578元。1999年7～12月份为企业离退休人员支付调整的养老金1.54亿元，同时，对企业离休干部的离休待遇与行政机关离休干部待遇进行了平衡，有效地保障了企业离退休人员的基本生活。

三、失业保险工作取得进展，为保障失业人员和下岗职工基本生活发挥了积极作用

参加失业保险的人员大幅增加。1999年参保人数达到159.34万人，比1998年增加30.85万人，覆盖面达到75.9%。强化失业保险基金征缴工作，全年共征缴失业保险基金1.62亿元。失业人员的基本生活得到有效保障，根据国家要求，提高了失业保险金标准，共为2.63万名失业人员发放失业保险金1 191.48万元，保证了失业人员和困难职工的基本生活，维护了社会稳定。加大向再就业服务中心调剂资金力度，1999年失业保险基金共向再就业服务中心调剂社会承担部分资金6 891.99万元，有力地支持了下岗职工基本生活保障工作。

四、城镇职工基本医疗保险制度改革稳步推进

认真贯彻《国务院关于建立城镇职工基本医疗保险制度的决定》，省政府发布了《甘肃省城镇职工医疗保险制度改革总体规划》。省劳动保障厅按照全省会议的部署安排，认真进行调研论证和测算，督促统筹地区抓紧制定实施方案，逐步理顺医疗保险管理体制，全省已有12个地区按照省政府《关于将医疗保险管理职能及业务人员一并划归省劳动厅的通知》（甘政函〔1999〕48号）精神，将医疗保险职

能划归劳动保障部门管理，并成立了领导小组，具体负责组织实施。根据国家有关规定，陆续出台配套文件，及时制定下发了《关于城镇职工医疗保险制度改革中若干问题的意见》等规范性文件。继续开展工伤、生育保险试点，做好劳动伤残等级鉴定工作。

五、进一步加强工资分配宏观调控

结合企业实际，安排布置了劳动力市场工资价位、工资指导线、工资集体协商、企业经营者年薪制试点工作。指导兰州市开展了工资指导线的试点，对金昌化工集团企业经营者年薪制试点的工资收入进行了结算、核定。完善工效挂钩和工资总额包干管理办法，完成了256户企业工资总额包干和199户企业的工效挂钩工作。加强对企业内部工资分配制度的指导，代省政府草拟了调整最低工资标准的意见。积极探索市场经济条件下工资分配管理的新思路、新办法，完成了劳动保障部安排的8个调研课题。

六、劳动关系基本保持和谐稳定

全省国有、集体和外商投资企业基本建立了劳动合同制度，城镇私营企业和个体工商户签订劳动合同的人数较1998年有所增长，到年底，全省城镇企业中97.65%的职工与企业签订了劳动合同，乡村企业75%的职工与企业签订了劳动合同，私营企业职工签订劳动合同达80.4%，具有一定经营规模的个体工商户与雇工签订劳动合同的比例也近40%。全省共审核批准集体合同280户，比上年增加11%。认真研究企业下岗职工和隐性就业人员的劳动关系，草拟了《关于妥善处理企业职工劳动关系若干问题的意见》。进一步加强劳动争议处理工作，到年底，全省共处理劳动争议案件917件，涉及职工1 646人，结案887件，结案率为96.73%。加大对突发事件的处理力度，及时处理群众来信来访。

七、职业培训工作进一步加强

积极推行劳动预备制度，在部分地市进行了试点，全省共有2 885人参加了劳动预备制度的培训。组织开展“技工教育质量年”活动，完成了全省技工学校招生计划下达和组织招生工作，全省技校招生7 534人。继续抓好职业技能鉴定质量管理，完成了全省技校、就业训练中心、职业技术学校9 321名毕（结）业生的职业技能鉴定，全省职业技能鉴定人数达1.8万人。对80个职业技能鉴定所进行了评估，批准成立了6个职业技能鉴定所，培训考评员213人。规范企业内部职工的鉴定，在有条件的企业开展了内部职工职业技能鉴定向社会化过渡工作。加强对社会培训机构的管理，规范社会力量办学行为，集中清理整顿名称乱、办班乱、广告乱的现象。到年底，全省社会培训机构达182所，全年培训人数达2.8万人。加大高级技术工人培训力度，创建了3所高级技工学校，培训高级技工4 940人。

八、积极做好职业安全卫生监察与安全生产综合管理工作

全省各地区、各部门和企业认真贯彻国家和省里关于安全生产的方针政策，积极开展安全生产检查及专项治理，加强安全生产宣传教育，狠抓事故隐患整改，开展工程项目劳动安全卫生“三同时”审查，对电梯、锅炉压力容器、起重机械等危险性大的设备、设施实施安全监察与检验，监督特种作业人员持证上岗。与经贸、煤炭、公安等部门通力合作，积极做好煤矿关井压产工作。全省安全生产形势基本稳定，截至1999年底，全省共发生各类事故5 047起，死亡1 871人，与上年同期相比，事故起数上升8.24%，死亡人数下降1.32%。全省各类重特大伤亡事故53起，死亡309人，分别比上年同期下降26.39%和9.12%。

九、加快劳动保障法制建设步伐

坚持依法行政，进一步推进执法责任制，

做好劳动行政复议。加大劳动保障监察力度，受理群众举报，开展日常监察，组织专项检查。继续开展劳动年检，全省国有企业和城镇集体企业劳动年检覆盖面达 81%，受理举报案件查处结案率达 98.4%。各级劳动保障监察机构共检查各类用人单位17 650户，涉及劳动者 193 万人；清退童工 26 人，补办流动就业证卡 1.3 万人，清退擅自招用外来劳动力 1.45 万人，补签劳动合同 7.9 万人，清退2 285人风险抵押金 69 万元，追发 5.64 万名职工工资待遇6 567万元，追缴 47.92 万名职工社会保险费 1.66 亿元，取缔非法职业中介组织 105 户。配合再就业工作，认真做好企业、机关和事业单位临时用工清退工作，全省共清退临时用工 3.7 万余人，安置下岗职工和失业人员 2.4 万多人，安排统配人员4 300多人。加强劳动监察机构建设，全省县以上劳动保障监察机构组建率达 100%，省厅积极筹备成立省劳动保障监察总队。

十、进一步加强劳动保障系统精神文明建设

坚持“两手抓”。在做好各项业务工作的同时，重点抓好厅、处（局）两级领导班子和领导干部“三讲”教育。按照省委的统一部署和安排，从 1999 年 9 月中旬开始，历时两个多月，在厅领导班子和领导干部中开展了“三讲”教育，遵循规定的原则、办法和程序，认真做好每一阶段、每一步骤、每一环节的工作，基本达到了预期目的，取得了阶段性成效。厅领导班子和领导干部“三讲”教育告一段落后，12 月初开始在处（局）领导班子和领导干部中开展“三讲”教育。继续加强精神文明建设，开展“三优”文明单位创建活动。对全省劳动保障系统第二批“三优”文明单位标兵和“三优”文明单位进行表彰。在全国劳动和社会保障工作会议上，甘肃省武威地区劳务工作办公室被授予全国劳动保障系统“三优”文明窗口称号，兰州市劳动争议仲裁处董耀荣同志被授予全国优秀劳动仲裁员称号。

1999 年，全省各级劳动保障部门按照劳动保障部和省委、省政府的要求，把握大局，真抓实干，顺利完成了各项工作任务，他们的主要做法是：

第一，谋大抓重，树立大局意识。各级劳动保障部门谋大事，抓重点，围绕全省的中心工作，紧紧抓住党中央实施西部大开发的历史性机遇，审时度势，总揽全局，自觉地把各项工作置于全省经济工作的大盘子中，积极谋划如何适应国有企业改革与发展、实施西部大开发战略，使各项政策、措施和工作服从、服务于全省经济工作大局。各级劳动保障部门始终把保持稳定作为一项重要任务，从建立完善劳动保障预警预测、事件处理工作制度入手，重点做好两个确保、社会保障、工资分配、劳动关系调整等项关系职工切身利益、影响社会稳定大局的工作。针对劳动保障工作头绪多、任务重的情况，他们在部署安排、组织开展、督促检查等方面注意突出工作重点，力戒“眉毛胡子一把抓”。根据劳动保障部的安排，按照全省经济工作会议的要求，年初将全省劳动保障工作的重点概括为“四个一”，即第一位的工作仍然是两个确保，要采取有力措施，保证中央、省上方针、政策、决策的落实；要形成一个机制，即形成市场导向的就业机制；要建立完善一个体系，即独立于企业之外的社会保障体系；要逐步建立一项制度，即与现代企业制度相适应的工资收入分配制度。对这四个方面的重点工作，他们集中力量，认真筹划，组织实施。并在抓好重点工作的同时，积极做好劳动关系调整、职业培训等项工作，推进劳动保障事业的全面发展。

第二，真抓实干，转变工作作风。各级劳动保障部门按照省里的部署安排，扎扎实实干工作，实实在在干事业，力戒漂浮，力戒空谈。在全省劳动保障系统中倡导求真务实的工作作风，说实话，办实事，求实效，坚决反对和克服照抄照搬、敷衍塞责、弄虚作假、官僚主义和形式主义。继续加强调查研究，对工作中面临的新情况、新问题，通过调查研究，做扎实细致的工作，摸清情况，理出思路。省劳动保障厅围绕加入WTO、西部大开发等对劳动保障工作的影响，列出调研课题，组织得力人员到有关地区、部门、企业开展重点调研。各级劳动保障部门大兴调查研究之风，深入基层、深入企业、深入职工中，及时掌握第一手资料，发现和处理突出问题。进一步加强督促检查，各级劳动保障部门都建立健全了督察工作制度，规范工作程序，做到事事有着落，件件有结果。继续实行重大情况通报制度，对各地的工作进展情况，开展督察调研，并进行通报。

第三，练好内功，提高干部队伍素质。在当前劳动保障工作任务十分繁重的情况下，各级劳动保障部门高度重视和加强自身建设，练好内功，严格管理，努力造就一支政治强、业务精、工作实、纪律严、能打硬仗的劳动保障干部队伍。结合"三讲"教育的开展，集中对全省劳动保障系统县处级以上领导班子和领导干部进行了一次以讲学习、讲政治、讲正气为主要内容的思想政治教育，使县处级以上领导班子和领导干部在思想上有了明显提高，政治上有明显进步，作风上有明显改变，纪律上有明显增强。认真巩固"三讲"教育的成果，把"三讲"教育中焕发出的精神力量，及时转化为做好当前工作的强大动力；把"三讲"教育中形成的好的工作思路，进一步充实完善，尽快付诸实践；把"三讲"教育中恢复和发扬起来的好作风，贯彻到当前工作的各个方面，努力完成全年工作任务。面对劳动保障工作面临的新形势、新情况、新问题，引导劳动保障系统的干部职工不断加强学习，积极探索，掌握科学的工作方法，拓宽知识面，提高工作水平。坚持"两手抓、两手都要硬"的方针，切实加强精神文明建设，对全省劳动保障系统"三优"文明单位进行了第二次表彰。进一步加强和改进思想政治工作，把全省劳动保障系统干部的积极性引导好、保护好、发挥好。

总的来看，一年来全省各级劳动保障部门较好地完成了省委、省政府和劳动保障部下达的各项工作任务，取得了一定成效，但是在工作中还存在一些困难和问题。一是下岗职工数量继续增加，就业和再就业矛盾突出。二是社会保障资金筹集难度大。三是地方企业拖欠养老金的补发工作日益艰难。四是社会化管理服务体系建设相对滞后。

（甘肃省劳动和社会保障厅）

青 海 省

1999年，青海省劳动和社会保障工作认真落实两个确保和再就业工作的各项政策措施。通过大力落实“三家抬”筹资原则，全年共筹集资金1.87亿元，发放下岗职工基本生活保障金1.78亿元，涉及下岗职工54万人次，国有企业下岗职工基本生活保障的成果继续得到巩固。国有企业下岗职工实现再就业1.65万人，再就业率为20%，占当年新增下岗职工人数的37%。城镇企业职工基本养老保险制度改革进一步深化，基本养老保险扩面征缴力度加大，全省城镇职工基本养老保险覆盖面达到83.5%，比上年增加4个百分点，当期收缴养老保险基金6.51亿元，收缴率达91.7%，比上年提高7.2个百分点，增幅17.7%。同时，经多方筹措资金，确保了企业离退休人员养老金的按时足额发放，并顺利完成了离退休人员养老金的调标和补发任务。失业保险覆盖面扩大，覆盖率达85%，收缴率明显提高，确保了失业救济，并为下岗职工基本生活保障提供了有力的资金支持。医疗、生育、工伤保险以及职业培训、社会就业、劳动关系协调、劳动工资以及劳动保障行政执法和法制建设等工作都取得新的成绩，为青海省深化企业改革、促进经济发展和维护社会稳定作出了积极的贡献。

一、国有企业下岗职工基本生活保障的成果继续得到巩固，下岗职工再就业工作取得一定成效

1999年末，全省共有国有企业2 040户，职工总数32.87万人。年内全省国有企业共有下岗职工8.2万人，其中，全年新增下岗职工4.44万人，比上年末增长118%。报告期内下岗职工因再就业等原因减少2.07万人。1999年末，实有下岗职工6.11万人，占国有企业职工总数的18.6%。年内，国有企业下岗职工进入企业再就业服务中心、签订基本生活保障和再就业协议、享受基本生活保障人数分别达到6.05万人、5.98万人和6万人，分别比上年末增长60.9%、59%和62%。

1999年，青海省国有企业下岗职工进中心享受基本生活保障人数大幅度增加，进中心享受基本生活保障人数大于出中心再就业人数，基本生活保障资金供需矛盾突出。为切实保障下岗职工基本生活，青海省加大资金筹措力度，按照财政承担50%、社会筹集25%、企业自筹25%的“三家抬”筹资原则，经各级政府和企业、社会及有关部门的共同努力，年内全省共筹集国有企业下岗职工基本生活保障金1.87亿元（其中，中央补助1.02亿元），比上年增长52.7%，财政实际承担的占78.3%，社会筹集占10.2%，企业自筹占11.5%。年内，国有企业下岗职工基本生活保障水平从每人每月150元提高到195元，同时提高了代缴的社会保险费标准。共为54万人次的下岗职工发放基本生活保障金1.78亿元，比上年增加54.3%，其中，基本生活费支出占55.9%，代下岗职工缴纳养老、失业、医疗等三项社会保险费占44.1%。绝大多数国有企业下岗职工基本生活得到了保障，确保下岗职工基本生活的目标任务基本完成。

在确保国有企业下岗职工基本生活的同

时，青海省通过清理整顿职业中介机构，建立健全劳动力市场管理办法，实行企业空岗申报制度，发挥企业再就业服务中心各项功能，落实再就业优惠政策，加大下岗职工再就业培训力度等措施，为促进下岗职工再就业创造有利的市场就业环境。但同时，青海省劳动力供求矛盾十分突出，社会所能提供的就业岗位不能满足就业需要，就业环境不宽松，部分下岗职工就业观念因受社会保险、住房、医疗等方面的制约难以转变，不愿与企业脱离劳动关系到非国有经济单位就业，国有企业下岗职工再就业工作十分困难。年内，从企业再就业服务中心转出并实现再就业的下岗职工 1.65 万人，比上年减少 1.69 万人，再就业率为 20%，占当年新增下岗职工人数的 37%。西宁市、海北州、海西州、海南州和省石油管理局再就业工作有力度、见成效。

二、积极开展培训和城镇社会就业工作，农村劳动力流动就业增加

1999 年末，全省有技工学校 22 所，其中，劳动保障部门举办的 1 所，地方国有企业举办的 15 所，中央驻青单位举办的 6 所。随着国有企业改革力度加大，青海省技工学校的生存和发展遇到较大困难，1999 年技工学校招收普通技校生 0.1 万人，在校生 0.35 万人。劳动保障部门所属省、市（地、市）、县（区、镇）共有就业训练中心 25 所，1999 年共有 1.76 万人参加培训，当年结业 1.68 万人。全省社会力量举办的职业培训机构共 51 个，1999 年度共培训各类劳动者 1.19 万人，结业 1.04 万人。1999 年全省技工学校、就业训练中心等各类培训机构共培训国有企业下岗职工 1.42 万人，培训后再就业率为 41.5%。

全省有各类职业介绍机构 265 个，其中劳动保障部门办的乡村以上职业介绍机构 222 个，占 83.8%，基本形成覆盖城镇和主要乡村的职业介绍机构网络。年内，对全省职业介绍机构进行了一次全面清理整顿，查出并取缔非法职业介绍机构 38 个。1999 年各级各类职业介绍机构共办理各类求职登记 17.8 万人次，为 15.8 万人次城乡求职人员介绍了职业，介绍成功率达 88.8%。

1999 年，城镇失业人员总数为 4.49 万人，安置就业 2.13 万人，安置就业率为 47.4%。年内登记失业率为 2.64%，其中，全省登记失业职工 4 249 人，通过各种渠道再就业 1 762 人，失业职工再就业率为 41.5%。

1999 年末，本地农村劳动力在外就业人数为 26.7 万人，比上年增加 6.17 万人，其中到户口所在地以外地区就业（省内跨地区流动就业）人数为 20.2 万人，到省外就业 6.03 万人。农村劳动力进入城市就业的共 7.91 万人，其中 1999 年度进入本省城镇就业人数为 3.36 万人。全省共有乡镇劳动服务站 168 个。省内农村劳动力有序、合理的流动就业，使农民增加了收入，成为各级政府和有关部门解决农村贫困问题的一项重要措施。

三、城镇企业职工基本养老保险制度改革进一步深化，企业离退休人员养老金按时足额发放

青海省已经建立起与全国统一的企业基本养老保险制度，完善了基本养老保险省级统筹，改进和规范了统筹费率、个人账户和基金管理。按照国务院《社会保险费征缴暂行条例》规定，实行了企业参保登记和缴费申报制度。中央行业企业养老保险已纳入地方养老保险管理体系。顺利完成了养老保险统一办法的并轨工作，规范、统一了企业职工养老金计发办法，个人缴费比例调整到 5%。1999 年末，全省参加省级统筹单位 4 533 户，在职职工 36.76 万人，分别比上年增加 22.4% 和 6.7%；企业离退休人员 12.7 万人，比上年增加 1.32 万人，增长 11.6%。国有企业和企业化管理事业单位的基本养老保险已实现全覆盖，1999 年基本养老保险扩面的重点是集体、外商投资和私营等非国有经济组织，年内扩面新申报登记各类企业 749 户，新参保职工 2.36 万人，年末全省城镇职工基本养老保险覆盖面达到

83.5%，比上年增加4个百分点。

为了保证养老保险费足额征缴，省社会保险事业管理局分别与州、地、市社会保险经办机构签订养老保险费征缴目标责任书。各级劳动保障部门加大执法检查力度，认真开展基本养老保险费征缴和清理企业拖欠基本养老保险费工作，其中对全省60个欠缴养老保险费大户进行监控，跟踪清欠。1999年收缴养老保险费6.51亿元，收缴率达91.7%，比上年提高7.2个百分点；基金收入17.7%，完成了收缴率90%的任务。此外，清理回收企业历年欠缴养老保险费0.67亿元。年末地方企业历年累计拖欠养老保险费尚有2.26亿元，其中欠费百万元以上的企业有46户，欠费额1.74亿元。

1999年，当期应发放基本养老金9.48亿元，实际发放9.48亿元，比上年增加支出0.91亿元，增幅10.6%，发放率达100%，实现了确保企业离退休人员养老金按时足额发放的目标任务。青海省基本养老保险基金当期收不抵支，为了确保养老金发放，本年度省财政安排补贴5 011万元，中央对行业专项补贴9 533万元，使用各类借款4 000万元。1999年，全部补发了社会保险经办机构历年拖欠的离退休人员养老金1.94亿元，但年末企业历年累计拖欠的离退休人员养老金尚有2.2亿元。从1999年7月1日起，调整提高了企业离退休人员养老金待遇，即离休人员每月增加135元，建国前参加工作的老工人每月增加100元，1985年工资改革前退休的每月增加70元，工资改革后退休的每月增加55元。

四、失业保险覆盖面进一步扩大，收缴率提高，其他社会保险工作也取得一定成绩

全省参加失业保险的单位5 151个，职工49.34万人，失业保险覆盖率达85%。全年收缴失业保险基金4 885万元，比上年增收3 226万元，收缴率为49%，其中，国有企业缴纳4 398万元，收缴率为63%。各地区失业保险水平从每人每月129～150元不等分别提高到165～195元。全年失业保险基金支出2 498万元，其中，划拨国有企业下岗职工基本生活保障金1 906万元，比上年增支1 634万元；支付失业人员、下岗职工培训费和职业介绍费合计195万元。年内共为3 371名失业人员支付失业保险金392万元。

根据《国务院关于建立城镇职工基本医疗保险制度的决定》（国发〔1998〕44号）要求，在总结青海省多年来医疗保险制度改革试点工作经验基础上，研究提出了青海省城镇职工基本医疗保险制度改革实施方案，全面推行医疗保险制度改革的各项准备工作基本完成。截至1999年底，全省开展城镇职工医疗保险制度改革试点的地区18个，参保单位2 302个，参保人数17万人。其中，企业475个，参保人数1.8万人；机关、事业单位1 824个，参保人数9.3万人；由企业内部自行开展医疗保险制度改革的单位3个，涉及职工5.9万人。1999年，已开展企业职工医疗保险试点的海东地区和格尔木市共征缴企业职工医疗保险基金639万元，征缴率为82%，支出373万元。开展企业职工工伤和女工生育保险试点的西宁地区，1999年共征缴工伤保险基金400万元，征缴率为91.1%，支付275万元；征缴女职工生育保险基金373万元，征缴率为60%，支付276万元。

五、劳动关系协调和劳动工资工作取得新的成绩

为规范劳动合同管理和解决下岗职工劳动关系问题，建立健全符合市场经济体制要求的劳动制度，维护广大劳动者的合法权益，进一步规范了用人单位与劳动者签订劳动合同的行为，并研究提出了加强劳动合同和理顺下岗职工劳动关系的实施办法。同时，进一步促进了非国有经济组织推行劳动合同制度的工作，劳动争议处理工作坚持贯彻“重在调解、重在基层、重在预防、重在执行”的方针，加强了劳动合同鉴证和劳动争议调解、仲裁工作，尤其重视做好有重大影响和疑难劳动争议案件的处理工作。召开了青海省第二次劳动争议仲裁委

员会会议，通过了《青海省关于当前审理劳动争议案件的若干意见》。为提高劳动争议处理办案质量，制定了《青海省劳动争议案件评查办法》，建立并实行了劳动争议案件评查制度。1999年，全省各级劳动争议仲裁委员会共受理劳动争议案件349件，结案346件，其中大案或疑难案件47件，结案43件。

加强了国有企业内部分配指导，出台了国有企业工资工作指导意见，并制定了7个参考工资标准。按照国家政策规定，多数地方国有企业依据自身经济效益状况，适当增加了在职职工工资。省劳动人事厅会同有关部门制定并经省委、省政府批转了《青海省国有企业经营者考评和奖惩办法》，并据此审核下达了省属33户列入重点考评企业的经营者1999年度的年基薪及考核指标。开展了国有资产保值增值考核和兑现奖惩工作，涉及重工、机电、商贸等行业的60多户国有企业。继续开展国有企业经营者年薪制试点工作。在格尔木市开展了劳动力市场工资指导价位调查试点，公布了30多个主要岗位（工种）的劳动力价位信息。在国家调整三条社会保障线水平的同时，调整了六州一地一市的最低工资标准，即西宁市、海东地区220元，海北州、海南州、黄南州230元，海西州、果洛州250元，玉树州260元。

六、劳动保障执法监察力度加大，社会保险执法检查工作成效显著，劳动保障法制建设进一步加强

截至1999年底，全省58个县以上劳动行政部门均成立了劳动监察机构，有21个劳动行政部门成立了劳动监察大队或支队，初步形成了省、州（市）、县三级监察体系。1999年共培训专（兼）职劳动监察员109名。围绕劳动和社会保障中心工作，贯彻落实国务院《失业保险条例》和《社会保险费征缴暂行条例》，进一步加大劳动保障行政执法监察力度。年内组织开展两次全省范围的劳动保障执法专项检查活动，共追缴社会保险费2 465万元，清退童工157名，清退用人单位向劳动者收取的风险抵押金20.78万元，追发劳动者工资11 673万元，督促用人单位补签劳动合同11万份，对严重违反劳动保障法规的27个用人单位实施了行政处罚，并对7 500个用人单位上年度贯彻落实劳动保障法律法规情况进行了年检审核。西宁市和海西州、黄南州等地区的执法检查工作领导重视，成效较大。青海省社会保险执法检查工作受到了劳动保障部的肯定和表扬。

1999年，先后研究起草了《青海省实施〈失业保险条例〉办法》《青海省实施〈社会保险费征缴暂行条例〉办法》《青海省劳动保障监察条例》草案。劳动保障行政部门依法行政和依法治理工作有了新的进展。劳动保障系统实行了执法人员持证上岗、亮证执法，开展了行政复议工作。劳动保障部门基本建立起行政执法责任制、行政执法明示制、行政执法过错追究制、行政执法监督制等制度。

（青海省劳动和社会保障厅）

宁夏回族自治区

1999年，宁夏回族自治区劳动和社会保障厅按照党中央、国务院的统一部署和安排，在自治区党委、政府的领导下，在劳动和社会保障部的指导下，围绕自治区经济建设、社会发展和各项改革，加大了劳动和社会保障工作力度，推进了劳动和社会保障事业的整体发展。

一、两个确保工作任务圆满完成

确保了企业下岗职工基本生活费按时足额发放。1999年，全区符合享受“三三制”条件的国有企业37户，进入再就业服务中心的下岗职工3.87万名，拨付基本生活保障资金13 572万元，其中基本生活保障金7 492万元，代缴养老、失业、医疗保险费5 630万元。

确保了离退休人员养老金按时足额发放。全区已有15个市县全面实行了养老金社会化发放，发放率达到72%。建立了自治区、市、县离退休金发放统计月报制度，公布了举报监督电话，对问题突出的固原清河机械厂的293名离退休人员补发拖欠养老金210.5万元。积极争取中央专项补助资金为煤炭行业26 039名离退休人员补发拖欠养老金5 591万元。

此外，各地各部门共筹措1 214.5万元，共为300多家国有困难企业21 879名特困下岗职工发放生活救助金1 059.2万元；各级社会保险机构筹措了100万元，为3 500多名特困离退休人员进行了一次性补助或慰问。

二、就业、再就业局势基本稳定

截至1999年12月底，全区共有城镇登记失业人员3.4万人，已安置2.3万人就业，完成全年计划安置人数的76.6%。城镇登记失业率为4.5%，比上年下降0.2个百分点；全区分流及下岗职工达75 995人，分流安置43 082人，占分流及下岗职工人员总数的55%，1999年末实有下岗职工34 913万名，进入企业再就业服务中心的比例达到了99%，其中签订协议的有34 738人，占99.5%。

多渠道开拓就业领域，再就业工程取得新进展。制定优惠政策，加大政策扶持力度，建立了宁夏回族自治区区级国有企业下岗职工再就业扶持基金，下发了《宁夏回族自治区国有企业下岗职工再就业小额贷款办法》《关于企业下岗职工和城镇失业人员到农村就业有关问题的通知》，鼓励下岗职工自谋职业、自愿组织起来就业、到其他单位和农村就业。进一步加强再就业培训，建立了劳动力市场信息引导再就业培训的新机制。定期根据劳动力市场职业供求状况及职业供求走势，向社会发布再就业培训信息，实现了市场引导培训，培训为就业服务。加强再就业服务中心规范运作，发挥其开展再就业培训的职能作用。启动了“下岗职工再就业培训伙伴行动”，实行“市场信息引导、社会力量支持、政策措施保障、培训促进就业”，共同对下岗职工开展培训。全自治区各类培训中心及企事业单位共培训各类人员5.47万人，接待各类求职登记人员7.6万人次，经介绍录用4.9万人，其中有0.5万名下岗职工通过职业介绍实现就业。成功举办了’99宁夏人力资源洽谈会，共有172家用人单位参加招聘，入场人数达10 400多人，达成意向的有4 449人，现场录用324人。“情系再就业工程”宣传活动扎实有效地开展，在引导下岗职工转变择业观念，形成全社会都来关心“再就业工程”良好舆论氛围方面发挥了积极作用。

三、社会保险工作稳中推进

1. 养老保险扩面征缴工作取得进展。以贯彻落实两个条例为契机，加大了扩大养老保险覆盖范围的力度，全自治区扩面人数为3.3万人（含已中断缴费又续缴的），基本完成了扩面任务。各级社会保险机构始终把养老保险基金征缴和清欠工作作为中心工作来抓，年初制定基金征缴和清欠工作计划，明确责任，与欠缴企业签订分期还款协议，利用社会保险登记、申报缴费等有利时机，进一步推进了城镇私营企业、个体工商户及其从业人员参加基本养老保险工作。采取公布个人账户、新闻媒体公开曝光等有效形式，督促企业为职工按时足额缴纳养老保险金，仅地方企业实收养老金34 707.47万元，比1998年增收4 973万元，完成了劳动保障部下达给自治区的1999年养老保险基金的增收任务；清理欠费4 908.18万元，完成年初下达任务的48%，是历年清欠数额最大的一年。加强基金征缴工作力度。截至1999年12月底，全自治区参统职工434 008人，应缴纳养老保险基金73 146万元，实际缴纳养老保险基金63 198.14万元，收缴率为86.4%；参加基本养老保险的离退休人员118 728人，月人均养老金477元，支付养老金总额为7.18亿元，支付率为100%；企业累计欠缴养老保险基金2.8亿元。

根据国务院28号文件精神，行业养老保险移交地方管理的后续工作得到了进一步完善。按照“三统一、一加强”的原则，统一了企业和职工缴纳基本养老保险费的比例和基数，统一建立了个人账户，统一了基本养老金的计发办法。加强了养老保险基金管理，各项工作已经步入正常轨道，职工参保基金征缴、确保发放按照目标责任在有序地进行，基础管理工作在逐步规范。养老保险基金实行收支两条线，基金纳入财政专户管理，保证了社会保险基金的安全运行。加强了企业职工退休审批管理工作，对违反国家规定办理提前退休问题进行了纠正，调整了退休审批权限和程序，明确了有关政策界限和处理办法。

2. 失业保险工作稳步发展。截至1999年12月末，全自治区参加失业保险单位3 275个，参加失业保险职工371 745人。征缴失业保险基金2 859.76万元，为3 520名失业人员发放失业保险金546.51万元。截至年底，共接收失业人员8 118人，实现再就业4 598人，再就业率为56.7%。

3. 医疗保险制度改革工作取得较大进展。自治区人民政府召开全自治区医疗保险制度改革工作会议，对医改工作作了总体安排部署，成立了医改工作领导小组及其办事机构。《宁夏回族自治区城镇职工基本医疗保险制度改革实施意见》已经自治区政府正式发布实施，全自治区医改测算工作顺利完成，各市县测算调研工作已基本结束；银川、青铜峡、惠农三市县医改方案已报自治区政府审核待批，吴忠市利通区、平罗等市县实施方案正在修改过程中；与医改方案相配套的5个政策文件目前已与有关厅局联合下发。加强了基本医疗保险药品管理，对拟在自治区营销基本医疗保险药品的企业实行准入登记制度，摸底登记工作已基本结束。医改宣传工作按照适时、适度的原则逐步展开，自治区内各大新闻媒体对自治区医改实施意见都进行了宣传报道。印发资料汇编等宣传材料5 000多份；开展了医疗保险人员培训工作，培训100多人；组建了中西药品评选专家组和医改顾问组，全自治区医改测算、统计数据和资料库正在组建。

4. 工伤、生育保险制度改革试点工作范围有所扩大，工伤认定、等级鉴定等均取得新的进展。银川、泾源、石嘴山、永宁、盐池5个市县开展了工伤保险，参保人数达到142 288人，占全自治区应参保人数的51.4%（不含行业人员），应征缴基金612.66万元，实征基金

623.3万元（含清欠历年欠费），收缴率为90%，为535人支付工伤费用354.23万元。银川、石嘴山加大改革力度，对行业差别费率进行调整细化，为没有发生工伤事故的企业返还工伤基金，对先进工作者进行表彰奖励，对工残人员进行了康复治疗，促进了安全生产，维护了工伤人员的合法权益，受到企业和职工的广泛好评。银川市生育保险改革试点也取得了明显成效，参保人数105 741人，应收缴保险基金436万元，实收254万元，收缴率60%，为1 633名生育妇女支付生育保险费用363.57万元。

四、职业培训工作取得新成效

认真贯彻落实自治区“3331”万名岗位技术工人培训工作，在部分行业、地市开展了工人技术等级培训考核和技师评聘验收工作。

起草制定了《宁夏回族自治区关于积极推行劳动预备制度加快提高劳动者素质的贯彻意见》和《宁夏回族自治区劳动预备制实施办法》。积极开展了社会力量办学的审查、评估、审批工作，到1999年底，经批准的社会力量办学（技术等级）培训机构已达35家。

职业技能鉴定工作取得新成绩。面向全自治区城乡劳动者开展了美容师、美发师、按摩师、中式烹调师、餐厅服务员、商品营业员、家用电器维修工、推销员、秘书职业资格鉴定，在全自治区技工学校，部分中专、职业高中、宁夏大学的应届毕业生中开展了汽车驾驶员、汽车维修工、计算机文字录入处理员、电工、车工、钳工、焊工等共21个职业工种的职业技能鉴定工作。全年共有4 455人参加职业技能鉴定，3 588人鉴定合格并取得职业资格证书，其中初级工573人，中级工2 809人，高级工206人。另外，技工学校毕业生共有2 599人获得职业资格证书，其中中级工2 506人，初级工93人。鉴定工种和非鉴定工种共有6 187人获得职业资格证书。圆满完成了对武警部队战士的中式烹调师职业技能鉴定工作，共有83人获得职业资格证书，其中中级工7人，初级工76人。

圆满完成了全自治区技工学校招生工作，1999年全自治区报考技校总人数为13 000人，共录取3 969人。1999年共有技校毕业生5 188人，截至年底已完成毕业生派遣工作4 150人。

开展了技工学校优秀教师表彰工作，有3名技工学校教师分别获得全自治区十佳校长（1名）、全自治区优秀教师（2名）称号，并在全自治区教育大会上受到了表彰。同时自治区人事劳动厅授予15人“全区技工学校优秀教师”、10人“全区技工学校优秀教育工作者”称号。按照劳动保障部的要求，正在积极筹建国家职业技能鉴定题库宁夏分库工作，1999年自治区题库又整理完成各工种鉴定试题79套，试题总数已达159套。

五、劳动监察力度逐步加大，劳动争议处理稳步推进

1. 进一步加强了劳动合同管理，促进了劳动关系的和谐稳定。在继续全面实行劳动合同制的同时，加快了乡镇企业、私营和个体经济企业实行劳动合同制度的步伐，依法订立劳动合同的覆盖面不断扩大。继续推行集体劳动合同工作，到年底已有736户企业271 276万名职工签订了集体劳动合同。

2. 加强了劳动关系调整，及时妥善处理劳动争议案件。制发了用人单位使用外来劳动力劳动合同书，拟定了清理劳动关系，规范劳动管理工作方案，劳动关系调整工作力度不断加大，对12家企业数千名职工终止、解除劳动关系依法进行审查。督促中央驻宁企业、部队企业、合资企业做好合同签订和鉴证工作，共鉴证合同1 500多份，及时纠正违法违规行为。各级劳动争议仲裁委员会全年共受理劳动争议案件213件，涉及职工1 345人，其中，集体争议和突发事件37件，涉及职工898人，劳动争议仲裁结案率达到90%左右。

3. 全面加大了劳动监察执法工作的力度。劳动监察总队挂牌成立，各级劳动保障部门共进行了3次全自治区性的执法大检查。一是配

合贯彻落实国务院两个条例，扩大社会保险覆盖面，提高社会保险基金征缴率工作重点，开展了社会保险费征缴执法大检查；二是两个确保落实情况执法大检查；三是用人单位使用外来劳动力和外来劳动力就业情况专项检查。据统计，三次检查共涉及6 324个单位的69.773 3万职工，督促5 649户企业办理社会保险登记，2 694户企业申报了社会保险，督促企业签订劳动合同44 840份，督促用人单位补办《外来人员就业证》5 708个，督促123个企事业单位申报了使用外来劳动力情况，收缴外来劳动力就业调节费37万元；追缴失业保险费780.45万元；取缔了11家非法职业介绍机构，为职工追回拖欠工资317万元，退还劳动者各种押金269万元；清退不符合规定使用的外地务工人员527人，腾出岗位安置下岗职工和失业人员300人；受理社会和群众政策法规咨询1 392人次，及时化解矛盾，做好预防工作；受理举报投诉案件1 893起，立案查处1 390起。

六、认真贯彻落实中发12号文件精神，较大幅度地提高了职工和离退休人员的生活水平，工资管理工作逐步规范

1. 认真贯彻落实中发12号文件精神，按照中央要求调增了国有企业下岗职工基本生活保障标准、职工最低工资标准和企业离退休人员养老金标准。全自治区国有企业下岗职工基本生活保障标准从150元、135元、120元提高到195元、175.5元、156元，失业保险金标准分别从140元、126元、112元提高到182元、164元、146元；为符合增资条件的118 728名离退休人员调增了养老金，离休人员和建国前参加工作的老工人按行政级别调增，退休（退职）人员分别按75元、60元、40元三个标准进行调增，月人均调增70元。调整后全自治区职工最低工资标准各类地区分别调整到300元、270元、240元，增长50%；并对宁夏地方企业参考工资标准也作了适当调整。全自治区近3万国有企业下岗职工、5 000失业人员和15万机关事业企业离退休人员的收入得到不同程度的提高，使中央关于提高城镇中低收入居民收入的政策措施得到了较好落实。

2. 企业工资管理得到加强，探索企业工资管理新机制初见成效，强化了对企业工资基金管理和工资内外收入的监督检查。完善了对工资指导线制度的管理，加强了对企业工资指导线实行情况的监控。企业经营者年薪制试点工作稳步进行，企业单位工效挂钩和工资总额包干工作进展顺利。

七、安全生产综合管理工作认真贯彻落实江泽民总书记指示精神，监察执法力度不断加强

1. 安全生产综合管理和矿山安全监察工作。一是认真贯彻落实江泽民总书记指示精神，与有关部门一道及时完成了“1·14”燃油锅炉爆燃事故的查处工作。二是召开了全自治区安全生产工作紧急电话会议、全自治区安全生产工作座谈会和全自治区安全生产活动动员电视电话会议，对安全生产及“安全生产周”活动作了安排部署。组织开展了第九次全自治区“安全生产周”活动。三是组成4个检查组对银川、石嘴山市、固原地区9市（县、区）36个企业、单位进行了安全大检查，共查出事故隐患和不安全因素209条，提出整改意见190多条，极大地促进了事故隐患整改。进行了建国50周年期间及澳门回归祖国前及“百日无事故”活动的重点检查。四是大力开展安全生产宣传教育。举办了三期矿山特种机械驾驶员安全技术培训班，培训132人；举办全自治区劳动安全卫生检测检验人员培训班，培训54人；举办化工系统安全员培训班，培训50人；举办首期旅游管理人员安全知识培训班，培训300多人。另外，安全生产宣传和劳动保护教育还做到了服务基层、面向一线，图、文、声并茂，传播了安全生产知识，扩大了安全教育面，教育了广大公民。五是完成了“5·27”灵武市化工公司煤气爆炸、“6·12”灵武矿务局浅6号井重大冒顶事故、“7·14”汝

箕沟煤矿掘进工作面重大冒顶事故、“9·6”同心韦洲煤矿重大瓦斯事故等多起重大事故的查处工作。六是完成了银川、石嘴山市劳动安全卫生检测检验站、宁夏伊斯兰地质工程公司、灵武矿务局建筑施工企业安全资格认证审查和5所技工学校365名应届毕业生电工、焊工双证制考核认证工作。完成了对银川铁路分局、青铜峡铝厂、宁夏化工厂、石化总公司等单位特种作业人员、安全员复审、培训、考核工作。对4家起重机、电梯安装维修单位进行了安全认证审查。完成起重机安全检测检验258台。对沙坡头和沙湖旅游区客运架空索道进行了审查检验。

2. 锅炉压力容器安全监察工作。一是以“1·14”锅炉房爆燃事故查处为契机，组织9个检查组对全自治区锅炉压力容器、气瓶、压力管道进行了专项检查。组织全自治区检验单位开展了1999年度定期检验。共检验锅炉2 186台，定期检验率达96%；检验在用固定式压力容器801台，定检率达85%；检验各类气瓶3.2万只，液化气体罐车56辆，驻厂监检锅炉产品41台，压力容器30台；检验天然气管道98公里。对检查中发现的问题及时进行了处理。二是认真宣传贯彻江泽民同志“1·16”重要指示，抓住使用环节的现场监察，进一步加强和改进工作。三是召开了全自治区锅炉压力容器安全监察工作、锅炉安装单位和焊工培训考核管理工作、液化石油气充装站安全管理工作经验交流会，锅炉水处理工作座谈会和小型和特殊锅炉安全管理工作研讨会，交流了经验，夯实了工作基础。四是《宁夏回族自治区常压锅炉安全管理暂行规定》颁布实施。五是厅属锅炉压力容器安全监察检验人员在对宁夏化工厂二化肥建设工程安装的进口压力容器以及宁夏炼油厂等企业在用压力容器进行安全技术检验中严把安全质量关，及时发现8台设备存在重大事故隐患，使国家避免遭受重大经济损失，维护了企业及国家利益，树立了锅炉压力容器安全监察检验部门的良好形象。六是组织全自治区各级劳动行政部门开展了特种作业人员培训，全年共培训司炉工1 085名，液化气体汽车罐车驾驶员、押运员42名，压力容器操作工60名，焊工256名。七是组织开展了对银川市民用天然气管道、青铜峡铝厂长输管道、西北轴承厂及宁夏化工厂公用天然气管道安装质量的安全监察和监检工作；对宁夏大元炼油化工有限公司压力容器制造厂ARI级压力容器制造资格组织了审查、审定，为其颁发了制造许可证；对全自治区各医院的医用高压氧舱开展了安装检验和发证工作。

八、其他各项工作取得较好成绩

1. 劳动和社会保障法制建设取得突破性进展。起草制定了《宁夏回族自治区劳动力市场管理规定》《宁夏回族自治区〈失业保险条例〉实施办法》，其中，《宁夏回族自治区劳动力市场管理规定》已经自治区人民政府审定发布，地方劳动法规体系日臻完善。

2. 劳动和社会保障宣传工作采取多种有效形式，不断加大宣传力度，继续保持了声势浩大的局面，受到了社会各界的关注。

3. 编制印发了《宁夏回族自治区1999年劳动和社会保障事业发展年度计划报告》，下达了1999年劳动和社会保障事业发展计划主要指标。适时启动了《劳动和社会保障事业“十五”规划》和自治区“十五”计划的劳动和社会保障部分的编制工作。

劳动和社会保障工作任务集中，矛盾突出，改革难度大，时间紧、要求高。面对严峻的挑战，全系统广大干部上下一心，不畏艰难，以高度的政治责任感和高昂的革命斗志投入工作，经过艰苦努力，较好地完成了全年的各项任务。可以说，1999年，是任劳任怨、艰苦鏖战的一年，是改革力度大、收效巨大的一年，也是全系统广大干部经受考验和锻炼的一年。

第一，1999年任务的完成，是高举邓小平理论伟大旗帜，坚定不移、不折不扣地贯彻执行上级党委、政府决策的结果。中央及自治区从全局出发，及时研究部署了国有企业下岗职工基本生活保障和再就业，确保养老金足额发放等项重点工作。各级党委、政府按照自治区的部署，把两个确保作为“一把手工程”来抓，各级劳动保障部门埋头苦干，各有关部门密切配合，工作取得了阶段性成果。正是由于高举邓小平理论伟大旗帜，坚持执行上级党委、政府的决策，工作才取得这样大的进展，经济发展才有一个稳定的社会环境。

第二，思路清楚，目标明确，重点突出，精力集中，这是全年工作的一个突出特点。按照中央及自治区的要求，自治区劳动保障厅在上半年工作通报会上对下半年各项工作作出了明确而周密的部署，采用倒计时的办法安排各项工作进度，有量化指标，有时限要求，有明确政策，有保证措施。一经部署，各级劳动保障部门雷厉风行，扎实苦干，形成了一种抓落实、比进度、争先恐后、你追我赶的工作局面，保证了任务的完成。实践证明，在总体目标确定后，根据不同阶段的情况，抓住主要矛盾和矛盾的主要方面，不失时机地提出阶段性任务，是完成工作任务的一条重要经验，也是今后推动工作的有效方法，值得坚持下去。

第三，1999 年任务的完成再一次证明，劳动保障系统的全体干部职工是一支作风扎实，素质过硬，有凝聚力和战斗力的队伍。概括起来有三点：一是劳动保障部门的大局意识进一步增强了。在完成各项工作任务中，各地劳动保障部门心系改革、发展、稳定的大局，自觉地把劳动和社会保障工作融入自治区经济社会发展大循环，主动服从和服务于大局，以高度的政治责任感和强烈的事业心来完成各项工作任务。二是雷厉风行、狠抓落实的工作作风越来越扎实。尤其是在推动进中心、保发放、贯彻中发 12 号文件等工作中，各有关处室、有关单位及各地迅速召开会议，调整实施计划，加强督促检查，与有关部门共同配合，推动了工作的深入开展。三是服务意识得到进一步提高。不论是在执法监察与检查，还是在加快社会保险制度改革、加强劳动力市场建设、做好职业培训、实施再就业工程中，广大干部职工深入基层、深入群众，调查研究，排忧解难，指导工作。在这些工作中，所体现出来的正是全心全意为人民服务的精神，为经济建设和社会稳定服务的精神。

一年来的工作成绩是主要的。但是，一些深层次的矛盾仍然突出，迫切需要认真研究解决。

劳动工作方面：一是下岗职工有增无减，就业和再就业形势依然严峻；二是劳动力市场信息网络建设滞后，职业介绍、信息交流、就业指导缺乏活力；三是劳动监察队伍建设跟不上形势发展的需要。

社会保障方面：一是养老、失业保险扩面、征缴和清欠工作难度加大，征缴、扩面、清欠率低，保发放后劲不足；二是国有企业下岗职工基本生活保障资金缺口大；三是医疗保险制度改革进展缓慢。

安全生产方面：资金投入不足，事故隐患得不到彻底治理。

（宁夏回族自治区劳动和社会保障厅）

新疆维吾尔自治区

1999年，新疆维吾尔自治区各级劳动保障部门认真贯彻落实劳动保障部、自治区党委、政府的工作部署，自觉服从、服务于改革、发展、稳定的大局，紧紧围绕国有企业改革和保持社会稳定这个中心，团结一致，全力巩固两个确保，促进就业和再就业，狠抓社会保险扩面征缴，积极推进医疗保险制度改革，劳动和社会保障工作取得显著成效。1999年7月19日，经自治区人民政府批准，将原“新疆维吾尔自治区劳动厅”更名为“新疆维吾尔自治区劳动和社会保障厅”，并于8月6日举行挂牌仪式，8月10日启用新印章。

一、以养老保险、失业保险、医疗保险为主要内容的社会保险制度改革取得重大进展

（一）养老保险扩面征缴工作取得进展

截至1999年底，全疆参加基本养老保险的人数为101万人，比1998年增加13万人；当年征缴养老保险金23.63亿元，征缴率为96.8%。同时，积极开展国家机关、事业单位、社会团体的参保工作，参保人数达3万余人，比1998年增长278%，累计收费0.38亿元。

从1999年1月1日起，自治区级基本养老保险社会统筹启动运行。从运作情况看，养老保险调剂功能有较大增强，全年自治区向10个地、州、市下拨调剂金。同时，完善养老金社会化发放。从1999年元月起，自治区全部实行了养老保险全额缴拨的基金结算方式，到年底，自治区养老金社会化发放率达到50.2%。通过强化基金征缴，加大基金调剂力度，利用多渠道筹集、积累资金等措施，确保了企业离退休人员基本养老金的按时足额发放，没有出现新的拖欠。据统计，自治区共有企业离退休人员33.3万人，发放基本养老金26.9亿元。对原行业统筹企业的基本养老保险统筹项目进行了核定，确保了原行业统筹与自治区地方政策的衔接和离退休人员待遇的平稳过渡。根据中央和自治区的统一安排，保证了9月15日前将提高的各项养老保险金发到了企业离退休人员手中。在确保按时足额发放养老金的基础上，按照自治区人民政府的要求，积极采取措施，加大清欠工作力度，共清理企业欠费1.47亿元，清欠率为64%。受到国家劳动和社会保障部的表扬。

（二）失业保险覆盖范围进一步扩大

为认真贯彻《失业保险条例》，自治区人民政府下发了《关于贯彻〈失业保险条例〉的通知》，并召开了电视电话会议，对失业保险工作作了全面安排，及时将自治区的失业保险扩面和基金增收计划下达到各地、州、市。截至1999年底，全疆失业保险参保人数已达111.5万人，比上年增加30.5万人；征缴失业保险费2.2亿元，征缴率为91.6%。积极开展失业保险费的清欠工作，截至年底，累计清理欠缴失业保险费680万元，清欠率为36.5%。当年支出失业保险基金总额9 649万元，其中用于失业救济2 208万元。年末结转失业人员8 777人。全疆城镇登记失业率为3.8%。

（三）基本医疗保险制度改革稳步推进

1999年，自治区人民政府十分重视医疗保险制度改革工作。1998年12月13日，自治区人民政府决定将自治区医疗保险制度改革领

导小组办公室改设在自治区劳动厅，于1999年2月份挂牌办公，将原劳动、人事、卫生等部门分管的社会保险业务，统一划归各级劳动保障部门管理，并决定由自治区劳动和社会保障厅牵头，卫生、财政及有关部门派员参加，组成临时工作机构，起草制定了《新疆维吾尔自治区城镇职工基本医疗保险制度改革总体规划》，1999年4月正式下发执行。同时，根据国家规定，先后制定下发了《自治区城镇职工基本医疗保险定点医疗机构管理暂行办法实施细则》等4个配套文件，拟定了《自治区城镇职工基本医疗保险管理暂行规定》（讨论稿）等7个细则、办法，为自治区医疗保险制度改革的全面启动实施奠定了基础。截至年底，全疆有15个地、州、市出台了医改实施方案，有12个地、州、市已启动实施，参保职工已达42万人。各地、州、市的医改工作管理体制已基本理顺，各项配套政策的制定、定点医院和定点药店的审核、确定以及职工参保、登记等工作已基本完成，为全疆医疗保险制度改革工作的全面启动实施奠定了基础。

二、就业和再就业工作取得新成效，保持了就业局势的基本稳定

（一）进一步加大就业和再就业工作力度

1999年，新疆各级劳动保障部门采取积极措施，认真落实国家和自治区有关促进就业政策，不断拓宽就业渠道，广开就业门路，引导和鼓励失业人员、下岗职工自谋职业和到第一、三产业就业，努力降低失业率。一是按照“劳动者自主择业、市场调节就业、政策促进就业”的方针，加大劳动力市场建设，制定了《劳动力市场管理和服务工作主要业务流程规范》，确定了以乌鲁木齐为中心，库尔勒、奎屯为两翼，覆盖全疆的劳动力市场信息网络体系。乌鲁木齐市、库尔勒市已被列入全国劳动力市场“三化”建设试点城市。同时，建立健全城市劳动力市场职业供求状况分析制度和综合月报制度。规范整顿劳动力市场秩序，打击、取缔非法劳务中介，为求职者提供良好的市场就业环境。全年自治区282所职业中介机构为16.86万人进行了职业登记，为7.11万人进行了职业指导，介绍成功人次数达10.2万人。全疆共举办各类招聘交流大会200余次，定向成交6.5万人。二是继续实施农村劳动力跨地区有序化流动工程，对招用外来农村劳动力实行总量控制、计划管理。坚持实行证卡合一、凭证就业的流动就业管理制度。外来农村劳动力就业办证率达84%，区内流动就业办证率达70%。同时，确定乌鲁木齐市、库尔勒市为民工流动就业重点监控地区。三是加强劳服企业管理。全疆1 253家劳服企业、社区就业主体和生产自救基地实现增加值3.08亿元，从业人员达7.86万人。四是采取各种措施加强就业、转业、转岗等训练，加大就业宣传力度，全年基本实现城镇就业10万人的目标任务。

（二）进一步促进再就业工作，国有企业下岗职工基本生活保障得到落实

1999年，自治区党委、自治区人民政府进一步加强对国有企业下岗职工基本生活保障和再就业工作的指导，于2月份召开了全疆再就业工作会议，部署和安排了自治区1999年的工作，将工作重点转移到下岗职工培训和实现再就业上，并提出了新的目标计划。

1. 确保下岗职工的基本生活，实现三个100%的目标任务。截至1999年底，自治区共有4 986户国有企业实施了下岗分流，占国有企业总数的76%。全疆建立再就业中心1 498个，全年先后有14.18万名下岗职工进入再就业服务中心，其中包括上一年结转的7.56万人。全自治区累计筹集下岗职工基本生活保障资金42 952万元，其中企业自筹4 365万元，失业保险调剂12 366万元，财政预算安排26 221万元。全年先后为14 618万名下岗职工累计支付下岗职工基本生活保障金42 952万元，其中支付下岗职工基本生活费25 928万元，代缴养老保险费15 453万元，失业保险费1 569万元。有力地确保了自治区国有企业下岗职工的基本生活，实现了凡是有下岗职工的企业100%建

中心，下岗职工100%进中心，在中心的下岗职工100%领到基本生活费的三个100%的目标。

2. 全面实施就业培训计划，进一步推动再就业定点培训单位和再就业服务中心结对工作。建立了下岗职工职业指导制度。全年126个再就业定点培训单位对4.28万名下岗职工实施了技能培训和创业能力培训，占全疆下岗职工人数的49%，其中转岗、转业技能培训2.98万人，接受职业指导1.3万人，培训率为34.1%。培训后实现再就业率达70%。积极引导和鼓励社会力量办学培训机构开展下岗职工再就业培训，仅乌鲁木齐地区就有8所社会培训机构开展了再就业培训，为下岗职工再就业创造了条件。

3. 提供政策支持，加大实现再就业力度。为鼓励和推动下岗职工尽快实现再就业，自治区党委办公厅印发了《关于进一步做好再就业工作补充规定》。通过广播、电视、报纸、杂志等新闻媒体，积极引导下岗职工转变择业观念，破除“等、靠”意识，实现自主择业。加大政策扶持力度，通过社会帮助分流安置下岗职工。一是由企业主管部门通过加强行业内部劳动管理、挖潜置换，在行业内进行调剂性安置。二是建立再就业基地，实行“退二转一”，进行农业开发性安置，协调安排再就业贴息贷款，扶持各地再就业市场和再就业基地建设，在乌鲁木齐、哈密、库尔勒、昌吉等地共建立了48个再就业市场，39个再就业农场。三是运用政策调控手段，指令各类经济组织按比例招收下岗职工，进行指令性招收安置。四是规范再就业市场，加强劳动用工管理，规范用工行为。五是为下岗职工自谋职业提供优惠政策。全年通过自谋职业实现再就业的下岗职工达2万多人，占下岗职工再就业总数的40%。全年实现再就业5.53万人，再就业率为38%。

4. 理顺劳动关系，重点解决下岗职工的“隐性就业”问题。下岗职工在再就业服务中心期间实现再就业的，即与再就业服务中心解除基本生活保障和再就业协议；管理期满仍未实现再就业的，再就业服务中心应与其终止协议。解除和终止协议的人员，与原企业的劳动关系同时解除，再就业服务中心不再为其提供基本生活保障，改按失业人员进行管理，由各地劳动保障部门按规定发给失业保险金。全年与企业解除劳动关系的下岗职工共有5.44万人。

三、进一步加大企业工资分配宏观调控力度

1999年，自治区进一步加强企业工资宏观调控力度，坚持按劳分配为主体，多种分配方式并存的原则，逐步实行市场机制调节，企业自主分配，职工民主参与，国家监控指导，与现代企业制度相适应的工资收入分配制度。全年审批工效挂钩方案159户，工资总额包干方案187户，经营者收入方案194户，年薪方案22户；审核下达工资计划企业单位441户。

（一）加强企业工资宏观调控

1999年初，自治区劳动厅制发了自治区企业工资增长指导意见，规定企业以货币工资增长5%为基准线，以货币工资增长10%为预警线，限制了部分企业工资增长过快的现象。同时制定下发了自治区国有企业实施工资控制线有关问题的具体规定，有效地控制了自治区企业职工平均工资水平。

（二）加强企业工资总额监控

对企业工资内外收入进行监督检查，规范企业工资支付行为。建立了企业拖欠职工工资统计报表制度。制定了劳动力市场工资指导价位试点方案，并在乌鲁木齐市进行了劳动力市场工资指导价位制度试点，于11月底对外公布第一批通用性较强的工种岗位的劳动力价位。

（三）调整企业工资及最低工资标准

经自治区人民政府同意，制定出台了自治区企业职工工资调整指导意见，要求各地加强对企业工资增长的政策指导，正确处理效益和分配的关系，有步骤、有计划地合理安排职工增资，企业职工增资原则上从1999年7月1

日起执行。同时还对自治区企业最低工资标准在原有的基础上上调30%。调整后的企业最低工资标准从10月1日起执行。

四、加强劳动合同管理，完善劳动关系调整机制

（一）劳动合同管理进一步完善

1999年，自治区在进一步加强劳动合同管理的同时，积极推进集体协商和集体合同制度。结合自治区实际，建立健全了劳动合同管理台账，制定下发了《关于进一步规范用人单位劳动关系若干问题的意见》，较好地解决了当前企业改革中劳动关系面临的突出问题，对劳动关系的和谐与稳定产生了积极的作用。与自治区总工会建立了联席会议制度，并联合下发了《关于建立自治区集体合同协调会议制度的通知》，有力地推动了集体合同签订与审核工作。

截至年底，自治区已有224万名职工签订了劳动合同；有4 700家企业签订了集体劳动合同，占全部应签企业的38%。

（二）加大劳动争议处理力度

1999年，自治区在加大劳动争议处理的同时，进一步健全劳动和社会保险突发事件处理预案制度。7月份，制定下发了《新疆维吾尔自治区劳动和社会保险突发事件处理预案》，进一步明确了处理突发事件的法律依据、方法、组织和人员，使自治区处理突发事件工作走上了规范化、制度化和法制化的轨道，有效地遏制了突发性事件和集体争议案件事态的扩大，使劳动争议处理制度更加完善。全年自治区各级劳动争议仲裁委员会共受理各类劳动争议案件1 425起，涉及职工3 390人，其中，集体案件73起，涉及职工1 445人，结案率为95%。

（三）劳动和社会保障监察工作取得明显成效

1999年，自治区各级劳动部门紧紧围绕两个确保和扩面征缴等中心任务，进一步加大劳动监察执法力度，全方位、多层次地开展劳动和社会保障监察工作，取得了明显成效。1999年7月30日，经自治区人大审议通过了《新疆维吾尔自治区劳动监督检查条例》，并于2000年1月1日起正式实施。全年自治区各级劳动和社会保障部门共追缴养老保险费2 500万元，追缴失业保险费730万元，补签劳动合同5.68万份，补办就业证卡4.5万人次，纠正用人单位违反劳动法律和规章193条，查处违法案件1 980起，结案率为90.2%。

五、职业培训工作成绩显著

结合当前经济发展实际和今后社会发展对职业培训事业的总体要求，拟定了新疆维吾尔自治区1999—2003年职业教育事业发展规划，就自治区职业培训、技工学校深化改革、推行职业资格证书制度和就业准入制度等方面作出具体要求。

（一）为适应国家西部大开发对技术人才的需求，首次对自治区职工队伍技术等级情况进行了统计调查

此次被调查职工总计81.92万人，其中，技师以上3 240人，占被调查职工人数的0.4%；高级工4.174万人，占被调查职工人数的5.1%；中级工13.11万人，占被调查职工人数的16%；初级工以下42.95万人，占被调查职工人数的52.43%。从统计情况看，自治区高级技术工人远低于全国平均水平；从分布情况看，自治区区属企业高级工所占比例高于各地区所属企业。

（二）积极推行职业资格证书与学业证书并重的“双证书”制度，严格实行就业准入控制

对从事技术性职业（工种）的劳动者实行职业资格证书制度，持证上岗，落实“先培训、后上岗，先培训、后就业”的就业政策。与新疆工学院联合试办大专学历和高级工“双证书”班。在国家公布的实行就业准入的职业（工种）的基础上，会同自治区农业厅等有关部门，对自治区农药管理和经销人员实行了职业资格证书制度。同时，健全和发展社会培训机构，规范社会培训行为，制定了《新疆维吾尔自治区社会力量举办职业技能培训机构管理

办法（试行）》和“评估细则”，依照评估细则对社会培训机构进行评估检查，对不合格者限期整改。截至年底，全疆共有社会培训机构73所，其中乌鲁木齐地区46所，涉及专业161个。全年培训近3万人。

（三）劳动预备制度开始启动

自治区5个试点城市的“实施方案”已陆续组织实施，仅库尔勒和克拉玛依2个城市就培训了1 300人。8月16～22日，在全疆范围内组织开展了“劳动预备制度宣传周”活动，各地、州、市充分利用宣传媒体积极宣传实行劳动预备制度的重要意义和必要性，为2000年自治区全面实行劳动预备制度打下良好的基础。

（四）加大了技工学校改革力度，进一步做好技工学校管理工作

1999年，自治区紧紧围绕“解放思想，更新观念，围绕市场需求，调整专业设置，提高教学质量，坚持培训为就业服务”的指导思想，逐步调整技工学校布局结构和专业设置，鼓励国家级、省部级及其有条件的技工学校试办高级技工班；在自治区技招办统一安排下，允许有生源的技工学校在全疆范围内招生；要求各技工学校积极承担劳动预备制和下岗职工再就业培训任务。6月，自治区职业培训综合基地工作会议在哈密召开。会议确定了组建综合基地的具体构想和实施方案。同时，阿克苏、巴州、新疆石油化工职业技能开发集团相继宣告成立。这是自治区职业培训体制改革的一项重要举措，是引进竞争机制，实现职业培训教育资源共享、优势互补和最大限度地发挥规模效益的一种有效形式，有利于培养和提高劳动者综合素质，实现“招生、培训、鉴定、就业”一条龙服务。

1. 认真组织技工学校招生工作。为进一步做好春、秋两季招生工作，首次在《新疆经济报》刊登全疆70所技工学校招生简章、专业设置，并专版宣传自治区8所国家省及省部级技工学校；同新疆电视台联合摄制完成了反映自治区部分技工学校教学育人的专题片，并于6月份在新疆电视台用维、汉两种语言文字多次播放，这些宣传措施对解决技工学校招生难的问题起到了积极的作用。同时，组织完成了民语试卷和命题与汉、维、哈、蒙、柯5种语言试卷的印制。通过努力，完成1999年招生计划的71%，录取新生1.2万人，同1998年相比，减少11%。

2. 加强技工学校的规范化管理，积极推进素质教育。为实施《技工学校教学管理规范》，组织举办了全疆技工学校优秀教案评比活动，共有35所技工学校选送了178本教案参加评比，有48本教案被评为优秀教案。为在技工学校开设职业指导课程，1999年4月，举办了由技工学校专职人员参加的职业指导培训班，了解劳动力市场需求、职业分类、就业政策，掌握职业指导的一般方法手段。同时，组织应届毕业生参加自治区中心劳动力市场举办的招工洽谈会，使技工培训与就业政策相结合，为学校培养和学生参与市场竞争探索了可行之路。为推进技工学校的素质教育，提高广大师生员工的思想道德素质，5月，分别在乌鲁木齐、奎屯、阿克苏举办了第三届技工学校师生演讲比赛，全疆44所技工学校、116名师生代表参加了比赛，通过预赛、决赛，46名师生代表荣获一、二、三等奖，15所学校获得团体一、二、三等奖。

到1999年底，自治区已有高级技工学校1所，国家级重点技工学校10所，自治区级重点技工学校5所。

（五）职业技能鉴定工作得到进一步发展

截至1999年底，自治区共有职业技能鉴定中心27个，鉴定所97个，鉴定站77个；共有考评员3 700人，质量指导员203人。经国家劳动和社会保障部批准，取得了自治区职业技能鉴定国家题库地方分库的运行资格，从10月1日起，正式启用了50个通用职业（工种）的国家试题库，建成20个通用职业（工种）的少数民族试卷库，初步建成与国家题库联网的计算机网络系统。在对自治区技工学校实行统一鉴定的同时，自治区劳动厅和自治区教委联合下发了《在职业中等专业学校、职业

学校、职业高中毕业生中开展职业技能鉴定的通知》。并在新疆财经学院进行秘书专业职业技能鉴定的试点工作。全年参加统一鉴定的各类毕业生11 960人，其中初级3 069人，中级8 891人；地州市所属技工学校、职业技术学校参加3 552人，自治区所属技工学校、职业技术学校参加8 408人，理论考试平均及格率为93.3%，操作考核平均及格率为77%。对自治区国有企业1 085名经再就业培训的下岗职工进行了职业技能鉴定，其中获得上岗证书的176人，获初级证书的850人，获中级证书的59人。全年自治区参加职业技能鉴定总计13 286人，其中获得初级证书的4 581人，获中级证书的4 884人，获高级证书的2 123人，获技师资格的247人，获高级技师资格的79人。

六、下大力气狠抓安全生产工作，促进了全疆安全生产形势的逐步好转

1999年，自治区劳动和社会保障厅认真贯彻落实“安全第一，预防为主”的方针，履行安全生产综合管理职能，全面落实安全生产目标责任制，加大安全监察力度，为自治区安全生产创造了良好的环境。

（一）职业安全卫生监察

1999年重点开展了特种设备、建筑安装企业、危害性较大场所的安全监察。对自治区起重机械（电梯）制造、安装、维修单位进行安全许可证认证，认真审查各单位的技术力量、工装设备、检测仪器、文件技术档案、法律法规政策资料、管理手册等，对符合要求的单位颁发《起重机械（电梯）制造、安装、维修许可证》。目前已有95家单位获取许可证。对建筑安装施工企业进行安全资格认证和复审，同时规范建筑安装施工企业的各项安全规章制度、特种作业人员持证上岗制度，进一步规范了建筑施工市场。对35个“三同时”监察工程项目，严格把关，防止了新建工程项目中的事故隐患。对6家企业进行了工业卫生检测检验，对68个劳动防护用品生产企业的产品质量进行了监察。

（二）锅炉压力容器安全监察

1999年8月16日，自治区劳动和社会保障厅制发了《新疆维吾尔自治区锅炉安装监督管理规则》。审查批准锅炉修理、改造方案35个，使企业生产得到正常运行。完成自治区锅炉压力容器制造单位取换证的审查工作，对新疆石油管理局第二机械厂申请制造油田注气锅炉的资格进行了取证审查，对新疆石油化工机械厂AR2及压力容器制造资格进行换证审查，对克拉玛依炼油建设工程处BR1及压力容器制造资格进行了取证审查。做好气瓶充装单位、检验单位的取换证和压力容器、高压氧舱的修理、改造方案的审批工作。对乌鲁木齐煤气公司和热力公司等单位进行锅炉压力容器的安全管理工作的专项安全检查，对违纪违规的沈阳市工业锅炉安装公司等单位进行了处罚，严肃了安全监察力度。

（三）矿山安全卫生监察

1999年初，自治区劳动厅、总工会、地矿厅、乌鲁木齐市劳动局等单位组成联合检查组，对乌鲁木齐地区矿山企业进行了一次安全生产大检查。在检查中，责令停产矿井6个，限期整改8个，查处特殊工种无证上岗4人。由于监察得力，矿山安全生产有了明显的好转。同时，加强矿山企业安全条件审核认证，严格矿山建设施工单位的安全资格审查和扩建工程的验收。全疆80%以上的矿山企业取得安全条件合格证。

（四）加强安全教育，严格发证管理，杜绝无证上岗

全年举办各类安全培训班19期，共培训5 748人，其中矿长（厂长）1 300人，电工1 682人，焊工1 141人，起重工1 075人，压力容器检验员等130人，其他420人。

（五）劳动安全事故

1999年，自治区非矿山企业发生伤亡事故219起，死亡144人，重伤113人，分别比上年下降11.6%，12.7%，12.4%；发生一次死亡3人以上重大伤亡事故1起，死亡4人，重伤2人，与上年相比伤亡事故起数减少6

起，死亡人数下降83%。自治区矿山企业发生伤亡事故249起，死亡346人，重伤35人，与上年相比伤亡事故下降7.78%，死亡人数上升5.49%，重伤人数下降16.67%；发生一次死亡3人以上重大伤亡事故21起，死亡105人，重伤12人，分别比上年上升16.67%，28.05%，20%。

七、加强了特困企业认定工作

自治区原有国有特困企业376户，职工105 481人。经审验，决定取消170户，44 869人，减少率分别为45.2%和42.54%；符合条件继续认定206户，职工60 612人，其中自治区区属企业32户，25 091人，地、州、市属企业174户，35 521人。此次审验认定的国有特困企业，有效期从1999年11月15日到2000年12月30日止。

（新疆维吾尔自治区劳动和社会保障厅）

新疆生产建设兵团

1999年，新疆生产建设兵团劳动和社会保障工作在国家劳动和社会保障部和兵团党委的正确领导下，经各有关部门的通力协作，兵团劳动保障战线全体同志，团结奋战，知难而进，全力巩固两个确保，提前完成补发企业拖欠的养老金工作，按时完成调标工作，各项劳动保障工作获得了全面的进展，为兵团的社会稳定和经济发展作出了积极的贡献。

一、国有企业下岗职工基本生活保障和再就业工作取得一定成绩

一是认真贯彻国务院国有企业下岗职工基本生活保障及再就业工作会议精神，积极筹备召开了兵团两个确保工作会议及兵团劳动和社会保障工作座谈会，根据国办发〔1999〕10号文件，结合兵团实际，制定并下发了《关于进一步做好国有企业下岗职工基本生活保障和企业离退休人员基本养老金发放工作有关问题的通知》《关于新疆生产建设兵团国有企业下岗职工基本生活费财政补贴拨付使用的暂行管理办法》等文件，进一步明确了兵团国有企业下岗职工基本生活保障及再就业工作的指导思想、工作原则及目标措施，有效地促进了工作的开展。

二是按照劳动和社会保障部的要求努力规范了建中心、进中心、签协议、保生活、抓培训、出中心、再就业等每一个环节的工作。据统计，1999年末，兵团有下岗职工的企业397个（其中城镇190个），建中心397个（城镇190个），建中心率达100%；下岗职工81 964人（其中城镇34 438人），进中心81 957人（其中城镇34 431人），进中心率达99.9%；下岗职工签订管理协议81 562人（其中城镇34 031人），签协议率达99.5%（镇为98.8%）。为保证下岗职工的基本生活，积极筹措了资金，1999年共筹集下岗职工基本生活保障资金5.3亿元（城镇部分为1.41亿元），其中，中央财政向兵团预拨3.9亿元（城镇部分为1.04亿元），企业自筹12 736万元，社会筹集1 971万元。进中心签协议的下岗职工基本都能领到生活费，足额发放生活费81 535人（其中城镇34 008人），足额发放率达99.9%。1999年9月，根据中央12号文件精神，完成了提高下岗职工、失业人员待遇水平工作；为了提高下岗职工的技能，按照劳动保障部“三年千万”的再就业培训计划，加强了培训工作，1999年兵、师两级共培训下岗职工1.22万人；按照“企业安置、行业调剂、社会帮助、自谋职业”的原则，通过拓宽就业渠道、落实优惠政策、开展就业服务、引导转变观念等措施，推动了再就业工作的开展。1999年城镇国有企业新增下岗职工2.08万人，出中心及实现再就业下岗职工2.24万人。

三是积极推广典型经验，带动兵团再就业工作的均衡发展。1999年8月，在农六师召开了劳动和社会保障工作座谈会，对下岗职工分流和再就业工作中涌现出来的师局典型经验进行了交流。通过树立典型、交流经验，有力地带动了兵团下岗职工再就业工作的深入发展。四是狠抓了调研、督察指导工作。为有效地贯彻和落实下岗职工基本生活保障和再就业工作的各项政策，1999年兵、师两级劳动保

障部门分别组织了认真的调研、督导工作。通过调研和督导，掌握了基层的第一手资料，及时地发现和解决了存在的问题，使下岗职工的基本生活保障及再就业工作的各项措施落到了实处，促进了此项工作在全兵团范围内的正常开展。

二、圆满完成了养老金补发工作，确保离退休人员养老金按时足额发放

1999年元月，国务院再次强调了确保离退休人员养老金按时足额发放和补发历年拖欠养老金的要求，2月份兵团召开电视电话会议，兵团党委作出了分三个阶段补发完企业历年拖欠离退休人员养老金的决定。为落实会议精神，兵团下发了《关于按时足额发放离退休人员养老金的意见》（兵办发〔1999〕89号），进一步明确了领导责任制、养老保险基金动用审批、资金筹措等方面的规定，有效地保证了补欠工作的开展。兵、师两级社会保险经办机构组织人员深入企业进行调查摸底，仔细核实补发的人员和金额，摸清了拖欠情况。在各方面的共同努力下，积极筹措了补欠资金，兵、师两级社会保险经办机构借支21 985.53万元，师（局）财务帮助资金1 024.23万元，企业自筹资金16 990.14万元，中央财政和兵团财务借支8 430万元，共筹措到补欠资金48 430万元，仅用了87天时间就为19.71万名离退休人员补发完了历年拖欠的养老金，提前一个月完成了兵团党委交给的任务。

1999年9月，按照中央12号文件要求，调整企业离退休人员养老金水平，在任务重、人手少、时间紧的情况下，由于方案周密、措施得力，按时为全兵团38.84万名离退休人员调整了养老金水平，离休人员月人均增加165元，退休人员月人均增加55元。

1999年兵团克服自然灾害频繁、农牧产品降价等困难，基本保证了兵团离退休人员养老金的按时足额发放。

三、社会保险制度改革的步伐加快，措施逐步完善

一是养老保险兵团级统筹工作进一步规范。1999年度调剂统筹金5 020万元，比上年度增加1 851万元，调剂力度进一步加大，缓解了师局之间养老负担不平衡的矛盾，兵团级养老保险统筹工作顺利运转。据统计，截至1999年底，参保职工67.57万人，纳入统筹的离退休人员38.91万人，实际收缴统筹基金16.83亿元，收缴率为89.75%。

二是认真宣传、贯彻《社会保险费征缴暂行条例》和《失业保险条例》，深入开展扩大覆盖面和基金征缴工作，扩面征缴工作取得一定的成效。养老保险参保职工扩面1.96万人，增加缴费3 000万元；失业保险参保职工扩面4.3万人，增加缴费2 000万元。

三是在救济失业人员的同时，加大了对再就业工作的资金调剂力度。1999年底职工参保率为81%，收缴失业保险基金5 030万元，收缴率为65.45%，当年享受失业保险待遇0.40万人，当年用于再就业资金2 200万元，比上年增加1 869万元。

四是医疗保险制度改革已作了前期准备工作。目前，兵团和部分师局（一、二、八、十师）组织了由劳动、医疗卫生、医疗管理、财务等部门参加的调研、测算工作，草拟了《兵团医疗保险制度改革总体规划》。

五是工伤、生育保险制度改革稳步推进。截至1999年底，已有10个师（局）开展工伤保险，参加工伤保险职工46.11万人，收缴工伤保险费1 432万元，收缴率为86.47%，当年享受工伤保险待遇585人；有9个师（局）开展了生育保险，参加生育保险职工32.58万人，收缴生育保险费1 277万元，收缴率为82.81%，当年享受生育保险待遇7 098人。

四、劳动力管理与民工有序流动工作进一步加强

围绕兵团经济发展和劳动力需求，加强了

外来劳动力的开发引进与合理配置工作，积极探索兵、师、团三级联合引进外来劳动力的路子，扩大劳务合作范围，建立劳务工引进基地，规范管理，强化服务，弥补了兵团农业、建筑业生产一线劳动力的不足。1999年引进外地工10万人，季节性劳务工20万人，据调查，目前滞留在兵团的长期工近13万人。

五、工资分配管理工作力度进一步加大，宏观调控措施得到落实

1999年，企业经营者收入和工效挂钩的管理进一步规范，企业工资内外收入的监督检查得到加强。同时根据国家有关政策及物价变动情况，分别对企业及农牧团场最低工资标准调整提出了指导性意见。

六、劳动关系与监察工作有新的进步

为维护劳动者和用人单位的合法权益，促进劳动关系的和谐稳定，针对下岗职工、停薪留职、两不找、隐性就业等人员劳动关系混乱的问题，在调研的基础上，制定出台了《关于理顺劳动关系若干问题的意见》，为理顺上述人员的劳动关系提供了一定的政策依据，强化了劳动合同的管理工作。加强了仲裁庭的建设和仲裁员的培训，推广了农八师选择仲裁员的制度，制定出台了《处理劳动争议若干问题的意见》，进一步规范了办案程序，劳动争议结案率稳定提高。1999年共受理劳动争议案件487件，涉及劳动者2 361人，结案470件，结案率为96.51%；受理集体争议案件25件，结案25件，结案率达100%。

紧紧围绕社会保险扩面征缴和两个确保工作，加大社会保险宣传和监察工作力度。首先，开展国务院“两个条例”的宣传教育工作，增强了用人单位的缴费意识。其次，开展扩面征缴、两个确保的专项检查，1999年共检查企业965家，涉及职工40.35万人；追缴养老保险费9 284.3万元，失业保险费2 289.27万元，补签劳动合同8 868份；立案256件，结案231件，结案率为90.2%。通过监察执法活动的开展，有力地促进了兵团劳动和社会保障工作的顺利开展。

七、职业培训工作向规范化、制度化健康发展

坚持职业培训为就业服务的指导思想，实行培训、考核（鉴定）相结合，使兵团职工队伍技术结构逐步改善，整体素质进一步提高。1999年加强了高级工和技师的培训考核工作，全兵团上岗、初级、中级技术等级培训6万人次，培训考核高级工3 000人次，技师400人，鉴定人数为13 874人。1999年兵团承担的国家题库地方分库的开发工作已顺利通过国家劳动和社会保障部的终审验收，并取得国家题库地方分库的资格认证。在试点的基础上，积极筹备推行劳动预备制度，制定了《兵团劳动预备制度方案》，为兵团劳动预备制度的实施作了准备。进一步加大了技工学校改革的力度，通过实行集中办学、创办高职班、提高教学质量、扩大生源范围、拓宽就业渠道等措施，使技工学校逐步适应市场，提高了竞争和生存能力。

八、劳动安全卫生监察工作取得一定成效

继续认真贯彻了“安全第一，预防为主”的方针。认真落实安全生产责任制，强化了综合管理与监察，安全卫生检测检验体系逐步健全，事故的预防工作得到加强。1999年共发生职工伤亡事故92起，死亡69人，重伤40人，与1998年同期相比，事故起数下降了17.12%，死亡人数上升了6.15%，重伤人数下降了42.86%。

九、劳动保障基础性工作得到进一步加强

开展了形式多样的《劳动法》及其配套法规的宣传教育活动，企业和劳动者守法、用法意识进一步加强；利用劳动学会作为阵地进行了深入的劳动保障理论政策研究活动，1999年共收到各类论文和调查报告近100篇；劳动统计信息质量有所提高，为领导决策提供了依

据。热情接待群众来访咨询，认真处理信访，为职工群众服务，对维护兵团的稳定作出了一定的贡献。

（新疆生产建设兵团劳动和社会保障局）

劳动和社会保障大事记

1999年劳动和社会保障大事记

1月5日　国务院总理朱镕基主持召开国务院第30次总理办公会议，审议《关于做好提高出生人口素质工作的意见》，听取关于国有企业下岗职工基本生活保障和再就业工作会议筹备情况及有关问题的汇报。张左己同志出席会议并作汇报。

1月12日至13日上午　国务院在京召开国有企业下岗职工基本生活保障和再就业工作会议。会议的主要任务是，总结1998年5月党中央、国务院召开国有企业下岗职工基本生活保障和再就业工作会议以来的成绩和经验，分析新的形势，研究和部署1999年工作。中共中央政治局常委、国务院总理朱镕基在13日的闭幕式上同与会同志进行座谈并作重要讲话。他强调，国有企业下岗职工基本生活保障和再就业工作，直接关系到广大职工的切身利益，关系到保证改革开放和现代化建设稳定发展的大局，各级党委、政府和有关部门要高度重视，坚定信心，扎实工作，继续狠抓落实，确保国有企业下岗职工基本生活，确保企业离退休人员养老金按时足额发放。中共中央政治局委员、国务院副总理吴邦国在12日的开幕式上作了《发扬成绩　再接再厉　为改革发展稳定大局作出新的贡献》的工作报告。他在报告中充分肯定了1998年两个确保工作所取得的成绩，明确提出了1999年的工作方针和主要任务，并要求各地区、各部门切实加强领导，改进工作作风，按照中央经济工作会议提出的总体要求，千方百计保证国有企业下岗职工基本生活，保证企业离退休人员养老金按时足额发放，积极促进下岗职工再就业，建立健全社会保障体系，为维护改革、发展、稳定大局作出新的贡献。国务院副总理吴邦国主持会议闭幕式，国务委员、国务院秘书长王忠禹主持会议开幕式。中共中央政治局常委、国务院副总理李岚清，国务院副总理钱其琛、温家宝，国务委员迟浩田、罗干、吴仪、司马义·艾买提等国务院领导同志出席会议。各省（自治区、直辖市）省长（主席、市长）、分管劳动保障工作的副省长（副主席、副市长），劳动保障、经贸、财政部门的负责同志，各计划单列市市长、分管劳动保障工作的副市长，中央、国务院有关部门的主要负责同志参加会议。

1月13日下午至15日　全国劳动和社会保障工作会议在京召开。会议的主要任务是，深入学习贯彻中央经济工作会议和刚刚闭幕的国有企业下岗职工基本生活保障和再就业工作会议精神，总结1998年劳动保障工作，研究部署1999年工作任务。张左己同志在会上作了题为《坚定信心　知难而进　巩固两个确保　全面深化劳动和社会保障制度改革》的工作报告。李其炎同志作会议总结。会上，李其炎同志就《劳动和社会保障事业发展总体规划（草案）》及规划统计、信息系统建设、国际交流合作工作，刘雅芝同志就劳动关系、企业工资和劳动保障法制建设工作，林用三同志就培训就业和失业保险工作，王建伦同志就养老保险、社会保险基金监督工作，王东进同志就建立城镇职工基本医疗保险制度、推进工伤、生育保险和农村养老保险工作分别作了讲话。会议由张左己、李其炎同志主持。各省、自治区、直辖市及计划单列市劳动保障厅（局）、国务院有关部门劳动保障工作机构和部属各单位负责同志参加了会议。

1月14日　国务院总理朱镕基主持召开国务院第13次常务会议，审议并原则通过了《社会保险费征缴暂行条例（草案）》。会议认为，制定《社会保险费征缴暂行条例（草案）》，将加强和规范社会保险费的征缴工作，保障社会保险金的发放。条例对基本养老保险费、基本医疗保险费、失业保险费的征收、缴纳，作出了具体规定。会议决定，《社会保险费征缴暂行条例（草案）》经进一步修改后由国务院发布施行。张左己同志列席会议。1月22日，朱镕基总理发布第258号、第259号国务院令，颁布实施《失业保险条例》和《社会保险费征缴暂行条例》。《失业保险条例》共6章33条，对失业保险覆盖范围，失业保险基金的构成、缴纳、使用，享受失业保险待遇所应具备的条件，失业保险金的发放和标准，失业保险金的管理和监督等作出了明确规定。《社会保险费征缴暂行条例》共5章31条，明确了基本养老保险费、基本医疗保险费、失业保险费的征缴范围，及缴费单位和缴费个人在社会保险费征缴工作中的权利与义务，规范了征缴程序，强化了征缴手段，对违反条例规定的单位和个人规定了处罚措施。

1月15日至20日　中共中央政治局常委、国务院总理朱镕基在福建省考察工作，期间，看望慰问下岗职工并进行座谈，听取福建省两个确保工作汇报。张左己同志随同考察。

1月15日至2月3日　张左己同志在陪同江泽民总书记在内蒙古视察，陪同朱镕基总理在福建考察期间，就下岗再就业和两个确保工作作了调研。李其炎、林用三、王建伦同志分别带队赴江西、四川、陕西、新疆、辽宁、吉林、黑龙江7省（自治区）调研。调研的主要任务是：了解国有企业下岗职工基本生活保障和再就业工作会议及全国劳动和社会保障工作会议精神贯彻落实情况；检查贯彻《中共中央办公厅、国务院办公厅关于切实帮助生活困难的群众过好1999年春节的通知》（中办发〔1999〕4号）精神和春节期间两个确保落实情况；走访慰问企业离退休人员和下岗职工。

1月19日　中共中央宣传部、劳动和社会保障部联合发出《关于印发〈国有企业下岗职工基本生活保障和再就业工作宣传提纲〉与〈确保企业离退休人员基本养老金按时足额发放工作宣传提纲〉的通知》（中宣发〔1999〕2号），对有关政策宣传工作提出了具体要求。

1月28日至2月1日　中共中央总书记、国家主席江泽民在内蒙古自治区视察工作。先后到内蒙古一机厂、二机厂看望慰问下岗职工；视察包头市东河区再就业服务中心、包头市再就业工程培训基地。张左己同志陪同考察。

1月29日　国务院办公厅发出《关于进一步加强国务院立法工作几点意见和1999年立法工作安排的通知》（国办发〔1999〕9号）。其中，《劳动合同法》被列入拟提请全国人大常委会审议的法律草案；《养老保险条例》《城镇居民最低生活保障条例》被列入拟由国务院发布或者经国务院批准由部门发布的行政法规；《社会保险法》被列入抓紧调研论证，条件成熟时提请审议的法律草案。

2月3日　国务院办公厅发出《关于进一步做好国有企业下岗职工基本生活保障和企业离退休人员养老金发放工作有关问题的通知》（国办发〔1999〕10号）。通知主要内容是：第一，继续做好国有企业下岗职工基本生活保障和再就业工作；第二，切实做好企业离退休人员养老金发放工作；第三，抓紧做好养老保险行业统筹移交地方管理后的有关工作；第四，坚决制止和纠正违反国家规定提前退休的行为。通知指出，要继续把国有企业下岗职工基本生活保障和再就业工作作为一件大事，切实抓紧抓好。要坚持实行企业、社会、财政各负担1/3的办法落实资金。中央企业由中央财政负担，地方企业由地方财政负担。各地财政一定要调整预算支出结构，优先、足额安排这项资金，企业、社会筹集不足的部分，财政要给予保证。要进一步办好企业再就业服务中心，有针对性地开展职业培训和职业指导，帮助下岗职工尽快实现再就业。要加大劳动力市场建设和职业培训的资金投入，推动劳动力市场科学化、规范化和现代化建设，为下岗职工提供方便快捷的再就业服务。进一步完善“三条保障线”制度，下岗职工通过企业再就业服务中心保障其基本生活，最长时间为3年；期满后仍未就业的，按规定领取失业保险金，最长时间为2年；享受失业保险2年后仍未就业的，按规定享受城镇居民最低生活保障待遇。有关部门要认真做好“三条保障线”的衔接工作，切实保障下岗职工和失业人员的基本生活。通知强调，做好国有企业下岗职工基本生活保障和再就业工作，确保企业离退休人员养老金按时足额发放，关系到企业改革、经济发展和社会稳定的大局，涉及企业职工和离退休人员的切身利益。各地区和有关部门务必高度重视，认真贯彻党中央、国务院的方针政策和工作部署，处理好改革、发展、稳定的关系，做到政策落实、资金落实、工作落实。劳动保障部与国家经贸委、财政部等有关部门要密切配合，加大督促检查的力度，加强对地方工作的指导，共同把工作做好。

2月24日　劳动和社会保障部发出《关于切实做好春运期间控制民工盲目外出的紧急通知》(劳社发明电〔1999〕9号)(简称《紧急通知》)，要求北京、河北、上海等15个民工输出输入较多的省、自治区、直辖市的劳动和社会保障部门，进一步做好春运期间组织民工有序流动工作，控制农村劳动力大量盲目外流。《紧急通知》指出，各劳动力输出地要严格按国务院办公厅和劳动保障部的有关文件要求，3月底前，全力做好老带新民工和盲目外出农村劳动力的劝阻劝退工作。要将输入地3月底前不招新民工的规定宣传到乡镇村户，并做好农村劳动力就地安置工作。各劳动力输入地要采取坚决措施，在3月底前控制企业招用新民工。要加大劳动监察工作力度，严厉打击私招乱雇和非法劳务中介。《紧急通知》要求，各地要加强宣传，通过电视、广播等多种形式，宣传国家关于民工有序流动的规定和要求。各输出地和输入地要顾全大局，加强配合与协作，切实落实重点监控地区的各项工作，按既定目标任务督察落实。要进一步做好抽样抽查和信息通报工作。重要情况要及时向当地政府报告，并同时报劳动保障部组织民工有序流动工作办公室。

2月26日　经国务院批准，劳动和社会保障部召开扩大社会保险覆盖范围加强基金征缴工作电视电话会议。会议的主要任务是：学习贯彻《社会保险费征缴暂行条例》和《失业保险条例》，部署扩大社会保险覆盖范围和加强征缴工作，确保国有企业下岗职工基本生活和企业离退休人员养老金按时足额发放。张左己同志作了题为《认真贯彻两个条例　努力扩大社会保险覆盖范围　切实加强基金征缴工作》的讲话，要求各地充分认识两个条例的重要意义，准确把握两个条例的主要内容；精心部署，狠抓落实，奋战二季度，确保实现扩大覆盖范围和加强基金征缴的工作目标。李其炎同志主持会议，刘雅芝、林用三、王建伦、王东进同志和国务院有关部门及北京市有关负责同志在主会场出席会议。各省、自治区、直辖市及计划单列市人民政府分管劳动保障工作的秘书长，劳动保障、法制、经贸、财政、人事、外经贸、卫生、税务、工商部门的负责同志分别在当地分会场出席会议。

3月1日　劳动和社会保障部发出《关于印发〈劳动和社会保障事业发展总体规划(1998—2000年)〉的通知》(劳社部发〔1999〕6号)。规划共分基本形势和指导方针、目标任务、政策措施和实施步骤、支撑保障四个部分。

同日　劳动和社会保障部发出《关于印发1999年劳动和社会保障工作要点的通知》(劳社部发〔1999〕7号)，明确了1999年劳动和社会保障工作的总体要求和需要重点做好的8个方面工作：一是继续做好国有企业下岗职工基本生活保障和再就业工作；二是进一步做好确保企业离退休人员养老金按时足额发放工作；三是全面推进城镇职工基本医疗保险制度改革；四是加强劳动工资管理；五是加强劳动和社会保障法制建设；六是加强社会保险基金监督，稳步推进各项社会保险事业；七是加强劳动和社会保障规划和统计信息工作；八是全面推进劳动和社会保障事业的健康发展。

3月4日至5日　为进一步贯彻落实国务院医疗保险制度改革决定精神，加快推进城镇职工基本医疗保险制度改革，劳动保障部在海南省海口市召开贯彻国务院医疗保险制度改革决定工作会议。会议的主要任务是：交流各地推进建立城镇职工基本医疗保险制度情况，研究部署下一步工作。王东进同志出席会议并讲话，海南省副省长吴昌元及各省、自治区、直辖市劳动保障厅局主管领导，计划单列市、各省省会城市劳动局局长参加了会议。

3月9日　劳动和社会保障部发出《关于制止和纠正违反国家规定办理企业职工提前退休有关问题的通知》(劳社部发〔1999〕8号)。通知指出，各地要认真贯彻《国务院办公厅关于进一步做好国有企业下岗职工基本生活保障和企业离退休人员养老金发放工作有关问题的通知》(国办发〔1999〕10号）精神，坚决制止和纠正违反国家规定办理提前退休的行为，严格执行国家关于退休年龄的规定；要规范退休审批程序，健全审批制度；要按照国家有关规定，严格核定提前退休人员的待遇；要集中力量，按期完成清理提前退休的工作。

3月17日　劳动和社会保障部决定从即日起设立国有企业下岗职工基本生活保障和再就业监督电话。主要目的是，便于社会各界积极参与国有企业下岗职工基本生活保障和再就业工作的监督，形成广泛的社会监督机制。任何单位或个人均可对以下方面违纪违规行为，通过监督电话举报、反映：一是国有企业下岗职工基本生活保障资金的筹集和管理情况；二是国有企业下岗职工基本生活费发放情况；三是再就业服务中心代下岗职工缴纳社会保险费，组织下岗职工培训，提供就业信息，进行职业指导的情况；四是落实再就业优惠扶持政策情况。监督电话号码是：010－84220843，传真电话号码是：010－84202275。

3月19日　依据国务院发布的《社会保险费征缴暂行条例》，劳动和社会保障部部长张左己签署《社会保险登记管理暂行办法》(第1号部令)、《社会保险费申报缴纳管理暂行办法》(第2号部令)、《社会保险费征缴监督检查办法》(第3号部令)，并发布施行。《社会保险登记管理暂行办法》共有6章24条，规定了办理社会保险登记的范围、管理原则、登记办法和要求，变更社会保险登记的条件和要求，注销社会保险登记的条件和办法，以及社会保险登记证的制作与管理等。《社会保险费申报缴纳管理暂行办法》共有23条，适用于缴费单位进行缴费申报和社会保险经办机构征缴社会保险费，规范了社会保险费的缴费申报和缴纳管理工作。《社会保险费征缴监督检查办法》共有21条，规定了社会保险费征缴监督检查的范围；规定了劳动保障行政部门负责社会保险费征缴的监督检查工作；劳动保障监察机构与社会保险经办机构应当建立按月相互通报制度；劳动保障行政部门应当向社会公布举报电话，并建立年检制度。同时，还对社会保险费征缴监督检查的内容，劳动保障监察人员执行监察公务和社会保险经办机构工作人员进行调查或检查时所行使的职权及承担的义务，对违规的缴费单位如何处罚等作了具体规定。

3月20日　劳动和社会保障部发出《关于贯彻两个条例扩大社会保险覆盖范围加强基金征缴工作的通知》(劳社部发〔1999〕10号)，要求各地认真贯彻《社会保险费征缴暂行条例》和《失业保险条例》，确保扩大社会保险覆盖范围加强基金征缴工作电视电话会议提出的任务如期完成。通知明确指出，当前贯彻两个条例，扩大社会保险覆盖范围，加强基金征缴工作的目标任务是：4月份基本完成对新参保单位的社会保险登记工作；5月份全面实行缴费申报制度，并实现各项社会保险费统一合并征收；6月份基本实现社会保险全覆盖，全年基金收缴率保持在90%以上。通知对扩大社会保险覆盖范围的工作重点和有关政策作出明确规定，要求城镇各类用人单位及其职工，都要依法参加社会保险，履行缴纳社会保险费的义务，享受相应的社会保险待遇。要把外商投资企业、港澳台投资企业和私营企业作为当前扩大社会保险覆盖范围的重点，同时做好国有企业、集体企业和事业单位参加社会保险的工作。通知要求抓紧建立和实施社会保险登记制度，在规定的期限内完成新参保单位的登记和对原参保单位补办登记的工作。严格执行社会保险费的申报和缴纳制度。新参加社会保险的单位一律实行全额申报、全额缴费，过去实行差额缴费的单位要在1999年5月底之前改为全额缴费。通知要求在1999年5月底之前，完成各项社会保险费统一合并征收工作。通知最后强调，要加强组织领导，各级劳动保障部门要及时向党委、政府请示报告，在党委、政府的领导下，进一步动员全体人员，组织各方面的力量，全力以赴打一场攻坚战，确保扩大社会保险覆盖范围和提高基金收缴率目标任务的完成。

3月22日至4月2日　应加拿大人力资源开发部、劳工部和美国劳工部邀请，张左己部长率代表团访问了加拿大和美国。此次出访实现了中美两国劳工部长历史性的对话，对开辟中国与加、美两国在劳动保障领域更广阔的合作前景具有深远的意义。张左己部长在加、美期间，重点考察了两国的就业培训和社会保障等方面的情况，并分别会见了加拿大人力资源开发部部长皮尔·S·佩梯格鲁先生和劳工部部长克劳荻·布拉德肖女士，加拿大人力资源部高级顾问兼参议院执政党发言人、前扫盲事务部长费尔贝恩女士，美国劳工部部长阿莱克希斯·赫尔曼女士，美国社会保障署署长阿普佛先生，美国卫生与人文服务部副部长凯文·特穆先生，美国劳联—产联等工会界领袖以及工商界代表。在加拿大期间，宾主共同回顾了近年来两部间的交流与合作，并一致同意及时续签于1999年11月到期的两部间合作谅解备忘录。在美国期间，张左己部长与美国劳工部部长阿莱克希斯·赫尔曼女士共同发表了会谈纪要，并一起出席了由美国劳工部举办的记者招待会。

3月25日至26日　全国失业保险工作会议在浙江杭州召开。会议的主要任务是：贯彻两个条例，落实国有企业下岗职工基本生活保障和再就业工作会议、全国劳动保障工作会议精神，完善失业保险制度，指导和推动全国失业保险工作。林用三同志出席会议并讲话，要求各地把完善失业保险制度、做好失业保险工作，摆到加快建立适应社会主义市场经济体制要求的社会保障体系和就业机制的位置上来。各省、自治区、直辖市和计划单列市劳动保障厅局负责人参加了会议。

4月11日至20日　按照劳动和社会保障部《关于开展社会保险宣传活动的通知》（劳社部发〔1999〕11号）精神，为期10天的社会保险宣传活动在全国展开，各地劳动和社会保障部门以报纸、广播、电视等各种新闻媒体为阵地，以街头巷尾、机关厂矿为舞台，开展咨询活动，举办知识竞赛，散发宣传材料，张贴宣传画，掀起了宣传热潮。这次宣传活动的主题是贯彻落实国务院1月22日发布实施的《失业保险条例》和《社会保险费征缴暂行条例》，巩固两个确保。11日是宣传活动开展的第一天，正在沈阳考察工作的张左己同志到沈阳中兴大厦门前参加政策咨询活动，热情接受群众咨询，并看望了劳动保障部门工作人员和新闻单位记者。在北京，李其炎、刘雅芝、王建伦、王东进同志分别在西单、东大桥、地坛、北京市工人俱乐部等主要宣传点参加政策咨询活动。此次宣传活动有以下几个特点：一是各级领导高度重视，许多省市的主要领导人都亲自参与，并现场发放材料，进行解答。二是各级劳动保障部门无论在人员和资金上都进行了充分准备，为此次活动的开展奠定了良好的基础。三是新闻单位密切配合，各地报纸、电视台、电台纷纷开办社会保险宣传专栏，解释有关政策。四是群众主动参与，反响热烈，增强了社会保险意识。

4月11日至28日　为检查第一季度两个确保、扩面征缴和医疗保险制度改革进展情况，张左己、李其炎、刘雅芝、林用三、王建伦、王东进同志分别赴辽宁、宁夏、河南、河北、黑龙江、四川、广东7省（自治区）调研。分别听取了当地政府有关工作汇报，实地考察有关企业并进行座谈，并与省（自治区）政府负责同志交换意见。

4月18日至24日　香港特区政府劳工处处长张建宗一行7人访问了内地。这是自香港回归以来，劳工处官员首次访问内地。在京期间，张左己、李其炎同志会见了代表团一行，刘雅芝同志与代表团进行了交谈。

4月19日　劳动保障部召开青年干部座谈会，用理论研讨的形式纪念五四运动80周年。部机关及事业单位的21位青年干部代表在会上就我国劳动保障事业发展和实际工作过程中的诸多问题提出了意见和建议。张左己同志在会上发表讲话，勉励青年干部弘扬五四精神，解放思想，大胆探索，形成勤于思考、有所作为的良好风气。他要求青年干部勤奋学习，深入研究，为推动新时期劳动保障事业的发展作出更大贡献。李其炎、刘雅芝、林用三、王建伦同志出席座谈会。

4月20日　劳动和社会保障部邀请国内知名专家学者在京召开专家研讨会，就我国劳动保障事业发展的一系列重大课题，听取专家们的建议。参加研讨会的专家有：中国科学院研究员胡鞍钢，北京大学中国经济研究中心教授周其仁，中国人民大学教授郑杭生、侯文若，国务院发展研究中心研究员陈淮、岳颂东，复旦大学教授袁志刚，上海财经大学教授葛寿昌，北京大学教授贾俊玲，中国社会科学院研究员胡伟略，武汉大学教授郑功成，东北财经大学教授汪祥春、高良谋。张左己同志出席会议并讲话，他指出，劳动保障事业在国家的社会经济生活中有着十分重要的位置，面临的形势和问题都非常复杂，希望社会各方面，特别是专家学者们多关注这项事业，加强研究，共同呼吁，使劳动保障工作得到更进一步的推进。李其炎、王建伦同志分别主持上午和下午的会议，刘雅芝、林用三同志及部属各单位主要负责人参加了会议。

同日　新闻出版署发出《关于中国劳动出版社更名及1999年年检登记的函》（新出图〔1999〕417号）。主要内容是：经审核，中国劳动出版社符合1999年出版社年检登记基本条件，准予年检登记换证，并同意中国劳动出版社更名为中国劳动社会保障出版社，主管、主办单位为劳动和社会保障部，由新闻出版署核定的出书范围不变。

4月26日　劳动和社会保障部、国家药品监督管理局联合发出《关于印发城镇职工基本医疗保险定点零售药店管理暂行办法的通知》（劳社部发〔1999〕16号）。该办法规定，定点零售药店审查和确定的原则是：保证基本医疗保险用药的品种和质量；引入竞争机制，合理控制药品服务成本；方便参保人员就医后购药和便于管理。愿意承担城镇职工基本医疗保险定点服务的零售药店，应向统筹地区劳动保障行政部门提出书面申请，劳动保障行政部门在征求药品监督管理、物价、医药行业主管部门意见的基础上，对零售药店的定点资格进行审查。统筹地区社会保险经办机构统发定点零售药店标牌，并向社会公布。社会保险经办机构要与定点零售药店签订协议，协议有效期一般为1年。5月11日，劳动和社会保障部、卫生部和国家中医药管理局联合发出《关于印发城镇职工基本医疗保险定点医疗机构管理暂行办法的通知》（劳社部发〔1999〕14号），明确了申请和审批定点医疗机构的程序以及参保职工选择定点医疗机构的办法等。5月12日，劳动和社会保障部、国家发展计划委员会、国家经济贸易委员会、财政部、卫生部、国家药品监督管理局、国家中医药管理局联合发出《关于印发城镇职工基本医疗保险用药范围管理暂行办法的通知》（劳社部发〔1999〕15号）。该办法明确，基本医疗保险用药范围通过制定

《基本医疗保险药品目录》进行管理，《基本医疗保险药品目录》的组织制定工作由劳动保障部负责。6月29日，劳动和社会保障部、财政部、国家经济贸易委员会、卫生部、国家中医药管理局联合下发《关于印发加强城镇职工基本医疗保险费用结算管理意见的通知》（劳社部发〔1999〕23号）。指出，统筹地区社会保险经办机构要按照以收定支、收支平衡的原则，合理确定基本医疗保险基金的支出总量，并根据定点医疗机构的不同级别和类别以及所承担的基本医疗保险服务量，预定各定点医疗机构的定额控制指标。社会保险经办机构在结算时，可根据具体采用的结算方式和实际发生的合理费用等情况对定额控制指标进行相应调整。加强定点医疗机构门诊处方、入出院标准、住院病历和特殊检查治疗等基本医疗保险管理和费用支出审核。加强对转诊转院就医的医疗费用结算管理，异地转诊转院的，应经定点医疗机构同意，并经当地社会保险经办机构批准。6月30日，劳动和社会保障部、国家发展计划委员会、财政部、卫生部、国家中医药管理局联合下发《关于印发城镇职工基本医疗保险诊疗项目管理、医疗服务设施范围和支付标准意见的通知》(劳社部发〔1999〕22号)。《关于城镇职工基本医疗保险诊疗项目管理的意见》指出，基本医疗保险诊疗项目通过制定基本医疗保险诊疗项目范围和目录进行管理，组织制定工作由劳动保障部负责，各省劳动保障行政部门要根据国家规定的项目范围，组织制定本省的目录。国家基本医疗保险诊疗项目范围要根据基本医疗保险基金的支付能力和医学技术的发展进行适时调整，各省在此基础上作相应调整。《关于确定城镇职工基本医疗保险医疗服务设施范围和支付标准的意见》中明确，基本医疗保险医疗服务设施费用主要包括住院床位费及门（急）诊留观床位费，床位费支付标准由各统筹地区劳动保障行政部门按照本省物价部门规定的普通住院病房床位费标准确定。

4月29日　国务院总理朱镕基主持召开总理办公会议，研究企业工资、下岗职工基本生活保障和企业离退休人员养老金发放等问题，张左己同志出席。

同日　劳动保障部党组发出《关于王程等同志职务任免的通知》（劳社党发〔1999〕5号)。部党组决定，任命：

王程为办公厅副主任；

尹成基为办公厅副主任；

刘贯学为办公厅巡视员；

平四来为办公厅助理巡视员；

党晓捷为法制司巡视员；

闫宝卿为法制司副司长；

信长星为培训就业司副司长；

蔡振红为养老保险司副司长；

乌日图为医疗保险司司长；

施明才为社会保险基金监督司司长；

张峻峰为国际合作司副司长；

袁彦鹏为人事教育司司长；

杨秀清为人事教育司副司长；

王希付为人事教育司巡视员；

郑灿栋为离退休干部局局长；

张立华为离退休干部局副局长；

刘光义为监察部驻劳动和社会保障部监察专员办公室负责人。

同日　劳动保障部党组发出《关于吴文辉等同志职务任免的通知》(劳社党发〔1999〕6号)。部党组决定，聘任：

吴文辉为部机关服务中心主任（机关服务局局长)；

戴广义为部社会保险事业管理局副局长；

田小宝为中国劳动科学研究院院长；

冉云才为中国劳动科学研究院副院长（正局级)；

何平为社会保险研究所副所长；

苏海南为工资研究所所长；

刘燕斌为国际劳工与信息研究所所长；

张亚力为国际劳工与信息研究所副所长；

张小建为中国就业培训技术指导中心（部职业技能鉴定中心）主任（兼)；

陈宇为中国就业培训技术指导中心（部职

业技能鉴定中心）副主任；

王月凤为中国就业培训技术指导中心（部职业技能鉴定中心）副主任；

李保国为中国就业培训技术指导中心（部职业技能鉴定中心）副主任；

胡文佩为中国劳动保障报社副总编辑；

张梦欣为中国劳动出版社总编辑；

李世德为中国劳动出版社副社长；

陈淮为中国劳动出版社副总编辑；

潘望远为天津职业技术师范学院副院长。

同日　劳动保障部党组发出《关于田素清等同志职务任免的通知》（劳社党发〔1999〕7号）。部党组决定，任命：

田素清同志为中共劳动和社会保障部直属机关委员会常务副书记（正局级）；

刘光义同志为中共劳动和社会保障部直属机关纪律检查委员会书记；

吴文辉同志为中共劳动和社会保障部机关服务中心（机关服务局）临时委员会书记；

冷礼萍同志为中共劳动和社会保障部机关服务中心（机关服务局）临时委员会副书记（副局级）；

胡晓义同志为中共劳动和社会保障部社会保险事业管理局临时委员会书记；

田小宝同志为中共中国劳动科学研究院委员会书记；

沈宝英同志为中共中国就业培训技术指导中心（部职业技能鉴定中心）临时委员会书记；

唐云岐同志为中共中国劳动出版社委员会书记。

5月6日至10日　《人民日报》在第一版显著位置分4期刊登系列报道“国企下岗职工再就业工程聚焦”。这一系列报道是劳动和社会保障部与人民日报社联合策划实施的。6日题为《深化国企改革的重大决策——中央领导关心再就业工程》；7日题为《迈向新天地的桥梁——再就业服务中心的创建和发展》；8日题为《永驻共和国史册的身影——记在国企下岗分流中奋力开拓的人们》；10日题为《洒向神州是真情——社会保障制度的建立和完善》。

5月23日至24日　劳动和社会保障部、财政部在京联合召开巩固两个确保工作会议。要求各地加大工作力度，进一步做好两个确保工作，按期完成扩大社会保险覆盖面、加强基金征缴和城镇职工医疗保险制度改革任务。劳动和社会保障部部长张左己和财政部副部长高强分别在会上讲话。张左己同志指出，中央关于筹集国有企业下岗职工基本生活保障资金的政策十分明确，各地要下决心调整财政支出结构，落实“三三制”，下岗职工基本生活保障资金要优先、足额安排；确保养老金不再发生新的拖欠，并立即补发3、4月份的拖欠；要坚持4、5、6月扩面征缴的工作目标不动摇，扩面工作要一步到位，不留尾巴。同时，要加快推进城镇职工医疗保险制度改革，各地要力争在9月底前出台实施方案。高强同志在讲话中要求各级财政部门要进一步树立服务意识，提高服务质量，千方百计筹措国有企业下岗职工基本生活保障资金，做到资金划拨及时，保障有力。国务院副秘书长石秀诗主持会议，李其炎同志作会议总结。林用三、王建伦、王东进同志和全国总工会书记处书记董力出席会议，各省、自治区、直辖市人民政府分管副秘书长、劳动保障和财政部门负责同志及中央国家机关有关部门负责同志参加会议。

5月25日　劳动和社会保障部、国家质量技术监督局、国家统计局在人民大会堂隆重举行《中华人民共和国职业分类大典》首发式。该大典是由劳动和社会保障部、国家质量技术监督局和国家统计局组织50多个部门和有关企业、大专院校、研究单位的近千名专家学者，历时4年编纂完成的。这是我国第一部对职业进行科学分类的权威性文献，是一部具有国家标准性质的职业分类，填补了我国职业分类的一项空白。《中华人民共和国职业分类大典》参照国际标准职业分类，按照工作性质同一性的基本原则，将社会职业划分为8个大类、66个中类、413个小类，并具体确定了

1 838个职业名称，较为准确地描述了每个职业的工作内容及活动范围，全面客观地反映了现阶段我国社会职业的结构状况。劳动和社会保障部部长、国家职业分类大典和职业资格工作委员会主任张左己在首发式上讲话。全国政协副主席陈锦华、原全国政协副主席马文瑞出席了首发式。国家质量技术监督局副局长李忠海、国家统计局副局长卢春恒分别致辞。劳动和社会保障部副部长林用三主持首发式。此前，5 月 20 日，劳动和社会保障部、国家质量技术监督局、国家统计局联合发出《关于颁布中华人民共和国职业分类大典的通知》（劳社部发〔1999〕18 号）。

5 月 28 日　中共中央总书记、国家主席江泽民在湖北省考察期间，视察了武汉市劳动力市场，了解了就业、再就业及劳动力市场建设情况，并与国有企业下岗就业职工代表进行了座谈。陪同视察的有中共中央政治局委员、国务院副总理吴邦国，中共中央政治局候补委员、中央书记处书记、中央组织部部长曾庆红，中央军委委员、总政治部主任于永波及有关方面负责人。

6 月 1 日至 17 日　第 87 届国际劳工大会在瑞士日内瓦召开，李其炎同志率中国三方代表团与会。本届大会是在国际劳工组织成立 80 周年之际召开的。大会讨论的主题是，面对经济全球化对各国社会发展产生的影响，捍卫国际劳工组织宗旨，通过建立积极的伙伴关系加强社会对话，通过加强技术合作促进和实现工作的基本原则和权利，发挥国际劳工组织在促进就业和消除贫困方面的领导作用。国际劳工局新任局长索马维亚向大会提交了题为《体面的工作》的工作报告，提出将促进工作中权利、就业、社会保护和社会对话作为今后一个时期国际劳工组织的 4 个战略目标。会议还就《消除最恶劣形式的童工劳动公约》《工作中的生育保护公约》等问题进行了研讨。160 个国家的政府、雇主和工会代表，21 个有关国际组织以及 101 个非政府组织的近3 000名代表参加了大会。100 多个国家的正、副部长在大会上发言。李其炎同志代表中国政府于 6 月 9 日在大会上发言，强调国际劳工组织有必要加快自身改革，加强管理，提高工作效率，在促进就业、消除贫困方面发挥应有作用；在关于性别平等问题的非正式部长级会议上作了题为《采取积极措施，促进社会性别平等》的发言；在亚太劳工部长会议上作了题为《加强团结，促进国际劳工组织改革》的发言。会议期间，李其炎同志会见了劳工局局长索马维亚和劳工局其他高级官员，就进一步发展国际劳工组织同中国的关系、扩大技术合作及在劳工局高层领导中的中国代表性等问题坦诚交换了意见。

6 月 4 日　世界银行正式批准“中国养老保险制度改革”项目，并将向我国提供总额为 500 万美元的信贷支持。该项目旨在通过世行贷款资助，进一步促进我国养老保险制度改革。主要内容包括：养老保险政策和规划的制定，养老保险管理信息系统建设和人员培训等。项目于 1999 年 7 月正式启动，执行期为 3 年，贷款的偿还期为 17 年。该项目涉及劳动和社会保障部和黑龙江省、青岛市的有关单位。

6 月 6 日　中央机构编制委员会办公室发出《关于劳动和社会保障部部分事业单位更名的批复》（中编办字〔1999〕46 号），同意劳动和社会保障部 8 个事业单位更名：原劳动部天津职业技术师范学院更名为劳动和社会保障部天津职业技术师范学院，原劳动部教育培训中心更名为劳动和社会保障部教育培训中心，原劳动部信息中心更名为劳动和社会保障部信息中心，原劳动部职业技能鉴定中心更名为劳动和社会保障部职业技能鉴定中心，原劳动部机关服务中心更名为劳动和社会保障部机关服务中心（对外工作需要可使用劳动和社会保障部机关服务局的印章），中国劳动科学研究院更名为中国劳动保障科学研究院，中国劳动报社更名为中国劳动保障报社，中国劳动出版社更名为中国劳动社会保障出版社。

6 月 8 日至 30 日　张左己、刘雅芝、林用

三、王东进同志率调研组分别赴广东、重庆、黑龙江、内蒙、贵州、广西、江苏、浙江、安徽、山东10省（自治区、直辖市）调研。检查贯彻落实巩固两个确保工作会议精神，督促两个确保和扩面征缴、医疗保险制度改革工作，听取地方对下半年工作的意见和建议。调研组听取当地政府关于两个确保和扩面征缴等工作汇报；与经贸、财政、人事和工会等方面负责同志座谈；实地考察再就业服务中心、职业介绍中心和有关企业。调研结束时，与省委、省政府领导同志交换了意见。

6月17日　劳动和社会保障部与国家统计局联合发布了《1998年劳动和社会保障事业发展统计公报》，全面展示了1998年劳动就业、工资分配、劳动关系、社会保险、劳动保障立法、科研等各个方面所取得的成绩。公报发布后，在社会上引起强烈反响，中央电视台、人民日报、中经网等新闻媒体都进行了报道。

6月22日至23日　劳动和社会保障部在贵阳市召开全国劳动力市场建设座谈会，部署劳动力市场建设试点工作，张左己、林用三同志出席会议并分别作了讲话。张左己同志强调指出，要始终把两个确保放在头等大事、第一位的突出位置，不能有任何动摇怀疑，同时，也要着眼于长远，按着国有企业改革的进程，逐步实现中央提出的用5年左右的时间初步建立起适应社会主义市场经济体制要求的社会保障体系和就业机制的目标。可以通过以下三个阶段予以实现：第一阶段是当前所处的阶段（或者叫做“双轨”阶段），下岗职工进入再就业服务中心，失业人员进入劳动力市场。在计划经济体制遗留的国有企业富余人员问题基本解决之后，我们的工作就将转入第二阶段（或者叫做“转轨”阶段）。在这一阶段，企业新的裁员或精简一般应通过终止、解除劳动合同的方式直接走向劳动力市场，运用市场机制实现再就业，暂时不能就业或在就业选择期间进入失业状态，符合条件的享受失业保险待遇。对在此之前已经进入再就业服务中心尚未实现再就业的下岗职工，仍维持原政策不变，继续由再就业服务中心保障其基本生活，直到其协议期满全部出中心。在最后一批下岗职工协议期满全部出中心后，我们的工作就进入了第三阶段（或者叫做“并轨”阶段），即完全转入通过市场机制进行劳动力结构调整的阶段。在这一阶段，所有失业人员，包括企业新的减员和协议期满出中心的下岗职工，都全部进入劳动力市场。这标志着我们已经达到建立适应社会主义市场经济要求的就业机制的目标。要加强劳动力市场的科学化、规范化、现代化建设，在全国选定100个大中城市作为首批试点城市。林用三同志在讲话中指出，建设劳动力市场，要始终瞄准建立市场就业机制这一目标，按照社会主义市场经济的要求培育就业新机制，建立就业新机制，充分发挥市场机制对劳动力资源配置的基础性作用，促进劳动力资源的开发和利用；要把实现“三化”作为指针，来规划市场建设，检验市场建设的成效；要从实际出发，不搞花架子、空壳子，争取能够有效、快捷地为劳动者提供服务，在搞好服务、促进就业上出效果。贵州省副省长刘长贵，各省、自治区、直辖市和“三化”建设试点城市劳动保障部门的负责同志200余人参加了会议。

6月27日　国务院办公厅转发劳动保障部、教育部、人事部、国家计委、国家经贸委、国家工商局《关于积极推进劳动预备制度加快提高劳动者素质的意见》（国办发〔1999〕60号）。决定从1999年起，我国将实施劳动预备制度，城镇新生劳动力和其他求职人员在就业前将接受一至三年的职业培训和职业教育，取得相应的职业资格或掌握一定的职业技能后，在国家政策的指导和帮助下，通过劳动力市场实现就业，否则不能就业。实行劳动预备制度，对于提高我国青年劳动者素质，调节劳动力供求，缓解当前就业压力具有积极作用。

7月1日　劳动和社会保障部决定将原《技术等级证书》《技师合格证书》和《高级技师合格证书》统一更名为《职业资格证书》，

并于1999年7月1日起启用，以进一步规范职业资格证书制度。《职业资格证书》由劳动保障部统一印制，原《技术等级证书》《技师合格证书》和《高级技师合格证书》一律停止办理和核发，此前按国家有关规定已经核发的证书仍然有效。

7月5日　劳动保障部、国家经贸委、全国总工会在人民大会堂广东厅联合召开纪念《劳动法》颁布五周年座谈会，中共中央政治局常委、书记处书记、全国总工会主席尉健行出席会议并讲话。他强调，实现和发展最广大人民群众的利益是改革和建设的根本出发点，始终是我们最大最重要的政治。贯彻实施《劳动法》，是切实维护职工的劳动权利、经济利益和政治权利，是在劳动领域贯彻实施依法治国方略的重要方面。进一步贯彻实施《劳动法》，必须与当前的改革特别是国有企业改革紧密结合，切实加强行政执法和法律监督工作，要把人大监督、司法监督、行政监督、职工群众监督和社会舆论监督等很好地结合起来，建立和完善多层次的劳动法律监督体系，形成相互配合、优势互补的工作格局。张左己同志，国家经贸委副主任郑斯林，全国总工会副主席、书记处第一书记张俊九，北京大学教授贾俊玲，北京市敬业建工集团总经理刘文敏，首钢第二炼钢厂工人郭玉明等代表先后在座谈会上发言。全国人大常委会副委员长曹志、全国政协副主席罗豪才和全国人大常委会原副委员长、全国总工会原主席倪志福出席了会议。会议由李其炎同志主持，全国人大、国务院、最高人民法院、全国总工会、中国企业联合会等有关方面的负责同志150余人参加会议。

7月8日　劳动和社会保障部发出《关于印发1999年—2003年劳动保障系统干部教育培训规划的通知》（劳社部发〔1999〕24号），明确了干部教育培训工作的指导思想和基本原则、总体目标、内容和要求、组织实施和保障措施等，并要求各省、自治区、直辖市劳动保障部门结合实际情况，制定本地区的劳动保障系统干部教育培训规划，报劳动保障部备案。

7月9日　全国人大财经委员会召开第32次全体会议，听取国有企业下岗职工基本生活保障和再就业工作的情况汇报。中共中央政治局常委、全国人大常委会委员长李鹏出席会议并发表重要讲话。他强调指出，我国是人民当家做主的社会主义国家，各级党委、政府要努力做好国有企业下岗职工基本生活保障和再就业工作。国有企业下岗职工基本生活保障和再就业是全社会十分关注的问题，关系到广大职工的切身利益，关系到改革、发展、稳定的大局。我们一定要实事求是地分析形势，正确估价已取得的成绩。解决这些问题，不只是劳动和社会保障部门的事情，不可能在短期内一蹴而就，而是要靠全社会的共同努力。人大应当加强对政府的监督和支持，共同把这项工作做好。邓小平同志说，发展是硬道理。发展经济，才是解决国有企业下岗职工再就业、完善社会保障体系的根本出路。张左己同志就国有企业下岗职工基本生活保障和再就业等问题作了汇报；全国总工会副主席、书记处第一书记张俊九介绍了有关情况；全国人大财经委员会委员吴树青、陈明山分别就赴辽宁、山西等地调研的有关情况作了发言。中共中央政治局委员、全国人大常委会副委员长田纪云出席会议。会议由全国人大财经委员会主任委员陈光毅主持，林用三、王建伦同志和国家计委、国家经贸委、国防科工委、财政部、中国人民银行、煤炭局、纺织局的负责同志列席会议。

7月11日　中共中央、国务院发出《关于转发〈国家发展计划委员会关于当前经济形势和对策建议〉的通知》（中发〔1999〕12号）。通知明确规定：目前已经建立了国有企业下岗职工基本生活保障制度、失业保险制度和城镇居民最低生活保障制度，从1999年7月1日起，将这三条社会保障线的水平提高30%……相应增加离退休人员的离退休金。另外，对各地拖欠国有企业离退休人员的养老金，要一次性予以补发。以上所需资金，沿海经济发达地区由当地政府自行解决，财政困难的老工业基地和中西部地区由中央财政给予适当补助。

7月13日　劳动和社会保障部召开直属机关“三讲”教育动员大会，张左己同志作动员讲话，对在劳动保障部以整风精神深入开展“三讲”教育作出全面部署，并强调指出：一是要充分认识开展“三讲”教育的重要意义；二是敞开大门，直奔主题，切实解决劳动保障部领导班子和领导干部在党性党风方面存在的问题；三是加强组织领导，明确方法步骤，确保“三讲”教育取得实效。中央纪委常委、中央国家机关纪工委书记、中央“三讲”教育驻劳动保障部巡视组组长马驳讲话，介绍了巡视组的主要职责、任务，并对劳动保障部的“三讲”教育工作提出要求。她强调，要坚持高标准、严要求，实事求是查找问题，关键是找准、抓住并解决领导班子、领导干部在党性党风方面存在的突出问题，把整风精神贯穿“三讲”教育的全过程，深入发动群众，发扬党内民主，实行开门整风，开展积极健康的思想斗争，达到分清是非、增进团结、解决问题的目的，使“三讲”教育取得实效。会议由李其炎同志主持，刘雅芝、林用三、王建伦同志，中央“三讲”教育驻劳动保障部巡视组成员，部机关全体干部、事业单位司局级干部和离退休干部党支部正副书记参加会议。7月7日，中央“三讲”教育驻劳动保障部巡视组成员到部，与部党组成员见面。张左己同志向巡视组汇报了劳动保障部前一阶段“三讲”教育工作准备情况及下一部安排，巡视组组长马驳同志对劳动保障部“三讲”教育提出了要求。

7月22日　劳动和社会保障部党组发出《关于邱小平等同志职务任免的通知》(劳社党发〔1999〕9号)。部党组决定，任命：

邱小平为劳动工资司副司长；

赵殿国为农村社会保险司副司长；

孟昭喜为养老保险司助理巡视员。

同日　劳动和社会保障部党组发出《关于张寿琪等同志职务任免的通知》(劳社党发〔1999〕10号)。部党组决定，聘任：

张寿琪为社会保险事业管理局副局长（列韩凤之后）；

师继承为社会保险研究所副所长（副局级）。

同日　劳动和社会保障部党组发出《关于何德舫等同志职务任免的通知》(劳社党发〔1999〕11号)。部党组决定，任命：

何德舫同志为中共劳动和社会保障部离退休干部局临时委员会专职副书记（副局级）；

柏莉同志为中共中国劳动社会保障出版社委员会专职副书记（副局级）。

同日　劳动保障部与国家计委、国家经贸委、财政部、卫生部、国家药品监督管理局、国家中医药管理局等有关部门联合召开医疗保险制度改革配套文件出台新闻发布会，王东进同志出席会议并讲话。他强调指出已经出台的6个医疗保险制度改革配套文件是对《国务院关于建立城镇职工基本医疗保险制度的决定》原则精神的具体化，是对基本医疗作出医学与经济学相结合的具体界定，对如何保证基本医疗保险制度健康运行特别是确保基金收支平衡作出具体规定，必将加快医疗保险制度改革整体进程。王东进同志通报了全国医疗保险制度改革的进展情况，提出1999年下半年的工作目标，并希望各新闻单位进一步加大宣传医疗保险制度改革的力度，形成有利于完成医疗保险制度改革工作任务的舆论氛围和社会环境。新闻发布会由尹成基同志主持，乌日图同志及20多家新闻单位的记者参加会议。

7月23日　劳动保障部、教育部、人事部、国家计委、国家经贸委和国家工商局联合召开全面推进劳动预备制度加快提高劳动者素质电视电话会议，部署全面实行劳动预备制度的各项工作。刘雅芝同志主持会议，林用三同志和教育部副部长张天保分别在会上讲话。国家计委副主任郝建秀、国家经贸委副主任郑斯林、人事部副部长步正发、国家工商局副局长甘国屏，国务院办公厅和6个部门及北京市有关单位的同志在主会场出席了会议。各省、自治区、直辖市和计划单列市劳动保障、教育、人事、计委、经贸、工商部门负责同志在各地分会场出席会议。

7月23日至28日　中共中央政治局常委、国务院总理朱镕基在湖南、安徽两省考察工作，张左己同志陪同。考察期间，朱镕基总理在合肥召开了社会保障工作座谈会，听取了有关地市和企业负责人的意见并发表重要讲话。他指出，我们要站在社会经济发展的全局和战略高度，充分认识加快建立健全社会保障体系的重要性和紧迫性。健全的社会保障体系，是推进国有企业改革和发展的重要条件，是社会稳定和社会进步的重要保证。国有企业要增强活力和竞争力，就必须解决历史形成的冗员过多的问题，走下岗分流、减员增效的路子，而要减人就必须解除职工的后顾之忧，最重要的是保障他们的基本生活。这就需要建立一整套社会保障体系，并使之规范化、法制化。我们已经建立了国有企业下岗职工基本生活保障、失业保险和城镇居民最低生活保障三项制度，但是，标准比较低，保障程度差，制度不规范。当前关键是要为社会保障体系开辟稳定的资金来源渠道，从现在起，就要适当调整财政支出结构，使社会保障支出在中央和地方财政预算中的比例逐步提高；同时，要采取多种措施，拓展社会保障基金筹资渠道。要加快推进社会保障的社会化管理，实行离退休人员与原企业相分离，养老金由社会服务机构发放。当前，要按照国务院已经确定的办法和措施，认真落实社会保障三项制度，确保国有企业下岗职工的基本生活，确保离退休人员养老金的按时足额发放，不得发生新的拖欠。过去历年拖欠的养老金将由中央财政一次补发，但绝不允许虚报冒领。

8月3日　劳动和社会保障部发出《关于废止部分劳动和社会保障规范性文件的通知》（劳社部发〔1999〕25号）。为了做好《行政复议法》的贯彻实施工作，劳动保障部对现行劳动和社会保障规范性文件进行了清理，决定废止214件规范性文件。其中，培训就业方面有14件，时间跨度为1988年至1998年；劳动工资方面有54件，时间跨度为1958年至1995年；综合性社会保险方面有12件，时间跨度为1964年至1996年；养老保险方面有86件，时间跨度为1958年至1998年；医疗、工伤、生育保险方面有25件，时间跨度为1953年至1996年；失业保险方面有20件，时间跨度为1988年至1996年；劳动监察方面有1件，1995年发文；涉外劳动管理方面有2件，时间跨度为1992年至1993年。

8月7日　国务院办公厅发出《转发劳动保障部等部门关于做好提高三条社会保障线水平等有关工作的意见的通知》（国办发〔1999〕69号），对贯彻中央12号文件精神，提高国有企业下岗职工、失业人员、城镇贫困居民、企业离退休人员的收入水平和加强企业工资管理等方面的工作进行了部署，要求各地和有关部门要加强资金筹措力度，专款专用，确保在9月中旬之前把各项政策落实到位，使群众真正感受到党和国家对他们的关心。

8月12日　劳动和社会保障部部长张左己签署第4号部令，发布实施《劳动和社会保障部信访工作暂行规定》。

8月28日　在九届全国人大常委会第十一次全体会议上，受国务院委托，张左己同志作了《关于国有企业下岗职工基本生活保障和企业离退休人员养老金发放情况的报告》。报告说，解决国有企业下岗职工基本生活保障和企业离退休人员养老金发放问题，关系职工群众切身利益，关系国有企业改革和社会稳定的大局。中央领导同志非常重视和关心这项工作，各级党委、政府和有关部门狠抓落实，各级人大十分关注两个确保工作，加大监督检查力度。经过各方面的共同努力，两个确保工作取得了阶段性成果，为推进国有企业改革，维护职工群众利益，保持社会稳定，发挥了积极作用。报告强调，做好两个确保工作，建立健全社会保障体系，迫切需要加强立法。劳动保障部将按照全国人大立法计划，抓紧起草《社会保险法（草案）》和《劳动合同法（草案）》，争取尽早提请全国人大常委会审议。

9月3日　为督促各地切实做好提高国有

企业下岗职工基本生活保障水平、提高企业离退休人员养老金水平、提高失业保险金水平和一次性补发过去拖欠养老金工作，确保9月15日前把钱发到有关人员手中，劳动保障部下发了《关于贯彻中央12号文件有关问题的紧急通知》，并按照国务院办公厅电报、电话通知要求，成立专门日调度工作小组，对各地工作进展情况进行日调度。

9月7日　劳动和社会保障部、财政部联合发出《关于做好1999年企业工资总额同经济效益挂钩工作的通知》（劳社部发〔1999〕30号），要求各省、自治区、直辖市劳动保障部门、财政部门和国务院有关部委劳动保障、财务工作机构严格审核工效挂钩方案，加强对企业工资的管理，改进完善工效挂钩办法，积极稳妥地做好1999年企业工效挂钩工作。

9月21日　劳动和社会保障部承办的人大议案、建议和政协提案全部完成。共承办246件，其中议案12件，建议114件，提案120件。按办理的数量依次为：培训就业司61件，养老保险司55件，医疗保险司43件，法制司37件，劳动工资司30件，社保局12件，失业保险司4件，农村社会保险司2件，基金监督司、国际合作司各1件。

9月24日　劳动和社会保障部召开全体干部大会，传达党的十五届四中全会精神。部党组要求认真学习领会四中全会精神，把干部职工的思想统一到全会精神上来，全面贯彻落实全会对劳动保障工作提出的任务和要求。张左己、刘雅芝同志分别传达了江泽民总书记在十五届四中全会上的重要讲话和《中共中央关于国有企业改革和发展若干重大问题的决定》，李其炎同志主持会议并代表部党组对劳动保障部传达、学习、贯彻党的十五届四中全会精神提出了安排意见。王建伦同志及部机关全体干部和事业单位司局级干部参加了会议。

9月29日　劳动和社会保障部发出《关于印发在职业培训工作中贯彻落实中共中央国务院关于深化教育改革全面推进素质教育决定若干意见的通知》（劳社部发〔1999〕31号），要求各级劳动保障部门充分认识全面实施素质教育的重要意义，各类职业培训机构要把全面推行素质教育作为职业培训的一项重要任务，按照《中共中央国务院深化教育改革全面推进素质教育决定》要求，研究职业培训改革与发展的新思路，把德育、智育、体育、美育等有机地结合在职业培训活动的各个环节中。

9月30日　国务院办公厅发出《转发劳动保障部等部门关于进一步做好残疾人劳动就业工作若干意见的通知》（国办发〔1999〕84号），明确了促进残疾人劳动就业的政策措施。

同日　中央机构编制委员会办公室发来《对劳动和社会保障部〈关于理顺地方医疗保险管理体制有关问题的请示〉的函》（中编办函〔1999〕98号），要求各地劳动保障部门按照国务院和中编办有关文件精神，尽快理顺医疗保险管理体制。10月11日，劳动保障部为此专门下发了《关于转发中央机构编制委员会办公室就理顺地方医疗保险管理体制有关问题复函的通知》（劳社部函〔1999〕184号），要求各地劳动保障部门在当地党委、政府的领导下，加大协调力度，积极争取当地机构编制部门和其他有关部门的支持和配合，尽快理顺医疗保险管理体制，确保工作正常运转和人员平稳过渡，确保医疗保险基金安全和国有资产不流失。

10月10日　劳动和社会保障部召开“三讲”教育总结大会，张左己同志在会上作重要讲话，总结了“三讲”教育所取得的成果，并对巩固“三讲”教育成果提出了要求。张左己同志号召劳动保障战线上的广大干部职工，要把“三讲”教育工作中激发出来的政治热情，投入到深入贯彻党的十五届四中全会精神和扎扎实实地做好各项工作当中。中央驻部“三讲”教育巡视组组长马驳同志在讲话中对劳动保障部“三讲”教育工作给予了高度评价，并对今后的工作提出了希望。李其炎同志主持会议，刘雅芝、林用三、王东进、严忠勤、何光同志，及中央巡视组成员、部机关全体干部、事业单位司局级干部、离退休干部党支部正副书记参加会议。

10月11日至13日　劳动保障部、国家计委、民政部、中国残联联合在京召开全国残疾人就业工作会议，贯彻落实国务院《关于进一步做好残疾人劳动就业工作的若干意见》，研究确定了今后一段时期我国残疾人就业工作的任务目标和主要措施。国务委员、国务院残疾人工作协调委员会主任司马义·艾买提出席会议并作重要讲话。中国残联主席邓朴方作工作报告，劳动保障部副部长林用三、民政部副部长徐瑞新就本部门如何做好残疾人工作作了部署。

10月12日至23日　张左己、李其炎、刘雅芝、林用三、王东进同志分别率调研组赴四川、福建、江苏、辽宁、广西5省（自治区）调研，了解各地贯彻十五届四中全会和中央12号文件精神情况，督促各地切实做好两个确保、社会保险扩面征缴和医疗保险制度改革工作，听取对明年工作的意见和建议。调研组听取当地政府工作汇报，实地考察再就业服务中心和社会保险经办机构及有关企业。调研结束时，与省委、省政府领导同志交换意见。

10月20日　经中共中央、国务院批准，决定成立"全国老龄工作委员会"。中共中央政治局常委、国务院副总理李岚清任主任，国务委员司马义·艾买提任常务副主任，多吉才让、徐荣凯、张左己、黄晴宜同志任副主任。

10月25日至11月4日　劳动和社会保障部与国家行政学院在京联合举办第一期全国劳动保障厅局长培训班。培训内容以劳动保障业务为重点，辅之以宏观经济、法制建设、领导科学等方面的内容。李其炎、刘雅芝同志及国家行政学院党委书记、常务副院长张志坚、副院长唐铁汉出席25日的开学典礼，刘雅芝同志代表劳动保障部、唐铁汉同志代表国家行政学院分别讲话。开学典礼由刘雅芝同志主持。李其炎同志以《认真贯彻落实十五届四中全会精神，进一步做好劳动和社会保障工作》为题，为学员们讲授了第一课。来自全国省、市（地）两级劳动保障厅局的100余名厅局长在国家行政学院接受了为期11天的培训。李其炎同志和国家行政学院副院长张修学出席了11月4日的结业式并为学员颁发了结业证书。

11月3日至10日　应国际劳工局局长胡安·索马维亚的邀请，张左己同志率团出席国际劳工组织在日内瓦举行的国际劳工组织社会发展首脑会议后续行动国际磋商会议，并访问了国际劳工组织都灵培训中心。会议期间，同索马维亚局长进行了会谈，对国际劳工局自新局长上任以来发生的新变化表示赞赏，阐述了我国对重大国际劳工事务的原则和立场，就国际劳工组织的未来发展和技术合作等问题交换了意见，双方表示愿意进一步加强在劳动和社会保障领域的交流与合作。在都灵培训中心访问期间，参观了中心的培训设施，并就劳动保障部同该中心在培训领域的合作交换了意见。

11月14日　劳动和社会保障部在部机关召开纪念李立三同志诞辰100周年座谈会。张左己同志出席会议并讲话，李其炎同志主持会议，林用三、王建伦、王东进、严忠勤、何光同志，及部属各单位主要负责同志参加了座谈会。李立三同志的女儿、北京外国语大学教授李英男和曾经在李立三同志身边工作过的老同志代表、部属单位代表等先后在座谈会上发言。

11月16日　为缅怀李立三同志的光辉业绩，纪念他为中国革命和建设事业作出的贡献，经党中央批准，全国总工会和中共中央党史研究室在人民大会堂举行纪念李立三同志诞辰100周年座谈会。中共中央政治局常委、中央书记处书记、全国总工会主席尉健行作重要讲话，张左己同志、中共中央党史研究室副主任石仲泉和全国总工会原顾问、书记处书记陈用文在会上发言，王东进同志出席会议。

11月23日　劳动和社会保障部部长张左己签署第5号部令，发布实施《劳动和社会保障部行政复议办法》。

同日　劳动和社会保障部召开第二次青年干部座谈会。24名青年干部围绕党的十五届四中全会和中央经济工作会议精神，联系工作实际，就当前劳动保障工作中的一些难点、重点问题，发表了自己的意见和建议。张左己同志主持会议并讲话，要求青年同志解放思想，敞开思路，敢于直言，为劳动保障工作献计献策，多提建设性意见和建议。王建伦、王东进同志出席，部属各单位负责同志参加了会议。

11月25日　劳动保障部、国家经贸委、财政部经商人事部、人民银行、国家工商局、中国证监会和最高人民法院同意，联合发出《关于清理收回企业欠缴社会保险费有关问题的通知》(劳社部发〔1999〕36号)，要求生产正常运行、工资能够正常发放的欠缴社会保险费的企业，要逐户制定补缴计划，在2000年底前基本补清欠缴的社会保险费。同时，要求各地加大执法检查力度，采取法律、行政、经济等多种手段，督促企业补缴所欠的社会保险费。

12月4日　中央机构编制委员会办公室发出《关于原劳动部劳动科学研究所等4个事业单位更名的批复》(中编办字〔1999〕128号)，同意原劳动部劳动科学研究所更名为劳动和社会保障部劳动科学研究所；原劳动部工资研究所更名为劳动和社会保障部工资研究所；国际劳工与信息研究所更名为劳动和社会保障部国际劳工与信息研究所；中国劳动科学研究院社会保险研究所更名为劳动和社会保障部社会保险研究所。

12月14日　劳动保障部与国内贸易局、国家旅游局等8部门联合举办的第四届全国烹饪技术比赛闭幕，迟浩田、铁木尔·达瓦买提、蒋正华、孙孚凌等领导同志出席闭幕式，刘雅芝同志宣读了《关于授予韩吉光、阮燕珍、王萍同志“全国技术能手”称号的决定》。这次比赛从1999年6月初启动，历时半年多，评选出了3名“全国技术能手”及一批优秀团体和个人，对在这次比赛中获得总成绩前30名的选手，劳动保障部直接认定技师资格。

12月16日　国务院副总理吴邦国听取劳动保障部关于1999年劳动保障工作情况和2000年工作安排意见的汇报。张左己同志作汇报，李其炎、刘雅芝、王建伦、王东进同志参加。

12月22日至23日　全国劳动保障厅局办公室主任会议在京召开，李其炎同志作重要讲话，劳动和社会保障部办公厅主任刘永富作工作报告。会议通报了劳动保障工作情况，交流了经验，表彰了信息工作先进单位。各省、自治区、直辖市和计划单列市、新疆生产建设兵团劳动保障厅局办公室主任参加了会议。

12月28日　劳动和社会保障部举办政府网站开通仪式。上午10时，张左己同志按键开通劳动和社会保障部因特网政府网站。李其炎同志发表了讲话，中国电信总局副局长鲍晓英代表“政府上网工程”发起单位致贺词。部属有关单位负责人和在京中央新闻单位记者参加了仪式。

12月30日　劳动和社会保障部、财政部联合发出《关于建立基本养老保险省级统筹制度有关问题的通知》(劳社部发〔1999〕37号)，要求各地认真贯彻落实《国务院关于实行企业职工基本养老保险省级统筹和行业统筹移交地方管理有关问题的通知》精神，加快建立省级统筹制度；各地要严格按照国家和省级政府规定的统筹项目和办法计发基本养老金，地(市)和企业自行增加的项目和提高的标准，不能作为省级统筹支付项目。要制定省级调剂金的管理使用办法，提高管理使用的透明度；各地要严格执行党中央、国务院关于将原行业统筹企业移交地方管理的有关决定，将原行业统筹企业纳入省级统筹，并在省级范围内实行基金调剂，确保其离退休人员基本养老金由省级社会服务机构按时足额发放，任何地区不得对原行业统筹企业实行封闭运行；各级劳动保障部门和财政部门要相互支持，加强合作。财政部门对社会保险经办机构的人员经费和各项业务经费给予必要的保证，并积极创造条件，支持省级统筹制度的建立。

劳动和社会保障
统计资料

1999 年度劳动和社会保障事业发展统计公报

劳动和社会保障部　国家统计局

1999 年，党中央、国务院对劳动保障工作高度重视，各级劳动保障部门坚决贯彻落实中央的各项方针、政策，继续以确保国有企业下岗职工基本生活、确保企业离退休人员养老金按时足额发放工作为重点，全面深化劳动和社会保障各项改革，为促进经济发展、维护社会稳定和深化国有企业改革作出了贡献，劳动和社会保障事业取得了新的进展。

一、劳动就业

就业总量继续增长，就业结构进一步改善。到年底，全国城乡共有从业人员70 586万人，比上年增加 629 万人。其中，第一产业为35 364万人，占 50.1%；第二产业为16 235万人，占 23%；第三产业为 18 987 万人，占26.9%。城镇从业人员为21 014万人，比上年增加 336 万人。其中，城镇单位从业人员12 130万人，比上年减少 566 万人。在城镇单位从业人员中，在岗职工人数11 773万人，比上年减少 563 万人。其中，国有单位8 336万人，城镇集体单位1 652万人，其他单位1 785万人。到年底，全国城镇登记失业率为3.1%。

国有企业下岗职工基本生活保障和再就业工作成绩显著。到年底，全国企业（西藏未作统计）实有下岗职工 937 万人，比上年底增加60 万人。其中，国有企业（含国有联营企业、国有独资公司）有下岗职工 652 万人，比上年底增加 42 万人。国有企业下岗职工中有 95%进入再就业服务中心。在进中心的下岗职工中，已有 94.4%的人签订了基本生活保障和再就业协议，有 90%的人领到了生活费。1999年 7 月起将国有企业下岗职工基本生活费水平提高了 30%。全年共有 492 万国有企业下岗职工实现再就业，再就业率为 42%。

劳动力市场建设取得新进展。1999 年，劳动力市场科学化、规范化、现代化建设试点工作在全国 100 个大中城市全面铺开，劳动力市场信息网络建设迅猛发展。全国已建成 11个省级劳动力市场信息网络监测中心，45 个试点城市已初步建成城区广域网。劳动力市场清理整顿工作继续深入，全国共有 20 个省、自治区和直辖市出台了劳动力市场管理的地方法规或行政规章。全年清理非法设立的职业中介机构4 000多个，依法取缔严重违规的中介机构 500 多个。到年底，全国共有各类职业介绍机构30 685所，全年为1 500万人提供了职业介绍服务。

职业培训工作取得明显成效，劳动预备制度普遍推广。1999 年，全国共有 513 万失业人员和下岗职工参加了再就业培训，其中有 323万人经过培训实现了再就业。创业培训试点城市从 3 个增加到 30 个，共有 30 万人参加了创业指导和创业培训。劳动预备制培训已在 27个省、自治区、直辖市开展起来，全年共有93 万城镇未能继续升学的初高中毕业生参加了劳动预备制培训。到年底，全国共有技工学校4 098所，在校学生 156 万人。其中，国家级重点技工学校 297 所，高级技工学校 135 所。

职业技能鉴定工作有了新的进展。全年全国有338万人参加了职业技能鉴定，其中292万人获得职业资格证书。到年底，全国职业技能鉴定机构达到6 916个，其中国家职业技能鉴定所4 202个，地方职业技能鉴定站1 336个，工人考核组织1 378个。全国职业技能考评人员为7.3万人。

二、社会保险

（一）养老保险

城镇基本养老保险的覆盖面继续扩大。到年底，全国离退休、退职人员共有3 730万人，比上年增长3.8%。全国有9 502万职工和2 984万离退休人员参加了基本养老保险社会统筹，其中企业参保职工为8 859万人，离退休人员为2 864万人，分别比上年增长4.5%和5%。离退休人员的基本生活得到保障。通过加强基金征收、清理企业欠费、增加财政投入、动用基金积累等途径筹集资金，全国参保离退休人员的养老金基本做到了按时足额发放，同时补发历年拖欠的养老金133.4亿元。从1999年7月份起，为2 700多万企业离退休人员调整了待遇水平，企业离休人员月人均增加145元，退休人员月人均增加60元。全年全国基本养老保险基金总收入1 965亿元，总支出1 925亿元。到年底，全国基本养老保险基金滚存结余734亿元。

城镇养老保险省级统筹进一步完善，养老保险管理服务的社会化步伐加快。1999年，行业统筹移交地方管理后正在平稳运行。到年底，全国有29个省、自治区、直辖市实现了养老保险省级统筹或建立了省级调剂金制度，1 403万离退休人员实行了养老金社会化发放，社会化发放率达47%。

农村社会养老保险改革规范工作稳妥进行。到年底，全国31个省、自治区、直辖市76%的乡镇开展了农村社会养老保险工作，参保的农村人口达8 000万人。

（二）医疗保险

城镇职工医疗保险改革取得新的突破。到年底，全国已有36个地级统筹地区和23个县级统筹地区正式实施基本医疗保险改革方案。全国参加基本医疗保险制度的职工469.8万人，退休人员124.1万人。全年基本医疗保险基金收入24.5亿元，支出16.5亿元，当年结余8亿元。参加职工大病医疗费用和离退休人员医疗费用社会统筹的人数为1 471万人，基金收入65.1亿元，支出53.9亿元。到年底，职工大病统筹和离退休人员医疗费用社会统筹基金滚存结余49.6亿元。

（三）失业保险

失业保险覆盖面继续扩大。到年底，全国参加失业保险的人数为9 852万人，比上年增长24.3%。全年失业保险基金收入125.2亿元。全年基金支出91.6亿元，其中向国有企业再就业服务中心调剂资金40.9亿元。到年底，失业保险基金滚存结余159.9亿元。1999年，各级失业保险经办机构平均每月为101万失业人员发放了失业保险金及其他失业保险待遇。从1999年7月份起，将失业保险金发放标准提高了30%。

（四）工伤、生育保险

工伤、生育保险改革继续深入进行。到年底，全国有1 713个县（市）实行了工伤保险费用社会统筹，参保职工为3 960.3万人，比上年增长4.7%。全年工伤保险基金收入18.6亿元，支出11.9亿元，期末滚存结余41.7亿元。到年底，全国参加生育费用社会统筹的职工近3 000万人，比上年增长8%。全年生育保险基金收入9.8亿元，支出6.6亿元，期末生育保险基金滚存结余13.6亿元。

（五）社会保险基金监督

社会保险基金监督工作取得成效，挤占挪用社会保险基金问题得到有效遏制。各级劳动保障行政部门加大基金监督力度，对挤占挪用社会保险基金的重大案件进行了查处，全年共清理回收养老、失业保险基金19.8亿元。

三、工资分配

1999年城镇在岗职工工资总额为9 875亿

元，比上年增长 6.2%。其中国有单位7 161亿元，上升 5.1%；城镇集体单位 963 亿元，下降 5.8%；其他单位1 752亿元，增长 19.8%。1999 年，全国城镇在岗职工平均工资为8 346元，比上年增长 11.6%，扣除价格因素，实际增长 13.1%。其中，国有单位8 543元，城镇集体单位5 774元，其他单位9 829元。

全国有 30 个省、自治区、直辖市建立并完善了最低工资保障制度，发布了最低工资标准。

企业工资改革稳步推进。到年底，全国有20个省、自治区、直辖市和计划单列市开展了工资指导线试点，1 700户企业开展了工资集体协商试点，35 个大中城市开展了劳动力市场工资指导价位制度试点，6 700 户企业进行了经营者年薪制试点。

四、劳动关系

劳动合同管理进一步完善。到年底，全国城镇国有企业、集体企业、外商投资企业实行劳动合同制度的职工人数为10 088万人；城镇私营企业实行劳动合同制度的从业人员为 612万人；签订劳动合同的个体工商户雇工人数为474.7 万人；乡村集体企业实行劳动合同制度的从业人员为2 326万人。全年各地报送劳动保障部门审核通过的集体合同 19.4 万份，涉及职工5 980万人。下岗职工劳动关系进一步理顺。到年底，在出再就业服务中心的 530.5万下岗职工中，有 189.5 万人解除或终止劳动合同，占 35.7%。

劳动争议案件数量继续增加。全年全国各级劳动争议仲裁委员会共立案受理劳动争议案件 12 万件，涉及劳动者 47.4 万人，分别比上年增长 28.3% 和 32.2%。其中，集体劳动争议案件9 043件，涉及劳动者 31.9 万人，分别比上年增长 33.6% 和 27%。1999 年，各级仲裁委员会审理结案 11.7 万件，当年结案率为97.7%。

五、劳动立法与监察

劳动保障立法取得明显进展。1999 年 1月，国务院颁布实施了《社会保险费征缴暂行条例》和《失业保险条例》。

劳动保障监察执法力度进一步加大。1999年，各地劳动保障监察机构深入开展社会保险扩面征缴和“两个确保”专项执法检查活动，督促 28.8 万户用人单位办理了社会保险登记，涉及职工1 270万人，督促 15.8 万户用人单位缴纳养老、失业保险费 56.6 亿元，责令2 569户用人单位为 17.9 万名下岗职工补发基本生活费5 173.4万元。各地劳动保障监察机构深入开展巡视监察、举报专查、劳动保障年检等执法活动，全年共立案查处违反劳动保障法规案件 20.8 万件，其中查处群众举报案件 9.1 万件。全年年检用人单位 88.5 万户。通过监察执法，责令用人单位为 431.6 万名劳动者补签劳动合同，退还向劳动者非法收取的风险抵押金 1 亿元，补发劳动者工资等待遇 10.6 亿元，取缔非法职业中介机构4 821户。到年底，全国组建劳动保障监察机构3 091个，配备劳动保障监察员 4 万人。

（注：香港、澳门特别行政区和台湾省统计数据未包括在本公报中。）

一、综　合

全国劳动和社会保障统计主要指标

	计量单位	1993 年	1998 年	1999 年	1999 年比 1998 年增长（%）
一、全国从业人员年末人数	**万人**	**66 373.0**	**69 957.0**	**70 586.0**	**0.9**
1．城镇从业人员年末人数	万人	17 589.0	20 678.0	21 014.0	1.6
(1) 全部职工	万人	14 848.8	14 313.8	13 928.0	－2.7
#企业单位	万人	11 436.0	10 523.9	10 111.8	－3.9
国有单位	万人	10 920.1	10 043.7	9 674.8	－3.7
#企业单位	万人	7 642.3	6 393.5	5 997.9	－6.2
城镇集体单位	万人	3 393.0	2 457.9	2 232.9	－9.2
#企业单位	万人	3 258.9	2 320.1	2 095.4	－9.7
其他单位	万人	535.7	1 812.1	2 020.4	11.5
#企业单位	万人	534.9	1 810.4	2 018.6	11.5
(2) 城镇其他从业人员	万人		359.1	356.8	－0.6
(3) 城镇私营和个体从业人员	万人	1 115.7	3 231.9	3 467.0	7.3
2．乡村从业人员年末人数	万人	48 784.0	49 279.0	49 572.0	0.6
二、职工工资总额	**亿元**	**4 916.2**	**9 296.5**	**9 875.5**	**6.2**
#企业单位	亿元	3 771.8	6 471.8	6 634.7	2.5
国有单位	亿元	3 812.7	6 812.5	7 160.8	5.1
#企业单位	亿元	2 718.7	4 072.2	4 013.7	－1.4
城镇集体单位	亿元	849.9	1 021.6	962.7	－5.8
#企业单位	亿元	800.0	938.9	870.8	－7.3
其他单位	亿元	253.6	1 462.4	1 752.0	19.8
#企业单位	亿元	253.0	1 460.6	1 750.2	19.8
三、职工平均工资	**元**	**3 371**	**7 479**	**8 346**	**11.6**
#企业单位	元	3 361	7 405	8 168	10.3
国有单位	元	3 532	7 668	8 543	11.4
#企业单位	元	3 593	7 644	8 350	9.2
城镇集体单位	元	2 592	5 331	5 774	8.3
#企业单位	元	2 542	5 264	5 670	7.7
其他单位	元	4 966	8 972	9 829	9.6
#企业单位	元		8 970	9 828	9.6
四、城镇失业人员年末人数	**万人**	**420.1**	**571.0**	**575.0**	**0.7**
五、城镇登记失业率	**%**	**2.6**	**3.1**	**3.1**	
六、全部离休、退休和退职人数	**万人**	**2 780.0**	**3 593.6**	**3 726.9**	**3.7**
七、离休、退休、退职费总额	**亿元**	**759.3**	**2 073.7**	**2 420.9**	**16.7**
八、人均离休、退休、退职费	**元**	**2 824.0**	**5 972.0**	**6 614.0**	**10.8**

注：1. 1998、1999 年职工人数包括在岗和离岗职工的数字；1998、1999 年在岗职工工资总额和平均工资不包括离岗职工的数字。

2. 离休、退休、退职费不包括离休、退休、退职人员的医疗卫生费。

国内生产总值、增长及构成

年份	国内生产总值	第一产业	第二产业	第三产业
一、绝对数（亿元）				
1978	3 624.1	1 018.4	1 745.2	860.5
1979	4 038.2	1 258.9	1 913.5	865.8
1980	4 517.8	1 359.4	2 192.0	966.4
1981	4 862.4	1 545.6	2 255.5	1 061.3
1982	5 294.7	1 761.6	2 383.0	1 150.1
1983	5 934.5	1 960.8	2 646.2	1 327.5
1984	7 171.0	2 295.5	3 105.7	1 769.8
1985	8 964.4	2 541.6	3 866.6	2 556.2
1986	10 202.2	2 763.9	4 492.7	2 945.6
1987	11 962.5	3 204.3	5 251.6	3 506.6
1988	14 928.3	3 831.0	6 587.2	4 510.1
1989	16 909.2	4 228.0	7 278.0	5 403.2
1990	18 547.9	5 017.0	7 717.4	5 813.5
1991	21 617.8	5 288.6	9 102.2	7 227.0
1992	26 638.1	5 800.0	11 699.5	9 138.6
1993	34 634.4	6 882.1	16 428.5	11 323.8
1994	46 759.4	9 457.2	22 372.2	14 930.0
1995	58 478.1	11 993.0	28 537.9	17 947.2
1996	67 884.6	13 844.2	33 612.9	20 427.5
1997	74 462.6	14 211.2	37 222.7	23 028.7
1998	79 395.7	14 599.6	38 691.8	26 104.3
二、比上年增长（%）				
1978	11.7	4.1	15.0	13.7
1979	7.6	6.1	8.2	7.8
1980	7.8	－1.5	13.6	5.9
1981	5.2	7.0	1.9	10.4
1982	9.1	11.5	5.6	13.0
1983	10.9	8.3	10.4	15.2
1984	15.2	12.9	14.5	19.4
1985	13.5	1.8	18.6	18.3
1986	8.8	3.3	10.2	12.1
1987	11.6	4.7	13.7	14.4
1988	11.3	2.5	14.5	13.2
1989	4.1	3.1	3.8	5.4
1990	3.8	7.3	3.2	2.3
1991	9.2	2.4	13.9	8.8
1992	14.2	4.7	21.2	12.4
1993	13.5	4.7	19.9	10.7
1994	12.6	4.0	18.4	9.6
1995	10.5	5.0	13.9	8.4
1996	9.6	5.1	12.1	7.9
1997	8.8	3.5	10.5	9.1
1998	7.8	3.5	9.2	7.6

注：比上年增长（%）按可比价格计算。

续表 1

年份	国内生产总值	第一产业	第二产业	第三产业
三、构成（%）				
1978	100.0	28.1	48.2	23.7
1979	100.0	31.2	47.4	21.4
1980	100.0	30.1	48.5	21.4
1981	100.0	31.8	46.4	21.8
1982	100.0	33.3	45.0	21.7
1983	100.0	33.0	44.6	22.4
1984	100.0	32.0	43.3	24.7
1985	100.0	28.4	43.1	28.5
1986	100.0	27.1	44.0	28.9
1987	100.0	26.8	43.9	29.3
1988	100.0	25.7	44.1	30.2
1989	100.0	25.0	43.0	32.0
1990	100.0	27.1	41.6	31.3
1991	100.0	24.5	42.1	33.4
1992	100.0	21.8	43.9	34.3
1993	100.0	19.9	47.4	32.7
1994	100.0	20.2	47.9	31.9
1995	100.0	20.5	48.8	30.7
1996	100.0	20.4	49.5	30.1
1997	100.0	19.1	50.0	30.9
1998	100.0	18.4	48.7	32.9

城镇居民消费价格总指数和零售物价总指数

年份	城镇居民消费价格总指数		零售物价总指数	
	以上年为 100	以 1950 年为 100	以上年为 100	以 1950 年为 100
1951	112.5	112.5	112.2	112.2
1952	102.7	115.5	99.6	111.8
1953	105.1	121.4	103.4	115.6
1954	101.4	123.1	102.3	118.3
1955	100.3	123.5	101.0	119.5
1956	99.9	123.4	100.0	119.5
1957	102.6	126.6	101.5	121.3
1958	98.9	125.2	100.2	121.6
1959	100.3	125.6	100.9	122.7
1960	102.5	128.8	103.1	126.5
1961	116.1	149.6	116.2	147.0
1962	103.3	155.3	103.8	152.6
1963	94.1	146.1	94.1	143.6
1964	96.3	140.7	96.3	138.3
1965	98.8	139.0	97.3	134.6
1966	98.8	137.3	99.7	134.2
1967	99.4	136.4	99.3	133.2
1968	100.1	136.5	100.1	133.3
1969	101.0	137.8	98.9	131.8
1970	100.0	137.8	99.8	131.5
1971	99.9	137.7	99.3	130.5
1972	100.2	137.9	99.8	130.2
1973	100.1	138.0	100.6	131.0
1974	100.7	138.9	100.5	131.7
1975	100.4	139.5	100.2	131.9
1976	100.3	139.9	100.3	132.3
1977	102.7	143.7	102.0	135.0
1978	100.7	144.7	100.7	135.9
1979	101.9	147.4	102.0	138.6
1980	107.5	158.5	106.0	146.9
1981	102.5	162.5	102.4	150.4
1982	102.0	165.8	101.9	153.3
1983	102.0	169.1	101.5	155.6
1984	102.7	173.7	102.8	160.0
1985	111.9	194.4	108.8	174.1
1986	107.0	208.0	106.0	184.5
1987	108.8	226.3	107.3	198.0
1988	120.7	273.1	118.5	234.6
1989	116.3	317.6	117.8	276.4
1990	101.3	321.7	102.1	282.2
1991	105.1	338.1	102.9	290.4
1992	108.6	367.2	105.4	313.9
1993	116.1	426.3	113.2	355.4
1994	125.0	532.9	120.9	432.5
1995	116.8	622.4	114.8	496.5
1996	108.8	677.2	106.1	526.8
1997	103.1	698.2	100.8	531.0
1998	99.4	694.0	97.4	517.2
1999	98.7	685.0	97.0	501.7

历年分地区城镇居民收入与支出

地区	城镇居民可支配收入（元）				城镇居民消费性支出（元）			
	1957年	1980年	1990年	1999年	1957年	1980年	1990年	1999年
全国总计	**235**	**439**	**1 387**	**5 854**	**222**	**412**	**1 279**	**4 616**
北　京	251	501	1 787	9 183	239	490	1 646	7 498
天　津	225	492	1 522	7 650	216	475	1 440	5 852
河　北	192	401	1 369	5 365	181	365	1 255	4 026
山　西		346	1 145	4 343		357	1 048	3 493
内蒙古		370	1 050	4 771		353	982	3 469
辽　宁	219	467	1 399	4 899	213	426	1 346	3 990
吉　林		364*	1 128	4 480		348*	1 054	3 662
黑龙江		388*	1 090	4 595		361*	1 051	3 482
上　海		560	2 050	10 932		553	1 936	8 248
江　苏	234	433	1 464	6 538	220	435	1 339	5 011
浙　江	188	430	1 769	8 428	182	428	1 604	6 522
安　徽		398*	1 224	5 065		392*	1 182	3 902
福　建	132	391*	1 481	6 860	131	392*	1 349	5 267
江　西	155	365	1 110	4 721	154	382	984	3 482
山　东	206	415	1 408	5 809	192	396	1 229	4 515
河　南	195	393	1 153	4 532	183	384	1 068	3 498
湖　北	200	380	1 295	5 213	202	369	1 220	4 341
湖　南	172	438	1 254	5 815	165	426	1 162	4 800
广　东	151	462	2 135	9 126	152	486	1 984	7 518
广　西	185	429*	1 448	5 620	170	423*	1 338	4 587
海　南			1 575	5 338			1 382	4 018
重　庆				5 896				5 444
四　川	197	360	1 354	5 478	191	314	1 281	4 499
贵　州	151	316	1 152	4 934	151	364	1 109	3 964
云　南	192	404	1 367	6 179	190	381	1 272	4 941
西　藏		487*		6 909		519*		5 309
陕　西		381	1 265	4 654		371	1 117	3 953
甘　肃		403	1 197	4 475		399	1 031	3 682
青　海			1 191	4 703			1 118	3 904
宁　夏	220	438	1 271	4 473	205	403	1 212	3 548
新　疆		482*	1 314	5 320		446*	1 104	4 164

注：1.1990年以前为生活费收入。

2.*为1981年数据。

城镇新就业人数

单位：万人

年份	合计	就业人员主要来源				就业人员安置去向			
		城镇劳动力	农村劳动力	大学、中专、技校毕业生	其他	国有单位	城镇集体单位	其他单位	从事个体劳动
1978	544.4	274.9	148.4	37.7	83.4	392.0	152.4		
1979	902.6	688.5	70.8	33.4	109.9	567.5	318.1		17.0
1980	900.0	622.5	127.4	80.0	70.1	572.2	278.0		49.8
1981	820.0	534.3	92.0	107.9	85.8	521.0	267.1		31.9
1982	665.0	408.1	66.0	117.4	73.5	409.3	222.3		33.4
1983	628.3	406.5	68.2	93.4	60.2	373.7	170.6		84.0
1984	721.5	449.7	123.0	81.7	67.1	415.6	197.3		108.6
1985	813.6	502.3	150.2	88.5	72.6	499.1	203.8		110.7
1986	793.1	431.6	166.5	99.3	95.7	536.3	223.8		33.0
1987	799.1	411.7	166.8	117.1	103.5	499.4	214.0		85.7
1988	844.3	422.6	159.9	130.8	131.0	492.2	263.2		88.9
1989	619.8	276.6	120.0	145.2	78.0	391.3	191.5		37.0
1990	785.0	340.0	118.0	168.0	159.0	475.0	235.0	35.0	40.0
1991	760.0	295.0	140.0	173.0	157.0	363.0	272.0	70.0	60.0
1992	736.0	296.6	160.0	187.1	92.3	366.9	218.2	77.5	73.4
1993	705.0	292.0	185.0	193.0	35.0	310.0	202.0	98.0	95.0
1994	715.0	284.0	195.0	198.0	38.0	294.0	181.0	115.0	125.0
1995	721.0	270.0	220.0	210.0	20.0	260.0	170.0	155.0	135.0
1996	705.0	258.0	210.0	207.0	30.0	243.0	155.0	167.0	140.0
1997	710.0	260.0	190.0	225.0	35.0	226.0	128.0	192.0	164.0

城镇失业人数及失业率（年末登记数）

年份	城镇失业人数（万人）	失业青年	占城镇失业人数（%）	失业率（%）
1949	474.2			23.6
1950	437.6			
1951	400.6			
1952	376.6			13.2
1953	332.7			10.8
1954	320.8			10.5
1955	315.4			10.1
1956	212.9			6.6
1957	200.4			5.9
1978	530.0	249.1	47.0	5.3
1979	567.6	258.2	45.5	5.4
1980	541.5	382.5	70.6	4.9
1981	439.5	343.0	78.0	3.8
1982	379.4	293.8	77.4	3.2
1983	271.4	222.0	81.8	2.3
1984	235.7	195.9	83.1	1.9
1985	238.5	196.9	82.6	1.8
1986	264.4	209.3	79.2	2.0
1987	276.6	235.1	85.0	2.0
1988	296.2	245.3	82.8	2.0
1989	377.9	309.0	81.8	2.6
1990	383.2	312.7	81.6	2.5
1991	352.2	288.4	81.9	2.3
1992	363.9	299.8	82.9	2.3
1993	420.1	331.9	79.0	2.6
1994	476.4	301.0	63.2	2.8
1995	519.6	310.2	59.7	2.9
1996	552.8			3.0
1997	576.8			3.1
1998	571.0			3.1
1999	575.0			3.1

全国从业人员年末人数

单位：万人

年份	从业人员		城镇从业人员	乡村从业人员	按三次产业分			构成（以合计为100）		
	合计	占人口（%）			第一产业	第二产业	第三产业	第一产业	第二产业	第三产业
1952	20 729	36.1	2 486	18 243	17 317	1 531	1 881	83.5	7.4	9.1
1957	23 771	36.8	3 205	20 566	19 309	2 142	2 320	81.2	9.0	9.8
1962	25 910	38.5	4 537	21 373	21 276	2 059	2 575	82.1	7.9	9.9
1965	28 670	39.5	5 136	23 534	23 396	2 408	2 866	81.6	8.4	10.0
1970	34 432	41.5	6 312	28 120	27 811	3 518	3 103	80.8	10.2	9.0
1971	35 620	41.8	6 868	28 752	28 397	3 990	3 233	79.7	11.2	9.1
1972	35 854	41.1	7 200	28 654	28 283	4 276	3 295	78.9	11.9	9.2
1973	36 652	41.1	7 388	29 264	28 857	4 492	3 303	78.7	12.3	9.0
1974	37 369	41.1	7 687	29 682	29 218	4 712	3 439	78.2	12.6	9.2
1975	38 168	41.3	8 222	29 946	29 456	5 152	3 560	77.2	13.5	9.3
1976	38 834	41.4	8 692	30 142	29 443	5 611	3 780	75.8	14.4	9.7
1977	39 377	41.5	9 127	30 250	29 340	5 831	4 206	74.5	14.8	10.7
1978	40 152	41.7	9 514	30 638	28 318	6 945	4 890	70.5	17.3	12.2
1979	41 024	42.1	9 999	31 025	28 634	7 214	5 177	69.8	17.6	12.6
1980	42 361	42.9	10 525	31 836	29 122	7 707	5 532	68.7	18.2	13.1
1981	43 725	43.7	11 053	32 672	29 777	8 003	5 945	68.1	18.3	13.6
1982	45 295	44.6	11 428	33 867	30 859	8 346	6 090	68.1	18.4	13.4
1983	46 436	45.1	11 746	34 690	31 151	8 679	6 606	67.1	18.7	14.2
1984	48 197	46.2	12 229	35 968	30 868	9 590	7 739	64.0	19.9	16.1
1985	49 873	47.1	12 808	37 065	31 130	10 384	8 359	62.4	20.8	16.8
1986	51 282	47.7	13 292	37 990	31 254	11 216	8 811	60.9	21.9	17.2
1987	52 783	48.3	13 783	39 000	31 663	11 726	9 395	60.0	22.2	17.8
1988	54 334	48.9	14 267	40 067	32 249	12 152	9 933	59.4	22.4	18.3
1989	55 329	49.1	14 390	40 939	33 225	11 976	10 129	60.0	21.6	18.3
1990	63 909	55.9	16 616	47 293	38 428	13 654	11 828	60.1	21.4	18.5
1991	64 799	55.9	16 977	47 822	38 685	13 867	12 247	59.7	21.4	18.9
1992	65 554	55.9	17 241	48 313	38 349	14 226	12 979	58.5	21.7	19.8
1993	66 373	56.0	17 589	48 784	37 434	14 868	14 071	56.4	22.4	21.2
1994	67 199	56.1	18 413	48 786	36 489	15 254	15 456	54.3	22.7	23.0
1995	67 947	56.1	19 093	48 854	35 468	15 628	16 851	52.2	23.0	24.8
1996	68 850	56.3	19 815	49 035	34 769	16 180	17 901	50.5	23.5	26.0
1997	69 600	56.3	20 207	49 393	34 730	16 495	18 375	49.9	23.7	26.4
1998	69 957	56.1	20 678	49 279	34 838	16 440	18 679	49.8	23.5	26.7
1999	70 586	56.1	21 014	49 572	35 364	16 235	18 987	50.1	23.0	26.9

注：1990年以后从业人员数字系根据1990年人口普查数推算（下同）。

分行业从业人员年末人数　　　　单位：万人

年份	合计	农、林、牧、渔业	采掘业	制造业	电力、煤气及水的生产和供应业	建筑业	地质勘查业、水利管理业	交通运输、仓储及邮电通信业
1978	40 152	28 318	652	5 332	107	854	178	750
1980	42 361	29 122	697	5 899	118	993	188	805
1985	49 873	31 130	795	7 412	142	2 035	197	1 279
1986	51 282	31 254	809	8 019	152	2 236	197	1 376
1987	52 783	31 663	819	8 359	164	2 384	200	1 453
1988	54 334	32 249	832	8 652	177	2 491	204	1 521
1989	55 329	33 225	842	8 547	180	2 407	199	1 522
1990	63 909	34 117	882	8 624	192	2 424	197	1 566
1991	64 799	34 956	905	8 839	203	2 482	199	1 617
1992	65 554	34 795	898	9 106	215	2 660	202	1 674
1993	66 373	33 966	932	9 295	240	3 050	144	1 688
1994	67 199	33 386	915	9 613	246	3 188	139	1 864
1995	67 947	33 018	932	9 803	258	3 322	135	1 942
1996	68 850	32 909	902	9 763	273	3 408	129	2 013
1997	69 600	33 095	868	9 612	283	3 449	129	2 062
1998	69 957	33 232	721	8 319	283	3 327	116	2 000
1999	70 586	33 493	667	8 109	285	3 412	111	2 022

年份	批发和零售贸易、餐饮业	金融、保险业	房地产业	社会服务业	卫生、体育和社会福利业	教育、文化艺术和广播电影电视业	科学研究和综合技术服务业	国家机关政党机关和社会团体	其他
1978	1 140	76	31	179	363	1 093	92	467	521
1980	1 363	99	37	276	389	1 147	113	527	588
1985	2 306	138	36	401	467	1 273	144	799	1 319
1986	2 413	152	38	466	482	1 324	152	873	1 338
1987	2 576	170	39	501	496	1 375	158	925	1 502
1988	2 743	194	42	534	508	1 403	161	971	1 655
1989	2 770	205	43	550	518	1 426	165	1 022	1 709
1990	2 839	218	44	594	536	1 457	173	1 079	1 798
1991	2 998	234	48	604	553	1 497	179	1 136	1 910
1992	3 209	248	54	643	565	1 520	183	1 148	2 313
1993	3 459	270	66	543	416	1 210	173	1 030	3 740
1994	3 921	264	74	626	434	1 436	178	1 033	4 155
1995	4 292	276	80	703	444	1 476	182	1 042	4 484
1996	4 511	292	84	747	458	1 513	183	1 093	4 563
1997	4 795	308	87	810	471	1 557	186	1 093	4 862
1998	4 645	314	94	868	478	1 573	178	1 097	5 118
1999	4 751	328	96	923	482	1 568	173	1 102	4 969

历年全国企业、事业、机关单位职工人数和职工平均工资

年份	年末职工人数（万人）					
	企业				事业	
	合计	国有	集体	其他	合计	国有
1986	10 083.9	6 794.3	3 234.8	54.8	1 955.2	1 796.6
1988	10 662.3	7 220.7	3 346.9	94.7	2 102.7	1 946.2
1989	10 682.2	7 228.4	3 323.3	130.5	2 175.3	2 021.5
1990	10 844.8	7 303.1	3 378.3	163.4	2 301.3	2 156.0
1991	11 175.5	7 501.8	3 458.1	215.6	2 384.9	2 236.9
1992	11 390.4	7 643.4	3 465.2	281.8	2 445.7	2 310.8
1993	11 436.0	7 642.3	3 258.9	534.9	2 426.5	2 305.6
1994	11 371.3	7 544.7	3 080.4	746.2	2 449.4	2 329.2
1995	11 364.6	7 544.1	2 944.7	875.8	2 534.9	2 412.9
1996	11 172.1	7 404.3	2 827.9	940.0	2 635.4	2 515.2
1997	10 887.3	7 131.1	2 672.5	1 083.7	2 731.6	2 592.0
1998	10 523.9	6 393.5	2 320.1	1 810.4	2 728.8	2 595.0
1999	10 111.8	5 997.9	2 095.3	2 018.6	2 745.4	2 611.2

年份	年末职工人数（万人）					
	事业		机关			
	集体	其他	合计	国有	集体	其他
1986	158.1	0.5	770.2	742.6	27.6	
1988	154.5	2.0	842.5	816.8	25.7	
1989	152.6	1.2	884.8	858.8	26.0	
1990	145.0	0.3	913.3	887.4	25.9	
1991	147.7	0.4	947.9	925.7	22.2	
1992	134.9		955.8	934.7	21.1	
1993	120.3	0.6	986.2	972.3	13.9	
1994	119.4	0.8	1 027.7	1 016.2	11.5	
1995	120.8	1.2	1 008.4	997.9	10.5	
1996	118.6	1.6	1 037.6	1 029.9	7.7	
1997	137.8	1.8	1 049.4	1 042.8	6.6	
1998	131.9	1.8	1 061.2	1 055.2	6.0	
1999	132.5	1.7	1 070.8	1 065.7	5.1	

注：1998、1999 年职工人数包括在岗职工和离岗职工的数字。

续表 1

年份	工资总额（亿元）					
	企业				事业	
	合计	国有	集体	其他	合计	国有
1986	1 241.6	908.0	325.6	8.0	248.7	232.1
1988	1 810.4	1 327.8	461.7	20.9	365.4	346.1
1989	2 044.2	1 505.0	505.7	33.5	411.2	386.8
1990	2 280.5	1 684.1	550.5	45.9	481.3	455.8
1991	2 583.3	1 887.2	625.7	70.3	529.0	500.8
1992	3 021.9	2 208.2	708.1	105.6	654.6	624.8
1993	3 771.8	2 718.7	800.0	253.0	801.0	767.8
1994	4 946.4	3 520.7	970.8	454.9	1 204.2	1 156.3
1995	5 974.8	4 217.2	1 120.8	636.9	1 373.7	1 317.0
1996	6 524.7	4 590.6	1 174.2	759.9	1 620.1	1 556.1
1997	6 832.0	4 721.9	1 171.0	939.1	1 849.8	1 769.9
1998	6 471.8	4 072.2	938.9	1 460.6	2 019.6	1 938.8
1999	6 634.7	4 013.7	870.8	1 750.2	2 305.2	2 215.1

年份	工资总额（亿元）					
	事业		机关			
	集体	其他	合计	国有	集体	其他
1986	16.5	0.1	97.3	94.2	3.1	
1988	21.7	0.6	140.5	136.3	4.2	
1989	24.0	0.4	163.2	158.5	4.7	
1990	25.4	0.1	189.3	184.2	5.1	
1991	28.0	0.1	211.6	206.8	4.9	
1992	29.8		262.8	257.4	5.4	
1993	33.0	0.2	330.6	326.2	4.4	
1994	47.4	0.5	505.5	500.4	5.1	
1995	55.9	0.9	551.5	546.1	5.4	
1996	62.6	1.4	650.0	645.7	4.3	
1997	78.2	1.7	723.4	719.2	4.2	
1998	79.0	1.8	805.2	801.5	3.7	
1999	88.3	1.8	935.6	932.0	3.6	

续表 2

年份	全部职工平均工资（元）	职工平均工资（元）				
		企业				事业
		合计	国有	集体	其他	合计
1986	1 329	1 264	1 369	1 037	1 550	1 299
1988	1 747	1 746	1 885	1 425	2 365	1 769
1989	1 935	1 944	2 109	1 554	2 701	1 912
1990	2 140	2 148	2 347	1 674	2 985	2 119
1991	2 340	2 364	2 563	1 861	3 468	2 255
1992	2 711	2 720	2 930	2 101	3 966	2 716
1993	3 371	3 361	3 593	2 542	4 962	3 360
1994	4 538	4 408	4 708	3 212	6 302	4 963
1995	5 500	5 345	5 663	3 896	7 462	5 499
1996	6 210	5 930	6 249	4 255	8 261	6 241
1997	6 470	6 322	6 647	4 443	8 788	6 867
1998	7 479	7 405	7 644	5 264	8 970	7 620
1999	8 346	8 168	8 350	5 670	9 828	8 665

年份	职工平均工资（元）						
	事业			机关			
	国有	集体	其他	合计	国有	集体	其他
1986	1 320	1 058	1 787	1 300	1 305	1 175	
1988	1 795	1 425	3 195	1 708	1 709	1 648	
1989	1 936	1 585	3 359	1 873	1 875	1 860	
1990	2 142	1 774	3 976	2 107	2 109	2 042	
1991	2 276	1 926	3 335	2 270	2 271	2 244	
1992	2 744	2 234		2 778	2 783	2 566	
1993	3 390	2 792	3 018	3 382	3 383	3 275	
1994	5 013	3 995	5 427	4 956	4 962	4 379	
1995	5 540	4 668	8 111	5 542	5 546	5 160	
1996	6 282	5 338	8 722	6 352	6 358	5 647	
1997	6 925	5 743	9 530	6 990	6 994	6 338	
1998	7 689	6 206	10 858	7 740	7 746	6 675	
1999	8 748	6 970	10 913	8 925	8 930	7 827	

注：1998、1999 年职工平均工资只包括在岗职工的数字。

分行业在岗职工人数、工资总额和平均工资
(1999)

行　业	年末人数（千人）	工资总额（千元）	平均人数（千人）	平均工资（元）
全国总计	**117 734**	**987 545 164**	**118 320**	**8 346**
农、林、牧、渔业	**5 188**	**25 288 465**	**5 233**	**4 832**
农业	2 868	12 743 362	2 907	4 383
林业	775	3 570 343	780	4 580
畜牧业	360	1 683 479	362	4 651
渔业	121	808 064	124	6 542
农、林、牧、渔服务业	1 064	6 483 217	1 060	6 114
采掘业	**6 495**	**49 487 553**	**6 580**	**7 521**
制造业	**34 957**	**275 894 880**	**35 400**	**7 794**
电力、煤气及水的生产和供应业	**2 832**	**32 409 822**	**2 815**	**11 513**
建筑业	**7 782**	**63 338 549**	**7 935**	**7 982**
土木工程建筑业	6 727	51 975 746	6 853	7 585
线路、管道和设备安装业	890	9 952 331	918	10 844
装修装饰业	165	1 410 472	165	8 557
地质勘查业、水利管理业	**1 105**	**9 751 576**	**1 105**	**8 821**
地质勘查业	529	5 653 649	533	10 613
水利管理业	576	4 097 927	573	7 155
交通运输、仓储及邮电通信业	**6 824**	**75 303 565**	**6 851**	**10 991**
铁路运输业	1 852	23 404 347	1 852	12 639
公路运输业	1 290	8 105 609	1 305	6 210
管道运输业	29	434 701	29	15 051
水上运输业	443	4 962 132	456	10 880
航空运输业	125	2 411 571	122	19 726
交通运输辅助业	1 512	15 807 689	1 510	10 465
其他交通运输业	25	233 524	25	9 297
仓储业	370	2 945 233	373	7 899
邮电通信业	1 177	16 998 759	1 178	14 424
批发和零售贸易、餐饮业	**11 104**	**72 234 528**	**11 256**	**6 417**
食品、饮料、烟草和家庭日用品批发业	3 592	23 464 362	3 630	6 464

续表 1

行　　业	年末人数（千人）	工资总额（千元）	平均人数（千人）	平均工资（元）
能源、材料和机械电子设备批发业	1 441	11 614 681	1 460	7 953
其他批发业	872	5 621 298	883	6 367
零售业	4 558	26 642 851	4 637	5 746
商业经纪与代理业	43	565 114	43	13 194
餐饮业	599	4 326 222	604	7 167
金融、保险业	**3 000**	**35 934 660**	**2 983**	**12 046**
金融业	2 792	33 421 939	2 779	12 028
保险业	208	2 512 721	204	12 288
房地产业	**904**	**10 297 883**	**895**	**11 505**
房地产开发与经营业	427	5 216 625	426	12 249
房地产管理业	455	4 860 012	447	10 865
房地产代理与经纪业	22	221 246	22	10 121
社会服务业	**4 529**	**41 879 782**	**4 521**	**9 263**
公共服务业	2 042	19 098 044	2 029	9 413
居民服务业	331	2 415 522	339	7 126
旅馆业	1 202	10 344 611	1208	8 560
租赁服务业	27	255 670	27	9 406
旅游业	112	1 110 487	114	9 739
娱乐服务业	71	693 126	72	9 692
信息、咨询服务业	223	3 065 644	219	13 979
计算机应用服务业	69	1 262 803	66	19 150
其他社会服务业	451	3 633 875	447	8 135
卫生、体育和社会福利业	**4 731**	**45 349 440**	**4 692**	**9 664**
卫生	4 461	42 695 089	4 426	9 648
体育	82	938 240	81	11 540
社会福利业	187	1 716 111	186	9 244
教育、文化艺术和广播电影电视业	**14 795**	**124 494 137**	**14 630**	**8 510**

续表 2

行　业	年末人数（千人）	工资总额（千元）	平均人数（千人）	平均工资（元）
教育	13 734	113 934 487	13 576	8 392
#普通高等学校	1 072	12 540 014	1 074	11 679
普通中学	4 594	37 927 781	4 524	8 385
小学校	6 217	45 462 199	6 133	7 413
文化艺术业	602	6 368 772	598	10 658
广播电影电视业	460	4 190 878	456	9 188
科学研究和综合技术服务业	**1 647**	**19 235 799**	**1 658**	**11 601**
科学研究业	744	8 888 186	754	11 784
#自然科学研究	591	6 880 386	600	11 474
社会科学研究	34	380 954	34	11 247
其他科学研究	118	1 626 846	121	13 476
综合技术服务业	903	10 347 613	904	11 448
#气象	53	514 824	53	9 740
地震	15	154 463	15	10 031
测绘	42	440 410	42	10 524
技术监督	156	1 590 320	154	10 298
海洋环境	5	65 022	5	12 376
环境保护	72	642 558	71	8 996
技术推广和科技交流服务业	93	867 535	92	9 380
工程设计业	292	3 892 874	296	13 139
其他综合技术服务业	172	2 163 222	172	12 579
国家机关、政党机关和社会团体	**10 884**	**97 096 796**	**10 815**	**8 978**
#国家机关	10 171	90 626 447	10 108	8 965
政党机关	515	4 573 799	512	8 932
其他行业	**957**	**9 547 729**	**948**	**10 068**
#企业管理机构	532	4 983 387	532	9 359

分行业城镇私营和个体从业人员年末人数　　单位：万人

年份	合计	农、林、牧、渔业	采掘业	制造业	建筑业
1978	15.0			3.0	1.0
1980	81.4	0.2		9.5	0.4
1985	450.1	1.9		51.4	5.1
1986	483.1	1.9		60.0	5.1
1987	568.8	1.7		74.3	6.5
1988	659.3	4.2		90.3	9.7
1989	648.2	2.6		84.5	4.9
1990	670.5	0.6		91.3	4.6
1991	759.5	0.4		128.0	7.9
1992	837.9			129.6	5.9
1993	1 115.7		6.7	175.4	10.8
1994	1 557.4	5.4		271.8	17.9
1995	2 045.0	13.4	10.2	339.0	28.1
1996	2 328.8	17.7	10.3	400.1	33.9
1997	2 669.0	31.8	10.8	450.6	38.8
1998	3 231.9	43.4	13.9	563.9	55.2
1999	3 466.9	44.0	12.4	601.7	64.9

年份	交通运输、仓储及邮电通信业	批发和零售贸易、餐饮业	社会服务业	其他
1978	1.0	9.0	1.0	
1980	0.8	57.1	13.0	
1985	22.3	325.0	40.9	
1986	24.4	336.7	50.6	
1987	30.6	390.7	58.6	
1988	39.5	442.9	65.6	
1989	34.1	443.1	71.7	
1990	36.4	431.2	94.3	
1991	46.1	489.0	78.2	
1992	47.5	550.7	90.9	10.6
1993	62.3	714.9	120.8	12.8
1994	95.7	973.5	167.2	26.0
1995	111.0	1 265.8	241.9	35.6
1996	131.8	1 419.1	274.5	41.4
1997	153.6	1 617.7	315.7	50.1
1998	190.3	1 896.2	397.2	71.8
1999	202.3	2 024.7	447.2	69.7

分地区全部从业人员年末人数

单位：万人

地区	全部从业人员			1. 城镇从业人员		
	1998	1999	1998年比1997年增长（%）	1998	1999	1998年比1997年增长（%）
全国	**69 957.0**	**70 586.0**	**0.9**	**20 678.0**	**21 014.0**	**1.6**
北京	624.3	621.9	-0.4	494.6	491.6	-0.6
天津	427.0	421.1	-1.4	313.4	313.9	0.2
河北	3 382.9	3 399.9	0.5	816.1	821.5	0.7
山西	1 429.0	1 434.3	0.4	514.0	511.3	-0.5
内蒙古	1 006.3	1 017.0	1.1	437.4	433.9	-0.8
辽宁	1 818.2	1 796.4	-1.2	1 112.5	1 093.2	-1.7
吉林	1 127.4	1 102.8	-2.2	619.9	587.4	-5.2
黑龙江	1 723.0	1 679.9	-2.5	984.3	964.6	-2.0
上海	670.0	677.3	1.1	510.9	498.0	-2.5
江苏	3 635.0	3 595.8	-1.1	1 016.3	1 016.8	
浙江	2 651.1	2 660.9	0.4	601.1	613.6	2.1
安徽	3 311.0	3 312.5		661.2	662.9	0.3
福建	1 621.9	1 630.9	0.6	451.2	447.0	-0.9
江西	1 971.3	1 961.3	-0.5	511.2	501.0	-2.0
山东	4 657.2	4 698.6	0.9	1 155.7	1 191.6	3.1
河南	4 999.6	5 205.0	4.1	1 023.5	1 001.7	-2.1
湖北	2 616.3	2 572.4	-1.7	970.9	944.3	-2.7
湖南	3 498.5	3 496.1	-0.1	830.6	817.4	-1.6
广东	3 737.4	3 760.5	1.6	1 179.4	1 171.9	-0.6
广西	2 470.9	2 481.5	0.4	430.5	434.6	0.9
海南	320.8	326.2	1.7	125.2	124.6	-0.4
重庆	1 645.1	1 639.4	-0.3	369.7	340.7	-7.8
四川	4 534.7	4 482.3	-1.2	795.3	781.9	-1.7
贵州	1 946.3	1 975.9	1.5	284.8	270.4	-5.0
云南	2 270.3	2 273.4	0.1	376.8	380.0	0.9
西藏	118.4	122.2	3.2	27.1	21.6	-20.4
陕西	1 802.0	1 780.9	-1.2	495.6	517.3	4.4
甘肃	1 175.6	1 185.6	0.9	288.3	289.6	0.4
青海	230.4	241.2	4.7	73.7	74.9	1.6
宁夏	259.5	270.8	4.4	83.8	84.8	1.2
新疆	678.3	669.6	-1.3	349.8	347.5	-0.6

续表 1

地　区	# 城镇私营和个体从业人员			2. 乡村从业人员		
	1998	1999	1998 年比 1997 年增长（%）	1998	1999	1998 年比 1997 年增长（%）
全　国	**3 231.9**	**3 466.9**	**7.3**	**49 279.0**	**49 572.0**	**0.6**
北　京	20.1	24.3	21.0	161.0	165.3	2.7
天　津	35.3	40.0	13.3	173.0	169.3	-2.1
河　北	145.6	170.5	17.1	2 635.9	2 654.3	0.7
山　西	54.0	63.5	17.5	969.7	978.6	0.9
内 蒙 古	96.2	113.0	17.4	606.9	621.0	2.3
辽　宁	181.5	211.0	16.3	933.2	938.8	0.6
吉　林	130.5	117.5	-10.0	616.8	627.4	1.7
黑 龙 江	190.6	188.1	-1.3	904.3	894.9	-1.0
上　海	61.3	52.5	-14.4	223.2	257.7	15.5
江　苏	129.9	150.3	15.7	2 795.9	2 709.4	-3.1
浙　江	121.9	162.3	33.2	2 096.5	2 090.1	-0.3
安　徽	151.2	168.5	11.4	2 717.5	2 724.3	0.3
福　建	78.6	88.1	12.1	1 200.3	1 213.9	1.1
江　西	99.5	101.4	1.9	1 541.4	1 545.8	0.3
山　东	204.4	253.4	24.0	3 595.8	3 619.5	0.7
河　南	160.4	151.9	-5.3	4 067.2	4 311.2	6.0
湖　北	233.2	220.3	-5.5	1 770.5	1 769.8	
湖　南	222.5	210.3	-5.5	2 786.9	2 810.1	0.8
广　东	281.4	302.3	7.4	2 632.9	2 664.7	1.2
广　西	82.4	94.5	14.7	2 068.2	2 080.3	0.6
海　南	26.0	29.4	12.9	210.3	215.1	2.3
重　庆	87.3	70.3	-19.5	1 317.0	1 343.0	2.3
四　川	118.6	123.4	4.0	3 829.5	3 798.2	-0.8
贵　州	50.1	43.2	-13.8	1 682.7	1 728.2	2.7
云　南	58.0	69.9	20.5	1 908.6	1 911.3	0.1
西　藏	2.7	3.9	45.1	97.5	100.9	3.5
陕　西	98.9	108.8	10.0	1 355.8	1 326.0	-2.2
甘　肃	41.5	55.6	34.0	906.7	919.4	1.4
青　海	10.8	14.3	32.9	162.4	173.3	6.7
宁　夏	9.9	13.3	34.2	181.2	192.1	6.0
新　疆	47.6	51.2	7.7	348.9	342.7	-1.8

分地区企业单位从业人员年末人数

单位：千人

地区	企业单位						
	1998			1999			1999年从业人员比上年增长（%）
	小计	在岗	离岗	小计	在岗	离岗	
全国	**107 290**	**88 172**	**19 118**	**103 448**	**82 693**	**20 755**	**-3.6**
北京	3 551	3 254	297	3 513	3 185	328	-1.1
天津	2 270	1 686	584	2 240	1 629	611	-1.3
河北	4 708	4 042	666	4 522	3 795	727	-4.0
山西	3 392	2 859	533	3 238	2 698	540	-4.5
内蒙古	2 393	2 036	357	2 186	1 831	355	-8.7
辽宁	7 551	5 331	2 220	7 085	4 790	2 295	-6.2
吉林	3 753	2 703	1 050	3 573	2 496	1 077	-4.8
黑龙江	6 497	4 882	1 615	6 354	4 598	1 756	-2.2
上海	3 645	3 024	621	3 609	2 849	760	-1.0
江苏	6 778	5 624	1 154	6 564	5 284	1 280	-3.2
浙江	3 534	3 085	449	3 249	2 841	408	-8.1
安徽	3 629	2 964	665	3 496	2 764	732	-3.7
福建	2 711	2 423	288	2 584	2 293	291	-4.7
江西	2 856	2 087	769	2 752	1 948	804	-3.6
山东	6 845	5 943	902	6 730	5 669	1 061	-1.7
河南	6 151	5 278	873	5 972	4 944	1 028	-2.9
湖北	5 313	4 113	1 200	5 200	3 841	1 359	-2.1
湖南	4 252	3 108	1 144	4 231	2 977	1 254	-0.5
广东	6 717	5 993	724	6 431	5 700	731	-4.3
广西	2 167	1 903	264	2 072	1 755	317	-4.4
海南	737	597	140	696	567	129	-5.6
重庆	2 092	1 681	411	1 973	1 538	435	-5.7
四川	4 664	3 787	877	4 480	3 530	950	-3.9
贵州	1 515	1 312	203	1 440	1 223	217	-5.0
云南	1 956	1 813	143	1 862	1 693	169	-4.8
西藏	65	64	1	62	60	2	-4.6
陕西	2 756	2 227	529	2 775	2 179	596	0.7
甘肃	1 681	1 494	187	1 563	1 337	226	-7.0
青海	400	348	52	378	316	62	-5.5
宁夏	520	467	53	493	434	59	-5.2
新疆	2 191	2 045	146	2 127	1 929	198	-2.9

续表 1

地区	#国有企业						
	1998			1999			1999年从业人员比上年增长（%）
	小计	在岗	离岗	小计	在岗	离岗	
全　国	**65 008**	**53 277**	**11 731**	**61 199**	**48 552**	**12 647**	**-5.9**
北　京	2 141	1 924	217	2 002	1 761	241	-6.5
天　津	1 252	886	366	1 073	705	368	-14.3
河　北	3 174	2 736	438	3 017	2 544	473	-4.9
山　西	2 161	1 840	321	2 085	1 756	329	-3.5
内蒙古	1 570	1 349	221	1 364	1 154	210	-13.1
辽　宁	4 409	3 215	1 194	4 059	2 835	1 224	-7.9
吉　林	2 488	1 839	649	2 297	1 636	661	-7.7
黑龙江	4 434	3 416	1 018	4 304	3 199	1 105	-2.9
上　海	1 947	1 596	351	1 861	1 415	446	-4.4
江　苏	3 498	2 894	604	3 293	2 632	661	-5.9
浙　江	1 497	1 279	218	1 252	1 063	189	-16.4
安　徽	2 042	1 696	346	1 847	1 502	345	-9.5
福　建	1 133	961	172	1 009	836	173	-10.9
江　西	1 931	1 420	511	1 857	1 322	535	-3.8
山　东	4 090	3 578	512	3 888	3 296	592	-4.9
河　南	3 448	2 953	495	3 332	2 733	599	-3.4
湖　北	3 497	2 705	792	3 379	2 497	882	-3.4
湖　南	2 962	2 203	759	2 968	2 146	822	0.2
广　东	3 001	2 559	442	2 758	2 306	452	-8.1
广　西	1 442	1 249	193	1 360	1 140	220	-5.7
海　南	589	474	115	548	445	103	-7.0
重　庆	1 316	1 063	253	1 185	922	263	-10.0
四　川	2 778	2 227	551	2 655	2 066	589	-4.4
贵　州	1 062	914	148	971	811	160	-8.6
云　南	1 398	1 289	109	1 266	1 144	122	-9.4
西　藏	50	49	1	47	45	2	-6.0
陕　西	1 963	1 581	382	1 969	1 542	427	0.3
甘　肃	1 220	1 078	142	1 121	944	177	-8.1
青　海	318	275	43	303	251	52	-4.7
宁　夏	369	329	40	346	302	44	-6.2
新　疆	1 828	1 700	128	1 782	1 602	180	-2.5

二、就业与失业

分地区城镇劳动力供给与配置情况

(1999)

单位：人

地　区	(一) 本年城镇劳动力供给总数					
	合计	1. 大、中专、技校毕业生	2. 复员、转业军人	3. 城镇职业学校毕业生	4. 未能升学的初高中毕业生	5. 直接从农村招收的人员
全　国	**15 253 555**	**2 411 996**	**432 655**	**952 022**	**2 294 120**	**899 098**
北　京	275 000	87 000	7 600	31 900	10 000	60 000
天　津	253 088	37 622	3 227	23 000	25 000	19 000
河　北	275 000	87 000	7 600	31 900	10 000	60 000
山　西	365 000	75 300	18 600	26 900	60 400	25 000
内 蒙 古	351 749	30 199	8 650	15 665	75 647	15 787
辽　宁	943 657	114 061	27 916	44 636	157 334	56 021
吉　林	406 067	40 471	10 679	22 864	70 000	13 363
黑 龙 江	565 282	56 424	16 666	28 814	153 045	4 305
上　海	508 123	81 500	3 240	30 300	20 000	17 534
江　苏	761 968	123 636	21 881	53 964	57 739	29 302
浙　江	624 015	98 263	8 048	33 956	50 605	65 117
安　徽	638 136	102 074	17 599	48 329	96 315	10 257
福　建	446 826	47 962	5 688	29 292	108 711	102 429
江　西	489 786	43 920	10 627	25 514	127 747	11 111
山　东	1 053 975	226 884	46 398	62 182	124 832	72 128
河　南	1 036 197	159 569	48 807	96 171	154 725	43 042
湖　北	781 336	208 503	33 087	23 944	70 168	31 932
湖　南	806 445	95 845	20 071	80 382	116 855	9 392
广　东	1 148 208	150 107	19 136	64 402	230 034	72 433
广　西	478 787	76 472	5 533	25 189	121 677	2 679
海　南	142 497	14 697	2 208	3 252	20 237	7 381
重　庆	280 850	57 850	12 000	24 000	20 000	9 000
四　川	647 667	107 580	26 000	22 349	43 431	61 997
贵　州	296 657	48 943	5 744	14 704	72 511	6 401
云　南	395 568	66 238	7 261	19 465	96 170	24 640
西　藏	28 140	4 930	610	150	3 702	
陕　西	420 074	55 449	14 649	24 082	84 035	13 357
甘　肃	330 257	42 597	6 730	11 916	29 700	23 490
青　海	96 000	15 000	4 000	10 000	17 000	6 000
宁　夏	158 400	14 000	2 400	3 000	42 000	19 000
新　疆	248 800	41 900	10 000	19 800	24 500	7 000
附：大连						
宁波						
厦门						
青岛	149 377	17 238	3 230	13 603	4 681	50 800
深圳						

续表 1

地　　区	（一）本年城镇劳动力供给总数				（二）本年城镇劳动力配置总数	
	6. 农转非人员中的劳动力	7. 就业转失业人员	8. 其他	9. 上年末失业人员	合计	1. 国有单位
全　　国	**870 004**	**1 816 934**	**367 695**	**5 209 031**	**8 838 819**	**2 510 535**
北　　京	12 000	37 000		29 500	245 000	135 000
天　　津	3 239	46 100	3 000	92 900	155 088	52 722
河　　北	12 000	37 000		29 500	245 000	135 000
山　　西	31 300	27 000	900	99 600	228 000	98 300
内 蒙 古	7 446	36 982	11 078	150 295	166 809	21 745
辽　　宁	22 821	114 000	6 868	400 000	452 553	106 085
吉　　林	42 890	23 000		182 800	135 200	96 646
黑 龙 江	17 036	44 970	21 169	222 853	295 407	47 604
上　　海	47 230	143 719	5 000	159 600	306 891	68 700
江　　苏	90 001	110 000	32 845	242 600	459 386	134 913
浙　　江	41 014	116 319	11 124	199 569	379 395	81 318
安　　徽	69 020	40 230	2 010	252 302	328 584	74 672
福　　建	24 668	45 305	4 585	78 186	337 268	23 759
江　　西	32 440	58 077	2 026	178 324	263 147	58 110
山　　东	73 705	77 000	5 446	365 400	629 576	224 821
河　　南	52 170	65 064	34 513	2 136	619 455	187 271
湖　　北	18 692	77 495	4 206	313 309	378 539	143 685
湖　　南	24 412	131 290	30 505	297 693	442 874	82 728
广　　东	34 380	231 908	60 189	285 619	825 389	162 246
广　　西	15 443	49 102	10 272	172 420	264 547	56 914
海　　南	5 382	14 049	20 101	55 190	77 624	13 694
重　　庆	6 000	50 000	1 000	101 000	81 289	11 132
四　　川	20 600	62 600	1 110	302 000	312 490	164 292
贵　　州	11 008	23 282	6 721	107 343	159 639	40 857
云　　南	33 747	33 585	23 745	90 717	304 856	53 181
西　　藏	890	378	24	17 456	10 580	5 316
陕　　西	13 070	44 874	23 858	146 700	222 721	70 441
甘　　肃	68 900	35 605	27 900	83 419	209 112	87 383
青　　海	13 000	11 000		20 000	68 000	20 000
宁　　夏	18 000	5 000	15 000	40 000	116 400	37 000
新　　疆	7 500	25 000	2 500	110 600	118 000	15 000
附：大连						
宁波						
厦门						
青岛	3 633	27 215	904	28 073	110 789	27 532
深圳						

续表 2

地　区	（二）本年城镇劳动力配置总数				（三）其他原因减少的失业人员	（四）统配人员中未安置人员	（五）年末失业人员
	2. 城镇集体单位	3. 其他单位	4. 城镇私营企业和个体劳动者	5. 其他			
全　国	**1 011 564**	**1 600 807**	**2 922 198**	**793 715**	**565 646**	**440 681**	**5 408 409**
北　京	36 000	74 000			2 000		28 000
天　津	6 944	53 946	41 000	476	2 000	1 000	95 000
河　北	36 000	74 000			2 000		28 000
山　西	13 600	20 000	95 900	200	2 000	40 000	95 000
内 蒙 古	14 484	36 519	79 950	14 111	14 503	10 107	160 330
辽　宁	58 846	77 076	175 416	35 130	80 506	12 598	398 000
吉　林	11 992	26 562			55 867		215 000
黑 龙 江	26 701	38 115	158 978	24 009	46 597	8 676	214 602
上　海	11 600	66 700		159 891	25 731	800	174 701
江　苏	87 085	120 776	92 649	23 963	19 134	17 448	266 000
浙　江	52 594	81 701	131 280	32 502	12 926	19 994	211 700
安　徽	31 871	27 194	166 275	28 572	20 873	16 247	272 432
福　建	22 438	125 418	141 444	24 209	10 712	14 030	84 816
江　西	15 849	40 341	116 448	32 399	17 217	10 925	198 497
山　东	108 078	129 106	150 065	17 506	22 348	37 051	365 000
河　南	68 163	68 117	269 686	26 218	40 165	23 363	353 214
湖　北	43 659	76 041	98 540	16 614	13 655	58 036	331 106
湖　南	50 797	48 086	208 801	52 462	30 707	25 826	307 038
广　东	113 388	203 338	240 596	105 821	21 034	13 219	288 566
广　西	23 459	30 453	114 985	38 736	25 273	14 703	174 264
海　南	3 527	13 993	35 085	11 325	3 923	7 282	53 668
重　庆	13 686	6 810	46 135	3 526	3 278	300	195 983
四　川	33 107	37 806	48 000	29 285	14 100	25 177	295 900
贵　州	23 127	10 693	69 736	15 226	13 827	10 269	112 922
云　南	22 129	22 063	177 690	29 793	18 786	9 926	62 000
西　藏		1 647	3 430	187			17 560
陕　西	22 869	27 568	87 459	14 384	24 357	8 624	164 372
甘　肃	19 171	14 738	79 650	8 170	8 127	33 280	79 738
青　海	11 000	17 000	19 000	1 000	2 000	1 000	25 000
宁　夏	10 400	16 000	18 000	35 000	3 000	2 000	37 000
新　疆	19 000	15 000	56 000	13 000	9 000	18 800	103 000
附：大连							
宁波							
厦门							
青岛	7 407	65 485	10 002	363	1 447		37 141
深圳							

分地区城镇登记失业人员及失业率

地区	失业人员（万人）			失业率（%）		
	1990	1998	1999	1990	1998	1999
北京	1.7	3.0	2.5	0.4	0.7	0.6
天津	8.1	4.5	9.5	2.7	1.4	2.9
河北	7.7	15.9	16.2	1.1	2.3	2.5
山西	5.5	10.0	9.5	1.2	2.2	2.1
内蒙古	15.2	13.1	12.4	3.8	3.1	3.1
辽宁	23.7	40.0	39.8	2.2	3.4	3.5
吉林	10.5	18.3	21.5	1.9	3.1	3.3
黑龙江	20.4	25.0	24.1	2.2	2.4	2.5
上海	7.7	16.0	17.5	1.5	2.8	3.4
江苏	22.5	24.3	26.6	2.4	2.6	2.8
浙江	11.2	20.0	21.2	2.2	3.2	3.5
安徽	15.2	15.3	17.3	2.8	3.2	3.2
福建	9.0	8.0	7.9	2.6	2.1	2.2
江西	10.3	14.5	15.5	2.4	2.5	2.6
山东	26.2	36.5	36.5	3.2	3.3	3.2
河南	25.1	21.7	22.0	3.3	2.6	2.6
湖北	12.7	31.3	33.1	1.7	3.3	3.3
湖南	15.9	29.8	30.7	2.7	3.9	3.9
广东	19.2	26.2	27.4	2.2	2.3	2.3
广西	13.9	13.4	11.6	3.9	3.2	3.3
海南	3.5	3.5	3.7	3.0	3.3	3.2
重庆		10.1	10.1		3.5	3.5
四川	38.0	30.2	29.6	3.7	3.7	3.7
贵州	10.7	10.7	11.3	4.1	3.8	4.0
云南	7.8	6.0	6.2	2.5	2.2	2.5
西藏						
陕西	11.2	12.2	10.7	2.8	3.1	2.6
甘肃	12.5	8.3	8.0	4.9	3.3	2.8
青海	4.2	1.8	1.9	5.6	2.5	2.5
宁夏	4.0	3.9	3.7	5.4	4.7	4.5
新疆	9.6	12.8	10.3	3.0	3.9	3.7
新疆生产建设兵团			1.9			1.9

分地区城镇登记失业人员情况

（1999）

单位：千人

地　区	本年新登记的失业人数	女性	由就业转失业人数	本年失业人员就业人数
北　京	67	30	37	55
天　津	78	37	46	75
河　北	97	55	25	90
山　西	89	38	37	93
内蒙古	92	42	21	96
辽　宁	241	112	114	183
吉　林	132	64	23	100
黑龙江	290	154	61	246
上　海	319	133	239	278
江　苏	281	147	110	216
浙　江	181	86	116	137
安　徽	121	64	40	107
福　建	134	62	56	124
江　西	193	101	31	152
山　东	229	115	77	186
河　南	167	74	38	129
湖　北	356	163	85	281
湖　南	359	192	131	319
广　东	616	301	288	535
广　西	180	92	53	159
海　南	31	15	5	33
重　庆	95	51	30	89
四　川	191	82	63	183
贵　州	125	62	24	100
云　南	76	34	36	68
陕　西	117	46	53	101
甘　肃	106	55	36	103
青　海	27	14	5	21
宁　夏	38	20	9	40
新　疆	72	30	25	80
新疆生产建设兵团	8	5	6	6

续表 1

地　　区	本年末实有登记失业人数	女性	长期失业者	本年末从业人员总数	登记失业率（%）
北　　京	25	13	12	4 501	0.6
天　　津	95	46	79	3 185	2.9
河　　北	162	91	77	6 324	2.5
山　　西	95	38	18	4 384	2.1
内 蒙 古	124	61	86	3 859	3.1
辽　　宁	398	209	240	10 856	3.5
吉　　林	215	116	168	6 250	3.3
黑 龙 江	241	133	127	9 491	2.5
上　　海	175	77	110	4 980	3.4
江　　苏	266	139	145	9 121	2.8
浙　　江	212	111	128	5 890	3.5
安　　徽	173	91	107	5 319	3.2
福　　建	79	41	35	3 468	2.2
江　　西	155	85	59	5 800	2.6
山　　东	365	186	14	10 875	3.2
河　　南	220	109	76	8 113	2.6
湖　　北	331	137	82	9 701	3.3
湖　　南	307	164	119	7 553	3.9
广　　东	274	144	123	11 600	2.3
广　　西	116	57	46	3 410	3.3
海　　南	37	19	20	1 107	3.2
重　　庆	101	55	62	2 779	3.5
四　　川	296	151	156	7 708	3.7
贵　　州	113	45	42	2 735	4.0
云　　南	62	31	31	2 425	2.5
陕　　西	107	58	48	4 058	2.6
甘　　肃	80	44	46	2 825	2.8
青　　海	19	10	11	730	2.5
宁　　夏	37	15	14	784	4.5
新　　疆	103	37	34	2 704	3.7
新疆生产建设兵团	19	10	10	985	1.9

分城市城镇从业人员和登记失业人员情况

（1999）

城市名称	城镇从业人员年末人数（万人）	年末尚有失业人员人数（万人）	登记失业率（%）
北京市	450.1	2.5	0.6
天津市	318.5	9.5	2.9
石家庄	98.6	1.1	1.1
太原	109.5	3.7	3.3
呼和浩特	43.8	0.9	2.0
沈阳	270.9	6.0	2.2
长春	142.0	3.9	2.7
哈尔滨	258.0	8.0	3.0
上海市	498.0	17.5	3.4
南京	146.0	3.7	2.5
杭州	132.1	4.6	3.4
合肥	56.9	1.6	2.7
福州	82.3	0.9	1.1
南昌	63.7	2.0	3.0
济南	113.6	4.3	3.6
郑州	117.9	2.5	2.1
武汉	266.0	8.1	3.0
长沙	108.6	3.8	3.4
广州	248.9	6.5	2.5
南宁	47.2	1.5	3.1
海口	33.6	1.0	2.9
重庆市	277.9	10.1	3.5
成都	162.2	4.1	2.5
贵阳	100.5	4.1	3.9
昆明	91.1	0.5	0.5
西安	150.7	3.3	2.1
兰州	95.9	1.5	1.5
西宁	39.9	1.0	2.4
银川	29.1	0.9	3.0
乌鲁木齐	57.7	2.4	4.0
大连	167.2	7.0	4.0
宁波	80.4	2.5	3.0
厦门	40.9	1.4	3.3
青岛	139.1	3.7	2.6
深圳	68.4	1.7	2.4

分地区职业介绍工作情况

（1999）

单位：人

地区	本年末职业介绍机构个数（个）	劳动保障部门办	其他组织办	公民个人办	本年末职业介绍机构人数	劳动保障部门办	其他组织办
全国	**30 242**	**21 685**	**5 282**	**3 275**	**85 311**	**58 819**	**16 873**
北京	359	172	175	12	2 464	886	1 578
天津	203	93	95	15	2 895	1 205	1 521
河北	1 784	1 587	147	50	5 352	4 933	237
山西	1 975	1 779	186	10	5 089	4 668	396
内蒙古	777	507	221	49	1 751	1 112	489
辽宁	1 396	1 058	202	136	2 696	1 867	425
吉林	781	597	117	67	1 712	1 232	277
黑龙江	1 161	1 051	85	25	2 676	2 217	232
上海	458	340	111	7	2 764	2 108	629
江苏	2 106	1 920	157	29	5 015	4 446	454
浙江	1 754	757	247	750	3 910	1 680	580
安徽	1 823	1 036	549	238	4 721	2 952	1 128
福建	1 068	697	137	234	2 707	1 711	381
江西	937	670	151	116	2 824	2 017	457
山东	1 430	1 047	239	144	3 989	2 733	729
河南	1 785	1 292	259	234	6 090	4 442	916
湖北	834	650	53	131	3 359	2 796	194
湖南	907	440	276	191	2 476	1 453	489
广东	1 368	1 015	82	271	3 799	2 644	292
广西	457	332	39	86	1 539	1 104	175
海南	32	23	3	6	370	330	15
重庆	272	106	111	55	1 031	404	461
四川	1 368	843	525		4 346	2 330	2 016
贵州	854	671	105	78	2 087	1 461	244
云南	1 187	929	146	112	2 308	1 527	411
西藏	8	8			38	38	
陕西	1 561	780	631	150	3 549	1 680	1 438
甘肃	755	618	108	29	1 778	1 418	278
青海	265	222	36	7	550	408	117
宁夏	232	201	12	19	434	287	118
新疆	345	244	77	24	992	730	196

续表 1

地区	公民个人办	本年登记招聘人数	本年登记求职人数	下岗职工	失业人员	获得职业资格人员
全国	**9 619**	**11 242 430**	**15 929 636**	**3 422 095**	**5 133 543**	**2 147 444**
北京		560 575	449 916	62 173	90 221	25 818
天津	169	173 180	794 159	466 383	59 248	519 309
河北	182	402 456	606 914	76 680	75 591	29 867
山西	25	269 263	352 282	125 691	65 896	17 145
内蒙古	150	178 314	258 810	75 041	161 131	22 579
辽宁	404	671 994	1 033 724	385 472	443 642	117 749
吉林	203	222 764	223 871	111 422	74 881	36 760
黑龙江	227	221 106	411 957	182 090	158 070	42 050
上海	27	412 325	538 116	188 712	258 875	53 984
江苏	115	593 593	773 108	138 726	324 965	165 153
浙江	1 650	1 488 916	1 730 418	79 542	403 054	148 195
安徽	641	294 475	436 310	113 333	153 007	36 878
福建	615	472 083	705 061	88 453	295 241	48 518
江西	350	230 152	338 772	78 229	118 516	32 917
山东	527	598 169	766 857	121 269	266 196	78 825
河南	732	669 710	1 014 123	188 648	168 778	81 225
湖北	369	576 999	860 632	220 019	360 154	201 369
湖南	534	311 882	522 291	145 896	200 188	55 499
广东	863	668 186	1 024 684	60 098	355 332	162 154
广西	260	295 720	516 733	42 437	219 472	54 848
海南	25	116 470	247 941	76 000	94 881	20 090
重庆	166	153 200	177 800	38 200	84 800	22 700
四川		448 853	508 286	125 479	175 043	50 259
贵州	382	74 432	88 294	14 512	45 669	3 198
云南	370	349 036	351 779	28 695	111 580	25 228
西藏		446	689	207	463	290
陕西	431	344 428	488 080	84 692	202 907	52 687
甘肃	82	108 132	191 470	40 647	30 173	17 851
青海	25	200 199	272 334	28 721	20 893	7 048
宁夏	29	35 303	75 576	9 678	23 295	4 029
新疆	66	100 069	168 649	24 950	91 381	13 222

续表 2

地区	本年职业指导人数	本年介绍成功人数	女性	下岗职工	失业人员	获得职业资格人员
全国	**7 948 778**	**8 843 638**	**3 998 369**	**1 606 208**	**2 818 282**	**1 001 664**
北京	93 636	284 486	52 503	38 351	66 962	23 027
天津	324 917	163 553	65 471	94 304	34 299	36 336
河北	271 830	307 062	121 759	45 954	33 984	19 091
山西	260 060	196 418	76 880	43 845	56 935	14 908
内蒙古	100 007	157 567	57 661	49 029	92 120	17 751
辽宁	599 045	475 822	249 403	161 724	208 661	54 491
吉林	141 626	261 270	106 634	100 188	84 661	44 465
黑龙江	158 683	219 388	95 867	100 502	99 062	31 319
上海	1 071 273	263 864	127 292	103 516	113 349	17 895
江苏	398 066	498 322	247 638	91 722	200 192	87 244
浙江	172 377	955 355	398 762	44 609	265 004	84 279
安徽	271 486	242 015	134 021	57 317	80 396	22 129
福建	303 758	336 783	170 452	24 956	183 788	29 640
江西	177 273	252 174	134 906	43 144	64 862	21 857
山东	283 920	486 963	250 855	71 529	131 256	54 506
河南	703 991	657 153	331 681	96 345	87 038	48 510
湖北	428 681	483 306	246 890	129 702	211 711	119 786
湖南	308 989	273 703	159 238	74 639	91 469	38 180
广东	273 922	346 645	175 335	26 105	125 178	73 371
广西	184 744	262 066	136 221	18 523	100 187	33 536
海南	10 000	63 990	30 800	7 030	51 360	5 000
重庆	71 000	93 500		15 200	48 900	16 600
四川	429 329	330 553	156 791	77 201	103 801	33 922
贵州	65 334	63 481	30 865	8 501	33 580	3 800
云南	242 405	269 627	135 901	14 021	69 393	18 080
西藏	346	235	162	2	13	11
陕西	311 685	384 670	149 891	20 051	53 525	19 916
甘肃	113 298	121 257	61 982	23 535	46 665	11 848
青海	67 573	241 383	47 879	11 941	15 813	5 729
宁夏	38 442	48 833	15 776	5 147	15 083	3 425
新疆	71 082	102 194	28 853	7 575	49 035	11 012

分地区劳动就业服务企业、社区就业实体和生产自救基地基本情况

(1999)

单位：人

地区	年末实有劳服企业社区就业实体生产自救基地总数（个）	本年新举办	年末实有劳服企业个数（个）	股份合作制企业	年末实有社区就业实体个数（个）
全国	**134 632**	**15 440**	**93 177**	**9 385**	**35 198**
北京	5 161	351	5 088	166	23
天津	3 435	600	3 358	55	70
河北	5 337	2 330	3 062	118	2 188
山西	3 709	77	3 519	70	183
内蒙古	4 528	356	2 294	167	2 112
辽宁	11 191	2 787	4 370	108	4 425
吉林	7 731	115	5 527	191	2 079
黑龙江	5 589	296	4 592	159	883
上海	10 943	3 216	3 883	488	6 890
江苏	10 124	1 457	4 854	645	4 590
浙江	2 993	376	2 837	1 666	79
安徽	5 146	138	4 652	781	362
福建	1 939	90	1 840	229	52
江西	4 174	135	3 142	311	871
山东	5 953	579	5 577	522	132
河南	5 947	213	5 606	285	45
湖北	7 341	169	3 440	536	3 703
湖南	2 058	73	1 999	45	37
广东	6 160	926	6 059	1 967	58
广西	1 072	33	1 053	17	4
海南	43	5	42		
重庆	1 304	31	1 304	102	
四川	8 175	512	3 210	172	4 797
贵州	844	7	427	51	413
云南	1 511	103	1 440	234	39
陕西	5 560	144	4 554	82	339
甘肃	4 617	288	3 460	175	774
青海	357	6	353	10	
宁夏	380	9	331	10	46
新疆	1 253	17	1 249	22	2
新疆生产建设兵团	57	1	55	1	2

续表 1

地区	年末实有生产自救基地个数（个）	上年结转从业人数	本年新增从业人数	女性	本年减少从业人数	年末实有从业人数	女性
全国	**6 257**	**6 300 838**	**751 863**	**300 561**	**888 801**	**6 163 900**	**2 614 531**
北京	50	171 328	29 630	15 468	45 658	155 300	82 560
天津	7	110 432	30 491	9 521	31 039	109 884	41 581
河北	87	218 317	23 535	6 932	26 385	215 467	91 854
山西	7	269 644	9 649	2 922	26 957	252 336	136 243
内蒙古	122	263 905	20 416	10 017	82 203	202 118	99 881
辽宁	2 396	551 203	50 322	21 940	70 429	531 096	231 531
吉林	125	464 106	11 051	2 660	28 437	446 720	196 849
黑龙江	114	558 057	26 904	12 356	100 762	484 199	235 860
上海	170	269 784	54 268	25 831	18 135	305 917	139 323
江苏	680	219 207	106 805	37 229	38 647	287 365	121 459
浙江	77	91 078	15 914	3 446	14 700	92 292	38 312
安徽	132	373 205	27 362	14 075	19 793	380 774	209 961
福建	47	81 407	12 382	4 164	14 071	79 718	36 728
江西	161	160 338	21 837	5 813	21 376	160 799	67 509
山东	244	388 264	57 505	25 846	36 054	409 715	166 243
河南	296	279 289	30 476	13 073	39 988	269 777	127 840
湖北	198	340 061	30 347	15 289	37 895	332 513	
湖南	22	165 225	18 236	7 448	26 972	156 489	77 321
广东	43	104 686	11 931	6 156	22 241	94 376	59 768
广西	15	60 258	4 641	1 808	5 343	59 556	29 848
海南	1	4 745	290	134	1 797	3 238	1 756
重庆		79 909	16 760	4 878	18 174	78 495	25 296
四川	168	245 086	36 555	14 117	47 018	234 623	106 840
贵州	4	79 173	3 552	1 474	9 648	73 077	10 705
云南	32	99 113	11 076	4 823	18 227	91 962	39 449
西藏							
陕西	667	149 613	29 601	14 001	19 759	159 455	72 280
甘肃	383	345 431	42 296	14 768	31 578	356 149	116 272
青海	4	22 032	4 866	712	4 341	22 557	9 457
宁夏	3	34 279	7 124	1 641	5 248	36 155	13 729
新疆	2	98 517	5 638	1 848	25 554	78 601	26 362
新疆生产建设兵团		3 146	403	171	372	3 177	1 714

分地区劳动就业服务企业、社区就业实体和生产自救基地生产经营情况

(1999)

单位：千元

地区	工资总额	增加值	上缴税金	#所得税	利润	资产总计
全国	**26 859 141**	**48 253 018**	**10 224 436**	**2 175 067**	**7 256 806**	**243 610 993**
北京	973 348	3 701 200	640 026	211 430	678 844	16 038 605
天津	863 061	4 875 008	441 020	112 862	448 141	10 389 737
河北	847 932	1 307 390	263 448	61 273	102 305	6 539 794
山西	1 302 285	1 755 447	327 246	35 454	89 054	10 975 375
内蒙古	814 634	1 041 879	205 399	17 742	62 573	6 300 402
辽宁	1 538 425	1 354 817	523 384	81 593	-52 028	16 097 196
吉林	1 484 510	908 209	241 111	31 118	91 699	5 881 294
黑龙江	2 148 605	3 113 715	369 918	32 324	-14 942	8 263 949
上海	2 347 340	5 491 120	1 388 640	150 140	1 400 180	28 424 610
江苏	1 595 808	3 009 585	876 330	205 060	271 231	14 952 912
浙江	849 538	3 693 758	1 050 538	488 226	1 606 490	11 737 712
安徽	1 553 672	1 109 104	253 252	64 150	186 913	10 262 308
福建	357 970	646 186	125 840	32 562	128 428	2 034 378
江西	637 495	1 043 663	164 438	36 514	95 176	2 881 753
山东	1 558 085	3 681 451	634 111	183 678	493 111	16 903 397
河南	936 583	898 053	314 946	51 560	153 489	5 435 827
湖北	837 162	525 269	269 154	43 278	269 498	3 909 589
湖南	972 680	1 582 490	279 260	27 030	138 890	8 201 060
广东	603 368	934 745	315 332	36 498	241 301	17 773 492
广西	243 832	360 481	97 488	9 163	25 499	1 686 364
海南	25 256		1 384	150	3 153	254 329
重庆	292 426	560 103	141 144	27 551	104 337	4 329 992
四川	846 859	1 562 132	280 809	29 055	131 909	6 878 446
贵州	91 092	165 145	28 875	1 258	10 346	824 799
云南	602 658	1 522 298	256 568	42 778	207 984	6 671 585
西藏						
陕西	530 862	1 049 956	186 173	49 328	191 132	4 798 603
甘肃	1 422 787	1 570 586	311 561	81 692	117 021	8 932 711
青海	165 026	222 210	28 788	4 872	19 062	1 192 496
宁夏	175 286	249 713	53 426	5 512	22 133	1 509 149
新疆	231 776	307 708	125 932	20 409	34 767	3 339 411
新疆生产建设兵团	8 780	9 597	28 895	807	-890	189 718

续表 1

地　区	流动资产	固定资产净值	其他资产	负债及所有者权益总计	负债	所有者权益
全　国	**162 439 275**	**58 428 327**	**22 743 391**	**241 113 386**	**158 629 077**	**82 484 309**
北　京	12 607 997	2 043 143	1 387 465	16 038 605	11 490 836	4 547 769
天　津	7 490 306	1 936 447	962 984	10 392 134	6 214 498	4 177 636
河　北	4 402 189	1 545 384	592 221	6 531 213	4 275 068	2 256 145
山　西	6 025 503	4 344 598	605 274	10 975 375	7 124 043	3 851 332
内蒙古	3 991 680	1 865 308	443 414	6 326 823	4 683 415	1 643 408
辽　宁	10 686 626	3 775 162	1 635 408	16 097 196	11 810 348	4 286 848
吉　林	3 629 852	1 837 314	414 128	5 881 294	4 084 964	1 796 330
黑龙江	5 403 160	1 863 908	996 881	8 263 949	6 269 580	1 994 369
上　海	20 975 640	4 585 330	2 863 640	28 424 610	19 011 530	9 413 080
江　苏	10 603 625	2 948 791	1 400 496	14 952 912	9 899 735	5 053 177
浙　江	8 526 357	2 318 159	893 196	11 737 712	6 656 986	5 080 726
安　徽	3 598 066	5 441 435	1 222 807	9 015 232	5 248 979	3 766 253
福　建	1 375 749	446 242	212 387	2 034 378	1 169 514	864 864
江　西	1 928 658	712 452	240 643	2 740 837	1 824 962	915 875
山　东	9 499 430	4 967 513	2 436 454	16 903 397	11 036 844	5 866 553
河　南	3 322 459	1 720 624	392 744	5 355 876	2 713 256	2 642 620
湖　北	2 490 693	1 244 582	174 314	3 909 589	2 638 067	1 271 522
湖　南	5 344 150	1 734 820	1 122 090	8 201 060	5 871 280	2 329 780
广　东	16 120 098	1 321 906	331 488	16 981 767	11 345 899	5 635 868
广　西	1 005 215	477 028	204 121	1 725 967	1 186 380	539 587
海　南	148 213	31 309	74 807	254 329	179 495	74 834
重　庆	2 931 660	1 021 419	376 913	4 329 992	2 920 052	1 409 940
四　川	4 317 478	1 696 803	864 165	6 878 446	4 454 831	2 423 615
贵　州	401 255	345 429	78 115	823 114	495 735	327 379
云　南	4 098 951	1 967 229	605 405	6 375 667	3 698 569	2 677 098
西　藏						
陕　西	2 622 826	1 414 747	761 030	4 798 603	3 209 767	1 588 836
甘　肃	4 765 246	3 245 857	921 608	8 932 711	4 730 273	4 202 438
青　海	760 337	327 162	104 997	1 192 496	806 910	385 586
宁　夏	906 523	499 673	102 953	1 508 975	1 008 906	500 069
新　疆	2 317 193	719 358	302 860	3 339 411	2 450 052	889 359
新疆生产建设兵团	142 140	29 195	18 383	189 716	118 303	71 413

全国技工学校基本情况

	1992年	1998年	1999年	1999年比1998年增长（%）
学校所数（所）	4 392	4 362	4 098	-6.1
一、学生情况（人）				
1.招生数	601 795	594 733	515 482	-13.3
2.在校生合计	1 556 040	1 813 304	1 560 535	-13.9
3.毕业生数	457 022	694 639	662 491	-4.6
二、教职工情况（人）				
1.在职教职工人数	336 493	290 081	269 300	-7.2
#文化技术理论课教师	110 819	109 778	112 466	2.4
生产实习指导教师	38 040	37 487	37 818	0.9
一体化教师			23899	
2.兼职教师人数	14 708	26 609	29 142	9.5
三、经费收支情况				
1.经费来源合计	280 211	649 439	596 605	-8.1
#事业经费	79 474	241 141	217 376	-9.9
公司经费	27 485	46 624	46 074	-1.2
2.经费支出合计	223 043	663 621	599 328	-9.7
#人员经费	86 621	299 265	268 953	-10.1
教学经费	52 952	146 541	208 266	42.1
四、培训社会人员情况（人）				
1.培训社会人员人次数	615 349	1 650 807	1 490 779	-9.7
2.培训社会人员结业人数	495 436		1 445 857	

分地区技工学校综合情况

(1999)

	技工学校个数(个)	在职教职工人数(人)							
			女性	文化技术理论课教师			生产实习指导教师		
					高级讲师	讲师		高级实习指导教师	一级实习指导教师
全　国	**4 098**	**269 300**	**102 726**	**112 466**	**15 314**	**54 189**	**37 818**	**1 748**	**8 914**
北　京	127	7 459	2 999	2 764	386	1 268	940	35	245
天　津	135	8 531	3 486	3 022	487	1 414	1 170	47	209
河　北	242	14 895	6 343	6 689	907	2 978	1 970	136	520
山　西	134	9 138	3 770	3 643	398	1 652	1 064	45	275
内蒙古	91	6 686	2 848	3 033	282	1411	810	30	179
辽　宁	253	14 054	5 957	6 285	1 202	3 039	1 629	97	396
吉　林	158	8 954	4 223	4 669	628	2 079	802	47	211
黑龙江	170	11 962	5 497	5 334	738	3 163	1 706	155	403
上　海	123	9 331	3 452	3 442	401	1 940	1 353	41	200
江　苏	183	13 989	4 562	5 747	871	2 631	2 579	107	625
浙　江	99	6 197	2 065	2 739	261	1 248	1 144	18	220
安　徽	139	6 584	2 923	2 923	543	1 548	797	43	152
福　建	110	4 468	1 595	1 958	201	830	717	15	106
江　西	73	5 845	2 103	2 550	363	1 208	930	58	228
山　东	302	28 871	9 507	10 867	1 436	4 431	3 664	126	915
河　南	201	14 275	5 355	5 984	862	2 803	2 265	107	582
湖　北	201	14 803	5 317	6 507	1 009	3 441	2 279	180	547
湖　南	167	10 644	4 081	4 548	671	2 397	1 691	66	529
广　东	194	12 950	4 474	5 284	591	2 110	1 974	69	418
广　西	99	6 101	2 236	2 619	337	1 435	1 047	14	213
海　南	13	776	284	318	43	103	152		18
重　庆	103	6 262	2 293	2 456	413	1 383	791	65	201
四　川	264	12 598	4 663	5 404	591	2 730	1 789	74	450
贵　州	85	4 007	1 559	1 756	145	834	545	29	102
云　南	83	5 385	2 121	2 382	242	1 307	891	20	226
陕　西	173	10 380	3 601	3 370	659	1 773	1 435	59	320
甘　肃	66	3 998	1 460	1 923	195	953	483	28	87
青　海	22	1 378	572	668	62	319	203	2	70
宁　夏	20	1 734	780	827	121	436	108	2	34
新　疆	68	7 045	2 600	2 755	269	1 325	890	33	233

续表 1

	兼职教师人数（人）	实习工厂和校办企业个数（个）	实习工厂和校办企业纳税额（千元）	实习工厂和校办企业利润额（千元）	经费来源总计（千元）	事业经费	经费支出总计（千元）	教学支出
全　国	**29 142**	**2 518**			**5 966 048**	**2 173 762**	**5 993 284**	**2 082 663**
北　京	997	93	3 650	4 701	267 086	109 198	238 686	93 746
天　津	1 260	52	210	2 130	148 890	61 100	200 880	56 517
河　北	1 639	153	4 662	3 687	237 903	95 954	255 547	97 193
山　西	667	51	5 703	1 045	137 427	46 313	127 436	47 735
内蒙古	534	40	274	499	90 908	53 785	90 042	27 760
辽　宁	1 162	221	2 245	2 777	360 155	95 058	325 326	125 229
吉　林	441	61	722	662	86 730	42 546	89 525	27 000
黑龙江	591	97	2 745	2 635	218 278	92 255	216 572	106 903
上　海	1 456	86	3 340	5 120	329 360	110 760	309 260	106 910
江　苏	2 212	138	7 389	7 562	445 515	144 006	445 493	134 503
浙　江	909	56	4 663	1 142	337 594	88 139	335 131	110 647
安　徽	1 173	60	578	1 256	133 358	33 637	149 244	53 706
福　建	935	28	940	590	144 740	71 520	139 920	2 887
江　西	764	51	1 375	1 253	117 199	38 654	109 683	44 754
山　东	1 437	345	26 309	10 355	503 526	210 847	525 525	193 210
河　南	1 241	125	2 692	1 231	269 368	104 012	277 175	93 789
湖　北	1 299	130	12 313	3 720	239 568	79 344	246 267	82 672
湖　南	1 233	78	1 635	1 844	189 519	61 791	182 693	58 201
广　东	2 517	99	1 869	1 558	526 145	174 982	531 928	219 226
广　西	750	43	620	1 016	134 823	63 352	141 597	56 242
海　南	80	8			41 666	23 260	37 847	10 325
重　庆	641	61	1363	-425	74 513	25 273	78 513	32 766
四　川	1 630	119	3 056	12 705	194 933	55 659	208 145	67 535
贵　州	553	38	181	401	75 758	23 098	75 921	33 402
云　南	827	42	560	658	159 089	75 747	155 996	51 609
陕　西	778	151	37 301	67 867	200 390	71 293	196 757	40 067
甘　肃	375	43	1 146	1 425	93 578	13 140	88 965	33 713
青　海	21	5	13	96	31 626	8 051	29 849	6 198
宁　夏	198	12	132	2 299	41 768	16 168	40 611	18 017
新　疆	822	32	3 450	720	134 635	8 482	142 750	50 201

分地区技工学校培训情况

（1999）

单位：人

	招生学校数（所）	招生人数	女生	农业户口学生	在校学生人数	高级班学生
全　国	**3 404**	**515 482**	**178 707**	**220 401**	**1 560 535**	**35 430**
北　京	101	25 515	7 898	9 415	70 856	305
天　津	120	17 486	8 656	3 306	52 513	370
河　北	211	22 910	7 797	6 773	76 100	1 108
山　西	134	12 609	5 317	5 726	43 877	187
内蒙古	81	8 901	2 842	2 144	26 611	268
辽　宁	164	14 306	3 279	806	61 791	1 237
吉　林	78	6 405	2 267	1 044	29 486	268
黑龙江	144	10 969	4 797	1 116	35 795	200
上　海	94	18 451	5 447	4 874	57 363	20
江　苏	174	32 286	10 951	17 844	109 876	5 423
浙　江	99	22 681	6 645	13 856	63 128	2 412
安　徽	114	13 492	5 491	5 479	49 126	503
福　建	96	18 552	7 934	12 632	46 255	3 902
江　西	73	14 376	5 772	5 722	37 484	1 017
山　东	261	50 896	19 503	24 848	161 531	3 669
河　南	177	25 176	9 753	11 424	79 255	1 078
湖　北	136	19 252	6 935	7 408	61 673	1 824
湖　南	131	22 098	8 289	12 209	49 124	2 455
广　东	178	55 807	12 488	39 623	155 619	2 538
广　西	84	15 451	5 085	6 237	43 099	276
海　南	13	1 570	320	843	4 507	58
重　庆	103	9 690	4 080	631	26 164	1 098
四　川	229	22 475	8 322	10 077	52 256	552
贵　州	64	7 412	2 503	3 459	22 321	882
云　南	83	13 542	4 540	3 078	40 730	415
陕　西	119	11 589	3 863	2 952	41 058	1 148
甘　肃	47	7 442	2 616	1 026	20 446	1 406
青　海	9	984	217		3 440	120
宁　夏	19	3 938	1 646	628	11 459	209
新　疆	68	9 221	3 454	5 221	27 592	482

续表 1

地　区	毕业生人数	培训社会人员人次数		培训社会人员结业人数	就业人数	
			女性			技工学校学生
全　国	**662 491**	**1 490 779**	**453 236**	**1 445 857**	**865 344**	**485 514**
北　京	17 512	49 460	15 238	53 448	18 435	15 935
天　津	14 750	46 104	21 024	29 200	20 492	11 656
河　北	36 809	93 985	35 572	85 430	63 548	25 469
山　西	18 314	20 893	7 719	20 613	11 629	9 579
内蒙古	15 640	21 845	4 927	20 553	12 078	9 470
辽　宁	26 635	143 001	36 238	131 778	42 358	17 756
吉　林	21 800	43 394	16 466	43 394	35 870	18 129
黑龙江	21 884	42 997	13 019	40 501	30 080	14 793
上　海	15 303	90 921	17 444	89 210	61 626	9 348
江　苏	37 401	101 678	29 335	107 031	73 571	28 547
浙　江	18 081	61 907	15 584	61 712	19 554	12 556
安　徽	29 281	25 611	8 880	33 533	22 862	20 500
福　建	15 509	27 763	13 332			
江　西	22 915	18 295	4 749	22 769	16 597	15 053
山　东	71 460	113 209	30 472	112 923	99 612	71 460
河　南	35 471	112 433	49 111	112 433	84 185	23 881
湖　北	36 062	76 959	22 140	75 115	38 230	25 341
湖　南	24 589	59 060	22 448	52 168	27 777	19 911
广　东	42 152	80 957	17 064	74 404	50 229	38 742
广　西	21 847	20 914	4 754	20 969	20 096	16 776
海　南	1 468	11 857	1 238	11 857	1 311	1 191
重　庆	15 505	23 938	5 898	23 817	9 681	5 966
四　川	29 355	74 300	16 173	74 226	40 058	28 181
贵　州	9 366	6 899	2 698	8 455	8 246	6 449
云　南	16 607	18 349	5 274	28 115	11 071	10 435
陕　西	17 021	27 857	9 286	26 302	20 250	15 609
甘　肃	7 851	18 424	6 230	20 820	8 499	3 507
青　海	2 323	14 290	5 470	14 241	1 995	1 995
宁　夏	4 576	5 531	2 049	6 362	2 871	1 537
新　疆	15 004	37 948	13 404	44 478	12 533	5 742

分地区职业技能鉴定工种综合情况

（1999）

单位：人

地　　区	年末国家职业技能鉴定所数（个）	鉴定所数	鉴定站数	工考委数	年末考评人员人数	本年鉴定考核人数	初级
全　　国	**6 916**	**4 202**	**982**	**1 378**	**73 068**	**3 377 987**	**1 460 889**
北　　京	180	85		95	1 753	286 297	171 024
天　　津	79	51	21	7	1 400	80 038	55 084
河　　北	451	214	26	211	1 701	117 921	41 163
山　　西	158	94	45	19	1 627	41 452	4 637
内 蒙 古	148	74	41	33	672	29 670	7 871
辽　　宁	144	129	13	2	2 699	110 478	57 786
吉　　林	103	22	21	60	5 120	111 398	44 329
黑 龙 江	50	31	4	15	1 085	115 611	30 893
上　　海	163	163			1 000	217 241	151 450
江　　苏	353	195	72	86	4 486	233 589	97 126
浙　　江	200	128	42	30	1 900	198 318	144 449
安　　徽	305	305			2 199	76 669	28 638
福　　建	254	170	76	8	2 665	67 029	35 450
江　　西	447	219	102	126	2 273	165 677	33 591
山　　东	251	204	30	17	5 028	216 193	69 895
河　　南	336	197	82	57	3 422	142 177	42 661
湖　　北	437	437			4 268	123 730	28 026
湖　　南	326	268	9	49	3 179	147 108	39 316
广　　东	517	403	77	37	3 662	351 061	216 740
广　　西	576	83	25	468	1297	90 822	33 879
海　　南	10	10			153	8 668	2 709
重　　庆	124	95	28	1	1 242	62 259	15 736
四　　川	699	177	494	28	8 029	177 749	54 746
贵　　州	152	152			2 311	47 955	13 897
云　　南	125	125			3 403	60 487	13 826
陕　　西	145	61	84		1 590	41 403	12 217
甘　　肃	31	31			774	16 598	3 408
青　　海	59	15	27	17	1 236	10 326	2 750
宁　　夏	49	31	9	9	343	9 650	921
新　　疆	44	33	8	3	2 551	20 413	6 671

续表 1

地区	中级	高级	获得证书人数	初级	中级	高级
全国	**1 564 307**	**305 586**	**2 924 209**	**1 280 322**	**1 356 103**	**249 483**
北京	90 781	23 092	222 401	137 028	66 582	17 515
天津	19 544	5 410	65 748	45 351	16 428	3 969
河北	68 975	5 689	109 783	39 069	64 401	5 109
山西	33 786	2 143	38 344	4 181	31 280	2 035
内蒙古	18 241	3 328	27 915	7 497	17 107	3 172
辽宁	44 697	7 215	100 366	52 715	40 251	6 644
吉林	47 885	19 115	108 316	43 535	46 601	18 111
黑龙江	69 146	12 016	106 533	28 038	65 731	9 434
上海	55 270	7 082	18 4886	130 848	45 429	5 662
江苏	117 977	15 989	202 999	85 859	102 512	12 621
浙江	46 248	7 262	182 212	133 685	42 191	6 011
安徽	40 518	6 813	68 944	26 494	36 007	5 984
福建	27 562	3 411	61 866	32 783	25 227	3 256
江西	92 304	35 145	133 889	28 284	76 940	25 061
山东	123 553	21 451	157 623	52 737	88 567	15 208
河南	83 589	12 344	127 217	38 859	75 189	10 381
湖北	58 239	28 490	110 396	24 958	53 591	24 954
湖南	89 144	16 829	133 782	36 276	80 532	15 349
广东	128 921	4 203	321 653	195 951	121 336	3 389
广西	47 814	8 745	78 995	28 778	42 054	7 819
海南	4 061	1 898	5 476	1 669	2 557	1 250
重庆	36 791	7 336	43 959	11 390	25 755	5 135
四川	99 784	21 311	155 468	48 746	87 150	17 868
贵州	23 582	9 571	38 574	11 808	20 006	6 183
云南	34 546	11 012	56 316	12 459	32 300	10 454
陕西	23 123	4 231	31 468	8 685	17 991	3 112
甘肃	12 243	947	15 402	3 076	11 483	843
青海	5 416	2 128	8 274	2 186	4 467	1 589
宁夏	8 452	214	8 793	865	7 669	196
新疆	12 115	1 166	16 611	6 512	8 769	1 169

三、职工人数

分登记注册类型职工年末人数及构成

单位：万人

年份	合计	国有单位	城镇集体单位	其他单位	构成（以合计为100）		
					国有单位	城镇集体单位	其他单位
1952	1 603	1 580	23		98.6	1.4	
1955	2 162	1 908	254		88.3	11.7	
1956	2 977	2 423	554		81.4	18.6	
1957	3 101	2 451	650		79.0	21.0	
1958	5 194	4 532	662		87.3	12.7	
1959	5 275	4 561	714		86.5	13.5	
1960	5 969	5 044	925		84.5	15.5	
1961	5 171	4 171	1 000		80.7	19.3	
1962	4 321	3 309	1 012		76.6	23.4	
1963	4 372	3 293	1 079		75.3	24.7	
1964	4 601	3 465	1 136		75.3	24.7	
1965	4 965	3 738	1 227		75.3	24.7	
1966	5 198	3 934	1 264		75.7	24.3	
1967	5 305	4 006	1 299		75.5	24.5	
1968	5 504	4 170	1 334		75.8	24.2	
1969	5 714	4 335	1 379		75.9	24.1	
1970	6 216	4 792	1 424		77.1	22.9	
1971	6 787	5 318	1 469		78.4	21.6	
1972	7 134	5 610	1 524		78.6	21.4	
1973	7 337	5 758	1 579		78.5	21.5	
1974	7 651	6 007	1 644		78.5	21.5	
1975	8 198	6 426	1 772		78.4	21.6	
1976	8 673	6 860	1 813		79.1	20.9	
1977	9 112	7 196	1 916		79.0	21.0	
1978	9 499	7 451	2 048		78.4	21.6	
1979	9 967	7 693	2 274		77.2	22.8	
1980	10 444	8 019	2 425		76.8	23.2	
1981	10 940	8 372	2 568		76.5	23.5	
1982	11 281	8 630	2 651		76.5	23.5	
1983	11 515	8 771	2 744		76.2	23.8	
1984	11 890	8 637	3 216	37	72.6	27.0	0.3
1985	12 358	8 990	3 324	44	72.7	26.9	0.4
1986	12 809	9 333	3 421	55	72.9	26.7	0.4
1987	13 214	9 654	3 488	72	73.1	26.4	0.5
1988	13 608	9 984	3 527	97	73.4	25.9	0.7
1989	13 742	10 108	3 502	132	73.5	25.5	1.0
1990	14 059	10 346	3 549	164	73.6	25.2	1.2
1991	14 508	10 664	3 628	216	73.5	25.0	1.5
1992	14 792	10 889	3 621	282	73.6	24.5	1.9
1993	14 849	10 920	3 393	536	73.5	22.9	3.6
1994	14 849	10 890	3 211	747	73.3	21.6	5.0
1995	14 908	10 955	3 076	877	73.5	20.6	5.9
1996	14 845	10 949	2 954	942	73.8	19.9	6.3
1997	14 668	10 766	2 817	1 085	73.4	19.2	7.4
1998	14 314	10 044	2 458	1 812	70.2	17.2	12.7
1999	13 928	9 675	2 233	2 020	69.5	16.0	14.5

注：1998、1999年职工年末人数包括在岗职工和离岗职工的人数。

分行业职工年末人数

单位：万人

年份	合计	农、林、牧、渔业	采掘业	制造业	电力、煤气及水的生产和供应业	建筑业	地质勘查业、水利管理业	交通运输、仓储及邮电通信业
1978	9 499	830	652	3 595	107	623	178	669
1979	9 967	799	670	3 754	112	682	185	699
1980	10 444	788	697	3 947	118	710	188	714
1981	10 940	797	728	4 130	125	730	188	741
1982	11 281	797	747	4 240	128	762	191	761
1983	11 515	801	758	4 315	131	798	193	771
1984	11 890	787	767	4 442	134	845	197	793
1985	12 358	777	795	4 620	142	900	197	823
1986	12 809	784	809	4 820	152	922	197	846
1987	13 214	792	819	4 988	164	946	200	860
1988	13 608	789	832	5 149	177	955	204	874
1989	13 742	782	842	5 206	180	900	199	874
1990	14 059	780	882	5 304	192	896	197	895
1991	14 508	769	905	5 443	203	940	199	916
1992	14 792	758	898	5 508	215	995	202	921
1993	14 849	708	925	5 469	232	1 153	144	826
1994	14 849	680	904	5 434	244	1 072	137	835
1995	14 908	660	914	5 439	257	1 053	134	824
1996	14 845	617	886	5 293	272	1 035	128	830
1997	14 668	612	851	5 083	282	1 004	128	824
1998	14 314	588	819	4 826	292	974	127	798
1999	13 928	569	790	4 621	296	918	123	786

年份	批发和零售贸易、餐饮业	金融、保险业	房地产业	社会服务业	卫生、体育和社会福利业	教育、文化艺术和广播电影电视业	科学研究和综合技术服务业	国家机关、政党机关和社会团体	其他
1978	1 079	65	31	166	247	736	92	430	
1979	1 161	75	34	191	269	769	100	468	
1980	1 239	89	37	218	287	817	105	490	
1981	1 337	97	38	239	302	857	111	520	
1982	1 383	102	38	253	311	868	118	577	
1983	1 424	106	37	268	322	878	121	591	
1984	1 454	115	36	276	335	915	125	669	
1985	1 518	126	36	271	342	962	131	718	
1986	1 544	138	38	289	354	1 008	137	770	
1987	1 578	154	39	304	365	1 059	142	805	
1988	1 643	174	42	318	375	1 091	144	843	
1989	1 675	184	43	327	382	1 117	147	885	
1990	1 715	195	44	344	392	1 143	152	929	
1991	1 786	208	48	369	410	1 181	156	974	
1992	1 844	223	54	386	421	1 212	159	996	
1993	1 796	239	66	422	416	1 205	166	1 030	55
1994	1 833	261	72	447	428	1 249	174	1 017	63
1995	1 828	273	77	449	438	1 291	178	1 027	66
1996	1 807	288	82	458	451	1 345	176	1 075	103
1997	1 774	298	84	480	464	1 403	179	1 080	125
1998	1 677	302	95	486	476	1 462	173	1 096	124
1999	1 569	302	97	494	481	1 481	171	1 104	112

分登记注册类型女职工年末人数

年份	合计	国有单位	城镇集体单位	其他单位
一、年末人数（万人）				
1978	3 128	2 126	1 002	
1980	3 698	2 473	1 225	
1985	4 500	2 910	1 570	20
1986	4 688	3 057	1 605	26
1987	4 869	3 203	1 631	35
1988	5 036	3 339	1 649	48
1989	5 137	3 422	1 648	67
1990	5 294	3 540	1 670	84
1991	5 483	3 679	1 691	113
1992	5 586	3 781	1 658	147
1993	5 542	3 838	1 449	255
1994	5 646	3 868	1 420	358
1995	5 755	3 957	1 373	424
1996	5 745	3 982	1 316	447
1997	5 687	3 927	1 247	513
1998	4 678	3 182	796	700
二、女职工占职工（%）				
1978	32.9	28.5	48.9	
1980	35.4	30.8	50.5	
1985	36.4	32.4	47.2	45.5
1986	36.6	32.8	46.9	47.3
1987	36.8	33.2	46.8	48.6
1988	37.0	33.4	46.8	49.5
1989	37.4	33.9	47.1	50.8
1990	37.7	34.2	47.1	51.2
1991	37.8	34.5	46.6	52.3
1992	37.8	34.7	45.8	52.1
1993	37.3	35.1	42.7	47.6
1994	38.0	35.5	44.2	47.9
1995	38.6	36.1	44.6	48.3
1996	38.7	36.4	44.5	47.5
1997	38.8	36.5	44.3	47.2
1998	37.9	36.1	41.9	43.0
三、指数（以上年为 100）				
1978	109.0	107.7	111.8	
1980	108.5	108.0	109.4	
1985	104.0	105.2	101.9	111.1
1986	104.2	105.1	102.2	130.0
1987	103.9	104.8	101.6	134.6
1988	103.4	104.2	101.1	137.1
1989	102.0	102.5	99.9	139.6
1990	103.1	103.4	101.3	125.4
1991	103.6	103.9	101.3	134.5
1992	101.9	102.8	98.0	130.1
1993	99.2	101.5	87.4	173.5
1994	101.9	100.8	98.0	140.4
1995	101.9	102.3	96.7	118.4
1996	99.8	100.6	95.8	105.4
1997	99.0	98.6	94.8	114.8

注：1998 年全部职工人数和女职工人数不包括离岗职工的数字。

分行业女职工年末人数

单位：万人

年份	合计	农、林、牧、渔业	采掘业	制造业	电力、煤气及水的生产和供应业	建筑业	地质勘查业、水利管理业	交通运输、仓储及邮电通信业
1978	3 128	295	134	1 415	41	138	29	127
1980	3 698	285	158	1 666	49	176	31	153
1983	4 199	299	176	1 860	54	194	34	170
1984	4 325	293	181	1 908	56	203	34	172
1985	4 500	287	189	1 998	58	204	33	175
1986	4 688	289	198	2 090	61	204	35	180
1987	4 869	294	206	2 174	63	205	36	183
1988	5 036	293	213	2 251	66	203	37	186
1989	5 137	292	217	2 287	67	199	36	187
1990	5 294	292	223	2 352	69	199	36	192
1991	5 483	288	229	2 417	70	205	35	199
1992	5 586	280	231	2 439	71	209	35	203
1993	5 542	264	229	2 418	71	204	35	209
1994	5 646	254	226	2 426	75	201	34	217
1995	5 755	248	237	2 458	81	204	33	218
1996	5 745	232	231	2 366	86	205	32	224
1997	5 687	231	221	2 263	90	201	32	227
1998	4 678	204	180	1 636	90	156	29	194

年份	批发和零售贸易、餐饮业	金融、保险业	房地产业	社会服务业	卫生、体育和社会福利业	教育、文化艺术和广播电影电视业	科学研究和综合技术服务业	国家机关、政党机关和社会团体	其他
1978	385	16		85	116	251	29	65	
1980	496	26		113	141	284	36	79	
1983	612	34		147	165	306	41	106	
1984	633	38		150	172	317	44	124	
1985	678	42		141	177	335	46	136	
1986	699	47		149	184	354	48	149	
1987	722	52		156	192	378	49	158	
1988	756	61		165	198	391	50	166	
1989	777	66		171	203	406	51	179	
1990	807	70	14	165	210	422	52	191	
1991	845	76	16	175	221	445	54	207	
1992	874	83	17	182	227	465	55	215	
1993	799	92	22	191	226	476	56	233	20
1994	840	103	24	207	235	495	59	227	23
1995	847	109	26	209	244	522	60	232	25
1996	846	118	28	216	253	559	60	251	39
1997	830	123	29	224	261	591	61	252	51
1998	580	125	30	209	265	625	57	255	42

注：1998 年女职工人数不包括离岗职工的人数。

分行业职工年末人数

（国有单位）　　　　单位：万人

年份	合计	农、林、牧、渔业	采掘业	制造业	电力、煤气及水的生产和供应业	建筑业	地质勘查业、水利管理业	交通运输、仓储及邮电通信业
1978	7 451	774	588	2 449	102	447	177	465
1979	7 693	747	600	2 502	106	463	184	480
1980	8 019	740	621	2 601	112	475	187	498
1981	8 372	745	649	2 720	119	475	187	522
1982	8 630	742	666	2 794	122	481	190	537
1983	8 771	739	674	2 833	125	497	192	549
1984	8 637	732	680	2 862	127	518	196	559
1985	8 990	726	706	2 975	134	545	196	585
1986	9 333	736	715	3 096	144	557	196	604
1987	9 654	744	722	3 209	155	566	200	618
1988	9 983	743	735	3 327	167	568	204	636
1989	10 109	736	757	3 344	172	541	199	640
1990	10 346	737	786	3 395	183	538	194	660
1991	10 664	727	797	3 482	193	557	196	682
1992	10 889	717	792	3 526	203	577	199	693
1993	10 920	672	834	3 444	220	663	142	664
1994	10 890	653	820	3 321	230	629	135	677
1995	10 955	634	834	3 326	237	605	132	677
1996	10 949	592	809	3 218	250	595	126	684
1997	10 766	588	772	3 011	257	577	125	681
1998	10 044	565	694	2 499	251	527	125	644
1999	9 675	547	639	2 302	250	490	121	633

年份	批发和零售贸易、餐饮业	金融、保险业	房地产业	社会服务业	卫生、体育和社会福利业	教育、文化艺术和广播电影电视业	科学研究和综合技术服务业	国家机关、政党机关和社会团体	其他
1978	907	42	23	107	183	674	91	417	
1979	960	50	30	114	200	707	99	451	
1980	1 005	63	33	130	217	757	104	476	
1981	1 063	71	33	141	233	797	110	507	
1982	1 094	74	33	150	242	825	117	563	
1983	1 112	77	32	157	253	835	120	576	
1984	780	84	31	165	264	873	124	642	
1985	800	93	32	181	272	925	129	691	
1986	824	101	34	193	283	973	135	742	
1987	851	113	34	203	296	1 025	140	778	
1988	900	128	37	214	306	1 059	142	817	
1989	923	136	38	221	314	1 086	144	859	
1990	947	145	40	236	323	1 112	148	903	
1991	993	154	43	251	340	1 151	151	946	
1992	1 037	166	48	269	356	1 183	153	969	
1993	1 014	182	55	293	356	1 180	153	1 014	34
1994	1 054	196	59	308	368	1 227	165	1 007	40
1995	1 061	203	61	315	379	1 265	167	1 019	42
1996	1 055	208	63	329	390	1 322	166	1 068	74
1997	1 037	210	64	345	402	1 362	167	1 074	95
1998	936	209	67	346	416	1 419	160	1 091	96
1999	867	206	66	347	422	1 434	158	1 099	82

分行业职工年末人数

（城镇集体单位）

单位：万人

年份	合计	农、林、牧、渔业	采掘业	制造业	电力、煤气及水的生产和供应业	建筑业	地质勘查业、水利管理业	交通运输、仓储及邮电通信业
1978	2 048	56	64	1 146	5	176	0.5	204
1980	2 425	48	76	1 346	6	235	1.0	216
1985	3 324	51	89	1 608	8	354	1.0	237
1986	3 421	48	93	1 680	8	364	0.7	241
1987	3 488	47	96	1 724	8	379	0.3	241
1988	3 527	45	96	1 745	9	385	0.2	237
1989	3 502	45	84	1 754	7	357	0.4	232
1990	3 549	42	95	1 773	8	357	3.3	232
1991	3 628	41	107	1 782	9	380	3.4	232
1992	3 621	39	105	1 747	10	414	3.2	226
1993	3 393	34	89	1 595	8	479	2.1	154
1994	3 211	24	81	1 515	9	427	2.0	149
1995	3 076	23	77	1 417	9	427	2.0	138
1996	2 954	22	72	1 346	11	412	2.0	134
1997	2 817	20	72	1 244	11	393	3.0	125
1998	2 458	18	61	1 047	11	348	2.4	111
1999	2 233	17	57	926	10	317	2.2	98

年份	批发和零售贸易、餐饮业	金融、保险业	房地产业	社会服务业	卫生、体育和社会福利业	教育、文化艺术和广播电影电视业	科学研究和综合技术服务业	国家机关、政党机关和社会团体	其他
1978	172	23	3	59	64	62	0.6	13	
1980	234	26	4	88	70	60	0.8	14	
1985	716	33	4	87	70	37	1.5	27	
1986	718	37	4	91	71	35	1.9	28	
1987	722	41	5	93	69	34	2.0	27	
1988	738	45	4	94	69	32	2.2	26	
1989	748	49	4	94	68	32	2.5	26	
1990	762	51	4	93	69	32	3.0	26	
1991	786	54	5	98	70	30	4.0	28	
1992	796	57	4	96	65	28	5.0	27	
1993	744	55	5	101	60	24	9.0	15	20
1994	716	62	6	102	59	21	7.4	9	22
1995	693	67	6	94	59	26	7.6	8	23
1996	667	73	7	86	60	22	7.4	7	27
1997	637	76	7	87	62	40	7.5	6	27
1998	568	71	7	76	60	42	6.8	5	23
1999	514	70	8	74	58	45	6.1	5	22

分行业职工年末人数

（其他单位）　　　　单位：万人

年份	合计	农、林、牧、渔业	采掘业	制造业	电力、煤气及水的生产和供应业	建筑业	地质勘查业、水利管理业	交通运输、仓储及邮电通信业
1984	36.7			33.1		0.5		0.86
1985	43.7	0.2		36.8		0.6		0.90
1986	55.3	0.2		45.6		0.6		0.90
1987	71.9	0.5		58.3		0.8		1.49
1988	96.7	0.6	1.0	77.0	1.0	1.3		1.04
1989	131.7	0.7	1.0	108.0	1.0	1.5		1.55
1990	163.8	1.1	1.0	135.0	1.0	1.6	0.04	1.63
1991	216.0	1.4	1.0	180.0	1.0	2.7	0.09	2.03
1992	281.8	1.5	1.0	236.0	2.0	4.1	0.10	2.38
1993	535.7	2.2	2.1	429.5	4.0	10.6	0.03	7.70
1994	747.4	2.6	3.2	598.1	5.9	16.3	0.05	8.98
1995	877.0	3.2	4.0	696.0	10.2	21.0	0.08	9.67
1996	941.7	3.9	4.3	728.4	10.7	28.2	0.05	11.78
1997	1 085.5	4.1	6.8	826.7	13.8	33.7	0.05	17.09
1998	1 812.1	5.4	12.8	1 279.8	30.0	98.5	0.10	43.40
1999	2 020.3	5.1	94.1	1 393.0	36.4	111.5	0.20	55.03

年份	批发和零售贸易、餐饮业	金融、保险业	房地产业	社会服务业	卫生、体育和社会福利业	教育、文化艺术和广播电影电视业	科学研究和综合技术服务业	国家机关、政党机关和社会团体	其他
1984	2.1			0.30					
1985	2.3			2.90					
1986	2.6			5.20					
1987	3.8			7.50					
1988	4.4	0.08		10.60			0.04		
1989	4.9	0.12		12.60			0.19		
1990	6.0	0.05	0.51	15.03	0.05	0.25	0.20		
1991	7.5	0.05	0.79	18.84	0.13	0.38	0.51		
1992	11.0	0.03	1.43	21.07	0.11	0.71	0.86		
1993	38.1	1.87	6.25	28.23	0.15	0.53	3.14	1.03	0.26
1994	62.9	2.30	7.22	36.61	0.37	0.66	1.41		0.75
1995	74.4	3.80	9.32	39.70	0.41	0.89	2.90		1.40
1996	85.0	7.72	11.21	44.13	0.51	1.15	3.24		1.43
1997	100.1	12.48	12.80	48.89	0.53	1.25	4.60		2.59
1998	172.0	22.00	20.00	63.40	1.10	1.52	6.43		4.60
1999	188.0	25.29	23.14	72.24	1.06	0.20	6.48		6.85

注：其他单位 1987 年以前行业均未调整。

分地区企业、事业、机关单位职工年末人数　　单位：万人

地　区	全部职工			企业单位		
	1998	1999	1999 年比 1998 年增长（%）	1998	1999	1999 年比 1998 年增长（%）
全　国	**14 313.8**	**13 928.0**	**－2.7**	**10 523.9**	**10 111.8**	**－3.9**
北　京	450.1	438.0	－2.7	333.6	325.2	－2.5
天　津	269.2	264.8	－1.6	219.4	216.5	－1.3
河　北	657.0	639.6	－2.6	468.0	447.5	－4.4
山　西	446.5	435.0	－2.6	331.7	316.3	－4.6
内蒙古	336.5	316.1	－6.1	237.9	216.4	－9.0
辽　宁	917.4	866.6	－5.5	746.5	697.5	－6.6
吉　林	483.0	464.6	－3.8	371.9	353.7	－4.9
黑龙江	772.9	754.4	－2.4	633.5	617.2	－2.6
上　海	412.6	405.4	－1.7	333.5	327.4	－1.8
江　苏	870.1	847.4	－2.6	665.5	641.9	－3.5
浙　江	468.4	439.6	－6.1	345.7	316.4	－8.5
安　徽	495.4	483.7	－2.4	357.1	343.8	－3.7
福　建	364.1	350.5	－3.7	265.3	252.3	－4.9
江　西	403.8	391.4	－3.1	282.9	271.3	－4.1
山　东	931.2	921.6	－1.0	678.3	666.1	－1.8
河　南	839.1	831.1	－1.0	605.0	588.4	－2.7
湖　北	723.0	709.7	－1.8	524.8	514.1	－2.0
湖　南	594.1	590.8	－0.6	416.4	409.9	－1.6
广　东	884.8	857.1	－3.1	666.0	636.2	－4.5
广　西	335.5	328.7	－2.0	213.3	202.6	－5.0
海　南	97.9	94.0	－4.0	73.2	68.9	－5.9
重　庆	278.2	266.6	－4.2	206.8	194.8	－5.8
四　川	662.9	645.0	－2.7	458.4	439.1	－4.2
贵　州	228.1	220.5	－3.3	149.1	140.8	－5.6
云　南	310.2	302.4	－2.5	190.6	181.7	－4.7
西　藏	16.4	16.1	－1.8	6.1	6.0	1.6
陕　西	390.6	397.7	1.8	270.8	272.6	0.7
甘　肃	241.2	228.8	－5.1	166.2	153.7	－7.5
青　海	61.8	59.4	－3.9	39.3	37.1	－5.6
宁　夏	72.9	70.2	－3.7	51.3	48.1	－6.2
新　疆	298.6	291.5	－2.4	216.0	208.6	－3.4

注：1998、1999 年职工年末人数包括在岗职工和离岗职工的人数。

续表 1

地　区	事业单位			机关单位		
	1998	1999	1999 年比 1998 年增长（%）	1998	1999	1999 年比 1998 年增长（%）
全　国	**2 728.8**	**2 745.4**	**0.6**	**1 061.2**	**1 070.8**	**0.9**
北　京	94.9	91.0	4.1	21.6	21.7	0.5
天　津	39.4	37.1	－5.8	10.6	11.2	5.7
河　北	29.0	131.4	1.9	60.0	60.5	0.8
山　西	75.0	76.7	2.3	39.8	42.1	5.8
内蒙古	69.6	70.5	1.3	29.1	29.2	0.3
辽　宁	130.0	129.3	－0.5	40.8	39.8	－2.5
吉　林	86.8	86.8		24.3	24.1	－0.8
黑龙江	100.0	97.7	－2.3	39.4	39.5	0.3
上　海	65.7	64.4	－2.0	13.4	13.7	2.2
江　苏	161.4	161.3	－0.1	43.1	44.3	2.8
浙　江	89.1	90.5	1.6	33.5	32.7	－2.4
安　徽	98.6	101.1	2.5	39.5	38.9	－1.5
福　建	72.0	71.4	－0.8	26.9	26.7	－0.7
江　西	85.3	84.2	－1.3	35.6	36.0	1.1
山　东	178.2	180.5	1.3	74.7	75.2	0.7
河　南	161.0	165.6	2.9	73.1	77.2	5.6
湖　北	145.1	138.9	－4.3	53.1	56.7	6.8
湖　南	127.2	129.7	2.0	50.6	51.2	1.2
广　东	150.7	152.6	1.3	68.2	68.2	
广　西	88.1	93.9	6.6	34.1	32.3	－5.3
海　南	17.2	16.7	－2.9	7.6	8.4	10.5
重　庆	52.1	52.5	0.8	19.3	19.4	0.5
四　川	146.6	147.6	0.7	57.9	58.2	0.5
贵　州	52.8	53.3	0.9	26.4	26.4	
云　南	80.2	82.2	2.5	39.4	38.4	－2.5
西　藏	5.7	5.5	－3.5	4.6	4.6	
陕　西	85.3	89.8	5.3	34.4	35.3	2.6
甘　肃	52.4	53.5	2.1	22.6	21.6	－4.4
青　海	16.0	15.7	－1.9	6.5	6.6	1.5
宁　夏	15.5	15.8	1.9	6.3	6.2	－1.6
新　疆	57.9	58.1	0.3	24.8	24.8	

续表 2

地区	1. 国有单位			国有企业单位		
	1998	1999	1999 年比 1998 年增长（%）	1998	1999	1999 年比 1998 年增长（%）
全　国	**10 043.7**	**9 674.8**	**-3.7**	**6 393.5**	**5 997.9**	**-6.2**
北　京	321.7	303.0	5.8	207.0	192.1	-7.2
天　津	171.8	152.6	-11.2	122.9	105.1	-14.5
河　北	502.4	488.8	-2.7	316.2	299.6	-5.2
山　西	321.4	318.0	-1.1	210.4	203.0	-3.5
内蒙古	252.3	232.4	-7.9	155.9	135.0	-13.4
辽　宁	604.1	565.1	-6.5	437.8	400.5	-8.5
吉　林	355.0	336.0	-5.4	246.4	227.6	-7.6
黑龙江	566.4	549.9	-2.9	428.9	414.5	-3.4
上　海	259.1	248.7	-4.0	183.9	174.5	-5.1
江　苏	533.6	513.5	-3.8	344.4	323.0	-6.2
浙　江	262.7	238.9	-9.1	146.7	122.2	-16.7
安　徽	331.9	314.8	-5.2	200.8	181.7	-9.5
福　建	205.8	193.2	-6.1	110.8	98.8	-10.8
江　西	310.3	301.2	-2.9	191.3	182.8	-4.4
山　东	650.2	631.8	-2.8	406.0	384.9	-5.2
河　南	538.1	531.8	-1.2	339.0	328.3	-3.2
湖　北	539.9	526.9	-2.4	345.8	334.2	-3.4
湖　南	461.6	461.9	0.1	290.5	287.5	-1.0
广　东	510.9	489.0	-4.3	297.0	272.6	-8.2
广　西	263.2	258.7	-1.7	141.8	133.5	-5.9
海　南	82.7	78.7	-4.8	58.6	54.3	-7.3
重　庆	198.0	185.6	-6.3	130.1	117.3	-9.8
四　川	467.3	455.8	-2.5	272.4	259.1	-4.9
贵　州	182.8	173.9	-4.9	104.3	94.7	-9.2
云　南	256.9	244.5	-4.8	138.0	124.7	-9.6
西　藏	15.1	14.7	-2.6	4.8	4.6	-4.2
陕　西	310.2	316.4	2.0	193.3	193.8	0.3
甘　肃	194.7	184.4	-5.3	120.7	110.1	-8.8
青　海	53.5	51.8	-3.2	31.3	29.8	-4.8
宁　夏	57.9	55.7	-3.8	36.3	33.7	-7.2
新　疆	262.3	257.2	-1.9	180.1	174.7	-3.0

续表 3

地　　区	国有事业单位			国有机关单位		
	1998	1999	1999 年比 1998 年增长（%）	1998	1999	1999 年比 1998 年增长（%）
全　　国	**2 595.0**	**2 611.2**	**0.6**	**1 055.2**	**1 065.7**	**1.0**
北　　京	93.0	89.1	-4.2	21.6	21.7	0.5
天　　津	38.4	36.4	-5.2	10.4	11.2	7.7
河　　北	126.3	128.9	2.1	59.8	60.5	1.2
山　　西	71.5	73.2	2.4	39.6	41.9	5.8
内 蒙 古	67.5	68.4	1.3	29.0	29.0	
辽　　宁	125.5	125.3	-0.2	40.7	39.4	-3.2
吉　　林	84.4	84.5	0.1	24.3	23.9	-1.6
黑 龙 江	98.3	96.1	-2.2	39.2	39.3	0.3
上　　海	61.8	60.5	-2.1	13.4	13.7	2.2
江　　苏	146.4	146.6	0.1	42.8	43.8	2.3
浙　　江	82.5	84.2	2.1	33.4	32.7	-2.1
安　　徽	92.2	94.8	2.8	38.9	38.3	-1.5
福　　建	68.2	67.9	-0.4	26.8	26.6	-0.7
江　　西	83.4	82.6	-1.0	35.4	35.8	1.1
山　　东	170.1	172.1	1.2	74.1	74.7	0.8
河　　南	126.0	126.4	0.3	73.1	77.1	5.5
湖　　北	141.6	136.2	-3.8	52.5	56.5	7.6
湖　　南	121.0	123.6	2.1	50.1	50.7	1.2
广　　东	146.2	148.5	1.6	67.7	67.9	0.3
广　　西	87.3	93.1	6.6	34.0	32.1	-5.6
海　　南	16.5	16.1	-2.4	7.5	8.3	10.7
重　　庆	48.8	49.2	0.8	19.2	19.3	0.5
四　　川	137.3	138.8	1.1	57.6	58.0	0.7
贵　　州	52.1	52.8	1.3	26.4	26.4	
云　　南	79.7	81.6	2.4	39.2	38.3	-2.3
西　　藏	5.6	5.5	-1.8	4.6	4.6	
陕　　西	82.8	87.4	5.6	34.2	35.1	2.6
甘　　肃	51.6	52.6	1.9	22.4	21.5	-4.0
青　　海	15.9	15.6	-1.9	6.4	6.5	1.6
宁　　夏	15.4	15.7	1.9	6.3	6.2	-1.6
新　　疆	57.5	57.8	0.5	24.7	24.8	0.4

续表 4

地　区	2. 城镇集体单位			# 城镇集体企业单位		
	1998	1999	1999 年比 1998 年增长（%）	1998	1999	1999 年比 1998 年增长（%）
全　国	**2 457.9**	**2 232.9**	**－9.2**	**2 320.1**	**2 095.3**	**－9.7**
北　京	50.8	49.6	－2.4	49.1	47.8	－2.6
天　津	49.8	45.0	9.6	48.9	44.3	－9.4
河　北	93.6	84.3	－9.9	90.8	81.6	－10.1
山　西	74.5	65.2	－12.5	70.7	61.5	－13.0
内蒙古	45.7	37.9	－17.1	43.5	35.7	－17.9
辽　宁	222.7	200.9	－9.8	218.3	196.5	－10.0
吉　林	90.2	82.2	－8.9	87.7	79.7	－9.1
黑龙江	146.1	139.2	－4.7	144.1	137.4	－4.6
上　海	59.8	53.3	－10.9	56.0	49.5	－11.6
江　苏	202.5	181.7	－10.3	187.3	166.7	－11.0
浙　江	107.8	84.6	－21.5	101.2	78.3	－22.6
安　徽	104.8	94.7	－9.6	98.0	88.1	－10.1
福　建	50.3	44.5	－11.5	46.6	41.1	－11.8
江　西	59.6	56.2	－5.7	57.6	54.5	－5.4
山　东	159.9	151.0	－5.6	151.3	142.4	－5.9
河　南	173.5	162.7	－6.2	138.5	123.5	－10.8
湖　北	114.9	109.0	－5.1	110.9	106.0	－4.4
湖　南	101.2	96.0	－5.1	94.6	89.4	－5.5
广　东	160.3	142.8	－10.9	155.6	138.6	－10.9
广　西	39.4	35.5	－9.9	38.6	34.6	－10.4
海　南	7.1	6.8	－4.2	6.5	6.2	－4.6
重　庆	52.8	47.7	－9.7	49.3	44.3	－10.1
四　川	111.9	100.8	－9.9	102.3	91.6	－10.5
贵　州	27.2	24.7	－9.2	26.6	24.2	－9.0
云　南	33.3	29.9	－10.2	32.5	29.4	－9.5
西　藏	1.2	1.0	－16.7	1.1	1.0	－9.1
陕　西	47.5	44.2	－6.9	44.7	41.7	－6.7
甘　肃	31.9	29.6	－7.2	30.9	28.7	－7.1
青　海	7.1	6.2	－12.7	6.9	5.9	－14.5
宁　夏	6.8	6.1	－10.3	6.8	6.0	－11.8
新　疆	22.4	19.8	－11.7	22.0	19.5	－11.4

续表 5

地　　区	3. 其他单位			#其他企业单位		
	1998	1999	1999 年比 1998 年增长（%）	1998	1999	1999 年比 1998 年增长（%）
全　　国	**1 812.1**	**2 020.4**	**11.5**	**1 810.4**	**2 018.6**	**11.5**
北　　京	77.6	85.4	10.1	77.5	85.3	10.1
天　　津	47.6	67.2	41.2	47.5	67.2	41.5
河　　北	61.1	66.5	8.8	61.0	66.5	9.0
山　　西	50.6	51.8	2.4	50.6	51.8	2.4
内 蒙 古	38.5	45.9	19.2	38.5	45.9	19.2
辽　　宁	90.5	100.7	11.3	90.4	100.6	11.3
吉　　林	37.7	46.5	23.3	37.7	46.4	23.1
黑 龙 江	60.5	65.3	7.9	60.5	65.3	7.9
上　　海	93.8	103.4	10.2	93.6	103.3	10.4
江　　苏	133.9	152.2	13.7	133.8	152.1	13.7
浙　　江	97.9	116.1	18.6	97.8	116.0	18.6
安　　徽	58.6	74.0	26.3	58.3	73.9	26.8
福　　建	108.1	112.7	4.3	107.9	112.6	4.4
江　　西	33.9	33.9		33.9	33.9	
山　　东	121.1	138.7	14.5	121.0	138.7	14.6
河　　南	127.6	136.6	7.1	127.5	136.8	7.3
湖　　北	68.2	73.8	8.2	68.1	73.8	8.4
湖　　南	31.3	32.9	5.1	31.3	33.0	5.4
广　　东	213.7	225.3	5.4	213.4	225.1	5.5
广　　西	32.9	34.6	5.2	32.9	34.5	4.9
海　　南	8.1	8.5	4.9	8.0	8.3	3.8
重　　庆	27.5	33.3	21.1	27.5	33.3	21.1
四　　川	83.8	88.4	5.5	83.8	88.4	5.5
贵　　州	18.2	21.9	20.3	18.2	21.9	20.3
云　　南	20.1	28.0	39.3	20.1	27.7	37.8
西　　藏	0.3	0.4	33.3	0.3	0.4	33.3
陕　　西	32.9	37.2	13.1	32.8	37.1	13.1
甘　　肃	14.5	14.8	2.1	14.5	14.8	2.1
青　　海	1.2	1.4	16.7	1.2	1.4	16.7
宁　　夏	8.3	8.4	1.2	8.3	8.4	1.2
新　　疆	12.7	14.6	15.0	12.7	14.6	15.0

四、职工工资

分登记注册类型职工工资总额及指数

年份	工资总额（亿元）				指数（以上年为100）			
	合计	国有单位	集体单位	其他单位	合计	国有单位	集体单位	其他单位
1952	68.3	67.5	0.8					
1957	190.8	156.4	34.4		120.3	114.6	155.7	
1962	254.3	213.6	40.7		90.6	87.5	111.2	
1965	282.3	235.3	47.0		107.1	105.0	118.4	
1970	334.3	277.5	56.8		103.6	105.5	95.3	
1971	364.0	302.0	62.0		108.9	108.8	109.2	
1972	409.6	340.0	69.6		112.5	112.6	112.3	
1973	429.1	353.3	75.8		104.8	103.9	108.9	
1974	441.9	370.9	71.0		103.0	105.0	93.7	
1975	463.5	386.1	77.4		104.9	104.1	109.0	
1976	489.2	406.1	83.1		105.5	105.2	107.4	
1977	514.8	425.7	89.1		105.2	104.8	107.2	
1978	568.9	468.7	100.2		110.5	110.1	112.5	
1979	646.7	529.5	117.2		113.7	113.0	117.0	
1980	772.4	627.9	144.5		119.4	118.6	123.3	
1981	820.0	660.4	159.6		106.2	105.2	110.4	
1982	882.0	708.9	173.1		107.6	107.3	108.5	
1983	934.6	748.1	186.5		106.0	105.5	107.7	
1984	1 133.4	875.8	254.0	3.6	121.3	117.1	136.2	
1985	1 383.0	1 064.8	312.3	5.9	122.0	121.6	123.0	163.9
1986	1 659.7	1 288.5	362.8	8.4	120.0	121.0	116.2	142.4
1987	1 881.1	1 459.3	409.1	12.7	113.3	113.3	112.8	151.2
1988	2 316.2	1 807.1	487.6	21.5	123.1	123.8	119.2	169.3
1989	2 618.5	2 050.2	534.4	33.9	113.1	113.5	109.6	157.7
1990	2 951.1	2 324.1	581.0	46.0	112.7	113.4	108.7	135.7
1991	3 323.9	2 594.9	658.6	70.4	112.6	111.7	113.4	153.0
1992	3 939.2	3 090.4	743.2	105.6	118.5	119.1	112.8	150.0
1993	4 916.2	3 812.7	849.9	253.6	124.8	123.4	114.4	240.2
1994	6 656.4	5 177.4	1 023.3	455.6	135.4	135.8	120.4	179.7
1995	8 100.0	6 080.2	1 182.0	637.8	121.7	117.4	115.5	140.0
1996	9 080.0	6 792.7	1 241.0	761.4	112.1	111.7	105.0	119.4
1997	9 405.3	7 211.0	1 253.4	940.8	103.6	106.2	101.0	123.6
1998	9 296.5	6 812.5	1 021.6	1 462.4	100.2	95.8	83.1	156.9
1999	9 875.5	7 160.8	962.7	1 752.0	106.2	105.1	94.2	119.8

注：1998、1999 年只包括在岗职工的工资总额。

分行业职工工资总额

单位：亿元

年份	合计	农、林、牧、渔业	采掘业	制造业	电力、煤气及水的生产和供应业	建筑业	地质勘查业、水利管理业	交通运输、仓储及邮电通信业
1978	568.9	39.0	44.1	214.8	9.1	43.6	12.6	46.4
1979	646.7	43.0	49.9	244.0	10.3	50.9	14.2	52.0
1980	772.4	48.9	58.4	289.7	11.9	59.7	16.7	58.8
1981	820.0	50.5	60.9	306.3	12.7	62.5	17.4	61.2
1982	882.0	52.7	64.1	323.7	13.5	68.6	18.1	65.8
1983	934.6	55.2	66.2	337.7	14.3	74.8	19.5	68.5
1984	1 133.4	61.1	81.3	418.0	17.5	96.6	23.0	84.6
1985	1 383.0	68.7	103.4	504.0	17.1	120.0	27.7	103.0
1986	1 659.7	81.8	125.8	601.9	22.0	139.0	31.6	123.1
1987	1 881.1	90.1	135.4	695.4	26.5	156.3	35.1	138.3
1988	2 316.2	101.1	162.1	866.8	33.6	184.3	40.9	168.3
1989	2 618.5	109.1	199.0	983.8	40.0	196.2	44.3	192.0
1990	2 951.1	120.3	234.3	1 089.3	49.4	211.5	48.8	214.6
1991	3 323.9	128.0	262.9	1 230.2	57.7	244.5	53.6	243.3
1992	3 939.2	139.6	289.3	1 443.0	70.9	300.2	64.6	286.0
1993	4 916.2	143.0	337.7	1 796.3	96.5	433.4	53.5	346.4
1994	6 656.4	191.5	417.0	2 292.3	146.5	527.1	75.9	470.9
1995	8 100.0	230.1	516.2	2 760.4	197.0	609.8	79.8	565.6
1996	9 080.0	246.4	565.2	2 939.5	234.8	617.5	83.9	645.7
1997	9 405.3	262.8	574.3	2 993.4	268.8	673.3	91.7	702.8
1998	9 296.5	249.9	513.9	2 724.3	293.5	635.0	92.2	693.5
1999	9 875.5	252.9	494.9	2 759.0	324.1	633.4	97.5	753.0

年份	批发和零售贸易、餐饮业	金融、保险业	房地产业	社会服务业	卫生、体育和社会福利业	教育、文化艺术和广播电影电视业	科学研究和综合技术服务业	国家机关、政党机关和社会团体	其他
1978	59.4	3.6	1.8	9.2	13.7	38.6	5.9	27.0	
1979	68.3	4.3	2.2	11.1	15.5	43.6	6.9	30.5	
1980	83.0	5.9	2.8	14.5	19.9	55.6	8.7	37.9	
1981	90.7	6.9	2.7	16.5	21.9	59.7	9.3	40.9	
1982	96.7	7.6	2.9	18.2	25.4	69.1	9.9	45.8	
1983	101.8	8.1	3.2	20.4	27.4	72.2	11.8	53.6	
1984	123.6	10.7	3.8	24.2	31.3	82.0	13.2	62.6	
1985	149.7	13.8	4.1	29.3	37.7	109.3	16.3	78.7	
1986	175.7	17.9	5.0	36.9	46.6	130.8	20.1	101.5	
1987	198.3	21.2	5.7	42.9	51.9	145.4	22.6	116.0	
1988	250.6	28.4	7.0	53.5	64.5	187.2	27.4	140.4	
1989	275.3	33.3	8.3	62.0	73.8	207.3	30.8	163.3	
1990	308.2	39.7	9.7	72.7	85.1	238.6	36.0	192.9	
1991	346.8	45.5	11.7	86.8	95.3	260.7	39.5	217.5	
1992	400.0	60.6	15.8	107.5	116.5	323.9	49.1	272.3	
1993	468.7	85.1	26.9	147.1	139.5	389.7	63.4	357.7	18.3
1994	637.0	170.1	44.1	220.2	216.8	607.4	106.8	500.2	32.3
1995	758.1	197.9	54.9	264.3	253.8	690.8	121.4	559.5	40.4
1996	823.0	240.4	66.3	305.5	303.2	812.2	141.9	672.1	67.6
1997	848.5	288.0	75.1	357.4	348.1	931.1	161.9	744.0	84.1
1998	746.6	319.6	89.7	374.4	395.3	1 070.6	172.6	835.4	90.3
1999	722.3	359.3	103.0	418.8	453.5	1 244.9	192.4	971.0	95.5

注：1998、1999 年只包括在岗职工的工资总额。

分行业职工工资总额

（国有单位）

单位：亿元

年份	合计	农、林、牧、渔业	采掘业	制造业	电力、煤气及水的生产和供应业	建筑业	地质勘查业、水利管理业	交通运输、仓储及邮电通信业
1978	468.7	37.3	41.4	159.3	8.9	33.5	12.6	33.5
1979	529.5	40.8	46.7	179.7	10.1	38.0	14.2	38.2
1980	627.9	46.7	54.4	209.4	11.7	43.6	16.6	44.1
1981	660.4	47.9	56.5	218.0	12.4	44.3	17.3	46.1
1982	708.9	49.8	59.5	230.3	13.2	47.0	18.0	49.1
1983	748.1	51.9	61.3	238.3	14.0	49.9	19.4	51.5
1984	875.8	57.7	75.3	292.8	17.1	66.3	22.9	64.5
1985	1 064.8	65.0	95.9	347.2	16.6	82.4	27.6	79.7
1986	1 288.5	77.6	116.4	419.5	21.1	95.2	31.5	95.7
1987	1 459.3	85.4	124.6	486.2	25.3	105.6	35.1	108.3
1988	1 807.1	96.0	148.5	611.7	32.1	124.3	40.9	134.2
1989	2 050.2	103.6	182.7	693.9	38.1	133.3	44.3	154.6
1990	2 324.1	114.8	213.2	771.0	47.0	144.3	48.4	175.3
1991	2 594.9	121.9	236.0	861.2	54.2	162.6	53.0	199.1
1992	3 090.4	133.2	257.3	1 012.2	66.4	197.2	63.9	237.3
1993	3 812.7	136.5	317.1	1 215.6	91.6	280.7	52.9	301.3
1994	5 177.4	184.2	393.8	1 482.1	137.1	352.7	75.2	417.8
1995	6 080.2	221.4	487.4	1 754.3	179.7	399.1	79.0	507.6
1996	6 792.7	235.7	535.3	1 845.9	213.5	422.6	82.9	580.7
1997	7 211.0	252.2	541.4	1 804.3	242.5	436.1	89.8	630.0
1998	6 812.5	240.2	454.0	1 358.4	248.8	373.6	90.7	607.8
1999	7 160.8	242.8	413.0	1 283.6	210.7	294.1	95.9	647.3

年份	批发和零售贸易、餐饮业	金融、保险业	房地产业	社会服务业	卫生、体育和社会福利业	教育、文化艺术和广播电影电视业	科学研究和综合技术服务业	国家机关、政党机关和社会团体	其他
1978	51.6	2.6	1.7	6.5	10.7	36.7	5.9	26.5	
1979	59.0	3.1	2.0	7.5	12.0	41.5	6.9	29.8	
1980	70.3	4.3	2.5	9.7	15.7	53.0	8.7	37.2	
1981	75.5	5.2	2.4	10.9	17.5	57.1	9.2	40.1	
1982	79.7	5.8	2.6	11.9	20.4	66.8	9.8	45.0	
1983	83.4	6.1	2.8	13.2	22.1	69.9	11.7	52.6	
1984	73.4	8.3	3.4	15.9	25.4	79.4	13.1	60.3	
1985	85.9	10.8	3.7	20.9	31.0	106.4	16.1	76.2	
1986	103.0	13.8	4.5	26.5	38.1	127.5	19.8	98.3	
1987	117.1	16.4	5.1	30.6	43.1	141.8	22.3	112.4	
1988	152.1	22.1	6.3	38.5	53.8	183.3	27.1	136.2	
1989	168.7	25.8	7.4	44.2	61.9	202.9	30.3	158.5	
1990	189.6	30.7	8.7	52.6	71.8	233.7	35.3	187.7	
1991	213.5	35.1	10.3	61.9	80.6	255.6	38.5	211.4	
1992	251.5	47.1	14.1	78.2	101.0	317.9	47.5	265.5	
1993	291.5	67.6	22.3	104.9	122.2	383.4	59.0	353.3	12.9
1994	399.1	133.8	34.3	154.7	191.7	599.5	102.5	496.2	22.9
1995	472.7	151.4	41.1	185.0	224.8	678.9	114.2	555.2	28.3
1996	509.4	180.0	48.7	216.9	269.3	800.2	132.5	668.1	50.9
1997	524.9	209.0	53.4	253.1	309.3	910.1	150.2	740.4	64.2
1998	432.0	226.8	58.7	261.2	354.2	1 047.5	158.6	831.8	68.3
1999	410.7	249.9	63.5	287.9	407.7	1 217.0	177.5	967.2	69.3

注：1998、1999 年只包括在岗职工的工资总额。

分地区企业、事业、机关单位在岗职工工资总额

单位：亿元

地区	全部职工			企业单位		
	1998	1999	1999年比1998年增长（%）	1998	1999	1999年比1998年增长（%）
全　国	**9 296.5**	**9 875.5**	**6.2**	**6 471.8**	**6 634.7**	**6.2**
北　京	530.3	577.3	8.9	380.6	407.5	8.9
天　津	218.0	225.4	3.4	169.2	173.9	3.4
河　北	375.6	397.9	5.9	259.2	260.8	5.9
山　西	222.7	229.1	2.9	163.4	160.5	2.9
内蒙古	174.7	178.0	1.9	118.2	113.8	1.9
辽　宁	504.5	507.6	0.6	380.5	369.5	0.6
吉　林	246.6	253.3	2.7	176.1	174.9	2.7
黑龙江	377.8	406.9	7.7	287.7	303.9	7.7
上　海	491.0	560.5	14.2	378.2	425.9	14.2
江　苏	628.5	666.3	6.0	432.9	444.9	6.0
浙　江	414.2	446.1	7.7	280.0	291.3	7.7
安　徽	262.8	267.1	1.6	171.0	164.6	1.6
福　建	282.1	301.6	6.9	200.3	205.5	6.9
江　西	173.9	205.8	18.3	107.8	119.7	18.3
山　东	575.4	620.1	7.8	389.6	406.3	7.8
河　南	431.0	445.6	3.4	296.6	292.3	3.4
湖　北	387.8	400.0	3.1	252.6	248.7	3.1
湖　南	311.9	333.2	6.8	192.4	197.5	6.8
广　东	890.7	960.0	7.8	654.6	691.3	7.8
广　西	190.2	199.8	5.0	119.6	117.9	5.0
海　南	52.3	55.3	5.7	34.0	34.4	5.7
重　庆	154.1	160.7	4.3	108.3	107.2	4.3
四　川	378.6	398.6	5.3	246.9	247.2	5.3
贵　州	118.2	129.7	9.7	80.2	83.1	9.7
云　南	226.1	235.9	4.3	136.7	137.2	4.3
西　藏	17.9	20.2	12.8	5.9	5.6	12.8
陕　西	204.5	231.7	13.3	135.2	146.9	13.3
甘　肃	152.9	153.6	0.5	105.2	98.0	0.5
青　海	46.2	48.6	5.2	25.9	26.7	5.2
宁　夏	46.7	48.1	3.0	33.0	32.5	3.0
新　疆	209.6	211.9	1.1	150.2	145.3	1.1

注：1998、1999年只包括在岗职工的工资总额。

续表 1

地　区	事业单位			机关单位		
	1998	1999	1999 年比 1998 年增长（%）	1998	1999	1999 年比 1998 年增长（%）
全　国	**2 019.6**	**2 305.2**	**14.1**	**805.2**	**935.6**	**16.2**
北　京	121.8	138.5	13.7	27.9	31.4	12.5
天　津	37.6	38.4	2.1	11.2	13.1	17.0
河　北	77.8	91.4	17.5	38.5	45.7	18.7
山　西	38.3	43.5	13.6	21.0	25.1	19.5
内蒙古	39.1	44.3	13.3	17.3	19.8	14.5
辽　宁	92.0	102.9	11.8	32.1	35.3	10.0
吉　林	53.6	59.1	10.3	16.9	19.3	14.2
黑龙江	63.1	70.6	11.9	27.0	32.4	20.0
上　海	92.8	110.1	18.6	19.9	24.6	23.6
江　苏	149.6	166.2	11.1	46.1	55.2	19.7
浙　江	96.7	112.0	15.8	37.4	42.8	14.4
安　徽	64.4	72.1	12.0	27.3	30.4	11.4
福　建	58.1	67.9	16.9	23.7	28.2	19.0
江　西	45.3	59.1	30.5	20.8	27.0	29.8
山　东	131.1	151.3	15.4	54.7	62.4	14.1
河　南	91.0	102.0	12.1	43.4	51.4	18.4
湖　北	97.2	105.0	8.0	38.0	46.3	21.8
湖　南	84.8	96.2	13.4	34.7	39.5	13.8
广　东	158.7	179.4	13.0	77.4	88.8	14.7
广　西	49.5	59.1	19.4	21.0	22.8	8.6
海　南	12.5	13.4	7.2	5.8	7.5	29.3
重　庆	32.5	37.9	16.6	13.3	15.5	16.5
四　川	91.5	105.4	15.2	40.2	46.0	14.4
贵　州	24.6	30.3	23.2	13.4	16.3	21.6
云　南	59.8	67.2	12.4	29.6	31.6	6.8
西　藏	6.6	7.7	16.7	5.4	6.9	27.8
陕　西	50.5	61.9	22.6	18.8	23.0	22.3
甘　肃	33.1	39.2	18.4	14.6	16.3	11.6
青　海	14.9	15.9	6.7	5.4	6.0	11.1
宁　夏	9.7	11.0	13.4	4.1	4.6	12.2
新　疆	41.1	46.0	11.9	18.3	20.5	12.0

续表 2

地区	1. 国有单位			国有企业单位		
	1998	1999	1999 年比 1998 年增长（%）	1998	1999	1999 年比 1998 年增长（%）
全　国	**6 812.5**	**7 160.8**	**5.1**	**4 072.2**	**4 013.7**	**-1.4**
北　京	378.6	404.0	6.7	230.9	236.5	2.4
天　津	142.3	128.8	-9.5	94.2	77.8	-17.0
河　北	303.7	322.8	6.3	188.7	187.1	-0.8
山　西	172.8	178.2	3.1	114.9	111.0	-3.4
内 蒙 古	137.5	137.9	0.3	82.1	74.8	-8.9
辽　宁	372.8	372.3	-0.1	251.0	236.4	-5.8
吉　林	196.8	197.0	0.1	127.6	119.9	-6.0
黑 龙 江	301.3	324.2	7.6	212.1	222.1	4.7
上　海	317.9	352.2	10.8	210.1	223.6	6.4
江　苏	422.3	443.4	5.0	239.5	236.1	-1.4
浙　江	252.2	268.4	6.4	124.5	120.5	-3.2
安　徽	197.2	197.4	0.1	109.1	98.8	-9.4
福　建	162.4	173.9	7.1	83.5	81.2	-2.8
江　西	140.0	167.6	19.7	74.7	82.5	10.4
山　东	444.4	475.9	7.1	264.1	268.1	1.5
河　南	299.8	307.2	2.5	181.6	173.8	-4.3
湖　北	311.8	322.0	3.3	178.7	172.4	-3.5
湖　南	259.9	281.1	8.2	143.8	149.0	3.6
广　东	523.7	559.4	6.8	292.6	295.9	1.1
广　西	150.7	159.7	6.0	80.5	78.3	-2.7
海　南	42.6	44.8	5.2	24.7	24.4	-1.2
重　庆	117.7	120.7	2.5	73.6	69.2	-6.0
四　川	290.7	307.6	5.8	163.5	161.2	-1.4
贵　州	96.4	104.8	8.7	58.6	58.5	-0.2
云　南	193.1	196.0	1.5	104.2	97.9	-6.0
西　藏	17.1	19.3	12.9	5.1	4.7	-7.8
陕　西	171.0	193.9	13.4	102.7	110.2	7.3
甘　肃	129.7	130.1	0.3	82.5	75.0	-9.1
青　海	42.9	45.3	5.6	22.7	23.5	3.5
宁　夏	37.9	39.2	3.4	24.1	23.7	-1.7
新　疆	185.2	185.8	0.3	126.1	119.5	-5.2

续表 3

地　区	国有事业单位			国有机关单位		
	1998	1999	1999 年比 1998 年增长（%）	1998	1999	1999 年比 1998 年增长（%）
全　国	**1 938.8**	**2 215.1**	**14.3**	**801.5**	**932.0**	**16.3**
北　京	119.8	136.1	13.6	27.9	31.4	12.5
天　津	37.0	37.9	2.4	11.2	13.1	17.0
河　北	76.5	90.1	17.8	38.4	45.6	18.8
山　西	37.0	42.2	14.1	20.9	25.0	19.6
内蒙古	38.2	43.3	13.4	17.3	19.8	14.5
辽　宁	89.8	100.8	12.2	32.0	35.2	10.0
吉　林	52.3	57.8	10.5	16.9	19.3	14.2
黑龙江	62.4	69.8	11.9	26.8	32.3	20.5
上　海	87.9	104.0	18.3	19.9	24.5	23.1
江　苏	137.1	152.7	11.4	45.7	54.7	19.7
浙　江	90.4	105.2	16.4	37.3	42.7	14.5
安　徽	61.1	68.6	12.3	27.0	30.1	11.5
福　建	55.3	64.5	16.6	23.6	28.2	19.5
江　西	44.6	58.2	30.5	20.7	26.9	30.0
山　东	125.9	145.6	15.6	54.5	62.2	14.1
河　南	74.8	82.1	9.8	43.4	51.3	18.2
湖　北	95.4	103.4	8.4	37.7	46.2	22.5
湖　南	81.6	92.9	13.8	34.5	39.3	13.9
广　东	154.3	175.1	13.5	76.9	88.4	15.0
广　西	49.2	58.7	19.3	21.0	22.7	8.1
海　南	12.1	13.0	7.4	5.8	7.4	27.6
重　庆	30.8	36.1	17.2	13.2	15.4	16.7
四　川	87.2	100.7	15.5	40.0	45.8	14.5
贵　州	24.4	30.0	23.0	13.4	16.3	21.6
云　南	59.5	66.7	12.1	29.5	31.4	6.4
西　藏	6.6	7.7	16.7	5.4	6.9	27.8
陕　西	49.5	60.8	22.8	18.7	22.9	22.5
甘　肃	32.7	38.8	18.7	14.5	16.2	11.7
青　海	14.8	15.8	6.8	5.3	6.0	13.2
宁　夏	9.7	11.0	13.4	4.1	4.6	12.2
新　疆	40.9	45.8	12.0	18.3	20.5	12.0

续表 4

地　　区	2. 城镇集体单位			# 城镇集体企业单位		
	1998	1999	1999 年比 1998 年增长（%）	1998	1999	1999 年比 1998 年增长（%）
全　　国	**1 021.6**	**962.7**	**－5.8**	**938.9**	**870.8**	**－7.3**
北　　京	39.5	39.5		37.7	37.3	－1.1
天　　津	22.5	19.8	－12.0	21.9	19.2	－12.3
河　　北	34.9	33.3	－4.6	33.6	31.9	－5.1
山　　西	20.2	18.8	－6.9	18.8	17.4	－7.4
内 蒙 古	16.2	14.2	－12.3	15.2	13.1	－13.8
辽　　宁	68.7	59.2	－13.8	66.6	57.0	－14.4
吉　　林	26.8	24.2	－9.7	25.6	22.9	－10.5
黑 龙 江	38.6	38.5	－0.3	37.7	37.5	－0.5
上　　海	39.6	38.5	－2.8	34.8	32.5	－6.6
江　　苏	99.5	91.9	－7.6	86.8	78.0	－10.1
浙　　江	72.9	64.1	－12.1	66.5	57.5	－13.5
安　　徽	34.6	32.1	－7.2	31.2	28.4	－9.0
福　　建	27.2	25.8	－5.1	24.5	22.7	－7.3
江　　西	15.2	17.1	12.5	14.4	16.0	11.1
山　　东	61.6	60.1	－2.4	56.2	54.1	－3.7
河　　南	63.4	62.3	－1.7	47.2	42.4	－10.2
湖　　北	40.5	38.1	－5.9	38.5	36.4	－5.5
湖　　南	34.1	32.3	－5.3	30.6	28.7	－6.2
广　　东	104.3	100.5	－3.6	99.7	95.8	－3.9
广　　西	16.7	15.1	－9.6	16.2	14.6	－9.9
海　　南	2.5	2.6	4.0	2.1	2.2	4.8
重　　庆	20.1	18.5	－8.0	18.3	16.6	－9.3
四　　川	42.4	39.9	－5.9	38.0	35.0	－7.9
贵　　州	10.3	10.3		10.0	10.0	
云　　南	18.7	17.6	－5.9	18.2	17.1	－6.0
西　　藏	0.6	0.5	－16.7	0.6	0.5	－16.7
陕　　西	13.9	13.6	－2.2	12.8	12.5	－2.3
甘　　肃	15.3	15.0	－2.0	14.8	14.6	－1.4
青　　海	2.6	2.5	－3.8	2.5	2.4	－4.0
宁　　夏	3.4	3.2	－5.9	3.4	3.1	－8.8
新　　疆	14.7	13.7	－6.8	14.5	13.5	－6.9

续表 5

地区	3. 其他单位			# 其他企业单位		
	1998	1999	1999 年比 1998 年增长（%）	1998	1999	1999 年比 1998 年增长（%）
全　国	**1 462.4**	**1 752.0**	**19.8**	**1 460.6**	**1 750.2**	**19.8**
北　京	112.2	133.9	19.3	112.0	133.7	19.4
天　津	53.1	76.9	44.8	53.1	76.9	44.8
河　北	37.0	41.9	13.2	36.9	41.9	13.6
山　西	29.6	32.0	8.1	29.6	32.0	8.1
内蒙古	21.0	25.9	23.3	21.0	25.9	23.3
辽　宁	63.0	76.1	20.8	62.9	76.0	20.8
吉　林	22.9	32.1	40.2	22.9	32.1	40.2
黑龙江	37.9	44.3	16.9	37.9	44.3	16.9
上　海	133.5	169.9	27.3	133.3	169.7	27.3
江　苏	106.7	131.0	22.8	106.6	130.8	22.7
浙　江	89.1	113.5	27.4	89.0	113.3	27.3
安　徽	30.9	37.6	21.7	30.7	37.5	22.1
福　建	92.5	101.8	10.1	92.3	101.6	10.1
江　西	18.7	21.1	12.8	18.7	21.1	12.8
山　东	69.4	84.1	21.2	69.4	84.1	21.2
河　南	67.9	76.1	12.1	67.9	76.1	12.1
湖　北	35.5	39.9	12.4	35.4	39.9	12.7
湖　南	17.9	19.8	10.6	17.9	19.8	10.6
广　东	262.7	299.7	14.1	262.4	299.6	14.2
广　西	22.9	25.0	9.2	22.9	25.0	9.2
海　南	7.2	7.9	9.7	7.1	7.9	11.3
重　庆	16.3	21.5	31.9	16.3	21.5	31.9
四　川	45.4	51.1	12.6	45.4	51.1	12.6
贵　州	11.5	14.6	27.0	11.5	14.6	27.0
云　南	14.2	22.8	60.6	14.2	22.2	56.3
西　藏	0.2	0.4	100.0	0.2	0.4	100.0
陕　西	19.6	24.2	23.5	19.6	24.2	23.5
甘　肃	7.9	8.5	7.6	7.9	8.5	7.6
青　海	0.7	0.8	14.3	0.7	0.8	14.3
宁　夏	5.5	5.7	3.6	5.5	5.7	3.6
新　疆	9.6	12.5	30.2	9.6	12.4	29.2

分登记注册类型职工平均工资及指数

年份	平均工资（元）				指数（以上年为100）			
	合计	国有单位	城镇集体单位	其他单位	合计	国有单位	城镇集体单位	其他单位
1952	445	446	348					
1953	495	496	415		111.2	111.2	119.3	
1954	517	519	464		104.4	104.6	111.8	
1955	527	534	453		101.9	102.9	97.6	
1956	601	610	547		114.0	114.2	120.8	
1957	624	637	571		103.8	104.4	104.4	
1958	536	550	470		85.9	86.3	82.3	
1959	512	524	430		95.5	95.3	91.5	
1960	511	528	409		99.8	100.8	95.1	
1961	510	537	380		99.8	101.7	92.9	
1962	551	592	405		108.0	110.2	106.6	
1963	576	641	371		104.5	108.3	91.6	
1964	586	661	358		101.7	103.1	96.5	
1965	590	652	398		100.7	98.6	111.2	
1966	583	636	423		98.8	97.5	106.3	
1967	587	630	455		100.7	99.1	107.6	
1968	577	621	441		98.3	98.6	96.9	
1969	575	618	439		99.7	99.5	99.5	
1970	561	609	405		97.6	98.5	92.3	
1971	560	597	429		99.8	98.0	105.9	
1972	588	622	465		105.0	104.2	108.4	
1973	587	614	489		99.8	98.7	105.2	
1974	584	622	441		99.5	101.3	90.2	
1975	580	613	453		99.3	98.6	102.7	
1976	575	605	464		99.1	98.7	102.4	
1977	576	602	478		100.2	99.5	103.0	
1978	615	644	506		106.8	107.0	105.9	
1979	668	705	542		108.6	109.5	107.1	
1980	762	803	623		114.1	113.9	114.9	
1981	772	812	642		101.3	101.1	103.0	
1982	798	836	671		103.4	103.0	104.5	
1983	826	865	698		103.5	103.5	104.0	
1984	974	1 034	811	1 048	117.9	119.5	116.2	
1985	1 148	1 213	967	1 436	117.9	117.3	119.2	137.0
1986	1 329	1 414	1 092	1 629	115.8	116.6	112.9	113.4
1987	1 459	1 546	1 207	1 879	109.8	109.3	110.5	115.3
1988	1 747	1 853	1 426	2 382	119.7	119.9	118.1	126.8
1989	1 935	2 055	1 557	2 707	110.8	110.9	109.2	113.6
1990	2 140	2 284	1 681	2 987	110.6	111.1	108.0	110.3
1991	2 340	2 477	1 866	3 468	109.3	108.5	111.0	116.1
1992	2 711	2 878	2 109	3 966	115.9	116.2	113.0	114.4
1993	3 371	3 532	2 592	4 966	124.3	122.7	122.9	125.2
1994	4 538	4 797	3 245	6 303	134.6	135.8	125.2	126.9
1995	5 500	5 625	3 931	7 463	121.2	117.3	121.1	118.4
1996	6 210	6 280	4 302	8 261	112.9	111.6	109.4	110.7
1997	6 470	6 747	4 512	8 789	104.2	107.4	104.9	106.4
1998	7 479	7 668	5 331	8 972				
1999	8 346	8 543	5 774	9 829	111.6	111.4	108.3	109.6

注：1998、1999年只包括在岗职工的平均工资。

分行业职工平均工资

单位：元

年份	合计	农、林、牧、渔业	采掘业	制造业	电力、煤气及水的生产和供应业	建筑业	地质勘查业、水利管理业	交通运输、仓储及邮电通信业
1978	615	470	676	597	850	714	708	694
1980	762	616	854	752	1 035	855	895	832
1985	1 148	878	1 324	1 112	1 239	1 362	1 406	1 275
1986	1 329	1 048	1 569	1 275	1 497	1 536	1 604	1 476
1987	1 459	1 143	1 663	1 418	1 677	1 684	1 768	1 621
1988	1 747	1 280	1 964	1 710	1 971	1 959	2 025	1 941
1989	1 935	1 389	2 378	1 900	2 241	2 166	2 199	2 197
1990	2 140	1 541	2 718	2 073	2 656	2 384	2 465	2 426
1991	2 340	1 652	2 942	2 289	2 922	2 649	2 707	2 686
1992	2 711	1 828	3 209	2 635	3 392	3 066	3 222	3 114
1993	3 371	2 042	3 711	3 348	4 319	3 779	3 717	4 273
1994	4 538	2 819	4 679	4 283	6 155	4 894	5 450	5 690
1995	5 500	3 522	5 757	5 169	7 843	5 785	5 962	6 948
1996	6 210	4 050	6 482	5 642	8 816	6 249	6 581	7 870
1997	6 470	4 311	6 833	5 933	9 649	6 655	7 160	8 600
1998	7 479	4 528	7 242	7 064	10 478	7 456	7 951	9 808
1999	8 346	4 832	7 521	7 794	11 513	7 982	8 821	10 991

年份	批发和零售贸易、餐饮业	金融、保险业	房地产业	社会服务业	卫生、体育和社会福利业	教育、文化艺术和广播电影电视业	科学研究和综合技术服务业	国家机关、党政机关和社会团体	其他
1978	551	610	548	392	573	545	669	655	
1980	692	720	694	475	718	700	851	800	
1985	1 007	1 154	1 028	777	1 124	1 166	1 272	1 127	
1986	1 148	1 353	1 216	980	1 343	1 330	1 492	1 356	
1987	1 270	1 458	1 327	1 085	1 446	1 409	1 620	1 468	
1988	1 556	1 739	1 715	1 719	1 752	1 747	1 931	1 707	
1989	1 660	1 867	1 925	1 926	1 959	1 883	2 118	1 874	
1990	1 818	2 097	2 243	2 170	2 209	2 117	2 403	2 113	
1991	1 981	2 255	2 507	2 431	2 370	2 243	2 573	2 275	
1992	2 204	2 829	3 106	2 844	2 812	2 715	3 115	2 768	
1993	2 679	3 740	4 320	3 588	3 413	3 278	3 904	3 505	3 371
1994	3 537	6 712	6 288	5 026	5 126	4 923	6 162	4 962	5 213
1995	4 248	7 376	7 330	5 982	5 860	5 435	6 846	5 526	6 295
1996	4 661	8 406	8 337	6 778	6 790	6 144	8 048	6 340	7 184
1997	4 845	9 734	9 190	7 553	7 599	6 759	9 049	6 981	6 838
1998	5 865	10 633	10 302	8 333	8 493	7 474	10 241	7 773	8 481
1999	6 417	12 046	11 505	9 263	9 664	8 510	11 601	8 978	10 068

注：1998、1999 年只包括在岗职工的平均工资。

分行业职工平均实际工资指数

年份	合计	农、林、牧、渔业	采掘业	制造业	电力、煤气及水的生产和供应业	建筑业	地质勘查业水利管理业	交通运输、仓储及邮电通信业
以上年为100								
1979	106.6	110.3	109.5	109.1	108.5	105.7	108.5	107.5
1980	106.1	108.6	105.3	105.4	102.3	103.4	106.5	101.8
1981	98.8	100.9	97.6	98.3	98.5	99.2	100.8	98.7
1982	101.3	101.7	99.7	100.0	100.1	102.9	101.2	102.1
1983	101.5	102.4	99.2	100.1	101.4	102.6	104.2	100.1
1984	114.8	108.5	118.0	117.7	116.5	117.8	113.1	117.7
1985	105.3	102.0	111.0	104.1	83.8	105.5	106.5	105.3
1986	108.2	111.5	110.7	107.1	112.9	105.4	106.6	108.2
1987	100.9	100.3	97.5	102.2	103.0	100.8	101.3	100.9
1988	99.2	92.8	97.8	99.9	97.3	96.4	94.9	99.2
1989	95.2	93.3	104.1	95.5	97.8	95.1	93.4	97.3
1990	109.2	109.5	112.9	107.7	117.0	108.7	110.7	109.0
1991	104.0	102.0	103.0	105.1	104.7	105.7	104.5	105.3
1992	106.7	101.9	100.4	106.0	106.9	106.6	109.6	106.8
1993	107.1	96.2	99.6	109.4	109.7	106.2	99.4	118.2
1994	107.7	110.6	100.8	102.3	113.9	103.6	117.3	106.6
1995	103.8	107.0	105.3	103.3	109.1	101.2	93.7	104.5
1996	103.8	105.7	103.5	100.3	103.3	99.3	101.5	104.1
1997	101.1	103.2	102.2	102.0	106.1	103.3	105.5	106.0
1998	107.2	102.7	99.4	105.1	108.0	103.7	106.0	107.0
1999	113.1	108.1	105.3	111.8	111.3	108.5	112.4	113.6

年份	批发和零售贸易、餐饮业	金融、保险业	房地产业	社会服务业	卫生、体育和社会福利业	教育、文化艺术和广播电影电视业	科学研究和综合技术服务业	国家机关、政党机关和社会团体	其他
以上年为100									
1979	108.6	104.9	108.5	105.4	102.4	105.2	105.2	105.2	
1980	105.5	102.7	106.5	105.0	111.7	111.5	110.4	108.8	
1981	99.3	101.6	88.8	98.2	101.9	99.8	97.4	99.4	
1982	98.7	100.4	106.1	99.3	108.9	111.0	98.8	98.8	
1983	100.1	99.4	105.6	102.9	102.0	101.1	113.3	110.2	
1984	115.5	121.6	121.4	112.7	106.5	107.2	105.4	104.3	
1985	104.8	106.0	100.0	118.1	106.0	113.3	106.0	101.8	
1986	106.5	109.6	110.5	117.9	111.7	106.6	109.6	112.4	
1987	101.7	99.0	100.3	101.8	99.0	97.4	99.8	99.5	
1988	101.5	98.8	107.1	131.3	100.4	102.7	98.8	96.3	
1989	91.7	92.3	96.5	96.3	96.1	92.7	94.3	94.4	
1990	108.1	110.9	115.0	111.2	111.3	111.0	112.0	111.3	
1991	103.7	102.3	106.3	106.6	102.1	100.8	101.9	102.4	
1992	102.4	115.5	114.1	107.7	109.3	111.5	111.5	112.0	
1993	104.7	113.9	119.8	108.7	104.5	104.0	108.0	109.1	
1994	105.6	143.7	116.1	112.0	120.2	120.1	126.3	113.1	123.3
1995	102.8	94.1	99.8	101.9	97.9	94.5	95.1	95.3	103.4
1996	100.8	104.7	104.5	104.1	106.5	103.9	108.0	105.5	104.9
1997	100.8	112.3	106.9	108.1	108.5	106.7	109.0	106.8	92.3
1998	104.3	109.8	109.4	107.1	112.1	111.0	112.7	111.7	112.8
1999	110.8	114.8	113.2	112.7	115.3	115.4	114.8	117.0	120.3

注：1998、1999年只包括在岗职工的平均工资。

分行业职工平均工资

（国有单位）

单位：元

年份	合计	农、林、牧、渔业	采掘业	制造业	电力、煤气及水的生产和供应业	建筑业	地质勘查业、水利管理业	交通运输、仓储及邮电通信业
1978	644	482	704	663	873	760	712	720
1979	705	536	786	726	971	819	787	808
1980	803	628	891	821	1 073	924	895	902
1981	812	645	890	820	1 074	941	925	905
1982	836	670	905	835	1 095	979	955	927
1983	865	701	915	847	1 134	1 018	1 016	949
1984	1 034	785	1 112	1 028	1 357	1 275	1 180	1 164
1985	1 213	892	1 384	1 190	1 272	1 532	1 408	1 383
1986	1 414	1 062	1 638	1 382	1 518	1 731	1 607	1 610
1987	1 546	1 154	1 734	1 543	1 692	1 832	1 773	1 773
1988	1 853	1 291	2 038	1 872	1 994	2 192	2 025	2 140
1989	2 055	1 401	2 449	2 081	2 248	2 419	2 199	2 423
1990	2 284	1 559	2 763	2 289	2 648	2 667	2 463	2 697
1991	2 477	1 665	2 982	2 505	2 883	2 924	2 718	2 967
1992	2 878	1 845	3 239	2 889	3 354	3 406	3 235	3 452
1993	3 532	2 043	3 856	3 562	4 317	4 182	3 729	4 604
1994	4 797	2 821	4 863	4 508	6 124	5 498	5 476	6 212
1995	5 625	3 527	5 944	5 352	7 734	6 512	5 987	7 572
1996	6 280	4 038	6 709	5 798	8 701	6 992	6 610	8 546
1997	6 747	4 304	7 091	6 008	9 541	7 388	7 180	9 303
1998	7 668	4 522	7 499	6 981	10 324	8 171	7 968	10 302
1999	8 543	4 813	7 732	7 611	11 239	8 734	8 843	11 345

年份	批发和零售贸易、餐饮业	金融、保险业	房地产业	社会服务业	卫生、体育和社会福利业	教育、文化艺术和广播电影电视业	科学研究和综合技术服务业	国家机关、政党机关和社会团体	其他
1978	569	650	630	607	605	566	670	661	
1979	632	689	690	676	625	606	719	691	
1980	716	754	758	795	751	722	853	807	
1981	730	788	727	801	781	738	852	820	
1982	739	806	788	815	861	827	860	826	
1983	756	813	848	863	895	851	992	928	
1984	776	1 038	1 063	983	981	934	1 074	993	
1985	1 087	1 234	1 170	1 208	1 164	1 184	1 268	1 133	
1986	1 268	1 427	1 364	1 417	1 376	1 344	1 494	1 361	
1987	1 398	1 540	1 500	1 545	1 481	1 422	1 624	1 472	
1988	1 737	1 842	1 750	1 842	1 793	1 764	1 935	1 709	
1989	1 851	1 960	1 992	2 028	1 999	1 899	2 123	1 875	
1990	2 028	2 200	2 247	2 307	2 263	2 134	2 411	2 115	
1991	2 201	2 355	2 476	2 547	2 417	2 257	2 580	2 277	
1992	2 478	2 967	3 082	3 008	2 883	2 732	3 130	2 774	
1993	2 933	3 885	4 278	3 661	3 494	3 292	3 898	3 512	3 793
1994	3 856	7 017	5 997	5 098	5 267	4 944	6 212	4 967	5 744
1995	4 568	7 595	6 884	5 949	6 009	5 457	6 835	5 528	6 854
1996	4 940	8 679	7 897	6 695	6 967	6 161	7 984	6 344	7 643
1997	5 134	10 012	8 570	7 425	7 794	6 810	8 974	6 985	6 891
1998	6 150	10 898	9 441	8 136	8 704	7 537	10 146	7 776	8 258
1999	6 678	12 249	10 475	9 054	9 899	8 590	11 543	8 982	9 762

注：1998、1999 年只包括在岗职工的平均工资。

分行业职工平均工资

（城镇集体单位）

单位：元

年份	合计	农、林、牧、渔业	采掘业	制造业	电力、煤气及水的生产和供应业	建筑业	地质勘查业、水利管理业	交通运输、仓储及邮电通信业
1978	506	304	443	503	333	594	600	632
1979	542	423	478	535	364	652	571	652
1980	623	458	548	619	333	716	700	676
1981	642	500	563	641	500	737	700	694
1982	671	527	575	654	500	794	800	757
1983	698	532	594	679	500	847	800	762
1984	811	618	702	805	615	959	900	878
1985	967	725	852	963	667	1 101	900	1 009
1986	1 092	875	945	1 075	875	1 232	1 286	1 139
1987	1 207	979	1 016	1 180	1 250	1 380	1 333	1 236
1988	1 426	1 111	1 208	1 388	1 294	1 597	1 500	1 409
1989	1 557	1 178	1 433	1 523	1 625	1 763	1 000	1 575
1990	1 681	1 238	1 844	1 622	2 133	1 935	1 212	1 661
1991	1 866	1 366	1 960	1 798	2 588	2 216	1 765	1 854
1992	2 109	1 487	2 000	2 017	2 737	2 554	2 188	2 070
1993	2 592	1 887	2 327	2 469	3 539	3 182	2 843	2 711
1994	3 245	2 510	2 793	3 076	5 734	3 936	3 692	3 110
1995	3 931	2 927	3 680	3 717	7 461	4 677	4 294	3 584
1996	4 302	3 814	3 968	4 007	8 324	5 092	4 784	3 961
1997	4 512	3 945	4 164	4 120	9 064	5 466	6 342	4 057
1998	5 331	4 358	4 567	5 016	9 470	5 941	7 017	5 163
1999	5 774	4 878	4 545	5 327	9 834	6 296	7 636	5 707

年份	批发和零售贸易、餐饮业	金融、保险业	房地产业	社会服务业	卫生、体育和社会福利业	教育、文化艺术和广播电影电视业	科学研究和综合技术服务业	国家机关、政党机关和社会团体	其他
1978	453	526	467	451	484	317	500	455	
1979	499	571	475	531	522	339	500	467	
1980	584	640	638	584	618	433	571	538	
1981	598	654	590	603	647	433	667	615	
1982	597	667	660	621	735	523	600	615	
1983	607	690	760	675	768	535	750	714	
1984	1 017	800	860	736	831	634	900	885	
1985	912	945	1 050	806	975	779	1 052	1 046	
1986	1 008	1 150	1 238	1 057	1 212	945	1 286	1 227	
1987	1 118	1 235	1 130	1 167	1 296	1 033	1 319	1 368	
1988	1 335	1 450	1 602	1 333	1 570	1 202	1 636	1 648	
1989	1 417	1 597	1 967	1 521	1 774	1 352	1 710	1 860	
1990	1 548	1 806	1 969	1 638	1 956	1 533	1 997	2 042	
1991	1 691	1 965	2 432	1 905	2 135	1 689	2 120	2 206	
1992	1 827	2 428	2 763	2 082	2 416	1 987	2 392	2 565	
1993	2 213	3 182	4 006	2 727	2 935	2 539	3 474	3 071	2 547
1994	2 823	5 625	5 290	3 754	4 238	3 548	4 719	4 411	4 067
1995	3 449	6 407	6 706	4 707	4 890	4 291	6 046	5 314	4 935
1996	3 818	6 857	6 820	5 032	5 603	4 949	7 206	5 686	5 675
1997	3 873	7 634	7 687	5 663	6 294	4 955	7 749	6 244	5 780
1998	4 517	8 144	9 144	5 990	6 883	5 192	8 116	7 033	7 048
1999	4 802	9 088	10 516	6 621	7 826	5 750	8 771	7 985	8 135

注：1998、1999 年只包括在职职工的平均工资。

分行业职工平均工资
（其他单位）

单位：元

年份	合计	农、林、牧、渔业	采掘业	制造业	电力、煤气及水的生产和供应业	建筑业	地质勘查业、水利管理业	交通运输、仓储及邮电通信业
1984	1 048	543		1 007		1 513		1 696
1985	1 436	1 519	1 270	1 328	1 270	1 000		2 429
1986	1 629	1 806		1 528		2 299		2 543
1987	1 879	2 106		1 789		2 503		2 760
1988	2 382	2 560	2 239	2 462	2 104	4 000		3 363
1989	2 707	2 938	2 427	2 889	3 232	5 000		3 846
1990	2 987	3 773	2 270	3 055	3 088	3 571	5 714	3 667
1991	3 468	3 760	3 855	3 626	3 333	4 641	4 615	5 500
1992	3 966	4 069	3 579	4 154	4 238	5 061	5 263	5 955
1993	4 966	3 905	3 423	4 874	6 309	4 464	7 441	6 450
1994	6 303	5 394	4 233	6 096	8 005	5 766	4 362	8 713
1995	7 463	6 992	5 174	7 245	10 746	6 798	5 408	10 492
1996	8 261	7 389	5 217	7 945	12 030	6 937	6 464	11 931
1997	8 789	7 061	5 385	8 376	12 127	7 517	5 770	13 734
1998	8 972	5 685	6 749	8 556	12 158	8 983	6 909	11 858
1999	9 829	6 740	7 651	9 316	13 856	9 540	8 439	14 241

年份	批发和零售贸易、餐饮业	金融、保险业	房地产业	社会服务业	卫生、体育和社会福利业	教育、文化艺术和广播电影电视业	科学研究和综合技术服务业	国家机关、政党机关和社会团体	其他
1984	1 428	2 500		1 741					
1985	1 955	2 107		1 904		3 184	1 728		
1986	1 971	2 457		2 126	1 583	2 245	2 533		
1987	2 142	2 745		2 310	2 793	2 451	1 967		
1988	2 512	3 902	1 296	2 856	2 903	2 498	2 544		
1989	2 832	4 376	1 776	3 202	2 945	3 604	3 241		
1990	3 284	5 565	2 517	3 463	5 430	4 022	3 425		
1991	3 585	6 041	4 923	4 004	4 817	4 560	3 906		
1992	4 368	9 761	5 561	4 545	5 461	5 107	5 033		
1993	4 975	6 073	4 940	5 934	3 665	5 289	5 645		4 953
1994	6 460	10 400	9 610	8 013	7 051	8 360	7 882		9 691
1995	7 190	12 949	10 746	9 274	8 668	8 968	9 678		10 502
1996	7 862	15 818	11 801	10 820	11 014	10 172	13 358		13 508
1997	8 051	17 970	13 249	11 812	11 863	10 017	14 370		16 423
1998	8 320	16 255	13 636	12 027	15 124	11 687	14 847		20 333
1999	9 001	18 648	14 693	12 785	16 618	12 871	15 671		20 586

注：1998、1999 年只包括在职职工的平均工资。

分地区企业、事业、机关单位在岗职工平均工资

单位：元

地区	全部职工			企业单位		
	1998	1999	1999年比1998年增长（%）	1998	1999	1999年比1998年增长（%）
全　国	**7 479**	**8 346**	**11.6**	**7 405**	**8 168**	**10.3**
北　京	12 451	14 054	12.9	12 256	13 610	11.0
天　津	9 946	11 056	11.2	9 921	11 095	11.8
河　北	6 302	7 022	11.4	6 286	6 860	9.1
山　西	5 641	6 065	7.5	5 785	6 135	6.1
内蒙古	5 792	6 347	9.6	5 768	6 196	7.4
辽　宁	7 161	7 895	10.2	7 057	7 689	9.0
吉　林	6 551	7 158	9.3	6 527	7 051	8.0
黑龙江	6 238	7 094	13.7	6 101	6 879	12.8
上　海	13 580	16 641	22.5	13 302	16 314	22.6
江　苏	8 256	9 171	11.1	7 731	8 491	9.8
浙　江	9 759	11 201	14.8	9 186	10 478	14.1
安　徽	6 117	6 516	6.5	5 818	6 040	3.8
福　建	8 531	9 490	11.2	8 555	9 298	8.7
江　西	5 384	6 749	25.4	5 212	6 282	20.5
山　东	6 854	7 656	11.7	6 556	7 216	10.1
河　南	5 781	6 194	7.1	5 731	6 028	5.2
湖　北	6 436	6 991	8.6	6 150	6 492	5.6
湖　南	6 558	7 269	10.8	6 311	6 933	9.9
广　东	11 032	12 245	11.0	11 016	12 176	10.5
广　西	6 208	6 776	9.1	6 392	6 863	7.4
海　南	6 248	6 865	9.9	5 670	6 122	8.0
重　庆	6 433	7 182	11.6	6 394	7 006	9.6
四　川	6 577	7 249	10.2	6 574	7 089	7.8
贵　州	5 775	6 595	14.2	6 275	7 007	11.7
云　南	7 667	8 276	7.9	7 702	8 196	6.4
西　藏	10 987	12 962	18.0	9 573	10 038	4.9
陕　西	6 029	6 931	15.0	6 080	6 899	13.5
甘　肃	6 809	7 427	9.1	6 972	7 339	5.3
青　海	8 011	9 081	13.4	7 264	8 293	14.2
宁　夏	6 822	7 392	8.4	6 974	7 462	7.0
新　疆	7 121	7 611	6.9	7 044	7 373	4.7

注：1998、1999年只包括在岗职工的平均工资。

续表 1

地区	事业单位			机关单位		
	1998	1999	1999年比1998年增长（%）	1998	1999	1999年比1998年增长（%）
全　国	**7 620**	**8 665**	**13.7**	**7 740**	**8 925**	**15.3**
北　京	12 939	15 302	18.3	13 159	15 011	14.1
天　津	9 822	10 659	8.5	10 825	11 794	9.0
河　北	6 198	7 158	15.5	6 634	7 780	17.3
山　西	5 230	5 811	11.1	5 378	6 082	13.1
内蒙古	5 743	6 495	13.1	6 075	6 970	14.7
辽　宁	7 338	8 314	13.3	8 014	9 113	13.7
吉　林	6 474	7 183	11.0	7 091	8 205	15.7
黑龙江	6 600	7 569	14.7	7 021	8 406	19.7
上　海	14 509	17 654	21.7	15 076	18 299	21.4
江　苏	9 422	10 470	11.1	10 816	12 596	16.5
浙　江	11 181	12 721	13.8	11 327	13 281	17.3
安　徽	6 667	7 302	9.5	7 004	7 870	12.4
福　建	8 302	9 671	16.5	8 922	10 604	18.9
江　西	5 556	7 467	34.4	6 003	7 658	27.6
山　东	7 589	8 664	14.2	7 542	8 656	14.8
河　南	5 817	6 406	10.1	6 065	6 819	12.4
湖　北	6 961	7 859	12.9	7 280	8 340	14.6
湖　南	6 980	7 775	11.4	7 043	7 933	12.6
广　东	10 865	12 057	11.0	11 544	13 254	14.8
广　西	5 788	6 473	11.8	6 253	7 175	14.7
海　南	7 620	8 357	9.7	7 893	9 009	14.1
重　庆	6 366	7 371	15.8	6 956	8 078	16.1
四　川	6 398	7 325	14.5	7 047	8 032	14.0
贵　州	4 819	5 815	20.7	5 194	6 274	20.8
云　南	7 613	8 414	10.5	7 617	8 339	9.5
西　藏	11 686	14 117	20.8	12 035	15 196	26.3
陕　西	6 066	7 105	17.1	5 599	6 682	19.3
甘　肃	6 452	7 526	16.6	6 529	7 743	18.6
青　海	9 548	10 689	12.0	8 419	9 302	10.5
宁　夏	6 407	7 147	11.5	6 674	7 509	12.5
新　疆	7 249	8 094	11.7	7 501	8 403	12.0

续表 2

地　　区	1. 国有单位			国有企业单位		
	1998	1999	1999 年比 1998 年增长（%）	1998	1999	1999 年比 1998 年增长（%）
全　　国	**7 668**	**8 543**	**11.4**	**7 644**	**8 350**	**9.2**
北　　京	12 348	14 162	14.7	11 957	13 460	12.6
天　　津	10 237	11 082	8.3	10 314	11 152	8.1
河　　北	6 592	7 354	11.6	6 744	7 335	8.8
山　　西	5 935	6 310	6.3	6 299	6 540	3.8
内 蒙 古	5 979	6 580	10.1	6 054	6 506	7.5
辽　　宁	7 604	8 370	10.1	7 629	8 262	8.3
吉　　林	6 814	7 368	8.1	6 912	7 323	5.9
黑 龙 江	6 536	7 435	13.8	6 452	7 263	12.6
上　　海	13 746	16 852	22.6	13 332	16 355	22.7
江　　苏	8 872	9 855	11.1	8 262	9 000	8.9
浙　　江	10 480	12 232	16.7	9 757	11 434	17.2
安　　徽	6 628	7 092	7.0	6 462	6 691	3.5
福　　建	8 682	9 867	13.6	8 861	9 777	10.3
江　　西	5 473	6 930	26.6	5 283	6 394	21.0
山　　东	7 469	8 389	12.3	7 376	8 157	10.6
河　　南	6 204	6 594	6.3	6 274	6 459	2.9
湖　　北	6 783	7 381	8.8	6 578	6 899	4.9
湖　　南	6 797	7 522	10.7	6 602	7 227	9.5
广　　东	11 294	12 624	11.8	11 457	12 784	11.6
广　　西	6 243	6 805	9.0	6 553	6 964	6.3
海　　南	5 970	6 586	10.3	5 131	5 511	7.4
重　　庆	6 732	7 541	12.0	6 812	7 453	9.4
四　　川	7 044	7 771	10.3	7 364	7 913	7.5
贵　　州	5 819	6 695	15.1	6 564	7 408	12.9
云　　南	7 882	8 449	7.2	8 122	8 511	4.8
西　　藏	11 462	13 566	18.4	10 543	11 082	5.1
陕　　西	6 257	7 162	14.5	6 461	7 269	12.5
甘　　肃	7 129	7 806	9.5	7 554	7 955	5.3
青　　海	8 511	9 664	13.5	7 934	9 127	15.0
宁　　夏	7 020	7 654	9.0	7 362	7 941	7.9
新　　疆	7 167	7 614	6.2	7 094	7 327	3.3

续表 3

地　区	国有事业单位			国有机关单位		
	1998	1999	1999 年比 1998 年增长（%）	1998	1999	1999 年比 1998 年增长（%）
全　国	**7 689**	**8 748**	**13.8**	**7 746**	**8 930**	**15.3**
北　京	12 980	15 354	18.3	13 159	15 011	14.1
天　津	9 880	10 720	8.5	10 853	11 794	8.7
河　北	6 225	7 192	15.5	6 636	7 784	17.3
山　西	5 293	5 893	11.3	5 376	6 083	13.2
内 蒙 古	5 782	6 543	13.2	6 077	6 970	14.7
辽　宁	7 401	8 285	11.9	8 018	9 132	13.9
吉　林	6 507	7 216	10.9	7 091	8 211	15.8
黑 龙 江	6 632	7 599	14.6	7 020	8 418	19.9
上　海	14 530	17 677	21.7	15 094	18 301	21.2
江　苏	9 528	10 585	11.1	10 824	12 606	16.5
浙　江	11 281	12 845	13.9	11 332	13 285	17.2
安　徽	6 763	7 403	9.5	7 040	7 889	12.1
福　建	8 332	9 683	16.2	8 923	10 607	18.9
江　西	5 578	7 488	34.2	6 008	7 663	27.5
山　东	7 634	8 727	14.3	7 551	8 668	14.8
河　南	6 118	6 754	10.4	6 066	6 820	12.4
湖　北	7 000	7 892	12.7	7 288	8 345	14.5
湖　南	7 053	7 859	11.4	7 061	7 947	12.5
广　东	10 881	12 084	11.1	11 546	13 244	14.7
广　西	5 790	6 477	11.9	6 252	7 180	14.8
海　南	7 625	8 357	9.6	7 894	9 005	14.1
重　庆	6 459	7 496	16.1	6 963	8 080	16.0
四　川	6 513	7 446	14.3	7 050	8 032	13.9
贵　州	4 824	5 815	20.5	5 194	6 275	20.8
云　南	7 619	8 413	10.4	7 616	8 337	9.5
西　藏	11 796	14 132	19.8	12 035	15 196	26.3
陕　西	6 127	7 163	16.9	5 601	6 682	19.3
甘　肃	6 468	7 554	16.8	6 541	7 752	18.5
青　海	9 569	10 708	11.9	8 531	9 418	10.4
宁　夏	6 415	7 154	11.5	6 674	7 509	12.5
新　疆	7 257	8 103	11.7	7 498	8 404	12.1

续表 4

地　　区	2. 城镇集体单位			# 城镇集体企业单位		
	1998	1999	1999 年比 1998 年增长（%）	1998	1999	1999 年比 1998 年增长（%）
全　　国	**5 331**	**5 774**	**8.3**	**5 264**	**5 670**	**7.7**
北　　京	8 567	8 839	3.2	8 485	8 677	2.3
天　　津	6 121	6 920	13.1	6 102	6 901	13.1
河　　北	4 360	4 836	10.9	4 343	4 811	10.8
山　　西	3 431	3 731	8.7	3 393	3 703	9.1
内 蒙 古	4 184	4 548	8.7	4 163	4 514	8.4
辽　　宁	4 972	5 161	3.8	4 961	5 137	3.5
吉　　林	4 778	5 000	4.6	4 751	4 955	4.3
黑 龙 江	4 074	4 471	9.7	4 058	4 445	9.5
上　　海	9 344	11 127	19.1	8 948	10 452	16.8
江　　苏	6 033	6 452	6.9	5 794	6 113	5.5
浙　　江	7 882	9 007	14.3	7 733	8 820	14.1
安　　徽	4 166	4 409	5.8	4 083	4 277	4.8
福　　建	6 662	7 320	9.9	6 580	7 121	8.2
江　　西	3 720	4 692	26.1	3 680	4 613	25.4
山　　东	4 558	4 988	9.4	4 425	4 821	8.9
河　　南	4 258	4 639	8.9	4 116	4 390	6.7
湖　　北	4 748	5 001	5.3	4 714	4 953	5.1
湖　　南	5 034	5 487	9.0	4 984	5 425	8.8
广　　东	7 663	8 156	6.4	7 573	8 047	6.3
广　　西	4 855	5 108	5.2	4 837	5 081	5.0
海　　南	5 020	5 672	13.0	4 828	5 338	10.6
重　　庆	4 891	5 200	6.3	4 873	5 157	5.8
四　　川	4 639	4 927	6.2	4 626	4 857	5.0
贵　　州	4 426	5 008	13.1	4 430	4 986	12.6
云　　南	6 029	6 505	7.9	6 007	6 472	7.7
西　　藏	5 382	5 364	-0.3	5 399	5 332	-1.2
陕　　西	3 823	4 318	12.9	3 797	4 264	12.3
甘　　肃	5 233	5 639	7.8	5 230	5 638	7.8
青　　海	4 249	4 570	7.6	4 216	4 519	7.2
宁　　夏	5 373	5 568	3.6	5 376	5 561	3.4
新　　疆	6 239	6 815	9.2	6 236	6 818	9.3

续表 5

地　区	3. 其他单位			# 其他企业单位		
	1998	1999	1999 年比 1998 年增长（%）	1998	1999	1999 年比 1998 年增长（%）
全　国	**8 972**	**9 829**	**9.6**	**8 970**	**9 828**	**9.6**
北　京	15 332	16 555	8.0	15 338	16 562	8.0
天　津	12 257	13 004	6.1	12 264	13 005	6.0
河　北	6 695	7 107	6.2	6 690	7 107	6.2
山　西	6 651	7 151	7.5	6 651	7 152	7.5
内蒙古	6 367	6 526	2.5	6 367	6 528	2.5
辽　宁	8 285	9 122	10.1	8 285	9 123	10.1
吉　林	7 309	8 424	15.3	7 310	8 421	15.2
黑龙江	7 598	8 582	13.0	7 598	8 582	13.0
上　海	15 188	18 214	19.9	15 180	18 211	20.0
江　苏	8 867	9 763	10.1	8 866	9 760	10.1
浙　江	9 760	10 549	8.1	9 759	10 546	8.1
安　徽	6 323	6 396	1.2	6 310	6 392	1.3
福　建	8 999	9 587	6.5	8 992	9 578	6.5
江　西	7 104	7 913	11.4	7 104	7 913	11.4
山　东	6 346	6 882	8.4	6 347	6 883	8.4
河　南	5 976	6 384	6.8	5 976	6 382	6.8
湖　北	6 166	6 681	8.4	6 166	6 681	8.4
湖　南	7 018	7 685	9.5	7 018	7 685	9.5
广　东	12 658	13 791	9.0	12 658	13 792	9.0
广　西	7 445	8 159	9.6	7 446	8 159	9.6
海　南	9 750	9 913	1.7	9 726	9 944	2.2
重　庆	6 907	7 641	10.6	6 907	7 641	10.6
四　川	6 358	6 992	10.0	6 358	6 992	10.0
贵　州	7 289	7 456	2.3	7 288	7 458	2.3
云　南	7 564	8 566	13.2	7 565	8 558	13.1
西　藏	8 709	10 692	22.8	8 709	10 692	22.8
陕　西	6 634	7 554	13.9	6 637	7 555	13.8
甘　肃	5 892	6 280	6.6	5 895	6 283	6.6
青　海	6 187	6 851	10.7	6 187	6 842	10.6
宁　夏	6 643	7 018	5.6	6 643	7 018	5.6
新　疆	7 847	8 681	10.6	7 847	8 681	10.6

30个城市企业单位不同职位职工工资价位

（1998、1999）

	调查人数（人）	1998年平均工资（元）	1999年平均工资（元）	1999年平均工资比上年增长（%）
一、按登记注册类型分组				
1. 内资企业				
(1) 国有企业	288 349	9 497	10 914	14.9
(2) 集体企业	46 974	7 535	8 184	8.6
(3) 股份合作企业	15 554	8 008	9 081	13.4
(4) 联营企业	2 909	11 590	12 483	7.7
(5) 有限责任公司	29 506	10 216	11 290	10.5
(6) 私营企业	1 193	14 398	13 807	-4.1
(7) 其他企业	5 025	10 451	11 631	11.3
2. 港、澳、台商投资企业	13 756	13 067	13 902	6.4
3. 外商投资企业	26 777	15 702	16 907	7.7
二、按隶属关系分组				
1. 中央	70 084	11 847	13 386	13.0
2. 省、自治区、直辖市	113 774	11 399	12 419	8.9
3. 地区	217 636	9 812	10 415	6.1
4. 县及县以下	59 995		8 388	
5. 其他	9 735	14 366	15 484	7.8
三、按国民经济行业分组				
1. 农、林、牧、渔业	2 110	6 469	6 638	2.6
2. 采掘业	3 576	8 112	7 974	-1.7
3. 制造业	265 946	9 364	10 452	11.6
4. 电力、煤气及水的生产和供应业	11 229	11 745	13 382	13.9
5. 建筑业	36 146	8 785	11 221	27.7
6. 交通运输、仓储及邮电通信业	33 078	11 913	13 368	12.2
7. 批发和零售贸易、餐饮业	70 314	9 503	10 932	15.0
8. 金融、保险业	9 117	12 629	16 889	33.7
9. 房地产业	7 419	14 208	16 472	15.9
10. 社会服务业	23 284	10 135	11 842	16.8
11. 其他行业	10 697	12 994	13 836	6.5

续表 1

	调查人数（人）	1998 年平均工资（元）	1999 年平均工资（元）	1999 年平均工资比上年增长（%）
四、按地区分组				
北京市	28 179	14 445	15 541	7.6
天津市	29 652	12 794	12 946	1.2
石家庄	14 892	7 994	8 645	8.1
太原	3 331	7 979	7 723	-3.2
呼和浩特	981	5 667	6 455	13.9
沈阳	4 398	8 299	8 689	4.7
大连	12 181	13 240	14 067	6.2
长春	33 437	12 745	12 821	0.6
上海	16 436	17 812	19 201	7.8
南京	18 226	10 375	10 987	5.9
杭州	5 658	11 644	12 351	6.1
宁波	12 512	12 340	12 839	4.0
合肥	6 903	7 566	8 169	8.0
厦门	8 036	16 588	17 215	3.8
济南	13 386	7 771	8 262	6.3
青岛	30 478	10 436	11 869	13.7
郑州	9 640	8 915	8 807	-1.2
洛阳	4 110	5 507	5 481	-0.5
武汉	16 283	8 899	9 795	10.1
长沙	14 841	7 998	8 497	6.2
广州	14 700	17 482	18 449	5.5
深圳	10 953	23 735	25 527	7.5
南宁	4 396	7 187	7 533	4.8
海口	2 975	9 291	9 224	-0.7
重庆市	15 563	7 873	7 885	0.2
成都	42 896	7 453	7 747	4.0
贵阳	14 493	6 555	7 001	6.8
西安	1 866	5 993	6 236	4.1
西宁	3 047	5 563	5 589	0.5
银川	1 566	7 510	8 281	10.3
五、按专业（技术）等级分组				
1. 工人（生产业务人员）				
(1) 初级工	49 131	7 981	9 216	15.5

续表 2

	调查人数（人）	1998 年平均工资（元）	1999 年平均工资（元）	1999 年平均工资比上年增长（%）
（2）中级工	90 110	8 295	9 850	18.8
（3）高级工	33 684	9 319	10 666	14.5
（4）技师	5 583	11 431	12 583	10.1
（5）高级技师	863	12 179	13 468	10.6
（6）其他人员	84 539	9 531	10 043	5.4
2．专业技术人员				
（1）正高级专业技术职务	2 488	19 125	22 327	16.7
（2）副高级专业技术职务	7 888	17 720	19 739	11.4
（3）中级专业技术职务	46 644	13 491	15 255	13.1
（4）初级专业技术职务	65 672	10 638	12 155	14.3
（5）未评定技术职务人员	59 509	10 028	11 076	10.4
六、按学历分组				
1．博士及以上	368	15 761	19 563	24.1
2．硕士	1 748	22 547	29 736	31.9
3．本科	35 318	14 610	17 123	17.2
4．大专	72 850	11 702	13 676	16.9
5．高中、中专、技校	204 345	9 676	10 916	12.8
6．初中及以下	184 312	8 593	9 554	11.2
七、按工龄分组				
1．5 年及以下	64 141	8 950	10 557	18.0
2．6～10 年	73 997	9 693	11 150	15.0
3．11～20 年	156 865	9 578	10 816	12.9
4．21～30 年	153 872	9 961	11 317	13.6
5．31～40 年	48 511	12 862	14 077	9.4
6．41 年及以上	2 527	12 533	14 359	14.6
八、按年龄分组				
1．20 岁及以下	4 610	7 655	9 261	21.0
2．21～30 岁	126 554	9 041	10 541	16.6
3．31～40 岁	169 870	9 856	11 144	13.1
4．41～50 岁	161 972	10 310	11 534	11.9
5．51～59 岁	35 958	12 340	14 024	13.7
6．60 岁及以上	949	15 631	18 182	16.3

30个城市企业单位不同工种工资价位

（1999）

单位：元

工种	高位数	中位数	低位数
单位负责人			
企业高级管理人员	86 922	12 332	4 859
厂长（经理）	78 608	13 776	4 691
副厂长（副经理）	70 458	14 042	4 597
部门经理及管理人员	54 661	10 291	3 958
生产或经营经理	53 541	12 729	4 668
财务经理	54 373	12 077	4 569
行政经理	49 067	13 200	4 935
人事经理	55 622	12 451	4 531
销售和营销经理	52 771	11 347	4 396
广告和公关经理	53 273	15 552	5 323
采购经理	55 715	12 840	4 720
计算机服务经理	92 383	22 000	4 723
研究和开发经理	63 404	16 231	5 799
餐厅经理	48 011	24 000	5 018
客房经理	43 648	9 204	4 167
专业技术人员			
科学研究人员	43 780	12 153	4 297
工程技术人员	42 119	10 256	3 847
测绘工程师	30 033	9 216	3 722
矿山工程技术人员	18 586	7 818	3 936
化工工程师	28 599	10 908	4 610
医药工程师	33 242	10 469	3 714
机械工程师	33 203	11 221	4 502
仪器仪表工程师	33 541	13 647	5 011
电子工程师	48 715	12 379	4 509
通信工程师	77 005	18 953	6 812
计算机工程师	67 324	14 400	4 313
系统分析员	71 334	17 300	5 707
电气工程师	41 727	12 876	4 886
电力工程师	32 783	15 641	5 949
交通工程技术人员	33 982	11 698	4 792
建筑工程师	43 306	10 264	4 541
建筑设计师	40 892	14 400	5 283
土木建筑工程师	43 568	12 720	5 203
纺织工程师	25 083	9 274	4 977
食品工程师	41 772	12 800	4 301
环境保护工程师	34 957	11 999	5 300
生物工程技术人员	41 234	12 794	4 867
农业技术人员	38 683	19 128	3 720
飞机船舶技术人员	48 670	16 816	6 788
船舶指挥引航人员	68 945	35 316	10 541

续表 1

工种	高位数	中位数	低位数
经济业务人员	46 101	9 459	3 511
经济计划人员	31 944	10 308	4 282
统计师	27 769	9 061	3 899
财会人员	34 939	7 858	3 472
出纳	30 638	8 292	3 552
会计	33 490	9 540	3 914
资产评估人员	28 484	13 581	3 843
审计师	43 709	11 746	4 388
国际商务人员	44 037	16 200	7 109
对外经贸业务员	42 689	13 735	4 108
报关员	44 531	14 006	5 362
房地产业务人员	43 021	12 000	3 880
房地产开发业务人员	35 914	11 409	4 086
不动产销售员	40 516	13 167	4 212
金融业务人员	31 918	10 960	5 494
银行业务人员	45 017	15 018	6 186
信贷业务员	32 802	15 805	5 991
信托业务员	18 229	10 759	6 648
国际金融业务员	35 858	14 954	8 452
保险业务员	30 180	11 240	5 319
保险理赔员	25 080	14 628	7 866
证券业务员	53 673	16 115	6 724
期货业务员	109 500	83 000	13 149
法律专业人员	53 531	9 800	4 504
律师	58 790	12 000	4 543
文学艺术工作者	13 252	8 156	3 863
美术专业人员	48 160	9 464	4 853
工艺美术专业人员	35 307	8 440	3 723
装潢美术设计人员	34 586	11 055	4 724
服装设计师	32 680	12 024	3 542
室内装饰设计人员	35 440	9 164	3 463
广告设计人员	37 572	11 051	4 690
新闻出版文化工作者	47 458	10 020	6 300
记者	33 626	7 601	6 409
编辑	43 272	8 663	6 029
校对员	13 623	6 373	3 802
播音员及节目主持人	14 997	4 798	3 060
翻译	50 029	12 688	5 127
图书资料档案业务人员	32 852	9 375	4 431
考古文物保护专业人员	31 000	7 712	4 836
办事人员和有关人员			
行政办公人员	41 542	8 154	3 554
行政业务人员	38 926	11 100	4 106

续表 2

工种	高位数	中位数	低位数
人事劳资业务人员	38 836	9 768	3 916
行政事务人员	43 673	9 906	3 713
秘书	43 918	11 560	4 047
公关员	42 905	10 614	3 277
打字员	27 527	7 920	3 483
安全保卫和消防人员	26 832	7 320	3 494
治安保卫人员	25 305	8 065	3 578
消防人员	28 652	10 037	4 173
邮政电信业务人员	17 271	8 976	4 019
邮政业务人员	24 160	17 195	8 095
投递员	38 367	10 596	5 519
电信业务人员	30 002	11 898	3 993
话务员	25 897	8 081	3 927
商业、服务业人员			
购销人员	28 430	7 443	3 408
营业人员	23 889	6 485	3 298
营业员	24 935	7 200	3 280
收银员	28 532	87 03	3 461
推销展销人员	33 710	7 446	3 562
推销员	31 166	8 400	3 676
出版物发行员	19 506	7 243	3 424
采购人员	33 572	8 413	3 593
商品监督和市场管理员	24 623	15 275	3 635
市场管理员	28 404	7 383	3 463
其他购销人员	31 014	9 477	3 596
医药商品购销员	29 888	10 715	4 484
仓储人员	30 532	9 600	3 531
保管人员	23 168	7 865	3 540
储运人员	26 193	9 543	4 028
餐饮服务人员	26 016	7 948	3 491
中餐烹饪人员	27 538	9 055	3 645
西餐烹饪人员	26 429	10 080	3 809
调酒和茶艺人员	26 717	10 250	4 145
餐厅服务员	21 283	7 800	3 464
饭店旅游娱乐服务员	16 673	5 700	3 346
饭店服务人员	19 902	5 723	3 312
前厅服务员	19 078	8 298	3 712
客房服务员	16 313	6 804	3 438
旅游游览场所服务员	34 940	5 553	3 341
导游	20 030	7 665	3 263
健身娱乐场所服务员	23 175	9 601	4 714
康乐服务员	22 313	9 504	3 163

续表 3

工种	高位数	中位数	低位数
保健按摩师	20 000	6 679	4 164
运输服务人员	30 504	8 924	4 005
公路运输服务人员	33 914	8 650	3 326
汽车客运服务员	26 615	7 770	3 512
铁路运输服务人员	26 897	10 773	5 199
旅客列车乘务员	17 011	12 115	5 999
航空运输服务人员	31 175	11 191	5 272
水上运输服务人员	38 055	15 367	4 270
医疗卫生辅助服务人员	32 687	7 992	3 343
护理员	19 894	7 398	3 454
社会和居民服务人员	26 082	19 644	4 272
社会中介服务人员	24 000	8 808	5 185
信息咨询人员	29 772	9 848	3 980
物业管理人员	41 948	8 994	3 872
供水热及生活燃料人员	23 979	8 594	3 689
锅炉操作工	22 244	8 795	3 708
美发美容人员	22 746	4 956	3 100
美容师	28 750	7 992	5 430
美发师	28 016	6 000	3 908
摄影服务人员	29 251	11 580	3 189
摄影师	27 461	11 408	4 460
验光配镜人员	28 023	8 435	4 674
洗染、织补人员	17 476	6 160	3 458
浴池服务人员	15 923	5 896	3 409
家用机电产品维修人员	18 974	8 640	3 325
办公设备维修人员	21 191	9 240	3 473
保育、家庭服务员	9 551	5 668	3 050
保育员	15 185	6 108	3 275
环境卫生人员	19 629	7 401	3 365
农林牧渔水利生产人员			
种植业生产人员	14 774	5 652	3 473
园艺作物生产人员	14 652	5 387	3 513
花卉园艺工	25 072	6 264	3 462
农副林特产品加工工	16 236	6 990	3 424
畜牧业生产检疫人员	13 536	6 000	4 968
渔业生产人员	28 545	11 197	3 600
水产品加工工	15 919	8 111	4 795
生产运输设备操作工			
勘测及矿物开采工	21 789	12 316	4 389
矿物开采工	16 337	7 782	3 362
矿物处理工	20 053	6 852	3 337
金属冶炼轧制人员	15 860	8 400	4 121

续表4

工种	高位数	中位数	低位数
金属轧制人员	17 987	9 160	4 183
化工产品生产工	27 539	8 702	3 637
机械制造加工工	19 692	6 976	3 391
机械冷加工工	19 328	7 776	3 264
车工	21 840	8 448	3 609
铣工	21 641	9 698	3 817
刨插工	20 916	8 566	3 802
磨工	20 282	8 666	3 658
镗工	23 912	9 579	3 788
钻床工	20 235	9 727	3 690
加工中心操作工	26 619	9 608	3 767
制齿工	22 490	7 705	3 662
机械热加工工	22 898	8 856	3 804
铸造工	21 900	11 507	3 880
锻造工	20 135	9 043	3 894
冲压工	24 130	8 856	3 642
焊工	22 952	9 706	3 760
金属热处理工	23 347	9 366	3 789
特种加工设备操作工	19 399	10 004	4 786
电切削工	22 790	8 512	3 772
冷作钣金加工工	27 293	7 300	3 319
工件表面处理加工工	20 157	6 706	3 830
涂装工	22 629	10 515	4 067
机电产品装配工	22 647	7 958	3 483
机械设备装配工	27 689	8 000	3 435
装配钳工	21 876	10 177	3 795
工具钳工	22 394	9 367	3 707
仪器仪表装配工	21 889	8 520	3 995
运输车辆装配工	26 472	11 880	3 558
机械设备修理工	38 190	7 551	3 502
机械设备维修工	30 331	8 661	3 702
机修钳工	24 574	9 403	4 049
汽车修理工	26 750	8 968	3 729
仪器仪表修理工	23 172	9 067	3 564
电力设备装运检修工	50 514	11 744	3 987
电力设备安装工	31 191	9 872	3 841
电力工程内线安装工	21 034	9 851	5 161
专业电力设备检修工	37 381	13 751	5 065
普通电力设备检修工	22 183	8 300	4 192
常用电机检修工	28 958	8 354	3 175
维修电工	25 414	9 000	3 745
电子元器件制造装调工	30 272	12 624	4 124
电子器件制造工	23 131	10 824	4 018

续表 5

工种	高位数	中位数	低位数
电子元件制造工	43 462	13 214	4 275
电子设备装配调试工	27 573	9 852	4 275
电子产品维修工	23 363	8 032	4 031
计算机维修工	41 182	10 800	4 098
橡胶塑料制品生产人员	18 792	7 752	3 651
纺织针织印染工	13 696	7 301	3 490
裁剪缝纫毛皮革制作工	19 334	7 326	3 317
粮油食品饮料生产工	23 416	8 475	3 226
烟草及其制品加工工	43 549	18 505	10 066
药品生产制造工	20 353	10 100	3 604
木材人造板生产制作工	13 826	7 200	3 531
木工	27 595	9 176	3 834
制浆造纸纸制品生产工	17 601	8 016	3 776
纸制品制作工	18 986	6 849	3 504
建筑材料生产加工工	16 033	6 204	3 326
玻璃陶瓷搪瓷生产工	14 745	5 760	3 227
广播影视设备操作工	20 364	13 032	4 800
音响调音员	31 800	10 044	4 290
制版印刷人员	28 012	7 990	3 665
工艺、美术品制作工	20 218	7 410	3 434
文体用品乐器制作工	15 208	9 292	4 150
工程施工人员	33 194	10 671	3 762
土石方施工人员	28 781	10 816	4 423
砌筑工	18 722	7 598	3 794
混凝土工	19 192	8 160	3 769
钢筋工	21 673	8 244	3 975
架子工	22 095	8 798	4 552
工程防水工	26 741	8 252	3 946
装饰、装修工	19 591	8 980	3 861
工程设备安装工	23 410	9 528	4 085
管工	26 088	11 116	3 574
驾驶员和运输设备操作工	42 096	9 437	3 883
机动车驾驶员	31 619	10 092	3 949
船舶水手和相关工人	57 965	17 072	3 773
起重装卸机械操作工	32 937	9 779	4 139
环境监测废物处理人员	22 393	7 599	3 700
检验、计量人员	29 599	8 332	3 336
检验员	26 809	8 719	3 764
计量员	27 837	8 808	3 772
生产运输简单体力工人	22 253	6 969	3 394
包装工	19 354	7 546	3 565

30个城市制造业企业不同工种工资价位

（1999）

单位：元

工种	高位数	中位数	低位数
单位负责人			
企业高级管理人员	69 553	11 005	4 989
厂长（经理）	74 576	12 971	4 645
副厂长（副经理）	57 909	12 936	4 495
部门经理及管理人员	47 327	8 809	3 883
生产或经营经理	46 242	11 582	4 649
财务经理	52 625	11 084	4 317
行政经理	42 998	11 618	4 672
人事经理	52 486	11 191	4 212
销售和营销经理	51 349	11 316	4 387
广告和公关经理	42 274	16 130	4 826
采购经理	52 093	12 000	4 727
计算机服务经理	93 637	17 006	4 285
研究和开发经理	61 036	16 011	5 782
餐厅经理	28 167	9 790	4 472
客房经理	19 984	7 482	4 051
专业技术人员			
科学研究人员	36 629	9 922	4 156
工程技术人员	32 329	8 983	3 569
测绘工程师	23 718	6 820	4 386
矿山工程技术人员	15 728	6 385	3 497
化工工程师	28 036	10 780	4 585
医药工程师	34 364	10 134	4 176
机械工程师	33 721	11 126	4 437
仪器仪表工程师	33 636	13 537	4 882
电子工程师	48 924	12 231	4 505
通信工程师	48 639	20 105	6 004
计算机工程师	42 360	11 053	4 122
系统分析员	55 072	9 444	5 362
电气工程师	39 068	10 989	4 506
电力工程师	26 505	14 040	5 128
交通工程技术人员	41 674	10 680	4 895
建筑工程师	25 736	8 965	3 892
建筑设计师	42 056	16 800	7 200
土木建筑工程师	45 321	11 591	3 957
纺织工程师	25 931	9 240	4 900
食品工程师	45 934	12 716	4 146
环境保护工程师	31 108	11 625	5 131
生物工程技术人员	34 610	12 953	4 867
农业技术人员	26 130	12 972	4 320
飞机船舶技术人员	32 264	14 344	8 612
经济业务人员	51 070	8 612	3 542
经济计划人员	28 656	10 092	4 122
统计师	24 115	8 262	3 753

续表 1

工种	高位数	中位数	低位数
财会人员	29 286	7 140	3 391
出纳	2 5089	7 369	3 484
会计	28 498	8 849	3 808
审计师	44 819	10 219	4 310
国际商务人员	25 696	12 000	5 773
对外经贸业务员	34 989	14 400	5 017
报关员	46 749	14 124	5 863
房地产业务人员	35 193	14 400	5 225
不动产销售员	28 095	8 980	4 680
保险业务员	23 914	13 632	5 211
证券业务员	25 550	15 000	6 984
律师	48 600	9 476	4 823
文学艺术工作者	11 941	7 998	4 113
美术专业人员	49 550	11 950	4 368
工艺美术专业人员	38 474	8 048	3 559
装潢美术设计人员	32 785	11 880	4 729
服装设计师	33 650	13 200	3 492
广告设计人员	50 598	13 251	6 300
记者	16 947	6 889	6 367
编辑	43 272	8 182	6 029
校对员	14 269	6 279	3 452
播音员及节目主持人	12 816	8 217	3 120
翻译	60 103	14 754	5 400
图书资料档案业务人员	25 690	8 884	4 360
考古文物保护专业人员	10 290	7 323	4 836
办事人员和有关人员			
行政办公人员	37 770	6 712	3 539
行政业务人员	35 147	10 308	3 937
人事劳资业务人员	35 181	8 850	3 669
行政事务人员	33 094	8 136	3 440
秘书	34 460	9 864	3 795
公关员	48 514	12 804	4 546
打字员	19 373	7 154	3 410
安全保卫和消防人员	19 524	7 224	3 649
治安保卫人员	22 502	7 458	3 500
消防人员	28 409	8 024	4 033
投递员	21 336	8 855	5 208
电信业务人员	29 125	14 720	3 165
话务员	23 352	8 500	4 105
商业、服务业人员	16 968	5 838	4 032
购销人员	27 287	7 200	3 416
营业人员	19 888	6 216	3 368
营业员	21 387	7 183	3 426
收银员	15 653	6 240	3 645

续表 2

工种	高位数	中位数	低位数
推销展销人员	21 942	6 465	3 434
推销员	32 628	8 647	3 648
出版物发行员	19 961	8 308	3 386
采购人员	31 982	8 180	3 544
商品监督和市场管理员	25 800	6 990	4 212
市场管理员	38 498	4 848	3 304
其他购销人员	37 396	9 739	4 309
医药商品购销员	33 792	12 653	4 270
仓储人员	28 902	9 940	3 526
保管人员	21 547	7 575	3 523
储运人员	25 390	9 084	4 118
餐饮服务人员	19 499	7 102	3 437
中餐烹饪人员	20 606	9 072	3 900
西餐烹饪人员	11 237	7 632	5 124
餐厅服务员	15 726	7 591	3 646
饭店服务人员	22 100	10 926	4 193
前厅服务员	12 218	6 508	3 844
客房服务员	14 602	6 286	3 442
旅游游览场所服务员	7 464	5 516	5 349
运输服务人员	18 953	8 487	4 449
公路运输服务人员	41 412	12 228	4 080
汽车客运服务员	27 424	6 459	3 693
铁路运输服务人员	16 901	5 759	4 434
医疗卫生辅助服务人员	35 886	7 285	3 464
护理员	17 691	7 607	3 478
社会和居民服务人员	26 500	20 804	4 274
信息咨询人员	19 140	8 538	4 915
物业管理人员	25 601	7 062	3 575
供水热及生活燃料人员	22 322	7 720	3 467
锅炉操作工	22 034	8 395	3 694
美发师	13 007	11 052	3 480
洗染、织补人员	16 149	6 748	4 184
浴池服务人员	15 349	7 099	3 493
家用机电产品维修人员	22 089	8 300	5 856
办公设备维修人员	23 490	8 400	4 860
保育、家庭服务员	9 551	5 609	3 050
保育员	12 978	6 213	3 263
环境卫生人员	18 280	6 957	3 264
农林牧渔水利生产人员			
花卉园艺工	10 849	5 908	3 689
农副林特产品加工工	13 015	7 607	3 743
畜牧业生产检疫人员	15 839	5 975	4 968
渔业生产人员	40 456	11 823	9 548

续表 3

工种	高位数	中位数	低位数
水产品加工工	14 375	7 946	4 694
生产运输设备操作工			
勘测及矿物开采工	16 875	14 950	4 317
矿物开采工	18 692	8 056	3 655
矿物处理工	19 919	14 107	6 318
金属冶炼轧制人员	15 597	8 463	4 132
金属轧制人员	18 396	8 796	4 047
化工产品生产工	24 793	8 520	3 610
机械制造加工工	19 417	6 802	3 373
机械冷加工工	16 933	7 229	3 254
车工	21 284	8 242	3 592
铣工	21 639	9 624	3 783
刨插工	20 745	8 516	3 821
磨工	20 180	8 706	3 629
镗工	23 268	9 264	3 725
钻床工	20 121	9 600	3 627
加工中心操作工	26 892	10 308	3 729
制齿工	22 885	7 092	3 656
机械热加工工	21 350	7 742	3 814
铸造工	21 688	11 901	3 855
锻造工	18 295	8 879	3 864
冲压工	24 575	9 004	3 603
焊工	21 848	9 579	3 691
金属热处理工	23 585	9 346	3 792
特种加工设备操作工	18 160	9 634	4 738
电切削工	23 155	8 608	3 912
冷作钣金加工工	19 478	6 734	3 286
工件表面处理加工工	19 935	6 631	3 823
涂装工	21 428	10 070	4 017
机电产品装配工	22 539	7 924	3 496
机械设备装配工	24 014	8 000	3 379
装配钳工	21 613	10 563	3 876
工具钳工	22 120	9 604	3 852
仪器仪表装配工	22 035	8 448	3 958
运输车辆装配工	24 734	11 832	3 536
机械设备修理工	33 821	6 964	3 418
机械设备维修工	29 660	8 372	3 615
机修钳工	23 502	9 444	4 036
汽车修理工	30 128	8 361	3 899
仪器仪表修理工	22 081	8 800	3 427
电力设备装运检修工	26 160	10 107	3 911
电力设备安装工	15 918	6 017	3 435
电力工程内线安装工	22 474	9 723	5 501
专业电力设备检修工	29 185	8 248	4 416
普通电力设备检修工	21 982	8 100	4 062

续表 4

工种	高位数	中位数	低位数
常用电机检修工	25 663	8 517	3 136
电子元器件制造装调工	23 381	11 641	3 985
电子器件制造工	23 393	11 000	3 944
电子元件制造工	44 182	13 992	4 309
电子设备装配调试工	27 803	9 778	4 328
电子产品维修工	22 497	7 200	3 935
计算机维修工	39 663	10 500	3 180
橡胶塑料制品生产人员	19 100	7 754	3 617
纺织针织印染工	13 751	7 357	3 493
裁剪缝纫毛皮革制作工	19 136	7 402	3 313
粮油食品饮料生产工	23 838	8 400	3 199
烟草及其制品加工工	42 044	18 902	10 428
药品生产制造工	20 390	10 229	3 595
木材人造板生产制作工	14 071	7 482	3 608
木工	32 656	8 575	3 639
制浆造纸纸制品生产工	17 601	8 016	3 783
纸制品制作工	18 986	6 861	3 504
建筑材料生产加工工	14 165	6 065	3 351
玻璃陶瓷搪瓷生产工	14 855	5 760	3 218
广播影视设备操作工	20 364	15 726	9 158
制版印刷人员	28 248	8 023	3 697
工艺、美术品制作工	19 419	7 041	3 378
文体用品乐器制作工	15 432	9 555	4 854
工程施工人员	21 304	13 566	4 971
土石方施工人员	35 361	8 294	4 488
砌筑工	17 868	8 471	3 452
混凝土工	17 386	7 161	3 656
钢筋工	18 182	5 916	3 789
架子工	27 720	10 719	5 099
工程防水工	10 987	9 076	4 578
装饰、装修工	16 730	6 348	3 650
工程设备安装工	22 249	10 854	3 701
管工	23 283	12 390	3 711
驾驶员和运输设备操作工	25 031	9 032	3 827
机动车驾驶员	26 751	9 544	3 872
船舶水手和相关工人	18 934	7 620	6 100
起重装卸机械操作工	18 333	9 929	3 940
环境监测废物处理人员	23 160	8 043	3 862
检验、计量人员	28 869	7 836	3 284
检验员	25 942	8 730	3 722
计量员	27 998	8 224	3 645
生产运输简单体力工人	19 859	6 880	3 499
包装工	19 279	7 550	3 532

30个城市电力、煤气及水的生产和供应业不同工种工资价位

(1999)

单位：元

工种	高位数	中位数	低位数
单位负责人			
企业高级管理人员	44 829	12 063	7 808
厂长（经理）	56 332	16 393	6 624
副厂长（副经理）	60 165	17 197	5 596
部门经理及管理人员	37 655	13 109	5 721
生产或经营经理	59 451	18 960	5 699
财务经理	42 657	15 248	7 573
行政经理	31 921	17 262	6 018
人事经理	41 130	17 580	8 824
销售和营销经理	29 968	15 227	7 976
专业技术人员			
工程技术人员	48 227	12 000	5 435
化工工程师	20 186	15 484	8 382
机械工程师	22 412	14 262	7 668
仪器仪表工程师	20 954	14 604	10 752
电子工程师	19 734	14 155	7 200
计算机工程师	33 755	12 897	8 207
电气工程师	39 464	13 413	5 917
电力工程师	30 197	15 781	7 858
建筑工程师	25 414	11 428	5 693
建筑设计师	23 055	18 317	10 708
土木建筑工程师	20 554	13 063	9 675
经济业务人员	38 510	19 262	6 815
经济计划人员	27 358	12 517	6 553
统计师	33 057	12 873	6 195
财会人员	30 136	11 649	3 453
出纳	30 281	11 180	5 601
会计	35 357	12 358	5 585
审计师	36 658	13 978	7 392
图书资料档案业务人员	36 581	13 254	5 624
办事人员和有关人员			
行政办公人员	39 031	8 023	3 280
行政业务人员	40 017	14 803	4 725
人事劳资业务人员	38 121	13 274	6 674
行政事务人员	31 148	10 810	5 784
秘书	42 648	13 322	7 212
打字员	27 383	10 590	3 828
安全保卫和消防人员	27 749	13 569	3 840
治安保卫人员	26 279	10 356	4 922
消防人员	37 590	17 115	6 305
话务员	30 366	10 026	4 308
购销人员	15 972	9 830	7 564
营业人员	23 588	13 696	5 019
营业员	25 444	11 201	3 441
收银员	26 628	12 920	3 839
推销员	20 624	10 000	4 900
采购人员	27 059	12 079	6 625
仓储人员	51 300	18 951	5 653

续表 1

工种	高位数	中位数	低位数
保管人员	21 313	11 009	5 916
储运人员	13 601	5 394	3 396
餐饮服务人员	28 344	20 206	8 760
中餐烹饪人员	38 142	11 629	6 316
餐厅服务员	23 674	10 614	4 800
汽车客运服务员	18 655	15 880	5 142
医疗卫生辅助服务人员	31 144	9 577	6 848
社会和居民服务人员	25 739	15 896	10 357
物业管理人员	21 280	12 997	6 785
供水热及生活燃料人员	23 012	11 991	6 064
锅炉操作工	27 283	11 425	6 437
浴池服务人员	17 639	7 315	4 693
环境卫生人员	23 802	12 708	4 980
生产运输设备操作工			
金属冶炼轧制人员	15 844	8 749	5 692
化工产品生产工	21 486	9 276	5 452
机械制造加工工	18 937	10 007	5 327
机械冷加工工	14 896	11 814	3 483
车工	26 134	12 414	4 849
铣工	25 555	12 568	8 676
铸造工	14 783	11 008	5 267
锻造工	29 907	16 789	8 030
焊工	28 307	12 592	4 551
冷作钣金加工工	8 172	7 026	3 912
机电产品装配工	7 338	4 068	3 027
装配钳工	17 562	12 233	10 153
工具钳工	39 535	13 441	5 791
机械设备维修工	29 869	11 120	5 335
机修钳工	46 740	13 232	7 289
汽车修理工	33 148	12 569	7 678
仪器仪表修理工	26 604	10 535	4 912
电力设备装运检修工	50 896	10 035	3 648
电力设备安装工	40 223	18 936	6 135
电力工程内线安装工	11 800	9 558	5 631
专业电力设备检修工	42 401	13 128	5 024
普通电力设备检修工	21 330	8 196	5 989
常用电机检修工	30 491	13 633	3 828
维修电工	20 841	9 189	3 307
工程施工人员	20 018	10 327	6 895
土石方施工人员	16 988	11 130	6 294
混凝土工	14 087	11 059	8 995
工程设备安装工	18 228	13 268	9 540
管工	23 660	11 226	5 570
驾驶员和运输设备操作工	20 270	9 874	4 302
机动车驾驶员	37 715	12 454	6 277
起重装卸机械操作工	34 783	13 257	4 764
检验、计量人员	23 158	14 688	4 068
检验员	37 254	7 536	5 176
计量员	24 290	10 739	5 078
生产运输简单体力工人	15 861	9 397	3 180
包装工	15 593	13 450	12 250

30个城市建筑业企业不同工种工资价位

(1999)　　单位：元

工种	高位数	中位数	低位数
单位负责人			
企业高级管理人员	72 024	17 993	5 669
厂长（经理）	69 763	15 732	4 747
副厂长（副经理）	61 866	16 464	5 332
部门经理及管理人员	53 733	11 000	3 912
生产或经营经理	40 689	13 696	5 312
财务经理	45 364	13 392	4 329
行政经理	33 692	14 400	5 352
人事经理	42 684	14 158	4 319
销售和营销经理	26 443	10 876	3 828
采购经理	37 000	15 785	6 619
客房经理	24 600	11 035	5 816
专业技术人员			
工程技术人员	42 053	11 147	4 376
测绘工程师	18 616	11 712	3 306
医药工程师	28 464	8 876	3 140
机械工程师	25 033	9 450	4 744
仪器仪表工程师	17 460	16 903	6 205
电子工程师	24 696	13 680	7 119
通信工程师	25 293	13 771	9 455
计算机工程师	25 243	7 908	4 100
电气工程师	27 687	13 200	4 548
电力工程师	32 064	18 312	7 430
交通工程技术人员	29 096	16 092	6 363
建筑工程师	30 316	9 796	4 477
建筑设计师	25 131	13 766	4 619
土木建筑工程师	39 036	12 628	5 515
经济业务人员	35 398	11 205	4 842
经济计划人员	21 616	9 514	4 925
统计师	32 923	9 358	4 950
财会人员	33 368	9 225	3 875
出纳	24 200	8 445	3 994
会计	27 621	9 404	4 226
审计师	47 829	11 136	6 252
对外经贸业务员	17 910	11 966	8 230
房地产业务人员	26 560	8 592	5 431
房地产开发业务人员	31 935	10 782	5 194
法律专业人员	28 300	9 800	5 217
装潢美术设计人员	8 000	6 340	4 160
室内装饰设计人员	38 880	13 080	3 133
新闻出版文化工作者	15 913	8 349	6 300
记者	13 691	7 601	6 840
图书资料档案业务人员	22 513	10 311	4 560
办事人员和有关人员			
行政办公人员	37 783	7 872	3 978
行政业务人员	39 597	12 007	4 914

续表 1

工种	高位数	中位数	低位数
人事劳资业务人员	27 224	9 348	4 734
行政事务人员	30 392	10 900	4 069
秘书	29 645	10 932	4 920
公关员	22 000	10 200	4 170
打字员	28 950	7 874	3 636
安全保卫和消防人员	21 933	7 673	4 598
治安保卫人员	27 265	9 600	4 266
电信业务人员	17 420	14 920	10 937
话务员	21 010	7 545	3 108
商业、服务业人员			
购销人员	21 600	8 640	3 164
营业人员	12 900	4 181	3 470
营业员	14 013	8 444	4 117
收银员	15 400	8 932	4 856
推销员	12 183	7 791	4 800
采购人员	33 610	9 624	3 867
市场管理员	40 702	7 964	3 684
仓储人员	39 646	10 800	5 292
保管人员	24 439	8 900	3 666
餐饮服务人员	40 364	13 305	6 694
中餐烹饪人员	19 960	7 553	4 807
餐厅服务员	15 182	6 240	4 236
前厅服务员	8 880	4 900	4 800
客房服务员	11 556	4 900	4 134
运输服务人员	31 844	9 500	4 355
医疗卫生辅助服务人员	32 090	8 976	5 775
护理员	21 000	9 144	4 392
物业管理人员	31 238	8 820	5 130
锅炉操作工	17 128	9 060	4 302
保育员	8 244	5 555	3 144
环境卫生人员	19 121	6 293	4 329
农林牧渔水利生产人员			
种植业生产人员	4 956	4 956	4 956
水产品加工工	4 956	4 956	4 956
生产运输设备操作工			
勘测及矿物开采工	15 293	8 100	7 500
矿物开采工	20 248	6 820	5 876
金属冶炼轧制人员	20 774	7 950	4 625
化工产品生产工	12 460	8 541	3 277
机械制造加工工	12 315	7 859	4 608
机械冷加工工	23 419	13 735	8 107
车工	17 184	7 812	3 532
铣工	15 732	7 652	4 141
刨插工	13 222	6 380	3 100
磨工	12 918	5 052	3 692
钻床工	12 288	7 809	4 449
机械热加工工	19 178	15 256	3 360

续表 2

工种	高位数	中位数	低位数
铸造工	17 053	6 543	3 551
锻造工	16 689	6 660	3 483
焊工	23 445	8 900	3 890
金属热处理工	17 247	5 342	3 756
冷作钣金加工工	21 511	10 108	4 607
工件表面处理加工工	11 911	9 932	8 120
涂装工	23 968	9 610	3 721
机械设备装配工	40 921	8 484	4 055
装配钳工	18 502	7 800	3 298
工具钳工	17 214	14 674	4 056
仪器仪表装配工	18 064	9 738	4 681
机械设备修理工	19 975	7 399	3 389
机械设备维修工	33 451	10 154	4 037
机修钳工	18 774	8 958	4 029
汽车修理工	21 205	8 237	3 561
仪器仪表修理工	13 764	10 011	5 943
电力设备装运检修工	23 797	12 500	7 141
电力设备安装工	22 234	9 084	4 309
电力工程内线安装工	21 876	12 306	4 686
专业电力设备检修工	22 672	13 832	6 440
普通电力设备检修工	20 136	8 620	4 304
维修电工	25 867	9 590	3 614
橡胶塑料制品生产人员	19 134	10 800	10 800
裁剪缝纫毛皮革制作工	14 433	4 166	3 360
木材人造板生产制作工	11 764	5 856	4 216
木工	21 947	9 324	3 930
建筑材料生产加工工	25 942	7 030	3 168
制版印刷人员	8 722	4 800	4 800
工程施工人员	31 582	10 678	3 615
土石方施工人员	27 699	10 816	4 465
砌筑工	18 715	7 500	3 809
混凝土工	18 981	8 160	3 779
钢筋工	22 330	8 354	4 028
架子工	21 446	8 572	4 644
工程防水工	22 470	7 162	3 858
装饰、装修工	18 197	9 000	3 871
工程设备安装工	20 964	8 276	4 732
管工	23 958	9 635	3 809
驾驶员和运输设备操作工	30 442	9 941	4 492
机动车驾驶员	26 750	9 419	4 338
船舶水手和相关工人	41 949	16 843	11 102
起重装卸机械操作工	21 877	8 058	4 006
检验、计量人员	35 260	10 400	3 432
检验员	38 162	9 996	4 677
计量员	30 281	9 780	3 942
生产运输简单体力工人	16 900	5 911	3 272
包装工	15 468	4 956	3 252

30个城市交通运输及邮电通信业企业不同工种工资价位

（1999）

单位：元

工种	高位数	中位数	低位数
单位负责人			
企业高级管理人员	81 977	11 616	4 955
厂长（经理）	83 068	15 746	4 865
副厂长（副经理）	71 231	14 515	4 937
部门经理及管理人员	55 407	12 828	4 214
生产或经营经理	57 862	15 498	5 213
财务经理	49 127	13 804	4 975
行政经理	49 525	15 020	5 520
人事经理	49 705	13 613	5 543
销售和营销经理	40 800	10 998	4 753
采购经理	51 063	13 028	4 320
计算机服务经理	56 075	21 960	8 083
研究和开发经理	48 664	18 976	6 120
客房经理	17 864	15 112	5 120
专业技术人员			
工程技术人员	46 662	15 700	5 310
测绘工程师	11 062	10 894	10 822
医药工程师	23 124	14 240	7 212
机械工程师	34 558	11 994	5 143
电子工程师	43 963	13 500	4 208
通信工程师	77 005	18 338	7 984
计算机工程师	41 179	16 752	6 261
系统分析员	35 760	19 168	5 460
电气工程师	30 321	12 918	8 398
电力工程师	27 504	16 226	11 702
交通工程技术人员	22 422	11 548	5 062
建筑工程师	41 008	12 189	7 335
土木建筑工程师	20 110	9 786	5 985
飞机船舶技术人员	57 140	22 790	5 486
船舶指挥引航人员	68 945	35 316	10 541
经济业务人员	36 683	11 724	4 667
经济计划人员	28 138	12 233	4 171
统计师	29 437	10 934	4 835
财会人员	38 646	9 978	3 458
出纳	31 871	8 568	3 509
会计	30 776	10 428	3 870
审计师	32 359	15 168	5 796
国际商务人员	38 482	29 627	19 965
对外经贸业务员	41 789	28 068	9 440
报关员	36 000	15 320	5 583
金融业务人员	12 300	9 252	7 092
保险业务员	13 560	11 320	8 250
图书资料档案业务人员	36 324	12 185	4 800

续表 1

工种	高位数	中位数	低位数
办事人员和有关人员			
行政办公人员	36 369	10 165	3 638
行政业务人员	32 996	10 752	4 429
人事劳资业务人员	33 697	12 999	4 405
行政事务人员	53 328	11 381	3 765
秘书	37 216	12 490	4 383
打字员	27 606	11 181	3 808
安全保卫和消防人员	29 537	9 132	4 145
治安保卫人员	21 700	8 410	3 554
消防人员	29 403	8 225	4 194
邮政电信业务人员	18 460	9 726	6 231
邮政业务人员	24 238	17 280	8 296
投递员	40 085	10 452	8 376
电信业务人员	28 025	13 480	6 538
话务员	29 641	7 800	3 873
商业、服务业人员			
购销人员	19 405	9 340	3 226
营业人员	23 614	5 129	3 162
营业员	41 611	9 390	3 582
收银员	20 508	5 906	3 000
推销展销人员	14 128	7 116	5 274
推销员	30 329	10 305	3 470
出版物发行员	7 908	6 944	6 116
采购人员	30 136	10 259	3 619
商品监督和市场管理员	19 116	18 912	15 318
市场管理员	19 613	18 534	4 274
其他购销人员	10 200	6 300	4 800
仓储人员	31 775	7 560	3 469
保管人员	24 731	7 800	3 700
储运人员	27 713	8 670	4 305
餐饮服务人员	25 470	6 897	3 520
中餐烹饪人员	21 225	11 096	4 957
餐厅服务员	15 302	11 840	5 148
前厅服务员	13 156	12 090	3 348
客房服务员	14 169	6 088	3 464
旅游游览场所服务员	15 898	6 780	5 604
运输服务人员	24 163	8 345	3 979
公路运输服务人员	29 062	8 230	3 267
汽车客运服务员	26 700	7 770	3 476
铁路运输服务人员	27 206	10 884	5 781
旅客列车乘务员	16 861	12 137	5 859
航空运输服务人员	22 887	11 234	4 936
水上运输服务人员	37 564	15 367	4 270
医疗卫生辅助服务人员	42 716	7 418	4 486
物业管理人员	29 558	8 187	5 130

续表 2

工种	高位数	中位数	低位数
供水热及生活燃料人员	20 004	7 881	3 317
锅炉操作工	23 446	9 484	3 308
浴池服务人员	16 498	4 118	3 124
环境卫生人员	19 386	8 400	3 378
生产运输设备操作工			
化工产品生产工	18 029	6 120	4 130
机械冷加工工	29 615	11 160	5 400
车工	29 747	11 652	3 906
铣工	21 061	12 317	5 700
铸造工	21 392	16 634	10 992
锻造工	27 175	11 869	3 828
冲压工	12 779	6 257	3 998
焊工	31 477	12 318	3 761
冷作钣金加工工	57 019	8 592	3 515
涂装工	33 174	9 133	4 026
装配钳工	32 502	8 970	3 086
工具钳工	22 095	7 013	3 536
机械设备修理工	80 996	27 152	5 458
机械设备维修工	33 282	9 732	4 769
机修钳工	30 402	10 067	3 997
汽车修理工	21 371	8 352	3 397
仪器仪表修理工	16 034	10 560	9 178
电力设备装运检修工	78 893	28 398	4 320
电力设备安装工	25 864	22 607	7 800
专业电力设备检修工	37 555	29 474	28 120
普通电力设备检修工	21 838	16 714	3 537
维修电工	32 085	10 045	3 967
电子元器件制造装调工	36 917	27 348	10 032
电子器件制造工	12 420	8 880	7 200
电子设备装配调试工	15 360	14 700	9 624
电子产品维修工	17 635	14 615	5 470
计算机维修工	27 141	11 460	4 328
橡胶塑料制品生产人员	13 800	8 880	7 200
木工	28 966	13 467	4 026
工程施工人员	35 996	25 756	5 458
管工	41 690	10 900	3 774
驾驶员和运输设备操作工	63 487	12 000	4 282
机动车驾驶员	30 207	9 649	3 816
船舶水手和相关工人	58 261	15 259	3 532
起重装卸机械操作工	42 615	21 756	5 753
检验、计量人员	29 845	9 350	3 780
检验员	34 033	6 704	3 893
计量员	26 678	16 650	6 096
生产运输简单体力工人	32 370	9 903	3 428
包装工	16 878	7 344	5 124

30个城市批发零售贸易业企业不同工种工资价位

（1999）　　单位：元

工种	高位数	中位数	低位数
单位负责人			
企业高级管理人员	106 493	11 474	4 055
厂长（经理）	66 358	12 480	4 333
副厂长（副经理）	64 510	13 068	4 244
部门经理及管理人员	44 546	10 004	3 767
生产或经营经理	57 591	12 663	4 591
财务经理	47 238	11 290	4 652
行政经理	51 363	12 144	4 822
人事经理	43 024	11 748	4 552
销售和营销经理	44 680	10 819	4 308
广告和公关经理	45 085	13 938	5 658
采购经理	59 200	21 899	4 293
计算机服务经理	36 852	23 145	6 204
研究和开发经理	34 568	16 635	4 486
餐厅经理	47 000	25 000	5 162
客房经理	37 215	8 264	4 398
专业技术人员			
工程技术人员	45 689	11 016	4 261
测绘工程师	23 798	9 091	3 084
矿山工程技术人员	22 161	6 790	3 696
化工工程师	35 849	9 987	3 600
医药工程师	19 554	11 231	3 992
机械工程师	29 437	8 928	5 795
电子工程师	53 760	13 728	3 744
通信工程师	30 172	17 812	3 804
计算机工程师	34 609	11 076	4 871
系统分析员	70 080	16 560	7 800
电气工程师	38 953	23 609	8 915
电力工程师	40 320	33 456	7 320
交通工程技术人员	13 980	7 752	4 800
建筑工程师	29 262	13 070	4 166
土木建筑工程师	23 439	13 200	7 260
食品工程师	23 100	9 979	4 238
农业技术人员	38 683	37 325	7 872
经济业务人员	33 313	7 900	3 201
经济计划人员	43 464	9 264	4 194
统计师	25 725	9 100	3 897
财会人员	33 528	7 300	3 450
出纳	30 360	7 344	3 396
会计	36 081	8 720	3 722
审计师	35 099	11 706	3 933
国际商务人员	45 855	17 600	6 992
对外经贸业务员	41 327	12 732	3 797
报关员	44 055	13 096	4 083
房地产业务人员	27 754	10 735	3 276
房地产开发业务人员	28 896	11 468	6 500
律师	37 512	20 400	7 008
美术专业人员	30 948	9 005	5 272
工艺美术专业人员	21 204	8 370	5 886

续表 1

工种	高位数	中位数	低位数
装潢美术设计人员	34 500	22 190	5 276
广告设计人员	32 024	9 444	5 622
翻译	33 700	16 156	7 000
图书资料档案业务人员	70 342	9 909	4 519
办事人员和有关人员			
行政办公人员	46 152	8 010	3 513
行政业务人员	43 063	11 016	3 920
人事劳资业务人员	53 704	9 365	3 793
行政事务人员	52 209	10 390	3 959
秘书	50 583	12 337	3 906
公关员	22 450	6 654	3 000
打字员	28 181	8 160	3 377
安全保卫和消防人员	39 009	7 080	3 697
治安保卫人员	24 716	7 440	3 624
消防人员	19 777	9 996	3 960
话务员	17 663	8 952	4 086
商业、服务业人员			
购销人员	28 425	7 248	3 409
营业人员	21 025	6 346	3 300
营业员	22 364	7 128	3 270
收银员	20 716	8 363	3 428
推销展销人员	34 008	8 472	3 822
推销员	26 138	7 188	3 618
采购人员	36 154	7 054	3 483
商品监督和市场管理员	25 200	10 328	3 264
市场管理员	17 791	8 238	3 821
其他购销人员	20 566	9 472	3 344
医药商品购销员	21 351	9 852	4 974
仓储人员	26 923	9 880	3 514
保管人员	24 386	7 716	3 382
储运人员	26 838	10 908	4 036
餐饮服务人员	20 622	7 800	3 265
中餐烹饪人员	25 168	8 100	3 527
西餐烹饪人员	21 938	6 266	3 200
调酒和茶艺人员	36 000	4 338	3 642
餐厅服务员	21 730	7 589	3 409
饭店服务人员	21 179	6 000	3 210
前厅服务员	17 793	7 938	3 540
客房服务员	13 533	6 416	3 273
健身娱乐场所服务员	21 948	10 170	5 402
运输服务人员	17 685	8 195	3 222
公路运输服务人员	29 000	12 772	6 408
汽车客运服务员	25 200	13 920	4 554
航空运输服务人员	33 829	27 322	10 420
医疗卫生辅助服务人员	15 420	4 923	4 433
物业管理人员	30 863	8 456	3 804
供水热及生活燃料人员	15 333	7 957	3 900
锅炉操作工	18 760	7 295	3 763

续表 2

工种	高位数	中位数	低位数
美发美容人员	7 236	3 682	3 164
美发师	24 432	18 683	5 352
摄影服务人员	28 600	12 159	3 000
验光配镜人员	28 192	10 022	5 986
浴池服务人员	14 454	5 222	4 236
家用机电产品维修人员	16 300	8 374	3 266
办公设备维修人员	19 605	5 532	3 455
环境卫生人员	25 325	7 728	3 670
生产运输设备操作工			
勘测及矿物开采工	11 768	5 277	4 777
化工产品生产工	77 638	30 997	5 582
机械制造加工工	10 368	8 496	3 324
机械冷加工工	16 715	4 470	3 192
车工	14 570	6 291	3 108
焊工	19 440	7 166	4 036
装配钳工	11 004	3 600	3 600
机械设备修理工	19 488	6 792	4 499
机械设备维修工	21 024	7 200	3 492
机修钳工	15 331	6 920	4 820
汽车修理工	18 613	10 092	5 382
仪器仪表修理工	10 440	5 961	3 480
电力设备装运检修工	32 990	18 406	5 333
普通电力设备检修工	15 061	7 716	4 592
常用电机检修工	14 403	6 232	4 086
维修电工	25 284	7 963	3 855
电子产品维修工	25 200	8 348	4 086
计算机维修工	15 213	10 658	6 200
纺织针织印染工	14 190	9 023	5 772
裁剪缝纫毛皮革制作工	25 300	17 700	13 100
粮油食品饮料生产工	19 506	7 230	4 242
药品生产制造工	9 708	4 644	4 224
木工	18 090	7 014	4 204
玻璃陶瓷搪瓷生产工	10 120	7 822	4 522
制版印刷人员	17 892	10 302	6 726
文体用品乐器制作工	14 640	4 836	3 636
工程施工人员	19 000	8 976	5 268
土石方施工人员	17 808	16 314	5 468
砌筑工	6 906	6 022	3 350
架子工	7 440	4 960	3 720
工程设备安装工	10 584	8 436	4 086
管工	17 832	7 356	4 086
驾驶员和运输设备操作工	49 008	7 550	3 525
机动车驾驶员	33 847	9 188	3 734
船舶水手和相关工人	46 631	34 058	6 036
起重装卸机械操作工	17 687	11 960	4 902
检验员	25 887	6 646	4 231
计量员	21 007	11 808	5 178
生产运输简单体力工人	22 491	6 384	3 698
包装工	18 514	7 128	4 478

30个城市金融保险业企业不同工种工资价位

（1999）

单位：元

工种	高位数	中位数	低位数
单位负责人			
企业高级管理人员	75 366	16 812	5 514
厂长（经理）	148 224	18 180	9 035
副厂长（副经理）	175 460	21 768	8 622
部门经理及管理人员	77 032	14 762	6 659
生产或经营经理	84 505	17 940	10 991
财务经理	83 667	20 292	11 536
行政经理	53 379	18 401	8 985
人事经理	82 201	23 036	11 084
销售和营销经理	148 485	8 225	4 420
计算机服务经理	73 474	18 620	7 128
专业技术人员			
工程技术人员	10 155	9 879	6 302
计算机工程师	67 697	16 466	9 028
经济业务人员	29 023	21 564	9 612
经济计划人员	38 586	23 184	10 208
统计师	29 169	12 464	6 528
财会人员	32 696	10 393	4 905
出纳	40 301	14 102	7 025
会计	44 111	14 102	6 377
审计师	34 564	22 284	14 316
金融业务人员	26 884	10 531	6 081
银行业务人员	42 642	14 815	6 184
信贷业务员	32 802	15 810	5 991
信托业务员	18 229	10 759	6 648
国际金融业务员	28 171	14 954	8 452
保险业务员	31 556	11 460	5 072
保险理赔员	25 080	15 690	7 866
证券业务员	57 678	16 403	7 430
期货业务员	115 000	83 000	76 000
办事人员和有关人员			
行政办公人员	42 232	11 749	6 938
行政业务人员	34 689	18 708	7 091
人事劳资业务人员	54 732	15 837	7 970
行政事务人员	30 576	11 106	6 428
秘书	69 301	15 302	6 180
打字员	83 000	14 426	6 264
安全保卫和消防人员	21 060	10 953	5 376
治安保卫人员	26 943	15 332	6 000
商业、服务业人员			
营业人员	13 218	11 026	6 500
营业员	52 672	30 693	24 388
运输服务人员	21 036	16 581	6 300
汽车客运服务员	6 885	5 455	4 747
生产运输设备操作工			
机动车驾驶员	58 039	13 928	6 953

国有企业不同工种工资价位

（1999）

单位：元

工种	高位数	中位数	低位数
单位负责人			
企业高级管理人员	71 457	11 577	4 512
厂长（经理）	67 667	13 270	4 556
副厂长（副经理）	61 364	13 467	4 411
部门经理及管理人员	49 421	9 910	3 898
生产或经营经理	46 092	12 693	4 645
财务经理	42 731	11 640	4 527
行政经理	45 386	13 568	4 943
人事经理	44 011	12 000	4 422
销售和营销经理	42 211	10 944	4 228
广告和公关经理	40 094	13 572	4 400
采购经理	38 211	11 982	4 681
计算机服务经理	45 457	18 184	4 925
研究和开发经理	37 769	16 071	5 416
餐厅经理	42 199	11 000	5 027
客房经理	33 464	7 797	4 012
专业技术人员			
科学研究人员	39 722	9 944	4 683
工程技术人员	37 212	9 500	3 619
测绘工程师	23 866	7 910	3 706
矿山工程技术人员	19 158	9 696	3 865
化工工程师	26 098	11 810	4 537
医药工程师	29 347	9 117	3 531
机械工程师	24 817	11 344	4 414
仪器仪表工程师	25 973	11 377	4 656
电子工程师	29 536	10 944	4 194
通信工程师	40 090	18 885	7 170
计算机工程师	42 586	11 670	4 283
系统分析员	30 797	9 722	5 814
电气工程师	36 580	13 080	4 985
电力工程师	32 199	15 328	5 870
交通工程技术人员	37 478	10 338	4 521
建筑工程师	29 448	10 073	4 681
建筑设计师	25 836	13 388	4 858
土木建筑工程师	38 805	12 157	5 230
纺织工程师	20 838	9 425	4 835
食品工程师	14 836	9 979	4 134
环境保护工程师	24 137	11 842	5 131
生物工程技术人员	44 386	14 600	5 191
农业技术人员	38 683	37 251	3 480
飞机船舶技术人员	38 696	14 855	6 113
船舶指挥引航人员	69 381	41 220	23 247
经济业务人员	51 181	9 356	3 762

续表 1

工种	高位数	中位数	低位数
经济计划人员	26 889	10 300	4 366
统计师	27 496	9 094	3 882
财会人员	32 064	7 680	3 415
出纳	28 153	8 110	3 559
会计	28 586	9 348	3 816
资产评估人员	26 969	12 552	3 480
审计师	40 916	11 808	4 275
国际商务人员	49 753	18 639	6 474
对外经贸业务员	45 961	14 839	3 969
报关员	32 849	14 773	4 042
房地产业务人员	42 319	11 356	3 825
房地产开发业务人员	31 620	10 764	4 019
不动产销售员	25 542	11 112	3 293
金融业务人员	22 885	10 465	5 828
银行业务人员	30 196	15 152	6 438
信贷业务员	28 965	15 960	8 007
信托业务员	15 547	10 625	7 056
国际金融业务员	32 368	9 714	7 859
保险业务员	24 173	11 472	5 298
保险理赔员	25 080	14 610	7 866
证券业务员	28 835	27 415	7 807
期货业务员	115 000	83 000	6 456
法律专业人员	33 560	9 800	5 217
律师	38 942	9 476	4 517
文学艺术工作者	13 470	8 396	4 729
美术专业人员	48 350	9 821	4 368
工艺美术专业人员	24 456	8 699	3 705
装潢美术设计人员	34 500	12 428	4 160
服装设计师	25 200	12 831	5 804
室内装饰设计人员	14 608	8 634	3 133
广告设计人员	28 359	10 080	3 923
新闻出版文化工作者	47 458	10 695	6 300
记者	23 718	7 601	6 738
编辑	26 191	9 461	6 029
校对员	14 269	6 287	3 452
播音员及节目主持人	13 194	6 911	3 120
翻译	32 528	8 078	4 865
图书资料档案业务人员	30 956	9 483	4 391
考古文物保护专业人员	31 000	7 151	4 836
办事人员和有关人员			
行政办公人员	41 040	7 994	3 447
行政业务人员	38 225	11 240	4 094
人事劳资业务人员	34 971	9 485	3 792

续表 2

工种	高位数	中位数	低位数
行政事务人员	42 822	8 568	3 464
秘书	32 191	10 272	3 786
公关员	27 705	10 025	3 632
打字员	25 671	7 800	3 436
安全保卫和消防人员	21 962	7 404	3 782
治安保卫人员	22 664	7 929	3 560
消防人员	22 866	7 914	4 200
邮政电信业务人员	16 978	8 904	4 019
邮政业务人员	24 299	17 507	8 233
投递员	22 858	11 643	7 690
电信业务人员	28 761	15 142	6 052
话务员	28 959	8 553	3 768
商业、服务业人员			
购销人员	25 039	7 030	3 322
营业人员	24 185	6 208	3 235
营业员	22 324	7 548	3 291
收银员	30 547	9 080	3 470
推销展销人员	28 605	6 922	3 536
推销员	24 402	7 693	3 509
出版物发行员	20 106	6 224	3 360
采购人员	26 481	8 478	3 570
商品监督和市场管理员	21 344	18 348	3 241
市场管理员	20 895	7 584	3 337
其他购销人员	29 918	9 648	3 354
医药商品购销员	26 597	10 344	4 515
仓储人员	26 927	8 562	3 471
保管人员	21 132	7 800	3 414
储运人员	21 976	8 921	3 993
餐饮服务人员	27 469	7 463	3 217
中餐烹饪人员	24 122	8 458	3 553
西餐烹饪人员	28 800	10 576	5 418
调酒和茶艺人员	19 843	6 240	3 642
餐厅服务员	18 556	7 188	3 422
饭店旅游娱乐服务员	18 000	13 560	4 008
饭店服务人员	21 253	6 718	3 450
前厅服务员	19 088	7 001	3 519
客房服务员	15 711	6 428	3 351
旅游游览场所服务员	12 532	5 516	4 800
导游	19 345	8 000	3 677
健身娱乐场所服务员	17 286	9 601	5 620
康乐服务员	25 000	11 028	5 532
保健按摩师	17 016	6 851	4 164
运输服务人员	33 697	9 171	3 934

续表 3

工种	高位数	中位数	低位数
公路运输服务人员	34 773	8 344	3 283
汽车客运服务员	15 403	6 780	3 476
铁路运输服务人员	23 807	10 627	5 703
旅客列车乘务员	17 130	12 143	5 859
航空运输服务人员	22 887	11 234	4 936
水上运输服务人员	38 224	13 909	4 218
医疗卫生辅助服务人员	30 919	8 278	3 342
护理员	18 066	6 588	3 372
社会和居民服务人员	26 175	19 960	4 389
社会中介服务人员	24 000	9 432	5 592
物业管理人员	37 373	8 736	3 839
供水热及生活燃料人员	17 863	8 108	3 495
锅炉操作工	23 172	8 660	3 871
美发美容人员	21 864	4 251	3 164
美容师	16 620	7 200	6 000
美发师	27 722	5 412	4 343
摄影服务人员	28 062	10 405	3 136
摄影师	28 752	12 298	4 097
验光配镜人员	27 514	22 980	5 160
洗染、织补人员	17 231	5 523	3 364
浴池服务人员	16 078	5 582	3 333
家用机电产品维修人员	20 535	8 300	3 266
办公设备维修人员	20 991	8 962	3 642
保育、家庭服务员	9 551	5 639	3 050
保育员	15 060	6 155	3 263
环境卫生人员	18 252	6 850	3 343
农林牧渔水利生产人员			
种植业生产人员	16 359	5 003	3 480
园艺作物生产人员	14 652	4 852	3 513
花卉园艺工	17 839	5 908	3 593
农副林特产品加工工	16 236	7 000	3 424
畜牧业生产检疫人员	10 944	6 000	5 427
渔业生产人员	27 578	11 806	9 548
水产品加工工	14 200	9 457	6 697
生产运输设备操作工			
勘测及矿物开采工	24 100	7 552	4 496
矿物开采工	15 883	7 430	3 379
矿物处理工	20 409	6 960	3 262
金属冶炼轧制人员	15 733	9 362	4 315
金属轧制人员	19 191	8 076	4 370
化工产品生产工	25 956	8 552	3 681
机械制造加工工	17 977	5 983	3 293
机械冷加工工	17 580	7 210	3 254

续表 4

工种	高位数	中位数	低位数
车工	21 097	8 359	3 585
铣工	20 479	9 988	3 748
刨插工	19 873	8 872	3 788
磨工	20 113	8 922	3 636
镗工	22 280	9 412	3 718
钻床工	20 192	9 988	3 872
加工中心操作工	26 103	9 948	3 615
制齿工	22 818	7 015	3 570
机械热加工工	23 515	7 855	3 691
铸造工	21 197	13 185	3 892
锻造工	19 372	9 339	3 894
冲压工	24 037	9 635	3 608
焊工	21 635	9 927	3 746
金属热处理工	22 784	10 080	3 809
特种加工设备操作工	19 222	11 864	4 668
电切削工	21 641	8 512	3 657
冷作钣金加工工	24 948	7 585	3 609
工件表面处理加工工	21 729	7 617	3 762
涂装工	21 940	9 630	3 693
机电产品装配工	14 808	6 345	3 328
机械设备装配工	28 612	6 899	3 291
装配钳工	21 004	11 208	3 956
工具钳工	21 231	9 899	4 008
仪器仪表装配工	14 489	8 169	3 739
运输车辆装配工	21 851	15 437	3 463
机械设备修理工	32 732	7 127	3 500
机械设备维修工	23 856	8 344	3 641
机修钳工	21 576	9 588	4 016
汽车修理工	26 705	8 730	3 677
仪器仪表修理工	23 421	9 054	3 786
电力设备装运检修工	30 603	9 516	3 775
电力设备安装工	43 966	9 303	3 486
电力工程内线安装工	20 814	9 723	4 468
专业电力设备检修工	32 141	9 679	4 793
普通电力设备检修工	20 207	8 643	4 049
常用电机检修工	23 414	8 365	3 155
维修电工	24 284	9 064	3 658
电子元器件制造装调工	32 946	11 173	3 582
电子器件制造工	14 681	8 526	3 731
电子元件制造工	14 001	6 655	3 258
电子设备装配调试工	17 886	7 579	3 993

续表 5

工种	高位数	中位数	低位数
电子产品维修工	19 773	6 264	4 389
计算机维修工	39 663	10 620	3 180
橡胶塑料制品生产人员	16 002	6 959	3 335
纺织针织印染工	13 814	7 504	3 562
裁剪缝纫毛皮革制作工	13 881	6 947	3 406
粮油食品饮料生产工	19 293	8 051	3 108
烟草及其制品加工工	41 981	17 938	9 672
药品生产制造工	20 717	11 079	3 901
木材人造板生产制作工	14 140	8 160	3 505
木工	22 238	9 146	3 898
制浆造纸纸制品生产工	16 755	8 016	3 539
纸制品制作工	16 800	7 278	3 741
建筑材料生产加工工	13 625	5 800	3 273
玻璃陶瓷搪瓷生产工	16 093	6 409	3 431
广播影视品制作播放工	9 205	4 902	3 144
广播影视设备操作工	14 684	11 156	4 800
音响调音员	24 372	9 541	4 290
制版印刷人员	27 013	8 593	3 959
工艺、美术品制作工	25 796	7 810	3 165
文体用品乐器制作工	16 151	9 908	7 827
工程施工人员	36 200	12 000	3 915
土石方施工人员	29 195	10 966	4 341
砌筑工	17 640	7 518	3 919
混凝土工	19 607	8 160	4 187
钢筋工	19 724	7 874	4 191
架子工	18 510	8 340	4 579
工程防水工	21 324	9 466	4 481
装饰、装修工	14 474	8 980	3 927
工程设备安装工	24 442	10 202	4 493
管工	25 773	11 301	3 858
驾驶员和运输设备操作工	31 736	9 460	3 966
机动车驾驶员	30 227	9 600	3 940
船舶水手和相关工人	57 292	16 691	4 458
起重装卸机械操作工	31 597	10 200	4 174
环境监测废物处理人员	11 341	6 132	3 564
检验、计量人员	26 343	7 548	3 291
检验员	21 903	8 880	3 703
计量员	25 918	8 309	3 548
生产运输简单体力工人	24 252	8 772	3 419
包装工	16 705	7 620	3 538

外商投资企业不同工种工资价位

（1999）

单位：元

工种	高位数	中位数	低位数
单位负责人			
企业高级管理人员	119 867	28 670	9 708
厂长（经理）	198 016	26 744	6 311
副厂长（副经理）	125 077	26 152	6 775
部门经理及管理人员	80 131	17 002	5 322
生产或经营经理	87 628	26 520	7 185
财务经理	105 134	24 000	6 230
行政经理	76 210	20 405	6 503
人事经理	103 882	23 239	6 919
销售和营销经理	100 027	23 094	6 671
广告和公关经理	51 100	17 671	9 840
采购经理	71 906	29 625	6 006
计算机服务经理	109 082	33 878	9 600
研究和开发经理	104 946	20 880	5 940
餐厅经理	48 294	26 000	14 395
客房经理	61 670	15 369	9 671
专业技术人员			
工程技术人员	67 660	16 340	6 851
化工工程师	54 203	12 674	5 445
医药工程师	42 000	20 593	11 136
机械工程师	59 159	17 234	5 058
仪器仪表工程师	36 723	23 480	9 310
电子工程师	61 758	19 800	8 090
通信工程师	79 151	30 888	12 600
计算机工程师	72 232	22 124	4 341
系统分析员	70 080	34 200	12 600
电气工程师	57 311	18 350	5 201
电力工程师	25 260	15 458	6 698
交通工程技术人员	19 572	14 706	11 364
建筑工程师	40 560	19 200	8 054
土木建筑工程师	57 210	24 883	16 522
食品工程师	54 776	21 150	10 441
环境保护工程师	40 582	23 593	14 270
飞机船舶技术人员	40 485	23 835	13 720
经济业务人员	33 522	13 214	4 945
经济计划人员	48 228	15 541	6 934
统计师	34 838	11 521	5 145
财会人员	52 912	15 468	4 661
出纳	40 630	12 170	5 625
会计	53 251	15 408	5 775
审计师	58 390	21 861	9 615
国际商务人员	43 200	36 600	8 118
对外经贸业务员	45 682	15 512	5 809

续表 1

工种	高位数	中位数	低位数
报关员	57 543	17 898	5 977
房地产业务人员	38 250	29 250	11 400
不动产销售员	37 200	14 400	14 400
银行业务人员	80 533	35 900	18 112
广告设计人员	53 056	12 958	6 912
记者	8 872	6 889	6 494
翻译	63 680	21 411	7 731
图书资料档案业务人员	31 063	13 253	4 832
办事人员和有关人员			
行政办公人员	56 308	13 240	5 311
行政业务人员	48 954	17 490	5 670
人事劳资业务人员	65 816	17 000	6 041
行政事务人员	65 986	15 268	6 254
秘书	59 150	18 795	6 885
公关员	58 398	16 565	9 240
打字员	23 169	7 340	4 175
安全保卫和消防人员	54 000	15 410	7 713
治安保卫人员	39 859	10 800	4 498
消防人员	48 665	17 015	6 081
电信业务人员	22 282	4 844	4 800
话务员	20 947	9 523	4 697
商业、服务业人员			
购销人员	31 710	10 741	4 778
营业人员	28 068	18 131	4 875
营业员	34 462	8 620	4 708
收银员	24 286	9 504	5 280
推销展销人员	61 320	15 400	4 082
推销员	51 416	15 219	5 576
采购人员	58 686	15 783	4 844
市场管理员	60 818	33 582	12 000
其他购销人员	40 378	28 665	10 500
医药商品购销员	66 180	8 800	8 800
仓储人员	38 695	14 699	5 818
保管人员	38 879	11 823	4 742
储运人员	42 170	13 683	4 944
餐饮服务人员	24 579	12 179	5 053
中餐烹饪人员	34 001	12 760	5 281
西餐烹饪人员	30 077	10 439	4 395
调酒和茶艺人员	31 200	11 252	6 849
餐厅服务员	22 611	10 375	4 783
饭店服务人员	20 346	12 498	6 414
前厅服务员	20 779	10 509	5 011
客房服务员	20 476	8 088	4 320

续表 2

工种	高位数	中位数	低位数
健身娱乐场所服务员	21 948	10 704	6 500
康乐服务员	22 776	10 261	3 163
汽车客运服务员	28 728	12 225	9 394
信息咨询人员	31 200	18 000	16 800
物业管理人员	72 658	7 170	5 222
锅炉操作工	23 916	10 943	5 367
家用机电产品维修人员	16 030	10 450	5 700
办公设备维修人员	20 160	14 462	10 920
环境卫生人员	21 435	9 351	4 671
农林牧渔水利生产人员			
花卉园艺工	38 000	14 400	8 200
水产品加工工	11 515	6 750	4 585
生产运输设备操作工			
勘测及矿物开采工	16 959	15 661	13 399
金属轧制人员	13 818	8 075	5 117
化工产品生产工	32 890	11 457	4 004
机械制造加工工	20 694	12 135	5 298
机械冷加工工	39 132	7 164	5 377
车工	30 143	11 372	4 701
铣工	31 142	15 507	5 137
刨插工	43 828	8 588	5 228
磨工	28 093	9 956	4 160
镗工	44 123	10 191	5 172
钻床工	23 346	11 078	4 535
加工中心操作工	27 680	16 001	5 891
铸造工	27 746	13 775	4 194
锻造工	13 004	8 916	6 486
冲压工	29 480	12 408	4 845
焊工	30 348	12 940	5 946
金属热处理工	44 459	6 755	4 045
特种加工设备操作工	21 251	12 155	6 055
电切削工	17 491	13 740	10 647
冷作钣金加工工	29 128	10 950	6 205
工件表面处理加工工	21 100	13 229	8 730
涂装工	23 319	13 621	7 313
机电产品装配工	23 316	12 977	7 400
机械设备装配工	28 955	12 352	4 820
装配钳工	30 520	14 748	4 843
工具钳工	53 652	14 658	4 820
仪器仪表装配工	26 525	11 018	5 574
运输车辆装配工	43 643	11 880	10 294
机械设备修理工	38 853	11 904	5 797
机械设备维修工	42 943	16 324	5 754

续表 3

工种	高位数	中位数	低位数
机修钳工	33 558	14 241	5 067
汽车修理工	47 236	11 940	6 838
仪器仪表修理工	25 322	10 335	4 583
电力设备装运检修工	27 753	18 074	5 891
专业电力设备检修工	41 150	30 930	6 564
普通电力设备检修工	36 401	14 760	6 206
维修电工	34 689	11 491	5 118
电子元器件制造装调工	23 341	12 096	7 834
电子器件制造工	26 810	12 330	8 352
电子元件制造工	47 798	19 984	6 548
电子设备装配调试工	31 888	13 740	7 133
电子产品维修工	22 000	13 534	11 411
计算机维修工	43 401	14 634	10 296
橡胶塑料制品生产人员	19 411	9 411	4 295
纺织针织印染工	16 007	8 160	5 456
裁剪缝纫毛皮革制作工	14 385	7 151	3 398
粮油食品饮料生产工	30 107	15 501	4 372
药品生产制造工	30 418	9 015	6 600
木工	27 632	14 799	6 301
纸制品制作工	14 001	9 792	5 267
建筑材料生产加工工	25 500	10 200	5 318
玻璃陶瓷搪瓷生产工	9 716	5 760	3 832
广播影视设备操作工	20 364	17 532	13 032
制版印刷人员	32 357	9 120	5 880
工程施工人员	19 089	15 450	12 700
砌筑工	13 326	9 116	7 800
混凝土工	24 529	11 760	11 760
钢筋工	11 760	10 400	9 800
架子工	34 980	19 800	7 800
装饰、装修工	16 648	11 760	6 323
管工	23 966	14 526	6 380
驾驶员和运输设备操作工	70 618	13 902	6 454
机动车驾驶员	39 688	14 016	5 477
起重装卸机械操作工	33 998	12 959	6 988
环境监测废物处理人员	17 789	9 519	6 720
检验、计量人员	30 684	12 167	5 388
检验员	42 456	11 727	4 768
计量员	38 794	12 180	4 831
生产运输简单体力工人	31 394	9 032	4 817
包装工	21 134	7 439	4 160

港澳台商投资企业不同工种工资价位

（1999）

单位：元

工种	高位数	中位数	低位数
单位负责人			
企业高级管理人员	127 460	29 868	5 778
厂长（经理）	94 431	20 555	7 386
副厂长（副经理）	89 742	21 600	6 210
部门经理及管理人员	64 229	17 119	5 738
生产或经营经理	57 364	16 124	7 119
财务经理	63 974	18 000	6 405
行政经理	95 667	20 000	7 317
人事经理	75 979	16 422	6 846
销售和营销经理	62 883	14 886	4 155
采购经理	49 245	14 420	8 646
计算机服务经理	91 200	88 000	8 083
研究和开发经理	73 008	17 769	11 315
客房经理	39 168	12 065	7 072
专业技术人员			
科学研究人员	24 000	16 000	10 500
工程技术人员	38 520	15 000	6 351
测绘工程师	36 400	9 476	6 269
化工工程师	35 849	14 433	10 216
机械工程师	40 428	13 645	5 656
电子工程师	37 538	16 687	7 476
计算机工程师	89 781	37 120	7 003
系统分析员	106 800	45 600	11 400
电气工程师	46 913	17 053	8 201
建筑工程师	66 040	43 120	9 767
建筑设计师	27 000	18 480	9 600
土木建筑工程师	43 960	20 400	11 780
纺织工程师	44 225	10 026	6 535
经济业务人员	36 371	10 386	5 039
经济计划人员	31 577	12 276	6 917
统计师	28 394	15 264	7 968
财会人员	35 562	10 155	3 915
出纳	32 307	11 148	4 849
会计	42 672	12 459	4 595
对外经贸业务员	30 216	15 000	6 112
报关员	33 764	12 778	6 522
房地产业务人员	41 860	15 725	7 620
房地产开发业务人员	35 136	16 800	11 616

续表 1

工种	高位数	中位数	低位数
不动产销售员	41 860	27 300	15 600
银行业务人员	117 670	33 870	23 640
工艺美术专业人员	79 399	9 557	6 000
办事人员和有关人员			
行政办公人员	41 928	12 000	4 326
行政业务人员	53 166	14 026	7 306
人事劳资业务人员	40 416	13 010	5 693
行政事务人员	41 179	11 466	6 800
秘书	32 538	15 309	6 421
打字员	23 920	12 000	5 100
安全保卫和消防人员	30 203	10 795	4 260
治安保卫人员	25 729	8 014	3 699
消防人员	29 403	11 552	8 934
投递员	49 338	34 078	15 801
电信业务人员	8 300	5 000	4 000
话务员	23 978	7 402	5 334
商业、服务业人员			
购销人员	26 771	15 680	3 150
营业人员	34 592	9 261	5 309
营业员	30 813	7 917	4 571
收银员	22 439	6 830	4 966
推销展销人员	40 620	11 605	4 379
推销员	32 003	9 854	3 564
出版物发行员	14 253	9 551	5 000
采购人员	32 024	9 600	3 538
仓储人员	37 188	15 027	6 265
保管人员	29 004	8 576	4 059
储运人员	34 610	12 000	3 636
餐饮服务人员	41 655	8 700	4 515
中餐烹饪人员	43 805	11 208	5 666
西餐烹饪人员	22 677	8 580	6 000
餐厅服务员	20 638	8 530	4 343
前厅服务员	20 423	12 717	6 317
客房服务员	19 984	8 400	4 560
导游	18 000	4 800	4 800
运输服务人员	19 200	10 650	5 097
公路运输服务人员	42 256	13 000	9 043
汽车客运服务员	12 000	12 000	7 200

续表 2

工种	高位数	中位数	低位数
旅客列车乘务员	13 200	6 720	6 720
物业管理人员	34 580	9 000	3 500
供水热及生活燃料人员	34 188	8 222	5 457
锅炉操作工	21 912	9 278	4 788
美容师	14 940	7 452	5 316
洗染、织补人员	20 002	9 302	7 393
环境卫生人员	22 143	8 407	5 487
农林牧渔水利生产人员			
水产品加工工	16 700	13 110	5 506
生产运输设备操作工			
金属冶炼轧制人员	17 166	10 757	4 005
金属轧制人员	18 708	10 934	7 786
化工产品生产工	64 883	15 746	7 793
机械制造加工工	17 690	13 687	6 300
车工	29 671	12 040	4 341
铣工	23 754	7 527	3 600
磨工	25 692	7 780	6 055
钻床工	10 200	6 047	4 010
加工中心操作工	19 200	9 000	4 176
机械热加工工	26 981	15 600	8 400
铸造工	17 837	10 173	4 972
冲压工	35 788	16 196	5 650
焊工	26 030	9 500	3 260
金属热处理工	25 404	8 629	4 392
特种加工设备操作工	14 580	9 566	7 389
冷作钣金加工工	38 700	9 220	5 830
涂装工	33 684	9 595	5 576
机电产品装配工	28 371	7 310	3 183
机械设备装配工	6 846	5 802	4 216
装配钳工	13 695	8 020	3 067
工具钳工	32 508	9 208	3 200
仪器仪表装配工	13 434	7 646	5 565
机械设备修理工	25 208	5 818	3 561
机械设备维修工	35 771	10 100	5 097
机修钳工	32 105	10 983	4 971
汽车修理工	40 168	12 000	7 559
仪器仪表修理工	21 348	11 300	5 291
电力设备装运检修工	29 164	16 920	6 500

续表 3

工种	高位数	中位数	低位数
普通电力设备检修工	32 924	9 072	4 750
常用电机检修工	44 671	10 437	6 651
维修电工	33 475	11 440	4 116
电子元器件制造装调工	21 558	11 180	6 665
电子器件制造工	19 697	10 000	5 933
电子元件制造工	17 077	10 402	5 892
电子设备装配调试工	14 708	7 416	6 623
电子产品维修工	23 648	10 000	5 130
橡胶塑料制品生产人员	22 387	10 614	4 941
纺织针织印染工	14 070	8 507	5 520
裁剪缝纫毛皮革制作工	21 233	9 047	4 239
粮油食品饮料生产工	18 299	10 000	4 666
烟草及其制品加工工	41 392	33 974	22 658
药品生产制造工	14 310	10 280	6 000
木材人造板生产制作工	6 923	4 211	3 364
木工	20 253	11 286	5 000
制浆造纸纸制品生产工	15 040	10 490	7 294
纸制品制作工	11 249	10 480	7 041
建筑材料生产加工工	16 008	7 900	4 825
玻璃陶瓷搪瓷生产工	9 482	6 234	3 570
制版印刷人员	41 417	13 496	6 959
工艺、美术品制作工	19 979	8 172	4 103
文体用品乐器制作工	10 704	8 870	3 950
土石方施工人员	22 200	14 400	4 800
混凝土工	13 389	9 170	7 990
装饰、装修工	17 480	15 800	7 800
工程设备安装工	15 000	9 500	4 248
管工	36 108	13 000	6 120
驾驶员和运输设备操作工	33 103	12 000	5 388
机动车驾驶员	31 990	12 814	4 271
起重装卸机械操作工	53 703	14 205	4 200
检验、计量人员	30 016	11 886	4 296
检验员	30 903	9 882	4 526
计量员	48 795	15 951	7 060
生产运输简单体力工人	16 261	5 818	4 313
包装工	22 167	9 360	4 262

私营企业不同工种工资价位

（1999）

单位：元

工种	高位数	中位数	低位数
单位负责人			
厂长（经理）	108 000	9 264	7 200
副厂长（副经理）	96 000	8 329	6 648
部门经理及管理人员	52 840	7 911	6 393
生产或经营经理	84 360	9 227	4 800
专业技术人员			
工程技术人员	68 340	12 000	5 719
财会人员	19 800	7 000	3 003
出纳	47 520	5 253	4 018
会计	66 120	14 670	4 115
国际商务人员	17 400	15 090	7 365
服装设计师	34 800	18 000	9 000
办事人员和有关人员			
行政办公人员	50 160	8 600	4 530
秘书	67 080	6 000	4 650
安全保卫和消防人员	22 800	20 100	16 000
商业、服务业人员			
推销员	33 600	10 000	4 426
采购人员	51 600	6 810	3 870
储运人员	19 200	18 000	15 600
生产运输设备操作工			
机械制造加工工	10 035	5 301	3 878
车工	19 500	6 500	3 810
焊工	21 500	17 000	4 293
冷作钣金加工工	6 990	5 147	3 616
工件表面处理加工工	5 900	3 992	3 439
装配钳工	21 500	11 080	6 000
机修钳工	71 760	20 500	3 828
电力设备装运检修工	54 240	47 640	38 640
维修电工	20 000	17 500	3 480
电子器件制造工	8 100	7 200	7 200
裁剪缝纫毛皮革制作工	37 627	13 914	7 380
建筑材料生产加工工	7 800	6 500	5 800
制版印刷人员	5 964	3 934	3 067
机动车驾驶员	53 400	6 528	4 363
检验员	43 900	7 810	3 803
生产运输简单体力工人	8 013	6 235	4 200
包装工	6 987	5 388	4 163

北京市1999年不同工种工资价位情况　　单位：元

工种	高位数	中位数	低位数
单位负责人			
厂长（经理）	144 034	24 000	7 738
副厂长（副经理）	85 179	19 992	7 315
生产或经营经理	69 468	19 464	7 046
财务经理	91 544	22 206	7 409
行政经理	60 377	21 221	9 381
人事经理	69 083	20 038	7 935
销售和营销经理	90 050	20 667	8 387
广告和公关经理	37 400	19 224	13 920
采购经理	80 204	17 151	6 656
计算机服务经理	78 192	32 867	9 600
研究和开发经理	90 402	34 538	5 262
餐厅经理	47 824	26 000	12 921
客房经理	45 600	11 380	5 760
专业技术人员			
化工工程师	24 036	15 096	8 064
医药工程师	37 800	15 406	7 801
机械工程师	57 590	15 512	4 826
仪器仪表工程师	38 630	22 113	7 263
电子工程师	60 836	32 592	11 372
通信工程师	51 962	24 414	12 069
系统分析员	45 255	19 200	8 327
电气工程师	54 006	28 797	7 872
电力工程师	27 891	15 660	5 262
交通工程技术人员	48 581	23 413	5 784
土木建筑工程师	44 494	16 591	8 789
纺织工程师	26 350	14 249	8 088
食品工程师	36 086	12 646	8 556
生物工程技术人员	14 400	6 400	4 800
飞机船舶技术人员	40 485	23 835	13 720
经济计划人员	45 637	15 586	6 255
统计师	28 899	12 180	5 693
财会人员	43 884	15 876	5 463
出纳	32 162	13 483	5 640
会计	39 174	13 296	5 707
审计师	34 531	19 638	9 266
国际商务人员	40 315	35 316	17 620
对外经贸业务员	57 824	16 712	6 612
报关员	49 000	23 747	7 536
房地产业务人员	38 993	26 157	10 992
房地产开发业务人员	36 600	17 439	12 061
银行业务人员	24 242	16 896	10 114
信贷业务员	23 845	17 151	14 760
保险业务员	47 688	16 925	6 222
装潢美术设计人员	39 756	17 625	10 176
服装设计师	35 000	18 189	6 943
广告设计人员	53 056	15 730	7 800
翻译	63 691	20 062	4 800

续表 1

工种	高位数	中位数	低位数
办事人员和有关人员			
行政业务人员	43 026	17 676	6 427
人事劳资业务人员	52 622	16 103	6 444
秘书	40 086	16 800	7 850
公关员	26 400	19 200	11 860
打字员	24 152	10 783	5 300
治安保卫人员	33 926	10 440	5 203
电信业务人员	22 841	4 966	4 800
话务员	19 566	10 332	4 820
商业、服务业人员			
营业员	24 601	9 900	5 664
收银员	23 855	13 308	6 238
推销员	55 054	10 620	5 126
采购人员	58 752	16 944	6 848
市场管理员	27 837	8 660	6 300
医药商品购销员	19 304	11 596	6 259
保管人员	36 782	10 854	5 298
储运人员	30 406	14 473	6 641
餐厅服务员	23 210	12 964	4 942
饭店服务人员	22 921	15 372	8 368
前厅服务员	21 034	9 600	4 800
客房服务员	15 676	7 484	4 800
健身娱乐场所服务员	21 948	10 104	6 500
康乐服务员	14 484	12 252	6 500
保健按摩师	13 380	6 777	5 678
航空运输服务人员	33 829	27 322	10 420
社会中介服务人员	14 724	8 808	8 436
信息咨询人员	28 800	10 094	5 596
物业管理人员	34 150	12 600	4 800
锅炉操作工	17 537	9 499	4 800
办公设备维修人员	21 357	10 080	6 024
环境卫生人员	19 052	7 789	4 800
生产运输设备操作工			
化工产品生产工	21 879	14 364	6 232
车工	22 974	9 865	4 801
铣工	22 075	12 593	4 814
刨插工	16 608	9 245	4 920
磨工	13 910	7 966	4 801
镗工	20 320	10 800	4 800
钻床工	12 000	8 381	4 800
加工中心操作工	25 782	16 521	5 951
制齿工	15 137	9 732	6 854
铸造工	19 750	8 430	6 216
锻造工	13 500	8 724	5 304
冲压工	27 990	8 160	4 800
焊工	22 889	11 520	4 983

续表 2

工种	高位数	中位数	低位数
金属热处理工	16 340	9 120	6 332
特种加工设备操作工	21 670	12 834	5 388
电切削工	20 850	11 866	4 800
冷作钣金加工工	18 743	11 064	6 461
工件表面处理加工工	21 198	10 560	6 486
涂装工	24 086	13 641	4 975
机械设备装配工	18 000	12 124	8 820
装配钳工	23 211	10 200	4 804
工具钳工	16 598	9 425	4 800
仪器仪表装配工	21 662	8 346	5 469
运输车辆装配工	14 160	9 270	4 800
机械设备维修工	44 094	15 267	6 243
机修钳工	29 222	9 276	4 814
汽车修理工	42 507	12 674	6 107
仪器仪表修理工	13 239	7 895	5 716
普通电力设备检修工	41 583	21 216	6 192
常用电机检修工	14 040	10 908	4 800
维修电工	28 743	10 795	5 050
电子器件制造工	29 996	17 063	7 691
电子元件制造工	48 971	22 506	12 727
电子设备装配调试工	43 762	22 990	9 234
电子产品维修工	32 000	16 061	5 500
纺织针织印染工	22 627	10 213	5 377
粮油食品饮料生产工	13 303	8 808	6 661
药品生产制造工	16 516	8 886	5 829
木工	24 926	12 592	4 878
制浆造纸纸制品生产工	10 824	8 249	5 028
纸制品制作工	8 316	7 200	4 800
玻璃陶瓷搪瓷生产工	9 319	8 622	6 374
音响调音员	24 372	10 240	5 784
工艺、美术品制作工	21 472	10 550	6 746
土石方施工人员	30 133	16 980	5 639
砌筑工	18 583	10 085	5 119
混凝土工	20 811	8 760	4 800
钢筋工	21 231	7 715	5 493
架子工	26 817	7 375	5 739
管工	25 119	9 486	5 408
起重装卸机械操作工	16 714	10 942	5 088
检验员	46 012	11 811	4 852
计量员	20 906	10 170	4 800
包装工	17 198	8 808	4 810

天津市 1999 年不同工种工资价位情况

单位：元

工种	高位数	中位数	低位数
单位负责人			
企业高级管理人员	79 265	17 685	6 656
厂长（经理）	87 746	20 372	7 164
副厂长（副经理）	58 270	17 824	8 119
部门经理及管理人员	53 680	16 322	5 445
生产或经营经理	50 699	16 380	6 099
财务经理	38 689	17 686	7 560
行政经理	36 420	15 681	7 636
人事经理	51 250	17 018	7 003
销售和营销经理	41 152	16 918	6 016
采购经理	37 045	16 608	6 722
计算机服务经理	35 074	15 909	6 204
研究和开发经理	57 752	23 165	12 092
餐厅经理	24 000	11 321	6 110
专业技术人员			
工程技术人员	36 411	12 660	5 627
化工工程师	25 720	13 246	7 480
医药工程师	29 532	10 322	5 272
机械工程师	19 862	13 574	6 251
电子工程师	32 348	13 789	5 661
通信工程师	57 938	18 947	10 668
计算机工程师	31 942	15 313	8 670
电气工程师	33 334	12 989	5 808
电力工程师	19 020	12 835	7 134
交通工程技术人员	20 832	14 400	4 884
建筑工程师	30 872	9 579	4 716
建筑设计师	23 834	14 802	4 602
土木建筑工程师	45 134	17 473	6 911
食品工程师	73 776	22 656	8 376
飞机船舶技术人员	59 969	34 945	23 866
船舶指挥引航人员	60 369	31 205	22 872
经济业务人员	31 032	12 391	4 829
经济计划人员	22 688	10 782	5 062
统计师	22 223	10 868	5 446
财会人员	25 561	11 448	4 788
出纳	23 217	10 968	4 983
会计	29 504	11 340	5 208
审计师	30 600	16 807	7 350
对外经贸业务员	43 245	19 026	9 301
报关员	23 578	15 390	8 900
房地产开发业务人员	21 240	15 720	11 123
不动产销售员	31 810	12 232	3 240
银行业务人员	16 502	11 323	5 741

续表 1

工种	高位数	中位数	低位数
证券业务员	24 772	16 893	6 694
翻译	39 991	16 800	12 912
图书资料档案业务人员	25 956	13 203	6 294
办事人员和有关人员			
行政办公人员	24 463	12 186	5 626
行政业务人员	28 663	10 380	5 150
人事劳资业务人员	26 961	11 132	4 686
行政事务人员	27 439	12 612	5 509
秘书	23 608	11 424	7 248
公关员	20 148	16 056	5 437
打字员	22 528	9 471	4 508
安全保卫和消防人员	31 396	12 871	5 708
治安保卫人员	20 289	9 648	5 232
消防人员	29 403	8 592	6 792
话务员	19 685	10 745	4 653
商业、服务业人员			
购销人员	22 412	10 800	5 206
营业人员	14 741	11 748	5 002
营业员	17 992	9 606	4 957
收银员	14 836	8 957	5 861
推销展销人员	31 034	9 577	4 900
推销员	27 727	10 188	4 568
出版物发行员	20 304	15 492	7 404
采购人员	26 959	13 325	4 479
其他购销人员	36 333	11 210	7 421
医药商品购销员	30 722	13 008	6 041
仓储人员	32 686	9 817	3 862
保管人员	26 680	9 590	4 273
储运人员	20 584	11 088	6 679
餐饮服务人员	15 676	9 178	4 733
中餐烹饪人员	22 348	12 000	5 737
西餐烹饪人员	24 799	11 850	8 606
餐厅服务员	30 708	13 103	5 106
饭店服务人员	15 596	5 280	4 194
前厅服务员	13 135	7 802	4 477
客房服务员	15 627	5 418	4 019
运输服务人员	12 804	9 703	6 976
公路运输服务人员	18 558	8 400	6 511
汽车客运服务员	14 400	11 678	9 000
铁路运输服务人员	18 641	12 606	6 929
社会和居民服务人员	16 992	11 311	4 616
物业管理人员	15 947	12 019	9 624
供水热及生活燃料人员	19 668	10 200	6 165

续表 2

工种	高位数	中位数	低位数
锅炉操作工	18 821	10 207	4 961
摄影服务人员	33 117	11 455	6 159
摄影师	29 244	14 140	7 272
浴池服务人员	13 677	11 080	4 120
环境卫生人员	14 186	10 128	4 524
生产运输设备操作工			
金属冶炼轧制人员	16 481	8 808	3 602
金属轧制人员	17 858	9 022	5 789
化工产品生产工	20 933	11 664	6 123
机械制造加工工	24 839	10 347	6 190
机械冷加工工	18 636	9 250	5 039
车工	21 408	10 782	4 439
铣工	20 900	11 172	4 732
刨插工	23 706	8 856	3 791
磨工	18 790	11 278	5 287
镗工	18 953	9 891	3 851
钻床工	19 936	12 977	4 748
加工中心操作工	23 759	13 479	4 752
制齿工	21 831	13 020	6 327
机械热加工工	27 297	11 424	4 644
铸造工	27 911	12 524	4 480
锻造工	17 123	9 876	4 150
冲压工	22 699	13 608	4 482
焊工	23 225	11 507	4 205
金属热处理工	19 411	9 888	4 600
特种加工设备操作工	20 158	13 678	5 147
电切削工	17 491	13 428	5 540
冷作钣金加工工	21 617	7 680	4 504
工件表面处理加工工	21 230	9 000	6 726
涂装工	17 365	11 808	4 832
机电产品装配工	19 908	6 652	5 571
机械设备装配工	18 999	10 725	4 984
装配钳工	22 787	11 130	5 355
工具钳工	19 517	10 932	5 376
仪器仪表装配工	20 316	9 564	4 996
机械设备修理工	21 923	10 200	5 307
机械设备维修工	31 388	11 806	5 551
机修钳工	22 560	11 380	5 432
汽车修理工	24 956	11 298	5 084
仪器仪表修理工	20 120	11 568	6 953
电力设备装运检修工	17 307	11 916	6 717
电力设备安装工	17 526	10 151	5 025

续表 3

工种	高位数	中位数	低位数
电力工程内线安装工	12 594	9 126	6 708
专业电力设备检修工	18 720	10 928	7 377
普通电力设备检修工	16 061	10 810	6 192
维修电工	26 032	10 814	5 252
电子器件制造工	15 111	11 638	6 080
电子设备装配调试工	21 136	13 350	4 490
电子产品维修工	24 120	13 320	6 932
橡胶塑料制品生产人员	18 141	9 538	5 065
纺织针织印染工	11 748	7 948	4 927
裁剪缝纫毛皮革制作工	12 351	7 344	3 757
粮油食品饮料生产工	25 065	9 039	4 835
药品生产制造工	19 284	14 172	5 850
木材人造板生产制作工	11 208	5 184	4 224
木工	23 222	12 827	4 224
制浆造纸纸制品生产工	9 038	7 836	6 758
纸制品制作工	16 800	9 900	5 640
建筑材料生产加工工	13 681	7 536	5 229
制版印刷人员	26 942	11 400	5 724
文体用品乐器制作工	14 222	9 660	7 797
工程施工人员	24 470	14 595	5 698
土石方施工人员	23 479	15 564	6 315
砌筑工	19 858	8 863	4 232
混凝土工	20 361	12 863	3 432
钢筋工	19 673	12 985	5 646
架子工	17 300	10 400	5 139
工程防水工	20 085	9 100	4 092
装饰、装修工	13 299	5 298	4 068
工程设备安装工	22 133	9 018	5 103
管工	23 490	11 920	5 759
驾驶员和运输设备操作工	23 175	11 741	5 603
机动车驾驶员	32 885	13 401	5 585
船舶水手和相关工人	45 828	25 398	14 838
起重装卸机械操作工	51 205	13 419	4 183
检验、计量人员	21 701	9 305	5 691
检验员	20 202	10 383	5 540
计量员	21 728	11 817	6 727
生产运输简单体力工人	32 358	7 492	3 964
包装工	18 702	11 098	6 090

大连市1999年不同工种工资价位情况

单位：元

工种	高位数	中位数	低位数
单位负责人			
企业高级管理人员	105 641	11 901	6 378
厂长（经理）	103 147	20 103	6 653
副厂长（副经理）	108 734	17 124	6 210
部门经理及管理人员	120 944	18 137	7 092
生产或经营经理	54 706	14 572	6 861
财务经理	43 789	16 461	7 273
行政经理	48 254	18 000	7 025
人事经理	72 708	17 488	6 224
销售和营销经理	34 750	14 232	6 515
采购经理	47 947	15 360	6 619
研究和开发经理	23 840	10 320	7 200
专业技术人员			
工程技术人员	24 706	12 348	5 906
化工工程师	35 497	10 016	6 024
机械工程师	26 277	13 527	6 243
电子工程师	23 846	10 560	6 205
通信工程师	79 284	19 758	9 724
计算机工程师	94 717	25 000	4 025
电气工程师	42 041	15 380	6 360
电力工程师	25 850	15 785	8 544
土木建筑工程师	25 197	13 000	8 240
纺织工程师	18 173	7 560	6 360
食品工程师	25 750	13 240	11 446
飞机船舶技术人员	22 154	16 363	10 658
经济业务人员	27 109	11 925	7 603
经济计划人员	28 396	12 146	4 714
统计师	28 196	14 571	5 900
财会人员	47 510	11 661	5 684
出纳	43 199	10 560	4 851
会计	34 191	11 655	5 179
资产评估人员	17 782	13 727	10 866
国际商务人员	29 793	15 840	7 974
对外经贸业务员	25 225	12 531	4 492
报关员	36 374	10 327	5 961
金融业务人员	37 137	18 436	4 300
银行业务人员	55 837	16 915	7 727
保险业务员	13 410	10 600	7 023
证券业务员	34 232	16 335	7 699
期货业务员	115 000	83 000	15 380
翻译	30 550	17 550	5 770
办事人员和有关人员			

续表 1

工种	高位数	中位数	低位数
行政办公人员	37 489	11 795	6 351
行政业务人员	36 629	12 060	6 110
人事劳资业务人员	40 826	12 048	5 663
行政事务人员	34 956	11 882	5 639
秘书	81 500	16 459	7 205
打字员	44 684	10 069	5 139
安全保卫和消防人员	29 328	13 013	6 993
治安保卫人员	25 741	9 670	4 909
消防人员	34 621	11 711	7 413
话务员	14 483	7 800	6 076
商业、服务业人员			
购销人员	17 277	8 400	4 800
营业员	15 112	9 600	3 163
收银员	13 564	7 800	6 108
推销员	31 735	10 950	4 923
出版物发行员	7 908	6 944	6 116
采购人员	28 214	10 904	5 113
保管人员	22 841	10 094	4 840
储运人员	15 849	8 696	5 958
餐饮服务人员	18 160	8 111	7 000
中餐烹饪人员	34 852	9 455	5 344
西餐烹饪人员	19 200	9 791	4 452
餐厅服务员	22 096	7 413	4 460
前厅服务员	19 783	11 320	6 317
客房服务员	16 515	7 931	6 225
汽车客运服务员	18 655	15 159	9 394
航空运输服务人员	23 664	11 095	8 846
物业管理人员	13 540	10 240	6 549
供水热及生活燃料人员	24 960	9 165	5 823
锅炉操作工	18 377	9 831	6 980
农林牧渔水利生产人员			
种植业生产人员	13 747	5 784	4 099
水产品加工工	16 567	8 206	4 956
生产运输设备操作工			
金属轧制人员	16 612	12 475	6 068
化工产品生产工	32 133	10 030	5 275
机械冷加工工	21 041	13 072	5 840
车工	23 475	11 810	5 774
铣工	20 324	9 881	6 099
刨插工	20 010	10 196	6 359
磨工	18 498	9 390	5 787
镗工	24 075	13 379	8 157

续表 2

工种	高位数	中位数	低位数
钻床工	20 480	12 486	5 790
加工中心操作工	23 940	9 000	6 000
制齿工	20 117	13 723	9 838
机械热加工工	18 756	15 317	12 957
铸造工	23 036	8 354	5 062
锻造工	22 299	17 210	5 748
冲压工	17 337	8 763	5 196
焊工	25 050	11 910	4 305
金属热处理工	19 907	9 625	5 281
涂装工	22 676	17 043	4 889
机械设备装配工	17 058	9 588	4 000
装配钳工	15 526	9 937	6 029
机械设备维修工	19 230	12 878	6 790
机修钳工	23 608	8 376	4 873
汽车修理工	26 538	11 301	6 657
仪器仪表修理工	19 662	8 960	8 092
电力设备装运检修工	26 445	16 920	7 940
电力设备安装工	24 780	12 386	5 956
电力工程内线安装工	16 123	9 919	7 094
专业电力设备检修工	36 135	14 353	6 896
普通电力设备检修工	10 776	8 897	6 517
维修电工	20 745	9 545	5 331
电子元件制造工	13 127	10 667	9 333
计算机维修工	43 401	27 489	10 296
橡胶塑料制品生产人员	15 799	7 587	5 210
粮油食品饮料生产工	14 952	12 199	8 364
工程施工人员	21 145	8 795	6 854
土石方施工人员	16 640	12 000	4 800
混凝土工	13 592	10 917	6 381
架子工	16 796	10 751	7 580
装饰、装修工	27 444	8 468	6 816
管工	27 669	13 734	3 600
机动车驾驶员	37 132	13 625	5 268
起重装卸机械操作工	24 192	8 013	6 175
检验员	26 722	8 900	5 091
计量员	25 278	9 851	5 167

长春市1999年不同工种工资价位情况

单位：元

工种	高位数	中位数	低位数
单位负责人			
厂长（经理）	43 034	15 000	5 121
副厂长（副经理）	43 048	13 662	5 260
生产或经营经理	27 937	14 392	4 982
财务经理	27 154	10 774	4 489
行政经理	25 324	11 880	4 528
人事经理	28 087	11 157	4 690
销售和营销经理	27 475	11 106	4 473
采购经理	31 977	10 220	4 768
研究和开发经理	34 197	16 871	6 117
专业技术人员			
矿山工程技术人员	21 329	7 488	3 890
化工工程师	22 276	15 501	6 104
医药工程师	22 645	9 120	4 448
机械工程师	22 346	13 250	5 922
仪器仪表工程师	19 589	12 752	4 780
电子工程师	21 168	7 620	4 199
计算机工程师	20 009	12 747	6 862
电气工程师	18 678	11 933	5 022
电力工程师	21 011	13 335	6 698
建筑工程师	17 426	9 865	4 303
土木建筑工程师	19 184	12 600	5 163
经济计划人员	21 580	12 381	5 158
统计师	18 012	9 744	4 489
出纳	17 166	7 398	3 935
会计	19 370	10 515	4 215
审计师	18 546	9 282	3 781
房地产开发业务人员	17 394	8 175	4 200
校对员	8 306	7 367	3 452
办事人员和有关人员			
行政业务人员	23 370	12 772	4 671
人事劳资业务人员	20 897	11 388	4 299
秘书	18 811	12 249	4 524
打字员	15 399	8 583	3 515
治安保卫人员	19 252	10 245	4 125
话务员	18 465	11 512	4 109
商业、服务业人员			
营业员	10 219	6 700	3 756
收银员	14 378	6 088	4 017
推销员	29 336	8 207	3 864
采购人员	21 908	12 070	4 201
保管人员	14 567	8 599	4 143
储运人员	15 854	6 730	4 135
中餐烹饪人员	18 205	12 437	4 830
餐厅服务员	16 330	11 652	4 236

续表 1

工种	高位数	中位数	低位数
客房服务员	12 614	9 893	4 236
物业管理人员	21 894	9 489	4 618
锅炉操作工	20 813	8 844	3 633
浴池服务人员	17 135	10 962	4 236
保育员	12 833	10 094	5 380
环境卫生人员	18 100	10 590	4 110
生产运输设备操作工			
矿物开采工	10 885	6 106	3 480
车工	19 980	12 220	4 487
铣工	20 493	13 557	4 911
刨插工	18 717	11 294	3 763
磨工	19 888	12 527	5 413
镗工	21 337	13 162	7 199
钻床工	21 077	12 759	5 568
铸造工	19 802	15 536	6 526
锻造工	17 617	10 695	4 764
冲压工	22 516	15 308	4 396
焊工	20 261	15 495	5 876
金属热处理工	21 021	13 586	6 716
装配钳工	19 816	15 126	6 047
工具钳工	20 377	14 279	5 358
运输车辆装配工	22 692	17 378	13 636
机修钳工	20 875	13 721	6 726
汽车修理工	18 313	11 408	4 457
电力设备安装工	7 800	6 018	4 281
普通电力设备检修工	19 242	12 411	5 712
维修电工	19 986	12 517	5 257
橡胶塑料制品生产人员	16 368	10 428	3 774
药品生产制造工	9 209	7 800	3 600
木工	18 577	10 244	4 910
砌筑工	12 674	7 900	4 500
混凝土工	11 400	8 620	3 340
钢筋工	11 858	8 700	4 871
架子工	11 199	8 200	3 749
工程防水工	19 625	10 300	4 950
工程设备安装工	25 452	18 799	12 882
管工	19 972	13 822	5 999
机动车驾驶员	18 543	11 302	5 514
起重装卸机械操作工	19 019	11 766	5 507
检验员	19 488	12 987	5 539
计量员	19 133	10 441	4 318
生产运输简单体力工人	18 716	14 387	4 804
包装工	12 305	5 008	3 904

上海市 1999 年不同工种工资价位情况　　单位：元

工种	高位数	中位数	低位数
单位负责人			
企业高级管理人员	82 365	41 528	19 087
厂长（经理）	80 247	33 940	12 534
副厂长（副经理）	70 765	29 937	11 311
部门经理及管理人员	57 786	24 185	7 947
生产或经营经理	62 560	24 060	10 934
财务经理	61 683	26 400	10 817
行政经理	65 028	25 320	11 388
人事经理	61 893	25 802	8 817
销售和营销经理	81 557	27 333	10 856
广告和公关经理	86 450	26 474	15 416
采购经理	49 575	30 960	9 608
计算机服务经理	109 082	24 600	13 536
研究和开发经理	149 729	28 152	13 131
餐厅经理	68 250	26 426	12 247
客房经理	52 000	19 318	9 395
专业技术人员			
科学研究人员	73 542	24 058	15 546
工程技术人员	46 743	20 034	10 064
化工工程师	62 868	29 798	19 121
医药工程师	50 780	26 344	12 062
机械工程师	48 691	22 810	10 860
仪器仪表工程师	35 060	18 687	9 334
电子工程师	39 204	20 822	9 768
通信工程师	33 637	19 042	14 187
计算机工程师	43 868	17 118	11 576
系统分析员	68 356	30 500	8 469
电气工程师	46 913	23 451	11 131
电力工程师	57 817	26 573	18 371
广播影视工程师	38 000	29 039	20 077
建筑工程师	47 320	24 297	12 554
建筑设计师	28 151	20 354	12 556
土木建筑工程师	39 760	25 902	16 410
纺织工程师	44 225	18 514	13 328
船舶指挥引航人员	70 716	51 354	29 202
经济业务人员	40 354	18 000	9 257
经济计划人员	46 665	17 958	10 053

续表 1

工种	高位数	中位数	低位数
统计师	42 166	20 905	9 359
财会人员	37 129	18 932	9 181
出纳	36 196	16 425	8 541
会计	41 869	18 711	8 533
资产评估人员	34 014	23 237	8 465
审计师	58 390	28 321	11 208
国际商务人员	71 117	30 560	20 956
对外经贸业务员	73 366	25 573	8 199
报关员	58 508	25 976	6 720
房地产业务人员	41 860	21 000	7 958
房地产开发业务人员	48 990	15 474	12 684
不动产销售员	40 495	27 300	17 550
金融业务人员	82 049	64 413	13 680
银行业务人员	44 722	26 970	19 776
信贷业务员	48 011	29 649	20 484
国际金融业务员	60 000	25 224	20 998
法律专业人员	63 264	33 560	26 390
律师	79 170	23 144	18 088
美术专业人员	48 350	17 030	10 800
工艺美术专业人员	30 420	21 744	13 914
广告设计人员	30 100	19 870	9 735
翻译	68 431	30 838	9 528
图书资料档案业务人员	31 063	19 690	13 080
办事人员和有关人员			
行政办公人员	58 640	19 283	7 722
行政业务人员	39 220	19 320	8 794
人事劳资业务人员	47 915	19 915	8 713
行政事务人员	43 770	19 550	8 459
秘书	45 216	20 930	10 361
公关员	58 398	21 369	6 804
打字员	28 607	13 968	8 365
安全保卫和消防人员	43 555	13 775	7 401
治安保卫人员	41 518	11 734	6 877
消防人员	43 814	12 240	8 056
邮政业务人员	24 657	18 730	13 357
投递员	26 028	17 638	11 348
电信业务人员	29 262	21 951	14 837

续表 2

工种	高位数	中位数	低位数
话务员	28 436	11 296	6 300
商业、服务业人员			
购销人员	29 411	16 666	9 508
营业人员	30 495	19 256	9 777
营业员	41 982	14 551	6 745
收银员	20 386	13 905	8 175
推销展销人员	33 408	19 155	12 340
推销员	33 991	13 772	8 914
采购人员	53 029	16 170	8 973
商品监督和市场管理员	25 800	19 230	12 660
市场管理员	23 000	16 204	11 560
其他购销人员	28 000	12 000	8 562
医药商品购销员	28 830	22 683	11 900
仓储人员	30 850	13 128	7 147
保管人员	28 054	16 490	7 639
储运人员	28 883	11 634	8 078
餐饮服务人员	25 471	12 600	7 354
中餐烹饪人员	30 322	13 841	7 919
西餐烹饪人员	40 800	13 641	7 632
调酒和茶艺人员	16 548	12 138	7 728
餐厅服务员	17 068	11 461	6 852
前厅服务员	18 332	11 333	8 219
客房服务员	19 409	10 944	7 260
健身娱乐场所服务员	29 120	12 182	8 232
保健按摩师	20 000	14 716	9 432
运输服务人员	35 259	16 672	7 405
公路运输服务人员	44 041	14 549	7 102
汽车客运服务员	34 280	15 843	7 602
铁路运输服务人员	19 327	14 338	10 388
医疗卫生辅助服务人员	64 150	26 079	8 670
护理员	21 938	9 890	7 765
信息咨询人员	31 716	19 000	13 944
物业管理人员	45 948	20 800	9 717
供水热及生活燃料人员	34 188	11 112	7 932
锅炉操作工	27 783	15 105	8 091
美发美容人员	18 192	13 135	8 077
美发师	24 432	18 388	8 748

续表 3

工种	高位数	中位数	低位数
摄影服务人员	27 324	14 592	9 706
摄影师	20 944	11 978	9 496
验光配镜人员	33 036	23 215	11 586
办公设备维修人员	20 160	13 320	10 920
环境卫生人员	28 153	12 316	7 245
农林牧渔水利生产人员			
花卉园艺工	38 000	19 200	8 640
生产运输设备操作工			
金属冶炼轧制人员	24 375	15 924	8 994
金属轧制人员	25 756	20 261	14 204
化工产品生产工	24 201	17 870	14 238
机械制造加工工	28 166	18 713	11 374
机械冷加工工	28 772	11 628	8 526
车工	35 811	14 993	7 613
铣工	36 360	14 812	8 999
刨插工	43 828	17 541	8 841
磨工	46 990	15 840	8 328
镗工	44 543	19 454	8 894
钻床工	27 600	19 691	15 144
加工中心操作工	34 193	14 894	8 316
机械热加工工	31 277	9 400	6 975
铸造工	37 286	22 933	7 385
锻造工	29 907	14 184	7 756
冲压工	35 400	16 568	7 165
焊工	33 292	14 000	8 144
金属热处理工	44 459	23 316	12 201
电切削工	26 844	17 533	8 652
冷作钣金加工工	26 928	12 812	6 584
工件表面处理加工工	32 344	18 094	9 420
涂装工	24 714	10 444	7 419
机电产品装配工	28 734	13 562	10 609
机械设备装配工	31 956	13 721	8 738
装配钳工	32 059	15 852	8 102
工具钳工	48 710	18 429	9 402
仪器仪表装配工	31 049	10 677	7 045
机械设备修理工	51 660	18 049	8 788
机械设备维修工	30 489	10 924	7 433

续表 4

工种	高位数	中位数	低位数
机修钳工	38 868	13 691	9 089
汽车修理工	38 948	14 103	8 375
电力设备装运检修工	48 878	33 833	13 800
电力设备安装工	46 154	34 455	8 120
专业电力设备检修工	45 947	23 038	17 389
普通电力设备检修工	32 924	14 292	10 056
常用电机检修工	34 341	20 170	14 401
维修电工	36 272	14 191	8 896
电子元器件制造装调工	22 100	14 724	10 014
电子器件制造工	16 053	11 040	7 037
电子元件制造工	17 685	11 857	7 242
电子设备装配调试工	17 123	13 521	7 640
橡胶塑料制品生产人员	23 813	14 820	7 312
纺织针织印染工	15 349	9 697	6 969
裁剪缝纫毛皮革制作工	25 060	11 841	9 029
粮油食品饮料生产工	22 888	16 800	9 875
烟草及其制品加工工	48 193	34 504	21 010
木工	22 773	12 758	7 032
玻璃陶瓷搪瓷生产工	26 482	13 578	8 743
广播影视品制作播放工	16 005	12 479	9 205
制版印刷人员	41 725	23 743	13 129
工程施工人员	24 929	17 112	10 027
砌筑工	19 275	12 000	7 425
混凝土工	24 247	15 064	9 775
钢筋工	20 942	12 000	7 920
架子工	23 087	9 970	7 073
工程防水工	17 737	13 669	9 600
装饰、装修工	22 340	12 000	8 916
工程设备安装工	25 200	10 859	7 010
管工	25 567	17 708	9 143
驾驶员和运输设备操作工	32 162	17 799	9 019
机动车驾驶员	37 479	18 023	8 415
船舶水手和相关工人	38 883	22 785	10 408
起重装卸机械操作工	32 837	18 854	8 769
检验、计量人员	31 539	17 662	9 030
检验员	31 210	15 634	8 218
计量员	43 813	14 869	8 613
生产运输简单体力工人	28 417	15 668	6 556
包装工	29 089	13 800	10 289

厦门市 1999 年不同工种工资价位情况

单位：元

工种	高位数	中位数	低位数
单位负责人			
副厂长（副经理）	114 098	25 984	10 227
生产或经营经理	74 731	22 820	8 450
财务经理	77 811	20 497	9 772
行政经理	73 047	22 580	10 474
人事经理	79 026	20 726	9 085
销售和营销经理	84 972	18 876	10 461
广告和公关经理	56 517	22 886	12 000
采购经理	71 367	19 181	10 310
计算机服务经理	73 474	26 219	11 415
研究和开发经理	81 250	23 877	10 800
餐厅经理	53 883	21 199	8 988
客房经理	44 072	18 915	10 800
专业技术人员			
化工工程师	45 864	15 602	11 634
机械工程师	50 645	16 697	10 231
仪器仪表工程师	36 600	18 132	10 200
电子工程师	35 172	15 826	10 992
通信工程师	39 292	19 077	11 370
计算机工程师	50 250	22 580	11 700
系统分析员	50 435	18 420	10 398
电气工程师	77 993	36 600	12 458
电力工程师	44 399	31 459	14 354
建筑工程师	53 478	15 900	9 893
建筑设计师	35 100	19 137	12 000
经济计划人员	35 576	13 920	6 851
统计师	28 023	15 684	10 970
出纳	36 521	15 300	7 345
会计	40 656	15 998	7 795
审计师	40 383	29 778	12 342
对外经贸业务员	42 362	19 176	9 445
报关员	45 440	15 950	9 738
房地产开发业务人员	37 712	14 338	9 104

续表 1

工种	高位数	中位数	低位数
银行业务人员	73 929	24 655	15 730
保险业务员	30 255	18 966	7 901
办事人员和有关人员			
人事劳资业务人员	41 488	16 707	8 291
秘书	39 187	16 826	8 278
打字员	31 483	14 990	7 128
话务员	29 796	13 887	7 200
商业、服务业人员			
营业员	27 657	11 186	6 598
收银员	28 455	13 888	6 789
保管人员	30 480	13 600	7 614
储运人员	33 135	17 656	8 464
餐厅服务员	21 702	9 792	5 855
客房服务员	23 417	9 180	6 200
公路运输服务人员	40 770	13 000	7 827
锅炉操作工	34 504	12 418	7 662
生产运输设备操作工			
水产品加工工	13 933	11 615	7 136
化工产品生产工	19 655	10 919	8 284
车工	38 585	13 057	6 478
铣工	24 494	14 160	6 488
磨工	35 288	16 960	7 860
加工中心操作工	25 475	12 260	8 652
铸造工	25 608	16 684	7 650
焊工	28 511	11 660	7 101
装配钳工	23 700	14 861	10 036
机修钳工	30 745	12 251	7 390
汽车修理工	25 498	12 000	7 684
仪器仪表修理工	31 053	20 928	9 852
电力设备安装工	28 068	13 781	10 788
常用电机检修工	41 134	16 350	8 591
维修电工	32 438	13 405	6 858
电子器件制造工	17 871	11 532	6 844

续表 2

工种	高位数	中位数	低位数
电子元件制造工	20 584	9 912	6 552
电子产品维修工	35 360	11 000	7 630
橡胶塑料制品生产人员	29 551	11 268	7 771
纺织针织印染工	17 766	8 472	5 897
裁剪缝纫毛皮革制作工	24 337	10 660	8 667
粮油食品饮料生产工	20 028	12 375	8 400
烟草及其制品加工工	38 752	29 211	12 023
药品生产制造工	15 062	10 045	7 376
木工	24 108	8 135	6 179
制浆造纸纸制品生产工	15 040	10 547	5 363
建筑材料生产加工工	20 956	9 660	5 914
制版印刷人员	15 861	10 460	5 400
砌筑工	16 209	8 511	5 100
混凝土工	16 965	9 600	7 530
钢筋工	16 738	8 400	5 295
架子工	11 538	8 200	7 020
装饰、装修工	20 701	12 000	5 760
工程设备安装工	17 400	10 000	8 000
管工	33 116	12 804	7 727
机动车驾驶员	38 852	14 160	8 394
船舶水手和相关工人	26 406	14 760	9 622
起重装卸机械操作工	33 366	8 865	5 691
检验员	32 886	12 628	6 579
计量员	25 918	12 800	6 327
生产运输简单体力工人	31 250	11 785	6 277
包装工	22 479	10 375	5 559

武汉市1999年不同工种工资价位情况　　单位：元

工种	高位数	中位数	低位数
单位负责人			
厂长（经理）	96 630	31 600	8 620
副厂长（副经理）	61 370	18 320	8 260
生产或经营经理	56 510	14 400	7 960
财务经理	41 570	14 240	7 960
行政经理	35 600	14 240	7 960
人事经理	42 810	14 240	7 960
销售和营销经理	38 270	14 400	7 860
采购经理	35 500	12 760	7 560
计算机服务经理	33 380	13 830	7 560
研究和开发经理	35 810	14 400	7 560
餐厅经理	30 860	13 910	7 560
客房经理	28 900	12 010	7 560
专业技术人员			
化工工程师	28 500	11 980	7 440
机械工程师	28 640	12 120	7 440
仪器仪表工程师	28 550	16 380	7 440
电子工程师	36 190	12 500	8 870
计算机工程师	36 620	13 310	9 330
电气工程师	35 000	12 200	8 980
交通工程技术工程师	28 440	12 390	7 440
建筑工程师	28 530	12 200	7 440
纺织工程师	28 100	11 800	7 440
经济计划人员	21 880	9 580	6 000
统计师	24 230	9 840	6 240
出纳	20 410	9 580	6 000
会计	24 390	9 840	6 240
对外经贸业务员	50 613	18 990	6 630
报关员	28 470	12 320	7 500
工艺美术专业人员	18 440	11 170	7 300
翻译	31 500	12 240	7 800
图书资料档案业务人员	12 970	9 240	6 000
办事人员和有关人员			
行政办公人员	19 430	8 640	5 400
人事劳资业务人员	28 990	9 790	6 120
秘书	34 020	11 650	6 000
打字员	16 110	8 400	5 400
治安保卫人员	17 620	8 520	5 500
电信业务人员	18 000	10 320	8 670
话务员	13 860	8 460	5 400
商业、服务业人员			
营业员	13 400	8 050	5 040

续表 1

工种	高位数	中位数	低位数
收银员	17 390	8 400	5 160
推销人员	24 850	10 060	5 160
采购人员	16 000	8 790	5 330
市场管理员	13 140	9 790	5 040
其他购销人员	13 220	9 660	7 240
医药商品购销员	41 980	12 820	10 112
保管人员	16 010	7 800	5 000
储运人员	16 680	8 100	5 040
中餐烹饪人员	22 000	13 100	5 760
西餐烹饪人员	18 900	10 800	6 220
餐厅服务员	15 760	7 960	5 210
前厅服务员	18 980	8 790	5 280
客房服务员	15 600	7 510	5 190
旅游游览场所服务员	13 600	8 300	5 230
导游	25 200	12 240	7 820
公路运输服务人员	12 560	8 820	5 040
汽车客运服务员	13 130	9 410	7 340
水上运输服务员	12 600	8 570	5 040
物业管理人员	13 300	8 160	5 040
供水热及生活燃料人员	12 600	9 510	7 000
锅炉操作工	17 010	10 400	5 280
洗染、织补人员	13 200	9 250	4 900
环境卫生人员	13 200	8 520	4 800
农林牧渔水利生产人员			
农副林特产品加工工	13 800	8 500	5 510
畜牧业生产检疫人员	13 550	8 400	5 300
生产运输设备操作工			
金属冶炼轧制人员	15 750	9 790	5 400
化工产品生产工	13 650	8 500	5 400
机械制造生产工	13 650	8 800	5 400
车工	18 900	10 400	5 400
铣工	17 430	9 550	5 560
刨插工	13 500	9 200	5 400
磨工	16 800	9 640	5 400
钻床工	13 760	9 240	5 400
加工中心操作工	14 270	9 600	5 400
铸造工	18 900	9 550	5 400
锻造工	18 640	9 490	5 400
冲压工	15 120	9 420	5 400
焊工	21 000	10 400	5 400
金属热处理工	15 750	8 660	5 700
特种加工设备操作工	14 300	8 520	5 690

续表 2

工种	高位数	中位数	低位数
冷作钣金加工工	15 790	8 730	5 530
工件表面处理加工工	13 630	9 000	5 400
涂装工	19 990	10 200	5 630
机电产品装配工	15 750	8 400	5 400
装配钳工	14 270	9 090	5 400
工具钳工	14 290	9 880	5 690
仪器仪表装配工	15 800	9 000	5 730
机械设备维修工	20 000	11 220	5 780
机修钳工	18 900	11 020	5 750
汽车修理工	19 950	10 590	6 120
仪器仪表修理工	15 200	9 600	6 000
专业电力设备检修工	13 650	8 980	5 400
普通电力设备检修工	15 000	9 820	5 400
常用电机检修工	18 000	9 830	5 660
电工	20 000	10 440	5 400
电子元器件制造工	15 650	8 590	5 400
电子设备装配调试工	13 200	8 570	5 400
橡胶塑料制品生产人员	14 300	8 570	5 280
纺织针织印染工	13 200	8 810	5 280
裁剪缝纫毛皮革制作工	18 000	9 600	5 280
粮油食品饮料生产工	13 200	8 570	5 280
药品生产制造工	18 660	9 220	5 300
木工	15 540	9 420	5 400
纸制品制作工	14 400	9 140	5 280
建筑材料生产加工工	14 400	8 570	6 030
玻璃陶瓷搪瓷生产工	14 400	9 100	6 500
制版印刷人员	29 600	10 010	5 400
砌筑工	13 800	9 390	5 400
混凝土工	16 200	10 440	5 400
装饰、装修工	15 600	9 500	5 400
工程设备安装工	16 000	10 000	6 370
管工	18 000	9 360	5 400
机动车驾驶员	23 570	10 450	5 400
船舶水手和相关人员	14 000	8 840	5 280
起重装卸机械操作工	15 470	8 400	5 280
环境监测废物处理人员	13 620	8 570	5 810
检验员	15 250	8 820	5 400
计量员	15 180	8 570	5 400
生产运输简单体力工人	13 200	8 570	5 160
包装工	13 500	8 570	5 280

深圳市 1999 年不同工种工资价位情况 单位：元

工种	高位数	中位数	低位数
单位负责人			
企业高级管理人员	163 647	53 302	13 629
厂长（经理）	154 931	49 428	16 555
副厂长（副经理）	139 573	43 800	20 705
部门经理及管理人员	103 386	34 324	10 539
生产或经营经理	137 610	39 816	14 250
财务经理	113 812	36 478	16 707
行政经理	127 455	38 040	18 113
人事经理	118 865	36 312	12 727
销售和营销经理	78 767	25 128	9 600
采购经理	76 873	46 000	15 750
研究和开发经理	58 624	38 540	22 000
专业技术人员			
科学研究人员	51 165	17 000	14 000
工程技术人员	74 445	27 100	7 814
机械工程师	55 051	37 736	23 374
电子工程师	76 893	42 806	13 933
计算机工程师	90 695	38 400	15 685
系统分析员	106 800	48 000	12 000
电气工程师	85 942	20 605	6 800
建筑工程师	64 600	26 617	9 440
土木建筑工程师	85 360	28 560	11 640
生物工程技术人员	50 538	14 936	10 596
经济业务人员	107 690	28 000	12 091
经济计划人员	79 059	31 040	12 490
统计师	89 240	31 061	8 000
财会人员	70 774	27 000	7 479
出纳	75 264	24 310	8 986
会计	71 499	28 224	11 190
审计师	50 328	26 798	20 400
对外经贸业务员	47 600	18 000	10 565
报关员	51 600	23 312	12 000
房地产业务人员	71 445	23 868	8 400
不动产销售员	53 000	15 000	8 900
保险业务员	28 080	17 640	15 480
律师	53 928	27 102	8 000
服装设计师	34 800	18 000	9 000
图书资料档案业务人员	116 745	28 560	7 000
办事人员和有关人员			
行政办公人员	80 181	25 000	9 460
行政业务人员	68 278	24 739	8 968
人事劳资业务人员	129 961	27 664	8 212
行政事务人员	83 527	29 000	9 780
秘书	78 673	29 044	8 713

续表 1

工种	高位数	中位数	低位数
公关员	31 800	21 000	8 960
打字员	47 901	18 000	8 336
安全保卫和消防人员	59 021	12 000	7 352
治安保卫人员	37 277	12 000	6 786
电信业务人员	39 168	17 500	12 840
话务员	27 099	14 520	9 000
商业、服务业人员			
购销人员	64 298	16 494	9 479
营业人员	40 947	20 664	9 372
营业员	50 413	17 216	11 139
收银员	25 829	14 400	10 800
采购人员	51 056	29 640	7 767
市场管理员	42 176	17 280	9 762
医药商品购销员	66 180	17 714	9 000
仓储人员	48 218	19 144	8 983
保管人员	45 335	14 820	6 700
储运人员	44 737	20 124	7 340
餐饮服务人员	46 360	15 550	6 600
中餐烹饪人员	72 000	15 000	7 200
餐厅服务员	29 264	9 072	6 600
饭店旅游娱乐服务员	18 000	13 500	9 960
饭店服务人员	23 400	9 600	7 800
前厅服务员	27 000	12 000	7 800
客房服务员	24 114	9 012	7 131
运输服务人员	51 422	19 200	11 500
汽车客运服务员	27 895	16 652	7 200
铁路运输服务人员	35 075	22 556	15 364
物业管理人员	65 346	35 200	13 521
锅炉操作工	25 326	17 313	7 000
环境卫生人员	25 600	9 776	6 750
生产运输设备操作工			
金属冶炼轧制人员	18 000	12 500	7 000
化工产品生产工	20 220	14 310	12 180
车工	24 939	14 425	7 200
钻床工	25 128	15 964	6 800
加工中心操作工	33 672	19 692	12 708
锻造工	13 000	9 650	8 500
冲压工	31 981	19 722	6 800
焊工	32 003	19 800	10 377
特种加工设备操作工	24 672	18 528	12 876
冷作钣金加工工	38 700	10 590	8 592
机电产品装配工	22 863	8 172	6 600
机械设备装配工	41 885	20 791	11 048
机械设备修理工	83 736	24 480	15 000

续表 2

工种	高位数	中位数	低位数
机械设备维修工	39 000	19 737	6 600
机修钳工	64 020	18 300	7 692
汽车修理工	48 828	12 000	8 256
电力设备装运检修工	74 101	49 200	19 964
电力工程内线安装工	22 469	19 992	12 713
普通电力设备检修工	28 800	12 960	8 100
维修电工	63 713	20 340	8 796
电子元器件制造装调工	24 288	13 627	6 855
电子器件制造工	22 811	10 086	7 173
电子元件制造工	18 553	13 104	7 926
电子设备装配调试工	23 088	11 680	9 228
电子产品维修工	25 740	15 744	6 787
橡胶塑料制品生产人员	30 616	11 000	7 674
纺织针织印染工	16 763	13 099	9 716
裁剪缝纫毛皮革制作工	32 268	12 842	7 496
粮油食品饮料生产工	25 744	16 019	13 786
药品生产制造工	31 238	12 050	6 600
木工	39 151	16 374	7 768
纸制品制作工	25 000	11 500	9 000
制版印刷人员	42 000	19 116	8 000
工艺、美术品制作工	21 600	12 204	7 652
工程施工人员	42 118	21 484	10 220
砌筑工	32 630	17 280	7 768
混凝土工	57 524	16 346	8 640
钢筋工	38 534	18 876	9 000
架子工	33 265	19 550	9 360
装饰、装修工	33 387	14 400	8 640
管工	63 371	20 292	7 950
驾驶员和运输设备操作工	79 200	25 704	6 600
机动车驾驶员	48 030	21 996	11 169
船舶水手和相关工人	75 234	32 959	16 515
起重装卸机械操作工	34 596	20 292	10 620
检验、计量人员	37 910	22 838	7 500
检验员	44 520	17 076	7 023
计量员	64 063	23 400	7 200
生产运输简单体力工人	30 000	10 800	6 743
包装工	33 588	11 251	6 600

成都市1999年不同工种工资价位情况

单位：元

工种	高位数	中位数	低位数
单位负责人			
企业高级管理人员	45 250	20 400	10 103
厂长（经理）	124 577	20 820	7 545
副厂长（副经理）	90 078	19 296	7 166
部门经理及管理人员	36 952	13 068	6 213
生产或经营经理	37 886	13 472	6 566
财务经理	42 422	13 634	6 481
行政经理	39 682	14 308	6 498
人事经理	43 446	14 160	7 202
销售和营销经理	33 780	12 152	6 681
广告和公关经理	43 312	21 600	8 424
采购经理	46 664	12 168	5 403
计算机服务经理	113 000	20 731	9 512
研究和开发经理	42 123	16 375	7 671
餐厅经理	30 329	15 000	6 475
客房经理	23 238	13 332	5 359
专业技术人员			
工程技术人员	21 859	9 024	4 398
化工工程师	20 331	11 112	5 182
医药工程师	24 074	9 300	4 883
机械工程师	23 049	9 716	4 805
仪器仪表工程师	22 960	9 022	5 196
电子工程师	22 255	10 440	4 994
通信工程师	21 933	10 400	5 225
计算机工程师	34 469	14 230	4 733
系统分析员	30 000	14 628	6 600
电气工程师	41 035	18 127	5 898
交通工程技术人员	23 002	11 220	6 162
建筑工程师	27 197	9 316	5 203
建筑设计师	21 748	8 400	6 510
土木建筑工程师	27 294	9 000	5 853
食品工程师	25 343	14 172	5 364
环境保护工程师	26 400	11 841	7 390
飞机船舶技术人员	22 289	13 107	7 695
经济业务人员	20 800	9 122	4 318
经济计划人员	21 694	9 502	5 107

续表 1

工种	高位数	中位数	低位数
统计师	20 758	9 290	5 113
财会人员	20 947	9 358	4 645
出纳	19 809	8 837	4 642
会计	23 792	9 379	4 928
审计师	33 291	11 935	6 735
对外经贸业务员	29 103	9 853	6 896
报关员	20 000	14 472	8 545
房地产业务人员	27 789	9 131	4 552
房地产开发业务人员	24 129	14 256	3 576
银行业务人员	19 751	13 284	8 037
信托业务员	39 396	31 868	11 560
证券业务员	38 968	14 037	8 811
法律专业人员	25 000	17 000	12 000
律师	23 460	15 798	9 036
广告设计人员	28 644	13 268	5 866
编辑	24 125	8 666	6 541
翻译	23 917	12 000	5 569
图书资料档案业务人员	20 122	10 385	6 056
办事人员和有关人员			
行政办公人员	22 165	10 044	5 620
行政业务人员	24 064	10 527	4 802
人事劳资业务人员	23 168	9 712	5 093
行政事务人员	17 308	8 892	4 086
秘书	27 300	10 932	5 170
公关员	16 133	9 360	3 635
打字员	17 060	7 848	4 336
安全保卫和消防人员	19 428	8 216	4 659
治安保卫人员	18 150	7 440	3 729
消防人员	13 227	5 820	3 434
话务员	10 552	6 972	4 546
商业、服务业人员			
购销人员	19 063	9 691	4 542
营业人员	11 144	5 462	3 400
营业员	12 928	7 742	4 133
收银员	18 323	9 622	4 382
推销展销人员	14 776	8 382	4 535

续表 2

工种	高位数	中位数	低位数
推销员	21 424	8 232	4 416
采购人员	20 472	8 820	4 667
商品监督和市场管理员	11 419	9 659	8 600
市场管理员	12 450	8 873	5 029
其他购销人员	26 175	7 356	3 564
医药商品购销员	14 282	9 936	6 378
仓储人员	17 976	7 836	3 842
保管人员	16 110	8 004	4 443
储运人员	18 378	9 096	4 354
餐饮服务人员	12 749	6 872	4 055
中餐烹饪人员	19 461	8 400	4 361
西餐烹饪人员	25 160	9 180	4 820
调酒和茶艺人员	15 604	8 496	5 100
餐厅服务员	14 058	6 727	3 517
饭店服务人员	13 010	6 324	4 372
前厅服务员	13 316	7 920	4 168
客房服务员	12 623	6 600	3 548
导游	15 290	6 000	4 437
健身娱乐场所服务员	11 220	7 650	4 100
运输服务人员	23 769	7 898	4 554
汽车客运服务员	14 546	10 026	6 582
医疗卫生辅助服务人员	15 253	7 320	4 819
物业管理人员	15 809	8 688	4 599
供水热及生活燃料人员	19 384	8 658	4 878
锅炉操作工	22 180	8 638	5 129
摄影服务人员	11 021	9 962	6 000
摄影师	22 626	9 600	6 197
验光配镜人员	16 200	6 816	4 920
洗染、织补人员	10 050	4 800	3 400
家用机电产品维修人员	12 940	8 834	4 794
办公设备维修人员	17 384	5 580	3 600
环境卫生人员	12 333	6 996	3 582
生产运输设备操作工			
金属冶炼轧制人员	15 648	10 140	5 504
化工产品生产工	10 834	5 770	4 177
机械制造加工工	17 475	7 200	5 484

续表 3

工种	高位数	中位数	低位数
机械冷加工工	17 112	9 151	4 729
车工	16 240	7 658	4 033
铣工	17 533	8 556	4 405
刨插工	15 156	7 644	3 583
磨工	17 967	8 126	4 486
镗工	16 093	8 924	4 473
钻床工	16 302	8 038	4 801
加工中心操作工	15 550	8 724	6 268
制齿工	12 544	8 307	4 825
机械热加工工	11 202	8 556	5 138
铸造工	13 377	6 648	4 097
锻造工	13 761	7 572	4 307
冲压工	14 571	7 423	4 082
焊工	16 646	8 067	4 568
金属热处理工	23 241	7 917	4 316
特种加工设备操作工	10 907	7 972	5 451
冷作钣金加工工	17 385	9 106	3 600
工件表面处理加工工	12 389	7 176	4 545
涂装工	16 062	8 271	4 857
机电产品装配工	12 000	6 443	4 178
机械设备装配工	18 590	10 790	5 580
装配钳工	15 254	8 548	4 238
工具钳工	16 684	8 484	4 994
机械设备修理工	13 065	7 092	4 680
机械设备维修工	22 399	8 160	4 422
机修钳工	17 647	8 332	4 645
汽车修理工	15 308	8 352	3 893
仪器仪表修理工	15 538	8 436	4 693
电力设备装运检修工	17 340	8 400	5 500
电力设备安装工	10 090	7 125	3 735
电力工程内线安装工	10 514	6 288	4 200
专业电力设备检修工	10 200	6 804	6 120
普通电力设备检修工	14 473	8 808	5 216
维修电工	20 090	7 816	4 317
电子器件制造工	10 838	7 024	4 070
电子设备装配调试工	14 306	8 724	3 647

续表 4

工种	高位数	中位数	低位数
电子产品维修工	10 965	8 706	7 128
计算机维修工	11 459	7 524	4 252
橡胶塑料制品生产人员	15 571	8 664	5 028
纺织针织印染工	11 351	7 796	4 464
粮油食品饮料生产工	27 961	10 164	6 342
药品生产制造工	13 167	8 804	5 290
木工	11 831	7 816	4 662
制浆造纸纸制品生产工	20 376	7 119	5 022
建筑材料生产加工工	11 063	6 552	4 384
玻璃陶瓷搪瓷生产工	19 807	9 121	4 842
制版印刷人员	17 399	7 264	4 277
工艺、美术品制作工	10 066	7 120	5 191
文体用品乐器制作工	10 889	7 561	5 533
工程施工人员	14 490	7 800	4 657
土石方施工人员	12 000	5 423	3 816
砌筑工	12 651	8 100	5 510
混凝土工	13 626	7 800	4 815
钢筋工	12 827	8 400	4 337
架子工	13 700	7 200	4 676
装饰、装修工	14 258	7 200	4 782
工程设备安装工	17 728	10 668	6 352
管工	25 112	7 956	4 432
驾驶员和运输设备操作工	15 461	7 476	3 656
机动车驾驶员	20 500	9 632	4 892
起重装卸机械操作工	18 202	7 680	4 634
环境监测废物处理人员	12 405	6 307	4 672
检验、计量人员	13 268	7 692	4 238
检验员	13 841	7 837	4 291
计量员	15 785	8 087	4 682
生产运输简单体力工人	14 454	6 764	3 964
包装工	20 409	8 828	4 020

贵阳市1999年不同工种工资价位情况

单位：元

工种	高位数	中位数	低位数
单位负责人			
厂长（经理）	40 335	9 900	4 986
副厂长（副经理）	34 330	9 476	4 756
部门经理及管理人员	28 126	8 634	3 863
生产或经营经理	31 880	8 527	3 900
财务经理	22 711	8 374	4 189
行政经理	27 013	8 280	4 066
人事经理	19 381	7 938	4 185
销售和营销经理	17 041	7 620	3 995
广告和公关经理	34 000	8 616	4 188
采购经理	18 410	7 824	5 268
计算机服务经理	34 000	11 381	4 920
研究和开发经理	34 000	12 582	4 724
餐厅经理	15 369	7 463	4 476
客房经理	15 369	8 403	4 608
专业技术人员			
科学研究人员	34 000	6 000	4 800
工程技术人员	16 578	6 486	3 302
测绘工程师	19 125	8 544	3 471
化工工程师	19 509	8 760	4 040
医药工程师	15 600	8 296	4 530
机械工程师	19 516	7 676	3 663
仪器仪表工程师	20 954	16 538	12 122
通信工程师	23 688	13 734	12 500
计算机工程师	19 052	10 646	3 870
电气工程师	22 832	11 339	3 880
电力工程师	13 430	7 696	5 872
交通工程技术人员	16 000	13 500	5 580
建筑工程师	15 776	7 055	4 712
土木建筑工程师	19 559	8 777	4 530
纺织工程师	9 240	6 878	5 554
生物工程技术人员	15 100	10 058	5 016
农业技术人员	38 683	4 814	3 432
经济业务人员	15 495	5 904	3 545
经济计划人员	14 713	6 408	3 345
统计师	15 789	6 434	3 694
财会人员	16 535	6 540	3 403
出纳	17 113	6 270	3 510
会计	19 942	6 617	3 489
审计师	19 052	9 904	7 888
国际商务人员	7 752	6 000	4 056
对外经贸业务员	23 904	7 665	3 881
报关员	14 364	9 697	4 236
房地产业务人员	17 001	5 667	3 144
房地产开发业务人员	8 351	6 574	4 266
银行业务人员	17 111	8 876	5 070
信贷业务员	17 324	15 332	5 698
保险业务员	11 638	9 994	4 969
保险理赔员	11 381	10 188	6 204

续表 1

工种	高位数	中位数	低位数
法律专业人员	9 800	6 828	5 982
律师	9 476	5 708	5 049
文学艺术工作者	9 420	8 556	7 692
美术专业人员	9 005	6 282	4 788
工艺美术专业人员	8 874	4 856	3 992
服装设计师	6 480	5 840	3 492
新闻出版文化工作者	31 200	6 471	3 780
记者	10 296	6 889	4 056
编辑	11 268	8 182	6 527
播音员及节目主持人	11 268	5 022	3 600
翻译	12 870	8 744	4 380
图书资料档案业务人员	12 870	7 601	3 588
办事人员和有关人员			
行政办公人员	21 244	6 426	3 557
行政业务人员	29 996	5 997	3 284
人事劳资业务人员	14 299	6 321	3 590
行政事务人员	17 900	6 369	3 446
秘书	16 659	6 708	3 635
公关员	8 197	6 094	5 436
打字员	14 936	5 850	3 340
安全保卫和消防人员	17 082	4 767	3 366
治安保卫人员	16 123	5 930	3 325
消防人员	19 816	7 082	5 508
电信业务人员	20 642	10 812	5 166
话务员	17 752	6 000	3 644
商业、服务业人员			
购销人员	17 109	6 624	3 558
营业人员	23 819	5 548	3 506
营业员	15 303	5 378	3 313
收银员	11 434	6 255	3 487
推销展销人员	8 184	4 941	3 258
推销员	15 187	5 461	3 473
出版物发行员	14 253	5 208	3 360
采购人员	13 226	5 434	3 460
商品监督和市场管理员	6 696	4 012	3 122
市场管理员	14 360	4 816	3 299
其他购销人员	8 938	5 125	3 182
仓储人员	14 382	7 114	3 995
保管人员	12 771	5 784	3 434
餐饮服务人员	9 303	5 346	3 360
中餐烹饪人员	20 194	6 000	3 648
餐厅服务员	7 806	5 012	3 262
饭店旅游娱乐服务员	7 140	4 356	3 360
饭店服务人员	6 811	4 206	3 244
前厅服务员	10 528	5 562	3 746
客房服务员	9 277	6 173	3 463
旅游游览场所服务员	5 694	4 026	3 336
导游	4 068	3 478	3 142
运输服务人员	12 750	5 916	3 559

续表 2

工种	高位数	中位数	低位数
公路运输服务人员	7 224	5 820	4 294
汽车客运服务员	12 828	7 200	4 053
铁路运输服务人员	9 120	7 988	3 960
医疗卫生辅助服务人员	15 399	7 788	4 118
护理员	8 688	6 552	3 876
物业管理人员	9 814	5 414	3 319
供水热及生活燃料人员	12 360	6 661	3 702
锅炉操作工	12 781	6 097	3 326
摄影服务人员	6 960	5 480	4 900
摄影师	7 380	5 600	4 857
浴池服务人员	6 059	4 467	3 231
家用机电产品维修人员	7 800	6 706	5 700
保育员	8 277	5 128	3 228
环境卫生人员	9 203	5 172	3 278
农林牧渔水利生产人员			
花卉园艺工	7 709	5 376	4 150
生产运输设备操作工			
勘测及矿物开采工	7 604	5 208	4 084
矿物开采工	7 768	5 239	3 219
矿物处理工	5 657	3 798	3 141
金属冶炼轧制人员	16 454	11 196	6 545
金属轧制人员	17 604	9 421	6 060
化工产品生产工	10 874	5 564	3 322
机械制造加工工	13 065	4 336	3 212
机械冷加工工	10 152	4 599	3 234
车工	13 604	5 964	3 337
铣工	12 441	5 625	3 373
刨插工	9 792	6 211	3 337
磨工	10 430	5 904	3 344
镗工	12 938	6 759	3 553
钻床工	9 088	6 382	3 292
制齿工	6 174	4 603	3 688
机械热加工工	11 572	7 246	3 702
铸造工	12 386	7 200	3 565
锻造工	11 283	7 070	3 489
冲压工	9 467	5 265	3 361
焊工	13 378	5 827	3 302
金属热处理工	11 769	6 444	3 284
特种加工设备操作工	17 541	12 043	4 539
冷作钣金加工工	12 195	4 968	3 314
工件表面处理加工工	11 755	4 957	3 795
涂装工	10 806	6 040	3 418
机电产品装配工	8 293	6 893	3 235
机械设备装配工	16 088	6 098	3 500
装配钳工	10 805	4 387	3 341
工具钳工	13 396	7 464	3 210
仪器仪表装配工	10 851	5 004	3 632
运输车辆装配工	8 242	4 898	4 039

续表 3

工种	高位数	中位数	低位数
机械设备修理工	12 161	5 818	3 555
机械设备维修工	12 098	5 640	3 434
机修钳工	12 736	6 660	3 436
汽车修理工	15 393	6 251	3 453
仪器仪表修理工	16 527	8 203	3 528
电力设备装运检修工	11 024	5 316	3 396
电力设备安装工	8 744	5 280	3 432
普通电力设备检修工	10 272	4 660	3 380
常用电机检修工	9 600	3 789	3 125
维修电工	14 318	6 101	3 414
电子设备装配调试工	7 317	5 269	4 745
电子产品维修工	17 635	5 528	3 960
计算机维修工	16 700	4 920	3 330
橡胶塑料制品生产人员	10 262	5 760	3 196
纺织针织印染工	13 661	5 661	3 409
裁剪缝纫毛皮革制作工	6 866	4 000	3 206
粮油食品饮料生产工	6 234	4 908	3 380
药品生产制造工	9 550	6 962	3 333
木材人造板生产制作工	8 159	5 979	3 995
木工	14 308	7 080	3 665
纸制品制作工	13 365	6 987	3 121
建筑材料生产加工工	11 853	5 612	3 523
玻璃陶瓷搪瓷生产工	8 384	4 572	3 175
广播影视品制作播放工	8 000	4 703	3 253
广播影视设备操作工	9 720	6 588	5 784
制版印刷人员	11 765	5 832	3 369
工程施工人员	20 252	6 600	4 106
砌筑工	11 967	6 600	3 699
混凝土工	12 351	7 260	3 751
钢筋工	12 366	7 488	3 744
架子工	12 400	8 120	4 100
工程防水工	7 044	4 788	3 800
装饰、装修工	12 326	6 174	3 480
工程设备安装工	8 160	6 000	3 621
管工	12 444	5 642	3 632
驾驶员和运输设备操作工	14 802	5 843	3 540
机动车驾驶员	21 414	7 005	3 548
起重装卸机械操作工	9 663	5 074	3 428
环境监测废物处理人员	8 479	6 824	3 564
检验、计量人员	11 539	6 780	3 318
检验员	14 509	6 204	3 398
计量员	10 086	5 600	3 141
生产运输简单体力工人	9 349	4 572	3 445
包装工	9 919	5 226	3 336

西安市 1999 年不同工种工资价位情况 单位：元

工种	高位数	中位数	低位数
单位负责人			
厂长（经理）	19 591	8 372	4 247
副厂长（副经理）	18 742	7 763	3 954
生产或经营经理	17 235	7 906	4 089
财务经理	21 919	6 480	3 874
行政经理	25 545	7 230	3 870
人事经理	22 767	6 717	3 579
销售和营销经理	17 452	7 547	3 588
广告和公关经理	9 804	7 121	5 057
采购经理	27 168	6 617	3 744
研究和开发经理	16 358	10 181	5 100
餐厅经理	27 168	6 000	4 700
客房经理	11 512	6 780	5 400
专业技术人员			
测绘工程师	12 396	8 856	7 392
矿山工程技术人员	12 468	10 002	4 157
化工工程师	8 870	6 496	4 273
医药工程师	16 070	7 898	4 200
机械工程师	22 770	7 656	3 764
电子工程师	11 456	5 628	3 946
通信工程师	13 222	10 716	8 267
计算机工程师	23 172	9 480	7 298
电气工程师	21 366	7 392	3 846
交通工程技术人员	24 764	15 270	6 363
建筑工程师	12 986	8 574	6 135
土木建筑工程师	18 257	10 131	3 552
林业工程师	14 779	12 291	9 802
环境保护工程师	15 545	5 784	4 916
飞机船舶技术人员	9 495	7 527	4 485
统计师	20 196	7 289	3 594
财会人员	16 553	5 929	3 620
出纳	12 023	5 784	3 563
会计	15 766	6 069	3 623
审计师	15 340	9 587	7 289
国际商务人员	27 480	15 620	12 680

续表 1

工种	高位数	中位数	低位数
对外经贸业务员	28 573	16 640	4 724
房地产业务人员	12 068	4 351	3 568
银行业务人员	12 639	9 978	7 155
保险业务员	13 904	10 320	3 673
翻译	14 580	7 566	5 544
图书资料档案业务人员	15 220	6 916	3 624
办事人员和有关人员			
行政业务人员	12 119	5 520	3 721
人事劳资业务人员	11 429	5 560	3 659
行政事务人员	12 822	5 787	3 638
秘书	16 040	5 320	3 615
公关员	10 200	8 298	4 969
打字员	12 550	5 496	3 609
安全保卫和消防人员	9 902	5 209	3 990
治安保卫人员	13 444	5 248	3 668
消防人员	17 376	6 786	3 624
电信业务人员	17 420	14 260	8 642
话务员	14 520	6 402	3 914
商业、服务业人员			
营业人员	10 328	4 308	3 574
营业员	7 859	4 306	3 556
推销展销人员	13 766	5 038	3 630
推销员	11 396	5 800	3 576
采购人员	16 113	5 679	3 771
商品监督和市场管理员	12 284	10 148	7 484
市场管理员	6 516	4 764	4 086
其他购销人员	15 306	4 200	3 624
医药商品购销员	6 045	4 800	3 695
保管人员	10 892	4 969	3 615
储运人员	18 516	6 847	3 567
中餐烹饪人员	13 800	6 993	3 782
前厅服务员	9 390	6 690	3 547
客房服务员	9 605	4 800	3 571
公路运输服务人员	9 937	7 936	3 816
汽车客运服务员	10 862	4 200	3 643

续表 2

工种	高位数	中位数	低位数
护理员	17 076	8 971	3 924
物业管理人员	19 668	9 475	3 655
供水热及生活燃料人员	11 256	6 576	3 704
锅炉操作工	15 499	6 430	3 604
保育员	10 224	5 635	4 126
家庭服务员	10 356	5 676	4 764
环境卫生人员	10 600	5 317	3 613
农林牧渔水利生产人员			
农副林特产品加工工	7 549	5 504	3 580
生产运输设备操作工			
车工	13 067	6 028	3 660
铣工	13 149	6 647	3 797
刨插工	15 206	6 439	3 833
磨工	12 068	5 985	3 610
镗工	17 479	6 994	3 722
钻床工	13 893	6 251	3 829
加工中心操作工	12 963	6 070	4 254
制齿工	9 948	6 031	3 636
机械热加工工	13 290	7 370	4 598
铸造工	12 600	6 684	3 577
锻造工	13 568	6 110	4 311
冲压工	11 803	5 779	3 870
焊工	15 224	6 080	3 712
金属热处理工	10 906	5 286	3 711
电切削工	13 396	8 597	5 307
冷作钣金加工工	15 421	6 764	4 047
工件表面处理加工工	13 215	6 636	4 571
装配钳工	14 146	6 225	3 707
工具钳工	12 338	6 504	3 855
仪器仪表装配工	11 651	8 328	5 142
运输车辆装配工	12 422	7 981	5 385
机械设备维修工	11 999	6 876	3 947
机修钳工	13 623	6 165	3 623
汽车修理工	14 393	6 306	3 679
仪器仪表修理工	10 247	6 695	3 924

续表 3

工种	高位数	中位数	低位数
电力工程内线安装工	13 091	6 200	4 749
专业电力设备检修工	11 104	8 030	5 637
普通电力设备检修工	12 032	7 612	3 929
常用电机检修工	12 248	6 408	3 780
维修电工	11 944	5 892	3 821
电子器件制造工	8 006	5 628	4 176
电子元件制造工	9 463	6 642	4 144
电子设备装配调试工	12 625	8 227	5 054
电子产品维修工	11 336	5 760	4 086
计算机维修工	10 588	7 811	6 504
橡胶塑料制品生产人员	7 253	4 382	3 593
纺织针织印染工	8 394	6 150	4 053
裁剪缝纫毛皮革制作工	9 776	6 574	3 689
粮油食品饮料生产工	9 528	5 488	3 816
药品生产制造工	12 558	6 131	3 701
木工	10 856	5 205	3 919
制浆造纸纸制品生产工	9 924	6 491	3 544
音响调音员	6 880	5 700	4 520
制版印刷人员	11 457	8 640	5 071
土石方施工人员	9 058	6 634	4 209
砌筑工	7 665	4 916	3 831
混凝土工	7 124	4 560	3 672
钢筋工	12 699	7 889	3 919
工程防水工	5 544	4 584	3 624
装饰、装修工	12 629	6 340	3 600
管工	12 081	7 847	4 110
驾驶员和运输设备操作工	10 882	5 614	3 770
机动车驾驶员	15 894	8 027	3 661
起重装卸机械操作工	16 182	5 874	3 652
检验、计量人员	11 644	6 056	3 744
检验员	11 009	6 207	3 737
计量员	11 621	6 394	4 000
生产运输简单体力工人	9 063	4 948	3 640
包装工	10 904	5 533	3 650

兰州市 1999 年不同工种工资价位情况

单位：元

工种	高位数	中位数	低位数
单位负责人			
企业高级管理人员	15 100	6 954	3 252
厂长（经理）	15 700	7 447	3 808
副厂长（副经理）	15 828	6 847	3 648
部门经理及管理人员	12 000	6 468	3 960
生产或经营经理	15 228	6 896	3 376
财务经理	12 708	6 612	3 296
行政经理	13 284	6 984	3 168
人事经理	14 040	6 906	4 008
销售和营销经理	8 530	6 246	4 116
专业技术人员			
出纳	11 577	5 940	3 570
会计	12 738	5 800	3 393
对外经贸业务员	6 768	4 164	3 252
办事人员和有关人员			
人事劳资业务人员	13 152	5 403	3 900
打字员	9 312	4 980	3 600
治安保卫人员	11 652	4 896	3 447
商业、服务业人员			
购销人员	7 849	5 160	3 316
推销员	5 940	4 608	3 456
保管人员	12 395	5 744	3 252
餐饮服务人员	4 748	3 588	3 024
餐厅服务员	4 624	4 023	3 021
饭店服务人员	5 988	4 346	3 048
生产运输设备操作工			
矿物开采工	11 052	7 443	4 925
机械冷加工工	10 645	8 991	5 698
车工	9 000	6 900	4 000
冲压工	6 852	3 852	3 492
焊工	10 028	6 400	3 696
装配钳工	9 900	4 787	3 080
机械设备修理工	12 636	6 048	3 082
机修钳工	12 720	8 741	3 080
汽车修理工	14 713	8 473	3 528
维修电工	12 140	6 990	3 572
橡胶塑料制品生产人员	6 456	5 300	3 054
粮油食品饮料生产工	7 176	3 444	3 010
木工	8 015	5 201	3 362
纸制品制作工	5 436	4 200	3 432
建筑材料生产加工工	5 280	4 140	3 120
工艺、美术品制作工	5 544	4 608	3 276
工程施工人员	11 786	5 424	3 304
机动车驾驶员	11 640	6 960	3 745
检验、计量人员	8 267	5 266	3 198
检验员	7 822	6 110	3 090
生产运输简单体力工人	9 341	5 398	3 219
包装工	5 813	4 308	3 115

银川市 1999 年不同工种工资价位情况　　单位：元

工种	高位数	中位数	低位数
单位负责人			
企业高级管理人员	19 442	10 226	5 363
厂长（经理）	32 422	20 333	13 810
副厂长（副经理）	28 076	14 320	9 698
部门经理及管理人员	17 208	8 899	4 732
生产或经营经理	20 057	8 532	4 826
财务经理	16 283	7 596	4 000
人事经理	11 544	7 704	5 100
销售和营销经理	11 747	7 296	4 025
专业技术人员			
工程技术人员	18 120	8 712	4 240
经济业务人员	13 112	8 885	3 864
财会人员	16 289	7 056	3 537
出纳	12 003	6 642	3 602
办事人员和有关人员			
行政业务人员	9 714	5 928	3 600
人事劳资业务人员	13 380	7 104	3 746
行政事务人员	9 700	7 482	4 644
打字员	9 378	6 400	4 181
安全保卫和消防人员	10 870	6 276	3 541
治安保卫人员	10 493	6 076	4 020
商业、服务业人员			
营业员	9 751	6 816	3 592
采购人员	10 450	5 185	3 768
保管人员	9 639	6 039	3 063
中餐烹饪人员	14 400	6 966	4 714
餐厅服务员	8 460	5 808	3 312
前厅服务员	6 490	5 388	3 633
客房服务员	8 816	5 316	4 260
汽车客运服务员	11 876	9 047	7 948
物业管理人员	11 282	7 670	5 850
锅炉操作工	15 467	7 041	3 916
生产运输设备操作工			
车工	8 544	6 630	5 200
焊工	10 360	6 483	3 223
机械设备维修工	10 272	7 334	3 954
维修电工	11 875	7 992	5 933
木工	8 029	7 232	4 939
工程施工人员	18 751	12 112	3 159
钢筋工	7 785	6 565	4 536
机动车驾驶员	15 274	8 684	4 207
检验员	9 705	5 496	3 328
生产运输简单体力工人	10 696	5 240	3 500

五、劳动和社会保障制度改革

企业下岗职工情况

（1999）

单位：人

	上期末结转下岗职工人数	报告期新增下岗职工人数	报告期减少下岗职工人数	报告期从再就业服务中心转出人数	再就业人数	解除、终止劳动合同人数
全国总计	**8 712 986**	**7 814 733**	**7 155 954**	**6 451 231**	**6 067 320**	**1 895 484**
一、国有企业、国有联营企业、国有独资公司	5 916 800	6 185 709	5 577 343	5 305 108	4 904 722	1 563 866
＃国有企业	5 729 863	5 934 159	5 350 436	5 104 621	4 716 610	1 494 111
＃中央直属企业	654 366	413 646	466 884	431 390	378 401	91 365
＃亏损企业	4 784 117	4 669 354	3 985 708	3 789 490	3 338 024	1 048 621
煤炭企业	307 216	182 168	141 248	138 700	130 351	21 694
军工企业	148 592	45 794	62 500	61 195	54 338	11 592
冶金企业	84 610	25 777	22 249	21 822	18 958	6 994
有色企业	80 400	25 939	24 373	21 749	20 136	5 974
1. 采掘业企业	738 220	594 305	493 903	473 851	420 534	106 903
2. 制造业企业	2 724 447	3 154 185	2 891 321	2 767 918	2 568 381	870 640
3. 电力、煤气及水的生产和供应企业	125 229	151 576	134 495	116 975	104 189	25 996
4. 建筑业企业	474 636	481 694	368 832	331 816	300 512	95 133
5. 交通运输、仓储及邮电通信业企业	297 596	309 538	301 891	289 659	270 564	72 382
6. 批发零售贸易、餐饮企业	1 027 168	874 118	829 174	794 565	749 361	222 006
7. 其他企业	475 705	606 694	508 327	480 924	440 280	121 606
二、城镇集体企业	2 502 977	1 485 201	1 399 073	997 189	1 044 745	300 423
三、其他企业	293 208	143 823	179 538	130 629	117 853	31 095

续表 1

	报告期末实有下岗职工人数	再就业服务中心实有下岗职工人数	女性	签协议人数
全国总计	**9 371 765**	**7 155 462**	**3 343 805**	**6 443 377**
一、国有企业、国有联营企业、国有独资公司	6 525 157	6 232 677	2 851 273	5 883 573
#国有企业	6 313 586	6 055 494	2 766 885	5 683 020
#中央直属企业	602 928	569 036	226 916	545 103
#亏损企业	5 468 141	5 266 974	2 297 706	4 797 976
煤炭企业	348 136	345 903	88 513	328 617
军工企业	131 886	125 367	47 001	121 442
冶金企业	88 138	86 097	36 124	84 589
有色企业				
1. 采掘业企业	838 622	828 930	324 405	791 793
2. 制造业企业	2 987 299	2 899 755	1 394 536	2 767 661
3. 电力、煤气及水的生产和供应企业	142 309	139 266	60 174	129 668
4. 建筑业企业	587 483	554 704	217 693	497 180
5. 交通运输、仓储及邮电通信业企业	305 243	293 265	121 728	271 711
6. 批发零售贸易、餐饮企业	1 062 112	941 929	465 140	886 677
7. 其他企业	573 089	545 828	249 598	509 883
二、城镇集体企业	2 589 115	829 639	448 656	493 886
三、其他企业	257 493	90 346	41 476	63 118

续表 2

	按生活费发放情况分组			按进中心时间分组		
	足额领取基本生活费人数	未足额领取基本生活费人数	未领到基本生活费人数	进中心1年以内	进中心1~2年	进中心2~3年
全国总计	**5 688 764**	**894 025**	**630 480**	**3 355 888**	**3 275 195**	**393 090**
一、国有企业、国有联营企业、国有独资公司	5 146 362	690 908	395 407	2 941 031	2 802 987	347 370
#国有企业	4 978 479	683 211	393 804	2 848 448	2 727 702	340 155
#中央直属企业	509 091	50 505	9 440	229 815	300 428	15 501
#亏损企业	4 273 073	620 333	373 568	2 442 589	2 489 182	237 492
煤炭企业	304 829	28 360	12 714	145 714	167 902	8 114
军工企业	115 130	9 036	1 200	39 959	76 444	2 633
冶金企业	79 919	5 775	403	22 558	18 939	44 176
有色企业	49 386	17 452	1 698	31 786	33 542	2 825
1. 采掘业企业	690 638	85 046	53 246	376 081	386 923	34 330
2. 制造业企业	2 520 245	258 959	120 551	1 443 937	1 300 644	109 499
3. 电力、煤气及水的生产和供应企业	112 441	10 925	15 900	55 446	73 024	9 764
4. 建筑业企业	412 568	92 504	49 632	219 202	288 062	34 673
5. 交通运输、仓储及邮电通信业企业	239 700	33 098	20 467	144 579	126 054	16 062
6. 批发零售贸易、餐饮企业	704 300	140 957	96 672	432 380	404 340	85 914
7. 其他企业	437 470	69 419	38 939	252 957	225 388	57 128
二、城镇集体企业	476 100	183 103	228 243	358 260	428 429	42 950
三、其他企业	63 502	20 014	6 830	41 919	45 657	2 770

续表 3

	按年龄分组			按接受教育程度分组		
	35 岁以下	35～46 岁	46 岁以上	初中及以下	中专、高中及相应学历	大专及以上
全国总计	**2 469 529**	**3 055 163**	**1 557 288**	**3 911 298**	**2 653 993**	**516 669**
一、国有企业、国有联营企业、国有独资公司	2 192 950	2 582 104	1 326 350	3 278 685	2 343 353	479 366
#国有企业	2 142 454	2 499 013	1 285 298	3 181 110	2 279 452	466 203
#中央直属企业	211 965	227 240	106 839	242 627	229 083	74 034
#亏损企业	1 914 890	2 171 688	1 084 309	2 768 777	2 018 885	383 222
煤炭企业	130 549	133 293	57 888	218 551	90 249	12 830
军工企业	51 497	41 353	26 186	53 693	54 427	10 906
冶金企业	28 565	34 868	22 230	47 762	29 712	8 199
有色企业	26 494	26 613	15 046	32 009	26 956	9 188
1. 采掘业企业	313 262	310 204	169 868	455 244	293 726	44 364
2. 制造业企业	983 406	1 237 020	633 676	1 537 992	1 096 621	219 488
3. 电力、煤气及水的生产和供应企业	43 549	75 726	18 959	80 699	51 210	6 325
4. 建筑业企业	211 762	197 537	132 639	285 716	222 907	33 315
5. 交通运输、仓储及邮电通信业企业	100 330	127 140	59 225	164 530	93 038	29 147
6. 批发零售贸易、餐饮企业	321 736	404 667	196 227	461 234	389 151	72 269
7. 其他企业	202 777	219 836	112 855	288 094	188 093	59 281
二、城镇集体企业	243 393	434 011	210 026	576 236	278 857	32 338
三、其他企业	32 486	37 656	20 204	55 477	29 994	4 875

分地区企业下岗职工情况

（1999）

单位：人

地区	上期末结转下岗职工人数	报告期新增下岗职工人数	报告期减少下岗职工人数	报告期从再就业服务中心转出人数	再就业人数	解除、终止劳动合同人数	报告期末实有下岗职工人数
全国	**8 712 986**	**7 814 733**	**7 155 954**	**6 451 231**	**6 067 320**	**1 895 484**	**9 371 765**
北京	67 500	25 200	60 900	60 900	60 900	60 900	31 800
天津	80 491	190 243	69 393	65 923	57 543	63 148	201 341
河北	260 809	209 920	205 768	156 835	141 613	7 552	264 961
山西	232 241	232 543	204 749	140 440	131 231	24 938	260 035
内蒙古	148 854	182 614	200 179	200 179	200 177	29 817	131 289
辽宁	1 035 147	999 084	844 318	844 318	844 318	103 476	1 189 913
吉林	497 653	272 879	304 077	257 686	238 126	41 775	466 455
黑龙江	830 900	1 062 400	675 600	480 300	602 400	52 100	1 217 700
上海	162 926	250 378	266 356	266 356	227 718	235 518	146 948
江苏	411 554	256 825	380 777	367 639	321 424	172 511	287 602
浙江	199 322	140 927	226 871	215 695	165 221	106 171	113 378
安徽	389 589	233 939	176 278	164 000	147 466	54 536	447 250
福建	31 249	61 124	63 050	62 886	57 651	42 959	29 323
江西	303 200	266 118	243 065	243 065	137 838	105 227	326 253
山东	285 142	242 161	292 448	290 527	278 213	99 827	234 855
河南	410 774	368 688	356 737	312 458	298 857	19 658	422 725
湖北	613 276	582 052	495 027	447 409	383 146	95 945	700 301
湖南	681 314	604 318	527 312	503 187	490 879	7 194	758 320
广东	352 029	302 213	355 562	298 971	286 068	223 046	298 680
广西	77 929	199 116	142 230	141 331	127 320	32 197	134 815
海南	83 950	15 407	55 860	55 860	50 274	14 054	43 497
重庆	167 332	153 217	127 606	101 927	118 288	113 551	192 943
四川	425 212	409 266	401 526	341 914	299 480	81 701	432 952
贵州	133 420	55 415	58 663	53 383	53 383	7 752	130 172
云南	62 450	37 671	35 775	29 697	20 640	8 031	64 346
西藏							
陕西	416 148	172 761	152 926	152 926	140 704	12 222	435 983
甘肃	156 163	139 271	121 440	97 027	90 317	6 218	173 994
青海	39 238	45 790	23 070	19 424	18 687	544	61 958
宁夏	44 027	7 458	8 010	5 148	3 319	1 066	43 475
新疆	77 120	74 897	57 954	54 372	56 987	57 597	94 063

续表 1

地　区	再就业服务中心实有下岗职工人数	女性	签协议人数	按生活费发放情况分组			按进中心时间分组	
				足额领取基本生活费人数	未足额领取基本生活费人数	未领到基本生活费人数	进中心1年以内	进中心1～2年
全　国	**7 155 462**	**3 343 805**	**6 443 377**	**5 688 764**	**894 025**	**630 480**	**3 355 888**	**3 275 195**
北　京	31 800	20 000	31 800	31 800			31 124	676
天　津	191 274	90 520	185 536	153 019	32 517	5 738	150 882	37 121
河　北	244 391	100 612	218 474	205 899	37 718	774	79 533	164 858
山　西	185 520	75 067	178 109	170 470	6 636	8 414	84 028	97 957
内蒙古	131 289	55 627	131 289	131 289				
辽　宁	727 365	344 092	594 254	425 751	186 214	115 400	266 925	370 473
吉　林	274 752	117 982	274 752	274 752			143 912	130 840
黑龙江	731 500	337 900	659 900	472 000	145 400	114 100	266 300	344 600
上　海	146 948	71 421	146 948	146 948			95 516	51 432
江　苏	287 602	139 937	286 827	285 476	2 126		141 639	140 447
浙　江	111 396	57 031	70 287	96 962	10 725	3 709	39 651	60 253
安　徽	326 141	152 574	314 903	255 620	65 670	4 851	135 907	178 424
福　建	29 323	11 532	29 323	29 323			14 054	15 171
江　西	261 930	123 328	160 200	152 200	7 700	102 030	200 394	61 458
山　东	232 290	115 798	204 034	202 364	25 988	3 938	95 508	125 512
河　南	283 281	124 576	273 325	238 545	32 614	12 122	145 714	135 462
湖　北	587 950	277 906	539 658	515 823	48 682	23 445	308 508	279 442
湖　南	654 255	332 540	519 896	296 599	172 962	184 694	314 008	281 713
广　东	205 655	91 403	189 950	169 537	22 341	13 777	81 083	83 198
广　西	126 960	48 211	121 649	112 700	12 968	1 292	52 576	67 910
海　南	38 933	17 451	38 933	36 872	2 061		21 678	17 255
重　庆	135 136	95 669	135 136	169 820	12 793	10 330	64 441	66 148
四　川	362 585	159 408	327 856	331 447	17 001	14 137	199 562	151 226
贵　州	99 861	41 564	86 462	78 168	14 739	6 954	55 200	42 042
云　南	58 168	26 052	57 124	57 230	709	229	28 904	28 966
西　藏								
陕　西	324 946	147 769	324 946	324 946			153 419	165 456
甘　肃	144 457	65 132	143 750	117 571	26 031	855	74 356	70 100
青　海	61 354	27 268	60 661	55 353	4 781	1 220	28 304	32 287
宁　夏	36 484	11 609	15 879	31 287	3 173	2 024	21 943	13 671
新　疆	87 485	45 142	87 485	87 485			40 591	46 894

续表 2

地　区	进中心2~3年	按年龄分组			按接受教育程度分组		
		35岁以下	35~46岁	46岁以上	初中及以下	中专、高中及相应学历	大专及以上
全　国	**393 090**	**2 469 529**	**3 055 163**	**1 557 288**	**3 911 298**	**2 653 993**	**516 669**
北　京		4 834	21 414	5 552	16 027	14 400	1 373
天　津	3 271	37 949	106 980	46 345	110 232	72 722	8 320
河　北		15 623	84 968	143 800	150 499	92 929	963
山　西	3 535	72 022	79 174	34 324	106 284	66 314	12 922
内蒙古							
辽　宁	89 967	257 318	321 360	148 687	456 432	207 700	63 233
吉　林		105 699	120 799	48 254	130 575	123 561	20 616
黑龙江	120 600	223 500	326 500	181 500	350 100	289 600	91 800
上　海		18 411	91 637	36 900	100 265	40 497	6 166
江　苏	5 516	86 107	137 875	63 620	188 512	89 810	9 280
浙　江	11 492	22 741	59 495	29 160	80 316	26 745	4 335
安　徽	11 810	133 351	135 062	57 728	192 335	110 901	22 905
福　建	98	6 491	12 103	10 729	17 806	10 735	782
江　西	78	106 545	88 189	67 196	150 956	91 657	19 317
山　东	11 270	88 728	106 329	37 233	137 125	83 247	11 918
河　南	2 105	116 362	112 200	54 719	155 056	111 047	17 178
湖　北		197 034	282 830	108 086	320 146	238 393	29 411
湖　南	58 534	205 539	304 509	144 207	301 705	298 995	53 555
广　东	41 374	56 674	96 064	52 917	114 708	79 618	11 329
广　西	6 474	44 945	42 076	39 939	80 237	38 981	7 742
海　南		16 592	16 351	5 990	17 478	18 425	3 030
重　庆	4 547	67 804	81 429	43 710	107 218	73 945	11 780
四　川	11 797	152 155	132 061	78 369	215 798	124 001	22 786
贵　州	2 619	38 518	36 522	24 821	45 299	36 349	18 213
云　南	298	22 463	24 106	11 599	36 527	17 848	3 793
西　藏							
陕　西	6 071	216 617	94 307	14 022	168 166	138 462	18 318
甘　肃	1	71 920	48 923	23 614	75 474	58 835	10 148
青　海	763	24 347	33 766	3 241	31 030	28 195	2 129
宁　夏	870	19 068	14 262	3 154	20 630	14 550	1 304
新　疆		23 246	32 214	32 025	19 831	39 806	27 848

分地区国有企业、国有联营企业、国有独资公司下岗职工情况

（1999）

单位：人

地区	上期末结转下岗职工人数	报告期新增下岗职工人数	报告期减少下岗职工人数	报告期从再就业服务中心转出人数	再就业人数	解除、终止劳动合同人数	报告期末实有下岗职工人数
全　国	**5 916 800**	**6 185 709**	**5 577 343**	**5 305 108**	**4 904 722**	**1 563 866**	**6 525 157**
北　京	54 800	23 600	49 400	49 400	49 400	49 400	29 000
天　津	59 915	144 013	55 869	52 896	45 869	50 282	148 059
河　北	183 000	198 682	174 782	134 837	124 089	6 712	206 900
山　西	181 762	221 354	194 011	137 992	129 210	24 417	209 105
内蒙古	148 854	182 614	200 179	200 179	200 177	29 817	131 289
辽　宁	541 297	651 857	484 785	484 785	484 785	96 562	708 369
吉　林	340 426	244 536	240 921	226 163	207 658	40 696	344 041
黑龙江	528 000	744 900	532 400	480 300	480 300	52 100	740 500
上　海	122 289	197 165	208 516	208 516	179 331	185 686	110 928
江　苏	245 250	149 691	218 974	208 389	187 570	97 476	175 967
浙　江	113 920	83 907	132 958	126 487	104 143	65 799	64 869
安　徽	248 863	202 732	145 367	144 058	130 145	46 536	306 228
福　建	31 249	61 124	63 050	62 886	57 651	42 959	29 323
江　西	246 700	213 430	198 200	198 200	111 577	86 623	261 930
山　东	184 093	148 553	183 749	181 962	173 437	55 986	148 897
河　南	253 369	327 490	292 730	287 508	274 539	18 323	288 119
湖　北	386 483	494 232	425 330	410 495	353 115	87 622	455 385
湖　南	475 038	551 092	501 608	498 128	486 512	6 647	524 522
广　东	226 707	168 337	227 160	227 160	225 675	208 487	167 884
广　西	71 402	197 838	141 426	140 567	126 820	32 076	127 814
海　南	70 546	13 789	45 402	45 402	39 816	3 596	38 933
重　庆	110 825	126 237	101 927	101 927	97 831	101 927	135 136
四　川	289 164	339 153	329 219	291 495	260 942	71 621	299 098
贵　州	113 876	50 357	54 618	51 200	51 200	7 720	109 615
云　南	55 263	33 889	30 308	27 177	19 441	7 746	58 844
西　藏							
陕　西	306 148	153 419	134 621	134 621	123 534	11 087	324 946
甘　肃	138 418	124 294	105 795	96 228	89 530	6 086	156 917
青　海	37 650	44 161	20 721	17 271	16 547	531	61 090
宁　夏	39 834	6 210	6 518	5 099	3 270	1 066	39 526
新　疆	75 642	66 215	54 372	54 372	53 476	54 027	87 485

续表 1

地区	再就业服务中心实有下岗职工人数	女性	签协议人数	按生活费发放情况分组			按进中心时间分组	
				足额领取基本生活费人数	未足额领取基本生活费人数	未领到基本生活费人数	进中心1年以内	进中心1~2年
全国	**6 232 677**	**2 851 273**	**5 883 573**	**5 146 362**	**690 908**	**395 407**	**2 941 031**	**2 802 987**
北京	29 000	17 600	29 000	29 000			26 446	2 554
天津	140 656	64 215	136 436	112 525	23 912	4 219	110 557	27 125
河北	206 900	83 891	184 371	176 264	30 636		68 501	138 399
山西	177 622	71 575	171 062	165 242	6 402	5 978	81 849	92 267
内蒙古	131 289	55 627	131 289	131 289				
辽宁	604 000	290 711	580 000	401 700	143 900	58 400	239 807	287 352
吉林	274 752	117 982	274 752	274 752			143 912	130 840
黑龙江	731 500	337 900	659 900	472 000	145 400	114 100	266 300	344 600
上海	110 928	51 146	110 928	110 928			72 103	38 825
江苏	175 967	83 339	175 647	175 967			86 539	85 621
浙江	64 869	33 594	47 760	61 940	2 929		26 312	29 795
安徽	305 891	140 870	302 066	247 983	57 798	110	127 521	166 560
福建	29 323	11 532	29 323	29 323			14 054	15 171
江西	261 930	123 328	160 200	152 200	7 700	102 030	200 394	61 458
山东	147 356	66 838	128 915	129 247	16 092	2 017	60 796	78 904
河南	266 841	116 305	266 841	235 764	29 954	1 123	138 235	126 593
湖北	455 385	211 107	455 385	450 023	5 362		265 787	189 598
湖南	524 522	264 448	494 127	285 067	141 326	98 129	236 527	246 033
广东	167 884	74 960	158 947	153 208	14 546	130	63 192	66 986
广西	124 007	47 256	118 696	109 747	12 968	1 292	52 123	65 410
海南	38 933	17 451	38 933	36 872	2 061		21 678	17 255
重庆	135 136	65 913	135 136	135 136			54 441	66 148
四川	294 328	127 977	291 182	293 511	253	564	170 407	115 669
贵州	94 444	38 960	84 191	76 163	13 709	4 572	50 997	40 891
云南	55 187	24 304	54 143	54 249	709	229	26 113	28 776
西藏								
陕西	324 946	147 769	324 946	324 946			153 419	165 456
甘肃	142 546	64 014	142 546	116 095	26 031	420	72 880	69 665
青海	60 486	26 687	59 808	55 353	4 678	455	28 140	31 601
宁夏	34 133	10 148	15 527	30 875	2 066	1 192	21 182	12 338
新疆	87 485	45 142	87 485	87 485			40 591	46 894

续表 2

地　　区	进中心2~3年	按年龄分组			按接受教育程度分组		
		35 岁以下	35~46 岁	46 岁以上	初中及以下	中专、高中及相应学历	大专及以上
全　　国	**347 370**	**2 192 950**	**2 582 104**	**1 326 350**	**3 278 685**	**2 343 353**	**479 366**
北　　京		4 134	20 022	4 844	15 127	12 611	1 262
天　　津	2 974	33 687	74 224	32 745	71 059	61 453	8 144
河　　北		14 139	71 033	121 728	130 807	75 144	949
山　　西	3 506	70 192	75 197	32 233	100 828	64 078	12 716
内 蒙 古							
辽　　宁	76 841	214 331	264 486	125 183	375 672	170 772	57 556
吉　　林		105 699	120 799	48 254	130 575	123 561	20 616
黑 龙 江	120 600	223 500	326 500	181 500	350 100	289 600	91 800
上　　海		13 877	70 206	26 861	70 844	34 572	5 528
江　　苏	3 807	54 681	81 533	39 753	108 539	60 846	6 582
浙　　江	8 762	14 614	34 192	16 063	44 340	17 627	2 902
安　　徽	11 810	126 063	126 240	53 588	179 191	104 524	22 176
福　　建	98	6 491	12 103	10 729	17 806	10 735	782
江　　西	78	106 545	88 189	67 196	150 956	91 657	19 317
山　　东	7 656	60 673	64 318	22 365	85 057	53 764	8 535
河　　南	2 013	111 269	104 977	50 595	145 320	104 969	16 552
湖　　北		151 278	220 952	83 155	245 432	186 871	23 082
湖　　南	41 962	171 208	241 108	112 206	220 798	258 212	45 512
广　　东	37 706	46 605	77 781	43 498	94 485	63 460	9 939
广　　西	6 474	44 376	41 180	38 451	77 870	38 540	7 597
海　　南		16 592	16 351	5 990	17 478	18 425	3 030
重　　庆	4 547	48 780	53 766	32 590	70 595	54 572	9 969
四　　川	8 252	126 791	106 735	60 802	174 244	100 636	19 448
贵　　州	2 556	36 518	34 479	23 447	41 327	35 100	18 017
云　　南	298	21 297	22 603	11 287	33 940	17 513	3 734
西　　藏							
陕　　西	6 071	216 617	94 307	14 022	168 166	138 462	18 318
甘　　肃	1	70 887	48 283	23 376	74 465	58 192	9 889
青　　海	745	23 885	33 396	3 205	30 321	28 040	2 125
宁　　夏	613	18 049	13 272	2 812	18 981	13 886	1 266
新　　疆		23 246	32 214	32 025	19 831	39 806	27 848

分地区城镇集体企业下岗职工情况

(1999)

单位：人

地区	上期末结转下岗职工人数	报告期新增下岗职工人数	报告期减少下岗职工人数	报告期从再就业服务中心转出人数	再就业人数	解除、终止劳动合同人数	报告期末实有下岗职工人数
全国	**2 502 977**	**1 485 201**	**1 399 073**	**997 189**	**1 044 745**	**300 423**	**2 589 115**
北京	12 700	1 600	11 500	11 500	11 500	11 500	2 800
天津	20 055	44 597	12 597	12 119	10 807	11 967	52 055
河北	74 475	10 986	29 972	21 454	17 150	691	55 489
山西	48 978	10 139	10 070	2 201	1 865	327	49 047
内蒙古							
辽宁	417 671	328 370	293 536	293 536	293 536	6 718	452 505
吉林	148 240	25 858	56 965	29 387	28 356	1 079	117 133
黑龙江	247 600	274 900	128 300		122 100		394 200
上海	40 637	53 213	57 840	57 840	48 387	49 832	36 020
江苏	149 686	95 046	144 402	142 248	119 716	61 990	100 330
浙江	80 193	50 929	85 121	81 189	55 432	35 894	46 001
安徽	135 706	28 826	28 132	17 915	15 892	5 988	136 400
福建							
江西	53 200	48 082	41 696	41 696	25 961	15 735	59 586
山东	100 779	88 332	106 390	106 245	102 458	43 456	82 721
河南	138 657	35 582	52 343	22 742	22 319	1 247	121 896
湖北	192 228	74 880	61 602	32 561	26 374	7 018	205 506
湖南	193 328	51 421	17 959	4 987	4 303	539	226 790
广东	114 100	130 472	121 012	66 677	55 864	12 273	123 560
广西	4 634	970	430	430	168	64	5 174
海南	12 970	1 504	10 124	10 124	10 124	10 124	4 350
重庆	56 506	26 980	25 679		20 457	11 524	57 807
四川	108 193	49 832	54 052	34 685	25 870	7 627	103 973
贵州	18 964	4 594	3 804	2 144	2 144	18	19 754
云南	7 067	3 782	5 347	2 520	1 199	285	5 502
西藏							
陕西	101 729	18 794	17 663		16 542	1 121	102 860
甘肃	17 744	14 743	15 453	799	787	132	17 034
青海	1 588	1 629	2 349	2 153	2 140	13	868
宁夏	3 895	1 244	1 474	37	37		3 665
新疆	1 454	7 896	3 261		3 257	3 261	6 089

分地区其他企业下岗职工情况

（1999）

单位：人

地区	上期末结转下岗职工人数	报告期新增下岗职工人数	报告期减少下岗职工人数	报告期从再就业服务中心转出人数	再就业人数	解除、终止劳动合同人数	报告期末实有下岗职工人数
全　国	**293 208**	**143 823**	**179 538**	**130 629**	**117 853**	**31 095**	**257 493**
北　京							
天　津	521	1 633	927	908	867	899	1 227
河　北	3 334	252	1 014	544	374	149	2 572
山　西	1 501	1 050	668	247	156	194	1 883
内蒙古							
辽　宁	76 179	18 857	65 997	65 997	65 997	196	29 039
吉　林	8 987	2 485	6 191	2 136	2 112		5 281
黑龙江	55 300	42 600	14 900				83 000
上　海							
江　苏	16 618	12 088	17 401	17 002	14 138	13 045	11 305
浙　江	5 209	6 091	8 792	8 019	5 646	4 478	2 508
安　徽	5 020	2 381	2 779	2 027	1 429	2 012	4 622
福　建							
江　西	3 300	4 606	3 169	3 169	300	2 869	4 737
山　东	270	5 276	2 309	2 320	2 318	385	3 237
河　南	18 758	5 616	11 664	2 208	1 999	88	12 710
湖　北	34 565	12 940	8 095	4 353	3 657	1 305	39 410
湖　南	12 948	1 805	7 745	72	64	8	7 008
广　东	11 222	3 404	7 390	5 134	4 529	2 286	7 236
广　西	1 893	308	374	374	332	57	1 827
海　南	434	114	334	334	334	334	214
重　庆							
四　川	27 855	20 281	18 255	15 734	12 668	2 453	29 881
贵　州	580	464	241	39	39	14	803
云　南	120		120				
西　藏							
陕　西	8 271	548	642		628	14	8 177
甘　肃	1	234	192				43
青　海							
宁　夏	298	4	18	12	12		284
新　疆	24	786	321		254	309	489

劳动争议处理情况

（1999）　　　　单位：件

	上期未结案数	案件受理情况	
		案件数	劳动者当事人数（人）
总计	**3 840**	**120 191**	**473 957**
1. 国有企业	1 266	26 726	83 294
2. 城镇集体企业	685	18 163	67 180
3. 乡村集体企业	358	10 068	45 343
4. 外商及港、澳、台投资企业	823	27 824	150 810
5. 私营企业	349	13 929	62 503
6. 联营及股份制企业	226	6 649	26 786
7. 个体工商户	90	2 449	5 859
8. 机关社团事业单位	128	2 243	3 876
9. 其他	21	12 140	15 424

	#集体劳动争议数	集体劳动争议劳动者当事人人数（人）	用人单位申诉案件数
总计	**9 043**	**319 241**	**6 039**
1. 国有企业	1 783	55 357	1 345
2. 城镇集体企业	1 502	44 534	679
3. 乡村集体企业	766	31 137	252
4. 外商及港、澳、台投资企业	2 726	111 438	642
5. 私营企业	1 321	43 651	256
6. 联营及股份制企业	530	19 351	268
7. 个体工商户	140	2 910	83
8. 机关社团事业单位	95	1 510	85
9. 其他	37	3 089	1 118

续表 1

	劳动者申诉案件数	争议原因		
		执行劳动合同		
		劳动报酬	保险福利	劳动保护
总计	**114 152**	**44 690**	**28 832**	**7 820**
1. 国有企业	24 671	7 786	6 946	716
2. 城镇集体企业	17 311	5 892	5 642	1 219
3. 乡村集体企业	9 720	3 351	3 160	1 204
4. 外商及港、澳、台投资企业	27 173	10 827	3 606	2 419
5. 私营企业	13 517	6 292	3 381	1 525
6. 联营及股份制企业	6 303	2 210	1 837	336
7. 个体工商户	2 295	1 270	592	198
8. 机关社团事业单位	2 140	624	649	49
9. 其他	11 022	6 442	2 827	152

	职业培训	变更劳动合同	解除劳动合同	终止劳动合同	其他
总计	**615**	**3 469**	**18 108**	**8 031**	**8 626**
1. 国有企业	200	989	5 001	2 520	2 568
2. 城镇集体企业	88	393	2 454	1 036	1 429
3. 乡村集体企业	10	134	1 184	466	559
4. 外商及港、澳、台投资企业	218	1 290	5 305	2 790	1 369
5. 私营企业	42	260	1 337	339	753
6. 联营及股份制企业	37	255	990	383	601
7. 个体工商户	7	33	97	41	211
8. 机关社团事业单位	4	45	435	173	264
9. 其他	9	69	1 306	273	1 062

续表 2

	案件处理情况		
	结案案件数	处理方式	
		仲裁调解	仲裁裁决
总计	**121 289**	**39 550**	**34 712**
1. 国有企业	25 861	8 765	11 649
2. 城镇集体企业	17 687	6 247	5 569
3. 乡村集体企业	9 911	3 356	2 178
4. 外商及港、澳、台投资企业	27 651	5 178	4 762
5. 私营企业	13 686	4 494	3 583
6. 联营及股份制企业	6 436	2 451	2 347
7. 个体工商户	2 370	915	787
8. 机关社团事业单位	2 147	769	899
9. 其他	11 866	5 126	1 895

		处理结果		
	其他方式	用人单位胜诉	劳动者胜诉	双方部分胜诉
总计	**47 027**	**15 674**	**63 030**	**37 459**
1. 国有企业	5 447	4 836	12 742	7 560
2. 城镇集体企业	5 871	3 028	9 613	4 867
3. 乡村集体企业	4 377	1 972	5 156	2 685
4. 外商及港、澳、台投资企业	17 711	2 013	16 317	9 313
5. 私营企业	5 609	876	8 411	4 235
6. 联营及股份制企业	1 638	1 046	3 411	1 904
7. 个体工商户	668	214	1 390	682
8. 机关社团事业单位	479	335	1 014	777
9. 其他	4 853	1 379	5 018	5 469

续表 3

	不服裁决向法院起诉案件数	本期未结案数	其他方式调解案件数
总计	**3 903**	**6 536**	**48 505**
1. 国有企业	1 227	2 131	13 699
2. 城镇集体企业	632	1 161	7 803
3. 乡村集体企业	277	515	4 336
4. 外商及港、澳、台投资企业	487	996	6 429
5. 私营企业	340	592	6 636
6. 联营及股份制企业	297	439	4 123
7. 个体工商户	88	169	3 612
8. 机关社团事业单位	141	224	565
9. 其他	127	295	722

	用人单位调解	
	受理劳动争议案件数	调解成功案件数
总计	**51 478**	**43 837**
1. 国有企业	30 887	26 476
2. 城镇集体企业	10 946	9 313
3. 乡村集体企业	3 646	3 162
4. 外商及港、澳、台投资企业	1 652	1 306
5. 私营企业	648	444
6. 联营及股份制企业	1 839	1 456
7. 个体工商户	306	246
8. 机关社团事业单位	847	685
9. 其他	177	110

分地区企业再就业服务中心资金筹集与使用情况

(1999) 单位：千元

地区	上期末资金结转额	本期资金筹集额				
		合计	企业自筹	社会筹集	失业保险基金调剂	财政安排
全　国	**2 705 895**	**19 637 436**	**5 610 234**	**4 064 675**	**3 238 125**	**9 962 527**
北　京		418 440	139 480	139 480	139 480	139 480
天　津		558 933	119 747	105 000	105 000	334 186
河　北	5 040	608 762	167 192	128 056	61 041	313 514
山　西	34 413	582 106	135 212	82 807	63 864	364 087
内蒙古	20 091	451 235	128 906	61 146	58 252	261 183
辽　宁						
吉　林	273 940	832 973	89 657	81 000	81 000	662 316
黑龙江	462 000	1 348 000	244 000	246 000	198 000	858 000
上　海	47 108	1 525 462	579 803	462 054	448 042	483 605
江　苏	74 452	955 602	403 918	303 612	171 268	248 072
浙　江	98 358	499 027	230 676	123 056	99 335	145 295
安　徽	43 429	823 196	253 517	227 684	195 364	341 995
福　建	60 918	345 708	131 511	80 170	73 954	134 027
江　西	29 814	366 115	118 709	35 214	13 772	212 192
山　东	328 434	527 109	164 842	128 548	63 555	233 719
河　南	184 328	618 177	160 142	168 917	147 729	289 118
湖　北	195 919	1 126 424	394 517	220 899	102 843	511 008
湖　南	349 784	1 194 732	380 301	208 067	109 149	606 364
广　东	73 021	1 108 696	481 147	207 702	149 366	419 847
广　西	36 655	252 287	48 365	51 591	31 563	152 331
海　南	257	149 796	68 573	16 005	5 998	65 218
重　庆	-25 370	697 660	72 240	105 000	105 000	520 420
四　川	35 107	752 247	344 410	111 888	74 161	295 949
贵　州	19 723	270 878	59 165	8 818	4 228	202 895
云　南	5 038	218 519	57 346	56 806	55 170	104 367
西　藏						
陕　西	85 652	756 859	125 220	115 327	104 208	516 312
甘　肃	33 860	303 818	88 082	77 047	67 033	138 689
青　海	7 096	180 053	21 462	19 060	19 060	139 531
宁　夏	722	70 018	16 739	18 387	17 439	34 892
新　疆		429 520	43 650	123 660	123 660	262 210

续表 1

地　区	本期资金使用额					本期资金结余数
	合计	基本生活费	养老保险费	医疗保险费	失业保险费	
全　国	**20 262 332**	**13 162 166**	**4 829 361**	**1 039 532**	**599 905**	**2 080 999**
北　京	418 440	292 071	80 759	40 589	5 021	
天　津	558 933	391 253	111 787	33 536	22 357	
河　北	613 802	485 877	98 194	13 200	16 531	
山　西	562 941	355 659	142 442	42 593	13 614	53 578
内 蒙 古	457 881	316 761	110 267	13 017	14 424	13 445
辽　宁						
吉　林	645 015	393 683	191 317	39 572	20 443	461 898
黑 龙 江	1 728 000	1 226 880	397 440	69 120	34 560	82 000
上　海	1 439 454	601 679	358 125	199 179	11 369	133 116
江　苏	942 206	614 566	262 725	31 731	33 184	87 848
浙　江	493 738	281 826	123 590	27 134	16 592	103 647
安　徽	829 483	532 405	228 356	23 204	29 443	37 142
福　建	304 751	95 325	24 876	6 575	3 899	101 875
江　西	349 017	231 222	85 611	21 771	10 413	46 912
山　东	771 550	562 314	181 016	16 494	11 726	83 993
河　南	684 401	473 767	157 491	25 019	23 064	118 104
湖　北	1 267 983	847 690	275 153	90 440	54 700	54 360
湖　南	1 346 106	1 066 324	202 805	34 227	42 750	198 410
广　东	1 018 425	701 839	238 056	20 946	27 094	163 292
广　西	241 281	167 602	55 439	9 175	7 046	47 661
海　南	149 691	113 673	30 410	3 822	1 786	362
重　庆	770 388	400 393	256 233	52 272	30 748	－98 098
四　川	755 505	523 269	156 849	25 859	25 043	31 849
贵　州	283 787	170 341	82 601	20 888	8 780	6 814
云　南	221 367	129 274	74 387	9 572	8 134	2 190
西　藏						
陕　西	762 039	498 720	195 112	28 768	26 439	80 472
甘　肃	321 845	208 232	83 042	13 124	17 447	15 833
青　海	178 120	99 550	61 352	11 522	5 696	9 029
宁　夏	66 881	44 538	15 546	4 882	1 915	3 859
新　疆	429 520	259 291	154 534		15 695	

历年全国参加基本养老保险职工人数及离休、退休、退职人员人数

单位：人

年份	在职职工人数						
	合计	小计	国有企业	城镇集体企业	其他企业	事业、机关单位	其他
1989	48 169 054	48 169 054					
1990	52 007 013	52 007 013					
1991	56 536 574	56 536 574					
1992	77 746 588	77 746 588	65 397 591	11 767 409	581 588		
1993	80 081 670	80 081 670	65 908 407	13 185 000	988 263		
1994	84 941 412	84 941 412	70 060 861	13 245 499	1 635 052		
1995	87 377 929	87 377 929	71 307 660	13 702 616	2 367 653		
1996	87 584 105	87 584 105	70 448 888	14 554 943	2 580 274		
1997	86 709 700	86 709 700	68 883 700	14 373 400	3 452 600		
1998	84 758 275	84 758 275	66 472 468	13 702 770	4 583 037		
1999	95 018 110	86 553 337	64 544 731	14 793 375	7 215 231	6 426 399	2 038 374

年份	离休、退休、退职人员人数						
	合计	小计	国有企业	城镇集体企业	其他企业	事业、机关单位	其他
1989	8 933 544	8 933 544					
1990	9 653 101	9 653 101					
1991	10 865 757	10 865 757					
1992	16 814 953	16 814 953	13 394 192	3 384 413	36 348		
1993	18 394 447	18 394 447	14 508 839	3 759 537	126 071		
1994	20 794 000	20 794 000	16 670 513	3 935 877	187 610		
1995	22 411 584	22 411 584	17 867 127	4 289 444	255 013		
1996	23 583 113	23 583 113	17 572 209	4 668 569	342 335		
1997	25 334 300	25 334 300	19 843 300	5 084 600	406 400		
1998	27 273 130	27 273 130	21 440 754	5 253 383	578 993		
1999	29 835 976	28 601 686	21 962 007	5 705 177	934 502	1 198 408	35 882

注：1999 年国有企业包括原行业统筹数字。

历年全国基本养老保险基金收支及期末结余情况

单位：万元

年份	合计	企业				事业、机关
			国有企业	城镇集体企业	其他企业	
一、基金收入						
1989	1 467 469.48	1 467 469.48				
1990	1 788 178.26	1 788 178.26				
1991	2 157 083.85	2 157 083.85				
1992	3 657 660.00	3 657 660.00	3 116 009.00	514 493.60	27 157.40	
1993	5 035 402.00	5 035 402.00	4 121 355.00	737 853.00	51 466.00	
1994	7 074 245.00	7 074 245.00	5 986 280.00	912 068.00	175 897.00	
1995	9 500 507.00	9 500 507.00	8 025 770.00	1 112 733.00	362 004.00	
1996	11 717 639.00	11 717 639.00	9 686 402.00	1 392 106.00	639 131.00	
1997	13 379 100.00	13 379 100.00	11 308 500.00	1 362 500.00	708 100.00	
1998	11 251 329.00	11 251 329.00	8 798 279.00	1 500 975.00	952 075.00	
1999	19 651 151.00	18 718 894.00	15 670 073.00	1 798 570.00	1 250 251.00	932 257.00
二、基金支出						
1989	1 188 291.50	1 188 291.50				
1990	1 493 362.91	1 493 362.91				
1991	1 730 713.57	1 730 713.57				
1992	3 219 145.00	3 219 145.00	2 717 135.90	493 866.60	8 142.50	
1993	4 706 303.00	4 706 303.00	3 824 911.00	760 869.00	15 900.00	
1994	6 610 902.00	6 610 902.00	5 514 963.00	1 022 695.00	73 244.00	
1995	8 476 087.00	8 476 087.00	7 162 391.00	1 181 729.00	131 967.00	
1996	10 318 689.00	10 318 689.00	8 618 486.00	1 510 317.00	189 886.00	
1997	12 513 300.00	12 513 300.00	10 585 900.00	1 675 300.00	252 100.00	
1998	11 395 208.00	11 395 208.00	9 168 118.00	1 931 526.00	295 564.00	
1999	19 248 543.00	18 631 038.00	15 907 979.00	2 363 129.00	359 930.00	617 505.00
三、期末基金结余						
1989	679 898.75	679 898.75				
1990	978 759.62	978 759.62				
1991	1 440 687.97	1 440 687.97				
1992	2 206 083.30	2 206 083.30	2 012 777.60	145 977.80	47 327.90	
1993	2 585 889.00	2 585 889.00	2 373 503.00	131 676.00	80 710.00	
1994	3 047 662.00	3 047 662.00	2 839 742.00	24 636.00	183 284.00	
1995	4 298 338.00	4 298 338.00	3 904 164.00	−25 493.00	419 667.00	
1996	5 785 604.00	5 785 604.00	5 067 942.00	−160 932.00	878 594.00	
1997	6 828 500.00	6 828 500.00	5 987 700.00	−486 500.00	1 327 300.00	
1998	5 636 226.00	5 636 226.00	4 570 155.00	−917 747.00	1 983 818.00	
1999	7 335 416.00	6 441 996.00	4 925 322.00	−1 260 713.00	2 777 387.00	893 420.00

注：1997 年行业统筹的数字包括在国有企业中；1998 年不包括行业统筹的数字。

历年失业保险、医疗保险、工伤保险、生育保险参保人数及保险基金收支结余情况

单位：万元

年份	一、失业保险					
	年末参保职工人数（人）	全年发放失业救济金人数（人）	全年发放失业救济金	基金收入	基金支出	基金期末结余
1994	95 000 000	1 964 633	50 755.2			
1995	95 000 000	2 613 130	81 964.0			
1996	83 330 573	3 307 884	138 704.0	452 491.1	272 896.6	863 802.6
1997	79 613 722	3 190 445	186 780.0	469 392.3	363 294.0	969 900.9
1998	79 279 000	1 581 000	203 907.2	726 111.1	560 730.9	1 334 457.3
1999	98 519 970	2 714 046	318 722.1	1 252 395.5	916 445.7	1 598 554.7

年份	二、医疗保险（大病统筹）				
	年末参保人数（人）		基金收入	基金支出	基金期末结余
	职工	离休、退休、退职人员			
1993	2 676 094	225 182	11 355.0	13 335.0	4 343.0
1994	3 745 924	257 408	31 561.0	29 113.0	7 115.0
1995	7 026 144	432 560	96 667.0	72 835.0	30 982.0
1996	7 911 835	644 715	190 084.0	162 336.0	64 403.0
1997	10 823 373	1 730 757	294 073.0	234 002.0	127 027.0
1998	11 076 001	786 836	605 924.0	532 980.0	199 971.0
1999	10 395 529	4 318 220			

注：1999 年大病医疗费用统筹的基金收支及结存数字包括在基本医疗保险中。

续表 1

年份	三、工伤保险			
	年末参保职工人数（人）	基金收入	基金支出	基金期末结余
1993	11 034 554	23 923.0	4 144.0	31 038.0
1994	18 220 718	45 547.0	9 424.0	67 688.0
1995	26 147 640	76 000.0	18 128.0	125 574.0
1996	31 026 041	108 917.0	36 997.0	197 492.0
1997	35 077 901	135 472.0	60 716.0	276 460.0
1998	37 812 840	212 142.0	90 448.0	398 371.0
1999	39 602 843	208 781.0	119 563.0	449 216.0

年份	四、生育保险			
	年末参保职工人数（人）	基金收入	基金支出	基金期末结余
1993	5 571 653	8 476.0	5 036.0	7 614.0
1994	9 158 775	14 735.0	8 081.0	14 281.0
1995	15 002 090	28 964.0	15 816.0	27 418.0
1996	20 155 547	55 173.0	32 865.0	49 726.0
1997	24 859 097	74 436.0	49 087.0	75 200.0
1998	27 767 092	97 601.0	69 715.0	103 086.0
1999	29 453 554	107 488.0	71 274.0	139 075.0

基本养老保险情况

（1999）

单位：人

	参保职工		离退休（职）人员	
	年末数	平均数	年末数	退职
总计	**95 018 110**	**91 937 542**	**29 835 976**	**415 262**
一、企业	86 553 337	84 173 941	28 601 686	404 488
1．内资企业	83 514 819	81 340 268	28 405 023	401 569
(1) 国有企业	64 544 731	63 443 702	21 962 007	254 570
(2) 集体企业	14 793 375	14 367 743	5 705 177	137 109
(3) 其他企业	4 176 713	3 528 823	737 839	9 890
# 国有联营及独资公司	558 776	502 745	131 850	1 724
2．港、澳、台及外资企业	3 038 518	2 833 673	196 663	2 919
二、事业	4 718 417	4 435 011	929 751	7 886
三、机关	1 707 982	1 634 565	268 657	2 565
四、其他	2 038 374	1 694 025	35 882	323

	平均数	本年离退休人数	提前退休	病退
总计	**28 793 456**	**1 667 261**	**262 408**	**66 698**
一、企业	27 626 515	1 554 478	253 561	62 410
1．内资企业	27 431 293	1 535 807	252 259	62 190
(1) 国有企业	21 273 767	1 101 867	196 753	47 225
(2) 集体企业	5 492 974	370 989	44 553	13 966
(3) 其他企业	664 552	62 951	10 953	999
# 国有联营及独资公司	121 783	14 234	1 570	142
2．港、澳、台及外资企业	195 222	18 671	1 302	220
二、事业	892 583	84 174	6 417	3 921
三、机关	249 737	22 810	2 157	325
四、其他	24 621	5 799	273	42

注：国有企业包括原行业统筹数字。

分地区基本养老保险情况

（1999）

单位：人

地区	企业应参保职业人数	参保职工			覆盖率（%）
		年末数	# 企业（含私营企业）	平均数	
全国	**1 116 480 000**	**95 018 110**	**88 591 700**	**91 937 542**	**79.3**
北京	3 295 000	2 700 066	2 646 300	2 626 158	80.3
天津	2 409 000	1 981 057	1 915 000	1 968 781	79.5
河北	4 847 000	4 260 055	4 195 300	4 248 163	86.6
山西	3 415 000	2 866 327	2 860 100	2 814 502	83.8
内蒙古	2 414 000	2 243 600	1 934 700	2 184 074	80.1
辽宁	7 665 000	6 875 615	6 509 800	6 715 553	84.9
吉林	3 721 000	3 100 467	3 013 200	2 955 310	81.0
黑龙江	6 552 000	4 661 707	4 613 300	4 533 797	70.4
上海	3 713 000	4 373 471	3 606 700	4 302 764	97.1
江苏	7 082 000	6 331 360	6 331 100	6 253 920	89.4
浙江	3 848 000	4 097 391	3 789 600	3 832 540	98.5
安徽	3 766 000	3 023 493	2 985 500	2 811 891	79.3
福建	2 888 000	1 673 893	1 673 000	1 603 546	57.9
江西	2 963 000	2 465 261	2 316 100	2 416 208	78.2
山东	7 537 000	7 691 746	5 984 400	7 510 603	79.4
河南	6 158 000	5 527 218	5 257 900	5 309 707	85.4
湖北	5 656 000	4 553 123	4 492 400	4 388 946	79.4
湖南	4 444 000	3 143 557	3 143 600	3 029 364	70.7
广东	7 691 000	6 050 548	4 821 400	5 867 323	62.7
广西	2 208 000	2 034 276	1 811 700	1 973 674	82.1
海南	841 000	819 815	607 100	818 554	72.2
重庆	2 248 000	1 898 602	1 874 300	1 858 028	83.4
四川	4 534 000	3 784 851	3 739 800	3 708 449	82.5
贵州	1 618 000	1 111 213	1 002 600	1 093 931	62.0
云南	1 821 000	1 604 186	1 467 100	1 576 791	80.6
西藏	60 000	50 410	42 700	51 059	71.2
陕西	2 874 000	2 004 327	20 043	2 027 187	69.7
甘肃	1 855 000	1 426 483	1 380 600	898 005	74.4
青海	409 000	367 629	346 600	358 390	84.7
宁夏	534 000	434 008	400 700	424 190	75.0
新疆（含兵团）	2 206 000	1 688 076	1 650 600	985 792	74.8
人民银行		174 279	174 049		

续表 1

地　　区	离退休（职）人员		本年离退休人数	
	年末数	平均数		提前退休
全　　国	**29 835 976**	**28 793 456**	**1 667 261**	**262 408**
北　　京	1 088 004	1 064 067	37 060	12 068
天　　津	761 610	761 450	28 133	545
河　　北	1 188 645	1 172 858	64 673	6 902
山　　西	790 838	773 268	30 133	1 690
内 蒙 古	612 301	587 172	28 134	2 403
辽　　宁	2 576 800	2 492 950	112 119	13 588
吉　　林	894 918	874 516	44 309	3 186
黑 龙 江	1 508 826	1 468 436	62 050	13 686
上　　海	2 252 984	2 225 628	95 522	38 167
江　　苏	1 884 933	1 829 622	137 247	25 198
浙　　江	1 068 303	1 036 452	97 929	12 961
安　　徽	869 049	796 092	61 233	6 430
福　　建	523 363	510 548	34 204	4 308
江　　西	667 221	643 167	38 248	7 155
山　　东	1 698 652	1 642 381	93 583	15 793
河　　南	1 245 792	1 153 091	73 192	3 859
湖　　北	1 224 223	1 156 679	103 705	8 755
湖　　南	1 051 379	1 042 755	32 817	
广　　东	1 613 185	1 579 363	126 659	7 589
广　　西	601 925	584 127	30 759	6 434
海　　南	295 115	291 078	15 746	637
重　　庆	745 548	708 248	54 010	31 689
四　　川	1 484 602	1 429 817	94 278	22 294
贵　　州	379 302	357 847	25 963	5 447
云　　南	630 664	612 591	24 120	3 574
西　　藏	20 683	19 815	1 397	42
陕　　西	738 158	720 345	28 185	1 523
甘　　肃	415 596	263 381	18 296	1 322
青　　海	126 871	123 199	2 800	5
宁　　夏	119 747	116 976	6 828	1 208
新　　疆（含兵团）	726 608	725 520	62 674	3 910
人民银行	30 131	30 017	1 255	40

分地区失业保险基本情况

(1999)

地区	本年参保人数(千人)					
	合计	企业	国有企业	集体企业	外商投资企业	其他企业
全国	**98 519.97**	**83 003.17**	**61 918.63**	**14 721.80**	**2 807.59**	**3 555.15**
北京	3 062.00	2 174.00	1 705.00	260.00	209.00	
天津	2 044.40	1 836.00	1 307.00	306.00	198.00	25.00
河北	5 432.00	4 472.00	3 162.00	906.00	140.00	264.00
山西	2 576.00	2 335.00	2 066.00	258.00	10.00	1.00
内蒙古	2 155.50	1 607.60	1 274.10	207.80	6.10	119.60
辽宁	6 950.00	6 663.00	4 640.00	1 510.00	269.00	244.00
吉林	2 919.00	2 567.00	2 074.00	428.00	31.00	34.00
黑龙江	5 280.00	5 010.00	3 934.00	953.00	81.00	42.00
上海	4 316.00	3 542.00	1 957.00	621.00	493.00	471.00
江苏	7 556.00	6 268.00	3 747.00	1 832.00	432.00	257.00
浙江	3 655.00	2 828.00	1 378.00	766.00	177.00	507.00
安徽	3 458.29	2 838.91	1 905.63	669.69	30.16	233.43
福建	1 463.69	1 344.81	971.95	193.41	138.59	40.86
江西	2 111.10	1 796.30	1 604.00	156.10	12.30	23.90
山东	6 243.00	5 652.00	3 960.20	1 382.80	180.00	129.00
河南	6 310.00	4 879.00	3 553.00	870.00	24.00	432.00
湖北	5 175.60	4 235.37	3 520.48	619.25	66.26	29.38
湖南	3 530.00	2 870.00	2 440.00	400.00	10.00	20.00
广东	4 407.25	4 032.39	3 227.24	499.24	149.08	156.83
广西	2 254.27	1 589.94	1 380.08	141.50	26.00	42.36
海南	562.10	389.40	301.30	50.00	21.50	16.60
重庆	2 045.00	1 725.00	1 311.00	364.00	24.00	26.00
四川	4 619.30	3 805.20	2 917.10	607.80	38.00	242.30
贵州	1 262.00	1 002.00	890.00	92.00		20.00
云南	1 810.00	1 309.00	1 084.00	165.00	14.00	46.00
西藏	57.00	44.00	44.00			
陕西	3 140.00	2 708.00	2 495.00	143.00	20.00	50.00
甘肃	1 593.40	1 326.90	1 117.10	170.40	4.90	34.50
青海	493.44	374.10	307.96	62.64		3.50
宁夏	372.00	335.00	310.00	20.00		5.00
新疆(含兵团)	1 666.63	1 443.25	1 334.49	67.17	2.70	38.89

续表 1

地　　区	事业单位	其他单位	本年月平均领取失业保险金人数（人）	领取失业保险金人数（人）	# 下岗转失业人数	# 当年再就业人数
全　　国	**14 766.04**	**750.76**	**1 012 017**	**2 714 046**	**134 284**	**471 600**
北　　京	706.00	182.00	29 900	42 820	4 300	21 785
天　　津	208.00	0.40	47 269	73 228	1 286	2 949
河　　北	960.00		17 007	32 987	204	13 231
山　　西	237.00	4.00	5 786	23 710	30	12 495
内 蒙 古	510.60	37.30	14 761	46 724	3 855	13 966
辽　　宁	266.00	21.00	117 133	155 350	602	38 659
吉　　林	348.00	4.00	21 944	33 104		
黑 龙 江	268.00	2.00	19 846	84 136	12 439	15 013
上　　海	767.00	7.00	179 883	507 737	44 000	8 643
江　　苏	1 261.00	27.00	84 084	130 009	10 559	39 851
浙　　江	656.00	171.00	95 738	226 692	14 787	53 719
安　　徽	602.84	16.54	24 005	40 249	9 038	6 966
福　　建	118.88		20 074	37 149	5 332	12 357
江　　西	307.20	7.60	3 694	8 586	2 390	3 963
山　　东	583.00	8.00	72 070	121 507	3 722	34 986
河　　南	1 380.00	51.00	21 204	51 527	1 701	28 004
湖　　北	924.07	16.16	30 248	67 707	7 501	22 596
湖　　南	630.00	30.00	16 137	57 556	2 535	17 570
广　　东	349.09	25.77	64 019	129 824	6 407	31 764
广　　西	659.05	5.28	22 941	30 042		10 645
海　　南	147.60	25.10	2 803	5 424		
重　　庆	320.00		25 778	46 770	1 063	14 505
四　　川	783.90	30.20	33 931	651 969		32 178
贵　　州	253.00	7.00	1 741	5 721	141	510
云　　南	471.00	30.00	17 208	45 000		26 000
西　　藏	13.00		60	62		
陕　　西	392.00	40.00	4 946	10 956	561	1 406
甘　　肃	264.60	1.90	7 797	26 301	87	3 697
青　　海	119.15	0.19	2 293	3 371		1 762
宁　　夏	37.00		1 307	4 431		1 056
新　　疆（含兵团）	223.06	0.32	6 410	13 397	1 744	1 324

分地区失业保险基金收支情况

(1999)

单位：万元

地区	本年基金收入					本年基金支出	
	合计	失业保险费		利息	财政补助	合计	失业保险金
		单位缴费	职工个人缴费				
全　国	**1 252 395.50**	**833 878.77**	**321 067.97**	**59 630.33**	**6 865.17**	**916 145.71**	**318 722.06**
北　京	49 432.00	37 975.00	7 348.00	4 109.00		44 577.00	14 471.00
天　津	35 107.00	22 907.00	11 453.00	747.00		31 251.00	16 393.00
河　北	44 598.56	31 852.37	10 450.59	2 013.97	97.60	30 501.93	8 056.03
山　西	20 138.00	12 040.00	5 751.00	1 925.00		12 208.00	1 443.00
内蒙古	24 303.10	12 766.43	6 114.78	1 194.64	1 641.82	16 474.91	5 445.30
辽　宁	67 409.00	48 081.00	16 738.00	2 149.00	10.00	73 542.00	33 644.00
吉　林	19 286.00	12 094.00	5 296.00	1 813.00	4.00	16 381.00	4 884.00
黑龙江	51 730.00	26 601.00	8 871.00	3 008.00	7.00	30 715.00	7 132.00
上　海	161 975.00	115 799.00	46 176.00			147 405.00	61 317.00
江　苏	116 530.00	74 643.00	35 443.00	5 118.00	1 183.00	83 121.00	22 946.00
浙　江	79 403.00	52 409.00	21 049.00	4 334.00	1 127.00	60 079.00	30 097.00
安　徽	38 220.23	24 958.02	10 071.61	2 383.64	602.20	38 349.91	5 821.86
福　建	21 734.52	13 765.95	6 684.72	1 071.30	37.41	15 601.58	8 121.95
江　西	13 570.00	7 778.00	3 889.00	1 727.00		7 595.00	842.00
山　东	77 067.00	51 442.00	13 027.00	4 136.00	253.00	44 049.00	18 756.00
河　南	55 248.36	35 649.07	16 382.26	2 582.56	340.60	32 621.04	4 904.65
湖　北	43 201.19	28 958.44	10 655.43	2 033.19	184.40	30 530.33	6 450.03
湖　南	31 902.00	19 033.00	9 504.00	2 633.00	618.00	20 728.00	2 654.00
广　东	79 021.41	60 255.48	15 043.20	3 408.31	81.00	52 216.63	33 279.75
广　西	25 352.94	16 379.54	6 048.75	1 974.88		11 227.44	3 886.36
海　南	3 911.30	3 192.32	222.35	413.72		2 731.01	1 041.54
重　庆	21 131.00	13 327.00	6 534.00	1 174.00	95.00	16 257.00	6 463.00
四　川	47 011.24	29 477.90	14 554.97	2 787.74	112.97	35 091.18	7 147.20
贵　州	13 139.00	8 398.00	4 040.00	648.00	15.00	2 245.00	394.00
云　南	27 292.56	17 693.22	8 087.74	1 085.07		16 725.53	5 464.63
西　藏	1 474.00	933.00	466.00	75.00		240.00	22.00
陕　西	30 030.00	22 536.00	6 317.00	1 107.00	40.00	17 840.00	2 933.00
甘　肃	16 197.48	8 976.50	4 633.21	2 199.86	264.68	9 370.65	1 191.48
青　海	4 915.70	3 243.53	1 345.02	305.11		2 498.48	392.24
宁　夏	3 100.00	1 783.00	1 027.00	290.00		1 926.00	538.00
新　疆(含兵团)	28 963.91	18 931.00	7 844.34	1 183.34	150.49	12 046.09	2 590.04

续表 1

地　区	医疗补助金	职业培训补贴	职业介绍补贴	调剂用于再就业服务中心资金	其他	本年末滚存结余
全　国	**13 985.63**	**45 817.49**	**28 505.06**	**408 894.96**	**91 639.97**	**1 598 554.69**
北　京	915.00	3 152.00	1 195.00	18 000.00	6 838.00	72 166.00
天　津	1 568.00	1 004.00	479.00	10 905.00	740.00	27 719.00
河　北	84.00	2 155.50	1 119.70	10 458.00	7 808.62	60 827.33
山　西	20.00	567.00	16.00	8 609.00	665.00	46 470.00
内蒙古	74.13	216.75	31.62	7 832.86	2 532.00	24 675.74
辽　宁	1 343.00	2 193.00	272.00	33 152.00	2 593.00	43 207.00
吉　林	51.00	297.00		11 128.00	17.00	32 958.00
黑龙江	138.00	981.00	116.00	16 631.00	5 715.00	67 547.00
上　海	2 220.00	7 927.00	15 114.00	55 790.00	3 613.00	80 488.00
江　苏	1 056.00	3 259.00	5 672.00	43 877.00	4 810.00	134 543.00
浙　江	1 180.00	2 517.00	893.00	20 522.00	2 537.00	106 660.00
安　徽	168.74	2 418.06	1 013.38	22 078.06	6 795.06	37 183.67
福　建	277.83	240.87	164.19	6 448.80	308.39	37 086.51
江　西	60.00	666.00		4 461.00	1 566.00	42 760.00
山　东	478.00	2 317.00	304.00	18 908.00	3 160.00	90 757.00
河　南	202.25	3 748.64	99.27	13 608.64	10 039.33	87 942.43
湖　北	295.06	3 513.54	930.71	15 968.46	3 294.60	52 425.03
湖　南	90.00	965.00	143.00	9 973.00	6 869.00	73 861.00
广　东	1 820.36	1 896.00	46.00	10 177.95	4 867.57	107 766.95
广　西	133.47	974.75	209.88	3 592.45	2 426.38	47 886.70
海　南	5.43	133.93	5.88	1 168.17	373.11	11 299.24
重　庆	360.00	962.00	129.00	5 568.00	2 769.00	30 169.00
四　川	679.70	614.00	215.30	22 147.64	4 261.48	66 415.14
贵　州	16.00	76.00	62.00	1 279.00	418.00	26 206.00
云　南	442.41	1 058.14		6 900.49	2 839.47	42 881.03
西　藏	1.00			189.00	28.00	2 808.00
陕　西	34.00	847.00	53.00	11 413.00	2 559.00	41 369.00
甘　肃	62.37	593.03	31.91	6 891.99	598.37	32 146.65
青　海	7.98	180.25	15.48	1 892.79	5.74	9 914.93
宁　夏	12.00	128.00		1 100.00	147.00	6 589.00
新　疆（含兵团）	189.90	216.03	173.74	8 223.66	445.85	53 826.34

参加基本医疗保险人员情况

（1999）

	参保人数（人）			
	年末人数		平均人数	
	在职职工	退休人员	在职职工	退休人员
总计	**4 599 555**	**1 240 773**	**4 475 278**	**1 220 385**
一、企业	3 918 009	1 120 652	3 836 223	1 109 159
1. 内资企业	3 482 508	1 099 052	3 406 434	1 089 758
(1) 国有企业	2 602 754	847 944	2 551 849	841 215
(2) 集体企业	589 639	215 474	592 597	214 927
(3) 其他	290 115	35 634	261 988	33 616
#国有联营及独资公司	44 498	6 789	43 231	6 219
2. 港、澳、台及外资企业	435 501	21 600	429 789	19 401
二、事业	461 190	81 192	439 166	72 485
三、机关	201 444	38 852	183 418	38 664
四、其他	18 912	77	16 471	77

参加生育保险人员情况

（1999）

单位：人

	参保职工人数	本年享受生育保险待遇人数	本年生育人数
总计	**29 453 554**	**282 858**	**233 293**
一、企业	28 854 820	277 840	229 282
1. 内资企业	27 857 289	254 614	217 351
(1) 国有企业	20 816 837	196 207	165 893
(2) 集体企业	5 710 297	46 017	41 072
(3) 其他企业	1 330 155	12 390	10 386
#国有联营及独资公司	244 560	2 192	2 087
2. 港、澳、台及外资企业	997 531	23 226	11 931
二、事业单位	368 661	3 148	2 430
三、机关	137 950	1 602	1 326
四、其他	92 123	268	255

基本医疗保险基金支出情况

（1999）

	参保职工				
	门（急）诊		住院		
	费用支出（万元）	门（急）诊人次	费用支出（万元）	住院人次（人）	累计住院床日（日）
总计	**592 540 216**	**12 372 531**	**427 350 036**	**238 806**	**1 907 489**
一、县及县以上医院	428 790 216	7 874 489	361 580 036	189 894	1 677 646
# 二级医院	222 310 000	3 541 585	138 890 000	98 112	815 317
三级医院	93 930 000	1 672 224	131 570 000	41 456	517 250
二、基层医疗机构	98 170 000	3 125 127	46 080 000	44 669	186 240
三、其他	65 580 000	1 372 915	19 690 000	4 243	43 603

	退休人员				
	门（急）诊		住院		
	费用支出（万元）	门（急）诊人次	费用支出（万元）	住院人次（人）	累计住院床日（日）
总计	**244 343 841**	**4 906 800**	**385 267 304**	**175 044**	**1 639 035**
一、县及县以上医院	163 953 841	3 535 524	333 307 304	149 808	1 408 968
# 二级医院	65 400 000	1 071 233	112 010 000	63 938	525 313
三级医院	46 610 000	943 134	138 710 000	40 037	480 060
二、基层医疗机构	29 960 000	633 213	30 570 000	19 281	169 188
三、其他	50 430 000	738 063	21 390 000	5 955	60 879

分地区参加基本医疗保险人员和基本医疗保险基金收支及期末结余情况

（1999）

地区	参保人数（人）				基金收支情况（万元）		
	年末人数		平均人数		基金收入	基金支出	期末结余
	在职职工	退休人员	在职职工	退休人员			
全　国	**4 599 555**	**1 240 773**	**4 475 278**	**1 220 385**	**494 030**	**367 063**	**325 198**
北　京					113 897	107 170	42 987
天　津	170 540	30 730	162 016	30 806			
河　北					4 154	3 587	3 119
山　西					3 423	3 136	2 250
内蒙古	48 931	12 700	38 382	9 826	4 602	2 616	4 339
辽　宁	355 993	183 382	363 946	189 617	41 353	37 780	11 186
吉　林					5 957	5 118	3 466
黑龙江	268 630	86 801	241 405	79 675	4 158	3 460	1 507
上　海							
江　苏	212 716	95 865	211 467	94 314	16 272	15 943	2 329
浙　江	128 535	41 103	130 620	42 175	66 094	41 916	51 137
安　徽	38 523	6 755	37 394	6 701	1 058	1 059	296
福　建	4 512	1 204	4 102	1 031	949	967	602
江　西	225 487	52 960	221 094	52 308	9 683	9 920	5 006
山　东	1 533 512	412 642	1 517 293	409 179	41 975	31 899	35 656
河　南	24 785	5 367	17 697	5 870	7 954	7 430	3 080
湖　北	43 414	13 278	43 545	13 220	1 628	1 479	953
湖　南					1 281	1 075	570
广　东	826 406	80 718	804 676	80 039	98 224	46 850	105 196
广　西	56 821	14 093	55 036	12 703	1 945	1 709	1 508
海　南	134 075	34 717	128 650	33 355	6 466	6 188	2 826
重　庆					2 149	1 820	329
四　川	406 350	127 286	377 811	118 488	56 770	33 461	44 605
贵　州							
云　南					3	21	25
西　藏							
陕　西	99 877	36 775	99 877	36 775	2 927	1 648	1 326
甘　肃	5 088	1 147	5 088	1 147	459	422	338
青　海	15 360	3 250	15 179	3 156	644	384	554
宁　夏					5	5	8
新　疆							
新疆生产建设兵团							

分地区大病医疗及离退休人员医疗费用社会统筹情况

单位：万元

地区	1998					1999	
	参保职工人数（人）	参保离退休人员人数（人）	基金收入	基金支出	期末结余	参保职工人数（人）	参保离退休人员人数（人）
全　国	**11 076 001**	**786 836**	**605 924**	**532 980**	**199 971**	**10 395 529**	**4 318 220**
北　京	2 203 772		86 828	81 696	36 260	1 595 442	755 450
天　津							
河　北	249 977	185 933	4 254	3 684	2 552	252 991	70 101
山　西	611 833	91 707	3 167	2 658	1 963	664 892	114 926
内蒙古	64 458	11 565	4 299	2 401	2 384	61 085	11 095
辽　宁	32 689	10 298	50 524	47 366	7 613	44 051	33 888
吉　林	362 805	79 786	5 644	4 924	2 627	374 345	87 407
黑龙江	15 504	12 091	3 842	3 574	809	12 112	8 237
上　海	3 268 000		217 200	216 500	700	3 582 764	1 973 446
江　苏	83 281	1 063	15 092	14 076	2 000	201 893	54 478
浙　江	1 690 289	44 671	46 675	34 593	26 958	1 343 200	487 557
安　徽	9 345	2 461	1 574	1 468	224	8 219	3 297
福　建	9 821	10 184	926	780	544	23 299	12 659
江　西	265 176	18 541	9 605	6 821	5 243	211 331	19 963
山　东	149 244	26 351	42 123	35 660	25 580	144 856	28 897
河　南	180 503	60 361	8 162	7 229	2 556	240 554	94 767
湖　北	88 312	60 180	1 530	1 382	804	150 377	35 584
湖　南	67 151	45 957	1 460	1 392	364	51 567	33 824
广　东	315 764		50 718	22 876	53 822	248 556	81 996
广　西	22 427	5 919	2 064	1 635	1 272	7 989	2 213
海　南			11 582	13 905	2 237	3 685	733
重　庆	74 973	21 881	2 307	1 625	1 084	78 099	22 958
四　川	1 268 237	91 751	33 146	23 915	21 296	1 066 149	378 627
贵　州							
云　南			48	24	43		
西　藏							
陕　西	10 483		24	23	47		
甘　肃	31 957	5 975	421	374	301	28 073	5 961
青　海			489	275	294		
宁　夏		161	2	2	8		156
新　疆			2 218	2 122	386		
新疆生产建设兵团							

注：1999 年大病医疗费用统筹的基金收支及结存数字包括在基本医疗保险中。

参加工伤保险人员情况

（1999）

单位：人

	职工人数	享受工伤待遇的人数				
		合计	一至四级	五至六级	七至十级	其他
总计	**40 082 705**	**152 882**	**24 962**	**21 674**	**80 433**	**25 813**
一、企业	39 290 835	151 884	24 827	21 413	79 963	25 681
1．内资企业	35 699 486	150 112	24 408	21 268	78 896	25 540
（1）国有企业	26 672 439	123 268	21 259	17 774	61 542	22 693
（2）集体企业	7 063 121	17 572	2 596	2 614	9 989	2 373
（3）其他企业	1 963 926	9 272	553	880	7 365	474
#国有联营及独资公司	202 396	83	25	8	31	19
2．港、澳、台及外资企业	3 591 349	1 772	419	145	1 067	141
二、事业	586 302	932	121	258	446	107
三、机关	160 195	36	5	3	11	17
四、其他	45 373	30	9		13	8

	因工死亡人数	享受职业病待遇的人数				
		合计	一至四级	五至六级	七至十级	其他
总计	**4 835**	**12 394**	**6 928**	**1 886**	**2 931**	**642**
一、企业	4 801	12 344	6 889	1 879	2 928	641
1．内资企业	4 658	12 276	6 864	1 865	2 901	639
（1）国有企业	3 841	11 234	6 398	1 662	2 656	511
（2）集体企业	609	804	397	155	212	40
（3）其他企业	208	238	69	48	33	88
#国有联营及独资公司	10					
2．港、澳、台及外资企业	143	68	25	14	27	2
二、事业	27	46	35	7	3	1
三、机关	5					
四、其他	2	4	4			

分地区参加工伤保险职工人数和工伤保险基金收支及期末结余情况

单位：万元

地　区	1998			
	参保职工人数（人）	基金收入	基金支出	期末结余
全　国	**37 812 840**	**212 142**	**90 448**	**398 371**
北　京				
天　津				
河　北	1 625 226	3 150	1 740	5 719
山　西	872 725	1 214	609	3 027
内蒙古	180 257	432	322	698
辽　宁	3 834 898	13 287	12 022	21 584
吉　林	756 875	1 996	1 321	4 944
黑龙江	547 896	629	223	1 318
上　海				
江　苏	4 038 380	16 418	5 978	29 378
浙　江	2 299 699	10 706	2 779	23 572
安　徽	394 913	757	134	1 103
福　建	1 260 374	8 645	2 875	17 661
江　西	1 520 346	4 667	1 997	12 008
山　东	2 264 652	6 827	3 003	10 241
河　南	1 406 135	3 808	960	6 150
湖　北	1 899 376	4 180	3 036	9 572
湖　南	486 948	3 097	1 135	6 699
广　东	7 672 738	104 373	39 045	194 554
广　西	1 345 421	5 096	2 227	13 383
海　南	483 687	1 737	683	6 214
重　庆	307 187	1 033	487	2 095
四　川	2 406 547	9 794	4 429	19 057
贵　州	19 272	39	12	132
云　南	1 017 511	6 355	3 790	4 607
西　藏				
陕　西	252 257	701	181	626
甘　肃	121 229	324	69	636
青　海	92 097	256	122	221
宁　夏	143 207	534	497	957
新　疆	57 306	618	244	591
新疆生产建设兵团	505 681	1 469	528	1 624

续表 1

地　区	1999 参保职工人数（人）	基金收入	基金支出	期末结余
全　国	**39 602 843**	**208 781**	**154 164**	**449 216**
北　京				
天　津	78 193	1 340	509	2 422
河　北	1 539 641	3 164	2 733	6 150
山　西	839 458	1 073	476	3 624
内蒙古	212 967	523	430	791
辽　宁	3 709 989	14 871	10 420	22 853
吉　林	674 313	1 461	1 031	5 374
黑龙江	1 037 972	1 621	495	2 444
上　海				
江　苏	4 542 827	19 939	7 212	42 104
浙　江	2 310 633	13 871	4 272	33 171
安　徽	606 369	1 349	392	2 060
福　建	1 289 519	10 598	4 373	23 888
江　西	1 453 112	5 269	2 439	14 838
山　东	2 496 937	8 346	3 519	15 068
河　南	1 698 551	3 263	1 530	7 883
湖　北	1 837 949	3 785	2 096	11 261
湖　南	479 862	3 057	1 065	8 691
广　东	7 983 202	85 076	92 490	205 140
广　西	1 367 965	5 374	3 012	15 745
海　南	516 324	2 110	735	7 589
重　庆	329 118	1 378	666	2 807
四　川	2 252 743	9 845	7 149	2 162
贵　州	18 666	38	6	164
云　南	996 389	7 501	4 854	7 254
西　藏				
陕　西	269 815	927	516	1 037
甘　肃	116 003	357	141	852
青　海	92 811	403	286	338
宁　夏	138 658	651	458	1 150
新　疆	252 790			
新疆生产建设兵团	460 067	1 591	859	2 356

分地区参加生育保险职工人数及生育保险基金收支结余情况

单位：万元

地区	1998			
	职工人数（人）	基金收入	基金支出	期末结余
全国	**27 767 092**	**97 601**	**69 715**	**103 086**
北京				
天津				
河北	1 539 732	3 358	2 737	3 190
山西	1 213 689	1 992	1 314	3 315
内蒙古	276 952	503	412	531
辽宁	2 027 654	7 045	5 398	6 304
吉林	595 265	1 332	799	3 003
黑龙江	328 710	466	361	216
上海				
江苏	4 277 900	20 659	16 305	18 522
浙江	2 026 654	8 651	4 585	17 380
安徽	171 458	401	343	256
福建	1 006 283	3 073	2 497	2 750
江西	1 477 482	3 142	2 184	4 689
山东	2 410 391	9 536	8 253	6 093
河南	1 549 853	1 964	1 019	2 200
湖北	1 688 183	3 401	2 166	3 599
湖南	190 701	502	329	376
广东	2 171 109	13 507	9 086	14 297
广西	914 695	3 030	1 944	3 911
海南				
重庆	185 573	344	238	193
四川	1 940 419	6 304	4 747	5 887
贵州	11 594	13	9	12
云南	974 291	5 664	3 285	3 968
西藏				
陕西	58 827	175	137	188
甘肃	78 746	168	101	119
青海	85 663	287	263	121
宁夏	109 326	266	316	-63
新疆	26 440	380	165	248
新疆生产建设兵团	429 502	1 438	722	1 781

续表 1

地　区	1999					
	职工人数（人）	本年享受生育保险待遇人数（人）	本年生育人数	基金收入	基金支出	期末结余
全　国	**29 453 554**	**282 858**	**233 293**	**107 488**	**71 274**	**139 075**
北　京						
天　津	75 497	12 662	1 474			
河　北	1 429 444	11 294	9 838	3 337	2 723	3 804
山　西	1 216 432	5 215	4 798	1 672	1 238	3 749
内 蒙 古	264 619	2 588	2 062	587	391	735
辽　宁	1 981 709	14 227	10 662	6 799	4 198	9 111
吉　林	565 177	4 767	2 808	1 080	379	3 704
黑 龙 江	503 179	5 202	4 818	682	424	474
上　海						
江　苏	4 465 128	40 698	37 523	22 564	14 185	26 901
浙　江	2 138 565	20 459	19 602	9 151	5 232	21 300
安　徽	335 164	1 400	1 193	643	450	449
福　建	996 621	9 292	7 410	3 694	2 968	3476
江　西	1 419 753	10 854	10 454	3 355	2 215	5 829
山　东	2 654 384	33 204	30 775	10 345	8 001	8 437
河　南	2 160 850	14 046	10 835	3 480	2 198	3 482
湖　北	1 890 646	13 795	13 473	3 809	2 508	4 900
湖　南	155 634	1 550		391	413	354
广　东	2 103 160	22 682	16 472	14 131	9 704	18 724
广　西	1 006 401	7 935	7 598	3 537	2 264	5 184
海　南						
重　庆	247 782	2473	2242	617	282	335
四　川	1 918 669	17 187	16 868	8 834	4 800	9 921
贵　州	11 696	86	85	13	12	13
云　南	966 711	17 701	10 246	6 128	4796	5 300
西　藏						
陕　西	57 147	435	429	181	101	268
甘　肃	75 305	550	464	173	124	168
青　海	85 381	472	309	375	283	213
宁　夏	105 738	1 792	1 439	354	408	－117
新　疆	237 952	3 194	2 695			
新疆生产建设兵团	384 810	7 098	6 721	1 556	977	2 361

六、保险福利

历年全国离休、退休、退职人员年末人数

年份	合计	国有单位	城镇集体单位	其他单位	离退休、退职人数与职工人数的比例（以离退休、退职人数为1）
一、绝对数（千人）					
1982	11 130	8 650	2 480		1:10.1
1983	12 920	10 150	2 770		1:8.9
1984	14 780	10 620	4 120	40	1:8.0
1985	16 370	11 650	4 670	50	1:7.5
1986	18 050	13 030	4 960	60	1:7.1
1987	19 680	14 240	5 380	60	1:6.7
1988	21 200	15 440	5 680	80	1:6.4
1989	22 010	16 290	5 620	100	1:6.2
1990	23 010	17 240	5 660	110	1:6.1
1991	24 330	18 330	5 880	120	1:6.0
1992	25 980	19 720	6 090	170	1:5.7
1993	27 800	21 430	5 960	410	1:5.4
1994	29 290	22 490	6 200	600	1:5.1
1995	30 941	24 014	6 206	721	1:4.8
1996	32 116	25 153	6 155	808	1:4.6
1997	33 507	26 374	6 217	916	1:4.4
1998	35 936	27 827	6 042	2 044	1:4.0
1999	37 269				1:3.7
二、比上年增长（%）					
1982	17.2	16.9	18.1		
1983	16.1	17.3	11.7		
1984	14.4	4.6	48.7		
1985	10.8	9.7	13.3	25.0	
1986	10.3	11.8	6.2	20.0	
1987	9.0	9.3	8.5		
1988	7.7	8.4	5.6	33.3	
1989	3.8	5.5	-1.1	25.0	
1990	4.5	5.8	0.7	10.0	
1991	5.7	6.3	3.9	9.1	
1992	6.8	7.6	3.6	41.7	
1993	7.0	8.7	2.1	141.2	
1994	5.4	4.9	4.0	46.3	
1995	5.6	6.8	0.1	20.2	
1996	3.8	4.7	-0.8	12.1	
1997	4.3	4.9	1.0	13.4	
1998	7.2	5.5	-2.8	123.1	
1999	3.7				

注：本表包括民政部门和总后勤部事业单位支付离休、退休、退职费的人数。

分地区离休、退休、退职人员年末人数

（1999）

单位：千人

地　　区	合计	离休人员	退休人员	领取定期生活费的退职人员
全　　国	**37 269**	**1 759**	**34 687**	**823**
#民政部门	240	33	207	
总后事业单位	33	2	31	
北　　京	1 705	91	1 562	52
天　　津	878	28	833	18
河　　北	1 486	115	1 348	24
山　　西	974	74	883	17
内 蒙 古	725	36	678	10
辽　　宁	2 895	143	2 674	79
吉　　林	1 092	66	1 008	19
黑 龙 江	1 797	106	1 655	37
上　　海	2 512	77	2 408	27
江　　苏	2 385	96	2 215	73
浙　　江	1 251	40	1 173	38
安　　徽	1 185	66	1 092	27
福　　建	791	24	749	18
江　　西	813	28	771	14
山　　东	1 756	150	1 529	77
河　　南	1 682	121	1 535	26
湖　　北	1 654	58	1 569	28
湖　　南	1 515	40	1 445	31
广　　东	1 937	76	1 838	24
广　　西	746	20	714	12
海　　南	296	8	269	19
重　　庆	890	17	857	17
四　　川	1 944	43	1 866	37
贵　　州	602	24	572	7
云　　南	861	41	807	14
西　　藏	38	1	38	
陕　　西	933	53	853	27
甘　　肃	574	28	532	14
青　　海	190	10	177	3
宁　　夏	178	12	160	6
新　　疆	532	21	498	12

注：本表包括民政部门和总后勤部支付离休、退休、退职费的人数。

分地区离休、退休、退职人员年末人数

（1999）

单位：千人

地　区	合计	离休人员	退休人员	领取定期生活费的退职人员
全　国	**36 996**	**1 724**	**34 449**	**823**
北　京	1 673	88	1 533	52
天　津	872	27	828	18
河　北	1 473	112	1 337	24
山　西	969	73	879	17
内蒙古	721	35	675	10
辽　宁	2 874	139	2 656	79
吉　林	1 087	65	1 004	19
黑龙江	1 795	105	1 653	37
上　海	2 508	76	2 405	27
江　苏	2 367	94	2 200	73
浙　江	1 243	39	1 166	38
安　徽	1 180	65	1 088	27
福　建	780	23	739	18
江　西	807	27	765	14
山　东	1 736	145	1 514	77
河　南	1 674	119	1 529	26
湖　北	1 641	56	1 558	28
湖　南	1 506	39	1 436	31
广　东	1 926	75	1 827	24
广　西	743	20	712	12
海　南	295	8	268	19
重　庆	886	16	853	17
四　川	1 935	42	1 857	37
贵　州	600	23	570	7
云　南	855	40	802	14
西　藏	37	1	37	
陕　西	927	52	848	27
甘　肃	572	27	530	14
青　海	188	10	175	3
宁　夏	177	12	159	6
新　疆	530	21	496	12

注：本表不包括民政部门支付离休、退休、退职费的人数。

分地区企业单位离休、退休、退职人员年末人数

（1999）

单位：千人

地区	总计				# 国有企业			
	合计	离休人员	退休人员	领取定期生活费的退职人员	合计	离休人员	退休人员	领取定期生活费的退职人员
全　国	**28 677**	**887**	**27 128**	**661**	**20 189**	**736**	**19 054**	**399**
北　京	1 340	46	1 249	45	1 002	42	943	17
天　津	731	15	700	16	503	12	483	8
河　北	1 103	54	1 030	20	808	43	753	12
山　西	759	36	710	13	616	31	580	6
内蒙古	528	16	504	8	295	12	278	6
辽　宁	2 468	83	2 313	72	1 636	69	1 531	37
吉　林	871	34	821	15	683	30	642	11
黑龙江	1 502	66	1 405	32	1 268	60	1 185	24
上　海	2 136	31	2 081	25	1 449	26	1 411	13
江　苏	1 867	42	1 764	61	1021	31	963	27
浙　江	942	17	896	28	484	12	460	12
安　徽	882	31	828	23	578	24	544	10
福　建	585	9	562	13	401	8	384	9
江　西	595	14	569	13	349	10	330	9
山　东	1 321	71	1 202	48	856	51	779	25
河　南	1 240	54	1 164	22	868	41	811	16
湖　北	1 278	28	1 228	22	897	23	860	15
湖　南	1 093	19	1 048	26	829	17	793	19
广　东	1 440	37	1 385	18	899	30	857	13
广　西	510	9	492	9	371	7	357	7
海　南	243	4	220	18	223	4	202	18
重　庆	690	8	668	14	501	7	486	8
四　川	1 420	22	1 369	29	978	18	941	19
贵　州	402	10	387	5	340	10	326	4
云　南	580	18	552	10	456	15	433	8
西　藏	18		17		18		17	
陕　西	701	28	657	16	568	24	532	12
甘　肃	427	15	404	8	366	13	346	6
青　海	121	4	116	1	101	4	97	1
宁　夏	124	5	115	3	105	5	97	3
新　疆	359	11	339	9	321	10	303	8

分地区事业单位离休、退休、退职人员年末人数

（1999）　　单位：千人

地　区	总计 合计	总计 离休人员	总计 退休人员	总计 领取定期生活费的退职人员	#地方 合计	#地方 离休人员	#地方 退休人员	#地方 领取定期生活费的退职人员
全　国	**5 805**	**405**	**5 306**	**94**	**4 929**	**331**	**4 515**	**82**
北　京	232	26	202	4	142	9	131	2
天　津	115	7	107	1	94	5	88	1
河　北	261	28	231	3	238	26	210	3
山　西	133	16	115	3	116	14	99	3
内蒙古	131	9	121	1	118	8	109	1
辽　宁	310	33	271	5	263	29	229	4
吉　林	172	19	150	3	149	17	130	2
黑龙江	195	20	171	4	156	17	136	3
上　海	235	10	224	1	189	7	181	1
江　苏	374	26	340	7	331	22	302	7
浙　江	218	10	202	5	204	9	189	5
安　徽	200	15	183	2	169	12	155	2
福　建	129	5	121	3	114	5	107	3
江　西	142	6	135	1	119	5	114	1
山　东	270	36	220	14	251	34	204	13
河　南	296	34	260	2	262	30	229	2
湖　北	259	15	240	4	224	12	209	3
湖　南	291	10	278	3	249	8	238	3
广　东	346	16	326	3	305	14	289	3
广　西	168	5	162	2	154	4	148	2
海　南	35	1	33		30	1	29	
重　庆	142	4	137	1	123	3	119	1
四　川	352	9	339	5	303	7	292	4
贵　州	117	4	112	1	107	4	102	1
云　南	194	11	181	2	145	7	136	2
西　藏	12		12		12		12	
陕　西	172	13	152	7	119	9	105	5
甘　肃	102	6	93	3	69	4	62	2
青　海	36	2	34	1	29	2	27	1
宁　夏	35	3	31	1	32	2	29	1
新　疆	116	4	110	2	112	4	106	2

分地区机关单位离休、退休、退职人员年末人数

（1999）

单位：千人

地区	总计				#地方			
	合计	离休人员	退休人员	领取定期生活费的退职人员	合计	离休人员	退休人员	领取定期生活费的退职人员
全　国	**2 515**	**432**	**2 015**	**68**	**2 321**	**394**	**1 863**	**64**
北　京	100	15	82	3	73	8	64	2
天　津	26	5	21	1	25	5	20	
河　北	109	30	76	2	104	29	73	2
山　西	77	21	55	1	70	19	50	1
内蒙古	62	10	51	1	59	10	48	1
辽　宁	96	23	72	2	90	21	67	2
吉　林	45	11	33	1	42	11	30	1
黑龙江	97	19	76	2	83	16	66	1
上　海	137	36	100	1	135	35	99	1
江　苏	126	25	96	4	117	23	91	4
浙　江	84	12	68	4	81	12	65	4
安　徽	98	20	76	2	86	17	68	2
福　建	66	8	56	2	62	7	53	2
江　西	69	7	62		65	7	58	
山　东	145	38	92	15	140	37	88	15
河　南	137	31	104	2	128	29	97	2
湖　北	104	13	90	2	97	12	83	2
湖　南	121	9	110	2	104	8	95	2
广　东	140	21	116	3	132	20	110	2
广　西	65	6	58	1	60	6	54	1
海　南	18	2	15		17	2	15	
重　庆	53	4	48	1	50	4	45	1
四　川	163	11	149	3	156	10	143	3
贵　州	80	8	71	1	78	8	70	1
云　南	82	11	69	2	69	9	58	2
西　藏	8		8		8		7	
陕　西	54	11	38	4	51	11	36	4
甘　肃	43	6	33	3	37	5	29	3
青　海	31	4	26	1	27	3	22	1
宁　夏	19	4	14	1	19	4	14	1
新　疆	55	7	47	1	53	6	45	1

历年全国保险福利费用总额

年份	合计	国有单位			城镇集体单位	其他单位	保险福利费用总额相当于工资总额的%
			民政部门支付	总后事业单位			
一、绝对数（亿元）							
1980	136.4	119.3	3.3		17.1		17.7
1981	154.9	135.7	3.3		19.2		18.9
1982	180.5	157.0	3.2		23.5		20.5
1983	212.5	182.7	3.2		29.8		22.7
1984	257.7	213.4	3.0		43.4	0.9	22.7
1985	327.4	270.5	3.7		55.7	1.2	23.7
1986	413.5	338.8	3.3		72.6	2.1	24.9
1987	501.7	410.7	4.0		88.0	3.0	26.7
1988	655.5	540.0	6.6		110.8	4.7	28.3
1989	768.0	635.6	7.5		126.4	6.0	29.3
1990	937.9	777.3	7.2		152.8	7.8	31.8
1991	1 094.7	912.5	7.6		171.8	10.4	32.9
1992	1 309.5	1 095.8	9.2		198.8	14.9	33.2
1993	1 670.2	1 386.5	12.0		238.6	45.1	34.0
1994	1 958.1	1 646.2	17.5		248.1	63.8	29.4
1995	2 361.3	1 980.4	19.4		294.5	86.4	29.9
1996	2 725.3	2 296.6	20.1		317.8	110.9	30.0
1997	3 043.5	2 578.8	22.7	1.9	336.2	128.5	32.4
1998	3 360.7	2 797.4	26.1	3.6	324.4	234.7	35.2
二、比上年增长（%）							
1980	27.1	25.7	17.9		37.9		
1981	13.6	13.7			12.3		
1982	16.5	15.7	-3.0		22.4		
1983	17.7	16.4			26.8		
1984	21.3	16.8	-6.3		45.6		
1985	27.0	26.8	23.3		28.3	33.3	
1986	26.3	25.2	-10.8		30.3	75.0	
1987	21.3	21.2			21.2	42.9	
1988	30.7	31.5	65.0		25.9	56.7	
1989	17.2	17.7	13.6		14.1	27.7	
1990	22.1	22.3	-4.0		20.9	30.0	
1991	16.7	17.4	5.6		12.4	42.5	
1992	19.6	20.1	21.1		15.7	43.3	
1993	27.5	26.5	30.4		20.0	202.7	
1994	17.2	18.9	45.8		4.0	41.5	
1995	20.6	20.3	10.9		18.7	35.4	
1996	15.4	16.0	3.6		7.9	28.4	
1997	11.7	12.3	12.9		5.8	15.9	
1998	10.4	8.5	15.0	89.5	-3.5	82.6	

历年全国离休、退休、退职费

年份	离休、退休、退职费用总额（亿元）						平均每人离休、退休、退职费（元）	
	合计	民政部门支付	总后事业单位	国有单位	城镇集体单位	其他单位	合计	#国有单位
一、绝对数								
1982	73.1	3.2		62.1	11.0		709.0	774.0
1983	87.3	3.2		74.0	13.3		726.0	787.0
1984	106.1	3.0		84.6	21.2	0.3	766.0	815.0
1985	145.6	3.7		116.1	29.1	0.4	935.0	1 043.0
1986	172.2	3.3		140.6	31.0	0.6	1 001.0	1 139.0
1987	208.1	4.0		171.9	35.3	0.8	1 103.0	1 261.0
1988	275.1	6.6		220.5	53.2	1.4	1 346.0	1 486.0
1989	319.4	7.5		258.9	59.1	1.4	1 478.0	1 632.0
1990	396.2	7.2		319.7	74.7	1.8	1 760.0	1 907.0
1991	467.5	7.6		380.7	84.5	2.3	1 975.0	2 141.0
1992	578.5	9.2		474.3	100.8	3.4	2 300.0	2 493.0
1993	759.3	12.0		623.2	123.9	12.2	2 824.0	3 029.0
1994	1 043.6	17.5		875.9	146.2	21.5	3 656.0	3 989.0
1995	1 305.6	19.4		1 093.1	182.4	30.1	4 335.0	4 701.0
1996	1 552.2	20.1		1 308.2	204.0	40.0	4 923.0	5 321.0
1997	1 790.8	22.7	1.9	1 517.6	225.2	48.0	5 458.0	5 890.0
1998	2 073.7	26.1	3.6	1 726.0	229.0	114.8	5 972.0	6 369.0
1999	2 420.9	29.6	3.1				6 614.0	
二、比上年增长（%）								
1983	19.4			19.2	20.9		2.4	1.7
1984	21.5	－6.3		14.3	59.4		5.5	3.6
1985	37.2	23.3		37.2	37.3	33.3	22.1	8.0
1986	18.3	－10.8		21.1	6.5	50.0	7.1	9.2
1987	20.8	21.2		22.3	13.9	33.3	10.2	0.7
1988	32.2	65.0		28.3	50.7	75.0	22.0	17.8
1989	16.1	13.6		17.4	11.1		9.8	9.8
1990	24.0	－4.0		23.5	26.4	28.6	19.1	16.9
1991	18.0	5.6		19.1	13.1	27.8	12.2	12.3
1992	23.7	21.1		24.6	19.3	47.8	16.5	16.4
1993	31.3	30.4		31.4	22.9	258.8	22.8	21.5
1994	37.4	45.8		40.5	18.0	76.2	29.5	31.7
1995	25.1	10.9		24.8	24.8	40.0	18.6	17.8
1996	18.9	3.6		19.7	11.8	32.9	13.6	13.2
1997	15.4	12.9		16.0	10.4	20.0	10.9	10.7
1998	15.8	15.0	89.5	13.8	1.7	139.2	9.4	8.1
1999	16.7	13.4	－13.9				10.8	

注：1. 本表数字不包括离休、退休、退职职工的医疗卫生费。
2. 本表1985—1988年的数字不包括根据1985年有关规定发给离休、退休、退职职工的肉类等价格补贴。

历年全国享受公费医疗、劳保医疗人数及医疗卫生费情况

年份	享受医疗保险平均人数（万人）			医疗卫生费（亿元）			人均医疗卫生费（元）
	合计	职工	离休、退休、退职人员	合计	单位支付	大病统筹医疗费支付	
一、绝对数							
1988	15 304.0	13 260.0	2 044.0	183.4	183.4		120
1989	15 695.7	13 535.2	2 160.5	224.4	224.4		143
1990	16 038.7	13 787.7	2 251.0	268.6	268.6		167
1991	16 573.7	14 206.7	2 367.0	315.0	315.0		190
1992	17 044.4	14 528.9	2 515.5	372.7	372.7		219
1993	17 273.2	14 584.2	2 689.0	461.0	459.8	1.2	267
1994	17 523.0	14 668.5	2 854.5	561.2	558.4	2.8	321
1995	17 682.1	14 670.6	3 011.5	660.7	653.8	6.9	374
1996	17 774.6	14 621.7	3 152.9	737.0	721.8	15.2	415
1997	17 817.5	14 536.3	3 281.2	797.1	773.7	23.4	447
1998	17 781.5	14 309.3	3 472.2	834.0	780.7	53.3	469
二、比上年增长（%）							
1989	2.6	2.1	5.7	22.4	22.4		19.2
1990	2.2	1.9	4.2	19.7	19.7		16.8
1991	3.3	3.0	5.2	17.3	17.3		13.8
1992	2.8	2.3	6.3	18.3	18.3		15.3
1993	1.3	0.4	6.9	23.7	23.4		21.9
1994	1.4	0.6	6.2	21.7	21.4	133.3	20.2
1995	0.9		5.5	17.7	17.1	146.4	16.5
1996	0.5	-0.3	4.7	11.5	10.4	120.3	11.0
1997	0.2	-0.6	4.1	8.2	7.2	53.9	7.7
1998	-0.8	-1.6	5.8	4.6	0.9	127.8	4.9

分地区享受公费医疗、劳保医疗人数及医疗卫生费情况

地区	1998				
	职工和离休、退休、退职人员平均人数（万人）	医疗卫生费（亿元）			人均医疗卫生费（元）
		合计	单位支付	大病统筹医疗费支付	
全国	**17 781.5**	**834.0**	**780.7**	**53.3**	**469**
北京	608.0	69.5	61.3	8.2	1 143
天津	362.7	20.4	20.4		562
河北	804.5	29.6	29.2	0.4	368
山西	537.0	18.2	17.9	0.3	339
内蒙古	401.1	8.0	7.8	0.2	199
辽宁	1 200.5	44.4	39.7	4.7	370
吉林	584.0	17.1	16.6	0.5	293
黑龙江	931.9	21.2	20.8	0.4	227
上海	637.4	96.2	74.5	21.7	1 509
江苏	1 095.0	59.6	58.2	1.4	544
浙江	585.4	45.5	42.1	3.4	777
安徽	605.7	24.1	24.0	0.1	398
福建	428.2	12.5	12.4	0.1	292
江西	481.1	11.7	11.0	0.7	243
山东	1 092.7	45.3	41.7	3.6	415
河南	981.0	27.8	27.1	0.7	283
湖北	870.0	28.7	28.6	0.1	330
湖南	740.2	24.0	23.9	0.1	324
广东	1 056.6	72.1	69.8	2.3	682
广西	409.9	14.0	13.8	0.2	342
海南	126.3	5.1	3.7	1.4	404
重庆	364.5	15.9	15.7	0.2	436
四川	845.2	34.1	31.7	2.4	403
贵州	282.9	10.1	10.1		357
云南	390.7	26.5	26.5		678
西藏	19.8	0.8	0.8		405
陕西	478.9	16.3	16.3		340
甘肃	296.9	10.3	10.3		347
青海	81.3	3.5	3.5		431
宁夏	89.1	3.4	3.4		382
新疆	394.1	18.2	18.0	0.2	462

分地区离休、退休、退职人员人数及人均离休、退休、退职费

地区	1998			1999		
	离休、退休、退职人员平均人数（万人）	离休、退休、退职费（亿元）	人均离休、退休、退职费（元）	离休、退休、退职人员平均人数（万人）	离休、退休、退职费（亿元）	人均离休、退休、退职费（元）
全国	**3 444.1**	**2 044.0**	**5 935**	**3 632.3**	**2 388.2**	**6 575**
北京	149.9	116.4	7 765	161.5	139.4	8 632
天津	86.5	55.1	6 370	87.9	61.7	7 019
河北	141.4	90.2	6 379	146.8	95.8	6 526
山西	91.6	52.4	5 721	96.2	57.3	5 956
内蒙古	62.5	34.0	5 440	69.7	45.2	6 485
辽宁	273.0	135.1	4 949	284.6	160.2	5 629
吉林	105.2	56.9	5 409	112.0	66.6	5 946
黑龙江	167.7	87.2	5 200	176.0	106.4	6 045
上海	213.8	146.0	6 829	234.3	162.7	6 944
江苏	222.2	137.2	6 175	232.3	170.0	7 318
浙江	115.5	81.3	7 039	121.5	104.3	8 584
安徽	111.1	62.3	5 608	118.8	71.6	6 027
福建	67.1	35.0	5 216	75.3	44.0	5 843
江西	79.7	34.0	4 266	81.2	40.4	4 975
山东	164.1	110.5	6 734	170.5	129.9	7 619
河南	149.6	84.6	5 655	163.2	101.5	6 219
湖北	148.3	85.0	5 732	158.8	101.9	6 417
湖南	147.3	74.6	5 064	149.7	82.6	5 518
广东	176.1	116.5	6 616	185.8	129.9	6 991
广西	75.1	38.2	5 087	75.3	41.5	5 511
海南	28.5	11.6	4 070	29.8	12.8	4 295
重庆	83.5	38.8	4 647	85.9	45.8	5 332
四川	182.9	94.8	5 183	191.6	110.2	5 752
贵州	57.6	32.8	5 694	60.0	39.3	6 550
云南	81.5	60.3	7 399	84.8	69.7	8 219
西藏	3.2	4.0	12 500	3.7	4.4	11 892
陕西	85.8	47.9	5 583	91.5	51.8	5 661
甘肃	54.4	36.8	6 765	56.8	43.7	7 694
青海	18.4	14.7	7 989	18.7	15.6	8 342
宁夏	15.2	8.9	5 855	16.8	11.1	6 607
新疆	85.4	61.1	7 155	53.0	45.9	8 660
新疆生产建设兵团				42.1	24.8	5 891

注：1. 本表不包括民政部门及总后事业单位支付离休、退休、退职费的人数及其费用。
2. 本表不包括离休、退休、退职人员的医疗卫生费。

企业在岗职工福利费用情况

(1999)

单位：千元

	合计	集体福利设施及集体福利事业补贴费	医疗卫生费
总计	**69 538 061**	**17 133 684**	**32 267 275**
(一) 按隶属关系分组			
1. 中央	21 465 846	4 881 145	10 246 065
2. 省、自治区、直辖市	18 392 864	4 195 272	8 236 483
3. 地区	18 574 149	4 852 417	8 853 795
4. 县及县以下	10 540 270	3 026 275	4 702 674
5. 其他	564 931	178 576	228 259
(二) 按企业登记注册类型分组			
1. 内资企业	65 189 080	15 681 626	30 812 228
①国有企业	51 030 347	11 997 739	24 662 896
②集体企业	6 534 441	1 679 085	3 022 757
③其他企业	7 624 292	2 004 801	3 126 574
#国有联营企业	364 123	109 283	173 287
集体联营企业	182 640	68 591	66 875
国有独资公司	1 972 938	538 997	886 916
股份合作企业	2 004 581	524 885	903 066
2. 港、澳、台商投资企业	1 938 555	645 085	718 046
3. 外商投资企业	2 410 426	806 973	737 001

	文体宣传费	其他
总计	**5 990 565**	**14 146 537**
(一) 按隶属关系分组		
1. 中央	1 777 591	4 561 045
2. 省、自治区、直辖市	2 198 029	3 763 080
3. 地区	1 226 196	3 641 741
4. 县及县以下	751 022	2 060 300
5. 其他	37 726	120 371
(二) 按企业登记注册类型分组		
1. 内资企业	5 483 865	13 211 361
①国有企业	4 084 460	10 285 252
②集体企业	575 967	1 256 631
③其他企业	823 438	1 669 479
#国有联营企业	21 860	59 693
集体联营企业	24 394	22 779
国有独资公司	133 782	413 242
股份合作企业	132 890	443 740
2. 港、澳、台商投资企业	206 192	369 232
3. 外商投资企业	300 507	565 944

全部离休、退休、退职人员人数及保险福利费用构成情况
（1999）

	离休、退休、退职人员人数（人）			
	合计	离休人员	退休人员	领取定期生活费的退职人员
总计	**36 996 459**	**1 724 349**	**34 449 072**	**823 038**
一、企业	28 676 520	887 420	27 127 825	661 275
#地方	21 576 763	554 029	20 512 335	510 399
1.内资企业	28 408 201	883 034	26 869 535	655 632
①国有企业	20 188 914	736 142	19 054 195	398 577
②集体企业	5 799 548	89 229	5 500 615	209 704
③其他企业	2 419 739	57 663	2 314 725	47 351
#国有联营企业	108 918	1 967	105 550	1 401
集体联营企业	34 308	245	33 298	765
国有独资公司	716 103	21 318	686 048	8 737
股份合作企业	612 189	14 205	583 109	14 875
2.港、澳、台商投资企业	154 640	2 695	149 184	2 761
3.外商投资企业	113 679	1 691	109 106	2 882
二、事业	5 805 099	404 863	5 306 490	93 746
#地方	4 928 933	331 360	4 515 362	82 211
三、机关	2 514 840	432 066	2 014 757	68 017
#地方	2 320 991	394 169	1 863 093	63 729

续表 1

	保险福利费用构成（千元）		
	合计	离休金	退休金
总计	**270 831 980**	**18 605 259**	**203 519 519**
一、企业	188 682 820	9 458 339	146 303 497
#地方	129 615 918	5 831 822	102 369 057
1. 内资企业	186 622 522	9 407 740	144 670 511
①国有企业	143 555 074	7 932 566	109 456 188
②集体企业	27 376 421	841 522	22 789 488
③其他企业	15 691 028	633 651	12 424 835
#国有联营企业	650 964	22 368	504 898
集体联营企业	165 515	2 680	137 190
国有独资公司	5 245 499	230 291	4 126 697
股份合作企业	3 504 667	135 484	2 795 310
2. 港、澳、台商投资企业	1 149 673	26 569	904 074
3. 外商投资企业	910 624	24 030	728 912
二、事业	56 837 618	4 660 859	41759 990
#地方	46 659 577	3 668 897	34 824 445
三、机关	25 311 542	4 486 061	15 456 033
#地方	23 004 228	4 040 070	14 168 117

	退职生活费	医疗卫生费	其他
总计	**2 724 474**	**32 012 936**	**13 969 791**
一、企业	2 174 507	21 174 921	9 571 556
#地方	1 614 627	14 461 445	5 338 966
1. 内资企业	2 153 566	20 894 292	9 496 414
①国有企业	1 424 585	16 786 564	7 955 171
②集体企业	555 895	2 269 196	920 320
③其他企业	173 086	1 838 533	620 923
#国有联营企业	5 757	90 312	27 629
集体联营企业	2 953	17 039	5 653
国有独资公司	50 438	613 234	224 839
股份合作企业	41 130	401 575	131 168
2. 港、澳、台商投资企业	10 820	162 970	45 240
3. 外商投资企业	10 121	117 659	29 902
二、事业	342 792	6 990 489	3 083 489
#地方	291 155	5 464 899	2 410 182
三、机关	207 176	3 847 526	1 314 747
#地方	184 160	3 454 125	1 157 755

分地区企业在岗职工福利费用情况

（1999）

单位：千元

地 区	合计	集体福利设施及集体福利事业补贴费	医疗卫生费	文体宣传费	其他
全 国	**69 538 061**	**17 133 684**	**32 267 275**	**5 990 565**	**14 146 537**
北 京	4 431 006	372 853	3 069 311	123 932	864 910
天 津	1 631 533	227 258	1 006 712	42 767	354 796
河 北	2 530 774	544 756	1 258 348	107 742	619 928
山 西	2 108 670	784 216	873 704	69 530	381 220
内 蒙 古	883 015	250 738	390 259	49 759	192 259
辽 宁	3 766 668	834 485	2 070 170	169 867	692 147
吉 林	2 118 852	724 592	941 030	100 136	353 095
黑 龙 江	2 452 799	625 687	1 189 408	106 444	531 260
上 海	5 354 500	574 906	63 688	2 858 350	1 857 556
江 苏	5 374 577	1 269 610	2 913 774	207 254	983 939
浙 江	3 291 377	676 262	1 699 588	121 839	793 687
安 徽	2 001 480	550 327	1 061 466	100 869	288 819
福 建	1 377 389	494 664	503 510	68 331	310 884
江 西	1 160 539	371 163	475 362	61 246	252 768
山 东	4 305 605	1 125 480	2 072 763	281 182	826 180
河 南	2 755 118	760 879	1 290 184	209 223	494 832
湖 北	2 301 534	616 026	1 088 004	215 061	382 443
湖 南	1 773 845	464 454	892 212	72 446	344 733
广 东	6 832 014	2 341 190	2 858 969	419 180	1 212 675
广 西	1 256 210	298 155	632 388	70 373	255 294
海 南	338 574	112 714	161 073	19 938	44 849
重 庆	1 209 138	248 113	650 205	67 583	243 237
四 川	2 863 711	701 154	1 500 915	119 938	541 704
贵 州	791 337	191 323	405 965	34 842	159 207
云 南	1 980 204	576 694	1 019 711	86 242	297 557
西 藏	76 664	21 112	30 085	3 305	22 162
陕 西	1 393 988	463 692	629 616	68 292	232 388
甘 肃	1 127 783	365 212	505 901	39 852	216 818
青 海	240 646	83 247	102 752	12 358	42 289
宁 夏	378 623	131 831	156 120	14 932	75 740
新 疆	951 691	205 686	515 421	33 528	197 056
附：大连	478 197	125 205	238 661	34 224	80 107
宁波					
厦门					
青岛					
深圳	479 924	75 312	248 017	20 734	135 861

分地区全部离休、退休、退职人员保险福利费用构成情况

（1999）

单位：千元

地　区	合计	离休金	退休金	退职生活费	医疗卫生费	其他
全　国	**270 831 980**	**18 605 259**	**203 519 519**	**2 724 474**	**32 012 936**	**13 969 791**
北　京	16 765 923	1 112 259	11 486 302	205 831	2 830 561	1 130 970
天　津	7 010 025	329 595	5 290 682	58 891	838 037	492 820
河　北	10 585 778	1 056 787	8 020 665	86 258	1 012 217	409 851
山　西	6 244 545	632 874	4 788 011	36 540	506 548	280 572
内蒙古	4 843 422	349 070	3 836 603	31 569	322 839	303 341
辽　宁	17 499 529	1 507 454	13 576 080	158 252	1 477 926	779 816
吉　林	7 190 958	594 978	5 756 691	47 174	531 528	260 587
黑龙江	11 454 528	906 686	8 892 297	92 123	807 504	755 918
上　海	19 370 972	724 831	14 537 331	115 013	3 101 490	892 307
江　苏	19 365 512	1 339 830	14 629 244	255 800	2 373 497	767 140
浙　江	12 702 154	607 318	8 990 215	151 842	2 267 973	684 807
安　徽	8 322 128	738 033	6 029 934	95 203	1 155 001	303 957
福　建	4 908 101	319 291	3 790 937	58 653	510 073	229 147
江　西	4 443 109	211 504	3 649 386	36 433	398 428	147 358
山　东	14 530 722	1 876 191	10 078 327	329 580	1 541 968	704 656
河　南	11 222 575	1 026 380	8 340 680	168 303	1 065 637	621 575
湖　北	11 521 697	676 913	9 112 108	101 147	1 332 928	298 601
湖　南	9 252 349	384 466	7 304 045	72 541	986 881	504 416
广　东	15 639 887	856 599	10 821 922	101 408	2 649 982	1 209 976
广　西	4 569 391	186 034	3 626 175	38 660	420 019	298 503
海　南	1 378 010	96 322	1 112 635	28 927	104 521	35 604
重　庆	5 256 857	167 365	4 128 213	40 216	676 815	244 248
四　川	12 390 012	439 697	9 728 818	116 350	1 372 909	732 238
贵　州	4 399 698	257 621	3 392 383	22 293	471 690	255 711
云　南	8 205 576	490 630	5 886 306	46 540	1 234 958	547 142
西　藏	473 048	11 945	409 063	492	29 839	21 709
陕　西	5 766 703	470 356	4 396 165	47 046	590 875	262 261
甘　肃	4 707 252	311 381	3 663 594	35 274	342 492	354 511
青　海	1 684 397	112 655	1 347 790	12 164	117 230	94 558
宁　夏	1 237 217	91 769	927 033	12 182	124 849	81 384
新　疆	5 189 838	274 983	4 056 937	58 528	599 139	200 251

分地区企业单位离休、退休、退职人员保险福利费用构成情况

（1999）

单位：千元

地区	合计	离休金	退休金	退职生活费	医疗卫生费	其他
全国	**188 682 820**	**9 458 339**	**146 303 497**	**2 174 507**	**21 174 921**	**9 571 556**
北京	12 344 180	549 276	8 991 867	169 830	2 059 432	573 775
天津	5 362 939	171 818	4 207 247	53 188	563 899	366 787
河北	7 245 969	458 202	5 699 045	61 831	722 342	304 549
山西	4 690 864	323 896	3 744 634	29 516	377 218	215 600
内蒙古	3 223 377	156 879	2 571 237	22 582	230 998	241 681
辽宁	13 586 201	897 342	10 889 043	144 176	1 017 619	638 020
吉林	5 288 467	308 330	4 386 729	37 971	348 292	207 145
黑龙江	8 876 203	525 122	7 069 096	80 848	597 627	603 510
上海	15 000 142	432 828	11 963 308	101 263	1 854 245	648 498
江苏	13 019 010	590 717	10 151 642	204 895	1 609 056	462 700
浙江	8 465 929	245 215	6 203 462	114 347	1 468 187	434 718
安徽	5 505 436	336 413	4 128 861	82 686	766 560	190 916
福建	2 679 795	114 875	2 080 618	34 076	318 870	131 356
江西	2 923 329	91 337	2 461 300	30 526	250 821	89 345
山东	10 332 036	1 034 087	7 448 840	275 944	1 033 311	539 854
河南	7 806 819	503 640	5 956 524	135 089	710 086	501 480
湖北	8 341 071	362 408	6 775 398	74 754	956 167	172 345
湖南	5 944 895	173 557	4 791 073	52 999	587 210	340 056
广东	10 174 837	426 003	7 251 964	73 694	1 770 716	652 460
广西	2 794 356	77 610	2 172 285	29 571	267 743	247 147
海南	917 259	49 626	745 436	26 513	73 175	22 508
重庆	3 642 145	82 008	2 953 874	32 184	428 397	145 682
四川	8 183 582	229 121	6 536 223	86 809	850 951	480 478
贵州	2 694 724	116 301	2 092 488	13 026	287 718	185 191
云南	4 881 659	196 583	3 528 807	34 232	728 011	394 026
西藏	153 316	3 571	131 585	226	9 364	8 570
陕西	3 876 113	219 253	3 098 629	30 079	357 380	170 772
甘肃	3 378 308	167 139	2 656 977	19 724	240 885	293 583
青海	831 481	40 535	676 076	4 000	59 825	51 045
宁夏	801 008	38 101	620 726	7 285	72 054	62 842
新疆	3 281 252	127 880	2 581 481	48 090	383 263	140 538

分地区国有企业离休、退休、退职人员保险福利费用构成情况

（1999）

单位：千元

地　区	合计	离休金	退休金	退职生活费	医疗卫生费	其他
全　国	**143 555 074**	**7 932 566**	**109 456 188**	**1 424 585**	**16 786 564**	**7 955 171**
北　京	9 834 817	503 322	7 076 150	71 253	1 714 449	469 643
天　津	3 959 474	140 868	3 052 029	29 835	462 991	273 751
河　北	5 645 649	358 590	4 387 546	41 462	602 654	255 397
山　西	4 141 947	281 585	3 296 246	20 460	344 104	199 552
内蒙古	1 962 973	109 361	1 462 809	16 721	170 467	203 615
辽　宁	10 148 905	742 600	7 930 367	62 757	844 134	569 047
吉　林	4 627 966	272 816	3 824 171	29 739	314 893	186 346
黑龙江	8 084 987	481 728	6 390 626	67 679	561 515	583 439
上　海	10 039 390	352 325	7 891 652	40 828	1 311 749	442 836
江　苏	7 748 336	440 980	5 836 154	91 883	1 042 253	337 067
浙　江	5 145 572	183 244	3 627 379	49 797	968 002	317 149
安　徽	4 015 434	264 298	2 930 126	32 659	632 377	155 974
福　建	1 968 269	97 069	1 492 429	24 884	251 595	102 292
江　西	2 194 817	77 984	1 810 921	23 504	206 325	76 083
山　东	7 394 826	817 582	5 120 628	234 813	812 801	409 002
河　南	5 972 402	401 473	4 431 627	118 970	578 747	441 584
湖　北	6 498 545	313 797	5 185 726	52 785	809 418	136 818
湖　南	4 886 191	147 988	3 870 683	41 538	511 266	314 716
广　东	7 023 903	353 169	4 834 006	53 498	1 302 310	480 919
广　西	2 134 288	61 341	1 655 973	21 825	206 964	188 185
海　南	850 966	43 880	690 307	25 860	69 949	20 969
重　庆	2 933 869	71 041	2 358 226	21 437	355 225	127 941
四　川	6 346 703	192 843	5 030 525	58 638	665 261	399 435
贵　州	2 481 417	108 588	1 917 687	11 464	264 395	179 283
云　南	3 931 392	163 843	2 813 118	23 221	582 396	348 814
西　藏	153 316	3 571	131 585	226	9 364	8 570
陕　西	3 407 654	195 757	2 717 928	23 046	313 593	157 330
甘　肃	3 087 371	152 044	2 416 741	16 756	226 648	275 182
青　海	738 522	36 568	597 597	3 546	54 482	46 329
宁　夏	704 590	33 753	542 482	6 474	62 499	59 382
新　疆	3 057 419	119 918	2 398 509	44 482	360 364	134 146

分地区事业单位离休、退休、退职人员保险福利费用构成情况

(1999)　　单位：千元

地区	合计	离休金	退休金	退职生活费	医疗卫生费	其他
全国	**56 837 618**	**4 660 859**	**41 759 990**	**342 792**	**6 990 489**	**3 083 489**
北京	3 112 692	361 701	1 814 342	23 197	525 522	387 930
天津	1 291 756	92 031	905 616	4 440	195 165	94 504
河北	2 264 697	285 882	1 723 581	15 310	174 790	65 134
山西	969 068	132 354	712 097	4 172	80 301	40 144
内蒙古	1 067 490	83 040	882 749	5 534	59 483	36 684
辽宁	2 849 763	365 207	2 048 161	10 910	323 334	102 151
吉林	1 484 722	174 279	1 131 275	6 668	131 828	40 672
黑龙江	1 753 257	203 232	1 285 250	9 021	131 789	123 965
上海	3 257 246	180 310	2 162 759	10 042	707 112	197 023
江苏	4 644 004	378 280	3 477 496	35 708	528 992	223 528
浙江	3 060 904	181 933	2 125 506	21 402	559 209	172 853
安徽	1 799 212	169 233	1 311 806	7 754	233 222	77 196
福建	1 462 745	86 500	1 165 516	15 339	127 782	67 608
江西	1 003 362	51 676	817 860	3 707	96 299	33 820
山东	2 699 638	416 324	1 900 169	24 543	250 204	108 398
河南	2 328 542	273 201	1 716 313	20 235	230 128	88 665
湖北	2 206 063	174 625	1 663 196	15 263	260 117	92 862
湖南	2 258 088	112 788	1 782 980	12 623	240 070	109 627
广东	3 821 231	191 981	2 621 103	18 410	594 061	395 676
广西	1 280 310	51 252	1 072 515	6 153	116 379	34 011
海南	299 727	14 895	255 967	1 382	19 612	7 870
重庆	1 090 077	38 458	831 030	4 926	152 963	62 700
四川	2 789 198	96 139	2 181 271	17 416	327 599	166 772
贵州	983 669	51 201	782 266	6 320	100 893	42 989
云南	2 312 895	149 352	1 706 017	8 884	335 732	112 910
西藏	197 270	3 514	172 607	168	13 240	7 741
陕西	1 435 000	147 585	1 041 240	11 074	165 959	69 142
甘肃	935 089	70 435	742 872	10 533	69 465	41 784
青海	391 977	21 255	323 949	2 757	23 056	20 960
宁夏	296 763	22 626	224 052	2 410	35 182	12 493
新疆	1 294 795	55 131	1 039 361	5 893	155 543	38 867

分地区机关单位离休、退休、退职人员保险福利费用构成情况

(1999)

单位：千元

地　区	合计	离休金	退休金	退职生活费	医疗卫生费	其他
全　国	**25 311 542**	**4 486 061**	**15 456 033**	**207 176**	**3 847 526**	**1 314 747**
北　京	1 309 051	201 282	680 093	12 804	245 607	169 265
天　津	355 330	65 746	177 819	1 263	78 973	31 529
河　北	1 075 112	312 703	598 039	9 117	115 085	40 168
山　西	584 613	176 624	331 280	2 852	49 029	24 828
内蒙古	552 555	109 151	382 617	3 453	32 358	24 976
辽　宁	1 063 564	244 904	638 876	3 166	136 973	39 645
吉　林	417 769	112 368	238 688	2 535	51 408	12 769
黑龙江	825 068	178 332	537 951	2 254	78 088	28 443
上　海	1 113 584	111 693	411 264	3 708	540 133	46 786
江　苏	1 702 498	370 834	1 000 107	15 196	235 449	80 912
浙　江	1 175 322	180 170	661 246	16 092	240 576	77 237
安　徽	1 017 481	232 387	589 267	4 762	155 219	35 846
福　建	765 561	117 916	544 803	9 238	63 421	30 183
江　西	516 418	68 491	370 226	2 200	51 308	24 193
山　东	1 499 048	425 780	729 318	29 093	258 453	56 404
河　南	1 087 214	249 539	667 843	12 979	125 423	31 430
湖　北	974 563	139 880	673 514	11 130	116 644	33 395
湖　南	1 049 366	98 121	729 992	6 919	159 601	54 733
广　东	1 643 819	238 614	948 855	9 304	285 205	161 840
广　西	494 725	57 172	381 375	2 936	35 897	17 345
海　南	161 025	31 800	111 232	1 031	11 735	5 226
重　庆	524 635	46 899	343 310	3 106	95 454	35 867
四　川	1 417 232	114 437	1 011 323	12 125	194 358	84 988
贵　州	721 305	90 119	517 629	2 947	83 079	27 531
云　南	1 011 022	144 695	651 482	3 424	171 215	40 206
西　藏	122 462	4 860	104 871	98	7 235	5 398
陕　西	455 590	103 518	256 296	5 893	67 536	22 347
甘　肃	393 855	73 807	263 745	5 017	32 142	19 144
青　海	460 939	50 865	347 765	5 407	34 349	22 553
宁　夏	139 446	31 042	82 255	2 487	17 613	6 049
新　疆	613 791	91 972	436 095	4 545	60 333	20 846